Thomas Hartmann-Wendels • Andreas Pfingsten
Martin Weber

Bankbetriebslehre

Fünfte, überarbeitete Auflage

Springer

Professor Dr. Thomas Hartmann-Wendels
Universität zu Köln
Seminar für Allgemeine Betriebswirtschaftslehre
und Bankbetriebslehre
Albertus-Magnus-Platz
50923 Köln
Deutschland
Hartmann-Wendels@wiso.uni-koeln.de

Professor Dr. Andreas Pfingsten
Westfälische Wilhelms-Universität Münster
Institut für Kreditwesen
Universitätsstraße 14-16
48143 Münster
Deutschland
andreas.pfingsten@wiwi.uni-muenster.de

Professor Dr. Dr. h.c. Martin Weber
Universität Mannheim
Lehrstuhl für Allgemeine Betriebswirtschaftslehre
und Finanzwirtschaft, insb. Bankbetriebslehre
L5, 2
68131 Mannheim
Deutschland
weber@bank.BWL.uni-mannheim.de

ISBN 978-3-642-11856-2   e-ISBN 978-3-642-11857-9
DOI 10.1007/978-3-642-11857-9
Springer Heidelberg Dordrecht London New York

Die Deutsche Nationalbibliothek verzeichnet diese Publikation in der Deutschen Nationalbibliografie;
detaillierte bibliografische Daten sind im Internet über http://dnb.d-nb.de abrufbar.

Einbandentwurf: WMXDesign GmbH, Heidelberg

Gedruckt auf säurefreiem Papier

Springer ist Teil der Fachverlagsgruppe Springer Science+Business Media (www.springer.com)

Für Claudia
    Florian, Cornell und Felicitas

Für Ingrid

Für Adelheid
    Julian, Luise und Susanne

Vorwort zur fünften Auflage

Seit dem Erscheinen der vierten Auflage hat es in der Bankenwelt dramatische Ereignisse gegeben. Die Finanzmarktkrise hat die Banken schwer getroffen. Der Ansturm der Sparer auf den britischen Immobilienfinanzierer Northern Rock, der Konkurs der amerikanischen Investmentbank Lehman Brothers, die Beinahe-Pleiten der IKB, der SachsenLB und der HypoReal Estate, die nur mit massiver staatlicher Unterstützung gerettet werden konnten, haben die Schlagzeilen der letzten Jahre beherrscht. Hinzu kommen die Diskussionen über Bad Banks, über Bonuszahlungen an Bankmanager in exorbitanter Höhe sowie über mangelnde Geschäftsmodelle bei den Landesbanken und vieles mehr.

Die Erkenntnisse, die wir bislang aus der Finanzmarktkrise ziehen können, sind in die Neuauflage des Lehrbuchs eingeflossen. Wir haben dennoch die Grundkonzeption des Lehrbuchs nicht verändert und auch der Finanzmarktkrise kein eigenes Kapital gewidmet. Nicht, weil wir den Aufwand gescheut hätten, sondern weil uns die Finanzmarktkrise in unserem Grundanliegen, theoretische Erkenntnisse aus der Institutionenökonomik in die traditionelle Bankbetriebslehre einzubinden, bestärkt hat. Ein wichtiger Auslöser der Finanzmarktkrise war, dass die Auswirkungen von asymmetrischer Informationsverteilung und von Anreizproblemen nicht hinreichend beachtet wurden. Asymmetrische Informationsverteilung und Anreizprobleme sind zugleich zwei zentrale Bausteine, um zu erklären, warum dem Risikotransfer über Finanzmärkte Grenzen gesetzt sind und worin die Existenzgrundlage für Banken liegt. Wir verwenden deshalb die Finanzmartkrise an zahlreichen Stellen als Anschauungsmaterial, wo wir bislang nur auf der Basis theoretischer Modelle argumentieren konnten. Daneben greifen wir an den verschiedensten Stellen Fragestellungen auf, die durch die Finanzmarktkrise hochgespült wurden, wie z. B. die Anreizwirkungen von Bonussystemen, die Besonderheiten der Corporate Governance von Banken, die Beaufsichtigung von Banken oder die Konsequenzen einer Bewertung zum Fair Value für die Stabilität des Bankensystems. Eine Aktualisierung des Lehrbuchs wurde auch durch Veränderungen im regulatorischen Umfeld notwendig. Dies betrifft neben der Bankenregulierung, die Einlagensicherung und das externe Rechnungswesen, wo wir die Vorschriften des Bilanzrechtsmodernisierungsgesetzes eingearbeitet haben.

Im Unterschied zu den vorhergehenden Auflagen haben wir den Schwerpunkt noch deutlicher auf das Commercial Banking gelegt. So bildet das Emissionsgeschäft keinen eigenen Teil mehr; ausgewählte Inhalte wurden in das Bankmanagement integriert. Die nunmehr 13 Teile unseres Lehrbuches können gedanklich in vier Blöcken zusammengefasst werden. Im ersten Block werden in den Teilen A und B institutionelle und theoretische Grundlagen des Bankwesens vermittelt. Neben den obligatorischen Aktualisierungen wurde im Teil A ein Kapitel über die Corporate Governance von Banken eingefügt. Im Anschluss an die Beschreibung des amerikanischen Bankensystems wird dargestellt, wie es zu der Finanzmarktkrise kommen konnte und wie diese die US-amerikanische Bankenlandschaft umgekrempelt hat. Im zweiten Block werden in den Teilen C und D die beiden Eckpfeiler des Commercial Banking, das Kredit- und das Einlagengeschäft, aus theoretischer wie praktischer Perspektive behandelt. Teil C über den Kredit enthält nun auch den Handel und die Verbriefung von Kreditrisiken, einen ehemals eigenständigen Teil. Die Kreditderivate werden gemeinsam mit den anderen Derivatearten im Teil E dargestellt. Da Derivate mittlerweile für die Banken zu einem zentralen Bestandteil der Risikosteuerung geworden sind, werden hier wichtige Grundlagen für das Verständnis der Risikomessung und Risikosteuerung gelegt. Diese beiden Aspekte sind die zentralen Themen des Bankmanagements, der Bankenregulierung und des Managements der einzelnen Risikoarten, deren Grundlagen wir im dritten Block in den Teilen F bis K darstellen. Die Finanzmarktkrise hat gezeigt, dass die Leistungsfähigkeit von quantitativen Modellen zur Risikomessung nicht überschätzt werden darf und dass Risikoüberlegungen nicht erst bei bestehenden Risikopositionen, sondern bereits viel früher ansetzen müssen, nämlich bei der Frage, wie tragfähig das eigene Geschäftsmodell ist. Dementsprechend enthält der Teil F zu den Grundlagen des Bankmanagements nun kurze Ausführungen zu Backtesting, Modellrisiken und Stresstests sowie ein Kapitel über Geschäftsmodelle. Bankmanagement erschöpft sich nicht nur in der Rendite-Risikosteuerung, entscheidend ist auch, wie die internen Zielvorgaben umgesetzt werden. Eine wichtige Rolle spielen dabei Anreizsysteme, mit deren Hilfe das Verhalten der Mitarbeiter gesteuert werden soll. Durch die Finanzmarktkrise wurde deutlich, dass von Anreizsystemen auch Fehlanreize ausgehen können. Daher beziehen wir auch Fragen der optimalen Gestaltung von Anreizsystemen mit in das Bankmanagement ein. Der Teil über die Bankenregulierung wurde völlig neu konzipiert und gliedert sich in die drei Bereiche Theorie der Regulierung, Überblick über bankenaufsichtliche Vorschriften und Institutionen der Bankenaufsicht. Die Bedeutung systemischer Risiken als Begründung für die Regulierung von Banken wurde durch die Finanzmarktkrise überdeutlich. Entsprechend wird die Wirkungsweise systemischer Risiken ausführlich dargestellt und wir präsentieren erste Ideen, mit welchen Instrumenten systemische Risiken reguliert werden können. Bankenaufsichtliche Vorschriften unterliegen einer steten Weiterentwicklung, die durch die Finanzmarktkrise zusätzliche Dynamik erhalten hat. Die Änderungen, die sich seit der vierten Auflage ergeben haben, sowie die Änderungen, die absehbar sind, wurden in den Überblick über die bankenaufsichtlichen Vorschriften sowie in die Ausführungen zur Regulierung der einzelnen Risikoarten eingearbeitet. Neu ist ein Kapitel über die Institutionen der Bankenaufsicht. Hier wird gezeigt, welche Instrumente die Deutsche Bundesbank und die Bundesanstalt für Finanzdienstleistungsaufsicht (BaFin) für die Erfüllung ihrer Aufgaben einsetzen. Wir erklären auch die gegenwärtige Aufgabenteilung zwischen Bundesbank und BaFin und geben einen Überblick über die Organisation der Bankenaufsicht in anderen Ländern. Den Abschluss des Buches bildet der vierte Block mit den Teilen L und M über das interne und das externe Rechnungswesen der Kreditinstitute. Die Änderungen in der HGB-Rechnungslegung der Kreditinstitute, die durch das Bilanzrechtsmodernisierungsgesetz (BilMoG) bewirkt werden, wurden eingearbeitet. Im Rahmen der IFRS-Rechnungslegung diskutieren wir die Vor- und Nachteile einer Fair Value-Bilanzierung, darüber hinaus geben wir einen Ausblick auf die Änderungen, die der neue IFRS 9, der den IAS 39 ablösen soll, mit sich bringen wird.

Aufgrund der Entwicklung im Bankensektor gehen wir davon aus, dass das Lehrbuch in einigen Jahren in Teilen einer Überarbeitung bedarf. Wir laden Sie herzlich ein, an der künftigen sechsten Auflage dieses Buches mitzuwirken, indem Sie uns auf Fehler und Verbesserungsmöglichkeiten hinweisen. Sprechen Sie uns bitte direkt an oder schreiben Sie eine E-Mail an

fehler@bankbetriebslehre.de.

Wenn Ihnen unser Buch gut gefällt, so sollten Sie das hingegen vor allem anderen potenziellen Lesern sagen oder schreiben.

Unter der Internet-Adresse www.bankbetriebslehre.de finden Sie Übungsaufgaben, die Ihnen helfen sollen, das Verständnis für den dargebotenen Stoff zu vertiefen. Daneben haben wir die technisch gehaltenen Abschnitte über die statistischen Verfahren zur Kreditwürdigkeitsprüfung und zum Kreditportfoliomodell CreditRisk$^{+\text{TM}}$auf die Lehrbuch-Webseiten ausgelagert.

Zum Gelingen der Neuauflage haben viele beigetragen, von denen wir einige hier herausheben möchten. Mit inhaltlichen und konzeptionellen Hinweisen hat uns Prof. Dr. Lars Norden unterstützt. Um die Gesamtkoordination haben sich Christine Kaufmann, M.Sc., und Dr. Alen Nosić verdient gemacht.

Unsere Mitarbeiterinnen und Mitarbeiter haben in vielfältiger Weise zum Endergebnis beigetragen. Der besondere Dank geht in Köln an Dr. Wolfgang Spörk, Dipl.-Math. Hans C. Elbracht und Dipl.-Volksw. Patrick Wohl, in Mannheim an Dipl.-Kffr. Sina Borgsen, Prof. Dr. Lars Norden, Dr. Alen Nosić und Dr. Sascha Steffen und in Münster an Dipl.-Math. Hannes Klein, der dort die Koordination erledigte, sowie Dipl.-Kfm. Sven Bornemann, Dipl.-Volksw. Frederik Hesse, Dipl.-Kfm. Carsten Hubensack, Dipl.-Kfm. und Dipl.-Volksw. Christian Kuklick und Dipl.-Math. Christian Rosenberg. Last, but certainly not least, hat die allseits bekannte „namenlose studentische Hilfskraft" ebenfalls ihren großen Anteil am Gelingen der Neuauflage.

Thomas Hartmann-Wendels
Andreas Pfingsten
Martin Weber

Inhaltsübersicht

A   **Grundlagen**   1
   A1   Einleitung   2
   A2   Markt- und Transformationsfunktionen   4
   A3   Definition des Begriffs „Bank"   11
   A4   Das deutsche Bankensystem   29
   A5   Banken im Ausland   69

B   **Theoretische Grundlagen und Existenz von Banken**   95
   B1   Finanzkontrakte und Kooperation   97
   B2   Die Existenz von Finanzintermediären   122
   B3   Das Modell von Diamond (1984)   127
   B4   Einige weitere Erklärungsansätze   145

C   **Der Kredit**   149
   C1   Die Theorie und Empirie des Kreditgeschäftes   150
   C2   Die Praxis des Kreditgeschäftes   182
   C3   Handel und Verbriefung von Krediten   203

D   **Einlagen (Depositen)**   221
   D1   Sparen: Empirie und Theorie   221
   D2   Arten von Bankeinlagen   231
   D3   Bedeutung des Depositenvertrages   239
   D4   Zahlungsverkehr   256

E   **Derivate**   271
   E1   Arten und Einsatzmöglichkeiten von Derivaten   271
   E2   Allgemeines zur Bewertung von Finanztiteln   276
   E3   Zinsderivate   280
   E4   Währungsderivate   295
   E5   Aktienderivate   298
   E6   Kreditderivate   307
   E7   Risiken von Derivaten   313

F   Grundlagen des Bankmanagements 321
    F1   Theoretische Überlegungen zu Zielsetzungen von
         Kreditinstituten 323
    F2   Berücksichtigung von Risiko 331
    F3   Zielsetzungen in der Praxis und Geschäftsmodelle von Banken   347
    F4   Eine Auswahl spezieller Steuerungsfragen 364

G   Grundlagen der Regulierung 387
    G1   Theorie der Regulierung 389
    G2   Überblick über bankenaufsichtliche Vorschriften 412
    G3   Institutionen der Bankenaufsicht 455

H   Liquiditätsrisiken 467
    H1   Theoretische Grundlagen 468
    H2   Identifikation, Messung und Steuerung von Liquiditätsrisiken ..   475
    H3   Theoretische Überlegungen zur Regulierung von
         Liquiditätsrisken 485
    H4   Vorschriften zur Regulierung von Liquiditätsrisiken 488

I   Ausfallrisiken 497
    I1   Messung der Ausfallrisiken einzelner Kredite 498
    I2   Kreditportfoliomodelle 542
    I3   Bewertung von Kreditausfallrisiken 561
    I4   Management von Kreditrisiken 585
    I5   Regulierung von Kreditausfallrisiken 601

J   Preisrisiken 639
    J1   Grundlagen des Umgangs mit Preisrisiken 640
    J2   Zinsänderungsrisiken 652
    J3   Aktienkursrisiken 688
    J4   Währungs- und Rohwarenrisiken 692
    J5   Übergreifendes 700

K   Operationelle Risiken 709
    K1   Ursachen und Charakteristika operationeller Risiken 710
    K2   Aufsichtsrechtliche Ansätze 712
    K3   Eignung der vorgeschlagenen Messansätze 724

L   Internes Rechnungswesen 733
    L1   Grundlagen der Bankkalkulation 735
    L2   Kalkulation im Wertbereich unter Sicherheit 740
    L3   Berücksichtigung von Unsicherheit in der
         Einzelgeschäftskalkulation 764
    L4   Kalkulation im Betriebsbereich 770
    L5   Kalkulatorische Erfolgsrechnungen 785

M **Externes Rechnungswesen** 797
   M1 Aufgaben und Funktionen der externen Rechnungslegung 798
   M2 Der HGB-Jahresabschluss 801
   M3 Der IFRS-Jahresabschluss 845
   M4 Sonderfragen der Bilanzierung und Bewertung 866

Literatur 885

Symbolverzeichnis 927

Index 935

Inhaltsverzeichnis

A Grundlagen 1
  A1 Einleitung 2
  A2 Markt- und Transformationsfunktionen 4
    A2.1 Funktionen von Märkten 4
    A2.2 Transformationsfunktionen von Finanzmärkten 5
      A2.2.1 Losgrößentransformation 5
      A2.2.2 Fristentransformation 6
      A2.2.3 Risikotransformation 8
    A2.3 Abschließende Bemerkungen 10
  A3 Definition des Begriffs „Bank" 11
    A3.1 Inhaltliche Definition des Unternehmenstyps „Bank" ... 11
      A3.1.1 Commercial Banking 11
      A3.1.2 Investment Banking 16
      A3.1.3 Commercial Banking, Investment Banking und Finanzmärkte 17
      A3.1.4 Banken im vollkommenen Kapitalmarkt 19
    A3.2 Legaldefinition des Unternehmenstyps „Bank" 20
    A3.3 Universal- vs. Trennbankensystem 24
    A3.4 Corporate Governance von Banken 26
  A4 Das deutsche Bankensystem 29
    A4.1 Überblick 30
    A4.2 Universalbanken 31
      A4.2.1 Kreditbanken 33
      A4.2.2 Sparkassen und Girozentralen 36
      A4.2.3 Genossenschaftsbanken und genossenschaftliche Zentralbanken 39
    A4.3 Spezialbanken.................................. 40
      A4.3.1 Realkreditinstitute 40
      A4.3.2 Bausparkassen........................... 41
      A4.3.3 Direktbanken 41
      A4.3.4 Kapitalanlagegesellschaften (Investmentgesellschaften) 42

	A4.3.5	Wertpapiersammelbanken	43
	A4.3.6	Kreditinstitute mit Sonderaufgaben	44
A4.4	Institutionelles Umfeld des Bankensystems		46
	A4.4.1	Das Europäische System der Zentralbanken und die Deutsche Bundesbank	46
	A4.4.2	Die Bundesanstalt für Finanzdienstleistungsaufsicht (BaFin)	52
A4.5	Optimale Größe einer organisatorischen Einheit		58
	A4.5.1	Optimale Unternehmensgröße	58
	A4.5.2	Filialgröße und -organisation	64

A5   Banken im Ausland 69

    A5.1   Das US-amerikanische Bankensystem 70

        A5.1.1 Banktypen im US-amerikanischen Bankensystem 70

        A5.1.2 Entwicklung des US-amerikanischen Bankensystems seit 1933 75

        A5.1.3 Aufsichtsstruktur des US-Bankensystems 81

        A5.1.4 Subprime Krise in den USA 83

    A5.2   Supranationale Banken 86

        A5.2.1 Die Weltbankgruppe 87

        A5.2.2 Internationale Entwicklungsbanken mit regionalem Schwerpunkt 90

        A5.2.3 Bank für internationalen Zahlungsausgleich (BIZ) 92

B Theoretische Grundlagen und Existenz von Banken 95

  B1   Finanzkontrakte und Kooperation 97

    B1.1   Einführung zu Finanzkontrakten und Kooperation 98

        B1.1.1 Finanzkontrakte 98

        B1.1.2 Kooperation 99

    B1.2   Finanzkontrakte und Kooperation bei symmetrischer Information 101

        B1.2.1 Sicherheit der Erwartungen 101

        B1.2.2 Unsicherheit der Erwartungen 103

    B1.3   Finanzkontrakte und Kooperation bei asymmetrischer Information...................................... 108

        B1.3.1 Das zugrunde liegende Problem.............. 109

        B1.3.2 Klassifizierung der Probleme asymmetrischer Information 110

        B1.3.3 Das Problem der Qualitätsunsicherheit und geeignete Kooperationsdesigns 112

        B1.3.4 Das Problem des Moral Hazard und geeignete Kooperationsdesigns 114

        B1.3.5 Das Problem der Verifizierbarkeit des Ergebnisses 117

    B1.4   Unvollständige Finanzverträge 118

    B1.5   Diskussion 120

B2   Die Existenz von Finanzintermediären   122
      B2.1   Grundlegendes zu den Existenzerklärungen   122
      B2.2   Neoklassische Erklärungsansätze   124
      B2.3   Die Idee der informationsökonomischen
              Erklärungsansätze   125
B3   Das Modell von Diamond (1984)   127
      B3.1   Die grundlegenden Ideen des Modells   127
      B3.2   Das Grundmodell   128
      B3.3   Verträge bei direkter Finanzbeziehung   130
              B3.3.1   Das Kooperationsproblem..................   130
              B3.3.2   Nichtmonetäre Strafen....................   131
              B3.3.3   Ein optimaler Finanzkontrakt mit Straffunktion   132
              B3.3.4   Die Kosten eines Schuldvertrags mit
                        Straffunktion   135
              B3.3.5   Die Vorteilhaftigkeit von Monitoring   136
      B3.4   Kostensenkung durch Finanzintermediation   137
              B3.4.1   Die Idee des delegierten Monitoring   137
              B3.4.2   Finanzintermediation als delegiertes Monitoring   137
              B3.4.3   Senkung der Delegationskosten durch
                        Diversifikation   139
      B3.5   Die Vorteilhaftigkeit von Finanzintermediation   142
      B3.6   Einige weiterführende Überlegungen zu Diamonds
              Modell   143
B4   Einige weitere Erklärungsansätze   145

C   Der Kredit   149
    C1   Die Theorie und Empirie des Kreditgeschäftes..............   150
          C1.1   Der Standardkreditvertrag: Das Modell von Gale und
                  Hellwig (1985)   150
          C1.2   Kreditrationierung – Das Modell von Stiglitz und Weiss
                  (1981)   153
          C1.3   Kreditsicherheiten   159
                  C1.3.1   Kreditsicherheiten bei symmetrischer
                            Information   159
                  C1.3.2   Kreditsicherheiten bei asymmetrischer
                            Information   161
                  C1.3.3   Empirische Erkenntnisse zum Einsatz von
                            Kreditsicherheiten   163
          C1.4   Das Modell von Petersen und Rajan (1995)   164
          C1.5   Strategische Überlegungen des Kreditnehmers und des
                  Kreditgebers   170
          C1.6   Der Kredit bei unvollständiger Vertragsgestaltung –
                  Gorton/Kahn...................................   171
    C2   Die Praxis des Kreditgeschäftes   182
          C2.1   Der Kreditvertrag   182
          C2.2   Kreditsicherheiten   186

		C2.2.1	Personensicherheiten	187
		C2.2.2	Sachsicherheiten	187
	C2.3		Zusatzvereinbarungen (Covenants)	190
		C2.3.1	Die Rolle von Covenants	190
		C2.3.2	Die Arten von Covenants	191
	C2.4		Formen des Kredites	193
		C2.4.1	Kriterien zur Klassifizierung von Krediten	193
		C2.4.2	Kurzfristige Geldleihe an Firmenkunden und Körperschaften des Öffentlichen Rechts	194
		C2.4.3	Kreditleihe an Firmenkunden	196
		C2.4.4	Mittel- und langfristige Geldleihe an Firmenkunden und Körperschaften des Öffentlichen Rechts	198
		C2.4.5	Besondere Kreditformen (Kreditsubstitute)	200
		C2.4.6	Kurzfristige Geldleihe an Privatkunden	200
		C2.4.7	Mittel- und langfristige Geldleihe an Privatkunden	202
C3			Handel und Verbriefung von Krediten	203
	C3.1		Kredithandel	204
		C3.1.1	Anreizprobleme beim Verkauf von Krediten	204
		C3.1.2	Historische Entwicklung	205
		C3.1.3	Das Modell von Gorton und Pennacchi	205
	C3.2		Verbriefung von Krediten	207
		C3.2.1	Grundidee und historische Entwicklung	207
		C3.2.2	Umsetzung	209
		C3.2.3	Vorteilhaftigkeit einer Finanzierung mit ABS	211
		C3.2.4	Risiken und Sicherungsmöglichkeiten	215
		C3.2.5	Empirische Erkenntnisse zu Anreizproblemen bei Kreditverbriefungen	218
	C3.3		Aufspaltung des Kreditgeschäftes	219
D			**Einlagen (Depositen)**	221
	D1		Sparen: Empirie und Theorie	221
		D1.1	Einige empirische Fakten zum Sparverhalten	221
		D1.2	Theorie des Sparens und intertemporale Konsumallokation	224
	D2		Arten von Bankeinlagen	231
		D2.1	Überblick	232
		D2.2	Sichteinlagen	234
		D2.3	Termineinlagen	235
		D2.4	Spareinlagen	236
	D3		Bedeutung des Depositenvertrages	239
		D3.1	Charakteristika einer Deposite	239
		D3.2	Das Modell von Diamond und Dybvig (1983)	241
		D3.3	Bank Run und Stabilisierungsmöglichkeiten	248
		D3.4	Erweiterungen des Modells von Diamond und Dybvig	253

    D4   Zahlungsverkehr... 256
         D4.1 Zahlungsmittel und Zahlungsvorgänge 257
         D4.2 Varianten des Zahlungsverkehrs 259
         D4.3 Automation und Kooperation im Zahlungsverkehr 262
         D4.4 Besonderheiten der traditionellen Banken............. 264
         D4.5 Ausgewählte wirtschaftliche Aspekte 265
         D4.6 Einsatz von Karten 266

E   **Derivate** 271
    E1   Arten und Einsatzmöglichkeiten von Derivaten 271
         E1.1 Grundtypen von Derivaten 271
         E1.2 Einsatzmöglichkeiten und -gründe für Derivate 274
         E1.3 Klassifizierung von Derivaten nach ihren Underlyings .. 275
    E2   Allgemeines zur Bewertung von Finanztiteln 276
         E2.1 Abgrenzung und Motivation 276
         E2.2 Bewertung auf vollkommenen Kapitalmärkten......... 277
    E3   Zinsderivate 280
         E3.1 Zinsstrukturkurven als Grundlage der Zinsderivate..... 280
         E3.2 Eigenschaften, Einsatz und Bewertung ausgewählter
                Zinsderivate 283
         E3.3 Swaps und die Theorie komparativer Kosten 294
    E4   Währungsderivate 295
         E4.1 Wechselkurssysteme als Grundlage der Währungsderivate 295
         E4.2 Eigenschaften, Einsatz und Bewertung ausgewählter
                Währungsderivate 296
    E5   Aktienderivate 298
         E5.1 Bewertung von Aktien 298
         E5.2 Eigenschaften, Einsatz und Bewertung von
                Aktienoptionen 299
         E5.3 Einige Bemerkungen zu weiteren Aktienderivaten...... 305
    E6   Kreditderivate 307
         E6.1 Theoretische Vorüberlegungen 307
         E6.2 Empirische Beobachtungen 308
         E6.3 Eigenschaften und Einsatz ausgewählter Kreditderivate 309
         E6.4 Synthetische Verbriefung 312
         E6.5 Bewertung von Kreditderivaten 313
    E7   Risiken von Derivaten................................. 313
         E7.1 Risikoarten 313
         E7.2 Preisrisiken und die Griechen 315
         E7.3 Hebelwirkung von Derivaten 318

F   **Grundlagen des Bankmanagements** 321
    F1   Theoretische Überlegungen zu Zielsetzungen von
         Kreditinstituten 323
         F1.1 Zieldefinition durch die Eigentümer 323
         F1.2 Zielsetzung auf vollkommenen Märkten bei Sicherheit .. 324

F1.3 Zielsetzungen auf unvollkommenen Märkten bei
     Sicherheit 325
F1.4 Zielsetzung auf vollkommenen Märkten bei Unsicherheit 326
     F1.4.1 Allgemeine Überlegungen 326
     F1.4.2 Ein einfaches Zahlenbeispiel zum Hedging 327
F1.5 Zielsetzungen auf unvollkommenen Märkten bei
     Unsicherheit 328
     F1.5.1 Marktunvollkommenheiten und
            Risikoübernahme 328
     F1.5.2 Gründe für risikoaverses Bankverhalten 330
F2 Berücksichtigung von Risiko 331
   F2.1 Banktypische Risiken 332
   F2.2 Risiko im Rahmen der Erwartungsnutzentheorie 333
   F2.3 Risiko als eigenständiges Konzept 335
   F2.4 Risikomaße 336
   F2.5 Praktische Ermittlung des Value at Risk 341
   F2.6 Backtesting, Modellrisiken und Stresstests 345
F3 Zielsetzungen in der Praxis und Geschäftsmodelle von Banken 347
   F3.1 Diskussion in der Praxis populärer Zielsetzungen 348
   F3.2 Auswahl eines Geschäftsmodells 349
        F3.2.1 Übersicht über einige Geschäftsfelder 349
        F3.2.2 Beispiele für Geschäftsmodelle 351
   F3.3 Besonderheiten von Sparkassen und
        Kreditgenossenschaften.......................... 352
   F3.4 Kapitalmarktfinanzierungen als Alternative zu
        Bankfinanzierungen............................... 354
        F3.4.1 Daten zu Kapitalmarktfinanzierungen 354
        F3.4.2 Kreditinstitute im Emissionsgeschäft 357
        F3.4.3 Einschaltung und Auswahl eines
               Emissionshauses 359
        F3.4.4 Vertragsklauseln und Anreizprobleme 362
F4 Eine Auswahl spezieller Steuerungsfragen 364
   F4.1 Ansätze zur Gesamtbanksteuerung 364
        F4.1.1 Eine wichtige Vorbemerkung 364
        F4.1.2 Steuerung mit risikoadjustierten
               Performancemaßen......................... 365
        F4.1.3 Andere Methoden.......................... 370
   F4.2 Diversifikation 373
        F4.2.1 Messung von Diversifikationseffekten 373
        F4.2.2 Berücksichtigung der Diversifikation bei
               Geschäftsabschlüssen 375
        F4.2.3 Handelbarkeit von Risiken 376
   F4.3 Risiko, Kapital und Risikokapital 377
        F4.3.1 Kapitalkosten 377
        F4.3.2 Eigenkapitalbegriffe 379
   F4.4 Umsetzung von Steuerungskonzepten 381

          F4.4.1   Bankbetriebliche Problematik der
                     Leistungsmessung 381
          F4.4.2   Anreizsysteme 382
          F4.4.3   Vorstandsvergütung und Boni 383

G   Grundlagen der Regulierung 387
   G1   Theorie der Regulierung 389
        G1.1   Gründe für die Regulierung von Banken 390
        G1.2   Gläubigerschutz durch Risikobegrenzung 394
          G1.2.1   Agency Probleme und Gläubigerrisiken 394
          G1.2.2   Gläubigerschutz durch Eigenmittelunterlegung. 395
          G1.2.3   Beschränkung der Fristentransformation 399
          G1.2.4   Qualität des Risikomanagements 399
        G1.3   Regulierung systemischer Risiken 400
          G1.3.1   Wirkungsweise systemischer Risiken 400
          G1.3.2   Instrumente zur Begrenzung systemischer
                     Risiken 404
        G1.4   Prudential Regulation versus Pre-Commitment-Approach 407
        G1.5   Regelgebundene versus diskretionäre Regulierung 408
   G2   Überblick über bankenaufsichtliche Vorschriften 412
        G2.1   Entwicklung der Regulierungsvorschriften 412
        G2.2   Kreditwesengesetz und Risikobegrenzung 414
          G2.2.1   Ansatzpunkte für eine Reduzierung von
                     Gläubigerrisiken 414
          G2.2.2   Ausfallrisiken 416
          G2.2.3   Preisrisiken 417
          G2.2.4   Liquiditätsrisiken 418
          G2.2.5   Operationelle Risiken 418
          G2.2.6   Informationsrisiken 419
          G2.2.7   Informationspflichten 420
          G2.2.8   Eingriffsmöglichkeiten 421
        G2.3   Solvabilitätsverordnung und Eigenmittel im Überblick.. 422
          G2.3.1   Der Building-Block-Approach 422
          G2.3.2   Eigenmittel gemäß §10 KWG 429
         G2.4   Mindestanforderungen an das Risikomanagement 440
        G2.5   MiFID - Regulierung von Wertpapierdienstleistungen .. 444
        G2.6   Einlagensicherungssystem 447
          G2.6.1   Einige theoretische Überlegungen zur
                     Gestaltung von Einlagensicherungssystemen ... 447
          G2.6.2   Einlagensicherung in Deutschland 452
   G3   Institutionen der Bankenaufsicht 455
        G3.1   Bundesbank und BaFin 455
        G3.2   Nationale und internationale Organisation der
              Bankenaufsicht 462

H Liquiditätsrisiken 467
  H1   Theoretische Grundlagen 468
     H1.1 Liquiditätsrisiken und die „Goldene Bankregel" 468
     H1.2 Formale Laufzeiten und die Bodensatztheorie 469
     H1.3 Handelbarkeit von Aktiva und die Shiftability Theory .. 470
     H1.4 Bank Runs und die Maximalbelastungstheorie 472
     H1.5 Liquidity at Risk 474
  H2   Identifikation, Messung und Steuerung von Liquiditätsrisiken .. 475
     H2.1 Problematik der Bestimmung von Zahlungssalden 475
     H2.2 Diverse Ansätze zur Reduzierung des Liquiditätsrisikos . 476
     H2.3 Wertpapierleihe im weiteren Sinne 479
         H2.3.1 Wertpapierleihe als Instrument zur
                 Liquiditätsbeschaffung 479
         H2.3.2 Weitere Motive für Wertpapierleihgeschäfte ... 482
         H2.3.3 Risiken bei der Wertpapierleihe 484
  H3   Theoretische Überlegungen zur Regulierung von
     Liquiditätsrisken 485
     H3.1 Liquiditätsproblematik auf vollkommenen Finanzmärkten 485
     H3.2 Liquiditätsproblematik auf unvollkommenen
           Finanzmärkten 486
  H4   Vorschriften zur Regulierung von Liquiditätsrisiken 488
     H4.1 Darstellung der Liquiditätsverordnung 488
     H4.2 Beurteilung der Liquiditätsverordnung 492
     H4.3 Weitere Vorgaben zur Regulierung von Liquiditätsrisiken 493

I Ausfallrisiken 497
  I1   Messung der Ausfallrisiken einzelner Kredite 498
     I1.1   Grundlagen 499
         I1.1.1 Erwartete und unerwartete Verluste 499
         I1.1.2 Ausfallwahrscheinlichkeit 502
         I1.1.3 Exposure at Default........................ 508
         I1.1.4 Verlustquote und Recovery Rate 508
     I1.2   Kreditwürdigkeitsprüfung 515
         I1.2.1 Einführung 515
         I1.2.2 Kreditscoringverfahren 517
         I1.2.3 Risikofaktoren im Privatkundengeschäft 518
         I1.2.4 Risikofaktoren im Firmenkundengeschäft 519
         I1.2.5 Statistische Verfahren zur
                 Kreditwürdigkeitsprüfung 525
         I1.2.6 Kalibrierung von Scorewerten auf Ausfall-
                 wahrscheinlichkeiten 528
         I1.2.7 Anforderungen an interne Ratings 530
         I1.2.8 Expected Default Frequency 534
         I1.2.9 Schätzung von Ausfallwahrscheinlichkeiten aus
                 Anleihepreisen........................... 538

I1.2.10 Schätzung von Kreditrisikoparametern aus CDS-Spreads 540
I2 Kreditportfoliomodelle 542
  I2.1 Struktur von Kreditportfoliomodellen 542
  I2.2 Das Asset Value-Modell CreditMetrics™ 545
  I2.3 Weitere Kreditportfoliomodelle im Überblick 558
I3 Bewertung von Kreditausfallrisiken 561
  I3.1 Grundlagen 561
  I3.2 Traditionelle Verfahren der Kreditrisikobewertung 562
  I3.3 Bewertung von Kreditausfallrisiken mit Hilfe der Optionspreistheorie 569
  I3.4 Bewertung von Kreditausfallrisiken mit Reduktionsmodellen 578
I4 Management von Kreditrisiken 585
  I4.1 Ziele des Kreditrisikomanagements 585
  I4.2 Instrumente des Kreditrisikomanagements 587
    I4.2.1 Methoden des passiven Kreditrisikomanagements 588
    I4.2.2 Methoden des aktiven Kreditrisikomanagements 594
I5 Regulierung von Kreditausfallrisiken 601
  I5.1 Grundlagen 601
    I5.1.1 Risikoaktiva 601
    I5.1.2 Methoden der Kreditrisikomessung in der SolvV 603
    I5.1.3 Anforderungen an eine Risikoerfassungsnorm .. 606
  I5.2 Messung des Exposure at Default (EAD) 609
  I5.3 Risikogewichte im Kreditrisiko-Standardansatz 611
  I5.4 Risikogewichte im IRBA 614
    I5.4.1 Forderungsklassen 615
    I5.4.2 Loss Given Default 618
    I5.4.3 Value at Risk (bedingte Ausfallwahrscheinlichkeit) 619
    I5.4.4 Maturity 626
  I5.5 Kreditrisikominderungen 627
    I5.5.1 Kreditrisikominderungen im Kreditrisiko-Standardansatz 627
    I5.5.2 Kreditrisikominderungen im IRBA 629
  I5.6 Kontrahentenrisiken im Handelsbuch 630
  I5.7 Großkreditvorschriften 631
  I5.8 Eigenmittelunterlegung von Asset-Backed-Transaktionen 634
  I5.9 Adressenausfallrisiken in den MaRisk 636

J Preisrisiken 639
J1 Grundlagen des Umgangs mit Preisrisiken 640
  J1.1 Ökonomische Basis 640
  J1.2 Rechtliche Basis 641
    J1.2.1 Internationale Vorgaben 641

	J1.2.2	Qualitative Regelungen in Deutschland	642
J1.3		Nettopositionen als Basis der Eigenmittelunterlegung von Marktpreisrisiken	645
J1.4		Marktrisikoposition	648
	J1.4.1	Abgrenzungen	648
	J1.4.2	Allgemeine Vorüberlegungen	649
J2		**Zinsänderungsrisiken**	**652**
J2.1		Arten von Zinsänderungsrisiken	652
J2.2		Historischer und regulatorischer Hintergrund	654
J2.3		Zinsbindungsbilanz und Zinsablaufbilanz	656
	J2.3.1	Konzeption der Zinsbindungsbilanz	656
	J2.3.2	Wichtigster Mangel der Zinsbindungsbilanz	657
	J2.3.3	Zinsablaufbilanz und verbleibende Mängel	658
J2.4		Steuerung mit dem Elastizitätskonzept	660
	J2.4.1	Elastizitätsbilanzen	662
	J2.4.2	Kritik am Elastizitätskonzept	666
J2.5		Einsatz der Duration	666
	J2.5.1	Berechnung von Marktwertänderungen	666
	J2.5.2	Definition und Eigenschaften der Duration	667
	J2.5.3	Zinssensitivität und Duration	668
	J2.5.4	Immunisierung gegen Zinsänderungen	670
	J2.5.5	Durationsbilanz	673
	J2.5.6	Kritik	674
J2.6		Zusammenfügung zu einer Gesamtschau	676
J2.7		Einsatz von Zinsderivaten	677
J2.8		Regulatorische Behandlung der Zinsänderungsrisiken des Anlagebuches	678
J2.9		Regulatorische Behandlung der Zinsänderungsrisiken des Handelsbuches	681
	J2.9.1	Bestimmung der Zinsnettopositionen	681
	J2.9.2	Eigenmittelunterlegung	683
J3		**Aktienkursrisiken**	**688**
J3.1		Bedeutung der Aktienportefeuilles für die Kreditinstitute	688
J3.2		Management von Aktienkursrisiken in Handelsportefeuilles	690
J3.3		Eigenmittelunterlegung für Aktienkursrisiken des Handelsbuches	691
J4		**Währungs- und Rohwarenrisiken**	**692**
J4.1		Gemeinsamkeiten und Unterschiede	692
J4.2		Überlegungen zum Management	693
J4.3		Regulatorische Vorschriften	694
	J4.3.1	Eigenmittelunterlegung von Währungsrisiken	694
	J4.3.2	Eigenmittelunterlegung von Rohwarenrisiken	699
J5		**Übergreifendes**	**700**
J5.1		Anrechnungsbeträge für Optionen	700
J5.2		Bankinterne Risikomodelle	705

K **Operationelle Risiken** 709
   K1   Ursachen und Charakteristika operationeller Risiken 710
   K2   Aufsichtsrechtliche Ansätze 712
        K2.1 Der Basisindikatoransatz 713
        K2.2 Der Standardansatz 715
        K2.3 Die fortgeschrittenen Messansätze 718
               K2.3.1 Der Interne Bemessungsansatz 719
               K2.3.2 Der Verlustverteilungsansatz 721
               K2.3.3 Der Scorecardansatz 721
               K2.3.4 Die Regulierungsvorschriften zu den
                          fortgeschrittenen Messansätzen 722
   K3   Eignung der vorgeschlagenen Messansätze 724

L **Internes Rechnungswesen** 733
   L1   Grundlagen der Bankkalkulation 735
        L1.1 Aufgaben eines internen Rechnungswesens und
              resultierende Anforderungen 735
        L1.2 Besonderheiten der Bankkalkulation 737
        L1.3 Ausprägungen der Bankkalkulation 738
        L1.4 Deckungsbeitragsrechnung als Basismethode 739
   L2   Kalkulation im Wertbereich unter Sicherheit 740
        L2.1 Zinsertragsbilanz, Zinsüberschuss und Zinsspanne 740
        L2.2 Traditionelle Verfahren 742
        L2.3 Finanzierungstheoretische Vorüberlegungen 743
        L2.4 Grundmodell der Marktzinsmethode 744
               L2.4.1 Bewertungsidee 744
               L2.4.2 Berechnung des barwertigen Konditionsbeitrages 746
               L2.4.3 Alternative Berechnungsmöglichkeiten des
                          KB-Barwertes 748
               L2.4.4 Periodischer Konditionsbeitrag 749
               L2.4.5 Zinsüberschuss bei alternativen
                          Refinanzierungen 751
               L2.4.6 Fristentransformation und Strukturbeitrag 752
               L2.4.7 Theoretische und praktische
                          Anwendungsprobleme 755
        L2.5 Erweitertes Marktzinsmodell 759
               L2.5.1 Motivation der Betrachtungen 759
               L2.5.2 Beispielrechnung zum erweiterten
                          Marktzinsmodell 760
               L2.5.3 Überlegungen zur Bewertungsmethodik 762
        L2.6 Kritischer Ausblick 763
   L3   Berücksichtigung von Unsicherheit in der
       Einzelgeschäftskalkulation 764
        L3.1 Behandelte Aspekte 764
        L3.2 Ausfallrisiken im Kreditgeschäft 765
        L3.3 Nachträgliche Vertragsänderungen 766

        L3.4   Embedded Options und andere Vertragselemente   768
        L3.5   Unsichere Folgegeschäfte   769
   L4   Kalkulation im Betriebsbereich   770
        L4.1   Überblick   771
        L4.2   Dienstleistungserlöse   771
        L4.3   Betriebskosten   772
               L4.3.1   Abgrenzungen   772
               L4.3.2   Berücksichtigung von Fix- und Gemeinkosten .   775
               L4.3.3   Eine informationsökonomische Begründung für
                        Vollkostenrechnungen   776
        L4.4   Prozessorientierte Standardeinzelkostenrechnung   777
               L4.4.1   Einordnung   777
               L4.4.2   Grundideen   778
               L4.4.3   Ermittlung von Standardeinzelkosten (SEK) ..   780
               L4.4.4   Bewertung der Methode   782
        L4.5   Alternative Ansätze zur Ermittlung von Betriebskosten   783
   L5   Kalkulatorische Erfolgsrechnungen   785
        L5.1   Vorbemerkungen   785
        L5.2   Ergebnisse von Zentralfunktionen und Servicecentern ..   786
               L5.2.1   Produktivitätsergebnis von Servicecentern   786
               L5.2.2   Transformationsergebnis und Handelsergebnis .   787
               L5.2.3   Ausfallrisikoergebnis   788
               L5.2.4   Zusammenfassung   790
        L5.3   Auswertungen im Marktbereich   791
               L5.3.1   Methodik   791
               L5.3.2   Kundenkalkulation   791
               L5.3.3   Produktkalkulation   792
               L5.3.4   Profitcenterkalkulation   793

M Externes Rechnungswesen   797
   M1   Aufgaben und Funktionen der externen Rechnungslegung   798
   M2   Der HGB-Jahresabschluss   801
        M2.1   Rechtsgrundlagen für die HGB-Bankbilanzierung   802
        M2.2   Aufbau der Bankbilanz nach HGB   803
               M2.2.1   Gliederungsprinzipien in der Bilanz   803
               M2.2.2   Charakterisierung und Systematisierung von
                        Finanzaktiva   807
               M2.2.3   Bilanzierung von Forderungstiteln   808
               M2.2.4   Bilanzierung von Anteilstiteln   811
               M2.2.5   Handelsbestand   813
               M2.2.6   Bilanzierung der Verbindlichkeiten   814
               M2.2.7   Bilanzierung von Hybridkapital   815
               M2.2.8   Die Bilanzierung des Eigenkapitals   816
               M2.2.9   Bilanzierung weiterer Bilanzpositionen   817
               M2.2.10 Positionen unter dem Bilanzstrich   820

M2.3 Bewertung von Vermögensgegenständen und
Verbindlichkeiten 822
 M2.3.1 Grundsätzliche Bewertungsfragen 822
 M2.3.2 Bewertung von Wertpapieren 824
 M2.3.3 Bewertung von Forderungen 829
 M2.3.4 Bilanzierung und Bewertung von Derivaten . . . 834
M2.4 Gewinn- und Verlustrechnung (GuV) 837
 M2.4.1 Grundsätzliche Gliederungsprinzipien 837
 M2.4.2 Zinsergebnis 839
 M2.4.3 Handelsergebnis 840
 M2.4.4 Erträge und Aufwendungen aus sonstigen
 Wertpapieren und Forderungen 841
 M2.4.5 Finanzanlageergebnis 842
 M2.4.6 Weitere Ertrags- und Aufwandsposten in der
 GuV 842
M2.5 Anhang und Lagebericht 844
M3 Der IFRS-Jahresabschluss 845
 M3.1 Rechtsgrundlagen für den IFRS-Abschluss 846
 M3.2 Aufbau einer IFRS-Bilanz 847
 M3.3 Bewertung im IFRS-Jahresabschluss 854
 M3.4 IFRS-Gewinn-und Verlustrechnung (GuV) 861
 M3.5 Eigenkapitalveränderungsrechnung 863
 M3.6 Kapitalflussrechnung 864
 M3.7 Notes 866
M4 Sonderfragen der Bilanzierung und Bewertung 866
 M4.1 Bilanzierung und Bewertung von Pensionsgeschäften . . . 867
 M4.2 Abbildung von Sicherungszusammenhängen 870
 M4.2.1 Notwendigkeit von Regeln zum Hedge
 Accounting 870
 M4.2.2 Bilanzierung von Sicherungszusammenhängen
 nach IAS 39 872
 M4.2.3 Bilanzierung von Sicherungszusammenhängen
 in der HGB-Bilanz 875
 M4.3 Fremdwährungsumrechnung 877
 M4.3.1 Fremdwährungsumrechnung im HGB 877
 M4.3.2 Fremdwährungsumrechnung nach IAS 21 878
 M4.4 Konzernrechnungslegung 881

Literatur 885

Symbolverzeichnis 927

Index 935

Abbildungsverzeichnis

A1.1 Finanzmärkte und Finanzintermediäre zwischen
Kapitalnehmern und Kapitalgebern 3
A2.1 Beispiel zur Risikoreduktion durch Portefeuillebildung 8
A2.2 Beispiel zur Risikoaufspaltung 9
A3.1 Tätigkeit des Finanzintermediärs Bank 12
A3.2 Bilanz der Hamburger Sparkasse 13
A3.3 Finanzintermediäre zwischen Kapitalgebern (-nehmern) und
Finanzmärkten 18
A4.1 Das deutsche Bankensystem 31
A4.2 Bilanz der EZB 47
A4.3 Organisatorischer Aufbau der BaFin..................... 54
A5.1 Banktypen im US-amerikanischen Bankensystem 71
A5.2 Organisationsformen und Hauptbeschäftigungsfelder von
Banken nach dem GLBA................................ 80
A5.3 Aufsichtsstruktur im US-amerikanischen Finanzsystem nach
dem GLBA 83

B1.1 Zahlungskonsequenzen für Kapitalgeber und Kapitalnehmer .. 104
B1.2 Zahlungskonsequenzen für Kreditgeber und Kreditnehmer 106
B1.3 Verteilung der Zahlungskonsequenzen des Kredites 107
B1.4 Kooperationen und Kooperationsprobleme 111
B1.5 Das Problem der Risikoerhöhung........................ 115
B2.1 Verringerung der Zahl der Vertragsbeziehungen bei
Finanzintermediation 124
B3.1 Das Grundmodell von Diamond für einen Unternehmer 129
B3.2 Die optimale Straffunktion $\phi^*(z(y))$ 133
B3.3 Die aus ϕ^* resultierende Rückzahlungsfunktion $z(y)$ 134
B3.4 Der Einfluss der Ertragsverteilungen y_a und y_b auf die Höhe
der Schuldbeträge..................................... 135
B3.5 Finanzintermediation als delegiertes Monitoring............ 138
B3.6 Diversifikation durch Investition in mehrere Projekte 140
B3.7 Der Diversifikationseffekt 141

B3.8   Bestimmung des Schuldbetrages R ohne und mit Eigenkapital   144

C1.1   Aufteilung des Projektertrags im Modell von Gale und Hellwig   153
C1.2   Dichtefunktionen der Projekterträge   154
C1.3   Die Ertragsfunktion des Kreditgebers und die Gewinnfunktion
       des Kreditnehmers   155
C1.4   Erwartete Rückzahlungen pro Kreditnehmer bei adverser
       Selektion...   157
C1.5   Erwarteter Ertrag der Bank in Abhängigkeit vom Kreditzins r 157
C1.6   Die Entwicklung der erwarteten Rückzahlung pro
       Kreditnehmer bei Moral Hazard   158
C1.7   Die Zahlungskonsequenzen beim Kredit mit und ohne
       Sicherheiten   159
C1.8   Die Investitionsmöglichkeiten der Kreditnehmer   166
C1.9   Die zeitliche Struktur der Kreditbeziehung   172
C1.10 Projektergebnisse in $t = 2$ und ihre Wahrscheinlichkeiten im
       Zeitpunkt $t = 0$.   173
C1.11 Projektergebnisse in $t = 2$ und ihre Wahrscheinlichkeiten im
       Zeitpunkt $t = 1$.   173
C1.12 Projektergebnisse in $t = 2$ und ihre Wahrscheinlichkeiten im
       Zeitpunkt $t = 1$ für den Fall der Risikoerhöhung   174
C1.13 Erwarteter Gesamtprojektertrag und Kreditnehmeranteil.....   175
C1.14 Der Erwartungswert des Kreditgeberanteils (Ertrag des
       Kreditgebers)..   176
C1.15 Der erwartete Ertrag des Kreditnehmers bei einer Senkung
       des Rückzahlungsbetrages..............................   178
C1.16 Der erwartete Ertrag des Kreditgebers bei einer Senkung des
       Rückzahlungsbetrages   179
C1.17 Der erwartete Ertrag des Kreditgebers bei Projekten mit
       einer Projektwahrscheinlichkeit $\hat{p}$ gleich der kritischen
       Wahrscheinlichkeit p^{**}   180
C1.18 Die Aktionen von Kreditgeber und Kreditnehmer   181
C3.1   Grundstruktur einer Finanzierung mit Asset Backed Securities   210
C3.2   Risiken einer Finanzierung mit Asset Backed Securities   215

D1.1   Verfügbares Einkommen, privater Verbrauch und Ersparnisse
       der privaten Haushalte in Deutschland....................   222
D1.2   Entwicklung der Sparquote (Quartalsdaten)   223
D1.3   Struktur der Geldvermögensbildung   225
D3.1   Charakteristika einer Deposite   240
D3.2   Konsumallokation mit und ohne Markt (vgl. ALLEN und
       GALE (2007), S. 63)   244
D3.3   Pareto-effiziente Konsumallokation (vgl. ALLEN und GALE
       (2007), S. 67)..   246
D3.4   Bank Run auf Northern Rock am 14. September 2007   250
D4.1   Einteilung der Zahlungsmittel in der Volkswirtschaftslehre ...   258

D4.2 Anzahl bargeldloser Zahlungsvorgänge in Deutschland 259
D4.3 Gironetze für den Inlandszahlungsverkehr 261
D4.4 Wertstellungs- und Floatgewinne 267

E3.1 Zinsstrukturkurven auf Basis der Umlaufrenditen für
      Bundesanleihen 281
E3.2 Ermittlung des impliziten Terminzinssatzes i_{12} 282
E3.3 Zinsstrukturkurve in $t = 0$ und implizite Zinsstrukturkurven
      für $t = 1$ bis $t = 6$ 283
E3.4 Plain Vanilla-Zinsswap 287
E3.5 Swapgeschäfte der Kreditinstitute in Deutschland 288
E3.6 Swapgeschäfte der Kreditinstitute in Deutschland nach
      Bankengruppen 289
E3.7 Handelsvolumina von Zinsfutures an der EUREX 292
E4.1 Ermittlung des impliziten Terminwechselkurses 296
E5.1 Wertverläufe von Call und Put am Verfalltag 300
E5.2 Wertentwicklung des Call 303
E5.3 Wertentwicklung des Portefeuilles 303
E6.1 Zahlungsvereinbarungen einiger Kreditderivate 310
E6.2 Wichtigste Strukturelemente einer synthetischen Verbriefung
      von Bankkrediten 312
E6.3 Entwicklung ausgewählter fünfjähriger CDS-Spreads im
      Zeitablauf 314
E7.1 Wertverlauf einer Kaufoption (Short- und Longposition) 318

F2.1 Dichtefunktionen bei einem Mean Preserving Spread 335
F2.2 Dichtefunktion einer Normalverteilung und VaR 339
F2.3 Erträge und VaR der Handelsbereiche des Konzernbereichs
      Corporate and Investment Bank der Deutschen Bank von 2007 346
F3.1 Platzierungsverfahren 357
F3.2 Return on Equity von US-Banken 359
F4.1 Zerlegung der Kreditausfälle (typisiert) 368

G1.1 Angebot und Nachfrage 402
G1.2 Liquiditätsspirale 404
G2.1 Systematisierung der Vorschriften des KWG zur Begrenzung
      von Risiken 415
G2.2 Ermittlung der Eigenmittelanforderung nach dem
      Building-Block-Approach 426
G2.3 Rangfolge in der Insolvenz und Haftungsmasse 432
G2.4 Komponenten des Kernkapitals 433
G2.5 Komponenten des Ergänzungskapitals[5] 436
G2.6 Ermittlung der nicht realisierten Reserven bei Immobilien und
      Wertpapieren 437
G2.7 Haftsummenzuschlag gem. §1 Zuschlagsverordnung 438
G2.8 Eigenkapitalunterlegung bei Institutsgruppen 440

G2.9 ICAAP als Teil der MaRisk (Quelle: DEUTSCHE BUNDESBANK
      (2007)) 443

H1.1 Normale Handelssituationen im „Risk Cross" 472
H1.2 Liquidity at Risk und Liquiditätsreserven 475
H2.1 Varianten der Wertpapierleihe 480
H2.2 Ablauf eines Repogeschäftes 481
H4.1 Konstruktion der Liquiditätskennzahl und der
      Beobachtungskennzahlen in der Liquiditätsverordnung 489

I1.1 Wahrscheinlichkeitsdichte des Kreditportfoliowertes am
      Risikohorizont und ökonomisches Kapital 500
I1.2 Methoden zur Ermittlung von Ausfallwahrscheinlichkeiten ... 503
I1.3 Bonitätsentwicklung über zwei Perioden 507
I1.4 Verteilung der Market Recovery Rates 511
I1.5 Verteilung der Workout Recovery Rates ausgefallener
      Leasing-Verträge 512
I1.6 Recovery Rates aus der Verwertung von Leasingobjekten 513
I1.7 Vorgehensweise zur Ermittlung von LGD-Werten in
      LossCalc^{TM} 513
I1.8 Bonitäts-Checkliste für Privatkunden 521
I1.9 Scoringbogen für Privatkunden 522
I1.10 Dichtefunktionen der Scorewerte von Kreditnehmergruppen 1
      und 2 526
I1.11 Zweidimensionale lineare Diskriminanzfunktion 527
I1.12 Prinzip der Parameterschätzung im Logit-Modell 528
I1.13 Zusammenhang zwischen Scorewert und
      Ausfallwahrscheinlichkeit 530
I1.14 Distance-from-Default (DFD) und Expected-Default-
      Frequency (EDF) im Credit Monitor Model 537
I2.1 Kreditportfoliowert und gemeinsame
      Eintrittswahrscheinlichkeiten 549
I2.2 Prinzip zur Bestimmung gemeinsamer
      Bonitätsänderungswahrscheinlichkeiten im Modell
      CreditMetrics^{TM} für ein 2 Kreditnehmer (KN)-Portfolio 550
I2.3 Transformation der möglichen Endratings am Risikohorizont
      in Intervalle von Unternehmensaktivarenditen für einen
      Schuldner mit Ausgangsrating BBB 553
I3.1 Zahlungsstruktur eines Ratenkredites mit konstanter
      einjähriger Ausfallwahrscheinlichkeit 564
I3.2 Verlauf des Credit Spreads in Abhängigkeit von der
      Restlaufzeit für unterschiedliche debt-to-firm-value-ratios 572
I3.3 Stochastische Entwicklung der Rückzahlungen 579
I3.4 Wertentwicklung eines ausfallbedrohten Kredites 580
I3.5 Zahlungsstruktur eines Credit Default Swaps 581
I5.1 Laufzeit- und Marktbewertungsmethode 610

I5.2 Komponenten des Risikogewichtes im IRB-Ansatz 615

I5.3 Forderungsklassen und Methoden zur Bestimmung der
Risikogewichte 616

I5.4 Zusammensetzung des Risikogewichtes 618

I5.5 Eigenmittelunterlegung für unerwartete Verluste aus
Krediten an Unternehmen unterschiedlicher Umsatzstärke
(S = 5, 15, 30, 50 Mio. €) in Abhängigkeit von der
Ausfallwahrscheinlichkeit 625

I5.6 Eigenmittelunterlegung für erwartete und unerwartete Verluste 626

I5.7 Kreditrisikominderungen im KSA 628

I5.8 Kreditrisikominderungen im IRBA 630

I5.9 Großkreditvorschriften für Nichthandelsbuchinstitute 632

I5.10 Ermittlung der kreditnehmerbezogenen Gesamtposition bei
Handelsbuchinstituten 632

I5.11 Zusätzliche Großkreditvorschriften für Handelsbuchinstitute . . 633

J1.1 Ermittlung der Eigenmittelunterlegung für Marktpreisrisiken . 648

J1.2 Risikokomponenten der Handelsbuchrisikopositionen 649

J2.1 Zinsbindungsbilanz als Teil der Gesamtbilanz 657

J2.2 Entwicklung einiger Zinssätze 660

J2.3 Unterschiedliche stilisierte Zinszusammenhänge 661

J2.4 Zinsanpassungselastizität 662

J2.5 Konvexität der Barwertfunktion 669

J2.6 Wertverlauf ohne und mit Zinserhöhung 671

J2.7 Ermittlung der Zinsnettopositionen 681

J3.1 Aktionärsstruktur in Deutschland 688

J5.1 Eigenmittelunterlegung nach der Delta-Plus-Methode am
Beispiel von Aktienoptionen 703

J5.2 Anrechnungsbetrag für allgemeine Kursrisiken 707

K2.1 Messmethoden zur Erfassung operationeller Risiken 714

L2.1 Ideen der Pool- und Schichtenbilanzmethode 742

L2.2 Idee des Konditionsbeitrages 745

L2.3 Idee des Strukturbeitrages in „bilanzähnlicher" Darstellung . . . 745

L2.4 Idee des Strukturbeitrages anhand einer normalen
Zinsstrukturkurve 746

L3.1 Anzahl der Insolvenzen 1999-2008 766

L4.1 Aufteilung der Gesamtkosten 773

L4.2 Zusammensetzung der gesamten Aufwendungen deutscher
Kreditinstitute 774

M2.1 Bilanzformblatt 805

M2.2 Bilanzausweis von Forderungstiteln 809

M2.3 Ermittlung von Pauschalwertberichtigungen auf Forderungen . 833

M2.4 Gewinn- und Verlustrechnung in Kontoform 838

M3.1 Arten von Finanzinstrumenten 848

M3.2 Kategorisierung der Finanzinstrumente   849
M3.3 Bilanz zu Marktwerten   858
M3.4 Aufbau der Kapitalflussrechnung   865
M4.1 Bilanzierung unechter Pensionsgeschäfte in Abhängigkeit von
      der Werthaltigkeit der Optionskomponente   869
M4.2 Methoden des Hedge-Accounting nach IFRS   873
M4.3 Absicherung einer offenen Festzinsposition durch einen
      Payer-Swap   873
M4.4 Methoden der Fremdwährungsumrechnung nach IAS 21   879
M4.5 Zerlegung der Fremdwährungsumrechnungsdifferenz in einen
      Wertpapierkurs- und in einen Wechselkurseffekt   880
M4.6 Konsolidierungskreis in der Konzernrechnungslegung   881
M4.7 Vorgehensweise bei der Erstellung eines Konzernabschlusses . .   882

Tabellenverzeichnis

A4-1   Geschäftsstruktur der inländischen Universalbanken   32

A4-2   Zahl der Universalbanken und deren Bankstellen   32

A4-3   Geschäftsstruktur von inländischen Universalbanken nach Bankengruppen   34

A4-4   Die zehn größten Bankenkonzerne Deutschlands nach der Bilanzsumme   35

A4-5   Anzahl, Mittelaufkommen und Fondsvermögen von Publikumsfonds und Spezialfonds   43

A4-6   Verkürzte Gewinn- und Verlustrechnung der EZB   48

A4-7   Grundformen des Outsourcings   65

A4-8   Zusammenarbeit der Universalbanken mit anderen Finanzintermediären (Auswahl)   68

A5-1   Die 10 größten Bank Holding Companies   74

A5-2   Größenverteilung der Bilanzsummen US-amerikanischer Commercial Banks   77

B1-1   Projekte X, Y und Z: Erwartungswerte der Projekte, Anteile der Bank und des Unternehmens   115

B1-2   Kooperationsprobleme und Lösungsmöglichkeiten bei Finanzverträgen   120

C2-1   Kreditsicherheiten   186

C2-2   Unterteilung der Formen des Kredites   194

C3-1   Volumenentwicklung der Kreditverbriefung in den USA nach zugrunde liegenden Forderungen   208

C3-2   Übersicht über verschiedene Verbriefungsinstrumente   209

D2-1   Effektivzinssätze von Einlagen privater Haushalte mit vereinbarter Laufzeit   235

D2-2   Beispiele für Sondersparformen   237

D2-3   Beispiele für Sparbriefe   238

D4-1   Diverse Kartentypen   267

D4-2   Ausgewählte Funktionen von Karten 268

E1-1   Handel von Derivaten 273
E3-1   Erzeugung einer Terminanlage aus Kuponpapieren 284
E3-2   Erzeugung einer Terminanlage aus Zerobonds.............. 285
E3-3   Erzeugung eines Zerobond aus Kuponpapieren 285
E3-4   Konstruktion eines Festzinszahler-Swaps 287
E3-5   No-Arbitrage-Transaktion mit einem Future 290
E3-6   Finanzierungsmöglichkeiten der Unternehmen 294
E5-1   Werte von Calls, Puts und Portefeuilles 302
E6-1   Volumina weltweit gehandelter Kreditderivate 308
E6-2   Vergleich der Merkmalsausprägungen einiger Kreditderivate .. 310
E7-1   Preisschwankungen einer Kaufoption aufgrund von
       Aktienkursschwankungen 317

F1-1   Formen unvollkommener Kapitalmärkte.................... 325
F1-2   Marktwertbilanzen mit und ohne Hedging.................. 328
F2-1   Wahrscheinlichkeitsverteilungen der Ergebnisse der
       Portefeuilles X und Y 340
F2-2   Algorithmus der Historischen Simulation 343
F2-3   Algorithmus des Varianz-Kovarianz-Ansatzes 343
F2-4   Beispieldaten aus $RiskMetrics^{TM}$ 344
F2-5   Algorithmus der Monte-Carlo-Simulation.................. 344
F3-1   Externe Unternehmensfinanzierung in Deutschland 354
F3-2   Aktienemissionen inländischer Emittenten.................. 355
F3-3   Wertpapierabsatz inländischer Emittenten.................. 356
F4-1   Rückzahlungen von Finanztiteln 374
F4-2   Beispielbilanzen.. 380
F4-3   Unterschiedliche Fälle von Eigenkapitalknappheit 380

G2-1   Risikoarten und deren aufsichtsrechtliche Begrenzung 415
G2-2   Vorschriften zur Begrenzung von Operationellen Risiken 419
G2-3   Vorschriften des KWG zur Begrenzung von Informationsrisiken 420
G2-4   Anzeigepflichten der Kreditinstitute gemäß KWG 421
G2-5   Eingriffsmöglichkeiten der BaFin in den Geschäftsbetrieb
       eines Kreditinstituts.................................... 422
G2-6   Bestandteile der Handelsbuch-Risikopositionen.............. 425
G2-7   Anrechnungsbeträge für Risikopositionen und
       Zusammensetzung der Eigenmittel 429
G2-8   Struktur der MaRisk 442
G2-9   Einlagensicherung als Verkaufsoption 448
G2-10 Kennzahlen im Klassifizierungssystem der
       Genossenschaftsbanken 450
G2-11 Einlagensicherungssysteme in Deutschland 453
G2-12 Einlagensicherung in ausgewählten Ländern 454

G3-1 Instrumente der Bankenaufsicht zur Risikoklassifizierung von Banken 458
G3-2 Bankenklassifizierung im Jahr 2008 (Vorjahreszahlen in Klammern) 461

H4-1 Komponenten der Liquidität erster Klasse 489
H4-2 Komponenten der Liquidität zweiter Klasse 490
H4-3 Jederzeit abrufbare Passivposten 491
H4-4 Entsprechend ihrer Laufzeit zu erfassende Verbindlichkeiten .. 492

I1-1 Kumulative Ausfallwahrscheinlichkeiten 505
I1-2 Matrix der einjährigen Übergangswahrscheinlichkeiten 506
I1-3 Einjährige Übergangswahrscheinlichkeiten 506
I1-4 Recovery Rates unterschiedlicher Finanzierungsinstrumente .. 509
I1-5 Market Recovery und Workout Recovery im Vergleich 510
I1-6 Einflussgrößen auf den LGD in LossCalc^{TM} 514
I1-7 Risikofaktoren alternativer Ratingverfahren 524
I1-8 Beispieldaten 530
I1-9 Eigenkapital als Kaufoption auf das Unternehmen 535
I1-10 Fremdkapital als Derivat auf den Unternehmenswert 535
I2-1 Terminzinssätze in Abhängigkeit von der Ratingklasse 547
I2-2 Erwartungswerte und Standardabweichungen der Recovery Rates von Unternehmensanleihen in Abhängigkeit von der Rangstellung und Sicherheiten 548
I2-3 Werte der Unternehmensanleihe am Risikohorizont in Abhängigkeit vom Rating des Emittenten 548
I2-4 Matrix der einjährigen Übergangswahrscheinlichkeiten 551
I2-5 Zusammenfassung Kreditportfoliomodelle 560
I3-1 Credit Spreads für unterschiedliche Laufzeiten und Ausfallwahrscheinlichkeiten 566
I3-2 Segmentierungskriterien für die Einteilung in Risikoklassen ... 567
I3-3 Eigenkapitalkosten 568
I5-1 Risikoaktiva und damit verbundene Risiken 602
I5-2 Grundsätzlicher Aufbau regulatorischer Verfahren zur Kreditrisikomessung 605
I5-3 Komponenten des Ausfallrisikos 607
I5-4 Konversionsfaktoren für außerbilanzielle Geschäfte 609
I5-5 Regeln zur Ermittlung des EAD 611
I5-6 Ratingabhängige Risikogewichte im Standardansatz 612
I5-7 Ratingunabhängige Risikogewichte im KSA 613
I5-8 Risikogewichte für emissionsspezifische Kurzfristratings 614
I5-9 LGD's im IRB-Ansatz 619
I5-10 VaR-EL für unterschiedliche Forderungsklassen 624
I5-11 Kontrahentenrisiken im Handelsbuch 631

J1-1   Vorgehensweise zur Ermittlung der Eigenmittelunterlegung
       für Marktpreisrisiken 648
J2-1   Bilanz der Musterbank A 654
J2-2   Zinsertragsbilanz der Musterbank A (Ausgangssituation) 657
J2-3   Zinsertragsbilanz der Musterbank A (nach Zinserhöhung) 658
J2-4   Zinsablaufbilanz für Musterbank B 659
J2-5   Zinselastizitätsbilanz der Musterbank A 664
J2-6   Zinselastizitätsbilanz der Musterbank B 665
J2-7   Kursänderungen von Wertpapieren mit identischer gewichteter
       Duration 672
J2-8   Zinsänderungsrisiken und Drehung der Zinsstrukturkurve 673
J2-9   Durationsbilanz der Musterbank B 673
J2-10 Marktwertbilanz der Musterbank B 674
J2-11 Definition des Begriffs „gleiches" Wertpapier für die
       Zinsnettoposition 682
J2-12 Definition des Begriffs „einander weitgehend entsprechende"
       Zinspositionen 683
J2-13 Anrechnungssätze zur Erfassung des besonderen zinsbezogenen
       Kursrisikos 684
J2-14 Laufzeitbänder und zu berücksichtigende Zinsänderungen bei
       der Durationsmethode 686
J2-15 Laufzeitbänder und Laufzeitzonen zur Erfassung von
       Zinsänderungsrisiken mit der Jahresbandmethode 687
J4-1   Fremdwährungsaktiva und -passiva 695
J4-2   Aktivische und passivische Einzelwährungspositionen 697
J4-3   Ausnahmen von der Eigenmittelunterlegung für
       Fremdwährungsrisiken 699
J5-1   Verfahren zur Berücksichtigung von Optionsrisiken 701
J5-2   Eigenmittelunterlegung einer Option nach dem Delta-Plus-
       Ansatz 704
J5-3   Marktwert(änderungen) der Beispieloption 705

K2-1   Parameter im Standardansatz 716

L1-1   Deckungsbeitragsschema für ein Einzelgeschäft 740
L2-1   Auszug aus einer Zinsertragsbilanz 741
L2-2   Beispieldaten 746
L2-3   Zahlungsströme des Kredites und der Finanztitel 747
L2-4   Berechnung der Verrentungsbasis 750
L2-5   Verrentung des Konditionsbeitrages 750
L2-6   Zinsüberschuss bei Barwertentnahme 752
L2-7   Zinsüberschuss bei Entnahme gemäß effektiver Konditionsmarge 752
L2-8   Zinsüberschuss bei kapitalstrukturkongruenter Refinanzierung 753
L2-9   Erfolgswirkung der Fristentransformation in t_1 753
L2-10 Erfolgswirkung der Fristentransformation in t_2 754
L2-11 Ergebnisse des Grundmodells bei Eigenkapital-Engpässen 759

L2-12 Duplizierung des Cash Flows und der KSA-Wirkungen....... 761
L5-1 Berechnung des Produktivitätsergebnisses 786
L5-2 Berechnung des Transformationsergebnisses 788
L5-3 Kosten- und Erlösverrechnung 790

M2-1 Bilanzierung von Anteilstiteln (ohne Handelsbestand) 811
M2-2 Bewertung von Wertpapieren 825
M2-3 Ermessensspielräume bei der Bewertung von Wertpapieren ... 828
M2-4 Zahlungsreihe des Kredites 830
M2-5 Entwicklung des Buchwertes und des
       Rechnungsabgrenzungspostens eines Kredites 830
M2-6 Wertberichtigungen bei Forderungen 831
M2-7 Bestimmung der Einzelwertberichtigungen auf Forderungen .. 832
M2-8 Ermittlung des risikobehafteten Kreditvolumens 833
M2-9 Bilanzierung von Termingeschäften und Optionen 836
M2-10 GuV-Positionen des Zinsergebnisses 839
M2-11 Ertrags- und Aufwandskomponenten des Handelsergebnisses .. 841
M2-12 Ertrags- und Aufwandskomponenten im Bereich sonstiger
       Wertpapiere und Forderungen 842
M2-13 Ertrags- und Aufwandskomponenten des
       Finanzanlageergebnisses 843
M3-1 Beispiel für eine Bilanz nach IFRS 847
M3-2 Zuordnung von Finanzinstrumenten zu den IAS 39-Kategorien 852
M3-3 Bewertung von Finanzinstrumenten nach IAS 39 860
M3-4 Gliederung einer Bank-GuV nach IFRS 862
M3-5 Aufbau einer Eigenkapitalveränderungsrechnung 863
M4-1 Bilanz- und Erfolgswirkungen bei unvollständigen
       Absicherungen.. 877
M4-2 Bestimmungen für die Erfolgswirksamkeit von
       Umrechnungsdifferenzen 878

Teil A
Grundlagen

In diesem Grundlagenteil wollen wir zunächst ein einführendes Verständnis für die Rolle von Banken und anderen Institutionen auf Finanzmärkten wecken. Wir werden dazu in Kapitel A1 zeigen, dass Kapitalgeber und -nehmer sich einer Fülle von Institutionen bedienen, die Kapitalangebot und -nachfrage zusammenführen und ausgleichen. Bedenken Sie die unterschiedlichen Vorstellungen, die beide Gruppen besitzen können: Kleinanleger stellen beispielsweise nur geringe Finanzmittel, eventuell auch nur kurzfristig, zur Verfügung, während eine Unternehmung unter Umständen einen großen, langfristigen Kredit benötigt. In Kapitel A2 werden wir diesen Ausgleich der Vorstellungen als Transformationsleistung definieren und erläutern, welche Transformationsleistungen Finanzmärkte erfüllen.

Nachdem wir wissen, welche Leistungen benötigt werden, können wir in Kapitel A3 zeigen, wie die Institution Bank diese Leistungen erbringt, und damit die Bank als Institution definieren. Dieser Definition stellen wir die Legaldefinition des Kreditwesengesetzes gegenüber. Im Anschluss daran werden wir uns überlegen, worin die Vor- und Nachteile eines Trennbankensystems gegenüber dem in Deutschland praktizierten Universalbankensystem bestehen. Der Aufbau des deutschen Bankensystems wird in Kapitel A4 präsentiert. Es wird sich zeigen, dass Universalbanken existieren, die (fast) alle Bankleistungen zur Verfügung stellen, und Spezialinstitute, die nur ausgewählte Bankleistungen anbieten. Als weiterer Punkt untersuchen wir empirisch fundiert die Frage der optimalen Betriebsgröße.

Die deutschen Banken stehen heute im scharfen internationalen Wettbewerb. Wir müssen daher auch Bankensysteme anderer Länder kennen lernen. In Kapitel A5 betrachten wir zunächst das US-amerikanische Bankensystem. Hierbei handelte es sich im Zuge des Glass-Steagall-Acts von 1933 zunächst um ein Trennbankensystem, in dem einzelne Bankengruppen nur bestimmte Bankleistungen erfüllen durften. Durch den Gramm-Leach-Bliley Act von 1999 liegt allerdings auch hier kein reines Trennbankensystem mehr vor. Des Weiteren betrachten wir supranationale Banken wie die Weltbank oder die Bank für Internationalen Zahlungsausgleich, die eine immer bedeutendere Ergänzung der nationalen Bankensysteme bilden.

T. Hartmann-Wendels et al., *Bankbetriebslehre*,
DOI 10.1007/978-3-642-11857-9_1, © Springer-Verlag Berlin Heidelberg 2010

A1 Einleitung

Banken bieten heutzutage eine Fülle unterschiedlicher Produkte an und konkurrieren mit anderen Institutionen, die gleiche Funktionen erfüllen. Wir wollen daher nicht mit einer Definition des Begriffs „Bank" beginnen, sondern uns
zunächst überlegen, welche Hauptfunktionen Banken erfüllen. Diese Sichtweise
wird uns helfen, das Umfeld und die Konkurrenz von Banken von Anfang an mit
in unsere Überlegungen einzubeziehen. Aufgaben, die heute von Banken wahrgenommen werden, können schon morgen durch den Kapitalmarkt, Versicherungen
oder durch andere Institutionen erfüllt werden und umgekehrt.

In der einfachsten Betrachtungsweise stehen sich zu einem bestimmten Zeitpunkt Kapitalgeber und Kapitalnehmer gegenüber. *Kapitalgeber* sind solche Personen oder Institutionen, die Zahlungsmittelüberschüsse zur Anlage bereitstellen; als *Kapitalnehmer* wollen wir analog solche Personen oder Institutionen
verstehen, die Zahlungsmittel nachfragen. Ein Kapitalgeber könnte ein Beamter
sein, der für die Zeit nach seiner Pensionierung spart, ein Unternehmer, der Mittel spart, um im nächsten Jahr eine Großinvestition durchführen zu können, oder
eine Oma, die ihrem Enkel ein sorgenfreies Studium ermöglichen möchte. Eine
entsprechend breite Palette von Beispielen kann für Kapitalnehmer gefunden
werden. Wichtig ist, dass Kapitalgeber und -nehmer aufgrund ihrer individuellen Zielvorstellungen und Optimierungskalküle handeln, die wir später noch
genauer kennen lernen werden.

Die zentrale Frage ist jetzt, wie Angebot und Nachfrage nach Kapital ausgeglichen werden können. Wie in anderen Bereichen der Ökonomie haben sich Märkte
gebildet, um diese Funktion zu erfüllen. Unter einem *Markt* wollen wir dabei eine formelle oder informelle Einrichtung verstehen, die Käufer und Verkäufer bestimmter Güter zusammenführt, um Handel zu ermöglichen. *Finanzmärkte* sind
spezielle Märkte, auf denen als Güter *Finanzkontrakte* gehandelt werden, d. h.
Verträge, die Ansprüche auf gegenwärtige oder zukünftige Zahlungen darstellen.

Finanzmärkte finden sich in vielfältigen Erscheinungsformen. Die Börse als
zentraler Marktplatz gehört genauso dazu wie der Telefonhandel. Aber auch die
Anzeigenseiten in Tageszeitungen helfen, Angebot und Nachfrage nach so genannten Hausfrauenkrediten oder Investitionen in Abschreibungsobjekte auszugleichen. Finanzmärkte sind trotz ihrer Vielfalt nicht die einzigen Institutionen,
die Kapitalgeber und -nehmer zusammenbringen. Die noch zu definierende Bank
stellt eine alternative Institution dar, die Einlagen von Kapitalgebern sammelt
und sie in Form von Krediten an Kapitalnehmer weitergibt. Schon diese ober-
flächliche Betrachtung beider Institutionen macht klar, dass Banken und Finanzmärkte im Prinzip ähnliche Funktionen erfüllen und damit auch in Konkurrenz
zueinander stehen. Wir werden uns daher immer wieder fragen müssen, welche
bestehende Institution welche Aufgabe am besten löst bzw. wie eine optimale
Institution auszusehen hat.

Banken unterscheiden sich von Kapitalmärkten unter anderem dadurch, dass
sie das Kapital der Kapitalgeber entgegennehmen und an Kapitalnehmer weitergeben. Sie schaffen damit im Gegensatz zum Markt nicht nur einen Platz,
wo sich Angebot und Nachfrage treffen können, sondern treten selbst als Markt-

teilnehmer auf. Solche Mittler zwischen Kapitalangebot und -nachfrage wollen wir als *Finanzintermediäre* bezeichnen. Wir unterscheiden eine engere und eine weitere Definition. Nach der *engeren* Definition ist ein *Finanzintermediär* eine Institution, die Kapital von Anlegern entgegennimmt und an Kapitalnehmer weitergibt. Die Bank als Institution, die Depositen aufnimmt und Kredite vergibt, stellt einen Intermediär im engeren Sinne dar. Weitere Beispiele für diese Kategorie bilden Venture Capital Fonds – Gesellschaften, die Eigenkapital für junge, riskante Unternehmen bereitstellen – und Versicherungen. *Finanzintermediäre* im *weiteren* Sinn umfassen zusätzlich solche Institutionen, die Handel zwischen Kapitalgebern und -nehmern ermöglichen oder erleichtern. Zu dieser Kategorie gehören beispielsweise Finanzmakler, die Vermittlungsleistungen anbieten, sowie Börsendienste und Rating Agenturen, die Informationsleistungen bereitstellen. Kreditversicherer, die einen Teil des Kreditrisikos übernehmen, stehen an der Schnittstelle zwischen Intermediären im engeren und weiteren Sinn. Auch viele Leistungen einer Bank gehen über die Intermediation im engeren Sinn hinaus; denken Sie nur an die Unterstützung für Unternehmen bei der Begebung einer Anleihe, an die in der Anlageberatung erbrachten Leistungen oder an die Beratung der Unternehmen in allgemeinen Managementfragen.

Eine grafische Veranschaulichung der oben angesprochenen Zusammenhänge finden Sie in Abbildung A1.1.

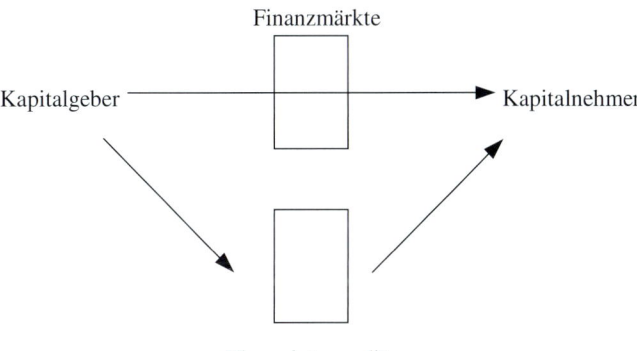

Abb. A1.1: Finanzmärkte und Finanzintermediäre zwischen Kapitalnehmern und Kapitalgebern

Abbildung A1.1 soll Sie nicht zu einer zu einfachen Betrachtungsweise von Finanzmärkten und Finanzintermediären verleiten. Viele Zusammenhänge sind in der Realität wesentlich komplexer. So treten unterschiedliche Kreditgeber und -nehmer auf, wobei einzelne Marktteilnehmer sowohl als Kreditgeber als auch als Kreditnehmer am Markt agieren können. Es gibt natürlich nicht nur einen Finanzmarkt, und es gibt auch eine Fülle von unterschiedlichen Finanzintermediären, die wiederum untereinander handeln können. Einige Funktionen von Banken, wie Zahlungsverkehrsfunktion und Aufbewahrungsfunktion, spiegeln sich bestenfalls indirekt in der Abbildung wider. Wir werden jedoch schon in den nächsten Kapiteln sehen, dass die in Abbildung A1.1 präsentierte einfache Betrachtung uns helfen wird, wesentliche Funktionen der Finanzmärkte und des Finanzintermediärs Bank zu definieren. Wir werden erkennen, dass die Bank als Finanzintermediär einzelne Leistungen in Konkurrenz zum Finanzmarkt und anderen Typen von Finanzintermediären zu erbringen hat. Damit stellt sich die Frage, was an einer „Bank" denn im Vergleich zu ihren Konkurrenten besonders ist, d. h. welche prinzipiellen (theoretischen) Vorteile diese Form von Intermediation gegenüber anderen Formen besitzt. Die Beantwortung dieser Frage ist eines der zentralen Anliegen unseres Buches.

A2 Markt- und Transformationsfunktionen

1. Märkte erfüllen eine Koordinations-, Allokations- und Auswahlfunktion.
2. Im Rahmen der Losgrößentransformation ermöglichen Finanzmärkte Transaktionen von Kapitalgebern und -nehmern, die unterschiedlich große Beträge handeln möchten.
3. Finanzmärkte leisten Fristentransformation, indem sie Angebot und Nachfrage nach unterschiedlich befristetem Kapital in Übereinstimmung bringen. Dazu werden funktionierende Primär- und Sekundärmärkte benötigt.
4. Risikotransformation kann durch Risikoreduktion und Risikoaufspaltung erreicht werden.

A2.1 Funktionen von Märkten

Finanzmärkte erfüllen genauso wie Märkte, auf denen beliebige Güter gehandelt werden, eine Koordinations- und eine Allokationsfunktion. Beide Begriffe werden im Folgenden definiert und erläutert.

Koordinationsfunktion: Finanzmärkte bieten Kapitalgebern und Kapitalnehmern einen Platz, an dem Anbieter und Nachfrager sich treffen können, um Handel zu treiben.

Die Verschiedenartigkeit der Ausgestaltung von Finanzmärkten verdeutlicht, welche unterschiedlichen Möglichkeiten es gibt, einen Ort zum Handeln zu bieten. Denken Sie an die Börse als Markt für Eigenkapital, die als nationale Präsenzbörse mit einem oder mehreren Börsenplätzen (zentrale oder dezentrale Struktur) oder als nationale oder internationale Computerbörse organisiert sein kann. Finanzmärkte können auch aus einem per Telefon verknüpften System von Händlern bestehen, was verdeutlicht, dass der Begriff „Platz" in der Definition der Koordinationsfunktion weit interpretiert werden muss.

Allokationsfunktion: Der Markt hilft, Angebot und Nachfrage auszugleichen. Die Allokationsfunktion wird erfüllt, indem diejenigen, die Kapital benötigen, es von Marktteilnehmern mit überschüssigem Kapital erhalten. Marktpreise liefern dabei Informationen über die Knappheit des Kapitals und bilden die Grundlage für eine effiziente Allokation des Kapitals.

Neben diesen Funktionen können Märkte auch eine *Auswahlfunktion* erfüllen, indem sie Zugangsbeschränkungen für Marktteilnehmer erlassen. Der Markt bringt dann nur Kapitalgeber und Kapitalnehmer zusammen, die bestimmte Anforderungen erfüllen. Beispiele hierfür sind Finanzmärkte, die die Bonität der Händler, deren Handelsvolumen oder die Qualität der gehandelten Güter garantieren. Denken Sie an den amtlichen Handel an den deutschen Wertpapierbörsen. Dort müssen Unternehmen gewisse Mindestvoraussetzungen erfüllen, damit ihre Aktien zum Handel zugelassen werden.

Nach diesen allgemeinen Funktionen, die Märkte erfüllen, wollen wir uns jetzt den speziellen Funktionen zuwenden, die Finanzmärkte und Finanzintermediäre auszeichnen. Diese werden auch als *Transformationsfunktionen* bezeichnet. Durch diese Funktionen werden die Vorstellungen von Kapitalgebern und -nehmern in Übereinstimmung gebracht. Drei wichtige Transformationsfunktionen sollen im Weiteren ausführlich besprochen werden:

- Losgrößentransformation,
- Fristentransformation,
- Risikotransformation.

Wir werden bei der Diskussion der verschiedenen Transformationsfunktionen zunächst bewusst die Rolle von Banken vernachlässigen. In Kapitel A3 werden wir auf Banken und die von ihnen erbrachten Leistungen eingehen.

A2.2 Transformationsfunktionen von Finanzmärkten

A2.2.1 Losgrößentransformation

Kapitalgeber und -nehmer möchten in aller Regel nicht die gleichen Kapitalbeträge handeln. So benötigt ein Unternehmen beispielsweise einen großen Betrag an Fremd- oder Eigenkapital, während einzelne Anleger nur deutlich geringere Beträge bereitstellen können. Alternativ ist auch denkbar, dass eine Großanlegerin einer Vielzahl von Kapitalnehmern mit geringerem Kapitalbedarf gegenübersteht. Der Finanzmarkt bringt die Vorstellungen von Kapitalgebern und -nehmern bezüglich der zu handelnden Beträge *(Losgrößen)* in Übereinstimmung, indem er die jeweiligen Händler zusammenführt und Angebot und Nachfrage ausgleicht. Er erfüllt so die Funktion der Losgrößentransformation.

A2.2.2 Fristentransformation

Neben den Kapitalbeträgen stimmen auch die Zeiträume *(Fristen)*, für die unterschiedliche Marktteilnehmer ihr Kapital anlegen oder aufnehmen wollen, in aller Regel nicht überein. Kurzfristig orientierte Sparer können langfristig orientiertem Kapitalbedarf gegenüberstehen. Eigenkapital wird beispielsweise in der Regel unbefristet benötigt, während Kapitalgeber die Möglichkeit besitzen möchten, ihr Kapital kurz- oder mittelfristig wieder zurückzuerhalten. Ebenso ist es denkbar, dass Anleger Kapital langfristig zur Verfügung stellen wollen, die Kapitalnehmer jedoch kurzfristigen Kapitalbedarf besitzen. Der Finanzmarkt leistet Fristentransformation, wenn er die unterschiedlichen Zeiträume für Kapitalanlage und Kapitalaufnahme durch Ausgleich von Angebot und Nachfrage bzgl. der Laufzeit in Übereinstimmung bringt. Der Markt beschränkt sich bei der Fristentransformation auf die Rolle des Vermittlers.

Um diese Leistung des Finanzmarktes zu verstehen, müssen wir zwischen Primär- und Sekundärmärkten unterscheiden. Am *Primärmarkt* werden neue Finanzkontrakte zwischen Kapitalgebern und Kapitalnehmern abgeschlossen. Beispiele dafür sind die Emission von Aktien und die Platzierung einer Anleihe. Am *Sekundärmarkt* werden bestehende, am Primärmarkt erzeugte Finanzkontrakte gehandelt. Ein Kapitalgeber kann den von ihm gehaltenen Finanzkontrakt bei Bedarf an einen anderen Kapitalgeber verkaufen und so seine gewünschte Frist zur Kapitalüberlassung realisieren. Dieses Zusammenspiel von Primär- und Sekundärmarkt ermöglicht Fristentransformation. Der Kapitalgeber kann sein Kapital nach der von ihm gewünschten Frist zurückerhalten und dem Kapitalnehmer steht das Kapital für die ursprünglich vereinbarte Laufzeit zur Verfügung. Besteht kein Sekundärmarkt, muss der Finanzkontrakt so abgeschlossen werden, dass die Kontraktdauer höchstens gleich dem maximalen Anlagehorizont des Kapitalgebers ist. Benötigt der Kapitalnehmer längerfristiges Kapital, muss er jeweils nach Ablauf des Kontrakts am Primärmarkt einen neuen Kontrakt (oder vorher einen oder mehrere Terminkontrakte) abschließen.

Fristentransformation wird durch funktionierende Sekundärmärkte stark erleichtert. Können sich Kapitalgeber sicher sein, dass sie Finanzkontrakte bei Bedarf wieder verkaufen können, werden sie eher bereit sein, die Finanzkontrakte am Primärmarkt abzuschließen. Der Primärmarkt, auf dem der Mengenausgleich von Kapitalangebot und -nachfrage vorgenommen wird, kann damit durch funktionierende Sekundärmärkte gestärkt werden. Diese theoretischen Überlegungen spiegeln sich in der aktuellen Diskussion wider. Die Forderung nach Erleichterung der Übertragbarkeit von GmbH-Anteilen, d. h. die Forderung nach Intensivierung des Sekundärmarktes, zielt auf eine Verbesserung der Versorgung der Gesellschaften mit Eigenkapital ab, d. h. auf eine Intensivierung des Primärmarktes für GmbH-Anteile. Ähnliche Überlegungen werden auch am Markt für Pfandbriefe angestellt. Mangelnde Liquidität des (Sekundär-) Marktes, d. h. mangelnde Handelbarkeit der Finanzkontrakte, führt zu höheren Zinsforderungen der Kapitalgeber am Primärmarkt.

Bei diesen Überlegungen werden Sie sich fragen, wie der Kapitalgeber denn sicher sein kann, dass sich der Finanzkontrakt am Sekundärmarkt tatsächlich verkaufen lässt. Analog muss gefragt werden, wie der Kapitalnehmer davon ausgehen kann, dass am Primärmarkt nach Ablauf des jeweiligen Finanzkontrakts ein neuer Kontrakt abzuschließen ist. Sicherlich wird es in aller Regel einen Preis (Zins) geben, zu dem ein Kontrakt verkauft bzw. abgeschlossen werden kann. Die Kernfrage bei der Fristentransformation lautet somit, wer das Risiko aus dieser Transformation trägt. Denken Sie an die vielen, damals noch nicht durch die Gesundheitsreform in den Ruin getriebenen Zahnärzte, die sich im ehemaligen Zonenrandgebiet an Abschreibungsobjekten beteiligten. Diese Kapitalgeber wurden u. a. mit dem Argument gewonnen, dass sie ihre Objekte problemlos wieder verkaufen könnten. Erst später stellte sich heraus, dass der Sekundärmarkt praktisch nicht existierte und – wenn überhaupt – die Objekte nur zu sehr geringen Preisen zu verkaufen waren. Auch für typischere Finanzmärkte ist die Frage zentral, wer das *Risiko aus der Fristentransformation* trägt, und damit auch, wer für dieses Risiko entlohnt wird.

Als erster Kandidat für die Übernahme des Risikos ist der Markt zu betrachten. Dieser beschränkt sich jedoch auf eine reine Vermittlerrolle und trägt kein Risiko. Nehmen wir als nächstes Kapitalgeber und -nehmer und analysieren den Markt für Fremdkapital (Anleihemarkt) mit kurz- und langfristig orientierten Kreditnehmern bzw. -gebern. Stellen Sie sich beispielsweise einen kurzfristig orientierten Kapitalgeber vor, der eine Anleihe gezeichnet hat. Möchte er die Anleihe nach einiger Zeit verkaufen, hängt der Marktpreis der Anleihe vom dann herrschenden Zinsniveau ab. Sind die Zinsen seit der Begebung der Anleihe gestiegen (gefallen), kann er die Anleihe nur mit Verlust (Gewinn) verkaufen, d. h. das Risiko (Chance) der Fristentransformation trägt der Kapitalgeber. Am realen Anleihemarkt gibt es nicht nur kurz- und langfristig orientierte Marktteilnehmer, sondern eine Fülle von möglichen Fristen und damit Zinsen, die durch die Zins- bzw. Renditestrukturkurve abgebildet werden. Eine Änderung der *Renditestrukturkurve* impliziert auch eine Änderung der Marktpreise der gehandelten Anleihen. Jegliche Änderungen der Renditestrukturkurve stellen Risiken der Fristentransformation dar, die je nach Art der Transformation und je nach Art des Finanzkontrakts vom Kapitalgeber oder -nehmer zu tragen sind.

Natürlich ist es nicht so, dass Marktteilnehmer nur das Risiko tragen und leiden. Sie werden dafür je nach Art des Marktes und der auf dem Markt herrschenden Konkurrenzsituation entschädigt. Weniger liquide Kapitaltitel werden eine höhere erwartete Rendite erzielen und damit auch das Fristentransformationsrisiko kompensieren. Auch bei normaler, über die Zeit stabiler Renditestrukturkurve – der Zins für langfristige Anleihen ist höher als für kurzfristige – kann die Zinsdifferenz zwischen lang- und kurzfristigem Zins als Kompensation für das Transformationsrisiko angesehen werden. Wir wollen die Diskussion an dieser Stelle abbrechen, da wir uns schwerpunktmäßig mit dem Finanzintermediär „Bank" auseinandersetzen wollen. Es wird daher in Kapitel A3 zu untersuchen sein, ob Banken Fristentransformation betreiben und wie gegebenenfalls die auftretenden Risiken getragen und kompensiert werden (siehe auch Teil F).

A2.2.3 Risikotransformation

Risikotransformation bedeutet, dass ein Finanzmarkt das von Kapitalgebern akzeptierte Risiko eines Finanzkontrakts mit dem von Kapitalnehmern erwünschten Risiko eines Kontrakts in Übereinstimmung bringt. Das Risiko eines Kontrakts wollen wir immer aus der Blickrichtung des Kapitalgebers definieren, der das „Risiko" eingeht, Zahlungen nicht zu den im Kontrakt vereinbarten Zeitpunkten und in Höhe der vereinbarten Beträge zu erhalten. Ein Markt kann eine Risikotransformation durch *Risikoreduktion* und durch *Risikoaufspaltung* erreichen.

Risikoreduktion ist bei gegebenen Projekten durch Portefeuillebildung zu erreichen. Ein risikoaverser Kapitalgeber, der bei gegebener Rendite an einem niedrigen Risiko interessiert ist, gibt sein Kapital nicht nur einem Kapitalnehmer, sondern streut es, d. h. verteilt es an mehrere Kapitalnehmer. Sind die Risiken bei den einzelnen Kapitalnehmern nicht vollständig positiv korreliert, lässt sich eine Risikoreduktion erzielen. Die Reduktion kann dadurch vorgenommen werden, dass ein Kapitalgeber unterschiedliche Kontrakte hält oder dass Kontrakte geschaffen werden, die Zahlungsverpflichtungen unterschiedlicher Kapitalnehmer bündeln. Die Vorgehensweise soll an dieser Stelle anhand eines Beispiels verdeutlicht werden (vgl. ausführlicher Teil F und MARKOWITZ (1959)).

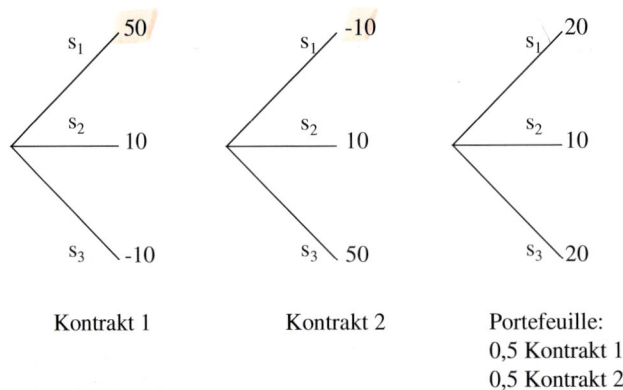

$s_1 \nearrow 50$ $s_1 \nearrow -10$ $s_1 \nearrow 20$

$s_2 \, 10$ $s_2 \, 10$ $s_2 \, 10$

$s_3 \searrow -10$ $s_3 \searrow 50$ $s_3 \searrow 20$

Kontrakt 1   Kontrakt 2   Portefeuille:
0,5 Kontrakt 1
0,5 Kontrakt 2

Abb. A2.1: Beispiel zur Risikoreduktion durch Portefeuillebildung

Abbildung A2.1 zeigt zwei Kontrakte, deren Konsequenzen für den Kapitalgeber von den Umweltzuständen s_1, s_2 und s_3 abhängen. Aus Kontrakt 1 erhält er bei s_1 50 Einheiten und bei s_2 10 Einheiten, während er bei s_3 10 Einheiten verliert. Dieselbe Verlustmöglichkeit von 10 Einheiten tritt auch bei Kontrakt 2 auf. Die Portefeuillebildung (0,5 Kontrakt 1 + 0,5 Kontrakt 2, d. h. das Portefeuille ergibt z. B. im Zustand s_1: $0,5 \cdot 50 + 0,5 \cdot (-10) = 20$) eliminiert die Verlustmöglichkeit.

Bei *Risikoaufspaltung* kann ein vom Kapitalnehmer gewünschter riskanter Finanzkontrakt durch Aufspaltung in anders strukturierte Kontrakte zerlegt werden. Sind diese neuen Finanzkontrakte den Wünschen der Kapitalgeber besser angepasst, werden die Vorstellungen der Marktteilnehmer bezüglich des Risikos in Einklang gebracht, d. h. es wird Risikotransformation betrieben. Ein Beispiel soll diese Vorgehensweise verdeutlichen.

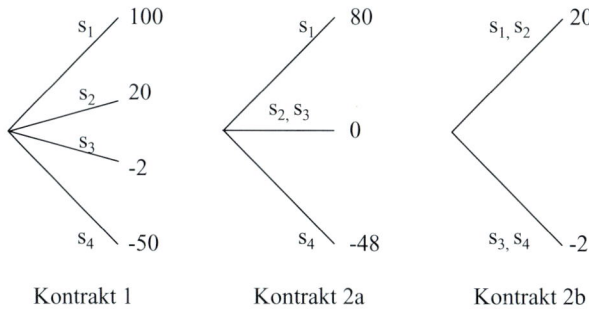

Abb. A2.2: Beispiel zur Risikoaufspaltung

Im Beispiel ist ein Finanzkontrakt 1 gegeben, der in Abhängigkeit der Umweltzustände $s_1, \ldots, s_4$ die in Abbildung A2.2 aufgeführten Einheiten erzielt. Aus diesem Kontrakt werden durch Aufspaltung zwei neue Kontrakte 2a und 2b konstruiert, die gemeinsam dem ursprünglichen Kontrakt 1 entsprechen. Mit Kontrakt 2a wurde ein relativ riskanter Kontrakt konstruiert. Kontrakt 2b ist ziemlich sicher, da er bei den Zuständen s_1 und s_2 je 20 Einheiten und bei den Zuständen s_3 und s_4 einen Verlust von nur -2 Einheiten erzielt. Es ist jetzt denkbar, dass Kontrakt 2b von Kapitalgebern gekauft wird, die eine relativ sichere Anlage präferieren, während Kontrakt 2a beispielsweise für Anleger interessant ist, die ein anderweitig bestehendes Verlustrisiko in s_1 ausgleichen wollen oder denen das Risiko weniger oder gar nichts ausmacht.

Am Finanzmarkt werden in den letzten Jahren verstärkt Finanzkontrakte angeboten, die ein spezielles Risikoprofil besitzen und so für eine wohldefinierte Anlegergruppe von Interesse sind. Denken Sie an Optionen oder variabel verzinste Anleihen mit Zinsuntergrenze (Floor), Zinsobergrenze (Cap) oder eingeschränkter Zinsbandbreite (Collar).

A2.3 Abschließende Bemerkungen

Wir haben im letzten Abschnitt gelernt, dass Finanzmärkte wichtige Transformationsleistungen erbringen. Neben Banken, die im nächsten Kapitel ausführlich angesprochen werden, führen auch andere Finanzintermediäre Transformationen durch. Denken Sie zur Losgrößentransformation an Versicherungen, die Kapital von sehr vielen Versicherungsnehmern aufnehmen und es oft in größeren Beträgen an Unternehmen oder öffentliche Haushalte verleihen. Finanzmärkte werden durch Finanzintermediäre in der Fristentransformation sowohl unterstützt als auch ersetzt. Intermediäre, die Beteiligungs- und Unternehmensvermittlung (Mergers and Acquisitions) betreiben, unterstützen den Handel am Sekundärmarkt. Beim Factoring, d. h. dem entgeltlichen Erwerb von Geldforderungen, kauft die Factoring-Gesellschaft dem Kreditgeber die Forderung ab und ersetzt damit den Sekundärmarkt. Auch zur Risikotransformation können andere Finanzintermediäre beitragen. Hier seien Kapitallebensversicherungen angeführt, die riskante Anlagen (Wertpapiere und Immobilien) mit dem Wunsch nach sicheren Renten in Einklang bringen. Eine Fülle von Fragen haben wir vernachlässigt oder nur gestreift:

- Wie sehen die Kontrakte zwischen Kapitalgebern und -nehmern aus?
- Wie wird sichergestellt, dass die Kontrakte eingehalten werden?
- Wie hoch sollte die Kompensation für die jeweilige Transformationsleistung sein und wer sollte diese erhalten?
- Besteht die Möglichkeit, dass der Markt versagt, d. h. für einige Güter kein Handel stattfindet?
- Was passiert, wenn viele Kapitalanleger ihr Kapital gleichzeitig zurückerhalten wollen?

Die Liste der Fragen können wir fast beliebig fortsetzen, was aber für den weiteren Gang des Lehrbuches nicht nötig ist. Ziel dieses Kapitels war es, einen einfachen Einblick in die Leistungen des Finanzmarktes zu geben.

Wir werden im Weiteren die Leistungen des Finanzintermediärs „Bank" kennen lernen und die oben aufgeführten Fragen für diesen Intermediär ausführlich beantworten. Die Erörterung der Finanzmärkte und die im Lehrbuch immer wieder auftretenden Hinweise auf andere Intermediäre sollen jedoch deutlich machen, dass Banken nicht nur im Wettbewerb untereinander, sondern auch im Wettbewerb mit anderen Institutionen stehen.

A3 Definition des Unternehmenstyps „Bank" bzw. synonym „Kreditinstitut"

1. Die Tätigkeitsbereiche einer Bank können in Commercial Banking und Investment Banking unterteilt werden.
2. Im Commercial Banking nehmen Banken Kapital entgegen und vergeben Kredite. Sie betreiben dabei Losgrößen-, Fristen- und Risikotransformation. Weiterhin werden Umtausch- und Zahlungsleistungen zum Commercial Banking gezählt.
3. Die Überwachung und Steuerung der aus Transformationsleistungen entstehenden Risiken ist ein wichtiger Teil des Bankmanagements.
4. Im Investment Banking sind Banken als Finanzintermediäre im weiteren Sinne tätig, d. h. sie unterstützen den Handel an den Kapitalmärkten.
5. Die Existenz von Banken kann im Rahmen des vollkommenen Kapitalmarktes nicht erklärt werden. Hierfür sind insbesondere Transaktionskosten, asymmetrische Information und Anreizprobleme zu berücksichtigen.
6. Das Kreditwesengesetz (KWG) definiert die Unternehmenstypen „Kreditinstitut", „Finanzdienstleistungsinstitut" und „Finanzunternehmen" als zentrale Begriffe für die im Gesetz formulierten Regulierungen und Überwachungen.
7. Es lassen sich eine Fülle von Argumenten sowohl für die Überlegenheit des Trennbankensystems als auch für die des Universalbankensystems angeben.
8. Empirische Studien deuten auf eine Überlegenheit des Universalbankensystems hin, wobei die Qualität der Regulierung der Banken mitentscheidend für die Qualität des Bankensystems ist.

A3.1 Inhaltliche Definition des Unternehmenstyps „Bank"

Bei der Definition des Unternehmenstyps „Bank" wollen wir zwei Bereiche der Banktätigkeit getrennt behandeln. Unter *Commercial Banking* werden das Einlagen- und Kreditgeschäft sowie andere Leistungen wie beispielsweise der Zahlungsverkehr verstanden. Beim *Investment Banking* werden die Leistungen im Wertpapierbereich oder allgemeiner im Zusammenhang mit Finanzinstrumenten erbracht. Die Palette reicht vom Eigenhandel mit Eigen- und Fremdkapitaltiteln bis zur Unterstützung bei der Emission von Anleihen und Aktien. Beide Hauptbereiche der Banktätigkeit werden in den nächsten Abschnitten noch genauer abgegrenzt.

A3.1.1 Commercial Banking

Wir wollen wieder stark vereinfachend Kapitalgeber und Kapitalnehmer als Teilnehmer am Finanzmarkt betrachten. Abbildung A3.1 stellt die Bilanzen der Marktteilnehmer dar. Wir nehmen an, dass Kapitalgeber nur Eigenkapital besitzen, das sie in Real- und Finanzvermögen anlegen. Kapitalnehmer (z. B. Unternehmen) sind mit Eigen- und Fremdkapital ausgestattet, das in Anlage- und Umlaufvermögen angelegt wird. Ohne den Finanzintermediär „Bank", d. h. gemäß der Überlegungen des vorigen Kapitels, würden die Kapitalanleger als Finanzvermögen Eigen- und Fremdkapitaltitel der Kapitalnehmer besitzen.

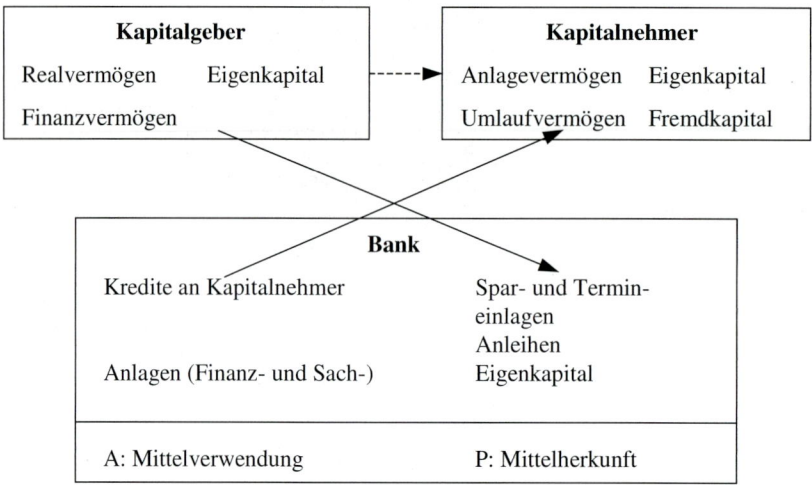

Abb. A3.1: Tätigkeit des Finanzintermediärs Bank

Abbildung A3.1 zeigt, wie der Finanzintermediär „Bank" an die Stelle des Finanzmarktes tritt. Er nimmt das Kapital der Kapitalgeber in Form von Einlagen (Spar- und Termineinlagen), Anleihen und Eigenkapital auf. Weitergegeben an Kapitalnehmer wird es in Form von Krediten und Finanzanlagen. Diese Tätigkeiten werden auch in der Bilanz der Bank deutlich. Auf der Passivseite wird die Herkunft der Mittel dargelegt, während die Aktivseite die Verwendung der Mittel zeigt.

Abbildung A3.2 zeigt, dass sich diese einfachen Überlegungen auch in den realen Bilanzen von Banken wieder finden. Die Bilanz der Hamburger Sparkasse AG von Ende 2008 zeigt auf der Passivseite, in welchem Ausmaß Mittel von anderen Kreditinstituten und Kunden in Form von Spar-, Termineinlagen oder Schuldverschreibungen, die in den Verbindlichkeitspositionen enthalten sind, zur Verfügung stehen.[1] Auf der Aktivseite finden wir u. a. Kredite, die in den Forderungspositionen enthalten sind. Finanzanlagen verteilen sich auf mehrere der

---

[1] Wir verzichten an dieser Stelle auf die Definition der Begriffe, vgl. zu allgemeinen Begriffen etwa GRILL und PERCZYNSKI (2009), zu bankspezifischen Begriffen die entsprechenden Kapitel dieses Buches.

aufgeführten Rubriken, während Sachanlagen in der Rubrik sonstige Aktiva enthalten sind. (Näheres zur Bilanzierung finden Sie in Teil M.)

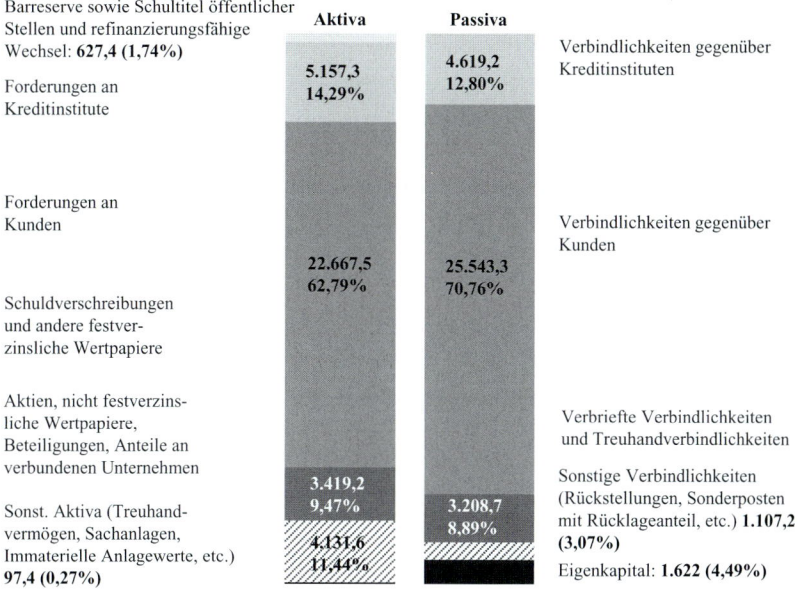

Abb. A3.2: Bilanz der Hamburger Sparkasse AG, Stand: 31.12.2008 (Beträge in Mio. €)

Quelle: HAMBURGER SPARKASSE (2008).

In Abbildung A3.1 haben wir die Bank als speziellen Finanzintermediär kennen gelernt und Leistungen der Bank definiert. Ein Ökonom, der an der Abbildung der Leistungserstellung interessiert ist, kann jetzt die Frage stellen, wie die Produktionsfunktion einer Bank lautet. Bei einem Industrieunternehmen im produzierenden Sektor ist die Antwort einfach: aus Rohstoffen und Vorfabrikaten, Kapital und Arbeit (Input) erstellt das Unternehmen Fertigfabrikate (Output). Für Banken ist jedoch nicht sofort zu beantworten, welche Größen als Input und welche als Output angesehen werden können.

Abbildung A3.1 legt nahe, dass Einlagen Inputfaktoren darstellen, die durch die Bank zu Krediten, d. h. Output „verarbeitet" werden. Alternativ lässt sich argumentieren, dass (Eigen-)Kapital und Arbeit als alleinige Inputfaktoren der Bank angesehen werden. Diese Inputfaktoren mobilisieren Depositen und vergeben Kredite. Die erste Sichtweise betont die Transformationsleistung der Bank, die zweite Sichtweise stellt ein relativ unabhängiges Management des Aktiv- und Passivgeschäftes in den Vordergrund. Etwas Nachdenken zeigt sofort, dass eine Synthese beider Sichtweisen den Produktionsprozess der Bank am besten beschreibt (vgl. z. B. die Diskussion bei BETGE (1996), S. 6ff.). Die Wahl der Produktionsfunktion wird besonders relevant, wenn wir Fragen der Effizienzmessung und damit auch Fragen nach der optimalen Betriebsgröße von Banken diskutieren (vgl. Abschnitt A4.5.1).

Im zweiten Kapitel haben wir die Transformationsleistungen des Marktes analysiert. Wir wollen jetzt diese Transformationsfunktionen aufgreifen und untersuchen, ob und wie der spezielle Finanzintermediär „Bank" diese Leistungen im Bereich des Commercial Banking erbringt. Wir werden dabei auch die Risiken aus Transformationsleistungen ansprechen, die den Banken in aller Regel entgolten werden. Bei der Betrachtung des internen Rechnungswesens und der Banksteuerung (vgl. Teil L und Kapitel F4) wird es wichtig sein, sich an diese Risiken zu erinnern, wenn einzelnen Bankgeschäften (Bankleistungen) Erfolgsbeiträge zugerechnet werden sollen.

Losgrößentransformation

Einzelne Kredite und Einlagen müssen in ihrer Höhe nicht übereinstimmen. Einem Millionenkredit kann beispielsweise eine große Zahl von Spareinlagen armer Beamter gegenüberstehen. Generell ist keine Zuordnung von einzelnen Einlagen zu individuellen Krediten möglich. Die Summen der Einlagen und der Kredite stellen je einen Pool dar. Durch diese Poolbildung betreibt die Bank Losgrößentransformation.

Fristentransformation

Die Bank betreibt Fristentransformation, da die Fristigkeitsstruktur auf der *Aktivseite* (im Wesentlichen die Struktur der Forderungen) in aller Regel nicht mit der Struktur der *Passivseite* (im Wesentlichen die Struktur der Einlagen) übereinstimmt. Denken Sie an die meisten Spareinlagen, die der Bank formal für einen Zeitraum von drei Monaten zur Verfügung stehen, und an Kredite, die die Bank langfristig ausgeliehen hat. Oder denken Sie an Überziehungskredite, die kurzfristig kündbar sind, und langfristige, von der Bank emittierte Anleihen. Aufgrund der mit Sparern und Kreditnehmern vereinbarten Kontrakte trägt die Bank das aus der Fristentransformation resultierende Risiko.

Bei ihrer Tätigkeit hat die Bank darauf zu achten, dass die Strukturen der Aktiv- und Passivseite so gestaltet werden, dass aus den unterschiedlichen Fristigkeitsstrukturen beider Bilanzseiten keine Ertrags- oder Liquiditätsprobleme für sie entstehen. Dabei ist zu berücksichtigen, dass Fristigkeiten, die aus rechtlichen Gegebenheiten resultieren (Kündigungsfrist bei Krediten und Einlagen), oft nicht mit den tatsächlichen Fristen übereinstimmen. So ist ein Überziehungskredit de jure kurzfristig, wird de facto aber mittel- oder langfristig gewährt. *Liquiditätsprobleme* entstehen, wenn die Bank zurückgeforderte Einlagen nicht zurückzahlen kann. *Ertragsprobleme* können auftreten, wenn die Bank Fristentransformation betreibt und durch sich ändernde Zinssätze gezwungen wird, Kredite billiger als geplant zu vergeben oder für Einlagen mehr als geplant zu zahlen *(Zinsänderungsrisiko)*. Wie die Bank die Risiken aus Fristentransformation in den Griff bekommt, ist ein wesentlicher Bestandteil der Banktheorie und des Bankmanagements und wird uns in verschiedenen Abschnitten des Buches noch eingehend beschäftigen.

Die Fristentransformation ist für die Bank nicht ohne Risiko. Existieren langfristige Forderungen, die durch de jure kurzfristige Einlagen finanziert werden, besteht die Gefahr eines *Bank Run*. Zieht ein Sparer seine Einlagen ab, schrumpfen die liquiden Mittel der Bank, d. h. die Bilanz wird verkürzt.[2] Durch das Schrumpfen der liquiden Mittel wird das Risiko einer Illiquidität größer und weitere Einleger werden ihre Mittel abziehen, wodurch wiederum die Liquidität der Bank verringert wird. Nun werden noch mehr Einleger „zur Bank rennen", was zur Folge hat, dass die Bank schließlich wirklich illiquide wird. Wer sich die Bilder von Menschenmassen vor geschlossenen Bankhäusern in Erinnerung ruft (z.B. Northern Rock), wird die Relevanz des Bank Run Problems bejahen. Ausführlicher werden wir Möglichkeiten zur Erklärung von Bank Runs in Teil D betrachten.

Risikotransformation

Im Bereich der Risikotransformation leistet die Bank Erstaunliches: Sie verwandelt unsichere Kredite in (beinahe) sichere Einlagen, d. h. sie trägt der Vorstellung der Einleger Rechnung, dass die Einlagen sicher sein sollen und akzeptiert die Situation der Kreditnehmer, die nur unsichere Rückzahlungen bieten können. Die Bank erreicht diese wichtige Leistung durch Portefeuillebildung, Überwachung der Kredite (Monitoring), Haftung durch Eigenkapital und entsprechende Vertragsgestaltung mit Sparern und Kreditnehmern. Die Bank trägt das Kreditausfallrisiko und wird entsprechend dafür kompensiert. Ausführlich wird die Risikotransformation in den Teilen B und C betrachtet.

Stellen Sie sich vor, mehrere mittelständische Unternehmen würden direkt Kredite von tausend Kleinsparern erhalten. Nehmen wir an, dass das Problem der Losgrößentransformation gelöst wäre. Gegenüber dem Bankkredit besteht dann noch der Nachteil, dass jeder Kreditgeber den Kreditnehmer eigenständig überwachen müsste. In aller Regel werden die Rückzahlungen aus dem Kredit nicht sicher sein. Eine Diversifikation der Kredite der Kleinsparer (jeder Kleinsparer vergibt einen Kredit an jedes Unternehmen) würde den Überwachungsaufwand noch weiter erhöhen. Wir werden in Teil B sehen, dass Banken im Bereich der Risikotransformation entscheidende Vorteile gegenüber Märkten besitzen. Eine ausführliche Diskussion der Rolle der Banken bei der Risikoallokation findet sich in Hellwig (1998b).

Sonstige Bankleistungen

Im bisherigen Verlauf dieses Abschnitts haben wir die Bank als Finanzintermediär definiert, der Transformationsleistungen für Kapitalgeber und -nehmer erbringt. Historisch gesehen standen jedoch Umtausch-, Zahlungs- und Depotfunktion im Vordergrund. Die Umtauschfunktion spiegelt sich in den Worten für Bank wider (vgl. Freixas und Rochet (2008)). Das griechische Wort für Bank, „trapeza", bezeichnet die Waage, mit der Geldwechsler den Edelmetallgehalt von Münzen bestimmten. Mit dem italienischen Wort „banco" wird die

---

[2] Zur Vereinfachung sei angenommen, dass Kredite nicht rechtzeitig zurückgefordert werden können.

Bank bezeichnet, auf die die Geldwechsler die zu tauschenden Münzen legten. Die Depot- und Zahlungsfunktion wurde im Mittelalter von den damaligen Banken im großen Ausmaß vorgenommen (vgl. SÜCHTING und PAUL (1998)). Interessierte Leser von Wildwestgeschichten werden den dortigen Banken auch primär Depot- und Zahlungsfunktion als Leistungen zurechnen.

Bei Risiko- und Fristentransformation geht eine Bank Risiken ein, für die sie auch entlohnt werden möchte. Bei Wahrnehmung der Umtausch-, Zahlungs- und Depotfunktion übernimmt sie praktisch keine Risiken, sieht man vom Wechselkursrisiko für erhaltene Geldbestände in ausländischer Währung oder das im Allgemeinen von Versicherungen getragene Risiko eines Banküberfalls ab. Dieser Dienstleistungscharakter wird bei der Kalkulation der Leistungen berücksichtigt werden müssen (vgl. hierzu Teil L).

In diesem Buch werden wir primär das Kredit- und Einlagengeschäft und damit die Transformationsleistungen der Bank betrachten. Diese Geschäfte erbringen den weitaus größten Ergebnisbeitrag im Commercial Banking. Alles über Kredite und Einlagen erfahren Sie in den Teilen C und D. Einige Aspekte der Umtausch-, Zahlungs- und Depotfunktion finden sich im Teil E. Die Frage nach dem Zusammenhang dieser Leistungen werden wir in Teil F aufgreifen.

A3.1.2 Investment Banking

In der bisherigen Definition wurden Banken als Finanzintermediäre im engeren Sinne gesehen. Banken können zusätzlich als Finanzintermediäre im weiteren Sinne betrachtet werden. In der Investment Banking Funktion, die dieser weiteren Interpretation entspricht, unterstützt die Bank den Handel an Finanzmärkten. Es ist eine Frage der Terminologie, ob alle Tätigkeiten von Finanzintermediären als Banktätigkeiten anzusehen sind oder nicht, d. h. ob Banken als im Wesentlichen identisch mit Finanzintermediären im weiteren Sinn anzusehen sind.

Die Frage nach der Definition des speziellen Finanzintermediärs „Bank" könnten Sie jetzt als betriebswirtschaftliche Klassifikationsübung betrachten. Banken sind jedoch vom Gesetzgeber sehr stark reguliert, und die Tatsache, dass ein Unternehmen dieser Regulierung unterliegt, kann große Auswirkungen auf dessen Geschäftspolitik haben (vgl. ausführlich Teil G). Aus diesem Grund muss der Gesetzgeber Finanzintermediäre und insbesondere Banken klar definieren und abgrenzen. Wir werden diese Überlegungen im Abschnitt A3.2, in dem die deutsche Legaldefinition der Banken angesprochen wird, wieder aufgreifen. An dieser Stelle sei nur ein Überblick über die Bankleistungen im Investment Banking Bereich gegeben (vgl. ausführlicher Teil E).

Die Rolle einer Bank besteht auch darin, den *Handel von Finanzkontrakten* zu ermöglichen oder zu erleichtern. Betrachten wir zunächst die Primärmärkte, so unterstützen Banken im Rahmen ihrer Investment Banking Aktivität Unternehmen und andere Institutionen bei der *Emission* von Fremd- und Eigenkapital. Sie helfen auch allgemein Kapitalnehmern bei der Suche nach Kapitalgebern.

Als weitere Vermittlungsleistung kann die Tätigkeit im Bereich von *Mergers and Acquisitions* betrachtet werden.

Beim Handel an den Finanzmärkten hat die Investment Bank eine Reihe weiterer Funktionen, die sich schwerpunktmäßig auf den Sekundärmärkten auswirken. Sie hilft dem Kunden durch Beratung und führt seine Aufträge aus, oder sie übernimmt direkt die Vermögensverwaltung des Kunden (Asset Management). Sie erleichtert den Handel, indem sie eine Market Maker Funktion ausübt, d. h. sie stellt An- und Verkaufspreise für ausgewählte Finanzkontrakte und tritt dabei selbst als Kontraktpartner ein. Einen wichtigen Bereich des Investment Banking stellt der Eigenhandel der Banken dar. Moderne Investment Banken handeln in allen Finanzmärkten und in wesentlichen Märkten für standardisierte Güter, d. h. sie handeln in Eigen- und Fremdkapitaltiteln, Metallkontrakten, Kontrakten auf sonstige Waren (wie Schweinebäuche) und am Geldmarkt, wobei die originären Titel sowie die darauf aufbauenden Derivate gehandelt werden (vgl. Teil E). Mit dem Eigenhandel versucht die Bank, ihren Gewinn zu steigern, wodurch im Markt die Liquidität erhöht und der Handel für die anderen Marktteilnehmer erleichtert wird.

Erinnern Sie sich an die in Abbildung A3.2 präsentierte Bilanz der Hamburger Sparkasse. Tätigkeiten aus dem Investment Banking Bereich spiegeln sich dort nur unvollständig wider. Dies ist darauf zurückzuführen, dass der Bereich des Investment Banking zum Teil als Dienstleistungsbereich angesehen und nicht im traditionellen Bilanzschema abgebildet werden kann. Weiterhin wird zwar ein Wertpapierbestand ausgewiesen, was aber zwischen den Bilanzstichtagen passiert, ist – wie auch bei Industrieunternehmen – nicht aus der Bilanz zu ersehen. Denken Sie an die Risiken, die im Handel mit Derivaten enthalten sind. Die im Investment Banking Bereich anfallenden Risiken müssten transparent gemacht werden. Hilft eine Bank einem Unternehmen bei der Emission einer Kapitalerhöhung, steht ihre Reputation mit auf dem Spiel, mit der sie explizit oder implizit für die Qualität der Emission bürgt. Noch deutlicher wird die Risikoübernahme, falls sich die Bank verpflichtet, einen Teil der Emission zu platzieren oder gar die Emission zunächst selbst zu übernehmen. Dass Risiken beim Handel oder beim Market Making anfallen, versteht sich von selbst. Wir werden im Rahmen des externen Rechnungswesens (vgl. Teil M) darauf eingehen, wie diese Risiken in der Rechnungslegung berücksichtigt werden.

A3.1.3 Commercial Banking, Investment Banking und Finanzmärkte

Die kurze historische Betrachtung des Schwerpunkts der Aktivitäten von Banken im vorletzten Abschnitt zeigte schon den starken Wandel der Schwergewichte in der Arbeit der Banken. Entsprechend stehen Commercial Banking, Investment Banking, Aktivitäten anderer Finanzintermediäre und Angebote der Finanzmärkte in einem permanenten Wettbewerb, der sich in umkämpften Marktanteilen demonstriert. Gewinnen wird jeweils die Institution, die Leistungen zu den für die Kunden günstigsten Konditionen erbringt. Denken Sie an die Finanzierung der Straßenbrücke zwischen Malaysia und Singapur. Zunächst könnte eine

Commercial Bank einen „einfachen" Kredit für diese Investition bereitstellen. Die Vermittlung eines Kapitalgebers, wie von der Investment Bank vorgenommen, stellt eine Alternative dazu dar. Weiterhin wäre denkbar, dass eine Investment Bank hilft, eine Anleihe zur Finanzierung zu platzieren, oder der Kapitalnehmer sich direkt an den Kapitalmarkt wendet.

An verschiedenen Stellen des Lehrbuches werden wir die Frage nach der besten Form der Intermediation und die Frage nach dem Verhältnis Intermediär vs. Markt wieder aufgreifen. Wir werden sehen, dass im Moment ein Trend hin zu Marktlösungen besteht. Selbst im Kernbereich des Commercial Banking, dem Kreditgeschäft, wird versucht, Kreditrisiken handelbar zu machen, um so zu einer besseren Allokation oder durch Diversifikation zu einer Reduktion der Risiken zu gelangen. Verliert das Commercial Banking an Gewicht, müssen dessen Erträge – im Wesentlichen resultierend aus der Spanne zwischen Soll- und Habenzins – durch Gebühren für konkrete Beratungsleistungen ersetzt werden (vgl. HELLWIG (1994)). Im obigen Kreditbeispiel wird der Kreditnehmer die höheren Zinszahlungen beim Kredit mit den Gebühren für die Vermittlung der direkten Kapitalgeber vergleichen.

Während Märkte immer wichtiger zu werden scheinen, macht diese Entwicklung Intermediäre nicht überflüssig. Vielmehr ist zu beobachten, dass Märkte immer komplexer und riskanter werden, so dass Kapitalgeber und -nehmer Intermediäre benötigen, um mit deren Hilfe auf Märkten handeln zu können. ALLEN und SANTOMERO (1998) sprechen in diesem Zusammenhang davon, dass das traditionelle, in Abbildung A1.1 dargestellte Paradigma (Finanzmärkte und Finanzintermediäre zwischen Kapitalgebern und -nehmern) abgelöst werden wird. Steht dort der Intermediär in Konkurrenz zum Markt, schiebt er sich gemäß der von ALLEN und SANTOMERO (1998) vorgeschlagenen Denkweise zwischen Kapitalgeber (bzw. -nehmer) und Markt. Abbildung A3.3 verdeutlicht diese Betrachtungsweise. Nur wenige Kapitalgeber und -nehmer handeln direkt am Markt, während die meisten Transaktionen über Finanzintermediäre laufen.

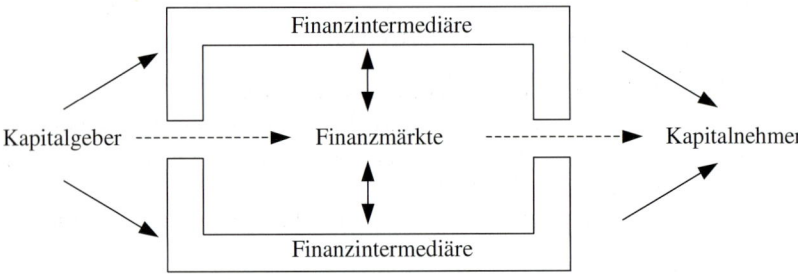

Abb. A3.3: Finanzintermediäre zwischen Kapitalgebern (-nehmern) und Finanzmärkten

Wir möchten die Diskussion über das zukünftige Mit- und Gegeneinander von Markt und Intermediation jetzt verlassen und auch die weiterführende Frage nach dem optimalen Finanzsystem nicht stellen. Falls Sie die Frage interessiert, können Sie Antworten bei ALLEN und SANTOMERO (1998), ALLEN und GALE (1997), HELLWIG (1997) und HELLWIG (1998b) finden.

Das globale Finanzsystem hat sich durch die Krise, die im Sommer 2007 als US-Immobilienkrise begann und sich zu der schwersten Weltwirtschaftskrise seit der Großen Depression entwickelt hat, und die Reaktion der Banken, Politiker und Regulierer bereits substanziell verändert.Wir werden an verschiedenen Stellen in diesem Buch die aktuellen Entwicklungen und deren Bedeutung aufgreifen. Möchten Sie über die Zukunft der Banken und neue Formen der Intermediation spekulieren, ist es auch hilfreich, die Vergangenheit zu kennen. Hierzu sei an dieser Stelle auf die Literatur verwiesen. POHL (1993) beschreibt die Entstehung des Universalbankensystems seit der Mitte des 19. Jahrhunderts. FRANKE (1993) gibt einen Überblick über die Entwicklung der Finanzmärkte in der Nachkriegszeit. Eine vergleichende Betrachtung der Entwicklung der Banken in Abhängigkeit von den in den einzelnen Ländern herrschenden gesellschaftlichen Bedingungen findet sich bei TILLY (1989).

A3.1.4 Banken im vollkommenen Kapitalmarkt

Wir haben uns in diesem Abschnitt bisher für die Transformationsleistungen von Banken interessiert und Banken insbesondere im Vergleich zu Finanzmärkten definiert. Wir werden diese Leistungen in den folgenden Teilen des Buches auch theoretisch weiter untersuchen. Dazu wollen wir schon in diesem einleitenden Teil diskutieren, welcher theoretische Rahmen bei der Modellbildung vorherrschen sollte.

Betrachten wir vereinfachend wie in Abbildung A3.1 Banken als Finanzintermediäre, die in Konkurrenz zu Märkten stehen und die Spareinlagen annehmen und Kredite vergeben. Wie in der Finanzierungstheorie üblich könnten wir als theoretischen Rahmen auf den vollkommenen Kapitalmarkt zurückgreifen. Dieser ist durch die folgenden Annahmen definiert:

- Es gibt keine Friktionen durch Transaktionskosten oder Steuern. Alle Güter sind beliebig handelbar und teilbar, d. h. es bestehen insbesondere keine Beschränkungen bei der Aufnahme und Anlage von Kapital.
- Es herrscht vollkommener Wettbewerb.
- Der Markt ist informationseffizient, d. h. die Marktpreise spiegeln die verfügbare Information korrekt wider.
- Die Marktteilnehmer sind Erwartungsnutzenmaximierer.

Aus diesen Aussagen folgt, dass ein Finanzkontrakt zu jedem Zeitpunkt einen wohldefinierten Preis besitzt. Dieser Preis gilt für jeden Marktteilnehmer unabhängig davon, ob er als Käufer oder Verkäufer auftritt; weiterhin gibt es niemanden, der den Preis zu seinen Gunsten manipulieren kann (vgl. z. B. SCHMIDT (1999)).

Mittels eines einfachen Modells, das im Wesentlichen Abbildung A3.1 formalisiert und Kapitalgeber, -nehmer, vollkommene Finanzmärkte und Banken
betrachtet, leiten FREIXAS und ROCHET (2008) die folgenden Resultate ab:

- Im Gleichgewicht ist der Gewinn der Banken gleich null.
- Das Verhalten von Sparern und Unternehmen wird im Gleichgewicht nicht
  durch Aktivitäten der Banken beeinflusst.

Das zweite Resultat ist erstaunlich und besagt, dass Banken keinen Einfluss
auf Spar- und Investitionsentscheidungen von Kapitalanlegern und -nachfragern
ausüben. Die unmittelbare Konsequenz dieses Resultats ist, dass der Rahmen des
vollkommenen Kapitalmarktes für die Untersuchung von Banken nicht geeignet
ist. In einer Welt, die Annahmen zugrunde legt, wie sie auch im Capital Asset
Pricing Model und der Optionspreistheorie getroffen werden, kommt Banken
keine spezielle Rolle zu!

Wir müssen daher bei den weiteren theoretischen Überlegungen jeweils sicherstellen, dass wir vom (unrealistischen, aber verbreiteten) Konzept des vollkommenen Marktes abweichen. Wir werden dies tun, indem wir Marktfriktionen wie
Transaktionskosten berücksichtigen. Als wichtigste Abweichung werden wir die
Annahme der Informationseffizienz fallen lassen und asymmetrische Information
betrachten. Darunter wird die Tatsache verstanden, dass Handelsparteien unterschiedliche Informationen besitzen und sich diese nicht oder nur zum Teil im
Preis widerspiegeln bzw. kein Marktpreis für das Gut existiert. Asymmetrische
Information tritt beispielsweise bei Krediten auf, bei denen der Kreditnehmer
in aller Regel mehr über seine Fähigkeiten und vor allem seine Bereitschaft zur
Tilgung als die Bank weiß. Informationsasymmetrie führt unmittelbar zu Anreizproblemen. Wenn der Kreditgeber die finanzielle Lage und die Handlungsmöglichkeiten des Kreditnehmers nicht mehr beurteilen kann, muss er für den
Kreditnehmer Anreize schaffen, damit sich dieser im Sinne des Kreditgebers verhält (Genaueres finden Sie in Teil B).

A3.2 Legaldefinition des Unternehmenstyps „Bank"

In der ganzen Welt gehören Banken zu den stark regulierten Unternehmenstypen.
Es ist daher unbedingt notwendig, eine Legaldefinition des Unternehmenstyps
„Bank" vorzunehmen, um so zu wissen, auf welche Unternehmen sich welche
Regulierungsanforderungen erstrecken. Die deutsche Legaldefinition für Banken,
synonym für Kreditinstitute, findet sich im §1 Abs. 1 des Kreditwesengesetzes
(KWG). Im Folgenden werden die einzelnen Bankgeschäfte aufgeführt, wobei die
Reihenfolge aus didaktischen Gründen geändert wurde.

§1 Begriffsbestimmung: Kreditinstitute sind Unternehmen, die Bankgeschäfte
gewerbsmäßig oder in einem Umfang betreiben, der einen in kaufmännischer
Weise eingerichteten Geschäftsbetrieb erfordert. Bankgeschäfte sind:

1. die Annahme fremder Gelder als Einlagen oder anderer unbedingt rückzahlba-
   rer Gelder des Publikums, sofern der Rückzahlungsanpruch nicht in Inhaber-

oder Orderschuldverschreibungen verbrieft wird, ohne Rücksicht darauf, ob Zinsen vergütet werden *(Einlagengeschäft)*;

2. die in §1 Abs. 1 Satz 2 des Pfandbriefgesetzes bezeichneten Geschäfte *(Pfandbriefgeschäft)*;
3. die Gewährung von Gelddarlehen und Akzeptkrediten *(Kreditgeschäft)*;
4. der Ankauf von Wechseln und Schecks *(Diskontgeschäft)*;
5. die Eingehung der Verpflichtung, zuvor veräußerte Darlehensforderungen vor Fälligkeit zurückzuerwerben;
6. die Übernahme von Bürgschaften, Garantien und sonstigen Gewährleistungen für andere *(Garantiegeschäft)*;
7. die Durchführung des bargeldlosen Zahlungsverkehrs und des Abrechnungsverkehrs *(Girogeschäft)*;
8. die Ausgabe und die Verwaltung von elektronischem Geld *(E-Geld-Geschäft)*.
9. die Anschaffung und Veräußerung von Finanzinstrumenten[3] im eigenen Namen für fremde Rechnung *(Finanzkommissionsgeschäft)*;
10. die Verwahrung und die Verwaltung von Wertpapieren für andere *(Depotgeschäft)*;
11. die Übernahme von Finanzinstrumenten für eigenes Risiko zur Platzierung oder die Übernahme gleichwertiger Garantien *(Emissionsgeschäft)*;

Bei der Definition fällt zunächst auf, dass die Bankgeschäfte explizit aufgeführt werden. Zur genaueren Definition der einzelnen Geschäfte möchten wir Sie auf die Teile C bis E verweisen. Erklärungen dieser und weiterer Begriffe bieten BÜSCHGEN und BÖRNER (2003), EILENBERGER (1996) und GRILL und PERCZYNSKI (2009). Wesentliche Elemente der Bankdefinition aus dem Abschnitt Commercial Banking finden sich in den Geschäften 1 – 8 wieder, wie auch die Bezeichnung „Kreditinstitut" diese Geschäfte nahelegt. Die in 9 – 11 aufgeführten Geschäfte sind dem Investment Banking zuzurechnen.

Bei der Definition fällt weiter auf, dass wichtige Geschäfte fehlen. So stellt Leasing, die entgeltliche Überlassung von Investitions- und Gebrauchsgütern, eine weit verbreitete, dem Kredit stark verwandte Leistung dar. Auch der Eigenhandel, zentral für das Investment Banking, kommt nicht vor. Die 2002 angepasste Definition zeigt aber auch, dass der Gesetzgeber bestrebt ist, neuen technologischen Entwicklungen Rechnung zu tragen. Das inzwischen neu aufgenommene Geschäft 11 soll es dem Bundesaufsichtsamt ermöglichen, auch den Zahlungsverkehr moderner Art zu kontrollieren.

Eine Ausgrenzung von Geschäften und eine fehlende internationale Harmonisierung können zu Wettbewerbsverzerrungen führen. Stellen Sie sich vor, ein Kreditinstitut (gemäß §1 KWG) würde Leasinggeschäfte betreiben und mit einem Unternehmen konkurrieren, das auch Leasinggeschäfte anbietet, jedoch kein Kreditinstitut gemäß der Legaldefinition ist. Da Kreditinstitute stark reguliert werden und diese Regulierung zusätzlichen Aufwand verursacht, kann ein Wett-

---

[3] In Abs. 11 werden Finanzinstrumente als Wertpapiere (z. B. Aktien, Schuldverschreibungen, Genuss- und Optionsscheine), Geldmarktinstrumente, Devisen oder Rechnungseinheiten sowie Derivate (als Fest- oder Optionsgeschäfte ausgestaltete Termingeschäfte) definiert.

bewerbsnachteil gegenüber nicht regulierten Unternehmen auftreten. Analoge
Überlegungen lassen sich auch für die internationale Harmonisierung anstellen.

Zwei prinzipielle Sichtweisen sind denkbar. Die erste besagt, dass identische
Geschäfte (d. h. identisches Risiko) unabhängig von der Institution identisch zu
regulieren sind: das Leasinggeschäft wäre demnach bei einer Bank genau so zu
regulieren wie bei einem produzierenden Unternehmen, das Leasing als speziellen
Service anbietet. Die zweite Sichtweise sieht die Institution im Vordergrund und
erlaubt, unterschiedliche Institutionen auch unterschiedlich zu regulieren. Das
Besondere jeder Institution wird so berücksichtigt und der Wettbewerb zwischen
den Institutionen um die beste Form der Intermediation gefördert.

Der Gesetzgeber folgt der ersten Sichtweise und hat dementsprechend die Begriffe *„Finanzdienstleistungsinstitut"* und *„Finanzunternehmen"* geprägt. Beide
Begriffe definieren Unternehmen, die keine Kreditinstitute sind, jedoch Geschäfte
tätigen, die wir als Geschäfte eines Finanzintermediärs im weiteren Sinn bezeichnen würden.[4] Viele der im KWG aufgeführten Regelungen gelten für Kreditinstitute und für Finanzdienstleistungsinstitute gleichermaßen. Dies wird durch §1
Abs. 1b KWG verdeutlicht, der Institute im Sinne des KWG als Kreditinstitute
und Finanzdienstleistungsinstitute definiert. Finanzinstitute sind eine Restmen-
ge der Unternehmen des Finanzsektors, die nicht direkt, sondern allenfalls im
Rahmen von Unternehmensgruppen reguliert werden. Beachten Sie, dass die in
den folgenden Definitionen aufgeführten Geschäfte einen breiten Rahmen der
Leistungen abdecken, die wir im Abschnitt A3.1 als Leistungen von Finanzintermediären kennen gelernt haben.

Nach §1a des KWG sind Finanzdienstleistungsinstitute Unternehmen, die Finanzdienstleistungen für andere gewerbsmäßig oder in einem Umfang erbringen,
der einen in kaufmännischer Weise eingerichteten Geschäftsbetrieb erfordert, und
die keine Kreditinstitute sind. Finanzdienstleistungen im Sinne des Gesetzes sind
u.a.:

1. die Vermittlung von Geschäften über die Anschaffung und die Veräußerung
   von Finanzinstrumenten *(Anlagevermittlung)*;
2. die Abgabe von persönlichen Empfehlungen an Kunden oder deren Vertreter,
   die sich auf Geschäfte mit bestimmten Finanzinstrumenten beziehen, sofern
   die Empfehlung auf eine Prüfung der persönlichen Umstände des Anlegers
   gestützt oder als für ihn geeignet dargestellt wird und nicht ausschließlich über
   Informationsverbreitungskanäle oder für die Öffentlichkeit bekannt gegeben
   wird *(Anlageberatung)*;
3. der Betrieb eines multilateralen Systems, das die Interessen einer Vielzahl
   von Personen am Kauf und Verkauf von Finanzinstrumenten innerhalb des
   Systems und nach festgelegten Bestimmungen in einer Weise zusammenbringt,
   die zu einem Vertrag über den Kauf dieser Finanzinstrumente führt *(Betrieb
   eines mulitlateralen Handelssystems)*;
4. das Platzieren von Finanzinstrumenten ohne feste Übernahmeverpflichtung
   (Platzierungsgeschäft);

---

[4] Fällt ein Unternehmen aufgrund der getätigten Geschäfte in die Kategorien Finanzdienstleistungsinstitut (bzw. Finanzinstitut) und Kreditinstitut, ist es als Kreditinstitut anzusehen.

5. die Anschaffung und Veräußerung von Finanzinstrumenten im fremden Namen für fremde Rechnung *(Abschlussvermittlung)*;
6. die Verwaltung einzelner in Finanzinstrumenten angelegter Vermögen für andere mit Entscheidungsspielraum *(Finanzportfolioverwaltung)*;
7. die Anschaffung und Veräußerung von Finanzinstrumenten für eigene Rechnung als Dienstleistung für andere *(Eigenhandel)*;
8. die Vermittlung von Einlagegeschäften mit Unternehmen mit Sitz außerhalb des Europäischen Wirtschaftsraums *(Drittstaateneinlagevermittlung)*;
9. die Besorgung von Zahlungsaufträgen *(Finanztransfergeschäft)*;
10. der Handel mit Sorten *(Sortengeschäft)*;
11. Kreditkarten und Reiseschecks auszugeben oder zu verwalten *(Kreditkartengeschäft)*, es sei denn, der Kartenemittent ist auch der Erbringer der dem Zahlungsvorgang zugrunde liegenden Leistung;
12. die Anschaffung und die Veräußerung von Finanzinstrumenten für eine Gemeinschaft von Anlegern, die natürliche Personen sind, mit Entscheidungsspielraum bei der Auswahl der Finanzinstrumente, sofern dies ein Schwerpunkt des angebotenen Produktes ist und zu dem Zweck erfolgt, dass diese Anleger an der Wertentwicklung der erworbenen Finanzinstrumente teilnehmen *(Anlageverwaltung)*.

Anhand der Geschäfte wird deutlich, dass Finanzdienstleistungsunternehmen das deutsche Äquivalent für Wertpapierfirmen (Investment Banks) darstellen.

Finanzunternehmen sind Unternehmen, die keine Institute und keine Kapitalanlagegesellschaft oder Investmentaktiengesellschaft sind, und deren Haupttätigkeit darin besteht, (§1 Abs. 3 KWG):

1. Beteiligungen zu erwerben und zu halten,
2. Geldforderungen entgeltlich zu erwerben,
3. Leasing-Objektgesellschaft im Sinne des §2 Abs. 6 Satz 1 Nr. 17 zu sein,
4. (aufgehoben)
5. mit Finanzinstrumenten für eigene Rechnung zu handeln,
6. andere bei der Anlage in Finanzinstrumenten zu beraten,
7. Unternehmen über die Kapitalstruktur, die industrielle Strategie und die damit verbundenen Fragen zu beraten sowie bei Zusammenschlüssen und Übernahmen von Unternehmen diese zu beraten und ihnen Dienstleistungen anzubieten oder
8. Darlehen zwischen Kreditinstituten zu vermitteln *(Geldmaklergeschäfte)*.

Um den Möglichkeiten der Konzernbildung Rechnung zu tragen, hat der Gesetzgeber in §1 Abs. 3a und 3b KWG unter anderem die Begriffe „Finanzholding" und „Gemischte Unternehmen" definiert. Das Ausmaß der Regulierung (vgl. Teil G) hängt davon ab, welcher Kategorie eine Unternehmung zugeordnet wird. Finanzholdinggesellschaften sind Finanzunternehmen, deren Tochterunternehmen ausschließlich oder hauptsächlich Kredit- bzw. Finanzdienstleistungsinstitute oder Finanzunternehmen sind und die mindestens ein Einlagenkreditinstitut oder eine Wertpapierfirma als Tochterunternehmen besitzen. Ein gemischtes Unternehmen ist ein Unternehmen, das weder ein Kredit- oder Finanzdienstleistungsinstitut noch eine Finanzholding ist, jedoch mindestens ein Kredit- oder

Finanzdienstleistungsinstitut als Tochterunternehmen besitzt. Warenhauskonzerne mit angeschlossener Bank gehören zu dieser Kategorie von Unternehmen.

Mit der fünften und sechsten Novelle haben sich wesentliche Herausforderungen, die die Internationalisierung der Banken an den Gesetzgeber gestellt hat, im Kreditwesengesetz niedergeschlagen. Die vom Baseler Ausschuss erarbeiteten Regulierungsvorschläge haben über EU-Richtlinien und deren Anpassung Eingang in deutsches Recht gefunden. So sind die in diesem Abschnitt aufgeführten Definitionen auf eine europäische Grundlage gestellt worden. Dies ist um so wichtiger, da Zweigstellen von ausländischen Kreditinstituten in Deutschland primär der Aufsicht des Heimatlandes unterliegen (vgl. ausführlicher Teil G).

A 3.3 Universal- vs. Trennbankensystem

Die Universalbank wurde als Finanzintermediär definiert, der sämtliche Bankleistungen anbietet. In der erweiterten Definition, die dem deutschen Verständnis nahe kommt, dürfen Universalbanken auch Leistungen anbieten, die traditionell nicht zu den Bankleistungen gezählt werden. Beispiele für solche Leistungen sind Versicherungsleistungen, die Bereitstellung von Eigenkapital für Unternehmen im Nichtbankensektor oder Beratungsleistungen für Unternehmen.

Ziel dieses Abschnitts ist es, Argumente für und wider das Universalbankensystem (bzw. gegen und für das Trennbankensystem) aufzuzeigen und zu diskutieren. Wenn wir in diesem Zusammenhang vom Trennbankensystem sprechen, denken Sie an das alte US-Trennbankensystem. Die Definition des Universalbankensystems fassen wir so weit wie möglich. Einen ausführlichen Vergleich beider Systeme finden Sie in BENSTON (1994), von dem wir im Folgenden einige Argumente übernommen haben. Wir werden die Frage des optimalen Bankensystems aus der Sicht der Öffentlichkeit und des Gesetzgebers diskutieren. Aus dieser Perspektive gesehen, geben die aufgeführten Vor- und Nachteile beider Systeme auch Hinweise darauf, wie ein optimaler Gesetzesrahmen für das jeweilige Bankensystem aussehen könnte. Nachteile eines Systems können u. U. durch eine geschickte Regulierung des Bankensektors zumindest abgemildert werden.

Natürlich muss die Frage der optimalen Palette an Bankleistungen auch im Rahmen des Bankmanagements angesprochen werden. Dort muss geklärt werden, wie eine Bank einen vorgegebenen gesetzlichen Rahmen ausschöpft. So ist keineswegs gesagt, dass Banken im Universalbankensystem tatsächlich alle Finanzleistungen anbieten sollen.

Zunächst seien einige oft vorgebrachte Argumente für das Trennbankensystem aufgeführt:

- Investment Banking ist riskanter als Commercial Banking, weshalb ein Trennbankensystem die Sicherheit der Depositen unterstützt.
- Im Trennbankensystem haben Commercial Banks Zugang zu billigen Einlagen. Bei Einführung eines Universalbankensystems wäre dies ein unfairer Vorteil gegenüber Investment Banks.

- Es gibt einen Interessenkonflikt zwischen Kreditvergabe und Emissionsunterstützung, der im Trennbankensystem durch Wettbewerb gelöst wird.
- Kreditabteilungen erhalten Insiderinformationen, die sie in einer Universalbank gegenüber den Effektenabteilungen nicht oder nur schwer verheimlichen können.
- Universalbanken können schlechte Kredite durch (schlechte) Anleihen ersetzen, die sie am Markt zur Ablösung ihrer Kredite platzieren.

Gegen eine Trennung können unter anderem die folgenden Argumente vorgebracht werden:

- Die Trennung ist aufgrund von neuen Produkten und der Internationalisierung des Bankwesens nicht durchzuhalten.
- Es gibt mehr Wettbewerb bei Emissionen, falls nicht nur eine Gruppe von Banken Emissionen begeben darf.
- Der Risikoausgleich innerhalb einer Bank kann bei Universalbanken besser vorgenommen werden.
- Universalbanken besitzen bessere Subventionsmöglichkeiten (zeitweise) unrentabler Bankleistungen.
- Das Trennbankensystem ist nicht effizient, da Kreditwürdigkeitsprüfungen sowohl bei den Commercial Banks als auch bei den Investment Banks vorgenommen werden müssen.

Für jedes dieser Argumente kann sofort ein Gegenargument gefunden werden. Die Tatsache, dass der Glass-Steagall Act inzwischen zurückgenommen wurde, zeigt, dass auch Zeitströmungen und historische Erfahrungen die Beantwortung der Frage nach dem optimalen Bankensystem beeinflussen. Umso wichtiger ist es daher, empirisch fundierte Aussagen zu schaffen.

Aufgrund empirischer Arbeiten leitet BENSTON (1994) die Aussage ab, dass Universalbanken durch ihr breites Leistungsangebot am besten in der Lage sind, volkswirtschaftliche Risiken zu verarbeiten. Ob Universalbanken oder Spezialinstitute besser zur Entwicklung einer Volkswirtschaft beitragen können, darüber kann er keine Aussage treffen. Zu einer ähnlichen Schlussfolgerung kommen auch EDWARDS und FISCHER (1996), die anhand der Nachkriegsentwicklung in Großbritannien und Deutschland die Auswirkungen der unterschiedlichen Bankensysteme auf die volkswirtschaftliche Entwicklung durch umfangreiche empirische Analysen vergleichen. In einer weiteren empirischen Studie diskutieren KROSZNER und RAJAN (1994) die Validität des Arguments, dass bei Universalbanken Interessenkonflikte bei der Emissionsunterstützung bestehen. Hierbei untersuchen sie Emissionen von Universal- und Investmentbanken vor 1933, also vor dem Inkrafttreten des Glass-Steagall Acts (vgl. Abschnitt A5.1), und finden keine Evidenz, die dieses Argument stützen könnte.

Die weitergehende Frage, ob Universalbanken besser als Aktienmärkte in der Lage sind, eine effiziente Allokation von Kapital vorzunehmen, wird aufgrund mangelnder Daten wohl kaum zu beantworten sein (vgl. MAYER (1998) für einen Überblick über diese Diskussion). BENSTON (1994), S. 130, geht jedoch so weit zu sagen:

However, the existing evidence supports the view that universal banking serves to enhance the efficient deployment of capital and to reduce agency costs.

Er findet anhand der von ihm betrachteten Untersuchungen keine Belege dafür, dass Universalbanken kleinere Spezialinstitute dominieren und so diese vom Markt verdrängen. Abschließend kommt Benston zu dem Urteil, dass das Universalbankensystem geeigneter als das Trennbankensystem ist, jedoch sicherlich aus betriebswirtschaftlichen Gründen Kreditinstitute existieren, die nur einzelne Bankleistungen anbieten. Gleichzeitig gesteht er ein, dass für viele Argumente für oder gegen das Universalbankensystem zu wenige empirische Arbeiten existieren.

Die Vorteile des Universalbankensystems sind auch im Rahmen der Finanzkrise erneut diskutiert worden. In Deutschland übernahm die Deutsche Bank die Postbank, und die Commerzbank kaufte die Dresdner Bank. In den USA wurde Merrill Lynch von der Bank of America gekauft, Lehman Brothers ist bankrott, und Bear Stearns konnte nur durch die Übernahme durch J.P. Morgan Chase gerettet werden. Goldman Sachs und Morgan Stanley haben sich (freiwillig) in Bank Holding Companies umgewandelt. Damit haben alle großen amerikanischen Investmentbanken ihre eigenständige Existenz eingebüßt. Universalbanken haben auf der anderen Seite auch in Krisenzeiten Unternehmen akquiriert. Der wesentliche Vorteil des Universalbankensystems während der Finanzkrise war die Möglichkeit der Refinanzierung über Einlagen, als die Liquidität auf den Geldmärkten unzureichend bzw. nicht mehr vorhanden war.

A3.4 Corporate Governance von Banken

Die aktuelle Entwicklung auf den Finanzmärkten legt nicht nur die Krisenanfälligkeit des Finanzsystems und damit dessen Instabilität offen, sondern auch die systemische Bedeutung des Bankensektors für die Funktionsfähigkeit des gesamten Wirtschaftsgefüges. Banken wickeln wesentliche Teile des Zahlungsverkehrs ab und versorgen als Intermediär Privathaushalte und Unternehmen mit Krediten. Selbst bei den größten börsennotierten Unternehmen ist der Bankkredit immer noch die wichtigste Form der Finanzierung. Das systemische Risiko, das aus einer Bankenkrise und der Pleite einer Vielzahl von Banken entsteht, und beispielsweise zur Rationierung von Krediten an Unternehmen und Haushalten führt, zeigt die herausragende Stellung von Banken und die Notwendigkeit eines stabilen Bankensystems innerhalb der Wirtschaft auf.

Die Gefahr einer Kreditklemme als Folge der Finanzkrise ist selbst im Oktober 2009, d.h. ein Jahr nach der Pleite der Lehman-Bank noch evident. Das ifo Institut befragt beispielsweise in regelmäßigem Abstand Unternehmen nach deren Einschätzung, wie restriktiv Banken bei der Kreditvergabe sind. [5] Im Oktober

---

[5] Die Befragung basiert auf ca. 4.000 Meldungen von Unternehmen der Gewerblichen Wirtschaft. Darin enthalten sind das verarbeitende Gewerbe, das Bauhauptgewerbe, der Großhandel und der Einzelhandel. Die Unternehmen werden gebeten, ihr Urteil auf folgende Frage abzuge-

2009 sind im Durchschnitt beinahe 50% der Unternehmen der Meinung, dass die Banken restriktiv bei der Kreditvergabe agieren, interessanterweise ist diese Prozentzahl deutlich höher, als wenn man ausschließlich große Unternehmen befragt. PURI *et al.* (2009) untersuchen die Auswirkungen der Kreditvergabe der Sparkassen an private Haushalte nach Eintreten der Finanzkrise. Durch die Eigentümerstruktur der Landesbanken und die Verpflichtung der Sparkassen als Eigentümer, Kapital in die Landesbanken nachzuschießen oder Garantien zu geben, ist deren Liquiditätssituation stark angespannt. So finden die Autoren, dass Sparkassen, die die Eigentümer der West LB, Bayern LB und Sachsen LB sind, bei Ausbruch der Finanzkrise signifikant ihre Kreditvergabe gegenüber Privathaushalten relativ zu den anderen Sparkassen einschränken.

Wenn Banken also so wichtig sind, *wer kontrolliert sie dann*? Und worin besteht der Unterschied zur Corporate Governance von Unternehmen? An dieser Stelle sollten vier Gründe angeführt werden, warum die Governance von Banken nicht identisch zur Governance von Unternehmen sein kann.

1. *Fremdkapitalgeber (insbesondere die Einleger) sind ungeeignet, Banken zu beaufsichtigen.* Der größte Anteil des Fremdkapitals kommt von den Einlegern. Wieviel Überwachung kann man von den Einlegern erwarten? Sie halten nur einen relativ kleinen Anteil am Gesamtkapital und haben daher wenige Anreize und verlassen sich zu leicht auf die anderen Einleger.

2. *Weniger Wettbewerb durch Marktzugangsbeschränkungen.* In manchen Industrien sorgt Wettbewerb dafür, dass Manager effizienter sind (GIROUD und MÜLLER (2009)). Banken benötigen eine Lizenz durch die BaFin, daher ist der Zugang beschränkt und damit auch der mögliche Wettbewerb.

3. *Das Insolvenzrisiko von Banken ist hochkorreliert.* Dieses Systemrisiko führt dazu, dass eine zunächst als unproblematisch anzusehende Risikolage eines Einzelinstituts durch die drohende Insolvenzgefahr eines anderen Instituts hoch problematisch werden kann (HUETHER *et al.* (2009)). Dieses wird als Domino-Effekt (z.B. durch vertragliche Beziehungen zwischen den beiden Banken) oder als Informations-Effekt (die Marktteilnehmer sind misstrauisch, ob nicht bei der zweiten Bank ähnliche Probleme zu erwarten sind) bezeichnet.

4. *Staat als "Lender of Last Resort" schafft Fehlanreize zu überhöhter Risikoaufnahme.* Banken werden häufiger mit der (im Prinzip hoch fragwürdigen) Begründung der Systemrelevanz durch den Staat vor der Insolvenz gerettet.

In der Komplexität des Bankgeschäftes - allgemein gesprochen in der asymmetrischen Informationsverteilung zwischen Bank und den einzelnen Stakeholdern (Fremdkapitalgeber, Eigenkapitalgeber, Aufsichtsrat, Einlagensicherungsfonds,

---

ben: "Wie beurteilen Sie zur Zeit die Bereitschaft der Banken, Kredite an Unternehmen zu vergeben". Die möglichen Antworten sind: "entgegenkommend", "normal" und "restriktiv". Die Kredithürde wird aus den Prozentanteilen der letzten dieser drei Antwortkategorien berechnet. Für die Zusammenfassung zur Kredithürde für die gewerbliche Wirtschaft werden die Prozentanteile im verarbeitenden Gewerbe, im Bauhauptgewerbe und im Handel mit den durchschnittlichen Kreditvolumen der Wirtschaftsbereiche im Jahr 2005 gewichtet. (http://www.cesifo-group.de/portal/page/portal/ifoHome/a-winfo/d1index/18INDEXKREDKL)

...) und den häufig sehr risikobehafteten Finanztransaktionen liegt die Begründung für die Notwendigkeit eines branchenspezifischen Corporate Governance Codex von Banken (WOHLMANNSTETTER (2008)).

Schauen wir uns jetzt Corporate Governance genauer an, so dient diese dem Interessenausgleich von Management, Investoren und - aufgrund der Besonderheit der Banken - dem Staat. Bei Banken können wir daher sinnvollerweise "Equity Governance" und "Debt und Regulatory Governance" unterscheiden.

Unter *Equity Governance* wird der Mechanismus zur Interessenangleichung von Management und Eigentümern verstanden. Der Aufsichtsrat kann die Equity-Governance in erheblichem Maße steuern. Er setzt beispielsweise die Höhe der Vorstandsvergütung und deren Abhängigkeit vom Gesamtergebnis fest. Kritisch ist hier zum einen die Beteiligung an rein positiven, nicht jedoch an negativen Ergebnissen und zum anderen die Machtverlagerung zu unteren Führungskräften, die unter Umständen durch diverse Bonuszahlungen höher vergütet werden als der Vorstand selbst, zu sehen.

Bei der *Debt und Regulatory Governance* werden Mechanismen zur Interessenangleichung der Fremdkapitalgeber und des Managements betrachtet, d.h. Mechanismen zur Sicherstellung, dass den Rückzahlungsansprüchen der Gläubiger nachgekommen wird. Dies wird vor allem durch ein effizientes Rechtssystem, welches sich aus der Bankenaufsicht, dem Institut der Einlagensicherung und der Zentralbank zusammensetzt, gewährleistet.[6] Um den Anreiz größere Risiken einzugehen, da das Rechtssystem im Zweifelsfalle Garantien ausspricht, zu mindern, gelten für die Banken Mindestkapitalanforderungen oder Vorschriften wie Basel II (vgl. hierzu Teil G). Des Weiteren sollen Ratingagenturen als Interessenvertreter dem Schutz der Gläubiger dienen. Vor allem Einlegern und Kleinaktionären ist es oft unmöglich, die komplexen Abläufe innerhalb eines Finanzinstituts zu verstehen und ihr Handeln nach diesen Prozessen auszurichten. Die Vertraulichkeit der Geschäftsbeziehungen verstärkt diese Intransparenz außerdem. An dieser Stelle kann der Staat regulatorisch eingreifen und beispielsweise die Offenlegungspflichten für Banken erhöhen. In dem deutschen verbandsrechtlichen System, in dem die öffentliche Hand sowohl als Träger der Landesbanken und Sparkassen und durch die Finanzkrise als Kapitalgeber privater Banken auftritt, besteht hier jedoch die Gefahr eines Interessenkonflikts in der Rolle des Staates als Aufseher und Eigentümer zugleich.

Die Finanzkrise hat das globale Finanzsystem an den Rand des Kollapses gebracht. Welche Form der Bank Corporate Governance hat letztendlich versagt?

Es ist schwer zu analysieren, ob die Equity Governance versagt hat. Die Manager der Banken wurden mit einem nicht unerheblichen Anteil an Aktien und Optionen ihres eigenen Unternehmen bezahlt. Das heißt, die Erhöhung des Risikos - das risk shifting - von Banken und die hohen Verschuldungsgrade von

---

[6] Auch die EU-Kommission besitzt eine wesentliche Kontrollfunktion, gerade in der Finanzkrise und im Rahmen der Stabilisierung und Unterstützung von Banken mit Kapital und/oder Garantien. So wird die Erlaubnis zur Unterstützung nur unter zum Teil einschneidenden Bedingungen erteilt, was z.B. die zwangsweise Veräußerung von Geschäftsteilen der Banken anbelangt oder aber der Druck zur Konsolidierung der Landesbanken, die speziell von der Finanzkrise betroffen waren.

Banken sind konsistent mit der Aussage, dass die Interessen von Eigentümern und Managern übereinstimmten. Anders formuliert, es ist schwer zu sagen, ob die hohen Verluste der Banken aufgrund von ineffizient hoher Risikoübernahme herrühren oder aber letztendlich eine Folge *ex-post* schlechter Ergebnisse der Geschäfte war. Allerdings gibt es Argumente dafür, dass die Equity Governance nicht gut funktioniert hat. Zum Beispiel bräuchten Eigenkapitalgeber, gegeben die Größe der Banken, einen sehr hohen Anteil am Unternehmen, um aktiv hätten einzugreifen. Zum anderen hätte der Aufsichtsrat der Banken aktiv werden können. Dieser könnte jedoch aufgrund der Größe der Banken und der Komplexität der Geschäfte überfordert gewesen sein, womit ein hoher Grad an Informationsasymmetrien zwischen Management und dem Aufsichtsrat bestand. Mindestens genau so entscheidend war das Versagen von Debt und Regulatory Governance. Die Bankenaufsicht selber hat sich aufgrund der zunehmenden Komplexität der Produkte und auch Systemzusammenhänge der Banken schwer getan, die Risiken im Bankensystem zu entdecken und zu reduzieren.

A4 Das deutsche Bankensystem

1. Das deutsche Bankensystem gliedert sich in Universalbanken und Spezialbanken. Universalbanken betreiben (fast) alle der im Kreditwesengesetz genannten Bankgeschäfte, während Spezialbanken sich in der Regel auf einzelne Geschäfte beschränken.
2. Zu den Universalbanken gehören Kreditbanken, Banken des Sparkassensektors und Genossenschaftsbanken.
3. Während Kreditbanken durchgehend privatwirtschaftlich organisiert sind, sind Sparkassen Kreditinstitute mit öffentlich-rechtlichen Trägern als Eigentümern. Genossenschaftsbanken sind in Form einer Genossenschaft organisiert. Die Zielsetzung der beiden letztgenannten Institutsgruppen unterscheidet sich von der der Kreditbanken, ist aber im Wandel begriffen, insbesondere im Hinblick auf das Haftungssystem.
4. Aufgrund der Fülle der in §1 KWG definierten Bankgeschäfte gibt es eine breite Palette von Spezialbanken. Sie reicht von Hypothekenbanken bis zu Investmentgesellschaften.
5. Die Europäische Zentralbank, die Deutsche Bundesbank und die Bundesanstalt für Finanzdienstleistungsaufsicht (BaFin) bilden die wichtigsten Elemente des institutionellen Umfeldes des deutschen Bankensystems.
6. Die Europäische Zentralbank bedient sich liquiditätspolitischer und zinspolitischer Instrumente zur Steuerung der Währungs- und Kreditpolitik.
7. Die Bundesanstalt für Finanzdienstleistungsaufsicht übt, unterstützt von der Bundesbank, die Aufsicht über die Banken in Deutschland aus.
8. Die Bundesregierung hat mit dem Finanzmarktstabilisierungsgesetz ein Gesetz zur Rettung und Stabilisierung von Finanzinstitutionen erlassen. Wesentliche Maßnahmen sind Garantien sowie Kapitalzuschüsse durch den Finanzmarktstabilisierungsfonds (SoFFin).

9. Empirische Untersuchungen zur optimalen Unternehmensgröße von Banken können u. a. mittels eines Production Approach oder eines Intermediation Approach durchgeführt werden. Die Untersuchungen zeigen in der Regel, dass kleine Banken nicht effizient arbeiten können, darüber hinausgehende, allgemeine Aussagen jedoch nicht getroffen werden können.

A4.1 *Überblick*

Das deutsche Bankensystem ist ein *Universalbankensystem*. Grundsätzlich ist es Kreditinstituten erlaubt, alle möglichen Bankgeschäfte zu betreiben. Wenn sich aus der Historie heraus trotzdem Banken mit abgegrenzten Tätigkeitsgebieten (Spezialbanken) etabliert haben, so jedenfalls nicht aufgrund gesetzlicher Vorgaben. Spezielle gesetzliche Regelungen für diese Institutionen haben sich eher aus der (vermuteten) Notwendigkeit heraus entwickelt, die in ihrer Geschäftstätigkeit einseitig ausgerichteten Banken besonders zu kontrollieren, um die ihnen anvertrauten Vermögenswerte zu schützen und somit das Vertrauen in das deutsche Bankensystem auch in diesem Bereich zu gewährleisten.

Mit der Unterscheidung von Kreditinstituten nach dem Umfang der von ihnen angebotenen Bankdienstleistungen in Universalbanken und Spezialbanken haben wir schon eine Möglichkeit der Systematisierung des deutschen Bankensystems aufgegriffen. Ein weiterer Aspekt, der beachtet werden sollte, ist die Art der *Rechtspersönlichkeit* und die Art der Einbindung in einen größeren Verbund von Instituten mit ähnlicher Rechtspersönlichkeit. Mit dieser Rechtspersönlichkeit ist häufig auch eine bestimmte Zielrichtung der Geschäftstätigkeit verbunden.

In Deutschland gibt es bei den *Universalbanken* drei Hauptgruppen von Instituten: die privatwirtschaftlich organisierten Kreditbanken, die öffentlich-rechtlichen Sparkassen mit ihren Girozentralen und die Genossenschaftsbanken mit den genossenschaftlichen Zentralbanken. Unter die *Spezialbanken* fallen unter anderem die Realkreditinstitute, die Bausparkassen, die Direktbanken, die Kapitalanlagegesellschaften, die Wertpapiersammelbanken und die Kreditinstitute mit Sonderaufgaben. Viele Spezialbanken wurden von Universalbanken aufgekauft oder als Tochtergesellschaften neu gegründet.

Einen Überblick über das Bankensystem gibt Abbildung A4.1. Eine detaillierte Darstellung findet sich bei BETGE (1996) und BÜSCHGEN und BÖRNER (2003). Zur Abrundung des Bankensystems werden wir die wichtigsten Institutionen des Umfeldes, die *Europäische Zentralbank*, die *Deutsche Bundesbank* und die *Bundesanstalt für Finanzdienstleistungsaufsicht*, behandeln. Abschließend wird die optimale Bankengröße thematisiert. Im Laufe der Finanzkrise sind weitere Institutionen hinzugekommen um das Finanzsystem zu stabilisieren und eine allgemeine Kreditklemme abzuwenden (Finanzmarktstabilisierungsanstalt, SoFFin).

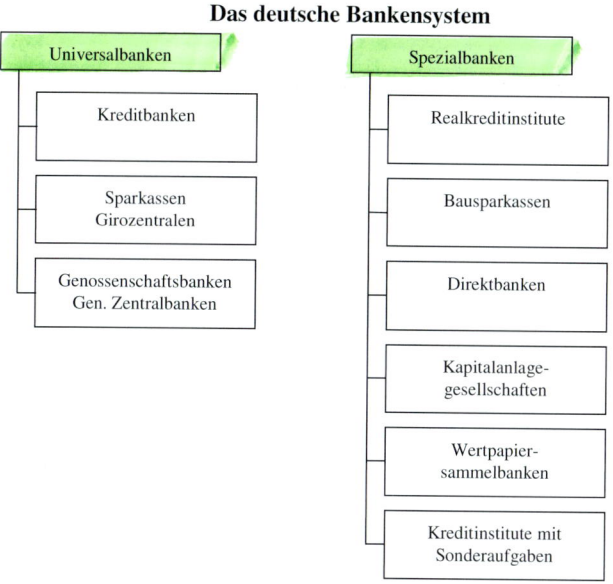

Abb. A4.1: Das deutsche Bankensystem

A4.2 Universalbanken

Universalbanken zeichnen sich dadurch aus, dass sie eine Vielzahl der in §1 KWG genannten Bankgeschäfte anbieten. Dabei haben die klassischen Bankgeschäfte, wie das Kreditgeschäft und das Einlagengeschäft, einen hohen Stellenwert. Die sich aus Aggregation der Bilanzen aller Universalbanken ergebende kumulierte Bilanz dieser Bankgruppe (vgl. Tabelle A4-1) gibt dazu erste Hinweise. Viele Geschäftsarten schlagen sich aber in der Bilanz nicht nieder, so zum Beispiel Dienstleistungsgeschäfte, für die Provisionen verlangt werden. Ein Blick in die kumulierte Gewinn- und Verlustrechnung der Universalbankengruppe gibt weitere Aufschlüsse. Zinsabhängige Geschäfte erbringen in Relation zum Geschäftsvolumen einen weitaus höheren Ergebnisbeitrag als provisionsabhängige Geschäfte. Es zeigt sich daher, dass das zinsabhängige Geschäft für Universalbanken von erheblicher Bedeutung ist.

Zwischen den fünf Arten von Universalbanken Kreditbanken, Landesbanken, Sparkassen, Genossenschaftliche Zentralbanken und Kreditgenossenschaften (Genossenschaftsbanken) gibt es, neben den noch zu erläuternden Eigenheiten bezüglich Rechtsform und Unternehmensziel, vor allem Unterschiede in der Zahl der rechtlich selbstständigen Institute und der Zahl der Zweigstellen (siehe dazu Tabelle A4-2).

Tab. A4-1: Geschäftsstruktur der inländischen Universalbanken, Stand: 30.04.2009

Aktiva	Mrd. €	In %	Passiva	Mrd. €	In %
Kassenbestand und Guthaben bei Zentralnotenbank	62,6	1,1	Einlagen und aufgenommene Kredite von Banken	1.733,4	29,1
Kredite an Banken	2.357,7	39,6	Einlagen von Nichtbanken	2.710,4	45,5
Wertpapiere	(616,3)	(10,3)	Termineinlagen	(986,4)	(16,6)
			Spareinlagen und Sparbriefe	(698,8)	(11,7)
Kredite an Nichtbanken	3.058,5	51,3	Inhaberschuld- verschreibungen	813,5	13,7
Wertpapiere	(529,6)	(8,9)	im Umlauf		
Beteiligungen	160,2	2,7	Eigenkapital einschl. offener Rücklagen, Genussrechtskapital, Fonds für allgemeine Bankrisiken	288,9	4,8
Sonstige Aktiva	320,8	5,4	Sonstige Passiva	413,3	6,9
Bilanzsumme	5.959,6	100,0	Bilanzsumme	5.959,6	100,0

Quelle: DEUTSCHE BUNDESBANK (2009f). In dieser und den folgenden Tabellen werden als Universalbanken die in der Bundesbankenstatistik der Deutschen Bundesbank ausgewiesenen Bankengruppen der Kreditbanken, Landesbanken, Sparkassen, Genossenschaftlichen Zentralbanken und Kreditgenossenschaften (Genossenschaftsbanken) bezeichnet.

Tab. A4-2: Zahl der Universalbanken und deren Bankstellen, Stand: 31.12.2008

Bankengruppe	Zahl der Institute		Zahl der Bankstellen	
Kreditbanken	390	19,13%	11.306	30,07%
Landesbanken	10	0,49%	482	1,28%
Sparkassen	438	21,48%	13.457	35,79%
Genossenschaftliche Zentralbanken	2	0,10%	12	0,03%
Kreditgenossenschaften	1.199	58,80%	12.344	32,83%
Universalbanken (gesamt)	2.039	100,0%	37.601	100,0%

Quelle: DEUTSCHE BUNDESBANK (2009b). Bankstellen umfassen hierbei Hauptstellen, Filialen und Zweigstellen.

Es zeigt sich, dass die Gruppe der Kreditbanken deutlich weniger rechtlich selbstständige Institute und Bankstellen aufweist als die Gruppe der Sparkassen und Genossenschaftsbanken. Während Kreditbanken eher in Städten residieren, haben Sparkassen und Genossenschaftsbanken fast in jeder Gemeinde der Bundesrepublik zumindest eine Zweigstelle. Im ländlichen Raum kommt es häufig vor, dass eine Sparkasse und eine Volksbank die alleinigen Konkurrenten um die Sparer bzw. die Kreditnehmer einer Gemeinde sind.

A4.2.1 Kreditbanken

Unter den Kreditbanken werden nach der Statistik der Deutschen Bundesbank drei Gruppen subsumiert. Dies sind die *Großbanken*, die *Regionalbanken* und *sonstigen Kreditbanken* sowie die *Zweigstellen ausländischer Banken*. Alle Kreditbanken sind durchgehend privatwirtschaftlich organisiert. Großbanken und Regionalbanken firmieren in der Regel als Aktiengesellschaften oder als Kommanditgesellschaften auf Aktien, Zweigstellen ausländischer Banken als Aktiengesellschaften oder Gesellschaften mit beschränkter Haftung. Als Zielrichtung ihrer Geschäftstätigkeit steht bei den Kreditbanken das Streben nach Gewinn schon seit den Gründerjahren im Vordergrund. Orientiert an den Ansprüchen der international tätigen Kundschaft, hebt sich die Geschäftsstruktur gegenüber den regional tätigen Sparkassen und Genossenschaftsbanken durch einen größeren Umfang im *Auslandsgeschäft* ab. Des Weiteren sind diese Institute sehr stark im *Effektengeschäft*, d. h. dem An- und Verkauf von Wertpapieren, sowie der Emission von Wertpapieren für Kunden und dem Investment Banking engagiert.[7] Die Refinanzierung ihrer Kreditvergaben durch Einlagen der privaten Kundschaft, insbesondere durch Spareinlagen, hat gegenüber anderen Formen der Refinanzierung nicht die Bedeutung wie bei Sparkassen und Genossenschaftsbanken (vgl. Tabelle A4-3).

Großbanken

Die Bezeichnung Großbanken ist für die fünf Institute Deutsche Bank, HypoVereinsbank, Dresdner Bank, Commerzbank und Deutsche Postbank reserviert (vgl. Tabelle A4-4[8]). Nachdem die Dresdner Bank im Juli 2001 von der Allianz und die HypoVereinsbank im Juni 2005 von der UniCredit übernommen worden sind, übernimmt die Deutsche Bank die Postbank in mehreren Schritten. Im Februar 2009 hat die Deutsche Bank ihr erstes Aktienpaket von 25% plus einer Aktie erworben. Die Commerzbank hat die Dresdner Bank im Januar 2009 gekauft. Im Zuge der Finanzkrise und mitverschuldet durch die Übernahme der Risiken

---

[7] Die größere Bedeutung des Auslands- und des Effektengeschäftes für Kreditbanken lässt sich durch den Monatsbericht der Deutschen Bundesbank nur schwer belegen. Ziehen Sie deshalb zum Vergleich den Geschäftsbericht einer Großbank und den Geschäftsbericht einer größeren Sparkasse heran. Im Regelfall zeigt sich der Unterschied zwischen diesen Instituten bezüglich der beiden Geschäftsarten im Lagebericht recht deutlich.

[8] Denken Sie bei der Interpretation der Zahlen daran, dass z. B. die Sparkasse Münsterland Ost zum 31.12.2007 eine Bilanzsumme von 7.739 Mio. € besaß.

Tab. A4-3: Geschäftsstruktur von inländischen Universalbanken nach Bankengruppen, Stand: 30.04.2009 (Angaben in Prozent der Bilanzsumme)

Aktiva	Kredit-banken	Landes-banken	Sparkassen	Genossensch. Zentral-banken	Kredit-genossen-schaften
Kassenbestand und Guthaben bei Zentralnotenbanken	0,98%	0,28%	1,92%	0,34%	2,02%
Kredite an Banken	40,49%	48,16%	25,59%	63,46%	28,70%
Kredite an Nicht-Banken	46,80%	45,17%	68,88%	25,66%	64,65%
Beteiligungen	3,56%	1,85%	1,82%	5,62%	1,65%
Sonstige Aktiva	8,18%	4,55%	1,78%	4,92%	3,00%
	100,00%	100,00%	100,00%	100,00%	100,00%

Passiva	Kredit-banken	Landes-banken	Sparkassen	Genossensch. Zentral-banken	Kredit-genossen-schaften
Einlagen von Banken	33,20%	31,50%	18,89%	52,33%	15,25%
Einlagen von Nichtbanken	43,12%	28,76%	67,58%	16,83%	69,43%
Inhaberschuldver. im Umlauf	9,43%	29,77%	3,54%	20,00%	5,11%
Eigenkapital	4,79%	4,24%	5,39%	4,25%	5,85%
Sonstige Passiva	9,47%	5,72%	4,59%	6,59%	4,36%
	100,00%	100,00%	100,00%	100,00%	100,00%

Bilanzsummen (Mrd. €): Kreditbanken   2.428,3
                        Landesbanken   1.543,6
                        Sparkassen   1.052,2
                        Genossenschaftliche Zentralbanken   268,5
                        Kreditgenossenschaften   667,0

Quelle: DEUTSCHE BUNDESBANK (2009f).

beim Kauf der Dresdner Bank mußte die Commerzbank im Sommer 2009 teilverstaatlicht werden. Die EU genehmigte am 07. Mai 2009 die 2. Beihilfe an die Commerzbank und die Teilverstaatlichung durch die Übernahme von 25% plus einer Aktie durch den Staat.

Bei der Deutschen Bank, der Dresdner Bank und der Commerzbank war die internationale Ausrichtung des Geschäftes entsprechend den Anforderungen der international tätigen Firmenkundschaft schon seit ihrer Gründung gegeben. Eine traditionell hervorragende Marktstellung besitzen diese Banken auch im Wertpapieremissionsgeschäft und im Konsortialkreditgeschäft. Außerdem besitzen sie bedeutende Beteiligungen an Industrieunternehmen. Dies bildet die auch heute noch existente Kundenstruktur der Großbanken ab. Die Großbanken waren und sind die Hausbanken der großen deutschen Industriekonzerne.

Regionalbanken und sonstige Kreditbanken

Unter Regionalbanken wurden ursprünglich privatwirtschaftlich organisierte Banken verstanden, deren Tätigkeit geografisch auf ein bestimmtes Gebiet be-

Tab. A4-4: Die zehn größten Bankenkonzerne Deutschlands nach der Bilanzsumme, Stand: 31.12.2007

Institut	Bilanzsumme (Mio. €)	Mitarbeiter
Deutsche Bank AG	2.020.349	78.291
Commerzbank AG	616.474	36.767
Dresdner Bank AG	500.209	26.309
Landesbank Baden-Württemberg	443.424	12.303
DZ Bank AG	431.337	24.210
Bayerische Hypo-und Vereinsbank	422.129	24.784
Bayerische Landesbank	415.639	19.226
Hypo Real Estate Holding AG	400.174	2.000
KfW Bankengruppe	353.997	3.571
WestLB AG	286.552	6.477

Quelle: KARSCH (2008).

schränkt war. Die Vertreter dieser Bankengruppe, wie beispielsweise die Hypo-Vereinsbank, sind heute nicht mehr nur regional tätig.

Das Geschäftsvolumen dieser Banken hat sich vereinzelt in Größenordnungen hinein entwickelt, die denen einer Großbank entsprechen. Weiterhin wird durch Kooperationen versucht, die Produktpalette eines Allfinanzkonzerns anbieten zu können.

Zweigstellen ausländischer Banken

Zweigstellen ausländischer Banken unterliegen wie alle inländischen Kreditinstitute dem Kreditwesengesetz. Nach §53 Abs. 1 KWG gilt eine Zweigniederlassung eines ausländischen Unternehmens, die Bank- oder Finanzdienstleistungen erbringt, als Kredit- bzw. Finanzdienstleistungsinstitut.

Die Präsenz von Zweigstellen ausländischer Banken hat am deutschen Bankenplatz stark zugenommen. Nach der Bankenstatistik in den Monatsberichten der Deutschen Bundesbank waren es im Jahre 1957 gerade 15 Institute, im November 1997 belief sich ihre Zahl auf 77, und mittlerweile (Stand: März 2009) gibt es 103 Niederlassungen ausländischer Banken in Deutschland. Dies ist sicherlich auf die zunehmende Internationalisierung der Wirtschaftstätigkeit zurückzuführen. Die Kunden fordern in diesem Zusammenhang auch von ihrer Bank eine Präsenz im Ausland. Auch die Zahl der Auslandsfilialen und Auslandstöchter deutscher Kreditinstitute hat im Laufe der Zeit deutlich zugenommen (im Jahre 1977 waren es 82, im März 2009 bereits 230). Im Rahmen der vollständigen Bewegungsfreiheit für Güter, Personen und Kapital sind weitere Erleichterungen bezüglich der Niederlassung von Banken in Ländern innerhalb der Europäischen Union (EU) geschaffen worden. So haben Kreditinstitute mit Sitz in einem EU-Land seit dem 1. Januar 1993 durch die Schaffung des Europäischen Binnenmarktes ein Zutrittsrecht zu den Märkten in anderen EU-Staaten. Sie besitzen einen

so genannten *Europäischen Pass*, d. h. sie dürfen aufgrund der gegenseitigen Anerkennung der Bankenaufsichten von EU-Staaten in jedem anderen EU-Staat die
gleichen Tätigkeiten ausüben, für die sie auch in ihrem Herkunftsland von der
dortigen Bankenaufsicht zugelassen sind (vgl. §53b KWG).

A4.2.2 Sparkassen und Girozentralen

Sparkassen und Landesbanken sind Kreditinstitute, deren Eigentümer *öffentlich-
rechtliche Träger*, also Gemeinden, Kreise, Zweckverbände oder Länder sind. Eine allgemeine Formulierung ihrer Aufgaben ist durch die Sparkassengesetze der
einzelnen Bundesländer bereits vorgegeben. Detaillierte Regelungen sind in den
standardisiert vorliegenden Satzungen enthalten. Die Sparkassengesetze betonen
allgemeine Zweckbestimmungen, die schon bei der Gründung der ersten Sparkassen vor zwei Jahrhunderten im Vordergrund standen. Auch damals sollten der
Sparsinn und die Vermögensbildung sowie die Kreditversorgung der Bevölkerung des Geschäftsgebiets gefördert werden. Stärker als heute lag aber die Betonung auf der Unterstützung des Mittelstands und der wirtschaftlich schwachen
Bevölkerung bei der Kreditvergabe. Sparkassen erfüllten somit gemeinnützige
Aufgaben. In der heutigen Zeit steht eher die Gewinnerzielung als praktisches,
jedoch oft nicht offen geäußertes Geschäftsziel im Vordergrund. Sparkassen und
Landesbanken stellen insbesondere im Hinblick auf die Haftung eine interessante
Gruppe von Universalbanken dar. Nur noch bis ins Jahr 2005 galten hier An-
staltslast und Gewährträgerhaftung. Das Prinzip der Anstaltslast „beinhaltet
die Sicherung der wirtschaftlichen Basis der Anstalt für die gesamte Dauer ihres
Bestehens durch ihren Träger" (VOGEL (2001), S. 106). Unter der Gewährträgerhaftung versteht man den unmittelbaren Anspruch der Gläubiger gegenüber dem
Gewährträger. Hinter einer Sparkasse oder einer Landesbank stand somit das gesamte Vermögen einer Gemeinde, eines Kreises oder eines Landes als haftendes
Kapital. Sie musste sich nicht dem offenen Wettbewerb um Kapital stellen. Von
wesentlich größerer Bedeutung ist jedoch die Anstaltslast, die der Gewährträgerhaftung praktisch vorgelagert ist. Sollte ein öffentlich-rechtliches Kreditinstitut
tatsächlich in finanzielle Schwierigkeiten kommen, beseitigt der Anstaltsträger
die Probleme. Die Gewährträgerhaftung trat somit praktisch nur in Kraft, wenn
ein Kreditinstitut aufgelöst werden sollte. Dieser extreme Fall ist nie vorgekom-
men. Hieraus folgt, dass das Bonitätsrisiko eines öffentlich-rechtlichen Kreditinstitutes gegen 0 tendiert, insbesondere da ein Insolvenzverfahren gegen ein
Bundesland unmöglich ist.[9] Anstaltslast und Gewährträgerhaftung können somit als Subvention gesehen werden, da die Einstandspflichten zu einem besseren
Rating und damit auch zu günstigeren Refinzierungsmöglichkeiten am Kapitalmarkt führen. Beispielsweise geht aus der Rating-Begründung von Moody's für
die Stadtsparkasse Köln (SK) (2005 in der Sparkasse KölnBonn aufgegangen)
eindeutig hervor, dass Anstaltslast und Gewährträgerhaftung einen positiven

---

[9] Vgl. §12 InsO und gängige Rechtsprechung des BVerfG. Entscheidend ist in diesem Zusammenhang die finanzielle Einstandspflicht des Bundes und der anderen Bundesländer, vgl.
WIESEL (2002).

Einfluss auf das Rating des Kreditinstitutes haben: „The explicit support mechanisms of Anstaltslast (a maintenance obligation) and Gewährträgerhaftung (the owner's statutory obligation), provided to SK by the City of Cologne underpin the long-term deposit ratings of SK".[10] Hieran schließt sich direkt die in den letzten Jahren ständig diskutierte Frage an, ob Anstaltslast und Gewährträgerhaftung wettbewerbskonform sind. Selbstverständlich waren insbesondere diejenigen, die nicht in den Genuss der Haftungsvorteile kamen, der Meinung, dass dem nicht so ist. Wichtige Vorstöße waren daher die Beschwerde des Bundesverbandes deutscher Banken wegen Verstoßes gegen das Verbot staatlicher Beihilfen im Wettbewerb für die WestLB vom 21.12.1994 und die Beschwerde der Bankenvereinigung der EU vom 21. Dezember 1999 bei der EU-Kommission gegen Anstaltslast und Gewährträgerhaftung bei der WestLB, der Stadtsparkasse Köln und der Westdeutschen Immobilienbank. Die letztgenannte Beschwerde wurde damit begründet, dass die drei genannten Institute keine besonderen Aufgaben der bankwirtschaftlichen Versorgung wahrnehmen, aber trotzdem vom Staat bevorzugt behandelt werden. „Deshalb sind Anstaltslast und Gewährträgerhaftung keine öffentlich-rechtlichen Vorschriften zur Gewährleistung dieser besonderen Aufgaben, sondern lediglich privatrechtliche Haftungsinstitute aufgrund der Sparkassengesetze der deutschen Bundesländer" (GLEISS *et al.* (2000), S. 2).

Entscheidend für den Wegfall von Anstaltslast und Gewährträgerhaftung war, dass die EU-Kommission dieser Argumentation im Wesentlichen folgte. Das nachweislich bessere Rating öffentlich-rechtlicher Kreditinstitute führt zu günstigeren Refinanzierungsmöglichkeiten, was wiederum als Beihilfe interpretiert werden kann und somit im Widerspruch zum EU-Beihilferecht steht.

Die Entscheidung der EU-Kommission führte letztlich zur Verständigung vom 17. Juli 2001. Sie beinhaltet die ersatzlose Abschaffung der Gewährträgerhaftung. Die finanzielle Beziehung zwischen Träger und Kreditinstitut darf sich nicht von einer privatwirtschaftlichen Eigentümerbeziehung unterscheiden. Darüber hinaus wurde die Anstaltslast in ihrer bisherigen Form ersetzt und reduziert sich jetzt auf die wirtschaftliche Unterstützung im Rahmen der Beihilferegelungen des EG-Vertrags. Eine solche wirtschaftliche Unterstützung stellt einen gewöhnlichen Vorgang dar, der letztlich auch bei privatwirtschaftlichen Kreditinstituten auftreten könnte.

Weiterhin strittig war jedoch die Ersatzregelung der Anstaltslast, und hier insbesondere die so genannten „marktwirtschaftlichen Beziehungen" zwischen Träger und Kreditinstitut. Eine weitere Konkretisierung der Ersatzregelung zur Anstaltslast erfolgte in der Verständigung vom 28. Februar 2002. Es wurde klargestellt, dass wenn die Anstaltslast greifen sollte, dies von der EU-Kommission abgelehnt werden kann. Eine analoge Regelung gilt bei Zuwendungen an eine private Bank, womit der Wettbewerbsvorteil von öffentlich-rechtlichen Kreditinstituten also faktisch weg fällt.

Darüber hinaus wurde eine Übergangsregelung vereinbart, das so genannte „Grandfathering". Demnach gilt für Verbindlichkeiten, die bis zum 18. Juli 2001

---

[10] Vergleiche hierzu die Rating-Begründung von Moody's aus dem Jahre 2002.

entstanden sind, uneingeschränkt die Gewährträgerhaftung. Für Verbindlichkeiten, die zwischen dem 18. Juli 2001 und 18. Juli 2005 entstanden sind, gilt die Gewährträgerhaftung nur, wenn die Laufzeit nicht über den 31. Dezember 2015 hinausgeht. Dass diese Regelung bei öffentlich-rechtlichen Kreditinstituten weiterhin – wenn auch zeitlich begrenzt – Vorteile begründet, kann wiederum aus der bereits zitierten Ratingbegründung von Moody's (2002) extrapoliert werden: „Anstaltslast and Gewährträgerhaftung will be removed in 2005. However, liabilities incurred before 19 July 2005 and maturing before 2016, in addition to all liabilities incurred before 19 July 2001, will be grandfathered."

In der Konsequenz bedeutet dies, dass die öffentliche Trägerschaft der Sparkassen und Landesbanken weiterhin besteht, wobei jedoch das Haftungssystem abgeschafft worden ist. Das öffentlich-rechtliche Kreditinstitut haftet nun selbst mit seinem Kapital und ist im Insolvenzfall den gleichen Regeln wie Private unterworfen, d. h. sie werden weder übervorteilt noch benachteiligt.

Eine Diskussion, wie Sparkassen und Landesbanken auf die neue Wettbewerbssituation reagieren können, findet sich z. B. bei WIESEL (2002). Reaktionen sind beispielsweise das Mutter-Tochter-Modell der WestLB. Dieses Modell „sieht vor, das Wettbewerbsgeschäft künftig in einer privatrechtlichen Geschäftsbank, der WestLB AG, zu bündeln und das öffentliche Auftragsgeschäft in deren öffentlich-rechtlicher Muttergesellschaft, der Landesbank NRW, zu betreiben" (WESTLB AG (2002)).

Die regionale Begrenzung ihres Geschäftsgebiets haben die Sparkassen in der Regel beibehalten. Ihr Wirkungskreis ist gerade im ländlichen Raum auf die umliegenden Gemeinden ihres Gründungsortes beschränkt. Selten konkurrieren sie mit anderen Sparkassen. Auf dem Lande sind vor allem die Genossenschaftsbanken und in den Städten die Kreditbanken ihre direkten Konkurrenten. Das Hauptgeschäft der Sparkassen liegt in der Kreditvergabe. Eine günstige Refinanzierung stellt der hohe Anteil an Spareinlagen dar (siehe dazu Tabelle A4-3). Grundsätzlich sind nur die in der vom Gewährträger festgelegten Satzung aufgeführten Geschäfte erlaubt. In der Regel wird die Möglichkeit der Beteiligung an Industrieunternehmen ausgeschlossen.

Die Geschäftsführung der Sparkassen obliegt einem Vorstand, der sich an der vom Verwaltungsrat vorgegebenen Geschäftspolitik orientieren muss. Ein Teil des Verwaltungsrats wird vom Träger der Sparkasse bestimmt. Hinzu kommen Mitarbeitervertreter. Neben der Festlegung der allgemeinen Geschäftspolitik übernimmt der Verwaltungsrat auch die Überwachung des Vorstandes.

Die von einzelnen oder mehreren Bundesländern getragenen *Landesbanken bzw. Girozentralen* erfüllen für die Sparkassen dieser Länder wichtige Mittlerfunktionen. Sie dienen als Verrechnungsstelle für den Zahlungsverkehr zwischen den Sparkassen eines Landes, ermöglichen die Anlage und die Aufnahme finanzieller Mittel innerhalb des Sparkassenverbundes und stellen über die *DekaBank*, ein bundesweites Zentralinstitut der Sparkassen, auch eine Verrechnungsmöglichkeit für Zahlungen innerhalb des Bundesgebiets zur Verfügung. Des Weiteren werden die Girozentralen bei Effektengeschäften und bei der Vergabe von Krediten größeren Umfangs eingeschaltet. Sie organisieren beispielsweise Effektenemissionen und Konsortialkredite. Diese Geschäfte sind in den Zentralen angesiedelt, da sie in einzelnen Sparkassen relativ selten auftreten und eine hohe Komplexität besitzen.

Landesbanken sind gleichzeitig die Hausbanken der Länder. Sie wickeln für die Länder alle Bankgeschäfte ab und stellen ihnen Kommunalkredite zur Verfügung. Eine Refinanzierung dieser Kommunalkredite erfolgt über Kommunalobligationen am Kapitalmarkt oder durch von Sparkassen bereitgestellte Kredite. Mehr zu Landesbanken finden Sie in SINN (2003).

A4.2.3 Genossenschaftsbanken und genossenschaftliche Zentralbanken

Genossenschaftsbanken (Volks- und Raiffeisenbanken sowie Spar- und Darlehenskassen) sind Kreditinstitute, die sich bei ihrer Gründung zur Förderung des Erwerbs und der Wirtschaft ihrer Mitglieder verpflichtet haben (vgl. §1 Genossenschaftsgesetz). Die ersten Genossenschaftsbanken wurden Mitte des 19. Jahrhunderts von Friedrich-Wilhelm Raiffeisen für den ländlichen und von Hermann Schulze-Delitzsch für den gewerblichen Bereich als *Selbsthilfeorganisationen* ins Leben gerufen. Ihr Ziel war die Unterstützung von Bauern oder Handwerkern, indem ein Teil der Genossenschaftsmitglieder Gelder bei der Bank sparte und damit einem anderen Teil die Möglichkeit eröffnete, Kredite zur Finanzierung ihrer Vorhaben aufzunehmen. In neuerer Zeit steht ein solcher Fördergedanke bei vielen Genossenschaftsbanken nicht mehr im Vordergrund. Seit 1974 ist es möglich, Kredite an Nichtmitglieder zu vergeben. Einlagen von Nichtmitgliedern wurden auch früher schon angenommen. Eine Förderung der Mitglieder kann heute noch in Form günstigerer Konditionen für Einlagen und Kredite stattfinden (vgl. dazu das Beispiel kirchlicher Kreditgenossenschaften in MACHAUER und SCHIERECK (1996)). Ansonsten beschränken sich die Zuwendungen an die Mitglieder auf die einmal im Jahr erfolgenden Gewinnausschüttungen.

Das haftende Eigenkapital einer Genossenschaftsbank setzt sich vor allem aus den eingezahlten *Geschäftsguthaben* der Mitglieder, aus den Gewinnrücklagen und einem über das Geschäftsguthaben hinausgehenden Haftsummenzuschlag der Mitglieder zusammen. Dieser *Haftsummenzuschlag* ist erst im Insolvenzfall von den Mitgliedern zu tragen und in der Regel auf einen im Genossenschaftsstatut festgelegten Wert (in Prozent der bereits existierenden Haftsummen, das sind Geschäftsguthaben und Rücklagen) begrenzt.

Die regionale Beschränkung ihres Wirkungskreises haben Genossenschaftsbanken, ähnlich den Sparkassen, bis heute beibehalten. Ihr Hauptgeschäft liegt ebenfalls in der Vergabe von Krediten, die sie durch einen hohen Anteil an Spareinlagen refinanzieren (siehe erneut Tabelle A4-3).

Als Zentralinstitute der Genossenschaftsbanken fungieren die DZ Bank und die WGZ-Bank. Über diese Zentralinstitute wird der Zahlungsverkehr zwischen den Volks- und Raiffeisenbanken abgewickelt. Außerdem besteht die Möglichkeit, Gelder innerhalb des Verbundes anzulegen oder aufzunehmen.

Weiterhin bieten die Zentralinstitute Geschäfte an, für die eine einzelne Volks-
oder Raiffeisenbank zu klein ist und sie unterstützen die Genossenschaftsbanken
in Zeiten höherer Kreditnachfrage oder überschüssiger Liquidität.

A4.3 Spezialbanken

A4.3.1 Realkreditinstitute

Realkreditinstitute gewähren langfristige Kredite und refinanzieren sich durch
die Ausgabe von Schuldverschreibungen.

Die privatrechtlich organisierten *Hypothekenbanken* wie die Frankfurter Eurohypo AG[11] oder die Schiffshypothekenbank zu Lübeck beleihen inländische
Grundstücke bzw. inländische Schiffe und Schiffsbauwerke und begeben zur Refinanzierung *Hypothekenpfandbriefe*, die durch die von den Kreditnehmern eingeräumten *Grundpfandrechte* oder Schiffshypotheken gesichert sind. Das Pfandbriefgesetz (PfandBG) schreibt in den §§14-16 vor, dass maximal 60% des Beleihungswertes eines Grundstücks als Kredit gegeben werden darf (Beleihungsgrenze). Die Ermittlung des Beleihungswertes wird durch eine von der Hypothekenbank ausgearbeitete und von der Bundesanstalt für Finanzdienstleistungsaufsicht genehmigte Anweisung festgelegt. Auch für Schiffe gilt das PfandBG und
bspw. eine Beleihungsgrenze von ebenfalls 60% (§22).

Hypothekenbanken gewähren auch Kommunaldarlehen an inländische Körperschaften und Anstalten des öffentlichen Rechts oder an von diesen Institutionen durch Bürgschaften begünstigte Kreditnehmer. Hierbei werden keine besonderen Sicherheiten verlangt. Die öffentlich-rechtlichen Kreditnehmer haften
aber mit ihrem ganzen Vermögen und zusätzlich mit dem ihnen zustehenden
zukünftigen Steueraufkommen. Die Refinanzierung erfolgt durch Ausgabe von
Kommunalschuldverschreibungen, die durch die Forderungen an die vorgenannten Institutionen des öffentlichen Rechts gesichert sind. Eine weitere Möglichkeit
der Refinanzierung besteht in der Aufnahme größerer Darlehen bei Kapitalsam-
melstellen wie Versicherungen. Weitere Informationen zu den deutschen Hypothekenbanken finden sich in BEHR et al. (2003a) und BEHR et al. (2003b).

Öffentlich-rechtliche Grundkreditanstalten wie der Calenberg Kreditverein
(http://www.calenberger.de) in Hannover gewähren Hypothekendarlehen bzw.
Kommunaldarlehen gegen Beleihung von Grundstücken bzw. gegen Deckung
durch das Vermögen oder das Steueraufkommen öffentlich-rechtlicher Institutionen. Zur Refinanzierung begeben sie Pfandbriefe bzw. Kommunalschuldverschreibungen, die wiederum durch die für die Darlehen hereingenomme-

---

[11] Die Centralboden AG und die Lübecker Hypothekenbanken (beide Tochtergesellschaften der
Deutschen Bank AG) fusionierten 1998 zur Eurohypo. Zum 1. Januar 2002 haben die Rheinhyp
(Commerzbank), die Deutsche Hyp (Dresdner Bank) und die Eurohypo (Deutsche Bank) zur
neuen Eurohypo AG fusioniert, die seit April 2006 zu 98% der Commerzbank AG gehört. Auf
Anweisung der EU muss die Commerzbank als Folge der Genehmigung der umfangreichen
Staatsbeihilfen die Eurohypo bis 2014 verkaufen.

nen Sicherheiten gedeckt sind. Die Vorschriften dazu befinden sich im speziell für öffentlich-rechtliche Grundkreditanstalten geltenden Pfandbriefgesetz. Es schreibt beispielsweise vor, dass bei Darlehensvergabe hereingenommene Hypotheken maximal in Höhe von 50% zur Besicherung der ausgegebenen Pfandbriefe benutzt werden dürfen.

A4.3.2 Bausparkassen

Bausparkassen sind Kreditinstitute, die sich durch Einlagen von Bausparern finanzieren und im Gegenzug anderen Bausparern für wohnungswirtschaftliche Vorhaben Bauspardarlehen zur Verfügung stellen.

Ein Bausparer verpflichtet sich durch Abschluss eines *Bausparvertrags*, zunächst regelmäßige Einzahlungen zu leisten, die oft relativ gering verzinst werden. Im Gegenzug erhält er bei Zuteilung seines Bausparvertrags den Anspruch auf ein niedrigverzinsliches Darlehen. Die Zuteilungsreife eines Bausparvertrags wird durch eine Bewertungszahl bestimmt, die von der Bausparkasse ermittelt wird. Sie hängt von den bereits geleisteten Einlagen, der angestrebten Darlehenshöhe und -laufzeit, aber auch von der gewählten Zinsvariante und anderen Vertragsmerkmalen ab.

Der vermuteten Schutzwürdigkeit von Bausparern hat der Gesetzgeber durch den Erlass eines speziellen *Bauspargesetzes* Rechnung getragen. Darin ist unter anderem auch die Zweckbestimmung der Darlehen festgeschrieben. Eine detaillierte Behandlung von Bausparkassen findet sich bei BERNDT *et al.* (1995).

A4.3.3 Direktbanken

Die in den letzten Jahren stark steigende Zahl von Direktbanken trägt den Bedürfnissen der Kundschaft Rechnung, die Bankgebühren bei der Abwicklung der Geschäfte möglichst gering zu halten. Mitte 2007 waren 16% der erwachsenen Deutschen bereits Kunden einer Direktbank (Ende 2000: 6%), wobei sie diese Verbindung vorwiegend als Zweitbankverbindung nutzten (http://www.banken verband.de). Direct Banking bezeichnet hierbei „die Summe aller systematischen Aktivitäten zum Absatz von Bankdienstleistungen über direkte Kommunikationskanäle ohne Einschaltung von Absatz-Zwischenstufen – und unter Einsatz von moderner Kommunikationstechnik als Hauptvertriebsmedium. (...) [Die] Direktbank ist dadurch gekennzeichnet, dass sie sich ausschließlich im Rahmen der Definition des Direct Banking bewegt" (WALTER (2000), S. 7). Sie bieten ein Höchstmaß an Flexibilität, da räumliche bzw. zeitliche Beschränkungen für die Kunden wegfallen. Aufnahme und Bestätigung von Aufträgen werden vorwiegend über das Internet abgewickelt, wobei jedoch auch Telefon und Schriftverkehr zurzeit (noch) eine Rolle spielen. Insbesondere begünstigten Softwareentwicklungen sowie die zunehmende Nutzung des Internets als Informationsquelle das Wachstum der Direktbanken. Zum einen ermöglichten serviceorientierte Architekturen den Banken die einfache Integration alter Anwendungen in zeitgemäße kundenspezifische Anwendungen und führten somit zu einer bedeutenden Kostensenkung (vgl. MATEI und SILVESTRU (2008)). Zum anderen gewährleistet der abnehmende Informationsvorsprung des Bankberaters die eigenständige Durchführung von Bankgeschäften seitens des Kunden. Ungeachtet noch nicht gänzlich ausgereifter Technologien beispielsweise im Bezug auf die Dateneingabe oder Displayanzeige kann das Mobile Banking via Mobiltelefonie das Direct Banking zukünftig noch komfortabler für den Kunden gestalten (vgl. LAUKKANEN (2007)).

Ursprünglich boten Direktbanken in der Regel eine im Vergleich zu Universalbanken stark reduzierte Produktpalette an, zu der der An- und Verkauf von Wertpapieren, die Annahme von Termingeldern und Spareinlagen sowie Zahlungsverkehrsleistungen gehören. Auch (Klein-)Kredite werden zunehmend von Kunden nachgefragt. Doch gerade in den letzten Jahren ist eine Weiterentwicklung der Direktbanken zu beobachten. So kommt einer fundierten persönlichen Finanzplanung wachsende Bedeutung zu. Direktbanken bauen im Zuge dessen verstärkt ein Beraternetzwerk und Geschäftsstellen auf. Die klassische Produktpalette mit Fokus auf Brokerage-Leistungen wird zusehends erweitert um Leistungen aus den Bereichen Versicherungen, Fonds und Finanzierung. Die meisten Direkt- beziehungsweise Onlinebanken sind als Tochterunternehmen eines Finanzkonzerns gegründet worden, einige sind jedoch auch selbstständig. Sie unterscheiden sich in ihrer Marktpositionierung hinsichtlich ihres Beratungs- und Serviceangebots sowie ihres Produktspektrums. Während die Full-Service-Direktbank einer traditionellen Bank gleicht, beschränkt sich die Beraterbank auf spezifische Produkte. Die Discount-Direktbank konzentriert sich ebenfalls auf Nischenprodukte jedoch bei reduzierter Serviceintensität, wie beispielsweise die DAB Bank. Die Mengendirektbank bietet schließlich eine Vielzahl an Produkten bei eingeschränktem Beratungsangebot, z.B. die Comdirect Bank. Deutscher Marktführer mit 5,7 Mio. Kunden (Stand 2006) ist derzeit die Ing-DiBa, gefolgt von der DAB Bank (1,1 Mio. Kunden) und der Comdirect Bank (0,9 Mio. Kunden). Einen Überblick über Leistungsangebote, Kosten und Marktsituation findet sich bei SWOBODA (2000).

A4.3.4 Kapitalanlagegesellschaften (Investmentgesellschaften)

Kapitalanlagegesellschaften sind Unternehmen, deren Geschäftsbetrieb darauf gerichtet ist, eingelegte Kundengelder getrennt vom eigenen Vermögen in Form von Geldmarkt-, Wertpapier-, Beteiligungs- oder Grundstückssondervermögen *(Fonds)* anzulegen. Die Anteilsinhaber erhalten Investmentzertifikate als Urkunden über ihre Beteiligung am Fondsvermögen.

Investmentgesellschaften legen sowohl *offene* als auch *geschlossene Fonds* auf. Bei offenen Fonds werden laufend Zertifikate herausgegeben oder durch Zahlung des Gegenwertes wieder zurückgenommen. Börsentäglich findet eine Feststellung der Ausgabe- und Rücknahmepreise für die Investmentzertifikate statt. Bei geschlossenen Fonds ist die Zahl der ausgegebenen Investmentzertifikate von Anfang an festgelegt. Geschlossene Fonds haben oft eine festgelegte Laufzeit, innerhalb derer die Fondsanteile von der Investmentgesellschaft nicht zurückgenommen werden.

Investmentzertifikate auf Aktien-, Renten- und Immobilienfonds sind wegen ihrer kleinen Stückelung populäre Geldanlagemöglichkeiten für Privatanleger. Ein wichtiger Aspekt ist dabei die mit der Beteiligung an einem Fonds verbundene Möglichkeit, auch kleine Geldbeträge in eine diversifizierte Anlageform zu investieren. Ein weiterer Vorteil der Fondsanlage liegt in der Tatsache, dass die Anlage des Fondsvermögens von einem professionellen Management übernommen wird.

Tab. A4-5: Anzahl, Mittelaufkommen und Fondsvermögen von Publikumsfonds und Spezialfonds

	Anzahl der Fonds, 30.04.2009	Mittel-aufkommen im Jahr 2008 (Mio. €)	Fonds-vermögen, 30.04.2009 (Mio. €)
Publikumsfonds	*2.167*	*-14.409*	*278.924*
Geldmarktfonds	48	-12.171	12.797
Rentenfonds	367	-9.391	50.214
Aktienfonds	560	-2.981	73.927
Gemischte Wertpapierfonds	539	1.224	27.221
Offene Immobilienfonds	50	799	86.896
Gemischte Fonds	274	5.189	13.937
Altersvorsorgefonds	19	-334	754
Dachfonds	277	3.128	11.801
Hedgefonds	19	-32	799
Dach-Hedgefonds	12	-38	174
Spezialfonds	*3.855*	*6.498*	*647.532*
Geldmarktfonds	23	21	2.199
Rentenfonds	851	3.836	183.522
Aktienfonds	242	1.972	46.941
Gemischte Wertpapierfonds	1.907	-10.893	278.430
Offene Immobilienfonds	126	2.074	24.171
Gemischte Fonds	638	219	98.623
Dachfonds	65	9.201	13.292
Hedgefonds	1	65	248
Dach-Hedgefonds	2	4	106

Quelle: DEUTSCHE BUNDESBANK (2009d), S. 52ff.

A4.3.5 Wertpapiersammelbanken

Wertpapiersammelbanken übernehmen die Verwahrung, Verwaltung und den Giroverkehr von Wertpapieren für Kreditinstitute. Die Verwahrung von Wertpapieren findet in Form einer so genannten *Sammelverwahrung* statt. Der Einlieferer hat keinen Herausgabeanspruch auf dieselben Wertpapiere, die er hinterlegt hat, sondern erwirbt einen Anspruch auf die Herausgabe von Wertpapieren derselben Gattung in Höhe des hinterlegten Nennbetrages.

Die Verwaltung des Wertpapierbestands beinhaltet unter anderem die Einlösung von Zins- und Dividendenscheinen, die Erledigung der Tätigkeiten im Zusammenhang mit Kapitalerhöhungen und -herabsetzungen bei Aktiengesellschaften und die Abwicklung von Auslosungen bzw. Kündigungen von Anleihen.

Der Effektengiroverkehr, auch Börsenclearing genannt, dient der Übertragung des Eigentums an börsengehandelten Wertpapieren zwischen zwei Handelsparteien. Falls beide ein Wertpapierdepot beim *Clearstream*, Teil der Gruppe Deutsche Börse, besitzen, kann dieser einfach eine Umbuchung vornehmen. Der Effektengiroverkehr ist somit schnell und kostengünstig durchführbar.

A4.3.6 Kreditinstitute mit Sonderaufgaben

Die Tätigkeit von Kreditinstituten mit Sonderaufgaben zeichnet sich durch die Kreditvergabe an *förderungswürdige* Personen und Projekte aus. Der Staat definiert die Förderung (Förderung des Mittelstandes, Wiederaufbau, Unterstützung des Außenhandels usw.) und definiert Rahmenbedingungen, so dass privatrechtliche und öffentlich-rechtliche Institute Finanzierungsmöglichkeiten bereitstellen können, die sonst nicht oder nur gegen höhere Zinsen gewährt würden. Mit der IKB Deutsche Industriebank, der AKA Ausfuhrkreditgesellschaft und der Liquiditätskonsortialbank wollen wir zunächst drei privatrechtliche Institute betrachten. Im öffentlich-rechtlichen Bereich stellen wir die Kreditanstalt für Wiederaufbau vor.

IKB Deutsche Industriebank

Die IKB Deutsche Industriebank wurde 1949 von der *gewerblichen Wirtschaft* gegründet. Sie vergibt mittel- und langfristige Investitionskredite an Klein- und Mittelbetriebe, die sonst keinen Zugang zum Kapitalmarkt haben. Die Refinanzierung dieser Kredite wird vor allem durch die Ausgabe von Schuldverschreibungen und die Aufnahme von Krediten bei anderen Kreditinstituten gesichert. Die IKB war eine der ersten Banken, die aufgrund ihrer Investitionen in US Subprime Kredite an den Rand der Insolvenz gebracht wurden. Im Juli 2007 konnte die IKB durch Kapitalbeihilfen der KfW und der privaten Banken in Höhe von 3,5 Mrd. Euro gerettet werden. Zum Hintergrund: Die IKB hatte das höchste Risiko aller deutschen Banken gegenüber US Subprime Krediten. Moody's zu Folge beliefen sich die Investitionen auf 19,6 Mrd US-Dollar bzw. 84% der liquiden Vermögenswerte der Bilanz. Dieses entspricht 618% des haftenden Eigenkapitals (MOODY'S INVESTORS SERVICE (2007)). Die Investitionen erfolgten in der Regel durch Zweckgesellschaften (so genannte Structured Investment Vehicles, kurz SIVs), die nicht bilanziert wurden, sondern deren Liquidität durch eine Kreditlinie der IKB gesichert wurde. Das bekannteste SIV der IKB ist „Rhineland Funding".

AKA Ausfuhrkredit-Gesellschaft

Die AKA Ausfuhrkredit-Gesellschaft wird von Banken getragen. Sie dient der mittel- und langfristigen Finanzierung von *Exportgeschäften*. Ihr Kreditprogramm ist in verschiedene Plafonds unterteilt. Die Kredite werden beispielsweise zur Finanzierung der Aufwendungen während der Produktionszeit und/oder Refinanzierung des einzuräumenden Zahlungsziels eines einzelnen Exportgeschäfts gewährt. Weitere Informationen über die AKA Ausfuhrkredit-Gesellschaft sind unter http://www.akabank.de erhältlich.

Liquiditätskonsortialbank

Die Liquiditätskonsortialbank dient der *Überbrückung von Liquiditätsengpässen* bei Kreditinstituten, die ansonsten nicht gefährdet sind. Das Kreditinstitut zieht einen Wechsel auf die Liquiditätskonsortialbank, den diese akzeptiert. Das Kreditinstitut reicht den Wechsel dann an die Bundesbank zum Diskont weiter. Die Bonität der Liquiditätskonsortialbank wird durch die an ihr beteiligten Kreditinstitute gewährleistet. Dies sind u. a. die Deutsche Bundesbank, die Mitglieder des Bundesverbandes deutscher Banken, die Sparkassen und die Volks- und Raiffeisenbanken.

Kreditanstalt für Wiederaufbau bzw. KfW Bankengruppe

Die Kreditanstalt für Wiederaufbau (KfW) verwaltet *strukturpolitische Investitionsförderprogramme*, derzeit auch zum Aufbau der Wirtschaft in den neuen Bundesländern. Außerdem führt sie u. a. im Auftrag des Bundes die Finanzierung der Entwicklungshilfe durch, ist im Bereich der Mittelstandsförderung aktiv und tritt als Kreditgeber für Kredite aus ERP-Sondervermögen (European-Recovery-Programme; bekannt als Marshall-Plan) auf. Es handelt sich dabei um ein Sonderbudget des Bundes, aus dem zinsgünstige Kredite zur Finanzierung von Ausfuhrgeschäften in Entwicklungsländer bereitgestellt werden. Des Weiteren nimmt die KfW aufgrund ihrer Bonität als Institution des Bundes günstig Mittel am Kapitalmarkt auf und gibt diese an förderungswürdige kleine und mittlere Unternehmen weiter.

Darüber hinaus vergibt die KfW Bürgschaften und Kredite auch aus *öffentlichen Förderprogrammen* an kleine und mittlere Unternehmen zur Unterstützung von Investitionen in den Umweltschutz und in neue Technologien sowie zur Förderung des sozialen Bereichs (http://www.kfw.de). Die KfW ist kein Kreditinstitut nach KWG, muss aber bestimmte Paragrafen beachten (vgl. §2 Abs. 1 Nr. 2 und §2 Abs. 2 KWG).

A4.4 Institutionelles Umfeld des Bankensystems: Das Europäische System der Zentralbanken, die Deutsche Bundesbank und die Bundesanstalt für Finanzdienstleistungsaufsicht

A4.4.1 Das Europäische System der Zentralbanken und die Deutsche Bundesbank

Mit dem Eintritt in die dritte Stufe der Europäischen Wirtschafts- und Währungsunion am 1.1.1999 hat sich das institutionelle Umfeld der (Geschäfts-) Banken in Gestalt der mit ihnen interagierenden Zentralbank nachhaltig verändert. An die Stelle der Deutschen Bundesbank ist das *Europäische System der Zentralbanken (ESZB)* getreten, innerhalb dessen die *Deutsche Bundesbank* neben den anderen nationalen Zentralbanken des Euro-Währungsraums ihren Platz einnimmt.

Der institutionellen Diskontinuität zum Trotz ist die vorrangige *Zielsetzung* der Zentralbank unverändert geblieben: die Gewährleistung von Preisstabilität. Dieses Ziel gilt gemäß Definition des ESZB als erreicht, sofern ein bestimmter Verbraucherpreisindex (HVPI) im Euro-Währungsgebiet einen Anstieg von unter 2% gegenüber dem jeweiligen Vorjahr aufweist. Lediglich soweit dies ohne Beeinträchtigung des Ziels der Preisstabilität möglich ist, soll das ESZB die allgemeine Wirtschaftspolitik unterstützen.

In Verfolgung des Preisstabilitätsziels nimmt das ESZB eine Reihe von *Aufgaben* wahr, die in Art. 3 der ESZB-Satzung niedergelegt sind. Die Aufgaben des ESZB lauten im Einzelnen:

- Festlegung und Durchführung der Geldpolitik der Gemeinschaft,
- Durchführung von Devisengeschäften,
- Halten und Verwaltung der offiziellen Devisenreserven der Mitgliedsstaaten,
- Förderung des reibungslosen Funktionierens der Zahlungssysteme.

Daneben nimmt das ESZB noch beratende Funktionen wahr.

Mit der Übertragung von Aufgaben auf das ESZB geht notwendigerweise ein Verlust an Kompetenzen auf Ebene der nationalen Zentralbanken, also auch der Deutschen Bundesbank, einher. Deren Funktion gibt §3 Bundesbankgesetz vor, nach dem sie „als integraler Bestandteil des ESZB (...) an der Erfüllung seiner Aufgaben mit[wirkt]". Als originäre Aufgabe nennt §3 BBankG daneben die Sorge für die Abwicklung des Zahlungsverkehrs im Inland und mit dem Ausland. Die Deutsche Bundesbank unterstützt außerdem die Durchführung der Bankenaufsicht, indem sie für die Bundesanstalt für Finanzdienstleistungsaufsicht statistische Daten zur wirtschaftlichen Lage der Kreditinstitute sammelt, aufbereitet und auswertet.

Nach der Darstellung von Zielsetzung und daraus abgeleiteten Aufgaben bedarf nun noch die *organisatorische Struktur* des ESZB der Erläuterung. Das ESZB setzt sich aus der *Europäischen Zentralbank (EZB)* und den nationalen Zentralbanken des Euro-Währungsraums zusammen. Das wichtigste Entschei-

dungsgremium, welches insbesondere den allgemeinen geldpolitischen Kurs fest-
legt, ist der EZB-Rat, dem die Mitglieder des Direktoriums der EZB sowie die
Präsidenten der nationalen Zentralbanken des Euro-Währungsraums angehören.
Das Direktorium der EZB wiederum, welches die vom EZB-Rat beschlossene
Geldpolitik umsetzt und dabei den nationalen Zentralbanken die erforderlichen
Weisungen erteilt, setzt sich aus dem Präsidenten der EZB, dem Vizepräsidenten
und vier weiteren Mitgliedern zusammen. Die Organisation der Deutschen Bun-
desbank wurde mit Wirkung zum 30.04.2002 nachhaltig verändert. Das oberste
Organ, der Vorstand, besteht jetzt aus dem Präsidenten und dem Vizepäsiden-
ten der Deutschen Bundesbank sowie sechs weiteren Mitgliedern. Die Deutsche
Bundesbank untergliedert sich in neun Hauptverwaltungen, welche die früheren
Landeszentralbanken ersetzen. Jeder Hauptverwaltung steht ein Präsident vor,
der dem Vorstand unterstellt ist, jedoch selbst kein Mitglied des Vorstandes ist.

Auch die Zentralbank erstellt, insoweit den Geschäftsbanken vergleichbar, *Bilanz* sowie *Gewinn- und Verlustrechnung* (vgl. Tabelle A3.2). Die Bilanz bietet
u. a. Einblick in Höhe und Struktur der Zentralbankgeldmenge. Hervorzuheben
ist als spezifische Eigenheit einer Zentralbankbilanz der Ausweis des Bargeldum-
laufs auf der Passivseite, da dieser eine Forderung des privaten Sektors gegenüber der Zentralbank repräsentiert. Daneben schlagen sich die nachfolgend zu
erörternden geldpolitischen Maßnahmen der Zentralbank in ihrem in Abbildung
A4.2 und Tabelle A4-6 dargestellten verkürzten Jahresabschluss nieder.

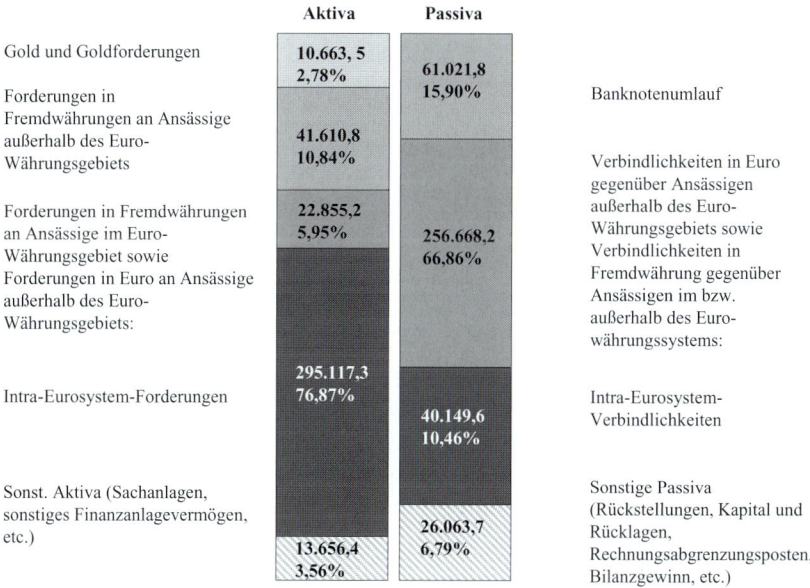

Abb. A4.2: Verkürzte Bilanz der EZB zum 31.12.2008 (Angaben in Mio. €)

Quelle: Europäische Zentralbank (2008).

Tab. A4-6: Verkürzte Gewinn- und Verlustrechnung der EZB, Stand: 31.12.2008

Aufwand	(Mio. €)	Ertrag	(Mio. €)
Zinsaufwand	9.277	Zinsertrag	11.658
Nettoergebnis aus Finanzgeschäften, Abschreibungen und Rückstellungen	679	Sonstige Erträge (z. B. Gebühren und Provisionen)	7
Personal- und Sachaufwand	357		
Aufwendungen für die Banknotenerstellung	7		
Abschreibungen auf Sachanlagen	23		
Jahresüberschuss	1322		
	11.665		11.665

Quelle: EUROPÄISCHE ZENTRALBANK (2008).

Die Zielsetzung einer einheitlichen Geldpolitik in sämtlichen Ländern des
Euro-Währungsraums bedingt, dass der Einsatz des geldpolitischen Instrumentariums zentral durch das ESZB erfolgt. Da bei der Ausgestaltung dieses Instrumentariums eine Synthese aus den bisher in den einzelnen Mitgliedsstaaten praktizierten Konzeptionen gefunden werden musste, welche zum Teil nicht
unerheblich divergierten, konnte dies nicht ein einfaches Übernehmen des Instrumentariums der Deutschen Bundesbank bedeuten. Im Folgenden wollen wir
daher die wichtigsten Elemente des aktuellen Instrumentariums vorstellen und
ggf. aufzeigen, inwieweit sich hierin eine Änderung gegenüber der Situation vor
dem 1.1.1999 manifestiert.[12]

Offenmarktgeschäfte

Eine herausgehobene Stellung innerhalb des geldpolitischen Instrumentariums
des ESZB nehmen die Offenmarktgeschäfte ein. Unter Offenmarktpolitik versteht man den Kauf oder Verkauf von Wertpapieren durch die Zentralbank am
offenen Markt. Der Kauf von Wertpapieren durch die Zentralbank, der auch
als expansive Offenmarktpolitik bezeichnet wird, hat eine Erhöhung der Zentralbankgeldmenge zur Folge, der Verkauf von Wertpapieren (restriktive Offenmarktpolitik) eine Verminderung.

Die Offenmarktgeschäfte des ESZB lassen sich in *vier Kategorien* einteilen:
Hauptrefinanzierungsinstrument, längerfristige Refinanzierungsgeschäfte, Fein-

---

[12] Eine ausführliche Darstellung des aktuellen Instrumentariums findet sich in EUROPÄISCHE
ZENTRALBANK (2002a), eine sehr gute Gegenüberstellung alter und neuer Regelung in DU-
WENDAG *et al.* (1999).

steuerungsoperationen und strukturelle Operationen. Die Liquiditätsbereitstellung durch das Hauptrefinanzierungsinstrument, welches bezeichnungsgemäß den größten Teil des Refinanzierungsvolumens ausmacht, erfolgt mit einer Laufzeit von einer Woche im Wege so genannter befristeter Transaktionen. Diese werden im nachfolgenden Absatz näher erläutert. Befristeter Transaktionen bedienen sich auch die längerfristigen Refinanzierungsgeschäfte, die den Banken in monatlichem Rhythmus Liquidität für die Dauer von drei Monaten zuführen. Die in unregelmäßigem Abstand erfolgenden Feinsteuerungsoperationen und strukturellen Operationen können im Gegensatz zu den beiden erstgenannten Kategorien sowohl liquiditätszuführend als auch -entziehend eingesetzt werden. Sie erfolgen zum Teil in Gestalt von befristeten Transaktionen, zum Teil aber auch in Gestalt von definitiven Käufen/Verkäufen, Devisenswaps, Hereinnahme von Termineinlagen durch die Zentralbank und Emission von Schuldverschreibungen durch die Zentralbank.

Unter den zuvor bereits angesprochenen befristeten Transaktionen werden Geschäfte verstanden, bei denen das ESZB entweder refinanzierungsfähige Finanzaktiva unter Rückkaufvereinbarung ankauft (Pensionsgeschäfte) oder Kredit gegen Verpfändung refinanzierungsfähiger Sicherheiten gewährt. Sie werden in der Regel im Tenderverfahren abgewickelt, wobei zwischen Mengen- und Zinstender zu unterscheiden ist.

Refinanzierungsfähige Sicherheiten sind im Rahmen der Offenmarktpolitik, aber auch darüber hinaus von Bedeutung, da die Satzung des ESZB die Stellung ausreichender Sicherheiten als Voraussetzung jeglicher liquiditätszuführender Maßnahmen der Zentralbank festschreibt. Sie gliedern sich auf in marktfähige Schuldtitel, die von der EZB festgelegte, einheitliche Kriterien erfüllen (Kategorie-1-Sicherheiten), und zusätzliche marktfähige sowie nicht marktfähige Finanzaktiva, die für die nationalen Finanzmärkte und Bankensysteme von besonderer Bedeutung sind und von der jeweiligen nationalen Zentralbank definierten Kriterien gehorchen (Kategorie-2-Sicherheiten). Zu letztgenannter Kategorie zählen in Deutschland auch bestimmte qualifizierte Handelswechsel, so dass diese selbst nach Wegfall des Rediskontkredits zum Zwecke der Refinanzierung nutzbar gemacht werden können.

Ständige Fazilitäten

Daneben bietet das ESZB den Geschäftsbanken zwei ständige Fazilitäten (d. h. Kreditmöglichkeiten) an. Diese können von den Banken auf eigene Initiative hin sowie regelmäßig ohne Volumensbeschränkung in Anspruch genommen werden. Die Verwaltung der ständigen Fazilitäten erfolgt dezentral durch die nationalen Zentralbanken.

Die *Spitzenrefinanzierungsfazilität* dient der Bereitstellung von Liquidität für die Geschäftsbanken. Gegen refinanzierungsfähige Sicherheiten können sie sich Übernachtliquidität zu einem vorgegebenen Zinssatz beschaffen, welcher im April 2006 bei 3,5% lag. Damit lag der Zinssatz der Spitzenrefinanzierungsfazilität deutlich über dem des Hauptrefinanzierungsinstruments (2,5%), was der Zielsetzung der Fazilität Rechnung trägt, lediglich temporäre Liquiditätsknappheiten zu überbrücken, nicht aber dauerhafte Finanzierungsquelle zu sein. Da die

Geschäftsbanken über diese Fazilität unbeschränkt Mittel aufnehmen können, bildet ihr Zinssatz eine natürliche Obergrenze für den Tagesgeldsatz.

Im Gegensatz dazu kann mittels der *Einlagefazilität* überschüssige Liquidität der Geschäftsbanken absorbiert werden. Zu einem vorgegebenen Zinssatz, der im April 2006 bei 1,5% lag, können die Geschäftsbanken Gelder bei der Zentralbank anlegen. Es ist unmittelbar einsichtig, dass der Zinssatz der Einlagefazilität unter dem des Hauptrefinanzierungsinstruments liegt. Da diese Anlagemöglichkeit den Geschäftsbanken regelmäßig ohne Begrenzung offen steht, markiert der Zinssatz der Einlagefazilität die Untergrenze für den Tagesgeldsatz.

Im Vergleich mit den geldpolitischen Instrumenten vor Etablierung des ESZB fällt auf, dass die Spitzenrefinanzierungsfazilität in Zielsetzung und Verzinslichkeit an die Stelle des früheren Lombardkredits tritt. Durch ihn konnten die Geschäftsbanken gegen Verpfändung von Wertpapieren vorübergehende Liquiditätsengpässe überbrücken, allerdings zu einem recht hohen Zinssatz. Demgegenüber besitzt die Einlagefazilität in Deutschland keinen historischen Vorläufer.

Mindestreserve

Die Mindestreservevorschriften des ESZB verpflichten die (mindestreservepflichtigen) Kreditinstitute, auf Konten bei den jeweiligen nationalen Zentralbanken Mindestreserven zu unterhalten. Die Höhe der zu unterhaltenden Mindestreserve ergibt sich durch Anwendung der Mindestreservesätze auf die Mindestreservebasis eines Instituts.

Hinsichtlich der Zurechnung von Verbindlichkeiten zur *Mindestreservebasis* sind drei Fälle zu unterscheiden:

- Verbindlichkeiten, die mit einem positiven Mindestreservesatz in die Mindestreservebasis einbezogen sind (z. B. täglich fällige Einlagen, Einlagen und Schuldverschreibungen mit vereinbarter Laufzeit von bis zu zwei Jahren, Geldmarktpapiere),
- Verbindlichkeiten, die mit einem Mindestreservesatz von 0% in die Mindestreservebasis einbezogen sind (z. B. Einlagen und Schuldverschreibungen mit vereinbarter Laufzeit von über zwei Jahren, Repogeschäfte),
- Verbindlichkeiten, die nicht in die Mindestreservebasis einbezogen sind (z. B. Verbindlichkeiten gegenüber Instituten, die selbst den ESZB-Mindestreservevorschriften unterliegen).

Der *Mindestreservesatz* für die erstgenannten Verbindlichkeiten liegt aktuell bei 2%. Die Differenzierung zwischen Verbindlichkeiten, die zwar in die Mindestreservebasis einbezogen, jedoch mit 0% zu gewichten sind, und solchen, die gar nicht erst in die Mindestreservebasis einbezogen sind, erklärt sich dadurch, dass die EZB zwar jederzeit die Reservesätze, in der Regel aber nicht die die Reservebasis bildenden Positionen ändern kann.

Das *Mindestreserve-Soll* einer Erfüllungsperiode wird auf Basis der Monatsendbestände der relevanten Bilanzpositionen im Vormonat berechnet. Dem wird als *Ist-Reserve* das durchschnittliche Tagesendguthaben auf den Reservekonten der Geschäftsbanken innerhalb der betrachteten Erfüllungsperiode gegenübergestellt. Die Zulässigkeit der Durchschnittserfüllung der Verpflichtung resultiert aus der Zielsetzung des Mindestreservesystems, zu einer Stabilisierung der Zinssätze am Geldmarkt beizutragen.

Hält ein Kreditinstitut sein Mindestreserve-Soll nicht ein, so kann die EZB es mit Sanktionen belegen. In Betracht kommen hier beispielsweise die Verhängung eines Strafzinses auf den *Mindestreservefehlbetrag*, welcher bis zu 5%-Punkte über dem Zinssatz der Spitzenrefinanzierungsfazilität liegen kann, oder der befristete Ausschluss des Instituts von den ständigen Fazilitäten und Offenmarktoperationen.

Eine wesentliche Neuerung gegenüber der früheren Mindestreserveregelung stellt die *Verzinslichkeit* der zwangsweise bei der Zentralbank unterhaltenen Guthaben dar. Während diese zuvor nicht zinsbringend waren, werden sie nun auf Basis des Zinssatzes des Hauptrefinanzierungsinstruments verzinst. Damit soll verhindert werden, dass Kreditinstitute im Euro-Währungsraum gegenüber konkurrierenden Banken in Ländern ohne Mindestreserveverpflichtung einen merklichen Wettbewerbsnachteil haben.

Lender of last resort

Für jede Notenbank stellt sich das Problem, wie sie sich im Falle einer Bankenkrise verhalten soll. Grundsätzlich ist es einer Notenbank stets möglich, eventuelle Liquiditätsengpässe einer Bank durch Kreditgewährung, d. h. durch Bereitstellung von Zentralbankgeld, zu überbrücken. Damit kann auch verhindert werden, dass die Liquiditätskrise auf andere Banken übergreift. Ein solches Eingreifen der Notenbank stabilisiert zwar das Bankensystem in einer Krisensituation, dem stehen aber auch gewichtige Nachteile gegenüber. Können die Kreditinstitute damit rechnen, dass im Krisenfall die Notenbank als „lender of last resort" eingreift, so sind die Anreize, einen Liquiditätsengpass zu vermeiden, reduziert. Um solchen Anreizwirkungen vorzubeugen, wird es eine Notenbank tunlichst vermeiden, ein Eingreifen im Sinne eines „lender of last resort" bereits vorab öffentlich anzukündigen. Daher kann eine „gemischte" Strategie sinnvoll sein, bei der die Notenbank manchmal eingreift, in anderen Fällen dagegen nicht. Hierdurch werden die oben genannten Anreizeffekte weitgehend vermieden, gleichzeitig behält sich die Notenbank vor, in besonderen Fällen einzugreifen. Eine solche Strategie hat die amerikanische Notenbank während der Krise der Savings and Loan Associations (vgl. Abschnitt A5.1.1) verfolgt. Darüber hinaus kann eine umfangreiche Kreditgewährung an Kreditinstitute den geldpolitischen Zielsetzungen der Notenbank zuwiderlaufen, da jede Kreditgewährung der Notenbank eine Erhöhung der Geldmenge bedeutet.

Die Maßnahmen der EZB während der Finanzkrise

Die Rolle als „Lender of Last Resort" bekam praktische Relevanz seit Ausbruch der Finanzkrise im August 2007. Der Geldmarkt war seitdem geprägt von Unsicherheit bezüglich der Liquidität und Solvenz der Banken. Die Bereitschaft der Banken, sich untereinander Geld zu leihen, nahm signifikant ab bzw. kam zum Erliegen nach der Pleite von Lehman Brothers im September 2008. Banken waren (wenn überhaupt) nur bereit, kurzfristig und dann nur hinreichend besichert

Geld zu verleihen. Als Folge stiegen die Spreads im Geldmarkt zwischen besicherter und nicht besicherter Kreditvergabe. Um eine Versorgung der Banken mit Liquidität zu gewährleisten und schließlich die Versorgung von Haushalten und Unternehmen mit Krediten, hat die EZB verschiedene Maßnahmen ergriffen.

- Seit dem 15. Oktober 2008 verleiht die Notenbank ihr Geld im wöchentlichen Verfahren nach dem Mengentender. Dabei bekommen Banken zu einem festgelegten Preis (dem Leitzins) Liquidität in unlimitierter Höhe. Darüber hinaus hat die EZB die Laufzeiten dieser Transaktionen auf bis zu 6 Monate erhöht.
- Seit Juli 2008 hat die EZB den Leitzins von 4,25% auf 1% (die letze Zinssenkung war im Mai 2009) gesenkt.
- Eine wesentliche Änderung war die Verringerung des Zinskorridors zwischen der Kredit- und Einlagenfaszilität. Zum 15. Oktober 2008 wurde auch dieser von 200 Basispunkten auf 100 Basispunkte verkleinert. Mit anderen Worten: die Banken waren seitdem in der Lage, unter Zahlung eines Strafzinses von 0,5% überflüssige Liquidität bei der EZB anzulegen. Diese übte zusätzlichen Druck auf den Interbankenmarkt aus, da Banken die Zahlung des Strafzinses der Kreditvergabe an andere Banken vorzogen. Bereits im Vorfeld hatten Banken nach dem Kollaps von Washington Mutual Ende September begonnen, in großen Mengen Gelder bei der EZB anzulegen. In der letzten Septemberwoche haben Banken im Durchschnitt täglich 169 Mrd. Euro angelegt (HEIDER *et al.* (2009)). Die Verringerung des Zinskorridors wurde im Januar 2009 wieder rückgängig gemacht.
- Als weitere wichtige Maßnahme hat die EZB die Liste an Assets erweitert, die Banken als Sicherheiten hinterlegen können.
- Im Mai 2009 hat die EZB begonnen, sogenannte „Covered Bonds" der Banken zu kaufen. Banken emittieren gewöhnlich diese Bonds, da sie längerfristiger sind als die Refinanzierung über die EZB und gleichen so die Laufzeitunterschiede zwischen der Aktiv- und Passivseite der Bilanz aus.
- Im Juni 2009 wurden zusätzlich 400 Mrd. Euro mit einer einjährigen Laufzeit den Banken zur Verfügung gestellt.

A4.4.2 Die Bundesanstalt für Finanzdienstleistungsaufsicht (BaFin)

Am 1. Mai 2002 wurde die *Bundesanstalt für Finanzdienstleistungsaufsicht (BaFin)* gegründet. Sie übernimmt u. a. die Aufgaben des Bundesaufsichtsamts für das Kreditwesen (BAKred), das bis zur Gründung der BaFin für die Bankenaufsicht zuständig war. Die wichtigste Neuerung ist, dass die BaFin als Allfinanzaufsicht konzipiert ist. Unter ihrem Dach sind nun die Aufgaben zur Banken- und Versicherungsaufsicht sowie die Aufsicht über den Wertpapierhandel vereint. Somit bündelt die BaFin die Aufgaben der ehemaligen Bundesaufsichtsämter für das Kreditwesen (BAKred), das Versicherungswesen (BAV) und den Wertpapierhandel (BAWe). Im Folgenden sollen, in Anlehnung an BUNDESANSTALT FÜR FINANZDIENSTLEISTUNGSAUFSICHT (2003), Ziele, Organisation und Aufgaben der BaFin vorgestellt werden sowie Gründe für die Errichtung einer Allfinanzaufsicht genannt werden.

Das übergeordnete Ziel der BaFin ist die Sicherstellung der Funktionsfähigkeit des gesamten Finanzsektors. Diese allgemeine Formulierung konkretisiert sich in zwei Unterziele. Zum einen soll die Solvenz bei Banken, Versicherungen und Finanzdienstleistungsinstituten gesichert werden, und zweitens soll der Schutz von Anlegern/Kunden im Vordergrund stehen.

Im Hinblick auf den Bankensektor wurden die genannten Ziele vor dem 1. Mai 2002 vom BAKred verfolgt. Die Schaffung einer Allfinanzaufsicht, und somit die Bündelung der Kräfte, um einen in der Politik häufig strapazierten Ausdruck zu gebrauchen, bietet jedoch eine Vielzahl von Vorteilen. Beispielsweise wurden in den letzten Jahren verstärkt Allfinanzstrategien und Allfinanzprodukte entwickelt. Hierdurch verschwimmen die Grenzen zwischen Kredit- und Finanzdienstleistungsgewerbe immer mehr. Diese Entwicklung findet auch in der verstärkten Bildung sektorübergreifender Konzerne von Banken, Finanzdienstleistungsinstituten und Versicherungsunternehmen ihren Niederschlag. Beispiele hierfür sind die Allianz/Dresdner Bank und Münchener Rück/HypoVereinsbank. Eine Allfinanzaufsicht trägt dieser Entwicklung Rechnung und scheint am ehesten geeignet, die zusätzlichen Anforderungen an die Aufsicht zu erfüllen. Neben diesen wichtigsten Gründen gibt es eine Vielzahl weiterer: Beispielsweise wird in immer mehr Ländern eine Allfinanzaufsicht eingeführt. Da die Regulierungssysteme sich eindeutig in diese Richtung entwickeln, dient die Errichtung des BaFin dazu, Wettbewerbsverzerrungen aufgrund unterschiedlicher Regulierungssysteme zu vermeiden. Ebenfalls wird der Informationsaustausch mit den Aufsichtsbehörden anderer Länder erleichtert, quasi von Allfinanzaufsicht zu Allfinanzaufsicht. Das BaFin kann jetzt auch als zentrale Anlaufstelle für alle Marktteilnehmer dienen. Darüber hinaus verspricht man sich die Nutzung von Synergieeffekten, wenn nun nicht mehr drei getrennte Aufsichtsbehörden existieren. Inwieweit diese Ziele erreicht werden, kann natürlich erst nach ein paar Jahren beurteilt werden. Das BaFin selbst kommt zu dem Fazit: „Die neue Bundesanstalt für Finanzdienstleistungsaufsicht ist als „single regulator" besser als jede andere Aufsichtsstruktur in der Lage, im Rahmen einer einheitlichen Aufsichtspraxis gleiche Regeln für gleiche Risiken zu entwickeln und damit aufsichtliche Wettbewerbsgleichheit zu gewährleisten. Darüber hinaus wird durch die Neuorganisation der Aufsicht die Rolle des Finanzplatzes Deutschland aber auch dessen Wettbewerbsfähigkeit im internationalen Vergleich gestärkt." (BUNDESANSTALT FÜR FINANZDIENSTLEISTUNGSAUFSICHT (2003))

Organisatorisch besteht das BaFin im Wesentlichen aus drei Aufsichtssäulen und sektorübergreifenden Querschnittsabteilungen (vgl. Abbildung A4.3).

Bei den drei Aufsichtssäulen handelt es sich um die Bankenaufsicht, die Versicherungsaufsicht und die Wertpapieraufsicht/Asset-Management. Aufgrund der thematischen Ausrichtung dieses Lehrbuches werden wir die Versicherungsaufsicht nur kurz ansprechen, während die beiden verbleibenden Säulen detaillierter dargestellt werden.

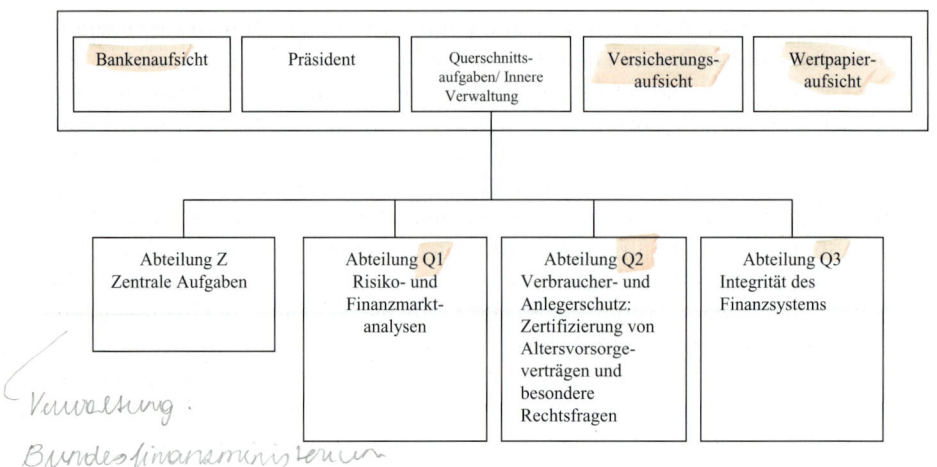

Verwaltung.

Bundesfinanzministerium

Abb. A4.3: Organisatorischer Aufbau der BaFin

Quelle: In Anlehnung an BUNDESANSTALT FÜR FINANZDIENSTLEISTUNGSAUFSICHT (2009d).

Bankenaufsicht (Erste Säule)

Vorrangiges Ziel ist die Erhaltung der Funktionsfähigkeit des Kreditgewerbes und somit der Schutz der Kundengelder der Banken. Die rechtliche Grundlage hierfür bilden das Kreditwesengesetz (KWG) und einige Spezialgesetze (z. B. das Bausparkassengesetz). Wie vor Errichtung des BaFin wirkt an der Bankenaufsicht weiter die Deutsche Bundesbank mit (§7 KWG). Im Einzelnen erfüllt die erste Aufsichtssäule drei Hauptaufgaben. Sie überprüft, ob Voraussetzungen zum Betreiben von Bankgeschäften eingehalten werden. Zu diesen Voraussetzungen zählen z. B. eine angemessene Organisation und insbesondere eine hinreichende Eigenkapitalausstattung. Zweitens ist das BaFin mit der laufenden Aufsicht betraut. Beispielsweise wird ständig kontrolliert, ob ausreichende Eigenmittel vorhanden sind und Liquiditätsgrundsätze eingehalten werden. Die Aufsicht der institutsinternen Risikocontrolling- und -managementsysteme bildet den dritten Aufgabenkomplex.

Um die genannten Aufgaben erfüllen zu können, stehen dem BaFin weitreichende Maßnahmen zur Verfügung. Sind die Einlagen der Gläubiger ernsthaft gefährdet oder besteht Konkursgefahr, so kann die BaFin in die Geschäftstätigkeit eines Kreditinstituts unmittelbar eingreifen und die Annahme von Einlagen und die Kreditgewährung untersagen oder sogar das Kreditinstitut für den Verkehr mit der Kundschaft schließen (§§46 und 46a KWG). Zwei Beispiele vor und während der Finanzkrise sollen die weitreichenden Einflussmöglichkeiten des Ba-Fin verdeutlichen.

In einer Pressemitteilung zur Eröffnung eines vorläufigen Insolvenzverfahrens über die Phoenix Kapitaldienst GmbH vom 14. März 2005 heißt es: „Die Finanzaufsicht sah sich zu dem Insolvenzantrag veranlasst, nachdem sie von der neuen Phoenix-Geschäftsleitung über Unregelmäßigkeiten informiert worden war, die diese aufgedeckt hatte. Dabei geht es um das Bestehen eines Kontos bei einem Londoner Broker. Über diesen Broker hat Phoenix Finanzgeschäfte für Kunden abgewickelt. Die Unregelmäßigkeiten blieben bis Anfang März 2005 unentdeckt; die bei Phoenix vorhandenen Kontounterlagen, die ein Guthaben von mehr als 600 Millionen Euro vortäuschten, waren offenbar manipuliert. Die Phoenix-Geschäftsführung hat vergangene Woche auf Anraten der BaFin die Staatsanwaltschaft eingeschaltet." Am 15. März 2005 hat die BaFin den Entschädigungsfall festgestellt. Dieses ist wichtig, damit „die Anleger mögliche Ansprüche bei der Entschädigungseinrichtung der Wertpapierhandelsunternehmen (EdW) geltend machen können" heißt es weiter in der Presseerklärung. Das Entschädigungsverfahren ist noch nicht abgeschlossen. Im Juli 2009 berichtete der EdW, dass in den vergangenen Monaten 22 Mio. Euro 5.000 Anlegern zugesagt wurden.

Im Oktober 2008 ist die Kaupthing Bank hf (Island) in Zahlungsschwierigkeiten aufgrund der Finanzkrise geraten. Die Kaupthing Bank hf., Niederlassung Deutschland, hatte zu der Zeit 30.800 Kunden mit Einlagenverbindlichkeiten von 308 Mio. Euro. Es bestand die Gefahr, dass die Niederlassung die Verpflichtungen nicht mehr erfüllen konnte. Die BaFin hat daher (obwohl es sich bei der Bank um eine ERW-Niederlassung im Sinnes des §53 Abs. 1 KWG handelt), ein Moratorium gegenüber der Kaupthing Bank hf., Niederlassung Deutschland, angeordnet. In einer Pressemitteilung vom 9. Oktober 2008 heißt es hierzu: „Die Bundesanstalt für Finanzdienstleistungsaufsicht (BaFin) hat am 09. Oktober 2008 gegenüber der Kaupthing Bank hf., Niederlassung Deutschland, ein Veräußerungs- und Zahlungsverbot erlassen. Außerdem hat die BaFin der Niederlassung untersagt, Zahlungen entgegenzunehmen, die nicht zur Tilgung von Schulden ihr gegenüber bestimmt sind (,Moratorium')." Die BaFin habe das Moratorium anordnen müssen, um die verbliebenen Vermögenswerte der Niederlassung zu sichern, teilte die BaFin zur Begründung mit. Die Muttergesellschaft, die Kaupthing hf., Island, sei nicht in der Lage gewesen, der Niederlassung weiterhin ausreichend Liquidität zur Verfügung zu stellen. Am Abend des 08. Oktober hatte die isländische Muttergesellschaft bereits den Zugriff auf die Online-Konten der Niederlassung in Deutschland gesperrt, nachdem sie der Kontrolle der isländischen Finanzaufsicht unterstellt worden war.

Versicherungsaufsicht (Zweite Säule)

Primäres Ziel dieser Säule ist die Wahrung der Belange der Versicherten. Hierbei soll insbesondere sichergestellt werden, dass die Versicherungsunternehmen ihren Verpflichtungen nachkommen.

Wertpapieraufsicht/Asset-Management (Dritte Säule)

Die dritte Säule des BaFin soll die Funktionsfähigkeit der deutschen Märkte für
Wertpapiere und Derivate nach dem Wertpapierhandelsgesetz (WpHG) garantieren. Zu den Aufgaben dieses Bereichs zählt beispielsweise die Überwachung
von Insidergeschäften. Liegen konkrete Anhaltspunkte vor, erstattet die BaFin
Strafanzeige, was zu einer Geld- oder Freiheitsstrafe führen kann. Darüber hinaus soll die Ad-hoc-Publizität sichergestellt sein: börsennotierte Unternehmen
sind zur unverzüglichen Veröffentlichung neuer Tatsachen, die den Börsenkurs
erheblich beeinflussen können verpflichtet. Die BaFin verhängt bei nachweis-
baren Verstößen Bußgelder. Zu den Aufgaben der Wertpapieraufsicht gehört
ebenfalls die Überprüfung von Verhaltensregeln beim Erbringen von Wertpapierdienstleistungen für Kredit- und Finanzdienstleistungsunternehmen. Hierzu
zählt beispielsweise die angemessene Darstellung des Risikos eines Wertpapiers.
Darüber hinaus werden Unternehmensübernahmen auf der Grundlage des neu-
en Wertpapiererwerbs- und Übernahmegesetzes vom 1. Januar 2002 kontrolliert. Die Wertpapieraufsicht hat zusätzlich die Referate der Abteilung „Asset-
Management" des BAKred übernommen. Ihr obliegt somit die Aufsicht über Kapitalanlagegesellschaften und Finanzdienstleistungsinstitute sowie die Vertrieb-
saufsicht ausländischer Investmentfonds nach dem Auslandinvestment-Gesetz.

Sektorübergreifende Aufgaben, die nicht einer der drei Aufsichtssäulen zugeordnet werden können, sind insgesamt drei Querschnittsabteilungen zugeordnet.
Die Querschnittsabteilung „Finanzmarkt/Internationales" beschäftigt sich mit
sektorübergreifenden Entwicklungen des Finanzmarkts, wie z.B. der Beobachtung und Analyse sektorübergreifender Markentwicklungen. Darüber hinaus werden hier internationale Fragen erörtert. Beispielsweise koordiniert die BaFin in
dieser Abteilung die Mitarbeit in internationalen Aufsichtsgremien, insbesondere
beim Basel Committee on Banking Supervision. Die zweite Querschnittsabteilung befasst sich mit Fragen des Anleger- und Verbraucherschutzes im Bereich
der privaten Altersvorsorge. Sie dient hierbei auch als zentrale Anlaufstelle für
Fragen des Kundenschutzes. Die Querschnittsabteilung „Integrität des Finanzsystems" dient der Bekämpfung der Geldwäsche und der Verfolgung unerlaubter
Finanzgeschäfte, soweit diese nicht einzelnen Aufsichtssäulen zugeordnet werden
können (wie z.B. Insidergeschäfte).

Neben den Aufsichtssäulen und den Querschnittsabteilungen sind der Verwaltungsrat und der Fachbeirat bedeutsam. Der 21köpfige Verwaltungsrat überwacht die Leitung der Anstalt, berät und entscheidet über das Budget. Hierbei
handelt es sich um Vertreter des Bundesfinanzministeriums und anderer Ministe-
rien, Abgeordnete des Bundestags sowie Vertreter der Versicherungen, Kredit-
und Finanzdienstleister. Der Fachbeirat besteht aus Vertretern von Finanzunternehmen, Verbraucherschutzvereinigungen und der Wissenschaft. Er berät und
spricht Empfehlungen zur Weiterentwicklung der Aufsichtspraxis aus.

Der SoFFin

Während der sich verschärfende Finanzkrise, die mit der Lehman-Pleite im September 2008 ihren Höhepunkt erfuhr, galt es die Zahlungsfähigkeit deutscher Fi-

nanzinstitute sicherzustellen und eine allgemeine Kreditklemme zu verhindern. Aus diesem Grund wurde mit Inkrafttreten des Finanzmarktstabilisierungsgesetzes (FmStG) am 17. Oktober 2008 der Sonderfonds „Finanzmarktstabilisierung", kurz SoFFin, ins Leben gerufen (http://www.soffin.de). Verwaltet durch die Finanzmarktstabilisierungsanstalt hat der SoFFin mit einem Volumen von 100 Mrd. Euro die Möglichkeit die Funktionsfähigkeit von Kreditinstituten, Versicherungsgesellschaften, Pensionsfonds, Kapitalanlagegesellschaften und Betreibern von Wertpapier- und Terminbörsen mittels verschiedener Instrumente zu gewährleisten. Die Finanzinstitutionen treten dabei auf freiwilliger Basis an die Finanzmarktstabilisierungsanstalt heran. Neben der Zahlung marktüblicher Gebühren an den Bund müssen die jeweiligen Einrichtungen je nach Art der Unterstützung durch den SoFFin weitere Auflagen erfüllen.

Um den Interbankenmarkt zu revitalisieren und kurzzeitige Liquiditätsmängel zu umgehen, kann der SoFFin zunächst Garantien von insgesamt 400 Mrd. Euro gewährleisten, die im Falle der Inanspruchnahme in einer Kreditaufnahme des Bundesministeriums für Finanzen in Höhe von 20 Mrd. Euro resultieren. Verbindlichkeiten, für die Garantien abgegeben wurden, dürfen dabei eine Laufzeit von 36 Monaten nicht überschreiten. Die Obergrenze der Bürgschaft richtet sich nach der Eigenmittelausstattung der jeweiligen Institute.

Rekapitalisierungsmaßnahmen zur Eigenkapitalerhöhung können mittels des Erwerbs neu ausgegebener Aktien, stiller Beteiligungen oder der Übernahme sonstiger Eigenmittelbestandteile durchgeführt werden. Diese dürfen eine Höhe von 10 Mrd. Euro pro Institution einschließlich deren verbundenen Unternehmen nicht überschreiten. Darüber hinaus kann der SoFFin den Abschreibungsdruck von Finanzunternehmen reduzieren, indem er Risikopositionen, wie Forderungen und Wertpapiere, übernimmt und dafür Schuldverschreibungen des Bundes abtritt. Zur Rekapitalisierung und Übernahme von Risikopositionen stehen 70 Mrd. Euro zur Verfügung mit der Option der Zusatzaufnahme von 10 Mrd. Euro bei Zustimmung des Haushaltsausschusses des Bundes. Zur Inanspruchnahme der Rekapitalisierung und dem Austausch von Risikopapieren gegen Schuldtitel muss die jeweilige Institution ihre Vergütungspolicen restringieren und auf die Ausschüttung von Dividenden verzichten. Geschäftsleiter und Organmitglieder dürfen beispielsweise nicht mit mehr als 500.000 Euro jährlich vergütet werden.

Bis zum 9. April 2009 wurden 38% der zur Verfügung stehenden Garantieleistungen gewährleistet. Prominente Beispiele sind die HypoRealEstate, für die der SoFFin mit 52 Mrd. Euro haftet, oder die beiden Landesbanken HSH Nordbank (30 Mrd. Euro) und die BayernLB (15 Mrd. Euro). Neben Garantien unterstützt der SoFFin z.B. die Commerzbank mittels einer stillen Einlage in Höhe von 8,2 Mrd. Euro. Die Commerzbank zahlt eine Verzinsung von 9% p.a., die in Jahren mit Dividendenausschüttung höher liegt. Im Gegenzug für die stille Einlage stellt sie dem deutschen Mittelstand Kredite von insgesamt 2,5 Mrd. Euro zur Verfügung.

Weitere Gesetze, die im Rahmen der Finanzmarktstabilsierung erlassen wurden und die durch den SoFFin finanziert werden, sind das Finanzmarktstabilierungsergänzungsgesetz (FMStErgG) vom 7. April 2009 zur Beschleunigung und Vereinfachung des Erwerbs von Anteilen an sowie Risikopositionen von Unternehmen des Finanzsektors. Es ermöglicht beispielsweise die staatliche Übernahme von Banken oder die Garantieverlängerung für Verbindlichkeiten auf 60 Monate unter besonderen Umständen. Das Gesetz zur Fortentwicklung der Finanzmarktstabilisierung, auch „Bad-Bank-Gesetz", vom 17. Juli 2009 sieht die Ausgliederung von Risikopapieren in Zweckgesellschaften (Zweckgesellschaftsmodell) bzw. die Auslagerung von riskanten Positionen oder gar ganzer Geschäftsbereiche in Abwicklungsanstalten (Konsolidierungsmodell) vor. Bis dato hat die WestLB als einzige Bank die Nutzung einer „Bad Bank" beim SoFFin beantragt. Die WestLB beabsichtigt Wertpapiere in Höhe von 6,4 Mrd. Euro bis zum 30. September 2009 in diese Zweckgesellschaft auszugliedern.

A4.5 Optimale Größe einer organisatorischen Einheit

Wie in anderen Bereichen der Wirtschaft wird auch im Bankbereich die Frage nach der optimalen Größe einer organisatorischen Einheit eingehend diskutiert. Diese Fragestellung erscheint insbesondere vor dem Hintergrund einer Vielzahl von Fusionen beziehungsweise immer neuen Fusionsgerüchten interessant. Wir interessieren uns dabei für die optimale Größe eines Gesamtunternehmens (im Folgenden optimale Unternehmensgröße) und für die Größe einzelner Betriebsstätten (z. B. Filialen). An dieser Stelle wollen wir zunächst die Frage nach der optimalen Unternehmensgröße aufgreifen, während Filialgröße und -organisation in Abschnitt A4.5.2 anschließend diskutiert werden.

A4.5.1 Optimale Unternehmensgröße

Überblick

Den Ausgangspunkt unserer Betrachtungen bildet die These, dass es bei der Erstellung von Bankgeschäften Größenvorteile in Form positiver Skaleneffekte (economies of scale) gibt. Das Auftreten der Skaleneffekte impliziert die Existenz einer effizienten Betriebsgröße bzw. einer Mindestgröße, die eine Bank zur Sicherung des langfristigen Geschäftserfolgs erreichen sollte. Banken, deren Betriebsgröße unterhalb dieser Untergrenze liegt, können durch Zukauf, Fusion oder inneres Wachstum Effizienzpotentiale realisieren. Für den Fall, dass jenseits der effizienten Betriebsgröße negative Skaleneffekte zu verzeichnen sind, besteht auch eine Obergrenze für den optimalen Geschäftsumfang. Für Banken mit einem darüberliegenden Geschäftsvolumen empfehlen sich dann organisatorische Maßnahmen, um durch Aufspaltung des Geschäftsbetriebs die Auswirkungen der negativen Größeneffekte zu überwinden.

Für die Umsetzung beider Strategien finden sich praktische Beispiele. So verzeichnet im deutschen Bankensektor insbesondere der Genossenschaftsbereich seit Jahren eine rege Fusionswelle. Größere Geschäftseinheiten sollen hier helfen, die Betriebskosten zu senken. Andererseits überlegen große international tätige Banken, durch die Schaffung kleinerer marktnaher Geschäftseinheiten Effizienzvorteile zu realisieren. Aus diesen Beobachtungen lässt sich vermuten, dass die optimale Betriebsgröße einer Bank irgendwo zwischen regionaler Genossenschafts- und internationaler Großbank liegt. Gegen diese Vermutung spricht die Fusion des Schweizer Bankvereins mit der Schweizer Bankgesellschaft zur zum Zeitpunkt ihrer Fusion größten Bank der Welt.

Der empirische Nachweis für die Existenz von Skaleneffekten im Bankgewerbe und die Quantifizierung einer optimalen Betriebsgröße ist allerdings recht problematisch. Die Gründe dafür liegen in der schwierigen Spezifikation der zu analysierenden Variablen. Wer die Auswirkungen der Unternehmensgröße einer Bank auf deren Erfolg überprüfen will, muss zunächst einmal festlegen, wie die Größe zu messen ist und was Input und Output einer Bank sind. Eine Begriffsabgrenzung dieser beiden grundlegenden Aspekte steht deshalb am Anfang der weiteren Erörterungen zur optimalen Unternehmensgröße.

Definition der Betriebsgröße einer Bank

Die Betriebsgröße eines Unternehmens wird inputorientiert als bewertetes Leistungspotential pro Zeiteinheit definiert (vgl. BUSSE VON COLBE (1964), S. 13), und als *Inputfaktoren* werden in Anlehnung an Gutenbergs Arbeit Betriebsmittel, Werkstoffe und Führung (dispositiver Faktor) festgelegt. Bei der Übertragung dieses für Industrieunternehmen entwickelten Konzepts auf Banken wird das Inputfaktorensystem um einen monetären Faktor für Buch- und Bargeldbestände erweitert. Gleichzeitig erfolgt eine gedankliche Aufteilung der Bank in zwei Bereiche, denen die Produktionsfaktoren zugeordnet werden. Der Betriebsbereich der Bank wird dabei als *technisch-organisatorischer Bereich (TOB)* definiert und der Wertbereich als *liquiditätsmäßig-finanzieller Bereich (LFB)* (vgl. DEPPE (1964), S. 369ff.). Die Größenmessung erfolgt in der Regel nur für den Wertbereich, da dieser als dominant im bankbetrieblichen Leistungserstellungsprozess angesehen wird und der hier eingesetzte monetäre Faktor den wesentlichen Engpass bildet. Außerdem sind bei dieser Sichtweise Input- und Outputgrößen in Geldeinheiten gleich dimensioniert und lassen sich leicht aus dem Jahresabschluss entnehmen (vgl. TEBROKE (1993), S. 63ff.). Dementsprechend finden sich in der Literatur häufig als mögliche Größenkennzahlen verschiedene Bilanzpassiva einer Bank, beispielsweise das Eigenkapital, die Kundeneinlagen oder die Bilanzsumme. Durch die engpassorientierte Dominanz des Wertbereichs im bankbetrieblichen Produktionsprozess bleiben dagegen Maßzahlen des Betriebsbereichs (Anzahl der Mitarbeiter, eingesetztes Sachkapital usw.) für empirische Untersuchungen zur optimalen Betriebsgröße weitgehend unberücksichtigt.

Allerdings weisen die genannten Größenkennzahlen des Wertbereichs ebenfalls Interpretationsprobleme auf. So lässt sich das bilanzielle Eigenkapital zwar einfach bestimmen, es gibt aber rechtsformspezifische Unterschiede für verschiedene Kreditinstitute. Außerdem wird Eigenkapital aufgrund des überragenden Fremdkapitalanteils in der Bankbilanz häufig als nicht repräsentativ angesehen (vgl. BAXMANN (1995a), S. 32). Als wesentlicher Bestandteil des Fremdkapitals empfehlen sich dagegen die Kundeneinlagen als Größenkennzahl. Auch diese Bilanzposition ist einfach zu ermitteln. Sie ist angesichts ihres durchschnittlichen Volumens als repräsentativ anzusehen und gibt Hinweise auf das Kreditschöpfungspotential der Bank. Insbesondere viele amerikanische Untersuchungen basieren deshalb auf den Kundeneinlagen (Deposits) als Größenmaßstab. Allerdings ist diese Kennzahl nicht für alle Kreditinstitute in Deutschland sinnvoll einsetzbar, da bestimmte Banken wie Bürgschaftsbanken, Realkreditinstitute und Landesbanken kein größeres Einlagengeschäft betreiben.

Denkbar wäre auch die Verwendung des gesamten Fremdkapitals oder der gesamten Einlagen, wobei aber insbesondere für die gesamten Einlagen die gleiche Kritik wie für die Kundeneinlagen gilt. Ein von derartigen Besonderheiten der Bilanzstruktur unabhängiges Maß stellt die Bilanzsumme dar. Aber auch dieser Maßstab ist nicht unproblematisch. Zum einen werden die von ihrer Bedeutung her gerade bei großen Banken wichtigen, nicht bilanzwirksamen Geschäfte vernachlässigt (denken Sie an Großteile der Investment Banking Aktivitäten), zum anderen erfasst die Bilanzsumme auch Positionen, die nur bedingt bankspezifischen Charakter besitzen wie z. B. Beteiligungen, Grundstücke und Gebäude, Pensionsrückstellungen, Lieferantenverbindlichkeiten u. ä. Sie merken, dass bereits der erste Schritt zur Bestimmung der optimalen Betriebsgröße – die Ableitung eines Maßstabs für Größe – mit erheblichen Schwierigkeiten verbunden ist und keine abschließend überzeugende Lösung bietet (vgl. BAXMANN (1995a), S. 29ff. zur Diskussion verschiedener Bankgrößenmaße).

Input und Output einer Bank

Angesichts der Problematik bei der Festlegung des Größenmaßstabs wird es Sie nicht überraschen, dass auch die Messung des Bankenoutputs Schwierigkeiten bereitet, denn bislang existiert noch keine geschlossene Theorie über die Produktion einer Bank (vgl. auch HUMPHREY (1992), S. 116f.). Begnügen Sie sich an dieser Stelle damit, dass für empirische Studien zwei Ansätze eingesetzt werden, der *Production Approach* (vgl. z. B. GILLIGAN *et al.* (1984)) und der *Intermediation Approach* (vgl. SEALEY und LINDLEY (1977)). Zur praktischen Überprüfung beider Ansätze werden die Bilanz- und Jahresabschlussdaten einer Vielzahl von Kreditinstituten ausgewertet. Dabei werden für die Implementierung der Ansätze einzelne Kostenarten einer Bank durch Aufwandspositionen aus dem Jahresabschluss approximiert. Für die Erfassung von Input und Output der Banken werden überwiegend Bilanzpositionen herangezogen.

Beim *Production Approach* wird die Bank als Produzent gesehen, der über den Einsatz von Arbeit und Kapital verschiedene Arten von Kredit- und Einlagenkonten erstellt (vgl. HEFFERNAN (1996)). Als Maß für den Output dient die Anzahl der Konten oder die Anzahl der Transaktionen pro Konto. Keinen Eingang finden die Volumina der Einlagen und Kredite. Auch die Höhe der Zinsaufwendungen einer Bank geht nicht als Kostenfaktor in die Untersuchung ein. Als Kosten werden vielmehr ausschließlich die Aufwendungen für die Produktionsfaktoren Arbeit und Sachkapital angerechnet. Damit steht der Production Approach zum einen im Widerspruch zu unseren Überlegungen über die Produktionsfaktoren einer Bank, bei der ein monetärer Faktor explizit als Input eingeht. Zum anderen – und das ist weitaus schwerwiegender – bleiben bei der empirischen Umsetzung des Production Approach wesentliche Probleme ungelöst. So werden Sie sich zu Recht fragen, wo die in den Kapiteln A2 und A3 beschriebenen Transformationsleistungen einer Bank abgebildet sind. Darüber hinaus stellen sich zahlreiche Fragen der Implementierung. Bei der Outputmessung ist beispielsweise eine Gewichtung der verschiedenen Kontenarten vorzunehmen, ohne dass es dafür ein eindeutiges Gewichtungsschema aus der Produktkalkulation gibt. Bedenken Sie, dass bei diesem Ansatz ein Girokonto mit hohen Betriebskosten für die Bank sowohl auf der Output- als auch auf der Kostenseite berücksichtigt wird, während ein Termineinlagenkonto, das die Bank vor allem mit Zinsaufwendungen belastet, nur als Output erfasst wird. Außerdem erscheint es fragwürdig, ob die hier benötigten Kontenmengen als Outputdaten auf breiter Basis überhaupt zu erheben sind, ob diese Daten dann für verschiedene Banken (Sparkasse versus Privatbank) sinnvolle Vergleiche erlauben, und wie damit die Ergebnisse der Effizienzmessung interpretiert werden können.

Der *Intermediation Approach* begreift die Produktion einer Bank dagegen als Transformations- und Intermediationsleistung (und ist damit für Investment Banken nicht geeignet). Als Output werden das Kreditvolumen und der Wertpapierbestand angesetzt, während die Einlagen in aller Regel als Input erfasst werden. Dementsprechend werden auf der Aufwandseite neben den Aufwendungen aus dem Betriebsbereich auch die Zinsaufwendungen des Wertbereichs eingerechnet. Bei diesem Ansatz kommt es ebenfalls zu einer Gewichtungsproblematik. Denn auch die verschiedenen Vermögenstitel, die eine Bank hält, sind ähnlich den Einlagenarten mit unterschiedlichen Aufwendungen verknüpft. So stellt eine Bundesanleihe im Wertpapierbestand einer Bank einen leicht liquidierbaren Vermögensgegenstand dar, dessen Anschaffung und Verwaltung mit geringem Aufwand verbunden ist. Dagegen ist ein Realkredit zur Finanzierung von Immobilienerwerb bislang kaum veräußerbar, und seine Verwaltung ist ungleich aufwändiger. Auch der Verzicht auf Mengengrößen erschwert die Ergebnisinterpretation. Einer Bank, die 1.000 Kleinkredite vergibt, wird das gleiche Outputmaß zugewiesen wie einem anderen Kreditinstitut, das beim selben Gesamtvolumen zehn große Kredite bereitstellte.

Die meisten Effizienzuntersuchungen im Bankenbereich verwenden den Intermediation Approach, der im Vergleich zum Production Approach eine einfacher zugängliche Datenbasis benötigt. Beide Ansätze besitzen aber Probleme und Mängel. Zunächst fällt bei einer Durchsicht verschiedener empirischer Untersuchungen auf, dass die Outputmessung auch bei Analysen, die auf Basis des gleichen Ansatzes beruhen, stark variiert, und die Resultate deshalb nur bedingt vergleichbar sind. Darüber hinaus bleiben wesentliche, von uns als zentral definierte Transformationsleistungen des Bankgeschäfts unberücksichtigt. So findet beispielsweise weder das Risiko der vergebenen Kredite noch die Fristigkeitsstruktur von Krediten und Einlagen eine Erfassung (vgl. zum Problem der Outputmessung bei Banken: HEFFERNAN (1996)). Sie merken, welche wichtigen Fragestellungen in diesem Kontext bislang erst ansatzweise gelöst wurden. Die noch offenen Probleme sind deshalb bei der Interpretation empirischer Ergebnisse unbedingt im Auge zu behalten.

Vorgehensweise der empirischen Messung

Die mikroökonomische Grundlage für die empirische Analyse bilden die neoklassische Theorie der Unternehmung und die Gültigkeit des Dualitätsansatzes von Kosten und Produktion. Gemäß dieser theoretischen Basis kann die optimale Betriebsgröße statt über die Optimierung einer Produktionsfunktion auch über die Minimierung der Kostenfunktion des Unternehmens ermittelt werden, wenn diese Kostenfunktion bestimmte Bedingungen erfüllt (vgl. KREPS (1994), S. 219ff.). Unter der Annahme, dass alle Kostendeterminanten konstant bleiben, können ceteris paribus die Kosten bei Betriebsgrößenänderung bestimmt werden, indem die Outputmenge mit den geringsten Durchschnittskosten ermittelt wird. Diese Outputmenge repräsentiert die kosteneffiziente, optimale Betriebsgröße.

Die unbekannte Kostenfunktion muss im Rahmen von Regressionsanalysen aus Bankdaten geschätzt werden. Dabei stellen die Inputpreise und die Outputmengen die unabhängigen Variablen dar, die abhängige Variable sind die Gesamtkosten. Als Output wird beim Intermediation Approach ein Bündel von zwei bis sechs Kreditarten und Dienstleistungsangeboten eingesetzt, als Inputpreise dienen häufig die Durchschnittswerte in Form von Zinsaufwendungen pro Geldeinheit Bilanzsumme, Personalaufwand pro Beschäftigtem und ein speziell konstruierter Kapitalkostensatz (vgl. stellvertretend LANG und WELZEL (1994), S. 157 und S. 164f.). Die derart geschätzte Funktion bildet den Zusammenhang zwischen Bankgröße und Durchschnittskosten ab und weist in ihrem Minimum die optimale Betriebsgröße aus. Allerdings hat diese Vorgehensweise den Nachteil, keine Grenzbetrachtung vorzunehmen. Dementsprechend wird die Effizienz einer Bank gegenüber dem Durchschnitt der Banken gemessen, nicht aber ein tatsächlich effizienter Wert, der unbekannt bleibt, als Vergleichsmaßstab herangezogen. Diese Vorgehensweise schränkt auch die vergleichende Interpretation von Untersuchungsergebnissen für verschiedene Untersuchungsstichproben ein, denn implizit ist zu unterstellen, dass die durchschnittliche Effizienz in den Stichproben gleich groß ist.

Ergebnisse der empirischen Messung

Für die Einordnung verschiedener Untersuchungsergebnisse empfiehlt sich zunächst ein Überblick zu den Auswirkungen unterschiedlicher Outputabgrenzungen auf die Höhe der geschätzten Skalenerträge (economies of scale). So zeigt sich, dass die ausgewiesenen Skalenerträge höher sind, wenn die Kundeneinlagen dem Input und nicht dem Output zugerechnet werden. Umgekehrtes gilt für Interbankeneinlagen, die mit steigender Bankgröße schneller steigen als das Kreditvolumen, so dass ihre Einbeziehung als Output zu höheren ausgewiesenen Skaleneffekten führt. Innerhalb der Aktiva wachsen die Anlagen in langfristigen Wertpapieren langsamer als das Kreditvolumen. Ihre Erfassung als Output induziert den Ausweis von geringeren Skalenerträgen.

Die Ergebnisse von Untersuchungen zur Skaleneffizienz US-amerikanischer Commercial Banks kommen insgesamt zu einem recht einheitlichen Bild. Die Durchschnittskostenkurve in Abhängigkeit von der Betriebsgröße nimmt einen U- bis L-förmigen Verlauf. Sehr kleine Banken können demnach durch Wachstum Effizienzpotentiale realisieren. Ob es oberhalb der Bankgrößenklasse mit positiven Skalenerträgen auch einen Bereich gibt, in dem Banken mit negativen Skalenerträgen belastet werden, ist aus den verschiedenen Untersuchungsergebnissen nicht eindeutig abzuleiten. Wenn es negative Skalenerträge geben sollte, fallen sie insgesamt aber nicht sonderlich ins Gewicht. Hinsichtlich des absoluten Outputwertes, der die optimale Betriebsgröße determiniert, kommen die verschiedenen Studien zu unterschiedlichen Ergebnissen. Hier lässt sich lediglich festhalten, dass für sehr kleine Banken mit Bilanzsummen oder Kundeneinlagen von bis zu 100 Mio. US-$ durchweg steigende Skalenerträge ermittelt wurden. Jenseits dieser Grenze beginnen sich die Ergebnisse zu widersprechen (vgl. dazu die Übersicht bei BERGER *et al.* (1993) und BERGER *et al.* (1999)).

Für den deutschen Bankenmarkt gibt es insbesondere von Lang und Welzel mehrere Untersuchungen zur Effizienz bayerischer Genossenschaftsbanken. LANG und WELZEL (1994) zeigen signifikant positive Skaleneffekte über alle Größenklassen. Danach könnten selbst die großen bayerischen Kreditgenossenschaften mit Bilanzsummen von über 2,5 Mrd. DM (ca. 1,278 Mrd. €) durch Wachstum noch Effizienzpotentiale realisieren. Zu weniger erfreulichen Ergebnissen für fusionswillige Sparkassen kommt HAUN (1996). Er untersucht die 24 Sparkassenfusionen der Jahre 1979 bis 1988 und findet heraus, dass im Durchschnitt negativen Entwicklungen auf der Aufwandseite keine entsprechenden Ertragssteigerungen gegenüberstehen. Die Resultate dieser Studien sind, wie beispielsweise Lang und Welzel selbst relativieren, sicherlich nicht repräsentativ für den gesamten Bankensektor in Deutschland. In einer weiteren Studie analysieren LANG und WELZEL (1997) deshalb einen breiteren Datensatz, der in einer repräsentativen Stichprobe Universalbanken des Sparkassen-, Genossenschaftsbanken- und Kreditbankensektors erfasst. Hierbei zeigt sich, dass die Durchschnittskostenkurve, ähnlich wie in den USA, einen L- oder leicht U-förmigen Verlauf nimmt. Kleinere Banken können eine Verbesserung der Kostensituation durch externes Wachstum erreichen, während für größere Banken moderate Größennachteile existieren.

Die durch Skalenerträge zu realisierenden Effizienzpotentiale verlieren aber erheblich an Gewicht, wenn man auf ein anderes Ergebnis der zahlreichen Effizienzstudien verweist. So zeigen sowohl verschiedene amerikanische Untersuchungen als auch LANG und WELZEL (1995) für den bayerischen Genossenschaftsbereich, dass die Einsparmöglichkeiten aus der verbesserten Effizienz der bankinternen Betriebsabläufe um ein Vielfaches höher liegen als die Vorteile einer Größenoptimierung. Auch den Aspekt der optimalen Produktpalette, die eine Bank anbieten sollte, um Verbundvorteile (economies of scope) effizient zu nutzen, ist in diesem Zusammenhang näher zu untersuchen.

Die nachgewiesenen Möglichkeiten zur Ausnutzung von positiven Skaleneffekten bei kleinen Banken in den USA und in Deutschland können die Bemühungen leitender Bankmanager erklären, durch Fusionen und Übernahmen anderer Banken in eine effiziente Größenklasse zu wachsen. Für die Fusion des Schweizerischen Bankvereins mit der Schweizerischen Bankgesellschaft können die empirischen Untersuchungen jedoch keine Erklärung anbieten. Es müssen „strategische Überlegungen", z.B. die Marktmacht des neuen Konzerns, eine Rolle gespielt haben. Diese Faktoren werden in den bisher erwähnten empirischen Untersuchungen jedoch nicht abgebildet. BERGER *et al.* (1999) geben einen umfangreichen Überblick über die Literatur, die weitere mögliche Gründe für die in der jüngsten Zeit vermehrt auftretenden Fusionen und Übernahmen im Bankenbereich diskutiert und empirisch überprüft.

A4.5.2 Filialgröße und -organisation

Dem aktuellen Geschäftsbericht der Deutschen Bank AG kann entnommen werden, dass einige Leistungen von *Konzernunternehmen* erbracht werden. Im Zusammenhang mit der Marktpositionierung ist zudem die Wahl zwischen *Spezialisierung* und *Universalisierung* zu beachten. Beides sind Themen, die mit den folgenden beiden Themenkomplexen zusammenhängen:

1. Leistungstiefe und -breite: Was lässt sich zur Wahl zwischen Eigenerstellung und Fremdbezug sagen, die u. a. mit den Schlagworten *Outsourcing* und *Lean Banking* ein aktuelles Diskussionsthema ist?
2. Organisationsverbünde: Welche Vor- und Nachteile haben die unterschiedlichen Organisationsverbünde, die es in den Sektoren der deutschen Kreditwirtschaft gibt?

Leistungstiefe und -breite

Differenzierte Betrachtung der Unternehmensgröße

Im vorangegangenen Abschnitt A4.5.1 ging es allein um die Größe eines Kreditinstituts. Die vereinfachende Vorstellung war, dass ein Volumenindikator existiert (z. B. die Bilanzsumme), anhand dessen festzumachen ist, ob die Bank zu klein, zu groß oder gerade richtig dimensioniert ist. Angesichts der vielen möglichen Positionierungen greift diese Sicht deutlich zu kurz. Erforderlich ist vielmehr eine differenzierte Betrachtung der individuellen Situation, wie sie z. B. in der Untersuchung von BAXMANN (1995b) mittels seiner Einflussfaktoren angelegt, aber angesichts einer empirisch festgestellten Korrelation der Merkmale für Betriebs- und Wertbereich dann doch nicht konsequent durchgeführt wird.

An einem augenfälligen Beispiel wollen wir Ihnen deutlich machen, dass die Bilanzsumme oder eine ähnliche Kennzahl allein wenig über die Realisierung von Skalenerträgen aussagt. Gleichzeitig soll Sie dieser Fall für die Bedeutung von Leistungstiefe und -breite sensibilisieren:

> Die Direkt Anlage Bank hat sich auf das Effektengeschäft spezialisiert und bietet ihren Kunden damit nur eine geringe *Leistungsbreite* (FAZ (1994)). Innerhalb des Effektengeschäftes übernimmt sie nicht einmal die gesamten Geschäftsprozesse, sondern verzichtet ganz auf Beratung[13] und ist lediglich in der Abwicklung tätig (geringe *Leistungstiefe*). Um für diese Nische Kunden zu gewinnen, setzt sie vor allem auf einen niedrigen Preis. Den kann sie nur dann nennenswert unter die Sätze der Universalbanken drücken, wenn ihre Auftragszahlen und -volumina weit oberhalb derjenigen von Mit-Wettbewerbern

---

[13] Es sei darauf hingewiesen, dass die DABbank inzwischen vom Totalverzicht auf Beratungsleistungen abgerückt ist.

liegen. Die Bilanzsumme der Bank ist daher eine völlig ungeeignete Kennzahl, um dies zu überprüfen.

Erreicht ein Kreditinstitut in seiner Nische über hohe Geschäftsaufkommen nennenswerte Skaleneffekte, die es partiell über niedrigere Preise an die Kunden weitergibt, so bedroht es damit die Profitabilität dieses Geschäftsfelds für seine Mit-Wettbewerber. Je nach Bedeutung des Geschäftsfelds kann für die Mit-Wettbewerber dann auch die Aufgabe des Geschäftsfeldes bzw. das Outsourcing benötigter Leistungen die beste Alternative sein.

Outsourcing und Lean Banking

Beim *Outsourcing* überträgt ein Unternehmen bestimmte Aufgaben an externe Auftragnehmer. Intern müssen keine Kapazitäten dafür bereitgehalten werden, die Einflussnahme wird schwieriger und es entstehen möglicherweise Abhängigkeiten (BÜHNER und TUSCHKE (1997)). Unter Vernachlässigung feinerer Abstufungen unterscheiden WIENEKE *et al.* (1996) für ein Kreditinstitut drei *Grundformen* (vgl. Tabelle A4-7), die alle in der Bankpraxis zu beobachten sind.

Bei der Frage, ob und ggf. wie Outsourcing erfolgen soll, kann die *Transaktionskostenökonomik* theoretische Hilfestellung bieten (vgl. PICOT (1991a) sowie BÜHNER und TUSCHKE (1997)). *Spezifität, Unsicherheit* und *Häufigkeit* der jeweiligen Transaktion bestimmen, welche Organisationsform für sie zu möglichst geringen Kosten führt. Unter Kosten sind dabei nicht allein die Aufwendungen für die einzelnen Phasen der Transaktion gemäß Tabelle A4-7 zu verstehen, sondern auch die potenziellen Nachteile aus opportunistischem Verhalten des Transaktionspartners.

Tab. A4-7: Grundformen des Outsourcings

Form	Beschreibung	Beispiele
Ausgliederung	Kauf von selbstständigen Dritten am freien Markt	Kantine, Gebäudereinigung
Kooperation	Leistungserstellung gemeinsam mit Verbundpartnern	Datenverarbeitung, Gemeinschaftskredite
Ausgründung	Bezug von einer (ggf. zu gründenden) 100%igen Tochtergesellschaft	Direktbankgeschäfte, Immobilienvermittlung

Spezifität

Eine *spezifische Leistung* aus Sicht der Kreditinstitute liegt vor, wenn das Kreditinstitut die Leistung kaum kurzfristig ersatzweise ohne erhebliche Mehrkosten von einem anderen Anbieter beziehen kann. In einer solchen Situation hat der Anbieter einen monopolistischen Spielraum, der leicht zum Nachteil der Bank ausgenutzt werden kann. Aufgrund dieser Gefahr sollten Ausgliederungen (und evtl. Kooperationen) in einem solchen Fall eher vermieden werden.

Bei einer Ausgründung wird gelegentlich die Leistung aus Sicht des Outsourcinganbieters spezifisch sein, wenn sie nämlich fast nur an das Mutterunternehmen absetzbar ist. Nutzt dieses sein Nachfragemonopol aus, führt das zu Akzeptanzproblemen bei den Mitarbeitern des Tochterunternehmens.

Spezifität kann sich im Laufe einer Geschäftsbeziehung durch individuelle Anpassung von Standardleistungen entwickeln. Zunächst unspezifische Leistungen erhalten dann im Zeitablauf eine hohe Spezifität. Gerade Leistungen von strategischer Bedeutung sind häufig spezifisch. Deshalb sollte das Outsourcing von Leistungen, die den Bereich der *Kernkompetenzen* berühren, besonders kritisch hinterfragt werden.

Unsicherheit

Ebenso wie Spezifität begünstigt große *Unsicherheit* (z. B. über Qualität, Verfügbarkeit etc.) die Eigenerstellung bzw. die Ausgründung. Der entscheidende Aspekt hierbei ist die direkte Einflussmöglichkeit auf den Leistungsanbieter, die negative Entwicklungen bei den genannten Faktoren frühzeitig abfangen kann.

Häufigkeit

Häufigkeit spricht ebenfalls tendenziell gegen ein Outsourcing an Fremdanbieter: Skaleneffekte können auch intern realisiert werden, so dass die internen Kontrollkosten an Bedeutung verlieren.

Die theoretischen Merkmale schimmern in der Fallstudie von Wieneke *et al.* (1996) durch. Wie schwierig die Anwendung im Detail ist, sei an einem Beispiel verdeutlicht:

> Langfristige Preisvereinbarungen mit externen Anbietern reduzieren die Kostenunsicherheit im Vergleich zu zukünftiger Eigenproduktion. Andererseits setzt sich das Kreditinstitut zusätzlichen Risiken dadurch aus, dass es die Leistungen nur bei Lieferfähigkeit (kein Konkurs etc.) und Lieferbereitschaft (u. U. ist das Geschäftsgebaren anderer Länder relevant) des Geschäftspartners erhält. Gelegentlich erweisen sich vermeintliche Schnäppchen später als Milchmädchenrechnungen.

Typische Beispiele, die mit den theoretischen Überlegungen genau in Einklang stehen, haben Sie schon oben in Tabelle A4-7 gesehen. Dazu noch ein paar ergänzende Anmerkungen:

- Bei *Fremdfirmen* kann durch begrenzte, nicht zu lange Vertragslaufzeiten erreicht werden, dass die Qualitätsanforderungen erfüllt werden, indem implizit mit dem Verlust des Folgeauftrags gedroht wird.
- Verbundrechenzentren als Beispiel für *Kooperation* im Sparkassen- und Genossenschaftssektor nutzen Skaleneffekte – viele Nutzer sind wegen der mangelnden Erfüllung individueller Anforderungen nicht glücklich.
- Rechtliche Aspekte fördern *Ausgründungen*, bei denen die Bank das volle Kommando behält, aber mehr Marktdruck für die ehemaligen Abteilungen schafft und Kosten spart. So gelten für Mitarbeiter in ausgegründeten Unternehmen möglicherweise niedrigere Gehalts- und Sozialstandards, weil die einschlägigen Tarifverträge des Bankensektors keine Anwendung finden.

Organisationsverbünde

Beschreibung der gegenwärtigen Strukturen

Wie die Kooperation von Unternehmen in unterschiedlichen Sektoren aussieht, ist Gegenstand dieses Abschnitts. Bei der Beschreibung des deutschen Bankensystems und bei den Ausführungen zu Leistungsbreite und -tiefe im letzten Teilabschnitt ist bereits angesprochen worden, dass es offenbar unterschiedliche Konstruktionen zur Realisierung eines umfassenden Finanzangebots gibt. Wir wollen zunächst die gegenwärtigen Strukturen grob beschreiben. Dabei gehen wir von den *Universalbanken* aus und untersuchen, auf welche Art sie ihren Kunden Zugang zu Leistungen verschaffen, die sie selbst nicht erstellt haben. Die rechtlichen Details z. B. der Unternehmensform behandeln wir nicht.

Starten Sie einmal gedanklich bei derjenigen Zweigstelle Ihrer Hausbank, die Sie zuletzt besucht haben. Unabhängig davon, zu welcher *Bankengruppe* (Kreditbanken, Sparkassen, Kreditgenossenschaften) diese gehört, können Sie einige Leistungen – beispielsweise qualifizierte Wertpapierberatung über Auslandsaktien – dort vielleicht nicht bekommen, sondern werden an eine größere Filiale verwiesen. Sind Sie ein Unternehmer, der in das Auslandsgeschäft einsteigen will, kann es Ihnen auch passieren, dass Sie im Sparkassensektor an die Landesbank (z. B. die WestLB) bzw. im Genossenschaftssektor an die DZ Bank verwiesen werden. Schließlich könnte ein Kreditbedarf von mehreren Millionen Euro das Potenzial Ihrer Primärbank übersteigen, so dass Ihnen ein Konsortialkredit oder ähnliches angeboten bzw. eine Vermittlung an andere Verbundpartner erfolgen würde.

Von der Grundidee her sollen innerhalb eines Sektors *Aufgabenteilungen* derart bestehen, dass *zwischen* den einzelnen Ebenen keine Konkurrenz entsteht. Ob das immer durchgehalten wird, ist schwer zu beurteilen.

Innerhalb eines Verbundes soll ebenfalls wenig Wettbewerb um Kunden und Geschäfte *auf* einer Ebene herrschen. So sind Sparkassen zumeist in ihren Aktivitäten auf das Gebiet ihres Gewährträgers beschränkt (Regionalprinzip). Für den Genossenschaftssektor gilt, dass seit 1972, nach dem Zusammenschluss der Verbände der ländlichen Raiffeisenbanken und der gewerblichen Volksbanken zum BVR (Bundesverband der Deutschen Volksbanken und Raiffeisenbanken), an vielen Orten Fusionen erfolgt sind.

Damit erkennen Sie einen wichtigen Unterschied zu den Kreditbanken: Wenn Sie z. B. Kunde einer Großbank sind, so wechseln Sie bei einem Umzug innerhalb Deutschlands die Zweigstelle. Als Kunde einer Sparkasse oder Kreditgenossenschaft müssen Sie zu einem anderen Unternehmen wechseln, wenn Sie auf lokale Betreuung trotz Electronic Banking nicht verzichten wollen. Dies hat geschäftspolitisch für diese Banken unangenehme Folgen; z. B. zahlt sich die Subventionierung von Geschäftsbeziehungen zu Studierenden häufig nicht aus, da diese nach erfolgreichem Abschluss den Studienort verlassen.

Wenn Sie Leistungen anderer Finanzintermediäre bei Ihrer Universalbank kaufen wollen, so haben alle Banken bzw. Bankengruppen in der Regel Unternehmen, mit denen sie besonders intensiv zusammenarbeiten (vgl. Tabelle A4-8). Ein bemerkenswerter Unterschied der Bankengruppen ist, dass die Sparkassen das Hypothekenkreditgeschäft durch ihre Landesbanken vollständig selbst übernehmen und keine spezialisierte Hypothekenbank haben. Ansonsten bestehen noch Differenzen in Details. Eine Auswahl:

- Die Bausparkassen der Sparkassen sind regional abgegrenzt, während die Genossenschaftsbanken eine bundesweite Bausparkasse haben.
- Die Kreditbanken verfolgen unterschiedliche Konzepte in der Weise, dass z. B. die Deutsche Bank eher eigene Unternehmen gründet, während die Commerzbank gezielt auf Kooperation setzt.

Tab. A4-8: Zusammenarbeit der Universalbanken mit anderen Finanzintermediären (Auswahl)

	Kreditbanken	**Sparkassen und Landesbanken**	**Kreditgenossen- schaften und Zentralbanken**
Hypotheken- banken	• Eurohypo AG	–	• Deutsche Genossenschafts- Hypothekenbank AG • Münchener Hypothekenbank
Bausparkassen	• Deutsche Bank Bauspar AG • Vereinsbank Victoria Bauspar AG	• Landesbausparkassen (LBS) (regional)	• Bausparkasse Schwäbisch Hall AG
Versicherungen	• Volksfürsorge • Allianz AG	• 12 öffentl. Versicherergruppen	• R+V Versicherung AG
Kapitalanlage- gesellschaften	• DWS Investments • Cominvest (ADIG) • Capital Invest	• DekaBank	• Union Investment Gruppe
Leasing- gesellschaften	• Deutsche Immobilien Leasing GmbH • DISKO Leasing GmbH	• Deutsche Leasing	• VR Leasing AG

In den voranstehenden Ausführungen haben wir Ihnen einige Merkmale vorgestellt, in denen sich die Bankengruppen organisatorisch oberhalb der Unternehmensebene unterscheiden. Wir wollen nun ein paar Hinweise geben, welche Vor- und Nachteile für die Kreditinstitute und ihre Kunden damit verbunden sind:

- Unter dem Gesichtspunkt der u. a. im Kreditgeschäft so wichtigen Information (einschließlich des Aufbaus einer „*Kundenhistorie*") ist für Sparkassen und Kreditgenossenschaften nachteilig, dass sie mobile Kunden nicht überall betreuen können.
- Diejenigen Führungskräfte, die häufiger versetzt werden, da sie viele Karriereschritte machen, sind oftmals eine interessante Kundengruppe (Immobilienfinanzierung etc.). Für sie wird beim Ortswechsel ohnehin ein Wechsel der

Betreuer nötig, so dass die Gefahr, dabei auch aus dem Sparkassen- oder Genossenschaftssektor auszuscheiden, groß ist.

- Großbanken haben Vorteile (Zeit; Bequemlichkeit für die Kunden) bei größeren Kreditengagements, wenn die kleineren Sparkassen und Genossenschaftsbanken wegen der *Großkreditgrenzen* (vgl. Abschnitt I5.8) die zweite Stufe hinzuziehen müssen oder dies zur Vermeidung von *Klumpenrisiken* freiwillig tun (vgl. Kapitel I2).
- Kostenlose Benutzung der Geldausgabeautomaten (GAA) für alle Kunden einer Großbank bundesweit verlangt eine einzige Vorstandsentscheidung. Im Sparkassen- und Genossenschaftssektor sind stattdessen Abstimmungen rechtlich unabhängiger Unternehmen mit z. T. divergierenden Interessen nötig.
- Ein zentrales Treasury einer Großbank kann *Überschussliquidität* im Vergleich zu mehreren unabhängigen Zentraldispositionen reduzieren.
- Wünsche an Verbundpartner (Rechenzentralen, Versicherungen etc.) sind von mehreren unabhängigen Unternehmen schwerer durchzusetzen als bei einer einheitlichen Leitung.
- Regionale Beschränkungen führen zu geringeren *Diversifikationsmöglichkeiten* im Kreditgeschäft. Dies gilt besonders, wenn die Region branchenmäßig zudem eine Monostruktur hat.

A5 Banken im Ausland

1. Das US-amerikanische Bankensystem ist als Trennbankensystem organisiert. Die wichtigsten Banktypen sind die Commercial Banks, Thrift Institutions, Investment Banks und Non- oder Near-Banks. Bis vor einigen Jahren war die Trennung der Bankentypen sehr strikt und die Niederlassungsfreiheit der Banken stark eingeschränkt.
2. Die siebziger und achtziger Jahre waren durch eine Krise der Commercial Banks und der Thrift Institutions gekennzeichnet. Die Krise scheint inzwischen behoben zu sein, wobei die Steuerzahler und neue gesetzliche Regulierungen wesentlich zur Erholung dieser Bankensektoren beigetragen haben.
3. Die Finanzkrise begann als Hypothekenkrise in den USA. Die Finanzierung der Housing Bubble durch immer mehr Kredite führte zu einer Bankenkrise und schließlich zu einer Wirtschaftskrise.
4. Fatal für die Banken weltweit war die Kombination der folgenden Fakten: (1) Faule Kredite/Wertpapiere, (2) geringes Eigenkapital/hoher Verschuldungsgrad und (3) versiegende Liquidität.
5. Die Weltbankgruppe verfolgt das Ziel, die wirtschaftliche Entwicklung ihrer weniger entwickelten Mitgliedsländer durch Beratung, finanzielle Hilfe und als Katalysator für die Unterstützung durch Dritte zu fördern.
6. Die größte Institution der Weltbankgruppe, die International Bank for Reconstruction and Development, finanziert sich im Wesentlichen durch Emission von Anleihen. Aufgrund ihres sehr guten Ratings erzielt sie einen günstigen Refinanzierungszins, den sie an die Kreditnehmer weitergeben kann.

7. Die Bank für internationalen Zahlungsausgleich in Basel fördert die Zusammenarbeit zwischen ihren Eigentümern, den europäischen und einigen außereuropäischen Notenbanken.

A5.1 Das US-amerikanische Bankensystem

Das *US-amerikanische Bankensystem*[14] konnte bis November 1999 als typisches Beispiel für ein Trennbankensystem angesehen werden. Ein Trennbankensystem ist dadurch definiert, dass die Banken nur jeweils eine Teilmenge der möglichen Bankleistungen anbieten dürfen. Ihrer Fantasie bei der Konstruktion von möglichen Trennbankensystemen sollten keine Grenzen gesetzt sein. Ein Trennbankensystem könnte darin bestehen, dass ein Banktyp Leistungen nur für männliche Kunden, ein anderer Leistungen nur für weibliche Kunden anbietet. Es könnte auch das langfristige vom kurzfristigen Geschäft inklusive des Zahlungsverkehrs getrennt werden.[15] Das US-amerikanische System unterteilt die Banken in Commercial Banks und Investment Banks mit den in Kapitel A3 definierten Leistungsspektren. Der *Gramm-Leach-Bliley Act (GLBA)*, der am 12. November 1999 von US-Präsident Clinton unterzeichnet wurde, hebt zwar die strikte Trennung zwischen Commercial und Investment Banks auf, ändert aber nichts an der grundsätzlichen Trennung der Banktypen. Aus diesem Grund ist das US-amerikanische Bankensystem auch nach 1999 als Trennbankensystem zu bezeichnen.

A5.1.1 Banktypen im US-amerikanischen Bankensystem

Wir wollen uns jetzt die in Abbildung A5.1 aufgeführten Banktypen genauer ansehen.[16] Detailliertere Ausführungen finden Sie z. B. in BAER und MOTE (1992), die auch Statistiken über die Größen einzelner Typen vorstellen, KAUFMAN (1992a) oder ALLEN und GALE (2000).

Commercial Banks sind der dominierende Typ der Bankinstitutionen in den USA. Im Jahre 1989 betrug der Anteil der Commercial Banks an der aggregierten Bilanzsumme aller US-Banken rund 50% (vgl. BAER und MOTE (1992), S. 475). Einen Überblick über Größe und Anzahl der Commercial Banks erhalten Sie in Tabelle A5-2 des nächsten Abschnitts. Commercial Banks nehmen Einla-

---

[14] Aus Platzgründen stellen wir nur das US-amerikanische Bankensystem vor. Zur Darstellung weiterer Bankensysteme müssen wir Sie auf die Literatur verweisen, z. B. KAUFMAN (1992b) oder ALLEN und GALE (2000).

[15] Anhand des Beispiels des US-amerikanische Bankensystems lässt sich die Diskussion über Vor- und Nachteile des Trennbankensystems aus Abschnitt A3.3 veranschaulichen.

[16] In Kapitel A3 haben wir Commercial Banking und Investment Banking unterschieden. Lassen Sie sich durch die Einteilung des US-amerikanischen Bankensystems nicht verwirren. Neben den Commercial Banks führen auch Thrift Institutions und Near Banks Tätigkeiten des Commercial Bankings durch.

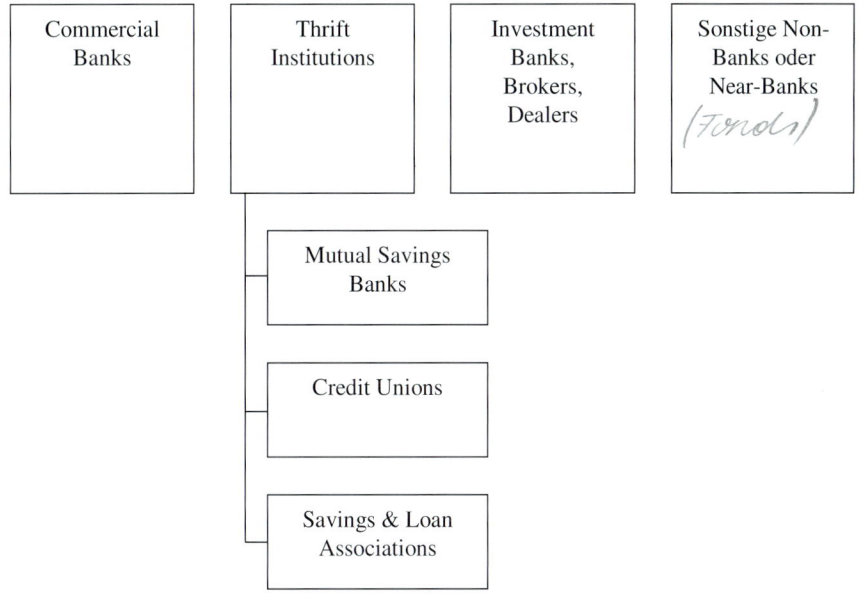

Abb. A5.1: Banktypen im US-amerikanischen Bankensystem

gen entgegen und vergeben Kredite sowohl an Privatkunden und Unternehmen als auch an staatliche Institutionen. Sie dienen auch zur Abwicklung des Zahlungsverkehrs, der stark auf der Benutzung von Schecks basiert. So zahlen Sie beispielsweise Ihre Telefonrechnung in den USA nicht per Überweisung oder gar per Lastschriftverfahren. Nach Erhalt der Rechnung schicken Sie vielmehr innerhalb einer vorgegebenen Frist einen Scheck an die Telefongesellschaft. Trotz der weiten Verbreitung von Schecks gibt es keine Scheckgarantiekarte wie es sie in Deutschland in Form der Eurochequekarte bis Ende 2001 gab. Beispiele für große Commercial Banks sind die Bank of America, Citigroup oder JP Morgan Chase. In den achtziger und frühen neunziger Jahren kam es zu einer Krise des Commercial-Banking-Sektors, wobei in der Zeit von 1980 bis 1993 rund 1500 (!) Commercial Banks kollabierten, wovon über 25% aus Texas stammten (vgl. HEFFERNAN (1996)). Auch große Institute, wie z. B. die Continental Illinois Bank – die achtgrößte Commercial Bank der USA – mussten geschlossen werden. Eine Kombination aus schlechten Kreditengagements (Energie- und Immobiliensektor), mangelnder Diversifikation, schlechter gesamtwirtschaftlicher Lage und nicht werthaltigen Sicherheiten (Immobilien) führte zu diesen Zusammenbrüchen.

Thrift Institutions umfassen drei Banktypen: die *Mutual Savings Banks* (vornehmlich in den Neuengland-Staaten beheimatet), die *Savings and Loan Asso-*

ciations und die *Credit Unions*, mit 6%, 25% und 4% Anteil an der aggregierten Bilanzsumme aller US-Banken.

Die Haupttätigkeit der ersten beiden Institutionen besteht darin, Einlagen in Form von Spar- und Termineinlagen entgegenzunehmen und Kredite in Form von Hypothekarkrediten und – zu einem geringen Anteil – in Form von Konsumentenkrediten zu vergeben. Diese Institutionen sind die wichtigste Quelle für Hypothekendarlehen in den USA. Die Entwicklung der Savings and Loan Associations (S&L) seit dem zweiten Weltkrieg gipfelte in einer Krise in den achtziger Jahren, die den amerikanischen Steuerzahler mehr als 100 Mrd. US-$ kostete. Es lohnt sich schon aufgrund der Höhe der Zahlen, diese Bankengruppe und deren Krise näher zu analysieren.

Nach dem zweiten Weltkrieg betrieben die S&L eine extreme Form der Fristentransformation. Die Einlagen standen kurz- bzw. mittelfristig zur Verfügung, während die Kredite langfristig ausgegeben wurden, wobei Zinsbindungsfristen von bis zu 30 Jahren keine Seltenheit waren. Die Fristentransformation funktionierte in diesen Zeiten mit stabiler, normaler Zinsstrukturkurve problemlos, und der Mythos des 3-6-3 Bankers (zahle für Einlagen 3%, erlöse für Kredite 6% und sei um 3 Uhr auf dem Golfplatz) entwickelte sich. Die Ruhe des Bankers auf dem Golfplatz wurde noch dadurch verstärkt, dass die Konkurrenz durch Einschränkung der Niederlassungsfreiheit und durch einen Maximalzins für Einlagen (*Regulation Q*) beschränkt war.

Die Krise wurde durch einen dramatischen Anstieg der Zinsen in Folge des Vietnam-Krieges ausgelöst. Die Gewinne der S&L gingen zurück, Verluste traten auf; die S&L mussten höhere Depositenzinsen zahlen und konnten, bedingt durch die Zinsbindung auf der Aktivseite, kurzfristig keine höheren Kreditzinsen durchsetzen. Zusätzlich erlaubte der inzwischen auch für S&L eingeführte Maximalzins nur eine mäßige Erhöhung des Zinses und erschwerte so die Mobilisierung von Depositen. Im Jahre 1981 betrug der Marktwert aller S&L schließlich -100 Milliarden Dollar und rund 66% der Institute waren de facto pleite.

Der Gesetzgeber vertraute auf die Kraft der Banken und ermöglichte durch Änderung der Bankgesetze eine starke Ausweitung der Geschäftsaktivitäten der S&L. Diese sollten zu Gewinnen führen, mit denen sich die S&L selbst sanieren könnten. Von 1980 bis 1983 wurde die Palette möglicher Aktiv- und Passivgeschäfte stark ausgedehnt. Die Zinsbeschränkung für Depositen wurde abgeschafft. Es konnten mehr kurzfristige Konsumentenkredite und Kredite für gewerbliche Immobilien vergeben werden. Sogar ungesicherte Industriekredite, Direktinvestitionen in Immobilien und der Kauf von Junk Bonds wurden erlaubt. Die Zinsen am Kapitalmarkt begannen zu sinken und eigentlich hätten die S&L saniert werden können.

Durch die neue Gesetzgebung wurden jedoch Anreize geschaffen, die das Debakel noch vergrößerten. Die Depositen waren durch den Einlagensicherungsfonds der S&L bis 100.000 US-$ pro Einleger und Bank abgesichert. Diese Grenzen wurden durch so genannte Brokered Deposits umgangen. Wollen Sie 10 Mio. US-$ sicher anlegen, geben Sie Ihr Kapital an einen Money Broker (meist eine Investment Bank), der das Kapital bei 100 Banken voll versichert anlegt. Der Money Broker wird natürlich die Banken auswählen, die Ihnen die höchsten Depositenzinsen garantieren. Durch den Zwang, höhere Depositenzinsen zu zahlen, wählten die S&L immer riskantere Aktiva, die zwar im Durchschnitt mehr Ertrag erwirtschafteten, jedoch auch große Verlustpotentiale besaßen. Durch Betrug, Unerfahrenheit im Umgang mit Risiken, den Rückgang der Immobilienpreise in weiten Teilen der USA und den Zusammenbruch des Junk Bond Marktes war 1987 der Marktwert der Aktiva aller S&L rund 40 Mrd. US-$ geringer als die versicherten Einlagen. Interessante Dinge spielten sich in der damaligen Zeit ab (es ist eben doch das Land der unbegrenzten Möglichkeiten). Columbia Savings and Loan of Beverly Hills hatte in der Zeit von 1983 bis 1989 ihr Bilanzvolumen von 1 Mrd. US-$ auf 12 Mrd. erhöht. Nur noch ein Sechstel davon setzte sich aus traditionellem Geschäft zusammen. Ein Drittel der Aktiva bestand aus Junk Bonds und ein Drittel der Passiva aus Brokered Deposits. Im Jahre 1986 erzielte die Bank damit eine Eigenkapitalrendite von 46%, im Jahre 1991 musste sie von der Aufsichtsbehörde geschlossen werden (vgl. KOHN (1993), S. 461). Im Jahre 1989 wurde das gesamte System der S&L geändert. Ein neues Einlagensicherungssystem wurde zusammen mit einer neuen, bundesstaatlichen Aufsichtsbehörde (*Office of Thrift Supervision*) eingeführt. Weiterhin wurden die Geschäfte wieder eingeschränkt. So müssen heutzutage mindestens 70% der Aktiva ähnlich zu privaten Immobilienkrediten sein. Auch die Eigenkapitalanforderungen wurden deutlich erhöht und denen der Commercial Banks gleichgestellt.

Die *Credit Unions* sind Banken, deren Haupttätigkeit es ist, Konsumentenkredite an eine genau definierte Gruppe von Kreditnehmern zu vergeben. Als Beispiele für eine solche Personengruppe können Gewerkschaftsmitglieder, Angehörige eines Unternehmens oder Mitglieder der U.S. Navy genannt werden. Aufgrund der Ausrichtung auf zumeist kurzfristige Konsumentenkredite gerieten Credit Unions nicht in die gleichen Schwierigkeiten wie die anderen Thrift Institutions.

Investment Banking umfasst kapitalmarktorientierte Bankleistungen, zum Beispiel bei der Aufnahme von Fremd- oder Eigenkapital von Unternehmen am Kapitalmarkt. Aber auch Beratungsleistungen bei Mergers & Acquisitions und Unternehmensrestrukturierungen gehören zum Investment Banking. Securities Service umfasst das Handeln von Wertpapieren im Sekundärmarkt (z.B. als Agenten für Käufer und Verkäufer). Die größten Finanzdienstleister führen beide Aufgabenbereiche aus und werden als *Investment Banks* bezeichnet. Die anderen spezialisieren sich entweder im Bereich Securities Service (diese Firmen werden als *Securities Firms/Broker Dealers* bezeichnet) oder im Investment Banking (diese Firmen werden allgemein auch als Investment Banks bezeichnet).

Die größten Investment Banken *vor* der Finanzkrise waren Merrill Lynch, Morgan Stanley, Goldman Sachs und Salomon Smith Barney[17]. Faktisch sind heute keine großen Investment Banks mehr vorhanden: Merrill Lynch wurde von Bank of America gekauft, Morgan Stanley und Goldman Sachs wandelten sich zu Bank Holding Companies (und begaben sich damit unter die Kontrolle des Federal Reserve Systems), um unter den staatlichen Schutzschirm der US Regie-

---

[17] Gehörte zu Citigroup. Citigroup verkaufte 51% im Januar 2009 an Morgan Stanley. Salomon Smith Barney firmiert seitdem unter dem Namen „Morgan Stanley Smith Barney".

rung zu gelangen. Tabelle A5-1 zeigt die 10 größten Bank Holding Companies
zum 31.03.2009.

Tab. A5-1: Die 10 größten Bank Holding Companies

Rang	Institut	Bilanzsumme (in Mrd. US-$)
1	Bank of America	2.323
2	JP Morgan Chase	2.079
3	Citigroup	1.823
4	Wells Fargo	1.286
5	Goldman Sachs	926
6	Morgan Stanley	626
7	Metlife	491
8	HSBC North America	402
9	Taunus	368
10	Barclays	343

Quelle: http://www.ffiec.gov.

Unter dem Begriff „Sonstige" wollen wir u. a. jegliche Art von Fonds zusammenfassen. Die in den USA weit verbreiteten Pensionsfonds (*Pension Funds*)
bilden eine wichtige Untermenge dieser Fonds und stellen die zentrale Säule der
Altersversorgung der Bevölkerung dar. Hier zahlen Arbeitnehmer (oder Arbeitgeber) während ihrer Berufstätigkeit Gelder in einen Fonds ein, der sie nach
spezifizierten Regeln anlegt und dem Arbeitnehmer später in Form von Pensi-
onszahlungen wieder zur Verfügung stellt. Neben Pensionsfonds gehören *Mutual
Funds* und *Money Market Funds* zur Klasse der immer populärer werdenden
Fonds. Während Money Market Funds in kurzfristige Geldmarktinstrumente investieren, legen Mutual Funds das Kapital der Anleger in Wertpapiere gemäß
einer öffentlich bekannten Anlagestrategie an. Beispiele für solche Strategien sind
eine Anlage in japanische Werte, ein Portefeuille, das eine Indexentwicklung re-
pliziert, oder ein Fonds, der sich auf eine bestimmte Branche konzentriert. Im
Jahre 2005 sind den Mutual Funds alleine 128 Milliarden Dollar an neuen Mitteln zugeflossen (vgl. FEDERAL RESERVE BANK (2003)). Es gibt weiterhin eine Fülle von Institutionen, die bankähnliche Geschäfte betreiben. Sie werden
als *Non Banks* oder *Near Banks* bezeichnet. Dazu gehören Warenhauskonzerne
oder Automobilfirmen, die Kredite an ihre Kunden vergeben und Kreditkarten
ausgeben. Diese Institutionen finanzieren sich oft durch Emission von Anleihen
oder Aufnahme von Krediten bei Banken. Des Weiteren sind hier Factoring- und
Leasinginstitute zu nennen.

A5.1.2 Entwicklung des US-amerikanischen Bankensystems seit 1933

Gesetzlich wurde das Trennbankensystem in den USA durch den *Glass-Steagall Act (GSA)* aus dem Jahre 1933 verankert. Danach gab es immer wieder Initiativen, die die strikte Trennung zwischen den Banktypen lockern bzw. aufheben wollten. Diese Bemühungen gipfelten im *Gramm-Leach-Bliley Act (GLBA)* von 1999. Der GLBA ist auch eine Reaktion der Legislative auf den stärker gewordenen Wettbewerb, dem die US-Banken auf dem internationalen Markt ausgesetzt sind. Außerdem hatten vor allem Commercial Banks begonnen, einzelne Paragrafen des GSA zu ihren Gunsten zu interpretieren und so Umwege gefunden, die strikte Trennung zu umgehen. Dies führte zu einer Benachteiligung der Investment Banks, die im GLBA aufgehoben werden sollte. Ein häufig genanntes Argument für die Durchführbarkeit des GLBA war die verbesserte Regulierung aufgrund der mittlerweile langen Erfahrung der Regulierungsbehörden im Umgang mit den verschiedenen Banktypen. Im Folgenden sollen die Entwicklungslinien im US-amerikanischen Finanzsektor von 1933 bis heute kurz skizziert werden. Der Schwerpunkt liegt dabei auf der Betrachtung des Bankensystems.

Der Glass-Steagall Act, benannt nach dem Senator Carter Glass, einem ehemaligen Finanzminister der USA und Vater des *Federal Reserve Systems*, und dem Vorsitzenden des *House Banking and Currency Committee* Henry Steagall, legt die Trennung von Commercial und Investment Banks fest. Dieses Gesetz zwingt auch bestehende Banken, sich entweder als Commercial Bank oder als Investment Bank zu klassifizieren. Es ist die Antwort auf die Bankkrisen infolge der Weltwirtschaftskrise in den Jahren 1929 bis 1933. In dieser Zeit ging die Anzahl der Banken in den USA von rund 24.500 auf rund 15.000 zurück (vgl. KIM (1993), S. 304). Der Glass-Steagall Act war Teil einer Gesetzgebung (*Banking Act* von 1933), die die Handlungsfreiheit der Banken einschränkte. Diese Einschränkung resultierte aus der damals vorherrschenden Meinung, dass sich die Banken in den zwanziger Jahren nicht verantwortungsbewusst verhalten hatten, und aus einem bis ins siebzehnte Jahrhundert zurückreichenden Misstrauen gegenüber einem zu großen Einfluss der Banken (vgl. BAER und MOTE (1992), S. 496ff.). Die als GSA bezeichneten Passagen des Banking Acts sind die Abschnitte 16, 20, 21 und 32. Abschnitt 16 und 21 befassen sich mit der direkten Beziehung zwischen Commercial und Investment Banks, während Abschnitt 20 und 32 die Möglichkeiten indirekter Beziehungen behandeln (vgl. SORCHER und KINI (2002), S. 230).

Abschnitt 16 verbietet Commercial Banks in den USA auf eigene Rechnung mit Wertpapieren zu handeln, diese zu halten oder sich am Emissionsgeschäft der Wertpapiere zu beteiligen. Ausnahmen von dieser Regelung stellen im Wesentlichen Anleihen der öffentlichen Hand dar. Während Abschnitt 16 die Commercial Banks betrifft, wird in Abschnitt 21 festgelegt, dass Investment Banks, die Wertpapiergeschäfte durchführen, keine Depositen entgegennehmen dürfen. Diese Regelungen blieben vom GLBA unberührt.

Der Abschnitt des GSA, der den größten Interpretationsspielraum aufweist, ist Abschnitt 20. In diesem wurde Commercial Banks verboten, eine Partnerschaft, weder gleichberechtigt (Schwestergesellschaft, *affiliate*), noch über- oder untergeordnet (Tochtergesellschaft, *subsidiary*), mit einem Unternehmen einzugehen, das „hauptsächlich (*engaged principally*)" Wertpapiergeschäfte durchführt. Da nicht eindeutig spezifiziert wurde, was als „hauptsächlich" anzusehen ist, bedurfte es hierzu weiterer gesetzlicher Regelungen, die sich im Laufe der Zeit allerdings änderten. Abschnitt 32 besagte, dass, auch wenn keine Partnerschaft mit einem Unternehmen besteht, das hauptsächlich Wertpapiergeschäfte tätigt, Angestellte einer Commercial Bank keine Funktionen bei einem solchen Unternehmen ausüben dürfen und vice versa.

Obwohl der GSA schon unmittelbar nach Inkrafttreten als zu scharf kritisiert wurde,[18] haben die Aufsichtsbehörden in den USA weitere Schritte unternommen, um das Wachstum von Finanzkonzernen einzuschränken. So wurde 1956 der *Bank Holding Company Act (BHCA)* verabschiedet, der 1970 durch einige weitere Regelungen ergänzt wurde. Der BHCA wurde aus Sicht der Aufsichtsbehörden notwendig, weil Banken dazu übergingen, sich in Holding Companies zu organisieren, um so die Restriktionen bezüglich des Beteiligungsgeschäftes (*Merchant Banking*) aus dem GSA zu umgehen. Dort wurde festgelegt, dass Banken nur bis zu 5% des stimmberechtigten und 25% des nicht stimmberechtigten Kapitals an Unternehmen, die „bankähnliche Aktivitäten (*activities closely related to banking*)" durchführen (vgl. STEINER (2003), S. 9), erwerben durften. Eigenkapitalanteile an anderen Unternehmen durften nicht gehalten werden. Insbesondere Abschnitt 4 des BHCA ist für das Bankensystem von Bedeutung. Dieser betrifft das Beteiligungsgeschäft von Bank Holdings. In Abschnitt 4(c)(6) wird geregelt, dass Bank Holdings höchstens 5% des stimmberechtigten Kapitals an Unternehmen, die keine bankähnlichen Geschäfte betreiben, halten dürfen. Allerdings darf von Seite der Bank nur im „Notfall" Einfluss auf die Geschäftstätigkeit eines solchen Unternehmens genommen werden und ein solches passives Engagement bedarf der Genehmigung durch das *Federal Reserve Board*. Unternehmen mit bankähnlichen Tätigkeiten dürfen von Bank Holdings unbegrenzt akquiriert werden, wenn das Federal Reserve Board zustimmt. Explizit verboten wurde die Beteiligung von Bank Holdings an Versicherungsunternehmen. Unternehmen, die keine Bank sind, dürfen nur weniger als 25% der Anteile einer Bank halten, ohne selber als Bank Holding zu gelten und damit den aufsichtsrechtlichen Regelungen für Banken zu unterliegen (vgl. GRUSON (2000), S. 154).

Neben dem aus der Perspektive des deutschen Systems ungewohnten Trennbankensystem bietet das US-System noch weitere Besonderheiten. Sie wundern sich in Deutschland nicht, dass die Commerzbank ein ausgedehntes Filialnetz von Bayern bis Schleswig-Holstein besitzt und dass es insgesamt nur wenige verschiedene Banken gibt. In den USA war die Eröffnung von Bankfilialen bis September 1994 (*Riegle-Neal Interstate Banking and Branching Efficiency Act*) dagegen stark eingeschränkt, was sich noch heute in der Struktur des Bankensystems niederschlägt. Banken durften sich nicht ohne weiteres in unterschiedlichen Bundesstaaten niederlassen (Verbot des Interstate Branching durch den *McFadden Act* 1927) und in manchen Bundesstaaten mussten sie ihre Filialen sogar

---

[18] Selbst Mr. Glass bezeichnete den nach ihm benannten GSA schon ein Jahr nach Inkrafttreten als „Überreaktion" auf die Ereignisse der späten 1920er (vgl. HEAKAL (2003)).

auf einen bestimmten Bezirk beschränken. Hinter dieser Gesetzgebung steckt die Idee, dass das von Bürgern einer Region aufgebrachte Kapital auch dieser Region wieder zur Verfügung stehen sollte. Noch weiter ging die Bestimmung des Unit Bankings, die einen vollständigen Verzicht auf Filialen verlangte (in Colorado in Kraft bis 1991). Die frühere Beschränkung der Niederlassungsfreiheit spiegelt sich in der durchschnittlichen Bankengröße und der hohen Zahl der Banken wider. Tabelle A5-2 präsentiert die Größenverteilung der Bilanzsummen für Commercial Banks. Bedenken Sie bei der Interpretation der Zahlen, dass beispielsweise die Bilanzsumme der Sparkasse Rhein Neckar Nord zum 31.12.2004 gut 4,25 Mrd. € betrug. Während in Deutschland vier Großbanken die Allokation finanzieller Ressourcen für die Großindustrie dominieren, teilen sich diese Aufgabe in den USA viel mehr Banken (vgl. ALLEN und GALE (2000)).

Tab. A5-2: Größenverteilung der Bilanzsummen US-amerikanischer Commercial Banks, Stand: 31.03.2009

Bilanzsumme (Mio. US-$)	Anzahl der Banken	In % aller Banken	In % der aggregierten Bilanzsumme
unter 100	2.716	38,6%	1,6%
100-1.000	3.796	53,9%	11,3%
1.000-10.000	438	6,2%	10,7%
Über 10.000	87	1,2%	76,4%
	7.037	100,0%	100,0%

Quelle: http://www.fdic.gov.

Auf der einen Seite durften Banken sich nicht überall ansiedeln, auf der anderen Seite sollten lokale Banken durch den *Community Reinvestment Act (CRA)* von 1977 dazu gebracht werden, Kredite in ihrer Region auch für Bewohner und Unternehmen in Gemeinden mit mittleren oder niedrigen durchschnittlichen Einkommen zur Verfügung zu stellen. Während US-Banken in ihrer Geschäftstätigkeit spätestens seit 1933 stark reguliert waren, unterlagen die ausländischen Banken in den USA bis 1978 praktisch keinen Einschränkungen. Mit dem *International Banking Act* 1978 wurden sie den US-Banken in der Regulierung bezüglich ihrer zukünftigen Aktivitäten gleichgestellt. Näheres finden Sie in KIM (1993).

Die Konkurrenz ausländischer Finanzkonzerne und die zunehmende Internationalisierung, die durch den rasanten Fortschritt der Informationstechnologie begünstigt wurde, bewegte die US-Banken seit Ende der 1970er, nach Wegen zu suchen, mit denen man die strengen Regeln des Trennbankensystems umgehen kann. Daraufhin entstand eine Diskussion über Für und Wider des Trennbankensystem in den USA. Von den Gegnern des Trennbankensystems wurde häufig mit Verbundvorteilen, die Universalbanksysteme z. B. bezüglich der Informationsbeschaffung haben, argumentiert. Eine Investment Bank möchte beispielsweise ein

Unternehmen bei der Platzierung einer Anleihe unterstützen und konkurriert
dabei mit einer Universalbank. Könnte letztere aus dem Zahlungsverkehr oder
aus Kreditakten zusätzliche Informationen über die Bonität des Unternehmens
ableiten, wäre die Investment Bank benachteiligt. Ein anderes Argument, das
dem Grundgedanken des GSA entgegensteht, ist, dass durch die Zusammenfüh-
rung von Commercial und Investment Banks das Risiko für Commercial Banks
nicht erhöht wird, sondern im Gegenteil durch bessere Möglichkeiten der Diversifikation gesenkt werden kann.

Diese Argumente waren schließlich auch für die Aufsichtsbehörden ausschlaggebend verschiedene Passagen des GSA und des BHCA so auszulegen, dass die
strikte Trennung nach und nach aufgeweicht wurde. So wurde z. B. 1987 ein Vorgehen der Commercial Banks legalisiert, das zuvor schon jahrelang praktiziert
wurde. Worte wie „hauptsächlich" und „bankähnlich" wurden neu interpretiert.
Banken gründeten Tochtergesellschaften (so genannte glqqSection 20 Affiliates-
grqq), die den Zweck des eigentlich „verbotenen" Wertpapierhandels hatten. Allerdings wurde dann ein großer Teil des Umsatzes der Muttergesellschaft über
das Tochterunternehmen abgewickelt, so dass der Umsatz aus den Wertpapiergeschäften nur noch einen geringen Teil des Gesamtumsatzes ausmachte und die
Tochtergesellschaft damit nicht mehr „hauptsächlich" im Wertpapiergeschäft tätig war. 1987 legalisierte das Federal Reserve Board dieses Vorgehen, begrenzte
allerdings gleichzeitig die zulässige Quote der Umsätze aus Wertpapiergeschäften
zunächst auf maximal 10% und später (1996) auf 25%. Dies brachte allerdings
das Problem mit sich, dass nur Commercial Banks diese und andere neue Regelungen (vgl. die Liste in BAER und MOTE (1992), S. 517f.) in Anspruch nehmen
konnten. Für die Investment Banks blieb alles wie gehabt. Allerdings gab es
auch neue Bankleistungen, die von Investment Banks angeboten wurden, und
die in direkter Konkurrenz zu traditionellen Produkten der Commercial Banks
stehen. So ist den Investment Banks die Entgegennahme von Einlagen verboten;
sie dürfen jedoch Geldmarktfonds anbieten, die eine ähnliche Funktion erfüllen.
1997 gab es signifikante Änderungen als die Notenbank und das Office of the
Comtproller of the Currency (OCC) Bank Holding Companies die Erlaubnis gab,
Invstmentbanken direkt zu erwerben ohne eine Section 20 Firma zu gründen. Die
Folge waren eine Vielzahl von Fusionen und Übernahmen von Banken mit dem
Ziel, eine Präsenz im Investmentbanking zu schaffen, da die Gesetzgebung, die
die Trennung von Investment Banking und Commercial Banking fordert, kurz
vor ihrer Aufhebung war.

Am 12. November 1999 wurde der *Gramm-Leach-Bliley Act (GLBA)* verabschiedet. Dieser vereinfacht zwar die Kooperation verschiedener Banktypen, hebt
das Trennbankensystem vom Grundprinzip her aber nicht auf. So bleiben z. B.
Abschnitt 16 und 21 des GSA, die die direkten Beziehungen zwischen Commercial und Investment Banks regeln, auch nach dem GLBA gültig. Abschnitt
20 und 32 des GSA wurden dagegen derart modifiziert, dass engere indirekte Beziehungen zwischen verschiedenen Finanz- und Nicht-Finanzunternehmen
zulässig wurden. Des Weiteren wurden dem Abschnitt 4 des BHCA einige weitere Unterabschnitte hinzugefügt. Die wohl wichtigsten Neuerungen des GLBA
sind in den neu hinzugefügten Unterabschnitten 4(k) und (l) des BHCA gere-

gelt. Von nun an ist es erlaubt, verschiedene Banktypen sowie Unternehmen mit bankähnlichen Aktivitäten und Versicherungen in einer so genannten *Financial Holding Company (FHC)* zusammenzufassen. Dies ermöglicht das Angebot aller Finanzdienstleistungen unter dem Dach einer Holding. Allerdings bleiben die Banktypen innerhalb der Holding weiterhin getrennt und die FHC ist einer gewissen Anzahl aufsichtsrechtlicher Vorschriften unterworfen.

Abschnitt 4(k) besagt, dass sich im Portfolio einer FHC Unternehmen befinden können, deren Aktivitäten (i) finanzieller Natur (*financial in nature*), (ii) identisch zu solchen Aktivitäten (*identical to a financial activity*) oder (iii) komplementär zu solchen finanziellen Aktivitäten (*complementary to a financial activity*) sind. Welche Aktivitäten im Einzelnen darunter zu verstehen sind, wird vom Federal Reserve Board bestimmt. Hierzu zählen vor allem verschiedene Arten von Wertpapiergeschäften (*securities underwriting, broking, dealing* etc.), Auflage und Management von Investmentfonds, passive Beteiligungen am Eigenkapital von Industrieunternehmen mit einer Haltedauer von weniger als 10 Jahren, Auflage und Handel von Versicherungen, Vermittlung von Finanzaktiva (*market making*) und Beratungsdienstleistungen. Während diese Aktivitäten finanzieller Natur (oder Aktivitäten, die identisch zu denen finanzieller Natur sind) nicht extra genehmigt werden müssen, bedürfen Aktivitäten, die komplementär zu finanziellen Aktivitäten sind (z. B. Betreiben von Informationsportalen im Internet oder Sicherung von Daten anderer Unternehmen), der Genehmigung durch das Federal Reserve Board.

Die Voraussetzungen, um als FHC zugelassen zu werden, sind in Abschnitt 4(l) geregelt. Für Bank Holding Companies sind im Wesentlichen drei Bedingungen zu erfüllen: Alle Tochterbanken müssen gewissen (i) Kapitalanforderungen (*well capitalized*) und (ii) Managementanforderungen (*well managed*) genügen sowie (iii) ein zufrieden stellendes Rating (*at least satisfactory*) bezüglich des Community Reinvestment Act (CRA) aufweisen. Investment Banks müssen zusätzlich die Zulassung als FHC beim Federal Reserve Board beantragen. Verbunden mit dem Antrag auf Zulassung als FHC ist für die Investment Banks die Offenlegung interner Daten, die vom Federal Reserve Board geprüft werden. Dadurch können vom Antrag bis zur Zulassung mehrere Monate vergehen. Für Investment Banks ist die Umwandlung zur FHC also ungleich schwerer als für Commercial Banks, die nur die drei zuerst genannten Bedingungen erfüllen müssen.

Der GLBA sieht für Commercial Banks noch eine andere Art der Organisation vor (vgl. Abbildung A5.2). Von nun an können Commercial Banks Tochtergesellschaften besitzen, die sich mit verschiedenen finanziellen Aktivitäten beschäftigen. Zu diesen Aktivitäten gehören die üblichen Geschäfte des Commercial Banking sowie Wertpapiergeschäfte in allen Formen und ohne Limit, und Auflage und Handel von Investmentfonds. Ausdrücklich verboten sind in diesem Fall das Betreiben von Versicherungsgeschäften, Immobilienhandel und Beteiligungsfinanzierung. Außerdem darf die aggregierte Bilanzsumme aller Tochtergesellschaften 45% der Bilanzsumme der Commercial Bank oder 50 Mrd. US-$ nicht übersteigen. Für die 100 größten nationalen Banken gilt zusätzlich, dass ausstehende Verbindlichkeiten (z. B. Anleihen) eine der drei besten Rating-Kategorien aufweisen müssen. Damit eine Commercial Bank Finanz-Tochtergesellschaften akqui-

rieren darf, müssen dieselben Voraussetzungen bezüglich Kapital-, Management-
und CRA-Ratinganforderungen wie zur Umwandlung in eine FHC (siehe oben)
erfüllt sein.

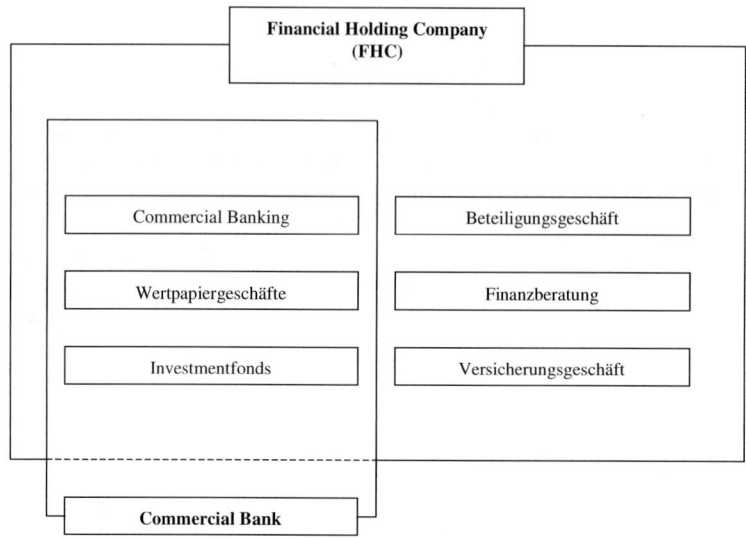

Abb. A5.2: Organisationsformen und Hauptbeschäftigungsfelder von Banken nach dem GL-
BA

   Die oben genannten Regelungen des GLBA stellen nur die wichtigsten Änderungen in der Gesetzgebung dar.[19] Zwei Themengebiete seien noch kurz erwähnt. Zum einen sind Beteiligungen an Nicht-Finanzunternehmen, die nicht
nur vorübergehender Natur sind (Haltedauer mehr als 10 Jahre) oder bei denen Einfluss auf den Geschäftsbetrieb genommen wird, verboten. Sollte allerdings eine FHC, die vorher keine BHC war, noch aktive Beteiligungen an Nicht-
Finanzunternehmen besitzen, darf sie diese Unternehmensanteile noch 10 Jahre
(mit möglicher Verlängerung um 5 Jahre) behalten (*grandfather rights*). Voraussetzung dafür ist, dass (i) die Unternehmensanteile vor dem 30. September
1999 erworben wurden und dass (ii) nicht mehr als 15% des Gesamtumsatzes
der FHC von diesen Beteiligungen erwirtschaftet wird. Zum anderen wird der
Datenschutz im GLBA explizit behandelt. Danach müssen FHC und andere
Finanzunternehmen Kunden beim Zustandekommen einer Geschäftsbeziehung
über den Umgang und die Weitergabe persönlicher, nicht öffentlicher Daten an
Dritte informieren. Bei bestehender Geschäftsbeziehung hat diese Information

---

[19] Einen ausführlicheren Überblick über das Regelwerk des GLBA findet sich bei AMERICAN
BANKERS ASSOCIATION (1999).

mindesten einmal im Jahr zu erfolgen. Sollen persönliche Daten an Dritte, die weder Tochter- noch Schwestergesellschaft sind, weitergegeben werden, so ist der Kunde zum einen vorher darüber in Kenntnis zu setzen und zum anderen muss ihm die Chance gegeben werden, die Weitergabe seiner Daten zu verhindern (*opt out*). Kontonummern und -daten dürfen nicht weitergegeben werden.

A5.1.3 Aufsichtsstruktur des US-Bankensystems

In den USA gibt es zwei Überwachungsstrukturen für Commercial Banks, die beide aus der Zeit vor dem amerikanischen Bürgerkrieg stammen (vgl. TILLY (1989)). Das Bankensystem wird daher auch als Dual Banking System bezeichnet. Auf der einen Seite steht die Regulierung durch Behörden der Bundesstaaten (*State Regulation Agencies*), auf der anderen Seite die durch Bundesbehörden (*Federal Agencies*), zu denen das *Office of the Comptroller of the Currency (OCC)*, das *Federal Reserve System* und das *Federal Deposit Insurance System (FDIC)* gehören. Je nachdem, ob die Banken von bundesstaatlichen oder nationalen Aufsichtsbehörden kontrolliert werden, werden sie als *State Banks* oder *National Banks* bezeichnet. Die Mehrzahl der Banken ist als State Banks registriert (vgl. KIM (1993), S. 226ff.), wobei jedoch die National Banks eine deutlich höhere aggregierte Bilanzsumme aufweisen.

Im Folgenden werden die Federal Agencies kurz vorgestellt. Das Office of the Comptroller überwacht die Gründung von National Banks und beaufsichtigt sie. Das Federal Deposit Insurance System ist das Äquivalent zu den Einlagensicherungsfonds in Deutschland (Teil G) und besteht aus einem Bereich, der Einlagen bei den Commercial Banks, und einem weiteren, der Einlagen bei den Savings and Loan Associations jeweils bis zur Höhe von 100.000 US-\$ versichert (vgl. zur Entwicklung des Systems BENSTON und KAUFMAN (1997))[20]. Das Federal Reserve System wurde 1913 als Antwort auf die vorangegangene Krise im Bankensektor – im Jahre 1907 hatten einige große New Yorker Banken schwerwiegende Liquiditätsprobleme – gegründet. Vor dieser Zeit gab es keine zentrale Institution, die zur Bankenrefinanzierung im normalen Geschäftsbetrieb und in Krisenfällen diente. Das Federal Reserve System besteht aus zwölf Federal Reserve Banks für eine entsprechende Anzahl von Distrikten in den USA und einem Board of Governors (*Federal Reserve Board*) in Washington. Dieses Board hatte bis zum GLBA die Aufgaben, die Mitgliedsbanken (alle National Banks und weitere auf freiwilliger Basis) zu kontrollieren und Leitlinien für die Geld- und Kreditpolitik zu formulieren. Das Federal Reserve System diente weiterhin dazu, in Krisenfällen das Finanzsystem zu stabilisieren. Kohn (1993, S. 501) gibt Beispiele, wie das System Märkte und Institutionen gerettet hat (z. B. im Jahre 1980, als eine Fehlspekulation der Gebrüder Hunt auf dem Silbermarkt zum Zusammenbruch der COMEX, der Commodity Exchange in New York, zu

---

[20] Um das Vertrauen der Einleger während der Finanzkrise zu stärken, hat das FDIC die Summe der versicherten Einlagen auf 250.000 US-\$ angehoben. Am 1. Januar 2014 wird wieder das ursprüngliche Limit von 100.000 US-\$ für Einlagen gelten.

führen schien) bzw. bewusst nicht eingegriffen hat (z. B. beim Zusammenbruch
der Investment Bank Drexel Burnham im Jahre 1990).

Für die Investment Banks steht ein anderes Überwachungssystem zur Verfügung. Da die Investment Banks in aller Regel kapitalmarktorientierte Leistungen anbieten, werden sie von der *Securities and Exchange Commission
(SEC)*, deren Aufgabe auch in der Überwachung von Börsen und Kapitalmärkten besteht, kontrolliert. Für die Kontrolle des Handels mit Rohstoffen ist die
Commodity Futures Trading Commission (CFTC) zuständig.

Mit Inkrafttreten des GLBA veränderte sich teilweise die Struktur der Aufsichtsbehörden im US-Finanzsystem. Das Prinzip der Fachaufsicht schreibt vor,
dass die einzelnen Unternehmen einer Finanz- oder Bank-Holding der jeweils
zuständigen Aufsichtsbehörde unterliegen (vgl. Abbildung A5.3). Commercial
Banks werden von der FDIC und dem OCC reguliert, während Investment Banks
den Regelungen der SEC und der CFTC unterliegen. Versicherungen werden von
den Versicherungsbehörden der einzelnen Bundesstaaten kontrolliert. Dies stellt
noch keine Änderung zu der aufsichtsrechtlichen Situation vor dem GLBA dar.
Die eigentliche Änderung in der Aufsichtsstruktur im US-amerikanischen Finanzsystem betrifft das Federal Reserve Board. Das Federal Reserve Board nimmt
nach dem Act die Rolle einer übergeordneten Aufsichtsinstanz (*umbrella supervisor*) ein. Der Gedanke, der eine solche übergeordnete Instanz auf oberster Ebene
sinnvoll erscheinen lässt, ist, dass Holdings ihre Risiken auch auf oberster Ebene
managen werden. Hauptaufgabe des Federal Reserve Board ist es, die Einlagen
bei den Commercial Banks vor riskanten Geschäften anderer Unternehmen innerhalb der Holding zu schützen. Allerdings macht die neue Regelung, nach der
die Holding bzw. die anderen Unternehmen im Notfall nicht mehr unbedingt
zur Bereitstellung von Mitteln für die Commercial Banks verpflichtet sind, diese
Aufgabe nicht einfach. Die Fachaufsichtsbehörden können einen solchen Mittel-
transfer unterbinden, wenn daraus erhebliche nachteilige Konsequenzen für den
Mittelgeber resultieren (vgl. GRUSON (2000), S. 161).

Die Analyse des US-Systems sollte Sie aus mehreren Gründen begeistern. So
ist es per se interessant, das Bankensystem eines unserer wichtigsten Partner-
länder kennen zu lernen. Weiter können wir aufbauend auf der Darstellung und
der Betrachtung weiterer Banksysteme fragen, wie ein optimales Bankensystem
auszusehen hat. Obwohl diese Frage abschließend immer nur im historischen und
kulturellen Kontext zu diskutieren ist, können wir doch aus der vergleichenden
Betrachtung der Systeme lernen. Des Weiteren kann man Probleme des US-
Systems theoretisch gut analysieren. So zeigen wir in Teil B anhand von Modellen, dass es für eine Bank sinnvoll ist, ein wohldiversifiziertes Kreditportefeuille
zu halten. Die große Zahl von Pleiten texanischer Banken aufgrund von Kreditvergaben mit einem Schwerpunkt im Energiesektor verdeutlicht die Auswirkung
fehlender Diversifikation. Wir werden in Teil C Auswahl und Überwachung der
Kreditnehmer als wesentliche Funktionen im Rahmen des Kreditmanagements
ansprechen. Hier besitzen die Credit Unions durch den abgegrenzten Personenkreis der Kreditnehmer deutliche Vorteile gegenüber Commercial Banks. Wir
haben asymmetrische Information als Kernproblem der Bankbetriebslehre angesprochen und werden in Teil B ausführlich darauf eingehen. Viele der dort

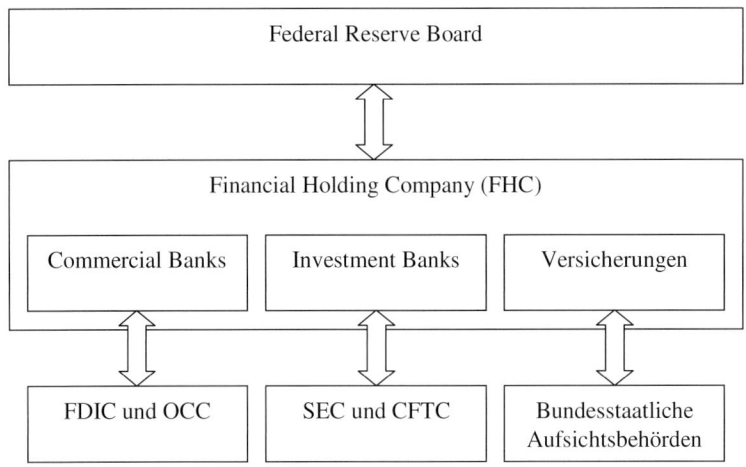

Abb. A5.3: Aufsichtsstruktur im US-amerikanischen Finanzsystem nach dem GLBA

theoretisch diskutierten Probleme finden sich in „wunderbarer" Art und Weise bei der Krise der Savings and Loan Associations wieder (vgl. in diesem Sinne MISHKIN (1992)).

A5.1.4 Subprime Krise in den USA

Was als U.S. Immobilienkrise im Sommer 2007 begann und sich daraufhin sukzessiv auf die Realwirtschaft ausweitete, führte im Jahr 2009 zu einer der schwersten Krisen seit der „Großen Depression". Diese Krise ist ein Beispiel für die negative Seite der Integration der globalen Finanzmärkte, die sich zwar positiv auf die Allokation von Kapital und Wirtschaftswachstum ausgewirkt hat, jedoch auch zu einer starken Anfälligkeit des Wirtschaftssystems führte. Man kann dies als systemisches Risiko bezeichnen, der Gefahr, dass sich die Probleme des Finanzsektors (Bankenpleiten oder die fehlenden Refinanzierungsmöglichkeiten der Banken) durch Kreditrationierung auf den Realsektor auswirken.
Die folgenden Ereignisse spiegeln die Entwicklung in der Krise wider.

- Den Anfang der Krise machten fallende Immobilienpreise in den USA seit dem ersten Quartal 2006 (siehe genauere Ausführungen im folgenden Abschnitt), was zu einem Anstieg an Kreditausfällen und schließlich zur Pleite der größten US Hypothekeninstitute, Ownit Mortgage Solution (2006) und New Century Financial (April 2007), führte.
- Im Juni 2007 zeigte die Pleite von zwei hochverschuldeten Hedge Funds von Bear Stearns die Problematik auf, wenn eine Asset Bubble (hier die steigenden

Häuserpreise) mit Krediten finanziert wird. Bear Stearns musste 3,2 Mrd. US Dollar in die Fonds investieren, um alte Gläubiger auszuzahlen und einen Fire Sale der Assets zu verhindern.

- Im August 2007 konnte BNP Paribas die Verbindlichkeiten von drei Zweckgesellschaften nicht mehr bedienen. Der Markt für diese Verbindlichkeiten (Asset Backed Commercial Papers) brach zusammen, weil der Markt keine Informationen hatte, welche Bank welche Assets in ihren Zweckgesellschaften hatte. Durch das Austrocknen des Marktes konnten sich letztlich keine Marktpreise für diese Wertpapiere bilden. Im Folgenden haben Banken und Versicherungen massive Abschreibungen auf diese Wertpapiere vorgenommen und Banken haben aufgehört, sich untereinander Geld zu leihen. Der 3 Monats-LIBOR stieg auf ein Rekordniveau und die Rendite von Staatsleihen sank aufgrund der steigenden Nachfrage auf nahezu Null.

- Im März 2008 wurde Bear Stearns, eine der damals kleinsten Investmentbanken, durch den Verkauf an JP Morgan vor der Pleite bewahrt. Bear Stearns war hochverschuldet und investierte zum Großteil in subprime Hypotheken.

- Im September 2008 ging Lehman Brothers pleite, was unter Umständen der größte Schock für die Finanzmärkte war. Daraufhin hat sich Merrill Lynch selbst an die Bank of America verkauft (auf Druck bzw. auf Anraten der Regierung und der Federal Reserve Bank). Die CDS Preise für Kreditversicherungen auf Banken z.B. für Morgan Stanley und Goldman Sachs verdoppelten sich. AIG, die größte Gegenpartei bei CDS Kontrakten konnte nur durch staatliche Hilfen von über 100 Mrd. US Dollar gerettet werden.

Vor der oben dargestellten Entwicklung stellt sich die Frage, warum die Banken so stark betroffen waren. Im Folgenden wollen wir zwei zentrale Gründe diskutieren.[21]

1. *Der US Hypothekenmarkt und Kreditverbriefung*
   Der Ursprung der Subprime-Krise liegt primär im zuvor rapide anwachsenden Markt für sog. Subprime Kredite, Hypothekenkredite an Schuldner schlechter Bonität. Bis zum Jahr 2006 befand sich die USA in einer Niedrigzinsphase, hervorgerufen durch Kapitalzuflüsse aus dem Ausland, allen voran aus asiatischen Ländern, und der gleichzeitig lockeren Zinspolitik der Federal Reserve Bank als Reaktion auf das Platzen der Internet-Blase im Jahr 2001. Es entstand in diesen Jahren eine „Housing Bubble", worunter man einen stetigen und überproportionalen Anstieg im Hauspreisniveau versteht. Zusätzlich unterlief das Bankensystem einigen tiefgreifenden strukturellen Veränderungen, in denen u.a. das traditionelle Bankenmodell durch ein „Originate and Distribute"-Model abgelöst wurde. Das neue Geschäftsmodell zeichnete sich dadurch aus, dass Banken ihre Forderungen aus Krediten nun nicht mehr bis zur Endfälligkeit im Portfolio hielten, sondern verbrieften und somit die Kreditrisiken auf Außenstehende transferierten. Während der „Housing Bubble" verbrieften Institute ebenfalls einen großen Teil ihrer Zahlungsansprüche

---

[21] Seit Ausbruch der Krise ist eine sehr große Anzahl von akademischen Aufarbeitungen einzelner Dimensionen der Krise erschienen. Einen guten Überblick über Hintergründe und Folgen der Finanzkrise gibt unter anderem BRUNNERMEIER (2009).

aus Subprime Krediten in strukturierten Produkten wie Collateralized Debt Obligation (CDO) bzw. Collateralized Loan Obligation (CLO), welche von institutionellen Anlegern wie Banken, Fondsgesellschaften oder Versicherungen gekauft wurden. Die Verbriefung von Kreditrisiken führte dazu, dass Banken zunehmend riskantere Kredite vergaben mit Lockangeboten mit geringen Kreditzinsen für potentielle Hausbesitzer (sog. teaser rates) sowie niedrigen Kreditvergabestandards (z.B. sog. NINJA-loans an Kreditnehmer with no income, no job, no assets) und weniger Anreize hatten, Kreditnehmer und Rückzahlung des Kredites im Anschluss zu überwachen (KEYS et al. (2008)). Dieser Trend wurde über viele Jahre hinweg gefördert, während angenommen wurde, dass die Immobilienkredite stets durch steigende Hauspreise refinanziert werden könnten. Als die Housing Bubble zusammenbrach, konnten die Kredite nicht refinanziert werden und die zumeist variablen Zinssätze stiegen rasant an. Dieses führte zu einer Welle an Kreditausfällen von Kunden, die diese Zinszahlungen nicht leisten konnten. Dabei stellt sich die Frage, warum die Banken so stark betroffen waren, zumal theoretisch die Ausfälle aufgrund der Verbriefung der Wertpapiere sich auf viele Köpfe hätte verteilen müssen. Leider sind die Banken bzw. Finanzinstitutionen nicht dem Konzept der Verbriefung gefolgt und haben einen Großteil der Risiken der Kredite (sowohl die tatsächlichen Kredite als auch die CLOs) im Bankensektor behalten. So hielten Banken 40% (mehr als 4.000 Mrd. US Dollar) und Investmentbanken und Versicherungen über 15% aller US Hypothekenkredite (nicht einberechnet sind OTC Derivate, (KRISHNABURTHY (2008)).

2. *Hoher (effektiver) Verschuldungsgrad*

Banken nutzten den Transfer von Kreditrisiken, um Eigenkapitalanforderungen zu umgehen. Investments in CDOs wurden zum Beispiel in vielen Fällen off balance sheet bilanziert und sind somit nicht in den Bilanzen der Banken verbucht. Darüber hinaus unterhielten viele Banken sogenannte conduits oder structured investment vehicles (SIV), rechtlich unabhängige Gesellschaften, die in CDOs/CLOs investierten. Diese conduits investierten hauptsächlich in Assets mit einem AAA Rating oder ähnlich hoher Qualität, haben in der Regel keine Mitarbeiter, keinen Hauptsitz und das Management der Gesellschaft obliegt gewöhnlich der Bank, die das conduit aufgesetzt hat. Das Management verwaltet das Portfolio an Investments und emittiert Asset Backed Commercial Paper (ABCP) zur Refinanzierung dieser Investments. Banken garantierten die Liquidität der conduits durch Kreditlinien an die Gesellschaft. Der große Vorteil für die Banken ist die regulatorische Behandlung dieser Investments. Unter Basel I sind Banken verpflichtet, Kapital für Investments zu halten, die sie auf ihren Bilanzen halten. Sie sind dagegen nicht verpflichtet, Kapital für die Investment der conduits zu halten, nur für die Kreditlinien, die sie den conduits zur Verfügung stellen, was 0.8% des Investment Volumens entspricht und damit maximal 1/10 des Kapitals, das sie für vergleichbare Investments auf der eigenen Bilanz hätten halten müssen. Banken hatten darüberhinaus Anreize, Volumen vom Kreditgeschäft zu Investitionen in CDO Tranchen mit AAA Rating zu allokieren. Auch diese Investments waren mit weniger Eigenkapitalunterlegung verbunden. Die Eigenkapitalrichtli-

nien verbunden mit den Bilanzierungsrichtlinien der International Financial
Reporting Standards (IFRS) führten dazu, dass der effektive Verschuldungsgrad der Banken wesentlich höher war als der bilanzielle Verschuldungsgrad
(ACHARYA und SCHNABL (2008)). Banken haben nach der IFRS Richtlini-
en die Möglichkeit, (Teile ihrer) Investments der conduits in der Bankbilanz
zu konsolidieren. Die Bilanzsumme der zehn größten börsennotierten Banken
hat sich zwischen 2004 und dem zweiten Quartal 2007 verdreifacht (INTER-
NATIONAL MONETARY FUND (2008)). Die risikogewichteten Aktiva hingegen
wuchsen deutlich langsamer. Obwohl Banken die Investments der conduits
(zum Teil) konsolidierten, haben sie dennoch für die Berechnung der risikogewichteten Aktiva die Assets so behandelt, als wenn die Investments immer
noch in der Gesellschaft wären. Daher waren die meisten Banken gemessen an
ihrer „Tier 1 Ratio" gut kapitalisiert mit Durchschnittswerten zwischen 7%
und 9% (INTERNATIONAL MONETARY FUND (2008)).

Die Auswirkungen der Subprime Krise auf das US Finanzsystem sind groß:
Die Bedeutung der amerikanischen Banken im globalen Vergleich ist gesunken,
die größten Banken gemessen an der Marktkapitalisierung kommen nun aus Asi-
en. Die großen Investmentbanken sind pleite, wurden übernommen oder haben
sich zu Bank Holding Companies gewandelt und damit unter die Regulierung
der Federal Reserve Bank gestellt (Lehman Brothers ist pleite, Bear Stearns
wurde von JP Morgan übernommen, Merrill Lynch wurde von Bank of America
übernommen, Morgan Stanley und Goldman Sachs wurden zu Bank Holding
Companies, Salmon Smith Barney wurde zur Hälfte von Citigroup an Morgan
Stanly verkauft). Die Anzahl der Bankpleiten in den USA beträgt bis August
2009 72 (dieses entspricht 55% aller Bankenpleiten seit 2000, (FDIC, 2009)).[22]

A 5.2 Supranationale Banken

Als einen Bestandteil des deutschen Bankensystems haben Sie Kreditinstitute
mit Sonderaufgaben kennen gelernt, die im Rahmen ihrer Bankgeschäfte auch
gesamtwirtschaftliche Förderaufgaben wahrnehmen. Darüber hinaus kennen Sie
als eine Aufgabe der Europäischen Zentralbank und der Deutschen Bundesbank
die nationale und internationale Koordination des Zahlungsverkehrs. In ähnlicher Weise wie auf nationaler Ebene lassen sich auch auf länderübergreifender,
supranationaler Ebene bankspezifische Koordinations- und Förderaufgaben definieren. Zur Wahrnehmung dieser Aufgaben wurden spezielle Finanzinstitute
eingerichtet, die in kein nationales Bankensystem eingegliedert sind, sondern
jenseits einzelstaatlicher Kontrolle jeweils von einer ganzen Gruppe von Staaten
getragen und überwacht werden. Wir wollen Ihnen drei dieser supranationalen
Banken(-gruppen), die auch aus deutscher Sicht von herausragender Bedeu-

---

[22] 78% aller Bankenpleiten seit 2000 fanden nach September 2007 statt.

tung sind, näher vorstellen: die Weltbankgruppe,[23] die internationalen Entwicklungsbanken mit regionalem Tätigkeitsbereich und die Bank für internationalen Zahlungsausgleich.

A5.2.1 Die Weltbankgruppe

Die Weltbankgruppe umfasst fünf Finanzinstitutionen: die *International Bank for Reconstruction and Development (IBRD)*, die *International Development Association (IDA)*, die *International Finance Corporation (IFC)*, die *Multilateral Investment Guarantee Agency (MIGA)* und das *International Centre for Settlement of Investment Disputes (ICSID)*. Auch wenn jede dieser fünf Institutionen eine eigene Rechtspersönlichkeit besitzt, sind sie durch einen gemeinsamen Präsidenten und durch verwaltungstechnische Verflechtungen praktisch integriert. Insgesamt ist die Weltbank vergleichbar mit einer globalen Kooperative im Eigentum ihrer Mitgliedsstaaten. Die Weltbankgruppe verfolgt das Ziel, die wirtschaftliche Entwicklung in ihren weniger entwickelten Mitgliedsländern durch Beratung, finanzielle Hilfen und als Katalysator für die Unterstützung durch Dritte zu fördern. Im Unterschied zu Hilfsprogrammen macht die Weltbank keine Geschenke, sondern vergibt Kredite – und diese Kredite werden zurückgezahlt. Dazu nutzen vier der fünf Teilinstitutionen (das ICSID nimmt eine Sonderrolle ein) unterschiedliche Strukturen und Finanzierungsquellen, die nachfolgend näher vorgestellt werden. Anschließend geben wir Ihnen eine Übersicht zum Kreditgeschäft der Weltbankgruppe (vgl. zu diesen Ausführungen DEUTSCHE BUNDESBANK (1992), S. 53ff. sowie RIEKE (1993), S. 339ff.).

International Bank for Reconstruction and Development (IBRD)

Wie alle Teilinstitutionen der Weltbankgruppe hat die IBRD ihren Sitz in Washington, D.C. Mitglied bei dieser Institution können nur die Staaten werden, die auch Mitglied beim Internationalen Währungsfonds (IWF) sind. 2006 hatte die IBRD 184 Mitglieder, wobei die Größe des Anteilsbesitzes, den jedes Land hält, vom Anteil des Landes an der Weltwirtschaft abhängt. Die größten Industrieländer (G-8 Staaten) halten etwa 46% der Anteile, allein die USA besitzen 16%. Damit besitzen die Vereinigten Staaten ein Vetorecht gegen Anpassungen der Eigenkapitalausstattung und gegen Satzungsänderungen, für die jeweils 85% der Anteile zustimmen müssen. Für alle anderen wichtigen Entscheidungen, inklusive der Kreditvergabe, ist nur die Stimmenmehrheit der Mitglieder notwendig. Oberstes Organ ist (wie auch bei IDA, IFC, MIGA und ICSID) je-

---

[23] Der Internationale Währungsfonds (IWF; englisch IMF) und die Weltbank werden häufig in einem Atemzug genannt. Dies liegt daran, dass beide Institutionen im System der Vereinten Nationen ein gemeinsames Ziel verfolgen: die Anhebung des Lebensstandards in den Mitgliedsstaaten. Allerdings unterscheiden sich die Methoden zur Erreichung dieses Ziels. Der Fokus des IWF liegt dabei vor allem auf der Stabilisierung des internationalen Finanzsystems. Da der IWF keine Bank ist, soll hier auf die ausführliche Darstellung der Struktur und Aufgaben des IWF verzichtet werden. Der interessierte Leser findet nähere Informationen unter http://www.imf.org.

weils ein Gouverneursrat, für den jedes Mitglied einen Gouverneur und einen Stellvertreter ernennt. Der deutsche Gouverneur in allen fünf Gouverneursräten ist der Bundesminister für wirtschaftliche Zusammenarbeit und Entwicklung. Der Gouverneursrat hat alle delegierbaren Befugnisse auf das Exekutivdirektorium übertragen, dessen Mitglieder zu etwa einem Viertel von den Ländern mit den höchsten Kapitalanteilen ernannt werden. Alle übrigen Mitglieder werden für jeweils zwei Jahre von den anderen Mitgliedsländern gewählt. Die laufenden Geschäfte führt nach Weisung des Direktoriums der Präsident, derzeit (Mai 2006) Paul Wolfowitz. Er hat (in der Regel ohne Stimmrecht) den Vorsitz im Direktorium und ist Leiter des Mitarbeiterstabs.

Die Finanzierung der IBRD erfolgt weitgehend über die Emission von Anleihen an den internationalen Finanzmärkten, während die Kapitaleinzahlungen der IBRD-Mitglieder nur eine untergeordnete Rolle spielen. Insgesamt sind nur 20% des Eigenkapitals eingezahlt, der Rest steht als Haftungskapital zur Verfügung.

International Development Association (IDA)

Grundsätzlich können nur Mitglieder der IBRD auch Mitglied bei IDA, IFC, MIGA und ICSID werden. 2006 waren 165 Staaten Mitglied der IDA, von denen zu diesem Zeitpunkt 81 Kredite bei der IDA aufgenommen hatten. Darunter befinden sich beispielsweise auch europäische und angrenzende Staaten wie Albanien, Armenien, Georgien oder Mazedonien. Da die IDA, wie wir noch sehen werden, im Gegensatz zur IBRD ihre Mittel unverzinslich ausleiht, kann sie am Kapitalmarkt keine Anleihen mit marktgerechter Verzinsung begeben und ist deshalb auf andere Finanzierungsquellen angewiesen. Der überwiegende Teil der Mittel entstammt Kapitalzeichnungen und anderen zinslosen Mitteln der Mitglieder. Weitere Gelder fließen der IDA als jährliche Zuschüsse aus den Gewinnen der IBRD zu.

International Finance Corporation (IFC)

Die 1956 gegründete IFC hat die Aufgabe, die privatwirtschaftliche Initiative in den Entwicklungsländern zu fördern, indem sie gemeinsam mit privaten Geldgebern die Errichtung, Modernisierung und Erweiterung von privaten Unternehmen finanziert, die sonst kein privates Kapital zu marktgerechten Konditionen erhalten würden. Zu diesem Zweck bringt sie in- und ausländisches privates Kapital und erfahrenes Management zusammen, gewährt technische Hilfe und beteiligt sich auch selbst am Eigenkapital privater Unternehmen. Außerdem leistet sie Übernahmegarantien, wenn private Unternehmen Aktien und Anleihen am Markt platzieren wollen. Die IFC hatte 2006 insgesamt 178 Mitglieder, wobei die größten fünf Anteilseigner 45,3% der Anteile halten, allein die USA 23,7%.

Die Finanzierung erfolgt aus Einzahlungen der Mitgliedsländer auf das Grundkapital, durch Kreditaufnahme bei der IBRD, aus der Emission von Anleihen am Kapitalmarkt und aus einbehaltenen Gewinnen.

Multilateral Investment Guarantee Agency (MIGA)

Die MIGA als jüngste Teilorganisation der Weltbankgruppe wurde 1988 mit dem Ziel gegründet, ausländische Direktinvestitionen in Entwicklungsländern zu fördern, indem sie Garantien gegen die nicht kommerziellen Risiken (Enteignungen, Kriegsereignisse, Unruhen usw.) für diese Investitionen anbietet. Die MIGA hatte 2006 insgesamt 167 Mitglieder und finanziert sich weitestgehend über das gezeichnete Kapital dieser Mitgliedsstaaten.

International Centre for Settlement of Investment Disputes (ICSID)

Das ICSID nimmt innerhalb der Weltbankgruppe eine Sonderrolle ein. Bei den Aktivitäten dieser Institution, die 1966 gegründet wurde und 139 Mitglieder hat, handelt es sich nicht um finanzielle Transaktionen oder Übernahmen von Garantien. Vielmehr ist es Ziel dieser Institution, zwischen Staaten und ausländischen Investoren zu vermitteln und so Vertrauen zu schaffen, das Investitionen in diese Staaten fördern soll.

Das Kreditgeschäft der Weltbankgruppe

Die aus der Gründungsidee hergeleitete Hauptaufgabe der Weltbank ist die Erleichterung der Kreditaufnahme für Staaten im wirtschaftlichen Aufholprozess. Diese Aktivitäten machen auch heute noch den bzgl. des Volumens weitaus bedeutendsten Anteil des Weltbankgeschäftes aus. Deshalb beschränken sich die weiteren Ausführungen auf das Kreditgeschäft von IBRD und IDA. Beide Institute gewähren in der Regel Kredite nur für konkrete Projekte und Programme. Diese Kreditprojekte müssen hohe Priorität für die wirtschaftliche Entwicklung des Schuldnerlandes haben und wirtschaftlich und technisch so erfolgversprechend sein, dass neben der Rückzahlung der Kredite eine Rendite von 10% erwartet werden kann. Die folgenden Beispiele von Kreditzusagen aus dem Jahr 2009 zeigen Ihnen ansatzweise die Bandbreite der von der Weltbank unterstützten Projekte und Programme:

- In Rumänien die Reformen des Fiskus, der sozialen Sicherung und des Finanzsektors,
- in Tunesien die Bekämpfung der Arbeitslosigkeit,
- in Kambodscha die durch die Krise der Nahrungsmittelpreise in Bedrängnis geratenen Kleinbauern und
- in Kolumbien die Verbesserung des öffentlichen Verkehrsmittelnetzes.

Die Renditevorgabe gilt auch für Projekte, bei denen die Mittel nicht vollständig von IBRD und IDA bereitgestellt werden, sondern eine Mischfinanzierung mit anderen Geldgebern erfolgt (vgl. das Beispiel einer derartigen Mischfinanzierung für den Bau einer Untergrundbahn in China bei GOLLINGER und STEIGER (1994)). Wesentliche Unterschiede zwischen den Ausleihungen der IBRD und der IDA bestehen hinsichtlich der Konditionengestaltung und der Auswahl der Schuldnerländer.

Die IBRD vergibt Kredite mit einer Laufzeit, die im Allgemeinen zwischen 12 und 15 Jahren liegt. Die ersten drei bis fünf Jahre sind dabei tilgungsfrei. Der

Zinssatz ist variabel (Zinsanpassung jeweils am 1.1. und 1.7.) und richtet sich
nach den gewogenen durchschnittlichen Kapitalkosten der IBRD. Zur Festlegung
des Ausleihzinses werden auf diese Kapitalkosten 75 Basispunkte (bis Juli 1998:
50 Basispunkte) aufgeschlagen. Im Geschäftsjahr 2004 wurden Kredite in Höhe
von 11 Mrd. US-$ vergeben. Damit stieg die Summe der vergebenen Kredite seit
Gründung der IBRD 1945 auf 394 Mrd. US-$.

Die IDA konzentriert sich bei ihrem Kreditgeschäft auf Staaten, die schon
die günstigen Konditionen der IBRD nicht mehr tragen können. Kreditnehmer
sind Staaten mit einem jährlichen Pro-Kopf-Einkommen in 2003 von maximal
1.435 US-$, wobei die meisten Schuldnerländer ein weitaus niedrigeres Einkom-
men (875 US-$ im Jahr 2001) ausweisen. Die IDA vergibt ihre Kredite zinslos.
Lediglich eine Verwaltungsprovision von 0,75% ist jährlich zu entrichten. Die
Kredite haben eine Laufzeit von 35 bis 40 Jahren und sind in den ersten 10 Jahren tilgungsfrei. Im Geschäftsjahr 2004 vergab die IDA Kredite in Höhe von 9
Mrd. US-$. Insgesamt wurden durch die IDA seit ihrer Gründung 1960 Kredite
in Höhe von 151 Mrd. US-$ vergeben.

Sie werden sich jetzt sicherlich fragen, warum die Weltbank in der Lage ist, so
günstig Kredite zu vergeben, die zurückgezahlt werden und bei der IBRD auch
zu einem Gewinn führen. Die Gründe liegen in der erfolgreichen Kreditwürdigkeitsprüfung und Portefeuillebildung (vgl. Teil C). Die Weltbank hat bewiesen,
dass sie zumindest in der Vergangenheit in der Lage war, Kreditprojekte in
Entwicklungsländern korrekt zu beurteilen, erfolgreich auszuwählen und vergebene Kredite auch effektiv zu überwachen.[24] Durch dieses erfolgreiche Kreditgeschäft und das ihr zur Verfügung stehende (Haftungs-) Kapital hat sich die
Weltbank an den internationalen Kapitalmärkten eine so gute Reputation (*Rating: AAA*) erworben, dass sie sich zu besten Konditionen refinanzieren kann.
Diese günstige Refinanzierung wird, wie Sie bei der Festlegung des Zinssatzes für
IBRD-Kredite gesehen haben, an die Schuldnerländer weitergegeben. Wären diese Staaten stattdessen gezwungen, sich selbst am Kapitalmarkt zu refinanzieren,
müssten sie als unsichere Schuldner (schlechte Bonität) eine hohe Risikoprämie
für die benötigten Mittel bieten. Die so begründeten hohen Kapitalkosten führen
dazu, dass die Entwicklungsländer bei eigener Mittelaufnahme am Kapitalmarkt
nur Projekte mit entsprechend hoher Rendite finanzieren könnten. Die Haupt-
funktion der Weltbank besteht demnach in der Senkung der Rentabilitätsschwel-
le für prinzipiell erfolgversprechende Projekte. Nach dem Prinzip der Weltbank
funktioniert auch das Kreditgeschäft der übrigen Entwicklungsbanken.

A5.2.2 Internationale Entwicklungsbanken mit regionalem Schwerpunkt

In Ergänzung zur Weltbank und nach ihrem Vorbild unterstützen verschiedene internationale Entwicklungsbanken mit regional konzentrierten Tätigkeits-

---

[24] Aktuell werden die überlegenen Bewertungsfähigkeiten der Weltbank allerdings weitaus kritischer gesehen als noch zu Beginn der 1990er Jahre, und es gibt eine intensive Strukturdebatte
um die zukünftigen Aufgaben der Weltbank (vgl. KRÜGER (1998)).

bereichen durch Finanzierungshilfe und beratende Tätigkeit den wirtschaftlichen
Fortschritt in ihren Förderregionen. Die drei größten, außerhalb Europas tätigen Finanzinstitute sind die Afrikanische Entwicklungsbank, die Asiatische Entwicklungsbank und die Interamerikanische Entwicklungsbank. Außerdem gibt es
weitere subregionale Entwicklungsbanken mit räumlich engeren Wirkungskrei-
sen. Ein Beispiel für diese subregional tätigen Entwicklungsbanken ist die Ka-
ribische Entwicklungsbank, die ihren Sitz auf St. Michael, Barbados, hat. Seit
1989 ist die Bundesrepublik Deutschland Mitglied bei diesem Institut (vgl. zu
diesen Entwicklungsbanken DEUTSCHE BUNDESBANK (1992), S. 93ff.).

Auf europäischer Ebene gibt es zwei bedeutende regionale Entwicklungsbanken, die Europäische Investitionsbank (EIB) und die European Bank for Reconstruction and Development (EBRD).

Europäische Investitionsbank (EIB)

Die EIB wurde bei der Gründung der Europäischen Wirtschaftsgemeinschaft im
Jahre 1958 als rechtlich selbstständiges Kreditinstitut der Europäischen Union
mit Sitz in Luxemburg errichtet. In ihrem organisatorischen Aufbau mit Gouverneursrat, Verwaltungsrat und Direktorium gleicht sie, wie auch die anderen
Entwicklungsbanken, weitgehend der Weltbank. Vergleichbar ist darüber hinaus
die Finanzierung, die überwiegend durch die Begebung von Anleihen erfolgt. Die
EIB soll zu einer ausgewogenen und reibungslosen Entwicklung des gemeinsamen Marktes beitragen, indem sie mit Darlehen, Garantien und Bürgschaften die
Finanzierung von Investitionsvorhaben erleichtert, die im Interesse der Gemeinschaft liegen. Dementsprechend werden Investitionsvorhaben zur Erschließung
weniger entwickelter Gebiete und zur Modernisierung von Unternehmen und
Schaffung neuer Arbeitsmöglichkeiten gefördert. So finanzierte die EIB im Jahr
2003 beispielsweise in Schweden die Erneuerung der Metro in Stockholm und
andere Infrastrukturprojekte in Österreich, Ungarn, Kroatien, Italien und Spanien. Außerdem werden in gleicher Weise Vorhaben außerhalb der Gemeinschaft
unterstützt, die von unmittelbarem Interesse für die Gemeinschaft sind (z. B.
eine Ölpipeline in Pakistan), oder die im Rahmen von Assoziierungs- und Ko-
operationsabkommen vereinbart werden. Die Ende 2005 ausstehenden Darlehen
und Garantien beliefen sich auf etwa 294 Mrd. €.

European Bank for Reconstruction and Development (EBRD)

Die EBRD (deutsch: Europäische Bank für Wiederaufbau und Entwicklung)
wurde im Jahr 1991 von 41 Ländern gegründet. Inzwischen ist die Mitglieder-
zahl auf 60 angestiegen. Auch außereuropäische Staaten wie Australien, Japan
und die USA sind Mitglied der EBRD, ebenso die EIB als supranationales Kreditinstitut, die mit 3% am Stammkapital der EBRD beteiligt ist. Sitz der Bank
ist London.

Die EBRD soll den Prozess der wirtschaftlichen Umstrukturierung in den
ehemals kommunistischen Staaten Mittel- und Osteuropas zu Marktwirtschaf-
ten unterstützen und private unternehmerische Aktivitäten in diesen Staaten
fördern. Zu diesem Zweck vergibt die EBRD Kredite, leistet Garantien, beteiligt

sich an Unternehmen und übernimmt Wertpapieremissionen privatwirtschaftlicher Unternehmen. Dabei fordern die Statuten der EBRD eine Beschränkung der Förderung auf die Staaten, die sich zur Mehrparteiendemokratie, zum Pluralismus und zur offenen Marktwirtschaft bekennen (vgl. EUROPEAN BANK FOR RECONSTRUCTION AND DEVELOPMENT (1993)). Bei der Verfolgung ihrer Aufgaben hat die EBRD eng mit der Weltbank und der EIB sowie anderen internationalen Organisationen zusammenzuarbeiten.

A5.2.3 Bank für internationalen Zahlungsausgleich (BIZ)

Die BIZ (englisch: Bank for International Settlements, BIS) wurde 1930 zur Abwicklung der deutschen Reparationszahlungen aus dem 1. Weltkrieg in Basel gegründet. Sie hat zur Zeit 55 Mitglieder, deren Stimmrecht von den Besitzanteilen abhängt. Neben den Zentralbanken der meisten europäischen sowie einiger internationaler Staaten (u. a. USA, Japan und Kanada) steht auf der Mitgliederliste der BIZ auch die europäische Zentralbank. Die BIZ hat heute die Aufgabe, die Zusammenarbeit der beteiligten Notenbanken zu fördern, neue Möglichkeiten für internationale Finanzgeschäfte zu schaffen und Treuhänderfunktionen im internationalen Zahlungsverkehr wahrzunehmen. Auch die Weiterentwicklung von Aufsichtsregelungen für internationale Banken fällt in den Zuständigkeitsbereich der BIZ. Gemäß dieser Aufgabenschwerpunkte befasst sich die BIZ überwiegend mit der Koordination und Bewältigung von Problemen der Geld- und Währungspolitik im internationalen Kontext, die uns im Rahmen der Bankbetriebslehre weniger interessieren.

Es gibt zumindest zwei weitere Aspekte der Geschäftstätigkeit, die die BIZ wahrnimmt und die für deutsche Kreditinstitute eine erhebliche Bedeutung besitzen. So wurde bereits in den siebziger Jahren bei der BIZ der Baseler Ausschuss für Bankenaufsicht eingerichtet, dessen Empfehlungen auf eine internationale Vereinheitlichung bankaufsichtsrechtlicher Konzepte abzielen. Große Aufmerksamkeit wurde dem „Basler Eigenkapitalakkord" von 1988 zuteil. Das heute als Basel I bezeichnete Regelwerk schaffte erstmals international umgesetzte quantitative Richtlinien zur Risikokontrolle von Banken. Aufgrund dieses Regelwerkes konnten z. B. europaweite Eigenmittelrichtlinien erlassen werden. Beispielsweise haben die Empfehlungen dieses Ausschusses eine wichtige Grundlage bei der 6. Novellierung des deutschen Kreditwesengesetzes von 1998 gebildet. Auch die *Neue Basler Eigenkapitalvereinbarung* ist ein Regelwerk, das von der BIZ erarbeitet und unter dem Namen Basel II bekannt wurde. In dieser grundlegenden Überarbeitung von Basel I ist der bankenaufsichtliche Überprüfungsprozess und die Marktdisziplin geregelt. Besondere Bedeutung kommt aber den im Vergleich zu Basel I stark modifizierten Mindestkapitalanforderungen zu, die auf einer risikoadäquateren Messung von Kreditrisiken beruhen. Dieses seit 1999 erarbeitete Regelwerk soll Ende 2006 in Kraft treten (vgl. Abschnitt G2.1).

Außerdem fungiert die BIZ als zentrale Meldestelle des internationalen Bankgeschäfts. Die Zentralbanken melden der BIZ die Auslandsforderungen und Verbindlichkeiten der von ihnen beaufsichtigten Banken. Diese Daten werden von der BIZ aufbereitet und regelmäßig veröffentlicht. Außerdem nimmt die BIZ mit Sonderkommentaren im Rahmen ihrer periodischen Veröffentlichungen zu Fragen des aktuellen Bankgeschäftes Stellung. So finden sich beispielsweise in der vierteljährlich erscheinenden BIZ-Publikation „Entwicklung des internationalen Bankgeschäftes und der internationalen Finanzmärkte" Kommentare bezüglich internationaler Märkte und Banken sowie ausführliche Sonderkommentare zu ausgewählten Themen dieses Fachbereiches, z. B. zum Markt für Zinsfutures oder zum Risiko von Bankenkrisen. Durch ihre Sonderkommentare und Statistiken trägt die BIZ zur Erhöhung der Transparenz im internationalen Bankgeschäft bei.

Die Geschäftstätigkeit der BIZ unterliegt aber auch Beschränkungen. Ausdrücklich untersagt sind ihr im Unterschied zur Weltbank und regionalen Entwicklungsbanken die Akzeptierung von Wechseln und die Kreditgewährung an Regierungen (mit Ausnahme kurzfristiger Überbrückungskredite).

Teil B
Theoretische Grundlagen und Existenz von Banken

In einigen Jahren stehen Sie vielleicht als Managerin einer Bank vor dem Problem, die Entwicklungsperspektiven eines neuen Bankprodukts einschätzen zu müssen. Die kostenintensive Einführung des Produkts lohnt sich für Ihre Bank nur, wenn Sie damit auch langfristig Erlöse erzielen werden. Vor allem bewegt Sie dabei die Frage, ob nicht ein anderer Intermediär dieselbe Leistung besser erbringen könnte. Dies wäre problematisch, weil Sie dann befürchten müssten, schon bald von einer geeigneteren Institution aus dem Markt gedrängt zu werden.

In Kapitel A3 wurde bereits aufgezeigt, welche speziellen Transformationsleistungen von Banken übernommen werden. Ob die Institution Bank allerdings besonders für die Erfüllung dieser Leistungen geeignet ist, wurde bisher noch nicht untersucht. Häufig wird das hier angesprochene Problem in der einfachen Frage zusammengefasst: „Warum gibt es überhaupt Banken?" Wären andere Institutionen in der Lage, alle Bankleistungen besser zu erfüllen, so dürfte es keine Banken geben. Sie wären dann durch den Wettbewerb von anderen Institutionen, wie z. B. Finanzmärkten, verdrängt worden.

Die Suche nach einer Begründung für die Existenz von Banken ist nicht nur von historischem und akademischem Interesse. Schon an obigem Beispiel wird deutlich, dass ein tiefes Verständnis der bankspezifischen Vorteile und banktypischen Leistungen auch Schlüsse auf Entwicklungen in der Zukunft ermöglicht. Dieses Verständnis kann bei der Lösung vieler aktueller Probleme helfen.

Teil B des Lehrbuches beschäftigt sich vor allem mit Erklärungen für die Existenz von Banken. Dies liegt nicht daran, dass Existenzbegründungen die einzige Fragestellung sind, bei der banktheoretische Überlegungen eine Rolle spielen. Es handelt sich aber um eine grundlegende Frage, die außerdem Möglichkeiten bietet, Ihnen zentrale Konzepte der Banktheorie näher zu bringen. Beim Lesen der nachfolgenden Kapitel und durch die entsprechenden Verweise werden Sie bald feststellen, dass bei einer Vielzahl weiterer bankbetrieblicher Fragestellungen theoretische Betrachtungen interessante Erkenntnisse vermitteln.

Wenn Sie einmal in deutschsprachige Lehrbücher zur Bankbetriebslehre schauen, werden Sie feststellen, dass in den meisten von ihnen aktuelle banktheoretische Überlegungen kaum eine Rolle spielen (vgl. zu einer Ausnahme BURGHOF

T. Hartmann-Wendels et al., *Bankbetriebslehre*,
DOI 10.1007/978-3-642-11857-9_2, © Springer-Verlag Berlin Heidelberg 2010

und RUDOLPH (1996)). Dies liegt unter anderem daran, dass die Bedeutung vieler Ergebnisse der Banktheorie erst in den letzten Jahren erkannt wurde und diese Erkenntnisse sich erst langsam in der traditionellen Bankbetriebslehre durchsetzen. Im englischen Sprachraum ist die Entwicklung schon weiter fortgeschritten, wie die Lehrbücher von GREENBAUM und THAKOR (1995) sowie MISHKIN (2006) demonstrieren.

Die rasante Entwicklung der modernen, mikroökonomisch fundierten Banktheorie begann vor etwa 25 Jahren. Bis dahin hatten banktheoretische Untersuchungen wenig Bedeutung. Dies lag auch daran, dass sich unter der in der Finanzierungstheorie üblichen Annahme vollkommener Märkte die Rolle von Banken nicht erklären lässt. Die explizite Modellierung von Unvollkommenheiten lieferte erste Einsichten in die spezielle Rolle, die den Banken zukommt.

Einen wesentlichen Schub erfuhr die Banktheorie durch die theoretische Analyse von Finanzkontrakten, und hier insbesondere durch die Einbeziehung informationsökonomischer Ideen. Diesen Ideen liegt die Überlegung zugrunde, dass Informationen nicht notwendig symmetrisch verteilt sein müssen. Verschiedene Personen oder Institutionen können unterschiedlich viele Informationen über entscheidungsrelevante Sachverhalte besitzen. So naheliegend und einsichtig diese Tatsache auch ist, so kompliziert und komplex kann sich die Analyse der daraus resultierenden Probleme erweisen. Finanzkontrakte und asymmetrische Information nehmen im Rahmen der Banktheorie eine zentrale Rolle ein. Wir widmen ihnen daher Kapitel B1.

Für die wachsende Bedeutung der Banktheorie ist aber nicht nur die Erweiterung der verwendbaren Analysemethoden verantwortlich, sondern auch die zum Teil dramatischen Entwicklungen und Veränderungen im Finanzsektor in den letzten beiden Jahrzehnten. Hierunter fallen neben dem Entstehen neuer Finanzinstitutionen und der Entwicklung innovativer Finanzprodukte auch die Öffnung und das Zusammenwachsen der Märkte, die durch fortschreitenden EDV-Einsatz verursachten Veränderungen sowie (De-)Regulierungstendenzen (BHATTACHARYA *et al.* (1998) geben beispielsweise einen Überblick über banktheoretische Überlegungen im Rahmen der optimalen Bankregulierung). Da auch für die nächsten Jahrzehnte ähnlich rasante Änderungen zu erwarten sind, wird die Bedeutung von theoretischen Untersuchungen, die sich mit den möglichen Auswirkungen auf den Bankensektor beschäftigen, weiter zunehmen.

Das wachsende Interesse an Fragestellungen der Banktheorie zeigt sich auch an der in den letzten Jahren stark gewachsenen Zahl von Veröffentlichungen mit banktheoretischem Inhalt. Seit 1990 existiert mit dem „Journal of Financial Intermediation" sogar eine Zeitschrift, in der ausschließlich Arbeiten zum Thema Finanzintermediation veröffentlicht werden. Einen Überblick über banktheoretische Arbeiten finden Sie bei BHATTACHARYA und THAKOR (1993) sowie GORTON und WINTON (2003). Mit ALLEN und SANTOMERO (1998) sowie FREIXAS und ROCHET (1997) existieren Arbeiten, die sich speziell der Theorie der Finanzintermediation widmen.

Die im Rahmen der Banktheorie entwickelten Modelle können in zwei Klassen eingeteilt werden. Die erste Klasse lässt sich durch den Begriff Verhaltenserklärungen definieren. In den dort entwickelten Modellwelten werden Finanzintermediäre exogen vorgegeben. Unter besonderer Hervorhebung bestimmter (und notwendigerweise Vernachlässigung anderer) Eigenschaften wird dann das in der Praxis beobachtete Verhalten von Finanzintermediären erklärt bzw. ein optimales Verhalten vorgeschlagen. Eine Vielzahl derartiger Modelle finden Sie z. B. in BALTENSPERGER und MILDE (1987). Ein typisches Beispiel ist das in Abschnitt C1.2 vorgestellte Modell zur Kreditrationierung, das einen wesentlichen Aspekt des Kreditvergabeverhaltens von Banken erklärt. Ein anderes Verhaltensmodell lernen Sie in Abschnitt C1.6 kennen. Dort wird untersucht, wie eine Bank Nachverhandlungsmöglichkeiten bei der Bestimmung von Kreditpreisen berücksichtigen sollte.

Der zweiten Klasse von Modellen (Modelle zu Existenzerklärungen) liegt die Frage nach der Existenz von Finanzintermediären zugrunde. Im Gegensatz zu den Verhaltenserklärungen wird dabei die Existenz eines Intermediärs nicht einfach angenommen, sondern muss sich endogen, also aus dem Modell heraus, ergeben. Kapitel B2 bis B4 beschäftigen sich mit Existenzbegründungen für Finanzintermediäre. Schwerpunkt ist hier das grundlegende Modell von DIAMOND (1984), das in Kapitel B3 ausführlich erklärt und diskutiert wird.

B1 Finanzkontrakte und Kooperation

1. Finanzkontrakte sind dadurch gekennzeichnet, dass Leistung und Gegenleistung nicht gleichzeitig erfolgen und dass für Kapitalgeber die Höhe der Rückzahlungen zu Beginn des Kontrakts in aller Regel nicht sicher ist.
2. Bei sicheren Erwartungen, symmetrischer Information und vollkommenen Märkten können Finanzkontrakte unabhängig von individuellen Präferenzen durch das Kriterium des internen Zinsfußes bewertet werden.
3. Bei unsicheren Erwartungen und symmetrischer Information wird die optimale Rückzahlung durch die Risikoeinstellungen der Kontraktparteien bestimmt. Liegt zusätzlich ein vollkommener Markt vor, kann er wie im Fall von Sicherheit zur Bewertung der Kontrakte herangezogen werden.
4. Bei asymmetrischer Information wird das durch Finanzverträge abgebildete Kooperationsproblem deutlich komplexer. Die zusätzlichen Probleme können durch ex ante, interim und ex post Unsicherheiten auftreten.
5. Ex ante Unsicherheit wird auch als Qualitätsunsicherheit bezeichnet. Die daraus resultierenden Probleme können durch Signalisieren und Selbstselektion gelöst werden.
6. Interim Unsicherheit spiegelt sich in Moral Hazard wider und kann durch anreizkompatible Verträge abgebaut werden.
7. Aus der ex post Unsicherheit resultieren Probleme bei der Verifizierbarkeit der Projekterträge. Sie können ebenfalls durch anreizkompatible Verträge gelöst werden.
8. Die Lösung der durch asymmetrische Information hervorgerufenen Probleme verursacht Kosten, die sich als Differenz zwischen den optimalen Lösungen

bei symmetrischer Information (First Best Lösung) und asymmetrischer Information (Second Best Lösung) ergeben.

9. Unvollständige Verträge sind dadurch gekennzeichnet, dass zu Beginn des Vertrags Handlungsmöglichkeiten, Zustände oder Konsequenzen nicht für alle Perioden vollständig festgelegt werden.

B1.1 Einführung zu Finanzkontrakten und Kooperation

B1.1.1 Finanzkontrakte

Finanzkontrakte haben wir in Kapitel A1 als Ansprüche auf gegenwärtige und zukünftige Zahlungen kennen gelernt. Bevor wir diese vage Definition spezifizieren, wollen wir die folgenden Überlegungen anhand von beispielhaften Finanzkontrakten motivieren:

- Sie haben sich von Ihrer Oma Geld für das Studium geliehen und versprechen ihr, es zurückzuzahlen, sobald Sie eine Stelle gefunden haben.
- Ein Erfinder hat eine revolutionäre Erfindung gemacht und sucht einen Finanzier, um ein darauf aufbauendes, marktfähiges Produkt zu entwickeln. Er bietet dem Finanzier als Rückzahlung die Hälfte der anfallenden Gewinne.
- Ein Kommilitone leiht sich von Ihnen einen Geldbetrag, um damit saure Weinschorle in das australische Outback zu exportieren. Er verspricht Ihnen, den Betrag in zwei Jahren inklusive eines festen Zinsbetrages zurückzuzahlen.
- Die Bundesrepublik Deutschland emittiert einen Zerobond mit marktüblicher Verzinsung und einer Laufzeit von 10 Jahren. Sie zeichnen einen (kleinen) Teil dieses Bonds.
- Sie geben einem Freund ein Darlehen, damit er im nächsten Sommer einen Eissalon mieten kann. Die Rückzahlungen vereinbaren Sie in Abhängigkeit der Durchschnittstemperaturen der Monate, in denen der Eissalon geöffnet ist. Sollte etwas „Besonderes" passieren, wollen Sie über eine neue Rückzahlungsvereinbarung nachdenken.

Die Beispiele verdeutlichen, dass Finanzkontrakte durch vereinbarte Zahlungen des Kapitalgebers und des Kapitalnehmers definiert werden. Kontrakte sind dadurch gekennzeichnet, dass zwei Parteien, die wir im Folgenden stets mit A und B bezeichnen, kooperieren. Die Kooperation besteht darin, dass A zuerst eine Leistung erbringt, woraufhin B eine vertraglich fixierte Gegenleistung zu erbringen hat. Der Finanzvertrag besitzt zwei Eigenschaften, die sehr typisch für Kooperationen und ursächlich für die im Folgenden aufgezeigten Probleme sind:

- Leistung und Gegenleistung erfolgen nicht gleichzeitig. Der Kapitalgeber muss seine Zahlungen heute leisten, erhält die Rückzahlungen aber erst zu einem späteren Zeitpunkt.

- Es existiert eine Vielzahl von Faktoren, die die Höhe der Rückzahlungen beeinflussen können, deren Ausprägungen der Kapitalgeber zum Zeitpunkt seiner Zahlung aber nicht kennt.

Zunächst ist festzustellen, dass die Zukunft unsicher ist, und es damit keineswegs gewährleistet ist, dass der Kapitalnehmer seine Rückzahlung in der vertraglich vereinbarten Form leisten kann. Während bei den obigen Beispielen die Rückzahlung durch die Bundesrepublik einigermaßen sicher erscheint, mag die Idee des Schorleexports zwar brillant, zumindest aber riskant sein.

Der Grad der Unsicherheit kann bei beiden Vertragspartnern identisch (symmetrische Information) oder verschieden (asymmetrische Information) sein. Bei symmetrischer Informationsverteilung können beide Vertragsparteien die relevanten Zahlungen gleich gut abschätzen; bei asymmetrischer Verteilung weiß eine Partei, in der Regel der Kapitalnehmer, besser über die zukünftige Entwicklung Bescheid. Der Erfinder wird beispielsweise mehr über sein Produkt, seinen Arbeitseinsatz und den anfallenden Gewinn wissen als der Finanzier. Auch die Frage, ob ein angenehmer Lebensabend in der Karibik mit unterschlagenem Geld für ihn eine erwägenswerte Alternative darstellt, kann er selbst besser als der Finanzier beantworten. In Abschnitt B1.2 betrachten wir zunächst Finanzkontrakte bei symmetrischer Information und anschließend in Abschnitt B1.3 solche bei asymmetrischer Information. Die Beispiele zeigen schon, dass der Fall asymmetrischer Information die Realität in den meisten Fällen am besten abbildet. Eine Analyse von Finanzverträgen bei symmetrischer Information ist jedoch deshalb interessant, weil damit ein Vergleichsmaßstab zur Verfügung gestellt wird. Es lässt sich dann erkennen, welche Probleme allgemein durch eine Kooperation in Form von Finanzkontrakten entstehen und welche konkret durch asymmetrische Information verursacht werden. Damit lässt sich u. a. klären, welcher Schaden durch die Informationsasymmetrie entsteht und ob es sich z. B. lohnt, sie kostenintensiv abzubauen.

Beim Kontrakt zur Finanzierung des Eissalons sind sich beide Vertragsparteien einig, dass etwas „Besonderes" geschehen kann, das bei Abschluss des Vertrags noch nicht zu spezifizieren ist. Diese unvollkommene Beschreibung der Unsicherheit werden wir in Abschnitt B1.4 näher analysieren.

Wir werden in diesem Kapitel nur einen kleinen Ausschnitt der Fragestellungen zu Finanzkontrakten diskutieren können. Die Ausführungen sollen die Überlegungen zur Existenz von Finanzintermediären vorbereiten (vgl. Kapitel B2 bis B4) und die Grundlage für die Analyse des speziellen Finanzkontrakts „Kreditvertrag" in Teil C legen. Allgemeines zu Finanzkontrakten finden Sie bei HARRIS und RAVIV (1991) sowie HART (1995).

B1.1.2 Kooperation

Um Finanzkontrakte besser zu verstehen, wollen wir die Entscheidungsprobleme der beiden Vertragsparteien A und B analysieren. Es bietet sich an, zuerst das Entscheidungsproblem von B, dem Rückzahler, zu analysieren. Sofern für

B überhaupt eine Wahlmöglichkeit besteht, wird er unter allen denkbaren Leistungen diejenige wählen, durch die sein persönlicher Nutzen maximiert wird. Unser Erfinder wird für jede mögliche Handlungsalternative die daraus resultierende Wahrscheinlichkeitsverteilung der Projektausgänge bestimmen. Da die ihm anteilig zustehenden Erträge vertraglich genau festgelegt sind, kann er die für sich optimale Alternative auswählen.

Die Entscheidung von B kann nur anhand der Wahlmöglichkeiten getroffen werden, die durch die Vertragsform bestimmt werden. Vereinbart der Finanzier mit dem Erfinder, dass dieser unabhängig vom Projektertrag einen Fixbetrag für sich behalten darf, so könnte dies zur Folge haben, dass der Erfinder sich auf die faule Haut legt. Völlig anders kann dessen Entscheidung ausfallen, wenn ihm vertraglich der gesamte Projektertrag abzüglich einer fixen Rückzahlung zugesagt wird. Weiterhin kann der Kontraktpartner B die Kooperation auch völlig ablehnen. Dies gilt dann, wenn sein maximal aus der Kooperation erreichbarer Nutzen den Status Quo oder seinen Nutzen aus einer alternativen Kooperation nicht erreicht.

Komplizierter ist das Entscheidungsproblem von A. Gehen wir zunächst davon aus, dass die Vertragsform gegeben ist. Dann muss A wählen, ob er die Kooperation beginnt und die festgelegte Vorleistung erbringt oder aber den Vertrag ablehnt, womit die Kooperation nicht zustande kommt. Für diese Entscheidung bestimmt auch A seinen Nutzen und vergleicht ihn mit dem Status Quo oder dem in einer alternativen Kooperation erreichbaren Nutzen. Die Entscheidung von A ist aber insofern komplizierter, als der zu erwartende Nutzen der Kooperation nicht nur von exogenen Risiken (wie Konjunkturentwicklungen), sondern auch vom Verhalten von B abhängt. A muss daher bei seiner Entscheidung das zu erwartende Verhalten von B mit einbeziehen. Konkret bedeutet dies, dass A sich in die Lage von B versetzen, dessen oben formuliertes Entscheidungsproblem lösen und die Auswirkungen des sich daraus ergebenden Verhaltens auf seinen eigenen Nutzen berücksichtigen muss.

So könnte es sein, dass der Finanzier eine Kooperation mit dem Erfinder gar nicht erst beginnen würde, falls der Vertrag als Rückzahlung den Projektertrag abzüglich eines fixen Unternehmergewinns vorsähe. Der Finanzier würde antizipieren, dass der Unternehmer bei dieser Vertragsform das Nichtstun als optimale Alternative wählen wird. Dieses Beispiel zeigt aber gleichzeitig, dass unser vereinfachtes Gedankengebäude einer nur einmaligen Kooperation wichtige Phänomene, wie z. B. Reputationsaufbau, nicht berücksichtigen kann. In der Praxis kann es für den Erfinder im Hinblick auf zukünftige Kooperationen durchaus sinnvoll sein, sich bei der Durchführung seines Projekts anzustrengen, auch wenn dies keinen Einfluss auf seinen Anteil am Projektertrag hat.

Im Allgemeinen hat sich A aber nicht nur für oder gegen eine Kooperation bei gegebener Vertragsform zu entscheiden, sondern kann unter einer Vielzahl von Vertragsformen wählen. Das Entscheidungsproblem von A lautet dann:

> Wähle unter allen möglichen Vertragsformen, bei denen B zur Kooperation bereit ist, diejenige aus, bei der der eigene Nutzen – unter Berücksichtigung des ebenfalls nutzenmaximierenden Verhaltens von B – maximiert wird.

Die Bestimmung eines optimalen Vertrags kann, abhängig von der Situation, zu sehr unterschiedlichen Ergebnissen führen. Falls die Gegenleistung von B nicht variierbar ist (z. B. die Übereignung eines Hauses), besteht das Problem nur darin, die angemessene Vorleistung durch A (hier die Bestimmung des zu zahlenden Geldbetrages) festzulegen. Es gibt aber auch Situationen, bei denen sich weitaus kompliziertere Verträge als optimal erweisen. Solche können bis ins Detail regeln, welche Gegenleistungen beim Eintreten welcher Entwicklungen von B zu leisten sind. Denken Sie z. B. an das Darlehen für den Eissalon.

A optimiert unter der Nebenbedingung, dass B gerade noch zur Kooperation bereit ist. Wie sich die erwarteten Projektüberschüsse letztendlich auf A und B aufteilen, hängt von der Marktsituation ab. Wenn beliebig viele identische Bs existieren, die untereinander um die Aufnahme einer Kooperation mit A konkurrieren, wird A tatsächlich Verträge durchsetzen können, die ihm selbst fast alle Projektüberschüsse zuteilen. Es sind aber auch Situationen denkbar, bei denen mehrere As um die Gunst eines einzelnen B buhlen. Dann hätte B die Verhandlungsmacht und könnte für ihn vorteilhaftere Verträge durchsetzen. Zum Schluss sei angemerkt, dass die bisher getroffene Annahme, Verträge würden von A ausgearbeitet, nicht zwingend ist. Auch B kann Vertragsformen kreieren und diese A vorschlagen.

B1.2 Finanzkontrakte und Kooperation bei symmetrischer Information

B1.2.1 Sicherheit der Erwartungen

In diesem Kapitel wollen wir den denkbar einfachsten Fall des Finanzkontrakts analysieren. Dieser ist dadurch gekennzeichnet, dass zwei Zeitpunkte ($t = 0$, $t = 1$) existieren, und dass der Kapitalnehmer ein Investitionsprojekt durchführt, das in $t = 1$ einen sicheren Projektüberschuss von y erzielt. Ein Finanzkontrakt sieht dann wie folgt aus:

- Im Zeitpunkt $t = 0$ stellt der Kapitalgeber dem Kapitalnehmer den im Kontrakt vereinbarten Kapitalbetrag zur Verfügung.
- Im Zeitpunkt $t = 1$ erhält der Kapitalgeber die Rückzahlung z und der Kapitalnehmer den Differenzbetrag $y - z$.

Die in Abschnitt B1.1 angesprochene Zeichnung eines Zerobonds kommt dem obigen Finanzkontrakt sehr nahe. Sie geben dem Staat zu einem Zeitpunkt Kapital, das dieser investiert und zu einem späteren Zeitpunkt inklusive der angefallenen Zinsen mit Sicherheit wieder an Sie zurückzahlt. Diese ökonomisch orientierte Darstellung des Finanzkontrakts soll dessen Wesen als Vereinbarung über die Aufteilung des Projektertrags zwischen Kapitalnehmer und Kapitalgeber zu fungieren betonen.

Unter welchen Bedingungen kooperieren nun Kapitalgeber und -nehmer, d. h. wann und wie werden Finanzkontrakte im Falle sicherer Erwartungen abgeschlossen? Der Kapitalnehmer möchte beispielsweise heute mehr konsumieren, als er an Einkommen erzielt hat, und fragt Kapital nach. Er wird maximal soviel Zins zahlen, dass der Nutzengewinn aus dem Vorziehen des Konsums vom Betrag her gleich dem Nutzenverlust aus der Zahlung des Zinses ist. Der Kapitalgeber ist bereit, auf einen Teil seines heute verfügbaren Einkommens zu verzichten, wenn er mindestens einen Zins erhält, dessen Nutzen vom Betrag her gleich dem Nutzenverlust aus der Konsumverschiebung ist. Ein Kontrakt kommt zustande, wenn der maximale Zins des Kapitalnehmers größer oder gleich dem minimalen Zins des Kapitalgebers ist. Gegenüber einer Situation ohne Kapitalaufnahme- und Kapitalanlagemöglichkeit erzielen beide einen zusätzlichen Nutzen, den sie in Verhandlungen und letztlich durch die Ausgestaltung des Finanzkontrakts untereinander aufteilen (vgl. VARIAN (2003), S. 179ff. und S. 495ff.).

Existiert ein vollkommener Markt für Finanzkontrakte (d. h. ein vollkommener Kapitalmarkt), so ist die Bestimmung der Rückzahlung, die der Kapitalgeber vom Kapitalnehmer erhält, einfach. Die Rückzahlung ergibt sich als Summe aus geliehenem Kapital und Zins. Die *Fisher-Separation* besagt, dass individuelle Zeitpräferenzen keine Rolle bei der Bestimmung des Zinses spielen. Für alle Kapitalaufnahme- oder Kapitalanlagewünsche gleicher Laufzeit gibt es einen einheitlichen Marktzinssatz, der den aggregierten Zeitpräferenzen der Wirtschaftssubjekte Rechnung trägt. Zinsdifferenzen zwischen Finanzierungs- oder Investitionsalternativen werden aufgrund fehlender Transaktionskosten und unbeschränkter Verfügbarkeit der Finanzierungs- und Investitionsmöglichkeiten sofort ausgeglichen (vgl. FISHER (1930) oder SCHMIDT und TERBERGER (1997), S. 99ff.). Im mehrperiodigen Kontext existieren, genau wie bei der Betrachtung nur einer Periode, in vollkommenen Märkten Zinssätze, mit denen sich die Rückzahlungen bestimmen lassen.

Wir wollen uns abschließend noch überlegen, wie wir bei gegebenem mehrperiodigen Finanzkontrakt dessen Vorteilhaftigkeit beurteilen können. Der *interne Zinsfuß* des Kontrakts bietet einen Ansatzpunkt. Die effektive Verzinsung des Kontrakts, genauer des in jedem Zeitpunkt gebundenen Kapitals, wird anhand der Zahlungsströme, die während der Kontraktdauer anfallen, berechnet. Dazu ist die Kapitalwertformel gleich null zu setzen und nach dem Kalkulationszinsfuß aufzulösen (vgl. dazu KRUSCHWITZ (1993), S. 85ff.):

$$C(i_{IZF}) = \sum_{t=0}^{T} z_t (1 + i_{IZF})^{-t} = 0. \tag{B1-1}$$

Die Variable t bezeichnet hier die verschiedenen Zahlungszeitpunkte während der Laufzeit T des Kontraktes und z_t die zum Zahlungszeitpunkt t anfallenden Ein- und Auszahlungen. Es ergibt sich so der interne Zinsfuß i_{IZF} des Kredites. Ein Vergleich des internen Zinsfußes mit dem (Gleichgewichts-) Marktzins ermöglicht die Beurteilung des Kontrakts.

Wir wollen dies anhand eines Beispiels erläutern. Angenommen, eine Person erhält einen Kapitalbetrag in Höhe von 100. Nach einem Jahr hat sie die nominal angegebenen Zinsen in Höhe von 10 zu zahlen. Des Weiteren ist eine erste Tilgung in Höhe von 50 fällig. Nach zwei Jahren werden Zinsen in Höhe von 5 bezahlt und der Restbetrag getilgt. Der interne Zinsfuß i_{IZF} lässt sich nun wie folgt berechnen:

$$-100 + 60(1 + i_{IZF})^{-1} + 55(1 + i_{IZF})^{-2} = 0 \qquad \text{(B1-2)}$$

$$\Rightarrow i_{IZF} = 10\%. \qquad \text{(B1-3)}$$

Nehmen wir jetzt an, bei der Kapitalaufnahme fiele zusätzlich eine einmalige Bearbeitungsgebühr in Höhe von 1% des Kreditbetrages an. Der interne Zinsfuß i_{IZF} ergibt sich dann aus:

$$-99 + 60(1 + i_{IZF})^{-1} + 55(1 + i_{IZF})^{-2} = 0 \qquad \text{(B1-4)}$$

$$\Rightarrow i_{IZF} = 10,76\%. \qquad \text{(B1-5)}$$

Wenn wir von einem normalen Verlauf des Kontrakts ausgehen, ist mit der Internen Zinsfußmethode ein sinnvoller Preisvergleich zwischen verschiedenen Kontrakten und mit einer sicheren Anlage am Kapitalmarkt möglich. Dies ist auch das Anliegen der *Preisangabenverordnung* (PAngV). Zum Zwecke der Unterrichtung und des Schutzes von Endverbrauchern ist bei Kapitalangeboten an diesen Personenkreis der „anfängliche effektive Jahreszins", berechnet nach der Internen Zinsfußmethode, anzugeben (§6 Preisangabenverordnung). Es sind dabei alle preisbestimmenden Faktoren, also auch Bearbeitungsgebühren, Bereitstellungsprovisionen und Ähnliches, zu berücksichtigen, die bei einem normalen oder geplanten Verlauf der Kontraktbeziehung anfallen.

B1.2.2 Unsicherheit der Erwartungen

Wie Sie schon an den Beispielen in Abschnitt B1.1.1 gesehen haben, werden Finanzkontrakte in aller Regel unter Unsicherheit abgeschlossen. Kapitalgeber und -nehmer besitzen in diesem Fall subjektive Wahrscheinlichkeitsverteilungen über alle betrachteten Zahlungen.[1] In diesem Kapitel, in dem wir von symmetrischer Information ausgehen, wird unterstellt, dass die Wahrscheinlichkeitseinschätzungen beider Kontraktparteien übereinstimmen. Analog zur Vorgehensweise im letzten Abschnitt sei angenommen, dass nur zwei Zeitpunkte, $t = 0$ und $t = 1$, betrachtet werden. Weiterhin sei unterstellt, dass der Kapitalnehmer ein Investitionsprojekt durchführt, das in $t = 1$ einen Projektüberschuss, der jetzt durch eine Zufallsvariable $\tilde{y}$ beschrieben ist, erzielt. Ein Finanzkontrakt sieht dann wie folgt aus:

- Im Zeitpunkt $t = 0$ stellt der Kapitalgeber dem Kapitalnehmer den im Kontrakt vereinbarten Kapitalbetrag zur Verfügung.

---

[1] Wir gehen davon aus, dass Sie entscheidungstheoretische Grundkenntnisse besitzen, d. h. Begriffe wie „subjektive Wahrscheinlichkeit", „Nutzenfunktion", „Erwartungsnutzenmaximierer", „Risikoprämie", „Risikoeinstellung" und „Arrow-Prattsches Risikomaß" sind Ihnen bekannt. Zur Auffrischung können Sie bei BAMBERG *et al.* (2008), EISENFÜHR und WEBER (2003) sowie LAUX (2007) nachschauen.

- Im Zeitpunkt $t = 1$ erhält der Kapitalgeber die Rückzahlung $z(y)$ und der Kapitalnehmer den Differenzbetrag $y - z(y)$. Der Rückzahlungsbetrag $z(y)$ hängt vom realisierten Projektergebnis y ab. Da wir an dieser Stelle nur einen isolierten Finanzkontrakt ohne Sicherheiten und Haftungskapital des Kapitalnehmers betrachten, muss der Rückzahlungsbetrag immer kleiner oder gleich dem Projektertrag sein, d. h. es muss gelten $0 \leq z(y) \leq y$.

Wir wollen die Ausführungen für einen Moment unterbrechen, um Sie auf ein technisches Detail bei der Modellierung von Unsicherheit hinzuweisen. Bisher haben wir von der Zufallsvariable $\tilde{y}$ gesprochen, die durch ihre Dichte- oder Verteilungsfunktion charakterisiert wird. Wenn wir z. B. innerhalb der Finanzierung über normalverteilte Aktienrenditen sprechen, liegt dieses Konzept der Modellierung der Unsicherheit zugrunde. Die Realisationen der Zufallsvariable könnten jedoch auch über das Eintreten bestimmter *Umweltzustände* modelliert werden. Sei $S = \{s_1, \ldots, s_n\}$ eine endliche Menge möglicher Umweltzustände (states), so bezeichnet $y(s_1)$ die Realisation der Zufallsvariablen y, wenn der Zustand s_1 eintritt.

Ein Beispiel für eine *Aufteilungsregel*, d. h. für die Funktion $z(y)$, die den Projektertrag zwischen Kapitalgeber und -nehmer aufteilt, ist in Abbildung B1.1 dargestellt. Für kleine Projekterträge erhält der Kapitalgeber den Großteil des Ertrags, während der Kapitalnehmer bei wachsenden Erträgen immer stärker beteiligt wird.

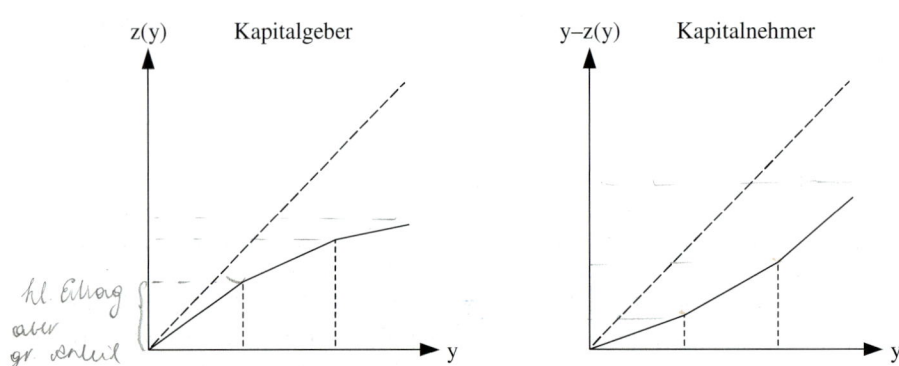

Abb. B1.1: Zahlungskonsequenzen für Kapitalgeber und Kapitalnehmer in $t = 1$ in Abhängigkeit vom Projektertrag y

Es erhebt sich die Kernfrage, wie die Projekterträge sinnvollerweise aufgeteilt werden sollen. Sind keine vollkommenen Kapitalmärkte vorhanden, muss sich diese Aufteilungsregel an den Präferenzen der Vertragsparteien bei Vertragsabschluss orientieren. Eine für den Kapitalnehmer optimale Aufteilungsregel, definiert durch die Rückzahlungsfunktion $z(\cdot)$, wird durch folgendes Maximierungsproblem bestimmt (vgl. FREIXAS und ROCHET (1997), S. 127ff.):

$$max_{z(.)} EU_{KN}[y - z(y)], \qquad (B1\text{-}6)$$

unter den Nebenbedingungen

$$EU_{KG}[z(y)] \geq U_{KG}^{0}, \qquad (B1\text{-}7)$$

$$0 \leq z(y) \leq y. \qquad (B1\text{-}8)$$

Wir gehen dabei davon aus, dass der Kapitalgeber ein bestimmtes Anspruchsniveau U_{KG}^{0} bezüglich seines erwarteten Nutzens EU_{KG} aus der Kooperation (Finanzkontrakt) besitzt. Unter der Bedingung, dass der Kapitalgeber diesen erwarteten Mindestnutzen erhält, sucht der Kapitalnehmer jetzt eine für sich bestmögliche Aufteilungsregel $z(y)$, d. h. eine Aufteilungsregel, die seinen erwarteten Nutzen EU_{KN} aus den Zahlungen $y - z(y)$ maximiert. Dabei muss er bedenken, dass die Rückzahlung nie größer als der Projektertrag werden darf.

Nach einigen mathematischen Umformungen gelangt man zur folgenden Bedingung, die eine optimale Aufteilungsregel (Rückzahlungsregel) erfüllen muss, sofern nicht die Nebenbedingungen bindend sind (vgl. FREIXAS und ROCHET (1997), WILSON (1968)):

$$\frac{\partial z(y)}{\partial y} = \frac{r_{KN}[y - z(y)]}{r_{KG}[z(y)] + r_{KN}[y - z(y)]}. \qquad (B1\text{-}9)$$

Dabei ist $r(\cdot)$ das Arrow-Pratt-Maß für die absolute Risikoaversion von Kapitalgeber (KG) und Kapitalnehmer (KN). Die im optimalen Finanzkontrakt vereinbarten Rückzahlungen hängen damit von den Risikoeinstellungen beider Vertragsparteien ab. Ist beispielsweise der Kapitalnehmer risikoscheu ($r_{KN} > 0$) und der Kapitalgeber risikoneutral ($r_{KG} = 0$) sollten die Zahlungen $z(y)$ an den Kapitalgeber proportional zum Projektertrag sein, so dass dem Kapitalnehmer ein konstanter Rest $y - z(y)$ verbleibt. Ist der Kapitalgeber risikoscheu und der Kapitalnehmer risikoneutral, so sollte die Rückzahlung $z(y)$ konstant sein. Generell gilt, dass der Vertragspartner, der die geringere Risikoaversion besitzt, einen größeren Teil des Gesamtrisikos trägt (vgl. KRAHNEN *et al.* (1985), die auch den in Abschnitt B1.3 angesprochenen Fall asymmetrischer Information betrachten).

Liegen Marktpreise für unsichere zukünftige Zahlungsansprüche vor, kann der Preis eines Finanzkontrakts bestimmt werden. Dass die Unsicherheit im Falle symmetrischer Unsicherheit kein Problem für die Funktionsfähigkeit eines Markts darstellt, haben bereits Arrow und Debreu gezeigt (vgl. ARROW (1964) und DEBREU (1959)). Ausgehend von der Annahme, dass die Unsicherheit durch Umweltzustände beschrieben wird, betrachten sie so genannte *zustandsbedingte Zahlungsansprüche* (state-contingent claims). Der Besitzer eines auf einen speziellen Zustand bezogenen Zahlungsanspruchs erhält nur dann eine Auszahlung, wenn genau dieser Zustand in der Zukunft eintritt. Solche zustandsbedingten Zahlungsansprüche können an Märkten gehandelt werden, und es bilden sich Marktpreise. Unsichere zukünftige Ansprüche in ihrer allgemeinen Form (d. h.

Finanzkontrakte bzw. Ansprüche auf Zahlungen bei Eintreten verschiedener Umweltzustände) sind Linearkombinationen solcher zustandsbedingter Zahlungsansprüche. Der korrekte Preis für einen zukünftigen unsicheren Anspruch ergibt sich daher aus den Preisen für die zustandsbedingten Zahlungsansprüche (vgl. FRANKE und HAX (2003)).

Für die Bankbetriebslehre ist der *Standardkreditvertrag* der interessanteste Finanzkontrakt. Seine Zahlungskonsequenzen lassen sich wie folgt darstellen, wobei mit z_{KG} die Zahlungen an den Kreditgeber (die Bank), mit $z_{KN} = y - z_{KG}$ die dem Kreditnehmer verbleibenden Finanzmittel und mit R die vereinbarte Rückzahlung (Zins und Tilgung) bezeichnet werden:

$$z_{KG}(y) = \left\{ \begin{array}{ll} R, & \text{falls} \quad y \geq R \\ y, & \text{falls} \quad y < R \end{array} \right\} = \min(y, R), \tag{B1-10}$$

$$z_{KN}(y) = \left\{ \begin{array}{ll} y - R, & \text{falls} \quad y \geq R \\ 0, & \text{falls} \quad y < R \end{array} \right\} = \max(0, y - R). \tag{B1-11}$$

Die vom Kreditnehmer zu leistende Zahlung z_{KG} ist unabhängig vom Projektertrag y, falls dieser größer oder gleich R ist. Wenn er kleiner ausfällt, wird der Kreditgeber nach den Regelungen des Insolvenzrechts Eigentümer des Projekts. Er erhält dann den vollständigen Projektertrag. Bedenken Sie, dass diese vereinfachte Darstellung von der Voraussetzung ausgeht, dass das finanzierte Projekt keinen Liquidationswert besitzt, bzw. dass der Liquidationswert in den Projekterträgen enthalten ist, und dass der Kreditnehmer auch sonst kein Vermögen besitzt, das als Kreditsicherheit herangezogen werden könnte. Der Standardkreditvertrag ist in Abbildung B1.2 noch einmal grafisch veranschaulicht.

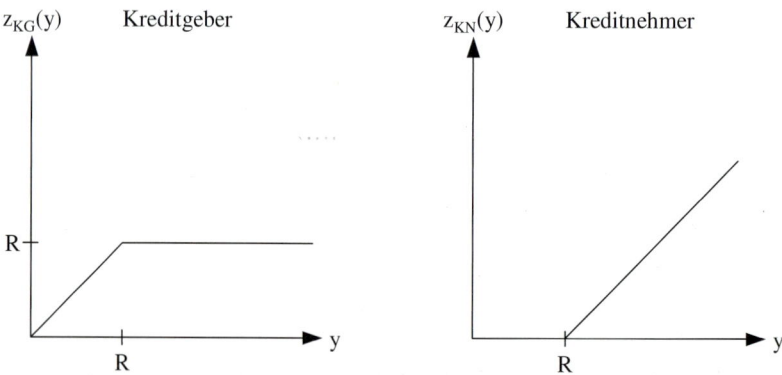

Abb. B1.2: Zahlungskonsequenzen für Kreditgeber und Kreditnehmer in $t = 1$ in Abhängigkeit vom Projektertrag y

Der Standardkreditvertrag stellt in diesem Kontext *nicht* den Normalfall einer optimalen Finanzierungsbeziehung dar. Die Bank ist aufgrund von Diversifikationseffekten annähernd risikoneutral und die Kreditnehmer werden oft risikoscheu sein. Trotzdem ist die Rückzahlung an die Bank nicht proportional zum Projekterfolg. Genauso wie es in der Welt des vollkommenen Kapitalmarktes keine Existenzberechtigung für Banken gibt (vgl. Abschnitt A3.1.4), gibt es in der Welt symmetrischer Informationen keine überzeugende Erklärung für den Standardkreditvertrag. Wir werden aber im Rahmen der Betrachtung von Krediten bei asymmetrischer Informationsverteilung sehen, warum es dennoch Gründe dafür gibt, einen Standardkreditvertrag zu wählen.

Zum Abschluss des Abschnitts über symmetrische Information wollen wir noch den Spezialfall betrachten, dass ein vollkommener Kapitalmarkt vorliegt, und unsere Betrachtung aus Vereinfachungsgründen auf den Standardkreditvertrag beschränken. Bei so vorgegebener Form der Vertragsart ist nur noch von Interesse, welchen minimalen Rückzahlungsbetrag R die Bank vom Kreditnehmer fordern sollte. Der Rückzahlungsbetrag setzt sich aus der Kreditsumme, sie sei mit K bezeichnet, und dem Zinssatz r zusammen. Der Zinssatz kann auch als *Preis des Kredites* bezeichnet werden. Die Überlegungen seien an einem Beispiel verdeutlicht.

Wir betrachten einen einperiodigen Kredit und nehmen an, es gäbe drei mögliche Umweltzustände. Mit einer Wahrscheinlichkeit von 95% wird der Kreditvertrag ordnungsgemäß erfüllt. Mit einer Wahrscheinlichkeit von 3% wird der Kreditbetrag ohne Zinsen zurückbezahlt. Und mit einer Wahrscheinlichkeit von 2% werden weder der Kredit noch die Zinsen zurückgezahlt. Die Verteilung der Zahlungskonsequenzen ist in Abbildung B1.3 illustriert.

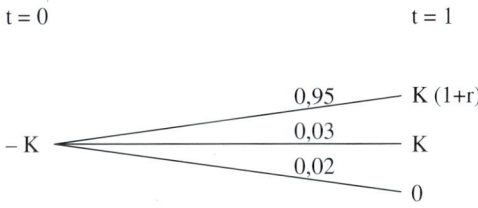

Abb. B1.3: Verteilung der Zahlungskonsequenzen des Kredites

Möchte eine Bank einen minimalen Preis für den Kredit bestimmen, muss sie zum einem ihre *Refinanzierungskosten*[2] decken (Kapitalmarktzins i) und zum

---

[2] Refinanzierungskosten sind die Zinsen für hereingenommene Einlagen oder ausgegebene Schuldverschreibungen am Kapitalmarkt. Wir gehen im Folgenden von Kapitalmarktzinsen als Kosten alternativer Anlagen oder Refinanzierungen aus und lehnen uns somit an die Vorgehensweise der Marktzinsmethode an, vgl. dazu Teil L.

anderen potenzielle *Insolvenzen* von Kreditnehmern bei der Berechnung eines geforderten Zinses mit einbeziehen. Anhand von Erfahrungswerten kann sie den zu erwartenden Ausfall bei zukünftigen Krediten schätzen. Sie nimmt dabei an, dass sich die Qualität der Kreditnehmer im Zeitablauf nicht ändert. Im Idealfall sind wie im obigen Beispiel Aussagen über die Wahrscheinlichkeitsverteilung der zukünftigen Zahlungen möglich.

Wir wollen nun den Zins r berechnen, den die Bank mit dem Kreditnehmer vereinbaren muss, um unter Berücksichtigung einer möglichen Insolvenz des Kreditnehmers eine erwartete Verzinsung zu erhalten, die derjenigen einer sicheren Anlage am Kapitalmarkt i entspricht. Dazu wird der erwartete Kapitalwert der Zahlungen gleich null gesetzt und nach der Zinsforderung r aufgelöst. Die zugehörige Formel lautet in allgemeiner Form:

$$\sum_{j=1}^{n} p_j C_j(r) = 0. \tag{B1-12}$$

Die Variable j bezeichnet Umweltzustände, die mit einer Wahrscheinlichkeit p_j eintreten. C_j ist der zugehörige Kapitalwert in Abhängigkeit von der zu bestimmenden Zinsforderung r. Für unser Beispiel ergibt sich dann:

$$0,95 \left(\frac{K(1+r)}{1+i} - K \right) + 0,03 \left(\frac{K}{1+i} - K \right) + 0,02(-K) = 0, \tag{B1-13}$$

$$\text{mit} \quad r = \frac{0,02+i}{0,95}. \tag{B1-14}$$

Bei einem sicheren Zins von $i = 10\%$ ergibt sich $r = 12{,}63\%$. Der Risikoaufschlag beträgt damit 2,63%-Punkte. Denken Sie bitte daran, dass die Bank bei der vorliegenden Argumentation risikoneutral ist (d. h. sie besitzt eine lineare Nutzenfunktion). Der Risikoaufschlag dient nur zum Ausgleich der Verlustmöglichkeiten und nicht zur Kompensation von Risikoaversion. Wir werden in Kapitel C1 lernen, dass Risikoaufschläge bei asymmetrischer Information unerwünschtes Verhalten implizieren können und daher mit besonderer Vorsicht anzuwenden sind. Natürlich besitzen noch viele Faktoren, wie z. B. die Sicherheiten und das Kreditportefeuille einen Einfluss auf den Preis eines Kredites. Wir werden im Laufe des Lehrbuches immer wieder auf die Frage nach dem Preis zurückkommen.

B1.3 Finanzkontrakte und Kooperation bei asymmetrischer Information

In Abschnitt B1.2 haben wir Finanzverträge und Kooperation bei symmetrischer Information betrachtet. In diesem Abschnitt erweitern wir die Überlegungen auf asymmetrische Information. Wir werden dabei die Probleme der Kooperation in den Vordergrund stellen. Finanzverträge bei asymmetrischer Information werden auch im Rest von Teil B und in Kapitel C1 untersucht.

B1.3.1 Das zugrunde liegende Problem

Ein Kooperationsproblem bei asymmetrischer Information liegt vor, wenn die Vertragspartner zu irgendeinem Zeitpunkt der Kooperation über relevante Sachverhalte unterschiedlich gut informiert sind. Eine solche Informationsasymmetrie kann *ex ante* vorhanden sein, wenn z. B. Ihr Kommilitone vor Vertragsabschluss die Chancen des Schorleexports ins Outback besser beurteilen kann als Sie. Sie kann *interim* entstehen, wenn z. B. der Finanzier den Fleiß des Erfinders während des Projektverlaufs nicht erkennen kann. Schließlich kann sie auch erst *ex post* auftreten, wenn z. B. nur Ihr Freund, der Eissalon-Pächter, aber nicht Sie den realisierten Gewinn des Eissalons beobachten kann.

Asymmetrische Information stellt grundsätzlich ein Problem für eine Kooperation dar. Auf den ersten Blick könnte man vermuten, dass der Nachteil stets auf Seiten der schlechter informierten Partei, üblicherweise Partei A, liegt. A ist jedoch diese Informationsasymmetrie bekannt, und so wird er die Gefahr, dass B den Informationsvorteil zu seinen Gunsten ausnutzt, in den Verträgen berücksichtigen. Im schlimmsten Fall wird eine Kooperation, die beiden Vertragspartnern einen Nutzenzuwachs bringen könnte, wegen des Informationsnachteils nicht zustande kommen. Damit wird der Informationsvorteil auch zu einem Problem für B. Beide Vertragspartner würden es daher begrüßen, wenn die Asymmetrie der Information abgebaut werden könnte.

Der Abbau der Informationsasymmetrie, die beiden Parteien schadet, sei als erste Möglichkeit betrachtet, das Kooperationsproblem zu lösen. Unter symmetrischer Information können dann, wie in Abschnitt B1.2 beschrieben, effiziente Verträge abgeschlossen werden. B würde also gerne und freiwillig die zusätzliche Information an A weiterleiten. Diese Informationsübermittlung ist jedoch nicht glaubhaft. A weiß, dass B als Erwartungsnutzenmaximierer eine falsche Information an ihn weitergeben wird, solange dadurch Bs erwarteter Nutzen erhöht wird. Die Information wäre also für A wertlos. Denken Sie an den Fall der Kreditvergabe an einen Unternehmer, der zum Abbau der Informationsasymmetrie der Bank mitteilt, dass seine Managementfähigkeiten außerordentlich gut sind. Es müssen Überwachungsmechanismen eingeführt werden, die sicherstellen, dass A die korrekte Information erhält. Bei der Kreditvergabe könnte die Unsicherheit bezüglich der Qualität des Unternehmers durch die Überprüfung von Zeugnissen und eine intensive Analyse der Unterlagen früherer Projekte verringert werden. Die Bank könnte im Unternehmen eine unabhängige Kontrollinstanz einrichten, die den Einsatz und Fleiß des Unternehmers beobachtet und offen legt. Einer Unbeobachtbarkeit der letztendlich realisierten Projekterträge könnte durch eine fortlaufende, intensive Beobachtung des Projektverlaufes mit Kontrolle aller relevanten Unterlagen durch die Bank vorgebeugt werden. All diesen Maßnahmen ist jedoch gemein, dass sie Kosten verursachen, die von den Vertragspartnern getragen werden müssen. Sie werden als *Kosten der asymmetrischen Information* (deadweight loss) bezeichnet.

Von besonderem Interesse ist eine zweite Möglichkeit, mit dem Problem der asymmetrischen Information umzugehen. Durch eine geschickte Vertragsgestaltung wird Partei B schon aus Eigeninteresse davon abgehalten, Informationen fehlerhaft zu übermitteln oder für A unerwünschtes Verhalten zu zeigen. Verträge, die dies erreichen, werden *anreizkompatibel* genannt. Auch dieses Vorgehen, das im Folgenden ausführlich besprochen wird, verursacht Kosten. Wegen der zusätzlichen Forderung der Anreizkompatibilität können effiziente Verträge, die bei symmetrischer Information möglich wären und den Vertragspartnern den maximalen erwarteten Gesamtnutzen bringen, i. A. nicht verwendet werden. Die asymmetrische Information berücksichtigenden, anreizkompatiblen Verträge werden auch *Second-Best-Lösungen* genannt. Demgegenüber stehen die *First-Best-Lösungen*, die bei symmetrischer Information erreichbar wären. Auch hier wird die Kostendifferenz zwischen First-Best- und Second-Best-Lösung als *Kosten der asymmetrischen Information* bezeichnet.

B1.3.2 Klassifizierung der Probleme asymmetrischer Information

Es gibt viele Möglichkeiten, die verschiedenen Formen asymmetrischer Information sinnvoll zu klassifizieren. Eine Möglichkeit bestünde darin, die Probleme danach zu ordnen, aus welchem Grund ein effizienter Markt, auf dem die Ansprüche und Leistungen aus den Verträgen handelbar wären, nicht wie in Abschnitt B1.2.2 ausgeführt bestehen kann. Dafür könnte verantwortlich sein, dass nicht alle Umweltzustände vorhersehbar sind, bzw. aus Kostengründen ein alles berücksichtigender Vertrag nicht konstruiert wird. Das Problem könnte aber auch darin liegen, dass gewisse Handlungen oder das Eintreten bestimmter Umweltzustände nicht zweifelsfrei verifizierbar sind, wodurch der Einsatz zustandsbedingter Verträge unmöglich wird (vgl. Abschnitt B1.4). Schließlich könnte es auch aufgrund der Informationsasymmetrie zu Marktversagen kommen, weil auf dem Markt keine Gleichgewichtspreise existieren (vgl. Abschnitt B1.3.3).

Die Tatsache, ob B die Qualität seiner im Kontrakt vereinbarten Leistung beeinflussen kann, könnte als zweite Möglichkeit der Klassifizierung asymmetrischer Information dienen. Falls die Gegenleistung durch B noch willentlich beeinflusst werden kann, sprechen wir von *Verhaltensunsicherheit* (Moral Hazard). Dies beinhaltet nicht die Situation, in der sich der Verhaltensspielraum von B darauf beschränkt, die Kooperation aufzunehmen oder abzulehnen. Ein solcher Fall, in dem B zwar besser informiert ist, die Gegenleistung aber nicht selbst beeinflussen kann, wird als *Qualitätsunsicherheit* bezeichnet. Für diese beiden Probleme werden in der Literatur auch häufig die Bezeichnungen *hidden action* bzw. *hidden information (hidden characteristics)* verwendet.

Wir wollen im Weiteren eine dritte Möglichkeit der Einteilung asymmetrischer Information nutzen. Für die Einordnung der banktheoretischen Modelle, die in den folgenden Kapiteln vorgestellt werden, ist die Einteilung nach dem Zeitpunkt des Auftretens der Unsicherheit geeignet. Wie schon zuvor angeführt, ließen sich damit die Probleme in Klassen einteilen, bei denen die Unsicherheit *ex ante, interim* oder *ex post* eintritt. Abbildung B1.4 gibt eine Übersicht. Ex ante Unsicherheit ist durch Qualitätsunsicherheit gekennzeichnet, interim Unsicherheit durch Verhaltensunsicherheit und ex post Unsicherheit durch die Tatsache, dass Kooperationspartner A im Gegensatz zu Partner B den Projekterfolg nicht beobachten kann. Es entsteht das Problem der Verifizierbarkeit des Ergebnisses (*costly state verification*). In dieser Denkwelt kann der Projekterfolg von A nicht mehr direkt, sondern nur unter Einsatz von Monitoringkosten beobachtet werden.

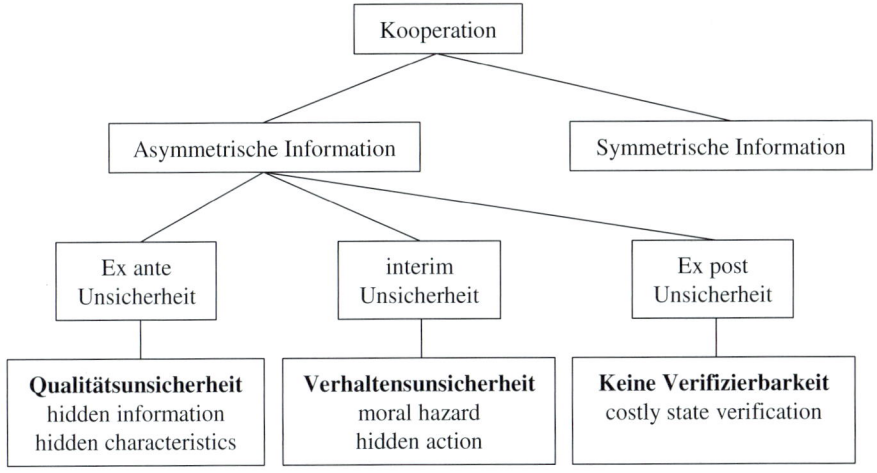

Abb. B1.4: Kooperationen und Kooperationsprobleme

In der in Abbildung B1.4 vorgestellten Einteilung werden Sie vielleicht Aspekte wie Betrug und Diebstahl vermissen. Wenn der Kooperationspartner sich während der Kooperation mit dem Kapital aus dem Staub macht, ist das sicherlich ein interim Problem der Kooperation, wird aber schwerlich hidden action genannt werden können. Dieses Verhalten wird üblicherweise als *Hold Up* (Überfall) bezeichnet. Nun könnten Sie argumentieren, dass Diebstahl ein ex ante Problem darstellt, weil die Qualität des Kooperationspartners (nicht des Projekts) von A nicht richtig eingeschätzt werden kann. Dies würde jedoch den Fall der Qualitätsunsicherheit unnötig erweitern. Überhaupt ist Hold Up ein schwierig einzuordnendes Phänomen, weil darunter auch das Ausnutzen von Vertragslücken verstanden wird, was wiederum die Existenz unvollkommener Verträge voraussetzt. Wir werden daher Hold Up im Abschnitt über unvollständige Verträge diskutieren (vgl. Abschnitt B1.4).

Bei der Definition des Kooperationsproblems bei asymmetrischer Information haben wir die Kosten der asymmetrischen Information als Kosten der Differenz von First-Best- und Second-Best-Lösung kennen gelernt. Nach JENSEN und

MECKLING (1976) lassen sich die Kosten der Kooperation bei asymmetrischer Information in *Monitoring Costs*, *Bonding Costs* und *Residual Costs* unterteilen. Unter Monitoring Costs wollen wir alle im Rahmen der Überwachung von B anfallenden Kosten für A verstehen, d. h. Kosten zum Abbau der ex ante, interim und der ex post Unsicherheit. Mit dieser weiten Definition von *Monitoring* folgen wir HELLWIG (1991). Unter Bonding Costs werden die Kosten verstanden, die beim Kontraktpartner B z. B. durch Selbstbindung anfallen. Alle übrigen Kosten werden den Residual Costs zugeordnet.

B1.3.3 Das Problem der Qualitätsunsicherheit und geeignete Kooperationsdesigns

Das Problem

Qualitätsunsicherheit bei einem Kooperationsproblem liegt vor, wenn B gegenüber A vor Abschluss der Kooperation (ex ante) einen Informationsvorsprung bzgl. der Qualität des Projekts besitzt. Ein typisches Beispiel ist die Vergabe eines Kredites, bei dem ein in diesem Bereich tätiger Kreditnehmer üblicherweise besser als die Bank über die speziellen Risiken des zu finanzierenden Projekts informiert ist. Auch im Versicherungsbereich treten derartige Asymmetrien häufig auf. Die Versicherung kann die für die Schadenshäufigkeit verantwortlichen Parameter (z. B. die Gesundheit ihres Kunden) schlechter einschätzen als der Versicherungsnehmer selbst. Auch ein Personalchef kann die Fähigkeiten der Bewerberin schlechter beurteilen als diese selbst. A würde gerne zum Zeitpunkt des Vertragsabschlusses über diese Information verfügen. Dies könnte es ihm ermöglichen, die zu erbringende Vorleistung korrekt zu bemessen bzw. die Kooperation gar nicht erst aufzunehmen. Hätte er eine Auswahl zwischen möglichen Kooperationspartnern, so könnte er mit der zusätzlichen Information den besten heraussuchen.

Welche Konsequenzen Qualitätsunsicherheit für die Preisfindung und damit die Funktionsfähigkeit von Märkten haben kann, hat AKERLOF (1970) am Beispiel des Gebrauchtwagenmarktes aufgezeigt. Seine Argumentation soll hier vereinfacht wiedergegeben werden:

Auf dem Gebrauchtwagenmarkt gibt es Autoverkäufer und Autokäufer. Die zum Kauf anstehenden Autos sehen äußerlich völlig identisch aus, und nur der Besitzer kennt die Qualität seines Fahrzeugs. Es herrscht Qualitätsunsicherheit bei den Käufern bezüglich der beim Kauf zu erwartenden Gegenleistung. In der in diesem Kapitel verwendeten Sichtweise sind die Käufer vom Typ A und erbringen eine Vorleistung in Höhe des Kaufpreises. Bei ihnen herrscht Unsicherheit über den Wert der Gegenleistung, die von den Verkäufern (Typ B) durch die Übereignung ihres Wagens erfolgt. Der tatsächliche Wert dieser Gegenleistung, also der Wert der auf dem Markt befindlichen Fahrzeuge sei gleichmäßig verteilt zwischen 0 € und 6.000 €. Der rationale und risikoneutrale Käufer A wäre demnach bereit, für einen Wagen 3.000 €, den Durchschnittswert aller auf dem Markt befindlichen Fahrzeuge, zu bezahlen. Bei einem Marktpreis von 3.000 € wären die Verkäufer mit Fahrzeugen besserer Qualität aber nicht bereit, ihre Fahrzeuge

abzugeben. Sie suchen daher nach einer anderen Form der Kooperation, die die
überlegene Qualität ihrer Wagen besser berücksichtigt. Im Zweifelsfalle fahren
sie den Wagen selbst weiter. Dieser Prozess wird als adverse Selektion bezeichnet. Die durchschnittliche Qualität der am Markt angebotenen Fahrzeuge sinkt
bei einem Marktpreis von 3.000 € auf 1.500 €. Der dies antizipierende Käufer
A bietet dementsprechend maximal 1.500 € für ein Fahrzeug. Dieser Prozess
setzt sich fort. Es ist einfach zu sehen, dass es außer 0 € keinen stabilen Marktpreis für die Fahrzeuge geben kann. Bei jedem Preis ist der durchschnittliche
Wert der angebotenen Fahrzeuge gerade halb so hoch. Letztendlich verbleiben
nur die schlechtesten Fahrzeuge auf dem Markt. Alle anderen Verkäufer haben
sich aus dem Markt zurückgezogen. Der Markt hat somit als Mechanismus zur
Vermittlung von Kooperationen versagt.

Dieses Beispiel für *adverse Selektion* lässt sich auf viele andere Bereiche
übertragen. Ein Versicherungsunternehmer muss davon ausgehen, dass bei einer Erhöhung der Prämien die Versicherung gerade für die Versicherungsnehmer
unattraktiv wird, die im Durchschnitt weniger Schäden verursachen. Die durchschnittliche Schadenshäufigkeit wird also ansteigen. Bei der Kreditvergabe sind
nur diejenigen Kreditnehmer, die sehr riskante Projekte durchführen wollen, zur
Zahlung hoher Zinsen bereit. Da Banken einen Großteil des Risikos tragen müssen, sind riskante Projekte besonders nachteilig für die Bank. Unter Umständen
kann sich eine Bank durch eine Zinserhöhung damit selbst schädigen. Dieses
Phänomen kann zur Kreditrationierung führen und wird in Abschnitt C1.2 ausführlicher betrachtet.

Geeignete Kooperationsdesigns bei Qualitätsunsicherheit

Prinzipiell haben beide Vertragspartner ein Interesse daran, die Informationsasymmetrie abzubauen. Dies könnte durch Kosten verursachendes Monitoring
von A geschehen. Alternativ könnte eine freiwillige Informationsübermittlung
durch B vorgenommen werden, die jedoch nicht glaubwürdig ist, da B stets
einen Anreiz besitzt, eine für ihn vorteilhafte Fehlinformation zu verbreiten. Ein
geeignetes Kooperationsdesign wird nun derart gestaltet sein, dass es für B schon
aus Eigeninteresse heraus sinnvoll ist, die korrekte Information zu offenbaren. Je
nachdem, ob diese Offenbarung durch die Vertragsgestaltung von A hervorgerufen wird oder von B selbst ausgeht, wird in der Literatur zwischen *Selbstselektion*
(vgl. ROTHSCHILD und STIGLITZ (1976), ARROW (1986)) und *Signalisieren* (vgl.
SPENCE (1973)) unterschieden.

Bei der Selbstselektion konstruiert A den Vertrag derart, dass er nur von solchen B akzeptiert wird, die die von A gewünschte Qualität aufweisen. So könnten
z. B. Krankenversicherer, die ein verständliches Interesse an gesunden Versicherungsnehmern haben, günstige Prämien anbieten, dabei aber frühestens nach
zwei Jahren Zahlungen leisten. Solche Verträge würden nur von zum Zeitpunkt
des Vertragsabschlusses gesunden Versicherungsnehmern akzeptiert. Die Forderung von Sicherheiten bei der Kreditvergabe dient unter diesem Gesichtspunkt
nicht allein der Beschränkung von Verlusten bei einem Ausfall des Kredites, sondern kann auch als Selbstselektionsmechanismus verstanden werden. Ein Kredit-

nehmer wird gerne bereit sein, viele Sicherheiten zu stellen, wenn er selbst die Ausfallwahrscheinlichkeit seines Projekts als gering einschätzt.

Beim Signalisieren offenbart sich B ebenfalls freiwillig und glaubhaft, nur geht in diesem Falle die Initiative von ihm selbst aus. Das von B verbreitete Signal muss die Eigenschaft haben, dass es nur von Anbietern guter Qualität kostenlos oder zu geringen Kosten gesendet werden kann. Auf dem Gebrauchtwagenmarkt besteht ein geeignetes Signal z. B. darin, eine Garantie für das Auto anzubieten. Dieses Signal wäre für die Anbieter schlechter Fahrzeuge sehr teuer, weil die Garantie mit großer Wahrscheinlichkeit in Anspruch genommen wird. Nur ein Anbieter guter Qualität wird daher dieses Signal aussenden. Ein Unternehmer könnte Signale seiner Qualität aussenden durch den unaufgeforderten Erwerb von Zertifikaten und Zeugnissen, die seine Fähigkeiten und Qualifikationen nachweisen. Natürlich könnte auch ein unfähiger Unternehmer diese Unterlagen erwerben. Für ihn wäre die Aussendung eines solchen Signals allerdings mit großen Anstrengungen verbunden. Die Bank kann sich überlegen, dass ein Unternehmer das Signal nur aussenden wird, wenn er leistungsfähig ist, und ihm der Erwerb dieser Bestätigungen wenig Mühe bereitet.

B1.3.4 Das Problem des Moral Hazard und geeignete Kooperationsdesigns

Das Problem

Ein Moral-Hazard-Problem liegt vor, wenn der Kooperationspartner B einen Verhaltensspielraum besitzt, und sein tatsächliches Verhalten von A nicht beobachtet werden kann. Diese Informationsasymmetrie wird zu einem Problem, wenn zwei Voraussetzungen erfüllt sind:

- Das von B bevorzugte Verhalten hat negative Auswirkungen für A.
- Die Auswirkungen des Verhaltens mischen sich mit den ebenfalls nicht beobachtbaren Folgen eines exogenen Risikos.

Der zweite Punkt ist von Bedeutung, da andernfalls A von den realisierten Projekterträgen auf das Verhalten von B zurückschließen könnte. Die Tatsache, dass A die Realisation schlechter Projekterträge nicht eindeutig dem Verhalten von B oder dem exogenen Risiko des Projekts zuordnen kann, macht es unmöglich, Aufteilungsregeln vertraglich festzulegen, die vom Verhalten von B abhängen. A muss bei der Bestimmung einer angemessenen Vorleistung stets annehmen, dass der erwartungsnutzenmaximierende B ein für A unerwünschtes Verhalten zeigen wird. Dies kann zu ineffizienten Verträgen führen.

Eine große Bedeutung besitzen Moral-Hazard-Probleme bei der so genannten *Prinzipal-Agenten-Beziehung* (vgl. BAMBERG und SPREMANN (1989)). Der Prinzipal beauftragt dabei einen Agenten, in seinem Sinne eine Aufgabe auszuführen, deren Ergebnisse neben dem Fleiß des Agenten auch vom Zufall abhängen. Ohne entsprechende Anreize wird der Agent nie Mühe in die Bewältigung der Aufgabe stecken. Ein schlechtes Ergebnis kann er stets auf die widrigen Umstände schieben. Ein solches Problem liegt z. B. jeder Arbeitnehmer-Arbeitgeber-Beziehung zugrunde, bei der der Erfolg der Arbeit nicht eindeutig an den Fleiß des Arbeitnehmers gekoppelt ist. Auch eine Kreditbeziehung lässt sich als ein solches Prinzipal-Agenten-Problem verstehen. Die Bank als Prinzipal beauftragt den Unternehmer, mit ihrem Geld ein Projekt durchzuführen. Die unbeobachtbare Anstrengung des Unternehmers beeinflusst dabei seine Rückzahlungsfähigkeit und somit die Erlöse der Bank.

Bei der Kreditvergabe tritt noch ein weiteres Moral-Hazard-Problem auf, das in der Banktheorie große Beachtung gefunden hat. Nach Vertragsabschluss mit fester Rückzahlungsverpflichtung kann ein Unternehmer seinen erwarteten Gewinn steigern, indem er das Projektrisiko erhöht (*Projektrisikoerhöhung*). Modifiziert er das Projekt so, dass extreme Projektausgänge wahrscheinlicher werden, kann er im Falle eines erfolgreichen Verlaufs den gesamten Überschuss einstreichen. Das erhöhte Ausfallrisiko muss die Bank tragen. Eine solche Risikoerhöhung kann für den Unternehmer sogar dann noch vorteilhaft sein, wenn der erwartete Projektertrag fällt. Betrachten Sie zur Verdeutlichung die Projekte X, Y und Z (vgl. Abbildung B1.5), die ein risikoneutraler Unternehmer durchführen kann. Er erhält 300.000 € und hat mit der Bank eine Rückzahlung von 350.000 € vereinbart.

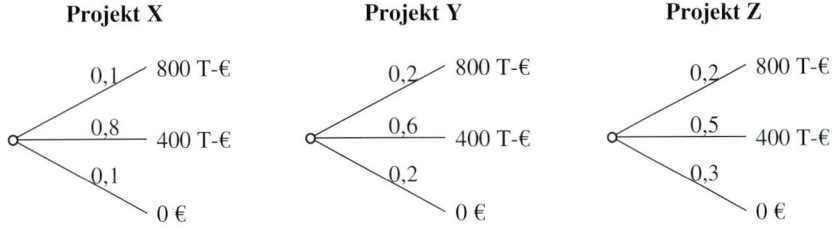

Abb. B1.5: Das Problem der Risikoerhöhung

Für unsere weiteren Betrachtungen benötigen wir die in Tabelle B1-1 dargestellten Erwartungswerte der Projekte sowie die erwarteten Anteile der Bank und des Unternehmens.

Tab. B1-1: Projekte X, Y und Z: Erwartungswerte der Projekte, Anteile der Bank und des Unternehmens

	Projekt X (T-€)	Projekt Y (T-€)	Projekt Z (T-€)
E(Projekt)	400	400	360
Bank	315	280	245
Unternehmen	85	120	115

Betrachten wir zunächst die beiden Projekte X und Y. Projekt Y ist aus Projekt X abgeleitet, indem die Extrema der Verteilung wahrscheinlicher wurden, der Erwartungswert jedoch gleich blieb (Mean Preserving Spread): Projekt Y entsteht aus X durch Risikoerhöhung. Diese Risikoerhöhung impliziert eine veränderte Aufteilung des erwarteten Projektertrags. Der erwartete Anteil der Bank geht von 315.000 € $(= 0,1 \cdot (350) + 0,8 \cdot (350) + 0)$ auf 280.000 € zurück und der erwartete Ertrag des Unternehmers steigt von 85.000 € auf 120.000 €, d. h. der Unternehmer wird das riskantere Projekt Y vorziehen. Die Änderung der Aufteilung beruht im Wesentlichen auf der Erhöhung des Ausfallrisikos, das die Bank alleine tragen muss.

Bei Projekt Z sind die extremen Konsequenzen ebenfalls wahrscheinlicher als bei Projekt X, gleichzeitig ist der Erwartungswert von Z geringer als der von X. Sie sehen sofort, dass der Unternehmer wiederum einen Anreiz besitzt, das Risiko zu erhöhen und Projekt Z zu wählen, obwohl Projekt Z einen geringeren Erwartungswert als X besitzt. Für die Bank, die dem Unternehmer einen Kredit von 300.000 € gegeben hat, verringert sich die erwartete Rückzahlung durch die Risikoerhöhung auf 245.000 €. Natürlich könnte sie in Antizipation der Risikoerhöhung den Vertrag variieren und schon ex ante einen höheren, dem wachsenden Risiko angepassten Rückzahlungsbetrag fordern. Dies kann aber nicht darüber hinwegtäuschen, dass das an sich lukrativere Projekt X, das bei symmetrischer Information gewählt worden wäre, hier nicht durchgeführt wird. Hierin zeigen sich die Kosten der asymmetrischen Information.

Auch wenn dies in der Literatur wesentlich weniger Beachtung gefunden hat als die adverse Selektion bei der Qualitätsunsicherheit, kann auch durch Moral Hazard verhindert werden, dass sich Gleichgewichtspreise auf Märkten einstellen. Statt von *adverser Selektion* müsste man dann von *adversem Verhalten* sprechen. Dem Problem liegt die gleiche Ursache zugrunde wie bei der Qualitätsunsicherheit. Bei der Festlegung seiner Vorleistung muss A ein Verhalten von B annehmen. Dieses liegt aber nicht fest, da u. U. eine Risikoerhöhung für den Unternehmer besonders attraktiv ist, wenn hohe Rückzahlungsforderungen an ihn gestellt werden. Wählt die Bank einen hohen Zins, so kann sie schließen, dass der Unternehmer daraufhin sein Risiko erhöhen wird. Um dieses höhere Risiko auszugleichen, müßte die Bank den ursprünglichen Zins aber erneut erhöhen. Dies wiederum würde den Unternehmer erneut veranlassen, noch riskanter zu investieren. Wie bei der adversen Selektion kann es dazu kommen, dass letztendlich nur das aus Sicht des Gesamtnutzens schlechteste Verhalten (schlechtestes Projekt mit höchstem Risiko) auftritt, oder kein Gleichgewichtszins zu finden ist. Auch hier würde der Markt zusammenbrechen.

Geeignete Kooperationsdesigns bei Moral Hazard

Bei Moral Hazard haben wiederum beide Vertragspartner ein Interesse, die Informationsasymmetrie abzubauen. Wie schon bei der Qualitätsunsicherheit sind freiwillige Informationsübermittlungen oder Bindungen an ein bestimmtes Verhalten durch B nicht glaubhaft. Auch wenn B ex ante ein bestimmtes Verhalten zusagt, wird er sich als Nutzenmaximierer während der Kooperation u. U. nicht daran halten. Als Alternative zum Abbau der Informationsasymmetrie z. B.

durch Kontrollinstanzen bieten sich auch hier Verträge an, bei denen B schon aus Eigeninteresse ein von A erwünschtes Verhalten zeigt. Dies kann durch *anreizkompatible Entlohnungsschemata* erreicht werden. Bei der Gestaltung solcher Anreizsysteme muss A beachten,

- dass der Anreiz nur von Größen abhängen darf, die beide Vertragspartner beobachten können (wozu sich besonders das Projektergebnis anbietet),
- dass B eine Möglichkeit besitzt, die Größen, von denen der Anreiz abhängt, zu beeinflussen (z. B. durch Einsatz und Fleiß),
- dass die Höhe des Anreizes gerade ausreicht, um das von A erwünschte Verhalten für B attraktiv zu machen.

Ein in der Praxis relevanter Fall sind die ergebnisabhängigen Entlohnungen bei Arbeitsverhältnissen. Hier wird der Arbeitnehmer durch eine Prämie, die z. B. proportional zum Projektergebnis festgelegt ist, zu für ihn unangenehmer Anstrengung angeregt. Detaillierte Ausführungen hierzu finden sich z. B. bei LAUX (2007) sowie MILGROM und ROBERTS (1992), Kapitel 7.

Auch bei der Gestaltung von Kreditverträgen versucht die Bank, den Kreditnehmer zu dem von ihr gewünschten Verhalten (Anstrengung bei der Projektdurchführung) zu animieren. Da der Kreditnehmer beim Standardkreditvertrag die über den Schuldbetrag hinausgehenden Projekterträge behalten darf, hat er selbst ein Interesse an einem erfolgreichen Projektverlauf und wird sich dementsprechend anstrengen. Ein anderes wichtiges Beispiel ist das oben angesprochene Moral-Hazard-Problem der Risikoerhöhung (vgl. Abbildung B1.5). Diesem kann die Bank durch die Forderung zusätzlicher Sicherheiten begegnen. Dabei dienen die Sicherheiten nicht nur als Ausgleich für das durch die Risikoerhöhung wachsende Ausfallrisiko. Sie motivieren den Unternehmer vielmehr auch, nicht auf das riskantere Projekt zu wechseln, da er bei diesem mit höherer Wahrscheinlichkeit seine Sicherheiten verlieren würde.

B1.3.5 Das Problem der Verifizierbarkeit des Ergebnisses

Das Problem

Wurde ein Finanzkontrakt abgeschlossen und die Leistung von A erbracht, so liegt es an B, das Projekt durchzuführen. Nach Abschluss des Projekts soll B den Projektüberschuss benutzen, um gegenüber A die Gegenleistung zu erbringen. Diese Gegenleistung kann nur dann erfolgen, wenn ausreichende Mittel aus dem Projekt zur Verfügung stehen. Im Falle des Misserfolgs kann der Finanzkontrakt von B nicht erfüllt werden. Wenn A das Projektergebnis nicht beobachten kann, besitzt B entsprechend einen Anreiz, den Projektertrag nicht in allen Fällen wahrheitsgemäß bekannt zu geben. Der Kommilitone, der Erfinder und selbst der Enkel, sie alle besitzen den Anreiz, ihrem Vertragspartner ein möglichst schlechtes Ergebnis mitzuteilen, um so keine oder eine geringere Rückzahlung leisten zu müssen.

Geeignete Kooperationsdesigns für das Problem der Verifizierbarkeit des Ergebnisses

In einer solchen Situation, in der die Projekterträge nicht verifizierbar sind, müssen im Vertrag nicht nur die Zahlungsmodalitäten festgelegt werden, sondern auch Kontrollmechanismen vereinbart werden. GALE und HELLWIG (1985) haben in einer formalen Modellierung gezeigt, dass ein Standardkreditvertrag, bei dem der Kapitalgeber genau dann das Ergebnis kontrolliert, wenn der Kapitalnehmer die im Vertrag festgelegte Rückzahlung nicht leistet, die optimale Vertragsform zur Lösung des Informationsproblems ist. Sie werden die genaue Argumentation von GALE und HELLWIG (1985) noch kennen lernen, allerdings erst in Teil C, wenn Eigenschaften des Kreditvertrages konkreter diskutiert werden (vgl. Kapitel C1).

B1.4 Unvollständige Finanzverträge

Bis zu diesem Punkt haben wir vollständige Finanzverträge betrachtet, die ex ante für alle denkbaren Umweltzustände festlegten, was Kapitalgeber und Kapitalnehmer zu tun haben. Denken Sie an den Standardkreditvertrag, bei dem der Kreditgeber zu Beginn dem Kreditnehmer die Kreditsumme bereitstellt. Ist der Projektertrag ausreichend, wird die vereinbarte Rückzahlung geleistet und der Kreditnehmer behält die Differenz zwischen Projektertrag und Rückzahlung, anderenfalls erhält der Kreditgeber den gesamten Projektertrag.

In der Realität treten jedoch nicht nur vollständige Finanzverträge auf. Im Falle eines Konkurses, d. h. wenn der Kreditnehmer die vereinbarte Kreditsumme nicht leistet, wird in aller Regel nachverhandelt – im Gegensatz zur Vorgehensweise des Standardkreditvertrags. Kapitalgeber und -nehmer setzen sich dann zusammen und überlegen, wie sie durch Stundung der Schulden oder auch durch teilweisen Schuldenerlass zu einer für beide Seiten befriedigenden Lösung kommen können. Nun könnte versucht werden, auch alle Möglichkeiten der Nachverhandlung schon im ursprünglichen Kreditvertrag zu berücksichtigen, d. h. einen vollständigen Vertrag zu schreiben. Dies ist in der Praxis aber in aller Regel nicht der Fall.

In der Literatur werden im Wesentlichen drei Gründe für die Existenz *unvollständiger Verträge*, d. h. von Verträgen, die nicht alle Handlungsmöglichkeiten, Zustände oder Konsequenzen für alle relevanten Perioden festlegen, genannt:

1. Die Komplexität der Umwelt ist zu hoch, um einen vollständigen Vertrag zu schreiben.
2. Kapitalgeber und -nehmer können zwar den Projektertrag beobachten. Die Vertragspartner werden aber nicht in der Lage sein, ihre Rechte aus dem Vertrag vor Gericht durchzusetzen, da eine dritte Partei nicht in der Lage ist, den wahren Projektausgang zu beobachten.
3. Bei Vertragsabschluss kann ein Verhalten festgelegt werden, das später, nachdem ein bestimmter Zustand eingetreten ist, für beide Vertragsparteien nicht

mehr optimal ist. Beide Parteien werden dann einer Nachverhandlung zustimmen, d. h. eine ex ante angestrebte Bindung an ein bestimmtes Verhalten ist nicht vertraglich glaubhaft zu machen.

Unvollständige Verträge können für symmetrische und asymmetrische Informationen abgeschlossen werden. Die Verträge legen typischerweise ein beobachtbares Signal fest, bei dem eine Vertragspartei das Recht auf neue Entscheidungen besitzt. In einem Kreditvertrag könnte z. B. vereinbart werden, dass der Kreditgeber den Vertrag bei Nichterreichen einer bestimmten Bilanzrelation des Kreditnehmers zu einem bestimmten Zeitpunkt kündigen kann, um daran anschließend Neuverhandlungen durchzuführen. Damit sind wir aber schon bei speziellen Aspekten der Theorie des Kreditvertrags, die wir erst in Abschnitt C1.6 behandeln wollen. Allgemeine Ausführungen zu unvollständigen Verträgen finden Sie bei HART (1995) und TIROLE (1999).

Das Problem des Hold Up und geeignete Kooperationsdesigns

Hold Up bezeichnet ein Phänomen, dass ein Vertragspartner B den ihm verbleibenden Spielraum zu seinem Vorteil nutzt, obwohl Partner A dieses Verhalten beobachten kann. Drei mögliche Formen des Hold Up können unterschieden werden:

- Betrug während der Laufzeit des Projekts,
- Ausnutzen von Vertragslücken,
- ungünstige Vertragskonstruktion.

Betrug als eine Form des Hold Up haben wir schon im Abschnitt über die Klassifizierung der asymmetrischen Information kennen gelernt (Abschnitt B1.3.2). Die anderen beiden Formen des Hold Up beruhen auf der Unvollkommenheit der Verträge. Oft werden Verträge so abgeschlossen, dass B während der Vertragslaufzeit ein Gestaltungsspielraum verbleibt. Diese Vertragslücke kann B zum Schaden von A ausnutzen. Unter ungünstiger Vertragskonstruktion wollen wir Fälle verstehen, bei denen A im Vertragsablauf in eine Situation gerät, in der B einen Vorteil ausnutzen kann, ohne dass A noch etwas dagegen tun kann.

Es stellt sich die Frage, warum A sich auf Verträge mit Hold Up Möglichkeiten überhaupt einlässt. Schon erwähnt wurde die Möglichkeit, dass eine unvorhergesehene Entwicklung eingetreten ist, die bei Vertragsabschluss noch nicht berücksichtigt werden konnte. Es kann aber auch eine Fehleinschätzung von A darüber vorliegen, inwieweit B bereit ist, Normen zu brechen. Dies gilt insbesondere, wenn B in A Erwartungen geweckt hat und sich A ohne vertragliche Fixierung auf die Fairness von B verlässt.

Typische Beispiele hierfür sind implizite Beförderungsversprechungen eines Arbeitgebers an einen Mitarbeiter, die er trotz großen Einsatzes desselben aber nicht einhält. Ein Unternehmer könnte während einer Kreditbeziehung sein Projekt zu seinem Vorteil verändern, da er weiß, dass die Bank sich derzeit in einer schwierigen Lage befindet und wegen der für sie daraus resultierenden hohen Verluste das Projekt nicht abbrechen kann.

Als Lösung für das Hold Up Problem bietet es sich an, die Kooperation durch Hierarchie zu ersetzen oder sich durch ein Pfand eine Möglichkeit zu beschaffen, B auch nachträglich für ein Fehlverhalten zu bestrafen (vgl. SPREMANN (1990)). Eine Bank würde demnach der Gefahr von Projektmodifikationen durch den Unternehmer begegnen, indem sie durch zusätzliche Hierarchie (z. B. Kontrollfunktionen mittels des Aufsichtsrats) diese Möglichkeiten von vornherein ausschließt. Arbeitgeber schützen sich vor unerwünschten Kündigungen ihrer Mitarbeiter, indem sie zusätzliche Vergünstigungen, Betriebsrenten und sonstige Abfindungen bei regulärer Beendigung des Arbeitsverhältnisses quasi als Pfand in Aussicht stellen. Banken zahlen Kredite für einen Hauskauf oder -bau nicht in einer Summe direkt an den Kreditnehmer aus. Damit beugen sie der Gefahr vor, dass sich der Kreditnehmer mitsamt des Geldes in die Südsee oder an einen anderen für einen schönen Lebensabend geeigneten Ort absetzt.

B1.5 Diskussion

In diesem Kapitel haben wir Finanzkontrakte zusammen mit den Kooperationsproblemen der Vertragsparteien kennen gelernt. Wir haben gesehen, dass sich bei asymmetrischer Information und bei unvollständigen Verträgen besondere Schwierigkeiten bei der Kooperation ergaben. Eine Zusammenfassung bietet Tabelle B1-2.

Tab. B1-2: Kooperationsprobleme und Lösungsmöglichkeiten bei Finanzverträgen

	Qualitäts-unsicherheit	Verhaltens-unsicherheit	Mangelnde Verifizier-barkeit	Hold up
Problem	Ex ante weiß B mehr über die Projektqualität als A	Interim kann B Projekt beeinflussen, Verhalten nicht beobachtbar	Ex post kann A Projektausgang nicht verifizieren	Interim kann B Projekt beeinflussen, Verhalten beobachtbar
Beispiel	Unsicherheit bzgl. Projektqualität	Erhöhung des Projektrisikos	Verkünden eines schlechten Projektausgangs	Ausnutzen von Vertragslücken
Lösung	Signalisieren, Selbstselektion	Anreizkompatible Verträge	Anreizkompatible Verträge	Hierarchie, Pfand

In den bisherigen Ausführungen wurde eine völlig isolierte Kooperation betrachtet. In der Realität sind dagegen viele Kooperationen ineinander verzahnt, wodurch sich auch deren Ergebnisse gegenseitig beeinflussen. In vielen Fällen nehmen beide Kooperationspartner sogar gleichzeitig die Rolle von A und B ein. Der Einleger A sucht z. B. eine optimale Vertragsform, um nicht dem Fehlverhalten der Bank B (Konkurs) schutzlos ausgeliefert zu sein. Gleichzeitig denkt die Bank als A über einen optimalen Einlagenvertrag nach, der Liquiditätsengpässe durch gehäufte Einlagenabzüge der Sparer B verhindert. Diese Komplexität musste hier vernachlässigt werden, um den Kern der jeweiligen Probleme besser verstehen zu können.

Kritischer für die Stabilität der Ergebnisse ist die Annahme einer einmaligen Kooperation. In der Realität kommt es üblicherweise zu einer Folge von Interaktionen. Man möchte nicht nur einmal einen Kredit bekommen, sondern immer wieder. Man muss als Arbeitnehmer an jedem Tag erneut eine Entscheidung über die zu investierende Anstrengung fällen. Diese Mehrperiodigkeit der meisten Kooperationen wirkt sich im Allgemeinen positiv auf die Lösung der Probleme durch asymmetrische Information aus. Die zentrale Rolle kommt dabei der Reputation zu. Reputationseffekte können dazu führen, dass B die Qualitätsunsicherheit nicht ausnutzt, sich im Sinne von A anstrengt und Vertragslücken nicht egoistisch ausnutzt. Die Stabilität vieler real existierender Verträge, die nach unseren obigen Überlegungen sehr ineffizient wären, lässt sich durch Reputationseffekte erklären. So gibt es viele Arbeitnehmer, die trotz offensichtlicher Unbeobachtbarkeit und Festlohns viel Mühe in ihre Tätigkeit stecken. Auch bemühen sich Unternehmer im Allgemeinen, ihre Bankkredite zurückzuzahlen, auch wenn die Bank Projektverlauf und -ergebnis nur unzureichend beobachten kann (vgl. NIPPEL (1994)).

Für die Argumentationen des ganzen Kapitels wurde unterstellt, dass die Kooperationspartner jede sich bietende Chance zur eigenen Nutzenerhöhung ergreifen. Die Einbeziehung von Reputation bedeutet für diese Denkweise kein Problem. Unter Reputation werden hier keine moralisch-ethischen Überlegungen, sondern ein reines Kosten-/Nutzen-Kalkül verstanden. Ein Kooperationspartner verhält sich demnach anständig, um damit ein Reputationskapital aufzubauen, das ihm in späteren Kooperationen Vorteile bringen kann. Dem Reputationskapital kommen dabei gleich zwei Bedeutungen zu. Zum einen wird von A die Wahrscheinlichkeit eines anständigen Verhaltens von B höher eingeschätzt, wenn dieser eine hohe Reputation besitzt. Dahinter steckt die Idee, dass B diese hohe Reputation nicht auf Dauer mit „Glück und Müßiggang" erwerben konnte. B wird daher von A günstigere Konditionen erwarten können. Zum anderen dient Reputation als eine Art Pfand. B hat sich in früheren Kooperationen als fair und kulant erwiesen und damit kostenintensiv ein Reputationskapital aufgebaut. Dieses würde vernichtet, falls B bei der jetzigen Kooperation Vertragslücken ausnutzt. Da A den Wert der Reputation für B kennt, muss er sich wenig Sorgen über ein Hold Up seitens B machen. Auch dies kann die Konditionen zum Vorteil von B verbessern.

Selbst wenn sich die Anstrengung eines unbeobachteten Arbeitnehmers mit Festlohn durch dieses Verständnis von Reputation mit vollkommen opportunistischem Verhalten in Einklang bringen lässt, ist die Annahme des reinen Nutzenmaximierens natürlich diskussionswürdig. Sicherlich spielen moralische Bedenken, zwischenmenschliches Vertrauen und Fairness in vielen Kooperationen des wirklichen Lebens auch ohne direkte Nutzengewinne eine wichtige Rolle. Dennoch sind die Überlegungen dieses Kapitels nicht irrelevant. Auch im täglichen

Leben besteht bei asymmetrischer Information zumindest die Gefahr, mit vollkommen opportunistischem Verhalten des besser informierten Kooperationspartners konfrontiert zu werden. Hierzu ist es hilfreich, die Ursachen der Probleme verstanden und Lösungsvorschläge zur Hand zu haben.

Für die Lösung der verschiedenen Kooperationsprobleme waren bisher die beiden Vertragsparteien A und B selbst zuständig. Es besteht jedoch ebenso die Möglichkeit, dass sich eine dritte Partei in die Kooperation einschaltet und die Probleme asymmetrischer Information zu verringern versucht. Bei dieser dritten Partei kann es sich um den Staat handeln, der kostenlos Informationen bereitstellt, um Informationsasymmetrien abzubauen und um Marktversagen zu verhindern. Der Staat kann auch durch gesetzliche Regulierung die Besserinformierten zur Offenbarung ihrer Information zwingen. Des Weiteren können sich spezielle Institutionen bilden, die Informationen beschaffen (z. B. Wirtschaftsauskunfteien, Rating-Agenturen).

B2 Die Existenz von Finanzintermediären

1. Die Fragen nach Gründen für die Existenz und damit nach den Besonderheiten von Finanzintermediären ist ein zentrales Anliegen der Banktheorie.
2. Finanzintermediäre können analog zu Intermediären im güterwirtschaftlichen Bereich zur Senkung der Transaktionskosten beitragen und so ihre Existenz rechtfertigen.
3. In der letzten Zeit wird die Existenz von Finanzintermediären verstärkt dadurch erklärt, dass sie für Probleme bei der Gestaltung von Finanzkontrakten bei asymmetrischer Information eine bestmögliche Lösung darstellen.

B2.1 Grundlegendes zu den Existenzerklärungen

In diesem Kapitel soll die grundlegendste der banktheoretischen Problemstellungen behandelt werden, die Suche nach Begründungen für die Existenz von Finanzintermediären. Unter einem Finanzintermediär wird dabei stets ein *Finanzintermediär im weiteren Sinne* verstanden. Diese weite Definition umfasst auch Institutionen, die sich nur auf die Bereitstellung von Informationen spezialisiert haben, wie z. B. Rating-Agenturen. Weiterhin eingeschlossen sind die an einer Börse tätigen Wertpapierhändler, aber auch Broker, die nicht selbst handeln. Die drei genannten Finanzintermediär-Typen werden entsprechend der von ihnen erbrachten Leistung als *Finanzgutachter, Finanzhändler* und *Finanzauktionator* bezeichnet (vgl. BREUER (1993)). Eine Bank ist gleichzeitig Finanzgutachter (z. B. bei der Kreditbeurteilung), Finanzhändler (z. B. im Devisenhandel) und Finanzauktionator (z. B. im Emissionsgeschäft). Ihre wesentliche Funktion wurde damit aber noch nicht erwähnt. Eine Bank ist vor allem *Finanzproduzent*, d. h. sie produziert im Rahmen ihrer Transformationsleistungen neue Finanzverträge. Sie vergibt langfristige und riskante Kredite und produziert zu deren Finanzierung kurzfristig kündbare und praktisch risikofreie Einlagen.

Das Ziel der Erklärungsansätze ist es, die Vorteilhaftigkeit der Existenz von Finanzintermediären aus einem Modell heraus herzuleiten. Die den Existenzerklärungen zugrunde liegende Vorgehensweise lässt sich am einfachsten so beschreiben: Modelliere einen Markt, auf dem Finanzverträge gehandelt werden, und zeige, dass sich der Nutzen aller erhöhen lässt, wenn sich Finanzintermediäre in die Kooperationen einschalten. Lässt sich eine solche Nutzenerhöhung bei vertretbaren Modellannahmen zeigen, so ist eine mögliche Antwort auf die Frage nach der Ursache für die Existenz von Finanzintermediären gefunden.

Zuerst soll dazu eine bereits in Kapitel A3 diskutierte und aus theoretischer Sicht wichtige Einsicht noch einmal aufgegriffen werden: In einem vollkommenen Markt spielen Finanzintermediäre keine Rolle. In einem solchen Markt ist es möglich, sämtliche Leistungen, die ein Finanzintermediär anbietet, auch durch direkte Finanzbeziehungen nachzubilden. Betrachten wir beispielsweise einen Kleinanleger, der aufgrund seiner Risikoaversion sein Geld nicht an einen einzigen Unternehmer verleihen will, sondern sich besser stellt, indem er sich anteilig an einem diversifizierten Portefeuille von Krediten beteiligt. Diese Diversifizierung ist eine der wesentlichen Leistungen, die eine Bank im Rahmen ihrer Risikotransformationsfunktion erbringen kann. In einem vollkommenen Markt, in dem ja keine Transaktionskosten existieren, kann der Kleinanleger aber ein genauso gut diversifiziertes Portefeuille halten, indem er selbst Kleinstbeträge an tausend Unternehmer verleiht. Stellen Sie sich dazu vor, Sie würden die 3.000 €, die Sie derzeit als Sparbucheinlage Ihrer Bank zur Verfügung gestellt haben, statt dessen direkt in Beträgen von je 3 € an tausend kreditsuchende Häuslebauer verleihen. Zu Recht werden Sie das als indiskutable, ja geradezu absurde Vorgehensweise ansehen. Unter der Annahme eines vollkommenen Marktes stellt dies aber eine effiziente Anlagestrategie dar.

Da sich im vollkommenen Markt die Existenz von Finanzintermediären nicht begründen lässt, müssen die Annahmen abgeschwächt und einige der in der Praxis vorhandenen Friktionen und Unvollkommenheiten in das Modell integriert werden. Zwei Hauptrichtungen der Abschwächung der Annahmen können dabei unterschieden werden (vgl. HELLWIG (1994)):

- Transaktionskosten und
- asymmetrische Information.

Aufgrund der dabei schnell wachsenden Komplexität der entwickelten Modelle kann sich jeder einzelne Ansatz nur auf die Berücksichtigung sehr weniger Unvollkommenheiten beschränken und muss alle anderen vernachlässigen. Je nach gewähltem Aspekt gibt es daher Modelle, welche die Existenz von Finanzintermediären durch kostengünstigere Kreditüberwachung oder allgemeine Kosteneinsparungen bei der Durchführung von Transaktionen erklären. Wieder andere stellen bessere Kreditbeurteilungstechnologien, Reputationsüberlegungen oder glaubhaftere Offenbarungsmöglichkeiten in den Vordergrund. Die aus dem Modell (modellendogen) entstehenden Finanzintermediäre haben ein jeweils sehr eingeschränktes Leistungsspektrum, und es fällt häufig schwer, in ihnen die komplexen Institutionen der Praxis zu erkennen. Dennoch liefert jedes Modell einen wichtigen Baustein auf dem Weg zum Verständnis der Rolle von Finanzintermediären und gibt Hinweise, mit welchen Leistungen und unter welchen Bedingungen einzelne Finanzintermediäre und Vertragstypen Vorteile gegenüber alternativ möglichen Konstruktionen besitzen.

B2.2 Neoklassische Erklärungsansätze

Diese Modelle argumentieren mit der Tatsache, dass die in vollkommenen Märkten auch bei direkten Finanzbeziehungen bestehende Möglichkeit einer optimalen Diversifizierung in der Realität dadurch verhindert wird, dass Transaktionskosten das simultane Eingehen einer Vielzahl von Kleinstkooperationen unwirtschaftlich werden lassen. Die Zwischenschaltung eines Finanzintermediärs kann die Zahl der insgesamt durchzuführenden Transaktionen senken (vgl. Abbildung B2.1).

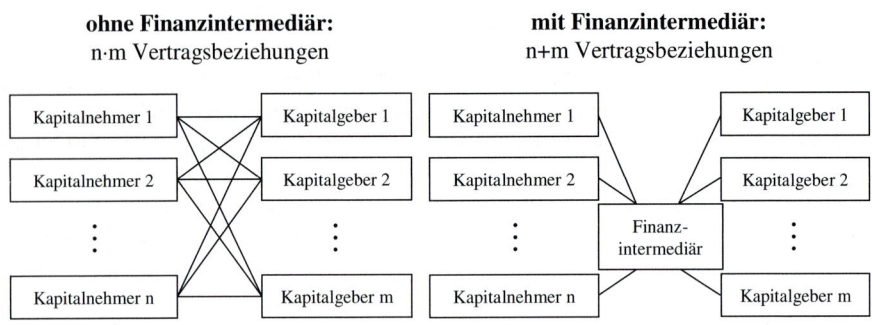

Abb. B2.1: Verringerung der Zahl der Vertragsbeziehungen bei Finanzintermediation

Falls die Transaktionskosten nicht proportional zum Finanzierungsvolumen anfallen (d. h. Skalenerträge möglich sind), können Transaktionskosteneinsparungen resultieren. Verursacht z. B. jeder Vertrag fixe Kosten in Höhe von einer Geldeinheit, so können durch die Einbeziehung eines Finanzintermediärs in Abbildung B2.1 die insgesamt anfallenden Transaktionskosten von $n \cdot m$ auf $n + m$ Geldeinheiten gesenkt werden, ohne die von den Kapitalgebern angestrebte Diversifizierung aufgeben zu müssen. Eine solche oder ähnliche Denkweise liegt den meisten älteren Arbeiten zugrunde (zu einem Überblick vgl. SANTOMERO (1984)). Die Bank unterscheidet hier im Prinzip nichts vom Supermarkt, der von vielen Lieferanten einkauft und an viele Kunden verkauft.

Die einzelnen Modelle betrachten verschiedene Arten von Transaktionskosten. Neben den naheliegenden Kosteneinsparungen im Zahlungsverkehr und bei der Verwaltung der Verbindlichkeiten und Forderungen (GURLEY und SHAW (1960)) lässt sich z. B. auch mit verringerten Vertragsanbahnungskosten (wie z. B. Kosten der Suche nach geeigneten Vertragspartnern) argumentieren (BENSTON und SMITH (1976)). Auch wenn diese neoklassische Sichtweise der Finanzintermediation einige interessante Erklärungsansätze liefert, sollen die Argumente hier nicht detaillierter behandelt werden, da die zweite Klasse von Ansätzen in den letzten Jahren wesentlich größere Beachtung erlangt hat.

B2.3 Die Idee der informationsökonomischen Erklärungsansätze

Im Kapitel B1 haben Sie unterschiedliche Formen der Kooperationsprobleme bei Finanzverträgen kennen gelernt. Die Probleme wurden durch asymmetrische Information oder durch Unvollständigkeit der Verträge hervorgerufen. Aufgrund dieser Probleme können für die Verträge im Allgemeinen nur Second-Best-Lösungen gefunden werden. Die daraus resultierenden Kosten der asymmetrischen Information treten in zweierlei Gestalten auf. Es kann sich um Kosten handeln, die für den Abbau der asymmetrischen Information aufgewendet werden müssen, oder aber um Vertragskosten, die aufgrund von ineffizienten (aber aus Anreizgründen notwendigen) Vertragskonstruktionen entstehen.

Die Kosten für den Abbau der asymmetrischen Information können dabei als Transaktionskosten im herkömmlichen Sinne verstanden werden. Schon hiermit lassen sich einfache Begründungen für die Existenz von Finanzintermediären geben. Denn auch beim Abbau von Informationsasymmetrien (beispielsweise durch Projektevaluierung, Projektüberwachung) sind offensichtlich Skalenerträge zu erzielen. Interessant werden diese *informationsökonomischen* Erklärungsansätze dadurch, dass es durch die Verwendung *anreizkompatibler Vertragskonstruktionen* eine zweite Möglichkeit gibt, mit den Problemen asymmetrischer Information umzugehen.

Anhand einer einfachen Modellwelt sollen Sie die typischen Probleme eines naiven informationsökonomischen Erklärungsansatzes kennen lernen. Es existieren Unternehmer und Kapitalgeber. Die Unternehmer benötigen für die Durchführung ihrer Projekte zusätzliches Kapital von mehreren Kapitalgebern. Die Aufnahme einer Kooperation mit den Kapitalgebern wird dadurch erschwert, dass bezüglich der Projekte asymmetrische Information vorliegt, da die Qualität des Projektes nur dem Unternehmer selbst bekannt ist. Die Informationsasymmetrie lässt sich abbauen, jedoch sind die Kosten hierfür für den einzelnen Kapitalgeber relativ zu seiner Investitionssumme sehr hoch. Die offensichtliche Ineffizienz, dass die gleiche kostenintensive Informationsbeschaffung von vielen Kapitalgebern parallel durchgeführt werden muss, bietet einen unmittelbaren Ansatzpunkt für eine sinnvolle Finanzintermediation. Ein einzelnes Individuum widmet sich der Aufgabe der Informationsbeschaffung und gibt diese Information dann zu reduzierten Kosten an die Kapitalgeber weiter. Damit ist offenbar allen geholfen, denn die Kapitalgeber erhalten die Information kostengünstiger und das informationsbeschaffende Individuum (Finanzintermediär) kann seine Kosten decken, weil er die Information mehrfach verkaufen kann. Selbst der Unternehmer könnte davon profitieren, dass sein Projekt jetzt durchgeführt wird, während es ohne Finanzintermediation an den hohen Kosten gescheitert wäre.

Soweit der naive Erklärungsversuch für die Existenz eines Finanzintermediärs. Bei etwas genauerer Betrachtung stellt sich allerdings eine entscheidende Frage: Woher weiß ein Kapitalgeber, dass er vom Finanzintermediär richtige Informationen erhält? Der Finanzintermediär kann sich besser stellen, wenn er die kostenintensive Informationsbeschaffung gar nicht durchführt und eine beliebige Information weitergibt. Er kann auch seinen Nutzen erhöhen, indem er mit dem Unternehmer zusammenarbeitet, die von diesem gewünschte Qualität verkündet und die daraus resultierenden Gewinne mit ihm teilt. Dies bedeutet offenbar, dass die Kapitalgeber dem Finanzintermediär genauso wenig glauben können, wie sie auch schon der Qualitätsinformation des Unternehmers selbst nicht glauben konnten. Das Kooperationsproblem ist also nicht gelöst, sondern nur verschoben. Die Vertragsbeziehung zwischen Kapitalgebern und Finanzintermediär ist nun durch asymmetrische Information belastet und wird zusätzliche Kosten verursachen, und zwar entweder durch Abbau der Informationsasymmetrie oder durch einen anreizkompatiblen Vertrag. Ob die Existenz des Finanzintermediärs in diesem Modell also wirklich einen Vorteil bringt, ist zweifelhaft. Der naive Erklärungsversuch war offenbar nicht konsequent zu Ende gedacht.

An diesem Beispiel haben Sie erkannt, dass eine saubere informationsökonomische Erklärung für die Existenz von Finanzintermediären nicht einfach ist. Das grundsätzliche Problem besteht darin, dass durch das Hinzufügen des Finanzintermediärs aus einer einstufigen eine zweistufige Kooperation wird. Folglich gibt es dann nicht nur ein Informationsbeschaffungs- oder Anreizproblem, sondern gleich zwei. Der Finanzintermediär ist an beiden Kooperationen beteiligt. Seine Wirkungsweise muss derart gestaltet sein, dass bei beiden Kooperationen die Vertragskosten gering bleiben (in der Summe geringer als die Kosten bei einer direkten Kooperation ohne Finanzintermediär). Eine Erklärung, die bei der einen Vertragsbeziehung die Kosten stark senkt, die andere Vertragsbeziehung aber völlig vernachlässigt (wie das Modell oben), kann daher nicht überzeugen.

Die grundlegende Idee, dass Finanzintermediation bei asymmetrischer Information trotz des daraus entstehenden zweistufigen Kooperationsproblems von Vorteil sein kann, findet sich erstmals in der Arbeit von LELAND und PYLE (1977). Allerdings wird die Überlegung in deren Arbeit nicht bis ins Details ausgearbeitet, die Darstellung ist auch formal nicht ganz korrekt. DIAMOND (1984) (S. 407) erläuterte später im Rahmen seines eigenen Modells, wie der Ansatz von Leland und Pyle zu einer formal sauberen Existenzerklärung von Finanzintermediären hätte führen können. Das Modell von DIAMOND (1984), das in der Literatur große Beachtung gefunden hat, wird Ihnen im folgenden Kapitel B3 ausführlich vorgestellt. Viele nachfolgende Arbeiten bauen auf den Ideen von Diamond auf.

B3 Das Modell von Diamond (1984)

1. Diamond geht in seinem Modell davon aus, dass der Ausgang eines Investitionsprojekts nur vom durchführenden Unternehmer, nicht aber von Außenstehenden kostenlos beobachtet werden kann (ex post Informationsasymmetrie).
2. Finanzieren Kapitalgeber solch ein Projekt, können sie zur Lösung des Informationsproblems entweder den Projektertrag kostenintensiv überwachen oder eine anreizkompatible Vertragskonstruktion wählen.
3. Diese anreizkompatible Vertragskonstruktion sieht vor, dass der Unternehmer einen festen Schuldbetrag zurückzahlt und bei nicht vollständiger Rückzahlung nichtmonetär bestraft wird.
4. Durch diesen Bestrafungsmechanismus erhält der Unternehmer einen Anreiz, die wahren Projekterträge bekannt zu geben und entsprechende Zahlungen zu leisten.
5. Übernimmt ein Intermediär stellvertretend die Überwachung der Unternehmer, so lassen sich Skaleneffekte realisieren und die Überwachungskosten senken. Es ergibt sich allerdings ein neues Informations- und Anreizproblem zwischen Kapitalgebern und Intermediär.
6. Die hierbei auftretenden Vertragskosten (Delegationskosten) werden dann gering, wenn der Intermediär gleichzeitig mehrere Projekte finanziert und durch Diversifikation die Ausfallrisiken senkt.
7. In diesem Falle kann die Lösung mit Intermediär günstiger sein als die Lösung ohne Intermediär. Dies liefert eine Erklärung für die Existenz von Finanzintermediären.

B3.1 Die grundlegenden Ideen des Modells

Mit seiner Arbeit „Financial Intermediation and Delegated Monitoring" hat DIAMOND (1984) eine auf Informationsasymmetrien basierende endogene Erklärung für die Existenz von Finanzintermediären gegeben. Sein Modell liefert erstmals eine formal saubere Argumentation, die auch die auftretenden Anreizprobleme vollständig einbezieht. Diamond modelliert ein wichtiges Problem von Kapitalgebern: Sie können den Verlauf und insbesondere das Ergebnis des von ihnen finanzierten Projekts nicht beobachten (*ex post Unsicherheit*). Dadurch entsteht ein Kooperationsproblem zwischen ihnen und dem projektdurchführenden Unternehmer, der einen Anreiz besitzt, gute Projektverläufe zu verschweigen und die Gewinne einzubehalten. Lösungen dieses Vertragsproblems sind stets mit Kosten verbunden. Die naheliegendste Lösung, die asymmetrische Information durch eine individuelle Projektbeobachtung (*Monitoring*) jedes einzelnen Kapitalgebers abzubauen, ist ineffizient, wenn viele Kleininvestoren nur geringe Finanzierungsbeiträge leisten. Alternativ ließe sich durch die Vereinbarung von Strafen bei zu geringer Rückzahlung das Vortäuschen geringer Erträge verhindern. Allerdings schaden aus Anreizgründen vereinbarte Strafen dem Unternehmer auch, wenn er ehrlich einen schlechten Projektverlauf bekannt geben muss. Auch Verträge mit Strafvereinbarungen verursachen daher Wohlfahrtsverluste.

Die Monitoringkosten lassen sich senken, wenn die Aufgabe des Abbaus der Informationsasymmetrie an einen Intermediär delegiert wird. Die Delegation des Monitoring erzeugt allerdings ein neues Anreizproblem zwischen Investoren und Intermediär. Ohne geeigneten Vertrag könnte der Intermediär die Kapitalgeber genauso betrügen wie der Unternehmer. Die entscheidende Erkenntnis des Modells ist es nun, dass die aus der Kooperation zwischen Kapitalgebern und Intermediär entstehenden Vertragskosten, die so genannten Delegationskosten, stark gesenkt werden können, wenn der Finanzintermediär diversifiziert, also mehrere voneinander unabhängige Projekte gleichzeitig finanziert. Hierdurch kann es zu Vertragsformen kommen, die eine direkte Finanzbeziehung ohne Intermediär dominieren. Diese Überlegungen sollen im Folgenden formalisiert werden.

B3.2 Das Grundmodell

In Diamonds Modellwelt existieren n risikoneutrale Unternehmer. Jeder von ihnen hat die Möglichkeit, *einmal* ein Projekt durchzuführen, sofern er die dafür benötigten finanziellen Mittel aufbringen kann. Vereinfachend wird angenommen, dass jedes dieser Projekte mit identischer Ertragsverteilung eine Einzahlung von einer Geldeinheit erfordert, und der Unternehmer selbst keine liquiden Mittel besitzt. Zur Finanzierung seines Projekts kann er auf eine unbeschränkte Zahl von ebenfalls risikoneutralen Kapitalgebern zurückgreifen.[3] Die Kapitalgeber haben zusätzlich die Möglichkeit, statt in das Projekt des Unternehmers in eine nicht näher spezifizierte Alternativtechnologie zu investieren, die ihnen pro eingesetzte GE eine Rückzahlung von I bringt ($I - 1$ kann demnach als Marktrendite aufgefasst werden). Die Kapitalgeber werden sich an der Finanzierung daher nur dann beteiligen, wenn die vom Unternehmer zu erwartende Rückzahlung pro eingesetzte GE zumindest I beträgt. Da Wettbewerb zwischen den Kapitalgebern angenommen wird, werden die Kapitalgeber durch die Kooperation mit den Unternehmern aber auch keine Überrenditen erzielen können. Pro eingesetzter GE werden sie von den Unternehmern im Erwartungswert eine Rückzahlung von *genau I* erhalten.

Wir betrachten zunächst nur das Verhältnis *eines* Unternehmers zu seinen m Kapitalgebern. Jeder dieser Kapitalgeber kann dem Unternehmer nur einen Bruchteil der benötigten Investitionssumme zur Verfügung stellen. Vereinfachend wird angenommen, dass alle Kapitalgeber über einen identischen Betrag in Höhe von $1/m$ GE verfügen. Für die Finanzierung seines Projekts benötigt der Unternehmer somit m Kapitalgeber. Die Gesamteinzahlung von einer GE in $t = 0$ führt zu einem zufallsabhängigen Ertrag $\tilde{y}$ in $t = 1$, der zwischen 0 und $\bar{y}$ schwanken kann. Sofern es zu keinen Verwechslungen kommen kann, wird die

---

[3] Die Annahme der Risikoneutralität der Kapitalgeber kann auch aufgehoben werden. Mit einer etwas anderen Argumentation ließe sich auch für risikoaverse Kapitalgeber die Existenz eines Finanzintermediärs begründen (vgl. DIAMOND (1984) und BREUER (1993)).

Zufallsvariable $\tilde{y}$ im Weiteren auch einfach mit y bezeichnet. Der Erwartungswert $E(y)$ des Ertrags ist größer als I, d. h. bei symmetrischer Information wäre
die Durchführung des Projekts vorteilhaft.

Der Unternehmer könnte bei symmetrischer Information mit den Kapitalgebern einen Vertrag abschließen, bei dem der Erwartungswert der aggregierten
Rückzahlung $z(y)$ gerade I beträgt. Er selbst würde einen positiven erwarteten
Gewinn $E(y) - I$ erzielen. Beachten Sie bei dieser Argumentation, dass wegen
der angenommenen Risikoneutralität aller Vertragspartner die genaue Aufteilungsregel für die Erträge unerheblich wäre.

In Abbildung B3.1 sind die wesentlichen Parameter des Grundmodells zusammengefasst. Anhand des anschließenden Zahlenbeispiels sollen die bisherigen
(und später die weiteren) Überlegungen nachvollzogen werden.

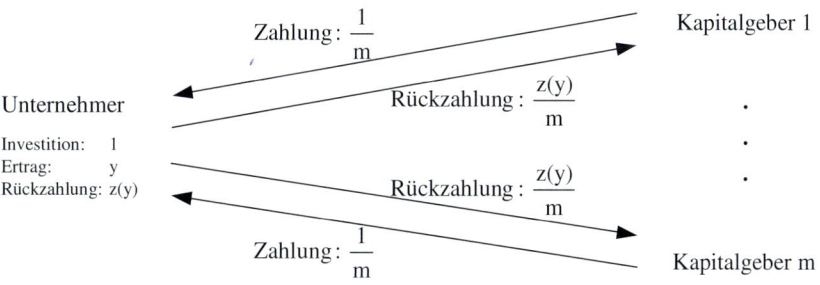

Abb. B3.1: Das Grundmodell von Diamond für einen Unternehmer

Verdeutlichung der bisherigen Überlegungen anhand eines Zahlenbeispiels:

- Das Projekt des Unternehmers erfordert eine Investition von 1 GE und liefert Erträge
  $\tilde{y}$, die nur zwei mögliche Ausprägungen, y_1 und y_2, annehmen können:

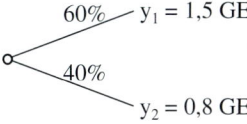

- Die Kapitalgeber besitzen jeweils ein Vermögen von 0,1 GE, so dass $m = 10$ KG zur
  Finanzierung des Projekts benötigt werden.

- Die Marktrendite $I-1$ beträgt 10%. Die Kapitalgeber werden demnach nur dann ihre 0,1 GE in das Projekt investieren, wenn sie im Erwartungswert eine Rückzahlung von 0,11 GE $= (0,1$ GE $\cdot I)$ erhalten. Der erwartete Projektertrag beträgt $E(y) = 1{,}22$ GE $(= 60\% \cdot 1{,}5$ GE $+ 40\% \cdot 0{,}8$ GE$)$. Wegen $E(y) > I = 1{,}1$ GE handelt es sich also um ein lohnendes Projekt.

- Bei symmetrischer Information wäre jeder Vertrag möglich, bei dem die vereinbarten Rückzahlungen pro Kapitalgeber im Erwartungswert gerade 0,11 GE betragen. Ein solcher Vertrag wäre zum Beispiel:

  - vereinbarte Rückzahlung im Erfolgsfall: $z(y_1)/m = 0{,}13$ GE
  - vereinbarte Rückzahlung im Misserfolgsfall: $z(y_2)/m = 0{,}08$ GE

- Die erwartete Rückzahlung an alle 10 Kapitalgeber beträgt hier:

$$60\% \cdot 1,3 + 40\% \cdot 0,8 = 1,1 = I.$$

Dem Unternehmer verbleibt damit der Projektüberschuss von 0,12 GE

$$(= E(y) - I = 1,22 - 1,1).$$

Bei symmetrischer Information wäre die Kooperation zwischen Kapitalgeber und Unternehmer also unproblematisch. Im Modell von Diamond wird jedoch eine *ex post Informationsasymmetrie* problematisiert, d. h. annahmegemäß kann der Kapitalgeber im Gegensatz zum Unternehmer das konkrete Projektergebnis y nicht beobachten. Andere mögliche Probleme asymmetrischer Information (ex ante, interim) bleiben im Modell von Diamond unberücksichtigt.

B3.3 Verträge bei direkter Finanzbeziehung

B3.3.1 Das Kooperationsproblem

Im Modell von Diamond soll gezeigt werden, dass die Einbeziehung eines Finanzintermediärs gegenüber einer direkten Unternehmer-Kapitalgeber-Beziehung eine Kostenersparnis bewirken kann. Dazu ist es zuerst notwendig, als Vergleichsmaßstab die optimale Vertragsform bei einer *direkten Finanzbeziehung* sowie deren Vertragskosten zu bestimmen. Die Probleme bei der Verifizierbarkeit des Projektergebnisses verhindern von vornherein die Verwendung einer Reihe von Vertragskonstruktionen. So hätte z. B. ein Vertrag, der die Rückzahlung prozentual zum Projektertrag festlegt, die Konsequenz, dass der Unternehmer stets das Eintreten des schlechtestmöglichen Projektergebnisses verkündet. Dies antizipierend würde kein Kapitalgeber dem Unternehmer Mittel zur Verfügung stellen.

Die Wahl einer geeigneten Vertragsform ist in Diamonds Modellierung ein Problem des Unternehmers und nicht der Kapitalgeber. Die Kapitalgeber besitzen stets die Möglichkeit, ihr Geld in die Alternativtechnologie zu investieren und dort eine erwartete Rückzahlung von I zu erzielen. Ist der Unternehmer nicht in der Lage, eine Vertragsform anzubieten, bei der die Kapitalgeber die Finanzierung übernehmen, wird sein eigentlich vorteilhaftes Projekt nicht zur

Durchführung kommen. Es liegt somit im Interesse des Unternehmers, Verträge anzubieten, die seinen eigenen Verhaltensspielraum einschränken. Dies kann auf zwei Arten geschehen. Zum einen könnte der Vertrag so gestaltet werden, dass der Unternehmer einen Anreiz besitzt, den Projektausgang wahrheitsgemäß mitzuteilen. In den Abschnitten B3.3.2 bis B3.3.4 sehen Sie, wie dies geschehen kann und welche Konsequenzen eine derartige Vertragsgestaltung hat. Zum anderen könnte er den Kapitalgebern die Möglichkeit einräumen, den Projektverlauf und insbesondere das Projektergebnis zu beobachten. Diese Möglichkeit wird in Abschnitt B3.3.5 besprochen und mit der ersten verglichen.

B3.3.2 Nichtmonetäre Strafen

Die von Diamond vorgeschlagene Lösung für das soeben angesprochene Anreizproblem besteht in der Verwendung nichtmonetärer Strafen. Die Strafen heißen „nichtmonetär", da hier keine Vermögenswerte transferiert werden, wie es zum Beispiel bei der Verwertung von Sicherheiten der Fall wäre. Solche Strafen sind durchführbar, auch wenn der bestrafte Unternehmer selbst keinerlei Vermögenswerte besitzt (und das wurde ja in dieser Modellwelt angenommen). Nichtmonetäre Strafen erfüllen allein den Zweck, den zu Bestrafenden ex post zu schädigen, um dadurch ex ante eine Anreizwirkung zu erzielen. Der Kapitalgeber zieht aus der Anwendung der Strafen ex post keinen Nutzen. Als typische Beispiele für solche nichtmonetären Strafen können Sie sich Haftstrafen, den Verlust des guten Rufs oder die in Insolvenzverfahren investierte Arbeitskraft vorstellen. Diamond selbst diskutiert sogar physische Strafen (wie Folterung), verwirft sie jedoch selbst wieder als wohl doch weniger realistische Beispiele (Diamond (1984), S. 396).

Dieses Konzept der nichtmonetären Strafen ist recht ungewöhnlich und diskussionsbedürftig. Die Strafen sollen zwar nichtmonetär sein, aber es muss Übereinstimmung darüber bestehen, welcher Geldbetrag zu einer bestimmten Strafe des Kreditnehmers äquivalent ist. Im Modell wird sogar angenommen, dass für jeden Geldbetrag eine äquivalente Strafe existiert. Diese Eigenschaften sind für die von Diamond vorgeschlagenen Strafen „Verlust des Rufs", „Suchkosten für ein neues Management" und „Strapazen in einem Gerichtsverfahren" nur bedingt zutreffend. Geeigneter erscheinen hier z. B. Gefängnisstrafen. Sie lassen sich auch anwenden, wenn der Bestrafte kein Vermögen besitzt. Sie bringen dem Vertragspartner keinen Nutzen, sondern dienen nur zur Abschreckung. Darüber hinaus lassen sich verschieden hohe Geldbeträge durch entsprechend lange Haftstrafen aufwiegen.

Die Gültigkeit von Diamonds Aussagen hängt im Übrigen nicht von der Existenz solcher idealtypischer Strafen ab. So lässt sich zum Beispiel die Forderung, dass der Kontraktpartner selbst keinen Nutzen aus der Ausübung der Strafe zieht, problemlos aufweichen. Es reicht hier, dass die Strafe insgesamt wohlfahrtsverringernd wirkt, d. h. dass der Verlust, den der Bestrafte erleidet, höher ist als der Vorteil, den der Kontraktpartner aus der Ausübung der Strafe zieht. Auch die exakte monetäre Vergleichbarkeit von Strafe und entsprechendem Geldbetrag ist für die Qualität der Ergebnisse nicht relevant. In einer vereinfachten Überarbeitung seines Modells verwendet DIAMOND (1996) sogar fixe Kosten einer Liquidation des Projekts als Ausprägung der nichtmonetären Strafen. Für die weitere Erläuterung sei aber wie im Originalmodell angenommen, dass die Strafen monetäre Äquivalente besitzen, und ihre Ausführung dem Kooperationspartner keinerlei Nutzenzuwachs bringt.

B3.3.3 Ein optimaler Finanzkontrakt mit Straffunktion

Die Form der Straffunktion

Mit Hilfe der nichtmonetären Strafen lässt sich das Kooperationsproblem zwischen Kapitalgebern und Unternehmern lösen. Da die einzige von beiden Vertragspartnern beobachtbare Variable die tatsächlich erfolgte Rückzahlung $z(y)$ ist, kann die Höhe der zusätzlich zu leistenden Strafe auch nur von diesem Rückzahlungsbetrag abhängig gemacht werden.

Im Finanzkontrakt wird die Straffunktion $\phi(z(y))$ und damit indirekt auch der vereinbarte Rückzahlungsbetrag festgelegt. $\phi(z(y))$ beschreibt die Höhe der nichtmonetären Strafe, die ein Unternehmer zu erleiden hat, wenn er eine Rückzahlung $z(y)$ leistet. Der kleinste Betrag, bei dessen Zahlung der Unternehmer keine zusätzliche Strafe zu erleiden hat, kann als *vertraglich vereinbarter Rückzahlungsbetrag* interpretiert werden. Ein Unternehmer wird niemals mehr als diesen Betrag zurückzahlen.

Welche Eigenschaften muss eine gut gewählte Straffunktion aufweisen? Damit sie die gewünschte Anreizwirkung hat, darf sie nicht so gering ausfallen, dass der Unternehmer trotz Bestrafung von einer Falschspezifikation des Projektertrags profitieren könnte. Zum anderen sollten aber auch nicht unnötig hohe Strafen festgelegt werden. Bedenken Sie, dass die eigentlich nur aus Anreizgründen vereinbarten Strafen bei schlechten Projektergebnissen tatsächlich durchgeführt werden müssen. Unnötig hohe Strafen würden sich auf die Gesamtwohlfahrt (erwarteter Nutzen von Unternehmer und Kapitalgebern zusammen) entsprechend negativ auswirken.

Es lässt sich zeigen, dass der optimale Vertrag durch eine Straffunktion der Form $\phi^*(z(y)) = max(R - z(y), 0)$ mit einem noch näher zu bestimmenden Wert R zu beschreiben ist. Eine solche Straffunktion $\phi^*(z(y))$ ist in Abbildung B3.2 dargestellt.

Interessant ist, dass ein Vertrag mit dieser Straffunktion als normaler Schuldvertrag zu interpretieren ist. Der Betrag R lässt sich als vereinbarter Schuldbetrag verstehen, bei dessen vertragsgemäßer Zahlung für den Unternehmer keine weiteren Strafen anfallen. Bleibt er jedoch einen Teil des vereinbarten Betrages R schuldig, so muss er eine nichtmonetäre Strafe erleiden, die in ihrer Höhe gerade der schuldig gebliebenen Differenz entspricht. $\phi^*(z(y))$ ist optimal, da es eine *minimale anreizkompatible Straffunktion* ist.

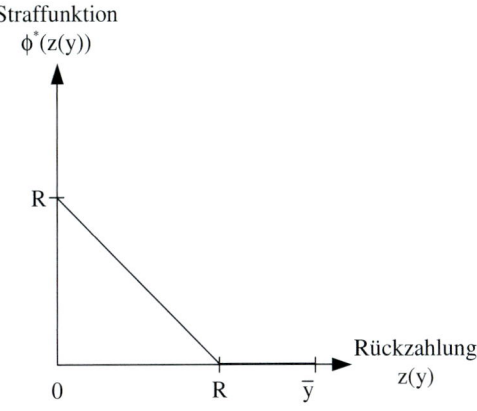

Abb. B3.2: Die optimale Straffunktion $\phi^*(z(y))$

- $\phi^*(z(y))$ ist *anreizkompatibel*, weil der Unternehmer keinen Anreiz hat, weniger von seiner Schuld R zu begleichen, als aufgrund des Projektertrags möglich wäre.
- $\phi^*(z(y))$ ist *minimal* unter den anreizkompatiblen Strafen, weil jede Strafe, welche Rückzahlungen $z(y) \in [0, R]$ geringer bestraft als $\phi^*(z(y))$, die Anreizwirkung nicht mehr besitzt.

Die Höhe des vertraglich vereinbarten Schuldbetrages R

Nachdem geklärt ist, welche Form die optimale Straffunktion annehmen muss, verbleibt die Frage, wie sich die *Höhe* des optimalen Schuldbetrages R bestimmt. Der Unternehmer, von dem die Vertragsgestaltung ausgeht, hat zwei Aspekte zu berücksichtigen. Zum einen möchte er R so niedrig wie möglich wählen, da dies seinen erwarteten Gewinn erhöht. Zum anderen muss er R zumindest so hoch wählen, dass sich die Kapitalgeber für eine Investition in sein Projekt anstelle der Alternativtechnologie entscheiden. Die erwartete Rückzahlung muss daher genau I betragen:

$$E(z(y)) = I. \tag{B3-1}$$

Aus dieser Gleichung lässt sich R berechnen. Die benötigte Wahrscheinlichkeitsverteilung für das Eintreten der Projekterträge ist annahmegemäß allen Beteiligten bekannt. Die Rückzahlungsfunktion $z(y)$, die die monetäre Rückzahlung des Unternehmers an die Kapitalgeber in Abhängigkeit vom Projektertrag bestimmt, ergibt sich durch die Straffunktion $\phi^*(z(y))$. Für sie gilt: $z(y) = min(R, y)$, d. h. für Projekterträge $y < R$ wird der gesamte Projektertrag an die Kapitalgeber weitergegeben ($z(y) = y$), für Projekterträge $y \geq R$

erhalten sie nur eine Rückzahlung $z(y) = R$. Diese Rückzahlungsfunktion ist in Abbildung B3.3 grafisch dargestellt.

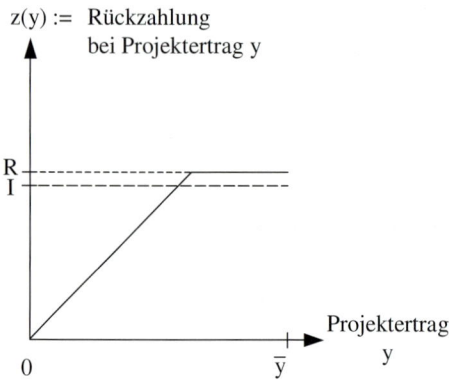

Abb. B3.3: Die aus ϕ^* resultierende Rückzahlungsfunktion $z(y)$

Durch Einsetzen dieser Rückzahlungsfunktion in Gleichung (B3-1) erhält man die Forderung:

$$P(y < R) \cdot E(y \mid y < R) + P(y \geq R) \cdot R = I. \tag{B3-2}$$

Der Erwartungswert der Rückzahlung z setzt sich zusammen aus

- dem Fall einer nur teilweisen Rückzahlung, der mit Wahrscheinlichkeit $P(y < R)$ eintritt, und in dem die erwartete Rückzahlung durch den bedingten Erwartungswert $E(y \mid y < R)$ gegeben ist,
- und dem Fall der vollständigen Rückzahlung R, der mit Wahrscheinlichkeit $P(y \geq R)$ eintritt.

Die Differenz $R - I$ stellt den Risikoaufschlag (vgl. Abschnitt B1.2.2) dar, dessen Höhe wesentlich von der Verteilung der Zufallsvariablen y abhängt. Um dies zu verdeutlichen, wurden in Abbildung B3.4(a) und B3.4(b) neben der jeweiligen Rückzahlungsfunktion $z(y)$ auch die Dichtefunktionen für die Zufallsvariablen $\tilde{y}_a$ und $\tilde{y}_b$ eingetragen. In Abbildung B3.4(a) ergibt sich ein relativ hoher Schuldbetrag R, da mit einer nicht unerheblichen Wahrscheinlichkeit auch geringe Rückzahlungen vorkommen: der Risikozuschlag $R_a - I$ ist relativ hoch. Bei der Dichtefunktion in Abbildung B3.4(b) hingegen ist die Wahrscheinlichkeit für zu geringe Rückzahlungen gering. Hier kann der Unternehmer bereits durch einen geringen Risikozuschlag die Bedingung (B3-2) erfüllen und damit Kapitalgeber für seine Investition gewinnen.

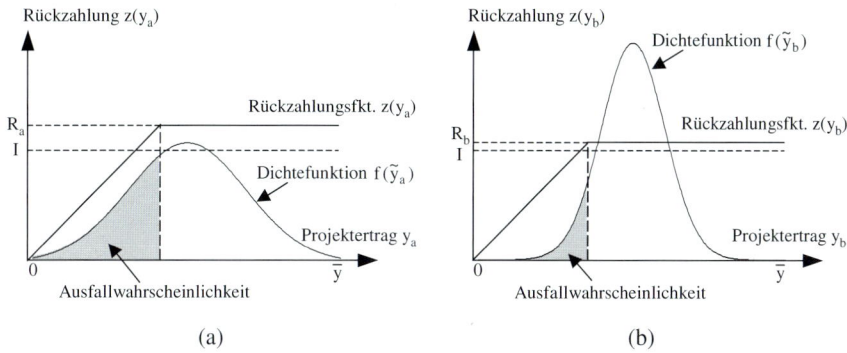

Abb. B3.4: Der Einfluss der Ertragsverteilungen y_a und y_b auf die Höhe der Schuldbeträge

B3.3.4 Die Kosten eines Schuldvertrags mit Straffunktion

Die im letzten Abschnitt definierte Straffunktion stellt die Anreizkompatibilität des Vertrags sicher, verursacht aber auch Kosten. Diese Kosten äußern sich darin, dass es im Falle schlechter Projektverläufe zur Bestrafung des Unternehmers kommt, ohne dass gleichzeitig die Kapitalgeber daraus Vorteile ziehen. Wie hoch die zusätzlichen Kosten sind, die durch die asymmetrische Information verursacht werden, lässt sich in dem Modell relativ leicht ablesen. Aufgrund der Risikoneutralität aller Beteiligten müssen nur Erwartungswerte betrachtet werden. Der erwartete Projektertrag $E(y)$ ist fest vorgegeben und unveränderbar. Die erwartete Rückzahlung an die Kapitalgeber wird stets genau I betragen. Allein an der Höhe des Unternehmergewinns lässt sich daher die Güte verschiedener Vertragsformen vergleichen.

Als Referenzpunkt dient uns dabei die First-Best-Lösung, die mit einem optimalen Vertrag bei symmetrischer Information erzielbar wäre. Bei symmetrischer Information könnte die Rückzahlung in Abhängigkeit vom Projektertrag festgelegt werden. Aufgrund der Risikoneutralität aller Vertragspartner ist jede Zahlungsvereinbarung $z(y)$, die die Bedingung $E(z(y)) = I$ erfüllt, gleich gut und optimal. Da keine zusätzlichen Kosten anfallen, verbleibt dem Unternehmer als erwarteter Gewinn die Differenz zwischen erwartetem Projektertrag und erwarteter Rückzahlung, d. h. $E(y) - I$.

Wird die gegebene ex post Informationsasymmetrie berücksichtigt (immer noch ohne die Möglichkeit einer Überwachung), so ergibt sich durch einen optimalen Vertrag eine *Second-Best-Lösung*. Der Schuldvertrag mit Straffunktion ϕ^* und geeignetem R ist eine solche Second-Best-Lösung. Der Unternehmer leistet hier unabhängig vom Projektausgang stets eine Gesamtzahlung in Höhe von R, die sich aus monetären Rückzahlungen und nichtmonetären Strafen zusammensetzen kann. Damit ergibt sich der Unternehmergewinn nun als Differenz zwischen erwartetem Projektertrag und erwarteter Gesamtzahlung, d. h. $E(y) - R$.

Die durch die Informationsasymmetrie verursachten Kosten ergeben sich als Differenz des Unternehmergewinns bei der First-Best- und bei der Second-Best-Lösung, sie betragen also $R - I$. Alternativ lassen sich diese Kosten auch direkt über den Erwartungswert der Strafzahlungen $E(\phi^*(z(y)))$ berechnen.

Weiterführung des Zahlenbeispiels aus Abschnitt B3.2:

- Es wird ein Schuldvertrag mit Straffunktion und einem Rückzahlungsbetrag von $R/m = 0,13$ GE vereinbart. Dadurch erhält jeder Kapitalgeber im Erwartungswert genau die geforderte Rückzahlung von $0,11$ GE ($= I/m$).

- Im Falle eines Projekterfolges würde der Unternehmer den Kapitalgebern die insgesamt zugesagten $R = 1,3$ GE auszahlen. Im Falle des Misserfolges käme zu der monetären Rückzahlung in Höhe von $y_2 = 0,8$ GE noch eine nicht monetäre Bestrafung in Höhe der Restschuld $R - y_2 = 0,5$ GE.

- Der Unternehmer würde einen solchen Vertrag allerdings nicht abschließen wollen. Durch die potenzielle Bestrafung wäre sein erwarteter Gewinn trotz der Überschüsse im Erfolgsfall negativ:

$$60\% \cdot (1,5 - 1,3) + 40\% \cdot (-0,5) = -0,08 \; GE.$$

- Warum das Projekt nicht durchgeführt wird, zeigt sich auch bei einer Betrachtung der wohlfahrtsverringernden Vertragskosten. Diese ergeben sich als: $R - I = 0,2$ GE, bzw. $E(\Phi^*(z(y))) = 40\% \cdot 0,5 = 0,2$ GE, und übersteigen damit den Projektüberschuss $E(y) - I = 0,12$ GE.

B3.3.5 Die Vorteilhaftigkeit von Monitoring

Falls die Beobachtung des Projektertrags durch Außenstehende nicht vollständig ausgeschlossen ist, könnte es für den Unternehmer von Vorteil sein, den Kapitalgebern die Projektbeobachtung zu ermöglichen. Er muss jedem Kapitalgeber dann die Kosten c vergüten, die diesem für das Monitoring entstehen. Aufgrund der dadurch erreichten symmetrischen Information kann er anschließend Verträge ohne Straffunktion abschließen. Wegen der Beobachtbarkeit der Projekterträge durch die Kapitalgeber können die Rückzahlungen wie bei der First-Best-Lösung in Abhängigkeit von den Projekterträgen vereinbart werden. Die Kosten der asymmetrischen Information beschränken sich in diesem Falle also gerade auf die gesamten Monitoringkosten $m \cdot c$. Ob ein Vertrag mit Monitoring oder ein Schuldvertrag mit Straffunktion die bessere Vertragsform darstellt, hängt von der Höhe der Vertragskosten ab. Die geeignetere Vertragsform lässt sich durch einen Vergleich von $m \cdot c$ mit $R - I$ (bzw. $E(\phi^*(z(y)))$) bestimmen.

Sie sollten sich an dieser Stelle klar machen, welche Parameter die Höhe der Vertragskosten bei beiden Lösungsmöglichkeiten beeinflussen. Eine Monitoringlösung ist besonders teuer, wenn die Zahl der Kapitalgeber m groß ist. Die Kosten beim Vertrag mit Straffunktion werden hingegen durch m nicht beeinflusst. Andererseits verursacht ein Schuldvertrag mit Straffunktion besonders hohe Vertragskosten, wenn das Projekt sehr riskant ist und schlechte Projekterträge mit relativ hoher Wahrscheinlichkeit eintreten. Auf die Höhe der Monitoringkosten hat das Projektrisiko dagegen keinen Einfluss.

Weiterführung des Zahlenbeispiels:

- Unterstellen wir Monitoringkosten in Höhe von $c = 0,03$ GE, so stellt eine Projektüberwachung keine bessere Lösung dar. Die Vertragskosten betragen dann $m \cdot c = 10 \cdot 0,03$ GE $= 0,3$ GE und liegen noch über den Vertragskosten $R - I = 0,2$ GE der Schuldvertragslösung.

B3.4 Kostensenkung durch Finanzintermediation

B3.4.1 Die Idee des delegierten Monitoring

Bei relativ riskanten Projekten und einer großen Anzahl von benötigten Kapitalgebern pro Projekt sind beide in Abschnitt B3.3 vorgeschlagenen Vertragsformen mit hohen Vertragskosten verbunden. Eine Einsparung von *Monitoringkosten* lässt sich durch eine Delegation dieser Aufgabe an ein einzelnes Individuum, das wir Finanzintermediär nennen, erreichen. Der Finanzintermediär führt stellvertretend ein Monitoring durch, kontrolliert damit den Unternehmer und leitet die entsprechenden Zahlungen an die Kapitalgeber weiter. Dies senkt die Monitoringkosten von $m \cdot c$ auf $1 \cdot c$.

Allerdings entsteht dabei ein neues Anreizproblem: Wie stellen die Kapitalgeber sicher, dass der Beauftragte das Monitoring auch wirklich durchführt bzw. die korrekten Projekterträge übermittelt (vgl. die Überlegungen in Abschnitt B2.3)? Ohne einen geeigneten Vertrag würde der Intermediär das arbeitsintensive Monitoring nur vortäuschen. Er könnte sich auch mit dem Unternehmer auf die Bekanntgabe eines extrem schlechten Projektertrags einigen und die Gewinne mit ihm teilen. Die Kapitalgeber werden ihr Kapital nur dann zur Verfügung stellen, wenn durch die Vertragsgestaltung ein solches Verhalten des Finanzintermediärs ausgeschlossen ist. Das Delegieren des Monitoring an einen Finanzintermediär hat das Kooperationsproblem also nicht beseitigt, sondern nur verschoben. Die Kosten, die notwendig sind, um das neu entstandene Kooperationsproblem zwischen Finanzintermediär und Kapitalgebern zu lösen, werden *Delegationskosten* genannt. Glücklicherweise lässt sich zeigen, dass trotz der zusätzlich auftretenden *Delegationskosten* die Einführung eines Finanzintermediärs gesamtkostensenkend sein kann. Wie dies geschieht, wird im Folgenden dargelegt.

B3.4.2 Finanzintermediation als delegiertes Monitoring

Der Finanzintermediär in unserem Modell ist ebenfalls risikoneutral und besitzt kein eigenes Vermögen. Er sammelt die Zahlungen der Kapitalgeber und

finanziert damit das Projekt des Unternehmers. Im Weiteren überwacht er den
Projektausgang und erhält vom Unternehmer den vereinbarten Rückzahlungsbetrag. Diesen verwendet er, um Rückzahlungen an die Kapitalgeber zu leisten
(vgl. Abbildung B3.5). Die Kapitalgeber können dabei nicht beobachten, welche Zahlungen der Intermediär vom Unternehmer erhalten hat. Es wird zudem
angenommen, dass der Finanzintermediär wettbewerbsbedingt im Erwartungswert keinen positiven Gewinn realisieren kann. Er wird also seine Verträge mit
Unternehmer und Kapitalgebern so gestalten, dass er unter Berücksichtigung
möglicher nichtmonetärer Strafen im Erwartungswert einen Nullgewinn erzielt.
Durch diese Annahme schöpft der Unternehmer weiterhin alle Projektüberren-
diten ab. Ein Vergleich verschiedener Vertragslösungen reduziert sich somit auf
eine Betrachtung des jeweils erwarteten Unternehmergewinns (bzw. der insgesamt anfallenden Vertragskosten).

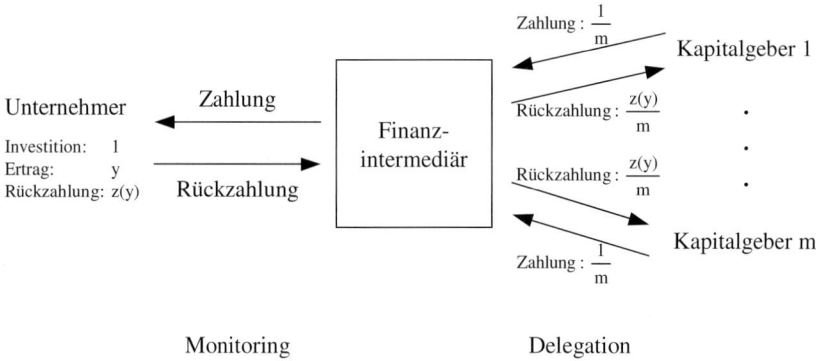

Abb. B3.5: Finanzintermediation als delegiertes Monitoring

Die gesamten Kosten der Intermediärslösung setzen sich aus den Vertragskosten der Unternehmer-Finanzintermediär-Beziehung und den Delegationskosten
aus der Finanzintermediär-Kapitalgeber-Beziehung zusammen. Die Kosten der
Unternehmer-Finanzintermediär-Beziehung sind verhältnismäßig gering. Durch
einmaliges Monitoring mit Kosten c wird die Informationsasymmetrie beseitigt.
Der dann mögliche Vertrag bei symmetrischer Information verursacht keine weiteren Wohlfahrtsverluste.

Die Finanzintermediär-Kapitalgeber-Beziehung gleicht weitgehend der vorher
diskutierten direkten Beziehung zwischen Unternehmer und Kapitalgebern. Die
Kapitalgeber wissen, welches Projekt der Finanzintermediär finanziert, und wie
der zwischen Unternehmer und Finanzintermediär abgeschlossene Vertrag aussieht. Daraus lässt sich ableiten, mit welchen Wahrscheinlichkeiten welche Beträge dem Finanzintermediär zur Weiterleitung an die Kapitalgeber zur Verfügung
stehen werden. Anders formuliert: Die Kapitalgeber investieren in ein „Projekt

Finanzintermediär", über dessen Ertragsverteilung keine Unklarheit besteht; sie können aber nicht beobachten, welche Zahlungen tatsächlich vom Unternehmer an den Finanzintermediär geflossen sind. Der tatsächlich realisierte Ertrag des „Projekts Finanzintermediär" ist somit unklar. Die Kapitalgeber stehen vor dem gleichen Anreizproblem, vor dem sie auch bei einer direkten Finanzbeziehung mit einem Unternehmer stehen würden.

Dieses Problem wird durch einen Schuldvertrag mit Straffunktion gelöst. Allerdings kann ein solcher Vertrag gegenüber der direkten Finanzbeziehung keine Verbesserung bringen, solange der Intermediär nur in ein einzelnes Projekt investiert. Das „Projekt Finanzintermediär" weist dann im Wesentlichen die gleichen Ausfallrisiken auf wie das Projekt des Unternehmers (die Erträge sind sogar noch geschmälert durch die Kosten für die Projektüberwachung). Die erwarteten Strafkosten und somit die Wohlfahrtsverluste können in diesem Falle nicht geringer sein als bei einem direkten Schuldvertrag zwischen Unternehmer und Kapitalgebern.

B3.4.3 Senkung der Delegationskosten durch Diversifikation

Ganz anders stellt sich die Situation dar, wenn ein und derselbe Finanzintermediär gleichzeitig die Projekte mehrerer Unternehmer finanziert. An dieser Stelle wird es notwendig, unsere auf einen einzelnen Unternehmer eingeschränkte Betrachtung wieder auf den ganzen Markt auszuweiten. Im Markt befinden sich n Unternehmer, deren Projekte identische Ertragsverteilungen besitzen. Es wird vereinfachend angenommen, dass die Erträge dieser Projekte voneinander unabhängig sind. Dies ist keine notwendige Bedingung; wichtig ist nur, dass die Erträge der verschiedenen Projekte nicht perfekt miteinander korreliert sind. Der Finanzintermediär erhält Einzahlungen von $n \cdot m$ Kapitalgebern und investiert diese in die n Projekte. Die Kapitalgeber sind dabei nicht einem einzelnen Projekt zugeordnet, sondern erhalten jeweils die gleiche Rückzahlung, die vom Ausgang aller Projekte abhängt. Jeder einzelne Kapitalgeber vereinbart dabei mit dem Finanzintermediär einen Schuldvertrag mit Straffunktion (Abbildung B3.6). Für die Berechnung des zu fordernden Schuldbetrages ist nun allerdings nicht mehr der m-te Teil des Projektertrags eines einzelnen Projektes relevant, sondern der $(n \cdot m)$-te Teil der aggregierten Rückflüsse von den n Unternehmern.

In Abschnitt B3.3.5 haben Sie sich bereits überlegt, dass die Höhe des geforderten Schuldbetrages R, und damit auch die Höhe der erwarteten Strafkosten $R - I$, insbesondere davon abhängt, wie wahrscheinlich schlechte Projekterträge sind. Die Differenz $R - I$ stellt einen Risikozuschlag dar, der als Ausgleich für die Gefahr zu geringer Rückzahlungen dient. Hier kommt nun der Diversifikationseffekt zum Tragen. Durch die Unabhängigkeit der Erträge der n vom Finanzintermediär finanzierten Projekte ist die Wahrscheinlichkeit für sehr schlechte Ausgänge des „Gesamtprojekts Finanzintermediär" viel geringer als die entsprechende Wahrscheinlichkeit eines jeden einzelnen Projekts. Dadurch sinkt der von den KG geforderte Rückzahlungsbetrag und es kommt zu geringeren Wohlfahrtsverlusten durch die nichtmonetäre Bestrafung des Finanzintermediärs. Diesen

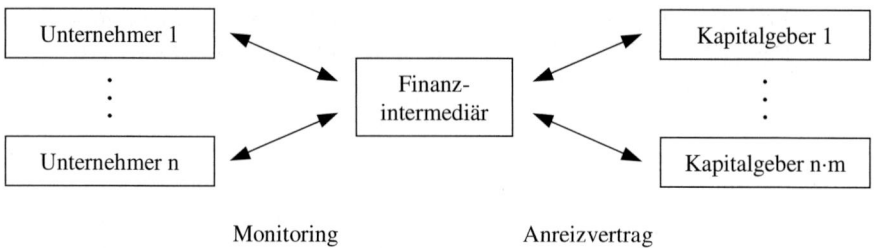

Abb. B3.6: Diversifikation durch Investition in mehrere Projekte

Effekt wollen wir an dem konkreten, in Abschnitt B3.2 begonnenen Zahlenbeispiel nachvollziehen.

Weiterführung des Zahlenbeispiels:

- Ein Finanzintermediär verwendet die Einzahlungen von $n \cdot m = 30$ Kapitalgebern zur Finanzierung von $n = 3$ Projekten. Alle Projekte besitzen die bereits bekannte Ertragsverteilung ($y_1 = 1,5$ GE mit $p_1 = 60\%$ und $y_2 = 0,8$ GE mit $p_2 = 40\%$) und sind voneinander unabhängig.

- Der Intermediär überwacht die Unternehmer und lässt sich die Monitoringkosten in Höhe von $0,03$ GE von jedem Unternehmer direkt erstatten. Zudem vereinbart er mit diesen eine Rückzahlung von $R_U = 1,4507$ GE im Erfolgsfall und eine Rückzahlung des gesamten (nach Abzug der Monitoringkosten verbleibenden) Projektertrags von $0,77$ GE bei Misserfolg.

- Durch die Unabhängigkeit der Projekte ergeben sich folgende Gesamtrückflüsse an den Intermediär:

    4,3521 GE $= 3 \cdot R_U$ (mit $p = 21,6\%$),
    3,6714 GE $= 2 \cdot R_U + 0,77$ (mit $p = 43,2\%$),
    2,9907 GE $= R_U + 2 \cdot 0,77$ (mit $p = 28,8\%$) und
    2,3100 GE $= 3 \cdot 0,77$ (mit $p = 6,4\%$).

- Für jeden Kapitalgeber steht $1/30$ dieser Rückflüsse für Rückzahlungen zur Verfügung. Die auf den einzelnen Kapitalgeber heruntergerechnete Verteilung ist in Abbildung B3.7(a) dargestellt. Durch einen Vergleich mit Abbildung B3.7(b) wird deutlich, dass eine Investition in ein solches Projekt für die Kapitalgeber mit weniger Ausfallrisiken verknüpft ist als ein direkter Vertrag mit einem Unternehmer. Die Kapitalgeber müssen nur mit 35,2% Wahrscheinlichkeit Ausfälle hinnehmen, in 28,8% der Fälle sind die Ausfälle zudem moderat.

- Aufgrund des positiven Diversifikationseffekts ist der Kapitalgeber schon bei einer vereinbarten Rückzahlung von $R_I = R/m = 0,11784$ GE bereit, dem Intermediär die Investitionssumme von $0,1$ GE zur Verfügung zu stellen. Im Erwartungswert erzielt er dann gerade die geforderte Marktrendite von $I - 1 = 10\%$, so dass seine Nullgewinnbedingung $0,648 \cdot R_I + 0,288 \cdot 1/30 \cdot (R_U + 2 \cdot 0,77 \text{ GE}) + 0,064 \cdot 1/30$ $\cdot (3 \cdot 0,77 \text{ GE}) = 0,11$ GE erfüllt ist. Im Vergleich dazu würde die Forderung bei einer direkten Unternehmer-Kapitalgeber-Beziehung $0,13$ GE betragen.

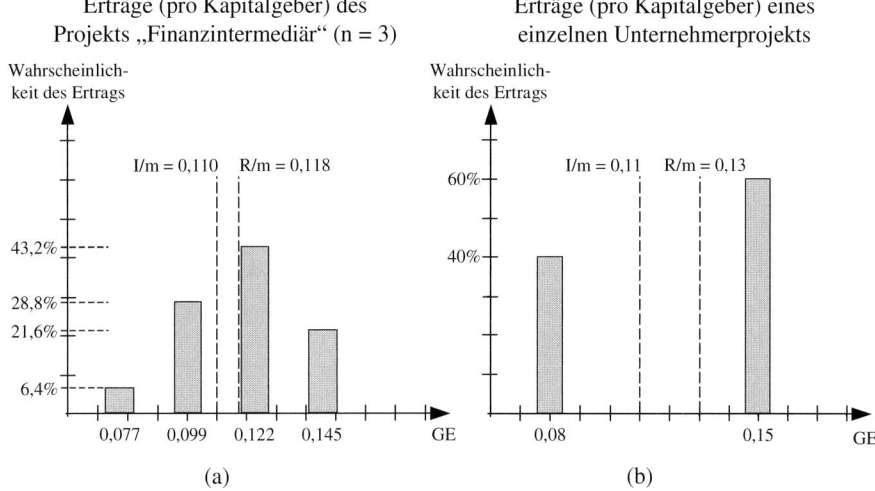

Abb. B3.7: Der Diversifikationseffekt

- Es lässt sich leicht nachrechnen, dass auch die Nullgewinnbedingung des Finanzintermediärs bei diesen Vertragsparametern erfüllt ist. Er erhält von jedem Unternehmer im Erwartungswert Rückzahlungen in Höhe von 1,1784 GE ($= 0,6 \cdot R_U + 0,4 \cdot 0,77$ GE) und zahlt pro KG stets R/m $= 0,11784$ GE (monetär oder nichtmonetär). Die Rückflüsse von den drei Unternehmern entsprechen damit im Erwartungswert genau der Summe der monetären Zahlungen an die 30 Kapitalgeber und den nichtmonetären Strafen.

- Die genauen Werte für die vereinbarten Rückzahlungen an die Kapitalgeber und den Finanzintermediär ergaben sich durch Auflösung des Gleichungssystems ihrer beiden Nullgewinnbedingungen nach den zwei Unbekannten R_U und R_I.

- Durch die Einbeziehung des Finanzintermediärs ist die Projektdurchführung für die Unternehmer also lohnend geworden. Für sie verbleibt im Falle eines positiven Projektausganges ein Gewinn von 0,0193 GE, der sich durch Abzug der Rückzahlung (1,4507 GE) und der Monitoringkosten (0,03 GE) vom Projektertrag (1,5 GE) ergibt. Der erwartete Gewinn des Unternehmers beträgt also: 0,0116 GE ($= 60\% \cdot 0,0193$ GE).

- Dieser erwartete Unternehmergewinn hätte auch über die Vertragskosten bestimmt werden können. Die Vertragskosten pro Unternehmer betragen 0,03 GE für das Monitoring und R $-$ I $= 1,1784 - 1,1 = 0,0784$ GE als Delegationskosten in Form erwarteter Strafkosten. (Diese Strafkosten fallen zwar auf Seiten des Intermediärs an, doch verlangt dieser dafür eine finanzielle Kompensation, die in den Rückzahlungen des Unternehmers an den Intermediär enthalten ist.) Werden diese Wohlfahrtsverluste vom ursprünglichen Projektüberschuss 0,12 GE ($= 1,22 - 1,1 =$ E(y) $-$ I) abgezogen, so verbleiben gerade 0,0116 GE, die der Unternehmer im Erwartungswert vereinnahmen kann.

B3.5 Die Vorteilhaftigkeit von Finanzintermediation

Wir wollen die bisherigen Erkenntnisse nun noch einmal zusammenfassen und verallgemeinern. In den Abschnitten B3.3 und B3.4 wurden die pro Unternehmer anfallenden Vertragskosten bei Direktfinanzierung und Finanzintermediation bestimmt. Durch einen einfachen Vergleich dieser Kosten lässt sich allgemein die Vorteilhaftigkeit der Intermediärstätigkeit beurteilen. Die Kosten einer Direktfinanzierung betragen pro Unternehmer $min\{m \cdot c, E(\phi^*(z(y)))\}$, da je nach konkreter Situation ein Vertrag mit Monitoring oder ein Schuldvertrag mit Straffunktion die bessere Lösung darstellt. Im Falle der Finanzintermediation werden zwischen Unternehmern und Finanzintermediär Verträge mit Monitoring und zwischen Finanzintermediär und Kapitalgebern Verträge mit Straffunktion abgeschlossen. Die Kosten pro Unternehmer betragen dann $c + d$, wobei c für das delegierte Monitoring aufzuwenden ist, und d die Delegationskosten (Risikozuschlag aus dem Vertrag Finanzintermediär-Kapitalgeber) bezeichnet. Finanzintermediation ist vorteilhaft, falls

$$c + d < min\{m \cdot c, E(\phi^*(z(y)))\}. \tag{B3-3}$$

Bei hinreichender Diversifikation, d. h. bei großem n, werden die Delegationskosten d vernachlässigbar klein, da der Finanzintermediär quasi risikolose Schuldverträge anbieten kann. Die Vorteilhaftigkeit eines wohldiversifizierten Finanzintermediärs ist gegeben, wenn gilt:

$$c < min\{m \cdot c, E(\phi^*(z(y)))\}, \tag{B3-4}$$

was gleichbedeutend ist mit

$$c < E(\phi^*(z(y))). \tag{B3-5}$$

Diese Ungleichung wird in den meisten Fällen erfüllt sein. Eine direkte Finanzbeziehung wird nur dann vorteilhaft sein, wenn schon die einmaligen Monitoringkosten c sehr hoch sind (wenn es also aufgrund der Projektart sehr aufwändig ist, die Projekterträge zu verifizieren) oder wenn schon das einzelne Projekt kaum ein Ausfallrisiko aufweist.

Abschluss des konkreten Zahlenbeispiels:

- Falls der Finanzintermediär eine sehr große Zahl von Projekten finanziert ($n \to \infty$), fordert er von jedem Unternehmer neben der Erstattung der Monitoringkosten noch $z(y_1) = 1,32$ GE und weiterhin $z(y_2) = 0,77$ GE. Es gilt dann: $E(z(y)) = 1,1$ GE.

- Aufgrund des wohldiversifizierten Projektportefeuilles des Intermediärs sind dessen Zahlungen an die Kapitalgeber praktisch ohne Ausfallrisiko. Die Kapitalgeber geben sich daher mit einem vereinbarten Rückzahlungsbetrag R/m von 0,11 GE zufrieden.

- In diesem Extremfall ($n \to \infty$) kommt die nichtmonetäre Bestrafung nie zum Einsatz, die Delegationskosten d belaufen sich somit auf 0. Die gesamten Wohlfahrtsverluste pro Unternehmer beschränken sich auf die einmaligen Monitoringkosten $c = 0,03$ GE. Der Unternehmer erzielt somit im Erwartungswert einen Gewinn von 0,09 GE ($= 0,12 - 0,03$ GE).

Damit ist die Erläuterung von Diamonds Modell abgeschlossen. Betrachten Sie an dieser Stelle noch einmal in Ruhe die Ergebnisse der Modellierung und vergleichen Sie sie mit den in der Praxis zu beobachtenden Vertragskonstruktionen. Es hat sich gezeigt, dass Sie als Investor im Allgemeinen nicht selbst eine Vertragsbeziehung mit einem Unternehmer aufnehmen, sondern Ihr Kapital einer Bank zur Verfügung stellen. Diese übernimmt für Sie das Monitoring (Kreditüberwachung). Sie selbst schließen mit der Bank einen einfachen *Schuldvertrag* (Einlagenvertrag) ab. Da sie aufgrund der Diversifikation Ihrer Bank kaum mit einem Ausfall der Rückzahlung rechnen, verlangen Sie keinen besonders hohen Risikoaufschlag.

B3.6 Einige weiterführende Überlegungen zu Diamonds Modell

Private Diversifikation

Die Grundidee von Diamonds Modell besteht darin, dass die Delegationskosten gering werden, wenn die Kapitalgeber über den Intermediär in ein diversifiziertes Portefeuille von Projekten investieren, statt nur mit einem Unternehmer zu kooperieren. Es ließe sich nun fragen, ob hierfür tatsächlich ein Intermediär gebraucht wird. Schließlich könnten die Kapitalgeber auch selbst Diversifikation betreiben, ihr Vermögen auf verschiedene Einzelprojekte verteilen und dadurch das Ausfallrisiko und die Strafkosten senken.

Diese Überlegung ist jedoch ein Fehlschluss. Private Diversifikation führt nicht zur Senkung der Strafkosten. Dies können Sie sich am besten selbst überlegen, indem Sie für unser Zahlenbeispiel annehmen, dass alle 30 Kapitalgeber ihre 0,1 GE selbst auf die drei Unternehmer aufteilen. Um im Erwartungswert eine Rückzahlung von 0,11 GE zu erhalten, müssen die Kapitalgeber von jedem Unternehmer eine Rückzahlung von 1,3/30 GE fordern. Die Gesamtrückzahlungsverpflichtung jedes Unternehmers beträgt weiterhin 1,3 GE, genau wie im in Abschnitt B3.2 betrachteten Fall direkter Finanzbeziehungen mit nur einem Unternehmer.

Ursache hierfür ist, dass bei privater Diversifikation mit den Unternehmern direkt Schuldverträge mit Straffunktion abgeschlossen werden. Nach der Einsicht aus Abschnitt B3.5 werden bei solchen Verträgen die Strafkosten ausschließlich durch das Risiko jedes einzelnen Projektes bestimmt. Unabhängig davon, ob einer, 10 oder 30 Kapitalgeber die Projektfinanzierung übernehmen, fallen stets die gleichen Gesamtstrafkosten an. Durch private Diversifikation kann die vorteilhafte Intermediärslösung, bei der die Unternehmer keine Verträge mit Straffunktion abschließen, also nicht nachgebildet werden.

Optimale Bankgröße und Eigenkapital

In Diamonds Modellwelt ist ein Finanzintermediär um so erfolgreicher, je mehr voneinander unabhängige Projekte er gleichzeitig finanziert. Hieraus ließe sich

auch eine Antwort auf die ebenfalls interessante Frage nach der optimalen Größe einer Bank ableiten. In Diamonds Modellwelt wäre es optimal, wenn es eine
einzige, möglichst große Bank gäbe, die Diversifikationsmöglichkeiten voll ausschöpft und sich damit dem theoretischen Ideal völlig risikoloser Einlagen und
vollständig entfallender Delegationskosten sehr gut annähert.

Die Tatsache, dass es in der Praxis dennoch eine Vielzahl auch kleinerer Banken gibt, sollte Sie aber nicht beunruhigen. Zum einen berücksichtigt Diamonds
Modell nicht, dass ein Finanzintermediär mit wachsender Größe aus einer Vielzahl von Individuen bestehen muss, was wiederum auch interne Anreizprobleme
verursacht (vgl. CERASI und DALTUNG (2000)). Zum anderen können die optimalen Delegationskosten von null auch schon bei kleinerem n erreicht werden, wenn
der Finanzintermediär über eine hinreichende Eigenkapitalausstattung verfügt.
Für eine Bank mit Eigenkapital kann bereits ein nicht perfekt diversifiziertes
Kreditportefeuille zu risikolosen Einlagen der Kapitalgeber führen.

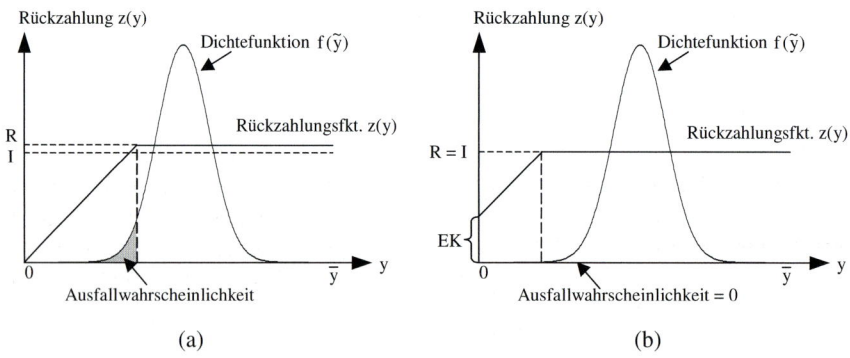

Abb. B3.8: Bestimmung des Schuldbetrages R ohne und mit Eigenkapital

Die Abbildungen B3.8(a) und B3.8(b) zeigen die für die Bestimmung des
zu fordernden Schuldbetrages relevanten Parameter. Die Rückzahlungsfunktion $z(y)$ ergibt sich aus der Vereinbarung einer anreizkompatiblen Straffunktion
und der Tatsache, dass der Finanzintermediär bestenfalls den gesamten Ertrag
der Projekte an die Kapitalgeber weiterleiten kann. Die Forderung eines über
I liegenden Schuldbetrages R dient als Ausgleich für das wegen nicht perfekter
Diversifikation noch bestehende Ausfallrisiko, das Sie an der Dichtefunktion der
Projekterträge erkennen können.

Besitzt nun der Finanzintermediär bei gleichem Projektportefeuille zusätzlich
Eigenkapital in Höhe von EK, so ändert dies die Rückzahlungsfunktion. Ge-
nügen die Erträge nicht für eine vollständige Rückzahlung, so können kleinere
Fehlbeträge noch durch Eigenkapital ausgeglichen werden. Das Zusammenwir-

ken von Diversifikation und Eigenkapital führt zu risikolosen Einlagen und einem Schuldbetrag von $R = I$.

Senkung der Monitoringkosten

Eine gute (aber nicht notwendig perfekte) Diversifikation zusammen mit dem Vorhandensein von Eigenkapital kann die Delegationskosten auf null senken. Als feste, unveränderbare Vertragskosten verbleiben allerdings die Monitoringkosten c aus der Unternehmer-Finanzintermediär-Beziehung. Deren Senkung ist innerhalb des hier vorgestellten Modellrahmens nicht möglich. In einem mehrperiodigen Modell gibt es jedoch Möglichkeiten, die Unternehmer durch gezielte Bestrafungen auch ohne Monitoring zur wahrheitsgemäßen Projektertragsverkündung zu bewegen (vgl. HAUBRICH (1989)). Zentrale Idee des Modells von Haubrich ist es, dass durch eine *Diversifikation im Zeitverlauf* Unternehmer mit langfristig unterdurchschnittlichen Erträgen als potenzielle Lügner erkannt und entsprechend sanktioniert werden können. Eine geschickte Wahl der Sanktionshöhe und Sanktionseintrittsbedingung kann dazu führen, dass die Unternehmer sich im Sinne des Finanzintermediärs verhalten, ohne dass es zu vielen ungerechtfertigten Sanktionierungen kommt.

Spielräume des Intermediärs bei der Projektwahl

In Diamonds Modell wird angenommen, dass die verfügbaren Investitionsprojekte alle gleichartig sind, insbesondere gleiche Investitionsvolumen erfordern. Dadurch wird die Problematik ausgeklammert, dass der Finanzintermediär bei der Auswahl der zu finanzierenden Projekte im Allgemeinen Entscheidungsspielräume hat. Aufbauend auf Diamonds Modellwelt zeigt HELLWIG (1998a) beispielsweise, dass der Intermediär bei Verfügbarkeit unterschiedlich großer Projekte keineswegs stets nach perfekter Diversifikation streben wird. Die Finanzierung einiger weniger großer Projekte ist zwar aus Diversifikationsgesichtspunkten suboptimal, verringert aber gleichzeitig die insgesamt anfallenden Monitoringkosten. Die Bestimmung eines optimalen Diversifikationsgrades erweist sich dann als wesentlich komplizierter.

B4 Einige weitere Erklärungsansätze

Im letzten Kapitel haben Sie mit dem Modell von Diamond einen ersten Erklärungsansatz für die Existenz von Finanzintermediären ausführlich kennen gelernt. Diamond argumentierte mit Kosteneinsparungen durch das Delegieren des Monitoring an einen Finanzintermediär, der gleichzeitig durch Diversifikation die Delegationskosten gering halten kann. Es existieren viele ähnliche Erklärungsansätze, bei denen von etwas anderen Modellwelten (insbesondere von anderen Arten asymmetrischer Information) ausgegangen wird, und bei denen daher andere Ursachen für die Vorteilhaftigkeit einer Finanzintermediation zu Tage treten (Übersichten über verschiedene Erklärungsansätze finden Sie bei BREUER (1993), NEUBERGER (1994) oder LANGER (1999)).

WILLIAMSON (1986) betrachtet wie Diamond eine ex post Informationsasymmetrie, nimmt aber an, dass ein Monitoring nur bei tatsächlichen Rückzahlungsausfällen erfolgen muss. In seiner optimalen Vertragslösung werden auch zwischen Intermediär und Kapitalgebern Monitoringverträge abgeschlossen, deren Vertragskosten jedoch gering bleiben, weil gut diversifizierte Intermediäre nur selten ausfallen und kostenintensiv kontrolliert werden müssen. VON THADDEN (1995) übernimmt Diamonds Begründung für die Senkung der Delegationskosten, wählt aber eine andere Form der Informationsasymmetrie und damit eine andere Begründung für die Notwendigkeit des Monitoring. Bei BREUER (1995) besteht das Kooperationsproblem wie bei VON THADDEN (1995) in einer unbeobachtbaren Projektwahl der Unternehmer, er ersetzt das bisher stets verwendete Diversifikationsargument jedoch durch ein Reputationsargument. Bei der von LELAND und PYLE (1977) modellierten ex ante Qualitätsunsicherheit zeigt sich, dass eine Diversifikation des Finanzintermediärs auch dann sinnvoll sein kann, wenn Selbstselektionsmechanismen als Anreizverträge verwendet werden. Während in diesen vier Erklärungsansätzen der Finanzintermediär wie bei Diamond als Finanzproduzent auftritt, liefern RAMAKRISHNAN und THAKOR (1984) eine Existenzbegründung für einen reinen Finanzgutachter. Alle aufgeführten Erklärungsansätze basieren auf der Annahme eines nur unter Aufwendung von Kosten zu beseitigenden Informationsvorteils des Unternehmers, der bei einer an den Finanzintermediär delegierten Informationsbeschaffung Skalenerträge zulässt.

Darüber hinaus existieren aber auch Erklärungsansätze, die nicht auf das Aktivgeschäft der Banken fokussieren, sondern Vertragsprobleme auf der Passivseite der Bankbilanz in den Vordergrund stellen. DIAMOND und DYBVIG (1983) zeigen beispielsweise die besonderen Fähigkeiten von Banken auf, durch das Anbieten jederzeit kündbarer Einlagenverträge Liquiditätsschocks auf Investorenseite abfedern zu können und durch Fristentransformation einen Nutzenzuwachs für die Anleger zu generieren. Dieses Modell werden Sie in Teil D, in dem es generell um das Einlagengeschäft geht, noch ausführlicher kennen lernen.

Es existieren also sowohl Ansätze, die erklären können, warum Banken eine wichtige Rolle bei der Finanzierung riskanter Projekte spielen (Senkung der Kosten durch „delegated monitoring") als auch Ansätze, die Wohlfahrtsgewinne durch das Einlagengeschäft der Banken aufzeigen (Abfederung von Liquiditätsschocks auf Anlegerseite). Offen bleibt allerdings bisher die Frage, ob sich zusätzliche Vorteile dadurch ergeben, dass Banken beide Geschäftsarten (Kredit- und Einlagengeschäft) gleichzeitig betreiben. Dies ist keineswegs unmittelbar klar. Das „delegated monitoring"-Argument zur Begründung des Kreditgeschäftes erfordert keine speziellen Annahmen über die Form der Refinanzierung (also insbesondere nicht, dass Banken sich durch jederzeit kündbare Einlagenverträge refinanzieren). Für die liquiditätsbasierte Argumentation bei den Einlagenverträgen ist es völlig unerheblich, welche Form langfristiger Investitionen die Bank wählt. Kredit- und Einlagengeschäft könnten demnach auch von zwei unterschiedlichen Institutionen betrieben werden: Die Risikotransformation betreibende „Kreditbank", die Skalenerträge beim Monitoring nutzt, sich aber durch ein laufzeitkongruentes Passivgeschäft refinanziert. Und die Fristentransformation betreibende Einlagenbank, die jederzeit kündbare Einlagenverträge anbietet, die hereingenommenen Mittel aber risikolos z. B. in Staatsanleihen investiert.

Die Frage, ob es positive Interaktionseffekte zwischen Kredit- und Einlagengeschäft gibt, ist vor allem auch aus regulatorischer Sicht von Interesse. Die offenbar als schutzwürdig eingestuften Einlagen von Kleinsparern (vgl. die Ausführungen zu Einlagensicherungssystemen in den Abschnitten D3.3 und G2.2) müssten beispielsweise nicht unnötigerweise den Risiken des Kreditgeschäftes ausgesetzt werden, sofern eine Trennung von Fristen- und Risikotransformationsleistung problemlos (und ohne Wohlfahrtsverluste) möglich wäre. In diesem Falle könnte die Stabilität des gesamten Finanzsystems dadurch erhöht werden, dass im Einlagengeschäft tätige Banken in Bezug auf das zulässige Aktivgeschäft stärker reguliert werden.

Einige aktuelle Literaturbeiträge argumentieren allerdings, dass positive Interaktionseffekte zwischen Kredit- und Einlagengeschäft tatsächlich existieren. DIAMOND und RAJAN (2001) zeigen in einem formalen Modell, dass sich die „Zerbrechlichkeit" des Finanzsystems, insbesondere die Gefahr von Bank Runs (vgl. Teil D) sogar positiv auf die Fähigkeit der Banken auswirkt, Liquidität zur Verfügung zu stellen. Nach ihrer Argumentation wäre also eine stärkere Regulierung kontraproduktiv. Auch CALOMIRIS und KAHN (1991) argumentieren, dass die Finanzierung riskanter Projekte durch jederzeit kündbare Einlagen positive Effekte mit sich bringen kann. Ihr Argument basiert auf der Überlegung, dass die Möglichkeit jederzeitiger Einlagenabzüge ein Drohpotenzial darstellt, das eine disziplinierende Wirkung auf das Aktivgeschäft der Bank hat. KASHYAP *et al.* (2002) weisen schließlich auf einen völlig anderen Aspekt hin. Sie argumentieren, dass es im Kreditgeschäft in großem Maße auch um das Einräumen von Kreditlinien geht. Genau wie Einlagen jederzeit abgezogen werden können, können Kreditlinien jederzeit in Anspruch genommen werden. Für beide Fälle müssen also kostenintensive Liquiditätsreserven gehalten werden. Es ist unmittelbar klar, dass sich Vorteile ergeben, wenn ein gemeinsamer Liquiditätspool genutzt werden kann, um beide Formen plötzlich auftretender Auszahlungswünsche abzusichern. In welchem Maße die gemeinsame Liquiditätsreserve beschränkt werden kann, und das gleichzeitige Betreiben von Einlagen- und Kreditgeschäft zu positiven Interaktionseffekten führt, hängt u. a. davon ab, wie stark plötzliche Einlagenabzüge und Kreditlinien-Inanspruchnahmen miteinander korreliert sind.

Teil C
Der Kredit → *nur nachlesen!*

Ein Kreditvertrag ist dadurch gekennzeichnet, dass ein Kreditgeber dem Kreditnehmer einen Geldbetrag zur Verfügung stellt, den dieser zu einem späteren Zeitpunkt u. U. mit Zinsen zurückbezahlen muss. In Kapitel B1 wurden bereits Finanzverträge und Kooperationsprobleme zwischen Kreditnehmern und Kreditgebern in allgemeiner Form diskutiert. Es zeigte sich, dass asymmetrische Information und die Komplexität der Umwelt die Definition effizienter Finanzverträge erschwert. Wir wollen in diesem Kapitel wichtige daraus resultierende Fragen speziell für das Verhältnis Kreditnehmer-Kreditgeber diskutieren. Der Standardkreditvertrag wurde schon in Kapitel B1 eingeführt. Der Kreditvertrag in der Bankpraxis sowie seine rechtlichen Grundlagen werden in Kapitel C2 diskutiert. Im Anschluss beschäftigen wir uns in Kapitel C3 mit dem Handel und der Verbriefung von Krediten.

In diesem Kapitel stellen wir zuerst das Modell von GALE und HELLWIG (1985) dar, welches theoretisch den optimalen, anreizkompatiblen Vertrag bei (ex post) Unsicherheit der Erwartungen und asymmetrischer Information herleitet. Das Modell von STIGLITZ und WEISS (1981) in Abschnitt C1.2 soll uns helfen, den Einfluss von Qualitätsunsicherheit und Verhaltensunsicherheit auf die Kreditbeziehung zu verdeutlichen. Es wird sich zeigen, dass es für Kreditgeber rational sein kann, darauf mit einer restriktiven Kreditvergabepolitik (Kreditrationierung) zu reagieren. Als Lösungsmöglichkeit bietet sich die Einbeziehung von Kreditsicherheiten in den Kreditvertrag an (vgl. Abschnitt C1.3). Auch eine feste Kunde-Bank-Beziehung kann dieses Problem mildern (vgl. Abschnitt C1.4). In Abschnitt C1.5 sollen als Ergänzung einige Überlegungen zum strategischen Verhalten in einer Kreditbeziehung sowohl von Kreditnehmerseite als auch von Kreditgeberseite angestellt werden. Diese Überlegungen werden schließlich durch die Ausführungen über Kredite bei unvollständiger Vertragsgestaltung in Abschnitt C1.6 ergänzt. Hier wird die Rolle von Vertragsklauseln (Covenants) und Nachverhandlungen deutlich.

T. Hartmann-Wendels et al., *Bankbetriebslehre*,
DOI 10.1007/978-3-642-11857-9_3, © Springer-Verlag Berlin Heidelberg 2010

C1 Die Theorie und Empirie des Kreditgeschäftes

1. Der Standardkreditvertrag ist der optimale, anreizkompatible Vertrag in einer Situation, die von (ex post) Unsicherheit der Erwartungen und asymmetrischer Information gekennzeichnet ist.
2. Besteht eine Überschussnachfrage nach Krediten, kann es unter asymmetrischer Information für Banken sinnvoll sein, Kredite zu rationieren. Die Rationierung ist die Antwort auf adverse Selektion und Moral Hazard der Kreditnehmer.
3. Im Fall von symmetrischer Information gibt es keine naheliegende Erklärung für die Existenz von Kreditsicherheiten. Bei asymmetrischer Information können Kreditsicherheiten negative Effekte von Qualitätsunsicherheit und Verhaltensunsicherheit abmildern oder sogar völlig beseitigen.
4. Langfristig angelegte Kunde-Bank-Beziehungen können zum Abbau von asymmetrischer Information dienen. Damit kann auch die Notwendigkeit von Kreditrationierung vermieden werden.
5. Nachverhandlungen sind ein wichtiger Bestandteil von Kreditverträgen mit unvollständiger Vertragsgestaltung. Die möglichen Ergebnisse von Nachverhandlungen sind schon bei der Preissetzung des Kredites zu berücksichtigen.

C1.1 Der Standardkreditvertrag: Das Modell von Gale und Hellwig (1985)

Wurde ein Finanzkontrakt abgeschlossen und die Leistung durch den Kreditgeber erbracht, so liegt es am Kreditnehmer, das Projekt durchzuführen. Nach Abschluss des Projekts soll der Kreditnehmer den Projektüberschuss benutzen, um gegenüber dem Kreditgeber die Gegenleistung zu erbringen. Diese Gegenleistung kann nur dann erfolgen, wenn ausreichende Mittel aus dem Projekt zur Verfügung stehen; im Falle des Misserfolges kann der Finanzkontrakt von dem Kreditnehmer nicht erfüllt werden. Wenn der Kreditgeber das Projektergebnis nicht beobachten kann, besitzt der Kreditnehmer entsprechend einen Anreiz, den Projektertrag nicht in allen Fällen wahrheitsgemäß bekanntzugeben. Der Kreditnehmer besitzt den Anreiz, seinem Vertragspartner ein möglichst schlechtes Ergebnis mitzuteilen, um so keine oder eine geringere Rückzahlung leisten zu müssen.

Bei der Vorstellung geeigneter Kooperationsdesigns haben wir in Kapitel B2 verbal argumentiert und die Ideen eines möglichen Designs besonders hervorgehoben. An dieser Stelle soll wieder eine modellorientierte Betrachtung in den Vordergrund gestellt werden. Es werden die Resultate abgeleitet,

- dass der Kapitalgeber genau dann das Ergebnis kontrolliert, wenn der Kapitalnehmer die im Vertrag festgelegte Rückzahlung nicht leistet, und
- dass der Standardkreditvertrag der optimale Finanzkontrakt ist.

Diese Resultate wurden von GALE und HELLWIG (1985) hergeleitet, die zunächst annehmen, dass risikoneutrale Vertragsparteien existieren. Die Überlegungen zur Risikoteilung spielen dann keine Rolle (Kapitel B1). Beim Kreditgeber wird diese Annahme dadurch gerechtfertigt, dass gerade Banken als typische Kreditgeber ein wohldiversifiziertes Portefeuille von Krediten besitzen, deren Risiken sich ausgleichen.

Die möglichen Projekterträge bzw. möglichen Rückzahlungen werden mit $y(s)$ bzw. $z(y(s))$, vereinfacht $z(s)$, bezeichnet. Der Kreditbetrag K kann alternativ am Kapitalmarkt zum Zins i angelegt werden. Der Kreditgeber hat nun zu entscheiden, ob er bei einem vom Kreditnehmer berichteten Umweltzustand s eine Überprüfung vornimmt. Für jeden möglichen Umweltzustand s gibt die Variable $B(s)$ an, ob eine Beobachtung durchgeführt wird, wenn der Zustand s vom Kreditnehmer berichtet wird. Es gilt:

$$B(s) = \begin{cases} 0, & \text{falls nicht beobachtet wird,} \\ 1, & \text{falls beobachtet wird.} \end{cases} \tag{C1-1}$$

Wenn der Kreditgeber eine Verifizierung vornimmt, entstehen ihm Kosten in Höhe von $c(B(s))$, die wir vereinfachend als konstant annehmen und mit c bezeichnen wollen. Da risikoneutrale Wirtschaftssubjekte ihren erwarteten Gewinn maximieren, ergeben sich ein optimaler Vertrag $z(s)$ und ein optimales Kontrollschema $B(s)$ als Lösung des folgenden Maximierungsproblems:

$$\max_{z(\cdot),B(\cdot)} E(y(s) - z(s)), \tag{C1-2}$$

unter den Nebenbedingungen

$$E(z(s) - cB(s)) \geq (1+i)K, \tag{C1-3}$$

$$0 \leq z(s) \leq y(s). \tag{C1-4}$$

Wie in Kapitel B1 wird der erwartete Gewinn des Kreditnehmers maximiert unter der Nebenbedingung, dass der Kreditgeber im Erwartungswert mindestens eine Verzinsung des Kreditbetrages K in Höhe des sicheren Kapitalmarktzinses erzielt. Der Kreditgeber erhält vom Kreditnehmer somit Zahlungen $z(s)$, die nach Abzug der Überwachungskosten (Kosten der Beobachtung) im Erwartungswert noch mindestens genau so hoch sind, wie sie bei einer alternativen Anlage des Betrages K am Kapitalmarkt gewesen wären. Weiterhin werden die Rückzahlungen durch den realisierten Projektertrag begrenzt.

Aufgrund der Existenz von Beobachtungskosten wird der Kreditgeber nicht in allen Umweltzuständen eine Prüfung der Projekterträge vornehmen. Er ist dann auf die wahrheitsgemäße Berichterstattung des Kreditnehmers angewiesen. Der Vertrag muss deshalb so formuliert sein, dass es für den Kreditnehmer keinen Anreiz gibt, die Unwahrheit zu berichten.

Ein Kreditvertrag ist anreizkompatibel, wenn für beliebige s_1 und für alle s_2 mit $B(s_2) = 0$ gilt

$$y(s_1) < z(s_2) \quad \text{oder} \quad z(s_1) \le z(s_2). \tag{C1-5}$$

Wir wollen uns noch einmal kurz überlegen, warum genau durch diese Bedingung sichergestellt wird, dass der Unternehmer nie bei einem tatsächlichen Zustand s_1 einen Zustand s_2 vortäuschen wird. Dazu müssen zwei Fälle unterschieden werden.

1. Im einfachen Fall $B(s_2) = 1$ hat der Kreditnehmer nie einen Anreiz zu lügen, weil die Lüge ohnehin bei der anschließenden Überprüfung auffallen würde (daher ist keine zusätzliche Forderung an den Vertrag nötig).
2. Im Fall $B(s_2) = 0$ hingegen würde die Lüge nicht automatisch entdeckt. Hier muss es durch die Vertragsgestaltung ausgeschlossen werden, dass der Kreditnehmer statt des Zustandes s_1 den (nicht überprüften) Zustand s_2 vortäuscht. Genauer ist zu fordern: dem Kreditnehmer muss entweder das Lügen gar nicht möglich sein, oder es darf für ihn nicht lohnend sein (oder beides).

   • Wann ist dem Kreditnehmer das Lügen nicht möglich?
     Genau dann, wenn $y(s_1)$ nicht ausreicht, um $z(s_2)$ zu zahlen, also wenn: $y(s_1) < z(s_2)$.
   • Wann ist das Lügen nicht lohnend?
     Genau dann, wenn er beim vorgetäuschten Zustand s_2 mindestens genauso viel zahlen müsste wie bei s_1, also wenn: $z(s_1) \le z(s_2)$.

Zusammen ergibt sich die obige Forderung für die Anreizkompatibilität.

Es lässt sich weiter zeigen, dass ein Kreditvertrag nur dann anreizkompatibel ist, wenn die folgenden zwei Bedingungen erfüllt sind:

1. Die vereinbarte Rückzahlung ist $z(s) = R$ (konstant), wenn $B(s) = 0$ gilt. Trifft diese Bedingung nicht zu, würde der Kreditnehmer bei Nichtbeobachtung den Umweltzustand angeben, bei dem er die geringste Rückzahlung leisten müsste.
2. Für alle Umweltzustände s_1 und s_2 mit $B(s_1) = 1$ und $B(s_2) = 0$ sowie $z(s_2) = R \le y(s_1)$ gilt $R \ge z(s_1)$. Der Kreditnehmer wird den wahren Umweltzustand s_1 offenbaren, weil er bei Vortäuschen eines Umweltzustands s_2, für den eine Beobachtung nicht vorgesehen ist, den Rückzahlungsbetrag R leisten müsste. Dieser übersteigt die für den wahren Umweltzustand s_1 vorgesehene Rückzahlung $z(s_1)$.

Als Resultat des oben angegebenen Maximierungsproblems ergeben sich der bekannte Standardkreditvertrag und das folgende Beobachtungsverhalten:

$$\begin{aligned} z^*(s) = y(s) \quad &\text{und} \quad B^*(s) = 1, \text{ falls} \quad y(s) < R, \\ z^*(s) = R \quad &\text{und} \quad B^*(s) = 0, \text{ falls} \quad y(s) \ge R. \end{aligned} \tag{C1-6}$$

Abbildung C1.1 fasst diese Überlegungen zusammen. Liegt der Projektertrag zwischen 0 und R, wird der Kapitalgeber immer beobachten, $y < R$ als Rückzahlung erhalten und die Beobachtungskosten tragen müssen (beachten Sie, dass die zentrale Aussage die generelle Form des Vertrages ist; die konkrete Höhe von R

muss im Einzelfall berechnet werden). Im Extremfall kann es vorkommen, dass der Kapitalgeber den Projektertrag von 0 erhält und die Beobachtungskosten c tragen muss. Ist der Projektertrag größer als R, so berichtet der Kapitalnehmer den wahren Projektertrag, zahlt R und es findet keine Beobachtung statt.

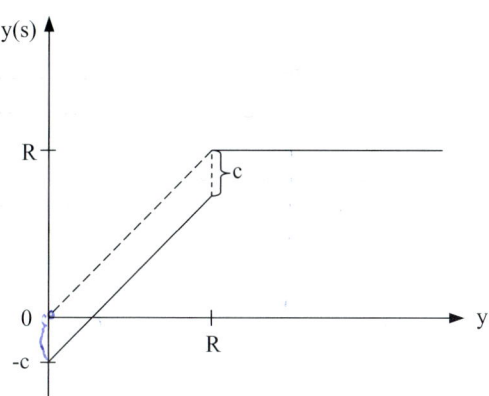

Abb. C1.1: Aufteilung des Projektertrags im Modell von Gale und Hellwig (1985)

C1.2 Kreditrationierung – Das Modell von Stiglitz und Weiss (1981)

Denken Sie an die Welt der Kredite bei symmetrischer Information zurück (vgl. Kapitel B1) und überlegen Sie sich, was bei einer Erhöhung der Kreditnachfrage bei gegebenem Kreditangebot der Banken geschehen könnte. Die Banken könnten an ihren Kreditkonditionen festhalten und einen Teil der Kreditsuchenden einfach ablehnen, oder sie könnten den Kreditzins erhöhen und so die Nachfrage nach Krediten soweit reduzieren, bis diese dem Kreditangebot entspricht. In einer Welt symmetrischer Information werden die Banken die Zinsen erhöhen, um ihre Gewinne entsprechend zu steigern.

Bei asymmetrischer Information ist diese Schlussfolgerung nicht mehr haltbar. Eine Erhöhung der Preise hat in einem solchen Szenario nicht nur einen Einfluss auf die Höhe der Nachfrage, sondern auch auf deren Qualität und deren Verhaltensweisen. Deshalb ist es möglich, dass Banken auch langfristig auf einen Überschuss an Kreditnachfrage nicht durch eine Erhöhung der Zinsen, sondern mit einer Rationierung der Kreditvergabe reagieren. Der Begriff Kreditrationierung kann vielfältig verwendet werden. Es ist denkbar, dass Kreditgeber nur begrenzte Refinanzierungsmöglichkeiten besitzen und deshalb von einem bestimmten Kreditvolumen an jeden weiteren Kreditantrag ungeachtet der festgestellten

Qualität des Kreditnehmers ablehnen müssen. Es ist auch denkbar, dass Kreditgeber potenzielle Kreditnehmer mit bestimmten negativen Qualitätsmerkmalen ablehnen.

STIGLITZ und WEISS (1981) verstehen unter Kreditrationierung die pauschale Ablehnung einiger Kreditanträge, obwohl es darunter auch potenzielle Kreditnehmer guter Qualität gibt, und obwohl diese bereit wären, höhere Zinsen zu zahlen und alle sonstigen Forderungen der Kreditgeber zu erfüllen.

Die zentrale Annahme des Modells von Stiglitz und Weiss ist hierbei, dass die Kreditgeber die Qualität der potenziellen Kreditnehmer nicht erkennen und das Verhalten der existierenden Kreditnehmer nicht überwachen können. Wir zeigen in diesem Abschnitt, dass diese asymmetrischen Informationen dazu führen, dass bei einer Erhöhung der Kreditzinsen

- der Anteil der Kreditanträge von potenziellen Kreditnehmern mit schlechter Qualität steigt (adverse Selektion) und
- die bereits existierenden Kreditnehmer dazu neigen, ihr Projektrisiko zu erhöhen (Moral Hazard).

Der damit einhergehende negative Effekt auf den Ertrag des Kreditgebers kann den positiven Effekt der Zinserhöhung überwiegen. Aus diesem Grund ist es sinnvoller, die Zinsen niedrig zu halten und Kredite zu rationieren.

Die unterschiedliche Qualität der Kreditnehmer wird durch das Projektrisiko klassifiziert. Alle Projekte besitzen zur Vereinfachung identische Erwartungswerte. Das Risiko eines Projekts lässt sich an der Verteilung $F(y, \theta)$ der Projekterträge y ablesen. Je größer θ, desto größer das Risiko (in diesem Fall die Streuung der Projekterträge). $f(y, \theta)$ ist die zur Verteilung $F(y, \theta)$ gehörige Dichte. Abbildung C1.2 zeigt ein Beispiel für Dichtefunktionen. Der Risikoparameter $\theta = 3$ repräsentiert das höhere Risiko, weil bei dieser Dichte die Wahrscheinlichkeit sehr niedriger Projekterträge höher ist als bei der Dichte mit dem Risikoparameter $\theta = 1$.

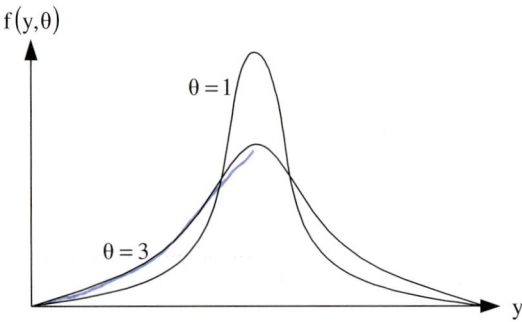

Abb. C1.2: Dichtefunktionen der Projekterträge y für verschiedene Werte von θ

Die Klassenzugehörigkeit der Kreditnehmer ($\theta = 1$ oder $\theta = 3$) ist für den Kreditgeber nicht ersichtlich. Jeder Kreditnehmer fragt einen Kredit in Höhe von K nach und ist bereit, Sicherheiten im Gegenwert von C zur Verfügung zu stellen. Die Bank verlangt dafür den Kreditzins r. Somit ergibt sich eine vereinbarte Rückzahlung in Höhe von $R = (1 + r)K$. Ein Kreditnehmer kann die geforderten Zahlungen leisten, wenn $y + C \geq R$ gilt.

Kreditgeber und Kreditnehmer sind risikoneutral. Der Gewinn eines Kreditnehmers aus dem kreditfinanzierten Projekt stellt sich wie folgt dar:

$$G_{KN} = \max\{y - R, -C\}. \tag{C1-7}$$

Der Ertrag des Kreditgebers lautet:

$$G_{KG} = \min\{R, y + C\}. \tag{C1-8}$$

Die Abbildung C1.3 dient zur Veranschaulichung der Gewinn- und Ertragsfunktionen in Abhängigkeit vom Projektertrag.

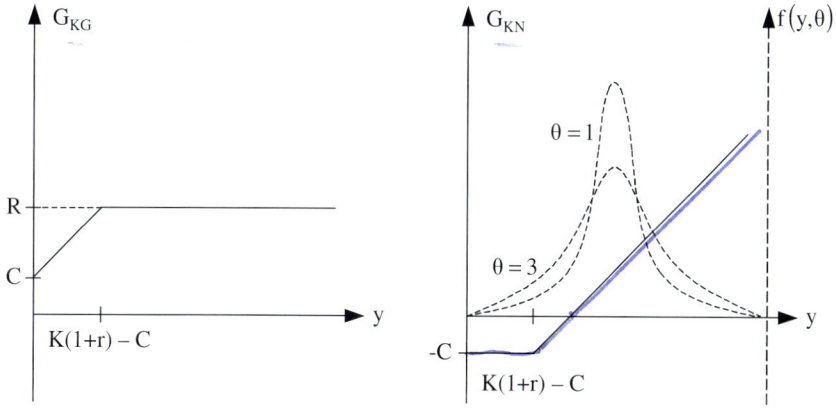

Abb. C1.3: Die Ertragsfunktion des Kreditgebers und die Gewinnfunktion des Kreditnehmers

Stiglitz und Weiss zeigen nun Folgendes:

- Für jeden vorgegebenen Zinssatz r gibt es ein kritisches θ^*, so dass die Kreditnehmer nur noch Projekte mit $\theta > \theta^*$ kreditfinanzieren.

Zur Klärung dieses Sachverhalts projezieren wir Abbildung C1.2 auf den rechten Teil von Abbildung C1.3 (mit gestrichelten Linien gezeichnet), so dass die Achsen passend übereinander liegen. Es ist denkbar, dass es ein Projekt mit einer Verteilung der Projekterträge gibt (angenommen, es ist durch $\theta^* = 1$ charakterisiert), bei dem der erwartete Gewinn des Kreditnehmers G_{KN} gerade null ist. Das riskantere Projekt mit dem Parameter $\theta = 3$ gibt aber den extremen Werten des Projektertrags eine höhere Wahrscheinlichkeit. Das wirkt sich, wie wir in Abbildung C1.3 sehen, positiv auf den erwarteten Gewinn des Kreditnehmers aus, weil er bei niedrigen Projekterträgen y maximal Verluste in Höhe von C machen kann, seine Gewinnmöglichkeiten bei hohen Werten von y aber unbegrenzt sind. Für einen Kreditnehmer lohnen sich also Projekte mit $\theta > \theta^*$.

- Mit wachsendem Zinssatz r steigt das kritische θ^*, d. h. immer mehr Projekte mit geringerem Risiko werden nicht mehr kreditfinanziert.

Wir können uns diesen Sachverhalt ebenfalls mit dem rechten Teil von Abbildung C1.3 klarmachen. Angenommen, wir haben ein Projekt mit einer Verteilung der Projekterträge, beispielsweise durch $\theta = 1$, charakterisiert, bei dem der erwartete Gewinn des Kreditnehmers gerade null ist. Gehen wir nun davon aus, dass sich diese Verteilung nicht ändert, und erhöhen den von der Bank geforderten Zins r. Dadurch verschiebt sich der steigende Teil der Gewinnfunktion des Kreditnehmers nach rechts, der konstante Teil verlängert sich. Die erwarteten Gewinne des Kreditnehmers bei positivem Ausgang des Projekts sinken, da bei einer Rechtsverschiebung der Gewinnfunktion gleichen Gewinnhöhen niedrigere Wahrscheinlichkeiten zugeordnet werden. Die Verlängerung des konstanten Teils der Gewinnfunktion bewirkt eine Senkung des erwarteten Gesamtgewinns. Beide Effekte zusammengenommen ergeben eine Verringerung des gesamten zu erwartenden Gewinns beim Kreditnehmer. Nur eine Verteilung mit größerem Risiko, die also den Extremwerten von y wieder mehr Gewicht gibt, kann diesen Effekt ausgleichen. Somit steigt θ^* bei wachsendem r.

- Je riskanter die finanzierten Projekte sind, desto geringer ist der erwartete Ertrag der Bank aus dem Kreditgeschäft.

Aufgrund der Erhöhung der Kreditzinsen erhöht sich das Risiko des Kreditportefeuilles, weil Projekte mit geringem Risiko nicht mehr kreditfinanziert werden. Das sich im Durchschnitt ergebende höhere Risiko und die damit einhergehende höhere Ausfallrate kann ab einem gewissen Zins nicht mehr durch den ertragbringenden Zinserhöhungseffekt ausgeglichen werden. Dieses Zusammenspiel gegenläufiger Effekte wollen wir uns anhand eines Beispiels mit diskreter Verteilung der Risikotypen klarmachen (vgl. Abbildung C1.4). Angenommen, es gäbe vier Kreditnehmergruppen A bis D mit $\theta = 1$ bis $\theta = 4$. Diejenigen mit $\theta = 1$ weisen das geringste Risiko auf, diejenigen mit $\theta = 4$ das größte. Wird nun der Kreditzins sukzessive erhöht, so steigt zunächst der erwartete Ertrag der Bank, weil die Kreditnehmer höhere Rückzahlungen leisten müssen.

Ab der Zinshöhe r_1 scheiden die Mitglieder der Gruppe A als potenzielle Kreditnehmer aus (vgl. Abbildung C1.5), da es sich für sie nicht mehr lohnt, ihre Projekte durchzuführen. Dadurch sinkt die durchschnittliche Qualität der potenziellen Kreditnehmer und die vom Kreditgeber zu erwartende durchschnittliche Rückzahlung. Die Bank erhöht den Zins weiter, um diesen Effekt auszugleichen. Sie erreicht dann die Zinsschwellen r_2, r_3 und r_4, bei denen die Kreditnehmergruppen B, C und D ausscheiden. Im Beispiel zeigt sich, dass bei Überschreiten des Zinssatzes r_1 durch Zinserhöhungen keine Kompensation der geminderten

θ = 1	Kreditnehmergruppe A	erwartete Rückzahlung pro KN:	20 GE
θ = 2	Kreditnehmergruppe B	erwartete Rückzahlung pro KN:	16 GE
θ = 3	Kreditnehmergruppe C	erwartete Rückzahlung pro KN:	12 GE
θ = 4	Kreditnehmergruppe D	erwartete Rückzahlung pro KN:	8 GE
		durchschnittlich erw. Rückzahlung pro KN:	14 GE
Zinserhöhung		**Adverse Selektion**	
~~θ = 1~~	~~Kreditnehmergruppe A~~	~~erwartete Rückzahlung pro KN:~~	~~21 GE~~
θ = 2	Kreditnehmergruppe B	erwartete Rückzahlung pro KN:	17 GE
θ = 3	Kreditnehmergruppe C	erwartete Rückzahlung pro KN:	13 GE
θ = 4	Kreditnehmergruppe D	erwartete Rückzahlung pro KN:	9 GE
		durchschnittlich erw. Rückzahlung pro KN:	13 GE

Abb. C1.4: Erwartete Rückzahlungen pro Kreditnehmer bei adverser Selektion

Erträge aufgrund der verschlechterten Kreditnehmerstruktur mehr möglich ist. Es existiert somit ein bankoptimaler Zinssatz r^* (im Beispiel r_1), ab dem eine weitere Erhöhung für die Bank nicht mehr lohnend ist.[1]

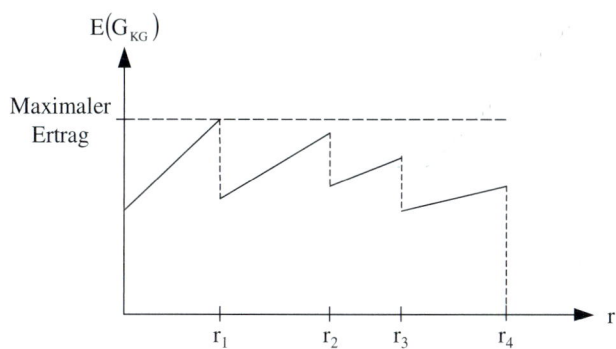

Abb. C1.5: Erwarteter Ertrag der Bank in Abhängigkeit vom Kreditzins r

Diese Überlegungen gelten analog für die Auswirkungen von Moral Hazard, allerdings mit dem Unterschied, dass bei einer Zinserhöhung nicht die Gruppen guter potenzieller Kreditnehmer sukzessive ausscheiden, sondern dass die

---

[1] Bedenken Sie, dass bei einem anderen Zahlenbeispiel r^* beispielsweise auch bei r_2 liegen könnte.

vorhandenen Kreditnehmer sukzessive das Risiko ihrer Projekte erhöhen. Abbildung C1.6 soll dieses Phänomen beispielhaft darstellen: Jeder Kreditnehmer wählt ein riskanteres Projekt. Kreditnehmergruppe A erhöht das Risiko von $\theta = 1$ auf $\theta = 2$, Kreditnehmergruppe B von $\theta = 2$ auf $\theta = 3$, usw.

$\theta = 1$	Kreditnehmergruppe A	erwartete Rückzahlung pro KN:	20 GE
$\theta = 2$	Kreditnehmergruppe B	erwartete Rückzahlung pro KN:	16 GE
$\theta = 3$	Kreditnehmergruppe C	erwartete Rückzahlung pro KN:	12 GE
$\theta = 4$	Kreditnehmergruppe D	erwartete Rückzahlung pro KN:	8 GE
$\theta = 5$			
		durchschnittlich erw. Rückzahlung pro KN:	14 GE
Zinserhöhung	↓	**Moral Hazard**	
$\theta = 1$		~~erwartete Rückzahlung pro KN:~~	~~21 GE~~
$\theta = 2$	Kreditnehmergruppe A	erwartete Rückzahlung pro KN:	17 GE
$\theta = 3$	Kreditnehmergruppe B	erwartete Rückzahlung pro KN:	13 GE
$\theta = 4$	Kreditnehmergruppe C	erwartete Rückzahlung pro KN:	9 GE
$\theta = 5$	Kreditnehmergruppe D	erwartete Rückzahlung pro KN:	5 GE
		durchschnittlich erw. Rückzahlung pro KN:	11 GE

Abb. C1.6: Die Entwicklung der erwarteten Rückzahlung pro Kreditnehmer bei Moral Hazard

Bei einer Zinserhöhung vergrößern Kreditnehmer tendenziell ihr Risiko, um die Wahrscheinlichkeit extremer Projektergebnisse zu erhöhen, und somit einen nichtnegativen erwarteten Gewinn nach Zinsen zu erzielen. Die erhöhte Wahrscheinlichkeit negativer Projektergebnisse berührt die Kreditnehmer nicht, weil sie dann, ebenso wie vor der Risikoerhöhung, ihr Unternehmen verlieren. Sie sehen in Abbildung C1.6, dass beispielsweise Kreditnehmergruppe A das Risiko von $\theta = 1$ auf $\theta = 2$ erhöht, wodurch die erwartete Rückzahlung von 20 GE auf 17 GE sinkt. Sie hätte 21 GE betragen, wenn Gruppe A das Risiko nicht erhöht hätte. Für den Kreditgeber bedeutet diese Risikoerhöhung, dass die durchschnittliche erwartete Rückzahlung pro Kreditnehmer sinkt. Das Modell von STIGLITZ und WEISS (1981) zeigt, dass ein optimaler Zins für die Kreditgeber existieren kann, ab dem sich eine Zinserhöhung aufgrund von adverser Selektion oder Moral Hazard nicht mehr lohnt. Sobald dieser Zins erreicht ist, wird ein Kreditgeber in dem betrachteten Modell keine Kredite mehr vergeben, obwohl es noch Kreditnehmer gibt, die bereit wären, höhere Zinsen zu zahlen, d. h. Kredite werden rationiert.

C1.3 Kreditsicherheiten

Bei der Betrachtung der Finanzverträge in Kapitel B1 wurden Kreditsicherheiten aus Vereinfachungsgründen nicht erwähnt. Gleichwohl spielen sie in der Praxis eine große Rolle. Wir werden in Kapitel C2 ausführlich auf verschiedene, in der Praxis vorkommende Formen von Sicherheiten eingehen. In diesem Abschnitt soll die Rolle von Sicherheiten zunächst bei symmetrischer und dann bei asymmetrischer Information theoretisch untersucht werden. Im Anschluss wird ein kurzer Überblick über empirische Erkenntnisse zum Einsatz von Kreditsicherheiten gegeben.

C1.3.1 Kreditsicherheiten bei symmetrischer Information

Im Kontext einer symmetrischen Informationsverteilung erfüllen Kreditsicherheiten i. A. keine besondere Funktion. RUDOLPH (1984) bezeichnet sie deshalb als irrelevant. Wir wollen diese Aussage anhand eines Beispiels (SWOBODA (1994)) erläutern. Ein risikoneutraler Unternehmer nimmt einen Kredit in Höhe von $K = 1000$ GE im Zeitpunkt $t = 0$ auf. Mit einer Wahrscheinlichkeit von $p = 0,95$ kann er in $t = 1$ den Kredit inklusive der Zinsen zurückzahlen. Mit einer Wahrscheinlichkeit von $1 - p = 0,05$ geht er in Konkurs. Der Konkurserlös beträgt dann 400 GE (vgl. Abbildung C1.7).

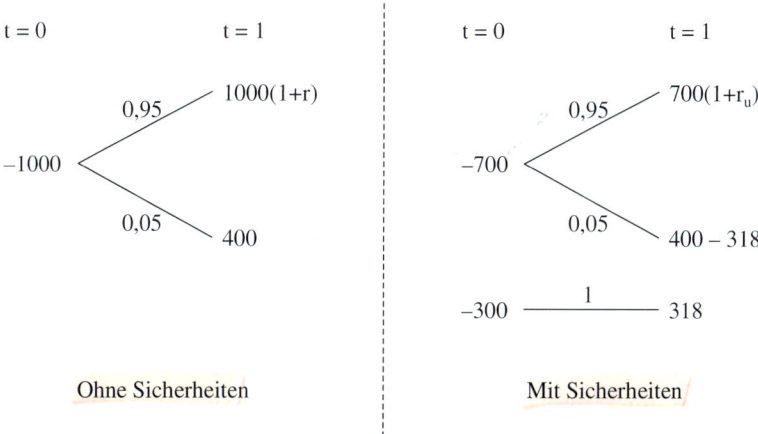

Abb. C1.7: Die Zahlungskonsequenzen beim Kredit mit und ohne Sicherheiten

Auf dem Kapitalmarkt existiert eine sichere Anlagemöglichkeit mit einem Zins $i = 0,06$. Wir ermitteln nun den Zinssatz r (d. h. den Risikozuschlag $r - i$), den der risikoneutrale Kreditgeber mindestens verlangen muss, um sich mit einer Anlage am Kapitalmarkt gleichzustellen. Dazu ist der erwartete Kapitalwert des Kredites gleich null zu setzen und nach r aufzulösen.

$$-1000 + 0,95\frac{1000(1+r)}{1,06} + 0,05\frac{400}{1,06} = 0 \quad \Rightarrow \quad r = 9,47\%. \qquad \text{(C1-9)}$$

Wenn wir nun davon ausgehen, dass der Unternehmer dem Kreditgeber Sicherheiten in Form von Vermögensgegenständen des Unternehmens gewährt, die einen Liquidationswert von 318 GE ($= 300 \cdot 1{,}06$ GE) besitzen, so ergibt sich folgendes Bild: Für den besicherten Teil des Kreditbetrages von 300 GE ist die Rückzahlungswahrscheinlichkeit 1. Der Kreditgeber verlangt dafür den sicheren Zins i. Mit einer Wahrscheinlichkeit von $p = 0{,}95$ bedient der Kreditnehmer den unbesicherten Teil des Kredites von 700 GE mit dem Zins r_u. Mit einer Wahrscheinlichkeit von $1 - p = 0{,}05$ tritt der Konkursfall ein. Es wird dann zunächst der besicherte Teil des Kredites mit dem Betrag von 318 GE bedient. Nur der Rest des Liquidationserlöses von $400 - 318 = 82$ GE fällt dem unbesicherten Teil zu (vgl. Abbildung C1.7). Die Berechnung des Zinses r_u, den der Kreditgeber für diesen Teil verlangt, ist analog zur Berechnung von r im Fall ohne Sicherheiten.

$$-700 + 0,95\frac{700(1+r_u)}{1,06} + 0,05\frac{82}{1,06} = 0 \quad \Rightarrow \quad r_u = 10,96\%. \qquad \text{(C1-10)}$$

Das zentrale Ergebnis ist: Die erwartete Rendite des Kreditengagements ist wiederum gleich dem sicheren Zins $i = 6\%$.

Die bisherigen Überlegungen gelten analog, wenn wir von unterschiedlich gut besicherten Kreditgebern ausgehen. Voll besicherte Gläubiger erhalten Zins und Tilgung wie vereinbart. Bei einem eventuell eintretenden Konkurs des Kreditnehmers verwerten sie die ihnen zustehenden Kreditsicherheiten. Sie vereinbaren deshalb im Kreditvertrag eine Verzinsung, die dem Kapitalmarktzins für sichere Anlagen entspricht. Unbesicherte Gläubiger können bei einem Konkurs nur eine Zuteilung aus der verbleibenden Konkursmasse nach Sicherheitenverwertung erwarten. Sie werden deshalb vom Kreditnehmer einen höheren Zins (inklusive Risikozuschlag) verlangen, um im Erwartungswert ebenfalls den Kapitalmarktzins zu erzielen. Bei symmetrischer Verteilung der Information zwischen Kreditgeber und Kreditnehmer sind die unterschiedlichen Zinsvereinbarungen in Abhängigkeit von der Besicherung der Kreditgeber für beide Vertragsparteien vollkommen nachvollziehbar. Die Überlegungen in diesem Abschnitt und das Zahlenbeispiel zeigen also: Im Erwartungswert erzielen sowohl unbesicherte als auch besicherte Kreditgeber den sicheren Kapitalmarktzins. In einer Welt ohne Informationsasymmetrien ist Kreditbesicherung also irrelevant und damit die Existenz von Kreditsicherheiten in der Realität nicht erklärbar.

C1.3.2 Kreditsicherheiten bei asymmetrischer Information

In der Realität herrscht asymmetrische Information. Im Kapitel über Kreditrationierung wurden schon Qualitätsunsicherheit und Verhaltensunsicherheit angesprochen, welche zu Kreditrationierung führen können. Es stellt sich die Frage, welche Rolle Sicherheiten als Kreditvertragsbestandteil bei Qualitätsunsicherheit und Verhaltensunsicherheit spielen können.

Die theoretische Literatur zeigt, dass Kreditsicherheiten sowohl dazu geeignet sein können, gute von schlechten Schuldnern zu unterscheiden (Sortierungseffekt), als auch einen Schuldner dazu zu veranlassen, sich nach Vertragsabschluss nicht gläubigerschädigend zu verhalten (Anreizeffekt). Kreditsicherheiten können daher negative Effekte von Qualitätsunsicherheit und Verhaltensunsicherheit abmildern oder sogar völlig beseitigen. Einen Überblick über die umfangreiche theoretische und empirische Literatur zum Einsatz von Kreditsicherheiten mit einer gleichzeitigen Kritik der Ergebnisse finden Sie bei BIGUS *et al.* (2004) und BIGUS *et al.* (2005). Im Folgenden wollen wir exemplarisch je ein Beispiel aus den beiden genannten Gruppen darstellen.

BESTER (1985) zeigt, dass Sicherheiten dazu genutzt werden können, die Qualität der Kreditnehmer zu ermitteln. Er geht davon aus, dass weniger riskante Kreditnehmer bereit sind, im Austausch für eine Rücknahme des Kreditzinses höhere Sicherheiten anzubieten. Somit signalisieren sie ihre Qualität. Die Bank kann über das Angebot von Kreditverträgen mit unterschiedlichen Zins-Sicherheiten-Kombinationen und die anschließende Vertragswahl der Kreditnehmer eine Risikoklassifikation vornehmen. Das Phänomen der Kreditrationierung aufgrund von adverser Selektion tritt nicht mehr auf. Die Kreditnehmer zahlen Kreditzinsen und stellen Sicherheiten, die ihrer Qualität entsprechen. Im Modell von BESTER (1985) wird also ein negativer Zusammenhang zwischen Firmenrisiko und Höhe der Sicherheiten hergeleitet.[2]

Im Modell von STIGLITZ und WEISS (1981) hat eine Zinserhöhung aufgrund von Moral Hazard zu einer Risikoerhöhung des Projekts geführt. BESTER und HELLWIG (1989) (S. 143ff.) zeigen, dass Sicherheiten u. U. geeignet sind, Kreditnehmer von dieser Risikoerhöhung abzuhalten. In ihrem Modell existieren die zwei Projekte 1 und 2, wobei die Erfolgswahrscheinlichkeiten $p_1 > p_2$ und die zugehörigen Projektergebnisse $y_1 < y_2$ angenommen werden. Jeder Unternehmer besitzt ein zusätzliches, vom zu finanzierenden Projekt getrenntes Vermögen V, das als Kreditsicherheit in Höhe des Betrages $C < V$ dienen kann. Sicherheiten können vom Kreditgeber nur unter Inkaufnahme von Liquidationskosten verwertet werden. Ihm verbleibt ein Liquidationswert in Höhe von αC. Der Wert α stellt die prozentuale Werthaltigkeit der Sicherheit im Verwertungsfall dar, wobei $0 < \alpha < 1$ gilt. Das Anfallen von Liquidationskosten lässt sich auch dahingehend interpretieren, dass bestimmte Vermögensgegenstände in einem funktionierenden Unternehmen, wenn sie ihren Verwendungszweck erfüllen können,

---

[2] Dieses wenig intuitive Resultat hängt allerdings stark von den Modellannahmen von BESTER (1985) ab. BESTER (1994) zeigt theoretisch, dass auch der konträre Zusammenhang, also ein positiver Zusammenhang zwischen Firmenrisiko und Höhe der Sicherheiten, in einem Modell mit Verhaltensunsicherheit und der Möglichkeit von Nachverhandlungen zu erzielen ist.

mehr Wert sind als nach deren Herauslösen aus dem Ganzen für die Sicherheitenverwertung. Der erwartete Gewinn[3] von Kreditgeber und Kreditnehmer für die Projekte $i = 1, 2$ und den Kreditbetrag K lautet wie folgt:

$$G_{KN} = p_i(y_i - R) - (1 - p_i)C, \qquad (C1\text{-}11)$$

$$G_{KG} = p_i R + (1 - p_i)\alpha C - K. \qquad (C1\text{-}12)$$

Der Kreditgeber benutzt Sicherheiten, um die Projektwahl des Kreditnehmers zu beeinflussen. Der Kreditnehmer wählt das weniger riskante Projekt 1, falls

$$p_1(y_1 - R) - (1 - p_1)C \geq p_2(y_2 - R) - (1 - p_2)C, \qquad (C1\text{-}13)$$

oder nach Umformen (bedenken Sie dabei, dass $p_1 - p_2 > 0$ gilt)

$$R \leq R^* + C \qquad (C1\text{-}14)$$

ist, wobei $R^* = (p_1 y_1 - p_2 y_2)/(p_1 - p_2)$ für den Fall ohne Sicherheiten der kritische Rückzahlungsbetrag ist, ab dem der Kreditnehmer das riskante Projekt wählt, d. h. es gilt $p_1(y_1 - R^*) = p_2(y_2 - R^*)$. Im Fall mit Sicherheiten ist dieser kritische Rückzahlungsbetrag um den Betrag der Sicherheiten C größer. Sicherheiten geben dem Kreditgeber einen größeren Zinserhöhungsspielraum. Der Kreditnehmer wechselt gegenüber dem Fall ohne Sicherheiten später zum riskanteren Projekt über. Je höher die geforderten Sicherheiten, desto höher ist dieser Spielraum. Sicherheiten haben insofern Anreizeffekte. Auch wenn der Liquidationswert und somit αC fast gleich null ist, der Kreditgeber also aus einer möglichen Liquidation nichts erhalten würde, lohnt sich das Einfordern von Sicherheiten. Für den Kreditnehmer haben sie immer noch einen Wert in Höhe von C. Ausschlaggebend ist deshalb allein die Drohung, dass die zusätzlich hereingenommenen Sicherheiten verwertet werden, wenn die Projekterträge zur Begleichung von Zins und Tilgung nicht ausreichen. Die Glaubwürdigkeit einer solchen Drohung hängt von der Werthaltigkeit der Sicherheiten ab. Sicherheiten können wegen Überalterung, aber auch wegen mangelnder Pflege seitens des Kreditnehmers an Wert verlieren. Kreditgeber werden als Reaktion darauf die Tendenz aufweisen, ihr Engagement zum Zeitpunkt der Kreditvergabe zu übersichern (soweit dies rechtlich möglich ist). Das als Sicherheit infrage kommende Vermögen des Unternehmens wird deshalb schnell zum Engpassfaktor.

Die dargestellten Modelle zeigen exemplarisch, dass, je nach Modellannahme, unterschiedliche Zusammenhänge zwischen der Höhe der Sicherheiten, dem Ausfallrisiko und dem Kreditzinssatz theoretisch hergeleitet werden können.

---

[3] Wir sprechen hier der Einfachheit halber von Gewinnen, obwohl bei der Bank keine Refinanzierungskosten berücksichtigt sind. Für die Aussagen ergibt sich dadurch aber keine Einschränkung.

C1.3.3 Empirische Erkenntnisse zum Einsatz von Kreditsicherheiten

Die empirische Forschung zu Kreditsicherheiten ist weder besonders umfangreich noch in ihren Ergebnissen eindeutig. Dies ist angesichts der zahlreichen, teils gegensätzlichen theoretischen Modellvorhersagen, auch wenig überraschend. Im Wesentlichen geht es um die Frage, welche Faktoren die Existenz und die Höhe von Kreditsicherheiten beeinflussen. Neben der Tatsache, dass Kreditdaten generell nur schwer verfügbar sind, ergibt sich hier als besonderes Problem, dass die Informationsverteilung zwischen dem Kreditnehmer und -geber sowie deren zeitliche Struktur nicht leicht zu identifizieren sind. Dieses ist aber eine Voraussetzung dafür, um die zuvor vorgestellten Modelle zu überprüfen. Ferner besteht die Schwierigkeit, dass Kreditkonditionen häufig simultan verhandelt werden und sich somit Trade-Offs ergeben können, beispielsweise zwischen Kreditbetrag, -laufzeit, -zins, und -besicherung (DENNIS *et al.* (2000) und BRICK und PALIA (2007)). Des Weiteren lassen sich Angebot und Nachfrage von Kreditsicherheiten in Datensätzen über vergebene Kredite nur schwer voneinander trennen.

BIGUS *et al.* (2004) fassen die Erkenntnisse aus der empirischen Forschung wie folgt zusammen. Unternehmen stellen weniger Kreditsicherheiten, je größer und älter sie sind. Mehr Sicherheiten werden gestellt, je höher der Kreditbetrag, je länger die Kreditlaufzeit, und je schlechter das gesamtwirtschaftliche Umfeld. Darüber hinaus zeigen einige Studien, dass Hausbanken häufiger bzw. mehr Sicherheiten verlangen als andere Kreditgeber (MACHAUER und WEBER (1998), ELSAS und KRAHNEN (2002)).

Die wichtige Frage nach dem Zusammenhang zwischen Kreditnehmerrisiko und Kreditbesicherung wurde bisher in nur wenigen empirischen Studien untersucht. Tendenziell liefern diese Untersuchungen Evidenz für einen positiven Zusammenhang zwischen Kreditnehmerrisiko und Kreditbesicherung. Dies bedeutet je höher das Ausfallrisiko des Kreditnehmers, desto höher die Wahrscheinlichkeit für das Vorliegen von Kreditsicherheiten bzw. desto höher die Besicherung. BERGER und UDELL (1990) und BERGER und UDELL (1995) können diese Beziehung auf Basis verschiedener Datensätze sowohl bei relativ kleinen als auch größeren Unternehmen zeigen. BOOTH und BOOTH (2006) finden ebenfalls für US-Unternehmen einen positiven Zusammenhang zwischen Kreditnehmerrisiko und Kreditbesicherung. Sie zeigen auch, dass Kreditnehmer Sicherheiten stellen, um den zu zahlenden Kreditzins zu minimieren. JIMÉNEZ *et al.* (2006) analysieren die Determinanten von Kreditbesicherung auf Basis von Daten aus dem Kreditregister der Spanischen Notenbank. Ihr Hauptergebnis ist, dass Kredite an riskantere Unternehmen eine höhere Wahrscheinlichkeit für eine Besicherung aufweisen. Sie finden allerdings auch, dass junge Unternehmen mit einem niedrigen Kreditrisiko ihre Qualität durch das Stellen von Kreditsicherheiten signalisieren.

BERGER *et al.* (2009) überprüfen erstmals die Gültigkeit von ex ante und ex post-Theorien zum Einsatz von Kreditsicherheiten empirisch. Modelle, die auf adverser Selektion und Signalisieren abstellen, werden als ex ante-Theorien bezeichnet. Kreditsicherheiten erfüllen hier eine Sortierungsfunktion. Andere Modelle, die den Schwerpunkt auf Friktionen wie Verhaltensunsicherheit (moral hazard), Durchsetzbarkeit von Verträgen (limited enforceability) und Verifizierbarkeit (costly state verification) legen, werden als ex post-Theorien eingestuft. Hier übernehmen Kreditsicherheiten eine Anreizfunktion. Die empirische Analyse basiert auf umfangreichen Daten aus dem Bolivianischen Kreditregister, welches öffentliche und private Informationen über das Ausfallrisiko der Kreditnehmer enthält. Die empirische Evidenz stützt überwiegend die ex post-Theorien, insbesondere für Kreditnehmer mit langjährigen Kreditbeziehungen. Darüber hinaus gelten die ex ante-Theorien für Unternehmen mit relativ kurzen Kreditbeziehungen, über welche die Banken relativ wenig Informationen besitzen.

C1.4 Das Modell von Petersen und Rajan (1995)

In diesem Kapitel möchten wir uns mit festen Kunde-Bank-Beziehungen („Hausbankbeziehung"), dem so genannten Relationship Banking, befassen. In der angelsächsischen Literatur wird das Relationship Banking definiert als „connection between a bank and customer that goes beyond the execution of simple, anonymous, financial transactions" (ONGENA und SMITH (2000)). BOOT (2000) stellt die folgenden beiden Charakteristika als zentrales Merkmal von Relationship Banking heraus. Die Bank investiert in die Gewinnung von Informationen über den Kreditnehmer, welche oftmals vertraulich sind und nur durch eine feste Kunde-Bank-Beziehung gewonnen werden können, und sie evaluiert die Profitabilität der festen Kunde-Bank-Beziehung nicht durch die Betrachtung einer einzelnen Interaktion mit dem Kreditnehmer, sondern berücksichtigt die mehrfache Interaktion mit dem Kreditnehmer sowohl in zeitlicher Hinsicht als auch in Bezug auf mehrere Produkte oder Dienstleistungen.

Ein wesentlicher Vorteil von Relationship Banking wird aus der Perspektive der Bank darin gesehen, dass es für den Kreditgeber möglich ist, eine Mischkalkulation durchzuführen, wenn eine feste Verbindung von Kreditgeber und Kreditnehmer über längere Zeit besteht. Zu Beginn der Beziehung berechnet er allen Kreditnehmern relativ zur durchschnittlich anzunehmenden Qualität gleiche, zu niedrige Zinsen. Dadurch wird eine unerwünschte Erhöhung des Projektrisikos durch die Kreditnehmer vermieden, ohne dass eine Differenzierung der Zinsen und Sicherheiten nach der Kreditnehmerqualität stattgefunden hat. In der Anfangszeit des Kreditverhältnisses scheiden schlechte Kreditnehmer aufgrund von Insolvenzen aus, weshalb der Kreditgeber Verluste macht. Diese Verluste kompensiert er im weiteren Verlauf dadurch, dass er die verbleibenden guten Kreditnehmer an sich bindet und ihnen relativ zu ihrer Qualität nun höhere Zinsen berechnet. Gegenüber der Situation ohne Kunde-Bank-Beziehung verbleibt zumindest ein Gewinn aus der vermiedenen Risikoerhöhung seitens der Kreditnehmer. Dieser zusätzliche Gewinn kann entweder den Gewinn der Bank erhöhen, oder er wird an die Kunden weitergegeben. Voraussetzung für eine solche Bindung des Kreditnehmers ist eine Monopolstellung des Kreditgebers. Diese kann zum einen darin begründet sein, dass eine einzelne Bank die Unternehmen einer Region mit Krediten versorgt, sie kann aber auch auf einem Informationsvorsprung basieren, den sich der Kreditgeber über die Dauer einer Geschäftsverbindung erarbeitet hat (vgl. FISCHER (1990), SHARPE (1990) und RAJAN (1992)). Außerdem können Banken regelmäßig zeitnahe private Informationen über die Kreditqualität ihrer Kunden aus der Kontoführung sammeln, sofern die Kreditnehmer gleichzeitig über ein Kontokorrent- bzw. Girokonto bei der Bank verfügen (vgl. MESTER *et al.* (2007), NORDEN (2008)). Ein Informationsvorsprung könnte auch durch die Präsenz eines Bankenvertreters im Aufsichtsgremium eines Unternehmens gegeben sein (vgl. EDWARDS und FISCHER (1996), S. 124ff.). Des Weiteren ist der Wechsel zu einer anderen Bank für den Kunden mit Suchkosten verbunden, die ihn auch bei ungünstiger Konditionengestaltung seitens der bisherigen Bank davon abhält (vgl. GREENBAUM *et al.* (1989) und MILDE (1980)).

PETERSEN und RAJAN (1995) betonen in ihrem Modell ebenfalls die Monopolstellung des Kreditgebers als Voraussetzung für die Existenz positiver Effekte aus einer Kunde-Bank-Beziehung bezüglich der Kreditversorgung von Unternehmen. Dieses Modell wollen wir im Folgenden darstellen, um daran zu zeigen, wie man diese Fragestellung formal untersuchen kann. PETERSEN und RAJAN (1995) versuchen herauszufinden, inwiefern eine Bank abhängig von ihrer Marktmacht die Zinsforderungen am Anfang einer Kreditbeziehung niedrig halten kann, um Probleme asymmetrischer Information, wie adverse Selektion und Moral Hazard (Risikoerhöhung), zu verhindern. Voraussetzung dafür ist eine mit zunehmender Dauer fester werdende Bindung der Kunden an die Bank (Marktmacht), die es der Bank ermöglicht, den verbliebenen, qualitativ hochwertigen Kreditnehmern relativ hohe Zinsen zu berechnen. Wir wollen im Folgenden ihre Argumentation näher betrachten und die gerade beschriebene intuitive Funktionsweise des Modells formal darstellen. Es gibt gute und schlechte risikoneutrale Kreditnehmer, die ein Projekt finanzieren und ihren erwarteten Gewinn maximieren wollen. Die nachfolgend erläuterten Investitionsmöglichkeiten sind in Abbildung C1.8 präsentiert.

Der gute Kreditnehmer kann im Zeitpunkt $t = 0$ in ein sicheres Projekt investieren, das ihm bei einem Kapitaleinsatz von I_0 einen Rückfluss von y_1^S im Zeitpunkt $t = 1$ erbringt. Er kann anschließend einen Betrag I_1^S in ein anderes sicheres Projekt investieren, das bis zum Zeitpunkt $t = 2$ einen Rückfluss von y_2^S erwirtschaftet. Für den guten Kreditnehmer besteht alternativ die Möglichkeit, im Zeitpunkt $t = 0$ den Betrag I_0 in ein riskantes Projekt zu investieren. Mit einer Wahrscheinlichkeit von p ergibt sich in $t = 1$ ein Rückfluss von y_1^R, worauf der Unternehmer den Betrag I_1^R in ein weiteres sicheres Projekt investieren kann, das in $t = 2$ den Ertrag y_2^R abwirft. Mit einer Wahrscheinlichkeit von $1-p$ ist kein Rückfluss aus dem riskanten Projekt zu erwarten. Der Unternehmer kann dann auch keine Anschlussinvestition tätigen. Die Investitionsprojekte des schlechten Unternehmers aus $t = 0$ schlagen grundsätzlich fehl. Er wird deshalb in $t = 1$ ebenfalls keine weitere Investition realisieren können.

Im Modell werden folgende Annahmen getroffen:

- $y_2^S + y_1^S - I_1^S - I_0 > 0$,

d. h. die Abfolge sicherer Projekte erwirtschaftet einen Gewinn.

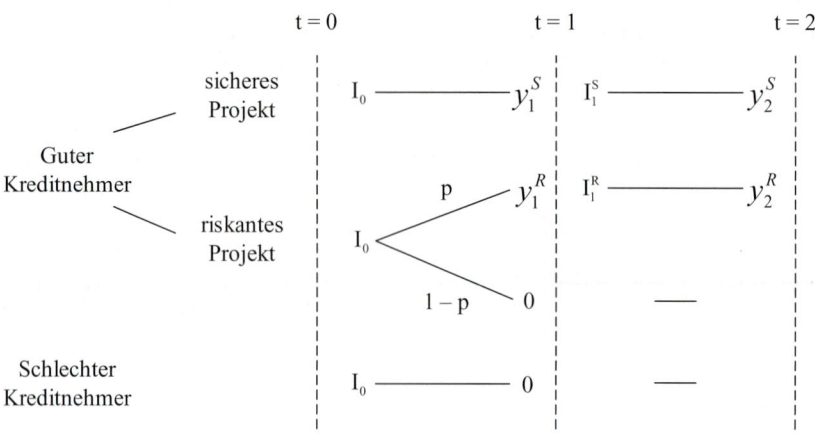

Abb. C1.8: Die Investitionsmöglichkeiten der Kreditnehmer

- $p(y_2^R + y_1^R - I_1^R) - I_0 < 0$,

  d. h. die Abfolge riskanter Projekte erwirtschaftet im Erwartungswert einen Verlust.

- $py_2^R = y_2^S > pI_1^R = I_1^S$,

  d. h. die sicheren Projekte in $t = 1$ haben, von $t = 0$ aus gesehen, identische erwartete Rückzahlungen und erwartete Investitionen, unabhängig davon, ob in $t = 0$ das riskante oder das sichere Projekt gewählt wird. Dabei sind die erwarteten Rückzahlungen größer als die erwarteten Investitionen.

- $I_1^R > I_1^S > y_1^R > y_1^S$,

  d. h. die Rückflüsse der möglichen Projekte aus $t = 0$ reichen nicht aus, um die Anschlussprojekte in $t = 1$ zu finanzieren. Da die Unternehmer kein Eigenkapital zur Verfügung haben, folgt aus dieser Bedingung, dass sie sowohl in $t = 0$ als auch in $t = 1$ Kredite aufnehmen müssen, um ihre Projekte zu finanzieren.

Die Bank besitzt im Zeitpunkt $t = 0$ keine Informationen über die Qualität der Kreditnehmer, sondern kennt nur den zu erwartenden Anteil θ guter Unternehmer. In Zeitpunkt $t = 1$ ist die Bank vollständig über die Qualität der

Kreditnehmer informiert. PETERSEN und RAJAN (1995) (S. 410) argumentieren, dass dies eine plausible Annahme ist, da empirische Studien zeigen, dass Banken umfangreiche Informationen über den Kreditnehmer im Laufe einer Kreditbeziehung gewinnen können. Im Zeitpunkt $t = 1$ kann die Bank Kredite an die verbleibenden guten Unternehmer zu einem Zins vergeben, der ihr im Durchschnitt genau den Kapitalmarktzins (im Modell zur Vereinfachung gleich null gesetzt) erbringt. Sie kann aufgrund von Marktmacht auch eine höhere Verzinsung durchsetzen. Für diese Marktmacht M soll es folgende Möglichkeiten geben:

- $M = 1$, d. h. die Bank besitzt keine Marktmacht, sie bekommt also im Durchschnitt gerade ihr eingesetztes Kapital zurück,
- $M = \alpha > 1$, d. h. die Bank erhält durchschnittlich das α-fache des eingesetzten Kapitals zurück.

Zur Vereinfachung soll gelten: $y_2^S / I_1^S > M \geq 1$.

Bevor wir uns nun der weiteren Argumentation im Rahmen der Modellannahmen zuwenden, wollen wir uns überlegen, ob diese überhaupt plausibel erscheinen. Es soll hier besonders auf die jeweils einperiodige Kreditvergabe eingegangen werden. Angenommen, die Unternehmer könnten auch einen Kredit über zwei Perioden aufnehmen. Wenn sich alle Kreditnehmer in $t = 0$ direkt bis zum Zeitpunkt $t = 2$ finanzieren, und Nachverhandlungsmöglichkeiten ausgeschlossen sind, kann der Kreditgeber von den Informationen, die er in $t = 1$ erhält, keinen Gebrauch machen. Er muss bei Vertragsabschluss einen Risikozuschlag verlangen, der die durchschnittliche Ausfallwahrscheinlichkeit guter und schlechter Kreditnehmer kompensiert. Daraus können die Probleme der adversen Selektion und des Moral Hazard erwachsen, wie sie von STIGLITZ und WEISS (1981) dargestellt worden sind. Die Bank wird Kreditrationierung betreiben. Da in dem hier betrachteten Kontext keine Kreditsicherheiten zugelassen werden, können sich die guten Kreditnehmer nicht durch eine entsprechende Wahl einer Zins-Sicherheiten-Kombination von den schlechten Kreditnehmern unterscheiden. Die einzige Differenzierungsmöglichkeit wäre die Wahl der Kreditlaufzeit. Schlechte Kreditnehmer würden einen Kreditvertrag über zwei Perioden bevorzugen, da sie nach einem einperiodigen Kreditvertrag und einem misslungenen Projekt keine weiteren Kredite erhalten würden. Gute Kreditnehmer würden deshalb zur Differenzierung einen einperiodigen Kredit wählen. Die Kreditgeber könnten dann einfach alle Kreditanträge für Kredite mit einer Laufzeit von zwei Perioden ablehnen und somit schlechte Kreditnehmer ausschließen. Es liegt aber auf der Hand, dass die schlechten Kreditnehmer dann lieber die guten Kreditnehmer imitieren und einen Kredit über eine Periode beantragen würden, als überhaupt keinen Kredit zu erhalten. Sie unterbinden hiermit die Möglichkeit des Signalisierens von Seiten der guten Kreditnehmer. Die einzige Möglichkeit, die diesen noch bleibt, um ihre erwarteten Gewinne über die beiden Perioden zu optimieren, besteht darin, in $t = 0$ einen Kredit bis $t = 1$ in möglichst geringer Höhe aufzunehmen. In $t = 1$ hat die Bank die schlechten Kreditnehmer dann erkannt und kann den guten Kreditnehmern im Vergleich zu einer Situation oh-

ne Unterscheidungsmöglichkeit entsprechend günstigere Zinsen für einen Kredit
anbieten. Wir gehen deshalb davon aus, dass die Kreditnehmer in $t = 0$ jeweils
einen Kredit in Höhe von I_0 bis $t = 1$ aufnehmen und dafür die Rückzahlung R_1
versprechen.

Wenn der gute Kreditnehmer in $t = 0$ das sichere Projekt wählt, nimmt er
in $t = 1$ einen Kredit in Höhe von $I_1^S - (y_1^S - R_1)$ auf. Der Kreditgeber wird
nun, seiner Marktmacht entsprechend, die Rückzahlungsrate M fordern. Da die
Qualität der Kreditnehmer bekannt ist, und Probleme asymmetrischer Information nicht mehr auftreten können, muss die Rückzahlungsrate nicht mehr niedrig
gehalten werden. Für den Zeitpunkt $t = 2$ erwartet der gute Kreditnehmer bei
Wahl des sicheren Projekts in $t = 0$ den folgenden Gewinn:

$$G_{KN}^S(t = 2) = \max\{y_2^S - M(I_1^S - (y_1^S - R_1)), 0\}. \tag{C1-15}$$

Bei Wahl des riskanten Projekts ergibt sich:

$$G_{KN}^R(t = 2) = \max\{p(y_2^R - M(I_1^R - (y_1^R - R_1))), 0\}. \tag{C1-16}$$

Ein guter Unternehmer wählt in $t = 0$ das sichere Projekt, falls

$$y_2^S - M(I_1^S - (y_1^S - R_1)) \geq p(y_2^R - M(I_1^R - (y_1^R - R_1)))$$

$$\Leftrightarrow y_1^S - R_1 \geq p(y_1^R - R_1) \quad \text{wegen} \quad py_2^R = y_2^S \quad \text{und} \quad pI_1^R = I_1^S \tag{C1-17}$$

$$\Leftrightarrow (y_1^S - py_1^R)/(1 - p) \geq R_1.$$

Die Bank wird in $t = 0$ nur dann einen Kredit geben, falls sie den Kreditvertrag so formulieren kann,

- dass der gute Kreditnehmer das sichere Projekt wählt (d. h. die Bedingung
  (C1-17) erfüllt ist) und
- dass sie bei einem risikolosen Zinssatz von null im Erwartungswert mindestens
  ihren zur Verfügung gestellten Kreditbetrag wieder zurückerhält (d. h. die
  folgende Bedingung (C1-18) erfüllt ist):

$$\theta R_1 - I_0 + \theta(M[I_1^S - (y_1^S - R_1)] - [I_1^S - (y_1^S - R_1)]) \geq 0$$

$$\Leftrightarrow \theta R_1 - I_0 + \theta(M - 1)[I_1^S - (y_1^S - R_1)] \geq 0 \tag{C1-18}$$

$$\Leftrightarrow R_1 \geq \frac{I_0}{\theta M} - \frac{M-1}{M}(I_1^S - y_1^S).$$

Bedenken Sie dabei, dass der Zinssatz in diesem Modell null ist, dass die Bank
in $t = 1$ ein Kapital in Höhe von $I_1^S - (y_1^S - R_1)$ einsetzt, und dass die Bank
das M-fache des in $t = 1$ eingesetzten Kapitals zurückerhält. Aus Bedingungen (C1-17) und (C1-18) ergibt sich die durchschnittliche Kreditnehmerqualität
θ^* in Abhängigkeit von der Marktmacht M des Kreditgebers, die gerade noch
ausreichend ist, damit die Bank einen Kredit gewährt:

$$\theta^*(M) = \frac{I_0(1-p)}{M(y_1^S - py_1^R) + (M-1)(I_1^S - y_1^S)(1-p)}.$$ (C1-19)

Es zeigt sich, dass θ^* bei zunehmendem M geringer wird. Dies ist das wichtige Ergebnis aus obiger Betrachtung: Wenn die Marktmacht der Bank steigt, erhalten auch Kreditnehmer mit geringerer erwarteter Qualität einen Kredit. Die Bank kann die geforderte Rückzahlung R_1 niedriger ansetzen als in einer kompetitiveren Situation, bei der sie die volle Entlohnung ihres eingegangenen Risikos sofort verlangen muss. Durch Forderung einer im Vergleich zur sicheren Anlage höheren Rückzahlung M in der zweiten Periode kann sie den Verlust der ersten Periode ausgleichen. Gute Kreditnehmer werden dabei aufgrund niedrigerer Zinsen eher angeregt, das sichere Projekt zu wählen. Die erzielten Effizienzgewinne führen dann dazu, dass auch Kreditnehmer mit einer geringeren erwarteten Qualität finanziert werden. Wenn die Bank sich auf die Kunde-Bank-Beziehung verlassen kann, wird sie in $t = 0$ eine im Vergleich zur vollkommenen Konkurrenzsituation niedrigere Rückzahlung R_1 fordern, um adverse Selektion und Risikoerhöhungen zu vermeiden. Aufgrund ihrer Marktmacht kann sie in der Folgezeit ($t = 1$) eine relativ hohe Rückzahlung von den verbleibenden guten Kreditnehmern fordern.

Die Modellüberlegungen haben gezeigt, dass mehrperiodige Kreditbeziehungen, die aufgrund von zwischenzeitlich auftretenden Informationen angepasst werden, Effizienzgewinne gegenüber den für den gesamten Zeitraum festgelegten Verträgen aufweisen können. Dabei sind wir von einer gewissen Monopolstellung der Bank ausgegangen, die den Kreditnehmer über aufeinanderfolgende, aber separate Verträge bindet und es ihr ermöglicht, einen Ausgleich für anfänglich zu günstige Kreditkonditionen zu schaffen. Die anfänglich niedrigen Kreditzinsen verhindern dabei negative Effekte aus asymmetrischer Information und machen somit weniger Kreditrationierung erforderlich.

Ein kritischer Punkt im Modell ist die Annahme einer Monopolstellung des Kreditgebers. Diese kann darauf beruhen, dass der Kreditgeber einziger Anbieter auf dem Kreditmarkt ist, aber auch darauf, dass er gegenüber den Konkurrenten aufgrund einer längeren Beziehung zu den Kunden (hier in der zweiten Periode) einen Informationsvorsprung besitzt. Er kann deshalb seine Konkurrenten bei den Zinsforderungen unterbieten, somit die Kreditnehmer an sich binden und trotzdem Gewinne machen, weil er aufgrund des schon stattgefundenen Auswahlprozesses (nach der ersten Periode sind die schlechten Kreditnehmer ausgeschieden) nur noch Kreditnehmer guter Qualität bedient. Die Konkurrenten könnten sich nun überlegen, den Kreditgeber wiederum zu unterbieten und die guten Kreditnehmer abzuwerben. Mit der Dauer der Kunde-Bank-Beziehung würden auch sie höhere Zinsen als Ausgleich erhalten. Es besteht aber hierbei das Problem, dass zunächst nicht unterschieden werden kann, ob ein guter Kreditnehmer wegen der besseren Konditionen vom ursprünglichen Kreditgeber abgewandert ist, oder ob es ein schlechter Kreditnehmer nach Ablehnung seines Kreditantrags nun bei anderen Kreditgebern mit einem neuen Antrag versucht. Insofern stehen die Konkurrenten des Kreditgebers vor der im Modell beschriebenen Situation zum Zeitpunkt $t = 0$. Ein Unterbieten des ursprünglichen Kreditgebers ist ihnen deshalb erschwert. Ein zusätzliches Hindernis beim Abwerben von Kreditnehmern stellt die Berücksichtigung von Suchkosten für Kreditnehmer dar. Nicht nur der Kreditgeber muss den Kreditnehmer, sondern auch der Kreditnehmer muss den Kreditgeber akzeptabel finden.

Zusammenfassend soll noch einmal betont werden, dass PETERSEN und RAJAN (1995) theoretisch zeigen, dass ein geringerer Wettbewerb einen positiven Einfluss auf das Relationship Banking hat. BOOT und THAKOR (2000) kommen in ihrem Modell zu einem anderen Zusammenhang zwischen dem Ausmaß des Wettbewerbs auf dem Bankenmarkt und dem Relationship Banking. Sie leiten theoretisch her, dass ein größerer Wettbewerb zwischen Banken zu mehr Relationship Lending führen kann, da Banken bei hohem Wettbewerbsdruck ihre Kunden durch die engere Beziehung langfristig binden wollen.

Nach der Darstellung des Modells von PETERSEN und RAJAN (1995) und dem Hinweis auf das Modell von BOOT und THAKOR (2000) mit konkurrierenden Vorhersagen möchten wir zum Abschluss dieses Abschnitts noch kurz auf empirische Resultate eingehen. PETERSEN und RAJAN (1995) haben anhand des Kreditmarktes für kleinere US-Unternehmen empirisch herausgefunden, dass ein geringerer Wettbewerb unter Banken dazu führt, dass stärker junge Unternehmen finanziert werden im Vergleich zu einer Situation mit größerem Wettbewerb, was die Vorhersage ihres Modells stützt.

ONGENA und SMITH (2000), BOOT (2000) und DEGRYSE et al. (2009) geben einen Überblick über weitere Erkenntnisse zum Thema Relationship Banking. Geeignete Maße für die Existenz bzw. die Stärke des Relationship Banking sind in empirischen Studien die Länge der Kunde-Bank-Beziehung und das Vorliegen eines Kontokorrentkontos.

C1.5 Strategische Überlegungen des Kreditnehmers und des Kreditgebers

Bei der eben geführten Diskussion über den Wert einer Kunde-Bank-Beziehung wurde nicht explizit berücksichtigt, ob der Kreditnehmer den Kredit überhaupt zurückzahlen wird (vgl. ausführlich FREIXAS und ROCHET (1997), S. 91ff.). Im Modell von GALE und HELLWIG (1985) wird dieser Aspekt schon in einer einperiodigen Betrachtung einbezogen. Der Kreditnehmer täuscht einen möglichst schlechten Umweltzustand vor, um wenig zurückzahlen zu müssen. Eine anreizkompatible Vertragsformulierung soll ihn davon abhalten. In einem mehrperiodigen Kontext kommt aber zusätzlich die Notwendigkeit für den Kreditnehmer ins Spiel, seinen Ruf als ordentlicher Vertragspartner zu wahren, um auch in Zukunft Kredite erhalten zu können. Letztlich wägt er zwischen dem Nutzengewinn bei Zahlungsverweigerung und dem Nutzenentgang ab, der ihm zu einem späteren Zeitpunkt entsteht, wenn er keinen Kredit mehr erhält und deshalb lukrative Projekte nicht realisieren kann. Der strategische Entscheidungsspielraum des Kapitalnehmers ist zudem durch das Insolvenzverfahren begrenzt. Der Unternehmer kann den Verlust seines Vermögens nur dadurch umgehen, dass er Gegenstände (illegal) aus dem Unternehmen frühzeitig herauslöst. Eine weitere Möglichkeit für den Kreditnehmer, Sanktionsmöglichkeiten des Kreditgebers entgegenzuwirken, besteht darin, die vorzeitige Beendigung des finanzierten Projekts anzudrohen. Diese Strategie ist vor allem dann wirkungsvoll, wenn der Liquidationswert des Projekts viel geringer ist als der Fortführungswert. Der Kreditgeber wird dann geneigt sein, den Konkurs zu vermeiden und über Nachverhandlungen einen Kompromiss zu finden, der ihm letztlich höhere Zahlungen als bei sofortiger Liquidation des Kreditnehmervermögens erbringt. In Anbetracht dieser strategischen Möglichkeiten wird sich der Kreditgeber schon im ursprünglichen Vertrag die Möglichkeit sichern, den Kreditvertrag mit dem Kreditnehmer bei frühzeitigem Erkennen von Ungereimtheiten oder Schieflagen zu kündigen. In einer sich anschließenden Nachverhandlung versucht der Kreditgeber, neue Vertragsbedingungen durchzusetzen, um sich gegen drohende Verluste abzusichern. Dies kann dadurch geschehen, dass er zusätzliche Sicherheiten fordert, um im Konkursfall genügend Vermögensgegenstände des Kreditnehmers bevorrechtigt vor anderen Gläubigern verwerten zu können. Eine weitere Möglichkeit besteht darin, die Kreditkonditionen so anzupassen, dass sich das Verhalten des Kreditnehmers nach seinen Wünschen gestaltet. Die zweite Alternative soll im folgenden Kapitel anhand des Modells von GORTON und KAHN (1993) (vgl. auch GORTON und KAHN (2000)) ausführlich behandelt werden.

C1.6 Der Kredit bei unvollständiger Vertragsgestaltung – Das Modell von Gorton und Kahn (1993, 2000)

In der bisherigen Betrachtung von Kreditverträgen sind wir von einer vollständigen Vertragsgestaltung ausgegangen. Wir wollen uns im Folgenden mit Krediten bei unvollständiger Vertragsgestaltung beschäftigen (TIROLE (1999) gibt einen Überblick über die Literatur zu unvollständigen Verträgen). In der Realität sind Verträge in der Regel unvollständig, d. h. es wird nicht bei Vertragsschluss festgelegt, was in jedem möglichen Umweltzustand geschehen soll. Außerdem gibt es in der Praxis häufig Nachverhandlungen. GORTON und KAHN (1993) (vgl. auch GORTON und KAHN (2000)) haben in ihrem Modell Kredite als unvollständige Verträge formuliert. Bei Vertragsabschluss ist hier nicht klar, welche wirtschaftliche Entwicklung der Kreditnehmer durchlaufen wird. Deshalb ist auch seine Tendenz, während der Kreditlaufzeit das Projektrisiko zu erhöhen, am Anfang nicht abschätzbar. Diese Neigung wird erst zu einem späteren Zeitpunkt offenbar. Der Kreditgeber sichert sich durch eine pauschale Kündigungsklausel die Möglichkeit, den Vertrag jederzeit nachzuverhandeln und an eine neue Informationslage anzupassen, um ein für ihn konformes Verhalten des Kreditnehmers zu erzwingen oder zumindest die Folgen eines Fehlverhaltens so weit wie möglich zu mildern. Wir wollen dieses Modell ausführlich behandeln.

Zunächst soll die zeitliche Struktur des Modells erläutert werden (vgl. Abbildung C1.9). Kreditgeber und Kreditnehmer schließen einen Kreditvertrag über zwei Perioden ab. Sie besitzen zu jeder Zeit identische Informationen; es liegt also eine symmetrische Informationsverteilung vor. Beide Vertragspartner sind risikoneutral und maximieren ihren erwarteten Gewinn. Im Ausgangszeitpunkt $t = 0$ herrscht Ungewissheit über die zu erwartenden Erträge des finanzierten Projekts. Den möglichen Ertragsrealisationen in $t = 2$, dem Ende des Projekts, können zunächst keine Eintrittswahrscheinlichkeiten zugeordnet werden. Im Zeitpunkt $t = 1$ werden von Dritten nicht verifizierbare Informationen über diese Wahrscheinlichkeiten bekannt. Der Kreditgeber hat deshalb bei Vertragsabschluss darauf verzichtet, mögliche Handlungsweisen zu definieren, die von den in $t = 1$ eintretenden Informationen abhängen. Stattdessen hat er mit dem Kreditnehmer eine Kündigungsmöglichkeit vereinbart, um den Vertrag beim Auftreten neuer Informationen flexibel zu seinen Gunsten nachverhandeln zu können.

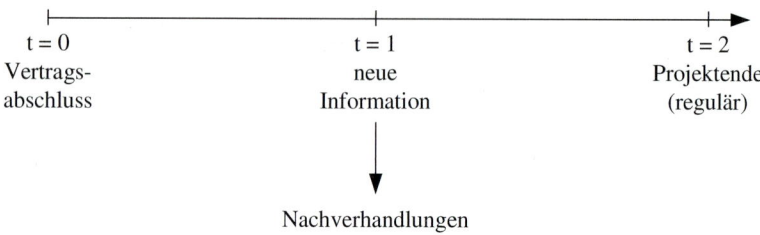

Abb. C1.9: Die zeitliche Struktur der Kreditbeziehung

Ein Unternehmer möchte nun in $t = 0$ ein Investitionsprojekt durchführen. Da er kein Eigenkapital besitzt, finanziert er das Projekt vollständig mit einem Kredit in Höhe von K und muss in $t = 2$ Rückzahlungen in Höhe von R leisten. Zur Vereinfachung wird im Modell ein Zins für risikolose Anlagen und Kredite in Höhe von null angenommen. Die Rückzahlung R enthält nur den vom Kreditgeber geforderten Risikozuschlag. Es existieren zwei tendenzielle Projektausgänge, denen in $t = 0$ noch keine Wahrscheinlichkeiten zugeordnet werden können. Bei erfolgreicher Durchführung ergibt sich tendenziell der Projektertrag y_H, ansonsten tendenziell y_L. Die tatsächlichen Ausprägungen dieser Projekttendenzen weichen mit einer Wahrscheinlichkeit von jeweils 0,5 um $+\sigma$ oder $-\sigma$ von diesen Werten ab (vgl. Abbildung C1.10). Erst im Zeitpunkt $t = 1$ erhalten Kreditgeber und Kreditnehmer Informationen über die Wahrscheinlichkeiten der Projektausgänge. Mit einer Wahrscheinlichkeit von p wird das Projekt erfolgreich beendet (vgl. Abbildung C1.11).

Für die geforderte Rückzahlung des Kreditgebers wird $R > y_L - \sigma$ angenommen.[4] Wenn das Projekt den Betrag $y_L - \sigma$ erwirtschaftet, wird das Unternehmen vom Kreditgeber verwertet. Er kann den Liquidationswert L_2 erzielen. Der Kreditgeber kann auch im Zeitpunkt $t = 1$ als Ergebnis der Nachverhandlung

---

[4] Es sei schon an dieser Stelle darauf hingewiesen, dass die folgenden Ausführungen nur für die angenommene Parameterkonstellation gelten.

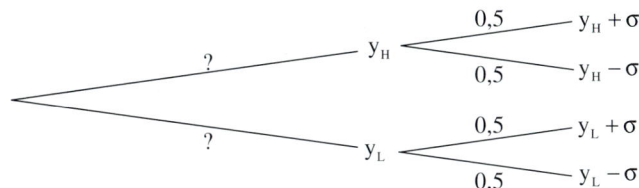

Abb. C1.10: Projektergebnisse in $t = 2$ und ihre Wahrscheinlichkeiten im Zeitpunkt $t = 0$.

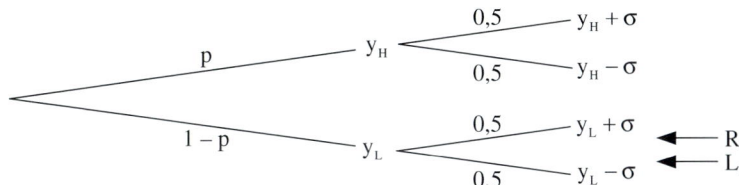

Abb. C1.11: Projektergebnisse in $t = 2$ und ihre Wahrscheinlichkeiten im Zeitpunkt $t = 1$.

das Projekt liquidieren. Er wird dann den Wert L_1 realisieren, wobei gelten soll $R > L_1 > L_2$. Der Kreditnehmer besitzt die Möglichkeit, nach Bekanntwerden der Informationen über den Projektverlauf das Risiko zu erhöhen. Die Risikoerhöhung drückt sich in einer zusätzlichen Streuung der Projekterträge um den Betrag S aus. Die bei der Risikoerhöhung anfallenden Kosten c werden vom Kreditnehmer getragen, solange er die Rückzahlung R einschließlich c leisten kann. Im Insolvenzfall gehen sie vom Liquidationserlös des Kreditgebers ab. Wie wir in Kapitel B1 gelernt haben, ist eine Risikoerhöhung ohne die Kosten c für einen risikoneutralen Kapitalnehmer immer vorteilhaft. Aufgrund der Kosten c hat der Kreditnehmer jedoch nicht grundsätzlich den Anreiz, das Risiko zu erhöhen. Die möglichen Projektergebnisse für den Fall einer Risikoerhöhung sind in Abbildung C1.12 dargestellt. Es soll hier $R > y_L + S - \sigma - c$ gelten, d. h. beim Eintreten der drei untersten Äste des Wahrscheinlichkeitsbaums wird das Unternehmen vom Kreditgeber übernommen und verwertet. Er erzielt dabei den Wert $L_2 - c$. Es soll zur Vereinfachung angenommen werden, dass die Größen y_i, S, σ und c solche Werte besitzen, dass die in Abbildung C1.12 suggerierte Ordnung der Konsequenzen tatsächlich eintritt. (Die folgenden Ausführungen gelten daher lediglich für diese Parameterkonstellation.)

Für die spätere Argumentation ist hier noch einmal herauszustellen, dass beide Vertragsparteien über alle Fakten der Modellwelt gleich gut informiert sind. Insbesondere erhalten sie die gleichen Informationen über den Projektverlauf und über die jeweiligen Aktionsmöglichkeiten nach Bekanntwerden dieser Infor-

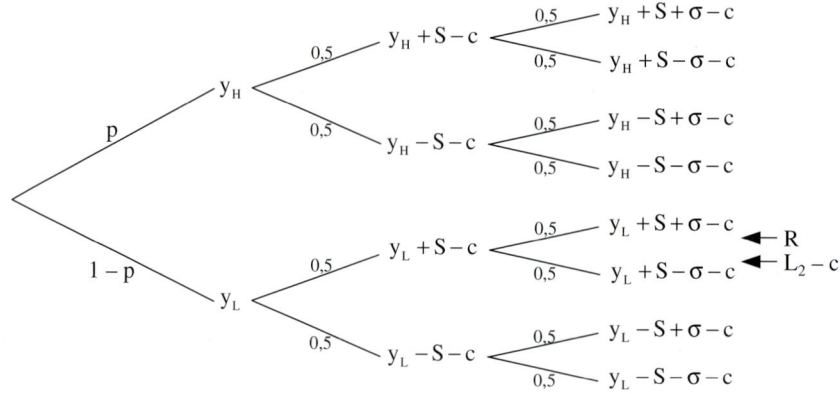

Abb. C1.12: Projektergebnisse in $t = 2$ und ihre Wahrscheinlichkeiten im Zeitpunkt $t = 1$ für den Fall der Risikoerhöhung

mationen. Der Kreditnehmer wird in $t = 1$ das riskantere Projekt wählen, wenn er dadurch seinen erwarteten Gewinn erhöhen kann. Der erwartete Gewinn des Kreditgebers wird durch die Risikoerhöhung negativ beeinflusst. Dies versucht er in $t = 1$ durch eventuelle Kündigung und Nachverhandlung zu verhindern.

Führen wir uns zunächst den erwarteten Projektertrag ohne bzw. mit Risikoerhöhung (G bzw. G^+) vor Augen (vgl. Abbildung C1.13).

$$G(p) = py_H + (1-p)[0,5(y_L + \sigma) + 0,5L_2], \tag{C1-20}$$

$$G^+(p) = py_H + (1-p)[0,25(y_L + S + \sigma) + 0,75L_2] - c. \tag{C1-21}$$

Dieser Projektertrag teilt sich in den erwarteten Ertrag des Kreditnehmers und den erwarteten Ertrag des Kreditgebers auf. Der Kreditnehmer erwartet:

$$G_{KN}(p) = p(y_H - R) + (1-p)0,5(y_L + \sigma - R), \tag{C1-22}$$

$$G_{KN}^+(p) = p(y_H - R - c) + (1-p)0,25(y_L + S + \sigma - R - c). \tag{C1-23}$$

Der Kreditgeber erwartet:

$$G_{KG}(p) = pR + (1-p)0,5R + (1-p)0,5L_2, \tag{C1-24}$$

$$G_{KG}^+(p) = pR + (1-p)0,25R + (1-p)0,75(L_2 - c). \tag{C1-25}$$

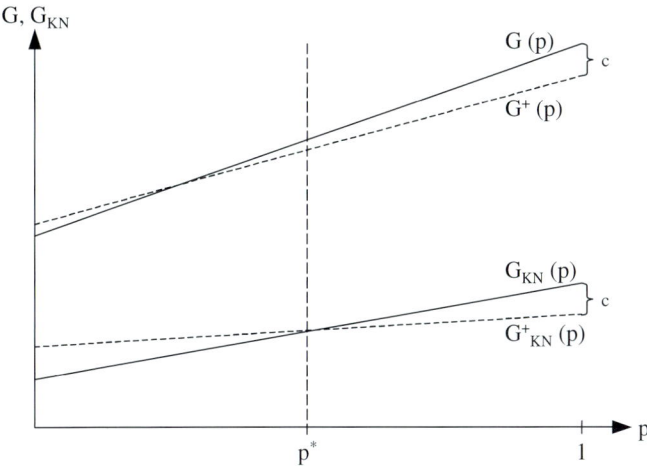

Abb. C1.13: Erwarteter Gesamtprojektertrag und Kreditnehmeranteil

Da $G_{KG}^+(p) - G_{KG}(p) = -(1-p)0,25(R - L_2) - (1-p)0,75c$ und $R > L_2$ sowie $c > 0$ ist, stellt sich der Kreditgeber bei Risikoerhöhung des Kreditnehmers schlechter. Der Kreditnehmer wird das Risiko des Projekts erhöhen, wenn der erwartete Ertrag bei Risikoerhöhung steigt. Es muss also

$$G_{KN}^+(p) > G_{KN}(p) \qquad (C1\text{-}26)$$

gelten. Daraus ergibt sich

$$p < \frac{0,25[R - y_L + S - \sigma - c]}{0,25[R - y_L + S - \sigma - c] + c} = p^* < 1. \qquad (C1\text{-}27)$$

Unterschreitet die in $t = 1$ festgestellte Wahrscheinlichkeit eines erfolgreichen Projektausgangs einen kritischen Wert p^*, so wird der Kreditnehmer das Risiko erhöhen. p^* ist abhängig vom vereinbarten Rückzahlungsbetrag R und von den Kosten c der Risikoerhöhung. Je höher R, desto höher ist p^*. Für die Kosten c gilt, je höher die Kosten, desto kleiner p^*. Für den Kreditgeber stellt sich nun die Frage, ob, und wenn ja, wie er den Kreditnehmer von der Risikoerhöhung, die seinen erwarteten Ertrag negativ beeinflusst (siehe dazu Abbildung C1.14), abhalten kann. Bei einer Risikoerhöhung wird der Gesamtprojektertrag, verursacht durch die Kosten c, verringert (= Sprungstelle), und der Kreditnehmer erhält vom verbleibenden Rest einen höheren Anteil als vorher.

In Abhängigkeit von der sich in $t = 1$ einstellenden Erfolgswahrscheinlichkeit p des Projekts wird der Kreditgeber in Kenntnis der jeweils optimalen Handlungsalternative des Kreditnehmers (ermittelt mit dem Rückzahlungsbetrag in der

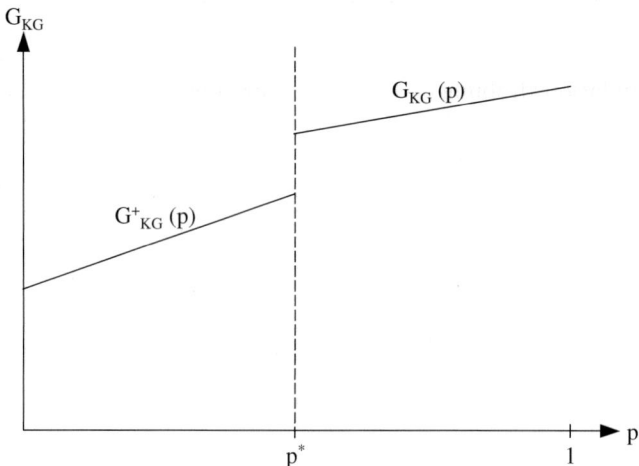

Abb. C1.14: Der Erwartungswert des Kreditgeberanteils (Ertrag des Kreditgebers) in Abhängigkeit von p

ursprünglichen Höhe) den geforderten Rückzahlungsbetrag nachträglich so verändern, dass sein erwarteter Ertrag maximal wird. Gehen wir nun die möglichen
Realisationen von p durch. Eine erste Unterteilung haben wir schon vorgenommen. Wenn sich ein $p > p^*$ einstellt, wird der Kreditgeber nichts unternehmen.
Der Kreditnehmer hat nicht das Bestreben, das Risiko zu erhöhen, und somit
wird der erwartete Gewinn des Kreditgebers auch nicht negativ beeinflusst.

Betrachten wir nun den Bereich, für den $p < p^*$ ist (vgl. die Übersicht in
Abbildung C1.18). Darin ist ein Teilbereich $p < p_R$ enthalten, für dessen Werte
der erwartete Ertrag des Kreditgebers nach Risikoerhöhung kleiner ist als der
Liquidationswert L_1 des Projekts zum Nachverhandlungszeitpunkt $t = 1$. Der
Kreditgeber, der ja das Recht zur Vertragskündigung in $t = 1$ besitzt, kann
bei solchen Erfolgswahrscheinlichkeiten glaubhaft mit der Liquidation drohen
und damit eine nachträgliche Erhöhung der Rückzahlung durchsetzen. Dadurch
wird eine Anhebung der tatsächlich zu erwartenden Rückzahlung über den Liquidationswert L_1 möglich. Der kritische Wert p_R lässt sich berechnen, indem
$G^+_{KG}(p) = L_1$ gesetzt und nach p aufgelöst wird. Es ergibt sich

$$p_R = \frac{L_1 - 0,25R - 0,75L_2 + 0,75c}{0,75(R - L_2 + c)}. \tag{C1-28}$$

Eine Erhöhung der geforderten Rückzahlung hat aber auch zur Folge, dass die
Wahrscheinlichkeit der Zahlungsunfähigkeit des Schuldners steigt. Dieser Effekt
führt dazu, dass sich für bestimmte Realisationen $p < p_{L_1} < p_R$ die Liquidation

des Projekts in $t = 1$ als gewinnmaximierende Strategie für den Kreditgeber erweist.[5]

Betrachten wir nun den Bereich $p_R < p < p^*$. Die Bank kann hier keine glaubwürdige Liquidationsdrohung aussprechen. Für Werte von p, die dicht unterhalb von p^* liegen, kann sich eine Senkung der Rückzahlungsforderung von R nach R^- lohnen. Es sinkt dadurch auch der kritische Wert p^* auf $p^*(R^-)$, so dass der Kreditnehmer für $p > p^*(R^-)$ erfolgreich von einer Risikoerhöhung abgehalten werden kann. Der Kreditgeber wird seine Rückzahlungsforderung natürlich nur soweit senken, bis die Risikoerhöhung gerade vermieden wird. Der dazu erforderliche Rückzahlungsbetrag R^- ergibt sich aus

$$G_{KN}(p) = G_{KN}^+(p). \tag{C1-29}$$

Daraus folgt

$$R^- = \frac{c[p + 0,25(1-p)]}{0,25(1-p)} + y_L - S + \sigma. \tag{C1-30}$$

In Abbildung C1.15 ist die Auswirkung einer Verminderung des Rückzahlungsbetrages dargestellt. Falls $p^*(R^-) < p < p^*$ gilt, kann der Kreditnehmer in diesem Bereich erfolgreich von einer Risikoerhöhung abgehalten werden:

- ohne Senkung der Rückzahlung ist $G_{KN}(p, R)$ kleiner als $G_{KN}^+(p, R)$, d. h. eine Risikoerhöhung erhöht den Gewinn des Kreditnehmers,
- mit Senkung der Rückzahlung ist $G_{KN}(p, R^-)$ größer als $G_{KN}^+(p, R^-)$, d. h. eine Risikoerhöhung lohnt sich für den Kreditnehmer nicht.

Der Kreditgeber kann den Rückzahlungsbetrag nicht beliebig senken, um den Kreditnehmer von einer Risikoerhöhung abzuhalten. Bei Kreditnehmern, deren Erfolgswahrscheinlichkeit p einen kritischen Wert p^{**} unterschreitet, überwiegt der negative Effekt aus der Senkung der Rückzahlungsforderung den positiven Effekt aus der vermiedenen Risikoerhöhung. Der erwartete Ertrag des Kreditgebers sinkt im Vergleich zur Situation vor der Verringerung der Rückzahlung. Bei seinen strategischen Überlegungen muss der Kreditgeber damit folgende Nebenbedingung beachten:

$$G_{KG}(p, R^-) > G_{KG}^+(p, R). \tag{C1-31}$$

p^{**} lässt sich durch Auflösen der Gleichung $G_{KG}(p, R^-) = G_{KG}^+(p, R)$ berechnen, wobei R^- ersetzt wird durch den Term in Formel (C1-30). Es ergibt sich die quadratische Gleichung

$$a(p^{**})^2 + bp^{**} + d = 0 \tag{C1-32}$$

mit

---

[5] Eine Formel für p_{L_1} lässt sich nicht ohne weiteres angeben, da diese Wahrscheinlichkeit (unter Umständen) vom erhöhten Rückzahlungsbetrag abhängt. GORTON und KAHN (1993), S. 12f., diskutieren, wie sich dieser höhere Rückzahlungsbetrag (falls er überhaupt existiert), berechnen lässt. Für die Intuition des Modells ist der genaue Wert von p_{L_1} aber unerheblich.

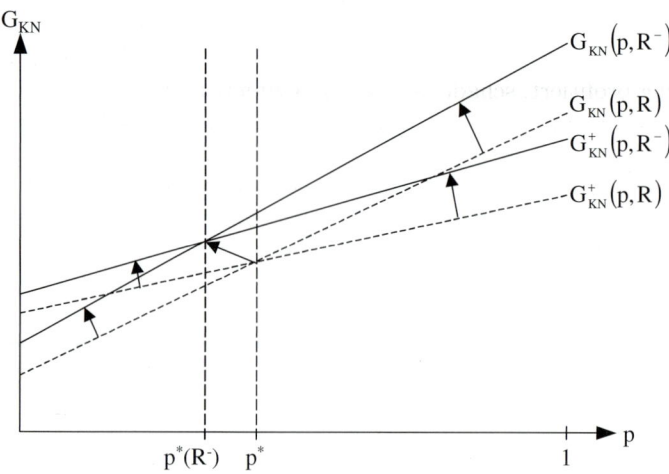

Abb. C1.15: Der erwartete Ertrag des Kreditnehmers bei einer Senkung des Rückzahlungsbetrages

$$a = 2,25c - 0,25L_2 - 0,5y_L + 0,5S - 0,5\sigma + 0,75R,$$
$$b = 0,5c - 0,5R + 0,5L_2 \qquad \text{und}$$
$$d = 1,25c + 0,5y_L - 0,5S + 0,5\sigma - 0,25L_2 - 0,25R.$$

Man erhält dann bei Beachtung der Tatsache, dass Wahrscheinlichkeiten keine negativen Werte annehmen können,[6]

$$p^{**} = -\frac{b}{2a} + \sqrt{\left(\frac{b}{2a}\right)^2 - \frac{d}{a}}. \tag{C1-33}$$

Wir möchten die Darstellung anhand eines Zahlenbeispiels verdeutlichen. Wir wählen dabei die folgenden Parameterwerte, welche die in den Abbildungen C1.11 und C1.12 genannten Restriktionen erfüllen: Die Projektergebnisse sind $y_H = 1700$ bei Erfolg und $y_L = 600$ bei Misserfolg. Die Liquidationserlöse in $t = 1$ und $t = 2$ liegen bei $L_1 = 740$ und $L_2 = 720$. Des Weiteren sind $S = 300$, $\sigma = 200$ und $c = 40$. Als Rückzahlungsbetrag wurde $R = 790$ vereinbart. Mit diesen Größen können die Wahrscheinlichkeiten p^*, p^{**} und p_R mit Hilfe der Formeln (C1-27), (C1-28) und (C1-33) berechnet werden. Es ergibt sich $p^* = 0,6098$, $p^{**} = 0,5845$ und $p_R = 0,3939$.

Betrachten wir nun einen Kreditnehmer, bei dem sich in $t = 1$ eine Erfolgswahrscheinlichkeit von $\hat{p} = 0,6$ offenbart. Wegen $\hat{p} = 0,6 < p^*$ hat der Kreditnehmer einen Anreiz zur Risikoerhöhung. Dies erkennen wir auch, indem wir

---

[6] Beachten Sie, dass die Wahrscheinlichkeit p^{**} nicht notwendigerweise existieren muss. Beispielsweise kann der Term unter der Wurzel für bestimmte andere Parameterkonstellationen einen negativen Wert annehmen mit der Folge, dass sich p^{**} nicht berechnen lässt.

den Gewinn des Kreditnehmers ohne und mit Risikoerhöhung berechnen (Formeln (C1-22) und (C1-23)). Es ergibt sich ein Gewinn von 548 ohne und 549 mit Risikoerhöhung für den Kreditnehmer. Während der Kreditnehmer von der Risikoerhöhung profitiert, schadet sie dem Kreditgeber. Durch die Risikoerhöhung sinkt der Gewinn von 776 auf 757 (Formeln (C1-24) und (C1-25)).

Abbildung C1.16 zeigt nun, dass der Kreditgeber durch Senkung des Rückzahlungsbetrages seinen Gewinn steigern und den Kreditnehmer von der Risikoerhöhung abhalten kann.

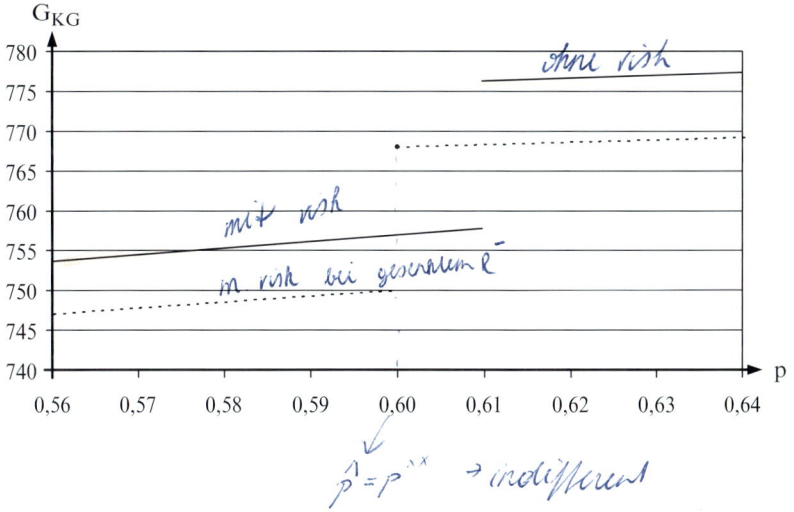

Abb. C1.16: Der erwartete Ertrag des Kreditgebers bei einer Senkung des Rückzahlungsbetrages

Die beiden durchgezogenen Linien stellen $G_{KG}(p)$ und $G_{KG}^{+}(p)$ mit dem ursprünglichen Rückzahlungsbetrag dar (Formeln (C1-24) und (C1-25)). Die gestrichelten Linien zeigen $G_{KG}(p)$ und $G_{KG}^{+}(p)$ bei gesenktem Rückzahlungsbetrag R^{-}. Abbildung C1.16 stellt den Fall dar, bei dem R so auf R^{-} gesenkt wird, dass $p^{*}(R^{-}) = \hat{p} = 0,6$ gilt. Wir erkennen, dass der Kreditgeber seinen Gewinn durch Senkung des Rückzahlungsbetrages im Vergleich zur Ausgangssituation erhöhen kann.

Bei einem Projekt mit $\hat{p} = p^{**}$ ist der Kreditgeber bezüglich Belassung oder Reduzierung der geforderten Rückzahlung indifferent. Der erwartete Ertrag ändert sich für ihn dadurch nicht (vgl. Abbildung C1.17). Wie bereits ausgeführt, lohnt sich bei Kreditnehmern mit der Erfolgswahrscheinlichkeit $p < p^{**}$ die Verminderung des Rückzahlungsbetrages nicht mehr. Solange aber p noch oberhalb von p_R liegt, kann der Kreditgeber auch keine Erhöhung der Rückzahlung beim Kreditnehmer durchsetzen, da sein erwarteter Ertrag zum Zeitpunkt der Nachverhandlung größer als der Liquidationswert L_1 ist. Er kann deshalb nicht glaubhaft mit der Liquidation des Projekts drohen. Somit wird der Kreditgeber bei Kreditnehmern, deren Projekte eine Erfolgswahrscheinlichkeit p mit $p_R < p < p^{**}$ besitzen, den Vertrag nicht verändern wollen.

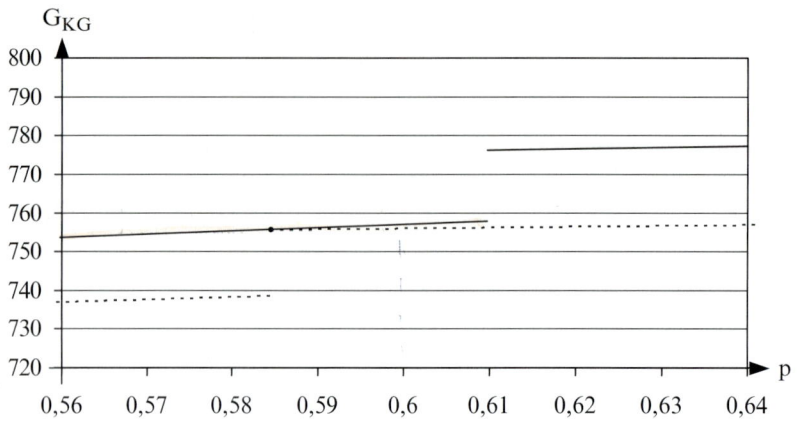

Abb. C1.17: Der erwartete Ertrag des Kreditgebers bei Projekten mit einer Projektwahrscheinlichkeit $\hat{p}$ gleich der kritischen Wahrscheinlichkeit p^{**}

Abbildung C1.18 zeigt zusammenfassend die optimalen Aktionen von Kreditnehmer und Kreditgeber in Abhängigkeit von p. Es besteht kein monotoner Zusammenhang zwischen Kreditnehmerqualität und den Rückzahlungsforderungen des Kreditgebers. Dieser reagiert über Nachverhandlungen flexibel auf die Kreditnehmersituation, um seinen erwarteten Ertrag zu maximieren.

Gerade Bankkredite zeichnen sich durch Nachverhandlungsmöglichkeiten aus, durch welche die Aufteilung des Projektertrags neu geregelt werden kann. Bei Finanzierungen über Schuldverschreibungen mit vielen Gläubigern kann das Problem des Trittbrettfahrens (Free-Riding) auftreten, das eine gemeinsame Strategie bei Nachverhandlungen zunichte macht. Es ist eine Situation denkbar, in der ein einzelner Kapitalgeber besser gestellt ist, wenn er auf der Zahlung seiner Forderungen besteht, sofern alle anderen auf einen Teil ihrer Forderungen verzichten, um das Projekt erfolgreich fortführen zu können. Wenn sich alle Kreditgeber so verhalten, kommt ein Forderungsverzicht letztlich nicht zustande. Das Projekt wird beendet, obwohl eine erfolgreiche Fortführungsmöglichkeit alle Beteiligten als Ganzes betrachtet besser gestellt hätte. Letzten Endes ist dies nichts anderes als ein spezieller Fall des Gefangenendilemmas, das in gängigen Lehrbüchern der Spieltheorie (z. B. in HOLLER und ILLING (2003)) beschrieben wird. Das Dilemma liegt darin, dass das realisierte Nash-Gleichgewicht nicht effizient ist. Durch Realisierung der Kooperationslösung könnte für alle Beteiligten

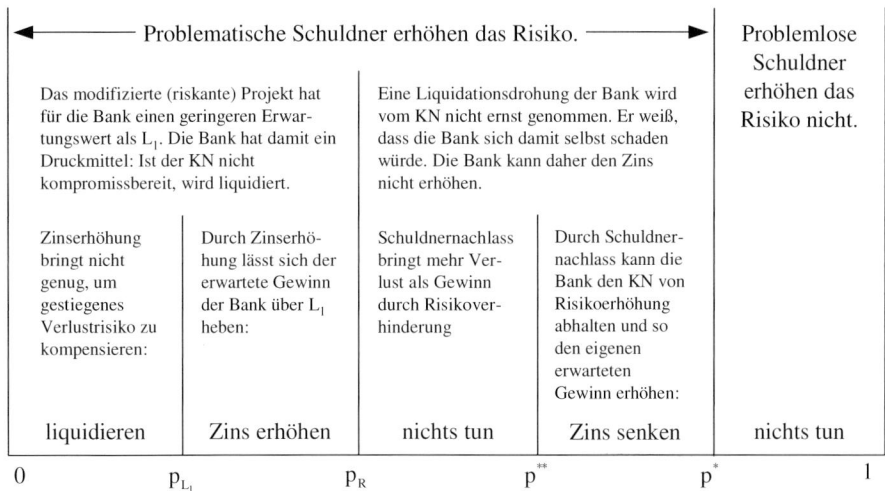

Abb. C1.18: Die Aktionen von Kreditgeber und Kreditnehmer

eine Verbesserung erreicht werden. BREUER (1994) hat gezeigt, dass dieses Problem in der Regel durch Zwischenschalten einer Bank gelöst werden kann. Ein Finanzintermediär wird sich als Verhandlungspartner des Schuldners so verhalten, wie es auch die Gruppe der Gläubiger tun sollte, um für die Gesamtheit das beste Ergebnis zu erzielen. Die in der Ausgangssituation fehlende Möglichkeit, verbindliche Absprachen zu treffen, wird durch Einschaltung einer Institution gelöst. Sicherlich kann es auch bei notleidend werdenden Schuldverschreibungen zu Nachverhandlungen kommen. Der Koordinationsaufwand unter den Gläubigern ist aber vergleichsweise groß und wird häufig durch gesetzlich vorgeschriebene Abstimmungsregeln erschwert. Die Bestimmung optimaler Preise für Bankkredite (Zinsen bzw. Rückzahlungen) ist gerade aufgrund der im Modell von GORTON und KAHN (1993) und GORTON und KAHN (2000) aufgezeigten Nachverhandlungsmöglichkeiten gegenüber der Preisbestimmung von Anleihen komplizierter. Es reicht hier nicht, in Abhängigkeit von der Risikoklasse des Schuldners einen Aufschlag auf den sicheren Kapitalmarktzins zu verlangen. Vielmehr müssen die möglichen Ergebnisse von Nachverhandlungen und deren Eintrittswahrscheinlichkeiten schon bei der Preisbestimmung zum Zeitpunkt des Vertragsabschlusses mit ins Kalkül gezogen werden. Die Auswirkungen von Nachverhandlungsmöglichkeiten auf die im Kreditvertrag festgelegten Konditionen untersuchen auch BERLIN und MESTER (1992). Sie gehen davon aus, dass die Kreditgeber die Qualität der Kreditnehmer zunächst nicht erkennen können. Erst im Verlauf der Vertragsbeziehung wird deren Qualität bekannt. Es zeigt sich, dass Kreditnehmer (bei Bankkrediten) striktere Vertragsklauseln (Covenants) akzeptieren, weil sie, im Vergleich zu einer Kreditaufnahme mit Schuldverschreibungen, über Nachverhandlungen eher eine spätere Anpassung des Kontrakts an ihre neue

Situation erwarten können. Covenants legen den Kreditnehmer auf bestimmte Handlungen fest. Beispielsweise darf ein Unternehmen bestimmte Liquiditätskennzahlen nicht verletzen (zu Covenants vgl. Abschnitt C2.3). Der Kreditgeber hat den Vorteil, dass er durch striktere Covenants die Kreditnehmer besser kontrollieren kann. Auf der anderen Seite ist es ihm möglich, die Vertragsklauseln durch Nachverhandlungen zu lockern, wenn sie sich als zu strikt erweisen und den Handlungsspielraum des Kreditnehmers unnötig einschränken. Dadurch besitzt der Bankkredit gegenüber einer weniger leicht nachzuverhandelnden Kreditform, wie der Schuldverschreibung, Effizienzvorteile. Für eine detaillierte theoretische Behandlung der Effizienzgewinne durch zusätzliche Vertragsklauseln in Kreditverträgen siehe TERBERGER (1987).

C2 Die Praxis des Kreditgeschäftes

1. Der Kredit ist ein schuldrechtlicher Vertrag, dessen wesentliche Rechtsgrundlagen im BGB zu finden sind.
2. Kreditsicherheiten werden in der Praxis in Personen- und Sachsicherheiten untergliedert. Erstere nehmen im Verwertungsfall das einer Person gehörende Vermögen in Anspruch. Bei Sachsicherheiten stehen dem Kreditgeber konkrete Gegenstände zur Verfügung.
3. Covenants sind zusätzliche vertragliche Vereinbarungen zwischen Kreditgeber und Kreditnehmer. Sie helfen bei der Beobachtung der Entwicklung des Projektergebnisses und des Verhaltens des Kreditnehmers während der Kreditlaufzeit.
4. In der Praxis existiert eine Fülle unterschiedlichster Kreditformen. Die wichtigsten Kriterien zur Gliederung der Kredite sind die Art der Kreditnehmer, die Fristigkeit des Kredites und die Tatsache, ob eine Geldleihe oder eine Kreditleihe stattfindet.

C2.1 Der Kreditvertrag

Der Kredit ist ein schuldrechtlicher Vertrag nach §241 BGB. Besteht die Leistung des Kreditgebers darin, dem Kreditnehmer einen Geldbetrag zur Verfügung zu stellen, und verspricht der Kreditnehmer als Gegenleistung, den Geldbetrag und die dafür anfallenden Zinsen zu den vereinbarten Zeitpunkten zurückzuzahlen, ist der Kredit ein Darlehensvertrag nach §488 BGB (bis 2002: §607 BGB a. F.).[7] Es handelt sich dann um eine *Geldleihe*. Dagegen verpflichtet sich der Kreditgeber bei einer *Kreditleihe* gegenüber den Gläubigern des Kreditnehmers nur, für dessen Schuld einzustehen, falls dieser ihr nicht nachkommen kann. Der Kreditneh-

---

[7] Nach der Schuldrechtsreform, die Anfang 2002 in Kraft getreten ist, beziehen sich §§607ff. BGB nur noch auf Sachdarlehen. Für Gelddarlehen im Allgemeinen und Verbraucherdarlehen im Besonderen wurden §§488ff. BGB neu geschaffen.

mer entrichtet dafür ein Entgelt in Form einer Provision. Ein Beispiel für einen solchen Avalkredit ist die Bürgschaft, die in §765 BGB grundsätzlich geregelt ist. Beide Kreditarten beinhalten als wesentliche Vertragsbestandteile den zur Verfügung gestellten Kreditbetrag bei der Geldleihe bzw. den Haftungsrahmen bei der Kreditleihe, das diesbezüglich zu leistende Entgelt (Zinsen oder Provision) und die Laufzeit des Kreditvertrags. Bei einem Geldkredit werden grundsätzlich die Rückzahlungsmodalitäten festgelegt. Bei einem Avalkredit hängt dies von der Ausgestaltung ab.

Wie kommt es nun zu einem Kreditvertrag, und welche Bestandteile sind darin zu finden? Ein Vertrag kommt durch Antrag und Annahme zustande. In der Regel stellt der Kunde zunächst einen formlosen Antrag, und die Bank nimmt die Prüfung der *Kreditfähigkeit* und *Kreditwürdigkeit* vor. Erst bei einer Zusage der Bank (neuer Antrag) und Annahme dieses Antrages durch den Kunden entsteht ein Vertrag.[8] Die Bank berät den Kunden im Vorfeld eines Vertragsabschlusses unverbindlich über die von ihr angebotenen und für den Finanzierungszweck des Kunden geeigneten Kreditprodukte. Auf einem Kreditantragsformular werden die späteren Bestandteile des Kreditvertrags festgehalten. Neben den persönlichen Angaben des Kunden, die der Bank zur Überprüfung der Kreditfähigkeit dienen, sind dies der Kreditbetrag, die Laufzeit, die Kreditzinsen und Nebenkosten, die Modalitäten der Kreditbereitstellung und -rückzahlung, die Kreditsicherheiten, Kündigungsmöglichkeiten sowie weitere Darlehensbedingungen, die über die *Allgemeinen Geschäftsbedingungen* (AGB) und die speziellen Bedingungen für das Kredit- bzw. Darlehensgeschäft hinausgehen.

Die *Kreditfähigkeit* ist die Fähigkeit des Kunden, einen Kreditvertrag rechtswirksam abschließen zu können. Der Kunde muss dafür rechts- und geschäftsfähig sein. Bei Privatkunden ist die Rechtsfähigkeit mit der Geburt und die Geschäftsfähigkeit in der Regel mit der Vollendung des 18. Lebensjahres erreicht. Die Bank kontrolliert diese Voraussetzungen anhand vorgelegter Ausweispapiere. Unternehmen und Körperschaften sind rechts- und geschäftsfähig, wenn sie als juristische Person des privaten oder öffentlichen Rechts oder als Personenhandelsgesellschaft (OHG, KG) geführt werden. Rechtsgeschäfte in ihrem Namen werden von den gesetzlichen Vertretern (Geschäftsführer, Vorstand, etc.) oder von deren Bevollmächtigten vorgenommen. Die Kreditfähigkeit und die Vertretungsmacht wird durch Vorlage von Auszügen aus öffentlichen Registern und Vollmachten nachgewiesen.

Im Kreditantrag werden Höhe und Zeitpunkte der Zinszahlungen fixiert. Weiterhin verlangen die Banken oft einmalige Bearbeitungsgebühren und regelmäßig anfallende Verwaltungsgebühren. Für die Kreditbereitstellung kann eine Provision verlangt werden. Wenn der Kunde den Kredit nicht oder nur teilweise in Anspruch nimmt, kann außerdem eine *Nichtabnahmeentschädigung* berechnet werden. Engagements, die bewilligt, aber noch nicht abgerufen sind, werden

---

[8] Die Vorschriften §§491ff. BGB (bis 2002: Verbraucherkreditgesetz) bieten natürlichen Personen, die Kredite für private Zwecke aufnehmen, einen besonderen Schutz. Sie sehen u. a. vor, dass Kreditverträge schriftlich abzufassen sind und schreiben Mindestanforderungen bezüglich der Informationen für den Kreditnehmer fest. Weiterhin dürfen Verbraucher den Kreditvertrag innerhalb von zwei Wochen ohne Begründung widerrufen.

auch als *Kreditzusagen* bezeichnet. Entsprechend der unterschiedlichen Kredit-produkte können sie sich auf Kredite mit fester Inanspruchnahme (z. B. Inves-titionskredite) aber auch auf solche mit wechselnder Inanspruchnahme (z. B. Kontokorrentkredite) beziehen. Sie werden an späterer Stelle erfahren, dass für Kreditzusagen im Gegensatz zu bereits ausgezahlten Krediten besondere Vor-schriften im Bereich der Bankenregulierung und Rechnungslegung gelten.

Die oben genannten Komponenten, die Höhe und Zeitpunkte der zu leisten-den Rückzahlungen sowie die unterschiedlichen Zinszahlungs- und Tilgungsvari-anten erschweren den Vergleich unter den Kreditprodukten verschiedener Insti-tute. Aus diesem Grunde fordern §492 BGB sowie die *Preisangabenverordnung* (PangV) bei Krediten an Privatkunden die Angabe des „anfänglichen effekti-ven Jahreszinses" (vgl. Abschnitt B1.2.1). Bereits an dieser Stelle möchten wir erwähnen, dass Banken bei der Festlegung der Kreditzinsen Refinanzierungskos-ten, Betriebskosten sowie Risikokosten zur Abdeckung des erwarteten Verlustes berücksichtigen. Ausführliche Informationen über die Kalkulation von Kreditzin-sen erhalten Sie an späterer Stelle (vgl. Teil L).

Ein charakteristisches, wenn auch nicht unbedingt notwendiges Merkmal von Kreditverträgen ist die Besicherung der Kreditforderung. Banken lassen sich schon durch die AGB für die Beziehung zwischen Bank und Kunde und die speziellen Bedingungen für das Kreditgeschäft, die ebenfalls zum Bestandteil des Kreditvertrags gemacht werden, in pauschaler Form Sicherheiten gewäh-ren. Sie vereinbaren über diese standardisierten Vertragsklauseln zum Beispiel ein Pfandrecht an den Wertpapieren und Sachen, an denen sie im bankmäßi-gen Geschäftsverkehr Besitz erlangen (Nr. 21 AGB Sparkassen und Nr. 13 AGB Banken). Kreditinstitute eröffnen sich darüber hinaus die Möglichkeit, das Siche-rungseigentum an vom Kunden zum Einzug eingereichten Schecks und Wechseln zu erwerben und lassen sich die mit anderen Papieren, wie z. B. Lastschriften, verbundenen Forderungen im Voraus abtreten. Zusätzlich zu diesen pauschalen Sicherungsrechten vereinbaren die Kreditinstitute besondere Kreditsicherheiten. Ihre Spezifika werden im Kreditvertrag bzw. im vorgeschalteten Kreditantrag festgehalten. Einen Überblick über verschiedene Arten von Kreditsicherheiten werden wir Ihnen in Abschnitt C2.2 geben.

Die bereits angesprochenen AGB sowie die speziellen Bedingungen für das Kreditgeschäft sind vorformulierte, standardisierte Vertragsklauseln, die regel-mäßig durch ausdrücklichen Hinweis im Kreditvertrag zu dessen Bestandteil wer-den. Sie sind allerdings nur dann wirksam, wenn sie nicht gegen §§305ff. BGB verstoßen (vor 2002: AGB-Gesetz). Die AGB ermöglichen einen weniger auf-wändigen und deshalb schnelleren Vertragsabschluss. Sie liegen in den Räumen der Kreditinstitute zur Ansicht bereit und regeln die Kunde-Bank-Beziehung allgemein. Es sind hier insbesondere Fragen bezüglich der Kontoführung, der Mitwirkungspflichten des Kunden zur ordnungsgemäßen Ausführung von Auf-trägen, der Kosten von Bankleistungen, der bereits erwähnten pauschalen Sicher-heiten und auch der Kündigung des Kunde-Bank-Verhältnisses enthalten. Die speziellen Bedingungen für das Kreditgeschäft sind entweder dem Kreditvertrag in einem Ergänzungsblatt beigelegt oder sind Bestandteil des Kreditvertrags. Sie enthalten besondere Regelungen bezüglich der Kündigungsmöglichkeiten der

Bank und des Kunden, insbesondere bei Zahlungsverzug des Kunden. Für den Fall des Zahlungsverzugs werden die zu zahlenden Verzugszinsen festgelegt. Des Weiteren sichert sich die Bank den Einblick in die wirtschaftlichen Verhältnisse des Kunden.

Im Kreditvertrag können auch weitere nicht standardisierte Zusatzvereinbarungen getroffen werden. Im angloamerikanischen Raum sind solche Klauseln (Covenants) üblich, um dem Kreditnehmer Verhaltensbedingungen aufzuerlegen oder um es dem Kreditgeber bei Verletzung bestimmter Frühindikatoren zu ermöglichen, kontrollierend einzugreifen. Wir werden die verschiedenen Arten der Covenants in Abschnitt C2.3 noch ausführlich behandeln.

Bei Kreditformen, die keiner besonderen Besicherung bedürfen, kann die Bank dem Kunden ein Kreditangebot unterbreiten, indem sie ihm einen Kreditrahmen einräumt. Der Kunde nimmt dieses Angebot einfach durch Ausnutzen des ihm gewährten Kreditrahmens an. Die geltenden Zinssätze kann er entweder per Internet, Telefon, Brief bzw. durch eine Anlage zum Kontoauszug oder durch Preisaushang in den Geschäftsräumen der Bank erfahren.

Zum Schluss dieses Abschnitts möchten wir beschreiben, wie Kreditverträge beendet werden können. Im Wesentlichen kann dies durch Rückzahlung, Zeitablauf oder Kündigung erfolgen. Beachten Sie, dass die Rückzahlung bei Fälligkeit, aber durchaus auch vorher erfolgen kann. Zeitablauf ist das typische Ende einer bereitgestellten befristeten Kreditlinie. Schließlich können Kredite durch Kreditgeber und -nehmer auf Basis vertraglicher (AGB oder Einzelregelungen) und, sofern nichts anderes vereinbart, gesetzlicher Regelungen (§§489, 490 BGB) gekündigt werden. Eine detaillierte Darstellung und Diskussion der Kündigungsmöglichkeiten von Darlehensverträgen finden Sie bei Langenbucher (2003).

So können Kredite, für die weder die Laufzeit noch eine abweichende Kündigungsregelung vereinbart ist, aufgrund der AGB vom Kreditnehmer jederzeit ohne Einhaltung einer Kündigungsfrist gekündigt werden. Insofern wird das gesetzlich vorgesehene ordentliche Kündigungsrecht für unbefristete Kredite (§488 Abs. 3 BGB), welches eine einheitliche Kündigungsfrist von drei Monaten vorsieht, zumindestens für den Kreditnehmer regelmäßig durch Vertrag verändert. Das *ordentliche Kündigungsrecht* des Kreditnehmers für Kredite mit vereinbarter Laufzeit wird in §489 BGB in Abhängigkeit von der Art der Verzinsung (fest bzw. variabel) geregelt. Außerdem räumen die AGB (Nr. 26 AGB Sparkassen und Nr. 18-19 AGB Banken) sowie §490 BGB beiden Seiten ein *außerordentliches Kündigungsrecht* ein. Kreditinstitute dürfen Kreditzusagen sowie bereits ausgezahlte Kredite u. a. dann fristlos kündigen („Kündigung aus wichtigem Grund"), wenn der Kreditnehmer unrichtige Angaben über seine Vermögensverhältnisse gemacht hat oder in seinen Vermögensverhältnissen oder im Wert einer Kreditsicherheit eine wesentliche Verschlechterung eingetreten ist oder einzutreten droht. Eine solche Kündigung ist aber nur dann gerechtfertigt, wenn durch die Vermögensverschlechterung die Rückzahlung des Darlehens, auch unter Verwertung gestellter Sicherheiten, gefährdet ist. Damit Kreditnehmer nicht unangemessen benachteiligt werden, verpflichten sich Kreditinstitute in ihren AGB allerdings auch, „nicht zur Unzeit" zu kündigen bzw. auf „berechtigte Belange des Kunden" Rücksicht zu nehmen. Zusätzlich ist der Grundsatz von Treu und Glauben gemäß §242 BGB zu beachten.

Schließlich haben Kreditnehmer das Recht, grundpfandrechtlich gesicherte Kredite zu kündigen, wenn ein beliehenes Grundstück anderweitig verwertet werden soll (z. B. wegen einer Notlage oder auch einer günstigen Verkaufsgelegenheit). Die Bank hat in diesem Falle einen gesetzlichen Anspruch auf eine *Vorfälligkeitsentschädigung*.

C2.2 Kreditsicherheiten

Kreditsicherheiten lassen sich in *Personen- und Sachsicherheiten* unterteilen. Im Verwertungsfall wird bei Personensicherheiten eine Person und das ihr gehörende Vermögen in Anspruch genommen. Bei Sachsicherheiten oder dinglichen Sicherheiten stehen dem Kreditgeber konkrete Gegenstände, aber auch Verwertungsrechte an Forderungen und Ähnlichem zur Verfügung. Einen ersten Überblick über die verschiedenen Formen von Sicherheiten bietet Tabelle C2-1 (vgl. ausführlicher GRILL und PERCZYNSKI (2006), S. 360ff.).

Tab. C2-1: Kreditsicherheiten

Personensicherheiten	Sachsicherheiten
• Bürgschaft	• Sicherungsabtretung
• Garantie	• Sicherungsübereignung
• Schuldmitübernahme	• Pfandrecht
• Patronatserklärung	• Grundpfandrecht

Außerdem lassen sich Kreditsicherheiten nach ihrem Rechtscharakter in *akzessorische* und *abstrakte Sicherheiten* unterscheiden. Akzessorische Sicherheiten hängen von der Existenz einer Forderung der Bank gegenüber dem Kreditnehmer ab, während abstrakte Sicherheiten (auch treuhänderische oder fiduziarische Sicherheiten) unabhängig von der Existenz einer Forderung der Bank wirksam bestehen. Banken haben im Umgang mit Letzteren die Interessen des Sicherungsgebers angemessen zu berücksichtigen. Nachfolgend geben wir Ihnen einen Überblick über Personen- und Sachsicherheiten und weisen jeweils auf ihren Rechtscharakter hin.

C2.2.1 Personensicherheiten

Die *Bürgschaft* (§765 BGB) ist ein Vertrag, durch den sich eine dritte Person verpflichtet, dem Gläubiger für die Erfüllung der Verbindlichkeiten des Schuldners einzustehen. Für die Höhe der Bürgschaftsverpflichtung ist die Hauptschuld, z. B. ein Kredit, maßgebend (Akzessorietät der Bürgschaft). Verringert sich die Hauptschuld, so verringert sich auch die Bürgschaftsverpflichtung.

Bei einer *gewöhnlichen Bürgschaft* hat der Bürge das Recht, vom Gläubiger die Vorausklage gegen den Hauptschuldner zu verlangen (*Einrede der Vorausklage*). Der Bürge ist erst dann zur Zahlung verpflichtet, wenn der Gläubiger erfolglos eine Zwangsvollstreckung in das Vermögen des Hauptschuldners betrieben hat. Da dies mit einigem Aufwand verbunden ist, verlangen Banken regelmäßig eine *selbstschuldnerische Bürgschaft*. Hierbei verzichtet der Bürge auf die Einrede der Vorausklage. Die Bank kann in diesem Fall bei Bedarf direkt auf den Bürgen zugreifen. Dieser muss dann anschließend versuchen, den Hauptschuldner seinerseits in Anspruch zu nehmen.

Die *Garantie* ist ein Vertrag, durch den sich ein Garant verpflichtet, für einen bestimmten Erfolg einzustehen. Im Kreditgeschäft wird unter dem Erfolg die Rückzahlung und die Verzinsung des Kreditbetrages verstanden. Im Gegensatz zur Bürgschaft ist die Garantie nicht explizit gesetzlich geregelt. Sie ist rechtlich von der zugrunde liegenden Schuld losgelöst (Abstraktheit der Garantie) und erlischt somit nicht bei Rückzahlung eines zugrunde liegenden Kredites. Sie kann daher auch als Sicherheit für weitere Verbindlichkeiten des Kreditnehmers herangezogen werden.

Durch die *Schuldmitübernahme*, auch Schuldbeitritt genannt, übernimmt ein Dritter gegenüber dem Gläubiger die Verpflichtung, zusätzlich zu dem Schuldner für dieselbe Verbindlichkeit zu haften (§421 BGB). Im Bedarfsfall tritt er an die Stelle des bisherigen Schuldners. Im Unterschied zur Bürgschaft kann der Übernehmende nicht die Einrede der Vorausklage geltend machen.

Durch eine *Patronatserklärung* übernimmt die Muttergesellschaft eines Konzerns die Verpflichtung, ihre Tochtergesellschaft finanziell stets so auszustatten, dass diese ihre Kreditverpflichtungen erfüllen kann.

C2.2.2 Sachsicherheiten

Bei der *Sicherungsabtretung (Sicherungszession)* überträgt der Gläubiger eine Forderung oder ein anderes Recht auf eine dritte Person. Diese Person tritt dann an die Stelle des bisherigen Gläubigers (vgl. §§398, 413 BGB). Wir unterscheiden im Folgenden Sicherungsabtretungen von Forderungen (wie z. B. die Sicherungsabtretung von Forderungen aus Warenlieferungen und Leistungen und die Sicherungsabtretung von Forderungen aus Guthaben bei Kreditinstituten) und Sicherungsabtretungen von anderen Rechten (wie z. B. die Sicherungsabtretung von Gesellschaftsrechten (beispielsweise GmbH-Anteilen) und die Sicherungsabtretung von Grundpfandrechten). Die Sicherungsabtretung ist unabhängig vom

Bestehen einer Forderung des Kreditinstitutes wirksam (Abstraktheit der Sicherungsabtretung).

In der Bankpraxis hat vor allem die *Sicherungsabtretung von Forderungen* Bedeutung. Die Sicherungsabtretung wird zwischen dem Gläubiger der abzutretenden Forderung (*Zedent*), der zugleich Kreditnehmer ist, und der Bank (*Zessionar*) geschlossen, wobei zwei Arten unterschieden werden. Bei der *stillen Zession* wird der Schuldner der abgetretenen Forderung vom Gläubigerwechsel nicht benachrichtigt. Er zahlt mit befreiender Wirkung an den Zedenten. Der Zedent ist verpflichtet, den Zahlungseingang an den Zessionar weiterzuleiten. Dagegen wird bei der *offenen Zession* der Schuldner von der Abtretung benachrichtigt. Der Schuldner kann mit befreiender Wirkung nur an den Zessionar zahlen. Kreditnehmer bevorzugen die stille Form, um ihre finanzielle Lage so wenig wie möglich zu offenbaren. Allerdings lassen sich Kreditinstitute häufig bereits bei der Sicherungsvereinbarung Abtretungsanzeigen vom Zedenten unterzeichnen, die bei Bedarf dem Schuldner vorgelegt werden können, wodurch die stille in eine offene Zession umgewandelt wird.

Bei *Sicherungsabtretungen von Forderungen aus Warenlieferungen und Leistungen* können Forderungen einzeln oder aufgrund eines Rahmenvertrags laufend bis zu einer bestimmten Höhe abgetreten werden. Eine Form der Rahmenabtretung ist die *Mantelzession*. Hier tritt der Kreditnehmer bestehende Forderungen gegen bestimmte Schuldner an die Bank ab und verpflichtet sich, erloschene Forderungen laufend durch neue Forderungen zu ersetzen. Die abzutretenden Forderungen macht der Kreditnehmer durch Übergabe von Aufstellungen über die Schuldner bzw. durch Rechnungskopien bestimmbar. Eine weitere Form der Rahmenabtretung ist die *Globalzession*. Bei ihr werden die Forderungen im Abtretungsvertrag pauschal bestimmt. Zum Beispiel können sämtliche Forderungen gegenüber Kunden mit dem Anfangsbuchstaben A bis K abgetreten werden. Ein wichtiger Unterschied zwischen beiden Abtretungsformen ist, dass der rechtliche Forderungsübergang im Falle der Mantelzession bei Übergabe der Schuldnerlisten und im Falle der Globalzession bereits bei Entstehung der Forderungen stattfindet.

Bei der *Sicherungsabtretung von Guthabenforderungen gegen andere Kreditinstitute* kann das Problem auftreten, dass das andere Kreditinstitut sich über die AGB ein Recht zur Zustimmung bezüglich der Abtretung vorbehält. Des Weiteren kann das andere Kreditinstitut Pfandrechte aus eigenen Forderungen gegen den Kreditnehmer geltend machen, die der Sicherungsabtretung vorgehen. Bei solchen Sicherungsabtretungen ist deshalb eine offene Form üblich.

Die *Sicherungsübereignung* (§929 BGB) ist eine Übertragung des Eigentums an einer beweglichen Sache des Schuldners zur Sicherung von Forderungen des Gläubigers. Das Sicherungsgut geht nicht in den unmittelbaren Besitz des neuen Eigentümers (des Kreditinstituts) über, sondern verbleibt beim Sicherungsgeber (dem Kreditnehmer), der damit weiter seine wirtschaftliche Tätigkeit betreiben kann (denken Sie an den LKW eines Fuhrparkbesitzers). Es wird darüber ein *Besitzkonstitut* (Besitzmittlungsverhältnis) nach §930 BGB vereinbart. Die Sicherungsübereignung ist nicht vom Bestehen einer Forderung des Kreditinstitutes abhängig (Abstraktheit der Sicherungsübereignung).

Die Sicherungsübereignung kann in Form der Sicherungsübereignung einer einzelnen Sache erfolgen. Hierbei ist das Sicherungsgut ausreichend genau zu bezeichnen. Es ist aber auch eine Sicherungsübereignung mehrerer Sachen (Sachgesamtheit) möglich. Im Sicherungsvertrag erfolgt dabei eine pauschale Identifizierung der Sicherungsgüter, die zu der Gesamtheit gehören. Werden zum Beispiel mehrere Maschinen eines Maschinenparks sicherungsübereignet, so kann eine Kennzeichnung durch einfache Markierung der betroffenen Maschinen erfolgen. Bei der Sicherungsübereignung von Waren und Vorräten wird ein Raumsicherungsvertrag abgeschlossen, der die Sicherungsgüter anhand ihres Aufbewahrungsorts bestimmt.

Bei der Sicherungsübereignung bestehen verschiedene Gefahren. Beispielsweise kann eine Sache bereits an eine andere Bank sicherungsübereignet worden sein. Eine Sicherungsübereignung zu Gunsten einer zweiten Bank wäre wirkungslos, da diese aufgrund der fehlenden Übergabe (bzw. des Besitzkonstitutes) das Eigentum an der Sache gemäß §932 BGB nicht gutgläubig erwerben kann. Ferner können sicherungsübereignete Waren einem Eigentumsvorbehalt unterliegen. Der Verkäufer der Ware hat sich in diesem Falle das Eigentum an den gelieferten Waren bis zur Zahlung des Kaufpreises vorbehalten (vgl. §449 BGB, bis 2002: §455 BGB a. F.). Das Kreditinstitut kann dann das Sicherungseigentum an solchen Waren aufgrund der fehlenden Übergabe des Gegenstands nicht gutgläubig erwerben. Des Weiteren besteht die Gefahr, dass die Sicherungsübereignung hinter gesetzliche Pfandrechte (z. B. Vermieterpfandrecht §562 BGB, bis 2002: §559 BGB a. F.) zurückzutreten hat, sofern die Sachen vor der Sicherungsübereignung in die gemieteten Räume eingebracht wurden. Schließlich können die Gegenstände wesentliche Bestandteile oder Zubehör eines Grundstücks sein und damit für eventuelle Grundpfandrechte haften.

Das *Pfandrecht* (§§1204, 1273 BGB) ist die Belastung einer Sache oder eines Rechts zur Sicherung einer Forderung. Die Bank kann den gepfändeten Gegenstand zum Ausgleich der Forderung verwerten. Das Pfandrecht ist vom Bestehen einer Forderung abhängig (Akzessorietät des Pfandrechts). Das zugrunde liegende Pfand haftet für den jeweiligen Forderungsbestand und die Zinsen.

Die Bestellung eines *Pfandrechts an einer Forderung* erfolgt durch die Einigung (Vertrag) der beiden Parteien über die Entstehung des Pfandrechts. Weiterhin hat die Anzeige an den Schuldner der Forderung zu erfolgen. In der Praxis des Kreditgeschäftes wird schon deshalb die Sicherungsabtretung bevorzugt. Die Verpfändung von Forderungen wird dann gewählt, wenn sich Guthaben des Kreditnehmers beim kreditgebenden Institut befinden. Eine Abtretung kommt in diesem Falle nicht infrage, da die Bank sonst Gläubiger (durch die Abtretung) und Schuldner (durch den Einlagenvertrag) in einer Person wäre.

Das *Pfandrecht an einem Wertpapier* entsteht durch Einigung und Übergabe des Wertpapiers. Ist das Kreditinstitut schon Verwahrer des Wertpapiers, so entfällt die Übergabe. Die Kreditinstitute sehen in ihren AGB regelmäßig ein Pfandrecht für von ihnen verwahrte Wertpapiere vor.

Wie bei der Verpfändung von Wertpapieren entsteht das *Pfandrecht an beweglichen Sachen* wie Edelmetallen und Schmuck durch Einigung und Übergabe des Pfandes. Für das Kreditinstitut ergeben sich hieraus Kosten der Verwahrung, die der Sicherungsgeber in aller Regel übernehmen muss. Aufgrund der geforderten Übergabe ist die Verpfändung von Betriebsmitteln nicht sinnvoll.

Beim *Grundpfandrecht* handelt es sich um die Belastung eines Grundstücks, wobei dem Begünstigten im Rahmen einer Zwangsvollstreckung eine Zahlung aus dem Grundstück zu leisten ist. Grundpfandrechte sind unter anderen die Hypothek und die Grundschuld.

Der Begriff Grundstück umfasst hier sowohl den Grund und Boden als auch die wesentlichen Bestandteile des Grundstücks, somit alle Sachen, die mit dem Grund und Boden fest verbunden sind, insbesondere die Gebäude. Des Weiteren wird dem Grundstück das Zubehör zugerechnet, d. h. bewegliche Sachen, die dauernd dem wirtschaftlichen Zweck des Grundstücks dienen und in einem bestimmten räumlichen Verhältnis zum Grundstück stehen, z. B. Maschinen auf einem Fabrikgrundstück (vgl. §§94-98 BGB).

Mit einer *Hypothek* (§1113 BGB) wird ein Grundstück belastet, wobei dem Hypothekengläubiger aufgrund einer Forderung eine bestimmte Geldsumme aus dem Grundstück zu zahlen ist. Die Hypothek ist vom Bestand der zugrunde liegenden Forderung abhängig (Akzessorietät der Hypothek), umfasst aber auch die zugehörigen Zinsen.

Die *Grundschuld* (§1191 BGB) ist die Belastung eines Grundstücks, aufgrund derer eine bestimmte Geldsumme aus dem Grundstück an den Grundschuldgläubiger zu zahlen ist. Sie ist nicht vom Bestand einer Forderung abhängig (Abstraktheit der Grundschuld). Die Grundschuld ist zur Sicherung von Krediten besonders geeignet. Einwendungen aus dem Grundgeschäft (Kredit) können nicht erhoben werden. Eine Änderung des Schuldsaldos berührt den Bestand der Grundschuld nicht. So können auch Kredite mit variabler Inanspruchnahme und Rückzahlung abgesichert werden. Ebenso kann eine Grundschuld zur Sicherung weiterer Forderungen des Kreditinstituts gegenüber ihrem Kunden verwendet werden.

C2.3 Zusatzvereinbarungen (Covenants)

C2.3.1 Die Rolle von Covenants

Covenants sind zusätzliche vertragliche Vereinbarungen zwischen Kreditgeber und Kreditnehmer. Sie können sowohl für Bankkredite als auch für Anleihen vereinbart werden. THIESSEN (1996)(S. 21) und RHODES und CLARK (2000) unterscheiden zwei Typen von Klauseln, *Affirmative* und *Financial Covenants*. Mit Affirmative Covenants verpflichtet sich der Kreditnehmer, bestimmte Handlungen vorzunehmen oder zu unterlassen. Bei Nichtbeachtung besteht eine vorzeitige Kündigungsmöglichkeit seitens der Bank. Financial Covenants erlauben es dem Kreditgeber bei Verletzung genau festgelegter finanzieller Kennzahlen ebenfalls, den Kredit frühzeitig zu kündigen. Die Kündigungsmöglichkeit kann auch als Druckmittel verwendet werden, um eine Nachverhandlung des Kreditvertrags durchzusetzen. Einen Überblick zur Verwendung von Covenants in Kreditverträgen US-amerikanischer Banken finden Sie bei PAGLIA (2002).Wir werden im Folgenden einige Formen der beiden Typen von Covenants vorstellen.

Im Gegensatz zu Kreditsicherheiten sind Covenants nicht unmittelbar auf Zahlungsmittel gerichtete Ansprüche des Kreditgebers. Sie können aber dazu beitragen, die Wahrscheinlichkeit der Kreditrückzahlung zu vergrößern, weil der Kreditgeber eine frühzeitige Kontrolle über den Kreditnehmer ausüben kann. RUDOLPH (1984)(S. 18ff.) bezeichnet deshalb Covenants als Kreditsicherheiten im weiteren Sinne. Sie dienen somit der Vermeidung der in Abschnitt B1.3.4 behandelten Risikoerhöhung beim Kreditnehmer. Die Handlungsmöglichkeiten der Bank gegenüber dem Kreditnehmer reichen von der nachträglichen Anpassung der Kreditkonditionen, wie Zinsen und Sicherheiten, bis hin zu Eingriffen in das Management des Unternehmens. Bei sanierungsbedürftigen Unternehmen kann die Bank im Extremfall die Investitions- und Finanzpolitik des Unternehmens maßgeblich mitbestimmen und gegebenenfalls externe Berater einschalten.

Einem starken Einfluss der Bank auf die Geschäftsführung stehen gerade in Deutschland rechtliche Hindernisse entgegen. Die Bank kann nicht beliebig auf die Geschäftsführung des Kreditnehmers Einfluss nehmen. Sie läuft Gefahr, durch eine mögliche Schadenersatzklage seitens des Kreditnehmers wegen sittenwidriger vorsätzlicher Schädigung (§826 BGB) belangt zu werden, wenn sie über die Drohung der Kreditkündigung Maßnahmen durchzusetzen versucht. Auch die Forderung nach Einräumung zusätzlicher Sicherheiten oder die Kündigung eines Kreditengagements „zur Unzeit" können zu erfolgreichen Schadenersatzklagen des Kreditnehmers, aber auch anderer Gläubiger führen. Es ist beispielsweise denkbar, dass durch die Kündigung des Kredites die Insolvenz des Kreditnehmers ausgelöst wird, die ansonsten zu vermeiden gewesen wäre.

C2.3.2 Die Arten von Covenants

Durch *Affirmative Covenants* wird der Kreditnehmer verpflichtet, bestimmte Handlungen vorzunehmen oder zu unterlassen (vgl. ausführlicher, auch bezüglich der Financial Covenants, RHODES und CLARK (2000), THIESSEN (1996) sowie SMITH und WARNER (1979)).

- Die *Nichtbesicherungsklausel (negative pledge)* verhindert die Besicherung zukünftiger Schulden zu Lasten des Kreditgebers. Sie ist oft mit einer so genannten Positiverklärung verbunden. Beispielsweise verpflichten sich Grundstückseigentümer, ihr Grundstück nicht anderweitig zu belasten oder zu veräußern, und räumen dem Kreditgeber die Möglichkeit ein, das Grundstück auf Anforderung selbst mit einer Grundschuld zu belasten. Besteht eine Kreditbeziehung, haben die Banken bei entsprechender Begründung nach ihren AGB jederzeit Anspruch auf die Bestellung und Verstärkung von Sicherheiten.
- Die *Gleichbehandlungserklärung (pari passu)* stellt für die Forderung des Kreditgebers mindestens gleichen Rang zu Forderungen anderer Gläubiger im Hinblick auf einen möglichen Konkursfall her.

- Die *cross default Klausel* räumt dem Kreditgeber die Möglichkeit ein, bei Verschlechterung der wirtschaftlichen Lage eines Unternehmens, das im Haftungsverbund mit dem Kreditnehmer steht, den Kredit zu kündigen oder sonstige mit der Klausel vereinbarte Eingriffe in das Unternehmen des Kreditnehmers vorzunehmen.
- Die *owner maintenance Klausel* erlaubt es dem Kreditgeber, bei einem Eigentümerwechsel auf der Seite des Kredit nehmenden Unternehmens einzugreifen, um negative Folgen abzuwenden.
- Die *disposal of assets Klausel* soll den Verkauf von Vermögenswerten verhindern bzw. kontrollieren.
- Die *dividend restriction Klausel* verbietet Dividendenzahlungen.

Durch geeignete Klauseln kann auch die Investitionstätigkeit des Unternehmens beschränkt werden. Die genaue Formulierung solcher Klauseln variiert von Fall zu Fall.

Financial Covenants oder *Event Risk Covenants* legen bestimmte finanzielle Kennzahlen fest, bei deren Über- oder Unterschreiten die Bank den Kredit kündigen oder nachverhandeln kann. Sie kann aber auch eine Erklärung (waiver) abgeben, dass sie aufgrund der Kreditnehmerqualität vorübergehend auf etwaige Maßnahmen verzichten will. Im Folgenden sollen einige Kennzahlen beispielhaft genannt werden:

- Die *Eigenkapitalquote* als Quotient aus Eigenkapital und Bilanzsumme bringt zum Ausdruck, wie hoch die haftende Substanz im Unternehmen ist.
- Die *Gesamtkapitalrentabilität*, die sich als Summe aus Jahresüberschuss und Fremdkapitalzinsen dividiert durch die Bilanzsumme ergibt, stellt die Leistungsfähigkeit des Unternehmens bezüglich des eingesetzten Kapitals dar.
- Der *Cash Flow* als Summe aus Jahresüberschuss, Abschreibungen und Rückstellungen gibt einen Hinweis auf die Fähigkeit des Unternehmens, mittels der betrieblichen Erträge seinen finanziellen Verpflichtungen nachkommen zu können. Er kann deshalb auch zu den Nettoverbindlichkeiten, also dem Fremdkapital abzüglich der liquiden Mittel, ins Verhältnis gesetzt werden.
- Aussagen über den Liquiditätsspielraum im mittel- bis langfristigen Zeitrahmen macht der *Anlagendeckungsgrad* als Quotient aus mittel- bis langfristigen Aktiva und mittel- bis langfristigen Passiva.

In Deutschland sind in der Regel keine individuell vereinbarten Covenants in Kreditverträgen zu finden. Sie liegen oft nur als standardisierte Klauseln in den AGB und den speziellen Bedingungen für das Kreditgeschäft vor. So sichern sich Banken in ihren AGB das Recht, eine Geschäftsbeziehung aus wichtigem Grund zu kündigen. Einige Beispiele für Tatbestände, die eine Kündigung aus wichtigem Grund rechtfertigen, haben Sie bereits in Abschnitt C2.1 weiter oben kennen gelernt. Deren Bandbreite ist zwar weit gefasst, auf der anderen Seite bringt die fehlende Konkretisierung auch die Möglichkeit für den Kreditnehmer mit sich, ausgesprochene Kündigungen vor Gericht anzufechten. Tendenziell lassen die derzeit in Deutschland vorherrschenden Vertragsklauseln kaum ein frühzeitiges Eingreifen in das Unternehmen des Kreditnehmers zu. Nach Aussagen von Praktikern ist auch kein starkes Anwachsen der Bedeutung von Covenants in Deutschland zu erwarten. Deutsche Manager und Eigentümer wehren sich gegen eine (weitere?) Beschränkung ihrer Handlungsmöglichkeiten durch die Banken. Wird zusätzlich die anhaltende Diskussion über die Macht der Banken berücksichtigt, werden Covenants wohl auch in Zukunft nur in geringem Maße in Deutschland eingesetzt werden.

In den USA, mit ihrem anderen Rechtssystem, werden dagegen regelmäßig individuelle Zusatzvereinbarungen getroffen. Denken Sie in diesem Zusammhang noch einmal an das in Abschnitt C1.6 erläuterte Modell von GORTON und KAHN (1993). Gerade die Festschreibung von Financial Covenants erlaubt es der Bank, auch dann schon Einfluss auf den Kreditnehmer auszuüben, wenn noch keine nennenswerten Anzeichen für eine Insolvenzgefahr vorliegen. Bei Verletzung vereinbarter Bilanzrelationen kann der Kreditgeber beispielsweise frühzeitig Nachverhandlungen einleiten, Begründungen vom Kreditnehmer verlangen und gegebenenfalls Vertragsanpassungen vornehmen.

C2.4 Formen des Kredites

C2.4.1 Kriterien zur Klassifizierung von Krediten

Es gibt eine Fülle von Möglichkeiten, die verschiedenen Formen des Kredites zu klassifizieren. Wir stellen Ihnen eine Auswahl vor und gliedern die in den nächsten Kapiteln präsentierte Darstellung der Formen gemäß der ersten drei Punkte der nachfolgenden Auswahl (vgl. auch Tabelle C2-2). Für detailliertere Informationen über die möglichen Ausprägungen von Krediten, verweisen wir auf BÜSCHGEN und BÖRNER (2003), EICHWALD und PEHLE (2000) sowie GRILL und PERCZYNSKI (2006).

- Kreditnehmergruppen (Firmen und Körperschaften, Privatpersonen),
- Fristigkeit der bereitgestellten Mittel (kurz-, mittel-, langfristig),
- Art der zur Verfügung gestellten Mittel (Geldleihe, d. h. Kredit durch Bereitstellung von Geld; Kreditleihe, d. h. Kredit durch Bereitstellung der Kreditwürdigkeit des Gläubigers, z. B. Übernahme einer Bankbürgschaft),
- Zweckbestimmung (z. B. Betriebsmittelkredit, Baudarlehen etc.),
- Besicherung (gedeckt, ungedeckt, teilgedeckt),
- Sicherungsformen (z. B. durch Grundpfandrechte, Sicherungsübereignung besichert),
- Währung des Kredites (Euro, Fremdwährung),
- Handelbarkeit des Kredites (nicht handelbar bis einfach handelbar),
- Art der Bereitstellung (als Darlehen in festen Auszahlungsbeträgen, als Kreditlinie beim Kontokorrent oder als Obligo bei Wechseln),
- Tilgung (flexibel, kontinuierlich, endfällig),

- Konditionen (variabel verzinslicher Kredit, festverzinsliches Darlehen, variabler Kredit mit derivativen Bestandteilen wie Cap, Floor, Collar),
- Art der Kreditleistung (originär, d. h. direkt durch Bank finanziert oder derivativ, d. h. Bank tritt als Kreditvermittler auf, z. B. bei Treuhand- oder Durchleitungskrediten, mit und ohne Risikoübernahme),
- Abwicklung (standardisierte Kredite oder Individualkredite),
- Risikogruppen (z. B. nach Rating des Kreditnehmers, unproblematisches oder Not leidendes Engagement).

Tab. C2-2: Unterteilung der Formen des Kredites

	Firmenkunden und Körperschaften	Privatkunden
Kurzfristig (bis zu 12 Monaten)	• Betriebsmittelkredit • Überbrückungskredit • Wechseldiskontkredit • Lombardkredit • Avalkredit • Akzeptkredit	• Kontokorrentkredit • Wertpapierkredit • Kreditkartenkredit
Mittel- und langfristig (1-5 Jahre, 5-30 Jahre)	• Investitionskredit • Realkredit • Eurokredit • Schuldscheindarlehen • Kommunalkredit	• Konsumentenkredit • Baudarlehen • Bauspardarlehen

C2.4.2 Kurzfristige Geldleihe an Firmenkunden und Körperschaften des Öffentlichen Rechts

Betriebsmittelkredite dienen der Finanzierung von Roh-, Hilfs- und Betriebsstoffen oder bezogenen Fertigerzeugnissen, aber auch von sonstigen Ausgaben des Betriebs. Es ist kein direkter Bezug zu einem konkreten Finanzierungsobjekt gegeben. Der Betriebsmittelkredit wird in Form einer Kreditlinie auf dem Kontokorrentkonto der Unternehmung zur Verfügung gestellt. In der Regel wird er aus den erzielten Umsatzerlösen zurückgezahlt. Die Besicherung erfolgt häufig durch Zession der Kundenforderungen oder Sicherungsübereignung von Lagerbeständen des Unternehmens. Die Inanspruchnahme des Kredites kann innerhalb der vereinbarten Laufzeit in Höhe des eingeräumten Verfügungsrahmens beliebig erfolgen. Tilgungen können ebenfalls beliebig geleistet werden. Der Zins ist variabel, abhängig von Marktzinssätzen wie z. B. dem 3-Monats EURIBOR (European Interbank Offered Rate). Die Kosten eines Betriebsmittelkredits umfassen je nach Vertragsgestaltung die Sollzinsen, eine Kreditprovision als Entgelt für den von der Bank bereitgestellten, aber nicht in Anspruch genommenen Kreditbetrag und die Kontoführungsgebühren. Bei Überziehung des Kreditlimits, welches täglich kontrolliert wird, fällt eine Überziehungsprovision an. Die Abrechnung der Kreditkosten erfolgt in der Regel vierteljährlich. Die Höhe der Kreditlinie wird in regelmäßigen Zeitabständen vom zuständigen Kreditsachbearbeiter überprüft.

Saisonkredite stellen eine Spezialform des Betriebsmittelkredits dar: Sie dienen der Deckung des erhöhten Kapitalbedarfs bei Unternehmen, deren Geschäft saisonalen Schwankungen unterliegt. So benötigen beispielsweise Skiproduzenten im Frühjahr und Sommer Geldmittel zur Herstellung des neuen Sortiments, das größtenteils im Herbst verkauft wird. Ein weiteres Beispiel ist die Modebranche.

Überbrückungs- oder Zwischenkredite tragen zur Überwindung kurzfristiger Liquiditätsengpässe bei. Diese können beispielsweise auftreten, wenn Unternehmen für einen Großauftrag finanzielle Vorleistungen zu erbringen haben, die erst im Zahlungszeitpunkt ausgeglichen werden (beispielsweise Anlagenbau, Schiffsbau). Auch unvorhersehbare, singuläre Ereignisse, wie nicht versicherte Brandschäden, können Ursache für vorübergehende Zahlungsprobleme sein. Das spezifische Risiko bei Überbrückungs- und Zwischenkrediten für die Bank besteht darin, dass das Unternehmen nicht im vorhergesagten Zeitraum wieder zu der nötigen Zahlungskraft zurückfindet, um den Sollsaldo auszugleichen. In einem solchen Fall können die Zinsbelastungen aus dem Überbrückungskredit eine Finanzkrise des Unternehmens verschärfen und eine Umschuldung notwendig machen. Auch für diese Kreditart gelten ansonsten die Ausführungen über den Betriebsmittelkredit.

Wechseldiskontkredite erlauben es Unternehmen, die ihren Kunden Zahlungsziele durch Ausstellen eines Wechsels gewähren, diese Wechsel vorzeitig in liquide Mittel umzuwandeln. Dadurch verfügen die Unternehmen schon vor Fälligkeit des Wechsels über den Rechnungsbetrag und können folglich länger mit dem entsprechenden Kapital wirtschaften. Das Risiko, dass der Kunde seinen Zahlungsverpflichtungen nicht nachkommt, verbleibt jedoch beim Unternehmen. Die Bank kauft vom Unternehmen so genannte Handelswechsel an und schreibt dem Einreicher die Wechselsumme abzüglich der berechneten Zinsen bis zum Verfalltag auf dem Geschäftskonto gut. Weitere Kosten für den Kunden entstehen durch Abwicklungsgebühren, die die Bank ebenfalls vereinnahmt. Die Zinssätze für Wechseldiskontkredite orientieren sich an entsprechenden Geldmarktsätzen (z. B. 3-Monats EURIBOR) für die Laufzeit des Wechsels (bis 1999: Diskontsatz der Deutschen Bundesbank). Im Rahmen von Offenmarktgeschäften mit der EZB können Banken gute Handelswechsel als refinanzierungsfähige Sicherheiten einsetzen (vgl. Abschnitt A4.4.1). Hiervon wird allerdings nur wenig Gebrauch gemacht, da die Nutzung von Wechseln für den Sicherheitenpool bei der EZB mit hohem Aufwand verbunden ist. Insgesamt ist die Bedeutung von Wechseldiskontkrediten seit 1999 deutlich zurückgegangen, weil die Möglichkeit der Rediskontierung bei der Deutschen Bundesbank und damit der im Vergleich zu Kontokorrentkrediten günstigere Kreditzins entfallen ist.

Häufig wird der Wechsel aufgrund der so genannten Wechselstrenge als besonders sicheres Zahlungsinstrument bezeichnet. Die Wechselstrenge beinhaltet vor allem die Möglichkeit, aufgrund begrenzter Beweismittelanforderungen und kurzer Fristen relativ schnell über einen Wechselmahnbescheid oder einen Wechselprozess zu einem vollstreckbaren Titel zu gelangen. Der Wechsel ist eine abstrakte Forderung und damit vom zugrunde liegenden Geschäft losgelöst. In der Praxis ist aber vor allem die Rückgriffsmöglichkeit auf zwei oder mehr Wechselverpflichtete ein wesentlicher Grund dafür, dass die Bank meist keine zusätzliche Besicherung des Kredites verlangt. Bei Fälligkeit wird der Wechsel der Bank des Wechselbezogenen vorgelegt. Diese zahlt die Wechselsumme an den Vorlegenden und belastet das Konto des Wechselbezogenen. Banken stellen Firmenkunden üblicherweise ein so genanntes Wechselobligo zur Verfügung. Es handelt sich hierbei um einen Kreditrahmen, bis zu dessen Grenze die Unternehmen Wechsel zum Diskont einreichen können.

Lombardkredite werden von Bankkunden aufgenommen, die in ihrem Besitz befindliche Wertpapiere nicht zur Liquiditätsbeschaffung verkaufen wollen und diese deshalb als Sicherheiten zur Verfügung stellen. In der Bankpraxis werden vor allem Kontokorrentkredite vereinbart, die durch Verpfändung von *Effekten* (börsenfähige Wertpapiere) gesichert sind. Dieser Effektenlombardkredit (auch Effektenkredit oder „unechter" Lombard) stellt eine modifizierte Form des klassischen und deshalb auch als „echt" bezeichneten Lombardkredits dar. Der „echte" Lombardkredit ist ein Darlehen, das über einen festen Betrag lautet, in einer Summe zur Verfügung gestellt und durch Verpfändung von beweglichen Sachen und Rechten gesichert wird. Definitionsgemäß kommen hierbei Waren, Warendokumente, Edelmetalle, Effekten, Forderungen aus Lieferungen und Leistungen, Forderungen aus Lebensversicherungsverträgen, Forderungen aus Sparguthaben und Gehaltsforderungen als Pfandobjekte infrage, wobei sich die Sicherungsgüter im Besitz der Bank befinden müssen und eine Forderungspfändung dem Schuldner des Kreditnehmers angezeigt werden muss. Die Erträge aus den verpfändeten Gütern verbleiben beim Schuldner. Der Effektenkredit besitzt den Vorteil, dass die Bank die börsengängigen Wertpapiere beim Ausfall des Kreditnehmers schnell und kostengünstig verwerten kann. Ein Risiko besteht allerdings darin, dass die Effekten Wertschwankungen unterliegen, welche die Besicherungssumme reduzieren können. Dies ist ein Grund für die eher kurzen Laufzeiten bei Lombardkrediten. Neben der Kreditprovision und den Kosten für Verwahrung und Verwaltung des Pfandguts fallen auch beim Lombardkredit Sollzinsen für den Kreditnehmer an. Sie hängen von der Güte der verpfändeten Werte ab und liegen in der Regel unter den Zinsen für Kontokorrentkredite. Aufgrund der erforderlichen Übergabe der zu verpfändenden Gegenstände spielt diese Kreditform in der Praxis mit Ausnahme des Effektenkredites keine bedeutende Rolle.

Öffentlichen Haushalten stellen Banken kurzfristige Kredite in Form eines Kontokorrentkredits zur Verfügung. In diesem Fall spricht man vom *kurzfristigen Kommunalkredit*.

C2.4.3 Kreditleihe an Firmenkunden

Avalkredite sind eine Form der Kreditleihe. Eine Bank übernimmt beim Avalkredit entweder eine Bürgschaft (akzessorisch) oder eine Garantie (abstrakt, Haftung bis zu einem bestimmten Höchstbetrag) für eine Verpflichtung des Kunden. Der Kunde (Avalkreditnehmer) beschafft sich zwar auf diese Weise nicht direkt finanzielle Mittel vom Kreditinstitut. Es wird ihm aber aufgrund einer Bankbürgschaft die Kreditaufnahme bei Dritten erleichtert, oder er erhöht mit einer Bankgarantie seine Glaubwürdigkeit im Verkehr mit Geschäftspartnern. Die Bank übernimmt die Haftung für die Verbindlichkeiten des Kreditnehmers und stellt ihm damit „ihren guten Namen", d. h. ihre Bonität, zur Verfügung. Die Bank hat nur dann zu leisten, wenn der Kunde seinen Verpflichtungen gegenüber dem Gläubiger nicht nachkommt. In diesem Fall hat sie einen Ausgleichsanspruch gegenüber dem Avalkreditnehmer für den Fall, dass dieser in einem späteren Zeitpunkt wieder in der Lage ist, eine solche Verpflichtung selbst zu erfüllen. Im Folgenden sind einige Arten von Avalkrediten genannt:

- Bürgschaften für die Stundung von Kaufgeldern,
- Bürgschaften für die Stundung von Steuern und Zöllen,
- Bürgschaften für Frachtstundungen,
- Bürgschaften gegenüber anderen Kreditgebern,
- Prozessbürgschaften,
- Anzahlungsavale,
- Lieferungs- und Leistungsavale,
- Gewährleistungsavale,
- Bietungsavale bei öffentlichen Ausschreibungen.

Der Avalkredit ist eine Eventualverbindlichkeit der Bank und erfordert keine unmittelbare Refinanzierung. Daher verlangen Kreditinstitute nur eine Avalprovision für das Risiko, für die Zahlungsverpflichtungen des Avalkreditnehmers eintreten zu müssen. Diese Provision beträgt etwa 1-3% p. a. der Kreditsumme.

Akzeptkredite stellen eine weitere Form der Kreditleihe dar. Die Bank akzeptiert einen von ihrem Kunden auf sie gezogenen Wechsel. Wechselbegünstigter ist der Gläubiger des Kunden, der beispielsweise Waren geliefert hat, die nach Weiterverarbeitung an den Endverbraucher verkauft werden sollen. Die Bank haftet für die Einlösung des Wechsels. Bei Fälligkeit stellt der Bankkunde den Wechselbetrag der Bank zur Verfügung. In der Regel wird der Wechsel von der Akzeptbank auch diskontiert. Der Gläubiger erhält in diesem Falle sofort die Zahlung. Nach der Diskontierung kann das Bankakzept als refinanzierungsfähige Sicherheit im Rahmen von Offenmarktgeschäften mit der EZB verwendet werden bzw. ist zu Geldmarktkonditionen zu refinanzieren. Da die Zahlungsfrist für die finanzierten Warengeschäfte der Laufzeit der Bankakzepte entspricht, kann deren Einlösung durch den Weiterverkauf der Waren sichergestellt werden (*self-liquidating*). Die Akzeptprovision macht etwa 1,5-3% p. a. der Wechselsumme aus und variiert in Abhängigkeit von der Kreditwürdigkeit des Bankkunden. Ähnlich der Entwicklung beim Wechseldiskontkredit bieten viele Banken seit Wegfall der Rediskontmöglichkeit bei der Deutschen Bundesbank keine Akzeptkredite mehr an.

C2.4.4 Mittel- und langfristige Geldleihe an Firmenkunden und Körperschaften des Öffentlichen Rechts

Investitionskredite werden von Unternehmen, Selbständigen und Freiberuflern aufgenommen, um Anschaffungen für das betriebliche Anlagevermögen zu finanzieren. Üblicherweise entspricht die Laufzeit eines solchen Darlehens der geplanten Nutzungsdauer (1-15 Jahre) des finanzierten Objekts. Die Rückflüsse aus der Investition sollen unter anderem Zins und Tilgung abdecken, wobei die Besicherung durch das finanzierte Objekt und durch sonstige Vermögenswerte des Unternehmens, insbesondere durch Grundvermögen, erfolgt.

Für Investitionen von Unternehmen gibt es eine Reihe von Förderprogrammen des Bundes und der Länder, die eine Mittelaufnahme zu günstigen Konditionen ermöglichen. Solche Kredite werden im Allgemeinen von Spezialkreditinstituten, wie der Kreditanstalt für Wiederaufbau, herausgegeben. Die Hausbank des Kunden übernimmt bei solchen *Weiterleitungskrediten* die Vermittlung, den Kapitaltransfer, die Auszahlung des Kreditbetrages an die Firmenkunden und in der Regel auch das Risiko des Kreditausfalls.

Realkredite sind objektgebundene langfristige Kredite, die durch Hypotheken oder Grundschulden besichert werden und im gewerblichen Bereich (aber im privaten Bereich, vgl. Abschnitt C2.4.7) der Finanzierung von Bauvorhaben dienen, wobei die Laufzeit bis zu 30 Jahren betragen kann. Der Realkredit wird im Rahmen einer Beleihungsgrenze gewährt. Diese beträgt für Kreditinstitute, die dem Hypothekenbankgesetz unterworfen sind, 60% des Beleihungswertes (§§11-12 Hypothekenbankgesetz), ansonsten wird sie vom Kreditinstitut festgelegt. Der Beleihungswert ist jener Wert, der einem Grundstück (bebaut oder unbebaut) nach sorgfältiger Ermittlung durch das Kreditinstitut beigemessen wird. Gerade die Bewertung von gewerblichen Grundstücken stellt hierbei ein Problem dar. Während sich beispielsweise Eigentumswohnungen relativ leicht verwerten lassen, ist für sehr spezifische, mit einem Grundstück verbundene gewerbliche Anlagen oft kein Markt vorhanden. Produktionsanlagen können aufgrund von technologischen Neuerungen hohe Wertverluste erfahren. Des Weiteren können hohe Renaturierungskosten anfallen.

Die Verzinsung von Realkrediten kann sowohl fest als auch variabel erfolgen, wobei die Dauer der Zinsfestschreibung Verhandlungssache ist. Nach Ablauf der Zinsbindungsfrist müssen die Konditionen zwischen Kreditgeber und Kreditnehmer neu verhandelt werden. Der Kreditnehmer kann zu diesem Zeitpunkt das Darlehen mit eigenen Mitteln oder dem Darlehen eines anderen Kreditgebers ablösen, muss dabei aber die anfallenden Transaktionskosten (Grundbucheintragung, etc.) berücksichtigen. Im Zuge des *financial engineering* gibt es verschiedene Ausprägungen von Realkrediten. So kann ein variabel verzinsliches Darlehen nach oben durch einen maximalen Zinssatz (*Cap*-Kredit), nach unten durch einen minimalen Zinssatz (*Floor*-Kredit) oder sowohl nach oben als auch nach unten (*Collar*-Kredit) begrenzt werden. Variabel vereinbarte Zinsen werden über einen Referenzzinssatz, wie den LIBOR (London Interbank Offered Rate) oder EURIBOR, zuzüglich einer quoted margin als Risikozuschlag festgelegt. Die Auszahlung der Kreditsumme kann abzüglich eines Abschlags (Disagio oder Damnum) erfolgen, der bis zu 10% beträgt. Die Zinsen sind auf den vollen Kreditbetrag zu zahlen, der Nominalzins fällt bei der Verrechnung eines Disagios jedoch niedriger als ohne Abschlag aus. Das Disagio dient als Zinsvorauszahlung, so dass seine Verwendung aufgrund steuerlicher oder bilanzpolitischer Überlegungen sinnvoll sein kann. Die Tilgung erfolgt oft in Form einer Annuität, d. h. der Kreditnehmer zahlt jeden Monat feste Raten, wobei der Tilgungsanteil (Zinsanteil) immer weiter zunimmt (abnimmt). Eine weitere Möglichkeit besteht in der Tilgung am Ende der Laufzeit oder am Ende der Zinsbindung.

Eurokredite sind ein Finanzierungsinstrument für Unternehmen mit einem Kapitalbedarf im mehrstelligen Millionenbereich. Sie werden über international tätige Banken abgewickelt. Als Geldgeber treten meist Kreditinstitute, Notenbanken, Großunternehmen und -investoren aus aller Welt auf. Das Präfix „Euro" ist hier irreführend. Die gängigsten Währungen sind US-$, Yen und Euro. Die Eurokapitalmärkte zeichnen sich durch ein im Vergleich zu nationalen Regulierungen liberalisiertes Umfeld aus, wobei die Harmonisierung zwischen den einzelnen Finanzplätzen vorangetrieben wird. Häufig werden Eurokredite in Form von *Roll-Over*-Krediten gewährt. Dabei stellt die Bank dem Firmenkunden einen langfristigen Kreditrahmen zur Verfügung, innerhalb dessen er sich über die Bank Geldmittel auf dem Eurokapitalmarkt beschaffen kann. Die Zinsen werden zu festgelegten Zeitpunkten an bestimmte Geldmarktsätze im Interbankenhandel wie dem LIBOR oder dem EURIBOR angepasst. Die vermittelnden Banken berechnen für ihre Dienstleistung eine Provision (vgl. zu Eurokrediten ausführlicher EICHWALD und PEHLE (2000), S. 745ff. und die entsprechenden Veröffentlichungen der BIZ).

Schuldscheindarlehen mit Laufzeiten zwischen ein und zehn Jahren wurden früher regelmäßig gegen Ausstellung eines Schuldscheins gewährt. Schuldner sind vor allem große Industrieunternehmen erster Bonität, aber auch Bundesländer, Kommunen und andere Körperschaften des öffentlichen Rechts. Die Kredite belaufen sich auf Beträge im Bereich von etwa 1 bis 100 Mio. €. Im Gegensatz zu Industrieobligationen sind Schuldscheine aber keine Wertpapiere sondern lediglich Beweisurkunden. Sie sind nicht börsenfähig und deshalb auch nur bedingt liquide. Dafür lassen sich die Vertragsbedingungen individuell aushandeln. Für ein einzelnes Darlehen wurden früher in der Regel mehrere Schuldscheine verlangt, um einen einfachen Weiterverkauf von Teilen des Darlehens an Anleger zu ermöglichen. Zunehmend verzichten Banken jedoch auf eine Ausstellung von Schuldscheinen, da letztere für den Weiterverkauf in Form der Abtretung nicht erforderlich sind. Als Kreditgeber treten vor allem Lebensversicherungen und andere institutionelle Anleger auf, während Kreditinstitute in der Regel nur eine Vermittlerfunktion ohne Haftung übernehmen. Die Zinsen für ein Schuldscheindarlehen sind im Vergleich zu Schuldverschreibungen wegen der hohen Inanspruchnahme weniger Kreditgeber und der fehlenden Handelbarkeit höher, dafür entfallen aber die bei Schuldverschreibungen anfallenden Emissionskosten.

Kommunalkredite dienen der Finanzierung langfristiger Projekte von Kommunen. Meist handelt es sich dabei um Infrastrukturprojekte. Sie werden häufig als Schuldscheindarlehen vergeben. Hierbei ist keine besondere Besicherung notwendig, da die Körperschaften mit ihren Steuer- und Abgabeneinnahmen haften (wer sich allerdings die Schuldensituation einiger öffentlicher Haushalte anschaut, fragt sich, wie lange die Fiktion eines absolut sicheren Kredites noch aufrecht zu erhalten ist). Kommunaldarlehen können auch Kredite an Private oder Unternehmen sein, die eine Bürgschaft von Körperschaften des öffentlichen Rechts vorweisen können.

C2.4.5 Besondere Kreditformen (Kreditsubstitute)

Factoring ist der laufende Ankauf von Forderungen aus Lieferungen und Leistungen durch spezialisierte Finanzinstitute. Der Käufer (Factor) übernimmt vertraglich festgelegte Dienstleistungen und beim echten Factoring auch das Ausfallrisiko. Der Veräußerer kann dem Factor die gesamte Debitorenbuchhaltung, das Inkasso- und das Mahnwesen übertragen. Er erhält den Rechnungsbetrag abzüglich der Zinsen für den Forderungsbetrag bis zur Fälligkeit und der Factoringgebühr. Diese beträgt 0,5 bis 2,5% des Rechnungsbetrages, abhängig vom Umfang des Schuldnerkreises und dessen Umschlaghäufigkeit. Für die Übernahme des Ausfallrisikos (Delkredere-Risiko) wird eine zusätzliche Gebühr verlangt. Die Zinsen sind mit den banküblichen Zinssätzen für Kontokorrentkredite vergleichbar.

Leasing ist die Vermietung oder Verpachtung von beweglichen oder unbeweglichen Gütern durch Finanzierungsinstitute (indirektes Leasing) oder durch die Hersteller der Güter (direktes Leasing). Das *Operate-Leasing* entspricht einem reinen Mietverhältnis mit den entsprechenden Kündigungsmöglichkeiten. Der Leasinggeber trägt die Kosten der Unterhaltung des Leasinggegenstandes. Beim *Financial-Leasing* wird eine feste Grundmietzeit vereinbart. Nach Beendigung der Grundmietzeit hat der Leasingnehmer oft eine Kauf- oder Mietverlängerungsoption. Der Leasingnehmer bezahlt Leasingraten an den Leasinggeber. Die Raten dienen zur Deckung von Anschaffungs- oder Herstellungskosten sowie Kosten der Finanzierung und Versicherung; sie enthalten zudem einen Gewinnaufschlag. Typisch für das *Mobilien-Leasing* bei Unternehmen ist das Fuhrpark-Leasing, bei dem Unternehmen Dienst- und Lastwagen von Tochtergesellschaften der Fahrzeughersteller leasen. Eine häufige Form im Bereich *Immobilien-Leasing* ist das *sale-and-lease-back* von Verwaltungsgebäuden. Bei dieser Vertragskonstruktion werden die Gebäude an eine als Leasinggesellschaft fungierende Tochtergesellschaft verkauft und anschließend von ihr gemietet. Eine solche Konstruktion wird vor allem aus steuerlichen Gründen und Gründen der Bilanzpolitik gewählt (vgl. BÜSCHGEN und BÖRNER (2003), S. 144ff.).

C2.4.6 Kurzfristige Geldleihe an Privatkunden

Als zusätzlicher Bestandteil der Kreditwürdigkeitsprüfung wird vor der Kreditgewährung an Privatkunden eine Auskunft bei der *Schufa* (Schutzgemeinschaft für allgemeine Kreditsicherung) eingeholt (vgl. GRILL und PERCZYNSKI (2006)). Sie ist eine Einrichtung der kreditgebenden Wirtschaft und besteht aus acht regionalen Schufa-Gesellschaften, die als Schufa Holding AG bundesweit zusammengeschlossen sind. Vertragspartner der Schufa sind Unternehmen, die natürlichen Personen gewerbsmäßig Geld- oder Warenkredite geben (z. B. Kreditinstitute, Kreditkartengesellschaften, Einzel- und Versandhandelsunternehmen, Telekommunikationsunternehmen). Sie arbeitet nach dem Prinzip der Gegenseitigkeit, d. h. Vertragspartner haben die Verpflichtung bestimmte Informationen zu melden und erhalten im Gegenzug den Anspruch auf Auskünfte. Die Schufa erteilt u. a. Auskunft über die Zahl der Kontoverbindungen mit anderen Instituten, über die Zahl der Telefonkonten bei Telekommunikationsunternehmen (auch Mobiltelefone), über Kreditkarten im Besitz des Kunden, über bisherige Kreditaufnahmen mit Kredithöhe und -laufzeit und über negative Vorkommnisse bei früheren und laufenden Verträgen. Privatpersonen haben das Recht, jederzeit eine Schufa-Auskunft über die eigene Person einzuholen.

Kontokorrent- oder Dispositionskredite werden Privatpersonen auf ihrem laufenden Konto in Form einer Kreditlinie gewährt, um kurz- und mittelfristige unregelmäßige Inanspruchnahmen und Rückzahlungen zuzulassen. Bei *Überziehungskrediten* wird eine Überziehung der Kreditlinie toleriert. Die Kredite sind nicht zweckgebunden und werden meist nicht spezifisch besichert. Denken Sie in diesem Zusammenhang an den Satz der Praxis: „Der sicherste Kredit ist der Blankokredit". Allerdings verlangen Banken häufig den Nachweis regelmäßiger Zahlungseingänge oder machen die Kreditlinie vom Nettogehalt des Privatkunden abhängig. Kontokorrentkredite werden üblicherweise bis auf Weiteres eingeräumt und alle drei Monate abgerechnet. Sie sind jedoch gemäß Vertrag täglich kündbar. De facto haben diese Kredite aber mittel- bis langfristigen Charakter, da sie bei vereinbarungsgemäßer Inanspruchnahme automatisch verlängert (prolongiert) werden. In regelmäßigen Abständen überprüft ein Kreditsachbearbeiter den Kreditrahmen. Der Kontokorrentkredit wird erst bei der tatsächlichen Beanspruchung gebucht und verzinst.

Wertpapierkredite (Effektenlombardkredite) im Privatkundenbereich sind weitgehend identisch mit den Ihnen aus Abschnitt C2.4.2 bekannten Lombardkrediten. Die Wertpapierkredite dienen in aller Regel zur Finanzierung von Wertpapierspekulationsgeschäften und seien hier nur der Vollständigkeit halber erwähnt.

Kreditkarten werden von Kreditkarteninstituten häufig in Zusammenarbeit mit Banken ausgegeben. *Kreditkartenkredite* ermöglichen es dem Bankkunden bis zu einem bestimmten Höchstbetrag (Kartenlimit) Waren, Dienstleistungen und auch Bargeld durch Vorlage einer Kreditkarte zu erwerben. In Höhe des Preises der auf diese Weise bargeldlos bezogenen Waren und Dienstleistungen oder in Höhe des ausbezahlten Bargelds nimmt der Inhaber der Kreditkarte bei der Kartengesellschaft bzw. der kartenemittierenden Bank einen kurzfristigen Kredit in Anspruch, der im Zuge der meist monatlichen Kreditkartenabrechnung ausgeglichen wird. Die die jeweilige Kreditkarte ausgebende Bank übernimmt das Kreditrisiko, die Kartengesellschaft stellt nur ihre Infrastruktur zur Verfügung. Gibt die Kreditkartengesellschaft die Karte ohne Bank aus, trägt sie das Kreditrisiko.

Ein Händler, der eine Kreditkarte zur Zahlung der Einkäufe des Kreditkarteninhabers akzeptiert, kann bei einem Rechnungsbetrag, der ein so genanntes Floorlimit nicht überschreitet, ohne zusätzliche Autorisation der Kartengesellschaft davon ausgehen, dass diese den Gegenwert an ihn zahlt. Bei höheren Beträgen ist für das Zustandekommen einer Zahlungsgarantie der Kartengesellschaft deren vorherige Zustimmung erforderlich. Das Floorlimit wird branchen- und länderabhängig festgelegt und das Kartenlimit von der Kartengesellschaft bzw. dem kartenemittierenden Kreditinstitut anhand der Bonitätsmerkmale des Karteninhabers bestimmt. Der Bezug einer Kreditkarte enthält neben der reinen Zahlungs- und Kreditmittelfunktion häufig noch Nebenleistungen, beispielsweise spezifische Versicherungs- oder Serviceprodukte. Zinsvorteile gegenüber Barzahlung oder Abbuchung vom Konto mittels Bankkarte entstehen dem Inhaber der Kreditkarte durch die spätere Abrechnung. Die Kosten bestehen in einer Jahresgebühr und sonstigen besonderen Provisionen, zum Beispiel bei Zahlungsvorgängen in Fremdwährung. Gibt eine Bank die Kreditkarte aus, so wird die Monatsabrechnung in Deutschland in aller Regel vom Girokonto abgebucht. Wird das Konto überzogen, fallen Zinsen in Höhe des Kontokorrentzinses an. Bei Karten von Kreditkartenunternehmen müssen die nach einer Monatsabrechnung ausstehenden Beträge in aller Regel mit einem deutlich höheren Zins (bis zu 18% p. a.) verzinst werden.

C2.4.7 Mittel- und langfristige Geldleihe an Privatkunden

Konsumenten- oder Ratenkredite dienen Privatpersonen zur Finanzierung von größeren Konsumwünschen. Die Kredite haben eine feste Laufzeit (maximal 72 Monate) wobei die Kreditsumme meist nicht mehr als 25.000 € beträgt. Da die gesamte Kreditbearbeitung weitgehend standardisiert ist, kommt es in der Regel sehr schnell nach Antragstellung zur Bereitstellung des gewünschten Kreditbetrages in Form einer Gutschrift auf dem Girokonto oder durch Barauszahlung. Der Zins wird für die gesamte Laufzeit festgeschrieben. Zins- und Tilgungsleistungen erfolgen üblicherweise in Form von gleichbleibenden monatlichen Raten (Annuitäten). Die einmaligen Bearbeitungsgebühren betragen üblicherweise 2% der Kreditsumme.

Konsumentenkredite werden meist durch eine Abtretung der Lohn- bzw. Gehaltsansprüche besichert. Auch Bürgschaften oder die Mitverpflichtung Dritter (z. B. des Ehepartners) im Wege der Schuldmitübernahme können vom Kreditinstitut verlangt werden.

Eine weitere Kreditform ist der *Abruf- oder Rahmenkredit*. Hier kann ein Kreditrahmen von maximal 25.000 € innerhalb einer vereinbarten Frist jederzeit neu in Anspruch genommen werden. Der monatlichen Zinsabrechnung liegt ein variabler Zins zugrunde, Bereitstellungsprovision wird nicht berechnet. Allerdings wird auch ein solcher Kredit technisch nicht über das laufende Konto, sondern ein spezielles Kreditkonto abgewickelt.

Realdarlehen sind langfristige, durch eine Hypothek oder Grundschuld gesicherte Darlehen. Sie werden in der Praxis meist mit erstrangigen Grundpfandrechten besichert. Die Laufzeit beträgt in der Regel zwischen fünf und 30 Jahren, wobei der Zinssatz üblicherweise für mehrere Jahre festgeschrieben wird. Nach Ablauf der Zinsfestschreibungsfrist wird der Zinssatz neu verhandelt. Der Kreditnehmer kann dann aber auch den Kredit mit Eigenmitteln oder mit Krediten einer anderen Bank ablösen. Baudarlehen werden häufig als Annuitäten zurückgeführt. Fällt das Ende der Kreditlaufzeit mit entsprechenden Mittelzuflüssen beim Kreditnehmer zusammen, so wird ein Festdarlehen gewählt, das am Ende der Laufzeit in einem Betrag getilgt wird.

Bauspardarlehen werden als langfristige Kredite im Rahmen eines Bausparvertrags gewährt. Das von der Bausparkasse ausgelegte Darlehen darf nur für wohnwirtschaftliche Maßnahmen verwendet werden, die im §1 des Gesetzes über Bausparkassen (BausparkG) definiert sind. Bauspardarlehen können durch ein zweitrangiges Grundpfandrecht abgesichert werden, wenn 80% des Beleihungswertes der Immobilie nicht überschritten werden (vgl. GRILL und PERCZYNSKI (2006) zur Ermittlung des Beleihungswertes). Der Vorteil des Bauspardarlehens besteht in den vergleichsweise niedrigen Zinsen, die der Kreditnehmer dafür zu zahlen hat. Als Gegenleistung überlässt er jedoch bis zur Zuteilung das in den Bausparvertrag eingezahlte Kapital der Bausparkasse zu relativ geringen Einlagenzinsen. Bauspardarlehen besitzen im Vergleich zu Realdarlehen einen hohen Tilgungssatz mit folglich hoher monatlicher Belastung und eine daraus resultierende schnellere Rückzahlung. Indikator für die „Zuteilungsreife" eines Bausparvertrags ist die so genannte „Bewertungszahl". Sie hängt davon ab, bis zu welchem Prozentsatz der Bausparvertrag bereits angespart ist und ob bestimmte weitere Bedingungen erfüllt sind. Aufgrund des Kollektivsystems bei Bausparkassen geht mit einem rückläufigen Neugeschäft bei Bausparverträgen eine längere Zuteilungsfrist einher. Noch nicht zuteilungsreife Bausparverträge werden von Kreditinstituten oder Bausparkassen zwischenfinanziert.

C3 Handel und Verbriefung von Krediten

1. Der Handel von Krediten unterliegt vielfältigen Anreizproblemen.
2. In Asset Backed Securities (ABS) sind Aktiva als handelbare Wertpapiere verbrieft.
3. Banken können bei einer Finanzierung mit ABS zahlreiche Rollen übernehmen und insbesondere Teile ihrer eigenen Kreditforderungen in ABS verbriefen.
4. Finanzierungen mit ABS haben tendenziell höhere Transaktionskosten als andere Finanzierungen und möglicherweise geringere Kosten der asymmetrischen Information. Sie haben außerdem Vorteile angesichts existierender Marktunvollkommenheiten.
5. Bei einer Finanzierung mit ABS sind Risiken aus den Aktiva, Risiken aus der Struktur der Finanzierung sowie zahlreiche Verhaltensrisiken zu beachten und durch geeignete Sicherungsmaßnahmen zu begrenzen.

C3.1 Kredithandel

C3.1.1 Anreizprobleme beim Verkauf von Krediten

Bereits in Teil B haben wir gelernt, dass vielfältige *Informationsasymmetrien* die
Bedeutung des Kredites als Bankgeschäft begründen. Vor diesem Hintergrund
ist klar, dass die Anwendung von Verfahren, die auf der Annahme eines vollkommenen Kapitalmarktes basieren, zur Bewertung von Krediten (und folglich
auch von Kreditderivaten) außerordentlich kritisch zu beurteilen ist. Allerdings
existieren nicht immer bessere Alternativen.

Des Weiteren ist, nicht zuletzt aufgrund der Bewertungsproblematik, die *Handelbarkeit* von Kreditrisiken in weitaus geringerem Maße gegeben als die Handelbarkeit von z. B. Zinsänderungsrisiken (vgl. im Folgenden HARTMANN-WENDELS
(1998)). Eine Bank ist Insider hinsichtlich der Bonität ihrer Schuldner und hat somit einen Informationsvorsprung gegenüber anderen potenziellen Kapitalgebern.
Sollte die Bank Teile ihrer Kreditrisiken veräußern wollen, treten daher die gleichen Probleme auf, die wir schon aus der Kreditgeber-Kreditnehmer-Beziehung
kennen: Jeder potenzielle Käufer des Ausfallrisikos müsste befürchten, dass die
Bank genau die Kreditausfallrisiken veräußert, von denen (nur) sie weiß, dass
sie schlechte Risiken sind. Darüber hinaus hat die Bank keinen Anreiz mehr,
den Kreditnehmer zu überwachen, wenn sie das Ausfallrisiko abgesichert hat.
Vor Übernahme des Ausfallrisikos müsste daher vom Käufer eine erneute Bonitätsprüfung vorgenommen werden; weiterhin wäre es sinnvoll, wenn mit der
Übernahme des Ausfallrisikos auch die Überwachungsaufgabe auf den Erwerber
übergeht. Das wäre aber u. U. ineffizient, weil das Monitoring vervielfacht und
gerade *nicht* an eine Bank delegiert würde.

Noch in der zweiten Auflage dieses Lehrbuches hieß daher Kapitel K3 „Warum
sind Kreditrisiken nicht handelbar?" und gehörte zum letzten Teil, der mit „Offene Fragen" überschrieben war. Die Problematik des Handels von Krediten ist
nämlich wie folgt:

Die Kreditbeziehung ist aufgrund von Informationsasymmetrien eine komplexe Vertragsbeziehung. Der Kreditnehmer ist über seine künftigen Ertragsaus-
sichten besser informiert als der Kreditgeber und darüber hinaus ist für den
Kreditgeber nicht ohne weiteres beobachtbar, wie das aufgenommene Kapital
verwendet wird. Daher muss der Kreditgeber sich *vor* der Kreditvergabe über
die Bonität des Kreditnehmers informieren und *nach* erfolgter Kreditvergabe
den Schuldner überwachen.

Durch die Tätigkeit der Bank wird die ungleiche Informationsverteilung zwar
nicht beseitigt, aber die Bank wird selbst zum Insider hinsichtlich der Bonität
ihrer Schuldner. Somit existiert eine ungleiche Informationsverteilung zwischen
der Bank und anderen potenziellen Kapitalgebern. Sollte eine Bank Kredite bzw.
speziell die Risiken von Krediten veräußern wollen, treten deswegen die gleichen
Probleme auf (allerdings jetzt in einem mehrperiodigen Spiel mit Reputation),
die wir schon aus der Kreditgeber-Kreditnehmer-Beziehung her kennen: Jeder
potenzielle Käufer des Ausfallrisikos muss befürchten, dass die Bank genau die-

jenigen Kreditausfallrisiken veräußert, von denen außer dem Kreditnehmer nur sie weiß, dass sie schlechte Risiken sind.

> GORTON und PENNACCHI (1995) weisen anhand der Bank *Penn Square*, die 1982 zu-sammengebrochen ist, nach, dass derartige Anreizüberlegungen keineswegs rein theo-retischer Natur sind. So haben u. a. Seafirst of Seattle und Continental of Illinois in größerem Umfang von Penn Square vergebene Kredite gekauft, ohne diese Kredite noch einmal sorgfältig zu prüfen, und sind nicht zuletzt aus diesem Grund selbst zusammen-gebrochen.

Vor diesem Hintergrund ist unsere ursprüngliche Skepsis zu verstehen, ob Kredite wirklich in größerem Maße handelbar sein können.

In den folgenden Abschnitten betrachten wir zunächst den Kredithandel (lo-an sales) und dann die Kreditverbriefung (credit securitization) als Beispiele für grundlegende institutionelle Ausprägungen. Eine weitere Ausprägung sind Kre-ditderivate, die es ermöglichen Kreditrisiken zu handeln. Diese werden in Teil E im Rahmen von Derivaten vorgestellt. Einen ausführlichen Überblick über Instrumente zum Kreditrisikotransfer geben RUDOLPH *et al.* (2007).

C3.1.2 Historische Entwicklung

Nach GREENBAUM und THAKOR (1995), S. 387, existierte Kredithandel aller-dings bereits vor 1880. GORTON und PENNACCHI (1995) führen aus, dass etwa 100 Jahre später in den USA das jährliche Volumen des Verkaufs von Krediten unterhalb von 20 Mrd. US-\$ lag. Gehandelt wurde hauptsächlich innerhalb der Netze von Korrespondenzbanken und es wurden zumeist nur „Spitzen" verkauft, die eine Überschreitung der rechtlich vorgegebenen Limite für einen Kreditneh-mer bedeutet hätten; in diesen Fällen dürften negative Anreizeffekte kaum eine Bedeutung gehabt haben, zumal die meisten der verkauften Kredite einen gute Bonität (investment grade) hatten.[9] Innerhalb einer Dekade stieg das Handels-volumen dann auf mehr als das Zehnfache an. Diese Ausweitung des Marktes ging einher mit der Verschiebung zu Krediten mit non-investment-grade und mit zunehmenden Verkäufen aus einem Netzwerk heraus, insbesondere auch an Nichtbanken. An Nichtbanken werden Kredite im Regelfall in verbriefter Form, d. h. als Wertpapiere, veräußert.

C3.1.3 Das Modell von Gorton und Pennacchi

Warum war diese Entwicklung trotz bestehender Anreizprobleme und selbst an-gesichts tatsächlich beobachtbaren Fehlverhaltens (Penn Square) möglich? GOR-TON und PENNACCHI (1995) starten mit einer einfachen Überlegung:

1. Ein *Käufer* für einen Kredit wird sich finden, wenn für ihn die erwartete Ren-dite r_K neben den Kapitalkosten etc. auch das dem Kredit innewohnende

---

[9] Zu großen Teilen handelte es sich hierbei um Mortgage Backed Securities (MBS). Die gute Bonität der Kredite beruhte auf einer Besicherung der verbrieften Kredite durch Hypotheken.

Risiko inklusive eines Zuschlages für die aus dem Informationsnachteil resultierenden Gefahren für den Käufer abdeckt.

2. Für den *Verkäufer* lohnt sich der Verkauf, wenn die dem Käufer einzuräumende Rendite r_K kleiner ist als die Kosten der Refinanzierung r_V (ebenfalls einschließlich der besonders für einen schlechten Kredit hohen Risikokosten).

3. Eine Zunahme des Kredithandels wäre somit darauf zurückzuführen, dass r_V zugenommen hat oder r_K zurückgegangen ist. Für beides gibt es plausible Argumente: verstärkter Wettbewerb um Einlagen, die Aufhebung von Zinsbegrenzungen, die Erhöhung von regulatorischen Eigenkapitalanforderungen – all das kann ein Ansteigen von r_V begründen. Ein Rückgang von r_K kann z. B. daraus resultieren, dass vermehrt Nichtbanken, die in ihren Kapitalkosten keine Regulierungskosten berücksichtigen müssen, als Käufer in den Markt eingetreten sind.

Auf den ersten Blick mag der Eindruck entstehen, dass durch den Weiterverkauf des Kredites eine Art Corporate Bond oder ein Commercial Paper entsteht. Dabei würde aber u. a. übersehen, dass die Bank durch ihre Kreditwürdigkeitsanalyse eine Dienstleistung erbringt, die in dieser Form bei der Emission eines Wertpapiers *nicht* erfolgt.

In ihrem *Modell*, das die obigen Überlegungen formalisiert, unterstellen GORTON und PENNACCHI (1995) eine in der Überprüfungsintensität lineare Kostenfunktion der risikoneutralen Bank. Von der Überprüfungsintensität hängt die Verteilungsfunktion der Kreditrückzahlung ab. Die Bank kann einen Kredit ganz oder teilweise verkaufen; für einen verkauften Kredit übernimmt sie eine implizite, ggf. anteilige Garantie als Signal für die Kreditqualität. Die Bank kann die Garantie allerdings nur erfüllen, sofern sie solvent bleibt, wobei ihre Konkurswahrscheinlichkeit unkorreliert mit dem Rückfluss aus dem Kredit ist, der also tendenziell als klein im Vergleich zum gesamten Portefeuille angenommen wird.

Im Vergleich mit der Realität ist die Unterstellung einer impliziten Garantie eine besonders kritische Annahme. Eine solche Garantie führt dazu, dass das Kreditausfallrisiko eines Kredites nicht vollständig aus den Büchern des Verkäufers verschwindet. Eine gewisse Skepsis der Bankenaufsicht gegenüber dem Kredithandel ist deshalb verständlich, zumal die Kreditausfallrisiken ggf. von unregulierten Unternehmen gekauft werden. Dieses Misstrauen zeigt sich deutlich im Zusammenhang mit Asset Backed Securities (vgl. Kapitel C3.2).

Als *Resultat* des Modells ergibt sich, dass bei Maximierung des erwarteten Gewinns der Anteil eines Kredites, der verkauft wird, tatsächlich wächst, wenn

- die internen Refinanzierungskosten der Bank, r_V, steigen,
- die Risikoprämie beim Verkauf eines Kredites (und damit r_K) fällt oder
- die Wahrscheinlichkeit eines Konkurses der Bank fällt.

Außerdem ist abzuleiten, dass die Überprüfungsintensität der Bank ineffizient niedrig sein wird, wenn der Kredit verkauft wird.

Die von GORTON und PENNACCHI (1995) anhand eines bankindividuellen Datensatzes durchgeführte empirische Überprüfung bestätigt die theoretischen Hypothesen im Wesentlichen. Während der geringere Verkaufsanteil hochriskanter

Kredite sehr deutlich wird, ist das Vorliegen impliziter Garantien eher zweifelhaft.

C3.2 Verbriefung von Krediten

C3.2.1 Grundidee und historische Entwicklung

In Abschnitt C2.2 haben wir Ihnen dargelegt, dass eine Kreditgewährung oftmals die Stellung von *Sicherheiten* verlangt, z. B. die Abtretung von Forderungen oder die Eintragung eines Grundpfandrechts. In diesen Fällen benötigt der Kreditnehmer Liquidität, möchte (oder kann) aber dafür keine Vermögensgegenstände verkaufen. Beim *Factoring* werden im Unterschied dazu die Vermögensgegenstände (hier: Forderungen) tatsächlich verkauft. Dass der Verkauf von Krediten/Forderungen aus Anreizgründen unter Informationsasymmetrie problematisch ist, haben wir oben deutlich gemacht.

Die *Realkreditinstitute* refinanzieren große Teile ihres Kreditgeschäftes mit *Pfandbriefen*. Deren Käufer erwerben Wertpapiere, die außer durch die allgemeine Bonität der Bank auch über dingliche Sicherheiten von Kunden abgesichert sind.

Asset Backed Securities (ABS; übersetzt: mit Vermögensgegenständen unterlegte Wertpapiere) vereinigen Merkmale der oben genannten Finanzgeschäfte. Grundsätzlich liegt ihnen folgende Struktur zugrunde: Vermögensgegenstände werden in einem Pool zusammengefasst und dagegen Wertpapiere emittiert, die einen Anspruch auf Zahlungen aus diesen Vermögensgegenständen verbriefen. Mit der *Verbriefung* (*Securitisation*) werden Kredite und andere Aktiva, die ursprünglich vielleicht gar nicht handelbar waren, handelbar gemacht. Das ist das eigentliche Thema dieses Kapitels, in dem wir ABS als ein wichtiges und typisches Beispiel besprechen (vgl. im Folgenden u. a. OHL (1994), PAUL (1994), HERRMANN (1997), BÄR (2000), BUND (2000)).

Nach GREENBAUM und THAKOR (1995), S. 387, sind die Wurzeln für die Verbriefung in den siebziger Jahren des 20. Jahrhunderts in den USA zu sehen. Dort gab es bis dato kein dem deutschen Pfandbrief hinreichend ähnliches Produkt und so wurden zunächst von der Government National Mortgage Association („Ginnie Mae") Hypothekendarlehen für eigengenutzte Wohnimmobilien verbrieft (MBS = Mortgage Backed Securities). Seit Anfang der achtziger Jahre sind weitere Instrumente zur Förderung der Handelbarkeit von Aktiva und deren Risiken hinzugekommen, z. B. Mortgage Swaps und Collateralised Mortgage Obligations (CMOs) (vgl. GARDNER und MILLS (1994), S. 590ff., und KOCH (1995), S. 545ff.). In den achtziger Jahren wurden zudem weitere Assets verbrieft, z. B. Kreditkartenforderungen und Forderungen aus Mobilien-Leasing-Verträgen für Computer und Fahrzeuge. Die Entwicklung in Deutschland und anderen Ländern hat überhaupt erst Ende der achtziger, Anfang der neunziger Jahre des vorigen Jahrhunderts und noch dazu recht zaghaft begonnen. Tabelle C3-1 präsentiert

einige Daten über die Entwicklung der Verbriefung in den USA nach zugrunde
liegenden Forderungen.

Tab. C3-1: Volumenentwicklung der Kreditverbriefung in den USA nach zugrunde liegenden
Forderungen (Werte in Mrd. US-$)

Jahr	Agency securi- ties*	Hypo- theken	Konsu- menten- kredite	Unter- nehmens- kredite	Handels- forde- rungen	Staats- anleihen	Summe
1999	154	552	457	90	67	0	1320
2000	163	618	528	104	83	0	1496
2001	197	740	598	131	89	1	1756
2002	272	851	633	137	84	1	1978
2003	354	1024	597	142	92	3	2212
2004	349	1458	572	162	103	8	2652
2005	316	2145	604	183	100	28	3376
2006	340	2776	664	239	108	56	4138
2007	360	2957	684	328	112	78	4519
2008	341	2592	654	348	96	65	4096

* Agency securities sind Schuldverschreibungen, die in den USA von staatlich geförderten
Unternehmen wie der „Federal National Mortgage Association" (Fannie Mae) oder der „Federal
Home Loan Mortgage Corporation" (Freddie Mac) emittiert werden.
Für aktualisierte Zahlen dieser Art vgl. INSURANCE INFORMATION INSTITUTE (2009).

Tabelle C3-1 verdeutlicht die rasante Entwicklung des US-amerikanischen
Marktes für Verbriefungsinstrumente. Das Volumen des europäischen Marktes ist
hingegen vergleichsweise gering. Laut dem EUROPEAN SECURITISATION FORUM
(2008) wurde auf dem europäischen Markt im Jahr 2008 ein Kreditvolumen von
711,1 Mrd. € verbrieft. Innerhalb von Europa war dabei das Volumen in Großbritannien mit 271,9 Mrd. € am größten. In Deutschland wurden 50,1 Mrd. €
verbrieft.

Wir werden zunächst am Beispiel von ABS ansehen, wie die Verbriefung in
der Praxis ungefähr funktioniert. Daran anschließend betrachten wir aus theoretischer Perspektive genauer die Motive, die hinter Transaktionen mit ABS stehen
und die in manchen Situationen dazu führen, dass ABS-Transaktionen vorteilhaft gegenüber alternativen Finanzierungsvarianten sind. Im Vergleich zu anderen Kapiteln des Buches drehen wir hier die Reihenfolge Theorie - Praxis bewusst
um, weil wir so von einzelnen theoretischen Überlegungen auf schon vorgestellte
Merkmale der ABS-Transaktionen verweisen können, während andernfalls die
Gefahr bestände, die Darstellung der relativ komplexen ABS-Transaktionen zu
sehr zu zerstückeln.

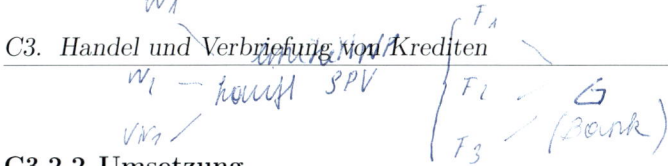

C3.2.2 Umsetzung

Tabelle C3-2 gibt eine knappe Übersicht über verschiedene Verbriefungsinstrumente. Eine detailliertere Übersicht über wichtige Produkte und Vertragsmerkmale findet sich beim EUROPEAN SECURITISATION FORUM (1999).

Tab. C3-2: Übersicht über verschiedene Verbriefungsinstrumente

	Hypotheken-pfandbrief	Residential Mortage Backed Securities (RMBS)	Commercial Mortgage Backed Securities (CMBS)	Asset Backed Securities (ABS)	Collateralised Debt Obligations (CDO)
Referenz-forderungen	Hypotheken	Private Hypotheken-darlehen	Gewerbliche Hypotheken-darlehen	Konsumenten-kredite, Kreditkarten-forderungen, Leasing-forderungen, etc.	Bankdarlehen, Anleihen
Anzahl Forderungen	Viele	Viele	Relativ wenige	Viele	Wenige
Durch-schnittliches Volumen der Forderungen	Klein	Klein	Mittel	Sehr klein	Groß

Wir stellen hier die grundlegende Struktur einer Asset Backed Transaktion vor. Zentrales Element bei der Finanzierung über ABS (vgl. Abbildung C3.1) ist die Gründung einer (Ein-) *Zweckgesellschaft* (SPV = *S*pecial *P*urpose *V*ehicle). Sie kauft Vermögenswerte (z. B. Forderungen) vom *Originator*, dem ursprünglichen Gläubiger der Forderungen (z. B. einer Bank), auf und emittiert Wertpapiere oder stellt Schuldscheindarlehen aus. Die Wertpapiere sind durch den Forderungspool unterlegt und werden in mehrere Tranchen mit unterschiedlichen Ausfallwahrscheinlichkeiten strukturiert, von denen die oberste meist ein AAA-Rating hat. In der Regel besitzt die unterste Tranche kein Rating und verbleibt beim Originator. (Gemäß dem „*Wasserfall-Prinzip*", das besser „*Kaskaden-Prinzip*" hieße, gehen Gelder zunächst an die Investoren der obersten Tranche, die daher nur Ausfälle erleiden, wenn alle niedrigeren Klassen bereits erhebliche Verluste zu tragen hatten.) Eine gewisse Standardisierung der Forderungen erleichtert diesen Prozess und senkt tendenziell die Abwicklungskosten. Bei der *Platzierung* der Wertpapiere bei Investoren wird die Zweckgesellschaft ggf. durch ein Bankenkonsortium unterstützt, das möglicherweise auch eine Liquiditätsgarantie gibt. Die Wertpapiere selbst können durch Garantien anderer Sicherungsgeber zusätzlich abgesichert werden. Zusätzlich kann der Originator die Refinanzierung einer Zweckgesellschaft zum Beispiel durch die erfolgreiche Platzierung von Wertpapieren garantieren.

Die Verwaltung der Vermögenswerte, z. B. das Inkasso der Forderungen und die Kreditüberwachung, erledigt ein *Service-Agent*. Diese Funktion wird oft vom

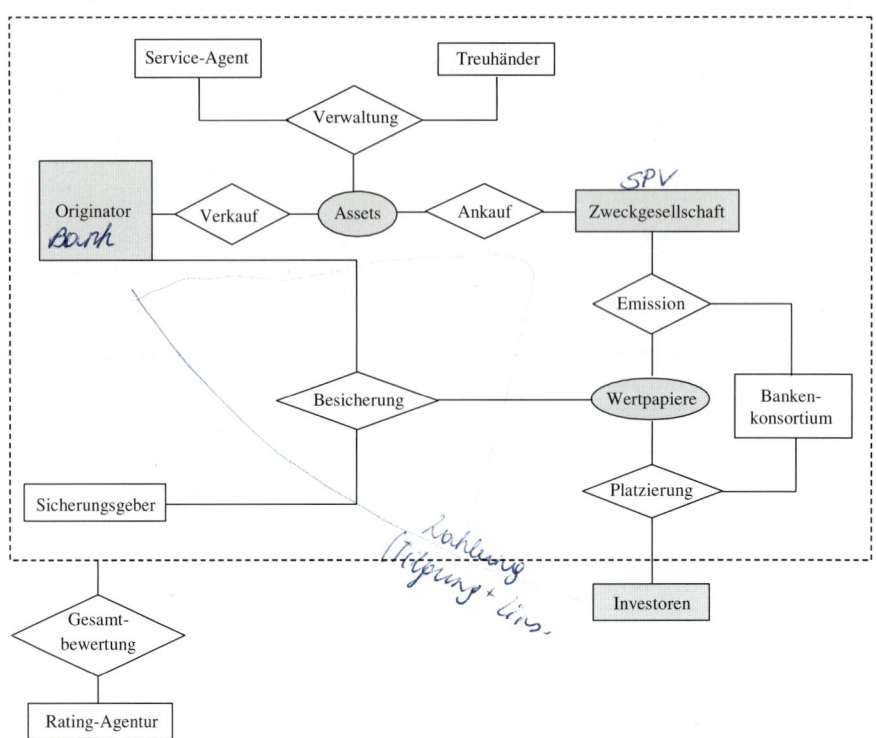

Abb. C3.1: Grundstruktur einer Finanzierung mit Asset Backed Securities

Originator übernommen, speziell wenn das eine Bank ist: sie kann den Kontakt zu den Schuldnern/Kunden behalten, kennt diese vermutlich am besten und hat ohnehin im Regelfall eingearbeitetes Personal für die Abwicklung, das nicht unbedingt anderweitig eingesetzt oder freigesetzt werden kann. Außerdem kann an der Transaktion ein *Treuhänder* mitwirken. Schließlich sind *Rating-Agenturen* beteiligt. Sie bewerten u. a. die Qualität der Assets sowie die Bonität von Service-Agenten, Zweckgesellschaft und Garantiegebern. Die gesamte Transaktion wird von einer Investmentbank als *Arrangeur* konstruiert.

Die Zahlungen aus den Assets, also die Zins- und Tilgungszahlungen der Schuldner an den Originator/die Bank, fließen von der Zweckgesellschaft letztlich den Investoren zu. Zwei Varianten sind zu unterscheiden:

1. Pass-Through: Die Zahlungen aus den Assets, d. h. die Zins- und Tilgungszahlungen der Schuldner werden nach Abzug von Gebühren unverändert an die Investoren weitergereicht.

2. Pay-Through: Die Cash Flows sind von der Zweckgesellschaft oder einem Treuhänder so zu managen, dass die Investoren die festgelegten, nach unterschiedlichen Tranchen der Wertpapiere differenzierten Zahlungen erhalten.

Wie wir gesehen haben, kann eine Bank also bei einer Finanzierung mit ABS zahlreiche Rollen übernehmen, wobei ggf. rechtliche Restriktionen zu beachten sind:

- Eine Bank darf als *Originator* Teile ihrer Kredite mittels ABS verbriefen. Bei sog. *Multi-Seller-Transaktionen*, wie sie z. B. die DG HYP für Genossenschaftsbanken anbietet, werden Kredite mehrerer Originator-Banken gebündelt.
- Eine Bank eignet sich als *Service-Agent* – vor allem, falls sie selbst auch Originator ist.
- Als *Treuhänder* kommt eine Bank nur infrage, falls Sie nicht Originator ist.
- Eine Bank kann die *Zweckgesellschaft* gründen. Vorsicht ist allerdings bei der Festlegung der Eigentumsverhältnisse geboten. Aus aufsichtsrechtlichen Gründen und um die Sicherheit der ABS nicht durch andere Geschäfte der Zweckgesellschaft oder ihrer Eigentümer zu gefährden, darf die Zweckgesellschaft nicht mit der Bank zu konsolidieren sein. Auch namentlich darf keine Verbindung sichtbar sein, um nicht aus Reputationsgründen implizite Garantien des Instituts für die Zweckgesellschaft zu signalisieren.
- Mit ihren speziellen Kenntnissen als Monitor kommt eine Bank als *Sicherungsgeber* in Betracht. Diese Funktion ist ökonomisch der Vergabe eines Avalkredites ähnlich.
- Die Mitwirkung in einem Konsortium oder die eigenständige *Platzierung* der ABS, vor allem aber die Tätigkeit als *Arrangeur* sind typische Aufgaben einer Investmentbank.
- Schließlich kann eine Bank als *Investor* ABS kaufen.

C3.2.3 Vorteilhaftigkeit einer Finanzierung mit ABS

Eine Finanzierung mit ABS ist eine durchaus aufwändige Angelegenheit, die einmalige und laufende Kosten mit sich bringt. Wegen des hohen Fixkostenanteils ist sie erst bei genügend hohem Kapitalbedarf wirtschaftlich. Als Mindestbeträge sind Zahlen oberhalb von 25 Mio. € zu hören. (Eine systematische Kostenaufstellung liefert OHL (1994), S. 263ff.) Kommt eine Finanzierung mit ABS zustande, so sehen offenbar die Teilnehmer, vor allem Originator und Investoren, darin deutliche Vorteile gegenüber vergleichbaren Alternativen.

Im Modellrahmen der Neoklassik gibt es dafür keinen Ansatzpunkt; denn es gilt u. a. die Modigliani/Miller-These über die Irrelevanz der Finanzierung für den Unternehmenswert (vgl. MODIGLIANI und MILLER (1958)). Entsprechend lässt sich zeigen, dass die Ausgliederung sicherer Vermögenswerte in eine Zweckgesellschaft zwar eine Vermögensumschichtung zu Gunsten der ABS-Käufer und zu Lasten der anderen Fremdkapitalgeber bewirkt, die durchschnittlichen Kapitalkosten des Originators aber nicht ändert (vgl. ALTROCK und RIESO (1997)).

Vorteile von ABS sind in einer neoinstitutionalistischen Welt zu suchen, die asymmetrische Informationsverteilung, Transaktionskosten sowie Marktunvollkommenheiten berücksichtigt. So bekommt der *Originator* durch den Einsatz von ABS Liquidität auf anderen Wegen (Beitrag zur Diversifikation der Refinanzierungslinien) und möglicherweise günstiger, wenn nämlich z. B. die Forderungen oder die zusätzlichen Sicherheiten besonders hochwertig sind. (Auf vollkommenen Kapitalmärkten würde das nicht funktionieren, da dann die Kapitalkosten für „das Restunternehmen" ansteigen würden.) Die Kapitalbeschaffung kann außerdem anonym erfolgen. Bilanzkennzahlen werden durch den Verkauf der Forderungen verbessert, z. B. die Eigenkapitalquote erhöht. Das Zinsrisikomanagement wird dem Originator erleichtert, indem z. B. langfristige Forderungen verkauft und Inkongruenzen in der Zinsbindungsdauer reduziert werden.

Nicht zu vergessen ist, dass die Behandlung im Handels- und Steuerrecht (vgl. hierzu WATRIN und STRUFFERT (2003)) Anreize bieten kann, ABS einzusetzen. Die steuerliche Behandlung beeinflusst die Strukturierung von ABS-Transaktionen ganz konkret, indem z. B. statt eines tatsächlichen Verkaufs von Krediten nur das Kreditrisiko mittels eines Credit-Default Swap (vgl. Teil E) verkauft wird, um die Gewerbesteuerpflicht der Zinseinnahmen der Zweckgesellschaft zu umgehen.

Ist der Originator ein Kreditinstitut, so können überdies aufsichtsrechtliche Aspekte zum Tragen kommen. Ausfallrisiken müssen mit Eigenkapital unterlegt werden, was gemäß Grundsatz I (vgl. Kapitel G3 und I5) noch recht pauschal geschieht. Durch die Verbriefung von Forderungen mit guter Bonität in ABS werden die Ausfallrisiken nur wenig, bisher die Eigenkapitalanforderungen jedoch deutlich gesenkt. Dadurch ergibt sich Spielraum für lukratives Neugeschäft (vgl. PFINGSTEN und HOMÖLLE (2001)). Allerdings wird diese Möglichkeit zu *Regulierungsarbitrage* mit Basel II wohl weitgehend entfallen, wie wir in Abschnitt I5.8 zeigen werden.

Mit ABS können neue Investorenkreise erschlossen werden. Die Investoren profitieren davon, dass ABS zur Vervollständigung des Kapitalmarktes und zu erweiterten Diversifikationsmöglichkeiten beitragen. Speziell erlauben ABS, Kreditrisiken in Form von liquiden und damit flexibler einzusetzenden Finanztiteln zu übernehmen. Dies kann u. U. mit geringeren Eigenkapitalanforderungen einhergehen.

Betrachten wir nun die Situation bei Informationsasymmetrie etwas näher. Ein Kapitalnehmer kann grundsätzlich seinen erwarteten Gewinn zu Lasten des Fremdkapitalgebers erhöhen durch

- die Durchführung riskanter Investitionen mit negativem Kapitalwert,
- den Ersatz von Investitionen durch solche mit höherem Risiko und geringerem Kapitalwert,
- die Unterlassung von Investitionen mit positivem Kapitalwert.

Angesichts solcher Anreizprobleme der Fremdfinanzierung sind die Kosten der asymmetrischen Information relevant (vgl. hierzu JENSEN und MECKLING (1976) und Abschnitt B1.3). Wir wollen für ABS keine ausführliche Analyse durchführen, aber zumindest einige Ergebnisse nennen:

1. Die Käufer der ABS müssen sich nicht um den Originator, sondern nur um die Qualität des Forderungspools kümmern. Da die anderen Fremdkapitalgeber sowie die Rating-Agentur jedoch nach wie vor alle Aktivitäten des Originators überwachen müssen, dürften die Überwachungskosten (*Monitoring Costs*) insgesamt tendenziell relativ hoch sein. Im Einzelfall hängt das davon ab, welches Ausmaß an Überwachung optimal ist.

2. Bezüglich der an die Zweckgesellschaft verkauften Assets hat sich der Originator wirkungsvoll der Möglichkeit zur Risikoerhöhung beraubt. Kosten von ABS können daher als Selbstbindungskosten (*Bonding Costs*) angesehen werden.

3. Andererseits kann der Originator u. U. gerade mit ABS Risikoerhöhung betreiben, indem er unkündbare, relativ sichere Kredite verbrieft und mit den zugeflossenen Mitteln sehr riskante Projekte finanziert. Das senkt den Marktwert des Fremdkapitals und erhöht den *Residual Loss*.

Diese und andere Vor- und Nachteile von ABS sind nicht nur absolut, sondern auch relativ im Vergleich zu anderen Instrumenten zu würdigen. Gegenüber dem Factoring beispielsweise sind folgende Unterschiede zu bemerken (siehe auch BIGUS (2000)):

- Garantien sowie ein entsprechendes Rating bieten den Käufern von ABS mehr Sicherheit als einem Forderungskäufer beim Factoring. Ihre geforderte Risikoprämie kann daher sinken.
- Die volumen*un*abhängigen Transaktionskosten sind bei ABS aufgrund der komplizierteren Struktur höher als beim Factoring, die volumenabhängigen eher kleiner.
- Ein Preisabschlag beim Factoring ist für den Originator endgültig verloren, während er bei einer Finanzierung mit ABS u. U. nicht benötigte Sicherheitsreserven im Nachhinein zurückerhält.
- ABS sind fungibler als aufgekaufte Forderungen.

Zur Herleitung der grundsätzlichen Vorteilhaftigkeit der Verbriefung von Bankforderungen, die wir bislang eher (nur) intuitiv beschrieben haben, existieren durchaus ein paar theoretische Modelle:

- GREENBAUM und THAKOR (1987) vergleichen die Finanzierung durch Depositen mit derjenigen durch den Verkauf von Krediten. Auf idealen Märkten, auf denen u. a. symmetrische Information herrscht, ist die Wahl (natürlich) irrelevant, wie wir schon oben ausgeführt hatten. Ohne staatliche Eingriffe ist bei asymmetrischer Information hingegen die Verbriefung der Forderungen mit hoher Bonität sinnvoll, bei gleichzeitiger Finanzierung der Forderungen niedriger Bonität mit Depositen. Die Regulierung, wie z. B. eine staatlich subventionierte Einlagensicherung, kann jedoch zur Vorteilhaftigkeit der Finanzierung durch Depositen führen. Außerdem wird noch hergeleitet, dass eine Senkung der Informationsverarbeitungskosten zu Gunsten der Verbriefung wirkt – ein Resultat, welches offenbar gut zu den Entwicklungen der letzten Jahre (zunehmende Industrialisierung der Banken und IT-Ausweitung) passt.

Der Vorteil der Verbriefung rührt daher, dass Screening Kosten bei den Investoren eingespart werden, da die Bank die Kreditnehmer recht wirksam überwacht. Nachteilig wirkt, dass die risikoaversen Investoren bei der Anlage in verbrieften Forderungen im Vergleich zur Depositenfinanzierung trotz der Garantie ein höheres Risiko zu tragen haben.

Problematisch an dem Modell ist u. a. die Annahme, dass die Banken keine diversifizierten Portefeuilles, sondern jeweils einzelne Kredite halten, weil damit ein wesentliches Merkmal aktuell verbriefter Kreditportefeuilles von Banken nicht erfasst wird. Außerdem übernimmt die Bank eine Garantie, die kaum mit einem tatsächlichen Verkauf der Kredite an eine Zweckgesellschaft vereinbar scheint, bis zur Höhe ihres Eigenkapitals.

- BENVENISTE und BERGER (1987) leiten ab, dass die Bankeigentümer profitieren, wenn Forderungen verbrieft werden. In ihrem Modell wird allerdings unterstellt, dass die ABS-Investoren eine Rückgriffsmöglichkeit auf die allgemeinen Bankaktiva haben und insofern zusätzlich über die Rechte unbesicherter Einleger verfügen. Wegen dieses erneut problematischen Merkmals betrachten wir auch dieses Modell nicht näher, in dem die Vorteilhaftigkeit im Übrigen wiederum von einer Verbesserung der Risikoteilung mit risikoaversen Investoren getrieben wird.

- BOOT und THAKOR (1993) zeigen in ihrer recht allgemeinen Analyse des „Security Design", dass und warum für einen Finanzintermediär die Zerlegung der an ihn gerichteten Zahlungsansprüche in mehrere Klassen, u. a. gegen verbriefte Kreditforderungen, sinnvoll sein kann. Im Modell gibt es drei Gruppen von Händlern mit unterschiedlichen Motiven und Informationsständen, wie sie in Aufsätzen zur Marktmikrostruktur üblich sind (vgl. etwa O'HARA (1996)). Keine Rolle spielt hingegen die Risikoteilung, da alle Beteiligten risikoneutral sind. Ein entscheidender Grund für die Vorteilhaftigkeit mehrerer Tranchen von Ansprüchen – wie z. B. bei ABS – liegt darin, dass diejenigen Händler, die aufwändig Informationen beschafft haben, dann ihr ganzes Geld in diejenigen Papiere investieren können, bei denen ihr Informationsvorsprung besonders lohnend ist.

Für unser Lehrbuch ist eine genauere Darstellung dieses Modells nicht so angebracht, weil die Besonderheit der nachträglichen Verbriefung bereits vorhandener Kredite im Modell keine große Rolle spielt. Im Vordergrund steht im Wesentlichen das grundlegende Phänomen, dass mittels differenzierter Produkte höhere Renten bei heterogenen Nachfragern abgeschöpft werden können.

Insgesamt ist festzuhalten, dass die genannten (und weitere) Modelle für die Erklärung der Vorteilhaftigkeit von ABS zwar wichtige Einsichten bieten, aber keines bislang eine Bedeutung erreicht hat, die etwa an das Diamond-Modell zur Erklärung der Existenz von Banken auch nur annähernd heranreicht.

C3.2.4 Risiken und Sicherungsmöglichkeiten

Im Zuge einer Finanzierung mit ABS können unterschiedliche Dinge passieren, die zu Abweichungen von den vereinbarten Zahlungen führen. Diese Risiken können wir z. B. nach ihrem Ursprung gliedern (vgl. Abbildung C3.2). In der Folge gehen wir dabei wiederum davon aus, dass es sich bei den Assets um Forderungen handelt.

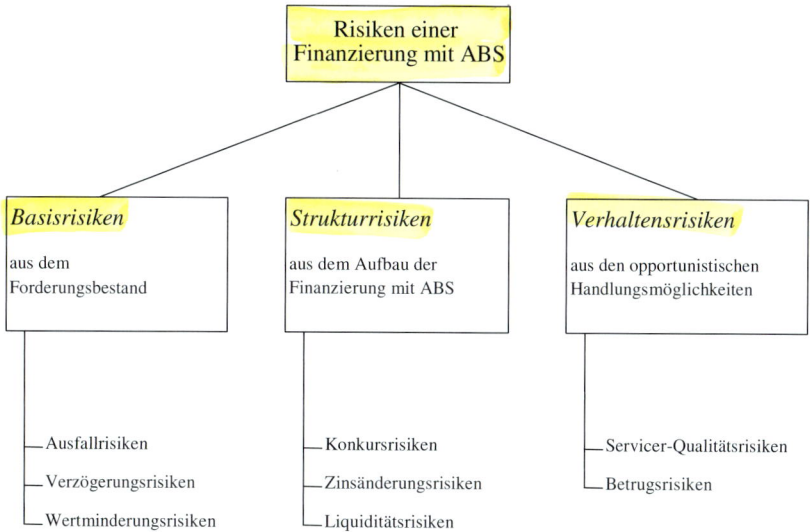

Abb. C3.2: Risiken einer Finanzierung mit Asset Backed Securities

Wir können die einzelnen Risiken, deren Namen teilweise an einschlägige Publikationen von Moody's Investors Service angelehnt sind, und mögliche Absicherungen aus Platzgründen hier nur kurz ansprechen. Ausgewählte empirische Erkenntnisse zu diesen Risiken stellen wir im folgenden Abschnitt genauer vor:

Basisrisiken

Die Basisrisiken rühren aus den Forderungen her, die den ABS zugrunde liegen (vgl. dementsprechend die Kreditrisiken in Teil I). Folgende Absicherungen sind möglich:

- Die Prüfung der Forderungen kann besonders genau erfolgen, ist dann aber auch entsprechend kostspielig.
- Bei der Pay-Through-Struktur kann ein deutlich größeres Forderungsvolumen an die Zweckgesellschaft abgegeben werden, als dem Volumen der emittierten

Wertpapiere zuzüglich der historischen Ausfälle entspricht (*Übersicherung*).
Nicht benötigte Reserven fallen am Ende an den Forderungsverkäufer zurück.

- Bei zinstragenden Forderungen kann für Sicherungszwecke aus einem anfänglichen Bareinschuss des Forderungsverkäufers sowie der Zinsmarge zwischen
  dem Forderungszinssatz und dem Refinanzierungszinssatz ein Reservefonds
  gebildet werden (*Spread Account*). Sein Restsaldo fällt am Ende dem Forderungsverkäufer zu. Wie bei der Übersicherung übernimmt somit der Originator den *First Loss*, d. h. trägt die ersten Verluste (in der Praxis z. B. ca. 2%)
  allein. (Es gibt übrigens durchaus auch Fälle, in denen das sogenannte „First
  Loss Piece" verkauft wird – trotz bestehender Informations- und Anreizprobleme.)
- Dritte können Ausfallgarantien für die verbrieften Forderungen übernehmen.

Strukturrisiken

Strukturrisiken einer Finanzierung mit ABS sind vor allem in *Ausfallrisiken* zu
sehen, d. h. dass Beteiligte der Transaktion in Konkurs gehen und daher ihre
Funktion nicht mehr erfüllen können.

Beim Konkurs der *Zweckgesellschaft* werden die Investoren gefährdet, weil
die Forderungen in die Konkursmasse fallen und so grundsätzlich nicht nur die
Ansprüche der Wertpapierinhaber, sondern z. B. auch die Gehaltsansprüche von
Mitarbeitern, Lieferantenforderungen etc. sichern.

Geht der *Originator* in Konkurs, würden die Investoren gefährdet, wenn die
Forderungen in seine Konkursmasse fielen. Zur Absicherung ist daher ein echter
Verkauf der Forderungen an die Zweckgesellschaft nötig. Die Zweckgesellschaft
sollte im Übrigen auch nicht zum Konsolidierungskreis des Originators gehören.
Ist das Rating der Forderungen höher als das des Originators, könnte sonst nämlich kaum erreicht werden, dass die Wertpapiere ein besseres Rating bekommen
und daher geringer zu verzinsen sind als dessen Verbindlichkeiten.

Bei der Betrachtung der Risiken aus dem Konkurs des *Service-Agenten* sind
zwei Fälle zu unterscheiden:

1. Service-Agent ist der Originator. Die wesentliche Gefahr besteht darin, dass
   die Schuldner ihr Zahlungsverhalten ändern und der Service-Agent keine Gegenmaßnahmen ergreifen kann.
2. Service-Agent ist ein Externer. Die Wahrscheinlichkeit, dass die Schuldner
   eigene Forderungen aufrechnen wollen und können, ist hier kleiner.

Die Risiken aus einem Konkurs des Service-Agenten scheinen bei einem externen Service-Agenten geringer zu sein. Er ist allerdings oft gegenüber dem
Originator schwerer durchsetzbar, da der Originator das Geld für das Servicing
lieber selbst verdienen und den Forderungsverkauf nicht offenlegen möchte. Ein
externer Service-Agent mag im Übrigen Informationsnachteile haben, da der
Originator ggf. die Schuldner besser kennt.

Nach einem Konkurs des Service-Agenten ist die Einschaltung eines Ersatz-
Servicers wichtig. Sicherheitshalber sollte er von Anfang an „standby" zur Verfügung stehen. Allerdings scheint hierfür derzeit (zumindest in Deutschland) kein
hinreichendes Angebot zu bestehen.

Zinsänderungsrisiken entstehen für die Zweckgesellschaft durch unterschiedliche Verzinsungsmodalitäten von Forderungen und Wertpapieren (siehe Kapitel J2). Frühzeitige Rückzahlungen der Forderungen bewirken z. B., dass Gelder evtl. nicht zum erwarteten Zinssatz wieder angelegt werden können (Prepayment Risk).

Liquiditätsrisiken treten bei revolvierender Refinanzierung der Zweckgesellschaft mit kurzfristigen, revolvierend emittierten Wertpapieren (Commercial Papers) auf. Sie bestehen darin, dass evtl. Neuemissionen nicht zu platzieren sind, und können durch ein Übernahmekonsortium und Garantien ausgeschaltet werden. Ein aktuelles Beispiel in Zusammenhang mit der Finanzkrise ist die DEPFA Bank, die aufgrund exzessiver Fristentransformation ihre langfristig vergebenen Kredite zur Immobilienfinanzierung nicht mehr kurzfristig refinanzieren konnte.

Verhaltensrisiken

Die Verhaltensrisiken beruhen auf Informationsasymmetrien, die opportunistisches Verhalten einzelner Akteure ermöglichen. Selbst wenn die Qualität des Service-Agenten anfangs zutreffend beurteilt wurde, was schwer genug sein dürfte, existiert ein *Servicer-Qualitätsrisiko*; denn der Service-Agent könnte, um Kosten zu sparen, die Sorgfalt seiner Arbeit unbemerkt verringern. Das kann letztlich zu Forderungsausfällen führen.

Betrugsrisiken gibt es an vielen Stellen. Beispiele: ein Originator kann, besonders wenn er gleichzeitig Service-Agent ist, vor allem schlechte Forderungen oder sogar Scheinforderungen verkaufen; ein Service-Agent kann eingehende Zahlungen behalten und nicht weiterleiten (Durchleitungsrisiko).

Zur Risikobegrenzung stehen neben der oben bereits genannten Übersicherung u. a. folgende Möglichkeiten zur Verfügung:

- Es werden geeignete Anreizsysteme geschaffen, die z. B. ergebnisabhängige Provisionen oder eine Verlustbeteiligung von Originator und Service-Agent bei Ausfällen vorsehen.
- Die Anzahl der Zahlungstermine wird erhöht.
- Während der Laufzeit erfolgen stichprobenhafte Prüfungen von Forderungen.
- Das Verbleiben der first loss pieces beim Originator und dessen primäre Beteiligung an den Forderungsausfällen kann die Anreizstrukturen verbessern.
- Schließlich ist die Reputation wichtig. Allein der Wunsch der Transaktionspartner, an Folgegeschäften beteiligt zu werden, kann u. U. schon für eine gewisse Disziplinierung sorgen, selbst wenn keine konkreten kurzfristig wirksamen Sicherungsmaßnahmen getroffen werden.

In einer Übungsaufgabe sollen Sie sich damit beschäftigen, wer die einzelnen Risiken zu tragen hat. In einigen Fällen hängt das von der genauen Ausgestaltung der ABS ab. Beispielsweise trifft das Prepayment Risk beim Pass-Through die Investoren, beim Pay-Through hingegen zunächst die Zweckgesellschaft.

C3.2.5 Empirische Erkenntnisse zu Anreizproblemen bei Kreditverbriefungen

Wie bereits in Teil B und zu Beginn dieses Teils erläutert ergeben sich Anreizprobleme infolge von Informationsasymmetrien nicht nur in der ursprünglichen
Kreditbeziehung sondern auch zwischen Kreditkäufer und -verkäufer. Beim Kredithandel besteht grundsätzlich die Gefahr, dass entweder Kredite an relativ riskante Kreditnehmer verbrieft werden oder bereits vergebene Kredite suboptimal
überwacht werden, ohne dass dies für den Kreditkäufer erkennbar ist bzw. dieses
bei der Bewertung berücksichtigt wurde. Wie wir mittlerweile wissen, spielten
vielfältige Anreizprobleme auch eine zentrale Rolle im Zuge der Subprime-Krise,
deren negative Folgen sich mit Hilfe von Instrumenten des Kredithandels global
ausbreiteten.

Die Studie von KEYS *et al.* (2008) verdeutlicht auf anschauliche Weise die
Existenz solcher Anreizprobleme. Konkret wird empirisch untersucht, ob die Ver-
briefbarkeit von Hypothekarkrediten die Qualität bzw. den Umfang der Kreditwürdigkeitsprüfung (screening) durch Banken verringert hat. Die Studie basiert
auf einem sehr umfangreichen Datensatz, der zahlreiche Vertragsinformationen
über ca. 90% aller verbrieften Subprime-Kredite aus dem Zeitraum 2001-2006
enthält. Die wichtigste Variable ist der FICO-Score, ein in den USA weit verbrei-
tetes Maß für die Ausfallwahrscheinlichkeit von Kreditnehmern. Je höher dieser
Score, desto geringer das Ausfallrisiko des Kreditnehmers. Darüber hinaus ist
bekannt, ob die Dokumentation eines Kreditvertrages vollständig ist oder ob
Angaben (z.B. Wohnsitz, Gehalt) fehlen. Es wird Sie überraschen, dass es überhaupt Kreditvergaben bei unvollständiger Dokumentation gab, aber das war
genau eines von mehreren Problemen, die zur Subprime-Krise in den USA führten.

In den USA galten Kredite trotz unvollständiger Dokumentation ab einem
FICO-Score von 620 als leicht verbriefbar. Diese „Faustregel" für die Verbriefbar-
keit von Krediten hat sich seit dem Jahr 2000 bei den staatlichen Agenturen Fannie Mae und Freddie Mac sowie bei den privaten Banken und Rating-Agenturen
etabliert. Von zentraler Bedeutung ist, dass für Kredite mit einem FICO-Score
über 620, trotz lückenhafter Angaben, keine zusätzliche Kreditwürdigkeitsprüfung vorgenommen werden musste. Kredite mit einem FICO-Score unter 620
konnten nur verbrieft werden, wenn die Bank weitere „weiche" Informationen
über den Kreditnehmer erhoben und mitberücksichtigt hat.

KEYS *et al.* (2008) machen sich sowohl diese Grenze als auch die Tatsache,
dass die Dokumentation der Kredite unvollständig war, für ihre empirische Analyse zu Nutze. Konkret wird untersucht, ob die Zahl der verbrieften Kredite
ab einem FICO-Score von 620 ansteigt und welche Ausfallraten die verbrieften
Kredite 10-15 Monate nach Verbriefung in Abhängigkeit von ihrem FICO-Score
aufweisen. Erstens zeigt sich, dass das Wachstum bei Verbriefungen von Kredite mit unvollständiger Dokumentation (+972%) im Zeitraum 2001-2005 deutlich
stärker ausfiel als bei Krediten mit vollständiger Dokumentation (+445%). Zweitens wird ein sprunghafter Anstieg der Anzahl der verbrieften Kredite bei einem
FICO-Score von 620 beobachtet. Drittens, Kredite mit einem FICO-Score von

615-619 weisen eine ca. 20-25% niedrigere Ausfallrate auf als Kredite mit einem FICO-Score von 621-625. Dies ist bemerkenswert, da die letztgenannten Kredite ja aufgrund ihres höheren FICO-Scores ex ante ein geringeres Ausfallrisiko aufwiesen. Dieses Ergebnis wird als Evidenz dafür gewertet, dass Banken die Qualität bzw. den Umfang ihrer Kreditwürdigkeitsprüfung verringert haben. Der Grund dafür ist, dass bei Krediten mit unvollständiger Dokumentation und einem FICO-Score über 620 keine Anreize zur Informationsproduktion bestanden. Diese Kredite konnten ausschließlich auf Basis „harter" Information (FICO-Score) vergeben und gleichzeitig mittels Verbriefung an Dritte veräußert werden. Die Untersuchung zeigt auf anschauliche Weise, inwieweit die Möglichkeit zur Kreditverbriefung Rückwirkungen auf das Verhalten von Banken im Primärkreditgeschäft haben kann und wie sich dadurch das Risiko im Kreditgeschäft erhöht.

C3.3 Aufspaltung des Kreditgeschäftes

Aus einer gewissermaßen übergeordneten Perspektive bedingt und fördert der Einsatz von Kreditrisikotransfer-Instrumenten die Zerlegung des Kreditgeschäftes in einzelne Bestandteile:

- Vertrieb und Verkauf,
- Übernahme des Kreditrisikos,
- Abwicklung,
- Finanzierung.

Bei KURITZKES (1999) wird diese Aufspaltung als Einstieg in ein aktives Management des Kreditportefeuilles gesehen, das die bisherige buy-and-hold Philosophie ersetzen soll. Das Kreditgeschäft und hier speziell der Umgang mit Kreditrisiken folgt mit einiger Verzögerung dem Weg, der bei Marktpreisrisiken längst eingeschlagen wurde, nämlich einem eigenständigen *ALM* (*Asset Liability Management*), das u. a. die Zinsrisikoposition der Gesamtbank unabhängig von den Zinslaufzeiten gestaltet, die in den Kundengeschäften vom Marktbereich vereinbart werden. Die Abbildung eines solchen Zusammenspiels zwischen zentraler Steuerung und dezentralem Vertrieb wird im internen Rechnungswesen noch diskutiert werden. In der Bankpraxis wird häufig auch von einem „originate & distribute"-Geschäftsmodell gesprochen, d.h. einer bewussten Nutzung von Primär- und Sekundärmarktaktivitäten im Kreditbereich.

Eine mögliche Extremform der Zerlegung in Teilfunktionen ist die Aufteilung in eine Vertriebsbank, eine Produktions-/Abwicklungsbank und eine Portfoliobank (vgl. FLESCH und GERDSMEIER (1998)). Für die Vorteilhaftigkeit und die Existenzfähigkeit derart rudimentärer Banken gibt es unseres Wissens bislang allerdings keine völlig überzeugende theoretische Rechtfertigung (vgl. auch die Ausführungen zum Outsourcing in Abschnitt A4.5.2). Die aktuelle Finanzkrise stellt das extreme „originate & distribute" bei der Aufspaltung des Kreditgeschäfts wegen erlebter schlechter Anreizstrukturen in Frage.

Teil D
Einlagen (Depositen)

D1 Sparen: Empirie und Theorie

1. Ersparnis ist der Teil des verfügbaren Einkommens, der nicht für Konsumzwecke verwendet wird.
2. Die Sparquote ist eine landesindividuelle und im Zeitablauf schwankende Größe.
3. Der Teil der Geldvermögensbildung, der nicht über Versicherungen erfolgt, teilt sich in verschiedenen Jahren mitunter stark unterschiedlich auf Bargeld und Einlagen sowie auf Wertpapiere auf.
4. Im intertemporalen Konsumoptimum ist die Grenzrate der Substitution gleich der Grenzrate der Transformation.
5. Ziel des Sparers ist es, eine Konsumglättung zu erreichen, die er aufgrund seiner Risikoscheu bevorzugt. Bei diesen Bemühungen wird er von Sozialversicherungssystemen und/oder Kapitalmärkten unterstützt.
6. Das Modell zur Abbildung des Sparverhaltens kann hinsichtlich der verwendeten Nutzenfunktion durch Einbezug weiterer, insbesondere verhaltenswissenschaftlicher, Aspekte genauer ausgestaltet werden.

D1.1 Einige empirische Fakten zum Sparverhalten

Was ist eigentlich „sparen", warum sparen Menschen, wie viel sparen sie und worin liegt die volkswirtschaftliche Bedeutung des Sparens? Hierzu lesen wir in *Rothschilds Taschenbuch für Kaufleute* aus dem Jahre 1911:

> „Hierbei muß auch der Gesichtspunkt maßgebend sein, daß zu einer ökonomischen Haushaltsführung die Sicherstellung der Lebensbedürfnisse für die Zukunft gehört, was nur durch eine Einschränkung des in der Gegenwart möglichen Konsums erreicht werden kann. Dieses wirtschaftliche Handeln in der Konsumtion heißt Sparen (...). Ihre (der Sparsamkeit, *Anmerkung der Verf.*) volkswirtschaftliche Bedeutung liegt darin, daß sie kapitalbildend und damit fördernd auf die Produktion wirkt. Vom privatwirtschaftlichen Standpunkte aus liegt ihre Wichtigkeit in der Sicherung eines Einkommens in der

T. Hartmann-Wendels et al., *Bankbetriebslehre*,
DOI 10.1007/978-3-642-11857-9_4, © Springer-Verlag Berlin Heidelberg 2010

Zukunft. Dadurch ist die Sparsamkeit das wichtigste Mittel, den sich in der privatwirtschaftlichen Organisation der Volkswirtschaft aus der Unsicherheit des Einkommens
ergebenden sozialen Schäden vorzubeugen." (WIRMINGHAUS und KNAPMANN (1911), S.
195)

Der Zusammenhang zwischen Konsum und Sparen sowie das Bestreben, eine Absicherung gegen Unsicherheiten zu erreichen, wird schon in diesem kurzen
Ausschnitt aufgegriffen. Im Laufe des Kapitels werden wir darauf weiter eingehen.

Einen guten Eindruck von der quantitativen Bedeutung des Sparens für die
Volkswirtschaft erhält man durch die Betrachtung der historischen Entwicklung
des Sparverhaltens. Dazu gibt Ihnen Abbildung D1.1 einen Überblick über die
Entwicklung des verfügbaren Einkommens seit 1960 sowie über dessen Verwendung für Konsumzwecke und Ersparnisse.

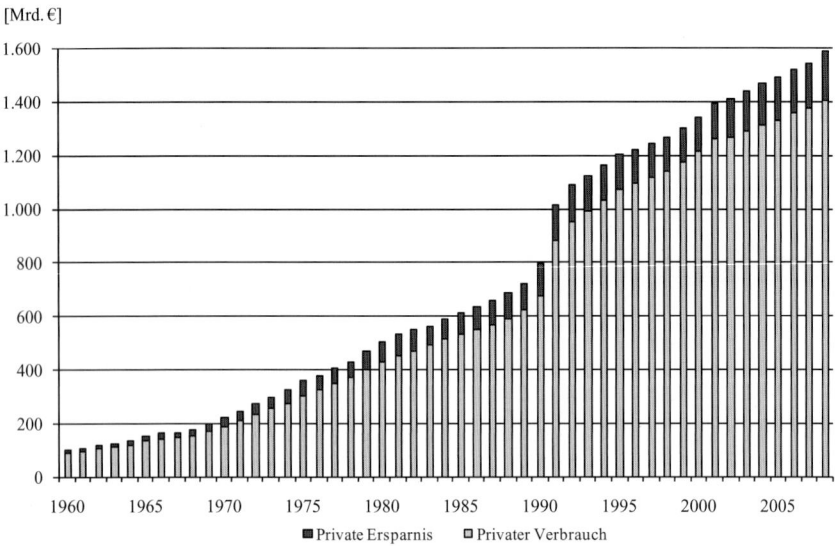

Abb. D1.1: Verfügbares Einkommen, privater Verbrauch und Ersparnisse der privaten Haushalte in Deutschland (in Mrd. €)

Quelle: Datastream.

Um Ihnen die Dimensionen dieser Größen aufzuzeigen, möchten wir einige
(wenige) Zahlen nennen: 1960 betrug das verfügbare Einkommen der privaten
Haushalte knapp 97 Mrd. €, wovon rund 9 Mrd. € (9,2%) gespart wurden. Auch
bedingt durch die Wiedervereinigung Deutschlands liegt das verfügbare Einkommen 2008 bei 1.581,77 Mrd. €, wovon 1.400,23 Mrd. € für Konsum ausgegeben
wurden. Die verbleibenden 181,54 Mrd. € (11,48%) sind Ersparnis. Durch Er-

sparnisse haben die privaten Haushalte in Deutschland ein Vermögen von weit über 4 Bio. € angehäuft (Quelle: Deutsche Bundesbank).

Neben den absoluten Werten der Ersparnisse ist vor allem die *Sparquote*, d. h. der Anteil der Ersparnisse am verfügbaren Einkommen, aus volkswirtschaftlicher Sicht von Bedeutung. In Abbildung D1.2 haben wir die Sparquoten einiger Länder in den letzten Jahren dargestellt. Man erkennt, dass Sparquoten eine durchaus dynamische Entwicklung aufweisen können. So ist die Sparquote in Kanada von 13,3% im 4. Quartal 1989 auf 4,7% im 4. Quartal 2008 gesunken. Ähnlich verlief die Entwicklung in den Vereinigten Staaten. Dort erreichte die Sparquote im 3. Quartal 2005 mit -0,7% einen Tiefpunkt. Im Vereinigten Königreich zeigte sich im gleichen Zeitraum ein zwischenzeitliches Sparhoch von 12,2% (1. Quartal 1992); im 4. Quartal 2008 liegt die Sparquote nur noch bei 4,8%. Die Sparquoten im kontinentalen Europa liegen im Vergleich um einiges höher. In Frankreich wurden in den letzten 20 Jahren durchschnittlich 15% des verfügbaren Einkommens von den privaten Haushalten gespart, in der Spitze sogar 17,45%. Die Sparquote in Deutschland ist von etwa 14% zu Beginn der 1990er Jahre auf ein Niveau von rund 11% in den letzten Jahren zurückgegangen.

Abb. D1.2: Entwicklung der Sparquote (Quartalsdaten)

Quelle: Datastream.

Gründe für diese Unterschiede können in einer unterschiedlichen Wahrnehmung und Gewichtung von Gegenwart und Zukunft in den Kulturen liegen. Man kann vermuten, dass in Ländern, in denen die Gegenwart betont wird, auch jetzi-

ger Konsum gegenüber Sparen bevorzugt wird. Aber auch Zugangsmöglichkeiten
zum Kapitalmarkt bzw. die Möglichkeit, Kredite aufzunehmen, können Einfluss
nehmen. Im Jahr 2008 betrugen die Verbindlichkeiten der privaten Haushalte
in Deutschland 1.532 Mrd. €, damit verblieb ein Nettogeldvermögen von 2.881
Mrd. €. Pro Haushalt ergibt dies eine Verschuldung von 38.600 € und ein Nettogeldvermögen von 72.600 €. Sie werden sehen, dass wir im theoretischen Teil
wieder auf diese Zusammenhänge stoßen werden.

Der nächste Aspekt des Sparens, den wir betrachten möchten, ist die Frage,
wofür die Ersparnisse verwendet werden. Dazu gliedern wir die *Geldvermögens-*
bildung in vier Gruppen auf. Neben Bargeld und Einlagen, dem Thema dieses
Kapitels, ist eine Anlage in Wertpapiere oder eine Verwendung der Ersparnisse für Versicherungen möglich. Als letzter, quantitativ unbedeutender Bereich
sind noch Ansprüche aus Pensionsrückstellungen (Ansprüche aus der betrieblichen Altersvorsorge durch direkte Pensionszusagen) oder sonstige Forderungen
zu nennen. Betrachtet man die Entwicklung der letzten Jahre in Abbildung D1.3,
so stellt man fest, dass die Ersparnisse, die für Versicherungen aufgewendet werden, einen recht gleichmäßigen Verlauf nehmen. Demgegenüber unterliegen die
Zuführungen zu Bargeld und Einlagen sowie zu Wertpapieren größeren Schwankungen, die durchaus von einem Jahr aufs nächste auftreten können, wie es
beispielsweise von 2001 auf 2002 der Fall war. Aus Abbildung D1.3 geht auch
hervor, dass Bargeld und Einlagen gegenüber Wertpapieren substitutiv auftreten. In Jahren, in denen besonders viele Ersparnisse für Bargeld und Einlagen
aufgebracht wurden, verzeichnen Wertpapiere geringeren Zuwachs, wie z.B. in
den Jahren 1996 und 2002. In Jahren, in denen die Anlage in Wertpapiere boomt,
werden demgegenüber sehr wenige Ersparnisse für Bargeld und Einlagen verwendet. Im Jahr 2000 wurden sogar Bargeld und Einlagen in Höhe von rund 31 Mrd.
€ aufgelöst, während in Wertpapiere knapp 83 Mrd. € investiert wurden.

D1.2 Theorie des Sparens und intertemporale Konsumallokation

Nachdem im letzten Abschnitt das empirische Sparverhalten dargestellt worden
ist, widmen wir uns nun der Theorie des Sparens. Dabei beginnen wir unsere
Überlegungen in einer einfachen Robinson-Crusoe-Welt ohne Banken, Geld oder
Märkte. Wir stellen uns dazu vor, Robinson habe soeben Kartoffeln geerntet und
stehe nun vor dem Problem zu entscheiden, wie viele er verzehren soll und wie
viele er als Pflanzkartoffeln für das kommende Jahr zurücklegt. Offensichtlich
muss mehr gegenwärtiger Konsum durch einen Konsumverzicht in der Zukunft
erkauft werden und umgekehrt. Unser Ausgangspunkt ist somit die Frage der
optimalen *intertemporalen Konsumallokation*.

In diesem Beispiel finden wir den uns aus der Empirie bekannten Zusammenhang wieder, dass Sparen gleichbedeutend ist mit Konsumverzicht. Wenn wir
der Frage nachgehen, warum Menschen sparen, müssen wir uns demzufolge fragen, warum Menschen Konsumverzicht leisten. Es gibt also keine Theorie des

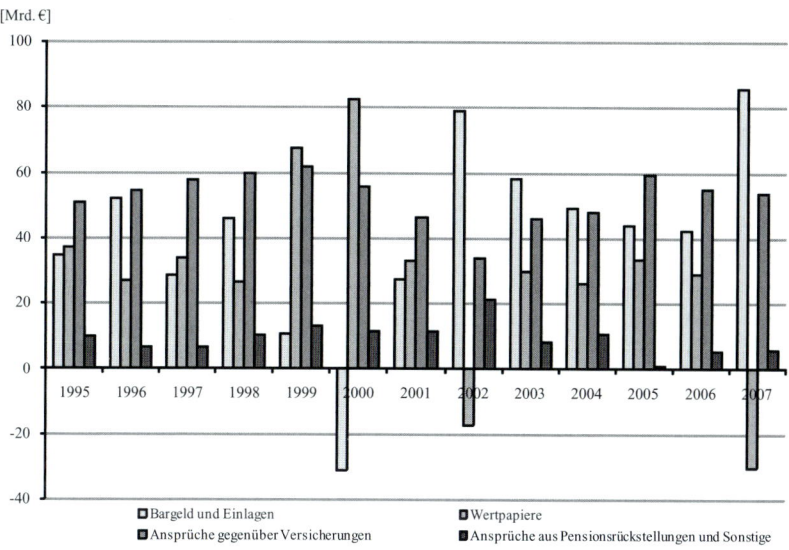

Abb. D1.3: Struktur der Geldvermögensbildung (in Mrd. €)

Quelle: DEUTSCHE BUNDESBANK (2008a).

Sparens, sondern „nur" eine Theorie des Konsums. Dahinter steht die Annahme, dass ausschließlich zur Befriedigung künftiger Konsumbedürfnisse gespart wird und Sparen an sich keinen Nutzen stiftet. Auch die volkswirtschaftliche Bedeutung wird an diesem einfachen Beispiel deutlich: Nur durch die Investition in die Pflanzkartoffeln wird künftiger Konsum möglich. Fasst man den Wert des zukünftigen Konsumpotentials als Vermögen auf, lässt sich sagen, dass Sparen zur Vermögensbildung führt.

Das Entscheidungsproblem von Robinson bilden wir über eine Nutzenfunktion $u(c_0, c_1)$ ab, wobei c_0 den heutigen und c_1 den zukünftigen Konsum bezeichnet. Im Folgenden gehen wir zur Vereinfachung von einer zeitadditiven Nutzenfunktion der Form

$$u(c_0, c_1) = u(c_0) + \rho u(c_1) \quad \text{mit} \quad 0 \le \rho \le 1 \qquad \text{(D1-1)}$$

aus. Wir unterstellen somit, dass der heutige Konsum keinen Einfluss auf den (Grenz-)Nutzen künftigen Konsums hat und umgekehrt. Mit der Annahme einer zeitadditiven Nutzenfunktion können wir weder den Konsum dauerhafter Güter noch die Auswirkungen von Konsumgewohnheiten auf das Sparverhalten erfassen (zu den Voraussetzungen für die Verwendung einer additiven Nutzenfunktion siehe EISENFÜHR und WEBER (2003), S. 292ff., AHLBRECHT und WEBER (1995), S. 535ff., zur Kritik an der Verwendung zeitadditiver Nutzenfunktionen siehe HIRSHLEIFER (1974)). Darüber hinaus unterstellen wir – wie allgemein

üblich – abnehmenden Grenznutzen, d. h. die Nutzenfunktionen verlaufen konkav steigend. Die ersten Ableitungen $u'(\cdot)$ sind damit positiv und die zweiten
Ableitungen $u''(\cdot)$ negativ. Den Parameter ρ können wir als „Ungeduld" bezeichnen, denn dieser Parameter gibt an, wie der Entscheidungsträger Konsum zu
unterschiedlichen Zeitpunkten zueinander gewichtet. Ebenso gut können wir ρ
als einen Diskontierungsfaktor interpretieren, mit dessen Hilfe wir den heutigen
Wert des künftigen Nutzens bestimmen können.

Für die vollständige Analyse des Problems muss Robinson noch wissen, wie
viele künftige Kartoffeln aus einer Pflanzkartoffel entstehen. Dies erfassen wir
über die (Kartoffel-)Rendite, die $(1 + i)$ betragen soll. Das Entscheidungsproblem lautet damit folgendermaßen: Teile den Anfangsbestand an Kartoffeln ω_0
in der Weise auf heutigen und künftigen Konsum auf, dass der Gesamtnutzen
maximiert wird:

$$\max_{c_0, c_1} u(c_0) + \rho u(c_1), \tag{D1-2}$$

unter den Nebenbedingungen

$$(\omega_0 - c_0)(1 + i) = c_1, \tag{D1-3}$$

$$c_0 \geq 0, c_1 \geq 0, \tag{D1-4}$$

$$c_0 \leq \omega_0. \tag{D1-5}$$

Nebenbedingung (D1-3) besagt, dass der künftige Konsum sich aus den „an-
gesparten" Kartoffeln multipliziert mit der Rendite ergibt. Um die Analyse zu
vereinfachen, nehmen wir an, dass die übrigen Nebenbedingungen nicht bindend
sind.

Eine Erweiterung des Modells, die uns näher an eine für uns relevante Situation führt, ist die Einführung eines Einkommens ω_1 in der zweiten Periode.
Gleichung (D1-3) wird dann zu

$$\omega_1 + (\omega_0 - c_0)(1 + i) = c_1 \tag{D1-6}$$

$$\text{bzw.} \quad \omega_0(1 + i) + \omega_1 = c_0(1 + i) + c_1. \tag{D1-7}$$

Diese Budgetbeschränkung lässt sich leicht als (Geld-)Einkommen in zwei
Perioden bei einer Kapitalrendite von i interpretieren. Ist Kreditaufnahme zugelassen, entfällt auch die Nebenbedingung (D1-5). Der gegenwärtige Konsum
könnte durchaus das heutige Einkommen übersteigen. Kreditaufnahme ist somit
das Gegenteil von Sparen.

Die Lösung des Optimierungsproblems ist über die Lagrange-Funktion ermittelbar und ergibt

$$\triangle RS = \triangle RT$$

$$\frac{u'(c_0)}{\rho u'(c_1)} = (1 + i) \tag{D1-8}$$

$$\text{bzw.} \quad u'(c_0) = (1 + i)\rho u'(c_1). \tag{D1-9}$$

Gleichung (D1-8) besagt, dass *im intertemporalen Konsumoptimum die Grenzrate der Substitution gleich der Grenzrate der Transformation* ist. Aus der Grenzrate der Substitution (der linken Seite der Gleichung) geht dabei hervor, wie viel mehr an künftigem Konsum notwendig ist, um den Verzicht auf eine gegenwärtige Konsumeinheit nutzenmäßig zu kompensieren. Sie drückt somit die Zeitpräferenz aus. Bei gegebenem Zinsniveau implizieren niedrigere Werte für ρ, dass der heutige Konsum größer ist und damit größere Ungeduld. $(1 + i)$ wird als Grenzrate der Transformation bezeichnet, da sie bestimmt, in wie viele Einheiten im nächsten Zeitpunkt eine heute gesparte Einheit transformiert wird. Betrachtet man die Zeitpräferenz in Form der Ungeduld als gegeben, wird um so mehr gespart, je höher der Zinssatz ist; die Aussicht auf hohe Zinserträge motiviert zum Sparen. Aus Gleichung (D1-9) lässt sich die zeitliche Verteilung der Konsumausgaben erkennen. Diese werden im Optimum so gewählt, dass der Grenznutzen des heutigen Konsums dem Grenznutzen künftigen Konsums entspricht, wobei der Grenznutzen künftigen Konsums mit der zeitlichen Präferenz ρ und mit der Transformationsrate $(1 + i)$ bewertet wird. Dieses Ergebnis gilt nicht nur für die kurzfristige Betrachtung über zwei Zeitpunkte, sondern auch für beliebige Zeitpunkte in einer langfristigen Betrachtungsweise (vgl. BROWNING und LUSARDI (1996), S. 1804). Für die intertemporale Allokation der Konsumausgaben hat dies zur Konsequenz, dass eine Glättung der Konsumausgaben über die Zeit angestrebt wird. Dies sehen wir besonders deutlich für den Spezialfall $(1 + i) = 1/\rho$. In diesem Fall folgt aus Gleichung (D1-9) $c_0 = c_1$, d.h. die Höhe der Konsumausgaben ist in allen Perioden gleich.

Die entscheidende Erkenntnis aus dem durch Gleichung (D1-9) beschriebenen Ergebnis ist, dass der gegenwärtige Konsum, der implizit das gegenwärtige Sparverhalten festlegt, nicht nur vom aktuellen Einkommen und den aktuellen Konsumbedürfnissen bestimmt wird, sondern auch vom Einkommen und den Konsumbedürfnissen in der Zukunft. Dies ist zugleich die Kernaussage der *Lebenszyklushypothese* (siehe hierzu: MODIGLIANI und BRUMBERG (1954), MODIGLIANI (1992), zur empirischen Überprüfung siehe ANDO und KENNICKELL (1985), DIAMOND und HAUSMAN (1984), HURD (1987)). In Perioden, in denen das Einkommen über dem durchschnittlichen Lebenseinkommen liegt, steigt die Sparquote, in Perioden mit geringerem Einkommen werden Ersparnisse aufgelöst oder sogar Kredite aufgenommen. Darüber hinaus wird in der Gegenwart vermehrt gespart, wenn für die Zukunft ein höherer Grenznutzen des Konsums erwartet wird. Dies ist z.B. der Fall, wenn eine Familiengründung geplant ist, und somit ein erhöhter Konsumbedarf erwartet wird. Daher ist nicht verwunderlich, dass in der Altersgruppe der 20-30-Jährigen relativ viel angespart wird. Umgekehrt sinkt die Sparquote in der Regel, wenn das Rentenalter erreicht wird (vgl. ANDO und KENNICKELL (1985)).

Gemäß Gleichung (D1-9) sollte auch das Zinsniveau einen Einfluss auf die Sparquote haben: Je größer der Zinssatz ist, desto höher ist der Ertrag des

Sparens und damit auch der Anreiz zu sparen. Auf diesen Anreizeffekt zielt
die staatliche Sparförderung ab, die für bestimmte Personenkreise langfristiges
Sparen durch staatliche Prämien fördert. Empirische Untersuchungen deuten
jedoch darauf hin, dass der Zinssatz kaum einen Einfluss auf das Sparverhalten
hat (vgl. BOSWORTH (1991)).

Aus dem skizzierten Modell lassen sich zwar einige aufschlussreiche Einsichten
über die intertemporale Konsumallokation und über einige Sparmotive gewinnen,
es lässt aber außer Acht, dass das zukünftige Einkommen und die zukünftigen
Konsumbedürfnisse mit *Unsicherheit* behaftet sind. Über die Unsicherheit fließt
in das Modell neben der Zeitpräferenz auch die Risikoeinstellung des Sparers
ein. Geht man davon aus, dass eine Maximierung des erwarteten Nutzens angestrebt wird, sind die Größen auf der rechten Seite von Gleichung (D1-9) jeweils
als Erwartungswert aufzufassen. Die genauen Auswirkungen der Unsicherheit
lassen sich nur bei Kenntnis der Nutzenfunktion analysieren. Aus diesem Grund
wollen wir lösgelöst davon die relevanten Quellen der Unsicherheit aufzeigen und
aufgrund von Plausibilitätsüberlegungen ableiten, wie sich Unsicherheit auf das
Konsumverhalten auswirkt.

Offensichtlich sind die Höhe des künftigen Einkommens und künftige Konsumbedürfnisse unsicher. Aber auch die Verzinsung i ist aus zwei Gründen unsicher.
Zum einen unterliegt das Zinsniveau Schwankungen und zum anderen ist die
künftige Inflationsrate unbekannt. Von der Inflationsrate hängt ab, welcher Teil
des Konsumverzichtes zu einem Zuwachs an Konsum in der Zukunft führt. Für
die Bestimmung der optimalen Konsumallokation sind die realen Konsummög-
lichkeiten ausschlaggebend, so dass i für den inflationsbereinigten realen Zinssatz
steht.

Handelt es sich nun um einen risikoscheuen Konsumenten, so wird er auch
die möglichen Abweichungen von den erwarteten Konsumbedürfnissen, Einkom-
mensverhältnissen und der Rendite, die sich aus der Unsicherheit ergeben, bei
seiner Entscheidung berücksichtigen. Dies führt zu einem vermehrten Sparen in
der Gegenwart als Vorsorge vor den nachteiligen Folgen unerwarteter Entwicklungen. Wenn wir Unsicherheit berücksichtigen, können wir somit das Vorsichtsmotiv als ein weiteres Sparmotiv identifizieren (vgl. ZELDES (1989)).

Besteht Unsicherheit, so haben risikoscheue Individuen einen Bedarf an Absicherung. *Sozialversicherungssysteme* mildern die negativen Auswirkungen von
unerwarteten Einkommensminderungen aufgrund von Arbeitslosigkeit bzw. von
unerwarteten Ausgaben z. B. aufgrund von Krankheit. Wie auch empirisch nachgewiesen werden konnte (vgl. FELDSTEIN (1979)), hat der Ausbau der Sozialversicherungssysteme in den vergangenen Jahrzehnten die Notwendigkeit des
Sparens aus Vorsichtsgründen erheblich reduziert (beachten Sie in diesem Zusammenhang das eingangs aufgeführte Zitat, in dem die Funktion des Sparens
als Absicherung gegen unerwartete Ereignisse betont wird. Bedenken Sie auch,
dass dieses Zitat sich auf eine Zeit bezieht, in der der Begriff „Sozialstaat" noch
unbekannt war).

Inwieweit unerwartete Einkommensausfälle zu einer Reduzierung der Konsumausgaben zwingen, hängt auch davon ab, ob die Möglichkeit zur Kreditaufnahme besteht. Unterstellen wir einen vollkommenen Kapitalmarkt, so können

voraussichtlich nur vorübergehende Einkommensausfälle durch die Aufnahme von Krediten überbrückt werden, ohne dass das Konsumniveau wesentlich reduziert werden muss. Ohne die Möglichkeit der Kreditaufnahme schlagen dagegen Einkommensausfälle voll auf das Konsumniveau durch. Das Ausmaß der Variabilität des künftigen Konsums ist somit größer, wenn es keine Möglichkeit zur Kreditaufnahme gibt, oder anders ausgedrückt: Die *Existenz eines Kapitalmarkts* wirkt wie eine Versicherung gegen Konsumschwankungen. Existiert diese Form der Versicherung nicht, so muss sie durch vermehrtes Sparen ausgeglichen werden, um bei Bedarf durch Auflösung von Ersparnissen Einkommensminderungen auffangen zu können (vgl. JAPPELLI und PAGANO (1989), BROWNING und LUSARDI (1996)). Sparen erhöht somit die Unabhängigkeit und Anpassungsfähigkeit an unerwartete Veränderungen.

Heben wir die Annahme einer zeitadditiven Nutzenfunktion auf, so eröffnen sich noch weitere Sparmotive. Ausgaben für den Kauf von Gütern, die über mehrere Perioden konsumiert werden (*dauerhafte Konsumgüter*), können wir nur modellieren, wenn wir intertemporale Abhängigkeiten in der Nutzenbewertung zulassen. Im Hinblick auf das Sparverhalten ist von Bedeutung, dass dem Erwerb dauerhafter Konsumgüter meist eine Phase der Ansparung vorausgeht, insbesondere dann, wenn eine Kreditfinanzierung nicht oder nur in geringem Umfang möglich ist.

Darüber hinaus haben auch Konsumgewohnheiten Einfluss auf das Sparverhalten. So kann man davon ausgehen, dass den meisten Menschen daran gelegen ist, ein einmal erreichtes Konsumniveau zu halten. Verbesserungen des Lebensstandards werden zwar als positiv bewertet, vor allem aber soll eine Verminderung des Lebensstandards vermieden werden. Eine solche Verhaltensweise impliziert, dass der Nutzenzuwachs, der aus einer Erhöhung der Konsumausgaben resultiert, geringer ausfällt als die Nutzenminderung einer betragsmäßig identischen Reduzierung der Konsumausgaben (dieser Zusammenhang ist wesentlicher Bestandteil der von KAHNEMAN und TVERSKY (1979) entwickelten Prospect-Theorie). Die Konsequenz ist, dass das Konsumniveau zu Beginn des Lebenszyklus tendenziell niedriger gewählt wird, als gemäß Bedingung (D1-9) optimal wäre, um die Gefahr von späteren Konsumeinschränkungen gering zu halten (vgl. BROWNING und LUSARDI (1996)).

Weiterhin ist denkbar, dass nicht nur der Konsum, sondern auch das Sparen selbst Nutzen stiftet. Eine solche Verhaltensweise wird als *Geiz* bezeichnet. Wie verbreitet diese Verhaltensweise ist, überlassen wir Ihrer eigenen Einschätzung. Ein anderes bemerkenswertes Verhalten ist, dass aus einer altruistischen Neigung heraus nicht für sich selbst, sondern für andere gespart wird. Wenn beispielsweise Großeltern für ihre Enkel Geld in die Spardose stecken, liegt gegebenenfalls solch eine Motivation vor. Auch Sparen, um der Folgegeneration ein *Erbe* zukommen zu lassen, fällt in diesen Zusammenhang. Tritt der Erbfall ein, eröffnet sich häufig ein weiteres Sparmotiv. Bedingt durch die hohe Lebenserwartung, fällt das Erbe zumeist zu einem Zeitpunkt an, zu dem bereits eigene Ersparnisse vorhanden sind. Können dann die Konsumgewohnheiten nicht in dem Maße angepasst werden, dass das neugewonnene Einkommen vollständig ausgegeben wird, verbleiben Mittel, die zu weiteren Ersparnissen führen.

Die Annahme einer zeitadditiven Nutzenfunktion lässt sich auch dahingehend verbessern, dass spezielle Modelle für die Gewichtung der Perioden herangezogen werden. Diese Modelle betrachten somit den Ungeduldsfaktor ρ genauer, auf dessen Bestimmung wir bisher nicht näher eingegangen sind. Unterschiede würden in unserem Modell zweier Konsumentscheidungen auch nicht deutlich werden, sind aber bei Betrachtungen von Entscheidungen über mehrere Perioden bedeutsam. Zu nennen sind insbesondere das *Diskontierungsmodell* und *hyperbolisches Diskontieren* (vgl. EISENFÜHR und WEBER (2003), S. 298ff.). Das Diskontierungsmodell gewichtet die Perioden anhand linear wahrgenommener Zeit, wie es aus Kapitalwertmodellen hinreichend bekannt ist. Bei hyperbolischer Diskontierung gehen jedoch Verzerrungen in der Wahrnehmung mit ein, die mitunter für das Sparanliegen, welches oft lange Zeithorizonte umfasst, interessant sein können. Es bezieht in die Überlegung mit ein, dass weit entfernt liegende Perioden als dichter beieinander befindlich angesehen werden. Beispielsweise wird man die Perioden 101 und 102 als näher zusammen liegend betrachten als die Perioden 1 und 2. Die Diskontierungsfaktoren werden dabei derart modifiziert, dass sie die nicht-lineare Wahrnehmung widerspiegeln. Findet hyperbolische Diskontierung Anwendung, weisen die Gewichtungsfaktoren der späteren Perioden demzufolge nicht so starke Unterschiede auf. Demgegenüber sind weit entfernte Perioden, wie sie beispielsweise bei Rentenüberlegungen relevant werden, im Diskontierungsmodell im Vergleich zu den Perioden in zeitlicher Nähe nur sehr schwach gewichtet. Welches Modell für eine spezifische Sparüberlegung passender erscheint, muss dabei individuell entschieden werden.

Bislang haben wir immer vereinfachend von „den" Konsumausgaben und „dem" Einkommen gesprochen. Sowohl für Konsumausgaben als auch für die Einkünfte gilt aber, dass diese sich aus einer Vielzahl von einzelnen Komponenten zusammensetzen. Bei einem vollkommen rationalen Vorgehen müssten alle Konsumausgaben und Einkünfte für jeden einzelnen (Planungs-)Zeitpunkt aggregiert werden, um einen vollständigen Konsumplan zu erstellen, der dann unter Berücksichtigung sämtlicher Einkünfte zu optimieren wäre. Es ist offensichtlich, dass die meisten Menschen damit überfordert wären. Stattdessen bedient man sich in der Regel einer heuristischen Vorgehensweise: Für jede Einkunftsart und für jede Ausgabenkategorie wird ein gesondertes Konto angelegt, wobei häufig eine bestimmte Zuordnung von Einkunftsarten zu Ausgabekategorien vorgenommen wird. Dabei muss es sich nicht um ein „echtes" Bankkonto handeln, vielmehr kann es auch eine Art „geistiges Konto" (*mental account*) sein (vgl. THALER und SHEFRIN (1981), VON NITZSCH und FRIEDRICH (1999), S. 77ff., WÄRNERYD (1999), S. 248ff.). Die Aufteilung der Einkünfte auf Konsum und Sparen erfolgt dann – weitgehend – separat für jedes Konto.

Haben vollständig rational handelnde Individuen ihren optimalen Konsumplan – und damit auch die optimalen Beträge, die gespart werden sollen – bestimmt, so werden sie dies in den Folgeperioden konsequent umsetzen. Menschen dagegen scheren sich – wenn es um (Konsum-)Verzicht geht – oftmals wenig um das, was sie gestern noch für richtig befunden haben und erliegen der Versuchung des Augenblicks. Kluge Menschen bauen dem vor, indem sie ihre Schwächen antizipieren und sich an einmal gefasste Beschlüsse binden. Früher gab es zu diesem

Zweck Sparvereine, deren Mitglieder sich verpflichteten, eine bestimmte Sparleistung zu erbringen. Heute nehmen Banken diesen Platz ein: Per Dauerauftrag wird automatisch ein bestimmter Betrag oder das, was am Monatsende auf dem Gehaltskonto übrig ist, auf ein Sparkonto abgebucht. Den Dauerauftrag kann man zwar ändern, dies ist aber mit einer gewissen Hemmschwelle verbunden.

Für Banken als Anbieter von Sparmöglichkeiten ist es wichtig zu wissen, von welchen Einflussgrößen das Sparverhalten abhängt. Geht es z. B. darum, im Rahmen von Werbemaßnahmen bestimmte Zielgruppen anzusprechen, so muss man zunächst wissen, welche Personengruppen überhaupt zu einem verstärkten Sparen motiviert werden können. Aus den vorangegangenen Überlegungen lässt sich herleiten, dass vor allem jüngere Menschen, die eine Familiengründung planen, sich für die Zukunft auf steigende Konsumbedürfnisse einrichten und hierfür Ersparnisse anlegen. Im Hinblick auf die Gestaltung der angebotenen Geldanlageprodukte sind Kenntnisse über die Sparmotive von Bedeutung. Neben dem aus der Lebenszyklushypothese abgeleiteten Sparmotiv ist vor allem das Vorsichtsmotiv wichtig. Sparmöglichkeiten sollten deshalb von den Banken so ausgestaltet werden, dass sie den Anlegern eine Reduzierung der negativen Folgen von Einkommens- und Konsumunsicherheiten ermöglichen, daneben können mit Geldanlagen noch weitere Absicherungsmotive verknüpft werden. Soll für größere Anschaffungen angespart werden, so kommen Sparformen mit fest vereinbarten monatlichen Sparraten den Bedürfnissen der Anleger entgegen. Wie die von den Banken angebotenen Sparformen im einzelnen ausgestaltet sind, wollen wir uns in Kapitel D2 anschauen. Später wollen wir näher betrachten, wie es durch Depositen gelingt, den Sparern die Möglichkeit zu geben, über die Zeit dann zu konsumieren, wann sie es möchten. Diese Eigenschaft eines Vermögenswertes, Flexibilität des intertemporalen Konsums zu ermöglichen, stellt eine Definition von *Liquidität* dar (vgl. VON THADDEN (1999), S. 992). Wie über Depositen Liquidität gewonnen werden kann, welche Risiken damit verbunden sind und wie diesen begegnet werden kann, ist Inhalt des Kapitels D3.

D2 Arten von Bankeinlagen

1. Sichteinlagen sind täglich fällige Einlagen. Sie entstehen als Habensaldo auf dem Giro- oder Geschäftskonto und dienen der Abwicklung des bargeldlosen Zahlungsverkehrs.
2. Termineinlagen sind Einlagen mit einer fest vereinbarten Laufzeit (Festgeld) oder einer bestimmten Kündigungsfrist (Kündigungsgeld).
3. Spareinlagen sind unbefristete Gelder, die nicht für den Zahlungsverkehr bestimmt sind, eine Kündigungsfrist von mindestens drei Monaten aufweisen und durch die Ausfertigung einer Urkunde gekennzeichnet sind.

D2.1 Überblick

Wer sich entschlossen hat, Geld bei einer Bank anzulegen, sieht sich einer breiten Palette von Geldanlagemöglichkeiten gegenüber. Bevor wir einige näher besprechen, wollen wir zunächst beleuchten, warum es diese Vielfalt gibt. Hierfür lassen sich vor allem drei Gründe nennen:

1. Banken versuchen, wie auch andere Unternehmen, Wettbewerbsvorteile dadurch zu erlangen, dass sie Produkte anbieten, die den Bedürfnissen und Wünschen der Sparer möglichst gut entsprechen. Für den Anleger sind neben der Verzinsung auch das Risiko, das mit der Kapitalanlage verbunden ist, und die Möglichkeit, über seine Anlage möglichst flexibel disponieren zu können, relevante Entscheidungskriterien. Der Kleinanleger benötigt vor allem Geldanlagemöglichkeiten, bei denen Beträge in beliebiger Stückelung angelegt und aufgelöst werden können. Die Unterschiedlichkeit der Bedürfnisse und Wünsche der Anleger erklärt zum Teil die Breite der von den Banken angebotenen Produktpalette.
2. Die Vielfalt an Geldanlagemöglichkeiten ist zusätzlich mit dem Bestreben der Banken zu erklären, die Auswirkungen von Regulierungsmaßnahmen zu reduzieren. Regulierungsvorschriften sind in der Regel mit Kosten verbunden. Sie können sich entweder direkt auf die Finanzierungskosten einer Bank auswirken oder indirekt den Handlungsspielraum einschränken, so dass die Bank gezwungen ist, von der ohne Regulierung optimalen Finanzierungspolitik abzuweichen. Aus Sicht einer Bank sind daher solche Produkte interessant, die ihren Handlungsspielraum möglichst wenig einschränken.
3. Schließlich können auch bankpolitische Zielsetzungen, insbesondere risikopolitische Überlegungen, dafür sprechen, bestimmte Produkte anzubieten. So wird eine Bank ungeachtet der gesetzlichen Restriktionen im Rahmen ihrer Risikopolitik an einer Begrenzung der mit der Fristentransformation verbundenen Risiken interessiert sein (vgl. zu diesen Risiken auch Abschnitt A2.2.2). Daraus begründet sich das Interesse der Bank an langfristigen Einlagen. Sparer werden allerdings nur dann bereit sein, auf den Vorteil einer schnellen Verfügbarkeit zu verzichten, wenn sie für eine langfristige Bindung ihrer Geldanlage durch eine höhere Verzinsung „entschädigt" werden.

Wir wollen im Folgenden die für Anleger und Bank relevanten Merkmale einer Geldanlagemöglichkeit konkretisieren. Wenn wir von einer Geldanlage bei Banken sprechen, denken wir zunächst an eine risikolose Anlage wie z. B. eine Spareinlage. Die Diskussion, inwieweit Spareinlagen tatsächlich risikolos sind, soll an dieser Stelle nicht aufgegriffen werden (siehe hierzu Kapitel D3). Möglich ist aber auch eine riskante Anlage, insbesondere eine Beteiligung am Eigenkapital einer Bank. Entscheidend für die Wahl eines dieser beiden Instrumente ist, inwieweit der Sparer bereit ist, Risiken einzugehen. Somit sind die Risikopräferenzen der Sparer entscheidend.

Neben die klassischen Formen der Eigenfinanzierung (z. B. durch Aktien) und der Fremdfinanzierung (z. B. durch Spareinlagen) sind in den letzten Jahren so genannte hybride Finanzierungstitel getreten, die die Merkmale der Eigen- und Fremdfinanzierung in sich vereinigen und daher nicht ohne Weiteres in das übliche Klassifikationsschema der Finanzierungsformen passen. Zu diesen Finanzierungstiteln zählen *Genussscheine* und *nachrangige Verbindlichkeiten*. Die Attraktivität dieser Finanzierungsformen ist weniger in dem speziellen Risikoprofil, das sie bieten, sondern vor allem vor dem Hintergrund von Regulierungsvorschriften zu sehen. Sowohl *nachrangige Verbindlichkeiten* als auch *Genussscheine* werden unter bestimmten Voraussetzungen im Rahmen der Anforderungen über die Eigenmittelausstattung (§10 KWG) als *haftendes Eigenkapital (Ergänzungskapital)* anerkannt und können somit angeblich teureres „echtes" Eigenkapital ersetzen. Insbesondere für Sparkassen, denen der Weg einer Eigenkapitalerhöhung durch Außenfinanzierung versperrt ist, stellt die Finanzierung durch Genussscheine bzw. durch nachrangige Verbindlichkeiten eine Möglichkeit dar, ihr haftendes Eigenkapital über die Thesaurierung von Gewinnen hinaus zu erhöhen

Da Banken sich überwiegend sehr kurzfristig refinanzieren, sind sie einem Liquiditätsrisiko ausgesetzt. Um eine ausreichende Liquidität sicherzustellen, schreibt die Liquiditätsverordnung vor, dass die innerhalb eines Monats abrufbaren Zahlungsverpflichtungen nicht größer sein dürfen als die innerhalb dieses Zeitraums verfügbaren Zahlungsmittel. Jederzeit abrufbare Zahlungsverpflichtungen gehen hierbei mit bestimmten Prozentsätzen ein. Unter dem Aspekt einer möglichst geringen Einschränkung der Möglichkeiten zur Fristentransformation sind für die Kreditinstitute vor allem solche Anlageformen interessant, die einerseits den Wünschen der Einleger nach kurzfristiger Verfügbarkeit entgegenkommen, andererseits aber nur mit einem geringen Prozentsatz in die kurzfristig abrufbaren Zahlungsverpflichtungen der Liquiditätsverordnung eingehen.

Da die Höhe der künftigen Konsumausgaben unsicher ist, sind die Sparer an Geldanlagen interessiert, die bei Bedarf kurzfristig wieder aufgelöst werden können. Eine kurzfristige Liquidierbarkeit von Geldanlagen kann auf drei Arten bewirkt werden: Durch eine kurze Laufzeit der Anlage, durch eine kurzfristige Kündigungsmöglichkeit oder durch Veräußerbarkeit der Anlage. Die Finanzierung der Kreditinstitute vollzieht sich überwiegend durch Passiva, die nicht handelbar sind, dafür aber mit einer kurzen Laufzeit oder Kündigungsfrist ausgestattet sind. Wie wir in Abschnitt D3.2 sehen werden, kann gerade die Eigenschaft der Nichthandelbarkeit für Sparer vorteilhaft sein, da sie eine bessere Absicherung gegen die Risiken aus Konsumunsicherheiten ermöglicht als die Handelbarkeit. Daneben werden von den Banken aber auch börsengehandelte Wertpapiere ausgegeben, wobei langfristige Schuldverschreibungen dominieren. In weitaus geringerem Umfang werden kurzfristige Geldmarktpapiere wie z. B. Einlagenzertifikate (Certificates of Deposit) emittiert.

Unterschiedliche Geldanlageformen unterscheiden sich schließlich auch hinsichtlich ihrer Verzinsung, und zwar sowohl in der Höhe der Verzinsung als auch in der Zinsbindung. Bei Anlageformen mit fester Laufzeit (Termingelder) überwiegt eine feste Verzinsung, während Kündigungsgelder grundsätzlich variabel verzinslich sind.

Nach diesem Überblick über die für Kapitalgeber und Bank relevanten Merkmale unterschiedlicher Geldanlagemöglichkeiten wollen wir nun die verschiedenen Einlageformen beschreiben. Sie sind die für Kreditinstitute typischen Refinanzierungsformen. Wir wählen dabei die klassische Einteilung in Sicht-, Termin- und Spareinlagen.

D2.2 Sichteinlagen

Sichteinlagen sind täglich fällige Einlagen von Nichtbanken oder anderen Banken *(Interbankenguthaben)*. Sie entstehen als Habensaldo auf dem Giro- oder Geschäftskonto und dienen der Abwicklung des bargeldlosen Zahlungsverkehrs.

Obwohl Sichteinlagen jederzeit abrufbar sind, kann eine Bank dennoch davon ausgehen, dass sie über einen bestimmten *Bodensatz* (siehe zur Bodensatztheorie auch Kapitel H1) an Sichteinlagen längerfristig verfügen kann. Habensalden auf Girokonten werden trotz der geringen Verzinsung im Allgemeinen nicht täglich vollständig aufgelöst und höher verzinslichen Anlageformen zugeführt, da sie für den Anleger eine Dispositionsmasse darstellen, aus der unerwartete Auszahlungen kurzfristig bestritten werden können. Die faktische Verweildauer übersteigt somit die rechtliche Laufzeit *(Prolongation)*. Darüber hinaus kann eine Bank damit rechnen, dass abgezogene Gelder in einem gewissen Umfang durch neue ersetzt werden *(Substitution)*. In besonderem Maße ist dies gegeben, wenn ein Kunde eine Überweisung auf ein Konto vornimmt, das bei derselben Bank geführt wird. Die Verfügung des Kunden über seine Sichteinlage bedeutet in diesem Fall für die Bank keinen Abfluss an Zentralbankgeld. Der Bodensatz an Sichteinlagen ist um so höher, je größer der *interne Verrechnungsfaktor* ist, d. h. je größer der Anteil an bargeldlosen Auszahlungen zugunsten von Konten derselben Bank ist. Maßgeblich für die Höhe des internen Verrechnungsfaktors ist die Größe und Dichte des Filialnetzes einer Bank. Die *Bodensatztheorie* findet auch ihren Niederschlag in der Liquiditätsverordnung, die vorsieht, dass Sichteinlagen von Nichtbanken nur zu 10% und Sichteinlagen von Kreditinstituten zu 40% als jederzeit abrufbar angesehen werden.

Sichteinlagen werden teilweise gar nicht oder nur gering verzinst. Durch den verstärkten Wettbewerb der Banken werden in jüngster Zeit allerdings auch durchaus attraktive Zinssätze auf Sichteinlagen geboten. So lag der Effektivzinssatz von täglich fälligen Einlagen privater Haushalte im März 2009 durchschnittlich bei 1,38% (vgl. DEUTSCHE BUNDESBANK (2009g)). Die gegenüber anderen Geldanlagen meist geringere Verzinsung ist der Preis, den der Kunde für die ständige Verfügbarkeit zahlen muss. Der Zinssatz ist grundsätzlich variabel, eine Zinsanpassung findet aber selten statt. Seit Mitte der neunziger Jahre ist ein starker Anstieg der täglich fälligen Einlagen festzustellen, was durch das niedrige Zinsniveau, das hohe Maß an Unsicherheit nach dem Rückgang der Aktienkurse und der enttäuschenden Wirtschaftsentwicklung während der letzten Jahre erklärt werden kann (vgl. DEUTSCHE BUNDESBANK (2009g)).

D2.3 Termineinlagen

Termineinlagen sind Einlagen, die die Kreditinstitute meist für eine fest vereinbarte Laufzeit (*Festgeld*) oder aber (seltener) mit Vereinbarung einer bestimmten Kündigungsfrist (*Kündigungsgeld*) hereinnehmen. Termineinlagen setzen mitunter einen bestimmten Mindestanlagebetrag (z. B. 5.000 €) voraus.

Diese Form der Einlage ist insbesondere für Privatkunden eine Alternative zu Spareinlagen. Dies wird auch anhand der gravierenden Umschichtungen deutlich, die zwischen diesen beiden Geldanlageformen in der Vergangenheit stattgefunden haben. Firmenkunden und Banken benutzen diese Einlagen zur zinsbringenden Anlage vorübergehender Liquiditätsüberschüsse.

Termineinlagen gehen nur dann in die Liquiditätskennzahl ein, wenn ihre Restlaufzeit bis zu einem Monat beträgt. Die aufgrund des Aufsichtrechts monatlich zu berechnende Liquiditätskennzahl als Quotient aus den innerhalb eines Monats verfügbaren Zahlungsmitteln und den im gleichen Zeitraum abrufbaren Zahlungsverpflichten soll Aufschluss über die ausreichende Zahlungsbereitschaft von Banken geben. Festgelder sind in der Regel mit einem für die Laufzeit konstanten Zinssatz ausgestattet. Bei Kündigungsgeldern wird die Verzinsung von Zeit zu Zeit an die Entwicklung des Marktzinsniveaus angepasst. Die Verzinsung der Termineinlagen hängt neben dem Marktzinsniveau von der Laufzeit und der Höhe der Einlage ab (vgl. Tabelle D2-1). In der Regel wird für größere Beträge (z. B. ab 50.000 €) ein etwas höherer Zinssatz gezahlt. Der Zusammenhang zwischen Zinssatz und Laufzeit hängt von der Zinsstrukturkurve am Geld- und Kapitalmarkt ab. Liegt eine wie meist üblich steigende Zinsstrukturkurve vor (siehe hierzu Kapitel E3), so steigt auch die Verzinsung der Termineinlage mit zunehmender Laufzeit. In den eher seltenen Fällen einer inversen Zinsstruktur kommt jedoch auch eine mit der Länge der Laufzeit abnehmende Verzinsung vor. Insgesamt gesehen schwankt die Verzinsung der Termineinlagen relativ stark mit dem Marktzinsniveau. Dies erklärt auch die im Vergleich zu Spareinlagen große Beliebtheit von Termineinlagen in Hochzinsphasen (vgl. DEUTSCHE BUNDESBANK (1997b), S. 48ff.).

Tab. D2-1: Effektivzinssätze von Einlagen privater Haushalte mit vereinbarter Laufzeit, Stand: März 2009

Laufzeit	bis 1 Jahr	1 bis 2 Jahre	über 2 Jahre
Effektivzinssatz p. a.	1,46%	2,97%	3,15%
Volumen in Mio. €	30.369	1.746	2.906

Quelle: DEUTSCHE BUNDESBANK (2009g).

Seit Ende 1985 ist es auch den deutschen Banken erlaubt, börsenfähige *Einlagenzertifikate* zu begeben. Derartige *Certificates of Deposit* (CDs) können als marktfähige Quittungen über Einlagen angesehen werden, so dass Termineinla-

gen damit handelbar gemacht werden. Die Börsenfähigkeit setzt natürlich eine
Standardisierung hinsichtlich der Laufzeit und des Volumens voraus. Die Lauf-
zeit kann dabei zwischen 30 Tagen und fünf Jahren betragen, wobei sie in der
Regel zwischen 30 und 180 Tagen liegt. Die Verzinsung ist meist über die Laufzeit
festgeschrieben, allerdings wurden in den letzten Jahren auch variabel verzinsli-
che CDs (*Floating Rate CDs*) emittiert. Hauptzentren des Handels mit CDs sind
London und New York. Für die Finanzierung deutscher Kreditinstitute spielen
CDs nur eine untergeordnete Rolle.

D2.4 Spareinlagen

Die Spareinlage ist die klassische Geldanlage für breite Bevölkerungsschichten.
Wurde bis vor wenigen Jahren ein Sparbuch ausgegeben, so erhalten Sparer
zunehmend eine so genannte „Sparcard", die es ermöglicht, Geld vom Geldautomaten abzuheben. Entstanden ist die Spareinlage aus der Idee, für den „kleinen
Mann", der in finanziellen Dingen unerfahren ist, eine Möglichkeit zu schaffen,
auch geringe Beträge anzusparen. Restelemente dieses Grundgedankens haben
sich noch bis in die jüngste Vergangenheit erhalten. So war der Begriff Spareinlage bis 1993 im KWG geregelt und damit gesetzlich geschützt. Damit konnte
der Sparer darauf vertrauen, dass ein unter der Bezeichnung „Spareinlage" ange-
botenes Produkt bestimmte Merkmale erfüllen muss. Für Sparkassen gilt noch
heute ein Kontrahierungszwang für Einlagen.

Seit der Aufhebung der Vorschriften über den Sparverkehr 1993 gibt es zwar
keinen gesetzlich geschützten Begriff „Spareinlage" mehr, dafür ist aber nun die in
§21 Abs. 4 der *Verordnung über die Rechnungslegung der Kreditinstitute* (Rech-
KredV) getroffene Normsetzung von Bedeutung, da nur solche Einlagen, die die
dort genannten Merkmale erfüllen, als Spareinlagen bilanziert werden dürfen.
Daneben bezieht sich der Begriff Spareinlage bei den Mindestreservevorschriften
sowie im Rahmen der Liquiditätsverordnung, die 10% der Spareinlagen als jederzeit abrufbar klassifiziert, nur auf solche Einlagen, die die Kriterien des §21
Abs. 4 RechKredV erfüllen. Demnach sind Spareinlagen unbefristete Gelder, die
folgende Voraussetzungen erfüllen:

- Sie sind durch Ausfertigung einer Urkunde, insbesondere eines Sparbuches als
  Spareinlage gekennzeichnet.
- Sie sind nicht für den Zahlungsverkehr bestimmt.
- Sie werden nicht von Kapitalgesellschaften, Genossenschaften, wirtschaftli-
  chen Vereinen, Personengesellschaften oder von Unternehmen mit Sitz im
  Ausland vergleichbarer Rechtsformen angenommen, es sei denn, diese Unter-
  nehmen dienen gemeinnützigen, mildtätigen oder kirchlichen Zwecken, oder
  es handelt sich bei den von diesen Unternehmen angenommenen Geldern um
  Sicherheiten gemäß §551 des Bürgerlichen Gesetzbuches oder §14 Abs. 4 des
  Heimgesetzes.
- Sie weisen eine Kündigungsfrist von mindestens drei Monaten auf.

Die Bedeutung der Spareinlage hat in den achtziger und Anfang der neunziger Jahre abgenommen. Ihr Anteil an den gesamten Bankeinlagen der inländischen Nichtbanken sank von 25% im Durchschnitt der achtziger Jahre auf gut 20% Ende 1992. Der Grund für diese Abnahme ist vor allem darin zu sehen, dass die Grundverzinsung für Spareinlagen (der so genannte Spareckzins) meist deutlich unter der vergleichbarer Termineinlagen lag. Seit Ende 1992 hat sich die Entwicklung jedoch wieder umgekehrt (vgl. DEUTSCHE BUNDESBANK (2003c), S. 41). Dafür sind vor allem zwei Faktoren maßgeblich gewesen: Aufgrund des relativ niedrigen Zinsniveaus in den letzten Jahren war der Zinsnachteil der Spareinlagen gegenüber dem Konkurrenzprodukt Termineinlage gering. Darüber hinaus sind die Kreditinstitute in den letzten Jahren dazu übergegangen, Spareinlagen, insbesondere wenn es sich um größere Beträge handelt, zu Sonderkonditionen zu verzinsen (*bonifizieren*). Hierdurch können auf Spareinlagen ähnliche Zinssätze erzielt werden wie auf betrags- und laufzeitäquivalente Termineinlagen.

Bei den Spareinlagen dominieren die Einlagen mit dreimonatiger Kündigungsfrist (vgl. DEUTSCHE BUNDESBANK (2009g)). Um für die Anleger einen Anreiz zu schaffen, ihre Spareinlage möglichst langfristig zu belassen, haben die Kreditinstitute in den letzten Jahren eine Reihe von Sondersparformen entwickelt, die unter Begriffen wie „Wachstumssparen", „Prämiensparen", „Zielsparen", „Extra-Sparen", „Extra-Sparplan" oder „Bonussparen" dem Publikum angeboten werden und sich dort zunehmender Beliebtheit erfreuen. Bei diesen Produkten handelt es sich um Spareinlagen mit meist dreimonatiger Kündigungsfrist, auf die ein höherer Zins als der Spareckzins erzielt werden kann, wenn der Anleger die Spareinlage über einen mehrjährigen Zeitraum hält. Gegenüber einer langfristigen Spareinlage haben diese Sondersparformen für den Anleger den Vorteil, dass er bei Bedarf kurzfristig über seine Anlage verfügen kann, wenn auch unter Inkaufnahme einer geringeren Verzinsung. In Kapitel D3 wird Ihnen gezeigt, dass sich derartige Spareinlagen besonders gut für die Absicherung gegen Konsumrisiken eignen.

Tab. D2-2: Beispiele für Sondersparformen

	db TopZinsSparen Deutsche Bank	Sparplan mit Bonus Commerzbank
Laufzeit	4 bis 18 Jahre	2 bis 6 Jahre
Sparbetrag	ab 25 € monatlich; keine Dynamisierung möglich	ab 10 € monatlich; keine Dynamisierung möglich
Verzinsung	variable Verzinsung je nach Laufzeit	variable Grundverzinsung; garantierte Bonuszahlung am Vertragsende (3% bis 18% der Vertragssumme)
Verfügbarkeit	keine vorzeitige Kündigung möglich	Kündigungsfrist von 3 Monaten (führt zu Verlust des Bonus)

Quelle: Deutsche Bank, Bedingungen für das db TopZinsSparen und Commerzbank, Bedingungen Dynamischer Sparplan.

In der Tabelle D2-2 sehen Sie zwei Beispiele für Sondersparformen, die von Banken angeboten werden. Die Frage, welche der beiden Sparformen besser ist, ist nicht ohne Weiteres zu beantworten, denn beide Alternativen sind kaum vergleichbar. Das TopZinsSparen bietet keine vorzeitige Kündigungsmöglichkeit, die Verzinsung ist variabel je nach Laufzeit. Beim Bonussparen kann man mit einer Kündigungsfrist von 3 Monaten kündigen, jedoch erhält man nur dann die Bonuszahlung, wenn man bis zum Erreichen des Sparziels durchhält. Die mangelnde Vergleichbarkeit der beiden Sparformen ist kein Zufall, sondern gewollt. Sie senkt die Markttransparenz und eröffnet den Kreditinstituten einen konditionspolitischen Spielraum, den sie zur Erhöhung der Zinsmarge nutzen können.

Eine Alternative zu den Spareinlagen stellen Sparbriefe dar, die auch unter Bezeichnungen wie „Spar(kassen)schuldverschreibung", „Bankschuldverschreibung" oder „Spar(kassen)obligation" ausgegeben werden. Es handelt sich dabei um nicht börsengehandelte Namens-, Order- oder Inhaberschuldverschreibungen, die keine Spareinlagen darstellen, sondern eine Zwischenstellung zwischen Spareinlagen auf Konten und börsenfähigen Schuldverschreibungen einnehmen. Die Laufzeit der Sparbriefe beträgt i. d. R. 3-10 Jahre, eine vorzeitige Rückgabe ist meist ausgeschlossen, eine Übertragung aber möglich. Aufgrund der fehlenden Fungibilität sind Sparbriefe eine wenig liquide Geldanlageform. Die Verzinsung liegt für die gesamte Laufzeit fest, wobei die Zinszahlungen entweder laufend (jährlich, halbjährlich) erfolgen, oder die Verzinsung sich aus der Differenz zwischen Ausgabe- und Rückzahlungsbetrag (abgezinste bzw. aufgezinste Sparbriefe) ergibt. Die Höhe der Verzinsung liegt im Bereich der Spareinlagen vergleichbarer Laufzeit (vgl. Tabelle D2-3 zu zwei Beispielen für Sparbriefe).

Tab. D2-3: Beispiele für Sparbriefe

	Sparbrief Commerzbank	**Laufzeitkonto Dresdner Bank**
Laufzeit	3 bis 6 Jahre	3 Monate bis 5 Jahre
Sparbetrag	ab 250 €; danach in 50 € Schritten	ab 1.000 €
Verzinsung	Festzinssatz, der mit zunehmender Laufzeit steigt	Festzinssatz, der mit zunehmender Laufzeit steigt; mit jährlicher Zinsauszahlung
Verfügbarkeit	keine vorzeitige Verfügung möglich	vorzeitige Kündigung nur für Laufzeitvarianten bis 1 Jahr möglich

Quelle: Commerzbank, Bedingungen für Sparbriefe und Dresdner Bank, Geschäftsbedingungen für das Laufzeitkonto „Sparbrief".

D3 Bedeutung des Depositenvertrages bezüglich Bank Run, Einlagensicherung und Liquidität

1. Eine Bankeinlage stellt Fremdkapital dar und ist nicht handelbar. Der überwiegende Teil der Einlagen bei Banken kann kurzfristig abgezogen werden, wobei die Rückzahlung der Einlagen sequenziell erfolgt.
2. DIAMOND und DYBVIG (1983) modellieren Unsicherheit bezüglich des typenbedingten bevorzugten Konsumzeitpunktes.
3. Aus der Typunsicherheit der Investoren und deren Risikoaversion entsteht ein Versicherungspotential. Da die Typzugehörigkeit private Information ist, kann dieses Versicherungspotential nur durch einen Finanzintermediär ausgenutzt werden.
4. Durch die Fristentransformation des Finanzintermediärs entsteht das Risiko eines Bank Runs.
5. Zur Vermeidung eines Bank Runs können die Aussetzung der Auszahlungen (*Suspension of Convertibility*) oder ein staatliches Einlagensicherungssystem beitragen.
6. Von CALOMIRIS und KAHN (1991) wurde die disziplinierende Wirkung von Depositen als Überwachungsinstrument für das Bankmanagement als anderer Erklärungsansatz vorgebracht.

D3.1 Charakteristika einer Deposite

Bevor wir uns damit auseinandersetzen, unter welchen Bedingungen eine Deposite, sprich eine Bankeinlage, anderen Sparmöglichkeiten überlegen ist, betrachten wir die Gemeinsamkeiten und Unterschiede zu anderen Geldanlageformen, wie z. B. zu einem festverzinslichen Wertpapier. Wenn wir den Unterschied zwischen einer Bankeinlage und einem festverzinslichen Wertpapier, also einer Obligation, herausarbeiten wollen, dann stehen wir zunächst vor dem Problem, dass es nicht „die Bankeinlage" und nicht „die Obligation" gibt. Stattdessen wird unter diesen Begriffen jeweils eine Vielzahl unterschiedlicher Geldanlageformen subsumiert. Es kann also nur darum gehen, idealtypische Unterschiede aufzuzeigen.

Als Charakteristika einer Deposite können vier Eigenschaften angeführt werden (vgl. Abbildung D3.1): Fremdkapital, Kurzfristigkeit, Nichthandelbarkeit und sequenzielle Bedienung der Rückzahlungsforderungen. Im Folgenden werden diese Eigenschaften näher diskutiert.

Eine Gemeinsamkeit zwischen Bankeinlage und Obligation besteht darin, dass beide Finanzierungstitel *Fremdkapital* darstellen. Mit beiden ist ein schuldrechtlicher Anspruch auf Zins- und Kapitalrückzahlung verbunden, dessen Nichterfüllung zur Insolvenz des Schuldners führt. Im Insolvenzfall werden die Ansprüche der Einleger wie die Ansprüche aus Obligationen vor denen der Eigenkapitalgeber erfüllt. Da die Bankeinlage Fremdkapital darstellt, werden die gleichen

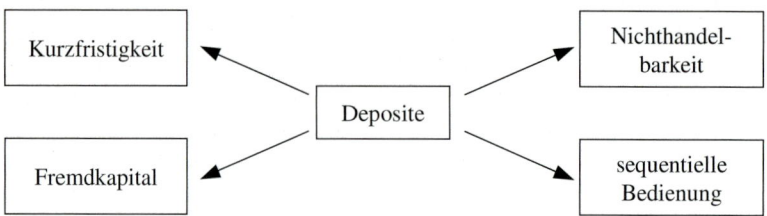

Abb. D3.1: Charakteristika einer Deposite

Moral-Hazard-Probleme relevant, die Sie bereits im Kreditteil kennen gelernt haben, allerdings mit dem Unterschied, dass jetzt die Bank der Hasardeur ist.

Bankeinlagen sind im Gegensatz zu Wertpapieren *nicht handelbar*, d. h. Bankeinlagen müssen bis zum Ende der Laufzeit bzw. Kündigungsfrist gehalten werden, wohingegen Wertpapiere jederzeit am Kapitalmarkt, bei Obligationen speziell der Rentenmarkt, veräußert werden können. Die Bankeinlage bietet somit weniger Flexibilität als die Obligation.

Die geringere Flexibilität ist jedoch nicht von großer Bedeutung, da die meisten Bankeinlagen *kurzfristiger Natur* sind. Dies heißt nicht, dass Bankeinlagen tatsächlich nur kurzfristig gehalten werden, sondern dass sie aufgrund einer Entscheidung des Kapitalgebers jederzeit kurzfristig in Geld transformiert werden können. Sie haben in Kapitel D2 unterschiedliche Varianten kennen gelernt, die für die Gestaltung der Fristen gebräuchlich sind. Wir wollen im Folgenden vereinfachend davon ausgehen, dass alle Bankeinlagen jederzeit aufgelöst werden können.

Um das Charakteristikum der *sequenziellen Bedienung* zu erschließen, schauen wir uns an, was passiert, wenn Sie sich dazu entschließen, eine Obligation zu verkaufen bzw. eine Bankeinlage aufzulösen, sei es, weil sie Geld für Konsumzwecke benötigen, sei es, weil Ihnen die Bonität des Schuldners suspekt vorkommt. Für das emittierende Unternehmen ergeben sich keinerlei Konsequenzen, wenn Sie die Obligation am Rentenmarkt veräußern. Sie müssen demgegenüber eventuell eine Kurseinbuße hinnehmen, wenn z. B. das Zinsniveau gestiegen ist oder weil die Bonität des Emittenten geringer eingestuft wurde. Bonitätsveränderungen des Emittenten führen somit beim Gläubiger unmittelbar zu Verlusten, der Emittent hingegen bleibt hiervon zunächst jedenfalls unberührt. Bei der Bankeinlage ist es jedoch der Gläubiger, der bei gesunkener Bonität unberührt bleibt, es ist also genau umgekehrt. Sie erhalten auch bei gesunkener Bonität der Bank Ihre Einlage in voller Höhe der Nominalforderung zurück. Für die Bank bedeutet die Auflösung einer Einlage einen Abfluss an liquiden Mitteln. Normalerweise stellt dies für die Bank kein Problem dar, es sei denn, nicht nur Sie, sondern auch andere Einleger kommen zu der Einschätzung, dass die Bonität der Bank gesunken ist, und beschließen daher, ihre Einlagen abzuziehen. Ein massiver Abzug von Einlagen kann die Bank in ernste Liquiditätsprobleme bringen, da die Einlagen zum großen Teil in Aktiva wie z. B. Kredite gebunden sind, die wenig liquide sind. Kredite können zwar grundsätzlich auch durch Abtretung der Forderung veräußert werden, dies ist aber zeitaufwändig und oftmals mit erheblichen Abschlägen verbunden. Sollten Sie daher erwarten, dass ein massiver Abzug von Einlagen bevorsteht, so sollten Sie sich mit der Auflösung Ihrer Einlage beeilen, denn nur dann, wenn Sie vor den anderen Einlegern am Bankschalter erscheinen, bekommen Sie Ihre Einlage zurückgezahlt. Diese sequenzielle Bedienung der Rückzahlungswünsche wird in der Literatur als *sequential service constraint* bezeichnet (vgl. z. B. GREENBAUM und THAKOR (1995), S. 453). Anders als bei der Veräußerung eines Wertpapiers hängt der Geldbetrag, den man bei der Auflösung einer Einlage erhält, nicht so sehr von der Bonität des Schuldners ab, sondern von dem Betrag der Nominalforderung und vor allem von dem Rangplatz in der Schlange vor dem Bankschalter, d. h. vom Verhalten der anderen Einleger. Dies macht die Bank anfällig gegenüber geringfügigen Verschlechterungen ihrer Bonität. Diese Problematik des sogenannten Bank Runs wird in Abschnitt D3.3 ausführlicher betrachtet.

Ausgehend von den betrachteten Eigenschaften wollen wir uns nun Gedanken machen, unter welchen Gesichtspunkten der Depositenvertrag anderen Finanzierungsverträgen überlegen ist. Hierbei werden wir anhand des von DIAMOND und DYBVIG (1983) entwickelten Modells vor allem Aspekte der Risikoallokation diskutieren und zeigen, dass der Depositenvertrag eine bessere Absicherung gegen Konsumrisiken ermöglicht als eine Geldanlage in Wertpapieren.

D3.2 Das Modell von Diamond und Dybvig (1983)

In dem von DIAMOND und DYBVIG (1983) vorgestellten Modell erfüllen Banken eine wichtige ökonomische Funktion: Sie transformieren kurzfristige Einlagen in langfristige illiquide Kredite. Diese Funktion ist wichtig, weil ertragreiche Realinvestitionsprojekte in der Regel eine langfristige Kapitalbindung erfordern, Anleger aber aufgrund von Unsicherheit über ihre Konsumbedürfnisse kurzfristige Geldanlagen bevorzugen (vgl. Abschnitt E3.1). Grundsätzlich kann die Fristentransformation auch über den Handel von Finanztiteln auf Märkten erreicht werden, allerdings werden wir sehen, dass Banken die Anleger gegen die Risiken, die aus der Unsicherheit über die Konsumbedürfnisse erwachsen, besser absichern als Finanzmärkte, wenn diese unvollkommen sind. Dieser Vorteil, den Banken ermöglichen, muss aber mit einer latenten Instabilität des Bankensektors erkauft werden: es besteht die Gefahr, dass die Sparer massenweise ihre Bankeinlagen abziehen, dieses Phänomen wird auch als Bank Run bezeichnet.

Betrachtet wird ein Drei-Zeitpunkt-Modell ($t = 0, 1, 2$) (vgl. ALLEN und GALE (2007)). Es gibt ein einzelnes homogenes Gut, das entweder zu Konsum- oder Investitionszwecken genutzt werden kann. Hierbei unterscheiden wir zwei Arten von Investitionen: Eine kurzfristige, liquide Investition mit der Eigenschaft, dass eine Inputeinheit im Zeitpunkt t eine Outputeinheit in $t + 1$ erbringt. Daneben kann in $t = 0$ auch langfristig, d. h. über zwei Perioden hinweg investiert werden, wobei jede investierte Einheit einen Output in Höhe von $R > 1$ in $t = 2$ erbringt. Wird die langfristige Investition in $t = 1$ ganz oder teilweise liquidiert, entfällt auf den liquidierten Teil eine Rendite in Höhe von $0 < r < 1$. Mit diesen Annahmen modellieren wir, dass ertragreiche Realinvestitionsprojekte illiquide sind, d. h. eine langfristige Kapitalbindung erfordern und nur mit Verlusten vorzeitig liquidiert werden können. Durch eine Abfolge kurzfristiger Projekte kann nicht derselbe Ertrag erwirtschaftet werden, wie durch ein langfristiges Engagement.

In $t = 0$ sind alle Investoren identisch und verfügen jeweils über eine Anfangsausstattung des Gutes in Höhe von 1. Um in künftigen Perioden konsumieren zu können, müssen sie ihre Anfangsausstattung in das kurzfristige und/oder langfristige Investitionsprojekt direkt oder indirekt via Finanztitel investieren. Im Zeitpunkt $t = 0$ besteht bei allen Investoren dieselbe Art von Unsicherheit: Sie erfahren erst in $t = 1$, ob sie vom Typ 1 oder vom Typ 2 sind. Investoren des Typs 1 erzielen ausschließlich durch Konsum in $t = 1$ Nutzen, wohingegen Investoren des Typs 2 nur Nutzen aus Konsum in $t = 2$ erlangen können. (Beachten Sie, dass diese Form der Nutzenfunktion demnach nicht der allgemeinen Form in Gleichung (D1-1) entspricht.) Beide Investorentypen sind zudem risikoavers, d. h. ihre Nutzenfunktionen sind konkav. Die typabhängigen Nutzenfunktionen lauten:

$$u^{\text{Typ1}} = u(c_1), \tag{D3-1}$$

$$u^{\text{Typ2}} = u(c_2). \tag{D3-2}$$

Dabei bezeichnet c_t die Gütermenge, die der Investor in t aus seiner Investition erhält, um sie anschließend zu seinem typabhängigen Konsumzeitpunkt (Typ 1 Investoren in $t = 1$, Typ 2 Investoren in $t = 2$) zu konsumieren. Mit y (x) wird die Menge an Gütereinheiten, die kurzfristig (langfristig) investiert wird, bezeichnet. Mit der Anfangsausstattung von einer Einheit lautet die Budgetrestriktion in $t = 0$ somit:

$$y + x \leq 1 \tag{D3-3}$$

Der Anteil der Investoren vom Typ 1 an der Gesamtheit der Investoren beträgt $\alpha \in [0, 1]$. Er ist eine in $t = 0$ fixierte und öffentlich bekannte Größe. Es steht damit bereits in $t = 0$ fest, wieviele der Investoren in $t = 1$ vom Typ 1 sein werden. Für den einzelnen Investor stellt α zudem die Wahrscheinlichkeit dar, mit der er zur Gruppe der Typ 1 Investoren gehören wird. Obwohl aus gesamtwirtschaftlicher Sicht aufgrund des bekannten α und der sicheren Investitionserträge kein Risiko vorliegt, befinden sich die einzelnen Investoren in einer Risikosituation, da sie in $t = 0$ ihren eigenen Typ nicht kennen. Jeder Investor steht damit vor folgendem Problem: Auf den Anteil an der Erstausstattung, der langfristig investiert wurde, wird nur eine gegenüber der kurzfristigen Investition um $(1 - r)$ verminderte Rendite erzielt, wenn sich in $t = 1$ herausstellt, dass der Investor vom Typ 1 ist und die langfristige Investition liquidiert werden muss, stellt sich dagegen heraus, dass er vom Typ 2 ist, so verschenkt er auf den kurzfristig investierten Teil seiner Erstausstattung die höhere Rendite, die das langfristige Projekt erbringt. Jeder Investor könnte sich somit besser stellen, wenn es eine Möglichkeit gäbe, sich gegen die Unsicherheit über die künftigen Konsumbedürfnisse abzusichern.

Die Marktlösung

Ein gewisses Maß an Absicherung lässt sich erreichen, wenn es einen Markt gibt, auf dem die Investoren ihre Beteiligung an den Investitionen handeln können. Entdeckt ein Investor in $t = 1$, dass er vom Typ 1 ist, so kann er seine Beteiligung an der langfristigen Investition veräußern, um seinen Konsum c_1 zu erhöhen. Auf diese Weise wird die illiquide Beteiligung an der langfristigen Investition zu einer liquiden Geldanlage. Kann ein Investor vom Typ 1 in $t = 1$ seine Anteile an der langfristigen Investition zum Preis π veräußern, so beträgt sein Konsum

$$c_1 = y + \pi x. \tag{D3-4}$$

Ein Investor, der feststellt, dass er vom Typ 2 ist, wird die Erträge aus der kurzfristigen Anlage dazu nutzen, um in $t = 1$ zusätzliche Einheiten der langfristigen Investition zu erwerben. Sein Konsum in $t = 2$ beträgt damit

$$c_2 = \left(x + \frac{y}{\pi}\right) R. \tag{D3-5}$$

Aus den Gleichungen (D3-4) und (D3-5) ist zu erkennen, dass die Relation der Konsummengen c_1 und c_2 davon abhängt, zu welchem Preis in $t = 1$ die Anteile an der langfristigen Investition gehandelt werden. Je größer π ist, desto mehr erzielt ein Typ 1 Investor aus dem Verkauf seiner langfristigen Anteile und desto höher ist folglich c_1. Für einen Typ 2 Investor dagegen bedeutet ein hohes π, dass er in $t = 1$ nur wenige Anteile an der langfristigen Investition zusätzlich erwerben kann, folglich fällt c_2 geringer aus. Da die Investoren in $t = 0$ nicht wissen, von welchem Typ sie sein werden, hängt vom Preis π ab, in welchem Maße der Markt die Investoren gegen die Folgen der Unsicherheit über die Konsumbedürfnisse absichern kann. Ein hoher Preis π bewirkt, dass die beiden Konsummengen c_1 und c_2 sich annähern, so dass die Absicherung sehr weitgehend ist, ein geringer Preis π dagegen bedeutet ein hohes Konsumrisiko, da c_1 und c_2 weit auseinander liegen. Da das optimale Ausmaß an Absicherung von der Risikoaversion der Investoren abhängt, müsste der Preis π ebenfalls von der Risikoaversion abhängen, wenn eine optimale Absicherung gegen Konsumrisiken erreicht werden soll. Man kann allerdings leicht zeigen, dass der Preis π unabhängig von der Risikoaversion der Investoren immer den Wert eins annehmen muss. Wenn $\pi > 1$ gilt, würde jeder Investor in $t = 0$ ausschließlich Anteile an der langfristigen Investition erwerben. Stellt sich nämlich für einen Investor in $t = 1$ heraus, dass er vom Typ 1 ist, so könnte er bei $\pi > 1$ durch eine Anlage in die langfristige Investition in dem Zeitraum $t = 0$ bis $t = 1$ einen höheren Ertrag erzielen als bei einer kurzfristigen Anlage. Ist er dagegen vom Typ 2, so ist die langfristige Anlage für ihn ohnehin die passende Entscheidung gewesen. Wenn aber alle Investoren ausschließlich in die langfristige Anlage investieren, gibt es niemanden, an den die Typ 1 Investoren in $t = 1$ ihre langfristigen Anteile verkaufen können. Gilt umgekehrt $\pi < 1$, so dominiert die kurzfristige Anlage die langfristige Investition: Stellt sich heraus, dass ein Investor vom Typ 2 ist, so kann er im Fall $\pi < 1$ die langfristige Anlage in $t = 1$ so günstig erwerben, dass es für ihn besser ist, seine gesamte Anfangsausstattung in $t = 0$ zunächst in die kurzfristige Anlage zu „parken", anstatt Anteile an der langfristigen Investition zu erwerben. Für einen Investor vom Typ 1 ist die kurzfristige Anlage ohnehin die geeignete Geldanlage. Wenn aber alle Investoren in $t = 0$ ausschließlich kurzfristig anlegen, gibt es niemanden, von dem die Typ 2 Investoren in $t = 1$ langfristige Anlagen erwerben können. Setzen wir $\pi = 1$ in (D3-4) und (D3-5) ein, so gilt unter Beachtung der Budgetrestriktion (D3-3)

$$c_1 = y + \pi x = 1, \tag{D3-6}$$

$$c_2 = \left(x + \frac{y}{\pi}\right) R = R. \tag{D3-7}$$

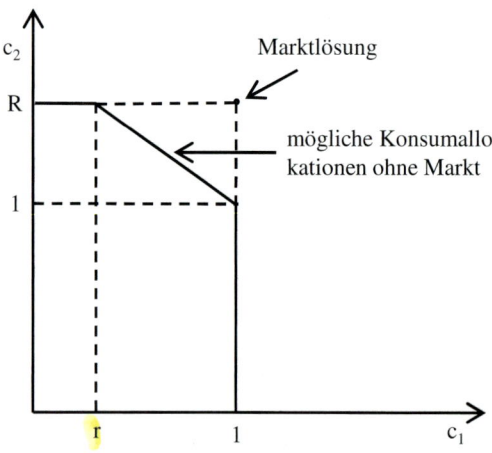

Abb. D3.2: Konsumallokation mit und ohne Markt (vgl. ALLEN und GALE (2007), S. 63)

Pareto-effiziente Risikoallokation

Aus Abbildung D3.2 ist zu erkennen, dass die Möglichkeit, durch den Handel von Wertpapieren illiquide in liquide Anlagen zu transformieren, zu besseren Konsumallokationen führt. Die Verbesserung, die der Markt ermöglicht, ist umso größer, je weniger liquide die langfristige Investition ist, d. h. je kleiner r ist. Allerdings gewährleistet die Marktlösung nicht, dass die Risikoallokation optimal ist, denn die Relation der Konsummengen in $t = 2$ und $t = 1$ ist durch die Relation $R : 1$ festgeschrieben. Diese Relation kann aber nur zufällig eine optimale Risikoallokation sein, insbesondere ist möglich, dass die Investoren bereit sind, auf Konsum c_2 zu verzichten zugunsten eines höheren Konsums c_1. Die pareto-effiziente Konsumallokation erhalten wir als Lösung des Optimierungsproblems

$$\max_{c_1,c_2} \left\{ \alpha u(c_1) + (1 - \alpha)u(c_2) \right\} \tag{D3-8}$$

unter Einhaltung der Nebenbedingungen

$$\alpha c_1 = y, \quad \textit{kurzfr. Anl.} \tag{D3-9}$$

$$(1 - \alpha)\, c_2 = Rx, \quad \textit{langfr. Anl.} \tag{D3-10}$$

$$y + x = 1. \quad \textit{Budgetrestriktion} \tag{D3-11}$$

Jeder Investor maximiert seinen Erwartungsnutzen durch die Wahl der Konsummengen c_1 und c_2 unter Einhaltung der Nebenbedingungen (D3-9) bis (D3-11). Nebenbedingung (D3-9) besagt, dass der Konsum pro Investor in $t = 1$ dem Ertrag aus der kurzfristigen Anlage entspricht. Nebenbedingung (D3-10) begrenzt den Konsum pro Investor in $t = 2$ auf den Ertrag aus der langfristigen Anlage, Nebenbedingung (D3-11) ist die Budgetrestriktion für den Zeitpunkt $t = 0$[1].

Mit Hilfe des Lagrange-Ansatzes erhalten wir folgende Optimalitätsbedingung:

$$u'(c_1) = Ru'(c_2). \tag{D3-12}$$

Aufgrund der Annahme $R > 1$ und dem abnehmenden Grenznutzen gilt für die pareto-effiziente Konsumallokation c_1^{opt}, c_2^{opt}: $c_2^{\mathrm{opt}} > c_1^{\mathrm{opt}}$. Eine vollständige Absicherung gegen Konsumrisiken ist somit nicht optimal. Dies liegt daran, dass die Absicherung nicht kostenlos ist, denn ein höherer Konsum in $t = 1$ bedeutet zugleich eine Kürzung der ertragreichen Investition, ein Mehr an Absicherung bedeutet somit ein Weniger an Konsum insgesamt. Der optimale Trade-off zwischen Risikoabsicherung und Gesamtertrag hängt von R und dem Ausmaß der Risikoaversion ab. Es lässt sich zeigen (vgl. ALLEN und GALE (2007)), dass die Marktlösung nur dann eine optimale Risikoallokation darstellt, wenn die relative Risikoaversion dem Wert eins entspricht. Ist die Risikoaversion größer, ist die optimale Risikoallokation durch die Relation

$$1 < c_1^{opt} < c_2^{opt} < R \tag{D3-13}$$

gekennzeichnet (vgl. Abbildung D3.3).

Die pareto-effiziente Lösung kann durch den Marktmechanismus nur dann erreicht werden, wenn die Investoren in $t = 0$ Konsumansprüche erwerben können,

---

[1] Bei der Formulierung der Nebenbedingungen wurde das Gleichheitszeichen verwendet, da es nicht optimal sein kann, Teile der Anfangsausstattung nicht zu investieren, bzw. diese zweimal hintereinander kurzfristig anzulegen.

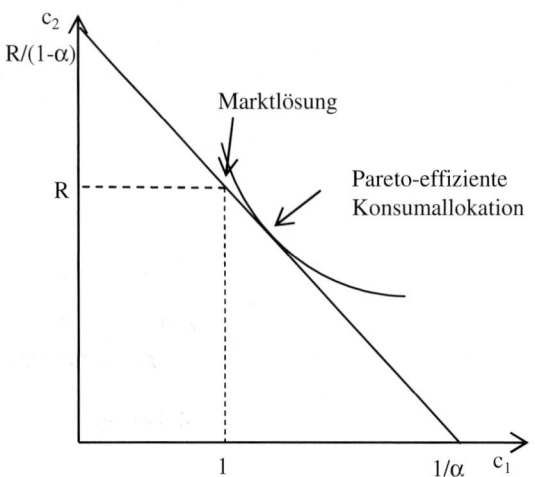

Abb. D3.3: Pareto-effiziente Konsumallokation (vgl. ALLEN und GALE (2007), S. 67)

die sowohl auf den Zeitpunkt als auch auf den Investortyp konditioniert sind. Mit π_1 (π_2) wird der Preis für die Anwartschaft auf eine Konsumeinheit in $t = 1$ bezeichnet, die aber nur dann gezahlt wird, wenn der Investor vom Typ 1 ist, π_2 ist analog der Preis in $t = 0$ für eine Konsumeinheit in $t = 2$, wenn der Investor vom Typ 2 ist. Die Budgetrestriktion lautet dann:

$$\pi_1 \alpha c_1 + \pi_2 (1 - \alpha) c_2 = 1. \tag{D3-14}$$

Ableitung der Zielfunktion (D3-8) unter Berücksichtigung der Nebenbedingung (D3-14) ergibt:

$$\frac{u'(c_1)}{u'(c_2)} = \frac{\pi_1}{\pi_2}. \tag{D3-15}$$

Da die kurzfristige Investition eine in $t = 0$ eingesetzte Konsumeinheit in eine Einheit $t = 1$-Konsum transferiert, muss $\pi_1 = 1$ gelten, analog muss $\pi_2 = 1/R$ entsprechen. Setzen wir diese Werte in (D3-15) ein, so sehen wir, dass die Bedingung (D3-12) erfüllt ist:

$$\frac{u'(c_1)}{u'(c_2)} = R. \tag{D3-16}$$

Der Depositenvertrag

Die Vorstellung, dass Wertpapiere erworben werden können, deren Zahlungen nicht nur vom Zeitpunkt, sondern auch vom Eintritt individueller Konsumbedürfnisse abhängen, ist ungewöhnlich. Dass es derartige Wertpapiere nicht gibt, obwohl sie zu einer verbesserten Konsumallokation beitragen, liegt daran, dass die individuellen Konsumbedürfnisse in der Regel nicht allgemein beobachtbar sind, sondern nur dem jeweiligen Investor bekannt sind. Werden Zahlungen auf Ereignisse bedingt, deren Eintreten von einer der Vertragsparteien nicht beobachtet werden können, so ist die schlechter informierte Vertragspartei dem Risiko ausgesetzt, dass Ansprüche geltend gemacht werden, deren Berechtigung nicht überprüfbar sind. So könnten Typ 2 Investoren in $t = 1$ geltend machen, dass sie vom Typ 1 sind, um $c_1 > 1$ zu erhalten, in der Hoffnung, diesen Ertrag dann in langfristige Wertpapiere anlegen zu können und einen höheren Konsum als c_2 zu erzielen.

DIAMOND und DYBVIG (1983) haben gezeigt, dass eine Bank als Finanzintermediär, die die Anfangsausstattung der Investoren, die wir ab jetzt als Sparer bezeichnen, als Depositen entgegennimmt und diese in das kurz- und langfristige Projekt anlegt, eine pareto-effiziente Konsumallokation bewirken kann, obwohl sie die Konsumbedürfnisse der Sparer ebenfalls nicht beobachten kann. Wir nehmen an, dass die Bank allen Sparern, die ihre Einlage in $t = 1$ abziehen, c_1^{opt} Konsumeinheiten verspricht und allen Sparern, die bis $t = 2$ warten, c_2^{opt} Konsumeinheiten ausschüttet. Diese Lösung hat drei wichtige Eigenschaften:

1. Die Konsumallokation ist pareto-effizient, denn c_1^{opt} und c_2^{opt} entsprechen genau den Konsummengen, die wir oben als pareto-effizient identifiziert haben.
2. Die Konsumallokation ist erreichbar, d. h. die Bank kann die versprochenen Konsummengen auch ausschütten, wenn sie optimal investiert. Dabei kommt ihr natürlich zu Hilfe, dass sie weiß, wieviele Sparer vom Typ 1 und Typ 2 es insgesamt gibt und dass die Erträge aus den Investitionen sicher sind.
3. Die Konsumallokation ist anreizkompatibel, d. h. jeder der beiden Sparer-Typen ruft seine Einlage nur zu dem Zeitpunkt ab, zu dem seine Konsumbedürfnisse bestehen.

Die Bedingung der Anreizkompatibilität bedarf noch einiger Erläuterungen: Die Bank kann nur dann die Konsummengen c_1^{opt} und c_2^{opt} versprechen, wenn in $t = 1$ wirklich nur die Sparer vom Typ 1 ihre Einlage zurückfordern und in $t = 2$ ausschließlich Typ 2 Sparer ihre Einlage abrufen. Stellen wir uns vor, im Zeitpunkt $t = 1$ würden auch einige Typ 2 Sparer ihre Einlagen abrufen. Da die Bank nur den Betrag $y = \alpha c_1^{\text{opt}}$ aus der kurzfristigen Investition zur Verfügung hat, muss sie Teile der langfristigen Investition liquidieren, und zwar müssen für jede Konsumeinheit, die in $t = 1$ mehr als geplant zurückgezahlt wird, $1/r > 1$ Einheiten der langfristigen Investition liquidiert werden. Entsprechend sinkt der Ertrag in $t = 2$ um $R/r > R$ Konsumeinheiten. Zwar sinken auch die Ansprüche der Typ 2 Sparer in $t = 2$, wenn einige von ihnen vorzeitig ihre Einlagen zurückfordern, aber wegen $c_2^{\text{opt}}/c_1^{\text{opt}} < R$ fällt diese Minderung geringer aus als die Abnahme der Erträge in $t = 2$. Die Bank wäre somit nicht in der Lage, die Ansprüche der verbleibenden Typ 2 Sparer zu befriedigen. Das gleiche Problem hätte die Bank, wenn einige Typ 1 Sparer bis $t - 2$ warten würden. Die Bank könnte zwar den überschüssigen Ertrag aus der kurzfristigen Investition noch einmal kurzfristig anlegen, allerdings nur zu einer Rendite von Null. Die Ansprüche der Sparer, die bis $t = 2$ warten, wachsen aber um den Betrag

$c_2^{\text{opt}}/c_1^{\text{opt}} > 1$, auch in diesem Fall reichen die Erträge der Bank in $t = 2$ somit nicht aus, um die Ansprüche aller Sparer vollständig zu erfüllen. Da die Bank den Sparertyp nicht beobachten kann, funktioniert der Depositenvertrag somit nur dann, wenn die Sparer keinen Anreiz haben, ihre Einlagen zu einem anderen Zeitpunkt, als es ihrem Typ entspricht, abzuziehen. Es ist offensichtlich, dass kein Typ 1 Sparer bis $t = 2$ wartet, um seine Einlage abzuziehen, da er in $t = 2$ mit dem Konsum keinen Nutzen verbindet. Typ 2 Sparer dagegen könnten auf die Idee kommen, bereits in $t = 1$ ihre Einlagen abzuziehen, um diese dann bis $t = 2$ wieder anzulegen. Da jedoch eine kurzfristige Anlage von $t = 1$ bis $t = 2$ keine Rendite erbringt und zudem $c_2^{\text{opt}} > c_1^{\text{opt}}$ gilt, hat er hierzu keinen Anreiz. Es bleibt noch zu klären, warum die Bank einen Anreiz hat, einen Depositenvertrag mit den pareto-effizienten Konsummengen anzubieten. Hier nehmen wir an, dass jederzeit neue Banken in den Markt eintreten können. Der Wettbewerbsdruck zwingt die Bank dazu, sich so zu verhalten, als ob sie den Nutzen ihrer Sparer maximieren würde.

D3.3 Bank Run und Stabilisierungsmöglichkeiten

Das Modell bietet uns eine Erklärung für ein Gleichgewicht, in dem Depositenverträge für die Sparer optimal sind, allerdings ist nicht gewährleistet, dass dieses Gleichgewicht auch stabil ist. Der Grund für die Instabilität liegt darin, dass die Bank in $t = 1$ mehr an die Typ 1 Sparer zahlt, als die Investitionsprojekte bis zu diesem Zeitpunkt „verdient" haben. Der Kalkül der Bank geht nur dann auf, wenn in $t = 1$ nicht mehr Sparer ihre Einlagen zurückfordern als geplant. Aus der Sicht eines Sparers, der im Zeitpunkt $t = 1$ gerade erfahren hat, dass er vom Typ 2 ist, hängt die Zahlung, die er im nächsten Zeitpunkt erhält, davon ab, ob auch alle anderen Typ 2 Sparer bis $t = 2$ warten. Zwar hat grundsätzlich kein Typ 2 Sparer einen Anreiz, seine Einlage vorzeitig abzuziehen, dies gilt aber nur unter der Prämisse, dass auch alle anderen Typ 2 Sparer bis $t = 2$ warten. Wenn ein Typ 2 Sparer jedoch vermutet, dass andere Typ 2 Sparer ihr Einlagen vorzeitig abrufen, läuft er Gefahr, dass die Überschüsse der Bank in $t = 2$ nicht ausreichen, so dass es für ihn besser ist, auch in $t = 1$ seine Einlage zurückzufordern anstatt zu warten. Er bekommt dann zwar nur c_1^{opt}, dies ist aber besser als zu warten und möglicherweise leer auszugehen. Wir haben es hier mit einer typischen Spielsituation zu tun, bei dem der Nutzen eines Spielers davon abhängt, was die anderen Spieler tun bzw. welche Erwartungen über das Verhalten der anderen vorherrschen. Wie bei Spielsituationen nicht unüblich gibt es zwei Nash-Gleichgewichte. Ein mögliches Nash-Gleichgewicht, das sehr wünschenswerte Eigenschaften aufweist, haben wir oben kennengelernt. Ein zweites Nash-Gleichgewicht ist dadurch gekennzeichnet, dass alle Sparer in $t = 1$ ihre Einlagen abziehen, man nennt dies einen Bank Run. Natürlich reichen die Erträge der Bank auch bei vollständiger Liquidation der langfristigen Investition nicht aus, um im Falle eines Bank Runs die für $t = 1$ versprochene Rückzahlung vollständig bedienen zu können. Für den einzelnen Sparer ist nun entscheidend, wie die zu geringen Mittel der Bank auf die Gesamtheit der Sparer aufgeteilt werden. Werden die Sparer, wie bei Banken üblich, sequentiell, d. h. in der Reihenfolge ihres Eintreffens am Bankschalter ausbezahlt, kommt es darauf an, möglichst vor den anderen Sparern zur Bank zu eilen. Da sich diese Notwendigkeit für jeden Sparer ergibt, verstärkt dies die Anreize, so schnell wie möglich die Einlagen abzuziehen, ein Bank Run führt daher zu panikartigen Reaktionen der Sparer. Erstaunlich ist, dass ein Bank Run möglich ist, obwohl es hierfür keinen konkreten Anlass gibt. In der betrachteten Modellwelt kann es auch gar keinen konkreten Anlass geben, da es keine gesamtwirtschaftliche Unsicherheit gibt, weder hinsichtlich der Gesamtheit der Konsumbedürfnisse der Sparer noch hinsichtlich der Investitionserträge. Allein eine plötzliche Erwartungsänderung einiger Sparer führt zu einer Kettenreaktion, die schließlich in einem Bank Run endet. Man spricht in diesem Fall von einem Sunspot-Phänomen. Bei Diamond und Dybvig wird der Bank Run ausschließlich als Sunspot-Phänomen modelliert. Es ist also einzig und allein die Unsicherheit über das Verhalten der anderen Sparer, die im Modell von Diamond und Dybvig den Bank Run auslöst.

In der Realität sind es in der Regel keine Sunspot-Phänomene, die einen Bank Run auslösen, sondern es gibt hierfür meist konkrete Anlässe, wie beispielsweise ein Gewinneinbruch der Bank, Zusammenbrüche anderer Banken oder schlechte wirtschaftliche Aussichten (vgl. GORTON (1988)). Im September 2007 geriet Northern Rock, einer der größten britischen Hypothekenfinanzierer, in Folge der durch die Subprime-Krise ausgelösten Turbulenzen an den Finanzmärkten in Refinanzierungsschwierigkeiten. Die Bank refinanzierte sich überwiegend an den internationalen Finanzmärkten, die innerhalb kurzer Zeit austrockneten. Als die Refinanzierungsschwierigkeiten von Northern Rock bekannt wurden, kam es zu einem massenhaften Abzug von Spareinlagen. Vom Freitag, den 14. September bis Montag, den 17. September hoben die Kunden etwa zwei Milliarden Pfund von Konten der Bank ab. Um den Ansturm der Sparer zu bewältigen, mussten die Öffnungszeiten der Bankschalter verlängert werden. Der Bank Run konnte erst gestoppt werden, nachdem die britische Regierung eine Garantie für alle Spareinlagen aussprach. Unsicherheit über die Ertragslage der Bank können wir in das Modell einbauen, indem wir annehmen, dass die Erträge aus der langfristigen Investition in $t = 0$ unsicher sind, die kurzfristige Investition sei nicht risikobehaftet. Wir nehmen weiterhin an, dass in $t = 1$ bekannt wird, wie hoch der Ertrag der langfristigen Investition sein wird, wir bezeichnen die Realisation des Ertrages mit $\hat{R}$. Wenn wir den Fall ausschließen, dass in $t = 1$ mit Sicherheit ein Bank Run einsetzt, wird die Zahlung an die Sparer in $t = 1$, r_1, so gewählt, dass gilt:

$$\alpha r_1 \leq y \, . \tag{D3-17}$$

Die Zahlung an die Sparer in $t = 2$ beträgt dann unter der Bedingung, dass kein Bank Run vorliegt:

$$(1 - \alpha)\,\hat{r}_2 = \hat{R}\,(1 - y) + y - \alpha r_1 \, . \tag{D3-18}$$

Der Depositenvertrag ist anreizkompatibel, so lange $\hat{r}_2 \geq r_1$ gilt. Dies bedeutet:

$$r_1 \leq \hat{R}\,(1 - y) + y\,. \tag{D3-19}$$

Ob die Anreizbedingung erfüllt ist, hängt zum einen davon ab, welche Ausprägungen R annehmen kann, und zum anderen von der Konstruktion des Depositenvertrages, insbesondere davon, wie r_1 festgelegt wird. Es sind drei Fälle denkbar (vgl. ALLEN und GALE (2007), S. 85-90).

1. Die Anreizbedingung (D3-19) ist niemals verletzt unabhängig davon, wie r_1 gewählt wird,
2. es ist optimal, einen Bank Run zu verhindern, indem r_1 abweichend von der pareto-effizienten Ausprägung festgelegt wird,
3. ein Bank Run kann zwar verhindert werden, dies würde aber eine so weitreichende Abweichung vom optimalen Depositenvertrag erfordern, dass es besser ist, die Gefahr eines Bank Runs in Kauf zu nehmen.

Abb. D3.4: Bank Run auf Northern Rock am 14. September 2007

Ein Bank Run führt nicht nur zu Verlusten bei den Sparern, sondern bewirkt auch, dass ertragreiche Investitionen liquidiert werden müssen. Dazu besteht in der Realität die Gefahr, dass auch die Sparer anderer Banken um die Sicherheit ihrer Einlagen fürchten und der Bank Run einer einzelnen Bank wie ein Domino-Effekt andere Banken mit in den Abgrund zieht, so dass letztlich die Stabilität des gesamten Finanzsystems einer Volkswirtschaft auf dem Spiel steht. Die Frage ist somit, ob Möglichkeiten existieren, der Gefahr eines Bank Runs entgegenzuwirken.

Eine Möglichkeit, einen Bank Run zu verhindern, ist die *Aussetzung der Auszahlungen (Suspension of Convertibility)*. Dabei legt die Bank eine Sperrschwelle $\hat{f}$ fest, ab der keine weiteren Auszahlungen in $t = 1$, r_1, vorgenommen werden, auch wenn noch jemand abheben möchte. Die Sperrschwelle muss dabei zum einen sicherstellen, dass in $t = 1$ nicht so viele Sparer ihre Depositen abziehen, dass an die Sparer, welche erst in $t = 2$ abheben, jeweils weniger ausgezahlt werden kann (r_2) als in $t = 1$ pro Sparer ausgezahlt wurde. Ansonsten werden auch die Sparer vom Typ 2 bereits in $t = 1$ abheben wollen. Desweiteren muss die Sperrschwelle ermöglichen, dass alle Einleger vom Typ 1 in $t = 1$ abheben können. Das Wertintervall der Sperrschwelle $\hat{f}$ ergibt sich damit aus

$$\hat{f} \geq \alpha \qquad \text{und} \qquad r_1 \leq \frac{R(1 - r_1\hat{f})}{1 - \hat{f}} = r_2 \qquad \text{(D3-20)}$$

$$\text{zu} \qquad \hat{f} \in \left[\alpha, \frac{R - r_1}{(R - 1)r_1}\right]. \qquad \text{(D3-21)}$$

Die Bank legt die Sperrschwelle per Vertrag fest und macht sie glaubhaft öffentlich bekannt, so dass kein Typ 2 Konsument in $t = 1$ abheben wird, da er, unabhängig von seinen Erwartungen bezüglich der Abhebungen anderer, in $t = 2$ immer mehr wird konsumieren können. Die glaubhafte Ankündigung der Suspension of Convertibility alleine ist hierfür schon ausreichend. Sie erzielt die gewünschte Verhaltensbeeinflussung der Typ 2 Sparer und bewirkt dadurch, dass die Suspension of Convertibility nie tatsächlich in Kraft tritt. Es wird das gute Nash-Gleichgewicht erreicht.

Abschließend wollen wir darüber nachdenken, wie die Auszahlungen r_1 und r_2 vom Anteil α der Sparer vom Typ 1 abhängen. Ist der Anteil α besonders groß, so bedeutet dies, dass die Bank in $t = 1$ einen Großteil der Investition liquidieren muss, um die Typ 1 Investoren bedienen zu können. Da in dieser Situation nur ein kleiner Anteil der Einlagen bis $t = 2$ investiert bleibt, fällt auch die *Verzinsung* der Einlagen entsprechend gering aus. Ist α hingegen klein, so kann der Großteil der Investitionen bis $t = 2$ verzinslich in der Produktion belassen werden. Da damit der Produktionsrückfluss insgesamt steigt, steigen auch die Rückzahlungen an die Sparer beiden Typs.

Erweiterung des Grundmodells um stochastische α

Im bisher behandelten Grundmodell wurde angenommen, dass der Anteil α der Sparer vom Typ 1 bereits in $t = 0$ öffentlich bekannt und eine fixierte Größe ist. Wie gezeigt wurde, lässt sich unter dieser Annahme mit Hilfe der Suspension of Convertibility ein Depositenvertrag aufstellen, der zwingend zum guten Nash-

Gleichgewicht und damit auch zur optimalen Risikoteilung führt. Diese Annahme sei nun aufgehoben. Der Anteil α sei im Folgenden eine Zufallsvariable.

Ist α stochastisch, so führt dies dazu, dass die untere Grenze der Sperrschwelle nur schwer festzulegen ist. Um sicherzustellen, dass alle Investoren vom Typ 1 in $t = 1$ abheben können, müsste die Sperrschwelle $\hat{f}$ so gewählt werden, dass sie die größtmögliche Realisation der Zufallsvariable α nicht unterschreitet. Die Sperrschwelle wird damit ex post betrachtet aber regelmäßig zu hoch gewählt. Um die Anreizkompatiblität aufrecht zu erhalten (und den tatsächlichen Einsatz der Suspension sicher zu verhindern), muss die Bank r_1 klein wählen. Die Auszahlung r_2 wird damit umso größer. Die Optimalitätsbedingung (D3-12) wird in all den Fällen verfehlt, in denen nicht die größtmögliche Realisation von α eintritt.

Der Zusammenhang sei an folgendem Beispiel erläutert: Kann in $t = 0$ nicht ausgeschlossen werden, dass in $t = 1$ alle Sparer vom Typ 1 sein werden, so muss der Finanzintermediär um einen Bank Run definitiv auszuschließen eine Sperrschwelle $\hat{f}$ von 1 wählen. Der Finanzintermediär passt gleichzeitig die Zahlungen an die Sparertypen so an, dass sichergestellt ist, dass auch alle potenziellen Typ 1 Sparer in $t = 1$ abheben können. Dies kann nur dann gewährleistet werden, wenn die Rückzahlung r_1 auf den Wert 1 beschränkt wird. Ein solcher Depositenvertrag bietet jedoch keinerlei Verbesserung zur Lösung ohne Finanzintermediär, so dass in diesem extremen Fall das stochastische α den gesamten Wohlfahrtsgewinn aufzehrt. Zwar könnte der Finanzintermediär in Verbindung mit einem kleineren $\hat{f}$ eine positive Einlagenverzinsung ankündigen, allerdings setzt er damit die Sparer wiederum dem Risiko aus, dass die tatsächliche Realisation von α größer als die Sperrschwelle ist. Je nach Nutzenfunktion der Sparer werden diese in $t = 0$ das Risiko des tatsächlichen Eintritts der Suspension of Convertibility nicht eingehen wollen und dem Depositenvertrag nicht zustimmen.

Während die Suspension of Convertibility bei deterministischem α noch zum Optimum führte, kann sie bei stochastischem α zwar zu einer Verbesserung im Vergleich zur isolierten Lösung beitragen, erreicht ex post betrachtet aber nur selten das Optimum. Wir wollen im folgenden Kapitel überlegen, ob es bei stochastischem α nicht eine bessere Lösung gibt.

Ist nicht der Anteil der Sparer vom Typ 1 unsicher, sondern sind die Erträge aus der Investiton mit Unsicherheit behaftet, so kann die Suspension of Convertibility ein Instrument sein, mit dem eine Bank ihren Sparern signalisiert, dass eine Weiterführung des langfristigen Investitionsprojekts vorteilhaft ist (vgl. Gorton (1985)).

Die Einlagensicherung

Eine alternative Möglichkeit, einem Bank Run entgegenzuwirken, stellt eine *Einlagensicherung* dar. Eine Einlagensicherung garantiert die Auszahlung der Einlagen der einzelnen Sparer (insbesondere der Typ 2 Sparer), unterbindet damit das schlechte Gleichgewicht des Bank Runs und stellt folglich sicher, dass die Lösung mit Finanzintermediär nie zu einem schlechteren Ergebnis gelangen kann als eine Lösung ohne Finanzintermediär. Wichtig ist jedoch, dass die Einleger auf die Zahlungsfähigkeit der Einlagensicherung vertrauen. Handelt es sich bei der Einlagensicherung um eine private Institution, so muss diese genügend Sicherheiten zurückhalten, um bei jeder Realisation von α zahlungsfähig zu sein. Dies könnte mittels einer staatlichen Kontrolle der privaten Einlagensicherung erreicht und an die Sparer glaubhaft kommuniziert werden.

Stattdessen kann aber auch der Staat die Einlagensicherung direkt übernehmen. Die Zahlungsfähigkeit der staatlichen Einlagensicherung kann dabei über die Steuerhoheit sichergestellt werden: Der Staat kann im Anschluss an eine Auszahlung aus der Einlagensicherung Steuern erheben, so dass der Teil, der sich nicht aus dem Investment finanzieren lässt, wieder eingezogen wird. Über den Steuermechanismus verfügt die staatliche Einlagensicherung damit immer über ausreichende Liquidität. Der Bank Run bei Northern Rock hat gezeigt, dass das Vertrauen der Sparer in die Zahlungsfähigkeit eines privaten Einlagensicherungssystems schnell erschöpft ist, wenn die Schieflage einer Bank nicht als isolierter Einzelfall, sondern als Teil einer größeren Krise gesehen wird. Die privaten Einlagensicherungssystme sind in der Tat auch nicht darauf angelegt, eine Krisensituation, die mehrere Banken erfasst, zu überstehen. Daher konnte nur eine staatliche Intervention, die in den meisten europäischen Ländern in der unbeschränkten Haftung des Staates für alle Bankeinlagen mündete, die Gefahr eines universellen Bank Runs bannen. Obwohl keineswegs sicher ist, ob die Möglichkeiten der Staaten wirklich ausgereicht hätten, die Ansprüche aller Sparer zu bedienen, war das Vertrauen der Sparer doch offensichtlich groß genug, um die drohende Gefahr weiterer Bank Runs abzuwenden.

Wie wir gesehen haben, bietet das Modell von Diamond und Dybvig nützliche Erkenntnisse über das Entstehen und die Vermeidung von Bank Runs, die Bedeutung von Liquidität und wie sie erreicht werden kann sowie für die Funktionsweise einer Einlagensicherung.

D3.4 Erweiterungen des Modells von Diamond und Dybvig und eine andere Erklärung für die Bedeutung von Depositen

Bisher haben wir gesehen, dass Banken durch die Bereitstellung von Depositen Fristentransformation erreichen können. Sie schaffen dadurch Liquidität, die wir als die Möglichkeit aufgefasst haben, intertemporal dann zu konsumieren, wenn es gewünscht ist. Dass diese Erkenntnis auch unter weniger restriktiven Annahmen, als wir sie im Modell beispielsweise in Bezug auf die Technologie gesehen haben, weiterhin Gültigkeit besitzt, zeigen die folgenden Überlegungen.

Aufbauend auf dem Modell von Diamond und Dybvig betrachtet VON THADDEN (1999) zum einen Investitionen, die auch kurzfristig eine positive Rendite abwerfen, und zum anderen die Auswirkungen, die sich ergeben, wenn nicht mehr drei diskrete Zeitpunkte betrachtet werden, sondern ein stetiges Zeitmodell vorliegt. Bei ersterer Betrachtung stellt sich die Frage, inwieweit aufeinander folgende kurzfristige Projekte mit einem Ertrag von R_1 in der Lage sind, an die Rendite eines langfristigen Projektes mit Ertrag von R_2 heranzureichen. Lässt sich durch die Abfolge der kurzfristigen Projekte das langfristige voll substituieren, besteht keine Möglichkeit, zusätzliche Liquidität bereitzustellen. Je stärker das langfristige Projekt jedoch irreversibel ist, desto mehr Liquidität kann durch die Transformationsfunktion der Bank geschaffen werden. Bei der Modellierung kontinuierlicher Zeit kommt von Thadden zu dem Ergebnis, dass auch unter diesem Aspekt Depositen Liquidität schaffen.

Das Modell von Diamond und Dybvig kann zwar zeigen, warum es Depositen gibt, es kann aber nicht erklären, warum es in der Realität sowohl Banken, die Depositenverträge anbieten, als auch Finanzmärkte, auf denen Wertpapiere gehandelt werden, gibt. Wie JACKLIN (1987) gezeigt hat, ist ein Depositenvertrag, wie wir ihn oben betrachtet haben, nicht möglich, wenn es zusätzlich auch die Möglichkeit des Wertpapierhandels gibt, d. h. das Modell von Diamond und Dybvig setzt implizit voraus, dass keine Finanzmärkte existieren. Die Argumentation von Jacklin baut auf folgender Überlegung auf: Ein Sparer überlegt sich in $t = 0$, ob er statt des Depositenvertrags seine Anfangsausstattung vollständig in das langfristige Projekt investieren soll. Stellt sich in $t = 1$ heraus, dass er vom Typ 2 ist, so hält er seine Beteiligung und realisiert in $t = 2$ einen Ertrag, der größer ist als die Zahlung aus dem Depositenvertrag, da $R > r_2$ gilt. Erfährt der Sparer dagegen, dass er vom Typ 1 ist, so kann er seinen Anteil den Sparern vom Typ 2 zum Kauf anbieten. Damit diese Strategie dem Depositenvertrag überlegen ist, muss der Preis π, den er erzielt, mindestens so hoch sein wie die Zahlung aus dem Depositenvertrag:

$$\pi^{\min} \geq r_1 > 1\,. \tag{D3-22}$$

Kann der Sparer davon ausgehen, einen Käufer zu finden, der bereit ist, einen Preis $\pi \geq \pi^{\min}$ zu zahlen? Wir unterstellen zunächst, dass es nur einen einzigen Sparer gibt, der nicht den Depositenvertrag wählt, d. h. dieser Sparer ist in $t = 1$ der einzige Anbieter von Anteilen an der langfristigen Investition. Typ 2 Sparer werden in $t = 1$ maximal einen Preis $\pi^{\max}$ bezahlen, der gerade noch gewährleistet, dass der Ertrag bei Rückforderung der Einlage in $t = 1$ und Kauf von Anteilen an der langfristigen Investition mindestens der Zahlung r_2 aus dem Depositenvertrag entspricht:

$$r_1 \frac{R}{\pi^{\max}} \geq r_2 = \frac{(1 - \alpha r_1)}{1 - \alpha}\,. \tag{D3-23}$$

Da $r_1 > 1$ gilt, erhalten wir als Ergebnis, dass es ein Intervall für den Preis π gibt, in dem die beiden Bedingungen (D3-22) und (D3-23) erfüllt sind:

$$\pi^{\min} = r_1 < \pi < r_1 \frac{1 - \alpha}{1 - \alpha r_1} = \pi^{\max}\,. \tag{D3-24}$$

Aus (D3-24) ist erkennbar, dass ein Ausscheren aus dem Depositenvertrag für einen einzelnen Sparer immer dann erfolgversprechend ist, wenn $r_1 > 1$ gilt. Würde die Bank die Zahlung des Depositenvertrages in $t = 1$ auf $r_1 = 1$ senken, bräuchten wir allerdings keinen Depositenvertrag mehr, weil sich die Allokation ($c_1 = r_1 = 1; c_2 = r_2 = R$) auch durch den Handel mit Wertpapieren erreichen lässt. Wie bereits weiter oben gezeigt wurde, kann eine Situation mit $\pi > 1$ kein Gleichgewicht darstellen, da alle Sparer in $t = 0$ ausschließlich in das langfristige Projekt investieren würden und es somit niemanden gäbe, dem die Typ 1 Sparer in $t = 1$ ihre Anteile an der langfristigen Investition verkaufen könnten.

Diamond zeigt in einer Erweiterung des ursprünglichen Modells, dass Banken und Finanzmärkte nebeneinander existieren können, wenn es Typ 2 Sparer gibt, die am Wertpapierhandel nicht teilnehmen können (vgl. DIAMOND (1997)). Neben den Sparern vom Typ 1 gibt es nun zwei Arten von Sparern vom Typ 2, solche mit Zugang zu einem Finanzmarkt (Typ 2A) und solche ohne Finanzmarktzugang (Typ 2B). Werden nun die Konsumbedürfnisse bekannt, können alle, die einen Zugang zum Finanzmarkt haben, auf diesem ihre Ansprüche auf Rückflüsse aus der Investition handeln. Zwischen den Sparern vom Typ 1, die alle auf dem Markt aktiv sind, und den Sparern vom Typ 2A stellen sich Preise für Konsumeinheiten über den Marktmechanismus ein. Es verbleiben aber die Sparer vom Typ 2B, für die über den Markt keine Absicherung erfolgt. Ist der Anteil der Sparer vom Typ 2B hinreichend groß, besteht noch Verbesserungspotential bezüglich der bereitgestellten Liquidität. Eine Versicherung gegen das Risiko, entweder zur Gruppe mit Marktzugang (Typ 1 und Typ 2A) zu gehören oder nicht am Markt teilnehmen zu können (Typ 2B), ist wünschenswert. Zwischen die Gruppe, die handelt, und diejenige, die nicht am Handel teilnimmt, kann sich dazu ein Finanzintermediär, eine Bank, schalten und zusätzliche Liquidität durch Depositen schaffen. Wie kann man erklären, dass es Sparer gibt, die keinen Finanzmarktzugang haben? Diamond begründet dies mit einer ungleichen Informationsverteilung: Diejenigen Sparer, die schlechter informiert sind, riskieren beim Wertpapierhandel an Insider zu geraten, die ihnen Wertpapiere „zu teuer" verkaufen und „zu preiswert" abkaufen. Diese Erklärung ist zwar plausibel, aber im Modell von Diamond haben wir es mit sicheren Erträgen zu tun, so dass es gar keine ungleiche Informationsverteilung geben kann. HÖRHAGER-CELJO (2008) hat diesen Mangel behoben und ein Modell entwickelt, in dem die Erträge aus der langfristigen Investition unsicher sind. Sparer vom Typ 2A erfahren die Höhe der Erträge in $t = 1$, Sparer vom Typ 1 und vom Typ 2B erhalten diese Information nicht. Zwar haben grundsätzlich alle Sparer Zugang zum Finanzmarkt, Sparer vom Typ 2B nutzen diese Möglichkeit aber nicht, weil die Deposite für sie die bessere Geldanlageform ist. Sparer vom Typ 2A dagegen bevorzugen in $t = 1$ den Wertpapierhandel gegenüber der Deposite.

Einen Ansatz, der in einen anderen Theoriebereich fällt, wählen CALOMIRIS und KAHN (1991). Die bisher betrachteten Modelle ordnen Banken die Rolle zu, den Sparern Flexibilität im Zeitpunkt des Konsums bereitzustellen. Daneben lassen sich aufbauend auf der Anreizproblematik, die durch die Überlassung der Einlage an die Banker entsteht, Gründe für die Vorteilhaftigkeit von Depositen finden. Von Calomiris und Kahn wird ein Kooperationsproblem betrachtet, das auf asymmetrischer Information und der Möglichkeit, sich ex post betrügerisch zu verhalten, beruht. Ausgangspunkt ist die Überlegung, dass Banker einen Informationsvorteil bei der Bestimmung von günstigen Projekten haben. Dem Vorteil der besseren Verteilung des Kapitals steht das Problem gegenüber, dass für den Banker die Möglichkeit besteht, gegen die Interessen des Einlegers zu handeln. Umgangssprachlich formuliert kann es für einen Banker, der die Einlage gegen eine Auszahlungsverpflichtung entgegengenommen hat, angebracht sein, sich mit dem ihm anvertrauten Geld aus dem Staub zu machen. Der Banker nimmt dabei eine Abwägung ausgehend von den Rückflüssen aus dem Projekt vor. Zahlt er die vereinbarte Rückzahlung ordnungsgemäß aus, kann er den Gewinn, den das Projekt über die Rückzahlung hinaus erzielte, behalten. Macht er sich mit dem ihm anvertrauten Geld aus dem Staub, verliert er durch Maßnahmen, die ihn vollständig vor dem Gesetz schützen, wie Bestechung, gefälschte Pässe etc., einen Teil des veruntreuten Geldes. Dieser Teil ist im Modell stets ein proportionaler Teil der Projekterträge (es ist aufwändiger, viel Geld zu veruntreuen), so dass die Flucht vor dem Gesetz bei guten Projekterträgen teuer ist. Da die Rückzahlung an die Sparer ein konstanter Betrag ist, wird der Banker häufiger in Zeiten schlechter Erträge das Geld veruntreuen; eine Überlegung, die durch historische Beobachtungen gestützt wird.

Calomiris und Kahn führen bei ihrer Betrachtung des Depositenkontraktes nun folgende Struktur ein. In $t = 1$ kann ein Sparer in ein Signal investieren, das ihm als Indikator für eine gute oder eine schlechte Entwicklung der Investitionen der Bank dient. Ihm steht dann in $t = 2$ die Möglichkeit offen, durch Abzug der Depositen die Liquidation der Bank zu veranlassen, wobei davon ausgegangen wird, dass die Bank einzig diesen einen Investor bedient. Die Liquidation ist annahmegemäß nicht so kostspielig, wie die Flucht des Bankers, so dass sie im Fall einer erwarteten Flucht gesellschaftlich erwünscht ist. Erhält der Investor ein Signal, das auf schlechte Erträge hinweist, wird er die Liquidation anstreben, um sich so eine Rückzahlung zu sichern. In $t = 3$ entscheidet dann der Banker, wenn die Bank nicht liquidiert wurde, ob er die Rückzahlung an den Einleger leistet oder sich absetzt. Calomiris und Kahn zeigen nun, dass bei hinreichend billigem und akkuratem Signal ein Bereich möglicher Rückzahlungen existiert, für den ein Depositenvertrag aufgrund der Überwachungsfunktion der optimale Kontrakt ist. Nur durch das Angebot des Depositenvertrages ist es für den Banker bei erwarteten Rückzahlungen in diesem Bereich überhaupt möglich, den Einleger dazu zu bewegen, ihm sein Geld zu überlassen. Unter weiteren Annahmen zeigen Calomiris und Kahn, dass auch bei vielen Sparern durch den Depositenvertrag ein optimales Ergebnis erreicht wird. Der Gefahr, dass jeder Sparer darauf wartet, dass die anderen die Überwachung übernehmen, um sich so Free-Rider-Vorteile zu verschaffen, beugt die sequenzielle Bedienung von Depositen vor.

D4 Zahlungsverkehr

1. Zahlungsmittel sind Bargeld, Buchgeld und Geldsurrogate.
2. Zahlungsvorgänge können direkt zwischen den Beteiligten, über Zahlungsverkehrsunternehmen und über Banken vollzogen werden.

3. Um den Zahlungsverkehr schneller und günstiger gestalten zu können, werden zunehmend technische Lösungen verwendet und Kooperationen zwischen konkurrierenden Banken eingegangen.
4. Banken tragen im Gegensatz zu Zahlungsverkehrsunternehmen das Risiko, dass sie nicht allen Zahlungswünschen nachkommen können. Sie können aber die Gelder aktivseitig verwenden und dadurch Zinsen zahlen.
5. Banken konnten zumindest früher Wertstellungs- und Floatgewinne erzielen.
6. Der Einsatz von Karten mit unterschiedlichen Funktionen führt zu Veränderungen im Zahlungsverhalten.

D4.1 Zahlungsmittel und Zahlungsvorgänge

In der Volkswirtschaftslehre werden Zahlungsmittel in drei Gruppen eingeteilt:

- *Bargeld* setzt sich zusammen aus Banknoten und Münzgeld und ist *gesetzliches Zahlungsmittel*, d. h. eine Zahlung von Bargeld befreit rechtswirksam von der damit beglichenen Schuld. Der Zahlungsempfänger unterliegt einem Annahmezwang (mit Obergrenzen für Münzen).
- Unter *Buchgeld* (Giralgeld) werden Sichteinlagen, d. h. jederzeit fällige Guthaben bei Kreditinstituten, verstanden. Auch eingeräumte, aber nicht ausgenutzte Kreditlinien auf Zahlungsverkehrskonten werden als Buchgeld angesehen. Nicht dazu zählen hingegen solche Depositen, die der Geldanlage dienen (Sparguthaben, Termingelder etc.) und erst bei Fälligkeit oder Auflösung zu Buchgeld (oder Bargeld) werden.
- *Elektronisches Geld* (E-Geld) sind vorausbezahlte Zahlungseinheiten auf einer Karte (z.B. die ecUM-Karte an der Universität Mannheim) oder einer PC-Festplatte.
- *Geldsurrogate* sind u. a. der Wechsel und der Scheck.

Der Annahmezwang ist ein wesentliches rechtliches Merkmal, das Bargeld und Buchgeld unterscheidet. Letzteres ist juristisch gesehen eine Forderung gegenüber einem Kreditinstitut mit dem *Anspruch* auf *jederzeitige* Umwandlung in Bargeld. Diese sofortige Einlösungspflicht ist Grundlage für die Gefahr eines Bank Run (vgl. Abschnitt D3.3). Wesentliche *Nachteile* des Bargeldes sind Verlustrisiken durch z. B. Diebstahl, Aufbewahrungs- und Sicherungskosten zur Senkung des Verlustrisikos sowie Zinslosigkeit. Zahlungsvorgänge können wir – unter Vernachlässigung der Geldsurrogate – in bare, halbbare und bargeldlose Zahlungen aufteilen. Sie werden danach unterschieden, ob auf beiden, auf einer oder auf keiner Seite der Übertragung Bargeld verwendet wird.

Beispiele:

- bar: Bezahlung der Getränke in der Kneipe,
- halbbar: Abhebung vom eigenen Girokonto, Bareinzahlung einer Spende,

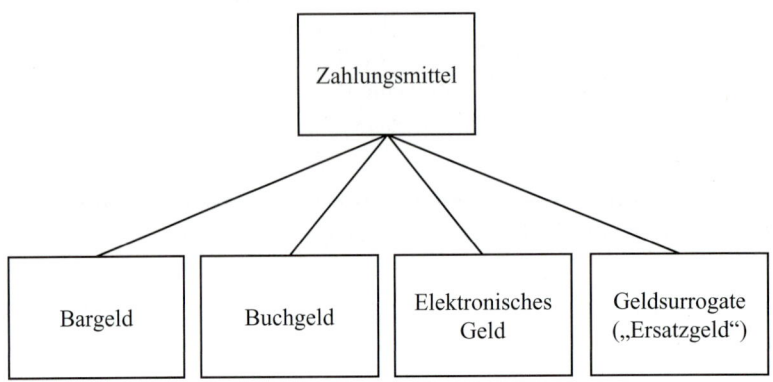

Abb. D4.1: Einteilung der Zahlungsmittel in der Volkswirtschaftslehre

- bargeldlos: Lastschrifteinzug des Vereinsbeitrages, Dauerauftrag über die Mietzahlung, Einzelüberweisung[2] des Semesterbeitrages, Einreichung des elterlichen Schecks zur Gutschrift, Zahlung der Hotelrechnung mit Kreditkarte.

Bei bargeldlosen Zahlungsvorgängen wird Buchgeld oder elektronisches Geld übertragen. Bei einer halbbaren Zahlung findet mit einer Barein- oder -auszahlung zu Gunsten oder zu Lasten eines Kontos eine Umwandlung von Bargeld in Buchgeld oder umgekehrt statt. Barzahlungen benötigen selbst dann kein Konto, wenn sie über größere Entfernungen geleistet werden, indem z. B. Geldscheine im Briefumschlag versandt werden. Bei der Postbank ist es auch möglich, Bargeld einzuzahlen, das einem Empfänger bar ausbezahlt wird („Minuten-Service", vormals „Postanweisung"). Bargeldlose Zahlungen sind u. a. so beliebt, weil der für kleine Beträge verhältnismäßig aufwändige Transport entfällt. Außerdem ist Buchgeld in gewisser Weise gegen physischen Verlust gesichert. Abbildung D4.2 zeigt die mengenmäßige Entwicklung der bargeldlosen Zahlungsarten in Deutschland.

---

[2] In den §§676a bis 676g BGB sind Überweisungen seit dem 01.07.1999 gesetzlich geregelt (vgl. HARTMANN (1999)). Die EU hat mit ihrer Verordnung über grenzüberschreitende Zahlungen in Euro vom 19.12.2001 alle Banken in den Mitgliedstaaten dazu verpflichtet, für grenzüberschreitende Euro-Zahlungen mit Karte oder Überweisung keine höheren Preise als für eine Inlandstransaktion zu verrechnen.

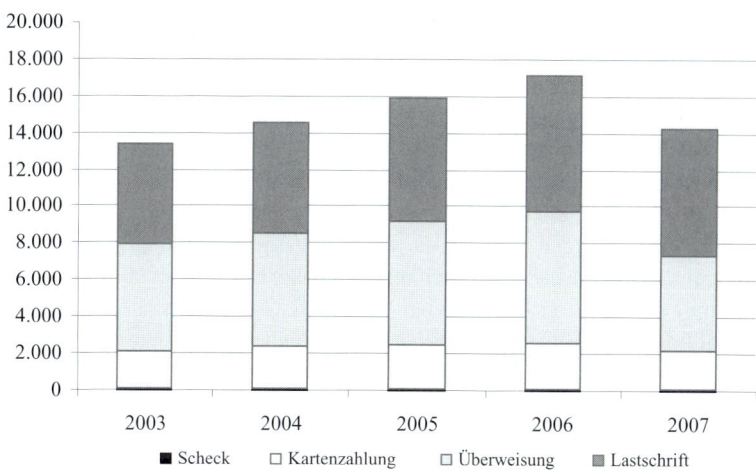

Abb. D4.2: Anzahl (in Millionen Transaktionen) bargeldloser Zahlungsvorgänge in Deutschland

Quelle: BANK FÜR INTERNATIONALEN ZAHLUNGSAUSGLEICH (2009). Darüber hinaus gab es in
sehr geringem, in der Abbildung nicht darstellbarem Umfang e-money payments.

D4.2 Varianten des Zahlungsverkehrs

Unter *Zahlungsverkehr* werden auf volkswirtschaftlicher Ebene zumeist alle Zahlungsvorgänge, d. h. alle Übertragungen von Zahlungsmitteln verstanden. Ausführliche Beschreibungen einiger Instrumente des Zahlungsverkehrs bieten z. B.
ADRIAN und HEIDORN (2000) sowie GRILL und PERCZYNSKI (2009). Im Folgenden werden wir auf einzelne Aspekte eingehen, die uns aus theoretischer Sicht,
wegen ihrer zukünftigen Bedeutung oder als Vorbereitung für spätere Kapitel
des Buches wichtig erscheinen.

Das Interesse der Beteiligten am Zahlungsverkehr richtet sich darauf, die Zahlungen schnell, sicher und kostengünstig durchzuführen (siehe Abschnitt G2.3).
Ganz im Sinne der „Neuen Institutionenökonomik" (vgl. etwa WILLIAMSON
(1990) und PICOT (1991b)) können wir uns fragen, welches bezüglich einer konkreten Zielfunktion die beste Art der Aufgabenerfüllung ist:

1. direkte Transaktionen zwischen den Beteiligten,
2. Bildung von Zahlungsverkehrsunternehmen zur Bündelung von Einzelfällen,
3. Erledigung durch Unternehmen, die es für das Kredit- und Einlagengeschäft
   ohnehin schon gibt (d. h. durch Banken).

Direkte Transaktionen

Direkte Transaktionen zwischen den Beteiligten erfüllen die genannten Qualitäts-
kriterien in den Fällen besonders gut, in denen ohnehin beide Parteien an einem
Ort zusammentreffen und die Beträge nicht so hoch sind, dass Verlustrisiken
große Relevanz erlangen. Andernfalls (denken Sie z. B. an die Postkutschenüber-
fälle aus Wildwestfilmen) wird eher eine Institution eingeschaltet. Allerdings gibt
es Ausnahmen, denn mit Transaktionen über Mittler ist meist eine Dokumentation verbunden. Daher werden für Geldbeträge, die in einem Zusammenhang mit
kriminellen Delikten stehen (Steuerhinterziehung, Drogengelder, Schwarzmarkt
etc.), oftmals Barzahlungen bevorzugt. Da die Empfänger wegen der besseren
Verfügungs- und Verwendungsmöglichkeiten größeren Nutzen aus Geldern haben, die normal auf Konten liegen, wird versucht, Gelder aus illegalen Geschäften in den offiziellen Zahlungsverkehr einzuschleusen (Geldwäsche). Halbbare
Transaktionen sind dafür die entscheidende Schnittstelle. Folgerichtig wird seit
1993 mit dem Gesetz über das Aufspüren von Gewinnen aus schweren Strafta-
ten (Geldwäschegesetz) versucht, vor allem bei Barein- und -auszahlungen im
Werte von 15.000 € oder mehr sowie bestimmten Wertpapier- und Edelmetall-
geschäften zu prüfen, ob Indizien für kriminelle Aktivitäten vorliegen. So sind ab
15.000 € die genaue Identifizierung der handelnden Person und die Speicherung
ihrer Daten vorgeschrieben, Verdachtsfälle sind anzuzeigen.

Zahlungsverkehrsunternehmen

Wenn ein Zahlungsverkehrsunternehmen den Zahlungsverkehr für viele Kunden
bündelt, so kann es *Skalenvorteile* realisieren:

- Die Transportkosten für die Zahlungsmittel steigen sehr wahrscheinlich un-
  terproportional in der Anzahl und dem Volumen der Transaktionen.
- Gleiches dürfte auch für physische Sicherungskosten gelten – für Versicherungsprämien hingegen vielleicht nicht.

Besonders nachhaltig werden derartige Vorteile, wenn ein großes Zahlungsverkehrsunternehmen Aufträge gar nicht ausführen muss, weil sich bei einzelnen
Partnern Eingänge und Ausgänge von Zahlungen partiell ausgleichen:

> Nehmen Sie an, dass A an B 100 €, B an C 200 € und C an A 100 € zahlen muss. Dann
> genügt es, 100 € von B zu C zu transportieren.

Den eventuell optimierten physischen Transport von Bargeld könnte ein be-
liebiges Zahlungsverkehrsunternehmen durchführen; es müsste keine Bank sein:
Einige *Geldtransportunternehmen* (und früher Postkuriere) tun genau das.

Banken

Die Durchführung des bargeldlosen Zahlungsverkehrs ist ein Bankgeschäft gem.
§1 KWG. Die Hamburger Girobank war Anfang des 17. Jahrhunderts das erste Institut, das in Deutschland Zahlungen durch *Kontoübertragungen* vornahm
(vgl. hier und im Folgenden HUMPERT (1993)). Trotz zahlreicher Gründungen
ähnlicher Institute in anderen Städten gelang es zunächst aber nicht, die räumliche Anwendung des Verfahrens zu erweitern, denn es fehlte die Möglichkeit,

zwischen Konten bei unterschiedlichen Banken an unterschiedlichen Orten Übertragungen vorzunehmen.

Der entscheidende Impuls ging von der Aufnahme des *Giroverkehrs* durch die Reichsbank, der Vorläuferin der Deutschen Bundesbank, im Jahre 1876 aus. Sie ermöglichte durch den Aufbau eines verzweigten Gironetzes überregionale Übertragungen. Später errichteten die drei Großbanken, der Sparkassensektor und der Genossenschaftssektor eigene Gironetze[3]. Da die Beförderung von Bargeld lange Zeit Sache der Post war, wurde 1909 der Postscheckverkehr eingeführt, weshalb auch die Postbank heute ein eigenes Gironetz besitzt.

Um die Zusammenhänge im bargeldlosen Zahlungsverkehr zu verstehen, bietet es sich an, mit dem Gironetz der *Deutschen Bundesbank* zu starten. Prinzipiell kann jeder daran mit einem Konto bei einer der 47 Bundesbank-Filialen (Stand: Juli 2009) angeschlossen sein. Vorwiegend wird es allerdings von Kreditinstituten, öffentlichen Stellen und einigen größeren Firmen genutzt. Banken müssen in der Regel gemäß Art. 19 der Satzung des Europäischen Systems der Zentralbanken (ESZB-Satzung) und der EG-Ratsverordnung über die Auferlegung einer Mindestreservepflicht ein Konto bei der Deutschen Bundesbank unterhalten. Sie können zudem über ihre Bundesbank-Konten die Differenz der Zahlungen ausgleichen, die zwischen ihren Kunden fließen. Auf diese Weise findet u. a. die *Überleitung* von Buchgeld zwischen Banken statt, sofern nicht ausnahmsweise direkte Kontoverbindungen bestehen.

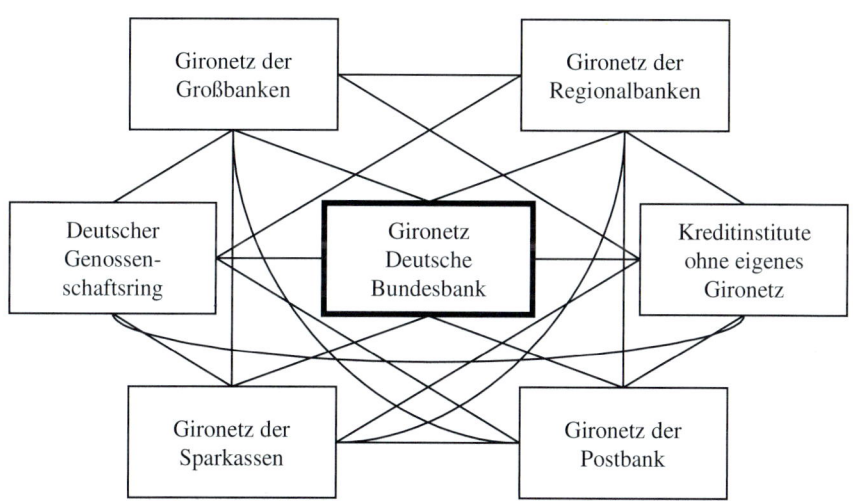

Abb. D4.3: Gironetze für den Inlandszahlungsverkehr

---

[3] Mit eigenen Gironetzen wird vor allem der frühzeitige Liquiditätsabfluss aus der eigenen Bank bzw. Bankengruppe vermieden.

Mit dem Gironetz der Bundesbank sind die anderen Gironetze verbunden (siehe Abbildung D4.3). Gehören die Konten von Zahler und Empfänger zum gleichen Gironetz, so müssen die beteiligten Kreditinstitute nicht den Umweg über das Bundesbanknetz gehen, sondern *können* im eigenen Gironetz verrechnen. Ob sie das tun, wird ggf. wirtschaftlich nach den anfallenden Kosten, dem Zeitbedarf usw. entschieden. HUMPERT (1993) gibt z. B. an, dass die Großbanken Schecks meist einheitlich – also auch Schecks des eigenen Instituts – über das Netz der Bundesbank einziehen, da diese eine vorteilhafte Wertstellung anbietet. Eine hausinterne Verrechnung findet statt, wenn beide Beteiligten ihr Konto beim gleichen Kreditinstitut haben.

D4.3 Automation und Kooperation im Zahlungsverkehr

Um im Zahlungsverkehr schneller und kostengünstiger zu arbeiten, werden von den Kreditinstituten vielfältige technische Lösungen genutzt, z. B.

- *Geldautomaten*, die u. a. zur Ausgabe und Annahme von Bargeld von bzw. für Girokonten dienen,
- *Schriftlesesysteme* zur maschinellen Erfassung von Belegen,
- das beleglose Datenträgeraustauschverfahren, d.h. die Weiterleitung von Zahlungsverkehrsdaten durch Austausch elektronischer Medien (z. B. Magnetbänder) oder die Datenfernübertragung, bei der Zahlungsverkehrsdaten über Standard- oder Wählleitungen online weitergegeben werden.

Besonders diejenigen Methoden, die Auswirkungen an der Schnittstelle zwischen Kreditinstituten haben (z. B. Lieferung von Daten statt Belegen) verlangen gewisse Vereinheitlichungen, um durch Rationalisierung Skaleneffekte umfassend nutzen zu können. Beispielhaft zu nennen sind folgende Vereinbarungen:

- Eine einheitliche, achtstellige *Bankleitzahl* (BLZ) gibt u. a. über Region, Institutsgruppe und Bundesbank-Konto Auskunft.
- Die Richtlinien für einheitliche *Zahlungsverkehrsvordrucke* (2002) machen Vorgaben zu Formaten, Papierqualität, Zeilenabstand, Schriftgröße und Farbgebung.
- Richtlinien für den beleglosen *Datenträgeraustausch* legen u. a. ein einheitliches Format für die Datensätze fest.
- Die derzeit weitreichendste Standardisierung ist EDIFACT (Electronic Data Interchange For Administration, Commerce and Transport). Es handelt sich hierbei um einen weltweiten, branchenübergreifenden Standard für das Format elekronischer Daten im Geschäftsverkehr. Grundgedanke ist es, für bestimmte Typen von Geschäftsvorfällen Nachrichtenformate (Datensätze) zu spezifizieren, die genau festlegen, welche Informationen (Datenfelder) vom Absender der Nachricht an den Empfänger zu übermitteln sind, und die mit Standardsoftware bearbeitet werden können.

In der Volkswirtschaftslehre wird über die Frage, ob und für wen derartige Normen lohnend sind, unter der Überschrift „Ökonomik der Standardisierung" (so der Titel des Sammelbandes von TIETZEL (1994)) intensiv diskutiert:

- Bei Netzen gibt es *positive externe Effekte* durch zusätzliche Nutzer, weil dann mehr Partner erreichbar sind. Daher sind größere Netze gesamtwirtschaftlich vorzuziehen, solange es keine Überlastung („Staus") gibt.
- Standards haben den Charakter *öffentlicher Güter* und werden im freien Wettbewerb eher in zu geringer Zahl hervorgebracht. Das schließt aber keineswegs aus, dass sich Quasi-Standards durch Markterfolge einzelner Anbieter ergeben (Beispiel: Windows als Plattform für PC-Anwendungsprogramme).
- Aus *einzelwirtschaftlicher Sicht* eines Anbieters hängt eine Förderung der Standardisierung davon ab, ob die Vorteile des „Zugriffs" auf einen größeren potenziellen Kundenkreis die Nachteile des für die Kunden leichteren Wechsels überkompensieren.

Was die Zahlungsverkehrsnetze angeht, so belegen die vielfältigen Übereinkünfte die Vorteile der Standardisierung deutlich. Die Bankkunden möchten möglichst vielen ihrer Zahlungsverpflichtungen durch kostengünstige Buchgeldtransfers nachkommen können. Daher ist die Erreichbarkeit vieler Geschäftspartner (also die Netzgröße) ein entscheidender Punkt. Einzelne Kreditinstitute können dies wohl nur dadurch gewährleisten, dass sie sich an ein Gesamtnetz anschließen und die Übergänge dazu einfach und wenig aufwändig gestalten. Das öffentliche Netz der Deutschen Bundesbank ist die Basis dafür, in angemessener Weise der Gefahr ineffizient geringer Standardisierung entgegenzuwirken.

Um zusätzlich *Größenvorteile* zu erzielen, gehen immer mehr konkurrierende Banken Kooperationen im Zahlungsverkehr ein. So hat bspw. die Deutsche Bank ihren Zahlungsverkehr ausgegliedert und an die Postbank übertragen. 2007 haben Sparkassen aus 8 Bundesländern Marktfolgearbeiten im Zahlungsverkehr in der Deutschen Servicegesellschaft für Finanzdienstleister mbH (DSGF) vereinigt.

Bisher haben wir fast ausschließlich den inländischen Zahlungsverkehr behandelt. Mit dem Ausland kommen mögliche Besonderheiten hinzu:

- Die Institutionen, die von den Beteiligten eingeschaltet werden, arbeiten unter unterschiedlichen rechtlichen und technischen *Rahmenbedingungen.*
- Zahler und Empfänger haben Konten in unterschiedlichen *Währungen.*

Die Kreditinstitute in Deutschland operieren in einigen Punkten nach Maßgabe unterschiedlicher Gesetze (z. B. Sparkassen- oder Genossenschaftsgesetze), unterliegen aber alle dem KWG und anderen allgemeinen Rechtsgrundlagen. Dadurch können nötigenfalls Vorschriften erlassen werden, die Gemeinsamkeiten im nationalen Zahlungsverkehr erzwingen, sofern nicht freiwillige Vereinbarungen ohnehin schon dazu führen. Im grenzüberschreitenden Zahlungsverkehr kennen Regierungen die Vorteile von Standardisierung und werden daher auf dem Verhandlungswege Abstimmungen vornehmen. Und *multinationale* Banken haben ein Eigeninteresse an normierten, gleichartigen Verfahren.

Prinzipiell gibt es drei Wege, im internationalen Zahlungsverkehr Verbindungen herzustellen (vgl. GRILL und PERCZYNSKI (2009)):

1. Korrespondentenverhältnisse mit ausländischen Banken, wobei die Institute gegenseitig füreinander Bankgeschäfte ausführen.
2. Das S.W.I.F.T.-System (Society for Worldwide Interbank Financial Telecommunication) ist ein internationales Datenübertragungsnetz für Finanznachrichten (Nachrichten zum Zahlungsverkehr, Wertpapiertransfer, zu Devisen- und Geldmärkten, Nachrichten aus dem dokumentaren Zahlungsverkehr sowie administrative Zahlungen). S.W.I.F.T. ist kein Verrechnungs- oder Clearingsystem, sondern lediglich eine Plattform zur Nachrichtenübermittlung. Nachrichten über Zahlungen werden in standardisierten Formaten übermittelt. Schon beim nationalen Zahlungsverkehr hatten wir auf EDIFACT hingewiesen. Da es sich um einen internationalen Standard handelt, eignet er sich selbstverständlich auch für den Auslandszahlungsverkehr. Er tritt in Konkurrenz zu S.W.I.F.T.
3. Die internationalen Netze werden verbunden. TARGET (Trans-European Automated Real-time Gross settlement Express Transfer System) ist ein europäisches Clearing- und Zahlungssystem. Das System soll die Umsetzung der Geldpolitik unterstützen und einen funktionsfähigen Zahlungsverkehr innerhalb der EU sicherstellen (vgl. EUROPÄISCHE ZENTRALBANK (2003b)). TARGET2 ist ein weiterentwickeltes Brutto-Clearingsystem aller teilnehmenden Zentralbanken des Eurosystems. Es gibt nur noch eine einheitliche technische Plattform, die von allen Zentralbanken gemeinschaftlich genutzt wird.

Wegen der unterschiedlichen und manchmal unsicheren rechtlichen Situation setzen Bankkunden im internationalen Geschäft oftmals andere Instrumente im Zahlungsverkehr ein als im Inland. Beispielsweise erfreut sich das *Dokumentenakkreditiv* einiger Beliebtheit. Es dient nicht nur der Geldübertragung, sondern auch der Zahlungssicherung.

Der im internationalen Zahlungsverkehr gelegentlich erforderliche Wechsel der Währung hat durch die Einführung des *Euro* an Bedeutung verloren. Die Kosten, die durch jeden Wechsel zwischen zwei Währungen verursacht werden, sind Ausdruck der komplizierten Pufferfunktion, die von den beteiligten Kreditinstituten für die Kunden übernommen wird:

> Zwischen dem Zahler (in Inlandswährung) und dem Empfänger (in Auslandswährung) stehen Kreditinstitute, welche die Zahlung umwandeln. Zum Beispiel kann eine deutsche Bank ihren Kunden in € belasten, US-$ an eine *Korrespondenzbank* übertragen (bzw. ihrem dortigen Konto belasten) und diese US-$ dem ausländischen Geschäftspartner des Kunden gutschreiben lassen.

D4.4 Besonderheiten der traditionellen Banken

Betrachten wir Banken mit Einlagen- und Kreditgeschäft, so können wir uns fragen, ob und ggf. welche Besonderheiten eine so definierte traditionelle Bank im Zusammenhang mit dem Zahlungsverkehr gegenüber anderen Anbietern hat. Eine Bank legt das Geld ihrer Kunden verzinslich und z. T. längerfristig an. Daher besteht prinzipiell das Risiko, nicht allen Zahlungswünschen nachkommen zu können. Für Barabhebungen haben wir dieses Problem schon im Modell von Diamond und Dybvig (vgl. Abschnitt D3.2) kennen gelernt. Aufsichtsrechtliche Vorkehrungen zur Risikobegrenzung beschäftigen uns in Teil G.

Gutschriften und Belastungen von *Rechnungseinheiten* auf Konten verlangen keine anderen Bankgeschäfte. Das gilt auch für unternehmensübergreifende Übertragungen, sofern die Rechnungseinheit allgemein akzeptiert wird. Ein Zahlungsverkehrsunternehmen, das Geld seiner Kontoinhaber annimmt und hortet, um immer auszahlungsfähig zu sein, hat aber gegenüber einem Kreditinstitut, das die Gelder aktivseitig verwendet, *Zinsnachteile*. Diese wird es durch höhere Gebühren ausgleichen wollen und dadurch für die Kunden weniger attraktiv sein. Müssen die Kunden zudem mehr Liquidität halten, weil ihnen keine Überziehungsmöglichkeit eingeräumt wird, wächst der Vorteil der Bank weiter.

In Deutschland argumentieren die Banken häufig, dass sie die Kosten des Zahlungsverkehrs nur durch Erträge aus anderen Geschäften decken können. In den USA war das lange Zeit anders. Durch die Regulation Q waren den Kreditinstituten bis Anfang der achtziger Jahre Zinszahlungen auf bestimmte Einlagen verboten. Diese Vorschrift wurde – nicht rechtlich, aber ökonomisch – gerade durch das Angebot kostenloser Zahlungsverkehrsleistungen umgangen.

Solange die Transaktionskosten eine entscheidungsrelevante Größe haben, ist aus Kundensicht noch ein Vorteil traditioneller Banken zu nennen: Die Übertragung zwischen einem nicht oder nur sehr gering verzinsten Zahlungsverkehrskonto und einem höher verzinslichen Depositenkonto ist im Regelfall innerhalb einer einzigen Bank weniger aufwändig als zwischen einer Bank und einem anderen Unternehmen.

Dieser Kundenvorteil macht gleichzeitig den Zahlungsverkehr aus Banksicht attraktiv. Wegen der Transaktionskosten wird ein Zahlungsverkehrskonto als Anker der Kundenbeziehung gesehen, der weitere Geschäfte mit sich bringt. Überdies können Banken aus dem Zahlungsverhalten ihrer Kunden wichtige Informationen für die Kreditwürdigkeitsprüfung gewinnen (vgl. Kapitel C1).

Neue *Techniken* könnten zukünftig die Transaktionskosten und Gebühren verringern bzw. den Zahlungsverkehr insgesamt nachhaltig ändern. Die Verbreitung der Ihnen bekannten Geldkarte mit Chip und die mögliche Etablierung von Internet-Geld sind zwei Entwicklungen, denen Sie Beachtung schenken sollten. Gerade der letztgenannte Punkt ist sowohl unter Sicherheitsaspekten als auch aus Sicht der Geldpolitik interessant.

D4.5 Ausgewählte wirtschaftliche Aspekte

Aus wirtschaftlicher Sicht werden beim Zahlungsverkehr u. a. die Laufzeiten, die Buchungs- und Wertstellungsusancen sowie der Float diskutiert.[4] Die *Dauer* von Geldtransfers wird primär technisch/organisatorisch determiniert. Die Bedeu-

---

[4] Im Auslandszahlungsverkehr, den wir hier nicht weiter behandeln wollen, ist ergänzend an rechtliche Anforderungen – z. B. die Abgabe von Meldungen gemäß Außenwirtschaftsverordnung – zu denken, die zu einer Verteuerung der Bankleistungen führen.

tung der technischen Infrastruktur (Netze, Geräte etc.) hierfür ist offensichtlich. Hingegen ist geschäftspolitisch zu entscheiden, wie – in Anlehnung an diese Zeiten, aber dennoch grundsätzlich unabhängig davon – die *Valutierung* aus- und eingehender Zahlungen erfolgen soll. Die prinzipielle Entscheidungsfreiheit wird allerdings durch Gerichtsurteile zunehmend eingeschränkt. Für die Möglichkeit, in der Zwischenzeit Gelder zinsbringend zu verwenden, ist im Übrigen nicht nur die Übertragungszeit, sondern auch die Existenz von Märkten wichtig:

> Sie tragen kurz vor Schalterschluss 1.000 € zu Ihrer Hausbank und holen sie am nächsten Morgen kurz nach Öffnung der Geschäftsstelle wieder ab. Ob Ihre Bank mit dieser kurzfristigen Einlage Zinsen erwirtschaften konnte, hängt u. a. davon ab, ob sie Zugang zu einem Markt hat, der Overnight-Einlagen verzinst. Ob Sie selbst Zinsen für diese Einlage bekommen, hängt von der Valutierungspraxis Ihrer Bank ab.

Das Image der Banken hat darunter gelitten, dass sie früher in vielen Fällen *Wertstellungsgewinne* zu Lasten der Kunden realisiert haben, in denen sie selbst problemlos Zugang zu zinsbringenden Anlagen hatten (vgl. Abbildung D4.4):

- Eine Bareinzahlung wurde dem Kunden mit Verspätung gutgeschrieben, so dass der Bank das Geld einige Zeit zinslos zur Anlage zur Verfügung stand.
- Eine Barabhebung hingegen wurde meist sofort belastet.
- Eine Überweisung innerhalb des eigenen Hauses wurde dem Auftraggeber tagegleich belastet, dem Empfänger aber erst später gutgeschrieben.

Nach dem einschlägigen Urteil des BGH vom 17. Januar 1989 und der seitherigen Rechtsprechung[5] sind Wertstellungsgewinne kaum noch möglich.

Neben den Wertstellungsgewinnen hat auch der so genannte *Floatnutzen* einige Aufmerksamkeit erfahren. Er entsteht aus schwebenden Zahlungen, wenn z. B. die Belastung des Kundenkontos schon erfolgt ist, die Bank selber aber im Zuge der Weiterleitung einer Überweisung im eigenen Gironetz noch nicht zahlen musste. Bei Nutzung des Gironetzes der Deutschen Bundesbank, bei Überweisungen im Datenträgeraustausch und vor allem bei Eilüberweisungen mit Datenfernübertragung fällt kein Floatnutzen an.

Die Bedeutung des Float ist in der Literatur umstritten (vgl. SLEVOGT (1982), JACOB (1989), SLEVOGT (1989), JACOB (1990), GERKE und PFEUFER (1995)). Unserer Meinung nach wird die Kundenforderung nach schnellerer Abwicklung des Zahlungsverkehrs in Verbindung mit diversen technischen und organisatorischen Veränderungen für einen weiteren Rückgang der wirtschaftlichen Bedeutung des Floatnutzens sorgen.

D4.6 Einsatz von Karten

Wesentliche Veränderungen des Zahlungsverhaltens werden von technischen Möglichkeiten beeinflusst. Beispielsweise ermöglicht die zunehmende Vernetzung

---

[5] Vgl. auch das BGH-Urteil zur Wertstellung von Überweisungs- und Scheckgutschriften vom 06.05.1997.

Bareinzahlung:

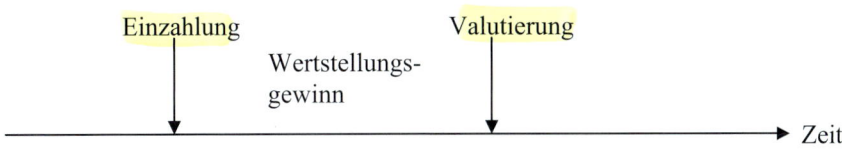

Ausgangsüberweisung:

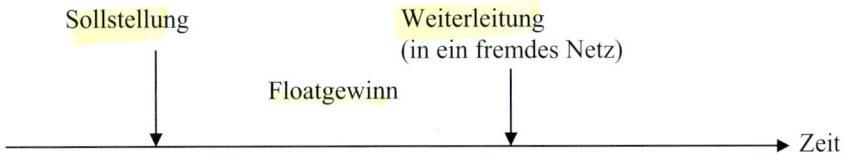

Abb. D4.4: Wertstellungs- und Floatgewinne

von Einzelhändlern, dass Zahlungen mit verschiedenen *Karten* geleistet werden (vgl. ausführlich ADRIAN und HEIDORN (2000), S. 199ff.).

Tab. D4-1: Diverse Kartentypen

Kartentyp	Beschreibung
Kundenkarten	Herausgeber sind Unternehmen (z. B. Kaufhäuser, aber auch Banken). Die bargeldlose Zahlung ist meist nur beim Emittenten möglich.
Kreditkarten (im engeren Sinne)	Sie können für Zahlungen bei allen Vertragspartnern der jeweiligen Kartengesellschaft eingesetzt werden (American Express, Diners Club, MasterCard, Visa u. a.).
MaestroBankkarte	Zusammen mit einer persönlichen Identifikationsnummer (PIN) kann Bargeld abgehoben und an elektronischen POS-Kassen (Point of Sale) bargeldlos gezahlt werden. Die Autorisierung findet dann u. U. direkt am Girokonto des Kunden statt.
Geldkarten	Sie enthalten einen Mikrochip, der an speziellen Automaten mit Bargeld oder durch Übertragung vom Konto wie eine Geldbörse gefüllt werden kann. Bei der Zahlung wird vom Chip abgebucht und der Betrag einem Konto oder einem anderen Chip gutgeschrieben. Chipkarten werden bereits seit einiger Zeit in Kantinen eingesetzt, neuerdings werden EC-Karten mit Chip ausgegeben. Geldkarten finden als Bargeldersatz immer häufiger Verwendung.

Einzelne Typen von Karten werden in Tabelle D4-1 beschrieben. Man kann Karten aber auch nach ihren Funktionen systematisieren (vgl. Tabelle D4-2). Der Zusammenhang zwischen Typen und Funktionen soll von Ihnen erarbeitet werden (siehe Aufgabe D4.3).

Tab. D4-2: Ausgewählte Funktionen von Karten

Garantie	Bargeld-beschaffung	Bargeldloses Zahlungsmittel	Kreditfazilität
Der Karteninhaber kann mit der Karte die Zahlung garantieren.	Mit der Karte kann an Automaten Bargeld beschafft werden.	Mit der Karte können Zahlungen bargeldlos geleistet werden.	Durch den Einsatz der Karte erhält der Inhaber einen Kredit.

Für die Akzeptanz von Kartenzahlungen durch die Händler ist die Zahlungsgarantie wichtig. Sie wird in vielen Fällen durch die so genannte *Autorisierung* realisiert. Darunter wird eine meist automatische Rückfrage verstanden, ob die Karte nicht gesperrt und der Zahlungsbetrag gedeckt ist. Bei Chipkarten ist kein Netz zur Autorisierung nötig.

Für Kunden ist u. a. von Bedeutung, wie die Regelungen im Schadensfall aussehen, wer also beispielsweise bei missbräuchlicher Nutzung in welcher Höhe haftet.

Banken sind in vielfacher Weise vom Vordringen der Karten betroffen:

- Der Einsatz von Karten bei der Bargeldbeschaffung und als bargeldloses Zahlungsmittel verringert den Aufwand im angeblich defizitären Zahlungsverkehr.
- Sofern Einzelzahlungen über die Kartenemittenten abgerechnet werden und nur ein Saldenausgleich vom laufenden Konto erfolgt, verlieren die Banken Informationen über das Konsum- und Zahlungsverhalten ihrer Kunden.
- Kreditlinien der Kartenemittenten konkurrieren mit dem Angebot von Konsumentenkrediten durch die Banken. Erstere werden von den Kunden u. U. aus psychologischen Gründen eher genutzt, weil kein eigenständiger, persönlicher Antrag notwendig ist.
- Das Preisgefüge im Kreditgeschäft wird unübersichtlicher, weil Kartenemittenten u. U. geringere Bonitätsanforderungen durch höhere Zinssätze kompensieren, aber im Fall der Kundenkarten ggf. auch aus den Deckungsbeiträgen des Produktverkaufs die Zinssätze subventionieren.
- Durch Ausnutzung der Kreditlinien von Kartenemittenten kann die Rückzahlungsfähigkeit für bestehende Bankkredite nachträglich gesenkt werden.
- Die Benutzung von Kreditkarten kann die Geldnachfrage verändern und damit Auswirkungen auf die Geldpolitik der Zentralbank haben (vgl. DUCA und WHITSELL (1995)).
- In empirischen Untersuchungen wurde nachgewiesen, dass Kreditkartenbenutzer große Unterschiede im Gebrauch und in der Auswahl von Kreditkarten

zeigen (vgl. KARA *et al.* (1996)) und ihr Kaufverhalten ändern (vgl. RAAB (1998)).

- Die Zahlungssysteme selber beinhalten Risiken, wie z. B. der Ausfall eines Knotens, eines Netzes (vgl. z. B. ROCHET und TIROLE (1996)).

Teil E
Derivate

1. Derivate sind bedingte oder unbedingte Termingeschäfte, deren Wert vom Wert eines Underlying abhängt. Sie werden an Börsen oder over-the-counter (OTC) gehandelt.
2. Zerobondrenditen in Abhängigkeit von der Laufzeit bilden die Zinsstruktur. Sie ist flach, normal oder invers und enthält implizite Terminzinssätze.
3. Die Bewertung von Derivaten kann oftmals mittels Duplizierung unter der Annahme arbitragefreier Märkte erfolgen.
4. Kreditderivate erlauben den Handel diverser Kreditrisiken, gehen jedoch mit zusätzlichen Verhaltensrisiken einher.
5. Derivate haben höhere relative Preisrisiken als ihre Basiswerte (Hebelwirkung) sowie z. T. erhebliche rechtliche und organisatorische Risiken.
6. Die Vorteile von Derivaten gegenüber anderen Geschäften sind häufig in Marktunvollkommenheiten begründet.

E1 Arten und Einsatzmöglichkeiten von Derivaten

E1.1 Grundtypen von Derivaten

In diesem Teil des Lehrbuches behandeln wir Derivate. Wir päsentieren dabei primär die Grundlagen, die für die folgenden Lehrbuchteile wichtig sind, und kein Spezialwissen. Deshalb werden wir nicht an allen Stellen konkrete Aufsätze als Quellen angeben, sondern verweisen Sie vorab auf gängige Standardwerke wie etwa ALBRECHT und MAURER (2008), BRANGER und SCHLAG (2004), BREALEY et al. (2008), HULL (2009), JARROW und TURNBULL (2000), OEHLER und UNSER (2002) sowie STEINER und BRUNS (2007).

Ein *Derivat* ist ein Finanzinstrument, dessen Wert aus dem Wert eines anderen oder mehrerer anderer Finanztitel (Basiswert, *Underlying*) oder aus anderen Marktpreisen oder gar aus irgendwelchen Kenngrößen abgeleitet wird (lat. de-

T. Hartmann-Wendels et al., *Bankbetriebslehre*,
DOI 10.1007/978-3-642-11857-9_5, © Springer-Verlag Berlin Heidelberg 2010

rivare = ableiten). Als Underlying kommen z. B. festverzinsliche Wertpapiere, Aktien, Zinssätze, Aktienindizes, Regentage oder auch Derivate selbst in Frage.

Bei manchen Bankgeschäften handelt es sich um *Kassageschäfte*: Vertragsabschluss und Erfüllung finden (fast) gleichzeitig statt. Im Unterschied dazu sind Derivate *Termingeschäfte* (Erfüllung erfolgt später). Das schließt allerdings nicht aus, dass auch bei Derivaten bereits am Anfang und während der Laufzeit Zahlungen zu leisten sind, z. B. Kaufpreise (*Prämien*) und Sicherheitsleistungen für mögliche oder tatsächliche Wertänderungen (*Margins*).

Beachten Sie bitte, dass die Abgrenzung von Kassa- und Termingeschäften u. U. nicht ganz trennscharf ist. Einen *Kredit* (und auch eine Anleihe oder spiegelbildlich eine Einlage) würden wir wohl als Kassageschäft ansehen; er entspräche dem Verkauf von Geld „auf Ziel". Offensichtlich sind aber in der Zeit nach Vertragsabschluss noch Leistungen, nämlich Zins- und Tilgungszahlungen, zu erbringen, so dass wir den Kredit vor diesem Hintergrund als Termingeschäft einordnen müssten. Und in der Tat wird sich in Kapitel I3 herausstellen, dass ein Kredit einem Derivat sehr ähnlich ist.

Termingeschäfte sind weiter danach zu klassifizieren, ob in jedem Fall eine Leistung erfolgen muss (*unbedingte Termingeschäfte*) oder ob der Käufer ein Wahlrecht besitzt (*bedingte Termingeschäfte*). Dieser Unterschied wird am einfachsten an zwei Beispielen deutlich, bei denen wir als Underlying ein börsennotiertes Wertpapier Y verwenden:

1. Ein typisches unbedingtes Termingeschäft ist der *Forward*: Zum Abschlusszeitpunkt 0 wird festgelegt, dass A (der Käufer) zum Erfüllungszeitpunkt T von B (dem Verkäufer) das Wertpapier Y geliefert bekommt und dafür den Preis P zahlt.
2. Ein typisches bedingtes Termingeschäft ist die *Option*: Zum Abschlusszeitpunkt 0 zahlt A (der Käufer) an B (den Verkäufer, auch *Stillhalter* genannt) eine Prämie und bekommt dafür das Recht, aber eben nicht die Pflicht, am Laufzeitende T der Option (dem *Verfallzeitpunkt*) von B gegen Zahlung des Basispreises P das Wertpapier Y geliefert zu bekommen.

Die oben beschriebene Option ist in zwei Punkten speziell: Zum einen ist *genau ein* Ausübungstermin, das Laufzeitende, festgelegt; die Option heißt dann *europäisch*. Sie heißt *amerikanisch*, wenn sie während der gesamten Laufzeit bis zum *Verfalltag* ausgeübt werden kann. Zum anderen besteht das *Recht* der obigen Option darin, das Wertpapier zu *kaufen*, so dass ein *Call* vorliegt; das Recht, dem Vertragspartner ein Wertpapier *anzudienen*, definiert einen *Put*. Noch eine etwas gängige, nicht nur auf Derivate bezogene Terminologie: Wer ein Wertpapier oder ein Recht besitzt, ist darin *long*, wer liefern muss, ist *short*.

Derivate werden teils an *Terminbörsen* gehandelt, bspw. der EUREX (*Eu*ro*pean Ex*change Organization), hervorgegangen aus den deutschen und schweizer Terminbörsen DTB und SOFFEX, der NYSE Euronext, zu der neben der NYSE (*N*ew *Y*ork *S*tock *E*xchange) die ehemalige Londoner LIFFE (*L*ondon *I*nternational *F*inancial *F*utures *E*xchange) gehört, und der Warenterminbörse Hannover (heute RMX: (*R*isk *M*anagement *E*xchange), teils aber auch direkt zwischen Vertragspartnern (*OTC* = *over-the-*counter). Damit sich ein Finanztitel für den Börsenhandel in größeren Stückzahlen eignet, müssen seine technischen Spezifikationen standardisiert sein, d. h. Nominalvolumina, Laufzeit, Quotierung etc. sind einheitlich festzulegen und das Underlying muss im Fall eines Wertpapiers hinreichend marktgängig sein. Daher wird z. B. bei Derivaten auf festverzinsliche Wertpapiere häufig eine Gruppe von Wertpapieren mit ähnlichen Schuldnern, Laufzeiten, Zinssätzen usw. als Underlying gewählt.

Eine Übersicht über weitere Merkmale von OTC- und börsengehandelten Derivaten, die jeweils mit Vor- und Nachteilen verbunden sind, liefert Tabelle E1-1.

Tab. E1-1: Handel von Derivaten

	Over-the-counter (OTC)	An Terminbörsen
Kontrahenten	Individuelle Handelspartner	Börseninstitution oder Clearing House
Ausfallrisiko	Ja, Höhe abhängig von der Bonität des Vertragspartners	Nein, Börse wg. Garantie als risikolos angenommen
Anpassbarkeit	Maßgeschneidert: Vermeidung von Basisrisiken	Standardisierung führt zu Basisrisiken
Transaktionskosten	Hoch	Gering
Liquidität	U. U. problematisch	I. d. R. liquide

Die oben genannten *Forwards* werden im OTC-Geschäft gehandelt. Ihre börsenfähige Variante ist der *Future*. Er ist durch folgende Unterschiede, neben Standardisierung und Börsenhandel, gegenüber dem Forward gekennzeichnet:

- Forward-Kontrakte werden nur am Laufzeitende erfüllt, während bei Future-Kontrakten ein täglicher Gewinn- und Verlustausgleich erfolgen kann.
- Die Märkte für Futures sind zumeist reguliert, während für Forward-Kontrakte grundsätzlich die individuelle Vertragsfreiheit gilt.

Optionen sind unverbriefte Rechte, die als OTC-Geschäfte und als Handelsobjekte auf Terminbörsen auftreten. *Optionsscheine* sind *Wertpapiere*, in denen Optionsrechte verbrieft sind und die vergleichsweise kostengünstig in individuellen Stückzahlen an Wertpapierbörsen gehandelt werden können.

Abschließend noch ein wichtiges, im Zinsbereich das wichtigste OTC-Produkt:[1] der *Swap*. Swap-Geschäfte sind unbedingte Termingeschäfte, bei denen die Vertragspartner eine oder mehrere zukünftige Zahlungsverpflichtung(en) austauschen, z. B. Zinszahlungen auf Basis unterschiedlicher Zinssätze.

---

[1] Vgl. FEDERAL RESERVE BANK OF NEW YORK (2007), S. 9.

E1.2 Einsatzmöglichkeiten und -gründe für Derivate

Derivate haben in Kreditinstituten zwei ganz unterschiedliche Einsatzbereiche. Zum einen werden sie, wie Kredite und Einlagen, im *Kundengeschäft* verkauft. Dabei tritt das Kreditinstitut mal als Vertragspartner des Kunden im Derivat selbst auf (Kontrahent), mal lediglich als Händler (z. B. wenn börsengehandelte Derivate gegen Zahlung einer Provision beschafft werden). Zum anderen setzen die Kreditinstitute Derivate im *Eigengeschäft* ein (Handel, Portefeuillesteuerung etc.). Wir gehen in der Folge nicht näher auf den Teil des Geschäftes mit Derivaten ein, der im Kundenauftrag erfolgt, sondern beschränken uns auf das Eigengeschäft.

Derivate werden häufig verwendet, um Risikopositionen in der gewünschten Weise zu verändern: *Spekulation* und *Hedging*, d. h. das gezielte Eingehen und Beseitigen bestimmter Risiken, sind zwei Seiten einer Medaille. Oftmals ist es so, dass gleichzeitig mehrere Instrumente eingesetzt werden, von denen bei isolierter Betrachtung jedes unterschiedliche Gewinn/Verlust-Profile hat. Bei Betrachtung des Portefeuilles gleichen sich einige Risiken aus, weil die Instrumente in ihnen gegenläufig sind. In einem solchen Fall ist ökonomisch nicht zu unterscheiden, welches die Spekulations- und welches die Hedge-Instrumente sind.

Des Weiteren können Derivate dazu beitragen, Ineffizienzen zu beseitigen, indem mit ihrer Hilfe *Arbitragemöglichkeiten* - auf (nahezu) vollkommenen Märkten sind das Fehlbewertungen - ausgenutzt und damit beseitigt werden.

Auf vollkommenen Märkten kann, wie wir in Abschnitt E2.2 zeigen werden, in vielen Fällen der Wert eines Derivates durch Duplizierung ermittelt werden. Damit wären viele Derivate redundant; denn die gewünschten Wirkungen wären – zum gleichen Preis – auch mit dem äquivalenten Portefeuille erzielbar. Erhebliche Zunahmen im Derivategeschäft weisen aber darauf hin, dass Derivate gegenüber anderen Instrumenten Vorteile besitzen, die offenbar in der idealisierten Modellwelt nicht abgebildet werden. Das können u. a. sein:

- Hebeleffekte, die den erforderlichen Kapitaleinsatz reduzieren,
- Reduzierung der Transaktionskosten (Gebühren, Geld/Brief-Spanne etc.),
- größere Marktliquidität und Reduzierung des Ausfallrisikos bei börsengehandelten Derivaten,
- individuelle Gestaltbarkeit bei OTC-Derivaten,
- leichtere Separierung einzelner Risiken.

Die Vorteilhaftigkeit von Derivaten rührt insofern zumindest teilweise auch aus Regelungen des Aufsichtsrechts und der externen Rechnungslegung her. So geht mit dem geringeren Kapitaleinsatz häufig eine geringere Unterlegungspflicht mit Eigenkapital einher (vgl. Kapitel G2). Und der Bilanz- und Ergebnisausweis kann mit Derivaten anders gestaltet werden (vgl. Abschnitt M2.3).

Wir behandeln zumeist nur *Grundtypen* der Derivate, um damit wesentliche Prinzipien erläutern zu können. In der Bankpraxis spielen z. B. immer wieder auch sog. *exotische Optionen* eine Rolle. Mit dem Namen – eine ganz präzise Definition ist schwierig – soll gezeigt werden, dass diese OTC-Instrumente irgendwie von einem Standard abweichen. Wie wir noch sehen werden, verlangen gängige Bewertungsmethoden eine Duplizierbarkeit durch andere Instrumente, so dass die ökonomische Rechtfertigung nicht evident ist. Mit Blick auf den nötigen Aufwand für die Entwicklung von Methoden und Software für die Bewertung, Regulierung und Rechnungslegung solcher Produkte wird die Wirtschaftlichkeit zweifelhaft, obwohl Einsparungen von Transaktionskosten durch die Reduzierung der Anzahl benötigter Verträge nicht undenkbar sind. Möglicherweise werden gelegentlich exotische Optionen von Banken für Kunden passgenau konstruiert, um die Leistungsfähigkeit des *Financial Engineerings* zu demonstrieren.

E1.3 Klassifizierung von Derivaten nach ihren Underlyings

Als Underlying kommen, wie schon gesagt, recht unterschiedliche Finanztitel, Marktpreise oder Kennzahlen infrage. Unser Lehrbuch soll an dieser Stelle keinesfalls eine vollständige Übersicht für Investoren bieten. Stattdessen konzentrieren wir uns bewusst auf einige Beispiele, die im Rahmen des Risikomanagements Bedeutung haben. Dort beschäftigen wir uns mit Liquiditätsrisiken (vgl. Teil H), Ausfallrisiken (vgl. Teil I), Preisrisiken (aus Änderungen von Zinssätzen, Wechselkursen, Aktienkursen und Rohwarenpreisen) (vgl. Teil J) und operationellen Risiken (vgl. Teil K). Dementsprechend werden wir in der Folge Underlyings verwenden, mit denen wir einige dieser Risiken repräsentieren können.

Für die folgende Darstellung scheint uns im Wesentlichen eine problemorientierte, d.h. hier nach Risikoarten geordnete Vorgehensweise am besten geeignet zu sein, Verständnis für spezielle Einsatzmöglichkeiten von Derivaten sowie für Möglichkeiten und Grenzen ihrer Bewertung zu vermitteln. Auf diese Weise können wir zunächst die mit einem Risikofaktor einher gehenden theoretischen Überlegungen etwas näher betrachten, bevor wir dann zu den zur jeweiligen Risikoart gehörenden Derivaten und ihrer Bewertung kommen.

Nach ein paar allgemeinen Ausführungen zur Bewertung von Finanztiteln besprechen wir daher konkret in den folgenden Abschnitten nacheinander Zinsderivate (mit Zinssätzen und festverzinslichen Wertpapieren als Underlyings), Währungsderivate und Aktienderivate. Dabei werden wir themenbedingt Swaps, Forwards und Futures vorwiegend am Beispiel zins- und währungsabhängiger Produkte, Optionen hingegen primär mit Blick auf Aktienkursrisiken behandeln. Kreditderivate sind insofern eine eigenständige Gruppe von Derivaten, als dass sie anderen Produkten von der Konstruktion her ähnlich sind, aber einheitlich Kredite o. A. als Underlying haben, was z. T. andere Risikocharakteristika und Bewertungsanforderungen mit sich bringt.

E2 Allgemeines zur Bewertung von Finanztiteln

E2.1 Abgrenzung und Motivation

Bei der Bewertung von Finanzinstrumenten ist danach zu unterscheiden, ob die Bewertung in einem Modell, am Markt oder gegenüber einem Kunden ohne eigenen Marktzugang gemeint ist. Kunden müssen üblicherweise einen Aufschlag auf Marktkonditionen zahlen, der eine Art Marktzugangsprämie darstellt und u. U. mehr mit der Verhandlungsstärke der Kunden etc. als mit dem Produkt zu tun hat. Daher behandeln wir den dritten Fall nicht an dieser Stelle, sondern in Kapitel L2.

Wir unterstellen für unsere Modellrechnungen durchweg vollkommene Märkte, deren Bewertungsgrundlagen wir im folgenden Abschnitt behandeln. Das ist wegen der dann fehlenden Existenzberechtigung für Banken nicht unproblematisch. Es scheint aber ein sinnvoller Weg zu sein, solange keine umfassende und überzeugende Theorie existiert, wie auf unvollkommenen Märkten zu bewerten ist (siehe hierzu ausführlicher Abschnitt F1.5), zumal die Bewertungsmodelle in der Praxis ebenfalls weitgehend (aber meist stillschweigend) auf der Annahme vollkommener Kapitalmärkte beruhen.

Der Unterschied zwischen den hier ermittelten Modellwerten und den Marktwerten ist tendenziell bei denjenigen Finanztiteln gering, bei denen die Geschäfte auf Kapitalmärkten stattfinden, die den Modellannahmen eines vollkommenen Marktes fast entsprechen. Außerdem haben sich speziell für einige Derivate in der Marktpraxis allgemein akzeptierte Bewertungsformeln etabliert, die auf entsprechenden theoretischen Modellen beruhen. Die Black/Scholes-Formel zur Optionsbewertung (vgl. BLACK und SCHOLES (1973) und COX *et al.* (1979); siehe Abschnitt E5.2) dürfte das prominenteste Beispiel dafür sein.[2]

Die *Bewertungstheorien* für die ausgewählten Derivate sollen keinesfalls umfassend behandelt werden. Das ist u. E. ein Thema für die Finanzierungstheorie. Gleichwohl halten wir die Darstellung einiger Grundgedanken für sinnvoll, weil

- der Einsatz der Derivate damit verständlicher wird,
- aufsichtsrechtliche Regelungen (siehe Teil G) sowie das externe Rechnungswesen (siehe Teil M) darauf zurückgreifen und
- angesichts der finanziellen Bedeutung von Derivaten ein Basiswissen (inkl. der Bewertungsideen) unabdingbar ist, zumal die Mindestanforderungen für das Risikomanagement derartige Kenntnisse von Geschäftsleitern ausdrücklich verlangen (siehe Abschnitt J1.2.2).

---

[2] Unzählige Arbeiten der empirischen Kapitalmarktforschung beschäftigen sich mit der Messung und Erklärung von Unterschieden zwischen so ermittelten Modellpreisen und den tatsächlich beobachteten Marktpreisen (vgl. z.B. BAKSHI *et al.* (1997)).

E2.2 Bewertung auf vollkommenen Kapitalmärkten

Annahmen und Folgerungen

Zentral für die eindeutige Bewertung von Finanztiteln ist die *Arbitragefreiheit* des Geld- und Kapitalmarktes. *Arbitrage* wird dabei im Folgenden als „free lunch today" definiert. Sie wird realisiert durch den Verkauf einer Kombination A von Zahlungs- und Lieferansprüchen zum Marktpreis π^A und den gleichzeitigen Kauf einer Kombination B mit gleichen bedingten und unbedingten Zahlungs- und Lieferansprüchen zu einem geringeren Marktpreis $\pi^B < \pi^A$. Auf einem vollkommenen Geld- und Kapitalmarkt kann es im Gleichgewicht keine Arbitragemöglichkeiten geben, da kein Marktteilnehmer bereit wäre, einen Arbitrageverlust hinzunehmen.[3] Arbitragefreiheit ist also notwendige Voraussetzung für und Folge der Existenz eines Marktgleichgewichtes (vgl. KÜRSTEN (1997b)).

Auf einem vollkommenen Geld- und Kapitalmarkt (vgl. Abschnitt A3.1.4) gilt u. a., dass der Marktwert eines Zahlungsstroms, der aus zwei einzelnen Zahlungsströmen gebildet wurde, der Summe der Marktwerte dieser beiden Zahlungsströme entspricht (*Wertadditivität*):

> Bei Sicherheit: Der Zahlungsstrom $(CF_1, CF_2) = (22{,}121)$ kann als Addition eines einjährigen und eines zweijährigen Zerobonds aufgefasst werden. Bei Zinssätzen von $i_{01} = i_{02} = 10\%$ sind die einzelnen Barwerte 20 bzw. 100, der Barwert des gesamten Zahlungsstroms beträgt damit 120.

> Bei Unsicherheit: In Abbildung A2.2 ist der Marktwert von Kontrakt 1 gleich der Summe der Marktwerte der Kontrakte 2a und 2b.

Vollständigkeit eines im Gleichgewicht befindlichen Geld- und Kapitalmarktes ist eine weitere wichtige Eigenschaft für die Existenz eines eindeutigen Preissystems. Sie bedeutet, dass *jeder neue Finanztitel* durch eine Kombination der bestehenden Finanztitel nachgebildet werden kann. Da der Preis für dieses *äquivalente Portefeuille* bei Wertadditivität durch die Anzahl der darin enthaltenen Finanztitel und deren bekannte Marktpreise determiniert ist, kann auch der neue Finanztitel eindeutig bewertet werden: Bei Arbitragefreiheit muss sein Preis gleich dem Preis des äquivalenten Portefeuilles sein.

Da bei Vollständigkeit jede beliebige Kombination von Zahlungsansprüchen dupliziert werden kann, ist Vollständigkeit eine *hinreichende* Bedingung für die Bewertung einer einzelnen Investition. *Notwendig* ist, dass auf dem Geld- und Kapitalmarkt genug Finanztitel mit linear unabhängigen Zahlungsansprüchen vorhanden sind, um die Zahlungs- und Lieferansprüche *der zu bewertenden Investition* zu duplizieren. Diese begrenzte Duplizierungsmöglichkeit wird als *Spanningeigenschaft* des Geld- und Kapitalmarktes bezeichnet. Ohne sie kann die Investition nicht eindeutig bewertet werden (vgl. ROSS (1978) und WILHELM (1983)).

---

[3] Jeder Marktteilnehmer hat annahmegemäß die benötigten Informationen und Transaktionskosten fallen nicht an.

Barwertformel zur Bewertung bei Sicherheit

Auf Basis der gemachten Annahmen ist die Bewertung sicherer Zahlungsströme einfach. Gegeben eine Zinsstruktur mit Zerobond-Zinssatz (Spotzinssatz) i_{0t} für die Laufzeit t (t=1,2,...), ist der Wert eines Zahlungsstroms $CF_1, CF_2, \ldots, CF_T$ genau der Barwert dieses Zahlungsstroms:

$$C_0 = \sum_{t=1}^{T} \frac{CF_t}{(1 + i_{0t})^t}. \tag{E2-1}$$

Zu den Spotzinssätzen gehören Zerobond-Abzinsungsfaktoren AF_{0t} gemäß

$$AF_{0t} = (1 + i_{0t})^{-t}, \tag{E2-2}$$

so dass der Barwert alternativ in folgender Form geschrieben werden kann:

$$C_0 = \sum_{t=1}^{T} CF_t \cdot AF_{0t}. \tag{E2-3}$$

Damit haben wir ein Bewertungsmodell für das Underlying, falls dieses ein festverzinsliches Wertpapier ohne Ausfallrisiko oder allgemeiner ein sicherer Zahlungsstrom ist. Auf einem vollkommenen Kapitalmarkt bei Sicherheit *müssen* wir alle Zahlungsströme mit der Barwertformel bewerten (vgl. WILHELM (1983)). Wir werden deswegen in der Folge Derivate mit *sicheren* Zahlungsströmen mit der Barwertformel bewerten und für den Fall *unsicherer* Zahlungsströme einen ähnlichen Ansatz kennen lernen.

Zustandspreise zur Bewertung bei Unsicherheit

Bei Unsicherheit müssen wir uns Gedanken über die zukünftige Entwicklung von Variablen (Zinssätzen, Aktienkursen etc.) machen. Mittels der auf ARROW und DEBREU (1954) und DEBREU (1959) zurückgehenden *State-Preference-Theory* (vgl. COPELAND *et al.* (2004) oder ZIMMERMANN (1998)) lassen sich für die korrekte Bewertung zustandsabhängiger Ansprüche Zustandspreise ableiten. Nehmen wir einmal vereinfachend an, dass in einem zukünftigen Zeitpunkt $t = 1$ die Zustände $s = 1, \ldots, S$ eintreten können, die für einen Finanztitel j mit unterschiedlichen Zahlungen $v^j = (v_1^j, \ldots, v_S^j)$ einhergehen, weshalb wir von zustandsabhängigen Ansprüchen (*state-contingent claims*) sprechen. Haben wir S solche Finanztitel mit linear unabhängigen Zahlungsvektoren v^j und Preisen π^j, so können wir daraus berechnen, wieviel die Zahlung von 1 GE im Zustand s (in $t = 1$) im heutigen Zeitpunkt $t = 0$ wert ist. Das ist der sog. *Zustandspreis* π_s. Wir berechnen den Spaltenvektor $\pi_{\text{Zustände}}$ der Zustandspreise $\pi_1, \ldots, \pi_S$, indem wir ausnutzen, dass sich der Preis π^j des Finanztitels j aus dem Zahlungsvektor v_j und den Zustandspreisen $\pi_{\text{Zustände}}$ gemäß folgender Formel berechnen lässt:

$$\pi^j = v_1^j \cdot \pi_1 + \cdots + v_S^j \cdot \pi_S. \tag{E2-4}$$

Fassen wir die Zahlungsvektoren $v^1, \ldots, v^n$ der Finanztitel als Zeilen in einer Matrix $\mathbf{V}$ und die Preise $\pi^1, \ldots, \pi^n$ der Finanztitel in einem Spaltenvektor $\pi^{\text{Finanztitel}}$ zusammen, so ergeben sich die allgemeine Beziehung

$$\mathbf{V} \cdot \pi_{\text{Zustände}} = \pi^{\text{Finanztitel}} \qquad (\text{E2-5})$$

und daraus mittels der Inversen von $\mathbf{V}$ die Zustandspreise

$$\pi_{\text{Zustände}} = \mathbf{V}^{-1} \cdot \pi^{\text{Finanztitel}}. \qquad (\text{E2-6})$$

Wenn Sie hierzu ein Beispiel rechnen möchten: Finanztitel 1 (2) zahle in den Zuständen 1 bzw. 2 die Beträge 30 GE bzw. 10 GE (20 GE bzw. 40 GE), der Preis sei 5 GE (10 GE). Damit ergibt sich $\pi_{\text{Zustände}} = (0{,}10 \text{ GE}; 0{,}20 \text{ GE})$.

Aus den S linear unabhängigen Finanztiteln lassen sich S *reine Wertpapiere* konstruieren,[4] die jeweils in genau einem Zustand s eine Zahlung von 1 GE erbringen und sonst nichts. Ihre Preise sind gerade die jeweiligen Zustandspreise. Deshalb können wir daraus den risikolosen Zinssatz i für die Periode von $t = 0$ bis $t = 1$ berechnen: Wenn wir in $t = 0$ von jedem der S reinen Wertpapiere je ein Stück kaufen, dann erhalten wir unabhängig von dem in $t = 1$ tatsächlich eintretenden Zustand 1 GE, also eine sichere Zahlung. Der Preis in $t = 0$ dafür ist offenbar die Summe aller Zustandspreise π_s ($s = 1, \ldots, S$), so dass gilt:

$$\sum_{s=1}^{S} \pi_s = \frac{1}{1+i}, \quad \text{d. h.} \quad i = \frac{1}{\sum_{s=1}^{S} \pi_s} - 1. \qquad (\text{E2-7})$$

Damit kann der Zustandspreis π_s aufgefasst werden als mit dem sicheren Zinssatz i abgezinste Zahlung von 1 GE, multipliziert mit der Wahrscheinlichkeit p_s, dass Zustand s auftritt, also

$$\pi_s = \frac{1}{1+i} \cdot p_s = \sum_{\ell=1}^{S} \pi_\ell \cdot p_\ell, \quad \text{so dass} \quad p_s = \frac{\pi_s}{\sum_{\ell=1}^{S} \pi_\ell}. \qquad (\text{E2-8})$$

Die Wahrscheinlichkeit p_s wird als *risikoneutrale Wahrscheinlichkeit* bezeichnet und beschreibt nicht unbedingt eine „reale" Wahrscheinlichkeit des Auftretens von Zustand s. Stattdessen ist sie lediglich implizit in den Marktpreisen enthalten; sie wird von der Risikoeinstellung und den (als homogen angenommenen) Erwartungen der Marktteilnehmer beeinflusst. Ihr Name rührt daher, dass sie zu Bewertungen unsicherer Cash Flows führt, wie sie ein risikoneutraler Investor errechnen würde:

$$C_0 = \sum_{s=1}^{S} CF_s \cdot \pi_s = \sum_{s=1}^{S} \frac{CF_s}{1+i} \cdot p_s = \frac{\sum_{s=1}^{S} CF_s \cdot p_s}{1+i}. \qquad (\text{E2-9})$$

Wie wir bei der Verwendung der Barwertformel die *Wertadditivität* ausgenutzt und faktisch einen sicheren Zahlungsstrom als Summe von Zerobonds bewertet

---

[4] Deren Zusammensetzung aus den Finanztiteln steht jeweils in den Zeilen von $\mathbf{V}^{-1}$.

haben, so bewerten wir hier einen state-contingent claim als wahrscheinlich-keitsgewichtete Summe reiner Wertpapiere. Insofern haben wir wiederum die Methode der *Duplizierung* angewendet. Sie ist für uns wichtig, weil wir viele *Derivate* durch Portefeuilles aus Basis-Finanztiteln duplizieren können, deren Werte wir bereits kennen. So werden wir in Abschnitt E5.2 eine *Call-Option* als Summe aus Aktie und Kredit darstellen und bewerten. Bei Unsicherheit muss die Duplizierung so aussehen, dass in jedem Zustand das zu bewertende Derivat und das äquivalente Portefeuille die gleichen Zahlungen leisten bzw. die gleichen Werte haben. Reale Eintrittswahrscheinlichkeiten der Zustände müssen wir nicht kennen, um durch Duplizierung bewerten zu können.

Manchmal liegt der Bewertung eines Basistitels eine konkrete Annahme über die Dynamik zugrunde. So wurde die Black/Scholes-Formel (vgl. BLACK und SCHOLES (1973); siehe Abschnitt E5.2) für eine bestimmte *Stochastik* herge-leitet. Die Annahmen, welchen stochastischen Prozessen bestimmte Variablen folgen, sind neben den Annahmen zu den Verteilungen der relevanten Parame-ter oft die wesentlichen Treiber von Bewertungsmodellen. Über die Duplizierung unterliegen sie dann auch der Bewertung der Derivate und können alternativ direkt zu deren Bewertung genutzt werden.

E3 Zinsderivate

E3.1 Zinsstrukturkurven als Grundlage der Zinsderivate

In den gängigen Modellen der Investitionsrechnung werden Zahlungen mit ei-nem einheitlichen Kalkulationszinssatz i diskontiert. Der Barwert einer Zahlung CF_T, die im Zeitpunkt T anfällt, ist dementsprechend $CF_T/(1 + i)^T$. Damit wird so getan, als gelte in jeder zukünftigen Periode der gleiche Zinssatz i. Vie-le Zinsderivate beruhen demgegenüber gerade darauf, dass normalerweise der Zinssatz vom Zeitraum der Kapitalüberlassung abhängt und im Laufe der Zeit schwankt. Der funktionale Zusammenhang zwischen Laufzeiten und Zinssätzen wird als *Zinsstruktur* oder auch als term structure (of interest rates) bezeichnet (vgl. hier und im weiteren Verlauf WILHELM (2001) und die dort angegebene Literatur). Abbildung E3.1 zeigt beispielhaft verschiedene Zinsstrukturkurven.

In $t = 0$ werden als Zinssätze i_{0T} in einer solchen Kurve z. B. die aktuellen Renditen von Zerobonds, die sog. *Spotzinssätze*, mit der Laufzeit T angegeben. Wir wählen in der Folge diese Variante. Eine Zahlung CF_T hat dann den Barwert $CF_T/(1 + i_{0T})^T$. Möglich ist aber auch, die Kupons von zu pari emittierten und zurückzuzahlenden Papieren mit jährlicher Zinszahlung als Zinssätze zu verwen-den (par yield curve). Kuponzinssätze kennzeichnen wir durch ein Superskript k.

Zur *empirischen Ermittlung* einer „möglichst gut passenden" Zinsstrukturkur-ve aus Marktdaten (vgl. etwa ANDERSON *et al.* (1996)) sind einige Annahmen nötig. So soll die Beschränkung auf öffentliche Emittenten dafür sorgen, dass kein

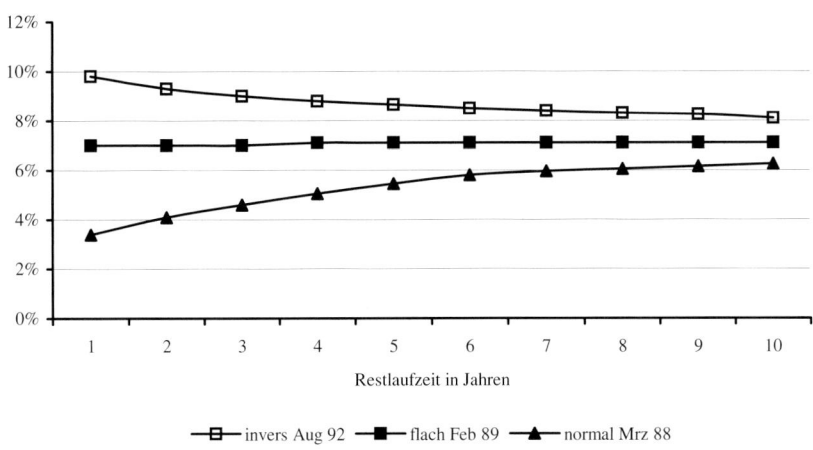

Abb. E3.1: Zinsstrukturkurven auf Basis der Umlaufrenditen für Bundesanleihen

Ausfallrisiko besteht und somit die Zinssätze nicht durch Bonitätsunterschiede zwischen den einbezogenen Papieren beeinflusst werden. Ebenso dürfen keine Kündigungsrechte o. ä. vorliegen, weil sonst in den Zinssätzen Optionsprämien enthalten wären. Kuponeffekte können kaum ausgeschaltet werden. Für weitere Überlegungen vgl. WILHELM und BRÜNING (1992), LASSAK (1992), UHRIG und WALTER (1997), BÜHLER *et al.* (1999), WILHELM (2001) und GRAEVE *et al.* (2009).

Zur *Erklärung* der Zinsstruktur wurden verschiedene Ansätze entwickelt (vgl. u. a. die Darstellungen bei COX *et al.* (1981) und HULL (2009), S. 91f.):

1. Die *Erwartungshypothese* postuliert, dass die erwarteten zukünftigen Spotzinssätze gleich den heutigen Forward Rates bzw. impliziten Terminzinssätzen sind.
2. Die *Liquiditätspräferenztheorie* geht davon aus, dass für längere Kapitalbindungsdauern Risikoprämien wegen wachsender Kursrisiken zu zahlen sind.
3. Die *Preferred-Habitat-Theorie* unterstellt, dass Aufschläge für jedwede Abweichung von der gewünschten Bindungsdauer gefordert werden.
4. Neuere Erklärungsansätze mutmaßen, dass die Zinsstruktur *stochastischen Prozessen* folgt.

Die Grundideen der klassischen Theorien wurden inzwischen in vielerlei Hinsicht präzisiert und verfeinert. Dennoch haben sie allesamt nur beschränkte Erklärungskraft. Beispielsweise ist seit FAMA (1984) relativ klar, dass die aktuellen Forward Rates zwar die Richtung, nicht aber das Ausmaß von Zinsänderungen gut prognostizieren.

Die *impliziten Terminzinssätze* sind nicht nur im Zuge der Zinsrisikosteuerung (vgl. Kapitel J2) nützliche Referenzpunkte und in der Kalkulation im Wertbereich (vgl. Kapitel L2) wichtig, sondern vor allem Grundlage von Zinsderivaten und ihrer Bewertung. Seien heute, in $t = 0$, i_{01} der Zinssatz für einjährige und i_{02} der Zinssatz für zweijährige Zerobonds. Dann können wir daraus berechnen, welcher einjährige Zinssatz i_{12} in einem Jahr, in $t = 1$, gelten muss, damit der Endwert, in $t = 2$, einer zweijährigen Anlage zu i_{02} gleich dem Endwert einer einjährigen Anlage zu i_{01} mit anschließender Wiederanlage zu i_{12} ist (vgl. Abbildung E3.2).

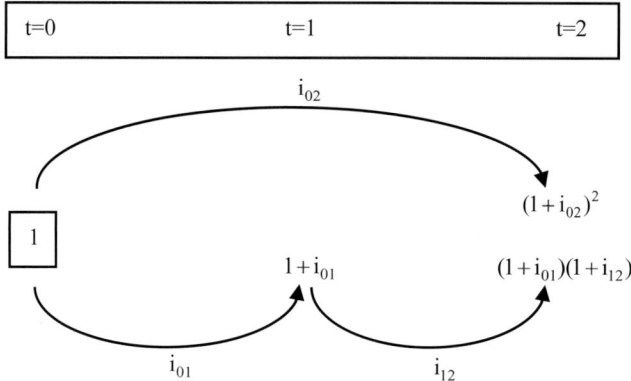

Abb. E3.2: Ermittlung des impliziten Terminzinssatzes i_{12}

Der Zinssatz i_{12}, der in der Zinsstrukturkurve für das zweite Jahr steckt, ist der *implizite Terminzinssatz* von 1 nach 2. Er berechnet sich aus

$$(1 + i_{01}) \cdot (1 + i_{12}) = (1 + i_{02})^2 \Leftrightarrow i_{12} = \frac{(1 + i_{02})^2}{(1 + i_{01})} - 1. \qquad \text{(E3-1)}$$

Bei einer flachen Zinsstrukturkurve (vgl. Abbildung E3.1) gilt $i_{0T} = i$ für alle T und alle impliziten Terminzinssätze sind ebenfalls gleich i. In Verallgemeinerung von Gleichung (E3-1) kann folgende Beziehung zwischen den Spotzinssätzen (in $t = 0$) und den impliziten Terminzinssätzen hergeleitet werden:

$$i_{jk} = \sqrt[k-j]{\frac{(1 + i_{0k})^k}{(1 + i_{0j})^j}} - 1, \quad \text{für} \quad 1 \le j < k. \qquad \text{(E3-2)}$$

Außerdem ist häufig folgende Gleichung nützlich:

$$(1 + i_{0T})^T = \prod_{t=0}^{T-1} (1 + i_{t,t+1}). \qquad \text{(E3-3)}$$

Man hört immer wieder einmal, die Erwartungshypothese könne den Übergang von einer normalen zu einer inversen Zinsstruktur (vgl. Abbildung E3.1), d. h. zu mit der Laufzeit fallenden Zinssätzen, nicht erklären. Dem ist nicht so:

Beispieldaten:
$$i_{01} = 5{,}55\%, \qquad i_{02} = 6{,}80\%, \qquad i_{03} = 7{,}95\%, \qquad i_{04} = 8{,}45\%,$$
$$i_{05} = 8{,}75\%, \qquad i_{06} = 8{,}90\%, \qquad i_{07} = 9{,}03\%.$$

In $t = 0$ liegt eine normale Zinsstruktur vor. Wie Abbildung E3.3 zeigt, gilt dies auch für die darin implizite Zinsstruktur in $t = 1$. Für $t = 2$ und $t = 3$ hingegen ergibt sich eine inverse Zinsstruktur, die in $t = 4$ U-förmig und in $t = 5$ wieder normal ist. Die zugehörigen Zinssätze finden Sie als Lösungen zu einer Übungsaufgabe im Internet.

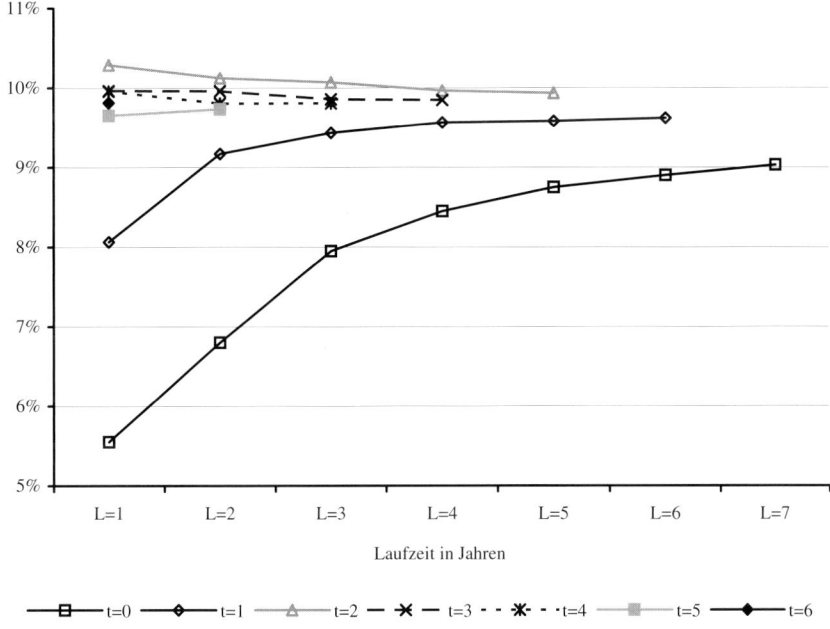

Abb. E3.3: Zinsstrukturkurve in $t = 0$ und implizite Zinsstrukturkurven für $t = 1$ bis $t = 6$

E3.2 Eigenschaften, Einsatz und Bewertung ausgewählter Zinsderivate

Die folgenden Ausführungen sollen Ihnen ausgewählte Zinsderivate kurz beschreiben (ausführlicher vgl. BRANGER und SCHLAG (2004)). Dabei werden wir

u. a. zeigen, wie auf vollkommenen Märkten Geschäfte zu impliziten Terminzinssätzen und diverse Zinsderivate synthetisch generierbar sind.

Forward Rate Agreement

Im Zinsbereich ist ein typisches Forwardgeschäft das *Forward Rate Agreement*
(FRA). Es ist ein individuell vereinbartes Zinstermingeschäft, das die künftige
Verzinsung eines Nominalvolumens zu einem festen Zinssatz über eine vereinbarte Laufzeit ab einem bestimmten zukünftigen Zeitpunkt sichert. Das folgende Beispiel zeigt, wie ein FRA aus zwei Basisgeschäften, hier einer zweijährigen
Anlage in einem Kuponbond zu $i_{02}^k = 7\%$ und einer einjährigen Refinanzierung
zu $i_{01}^k = 6\%$, konstruiert werden kann (vgl. Tabelle E3-1).

Tab. E3-1: Erzeugung einer Terminanlage aus Kuponpapieren

	Cash Flows in		
	t = 0	t = 1	t = 2
Zweijährige Anlage	-100.000,00	7.000,00	107.000,00
Einjährige Refinanzierung	100.000,00	-106.000,00	0,00
Saldo	0,00	-99.000,00	107.000,00

Faktisch ergibt sich eine einjährige Anlage, die in $t = 1$ startet. Ihr Zinssatz ist $(107.000/99.000) - 1 \approx 8,08081\%$. Wir wollen Ihnen zeigen, dass dieser
Zinssatz auch der implizite Terminzinssatz zur angegebenen Kuponzinsstruktur
ist. Dazu nehmen wir an, dass in $t = 0$ die Rendite für einjährige Zerobonds
$i_{01} = 6\%$ beträgt und die für zweijährige Zerobonds $i_{02} = 7,03535\%$. Aus Formel (E3-1) wissen wir, dass dann der implizite Terminzinssatz für das zweite
Jahr, $i_{12} = 8,08081\%$ beträgt. Wenn wir also 100 T-€ in einen zweijährigen Zerobond investieren und uns diesen Betrag durch die Emission eines einjährigen
Zerobond besorgen, so fallen die Zahlungen aus Tabelle E3-2 an. Faktisch haben wir durch die Transaktion ebenfalls eine Anlage für das zweite Jahr zu i_{12}
geschaffen. BREALEY *et al.* (2008) (S. 735f.) sprechen von „homemade forward
contracts" (vgl. Tabelle E3-2).

Die Terminanlage hat hier zwar ein etwas anderes Volumen, aber wiederum den gleichen Zinssatz: $(114.565,66/106.000,00) - 1 \approx 8,08081\%$. Die Übereinstimmung mit dem impliziten Terminzinssatz aus dem Kuponpapier-Beispiel
rührt daher, dass der zweijährige Spotzinssatz in Höhe von 7,03535% zu der
Kuponzinsstruktur mit 6% und 7% „passt", d. h. arbitragefrei dazu ist. Das ist
z.B. zu erkennen, indem aus Anlage und Refinanzierung in Kuponpapieren der
Zerobond erzeugt wird (vgl. Tabelle E3-3).

Die einjährige Refinanzierung, die nötig ist, um in $t = 1$ einen Zahlungssaldo
von 0 zu erreichen, wurde aus 7.000,00/1,06 berechnet. Der Saldo zeigt den
o. a. Spotzinssatz für den zweijährigen Zerobond: $\sqrt{107.000/93.396,23} - 1 \approx$
7,03535%.

Tab. E3-2: Erzeugung einer Terminanlage aus Zerobonds

	Cash Flows in		
	t = 0	t = 1	t = 2
Zweijähriger Zerobond (Anlage)	-100.000,00	0,00	114.565,66
Einjähriger Zerobond (Refinanzierung)	100.000,00	-106.000,00	0,00
Saldo	0,00	-106.000,00	114.565,66

Tab. E3-3: Erzeugung eines Zerobond aus Kuponpapieren

	Cash Flows in		
	t = 0	t = 1	t = 2
Zweijähriger Kuponbond (Anlage)	-100.000,00	7.000,00	107.000,00
Einjähriger Kuponbond (Refinanzierung)	6.603,77	-7.000,00	0,00
Saldo	-93.396,23	0,00	107.000,00

Auf einem vollkommenen Kapitalmarkt kann jeder Marktteilnehmer die Basisgeschäfte, ein- und zweijährige Kuponpapiere bzw. Zerobonds, selbst realisieren.[5] Damit kann sich jeder Marktteilnehmer auch das FRA mit dem impliziten Terminzinssatz selbst herstellen. Falls in $t = 0$ ein FRA von $t = 1$ bis $t = 2$ auf dem vollkommenen Markt als Produkt angeboten wird, so muss dessen Zinssatz genau gleich dem impliziten Terminzinssatz sein, um Arbitrage zu vermeiden. Daher wird dieser Zinssatz gelegentlich auch als *arbitragefreie Forward Rate* bezeichnet.

Ein FRA, das für das zweite Jahr über 8,08081% abgeschlossen wird, hat in $t = 0$ wegen der Arbitragefreiheit einen Wert von null; denn es gilt die Wertadditivität und das FRA ist konstruiert aus zwei Basistiteln, die definitionsgemäß auf dem vollkommenen Kapitalmarkt den Wert von null haben. Wer das nachrechnen möchte, kann dazu die Abzinsungsfaktoren gemäß Formel (E2-2) verwenden: $AF_{01}=1/1,06=0,943396$ und $AF_{02}=(1/1,0703535)^2 = 1/(1,06 \cdot 1,0808081)=0,872862$.

In $t = 1$ hängt der Wert der Terminanlage vom dann tatsächlich herrschenden einjährigen Zinssatz ab. Beträgt dieser beispielsweise 7,5%, so ist der Wert der Terminanlage

---

[5] Kuponpapiere *oder* Zerobonds genügen; die andere „Sorte" ist, wie gesehen und wegen der geforderten Vollständigkeit nötig, konstruierbar.

$$-100.000,00 + \frac{108.080,81}{1,075} = 540,29. \tag{E3-4}$$

Der *Verkauf* eines FRA stellt eine *fiktive* Terminanlage dar. Dabei wird der nominelle Kapitalbetrag, der auf Termin angelegt werden soll, nicht zwischen den Vertragsparteien ausgetauscht; insofern erfolgt *keine tatsächliche* Anlage.

Von den in Tabelle E3-1 betrachteten Zahlungen bei der Konstruktion aus Kuponpapieren, -99 T-€ in $t = 1$ und 107 T-€ in $t = 2$, fließt bei einem FRA nur die Zinszahlung und auch diese nicht in voller Höhe: Am Ende der Vorlaufzeit des FRA, hier also in $t = 1$, zahlt eine Vertragspartei der anderen vorschüssig die Differenz zwischen dem aktuellen Zinssatz und dem FRA-Zinssatz für die Laufzeit (und das Volumen) des FRA. Da diese Ausgleichszahlung (Settlement) vorschüssig gezahlt wird, ist eine entsprechende Abzinsung vorzunehmen.

Gilt in $t = 1$ z. B. der Zinssatz von 7,5%, so ergibt sich gegenüber dem im FRA vereinbarten Zinssatz von 8,08081% eine Differenz von 0,58081%-Punkten. Bezogen auf den Nominalbetrag des FRA von 100 T-€ ergibt sich eine Zinszahlungsdifferenz von 580,81 €. Da die Ausgleichszahlung für diesen Betrag annahmegemäß bereits in $t = 1$ erfolgt, ist der Betrag noch mit dem tatsächlichen Zinssatz vom Zeitpunkt $t = 2$ auf den Zeitpunkt $t = 1$ abzuzinsen:

$$\frac{580,81}{1,075} = 540,29. \tag{E3-5}$$

Das FRA führt also für den Verkäufer in dieser Zinssituation zu einer Einzahlung von 540,29 €, d. h. genau in Höhe des obigen Wertes der einjährigen Terminanlage in $t = 1$. Die Einzahlung gleicht den Nachteil aus, dass die Anlage in $t = 1$ nur zu 7,5% und nicht zu 8,08081% erfolgen kann. Mit Ausgleichszahlung und Anlage des Nominalbetrages in $t = 1$ zu 7,5% erhält der Verkäufer faktisch eine Anlage zu 8,08081%.

Der *Käufer* des FRA hat eine fiktive Refinanzierung auf Termin getätigt. Im Beispiel kommt sie ihn wegen der Ausgleichszahlung teurer zu stehen, als wenn er einfach abgewartet hätte. Läge der Einjahreszinssatz in $t = 1$ hingegen oberhalb von 8,08081%, so erhielte er eine Ausgleichszahlung, die seine Refinanzierungskosten faktisch auf 8,08081% begrenzen würde.

Zinsswap

Bei einem Swap werden allgemein Zahlungsverpflichtungen getauscht, bei einem *Zinsswap* sind das Zahlungen auf Basis unterschiedlicher Zinssätze. Der klassische Fall ist, dass fixe gegen variable Zinsen getauscht werden (vgl. Abbildung E3.4). Damit werden, abhängig vom konkreten Absicherungs- oder Spekulationswunsch, offene Positionen mit Zinsänderungsrisiken beseitigt oder geschaffen (vgl. Kapitel J2).

Das folgende Beispiel (angelehnt an BREALEY *et al.* (2008), S. 736ff.) zeigt, wie ein Zinsswap aus Basisgeschäften konstruiert werden kann: Wir betrachten ein zweijähriges Darlehen über 100 T-€ und zwei aufeinander folgende, einjährige Finanzanlagen von je 100 T-€. Für ein- bzw. zweijährige Titel werden im Zeitpunkt $t = 0$ als Kuponzinssätze 6% bzw. 7% unterstellt. Mit dem in $t = 0$

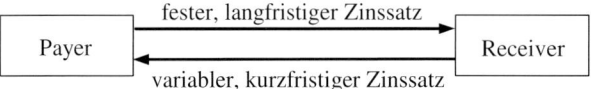

Abb. E3.4: Plain Vanilla-Zinsswap

noch unbekannten Einjahressatz in $t = 1$ in Höhe von i_{12} ergeben sich die Zahlungsströme aus Tabelle E3-4. Betrachten wir den Saldo, so erkennen wir, dass wir soeben einen *Festzinszahler-Swap* (*Payer-Swap*) konstruiert haben: Bezogen auf ein Nominalvolumen von 100 T-€ zahlen wir einen festen, langfristigen Zinssatz (hier: Zweijahressatz) und bekommen einen variablen, kurzfristigen Zinssatz (hier: Einjahressatz). Würden wir die Geschäfte mit umgekehrten Vorzeichen abschließen, so erhielten wir einen *Festzinsempfänger-Swap* (*Receiver-Swap*). Die beiden so konstruierten Zinsswaps werden wegen ihrer Einfachheit als *Plain Vanilla* bezeichnet. Dieser Begriff, der auf Vanilleeis als Basis aller Eiscremesorten verweist, ist für die Standardversionen von Derivaten üblich.

Tab. E3-4: Konstruktion eines Festzinszahler-Swaps

	Cash Flows in		
	$t = 0$	$t = 1$	$t = 2$
Darlehen	100.000,00	-7.000,00	-107.000,00
1. Anlage	-100.000,00	106.000,00	0,00
2. Anlage	0,00	-100.000,00	$100.000,00 \cdot (1 + i_{12})$
Saldo	0,00	-1.000,00	$-7.000,00 + 100.000,00 \cdot i_{12}$

Aus der Diskussion des FRA wissen wir schon, dass $i_{12} = 8{,}08081\%$ synthetisch erzeugbar ist. Damit ergibt sich aus

$$\frac{-1.000,00}{1,06} + \frac{-7.000,00 + 0,0808081 \cdot 100.000,00}{(1,0703535)^2} = 0, \qquad \text{(E3-6)}$$

dass der Wert des Swap in $t = 0$ ebenfalls null ist. Für einen Zinssatz von 7,5% hingegen beträgt der Wert des Swap in $t = 1$

$$-1.000,00 + \frac{-7.000,00 + 0,075 \cdot 100.000,00}{1,075} = -534,88. \qquad \text{(E3-7)}$$

Der Unterschied zum FRA (vgl. Gleichung E3-4) rührt hier daher, dass der Swap durch die Zahlung von 1 T-€ in $t = 1$ effektiv nur ein Volumen von 99 T-€ für die zweite Periode hat: $0{,}99 \cdot 540{,}29 = 534{,}88$. Offenbar lassen sich mit Swaps sehr leicht feste und variable Zinszahlungen gegeneinander tauschen. Daher ist die volumenmäßige Bedeutung von Swapgeschäften ganz erheblich (vgl. Abbildung E3.5).

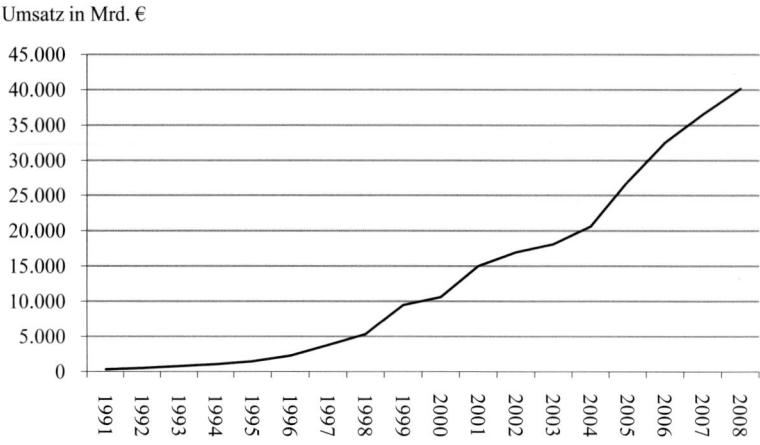

Umsatz in Mrd. €

Abb. E3.5: Volumen der Swapgeschäfte der Kreditinstitute in Deutschland

Quelle: DEUTSCHE BUNDESBANK (1997a), S. 89, DEUTSCHE BUNDESBANK (2003a), S. 89, DEUTSCHE BUNDESBANK (2006a), S. 39 und DEUTSCHE BUNDESBANK (2009a), S. 89.

Bei der Betrachtung des Volumenanstieges ist auf ein typisches Merkmal von OTC-Geschäften hinzuweisen: Bei geänderter Einschätzung über die Sinnhaftigkeit eines Geschäftes, z. B. weil sich die Marktlage oder die Fristigkeitsstruktur der Kundengeschäfte anders entwickelt haben als erwartet, kann ein solcher Vertrag nicht leicht verkauft werden. Der ursprüngliche Vertragspartner ist womöglich mit der Vereinbarung noch (bzw. gerade jetzt) zufrieden und möchte evtl. auch nicht gegen eine Ausgleichszahlung den Vertrag aufheben, da er beispielsweise den entsprechenden Gewinn oder Verlust noch nicht ausweisen möchte. Da Volumen, Termine etc. speziell konstruiert sind, findet sich u. U. überdies kein anderer Käufer, der direkt in den Vertrag einsteigt. So werden in der Praxis die unerwünschten Wirkungen eines Swap durch Kombinationen von Gegengeschäften sozusagen storniert, was zu einer Aufblähung der *Swap-Bücher*, d. h. der (vorwiegend) aus Swapgeschäften bestehenden Portefeuilles, führt. Vor diesem Hintergrund ist für einen Außenstehenden *nicht* klar, welcher Anteil des Anstieges im Zuge einer weiteren Verbreitung des Instrumentes einer originären

Anwendung zuzurechnen ist und welcher Anteil lediglich Korrektivfunktion hat, d. h. wie groß der Saldo der durch Swaps gedrehten Zinspositionen ist.

Der Einsatz von Swaps und anderen Derivaten unterscheidet sich innerhalb und zwischen den einzelnen Bankengruppen erheblich (für Swaps vgl. Abbildung E3.6). Bei manchen, vor allem kleineren Instituten ist evtl. das für ein Management der Risiken nötige Know How nicht vorhanden. Des Weiteren mögen die eingangs geschilderten Schieflagen im Derivategeschäft dazu führen, dass einige Vorstände und Aufsichtsgremien auch irrationale Ängste haben, Derivate grundsätzlich nicht zu beherrschen.

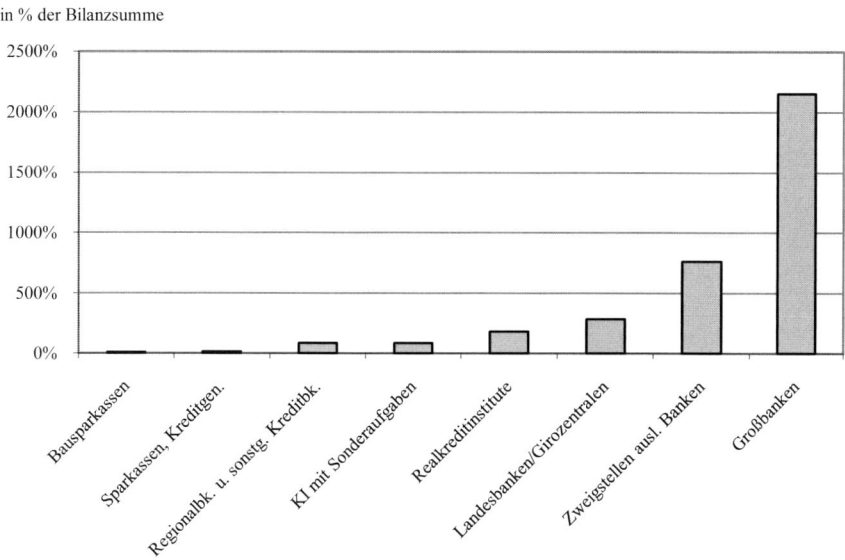

Abb. E3.6: Swapgeschäfte der Kreditinstitute in Deutschland nach Bankengruppen im Jahr 2008

Quelle: DEUTSCHE BUNDESBANK (2009a), S. 10-14 und S. 89.

Future

Einem *Zinsfuture*, der börsengehandelten Variante eines Forwardgeschäftes mit Zinstiteln, liegen z. B. als Wertpapiere öffentliche Anleihen oder aber Marktzinssätze wie der *Euribor* (*Euro Interbank Offered Rate*) zugrunde. Die Idee eines Zinsfuture mit einem Wertpapier als Underlying ist auf Basis der Swap-Konstruktion (vgl. Tabelle E3-4) relativ leicht zu verstehen.

Wir nehmen in $t = 0$ als Underlying des Future das zweijährige Kuponpapier zu 7% und wählen als Liefertermin $t = 1$. Ein *Kontrakt* betrage 100 T-€, so dass bei der kleinstmöglichen Kursänderung (*Tick*) von 0,01%Punkten ($= 1$

Basispunkt) die Wertänderung 10 € beträgt. (Für diese Fachbegriffe und zu Handelsusancen vgl. etwa ADRIAN und HEIDORN (2000), S. 367ff., DIWALD (1999), S. 56ff., und STEINER und BRUNS (2007), S. 460ff.) Unterstellen wir wieder, dass in $t = 0$ von $i_{12} = 8{,}08081\%$ ausgegangen wird, so hat das zweijährige Kuponpapier in $t = 1$ nach Zinszahlung einen Wert von

$$\frac{107.000{,}00}{1{,}0808081} = 99.000{,}00. \tag{E3-8}$$

Sein Terminkurs in $t = 0$ für den Lieferzeitpunkt $t = 1$ ist somit 99%. Wird der Preis für Lieferung in $t = 1$ auf 99% festgelegt, so notiert der Future in $t = 0$ zu 100%.

Stellen Sie sich nun weiter vor, dass wir in $t = 0$ für 100 T-€ das zweijährige Kuponpapier kaufen, den Kaufpreis zu 6% für 1 Jahr finanzieren und einen Future-Kontrakt für $t = 1$ mit Preis 99% verkaufen, wofür in $t = 0$ keine Zahlung anfällt. Dann ergeben sich, unter Nichtberücksichtigung von Sicherheitsleistungen (*Margins*), die Daten aus Tabelle E3-5.

Tab. E3-5: No-Arbitrage-Transaktion mit einem Future

	Cash Flows in	
	t = 0	t = 1
Zweijähriges Kuponpapier	-100.000,00	7.000,00
Refinanzierung	100.000,00	-106.000,00
Verkauf des Futures	0	99.000,00
Saldo	±0	±0

In $t = 1$ wird das zweijährige Kuponpapier an den Käufer des Future wie vereinbart zu 99 T-€ abgegeben. Dies ist unabhängig vom tatsächlichen Zinssatz und führt zu einer zinsänderungsrisikofreien Gesamtposition.

Sehr schön wird in diesem Beispiel deutlich, dass die Differenz zwischen Kassa- und Terminkurs (sozusagen der „implizite Kursrückgang") von 1% (entspricht 100 Ticks bzw. 1 T-€) genau der Zinsdifferenz zwischen Anleihe und Refinanzierung entspricht. Diese *Cost of Carry* drücken im Wesentlichen aus, welche Zinskosten für den Kauf des Underlying nach Abzug seiner Zinserträge netto anfallen.

Mittels der Cost of Carry ist der Zusammenhang zwischen Terminkurs des Future und Kassakurs wie folgt auszudrücken:

$$\text{Terminkurs} = \text{Kassakurs} + \text{Cost of Carry.} \tag{E3-9}$$

In $t = 1$ sind Kassa- und Terminkurs gleich. In $t = 0$ gilt:

$$99\% = 100\% + (6\% - 7\%). \tag{E3-10}$$

Nehmen wir auch hier wieder an, dass in $t = 1$ der Einjahreszinssatz nicht gleich dem ursprünglichen impliziten Terminzinssatz ist. Ohne Kauf des zweijährigen Kuponpapiers bereits in $t = 0$ müsste es in $t = 1$ zur Lieferung beschafft werden. Bei einem Zinssatz von 7,5% wäre dafür ein Kaufpreis von

$$\frac{107.000,00}{1,075} = 99.534,88 \qquad \text{(E3-11)}$$

zu entrichten, so dass ein Verlust von 534,88 wie beim obigen Swap entstände.

In Kapitel E1 hatten wir schon betont, dass die Börsenfähigkeit eines Future Standardisierungen verlangt. Wir erläutern sie beispielhaft (und nur auszugsweise) an zwei für deutsche Kreditinstitute besonders wichtigen Futures, dem *Euro Bund Future* und dem *Euro Bobl Future*, die beide an der EUREX gehandelt werden (vgl. STEINER und BRUNS (2007), S. 460ff.):

- Basiswert beim Euro Bund Future ist eine fiktive Bundesanleihe mit einem Nominalwert 100 T-€ und einem Zinssatz von 6%. Zur Erfüllung lieferbar sind Bundesanleihen mit einer Restlaufzeit von 8,5 bis 10,5 Jahren. Die maximale Laufzeit des Future beträgt 9 Monate; es gibt nur einen Liefertermin pro Quartal.
- Basiswert beim Euro Bobl Future ist eine fiktive Bundesschuldverschreibung, die ebenfalls einen Nominalwert von 100 T-€ und einen Zinssatz von 6% hat. Zur Erfüllung lieferbar sind Bundesobligationen und bestimmte Bundesanleihen mit einer Restlaufzeit von 4,5 bis 5,5 Jahren. Maximale Laufzeit des Future und Liefertermine sind wie beim Euro Bund Future.

Durch die eher technischen Festlegungen wird eine Standardisierung erreicht, die zu der benötigten Marktliquidität führt. Der entscheidende Unterschied beider Instrumente liegt in der Laufzeit des Underlying; der Euro *Bund* Future deckt das langfristige, der Euro *Bobl* Future das mittelfristige Segment ab. Letzterer ist im Namen an die meist fünfjährige *B*undes*obl*igation angelehnt. Im Übrigen gibt es mit dem Euro *Buxl* Future auch ein sehr langfristiges Segment (24 bis 35 Jahre; xl für extra long), in dem in den letzten Jahren jedoch kein nennenswertes Handelsvolumen existierte, weshalb er in Abbildung E3.7 fehlt. Von größerer Bedeutung ist da der kurzfristige Euro *Schatz* Future (Restlaufzeiten 1,75 bis 2,25 Jahre).

Die Einschränkung auf Bundespapiere hat neben der normierenden Wirkung u. a. den Hintergrund, dass so nicht Papiere mit unterschiedlichem (und schwankendem) Ausfallrisiko geliefert werden können. Diese Futures eignen sich dementsprechend nur zur Steuerung des Zinsänderungs-, nicht aber des Bonitätsrisikos.

Der *Käufer* (Longposition) eines Futurekontraktes verpflichtet sich zur Abnahme eines lieferfähigen Wertpapiers. Allerdings kann er sich dem durch rechtzeitige Glattstellung, d. h. das Eingehen eines Gegengeschäftes, entziehen. Es heißt, dies sei der Regelfall (vgl. etwa STEINER und BRUNS (2007), S. 449), was vermutlich an den dann geringeren Transaktionskosten liegt.

Wenn der Käufer jedoch die Lieferung wählt, hat der Verkäufer (Shortposition) die Möglichkeit, aus allen Wertpapieren, die als lieferfähig eingestuft sind,

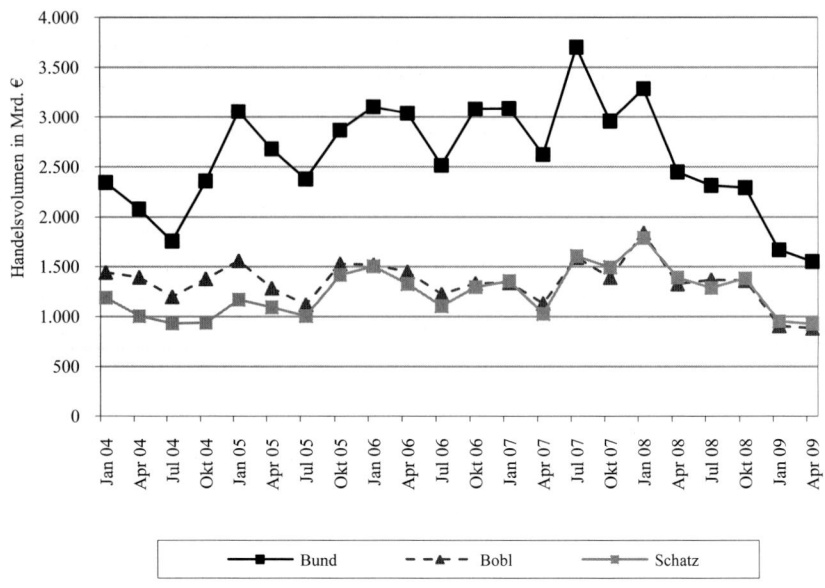

Abb. E3.7: Handelsvolumina von Zinsfutures an der EUREX

Quelle: EUREX (2009). Der Buxl ist wegen zu geringer Umsätze nicht mit dargestellt worden.

das für ihn unter der Einbeziehung von Umrechnungsmodalitäten günstigste dieser Papiere auszuwählen. Das ist die sog. *CtD-Anleihe* (*c*heapest *t*o *d*eliver). Die Preisunterschiede rühren z. B. aus den unterschiedlichen Restlaufzeiten, Zinszahlungsterminen und Kupons her (für detaillierte Ausführungen zur Preisbildung vgl. auch DIWALD (1999), S. 125ff.).

An der CtD-Anleihe orientiert sich die Berechnung des Future-Kurses. Ist sie kaum verfügbar, z. B. weil ein eher passiver Investor (z. B. eine Versicherung oder ein Pensionsfonds) größere Bestände auf Dauer hält, so kann das ihren Preis zum Liefertag hin erheblich steigen lassen und eine andere Anleihe wird zur CtD-Anleihe. Welche reale Anleihe die CtD-Anleihe ist, kann im Zeitablauf auch durch eine Veränderung der Marktzinssätze wechseln, da sich damit die relativen Preise der lieferbaren Anleihen zueinander verändern. Insgesamt resultieren aus dem Wechsel der CtD-Anleihe Ertragsrisiken.

Mit Bezug auf das Hedging mit Futures sollte noch eine Besonderheit herausgehoben werden: Die maximale Laufzeit der vorgestellten Euro Bund/Bobl/Buxl Futures beträgt 9 Monate, so dass diese Instrumente nur für eine kurzfristige Absicherung geeignet sind. Gleichzeitig sind die Werte der Underlyings aber auch von Zinssätzen für weitaus längere Laufzeiten abhängig. Daher ist die kurzfristige Laufzeit *nicht* gleichbedeutend mit einer Absicherung gegen Änderungen der kurzfristigen Zinssätze.

Optionale Instrumente

Im Zinsbereich existieren natürlich nicht nur unbedingte Termingeschäfte, sondern auch optionale Instrumente. Vor irgendwelchen OTC-Produkten sind primär die börsengehandelten Optionen von Bedeutung wie etwa die Optionen auf Zinsfutures. Ausführliche Darstellungen finden sich vor allem bei DIWALD (1999).

Die generelle Funktionsweise von Call- und Put-Optionen entspricht unserer eingangs gegebenen Beschreibung. Lediglich das Underlying genügt anderen Gesetzmäßigkeiten. Während z. B. Aktien kein Laufzeitende haben, besitzen die meisten festverzinslichen Wertpapiere eine feste Laufzeit. Und nicht nur das: Während für den Aktienkurs am Ende eines bestimmten Zeitraums abgesehen von der Nichtnegativität keine bestimmten Grenzen existieren, wird der Wert eines festverzinslichen Wertpapieres, falls wir von Ausfallrisiken absehen, zum Laufzeitende hin gegen seinen Rückzahlungsbetrag konvergieren:

> Nehmen wir an, dass eine öffentliche Anleihe zu einem Kurs von 100% sowohl emittiert als auch nach 10 Jahren zurückgezahlt wird. Dann kann, in Abhängigkeit von der Zinsentwicklung, der Kurs durchaus zunächst steigen oder fallen, aber gegen Ende der 10 Jahre wird er sich an die 100% annähern und diesen Wert spätestens im Fälligkeitszeitpunkt erreichen, weil sonst kurz vorher Arbitragegewinne möglich wären. Deshalb muss eine Kursumkehr (reversion) stattfinden.

Beliebte bedingte Termingeschäfte im OTC-Geschäft sind überdies Caps, Floors und Collars (vgl. HULL (2009), S. 652ff.; JARROW und TURNBULL (2000), S. 527ff.). Der *Cap* lässt sich am einfachsten für den Fall erklären, dass eine zinsvariable Refinanzierung in Höhe von 400 T-€ nicht gegen alle, aber doch gegen übermäßige Zinssteigerungen abgesichert werden soll:

> Als Refinanzierungszinssatz, wobei wir der Einfachheit der Darstellung wegen von einem Bonitätsaufschlag absehen, sei der 3-Monats-Euribor (Höhe bei Vertragsabschluss 3% p. a.) festgelegt; die Anpassung des Zinssatzes erfolge ebenfalls alle 3 Monate. Die Bank glaubt an niedrige, vielleicht sogar fallende Zinsen. Sie ist bereit, bei einer Aufnahme von 400 T-€ das Risiko eines Zinsanstieges zu tragen, möchte aber in keiner Periode mehr als 6% p. a. zahlen, d. h. 6 T-€ im Vierteljahr. Das realisiert sie durch einen Zinscap: liegt an einem Stichtag für die Zinsanpassung der Euribor oberhalb dieses Caps, sagen wir bei 7%, so erhält sie vom Kontrahenten die Zinsdifferenz von 1%-Punkt für das nächste Vierteljahr, d. h. 1 T-€, entweder abgezinst schon an diesem Stichtag oder in voller Höhe am Ende des Vierteljahres.

Ein *Floor* funktioniert vom Prinzip her ähnlich, nur dass in diesem Fall ein Mindestzinssatz garantiert wird, so dass Zinsrückgänge unter die vereinbarte Untergrenze zu einer Zahlung führen. Ein *Collar* ist die Kombination eines Cap und eines Floor, garantiert also, dass die Zinssätze ein bestimmtes Band nicht verlassen.

Der Stillhalter eines Cap kassiert eine Prämie dafür, dass er die Versicherung gegen Überschreitungen der Zinsobergrenze übernimmt. Wer einen Floor kauft, bekommt Geld dafür, dass er sich zur Zahlung eines Mindestzinssatzes verpflichtet. Deswegen ist ein Collar geeignet, die Versicherungskosten eines Kapitalnehmers für die Beschränkung eines eventuellen Zinsanstieges dadurch zu reduzieren, dass mögliche Zinssenkungen nach unten ebenfalls eingeschränkt werden.

E3.3 Swaps und die Theorie komparativer Kosten

In diesem Abschnitt wollen wir kurz auf eine ganz spezielle Begründung für die Sinnhaftigkeit von Swaps eingehen: das Ausnutzen komparativer Kostenvorteile. Dieses Motiv wird vor allem für die Entstehung von Währungsswaps angeführt (und leitet damit zum nächsten Abschnitt über), ist aber leicht auf den Einsatz von Zinsswaps zu übertragen:

Nehmen Sie an, Unternehmen A (vielleicht eine Bank) habe eine bessere Bonität als Unternehmen B (ebenfalls vielleicht, aber nicht zwingend eine Bank). Der Zinsaufschlag, den B am Markt zahlen muss, sei für eine fixe Refinanzierung mittlerer Laufzeit höher als für eine variable Refinanzierung. Dieser höhere Zinsaufschlag für die schlechtere Bonität bei der fixen Refinanzierung sei Ausdruck dafür, dass die Prämie für das Ausfallrisiko für die längere Zinsbindungsfrist höher ist. B wolle sich aber dennoch zu festen, A hingegen zu variablen Zinsen refinanzieren. Dann können u. U. die gesamten Refinanzierungskosten durch einen Plain Vanilla-Zinsswap gesenkt werden. Tabelle E3-6 enthält die Daten für ein Beispiel.

Tab. E3-6: Finanzierungsmöglichkeiten der Unternehmen

	Refinanzierung zu festen Zinsen	Refinanzierung zu variablen Zinsen
A	5,0%	Euribor + 0,4%
B	5,6%	Euribor + 0,6%

Da Unternehmen A den größeren Vorteil bei der Festzinsaufnahme hat, wird es fest verzinsliche Mittel zu 5,0% aufnehmen, Unternehmen B hingegen variabel verzinsliche Mittel zu Euribor +0,6%. Ein Swap kann nun z. B. so aussehen, dass A an B Euribor +0,3% zahlt und 5,1% fest bekommt. Dann hat A faktisch eine variable Refinanzierung zu Euribor +0,2% und B eine feste Refinanzierung zu 5,4%; beide haben also durch den Zinsswap 0,2%-Punkte gegenüber der direkten Refinanzierung mit gleicher Zinsbindung gespart.

Bei derartigen Transaktionen ist jedoch zu bedenken, dass auf unseren realen, unvollkommenen Kapitalmärkten Transaktionskosten für den Swap anfallen, die ersparnismindernd wirken. Außerdem ist zu überlegen, inwieweit die Veränderung der Zinsaufschläge zur jetzt anderen Gestaltung der Ausfallrisiken passt.

E4 Währungsderivate

E4.1 Wechselkurssysteme als Grundlage der Währungsderivate

Zinsstrukturkurven mit ihren laufzeitabhängigen Zinssätzen bilden die Grundlage für Zinsderivate. Entsprechend sind Systeme von Wechselkursen die Basis für Währungsderivate.

Wir gehen in unseren Betrachtungen wieder von vollkommenen, speziell arbitragefreien Märkten aus. Dann können für 3 Währungen nur zwei unabhängige Wechselkurse existieren; denn mit $w^{A,B}$ als Angabe, wieviel Einheiten der Währung A für eine Einheit der Währung B zu bezahlen sind (z. B. $w^{\text{€},CHF} = 0,60$ €/CHF),[6] gilt für beliebige Währungen A, B und C:

$$w^{A,B} \cdot w^{B,C} = w^{A,C}. \tag{E4-1}$$

Sind die Währungen A und C identisch, dann folgt wegen $w^{A,A} = 1$ daraus die relativ selbstverständliche Beziehung $w^{A,B} = \frac{1}{w^{B,A}}$.

In Abschnitt E3.2 haben wir aus zwei aktuellen Zinssätzen für unterschiedliche Laufzeiten eine arbitragefreie Forward Rate (impliziter Terminzinssatz) ausgehend von der Überlegung hergeleitet, dass zwei unterschiedliche Investitionsstrategien zum selben Endwert führen müssen. Diese Idee können wir auch hier benutzen: Wenn wir eine Geldeinheit in Währung A zum Zinssatz i_{01}^{A} anlegen, muss das zum selben Ergebnis führen, wie wenn wir in $t = 0$ die eine Geldeinheit zunächst aus Währung A in $w_0^{B,A}$ Geldeinheiten von Währung B wechseln, dort zu i_{01}^{B} verzinsen und anschließend mit dem Kurs $w_1^{A,B}$ zurück in Währung A wechseln (vgl. Abbildung E4.1).

$$1 + i_{01}^{A} = w_0^{B,A} \cdot (1 + i_{01}^{B}) \cdot w_1^{A,B}. \tag{E4-2}$$

Der Wechselkurs $w_1^{A,B}$ ist der implizite Terminwechselkurs bzw. der arbitragefreie Wechselkurs für $t = 1$. Für ihn lässt sich allgemein für $t = T$ folgende Formel aufstellen:

$$w_T^{B,A} = w_0^{B,A} \cdot \frac{(1 + i_{0T}^{B})^T}{(1 + i_{0T}^{A})^T}. \tag{E4-3}$$

Dies ist die exakte Form der sog. *Zinsparitätentheorie*, nach der wir im folgenden Abschnitt bewerten werden und die sich häufig in der näherungsweisen Form

$$i^{A} = i^{B} + \frac{w_e^{B,A} - w^{B,A}}{w^{B,A}} \tag{E4-4}$$

---

[6] Das ist die Preisnotierung, d.h. die Angabe, wieviel Einheiten Inlandswährung für eine Einheit Auslandswährung zu zahlen sind.

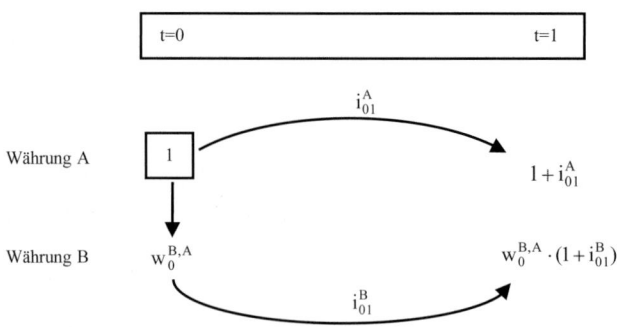

Abb. E4.1: Ermittlung des impliziten Terminwechselkurses

der „*ungedeckten Zinsparität*" findet, wobei $w_e^{B,A}$ für den erwarteten Wechselkurs steht. Sie soll primär für kurzfristige Betrachtungen geeignet sein.

Wie bei den Zinsstrukturtheorien, so existieren für Wechselkurse ebenfalls konkurrierende Erklärungsansätze. Herauszuheben sind neben der Zinsparitätentheorie (für detaillierte Ausführungen zu den einzelnen Ansätzen vgl. RÜBEL (2009), S. 85ff.)

- die *Kaufkraftparitätentheorie*, die speziell für längere Zeiträume einen engen Zusammenhang zwischen den Wechselkursen und dem jeweiligen Güterpreisniveau betont,
- die *monetäre Wechselkurstheorie*, welche die beiden erstgenannten Theorien verbindet, inklusive des *internationalen Fisher-Effekts*,
- *keynesianische Ansätze*, die um die Zinsparität aus Gleichung (E4-4) erweitert wurden sowie
- diverse *Erwartungsbildungsmodelle*.

Alles in allem helfen diese Theorien beim Verständnis internationaler Preis-, Zins- und Währungszusammenhänge, liefern aber keine empirisch überzeugenden Prognosegrundlagen für Wechselkurse. Von daher werden wir diese Betrachtung nicht vertiefen, sondern uns stattdessen einigen konkreten Währungsderivaten, ihrem Einsatz und ihrer Bewertung zuwenden.

E4.2 Eigenschaften, Einsatz und Bewertung ausgewählter Währungsderivate

In diesem Abschnitt konzentrieren wir uns auf nur zwei Währungsderivate: Devisenterminkontrakte (Devisenforwards) und Währungsswaps. Selbstverständlich existieren darüber hinaus Futures und optionale Instrumente. Jedoch lässt sich u. E. bereits mit den ausgewählten Produkten unter Berücksichtigung der Analogien zu den ausführlicher behandelten Zinsderivaten der Umgang mit Währungsderivaten und -risiken genügend gut verstehen.

Devisenterminkontrakt

Im letzten Abschnitt haben wir faktisch bereits das vielleicht einfachste Währungstermingeschäft samt Bewertungsansatz kennen gelernt: einen *Devisenterminkontrakt*. In der Welt der Zinsderivate entspricht dieser Vertrag ungefähr einem FRA, da bereits im Ausgangszeitpunkt ein Wechselkurs (beim FRA: Zinssatz) für einen späteren Zeitpunkt für ein vereinbartes Nominalvolumen festgelegt wird. Gleichung (E4-3) gibt den zukünftigen Wechselkurs an, der zum Wechselkurs im Ausgangszeitpunkt und den dortigen Zinssätzen arbitragefrei ist.

Zum Zeitpunkt $t = 0$ sei der Wechselkurs 1,10 €/US-$. Die Zerobond-Zinssätze im Zweijahres- bzw. Einjahresbereich betragen 3% bzw. 2,5% für € und 2% bzw. 1,5% für US-$. Damit ergibt sich als Terminkurs für $t = 2$

$$w_2^{\text{€,US-\$}} = 1,10 \text{ €/US-\$} \cdot \frac{1,03^2}{1,02^2} \approx 1,1217 \text{ €/US-\$},\qquad\text{(E4-5)}$$

d. h. der Kurs des US-$ muss gegenüber dem € steigen, um das Zinsminus auszugleichen. Würde für $t = 2$ der Kauf von 100 US-$ zu einem Wechselkurs von 1,08 €/US-$ vereinbart, so würde dieser Kontrakt Arbitrage ermöglichen:

1. Bei einem sofortigen Umtausch der € in US-$ und Anlage zu US-$-Zinssätzen wäre ein Kapitaleinsatz von 105,73 € (= (100 US-$ / $1,02^2$) · 1,10 €/US-$) erforderlich, um in $t = 2$ 100 US-$ zu bekommen.

2. Der Barwert der zu zahlenden 108 € (= 100 US-$ · 1,08 €/US-$) beträgt auf Basis der €-Zinssätze in $t = 0$ jedoch nur 101,80 € (= 108 € / $1,03^2$). Das ist der €-Marktwert des angebotenen, für den Käufer vorteilhaften Dollar-Terminkaufs.

Ersetzt man in der zweiten Variante den Terminkurs von 1,08 €/US-$ durch seinen arbitragefreien Wert in Höhe von 1,1217 €/US-$, so führt die Anlage in € ebenfalls zum Kapitaleinsatz von 105,73 € (= 112,17 € / $1,03^2$), der den fairen Wert des Dollar-Terminkaufs darstellt.

Für eine Bewertung in $t = 1$ ist in entsprechender Weise vorzugehen. Dort sind die dann herrschenden Einjahreszinssätze zur Bewertung heranzuziehen, die – wie der dann gültige Wechselkurs – von ihren aus Sicht von $t = 0$ impliziten Werten abweichen können. Hierzu finden Sie eine Übungsaufgabe im Internet.

Währungsswap

In der Literatur findet sich wiederholt (z. B. bei STEINER und BRUNS (2007), S. 575f.) der Hinweis, ein klassischer Währungsswap sei Ausgangspunkt des erheblichen Wachstums der weltweiten Swapmärkte gewesen:

Situation: IBM hatte sich 1979 mit Anleihen in DM und CHF finanziert. Deren Kurse lagen 1981 aufgrund von Zinssatz- und Wechselkursänderungen niedriger und IBM wollte diese Kurswerte gegen Steigerungen absichern. Gleichzeitig benötigte die Weltbank langfristige Mittel in DM und CHF, befürchtete aber eine mangelnde Liquidität der europäischen Märkte und im Vergleich zu US-$- Finanzierungen höhere Zinssätze.

Lösung: Die Weltbank refinanzierte sich in US-$, tauschte mit der IBM die US-$-Zinszahlungen gegen solche in DM und CHF und tauschte schließlich ihren fälligen US-$-Kapitalbetrag gegen die fälligen DM- und CHF-Kapitalbeträge der IBM zu einem vorab festgelegten Wechselkurs.

Ein *Währungsswap* besteht grundsätzlich aus drei möglichen Komponenten:

1. Kapitalaustausch in den unterschiedlichen Währungen am Laufzeitbeginn des Swap (unterblieb im IBM/Weltbank-Fall, da nur die Weltbank noch Finanzierungsbedarf hatte),
2. Austausch der laufenden Zinszahlungen in den unterschiedlichen Währungen (im IBM/Weltbank-Fall zu festen Zinssätzen; kann aber auch variabel/variabel oder fix/variabel sein),
3. Kapitalaustausch in den unterschiedlichen Währungen am Laufzeitende des Swap zu vorab festgelegtem Kurs (Forwardgeschäft; war das hauptsächliche Motiv der IBM).

Zur Konstruktion und zur arbitragefreien Bewertung eines Währungsswap müssen wir gar nicht viel sagen. Er kann einfach als Summe von Devisentermingeschäften mit unterschiedlichen Laufzeiten und ggf. Beträgen aufgefasst werden; wegen der Wertadditivität ist sein Wert damit gleich der Summe dieser einzeln bewerteten Devisentermingeschäfte (vgl. auch hierzu die entsprechende Übungsaufgabe).

E5 Aktienderivate

E5.1 Bewertung von Aktien

Der Ausgangspunkt für Zinsderivate sind Zahlungsströme. So kann beispielsweise der Wert eines ausfallrisikofreien festverzinslichen Wertpapiers bei Sicherheit über die Zinsentwicklung einfach mit der Barwertformel errechnet werden. Und selbst wenn die Zinsentwicklung unsicher ist, kann so vorgegangen werden; denn durch eine geeignete Kombination von Anlagen und Refinanzierungen am Kapitalmarkt kann der Zahlungsstrom des Wertpapiers dupliziert (bzw. seine zukünftigen Zahlungen zu null kompensiert) und der Barwert so heute gesichert werden.

Für Aktien stellt sich diese Aufgabe schwieriger dar. Unter Sicherheit wären mittels *DCF-Verfahren* oder anderer auf vollkommenen Kapitalmärkten dann äquivalenter Methoden faire Aktienkurse zweifelsfrei zu berechnen. Unter Unsicherheit sieht das anders aus, da in diesem Fall nicht ohne weiteres klar ist, wie eine Aktie mit irgendwelchen Basis-Finanztiteln bekannten Wertes zu duplizieren ist. Ansätze zur Wertfindung sind daher z. B. Random Walk-Modelle und Fundamentalanalysen (inkl. diverser DCF-Verfahren) für Einzeltitel sowie das

Capital Asset Pricing Model (CAPM) und die Arbitrage Pricing Theory (APT) als portfolioorientierte Ansätze.

Gleichgültig wie ein Aktienkurs zu einem bestimmten Zeitpunkt zustande kommt, ist die Kursdynamik ein entscheidender Punkt für die Bewertung von Aktien und Aktienderivaten. Wie bei den allgemeinen Bewertungsüberlegungen in Kapitel E2 bereits angedeutet, ist z. B. die Kenntnis der möglichen zukünftigen Kurse nötig, um eine Duplizierung erreichen zu können. Nicht zuletzt deshalb erfreut sich die Anwendung *stochastischer Prozesse*, mit denen zukünftige Kurse als Ergebnisse von Folgen zufälliger Veränderungen beschrieben werden können, zur Beschreibung der Entwicklung von Aktienkursen großer Beliebtheit. Die Prozessannahmen beeinflussen natürlich über die Duplizierung dabei die Kurse von Aktienderivaten. Wir werden dem durch die Vorstellung eines Binomialmodells zur Optionsbewertung und der damit zusammenhängenden Black/Scholes-Formel Rechnung tragen.

E5.2 Eigenschaften, Einsatz und Bewertung von Aktienoptionen

Während wir zu den anderen Risikobereichen meist mehrere Produktarten besprochen haben, konzentrieren wir uns hier weitgehend auf Optionen. Der Grund dafür ist, dass am Beispiel von Optionen die wesentlichen Einsatzmöglichkeiten und Bewertungsprobleme von Aktienderivaten recht deutlich werden und andere Typen von Derivaten, deren allgemeine Eigenschaften wir schon kennen, darüber hinaus nur wenige spezifische Zusatzerkenntnisse bringen. Daher behandeln wir die wesentlichen neuen Aspekte weiterer Aktienderivate nur kurz im nächsten Abschnitt, gehen allerdings auf Zertifikate wegen ihrer Prominenz in der jüngsten Finanzkrise (und als Überleitung auf Abschnitt E6) etwas intensiver ein.

Wir werden zudem nicht danach unterscheiden, ob die betrachteten Optionen börsengehandelt sind oder nicht, weil das für die elementaren Einsatz- und Bewertungsüberlegungen unerheblich ist. Die sind im Übrigen mit Ausnahme angegebener Einschränkungen grundsätzlich auf Optionen mit anderen Underlyings als Aktien übertragbar.

Eigenschaften von Optionen und resultierende Bewertung am Verfalltag

Wir betrachten zunächst einen *Call* auf eine Aktie. Da er das Recht gibt, eine Aktie zum Basispreis zu beziehen, ist sein Wert am Verfalltag, unter Vernachlässigung von Transaktionskosten, leicht zu ermitteln: Ist der Kassakurs π_T^K der Aktie mindestens gleich dem Basispreis π^B, so ist der Optionswert gleich der Differenz; andernfalls kann der Optionsinhaber die Aktie günstiger am Markt als vom Stillhalter besorgen und die Option ist daher wertlos. Da sie nicht ausgeübt werden *muss*, kann ihr Wert nie negativ werden:

$$\pi^{Call} = \max\left(\pi_T^K - \pi^B; 0\right). \tag{E5-1}$$

Entsprechend gilt für einen *Put*, also für das Andienungsrecht:

$$\pi^{Put} = \max\left(\pi^B - \pi_T^K;0\right).\tag{E5-2}$$

Die Differenz zwischen Kurs und Basispreis heißt *Ausübungswert* der Call-Option. Ist sie positiv (null/negativ), so bezeichnet man die Option als in (at/out of) the money; entsprechendes gilt für den Put. Am Verfalltag ist der Ausübungswert gleich dem Optionswert und führt – unter Beachtung der Wertuntergrenze von null – zu den bekannten (Hockeystick-) Diagrammen (vgl. Abbildung E5.1).

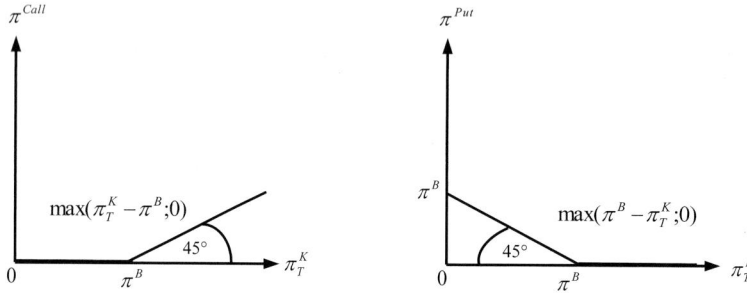

Abb. E5.1: Wertverläufe von Call und Put am Verfalltag

Nicht berücksichtigt ist im Diagramm, wie in den meisten der nachfolgenden Argumentationen, die *Optionsprämie*, die vom Optionskäufer an den Stillhalter beim Erwerb der Option zu zahlen ist.

Der Ausübungswert wird der in der Literatur vielfach auch als *innerer Wert* einer Option bezeichnet (vgl. z.B. Steiner und Bruns (2007), S. 318). Allerdings wird der Begriff nicht immer trennscharf verwendet. Teilweise ist damit der Ausübungswert gemeint, teilweise aber auch der Barwert des Ausübungswertes. Aus diesem Grund wird im Folgenden der eindeutige Begriff Ausübungswert verwendet.

Einsatz von Optionen und Wertgrenzen während der Laufzeit

Eine Ergänzung der Winkelhalbierenden im Payoff-Diagramm für den *Put* (Abbildung E5.1, rechtes Diagramm) und die Addition zu dessen Wertverlauf zeigt, dass der Kurs einer Aktie für den Verfalltag durch einen Put so abgesichert werden kann, dass für jeden Aktienkurs der Wert des Portefeuilles aus Aktie und Put mindestens den Wert π^B hat.[7] Da der Wert des Andienungsrechtes bei konstantem Basispreis intuitiv (Details s. u.) steigt, wenn der Aktienkurs fällt, wird

---

[7] Wir abstrahieren durchweg von Bezugsverhältnissen ungleich 1, die z. B. festlegen, dass 100 Put-Optionen für die Andienung einer Aktie nötig sind.

mit Put-Optionen auch während der Laufzeit eine gewisse Absicherung erreicht. Natürlich kann ein Put ebenfalls sinnvoll eingesetzt werden, wenn gar keine Aktie abzusichern ist; er dient dann der Spekulation auf Kursrückgänge der Aktie am Markt.

Mit einem *Call* kann demgegenüber auf einen Kursanstieg der Aktie spekuliert werden, da der Ausübungswert des Bezugsrechts mit dem Aktienkurs steigt. Zum Hedging ist ein Call z. B. dann einzusetzen, wenn eine Stillhalterverpflichtung aus einem Call besteht und eine Absicherung gegen Kursanstiege erfolgen soll. Durch Eintragen einer im Nullpunkt beginnenden negativen Winkelhalbierenden im Payoff-Diagramm für den Call (Abbildung E5.1, linkes Diagramm) und Addition der beiden Kurven wird sichtbar, dass in diesem Fall der Verlust auf π^B beschränkt wird. Durch den Call lässt sich entsprechend ein Bezugskurs von maximal π^B absichern.

Vor dem Verfalldatum hat eine Option zusätzlich zum Ausübungswert noch einen *Zeitwert*, den wir hier am Beispiel eines Call intuitiv erläutern wollen:

- Ist der Call zum Zeitpunkt $t < T$ *aus dem* Geld, d. h. sein Ausübungswert negativ, so können die Kursveränderungen der Aktie bis zum Verfalltag noch dazu führen, dass der Call ins Geld kommt. Diesem positiven Effekt steht kein negativer Effekt entgegen, da auch ein weiterer Kursrückgang der Aktie keine Verschlechterung der Zahlung in T bewirkt, die ohne Kursanstieg ohnehin null ist.

- Qualitativ ähnlich lässt sich für den Fall eines Call argumentieren, der in $t < T$ *im* Geld ist: Weitere Kurssteigerungen der Aktie erhöhen den Ausübungswert des Call, Kursrückgänge senken diesen Wert. Für das Verfalldatum ist die Zahlung zwar nach unten beschränkt, nicht aber nach oben, so dass die Möglichkeit von Aktienkursänderungen bis zum Verfalltag auch in diesem Fall werterhöhend wirkt.

Für einen Put gelten ähnliche Überlegungen. Die vorgestellte Argumentation deutet im Übrigen an, dass der Zeitwert einer Option mit zunehmender Laufzeit monoton wachsen müsste. Ein solches Resultat lässt sich formal präzise aber nur unter zusätzlichen Annahmen beweisen. Dafür, wie für Ober- und Untergrenzen für den Wert von Call- und Put-Optionen während der Laufzeit in Abhängigkeit vom Kurswert der Aktie, (vgl. HULL (2009), S. 205ff., und JARROW und TURNBULL (2000), S. 68ff. Wir betrachten lediglich noch den Zusammenhang zwischen den Preisen von Puts und Calls (ohne Berücksichtigung von Dividenden). Das tun wir nur für europäische Optionen, da die evtl. vorzeitige Ausübung amerikanischer Put-Optionen zusätzliche Annahmen erfordern würde.

Betrachten Sie einmal die Portefeuilles in Tabelle E5-1 (vgl. HULL (2009), S. 208f.). Wie Sie sehen, ist der Wert beider Portefeuilles in $t = T$ gleich: $\max(\pi^B; \pi_T^K)$. Da zwischendrin bei europäischen Optionen keine relevanten Handlungsmöglichkeiten bestehen, verlangt die Wertadditivität die Gleichheit der Portefeuillewerte auch in $t = 0$:

$$\pi_0^{Call} + \pi^B \cdot (1 + i_{0T})^{-T} = \pi_0^{Put} + \pi_0^K. \tag{E5-3}$$

Tab. E5-1: Werte von Calls, Puts und Portefeuilles

	Wert in $t=0$	Wert in $t=T$	
		$\pi_T^K < \pi^B$	$\pi_T^K > \pi^B$
Europäischer Call	π_0^{Call}	0	$\pi_T^K - \pi^B$
Finanzanlage	$\pi^B \cdot (1+i_{oT})^{-T}$	π^B	π^B
= Portefeuille A	?	π^B	π_T^K
Europäischer Put	π_0^{Put}	$\pi^B - \pi_T^K$	0
Aktie	π_0^K	π_T^K	π_T^K
= Portefeuille B	?	π^B	π_T^K

Diese *Put-Call-Parität* ist wieder auf der Duplizierungsidee aufgebaut und besagt u. a., dass nur einer der beiden Optionstypen unabhängig bepreist werden kann. Der zweite wäre ggf. wieder als *homemade derivative* selbst zu konstruieren. Die Überlegung zeigt im Übrigen noch einmal, dass und wie Optionen zum Hedging von Aktienkursrisiken eingesetzt werden können.

Duplizierung von Optionen im Binomialmodell

Bis zu diesem Zeipunkt haben wir keine Annahmen über irgendwelche Kursverläufe der zugrunde liegenden Aktie benötigt, um die Optionen darauf zu bewerten. Allerdings ist deswegen auch keine explizite Bewertungsformel abzuleiten gewesen. Das augenfälligste Beispiel hierfür ist die Put-Call-Parität.

Nun gehen wir einen Schritt weiter und nehmen eine sehr einfache Kursentwicklung für die Aktie an, um daraus, wiederum durch Duplizierung, einen Optionswert abzuleiten. Konkret wollen wir einen Call bewerten, mit dem wir in $t=1$ die Aktie zum Basispreis π^B erwerben können. Der Kassakurs der Aktie in $t=0$ ist π_0^K; in $t=1$ kommen in den Zuständen $s=1$ bzw. $s=2$ nur die Kassakurse π_{11}^K und π_{12}^K infrage, wobei $\pi_{11}^K > \pi^B > \pi_{12}^K$ gelte. Aus dem (noch unbekannten) Wert des Call in $t=0$, π_0^{Call}, werden in $t=1$ gemäß Formel (E5-1) die Werte $(\pi_{11}^K - \pi^B)$ bzw. 0 (vgl. Abbildung E5.2).

Alternativ können wir A Stück der Aktie kaufen und Mittel in Höhe von I_0 zum Zinssatz für diese Periode, i_{01}, aufnehmen. Durch geeignete Wahl von A und I_0 können die Werte dieses Portefeuilles (siehe Abbildung E5.3) so gestaltet werden, dass sie in $t=1$ in beiden Zuständen gleich den Werten des Call in diesen Zuständen sind. Dazu müssen gleichzeitig die folgenden Bedingungen erfüllt sein:

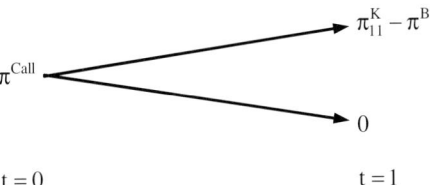

Abb. E5.2: Wertentwicklung des Call

$$\pi_{11}^{K} - \pi^{B} = A \cdot \pi_{11}^{K} - (1 + i_{01}) \cdot I_{0}, \tag{E5-4}$$

$$0 = A \cdot \pi_{12}^{K} - (1 + i_{01}) \cdot I_{0}. \tag{E5-5}$$

Diese Duplizierung wird durch die Wahl

$$A = \frac{\pi_{11}^{K} - \pi^{B}}{\pi_{11}^{K} - \pi_{12}^{K}} \quad \text{und} \quad I_{0} = \frac{\pi_{12}^{K}}{1 + i_{01}} \cdot \frac{\pi_{11}^{K} - \pi^{B}}{\pi_{11}^{K} - \pi_{12}^{K}} \tag{E5-6}$$

erreicht. Damit keine Arbitragegelegenheit existiert, müssen die Werte des Call und des Portefeuilles auch in $t = 0$ übereinstimmen. Das führt zu folgendem Ergebnis:

$$\pi^{Call} = (\pi_{0}^{K} - \frac{\pi_{12}^{K}}{1 + i_{01}}) \cdot \frac{\pi_{11}^{K} - \pi^{B}}{\pi_{11}^{K} - \pi_{12}^{K}}. \tag{E5-7}$$

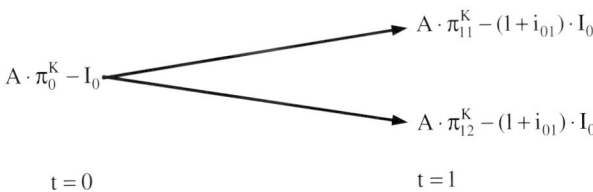

Abb. E5.3: Wertentwicklung des Portefeuilles

Mit diesen kurzen Ausführungen zur Optionspreisermittlung, die in vielen Lehrbüchern in ähnlicher Form nachzulesen sind, haben Sie ansatzweise das Binomialmodell von COX *et al.* (1979) kennen gelernt. Ein Zahlenbeispiel hierzu:

Daten: Zinssatz für diese Periode: $i_{01} = 10\%$. Kassakurs der Aktie in $t = 0$: $\pi_0^K = 100$. Mögliche Kassakurse in $t = 1$: $\pi_{11}^K = 121$ und $\pi_{12}^K = 101$.[8] Basispreis des Call: $\pi^B = 110$.

Ergebnisse: Der Call wird dupliziert mit dem Kauf von A = 0,55 Aktien und einer Kreditaufnahme von $I_0 = 50{,}50$; sein Wert ist daher $\pi^{Call} = 4{,}50$.

Ihnen sollte aufgefallen sein, dass irgendwelche subjektiven Eintrittswahrscheinlichkeiten für die zukünftigen Aktienkurse keine Rolle für den Wert des Call spielen. Gleichwohl kann der Wert des Call als abgezinster Erwartungswert seiner beiden möglichen Werte in $t = 1$ berechnet werden, wenn die *risikoneutrale Wahrscheinlichkeit* für das Auftreten des höheren Kurses, π_{11}^K, verwendet wird:

$$p = \frac{(1 + i_{01}) \cdot \pi_0^K - \pi_{12}^K}{\pi_{11}^K - \pi_{12}^K}. \qquad \text{(E5-8)}$$

Im obigen Zahlenbeispiel gilt $p = 45\%$. Der *Zustandspreis* von Zustand 1 ist damit 45% / 1,10 = 0,4091 und der Wert des Call auch nach dieser Rechnung 4,50 = (121 − 110) · 45% / 1,10 + 0 · 55% / 1,10.

Aus Formel (E5-7) ist schließlich noch zu erkennen, dass der Abstand der beiden in $t = 1$ möglichen Aktienkurse bewertungsrelevant ist.

In ganz ähnlicher Weise, weshalb wir auf formale Herleitungen verzichten, können Sie zur Bewertung eines Put vorgehen. Die Formeln ändern sich vor allem dadurch, dass der Ausübungswert am Laufzeitende statt $(\pi_{11}^K - \pi^B)$ nun $(\pi^B - \pi_{12}^K)$ ist. Dazu ein ähnliches Zahlenbeispiel:

Daten: Kassakurs der Aktie in $t = 0$, $\pi_0^K = 100$, und mögliche Kassakurse in $t = 1$, $\pi_{11}^K = 121$ und $\pi_{12}^K = 101$, sowie Zinssatz für diese Periode, $i_{01} = 10\%$, sind wie oben. Basispreis des Put: $\pi^B = 111$.

Ergebnisse: Der Put wird dupliziert mit dem Leerverkauf von A = 0,5 Aktien und einer Finanzanlage von $I_0 = 55$; sein Wert ist daher $\pi^{Put} = 5$. Die risikoneutrale Wahrscheinlichkeit ist auch hier $p = 45\%$.

Ändern Sie zur Übung den Basispreis des obigen Call auf ebenfalls $\pi^B = 111$. Dann fällt sein Wert auf rund 4,09 (= 10 · 45% / 1,10) und Sie können die Put-Call-Parität überprüfen: 4,09 + 111 / 1,1 = 100 + 5.

Unrealistisch ist natürlich, dass in diesem *diskreten* Modell zwischen den Zeitpunkten $t = 0$ und $t = 1$ keine Kursveränderungen der Aktie stattfinden können. Diese Annahme wird im folgenden, früher enstandenen Modell der Folge aufgehoben.

Bewertung von Optionen mit der Black/Scholes-Formel

Das Zeitintervall von $t = 0$ bis $t = 1$ wird nun in sehr viele, sehr kleine Zeitintervalle aufgeteilt. In jedem von ihnen kann der Aktienkurs nach oben oder nach unten springen. Der Aktienkurs folgt einem *stochastischen Prozess*. Stochastische Prozesse sind eine zeitliche Abfolge der Änderungen von Zufallsvariablen.

---

[8] Der niedrigere der beiden Kurse bedeutet hier keinen *absoluten* Kursrückgang, wie er meist in Beispielen unterstellt wird, angesichts eines Zinssatzes von 10% aber faktisch einen Wertverlust gegenüber dem Ausgangskurs.

Um eine Aussage über die Verteilung des Aktienkurses bei Fälligkeit zu treffen, bedarf es einer möglichst realitätsnahen und zugleich mathematisch einfachen Darstellung der zukünftigen Aktienkursentwicklung (vgl. HAHNENSTEIN *et al.* (2001)). Beim Übergang auf unendlich kleine Zeitintervalle (Übergang von einem diskreten zu einem stetigen Prozess) erfolgt im Grenzfall ein Übergang von der Binomialverteilung zur Normalverteilung. Für diesen Grenzfall ergibt sich die *Black/Scholes-Formel* (vgl. COX *et al.* (1979)), die ursprünglich in einem stetigen Modell hergeleitet wurde (vgl. BLACK und SCHOLES (1973)). Zur Modellierung des Aktienkurses wird dabei eine *Geometrische Brownsche Bewegung* unterstellt:

$$d\pi^K = \mu\pi^K dt + \sigma\pi^K dz \qquad \text{(E5-9)}$$

mit: π^K: Aktienkurs,

      μ: Drift, d. h. erwartete stetige Rendite der Aktie,

      σ: Standardabweichung des Aktienkurses (Volatilität),

      z: Standard Brownsche Bewegung (= Wiener Prozess), d. h. in einem Intervall der Länge t besitzt z eine Normalverteilung $\mathcal{N}(0,t)$.

Der erwartete Anstieg der Aktie in einem unendlich kleinen Zeitintervall dt wird durch $\mu\pi^K dt$ ausgedrückt, $\sigma\pi^K dz$ ist die zufällige Komponente der Kursbewegung. Diese zeitstetige Modellierung des Aktienkurses durch eine Geometrische Brownsche Bewegung ist Grundlage für die Black/Scholes-Formel. Auf eine Herleitung der Black/Scholes-Formel wird an dieser Stelle verzichtet. Mit π_0^K für den Kurswert des Underlying, $N(\cdot)$ für die Verteilungsfunktion der Standardnormalverteilung, σ für die Standardabweichung des Kurses (in etwa vergleichbar mit der Spreizung der Zukunftskurse im zeitdiskreten Binomialmodell), i für den sicheren Zinssatz und T für die Restlaufzeit sieht sie wie folgt aus:

$$\pi^{Call} = \pi_0^K \cdot N(d_1) - \pi^B \cdot e^{-iT} \cdot N(d_2), \qquad \text{(E5-10)}$$

mit

$$d_1 = \frac{ln(\frac{\pi_0^K}{\pi^B}) + (i + \frac{\sigma^2}{2}) \cdot T}{\sigma\sqrt{T}}, \qquad \text{(E5-11)}$$

$$d_2 = \frac{ln(\frac{\pi_0^K}{\pi^B}) + (i - \frac{\sigma^2}{2}) \cdot T}{\sigma\sqrt{T}}. \qquad \text{(E5-12)}$$

Wir werden diese Formel noch einmal als Beispiel heranziehen, wenn wir in Kapitel E7 über Risiken von Derivaten sprechen.

E5.3 Einige Bemerkungen zu weiteren Aktienderivaten

Aktienoptionen sind keinesfalls die einzigen derivativen Instrumente, mit denen Aktienkursrisiken gestaltet werden können. Zum einen sind ergänzend *Aktienop-*

tionsscheine zu nennen. Wie börsengehandelte Optionen sind sie, um handelbar zu sein, standardisiert. Ihre wesentlichen Unterschiede zu börsengehandelten Optionen liegen darin, dass sie als Wertpapiere verbrieft und daher noch fungibler sind und dass ihre Laufzeiten die für Optionen vielfach üblichen 9 Monate z. T. deutlich überschreiten.

Optionsscheine gibt es nicht nur auf Aktien, sondern auch auf Währungen und Zinsen. Vor allem aber sind Index-, speziell *Aktienindexoptionsscheine* als wichtige Instrumente zu nennen. Während mit Aktienderivaten unsystematische Aktienkursrisiken gehedgt oder eingegangen werden können, eignen sich Aktien-*index*derivate zur Steuerung des systematischen Risikos.

Weiterhin sind noch Futures und hier ebenfalls besonders *Aktienindexfutures* zu nennen. Mit ihnen kann in Form von unbedingten Termingeschäften ebenfalls das systematische Risiko gestaltet werden. Außerdem können, neben vielen weiteren Finanztiteln, auch *Aktienindexanleihen* erworben werden (in Heimat- oder Fremdwährung). Die Besonderheit bei ihnen ist, dass sie als Schuldverschreibungen zwar festverzinsliche Wertpapiere sind, ihre Rückzahlung aber von der Entwicklung eines Aktienindex positiv (Bull Bond) oder negativ (Bear Bond) abhängt (vgl. EILENBERGER (1997), S. 17ff.).

In der Finanzkrise ist eine Gruppe von Derivaten, die *Zertifikate*, bei Anlegern in Verruf geraten. Am Beispiel eines *Aktienzertifikates* lässt sich der Grund dafür leicht verstehen. Erwirbt der Anleger ein derartiges Zertifikat, so erwirbt er nicht direkt die Aktie, sondern ein von der Bank emittiertes strukturiertes Produkt, das mit unterschiedlichen Merkmalen ausgestattet sein kann. Wichtige Unterscheidungsmerkmale bei den verschiedenen Typen von Zertifikaten sind z.B. ein möglicher Kapitalschutz oder die Gewinn- bzw. Verlustteilnahme (vgl. DOLL (2009), S. 15).

> So wurde z.B. das Garantiezertifikat für den sicherheitsorientierten Anleger konzipiert. Dabei profitiert der Anleger unbegrenzt von Kurssteigerungen (unbegrenztes Gewinnpotenzial), wohingegen kein Verlustrisiko besteht, da der Einstandspreis über die gegebene Kapitalgarantie des emittierenden Institut abgesichert ist. Insofern ist das Gewinn- und Verlust-Profil nahezu identisch mit dem einer Call-Option.

Die *Höhe* der Rückzahlung hängt in festgelegter Weise von der Entwicklung des Aktienkurses ab und bedeutet insofern ein *Preisrisiko* für Emittent und Inhaber. Ob überhaupt eine Rückzahlung erfolgt, hängt entscheidend davon ab, ob der Emittent, in der Regel eine Bank, im Zeitpunkt der Fälligkeit zahlungsfähig ist. Das war lange nicht als ein Problem gesehen worden, wurde aber spätestens mit der Insolvenz des Zertifikate-Emittenten Lehman Brothers evident. Zwar war der Marktanteil von Lehman in Deutschland sehr gering, dennoch hat die ausführliche mediale Berichterstattung dafür gesorgt, dass sich viele Käufer dieser Derivate bewusst wurden, dass sie sich neben dem Preisrisiko auch noch ein *Ausfallrisiko* eingehandelt hatten - und das oftmals ungewollt und unbewusst. Die Beratung von Kunden durch die vertreibenden Banken mag hierbei nicht in allen Fällen sachgerecht gewesen sein (zu den Marktanteilen der einzelnen Anbieter auf dem deutschen Markt vgl. DERIVATE-FORUM (2007)).

E6 Kreditderivate

E6.1 Theoretische Vorüberlegungen

Während im vorangegangenen Abschnitt ein Ausfallrisiko „nebenbei" in einem Derivat steckte, sollen mit Kreditderivaten gerade derartige Kreditrisiken übernommen oder abgesichert werden. Dabei geht es nicht allein um den *Ausfall* einer Forderung, sondern z. B. auch um die bloße Bonitätsverschlechterung von Marktteilnehmern (vgl. ausführlich Kapitel I).

Wie bei Aktien gibt es auch bei den Krediten, Anleihen etc. sowohl Entwicklungen, die einzelne Titel betreffen, auch auch solche, die ganze Segmente bis hin zum Gesamtmarkt beeinflussen. Daher ist die Existenz von Kreditderivaten mit einzelnen Forderungen (bzw. Unternehmen; *single name*) als Underlying ebenso plausibel wie die Existenz von Kreditderivaten, die sich auf Gruppen von Forderungen (*baskets*) oder ganze Marktsegmente beziehen. Allerdings gibt es mindestens einen wichtigen Unterschied, den wir bereits in Kapitel C wiederholt erwähnt haben. Bei der (kredit- oder unternehmens-) *spezifischen* Komponente des Kreditrisikos, die z. B. von der Qualität des Managements abhängt, ist die kreditgebende Bank Insider. Sie hat einen Informationsvorteil und überdies die Möglichkeit, Intensität und Qualität ihrer laufenden Überwachung anzupassen und generiert damit ein moral hazard Problem für Käufer dieses *besonderen* Kreditrisikos. Demgegenüber sollten Kreditderivate auf *allgemeine* Kreditrisiken, die z. B. aus der Wirtschaftsentwicklung und Wechselkursänderungen resultieren, leichter handelbar sein, da bei ihnen die genannten Probleme weitgehend fehlen.

Angesichts des Informationsvorteils des Kreditgebers ist der Handel des *spezifischen* Risikos problematisch. Ein Ausweg besteht darin, dass die Banken nur Teile des Risikos veräußern. Der Rest bleibt in ihren Büchern, sozusagen als Selbstbeteiligung im Schadensfall, und mindert die negativen Anreizeffekte.

Leicht möglich erscheint hingegen, mittels Derivaten die *allgemeine* Komponente des Ausfallrisikos zu handeln: Die Ausprägungen der relevanten Größen sind allseits beobachtbar und können von keinem der Vertragspartner beeinflusst werden. Darüber hinaus wird auch nicht der Anreiz der Bank, den Schuldner zu überwachen, gemindert, da nicht der Kreditausfall an sich abgesichert ist, sondern lediglich Veränderungen von Faktoren von der Absicherung erfasst werden, die Einfluss auf den Kreditausfall haben.

Existieren aber überhaupt geeignete, allgemein beobachtbare Faktoren, die einen nennenswerten Teil des Ausfallrisikos erklären? Zwar nicht für einen einzelnen Kredit, aber zumindest bezogen auf das gesamte Kreditportefeuille scheint eine einigermaßen stabile Beziehung zwischen einigen wenigen volkswirtschaftlichen Größen und der Gesamthöhe der Kreditausfälle zu bestehen. Nach WILSON (1997a) und WILSON (1997c) können über 90% des Ausfallrisikos durch wenige makroökonomische Größen erklärt werden. Dieser Anteil klingt etwas übertrieben, macht aber deutlich, dass hier ein potenzielles Entwicklungsfeld für Kreditderivate liegt (vgl. auch HENKE *et al.* (1998)).

Ein letzter Punkt: Wie wir bereits an Diagrammen zum Standardkreditvertrag (siehe Abbildung C1.3) gesehen haben und beim Ausfallrisiko noch detaillierter ausführen werden (siehe Abschnitt I3.3), kann ein Kredit als eine Option
aufgefasst werden. Deswegen müssen wir Kreditderivate als Derivate mit Derivaten als Underlying ansehen, was das Ganze auch nicht leichter macht.

E6.2 Empirische Beobachtungen

Die theoretischen Überlegungen lassen sich mit Daten konfrontieren. Instrumente wie Kreditgarantien und Kreditversicherungen existieren schon lange. Die
ersten eigentlichen Kreditderivate gab es Anfang der neunziger Jahre des letzten
Jahrhunderts (vgl. BIELECKI und RUTHKOWSKI (2002), S. 16). Seither ist eine
erhebliche Zunahme der Volumina gehandelter Kreditderivate festzustellen (vgl.
Tabelle E6-1). Es bleibt abzuwarten, ob die z.T. sehr hohen Wachtumsraten auch
in der Zeit nach der Finanzkrise erreicht werden.

Tab. E6-1: Volumina weltweit gehandelter Kreditderivate (ohne Asset Swaps)

Jahr	1999	2000	2001	2002	2003	2004	2006	2008e
Marktvolumen (in Mrd. US-$)	586	893	1.189	1.952	3.548	5.021	20.207	33.120

Quelle: BRITISH BANKER'S ASSOCIATION (2006), (e: estimated = geschätzt).

Insgesamt werden nur relativ wenige Kreditrisiken gehandelt. SCHÜLER (2003)
spricht von weltweit ca. 2000 Adressen, vor allem großen Industrieunternehmen
(davon ca. 50 aus Deutschland) und Banken mit relativ guter Bonität sowie Länderrisiken. Letztere sind dem systematischen Kreditrisiko zuzurechen und unterliegen praktisch keinen Informationsasymmetrien und Anreizproblemen. Für die
anderen Adressen gilt, dass wegen der Größe der Kreditnehmer im Regelfall auch
mehrere Kreditgeber existieren, was die Insiderrolle eines einzelnen Kreditgebers
reduziert. Gute Bonität begrenzt das Ausfallrisiko weiterhin.

Noch stärkere Konzentration herrscht offenbar auf der Händlerseite. Laut
BRITISH BANKER'S ASSOCIATION (2004) sind die drei größten Käufergruppen
von Kreditderivaten Banken (51%), Wertpapierhäuser (16%) und Hedge Fonds
(16%). Auf der Verkäuferseite sind die größten Gruppen: Banken (38%), Versicherungen (20%), Wertpapierhäuser (16%) sowie Hedge Fonds (15%).

E6.3 Eigenschaften und Einsatz ausgewählter Kreditderivate

Grundlegend zu unterscheiden sind drei Gruppen von Kreditderivaten (vgl. SA-VELBERG (1996) sowie BURGHOF *et al.* (1998)):

- *Total-Return Derivate*: Bei diesen Produkten wird der Zahlungsstrom eines Kredites (einer Anleihe, eines Bündels von Krediten etc.) mehr oder weniger vollständig weiterverkauft. Das typische Produkt ist der *Total-Return Swap*.
- *Credit-Default Derivate*: Bei diesen Produkten werden für den Fall, dass der Kredit ausfällt (Default), besondere Zahlungen vereinbart. Typische Produkte sind der *Credit-Default Swap* und die *Credit-Linked Note*.
- *Credit-Spread Derivate*: Bei diesen Produkten werden Ausgleichszahlungen für den Fall vereinbart, dass sich die Zinsdifferenz zu einer Benchmark verändert. Ein typisches Produkt ist der *Credit-Spread Call*.

Die obige Gliederung der Produkte stellt darauf ab, dass die zukünftigen Zahlungen im ersten Fall immer erfolgen (unbedingtes Termingeschäft), in den anderen Fällen aber von einem Default-Ereignis oder einer Bonitätsveränderung abhängen (bedingte Termingeschäfte). Abbildung E6.1 zeigt die Zahlungscharakteristika der als Beispiel angegebenen Produkte. Dabei wird vereinfachend unterstellt, dass dem Kreditderivat genau ein Kredit zugrundeliegt.

Beim *Total-Return Swap* werden alle Wertveränderungen und damit nicht nur Ausfall-, sondern auch Preisrisiken weitergereicht. Deshalb muss nicht geprüft werden, ob eine Kursveränderung marktzins- oder bonitätsbedingt ist. Die Ausgleichszahlungen finden entweder einmalig (am Laufzeitende bzw. zum Ausfallzeitpunkt) oder zu im vorhinein festgelegten, periodischen Terminen statt (vgl. NONNENMACHER und BRASCH (2001)). Die Benennung des *Credit-Default Swap* ist nicht unproblematisch, da seine Zahlungsstruktur einer Option entspricht, weswegen er gelegentlich Credit-Default *Option* heißt (dann oft mit einmaliger statt laufender Prämienzahlung). Bei der *Credit-Linked Note* wird, anders als beim Credit-Default Swap, zunächst der Nominalbetrag vom Risikokäufer bezahlt und später, falls kein Default auftritt, vom Risiko*ver*käufer zurückbezahlt. Deswegen kann mit diesem Instrument ein Kreditrisiko gefahrlos auch an Risikokäufer verkauft werden, deren Bonität schlecht ist. Ökonomisch wird hierbei der Investor zum Kreditgeber. Als *Note* ist dieses Instrument als Wertpapier handelbar und überdies bilanzwirksam.[9] Beim *Credit-Spread Call* erhält der Risikoverkäufer nicht erst im Default-Fall Zahlungen, sondern schon bei Bonitätsverschlechterungen, die sich in einer wachsenden Zinsdifferenz gegenüber risikolosen, aber ansonsten gleichen Finanztiteln ausdrücken. Um diese Zinsdifferenz zweifelsfrei ermitteln zu können, muss das Referenz-Asset gehandelt werden. Aus den beschriebenen Zahlungsmustern der vorgestellten Kreditderivate ist zu erkennen, dass sie sich in wesentlichen Merkmalen unterscheiden. Tabelle E6-2 verdeutlicht das übersichtsartig.

---

[9] Wie OEHLER und UNSER (2002), S. 379, ausführen, müsste das Produkt eigentlich Credit-*Default*-Linked Note heißen, da andere Produkte ebenfalls als Notes emittiert werden können.

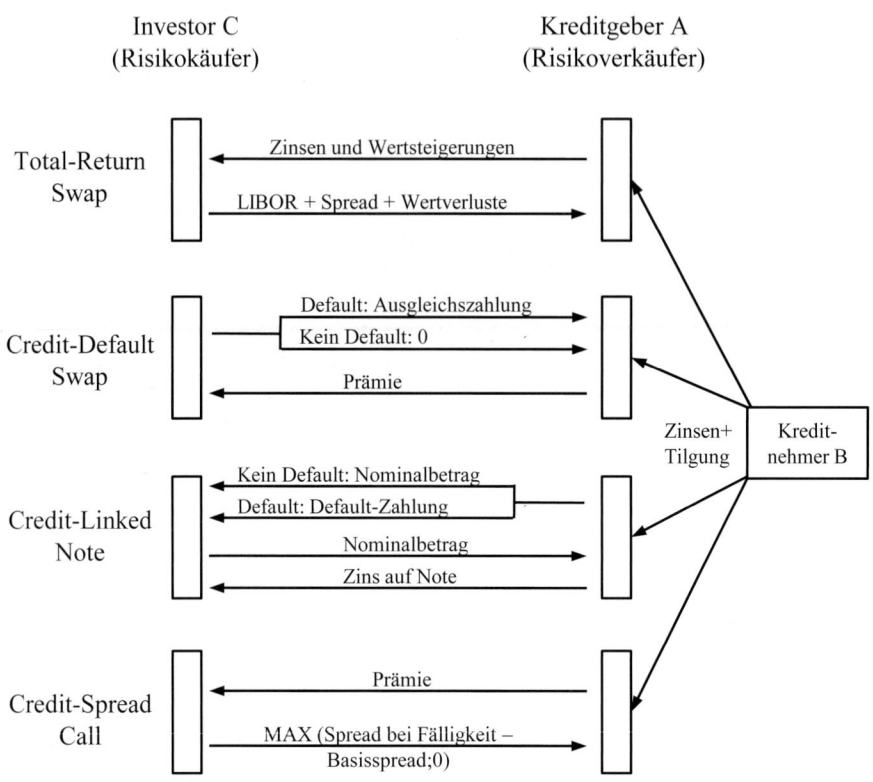

Abb. E6.1: Zahlungsvereinbarungen einiger Kreditderivate

Quelle: BURGHOF *et al.* (1998), S. 279ff.

Tab. E6-2: Vergleich der Merkmalsausprägungen einiger Kreditderivate

		Total-Return Swap	Credit-Default Swap	Credit-Linked Note	Credit-Spread Call
A zahlt anfänglich eine Prämie		nein	ja	nein	ja
C zahlt anfänglich den Kreditbetrag		nein	nein	ja	nein
C über- nimmt	Ausfallrisiko	ja	ja	ja	nein
	Bonitätsänderungsrisiko	ja	nein	nein	ja
	Andere Marktpreisrisiken	ja	nein	nein	nein
Falls C ausfällt, hat A ein Wiedereindeckungsrisiko		ja	ja	nein	ja

Mit den genannten Kreditderivaten kann das Risiko einzelner Engagements verkauft oder erworben werden. Aufgrund der geringen Anzahl gehandelter Risiken findet bei allen von ihnen die Absicherung eines Kreditrisikos nicht zwingend durch ein Kreditderivat auf genau dieses abzusichernde Underlying statt. Stattdessen wird als Bezugsgröße ggf. ein anderer, z. B. leichter beobachtbarer oder liquiderer Finanztitel verwendet, der zum absichernden Titel möglichst hoch korreliert ist. Dieser wird dann als *Referenz-Asset* bezeichnet. Die Produkte erlauben aber auch, die regionale oder branchenmäßige Zusammensetzung des Kreditportefeuilles ausgewogener zu gestalten. Dies gilt speziell, wenn nicht nur einzelne Kredite oder Anleihen als Referenz-Assets verwendet werden, sondern z. B. Baskets (d. h. Portefeuilles von Finanztiteln) oder Indizes. Eine Variante hiervon sind CLOs (Collateralised Loan Obligations), denen z. B. ein Pool von mittelgroßen Krediten zugrunde liegt (vgl. OEHLER und UNSER (2002), S. 378f.). Bereits in Abschnitt C3.2.2 wurden die verwandten CDOs erläutert, die sich dadurch unterscheiden, dass sie typischer Weise wenige große Teile von Anleihen (oder anderen verbrieften Schuldtiteln) als Underlyings haben.

In den theoretischen Vorüberlegungen (vgl. Abschnitt E6.1) wurde bereits erklärt, dass Kreditderivate im Hinblick auf die Transparenz eine besondere Stellung unter den Derivaten einnehmen. So ist zu vermuten, dass Kreditderivate zur Absicherung des allgemeinen Risikos überwiegend *börsengehandelt* sind, da hier die erforderliche Standardisierung und Transparenz für alle Marktteilnehmer erreicht werden kann. Dem steht entgegen, dass z.B. über deutsche Mittelständler wenig Informationen auf den internationalen Kapitalmärkten vorhanden sind (*spezifische* Komponente) und außerdem die Absicherungsmöglichkeit einzelner Kredite oder Anleihen zu einer unüberschaubaren Menge von Produkten führen würde.

Aus diesen Gründen haben sich während der letzten Jahre im Bezug auf die Art des Abschlusses zwei wesentliche Kanäle etabliert. Bei den *OTC-Geschäften* wird versucht, die erforderliche Standardisierung durch die eingeführten Musterverträge (z.B. der International Swap and Derivatives Association (ISDA)) zu erreichen. Diese reduzieren die Transaktionskosten und erleichtern die Bewertung in Bezug auf die Ausgestaltung, beseitigen aber nicht die Notwendigkeit einer Vorstellung über das Kreditrisiko und seine Veränderung im Zeitablauf (vgl. Abschnitt E6.5). Die Problematik des systemischen Risikos im Rahmen von OTC-Geschäften ist durch die Finanzkrise noch einmal sehr deutlich geworden, so dass gegenwärtig Überlegungen in Richtung eines zentralen Kontrahenten bzw. einer zentralen Clearingstelle angestellt werden (vgl. ACHARYA *et al.* (2009)).

Ein Handel an der *Börse* basiert im Moment fast ausschließlich auf sogenannten Kreditindizes. Kreditindizes bzw. CDS-Indizes bilden die Entwicklung der Credit Default Swaps (CDS Spreads) unterschiedlichster Teilsegmente des CDS-Marktes ab. Die wohl bedeutensten Indizes, die iTraxx-Familie, werden von der International Index Company berechnet und können als Benchmark für den transparenten und standardisierten Handel von globalen Kreditrisiken angesehen werden (vgl. RUDOLPH *et al.* (2007), S. 96ff.; diese Quelle gibt auch einen sehr guten Überblick über die einzelnen Indizes). Über die Börse kann bzw. wird aktuell also im wesentlichen das allgemeine Risiko abgesichert.

E6.4 Synthetische Verbriefung

Im vorherigen Abschnitt haben wir bereits kurz den Bogen zu Verbriefungen gespannt, die wir bereits in Abschnitt C3.2 behandelt hatten. Und in der Tat sind ABS und andere Produkte als Kreditderivate im weiteren Sinne anzusehen. Daneben ist eine weitere wichtige Beziehung zu beachten; denn der CDS ist das zentrale Instrument einer *synthetischen Verbriefung*.

Zunächst etwas zum Hintergrund solcher Transaktionen. Wir hatten schon angeführt, dass die Bank als Originator die Beziehungen zu ihren Kunden trotz des Verkaufs der Kredite weitgehend aufrecht erhalten kann, wenn sie die Funktion des *Service-Agenten* übernimmt (vgl. Abschnitt C3.2.2). Dennoch existieren Vorbehalte gegen den tatsächlichen Verkauf von Krediten (*true sale*), u.a. wegen der damit ggf. einher gehenden Bilanzverkürzung und rechtlicher Rahmenbedingungen, u.a. der Steuerpflicht des SPV für Zinseinnahmen (vgl. Abschnitt C3.2.3). Will sich die Bank vom Kreditrisiko von Schuldnern trennen, die Kredite aber nicht aus der Bilanz heraus verkaufen, so erreicht sie das mittels einer synthetischen Verbriefung (vgl. Abbildung E6.2).

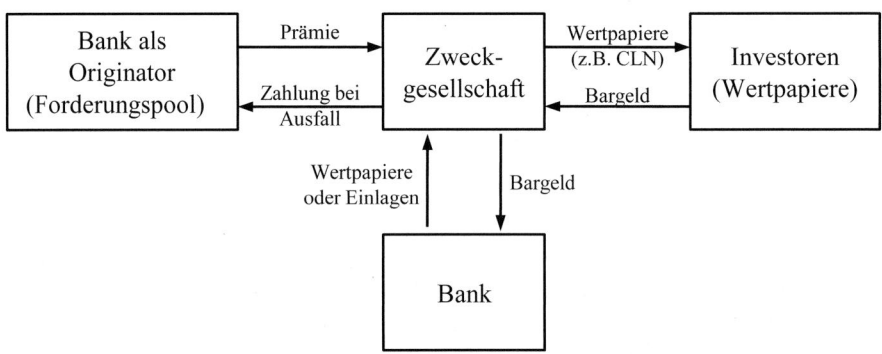

Abb. E6.2: Wichtigste Strukturelemente einer synthetischen Verbriefung von Bankkrediten

Quelle: Eigene Darstellung.

Mit einem CDS wird das Risiko der Kundenkredite auf das SPV übertragen. Damit die Default-Zahlung aus Sicht des Originators sicher ist, platziert das SPV CLNs bei den Investoren und ist damit unabhängig von deren Bonität. Das erhaltene Geld wird bei einer (anderen) Bank als abgesicherte Einlage angelegt oder für den Kauf von möglichst risikolosen Wertpapieren (z.B. der öffentlichen

Hand) verwendet. Auch zu dieser Struktur, für die der CDS und die CLN wichtig sind, existieren Alternativen; die Grundidee der synthetischen Verbriefung bleibt jedoch immer gleich.

E6.5 Bewertung von Kreditderivaten

Voraussetzung für einen funktionierenden Handel von Kreditderivaten ist offensichtlich ein akzeptables und akzeptiertes Bewertungsmodell für Kreditrisiken (zur Bewertung vgl. z.B. MARTIN *et al.* (2006)). Wir werden in Teil I3 sehen, dass es diesbezüglich noch keine abschließende Lösung und somit Forschungsbedarf gibt. Insofern ist es bemerkenswert, dass Kreditderivate überhaupt die gegenwärtigen Volumina erreicht haben.

Ein CDS liefert mittels seines Credit Spread, d.h. der Renditedifferenz zu einer risikolosen Vergleichsanlage, eine Auskunft über die vermutete Ausfallwahrscheinlichkeit (PD) des Referenz-Assets. Durch den Handel von CDSs können sich für diese PD aggregierte Einschätzungen des Marktes bilden. Sie können sich praktisch täglich ändern und sind differenzierter als Ratings der Agenturen (vgl. Abbildung E6.3). Deshalb gilt lt. aktuellen empirischen Untersuchungen (vgl. z.B. BYSTRÖM (2005) und NORDEN (2008)), dass aus den CDS-Prämien im Schnitt bessere PD-Schätzungen abzuleiten sind als aus den Ratings der Agenturen. In Abbildung E6.3 ist beispielsweise zu erkennen, wie schnell praktisch alle CDS Spreads auf den Zusammenbruch von Lehman Brothers reagiert haben.

E7 Risiken von Derivaten

E7.1 Risikoarten

Derivate können in vielfacher Weise sinnvoll eingesetzt werden. Aber vor allem bei neuen und bei besonders komplexen Produkten, wie etwa exotischen Optionen, bergen sie auch Risiken:

- *Betriebsrisiken* aus unprofessioneller Abwicklung, fehlerhafter Bewertung, etc.,
- *Rechtsrisiken* z. B. aus ungültigen Bestandteilen der Verträge,
- *Liquiditätsrisiken*, weil sich evtl. keine Kontraktpartner finden lassen, um die Realisation von Verlusten durch geeignete Transaktionen zu begrenzen.

Das Auftreten von *Betriebs- und Rechtsrisiken* ist vor allem mit der Existenz unvollständiger individueller Verträge verbunden. In der Praxis werden zur Begrenzung derartiger ausnutzbarer Interpretationsspielräume z. B. Rahmenver-

Abb. E6.3: Entwicklung ausgewählter fünfjähriger CDS-Spreads im Zeitablauf

Quelle: Datastream.

träge der ISDA (International Swaps and Derivatives Association) verwendet.[10]

Daneben sind mit nicht börsengehandelten Derivaten im Regelfall *Ausfallrisiken* verbunden. So hat der Fall Russlands einige Prominenz erlangt, das sich nicht offiziell als zahlungsfähig erklärte, aber seinen Verpflichtungen nicht nachkam. Vor Gericht wurde von Vertragspartnern eines CDS darum gestritten, ob damit denn nun der Tatbestand „default" erfüllt sei (vgl. WAGNER (2008), S. 25 f.).[11] Dabei bringt die Natur der Derivate, schwebende Geschäfte zu sein, häufig eine Besonderheit mit sich: Wenn etwa bei einem Plain Vanilla-Zinsswap der Vertragspartner ausfällt und niemand an seiner Stelle in den Vertrag eintritt, kann das – anders als bei einem Kreditvertrag – für die andere Seite gut sein; denn möglicherweise haben sich die Marktzinssätze inzwischen so verändert, dass die eigene Position im Minus ist, durch den Ausfall des Kontrahenten der Verlust aber nicht realisiert wird. Entsprechendes kann z. B. für den Stillhalter eines Optionsgeschäftes gelten. Die Messung der Ausfallrisiken bei Derivaten ist insofern eng mit deren *Preisrisiken* verbunden, die wir ihrer Bedeutung wegen im nächsten Abschnitt ausführlicher behandeln.

---

[10] Derartige Rahmenverträge stehen für Mitglieder unter www.isda.org zum Download bereit.

[11] Wo Derivate an einer Börse gehandelt werden, übernimmt diese die Ausfallrisiken (siehe Kapitel E1).

Zu den individuellen Risiken im Derivategeschäft kommt die Sorge der Bankenaufsicht, dass ein *systemisches Risiko* vorliegt. Hierunter ist im engeren Sinne die Gefahr zu verstehen, dass wirtschaftliche Probleme von einem einzigen Institut aus auf andere Institute durchschlagen und sich so in einer Art Domino-Effekt branchenweit ausbreiten (vgl. RUDOLPH (1995), S. 17f.). Beim Depositengeschäft haben wir mit der allgemeinen Bankenpanik, die auch solvente Institute durch einen Schaltersturm gefährdet, einen Übertragungsmechanismus kennen gelernt. Bezüglich des Derivategeschäftes herrschte angesichts der Höhe der gehandelten Volumina schon lange die Sorge, dass die Nichterfüllung von Verpflichtungen durch ein Institut bei anderen Instituten Verluste bzw. offene Positionen entstehen lassen würde, die diese Institute ebenfalls in Schwierigkeiten bringen könnte. In der jüngsten Finanzkrise hat die Insolvenz von Lehman Brothers nicht zuletzt wegen deren wichtiger Rolle als Vertragspartner im Derivategeschäften zu Verwerfungen geführt. Viele Banken fanden ihre durch Lehman-Kontrakte gehedgten Risiken als offene Risikopositionen wieder. Zum einen führte dies zu erheblichem Wiedereindeckungsbedarf, zum anderen zu großem Misstrauen zwischen den Banken, wer jetzt welchen möglicherweise sogar existenzgefährdeten Risiken ausgesetzt war. Mehr zu solchen systemischen Risiken finden Sie in Abschnitt G1.3.

E7.2 Preisrisiken und die Griechen

Zur Betrachtung von Preisrisiken ziehen wir exemplarisch die Black/Scholes-Formel für den Call auf eine Aktie heran (vgl. Gleichung (E5-10)). An der Formel ist sehr schön zu sehen, dass der Wert des Call bei vorgegebenem Basispreis auf die Veränderungen folgender Einflussgrößen reagiert:

1. Restlaufzeit T,
2. risikoloser Zinssatz i,
3. Kurs der Aktie (des Underlying) π^K,
4. Volatilität des Kurses der Aktie (des Underlying) σ.

Nur der erste dieser Faktoren ist deterministisch; die drei anderen unterliegen Marktschwankungen und sind daher Ursache für Preisrisiken von Optionen. Dabei spielt der Zinssatz noch eine Sonderrolle, da er nicht ein spezifisches Preisrisiko für diese Option, sondern ein allgemeines Marktrisiko darstellt.

Der Wert eines Call (und allgemeiner ein Optionswert bzw. der Wert eines Derivates überhaupt) ist eine im Allgemeinen nichtlineare Funktion der genannten Variablen. Ein solcher Zusammenhang kann durch eine Taylor-Reihenentwicklung approximiert werden. Wir berücksichtigen in der folgenden Darstellung für die Wertveränderung dabei nur diejenigen Ableitungen, die im Folgenden noch Bedeutung für uns haben:

$$\Delta \pi^{Opt} = \underbrace{\frac{\delta \pi^{Opt}}{\delta T}}_{\text{Theta}} \cdot \Delta T + \underbrace{\frac{\delta \pi^{Opt}}{\delta i}}_{\text{Rho}} \cdot \Delta i + \underbrace{\frac{\delta \pi^{Opt}}{\delta \pi^{K}}}_{\text{Delta}} \cdot \Delta \pi^{K} + \underbrace{\frac{\delta \pi^{Opt}}{\delta \sigma}}_{\text{Vega}} \cdot \Delta \sigma$$

$$+ \underbrace{\frac{\delta^{2} \pi^{Opt}}{\delta (\pi^{K})^{2}}}_{\text{Gamma}} \cdot \frac{1}{2} \cdot (\Delta \pi^{K})^{2} + \dots. \quad \text{(E7-1)}$$

Zunächst erkennen Sie die vier oben genannten Einflussgrößen in der entsprechenden Reihenfolge wieder. Von den Ableitungen höherer Ordnung ist nur die zweite Ableitung nach dem Kurs des Underlying aufgeführt, da den übrigen Termen in der Regel nur geringe quantitative Bedeutung zugemessen wird. Den partiellen Ableitungen sind die gängigen Namen für diese Faktoren zugeordnet, die zusammenfassend als *Optionsgriechen* oder kurz *Griechen* („*Greeks*") bezeichnet werden, obwohl Vega kein griechischer Buchstabe ist. Wir erläutern diese Griechen knapp, ohne jeweils im Detail darauf einzugehen, welche Besonderheiten für einzelne Optionstypen gelten; dies lässt sich samt Skizzen besonders bei HULL (2009) gut nachlesen; Beispielzahlen und -plots präsentieren STEINER und BRUNS (2007).

Theta

Mittels *Theta* ist die Veränderung des Optionswertes als Folge der sich automatisch verkürzenden Restlaufzeit zu berechnen. Im Normalfall ist Theta negativ, d. h. der in einer Option steckende *Zeitwert* verringert sich im Zeitablauf.

Rho

Mit *Rho* wird die Sensitivität bezüglich Marktzinsänderungen gemessen. Bei Calls ist Rho positiv, bei Puts negativ. Das ist ökonomisch verständlich, da zum Duplikationsportefeuille eines Call ein Kredit und eines Put eine Anlage gehören. Der zu bedienende Kredit wird bei einer Zinssteigerung mehr und der Call damit weniger Wert. Die Logik für Anlage und Put ist entsprechend.

Delta

Das *Delta* erfasst die Sensitivität des Optionspreises in Bezug auf Preisveränderungen des Underlying. Dessen Preisanstieg führt bei einem positiven Delta zu einem Gewinn. Delta ist daher bei einem Long Call und einem Short Put positiv, bei einem Short Call und einem Long Put aber negativ. Insofern kompensieren sich, sonst gleiche Daten vorausgesetzt, Call und Put bzw. Long- und Shortpositionen. Die Absolutwerte für Delta liegen bei Optionen zwischen 0 und 1.

Der Deltafaktor eines Underlying nimmt definitionsgemäß stets den Wert 1 an. Daher können wir das Optionsdelta folgendermaßen interpretieren: Wie viele Einheiten des Underlying müssen gekauft bzw. (leer-)verkauft werden, damit die Option und das Underlying risikomäßig äquivalent sind? Dies wird im Rahmen des Risikomanagements für Hedging-Entscheidungen wichtig werden (vgl. Abschnitt J5.1).

Wir betrachten eine Kaufoption auf eine Aktie mit einer Laufzeit von 90 Tagen und einem Ausübungspreis von 100 €. Der gegenwärtige Kurs der Aktie sei ebenfalls 100 €, d. h. die Kaufoption ist gegenwärtig „at the money". Wir unterstellen $\sigma = 10\%$ und nehmen weiterhin an, dass der Momentanzinssatz für risikolose Anlagen 10% sei. Wir erhalten nach der Black/Scholes-Formel einen Preis für die Option in Höhe von 3,33 € und ein Delta in Höhe von 0,691.

(Für die Black/Scholes-Formel müssen Sie die kontinuierliche Verzinsung verwenden, d. h. die „continously compounded interest rate". Manche Optionspreisrechner, wie z. B. der Numa Option Calculator (http://www.numa.com/ derivs/ref/calculat/option/calc-opa.htm), aber längst nicht alle, bieten Ihnen die Möglichkeit, aus einem gegebenen Momentanzinssatz den korrekten Jahreszinssatz auszurechnen. Ohne diese Anpassung erhalten Sie etwas andere Werte, nämlich einen Optionspreis von 3,41 € und ein Delta von 0,699.)

In der Tabelle E7-1 ist angegeben, wie sich der Wert der Option alternativ aufgrund einer Neuberechnung nach der Black/Scholes-Formel und gemäß des Deltafaktors ändert, wenn der Aktienkurs um 0,1% bzw. um 8% steigt oder fällt.

Tab. E7-1: Preisschwankungen einer Kaufoption aufgrund von Aktienkursschwankungen

Aktienkurs	Wert des Call	Wertveränderung	
(π)	$\pi^{call}(\pi)$	$\pi^{call}(100)$ $- \pi^{call}(100 \cdot (1 - \Delta))$	$0,69 \cdot \Delta \cdot 100$
100	3,334357	-	-
$99,9(\Delta = -0,001)$	3,265632	$-0,068725$	$-0,069$
$100,1(\Delta = 0,001)$	3,403790	$+0,069433$	$+0,069$
$92(\Delta = -0,08)$	0,260855	$-3,073502$	$-5,52$
$108(\Delta = 0,08)$	10,363396	$+7,029039$	$+5,52$

Wie aus der Tabelle E7-1 zu erkennen ist, liefert Delta für kleinere Preisschwankungen näherungsweise richtige Wertveränderungen, für größere Preisveränderungen des Underlying aber nur ungenaue Werte. Da der Optionspreis eine konvexe Funktion von π_0^{Call} ist, werden mittels Delta bei einer Longposition Kursgewinne unter- und Kursverluste überschätzt (vgl. Abbildung E7.1). Bei einer Shortposition werden demgegenüber Kursgewinne über- und Kursverluste unterschätzt. Daher ist der Deltafaktor alleine nicht ausreichend, um Preisrisiken bei Shortpositionen in Optionen zu erfassen.

Gamma

Wie aus Abbildung E7.1 auch deutlich wird, hängt das Ausmaß, in dem das mit Hilfe von Delta gemessene Preisrisiko von Optionen von den anhand eines Optionspreismodells berechneten Werten abweicht, von der Stärke der Konvexität der Optionswertfunktion ab. Ein Maß für die Stärke der Konvexität einer Funktion ist die zweite (partielle) Ableitung, die sich hier im *Gamma* ausdrückt. So wie sich Long- und Shortpositionen im Delta ausgleichen, kompensieren sie sich

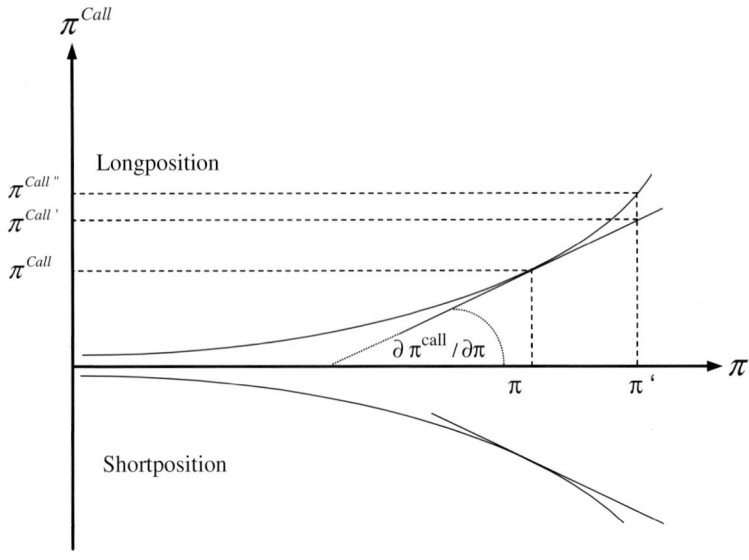

Abb. E7.1: Wertverlauf einer Kaufoption (Short- und Longposition)

auch im Gamma, da der Verlauf der Shortposition sich einfach durch Spiegelung an der Ordinate ergibt (vgl. Abbildung E7.1).

Vega

Der Wert einer Option hängt vor allem auch von der Volatilität des Underlying ab. Diese Sensitivität wird mit *Vega* gemessen. Ein besonderes Problem liegt hierbei bereits in der Ermittlung von σ. Anders als ein Preis ist eine Volatilität nicht direkt beobachtbar, sie muss daher geschätzt werden. Hierbei kann man entweder auf statistisch aus Zeitreihen ermittelte *historische Volatilitäten* zurückgreifen oder aber aus beobachteten Optionspreisen mit Hilfe eines Bewertungsmodells wie der Black/Scholes-Formel auf die in diesen Preisen *impliziten Volatilitäten* zurückrechnen. Long- und Shortpositionen in Optionen sind von Veränderungen der Volatilität in gegensätzlicher Weise betroffen, so dass sich Vega zwischen ihnen saldieren lässt.

E7.3 Hebelwirkung von Derivaten

Mit kleinem Kapitaleinsatz sind bei Derivaten relativ hohe Chancen und Verlustrisiken verbunden. Diese *Hebelwirkung*, die wir gleich noch definieren und formal nachweisen werden, ist u. E. wesentlich mit dafür verantwortlich, dass der Einsatz von Derivaten manchmal mit Sorge betrachtet wird.

Im *Ausmaß* der Verlustgefahr unterscheiden sich die Instrumente. Einige Beispiele: Bei einer Option verliert der Käufer maximal seine Prämie; der Stillhalter einer Kaufoption und der Verkäufer eines Future können theoretisch einen unbegrenzten Verlust erleiden; der Festzinszahler beim Swap und der Käufer eines Forward Rate Agreement haben – nichtnegative Zinsen unterstellt – ein begrenztes Risiko, das sich aus der Differenz zwischen vereinbartem und tatsächlichem Zinssatz ergibt. Wird nicht genügend Vorsorge getroffen, z. B. durch Begrenzung des Derivategeschäftes oder durch (nur auf liquiden Märkten zuverlässig wirksame) Stop-Loss-Limite,[12] so können die Risiken in einigen Fällen existenzbedrohend sein. Denken Sie etwa an den Ruin der Barings Bank durch die Geschäfte ihres Händlers Nick Leeson (vgl. KÖRNERT (1996)).

Nun aber zum sog. *Hebel*, der auch als *Omega* bekannt ist. Formal ist er eine Elastizitätskennzahl, d. h. ein Verhältnis relativer Änderungen. Hier wird die relative Wertänderung des Derivats, z. B. einer Call-Option, ins Verhältnis zur relativen Wertänderung des Underlying, z. B. einer Aktie, gesetzt:

$$\text{Hebel} = \frac{\frac{\Delta\pi^{Opt}}{\pi^{Opt}}}{\frac{\Delta\pi_0^K}{\pi_0^K}} = \frac{\Delta\pi^{Opt}}{\Delta\pi_0^K} \cdot \frac{\pi_0^K}{\pi^{Opt}} = \text{Delta} \cdot \frac{\pi_0^K}{\pi^{Opt}}. \tag{E7-2}$$

Delta liegt zwischen 0 und 1, aber gleichzeitig ist im Regelfall der Kurs des Underlying wesentlich größer als der des Derivates, so dass ein Hebel größer als 1 resultiert. Und das besagt, dass mit dem Derivat tatsächlich größere Wertschwankungen eingegangen werden als mit dem Underlying; gleicher Geldeinsatz führt also zu größeren Verlustmöglichkeiten beim Derivat.

Bei der Besprechung von Delta hatten wir oben bei einem Kurs des Underlying von 100 € einen Optionspreis von 3,33 € und ein Delta von 0,691 ermittelt. Das ergibt einen Hebel von 0,691 · 100 / 3,33 = 20,75.

---

[12] Das sind Verlustwerte, bei deren Erreichen die Position zum Verkauf gestellt wird, um so weitere Verluste zu vermeiden.

Teil F
Grundlagen des Bankmanagements

Implizit sind in den ersten Teilen dieses Buches schon zahlreiche Verhaltensempfehlungen für Banken enthalten. So sollte Ihnen am Phänomen der Kreditrationierung (vgl. Abschnitt C1.2) klar geworden sein, dass es gefährlich ist,
sich von den Kunden besonders hohe Zinszahlungen versprechen zu lassen. In
diesem und den folgenden Teilen behandeln wir nun einige wichtige Themen der
Unternehmensführung im Bankbetrieb in systematischer Weise.

Im Zuge der Geschäftstätigkeit eines Kreditinstitutes sind u. a. die folgenden
Fragen zu beantworten:

1. Welche Einzelgeschäfte sollen abgeschlossen werden?
2. Welches bzw. wieviel Risiko soll gehedgt werden?
3. Welche Kapitalstruktur soll gewählt werden?

Auf *vollkommenen Märkten* sind diese drei Fragen völlig unabhängig voneinander zu beantworten: Der Marktwert einer Bank wird durch Geschäfte mit
positivem Kapitalwert gesteigert (und nur durch solche Geschäfte). Weder das
Ausmaß des Hedgings noch die Eigenkapitalquote beeinflussen den Marktwert.
Das ist auf *unvollkommenen Märkten* anders; denn in diesem Fall sind die richtigen Antworten auf die drei Fragen voneinander abhängig. Wenn beispielsweise
ein Risiko gar nicht gehedgt werden kann, so ist dies bereits beim Abschluss der
Geschäfte, die dieses Risiko mit sich bringen, zu beachten. Und die „richtige"
Entscheidung, ob ein bestimmtes Risiko übernommen und behalten werden soll,
kann abhängig davon sein, wieviel Eigenkapital zur Abdeckung der Verlustgefahren zur Verfügung steht oder zu welchen Konditionen die Eigenkapitalbasis
verbessert werden kann.

Die Differenzierung nach vollkommenen und unvollkommenen Märkten spielt
gleich in Kapitel F1 eine zentrale Rolle. Wir starten die Behandlung der Grundlagen des Bankmanagements dort mit der Frage, welche *Ziele* Banken verfolgen
(sollten). Dabei werden wir die fehlende Operationalität der gängigen Vorgabe
„Gewinnmaximierung" sehen und Alternativen kennen lernen. Auf vollkommenen Märkten kommt als vernünftige Zielgröße nur der Marktwert des Eigenkapitals infrage. Aber wir wissen natürlich längst, dass *Banken* dann keine Existenz-

T. Hartmann-Wendels et al., *Bankbetriebslehre*,
DOI 10.1007/978-3-642-11857-9_6, © Springer-Verlag Berlin Heidelberg 2010

berechtigung haben. So überrascht uns nicht, dass sie ggf. andere Ziele verfolgen, und wir geben Gründe an, warum sie sich möglicherweise risikoavers verhalten.

In Kapitel F2 betrachten wir die Berücksichtigung von *Risiko* näher. Jede unternehmerische Tätigkeit ist risikobehaftet. Zu denken ist etwa an Absatzschwankungen, die unternehmensinterne Ursachen (Qualitätsmängel, schlechtes Preis-/Leistungsverhältnis etc.), aber auch gesamtwirtschaftliche Gründe (allgemeine Konjunkturschwäche, gesetzliche Beschränkungen etc.) haben können. Neben dieses „Business Risk" tritt zudem noch das „Financial Risk" als Begriff für Gefahren aus einer unzureichenden bzw. krisenanfälligen Finanzierung des Unternehmens.

Bei Kreditinstituten stehen primär *banktypische Risiken* im Zentrum des Interesses: Liquiditätsrisiken, Preisrisiken und Ausfallrisiken. Das sind Risiken, die zwar grundsätzlich auch in anderen Unternehmen auftreten, für Kreditinstitute aber eine besondere Bedeutung haben, da sie aus deren originären *Transformationsfunktionen* (vgl. Abschnitt A2.2) herrühren. Hinzu treten die operationellen Risiken, also vereinfacht ausgedrückt die Gefahr von Fehlern bei Menschen, Maschinen und Systemen. Sie sind ebenfalls nicht per se bankspezifisch, wohl aber in ihrer konkreten Ausprägung. Wir erläutern die einzelnen Risikoarten in diesem Teil nur kurz und behandeln sie intensiver, nach einigen grundlegenden Ausführungen zur Regulierung, in den Teilen H (Liquiditätsrisiken), I (Ausfallrisiken), J (Preisrisiken) und K (Operationelle Risiken). Kurz sprechen wir auch Länderrisiken und Reputationsrisiken an, die später nicht mehr aufgegriffen werden. Als *Risikomaße* verwenden wir u. a. die *Varianz*, den *Value at Risk* (VaR) sowie *Lower Partial Moments*. Kurz gehen wir auf die Stichworte Backtesting, Modellrisiken und Stresstests ein.

Mit der jüngsten Finanzkrise ist die Diskussion um Geschäftsmodelle von Banken neu entbrannt. Wir greifen sie, auszugsweise und in aller Kürze, in Kapitel F3 auf. Dort beschäftigen wir uns mit einigen angeblich oder tatsächlich in der Praxis verfolgten Zielen von Banken. Beispielen für Geschäftsmodelle sowie Besonderheiten von Sparkassen und Kreditgenossenschaften. Außerdem stellen wir, vorwiegend mit Blick auf das Emissionsgeschäft als wichtigen Teil des Investment Banking, das Zusammenspiel zwischen Banken und Kapitalmärkten dar. Dabei bauen wir auf früheren Überlegungen zur Hausbankbeziehung auf (vgl. Abschnitt C1.4).

In Kapitel F4 beschäftigen wir uns mit einigen speziellen Steuerungsfragen. Bei den Ansätzen zur Gesamtbanksteuerung stehen risikoadjustierte Performancemaße wie der RAROC im Vordergrund, andere Konzepte reißen wir nur kurz an. Das Thema Diversifikation betrachten wir aus der Perspektive der Messung, aber auch mit Blick auf Steuerungsimplikationen angesichts nicht behandelbarer Risiken. Damit können wir Kapitalkosten und Fragen der Kapitalstruktur überblicken. Abschließend gehen wir auf die Förderung der Umsetzung von Steuerungsüberlegungen durch Anreizsysteme ein, inklusive der Betrachtung von Vorstandsvergütungen durch Boni.

Eine wichtige Rahmenbedingung für die Banksteuerung sind Regulierungsvorschriften. Zwar werden wir in den folgenden Teilen des Buches die Tendenz erkennen, die Regulierung von Risiken an das Management dieser Risiken anzunähern. Dennoch können für Regulierungszwecke ermittelte Risikokennzahlen keinesfalls unbesehen als Grundlage des internen Risikomanagements verwendet werden oder umgekehrt. Neben fortbestehenden Zielkonflikten liegt das auch daran, dass es sehr unterschiedliche Kreditinstitute gibt, die in den Regulierungsvorschriften trotz einer Abkehr vom Prinzip des „one-size-fits-all" nicht so individuell behandelt werden wie ihre interne Ausgestaltung der zielbezogenen Steuerungskonzeptionen institutsspezifisch ist. Das ist bei den folgenden Ausführungen zu beachten.

F1 Theoretische Überlegungen zu Zielsetzungen von Kreditinstituten

1. Auf vollkommenen Märkten ist unter einigen Zusatzannahmen sowohl bei Sicherheit als auch bei Unsicherheit die Maximierung des Marktwertes des Eigenkapitals die gemeinsame Zielsetzung aller Eigentümer.
2. Unterschiedliche Arten des Risikoübernahmeverhaltens von Banken werden durch die alternativen Hypothesen Risikovermeidung, Risikoabgeltung und Risikonormierung beschrieben.
3. Eigeninteresse der Manager, nichtlineare Steuern, Konkurskosten und andere Marktunvollkommenheiten bewirken, dass Banken sich verhalten, als ob sie konkave Bewertungsfunktionen hätten, und ein gesondertes Risikomanagement betreiben.

F1.1 Zieldefinition durch die Eigentümer

In nahezu allen gängigen Lehrbüchern zur Finanzierungstheorie wird irgendwo und irgendwie auf einen der zentralen Unterschiede zwischen Eigen- und Fremdkapital hingewiesen: Eigentümer sind zur unternehmerischen Leitung berechtigt, Gläubiger nicht. Daraus folgt implizit, dass sich bei einer Trennung von Eigentum und Leitung das Management an den Zielen der Unternehmenseigner auszurichten hat. Die dabei entstehenden Agency-Probleme werden uns in der Folge noch ab und an beschäftigen.

Prinzipiell können Eigenkapitalgeber sehr unterschiedliche Dinge wollen: Gewinnmaximierung, positives Image bei den Kunden, Zufriedenheit der Mitarbeiter, hoher Marktanteil und stetiges Wachstum sind einige typische „Ziele", die in Gesprächen angegeben werden. Die präskriptive Entscheidungstheorie, die Menschen zu rationalen Entscheidungen verhelfen will, empfiehlt, Ziele genauer zu klassifizieren (vgl. EISENFÜHR und WEBER (2003), S. 53ff.). So werden etwa *Fundamentalziele* um ihrer selbst willen, *Instrumentalziele* hingegen wegen ihrer vermuteten positiven Wirkung auf die Erreichung von Fundamentalzielen verfolgt. Beispielsweise sind Zufriedenheits- und Marktanteilsziele oftmals Instrumentalziele, die sich letztlich in Euro und Cent auswirken und so zur Erreichung fundamentaler Gewinnziele beitragen sollen. Auch Gewinn hat aus übergeordneter Perspektive häufig übrigens nur instrumentalen Charakter: Denken Sie z. B. an einen Unternehmer, dessen Nutzenfunktion vom Güterkonsum abhängt. Gewinn dient ihm dazu, seine Konsumwünsche zu befriedigen.

Bei oberflächlicher Betrachtung scheint *Gewinnmaximierung* eine operationelle Zielsetzung zu sein. Sie ist aber viel zu ungenau, als dass damit gearbeitet werden könnte. So ist z. B. weder ein Zeithorizont angegeben (Gewinn des nächsten Jahres oder (diskontierter) Gesamtgewinn der nächsten fünf Jahre ...), noch ist die Art der Gewinnermittlung spezifiziert (Bilanzgewinn oder ökonomischer Gewinn ...). Vor allem aber haben wir in den ersten Teilen des Lehrbuches immer wieder gesehen, dass wir aufgrund von Unsicherheit in Wirklichkeit lediglich Wahrscheinlichkeitsverteilungen möglicher Gewinne angeben können.

Zwar sind die Eigentümer in ihrer Wahl der Ziele grundsätzlich frei, gleichwohl stellt sich die Frage, welche Ziele „vernünftig" sind. Sowohl für die Ableitung eines entscheidungstheoretisch begründeten Ziels, als auch für die Frage, ob alle Eigentümer identische Ziele für „ihre" Bank haben, sind Eigenschaften des Kapitalmarktes relevant. In den folgenden Abschnitten wollen wir daher diesen Fragen zunächst unter Sicherheit und dann unter Unsicherheit für vollkommene und unvollkommene Kapitalmärkte nachgehen.

F1.2 Zielsetzung auf vollkommenen Märkten bei Sicherheit

Wir haben bei den theoretischen Grundlagen in Abschnitt A3.1.4 bereits die Bedeutung vollkommener Kapitalmärkte kennen gelernt. Unter diesen Annahmen gilt u. a. die Fisher-Separation (vgl. Abschnitt B1.2.1), gemäß der alle Investoren die gleichen Investitionsentscheidungen treffen würden. Unsere Suche nach der richtigen Zielsetzung für ein Kreditinstitut wäre bei vollkommenen Kapitalmärkten bei Sicherheit damit schon beendet: Sämtliche Bankeigentümer wären sich einig, dass die Bank alle Geschäfte mit positivem Marktwert (und nur solche) realisieren sollte. Unabhängig z. B. von individuellen Konsumwünschen wäre die gemeinsame Zielsetzung für die Bank die *Marktwertmaximierung*, d. h. der Marktwert der künftigen Rückflüsse aus der investiven Mittelverwendung sollte maximiert werden. Das ist genau diejenige Vorstellung, die später der Marktzinsmethode in Abschnitt L2.4 zugrundeliegt. Aber wie wir bereits am Anfang gesehen haben (vgl. vor allem Abschnitt A3.1.4 und Kapitel B2), sind nicht alle Märkte so „ideal" bzw. hätten Banken in einer derart idealisierten Welt keine Existenzberechtigung.

F1.3 Zielsetzungen auf unvollkommenen Märkten bei Sicherheit

In einer weniger idealen Welt, in der Banken eine Rolle spielen, ist die Frage nach deren Zielsetzungen alles andere als trivial. Für den Fall von Sicherheit unterscheiden SCHMIDT und TERBERGER (1997), S. 97ff., die folgenden drei Formen eines unvollkommenen (oder auch unvollständigen) Kapitalmarktes:

Tab. F1-1: Formen unvollkommener Kapitalmärkte

Typ	Gespaltener Kapitalmarkt	Strikte Kapitalrationierung	Schwache Kapitalrationierung
Merkmal	Ungleiche Soll- und Habenzinssätze	Obergrenze für die Kapitalbeschaffung	Volumenabhängige Refinanzierungssätze

Für Investitions- und Finanzierungsentscheidungen auf solchen Märkten wurden diverse Methoden entwickelt, in denen die genannten Merkmale abbildbar sind. So wird beispielsweise mit vollständigen Finanzplänen, mit dem Dean-Modell der Kapitalbudgetierung oder mit linearer Programmierung gearbeitet (vgl. z. B. SCHMIDT und TERBERGER (1997), S. 168ff., sowie HERING (1995), S. 160ff.). Die Ansätze stellen allesamt Wege dar, mit dem Kernproblem unvollkommener Kapitalmärkte umzugehen: die Fisher-Separation gilt nicht und daher

- können Investitions- und Finanzierungsentscheidungen im Allgemeinen nicht getrennt werden,
- heißen nicht unbedingt alle Bankeigentümer die gleichen Geschäfte gut,
- ist der Kapitalwert insofern kein geeignetes Entscheidungskriterium mehr, als dass der richtige Diskontierungssatz erst bei Kenntnis des optimalen Investitions-, Finanzierungs- und Konsumprogramms bekannt ist.

Wir müssen uns folglich von der Marktwertmaximierung als gemeinsamer Zielsetzung aller Bankeigentümer für die Bank verabschieden, falls der Kapitalmarkt unvollkommen (bzw. unvollständig, d. h. nicht jeder neue Finanztitel kann durch eine Kombination bestehender Finanztitel abgebildet werden) ist. In diesem Fall ist auch nicht unbedingt zu erwarten, dass überhaupt Einigkeit über irgendeine präzise operationalisierte Zielvorgabe besteht. Eigentlich müssten wir uns deshalb jetzt in die Theorie kollektiver Entscheidungen einlesen und lernen, wie in dem gegebenen institutionellen Rahmen eine gemeinsame Zielsetzung gefunden werden kann und welche Schwierigkeiten sich dabei ergeben. Aus Gründen der Operationalität verzichten wir aber darauf (siehe dazu etwa BOSSERT und STEHLING (1990)).

SCHMIDT und TERBERGER (1997), S. 181ff., führen aus, dass sie die Welt unvollkommener Kapitalmärkte bei Sicherheit für keine denkbare reale Welt halten:

warum sollte es Unvollkommenheiten geben, wenn alles im Vorhinein bekannt ist? Nicht zuletzt deswegen vertiefen wir unsere Untersuchung der genannten Konstellation nicht, sondern wenden uns im nächsten Abschnitt dem Fall vollkommener Kapitalmärkte bei Unsicherheit zu.

F1.4 Zielsetzung auf vollkommenen Märkten bei Unsicherheit

F1.4.1 Allgemeine Überlegungen

Gehen wir einmal von der Annahme aus, dass die Bankgläubiger durch die Regulierung wirksam geschützt werden. Dann sind nicht die Einleger, sondern nur die Eigenkapitalgeber der Bank (und ggf. ein Einlagensicherungssystem) von Unsicherheit betroffen. Unterstellen wir weiterhin, dass die Eigentümer – anders als z. B. Manager – nicht mit ihren Arbeitseinkommen von der Risikoübernahme tangiert werden. Auf der Basis solcher Vereinfachungen können wir die wesentlichen Folgen von Unsicherheit für die Zielsetzungen der Eigenkapitalgeber relativ leicht darstellen.

Ist der Kapitalmarkt vollkommen, so wissen wir, dass bei Sicherheit alle Investitionen getätigt werden sollten, deren Kapitalwert auf Basis der Marktzinssätze positiv ist. Bei Unsicherheit ist die Entscheidung grundsätzlich auch vom Ausmaß des Risikos abhängig. Vergleichen wir Alternativen mit unterschiedlichem Risiko, so können wir zwischen ihnen prinzipiell wieder mit dem Kapitalwertkriterium wählen. Jedoch werden in diesem Fall die als Referenzgröße verwendeten Zinssätze vom Risikolevel abhängen (vgl. WILHELM (1983)).

Banken müssen sich demnach u. a. deswegen mit Risiken beschäftigen, damit sie die Risikohaftigkeit von Geschäften und damit korrekte Risikozuschläge ermitteln können. Sie sollten grundsätzlich Risiken vermeiden, für deren Übernahme sie nicht (mindestens) den Marktpreis erhalten.

Gehen wir einmal davon aus, dass die Wahrscheinlichkeitsverteilungen der Rückflüsse jeder potenziellen Investition festliegen und nicht von anderen Investitionen abhängen. Unter den Zusatzannahmen am Anfang dieses Abschnittes sind dann die einzelnen Kapitalwerte unabhängig und es gelten die *Wertadditivität* sowie folgende Aussagen (vgl. z. B. SCHMIDT und TERBERGER (1997), S. 209):

- Die Maximierung des Marktwertes des Eigenkapitals ist auch bei Unsicherheit die geeignete Zielsetzung für die Eigentümer.
- Sie führt in diesem Fall zu den gleichen Entscheidungen wie die Maximierung des Marktwertes des Unternehmens.

Der Eigenkapitalmarktwert ist unter bestimmten Bedingungen also eine „vernünftige" Zielgröße. Er ist der Barwert eines risikobehafteten Zahlungsstroms. Für seine Kalkulation sind Abzinsungsfaktoren nötig. In ihnen drückt sich die geforderte Verzinsung aus, die aus Opportunitäten herrührt und unsicherheitsabhängig sein kann. Wegen der auf „idealen" Kapitalmärkten auch bei Unsicherheit geltenden Fisher-Separation gibt es in der Tat für alle Risiken solche Marktpreise. Auch bei mehreren Anteilseignern mit unterschiedlichen Risikoneigungen etc. ist deswegen die Diskontierung mit einheitlichen Abzinsungsfaktoren zum Glück unproblematischer, als das oben vielleicht noch schien; denn jeder Investor kann selbst die gewünschte Rendite-Risikostruktur transaktionskostenfrei erzeugen.

F1.4.2 Ein einfaches Zahlenbeispiel zum Hedging

Aus einer anderen Perspektive stellt sich damit die Frage, ob eine Bank ihre Risiken hedgen sollte (zur Diskussion um corporate hedging vgl. allgemein die Basisaufsätze von STULZ (1984) und von SMITH und STULZ (1985) sowie speziell für Finanzinstitutionen FROOT und STEIN (1998) und PAGANO (2001)). Nach dem oben Gesagten ist die Antwort eigentlich offensichtlich: nein. Auf perfekt funktionierenden Märkten werden alle Risikopositionen und damit auch alle Hedging-Instrumente zu ihrem fairen Preis gehandelt. Da aber nur Geschäfte mit positivem *risikoadjustierten* Kapitalwert wertschaffend sind, muss eine Bank indifferent gegenüber der Absicherungsentscheidung sein. Wir werden im nächsten Abschnitt sehen, dass demgegenüber auf unvollkommenen Märkten Gründe für Hedging existieren.

Die Indifferenz gegenüber der Hedging-Entscheidung auf einem vollkommenen Kapitalmarkt demonstrieren wir an einem einfachen Beispiel, welches die Überlegungen zur Optionsbewertung aus Abschnitt E5.2 wieder aufgreift:

Die Aktivseite einer Bank besteht in $t = 0$ aus 1 Aktie eines anderen Unternehmens mit dem aktuellen Kurswert von 100 € und Barmitteln in Höhe von 14 €, die Passivseite aus einem Kredit in Höhe von 107 € und 7 € Eigenkapital (Marktwert gleich Buchwert). Der Kapitalmarktzinssatz für die Periode von $t = 0$ bis $t = 1$ beträgt 10%. Gehandelt wird zudem ein Put (mit Fälligkeit in $t = 1$) auf die Aktie, deren mögliche Kurse in $t = 1$ in den Zuständen 1 (2) 121 € (101 €) sind; der Put hat einen Basispreis von 111 €.

Der Marktwert des Put in $t = 0$ kann wie in Abschnitt E5.2 mittels Duplizierung bestimmt werden: Die Duplizierung erfolgt durch den Leerverkauf von 0,5 Aktien und die Anlage von 55 € zu 10%; sie liefert einen Preis des Put von 5 €.

Damit können wir folgende Situationen vergleichen:

1. Das Kursrisiko der Aktie wird nicht gehedgt, die Barmittel werden zu 10% am Kapitalmarkt angelegt.

2. Barmittel in Höhe von 10 € werden zum Kauf von 2 Puts verwendet, die zu einem perfekten Hedge führen (Hedge Ratio 1/0,5); die restlichen Barmittel werden zu 10% am Kapitalmarkt angelegt.

Tabelle F4-2 zeigt, welche Bilanzen (in Marktwerten) sich in $t = 1$ ohne bzw. mit Hedging in den beiden Zuständen ergeben.

Auf vollkommenen (und vollständigen) Kapitalmärkten spielen subjektive Wahrscheinlichkeitseinschätzungen und individuelle Risikopräferenzen keine Rolle. Mittels der *State-Preference-Theory* lassen sich für die korrekte Bewertung zustandsabhängiger An-

Tab. F1-2: Marktwertbilanzen in $t = 1$ mit und ohne Hedging

Ohne Hedge

Zustand 1				Zustand 2			
Aktie	121,00	Kredit	117,70	Aktie	101,00	Kredit	117,70
Kasse	15,40	EK	18,70	Kasse	15,40	EK	-1,30
	136,40		136,40		116,40		116,40

Mit Hedge

Zustand 1				Zustand 2			
Aktie	121,00	Kredit	117,70	Aktie	101,00	Kredit	117,70
Kasse	4,40	EK	7,70	Kasse	4,40	EK	7,70
Put	0,00			Put	20,00		
	125,40		125,40		125,40		125,40

sprüche Zustandspreise und vor allem auch risikoneutrale Wahrscheinlichkeiten ableiten (vgl. Abschnitt E2.2). Letztere betragen in diesem Beispiel 45% (55%) für Zustand 1 (2). Mit ihnen ergibt sich der Erwartungswert der Aktiva *ohne* Hedge zu $0{,}45 \cdot 136{,}40$ € + $0{,}55 \cdot 116{,}40$ € = $125{,}40$ €. Er ist also gleich dem Wert der Aktiva *mit* Hedge des Aktienkursrisikos.

Bei einem perfekten Hedge kann die Bank in $t = 1$ in beiden Zuständen Kreditzinsen auf Basis des Marktzinssatzes in Höhe von 10% zahlen. Die Kreditgeber erhalten 117,70 € zurück, eine Verzinsung von ebenfalls 10% verbleibt den Eigenkapitalgebern (125,40 € $-$ 117,70 € = 7,70 €).

Ohne Hedge ist die Situation anders; denn im Zustand 2 kann die Bank die vereinbarten Fremdkapitalzinsen nicht zahlen, da der Wert ihrer Aktiva nur 116,40 € beträgt. Auf vollkommenen Märkten würden die Kreditgeber daher verlangen (und kostenlos überprüfen und durchsetzen können), dass die Bank das Aktienkursrisiko hedgt, oder sie würden – das Nicht-Hedgen der Bank kennend – einen höheren Zinssatz (knapp 11,5%) verlangen, um so im Erwartungswert die Rückzahlung von 117,70 € zu erhalten.

Übrigens sollten Sie aus der obigen Abbildung auch erkennen, dass eine Bewertung mit den berechneten risikoneutralen Wahrscheinlichkeiten zudem eine Gleichheit des erwarteten Endwertes des Eigenkapitals erbringt, sofern wir negatives Eigenkapital – z. B. wegen unbeschränkter Haftung – zulassen: $0{,}45 \cdot 18{,}70$ € + $0{,}55 \cdot (-1{,}30)$ € = 7,70 €.

Dieses Beispiel ist natürlich kein Beweis, aber ein anschaulicher Beleg dafür, dass auf vollkommenen Kapitalmärkten das Hedging und das Eingehen von Risikopositionen überhaupt irrelevant für den Marktwert des Eigenkapitals sind.

F1.5 Zielsetzungen auf unvollkommenen Märkten bei Unsicherheit

F1.5.1 Marktunvollkommenheiten und Risikoübernahme

Wenden wir uns nun unvollkommenen Märkten unter Unsicherheit zu. Wie KÜRSTEN (2000) in einer finanzierungstheoretischen Analyse des gegenwärtig

vor allem in der Managementliteratur recht populären Shareholder Value aus-
führt, gelten viele der gemachten Aussagen zum vollkommenen Kapitalmarkt
unter weniger idealisierenden Annahmen nicht mehr. So stehen z. B. weder die
Interessen aller Eigentümer zwangsläufig in Einklang, noch kann allein auf Basis
der Marktwerte des Eigenkapitals oder des Unternehmens entschieden werden.

Betrachten wir zunächst einmal beispielhaft einige reale Marktunvollkommenheiten:

- Nicht alle Marktteilnehmer haben den gleichen *Marktzugang*. Daher können
  z. B. die Hedging-Entscheidungen der Bank nicht (oder zumindest nicht unbedingt kostenlos) durch direkte Transaktionen ihrer Kapitalgeber ersetzt oder
  ergänzt werden. Außerdem entstehen *Konkurskosten* u. a. dadurch, dass im
  Falle eines (drohenden) Konkurses u. U. der Zugang zu einigen Märkten verloren geht oder erschwert wird.
- Es gibt am Markt *nichthandelbare Risiken*, so dass mit dem Erwerb eines
  Finanztitels u. U. Risiken eingekauft werden, die in den Büchern der Bank
  verbleiben müssen.
- Aufgrund von Informationsasymmetrie gibt es *Verhaltensrisiken* im Kreditgeschäft oder auch in der Leitung der Bank (*Eigeninteresse der Manager*),
  die nicht ohne kostenverursachende Gegenmaßnahmen (Monitoring, anreizkompatible Verträge, ...) eingeschränkt werden können (vgl. Abschnitt B1.3).
- *Steuern* und aufsichtsrechtliche Vorschriften können Preise verzerren und zu
  ineffizienten Ressourcenallokationen führen.

Auf derart unvollkommenen Kapitalmärkten gibt es – anders als auf vollkommenen Kapitalmärkten – tatsächlich Gründe für ein bankinternes Risikomanagement, das über die Bewertung von Risiken und die Ermittlung risikoadjustierter
Preise weit hinausgeht und auch die Erzeugung gewünschter Rendite/Risiko-
Profile zum Ziel hat. Da z. B. Ausfallrisiken nicht ohne weiteres weiterveräußert
werden können (vgl. die Einleitung zu Teil I), muss über die Bereitschaft zur
Übernahme von Ausfallrisiken schon im Zeitpunkt des Geschäftsabschlusses intensiv nachgedacht werden. Nur eine perfekte Handelbarkeit von Risiken erlaubt
die Trennung der Investitionsentscheidung von der Entscheidung über die Risikoübernahme (vgl. FROOT und STEIN (1998)).

Nach allem, was wir in diesem Buch zum Thema Risiko bislang ausgeführt
haben, kann es nicht darum gehen, ob überhaupt Risiken übernommen werden,
sondern nur um die Frage, welche bzw. in welchem Ausmaß Risiken übernommen
werden. Das ist aus historischer Perspektive, also aus dem Blickwinkel einer Zeit,
in der insbesondere der Handel mit Kreditrisiken noch weniger verbreitet war
als heute, nicht selbstverständlich.

MÜLHAUPT (1956), S. 18f., propagierte die *Risikovermeidungshypothese*, nach
der Banken nur sichere Kredite vergeben. Das widerpricht eklatant der von DIA-
MOND (1984) gelieferten Begründung für die Existenz von Banken (vgl. Kapitel
B3). Letzterer identifiziert gerade die Vergabe riskanter Kredite als ein Kerngeschäft, das eine Bank durch Effizienzgewinne beim delegierten Monitoring sowie
durch Diversifikationseffekte besser als der Markt durchführen kann.

Die *Risikoabgeltungshypothese* (vgl. WILHELM (1982), S. 576ff.), die der Risikovermeidungshypothese diametral entgegengesetzt ist, postuliert, dass Banken bereit sind, praktisch jedes Risiko zu übernehmen, sofern ihnen eine hinreichende Risikoprämie gezahlt wird. Das von STIGLITZ und WEISS (1981) herausgearbeitete Phänomen der Kreditrationierung (vgl. Abschnitt C1.2) hat uns jedoch gezeigt, dass „intelligente" Banken der Risikoabgeltungshypothese nicht folgen werden; denn als Folge einer Zinserhöhung ändert der Kreditnehmer u. U. sein Verhalten und das neue Risiko ist mit dem neuen Zinssatz evtl. nicht mehr abgegolten. In der Realität führen Banken deshalb tatsächlich i. d. R. keine Geschäfte durch, bei denen nach Vorliegen der Ergebnisse einer Kreditwürdigkeitsprüfung Ausfälle als sehr wahrscheinlich (was immer das genau heißen mag) angesehen werden. Die Banken versuchen nicht, das Risiko durch sehr hohe Zinssätze zu kompensieren, zumal hier auch rechtliche Grenzen (z. B. unter dem Stichwort Wucherzins; vgl. ROTH (1989)) bestehen.

FISCHER (1989) hat mit der *Risikonormierungshypothese* einen Mittelweg theoretisch fundiert: Risiken werden gegen Zahlung von Risikoprämien übernommen, jedoch nur bis zu einem bestimmten Niveau. Unabhängig davon, ob die theoretische Begründung im Detail überzeugt, ist das genau diejenige Verhaltensweise, die in der Praxis vorzuherrschen scheint und implizit vielen unserer weiteren Ausführungen zugrundeliegt.

F1.5.2 Gründe für risikoaverses Bankverhalten

Eine Bank ist keine einzelne Person, sondern eine vielschichtige Institution. Dennoch ist vorstellbar, dass ihr Entscheidungsverhalten durch eine Art von Nutzenfunktion repräsentiert werden kann. SANTOMERO (1995) hat für einige Marktunvollkommenheiten Erklärungsansätze aus der Literatur zusammengestellt, die eine Konkavität dieser Funktion begründen und deshalb risikoaverses Verhalten der Banken bewirken:

1. Bei erheblichen Verlusten der Bank (oder sogar schon bei starken Ergebnisschwankungen) verliert ein Bankmanager ggf. nicht nur erfolgsabhängige Vergütungsbestandteile oder einen Teil des Wertes seiner Bankanteile,[1] sondern auch seine Stelle; denn solche Resultate werden womöglich als Signale für eine schlechte Managementleistung interpretiert (*Anreizproblem*). In diesem Fall dürfte es ihm auch schwerer fallen, eine gleichwertige Ersatzstelle zu finden. Der Wohlstand von Bankmanagern hängt folglich stärker von der Performance der Bank ab als das Wohlergehen der Eigentümer mit einem potenziell gut diversifizierten Portefeuille.

   In der jüngsten Finanzkrise ist für Außenstehende eine höhere Risikoaversion der Manager nicht immer deutlich geworden. Zum einen kann das daran liegen, dass die Eigentümer ihre Interessen bei den Managern immer durchsetzen konnten. Zum anderen ist denkbar, dass die Manager in schon schlechter Lage versucht haben, durch überhöhte Risikoübernahme das Institut noch zu

---

[1] Speziell bei erfolgsabhängiger Vergütung mit Stock Options ist dieses Problem virulent.

retten (*gambling for resurrection*; vgl. DEWATRIPONT und TIROLE (1994) und Abschnitt G1.1).

2. Konvexe *Steuerfunktionen* entstehen z. B. durch die Behandlung von Freibeträgen und Verlustvorträgen. Relativ konstante Bruttoeinkommen führen sowohl bei der Bank selbst als auch bei den Bankmanagern – sofern diese ergebnisabhängig entlohnt werden – zu geringeren durchschnittlichen Steuerzahlungen als schwankende Bruttoeinkommen mit gleichem Durchschnittswert. Eine Begrenzung der Ergebnisschwankungen erhöht somit die durchschnittlichen Nettoeinkommen.

3. Sind die Ergebnisschwankungen hinreichend groß, so droht der Bank der Konkurs. Dabei auftretende Konkurskosten sind nicht nur die direkten Kosten für Anwälte etc., sondern z. B. im Vorfeld indirekte Kosten aus höheren Kapitalkosten und am Ende der Verlust der Bankzulassung (vgl. ausführlich zu Kosten des *Financial Distress* GUTHOFF (2001)). Gerade in einer regulierten Branche wie dem Kreditwesen sind Lizenzen besonders wichtig, da sie überhaupt erst das Arbeiten auf einem Markt mit beschränktem Zugang gestatten. Die Eigentümer verlieren im Konkursfall somit monopolistische Renten, den *Charter Value*, und werden deswegen risikoaverses Verhalten der Bank bevorzugen.

4. Aufgrund von *Marktunvollkommenheiten* sind die Kosten für externe Mittelbeschaffung evtl. höher als für interne Finanzierung. Liegen solche *deadweight costs* der Außenfinanzierung vor, so können in Perioden mit schlechtem Ergebnis u. U. einige prinzipiell lohnende Investitionen nicht mehr profitabel realisiert werden. Aus dieser Sorge heraus, um also wenig auf externe Finanzquellen zurückgreifen zu müssen, wird ein risikoaverses Verhalten gewählt.

SANTOMERO (1995) und GUTHOFF (2001) diskutieren, wie überzeugend jede einzelne dieser Begründungen ist. Insgesamt rechtfertigen die Argumente jedenfalls die Unterstellung risikoaversen Verhaltens seitens der Bank. Damit ist aber noch nicht gesagt, welche spezielle Zielfunktion denn nun für Banken „richtig" ist. Klar ist nur, dass Risiko eine Rolle spielen muss. Die Theorie hat hier noch keine perfekte Lösung anzubieten. Die Konsequenz:

> „Perhaps because the classical finance approach does not speak to their concerns with risk management, practitioners have developed alternative techniques for capital budgeting" (FROOT und STEIN (1998), S. 57).

Wir werden uns in Kapitel F4 mit einigen Verfahren zur Kapitalallokation und Gesamtbanksteuerung näher beschäftigen.

F2 Berücksichtigung von Risiko

1. Im Rahmen der Erwartungsnutzentheorie kann das Risiko von Verteilungen durch Entscheider-individuelle Risikoprämien quantifiziert werden.

2. Das Konzept des Mean Preserving Spreads (MPS) liefert eine weitgehend akzeptable, aber nicht vollständige Anordnung von Verteilungen nach ihrem Risiko.
3. Empirische Untersuchungen belegen, dass Risiko als eigenständiges Merkmal gesehen wird und dass es nicht allein durch die Varianz beschrieben werden kann.
4. Der Value at Risk (VaR) operationalisiert das Downside-Risiko und kann als einheitliches Risikomaß für viele Bankgeschäfte dienen, ist aber nicht mit der Erwartungsnutzentheorie verträglich. Unterschiedliche Annahmen und Methoden für die Berechnung liefern in der Praxis unterschiedliche VaR-Werte.
5. Der VaR eines Portefeuilles kann größer sein als die Summe der VaR-Werte der enthaltenen Einzelgeschäfte.
6. Modellrisiken sind nie ganz auszuschließen. Deshalb wird die Modellgüte der VaR-Berechnung im Backtesting überprüft.
7. Stresstests und Reverse Stress Tests sollen die Wirkungen von „Extremfällen" abbilden.

F2.1 Banktypische Risiken

Das Bankgeschäft ist, wie jede unternehmerische Tätigkeit, mit Risiken verbunden. Einige davon sind auch für andere Unternehmen wichtig. Ein gewisser Unterschied liegt allerdings darin, dass für Kreditinstitute ein Teil ihrer Existenzberechtigung gerade die Transformation bzw. Übernahme derartiger Risiken ist (vgl. Abschnitt A2.2):

- Mit dem Kreditgeschäft, das im Modell von DIAMOND (1984) Existenzgrundlage der Bank war, ist untrennbar die Gefahr verbunden, dass vereinbarte Zahlungen nicht eingehen (*Ausfallrisiko*).
- Die Versicherung der Einleger gegen Liquiditätsschocks, die wir im Modell von DIAMOND und DYBVIG (1983) kennen gelernt haben, impliziert eine gewisse *Fristentransformation*. Vorzeitige Abhebungen bedeuten ebenso wie der verspätete Eingang von Zahlungen ein *Liquiditätsrisiko*.
- Die Veränderungen von Zinssätzen können für ein Kreditinstitut z. B. wegen der damit verbundenen Wertminderungen von Wertpapieren und anderen Vermögensgegenständen oder der Verteuerung der Kapitalbeschaffung nachteilig sein. Wir sprechen allgemein von *Marktpreisrisiken*.

Außerdem gibt es *operationelle Risiken*, die in Fehlern von Menschen, Maschinen und Systemen bestehen. Sie werden, anders als die vorgenannten Risiken, nicht unbedingt bewusst übernommen, um damit Geld zu verdienen, sondern müssen mehr oder weniger als Nebenwirkung der Banktätigkeit in Kauf genommen werden.

Wir werden diese vier Risikoarten beim Überblick über das Kreditwesengesetz wieder aufgreifen (siehe Abschnitt G2.2) und später ihr Management und ihre Regulierung in den Teilen H, I, J und K intensiv besprechen. Die Regulierung geht auch noch speziell auf *Informationsrisiken* ein, die durch vielfältige Asymmerien hervorgerufen werden. Wir werden sie ansatzweise im Verbund mit den anderen Risikoarten ansprechen.

Länderrisiken treten zum einen als Ausfallrisiken auf, wenn z. B. ausländische öffentliche Stellen die Schuldner sind oder ein inländisches Kreditinstitut die Situation im fremden Land falsch einschätzt (was auch als operationelles Risiko gesehen werden kann). Zum anderen bestehen durch Konvertibilitätsrisiken und mögliche Kapitalverkehrsbeschränkungen Währungsrisiken, also Preisrisiken, die letztlich Ausdruck politischer Risiken sind. Diese Vermischung unterschiedlicher Risikoarten hat uns veranlasst, auf eine eigenständige Behandlung zu verzichten.

Nicht banktypisch, aber für Banken sehr wichtig, ist das *Reputationsrisiko*. Darunter ist die Gefahr zu verstehen, Kundengeschäfte zu verlieren, weil die Leistungsfähigkeit, Sicherheit oder Integrität des Kreditinstitutes angezweifelt wird. Bankleistungen sind Vertrauensgüter, so dass angesichts schwer wiegender Informationsasymmetrien der Meinung der (potenziellen) Kunden besondere Bedeutung zukommt, im Extremfall sogar unabhängig von der Faktenlage (vgl. die Sunspots als Ursache für einen Bank Run in Abschnitt D3.3). Noch existiert relativ wenig Literatur zum Reputationsrisiko von Banken; für einen Einstieg ist TELLINGS (2007) recht lesenswert.

Aus Diskussionen über Maßnahmen zur Vermeidung zukünftiger Bankenkrisen haben Sie vielleicht den Begriff *Leverage-Risiko* im Kopf. Vereinfacht ist darunter zu verstehen, dass Banken zu geringe Eigenkapitalquoten haben. Damit liegt aber keine weitere Risikoart vor, sondern im Wesentlichen eine Kennzahl, die wir in Abschnitt G1.2.2 besprechen werden.

F2.2 Risiko im Rahmen der Erwartungsnutzentheorie

Wenn Individuen Entscheidungen unter Unsicherheit zu treffen haben und keine eindeutigen Marktpreise für das Risiko existieren, dann müssen sie andere Bewertungsansätze wählen. In der präskriptiven Entscheidungstheorie ist die *Erwartungsnutzentheorie* als „bestes" Verfahren abgeleitet worden, da allein sie einige eingängige Rationalitätspostulate erfüllt (vgl. EISENFÜHR und WEBER (2003), S. 211ff.). Ausgangspunkt ist eine Nutzenfunktion u, mit der unsichere Realisationen y einer Zufallsvariablen Y bewertet werden. Sind endlich viele Umweltzustände $s = 1, \ldots, S$ möglich, denen Eintrittswahrscheinlichkeiten p_s zugeordnet werden können, so berechnet sich der Erwartungsnutzen als

$$EU(Y) = \sum_{s=1}^{S} p_s \cdot u(y_s). \tag{F2-1}$$

Bei einer stetigen Zufallsvariablen mit Dichtefunktion f lautet die entsprechende Formel

$$EU(Y) = \int u(y) \cdot f(y) \cdot dy. \tag{F2-2}$$

Ist die Nutzenfunktion linear, so liegt *Risikoneutralität* vor, ist sie (streng) konkav, so zeigt der Entscheidungsträger *Risikoaversion*. Im letztgenannten, oft standardmäßig angenommenen Fall wird eine sichere Zahlung einer unsicheren Zahlung mit gleichem Erwartungswert vorgezogen. Der Entscheidungsträger ist indifferent zwischen der unsicheren Zahlung und einer sicheren Zahlung in Höhe von

$$S\ddot{A} = u^{-1}(EU(Y)). \qquad \text{(F2-3)}$$

$S\ddot{A}$ ist das sogenannte Sicherheitsäquivalent, welches von der Verteilung der Zahlungen, aber auch von der Nutzenfunktion des Entscheiders abhängt. Zur Bewertung von Risiken ist schließlich noch die *Risikoprämie* wichtig, die gemäß

$$RP = E(Y) - S\ddot{A} \qquad \text{(F2-4)}$$

berechnet wird. Diese Risikoprämie, die für eine Verteilung auf Basis der individuellen Nutzenfunktion berechnet wird, ist streng von Risikoprämien wie z. B. im CAPM zu unterscheiden, die sich auf vollkommenen Märkten bilden, und auch vom Risikozuschlag, der nur die erwarteten Ausfälle kompensiert (vgl. etwa Abschnitt B1.2.2), in der Praxis aber gelegentlich als Risikoprämie bezeichnet wird.

Gemäß der Erwartungsnutzentheorie wählt ein Entscheider diejenige Alternative aus, deren Wahrscheinlichkeitsverteilung möglicher Ergebnisse den höchsten erwarteten Nutzen erbringt. Für optimale Entscheidungen benötigt er folglich gar keine gesonderte Maßzahl zur Beschreibung der Risiken der betrachteten Alternativen. Möchte er diese Risiken dennoch vergleichen, so kann er die Risikoprämien wie in Formel (F2-4) ermitteln (vgl. PRATT (1964)). Allerdings sind in dieser Entscheider-individuellen Risikoprämie Risiko- und Wertaspekte vermischt, so dass mit der Maßzahl wenig anzufangen ist.

Im Rahmen der Erwartungsnutzentheorie ist für den Vergleich des Risikos von Verteilungen das folgende allgemeine Resultat wichtig (vgl. ROTHSCHILD und STIGLITZ (1970)): Für Verteilungen X und Y mit gleichen Erwartungswerten sind u. a. folgende Eigenschaften äquivalent:

1. Y entsteht aus X durch einen Mean Preserving Spread: Von einem Bereich aus, der u. U. aus zwei nicht zusammenhängenden Intervallen besteht, wird Wahrscheinlichkeitsmasse unter Beibehaltung des Erwartungswertes in beide Richtungen geschoben (vgl. Abbildung F2.1). Vereinfachend und nicht ganz präzise wird häufig gesagt, dass Wahrscheinlichkeitsmasse von der Mitte nach außen, d. h. auf die Ränder, verteilt wird.
2. Jeder Entscheidungsträger mit monoton wachsender und konkaver Nutzenfunktion, der seinen Erwartungsnutzen maximiert, bevorzugt X gegenüber Y.

Da sich X und Y im Erwartungswert nicht unterscheiden und alle risikoaversen Entscheidungsträger X gegenüber Y bevorzugen, wird Y als riskanter als X bezeichnet. Allerdings ist das Kriterium nur ordinal, d. h. liefert bestenfalls eine Rangfolge von Verteilungen nach dem Risiko und keine Aussage über das Ausmaß von Risikodifferenzen. Außerdem sind nicht alle Verteilungen mit diesem

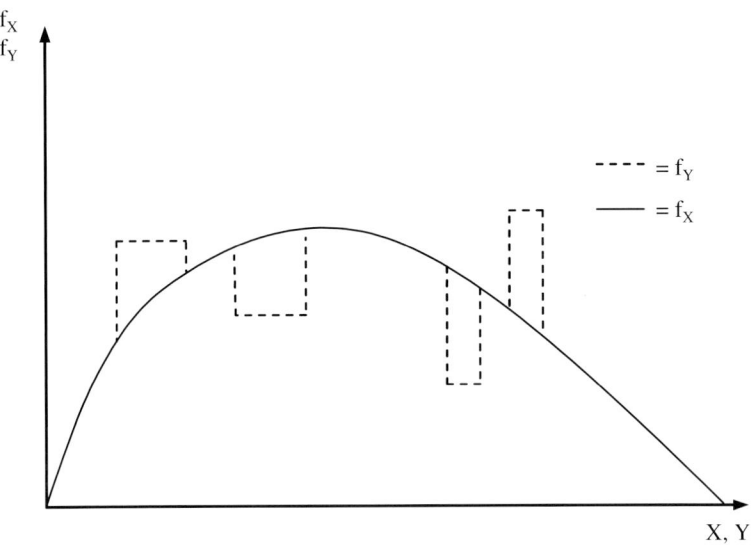

Abb. F2.1: Dichtefunktionen bei einem Mean Preserving Spread

Kriterium zu vergleichen. Selbst für Verteilungen mit gleichen Mittelwerten liefert es nur eine Halbordnung, da sich nicht alle derartigen Verteilungen nur um einen MPS oder eine Folge von MPSs unterscheiden. Spezielle Kennzahlen (vgl. Abschnitt F2.4) erzeugen hingegen eine Totalordnung; mit ihnen können folglich alle Verteilungen, deren Kennzahlenwerte endlich sind, verglichen werden. Die Verwendung von Kennzahlen hat jedoch den Nachteil, dass unterschiedliche Entscheidungsträger ggf. unterschiedliche Risikomaße wählen würden – die Einstimmigkeit, die beim MPS herrscht, geht verloren.

F2.3 Risiko als eigenständiges Konzept

Nicht im Rahmen der Erwartungsnutzentheorie, wohl aber außerhalb kann Risiko als ein völlig eigenständiges Konzept gesehen werden. Dies gilt speziell bei Ansätzen, die Alternativen auf Basis von Wert und Risiko beurteilen (*Risk-Value Modelle*; vgl. SARIN und WEBER (1993)). Beispielsweise wird im Capital Asset Pricing Model unterstellt, dass Wertpapiere nach dem Erwartungswert und der Standardabweichung der Rendite bewertet werden (μ-σ-*Prinzip*). Ein Problem liegt darin, dass für manche Nutzenfunktionen eine Verteilung mit höherem Er-

wartungswert und geringerer Standardabweichung den niedrigeren erwarteten
Nutzen haben kann.[2]

SARIN und WEBER (1993) untersuchen in einem Übersichtsaufsatz mehrere
Risk-Value Modelle. Sie arbeiten dabei z. B. heraus, welche Beziehungen zwischen Entscheidungskalkülen und Risikobegriffen bestehen, d. h. welche Nutzenfunktionen und Risikomaße zu bestimmten Risk-Value Modellen passen. BRA-
CHINGER und WEBER (1997) behandeln eine Vielzahl von Maßen zur Quantifizierung des wahrgenommenen Risikos. Neben diversen allgemeinen Streuungs-
maßen, die aus der Statistik bekannt sind, diskutieren sie vor allem neuere axio-
matisch begründete Risikomaße. Ihre Auswertung empirischer Studien führt u. a.
zu folgenden Ergebnissen:

1. Die Varianz repräsentiert das wahrgenommene Risiko nur unzureichend.
2. Zunehmende Varianz und höhere erwartete Verluste erhöhen das wahrgenommene Risiko.
3. Risikoeinschätzungen können der Erwartungsnutzentheorie widersprechen.
4. Risikoeinschätzungen beruhen nicht allein auf den Verlustmöglichkeiten.

Für uns bedeuten diese Resultate, dass wir in der bankbetrieblichen Realität
vermutlich auf unterschiedliche, z. T. unvereinbare Risikobegriffe treffen werden,
die nicht alle auf Erwartungsnutzenüberlegungen basieren. Ganz praktisch heißt
das für das Risikomanagement, dass zunächst die Einigung auf ein gemeinsames
Risikokonzept zu erfolgen hat.

F2.4 Risikomaße

Mit einem *Risikomaß* soll das Risiko beschrieben werden, welches eine Verteilung
möglicher Zahlungen bzw. Vermögenswerte besitzt. Hierfür gibt es zwei ganz
unterschiedliche Konzepte:

1. *Symmetrische Risikomaße* beziehen alle Werte der Verteilung in die Berechnung ein und bewerten Abweichungen vom Mittelwert in beide Richtungen
   gleich.
2. *Downside-Risikomaße* beziehen nur Werte eines geeignet definierten unteren
   Teils der Verteilung ein, d. h. die niedrigsten Werte (z. B. unterhalb des Mit-
   telwertes oder kleiner als null).

Als Beispiel ziehen wir hier und im Folgenden meist eine diskret verteilte
Zufallsgröße $X = X_{neu} - x_{alt}$ von Marktwertänderungen eines Portefeuilles an
zwei aufeinander folgenden Tagen heran. Dabei beschreibt x_{alt} den (bereits bekannten) Marktwert des ersten Tages und X_{neu} denjenigen des zweiten (der aber
zufallsabhängig ist). Die Verteilung von X werde durch die Werte $x_1, \ldots, x_n$ (mit

---

[2] In Spezialfällen (z. B. quadratische Nutzenfunktion oder Normal- bzw. Lognormalverteilun-
gen) sind die Erwartungsnutzentheorie und das μ-σ-Prinzip jedoch kompatibel und führen
stets zur gleichen Bewertung.

Erwartungswert μ) vollständig beschrieben. Diese Werte haben alle die gleiche Wahrscheinlichkeit, müssen aber nicht notwendigerweise paarweise verschieden sein.[3]

Varianz und Standardabweichung sind die klassischen und vielfach verwendeten Vertreter der symmetrischen Risikomaße. In unserem Fall ergeben sich für sie folgende Formeln:[4]

$$\text{Varianz:} \quad \sigma^2 = \frac{1}{n} \sum_{i=1}^{n} (x_i - \mu)^2, \tag{F2-5}$$

$$\text{Standardabweichung:} \quad \sigma = \sqrt{\frac{1}{n} \sum_{i=1}^{n} (x_i - \mu)^2}. \tag{F2-6}$$

Downside-Risikomaße passen in gewisser Weise zu einer in der Praxis weit verbreiteten Vorstellung von Risiko, die in der folgenden Definition festgehalten ist, in der mit dem „erwarteten Wert" die vereinbarte Rückzahlung gemeint ist:

> „Risiko ist die Gefahr einer negativen Abweichung des tatsächlichen vom erwarteten Wert eines Ereignisses. [...] Aufgabe der Sicherheitspolitik ist demnach [...] die Erhaltung der kapitalmäßigen Sicherheit der Bank" (MÜLHAUPT (1980), S. 188.)

Dieser Risikobegriff trennt nicht zwischen Ausmaß und Wahrscheinlichkeit von Abweichungen und zielt zudem nur auf Abweichungen nach unten ab. Abweichungen nach oben werden in dieser Sichtweise typischerweise als Chance bezeichnet. Die Konzentration auf einen unteren Teil der Verteilung, die im Übrigen der vierten Beobachtung von SARIN und WEBER (1993) widerspricht (siehe Abschnitt F2.3), legt die Verwendung von Downside-Risikomaßen zur Operationalisierung dieses Risikobegriffs nahe.[5]

Zur formalen Definition von Downside-Risikomaßen ist zunächst der Begriff des aus der Marktwertänderung des Portefeuilles resultierenden Verlustes zu definieren: Eine intuitive Definition wäre die negative Wertedifferenz des Portefeuilles, also $V = -X = -(X_{neu} - x_{alt}) = x_{alt} - X_{neu}$ (d. h. ein positiver Verlust stellt einen Verlust im engeren Sinne dar und ein negativer Verlust einen Gewinn). Da bei diesem Ansatz jedoch mögliche Trends und Opportunitäten unberücksichtigt bleiben, definiert man allgemein den Verlust in Bezug auf einen Referenzwert t (Target = Zielgröße) als

$$V := t - X_{neu}. \tag{F2-7}$$

---

[3] Beispielsweise werden 250 Tage lang die Marktwertänderungen $x_1, \ldots, x_{250}$ des Portefeuilles beobachtet. Sind dies bereits sämtliche möglichen Realisierungen, so stellt die Verteilung von X eine diskrete Verteilung mit Werten $x_1, \ldots, x_{250}$ dar, wobei jede Beobachtung als gleichwahrscheinlich angesehen wird.

[4] Sollen statt der empirischen Werte die erwartungstreuen Schätzer aus einer Stichprobe berechnet werden, muss in den folgenden Formeln durch $n-1$ statt durch n geteilt werden und der Erwartungswert μ durch seinen erwartungstreuen Schätzer $\frac{1}{n} \sum_{j=1}^{n} x_j$ ersetzt werden.

[5] Mit Blick auf die Sicherheit der Einlagen würde sich das Interesse nicht auf *alle* negativen Abweichungen richten, sondern nur auf die potenziell existenzgefährdenden.

Betrachtet man z. B. als Opportunität eine risikolose Anlagemöglichkeit, die im zweiten Zeitpunkt den Wert $x_{alt} \cdot (1 + i)$ mit einem Zinssatz i liefert, so ist von einem Verlust zu sprechen, wenn der Marktwert X_{neu} des Portefeuilles im zweiten Zeitpunkt unterhalb von $x_{alt} \cdot (1+i)$ liegt; als Referenzwert ist in diesem Fall also $t = x_{alt} \cdot (1 + i)$ zu setzen.

Value at Risk

Von den Downside-Risikomaßen ist aus Bankensicht derzeit in erster Linie der *Value at Risk (VaR)* zu nennen. Er gibt in Abhängigkeit von einem Konfidenzniveau $\alpha \in [0; 1]$ und einem Verlustreferenzwert t die kleinste Schranke an, welche der Verlust V nur mit einer Wahrscheinlichkeit von höchstens $1 - \alpha$ überschreitet, oder anders ausgedrückt: Mit einer Wahrscheinlichkeit von mindestens α ist der Verlust höchstens gleich dem Value at Risk.

Der VaR für stetige Verteilungen lässt sich, mit dem Erwartungswert μ als Referenzwert, sehr schön am Beispiel einer Normalverteilung in einer Grafik verdeutlichen (vgl. Abbildung F2.2). Eine Normalverteilung von Marktwertänderungen, $X \sim \mathcal{N}(\mu, \sigma^2)$, kann mittels der sog. *Standardisierung* (auch *z-Transformation* genannt)

$$Z = \frac{X - \mu}{\sigma} \tag{F2-8}$$

in eine Standardnormalverteilung, $Z \sim \mathcal{N}(0, 1)$, transformiert werden. Von dieser ist bekannt, dass zum *einseitigen* Konfidenzniveau von 99% bzw. zum 1%–*Quantil* der Wert $z = -2,33$ gehört. Die Rücktransformation ergibt folglich $x = -2,33 \cdot \sigma + \mu$ und wir erhalten somit als VaR, wenn wir den Verlust als Abstand zum Erwartungswert μ messen:

$$VaR_{0,99} = 2,33 \cdot \sigma. \tag{F2-9}$$

In Abbildung F2.2 ist sehr schön zu erkennen, dass für das $(1-\alpha)$-Quantil folgende Ungleichungen gelten: $P(X \leq -VaR_\alpha) \geq 1 - \alpha \wedge P(X \geq -VaR_\alpha) \geq \alpha$, oder anders geschrieben: $P(-X \geq VaR_\alpha) \geq 1 - \alpha \ \wedge \ P(-X \leq VaR_\alpha) \geq \alpha$. Ordnen wir im diskreten Fall die Realisierungen aufsteigend an, d. h. $x_1 \leq x_2 \leq \cdots \leq x_n$, so kann der Wert $x_{\lfloor (1-\alpha) \cdot n \rfloor + 1}$ als $(1-\alpha)$-Quantil $q_{1-\alpha}$ gewählt werden, wobei der Wert $\lfloor a \rfloor$ die größte ganze Zahl kleiner oder gleich a angibt (d. h. a wird auf eine ganze Zahl abgerundet). Bei $n = 250$ und $\alpha = 99\%$ ist also der Wert $q_{1-\alpha} = x_3$ zu verwenden. Bezüglich des Referenzwertes x_{alt} lässt sich der VaR, der stets größer oder gleich 0 sein soll, zum Niveau α deswegen wie folgt schreiben:

$$VaR_\alpha = \max\{-q_{1-\alpha}; 0\}. \tag{F2-10}$$

Für einen allgemeinen Referenzwert t sind zur Bestimmung von VaR_α die Ungleichungen $P(V \geq VaR_\alpha) \geq 1 - \alpha \ \wedge \ P(V \leq VaR_\alpha) \geq \alpha$ zu lösen, woraus sich wegen $V = t - X_{neu} = t - X - x_{alt}$ schließlich

$$VaR_\alpha = \max\{-q_{1-\alpha} + t - x_{alt}; 0\} \tag{F2-11}$$

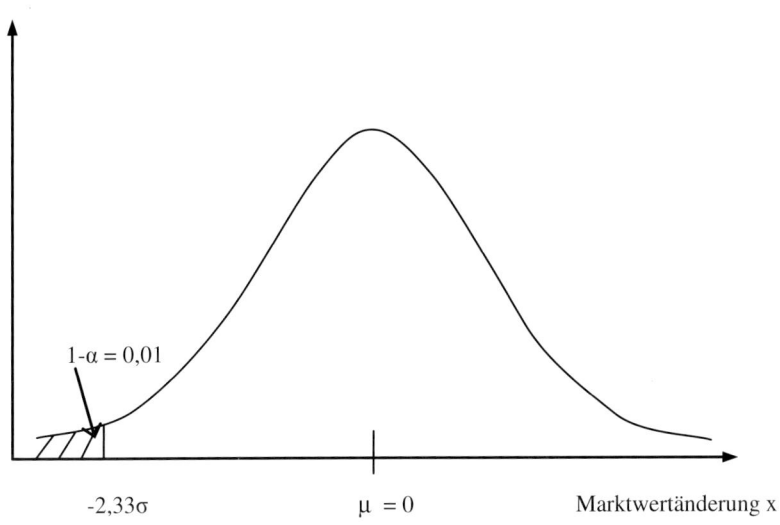

$1-\alpha = 0{,}01$

$-2{,}33\sigma$ $\mu = 0$ Marktwertänderung x

Abb. F2.2: Dichtefunktion einer Normalverteilung und VaR

mit obigem $q_{1-\alpha}$ ergibt. (Alternativ kann natürlich das entsprechende Quantil der Verteilung von V verwendet werden.)

Der VaR ist ein im Management und bei der Regulierung von Risiken (vgl. Abschnitt I5.4.3) derzeit sehr gebräuchliches Risikomaß (vgl. JORION (2008)). Seiner empirischen Ermittlung widmen wir uns intensiv im folgenden Abschnitt. An der Beliebtheit des VaR ändern bislang nicht einmal einige ungewünschte Eigenschaften etwas (vgl. z. B. ARTZNER *et al.* (1997), ARTZNER *et al.* (1999), GUTHOFF *et al.* (1997), BÜHLER *et al.* (1998) und JOHANNING (1998)):

1. In die Berechnung des VaR geht nur ein einziger Punkt der Verteilung ein, so dass er gegenüber vielen Veränderungen in der Ergebnisverteilung nicht sensitiv reagiert.
2. Die Anordnung von Verteilungen nach dem Risiko hängt vom gewählten Konfidenzniveau ab.
3. Der VaR ist im Allgemeinen nicht *subadditiv*, so dass eine Mischung von Portefeuilles nicht unbedingt risikomindernd wirkt (vgl. Tabelle F4-1, S. 374). Im Extremfall kann sogar die Kombination von Positionen mit einem VaR von null zu einem Portefeuille mit positivem VaR führen (vgl. für ein Beispiel ARTZNER *et al.* (1999)). Allerdings ist der VaR subadditiv für bestimmte Klassen von Verteilungen (Normalverteilungen und andere elliptische Verteilungen; vgl. JORION (2008), S. 159ff.).

Wir hatten darauf hingewiesen, dass die Varianz nicht für jede Kombination von Verteilung und Nutzenfunktion zur Erwartungsnutzentheorie passt. Immerhin reagiert sie auf einen MPS richtig, d. h. Y hat eine höhere Varianz als X, wenn Y aus X durch einen MPS entstanden ist. Dies gilt für den VaR nicht, wie anhand von Tabelle F2-1, in der für die Portefeuilles X und Y die Wahrscheinlichkeitsverteilungen der Rückflüsse angegeben sind, zu sehen ist (vgl. GUTHOFF *et al.* (1998), S. 111ff.).

Tab. F2-1: Wahrscheinlichkeitsverteilungen der Ergebnisse der Portefeuilles X und Y

Ergebnis	-5	-4	-3	-2	-1	0	3	4	Erwartungswert
Portefeuille X	0,5%	1%	1,5%	1,5%	3%	22,5%	40%	30%	2,23
Portefeuille Y	1%	0,5%	1%	2%	3%	22,5%	40%	30%	2,23

Y geht aus X durch einen MPS hervor, indem je 0,5%-Punkte Wahrscheinlichkeitsmasse von -4 nach -5 und von -3 nach -2 verschoben werden. Nach unseren Ausführungen in Abschnitt F2.2 wissen wir folglich, dass jeder Erwartungsnutzenmaximierer mit streng monoton steigender und konkaver Nutzenfunktion X gegenüber Y bevorzugen würde. Aus interner Sicht einer Bank wäre daher angesichts der Gleichheit der erwarteten Ergebnisse zweifelsfrei Y riskanter als X.

Berechnen wir aber den Value at Risk mit einem einseitigen Konfidenzniveau von 97,25%, so ergibt sich ein anderes Bild: Mit den schlechtesten Ergebnissen startend, erreichen wir für X bei -3 erstmals eine kumulierte Wahrscheinlichkeit von mehr als 2,75% (= 100% − 97,25%). Also hat der VaR für X den Wert 3. Für Y ergibt sich $VaR_{0,9725} = 2$. Gemäß Value at Risk ist somit X riskanter als Y.

Lower Partial Moments

Die Diskussion über Mängel des VaR hat dazu geführt, dass andere Downside-Risikomaße vorgeschlagen und diskutiert worden sind. Dabei sind an vorderer Stelle die *Lower Partial Moments* (LPMs) zu nennen. Sie bewerten das Risiko einer Verteilung, indem Unterschreitungen der Zielgröße t, sog. *Shortfalls*, formal als $\max\{0; t - x_i\}$ definiert, jeweils gemessen und mit dem Grad des LPM potenziert werden. Für eine diskrete Verteilung mit Realisationen x_i und zugehörigen Wahrscheinlichkeiten p_i lautet bei einer Zielgröße t die Formel für das Lower Partial Moment vom Grad k:

$$LPM_k = \sum_{x_i < t} p_i (t - x_i)^k. \qquad \text{(F2-12)}$$

Die Interpretationen der LPMs sind intuitiv eingängig: Für $k = 0$ ergibt sich die Wahrscheinlichkeit einer negativen Zielverfehlung (also eines positiven Shortfalls). Der erwartete Shortfall wird mit dem LPM_1 gemessen. Für $k = 2$ ergibt sich eine gewichtete quadrierte Abweichung, die gleich der Semivarianz ist, falls bei einer symmetrischen Verteilung als Zielgröße der Erwartungswert gewählt wird. Diese Interpretationen gelten selbstverständlich auch, wenn die LPMs für stetige Verteilungen berechnet werden:

$$LPM_k = \int\limits_{-\infty}^{t} (t - x)^k f(x) dx. \qquad \text{(F2-13)}$$

Interessanter Weise ist die Idee, Risikomessung mit Downside-Risikomaßen zu betreiben, gar nicht neu. Zu etwa der gleichen Zeit, zu der von Markowitz mit großem Erfolg das μ-σ-Prinzip vorangetrieben wurde (vgl. MARKOWITZ (1952), MARKOWITZ (1959)), propagierte ROY (1952) das *Safety–First–Prinzip* (vgl. auch FISHBURN (1977) und BAWA (1978)), allerdings mit geringerem Erfolg. Welches Risikomaß „am besten" ist, kann grundsätzlich mittels axiomatischer Betrachtungen analysiert werden. Dabei wird überprüft, welche wünschenswerten Eigenschaften einzelne Risikomaße haben und welche nicht. Beispiele für derartige Axiomensysteme finden sich speziell für Downside-Risikomaße bei ARTZNER *et al.* (1999) und BREITMEYER *et al.* (2004).

F2.5 Praktische Ermittlung des Value at Risk

Der Value at Risk soll für Einzelgeschäfte, Portefeuilles oder Unternehmensbereiche aus einer Dichtefunktion bzw. Wahrscheinlichkeitsverteilung von Marktwertänderungen berechnet werden. Für jedes Kalkulationsobjekt muss zunächst diese Verteilung bestimmt werden. Dazu sind einige Festlegungen zu treffen, die letztlich die Höhe der berechneten VaR-Werte beeinflussen:

- *Marktfaktoren*: Die Auswirkungen welcher Marktpreise, Volatilitäten und Korrelationen sind zu berücksichtigen?

  Da Zahlungstermine von Anleihen nicht immer mit den verwendeten Laufzeiten der Zinsstrukturkurve zusammenfallen, ist eine approximative Verteilung auf benachbarte Laufzeiten nötig (cash flow mapping; vgl. BODE und MOHR (1996)). Bei Aktien kann statt der Volatilität einzelner Titel die Volatilität eines passenden Index verknüpft mit dem jeweiligen β der Aktie verwendet werden (vgl. JPMORGAN (1996), S. 38f.). Die fehlende zeitliche Stabilität von Volatilitäten und Korrelationen ist ein in der Finanzkrise sehr deutlich gewordenes Problem.

- *Konfidenzniveau*: Mit welcher Wahrscheinlichkeit soll der berechnete VaR nicht überschritten werden?

  Die gewählte Wahrscheinlichkeit kann von der vorhandenen Risikodeckungsmasse und dem angestrebten Rating der Bank abhängig gemacht werden; denn für Ratingklassen lassen sich Ausfallwahrscheinlichkeiten bestimmen. Beispielsweise entspricht gemäß ZAIK *et al.* (1996) ein AA-Rating einer einjährigen Solvenzwahrscheinlichkeit von 99,97%, während ein BB-Rating eine Wahrscheinlichkeit von 98,62% besitzt

- *Haltedauer*: In welchem Zeitraum können eintretende Verluste durch Verkauf realisiert und damit oder durch Hedging begrenzt werden?

Aus ökonomischer Sicht ist eine Differenzierung der Haltedauer nach der Liquidität der betrachteten Märkte plausibel. Die Finanzkrise hat uns jedoch gelehrt, dass die Marktbedingungen sich schnell und erheblich ändern können.

- *Beobachtungszeitraum*: Wie groß muss der Zeitraum sein, auf dessen Basis die statistischen Parameter bestimmt werden, mit deren Hilfe der VaR berechnet wird?

  Die Annahme, die Vergangenheit sei repräsentativ für die Zukunft, ist grundsätzlich nicht unproblematisch. Ob längere Zeiträume zu zuverlässigeren Schätzungen führen, ist daher unklar. Intuitiv würde darauf zu achten sein, dass auf jeden Fall Daten aus solchen Phasen eines Zins- bzw. Konjunkturzyklus Eingang in die Parameterschätzung finden, die ähnlich zur jeweiligen Situation sind. Daten aus anderen Marktphasen sollten ebenso berücksichtigt werden.

Die Bank ist in der internen Steuerung bei all diesen Festlegungen frei. Im Rahmen der Regulierung hingegen sind einige Vorgaben zu beachten (vgl. Abschnitt I5.4.3). Die eigentliche Berechnung des VaR kann mit einem der folgenden alternativen Verfahren erfolgen:

1. Historische Simulation,
2. Varianz-Kovarianz-Ansatz,
3. Monte-Carlo-Simulation.

Wir werden diese Methoden in der Folge auf Basis der Arbeit von LINSMEIER und PEARSON (1996) darstellen und vergleichen. Dabei gehen wir durchweg von einem Portefeuille aus, für das der VaR mit einem Konfidenzniveau von 99%, einer Haltedauer von einem Tag und einem Beobachtungszeitraum von einem Jahr (251 Arbeitstage) berechnet werden soll.

Historische Simulation

Die Historische Simulation hat – außer der Überlegung, dass sich die Vergangenheit in der Zukunft wiederholt – keinen theoretischen Hintergrund, sondern verwendet die in Tabelle F2-2 dargestellte Heuristik.

Varianz-Kovarianz-Ansatz

Im Unterschied zur Historischen Simulation hat der Varianz-Kovarianz-Ansatz eine explizite theoretische Basis. Er beruht vor allem auf der Grundannahme, dass die Werte der Marktfaktoren eine multivariate Normalverteilung haben und damit die Gewinne und Verluste normalverteilt sind. Bei einer solchen Verteilung, für die bei einer Haltedauer von einem Tag ein Erwartungswert von null unterstellt wird, ist der VaR ein bestimmtes Vielfaches der Standardabweichung, wie wir schon in Formel (F2-9) gesehen haben. Damit ist das Auftreten der Varianz im Namen dieses Verfahrens klar. Die Rolle der Kovarianz wird im Schema von Tabelle F2-3 deutlich.

Der Varianz-Kovarianz-Ansatz liegt u. a. $RiskMetrics^{TM}$ von J. P. Morgan zugrunde. Kreditinstitute müssen deshalb die benötigten Korrelationen nicht zwingend selbst ermitteln; eine Vielzahl von Daten der Risikobereiche Zinsen, Währungen, Aktien etc. sind in den Pools $RiskMetrics^{TM}$ und $RAROC^{TM}$

Tab. F2-2: Algorithmus der Historischen Simulation

1. Der Portefeuillewert wird als Funktion der Werte der Marktfaktoren ausgedrückt.
2. Aus den Marktdaten werden die in den letzten 251 Tagen beobachteten 250 täglichen relativen Veränderungen der Werte der Marktfaktoren ermittelt.
3. Ausgehend von den aktuellen Werten der Marktfaktoren ergeben sich durch Anwendung der historischen relativen Veränderungen auf die aktuellen Werte 250 mögliche Werte für die Marktfaktoren am Folgetag.
4. Diese werden auf das zu bewertende heutige Portefeuille angewendet, für das somit 250 unterschiedliche Werte für den nächsten Tag berechnet werden.
5. Subtrahieren wir von diesen Werten den heutigen Portefeuillewert, so erhalten wir 250 Gewinne bzw. Verluste.
6. Sofern davon der drittschlechteste Wert ($250 \cdot 1\% = 2{,}5$) negativ ist, wird sein Absolutbetrag als VaR genommen. Andernfalls ist der VaR gleich null.

Tab. F2-3: Algorithmus des Varianz-Kovarianz-Ansatzes

1. Der Portefeuillewert wird als Funktion der Werte der Marktfaktoren ausgedrückt.
2. Aus historischen Daten werden die Parameter der (annahmegemäß) multivariaten Normalverteilung der Marktfaktoren geschätzt.
3. Mit den Standardabweichungen und Korrelationen der Marktfaktoren wird die multivariate Normalverteilung der Werte des Portefeuilles berechnet.
4. Mit gängigen Formeln wird die Standardabweichung des Portefeuilles berechnet, deren 2,33-faches – bei einem einseitigen Konfidenzniveau von 99% – der VaR ist.

2020 (vgl. ANTL (2000)) enthalten. Die Daten der beiden Pools sind teils öffentlich, teils müssen sie käuflich erworben werden. Beide umfassen Volatilitäten von mehreren hundert Risikofaktoren und hunderttausende Korrelationen (basierend auf Normalverteilungsannahmen).

Im Internet sind z. B. unter http://www.riskmetrics.com/credit_risk.html (Anmeldung erforderlich) Informationen abzurufen. Die Tabelle F2-4 ist ein Ausschnitt aus einem dem Internet entnommenen Datenblatt, aus dem einige Volatilitäten für Marktfaktoren ablesbar sind.

In der ersten Spalte wird der jeweilige Marktfaktor genannt. EUR.XS z. B. steht für die tägliche Volatilität des (Kassa-) Wechselkurses (XS für exchange rate spot) des € (EUR) gegenüber dem US-\$; EUR.Z03 ist die tägliche Volatilität des Zerobond-Zinses für EUR-Anleihen mit dreijähriger Laufzeit. Der Decay Factor wird als „Kleinste-Quadrate-Fehler" der Volatilitätsschätzungen ermittelt. Die Volatilitäten selbst finden Sie in den Spalten 4 (Volatilität des Preises) und 5 (Volatilität der Rendite).

Monte-Carlo-Simulation

Das wesentliche Merkmal der Monte-Carlo-Simulation ist die freie Vorgabe von angenommenen Verteilungen der Marktfaktoren. Ansonsten ist die Vorgehens-

Tab. F2-4: Beispieldaten aus *RiskMetrics^{TM}*

Estimate of volatilities for a one day horizon

COLUMNS=5	ROWS=387	DATE=11/29/2005		
NAME	LEVEL	DECAY	PRICEVOL	YIELDVOL
...				
CAD.XS	0.855286	0.940	0.725666	NC
EUR.XS	1.176250	0.940	0.824050	NC
...				
EUR.S02	2.936468	0.940	0.130375	2.351381
...				
EUR.Z03	2.921528	0.940	0.212561	2.562245
...				
DKK.SE	366.610000	0.940	1.428891	NC

Quelle: http://www.riskmetrics.com.

weise (siehe Tabelle F2-5) sehr ähnlich dem Vorgehen bei der Historischen Simulation.

Tab. F2-5: Algorithmus der Monte-Carlo-Simulation

1. Der Portefeuillewert wird als Funktion der Werte der Marktfaktoren ausgedrückt.
2. Für die Marktfaktoren werden Verteilungen – nicht unbedingt die historischen Verteilungen oder Normalverteilungen – angenommen und deren Parameter bestimmt.
3. Mit einem Zufallszahlen-Generator werden aus diesen Verteilungen sehr viele Realisationen für mögliche Werte der Marktfaktoren am Folgetag gezogen.
4. Wie bei der Historischen Simulation werden die Realisationen auf das zu bewertende heutige Portefeuille angewendet, die resultierenden Gewinne bzw. Verluste der Größe nach geordnet und der VaR an der 1%-Grenze abgelesen.

Vergleich

Die methodischen Unterschiede führen dazu, dass sich die drei Ansätze in den theoretischen Vor- und Nachteilen sowie in ihren anwendungsbezogenen Stärken und Schwächen unterscheiden (siehe ausführlich LINSMEIER und PEARSON (2000), S. 57ff.):

- Die Historische Simulation ist ein sehr einfaches, relativ leicht implementierbares und intuitiv gut verständliches bzw. kommunizierbares Verfahren. Unbehagen bereiten seine Theorielosigkeit, seine völlige Ausrichtung an der eher kurzfristigen Vergangenheit sowie die mangelnde Fähigkeit, alternative Entwicklungen der Marktfaktoren berücksichtigen zu können.

- Der Varianz-Kovarianz-Ansatz ist ebenfalls relativ einfach umzusetzen, aber für Optionsinstrumente wegen deren asymmetrischer Renditeverteilung nicht geeignet. Auch eine multiplikative Verknüpfung von Risiken ist nicht möglich. Seine Anpassungsfähigkeit und sein theoretischer Appeal stehen und fallen mit der Gültigkeit der Normalverteilungsannahmen.
- Die große Stärke der Monte-Carlo-Simulation liegt in der Flexibilität, mit der Verteilungen und Szenarien variiert werden können. Als größte Handicaps werden derzeit noch der erhebliche Rechenaufwand für große Portefeuilles sowie die Skepsis gegenüber Zufallszahlen und „ausgefallenen" statistischen Verfahren bei Führungskräften angesehen.

Die allgemeinen Festlegungen und die Wahl der speziellen Rechenmethode beeinflussen, wie sich auch empirisch herausstellt, beide die Höhe der VaR-Werte. Die Analysen von BEDER (1995) und HENDRICKS (1996) zeigen eindrucksvoll auf, wie sich der VaR allein durch die Wahl des Berechnungsverfahrens z. T. erheblich verändert (für eine weitere empirische Studie vgl. BÜHLER *et al.* (1998)). BEDER (1995) demonstriert dies für drei ausgewählte Portefeuilles, HENDRICKS (1996) für 1000 zufällig konstruierte Devisenportefeuilles, die mit jeweils zwölf unterschiedlichen Verfahren untersucht werden. Tendenziell ergibt sich:

- Die Historische Simulation liefert höhere VaR-Werte als der Varianz-Kovarianz-Ansatz.
- Längere Beobachtungszeiträume führen zu geringerer zeitlicher Variabilität der VaR-Werte.
- Die VaR-Werte für ein Konfidenzintervall von 95% sind recht genau, während sie für das Niveau von 99% eher zu niedrig sind. Das bestätigt die Einschätzung, die tatsächlichen Verteilungen hätten im Vergleich zur Normalverteilung „fat tails" (d. h. eine größere Wahrscheinlichkeit für Ergebnisse an den Rändern der Verteilung).

Mit den ermittelten VaR-Werten sind interne oder aufsichtsrechtliche Eigenkapitalanforderungen verknüpft (siehe z. B. die Abschnitte F4.3.2 und G2.3). Daher ist die Beschäftigung mit den Rechenmethoden keineswegs nur für die akademische Diskussion interessant.

F2.6 Backtesting, Modellrisiken und Stresstests

Aus Eigeninteresse, aber auch zur Erfüllung entsprechender Vorschriften (vgl. vgl. SolvV §318 Abs. 2 und Abschnitt J5.2), nehmen Kreditinstitute ein *Backtesting* der berechneten VaR-Werte vor. Dazu vergleichen sie an jedem Tag die tatsächliche Wertveränderung ihres Portefeuilles mit dem VaR. Stimmt das Modell, so sollten bei einem Konfidenzniveau von 99% in einem Jahr ungefähr zwei bis drei Überschreitungen auftreten. Abb. F2.3 zeigt am Beispiel des Konzernbereichs Corporate and Investment Bank der Deutschen Bank 12 Überschreitungen in 2007.

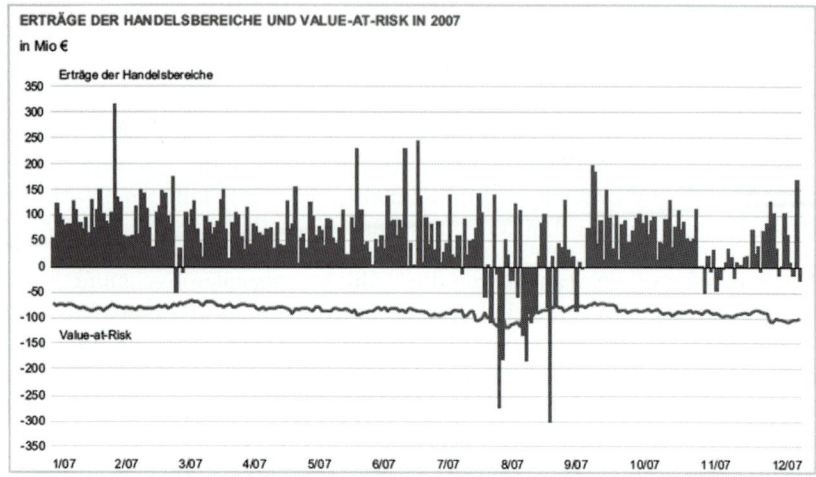

Abb. F2.3: Erträge und VaR der Handelsbereiche des Konzernbereichs Corporate and Investment Bank der Deutschen Bank von 2007

Quelle: DEUTSCHE BANK (2007), S. 88.

Den erläuternden Angaben ist zu entnehmen, dass die Überschreitungen im Spätsommer auf bewusste Absicherungsmaßnahmen gegen fallende Märkte zurückzuführen sind. Außerdem wird gesagt, dass durch die Berücksichtigung von *Diversifikationseffekten* zwischen Zins-, Aktienkurs-, Währungs- und Rohwarenpreisrisiken der VaR um ca. 40% niedriger ausfiel als bei einer Addition dieser Risiken. CAMPBELL (2009), S.44 berichtet, dass in 2008 bei vielen wichtigen Banken die Anzahl der Überschreitungen des VaR erheblich höher war als in 2007 und 2006, z. B. Credit Suisse 24 (9;2), Goldman Sachs 13 (10;3), Morgan Stanley 18 (15;1) und UBS 50 (29;0). Ausnahmen waren z. B. Bank of America 2 (12;0) und J.P.Morgan 3 (8;0).

Offenbar sind in 2008 also viele VaR-Modelle unzuverlässig gewesen. Das *Modellrisiko* ist durch die drei Effekte sichtbar geworden: höhere Volatilitäten und Korrelationen als erwartet, unzureichend abgebildete Risikofaktoren, zu hohe Risikokonzentrationen. Diese Effekte ergänzen diejenigen Modellrisiken, die bei zu einfachen VaR-Modellen ohnehin vorliegen (vgl. JORION (2008)):

- „fat tails", d.h. hohe Verluste treten häufiger auf, als das den (Normal-) Verteilungsannahmen entspricht;
- schiefe Verteilungen, d.h. hohe Verluste sind erheblich wahrscheinlicher als hohe Gewinne;

- Volatilitäts-Clustering, d.h. Kursschwankungen aufeinander folgender Tage sind nicht unabhängig, sondern Phasen hoher Volatilität wechseln sich mit Phasen niedriger Volatilität ab.

Zum Umgang mit diesen Risiken werden verbesserte Modelle entwickelt. Jedoch bieten auch sie keine Gewähr für die Richtigkeit von Prognosen. Zusätzliche modellunabhängige Risikolimite und Kapitalreserven können die Wirkungen dieser Gefahr abmildern.

Schließlich sind noch *Stresstests* zu besprechen. Mit ihnen wird auf einen Mangel von Risikokennzahlen reagiert, der selbst bei Verwendung zutreffender Modelle auftritt. Die gängigen Modelle sind nämlich durchweg für den „Normalfall" kalibriert, selbst wenn im Rahmen einer Monte Carlo Analyse einige „unwahrscheinliche" Szenarien auftreten können. Für die laufende Risikomessung und die Kapitalallokation ist das in Ordnung, eine Warnung oder gar ein Schutz vor extremen Marktveränderungen ist damit allerdings nicht verbunden.

An dieser Stelle setzen deshalb die Stresstests an, die auch aufsichtsrechtlich verlangt werden (vgl. Abschnitte G2.2 und G2.4). Sie berechnen die Auswirkungen als extrem erachteter Parameterveränderungen auf die Liquidität, Rentabilität oder das Vermögen von Banken. Beispielsweise werden Zinssteigerungen von 200 Basispunkten, Rückgänge des BIP von 15% und mehr, Anstiege der Arbeitslosenquote um bis zu 50% sowie historische Ölpreisschocks und Immobilienblasen unterstellt. In ökonometrischen Modellen werden die resultierenden Vermögensverluste bei den Wertpapieren ebenso abgeleitet wie die angepassten Ausfallwahrscheinlichkeiten der Kredite, die mittels eines Kreditportfoliomodells berechnet werden (vgl. Abschnitt I2) und deren Konsequenzen. Eine Übersicht über die Methoden, die von Aufsichtsbehörden für Stresstests des Kreditrisikos verwendet werden, liefert. FOGLIA (2008), ein übersichtliches Anwendungsbeispiel BÜHN und RICHTER (2007).

In der Praxis werden die Ergebnisse der Stresstests oft skeptisch bzw. als unrealistisch abgetan. Daher ist zusätzlich das Instrument der *Reverse Stress Tests* entwickelt worden. Mit ihnen wird im Wesentlichen ausgerechnet, welche Szenarien eine Bank nicht mehr überlebt (vgl. erneut Abschnitt G2.2 und G2.4). Hieraus gewinnen die Kreditinstitute und die Regulatoren wesentliche Hinweise darauf, auf die Entwicklung welcher Risikoparameter besonders geachtet werden muss.

F3 Zielsetzungen in der Praxis und Geschäftsmodelle von Banken

1. In der Praxis weichen die Zielsetzungen von Kreditinstituten aus diversen Gründen vom Ideal der Marktwertmaximierung ab.
2. Sparkassen und Kreditgenossenschaften sind nicht völlig frei in ihrer Entscheidung über die Bankziele, da einige Vorgaben rechtlich fixiert sind.

3. Die Geschäftsmodelle der Kreditinstitute unterscheiden sich u. a. in der Bedeutung von Kundengeschäft einerseits und Kapitalmarktgeschäft andererseits.
4. Hausbanken haben im Emissionsgeschäft Informationsvorteile, unterliegen
aber Anreizkonflikten.

F3.1 Diskussion in der Praxis populärer Zielsetzungen

Zwischen Geschäftsmodellen und Zielsetzungen besteht ein enger Zusammenhang. Strategische Zielsetzungen werden in Geschäftsmodelle umgesetzt und
innerhalb dieser werden operative Zielsetzungen vorgenommen. Daher zum
Einstieg ein paar Beobachtungen aus Gesprächen mit Bankvorständen und
-mitarbeitern:

- Von Marktwerten ist bei Handelsgeschäften häufig, bei Kreditgeschäften noch
  selten – aber inzwischen häufiger als früher – und bei Einlagengeschäften fast
  nie die Rede.
- Wird über Ranglisten von Banken geredet, dann wird zumeist an Anordnungen nach der Bilanzsumme und höchstens für Aktienbanken nach den
  Marktwerten der Gesamtbank oder des Eigenkapitals gedacht.
- Variable Vergütungsbestandteile hängen keinesfalls immer von Marktwertveränderungen und nicht einmal durchweg von Ergebnisgrößen ab, sondern
  durchaus auch von Volumengrößen, z. B. der Bilanzsumme.
- Die Risikoübernahme wird unserem Eindruck nach in letzter Zeit zunehmend
  mit einem Blick auf die Optimierung der Rendite-Risikostruktur, nicht aber
  unter der Zielsetzung der Marktwertmaximierung des Eigenkapitals betrachtet.

Das alles sind natürlich rein subjektive Wahrnehmungen. Sie treffen weder
jeden Einzelfall, noch müssen sie in der Zukunft weiterhin gelten. Immerhin
geben sie u. E. aber einen Eindruck davon, in welcher Gedankenwelt über Bankziele befunden wird. Gemeinsames Merkmal aller Beobachtungen ist, dass dem
Marktwert des Eigenkapitals in der Praxis lange nicht die Bedeutung zugemessen wird, die ihm in der Theorie unter Annahme vollkommener Kapitalmärkte
zukommt. Da die Realität sehr weit von dem Idealbild abweicht, das der Herleitung des Eigenkapitalmarktwertes als einzig geeigneter Zielgröße zugrundeliegt,
werden heuristisch andere Kennzahlen teils ersetzend, teils ergänzend zur Beurteilung hinzugezogen. Wir wollen einige Gründe, die zur Verwendung bestimmter anderer Zielsetzungen führen können, und einige Mängel dieser alternativen
Zielsetzungen angeben:

- Gelegentlich herrscht der Eindruck, Marktmacht führe quasi automatisch
  zum Erfolg. Von daher sind Marktanteilsziele u. U. Instrumentalziele. Höhere
  Marktanteile bewirken jedoch trotz möglicher Skaleneffekte nicht zwingend
  ein besseres ökonomisches Ergebnis (vgl. Abschnitt A4.5.1).

- Angesichts der von uns in Teil M noch darzustellenden vielfältigen Wege, den Gewinnausweis zu beeinflussen, glauben die Eigentümer evtl. nicht an den Jahresüberschuss als guten Erfolgsmaßstab. Da sie zugleich auch von den Managern aufgrund von Anreizproblemen nicht unbedingt zutreffende Informationen erhalten, haben sie vielleicht mehr Vertrauen in Volumenzahlen wie Bilanzsumme oder Kreditvolumen. Die Eigentümer übersehen dabei möglicherweise, dass Preiszugeständnisse volumenerhöhende aber ergebnisreduzierende Folgen haben können.
- Die Vorgabe einer anzustrebenden oder zu maximierenden Bruttozinsspanne als Ergebnisgröße ist ebenfalls nicht unproblematisch. Beispielsweise kann sie durch Übernahme erheblicher Risiken zu nicht marktgerechten Preisen oder durch Verschiebungen zu Lasten anderer Ergebniskomponenten erhöht werden. Ebenso lässt sie sich durch einen Verzicht auf große insgesamt lohnende, aber mit relativ geringer Bruttozinsspanne ausgestattete Geschäfte erhöhen.

Weder die Liste möglicher Alternativen zur Marktwertmaximierung, noch die Kritik an den angesprochenen Zielen ist vollständig. Immerhin erkennen Sie, dass andere Zielvorgaben existieren, die – bei all ihren Mängeln – durchaus einen vernünftigen Hintergrund haben.

F3.2 Auswahl eines Geschäftsmodells

F3.2.1 Übersicht über einige Geschäftsfelder

Ausgehend von einer strategischen Zielsetzung ist ein Geschäftsmodell zu wählen, mit dem die Ziele bestmöglich erreicht werden sollen. Dabei sind u.a. die Entscheidungen zu treffen, auf welchen Geschäftsfeldern das Kreditinstitut aktiv sein will und welche Organisationsform dabei gewählt werden soll.

Die grundlegende Frage ist also, wie die Bank ihr Geld verdienen kann. Was kann sie besser als ihre Wettbewerber und warum kann sie das besser? Letztlich sucht sie also nach ihren Kernkompetenzen, ihren komparativen Konkurrenzvorteilen (vgl. auch Kapitel A3.1.3 und BACKHAUS und SCHNEIDER (2007), S. 3-6).

Als Geschäftsfelder kommen prinzipiell alle Bankgeschäfte aus §1 KWG in Frage (vgl. Abschnitt A3.2). Dort haben wir bereits auf die Aufteilung der Bankleistungen in Commercial Banking und Investment Banking hingewiesen. In Abschnitt A5.1 wurde zudem dargestellt, dass es in den USA eine zunächst gesetzlich verordnete und später freiwillige Aufteilung in Commercial Banks und Investment Banks gab. Die reinen Investmentbanken haben im Laufe der Finanzmarktkrise allerdings ihren Status und die damit verbundenen Regulierungsvorteile aufgegeben. Uns scheint es an dieser Stelle sinnvoll, die Bankgeschäfte in folgende vier Gruppen zu gliedern:

- Kreditgeschäft,
- Einlagengeschäft,

- Provisionsgeschäft,
- Eigengeschäft.

Im _Kreditgeschäft_ geht es primär um asymmetrische Informationen und Anreizeffekte. Ein Kreditinstitut hat dann einen Vorteil gegenüber Wettbewerbern, wenn seine Beurteilungen aufgrund privater Information oder besserer Analyseinstrumente zutreffender sind. Nähe zum Kunden, räumlich und persönlich, ist hierbei ein wesentliches Asset (vgl. DEGRYSE und ONGENA (2005)). Bei der Finanzierung von großen Unternehmen, über die nahezu alle Informationen öffentlich verfügbar sind, greift dieser Vorteil nicht, so dass hier der Bankkredit in Konkurrenz zu einer Kapitalmarktfinanzierung steht (vgl. Abschnitt A3.1.3). Hier sind folglich auch Commercial Banks und Investment Banks Wettbewerber.

Im _Einlagengeschäft_ beschaffen sich Kreditinstitute günstig (im Vergleich zum Kapitalmarkt) Mittel, um ihr Kreditgeschäft zu finanzieren. Damit verbunden ist eine _Risikotransformation_ (vgl. Abschnitt A2.2.3); denn aus unsicheren Krediten werden, so die Idee, durch Diversifikation und weitere Maßnahmen sichere Einlagen. Um die Sicherheit der Kundeneinlagen zu gewährleisten, müssen Kreditinstitute, wie wir in den nächsten Teilen des Buches noch sehen werden, viele Regulierungsvorschriften erfüllen. Reine Investmentbanken unterlagen in der Vergangenheit nicht allen diesen Vorschriften, da sie keine als besonders schutzwürdig angesehenen Einlagen hatten. Die Finanzkrise hat gezeigt, dass diese Überlegung zu kurz gegriffen hat. Die Schwächung der Finanzmarktstabilität, die von einigen Investmentbanken bewirkt wurde, führte zu negativen externen Effekten auf die Einleger bei anderen Kreditinstituten.

Unter _Provisionsgeschäft_ fassen wir praktisch alle übrigen Dienstleistungen für Kunden zusammen. Charakteristisch ist, dass die Vergütung der Bank nicht implizit in Form von Zinsdifferenzen im Vergleich zu (nahezu) identischen Kapitalmarktleistungen besteht, sondern explizit durch Gebühren jeglicher Art.[6] Beispiele für Provisionsgeschäfte sind Zahlungsverkehr, Währungsabsicherung, Vermögensverwaltung, Mergers & Acquisitions, Securitization und Emissionsgeschäft. Diese Geschäftsfelder unterscheiden sich u. a. im _Risikogehalt_. Im Zahlungsverkehr (vgl. Kapitel D4) und bei der Währungsabsicherung gibt es Abwicklungsrisiken, bei der Vermögensverwaltung und bei Mergers & Acquisitions z. B. Haftungsrisiken aus fehlerhafter Bewertung. Abhängig von der Ausgestaltung im Detail können mit Verbriefungstransaktionen (vgl. Kapitel C3) und dem Emissionsgeschäft (vgl. Abschnitt F3.4.2) erhebliche Risiken aus der Übernahme diverser Garantien (z. B. Liquiditätsgarantien im Fall der IKB; vgl. IKB (2009)) oder Teilen einer Emission verbunden sein.

Die letztgenannten Fälle zeigen einen fließenden Übergang zum _Eigengeschäft_ der Kreditinstitute. Hier agieren sie nicht im Kundenauftrag, sondern gehen Risiken auf eigene Rechnung ein. Beispiele sind das Handelsgeschäft, die Investitionen in strukturierte Produkte (ABS, MBS, ...) und die Fristentransformation im Depot A (Eigendepot). Zumindest, wer an die Effizienz der Kapitalmärkte glaubt, wird den Erfolgsaussichten skeptisch gegenüberstehen. Warum sollte es

---

[6] Zwar finden sich auch im Kredit- und Einlagengeschäft diverse Gebühren, diese haben jedoch im Regelfall Zinsersatzcharakter.

einem Institut langfristig möglich sein, an gut funktionierenden Kapitalmärkten Überrenditen im Vergleich zum eingegangenen Risiko zu erzielen? Spekulation ist kein spezielles Bankgeschäft. Der Fall des Hedgefonds LTCM (vgl. LOWEN-STEIN (2002)) hat gezeigt, dass sogar scheinbar gut fundierte Modelle falsch sein können.

Wie wir in den folgenden Teilen des Lehrbuches noch im Detail sehen werden, sind nahezu alle Risiken des Bankgeschäftes mit Kapital zu unterlegen. Im Zuge der Finanzkrise haben viele Kreditinstitute Kapital verloren und müssen daher ihre Risiken reduzieren. Das führt vor allem bei Unternehmen und Politikern zur Angst vor einer *Kreditklemme* (vgl. BRUNNERMEIER (2009)). Darunter ist zu verstehen, dass Unternehmen mit ordentlicher Bonität keine Kredite mehr erhalten und die dadurch bewirkte Beschränkung ihrer Geschäfts- und Investitionstätigkeit die allgemeine Wirtschaftskrise verstärkt. Um dieser Gefahr zu begegnen, muss es für die Banken attraktiver sein, in das Kreditgeschäft zu investieren als in Eigengeschäfte am Kapitalmarkt. Direkte oder indirekte staatliche Beteiligungen an den Kreditrisiken sind ein Weg dahin.

F3.2.2 Beispiele für Geschäftsmodelle

In diesem Abschnitt werden, kurz und holzschnittartig, ein paar Geschäftsmodelle von Kreditinstituten vorgestellt. Da als Folge der Finanzkrise die Geschäftsmodelle in vielen Kreditinstituten angepasst werden, sind unsere Ausführungen dieses Abschnittes, meist basierend auf Internet-Informationen, evtl. schon bald überholt. Außerdem können Diskrepanzen zwischen dem nach außen kommunizierten und dem intern verfolgten Geschäftsmodell bestehen. Wir bewegen uns also – bewusst! – auf dünnem Eis, um Ihnen wenigstens einen groben Überblick zu geben.

Die *Bank of America* hat einen starken Heimatmarkt, von dem ausgehend sie weltweit tätig ist. Sie sieht sich u. a. als Ansprechpartner für große Unternehmen und andere Institutionen weltweit. Zumindest vor dem Rettungserwerb von Merrill Lynch hatte sie genügend Kapital.

Die *Commerzbank* sieht sich als Ansprechpartner vor allem für den Mittelstand. Sie ist europaweit tätig und hatte vor der Übernahme der Dresdner Bank genügend Kapital, musste anschließend aber den staatlichen Rettungsschirm in Anspruch nehmen. Privatkunden, die besonders preissensibel sind, werden von der Tochtergesellschaft *Comdirect*, einer führenden Direktbank, bedient.

Die *Landesbanken* unterscheiden sich - trotz einiger Gemeinsamkeiten - in ihren Geschäftsmodellen. Alle sind im Großkreditgeschäft, oft zusammen mit den Sparkassen, sowie im Auslandsgeschäft tätig. Die HSH Nordbank hat zudem eine Spezialisierung im Bereich der Schiffsfinanzierungen. Die LBBW ist durch die frühere Landesgirokasse auch im Privatkundengeschäft vertreten. Das „Kreditersatzgeschäft" der Landesbanken, also z. B. Anlagen in strukturierten Produkten (ABS, MBS, ...), ist Folge von überschüssiger Liquidität, die vor Auslaufen der Gewährträgerhaftung (vgl. Abschnitt A4.2.2) noch unter Bestehen staatlicher Garantien am Kapitalmarkt beschafft worden war. Pauschal wird den Landesbanken gelegentlich vorgeworfen, kein funktionierendes Geschäftsmodell zu haben (vgl. DECKSTEIN und FROMM (2009)).

Innerhalb eines globalen Konzerns konzentriert sich *HSBC Trinkaus & Burkhardt* auf den deutschen Markt. Die Universalbank fokussiert sich auf vermögende Privatkunden, Firmenkunden und institutionelle Kunden und versteht sich dabei als Premiumanbieter. Auch der Eigenhandel spielt eine große Rolle. Anders als in den meisten anderen Banken ist der Provisionsüberschuss deutlich höher als der Zinsüberschuss (vgl. HAGEN (2005), S. 80).

Die *Deutsche Apotheker- und Ärztebank* ist eine Genossenschaftsbank mit, wie der Name sagt, einer Konzentration auf den Gesundheitssektor. Die damit verbundenen Spezialisierungsvorteile, die zu überlegener Branchenexpertise führen, werden erkauft durch Konzentrationsrisiken im Kreditgeschäft.

Wir werden später (vgl. Abschnitt F4.2) das Thema Diversifikation im Detail ansehen. Im Zusammenhang mit Geschäftsmodellen ist gleichwohl bereits hier darauf hinzuweisen, dass für Kreditinstitute als Intermediäre, anders als in der traditionellen Portefeuilletheorie, Diversifikation nicht zwingend vorteilhaft ist. Ursächlich dafür sind Informationsvorteile aus Spezialisierung, die auf vollkommenen Märkten nicht existieren. Neuere Arbeiten von ACHARYA *et al.* (2006), KAMP (2006), DENG und ELYASIANI (2008) und BÖVE (2009) zeigen, dass Spezialisierungsvorteile die Nachteile von Konzentrationsrisiken durchaus übersteigen können. Insofern ist Fokussierung tatsächlich ein wichtiges Thema bei der Wahl eines Geschäftsmodells. Weitere relevante Aspekte, z. B. die Festlegung von Leistungstiefe und -breite sowie das Outsourcing, haben wir bereits in Abschnitt A4.5.2 behandelt.

F3.3 Besonderheiten von Sparkassen und Kreditgenossenschaften

Wir haben bislang von Geschäftsmodellen gesprochen, ohne auf vorgegebene Restriktionen bei der Zielfestlegung durch die Eigentümer und deren Umsetzung einzugehen. *Sparkassen* und andere öffentlich-rechtliche Kreditinstitute haben einen öffentlichen Auftrag zu erfüllen, der allerdings heute gegenüber der Gewinnerzielung hier und da in den Hintergrund tritt (vgl. Abschnitt A4.2.2). *Kreditgenossenschaften* und deren Zentralinstitute fühlen sich – aus Wettbewerbsgründen u. U. ebenfalls weniger als früher – dem Auftrag zur Mitgliederförderung verpflichtet (vgl. Abschnitt A4.2.3).

Wir wollen an dieser Stelle keine Diskussion führen, ob die vorgegebenen Aufträge zeitgemäß sind oder einmal waren. Auch die Umsetzung in operative Zielvorgaben behandeln wir hier nicht, obwohl das natürlich ein weiteres wichtiges Thema ist (vgl. THEURL (2002) zum genossenschaftlichen Förderauftrag und NEUBERGER und SCHINDLER (2001) zum Förderauftrag der Sparkassen). Die genannten Aufträge, die Grenzen für die zulässigen Zielsetzungen aufzeigen, weisen uns jedenfalls auf eines hin: Auf den realen Finanzmärkten existieren Akteure, die nicht zwingend die Marktwertmaximierung des Eigenkapitals verfolgen, die wir normativ für eine idealisierte Welt hergeleitet haben (vgl. ILLUECA MUNOZ *et al.* (2008)).

Sparkassen und Kreditgenossenschaften haben mit den genannten Aufträgen eine Ähnlichkeit, die sich auch in den verfolgten Geschäftsmodellen zeigt. Bereits aus Kapitel A4 wissen wir, dass sich beide Institutstypen zu einem sehr hohen Prozentsatz durch Kundeneinlagen, z. B. Spar-, Fest- und Termingelder, finanzieren (vgl. A4-3) und ähnlich große Teile ihrer Mittel als Kredite an ihre Kunden vergeben. Die durch das Regionalprinzip, d. h. die weitgehende Beschränkung der Geschäftstätigkeit auf die eigene Region, zusätzlich geförderte Nähe zum Kunden bringt viel private Information mit sich (vgl. HAKENES und SCHNABEL (2007)). Sie verringert damit die Informationsasymmetrie und verschafft Wettbewerbsvorteile gegenüber ortsfremden Kreditinstituten. Dieses Geschäftsmodell hat sich in der jüngsten Finanzkrise gegenüber einer Anlage in zwar hoch geratete, aber schwer zu durchschauende und bzgl. ihrer Underlyings schlecht überwachte Wertpapiere als überlegen erwiesen.

Gleichwohl unterliegen auch Sparkassen und Kreditgenossenschaften aufgrund der typischerweise niedrigen (bilanziellen) Eigenkapitalquoten einem nennenswerten Risiko, wie das folgende, stark vereinfachte Beispiel zeigt:

> Eine Bank habe eine bilanzielle Eigenkapitalquote von 5%. Erwirtschaftet sie in einem Jahr einen Überschuss in Höhe von 1% der Bilanzsumme, entspricht das einer auf das bilanzielle Eigenkapital bezogenen Eigenkapitalrendite von 20%. Allerdings wird das Institut bei konstanten Passiva stattdessen bereits bei einem Wertverlust der Aktiva in Höhe von etwas mehr als 5% insolvent.

Natürlich sollte die Eigenkapitalrendite besser auf den Marktwert des Eigenkapitals bezogen werden. Und selbstverständlich tritt dieses Risiko keineswegs nur bei Sparkassen und Kreditgenossenschaften auf, ist also in diesem Abschnitt eigentlich falsch platziert. Wir wollten aber gerade an dieser Stelle deutlich machen, dass offensichtlich auch bei einem traditionellen Geschäftsmodell die attraktive Eigenkapitalrendite mit einem erheblichen Konkursrisiko erkauft wird.

Wir werden übrigens in Teil M noch im Detail sehen, dass Wertminderungen im Kundenkreditportefeuille, anders als bei Wertpapieren, erst bei drohenden Ausfällen und nicht schon bei Bonitätsverschlechterungen des Schuldners (mit Rückgang der Marktwerte) auf die (HGB-) Bilanz durchschlagen. Auch dies macht Kreditinstitute, wie z. B. Sparkassen und Kreditgenossenschaften, mit höherem Kundenkreditanteil tendenziell weniger anfällig gegen allgemeine Bonitätsverschlechterungen als die mehr im Kapitalmarktgeschäft engagierten Kredit-, Landes- und Zentralbanken.

F3.4 Kapitalmarktfinanzierungen als Alternative zu Bankfinanzierungen

F3.4.1 Daten zu Kapitalmarktfinanzierungen

Unternehmen können zwischen diversen Finanzierungsalternativen wählen. Zur Außenfinanzierung gehören neben dem klassischen Bankkredit u. a. die Finanzierungen durch die Emissionen von Anleihen und Aktien. Wie sich die Bedeutung dieser Finanzierungsquellen für deutsche Unternehmen im Zeitablauf verändert hat, lässt sich aus Tabelle F3-1 ersehen.

Tab. F3-1: Externe Unternehmensfinanzierung in Deutschland – Netto-Kapitalaufnahme[7] (Werte in Mrd. €)

	1995	1999	2001	2003	2005	2007	2008
Mittelaufnahme am Geld- und Rentenmarkt	-82,78	1,29	9,76	27,24	3,14	7,24	9,62
Aktien	11,83	59,70	36,67	-7,92	6,02	6,77	3,57
Sonstige Beteiligungen	4,66	16,08	27,41	41,74	4,51	26,70	13,59
Kredite	41,56	137,10	88,09	-24,08	16,60	46,38	71,36
• Kurzfristig	19,97	45,65	3,66	-5,63	4,33	16,82	18,99
• Langfristig	21,59	91,44	84,43	-18,45	12,28	29,56	52,37
Ansprüche aus Pensionsrückstellungen	7,11	6,33	8,22	7,87	5,53	1,26	1,26
Sonstige Verbindlichkeiten	26,52	18,23	7,37	2,54	7,90	13,62	-5,48
Insgesamt	8,90	238,73	177,53	47,40	43,70	101,96	93,91

Quellen: DEUTSCHE BUNDESBANK (2005), Tabelle III, 1. und DEUTSCHE BUNDESBANK (2009c), Tabelle III, 1.

Betrachtet man den Anteil am Gesamtfinanzierungsvolumen, so stellte die Kreditfinanzierung in den aufgeführten Zeitpunkten (mit Ausnahme des Jahres 2003: Sonstige Beteiligungen) das wichtigste Finanzierungsinstrument in Deutschland dar. Im Jahr 2003 allerdings war die Netto-Kapitalaufnahme im Kreditbereich sogar negativ. Die Attraktivität der Aktienfinanzierung hat seit dem Jahr 2001 drastisch abgenommen. Dies kann durch die unruhige Situation an den Börsen erklärt werden. Für die Bedeutung der Anleihenfinanzierung lässt sich kein klarer Trend erkennen (vgl. auch Tabelle F3-3 weiter unten).

Einen genaueren Eindruck davon, welche Höhe und Entwicklung die Emissionen von Aktien in Deutschland in den vergangenen Jahren hatten, liefert Tabelle F3-2. Darin wird zum einen erneut das Börsenhoch Ende der neunziger Jahre des

---

[7] Die Zahlen der Mittelaufnahme am Geld- und Rentenmarkt sowie der Kreditfinanzierung beinhalten im Jahr 1995 die Übernahme der Treuhandschulden durch den Erblastentilgungsfonds.

vergangenen Jahrhunderts sichtbar. Zum anderen ist zu erkennen, dass gerade bei börsennotierten Unternehmen das Verhältnis von Kurswert zu Nominalwert deutlich höher ist.

Tab. F3-2: Aktienemissionen inländischer Emittenten[8] (Werte in Mio. €)

	1990	1999	2001	2003	2005	2006	2007	2008
Börsennotiert								
• Nominalwert	3.551	2.268	1.762	1.487	1.077	1.135	1.601	2.647
• Kurswert	21.970	31.341	7.971	12.231	10.795	5.452	7.112	8.288
Nicht börsennotiert								
• Nominalwert	3.806	3.249	6.224	2.996	1.394	1.468	1.564	2.361
• Kurswert	6.051	4.669	9.606	4.606	2.973	3.607	2.941	3.038
Insgesamt								
• Nominalwert	7.360	5.518	7.987	4.483	2.471	2.601	3.165	5.009
• Kurswert	28.021	36.010	17.575	16.838	13.766	9.061	10.053	11.326

Quellen: DEUTSCHE BUNDESBANK (2006b), Tabelle IV, 1., und DEUTSCHE BUNDESBANK (2009c), Tabelle IV, 1.

Die Tabelle macht zudem deutlich, dass ein erheblicher Anteil der Emissionen nicht börsennotiert ist. Den Nachteilen der geringeren Fungibilität müssen offenbar Vorteile gegenüberstehen. Von YOSHA (1995) wird herausgearbeitet, dass aufgrund der für eine Börsennotierung nötigen größeren Publizität gerade Unternehmen mit hoher Qualität eine Privatplatzierung bevorzugen, um ihren Konkurrenten möglichst wenig Informationen zu liefern. Nach MAKSIMOVIC und PICHLER (2001) neigen die technologisch führenden, aber riskanten und mit hohen Entwicklungskosten konfrontierten Unternehmen, weniger zu einer *Publikumsfinanzierung*. Wie YOSHA (1995) zeigen SUBRAHMANYAM und TITMAN (1999) ebenfalls die Bedeutung von Verfügbarkeit und Kosten der Information. Sie betonen zudem Größe und Liquidität der Finanzmärkte als weitere wichtige Einflussfaktoren.

Eine sehr ausführliche Darstellung der Motive für einen Börsengang wie auch der Kosten der Publikumsfinanzierung liefert, mit Blick vor allem auf den (inzwischen nicht mehr existierenden) Neuen Markt, FISCHER (2002). Seine Tabelle 1 (S. 19f.) ist hierzu eine umfassende Literaturübersicht.

Je nach Finanzsystem (bank- oder marktorientiert) variiert die Rolle der Aktienfinanzierung *international* erheblich. Während in Amerika (marktorientiertes Finanzsystem) die Marktkapitalisierung in Relation zum Bruttoinlandsprodukt (BIP) oft über 100% liegt, trifft das auf Länder wie Deutschland und Japan (bankorientierte Finanzsysteme) nicht zu.

---

[8] Einbezogen sind Gesellschaften, deren Aktien zum Amtlichen Markt, zum Geregelten Markt oder zum ehemaligen Neuen Markt zugelassen sind; ferner auch Gesellschaften, deren Aktien im Open Market (Freiverkehr) gehandelt werden.

Auch bei der Anleihenfinanzierung werden Wertpapiere ggf. über die Börse begeben. Die große Bedeutung der Anleihenfinanzierung in Deutschland in Relation zur Aktienfinanzierung lässt sich aus Tabelle F3-3 ersehen.

Tab. F3-3: Wertpapierabsatz inländischer Emittenten[9] (Werte in Mio. €)

	1972	1982	1992	2000	2002	2004	2006	2008
Brutto-Absatz festverzinslicher Wertpapiere – Nominalwert								
Insgesamt	24.615	108.201	292.851	659.148	818.725	990.399	925.863	1.337.337
• Industrieobl.	670	60	–	8.114	17.574	37.517	29.975	95.093
• Bankschuldverschr.	18.727	83.720	162.858	500.895	569.232	688.844	622.055	961.271
(Hypo.pfandbr.)	(4.826)	(13.168)	(17.196)	(34.528)	(41.496)	(33.774)	(24.483)	(51.259)
• Anl. d. öffentl. Hand	5.219	24.420	129.993	150.137	231.923	270.040	273.834	280.974
Netto-Absatz festverzinslicher Wertpapiere[10]– Nominalwert								
Insgesamt	17.917	38.078	155.817	155.615	131.976	167.233	129.423	119.472
• Industrieobl.	409	-324	-89	7.320	14.306	18.768	-3.683	82.653
• Bankschuldverschr.	13.722	23.682	59.200	122.774	56.393	81.860	58.336	8.517
(Hypo.pfandbr.)	(4.295)	(4.805)	(6.700)	(5.937)	(7.936)	(1.039)	(-12.811)	(15.052)
• Anl. d. öffentl. Hand	3.784	14.721	96.707	25.522	61.277	66.605	55.482	28.302
Aktienemissionen								
Inländische Unt.	2.111	3.027	8.808	22.733	9.232	10.157	9.061	11.326
(Kurswert)								

Quellen: DEUTSCHE BUNDESBANK (2003b), Tabellen II, 1a) und 2. DEUTSCHE BUNDESBANK (2006b), Tabellen IV, 1 sowie II, 1a) und 2. und DEUTSCHE BUNDESBANK (2009c), Tabellen II, 1a) und 2.

Die Industrieunternehmen haben sich im betrachteten Zeitablauf bis 2008 vermehrt durch Emissionen von Obligationen finanziert. Auch die Finanzierung durch Aktienemissionen hat bis Ende der Neunziger Jahre zunächst deutlich zugenommen, ist dann aber angesichts schwacher Börsen ins Schwanken geraten, ohne jedoch wieder auf die niedrigen Ausgangswerte zu fallen. Die Netto-Finanzierung aus Anleihen der öffentlichen Hand erreichte demgegenüber ihr Maximum im Zeitraum der Wiedervereinigung. Ein Vergleich der Brutto- und Nettoemissionen zeigt im Übrigen, dass ein großer Teil der Anleihenemissionen, vor allem bei Bankschuldverschreibungen, maßgeblich der Tilgung alter Verbindlichkeiten dient (Roll-Over-Finanzierung).

---

[9] Ohne Berücksichtigung der Eigenbestandsveränderungen bei den Emittenten.

[10] Bis Juli 1990 beschränken sich die Angaben auf Westdeutschland.

F3.4.2 Kreditinstitute im Emissionsgeschäft

Sowohl bei der Aktien- als auch bei der Anleihenfinanzierung werden neue Wertpapiere begeben. Ihr erstmaliges Angebot erfolgt auf einem Primärmarkt, der sehr unterschiedlicher Art sein kann. So kann die Platzierung der Wertpapiere mittels der Emissionsverfahren aus Abbildung F3.1 erfolgen. Die Wahl des Platzierungsverfahrens wird u. a. durch die Art des Wertpapiers, die Größe der Emission sowie durch regulatorische Vorgaben (z. B. gesetzliches Bezugsrecht gemäß §186 AktG) determiniert.

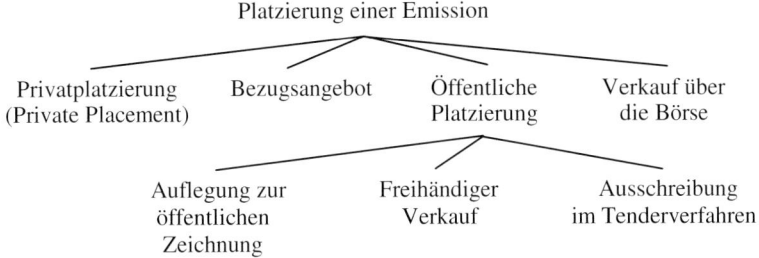

Abb. F3.1: Platzierungsverfahren

Quelle: In Anlehnung an HENKE und RUDOLPH (2002).

Grundlegend lassen sich Wertpapieremissionen zudem danach unterscheiden, ob der Emittent, der sich mittels der Emission Finanzmittel besorgen will, selbst die Unterbringung der Papiere bei den Anlegern, die *Platzierung*, übernimmt (*Selbstemission*) oder einen Intermediär einschaltet (*Fremdemission*). Pfandbriefbanken z. B. emittieren ihre Pfandbriefe selbst, die Aktien der Telekom dagegen wurden 1996 von einem Bankenkonsortium zur Platzierung übernommen. In Deutschland wird eine Emission in der Tat zumeist von einem *Konsortium*, d. h. einer Gruppe von Banken, gemeinsam durchgeführt. Am häufigsten ist das Auftreten von kombinierten Übernahme- und Begebungskonsortia:

- *Übernahme* (*Underwriting*) heißt, dass die Banken die Wertpapiere in den eigenen Bestand übernehmen. Sie tragen damit das Risiko von Preisänderungen, gegen das sie sich mittels Derivaten (siehe Teil E) absichern können.
- *Begebung* heißt, dass die Distribution der Wertpapiere erledigt wird.

Zu diesen beiden Aktivitäten treten häufig noch weitere Funktionen hinzu, die von Banken übernommen werden: die Auswahl potenzieller Emittenten, die *Beratung* des Emittenten z. B. hinsichtlich Emissionsvolumen und Timing, die Prospekterstellung und ggf. die Bereitstellung eines Kredites im Vorfeld der Emission sowie eine gewisse Preisstabilisierung nach erfolgter Emission. Für umfassende

Darstellungen des Ablaufs von Emissionsgeschäften siehe EILENBERGER (1997), S. 296ff.

Der Fall, dass Kreditinstitute ihre eigenen Emissionen selbst platzieren, ist für uns hier nicht von Interesse, da wir die Rolle der Banken als Intermediäre analysieren wollen. Die Einschaltung eines Kreditinstitutes, Finanzdienstleistungsinstitutes oder eines anderen Unternehmens, das an inländischen Wertpapierbörsen tätig ist und bestimmte Bedingungen erfüllt, ist bei der Beantragung der Zulassung zum Börsenhandel im Amtlichen Markt und im Geregelten Markt zwingend vorgeschrieben.

Wo keine gesetzliche Vorschrift die Einschaltung eines Kreditinstitutes verlangt, mag es ökonomische Gründe geben, die für eine Fremdemission durch eine Bank sprechen. Wir fragen uns exemplarisch, warum ein Unternehmen (U) eine Bank (B) mit der Emission von Wertpapieren betraut und warum U das vielleicht nicht tut. Folgende Vorteile, die im Wesentlichen auf Unterschieden in den *Transaktionskosten* beruhen, sind offensichtlich:

- B hat mehr Erfahrung mit den rechtlichen Vorschriften und in der Abwicklung.
- B hat das geeignetere (Finanz-)Vertriebsnetz.
- B übernimmt zumindest einen Teil des Platzierungsrisikos und sichert damit den Liquiditätszufluss an U ab. U bekommt zudem, je nach Vertragsgestaltung, die benötigte Liquidität ggf. früher.

Neben diesen Transaktionskostenvorteilen im engeren Sinne ist *asymmetrische Information* für das Emissionsgeschäft relevant. Potenzielle Aktionäre – selbst die Altaktionäre von U – können u. U. die Perspektiven von U schlechter abschätzen als B. Potenzielle Käufer von Anleihen, die hinsichtlich der Auskunftsrechte noch schlechter gestellt sind als die Aktionäre, sind über die Bonität von U noch unsicherer. Sowohl bei Aktien als auch bei Anleihen kann allerdings ein vorliegendes Rating die Informationsasymmetrie entschärfen.

Sofern die Wertpapiere an einer Börse zugelassen werden, können sie in der Folge auf diesem Sekundärmarkt relativ leicht gehandelt werden (für zahlreiche institutionelle Details siehe z. B. BLÄTTCHEN (2001)). Ohne Börsenhandel ist der Weiterverkauf demgegenüber erheblich schwieriger. Dieses Problem ist in Deutschland beispielsweise für mittelständische Unternehmen virulent, deren GmbH-Anteile wenig fungibel sind. Hier entwickelt sich für Banken als Mittler vermutlich zukünftig ein wichtiges Betätigungsfeld.

Vor dem Hintergrund der Zahlen des vorigen Abschnittes ist plausibel, dass für Kreditinstitute in Deutschland die Bedeutung der Erlöse aus der Emission von Aktien lange Zeit vergleichweise gering war. Beispielsweise machten die gesamten Provisionsüberschüsse aus Emissions- und Beratungsgeschäften bei der Deutschen Bank in den Jahren 2000 bis 2002 im Vergleich zu den Zinsüberschüssen zwar einen relativ hohen Anteil von etwa 20-30,7% aus (vgl. DEUTSCHE BANK (2003)); bei der damals noch eigenständigen Dresdner Bank lagen die Werte (ohne Provisionsüberschüsse aus Beratungsgeschäften) jedoch lediglich bei nur 3-5% (vgl. DRESDNER BANK AG (2003) und DRESDNER BANK AG

(2002)). Allerdings sind die Provisionsüberschüsse (inkl. Treuhand- und Beratungsleistungen) relativ stark gewachsen. In den Jahren 2006 und 2007 betrug der Provisionsüberschuss im Deutsche Bank Konzern ca. 70-80% des Zinsüberschusses, im Jahr 2008 trotz eines Rückgangs um ca. 20% sogar das Vierfache des aufgrund von Wertberichtigungen noch stärker geschrumpften Zinsüberschusses (vgl. DEUTSCHE BANK (2008)).

Die offenkundige Abhängigkeit der Aktienemissionen vom Börsenklima deutet an, dass die Profitabilität darauf spezialisierter Investmentbanken im Vergleich zu Commercial Banks recht volatil sein dürfte. Daten aus den USA bestätigen dies, wie Abbildung F3.2 zu entnehmen ist.

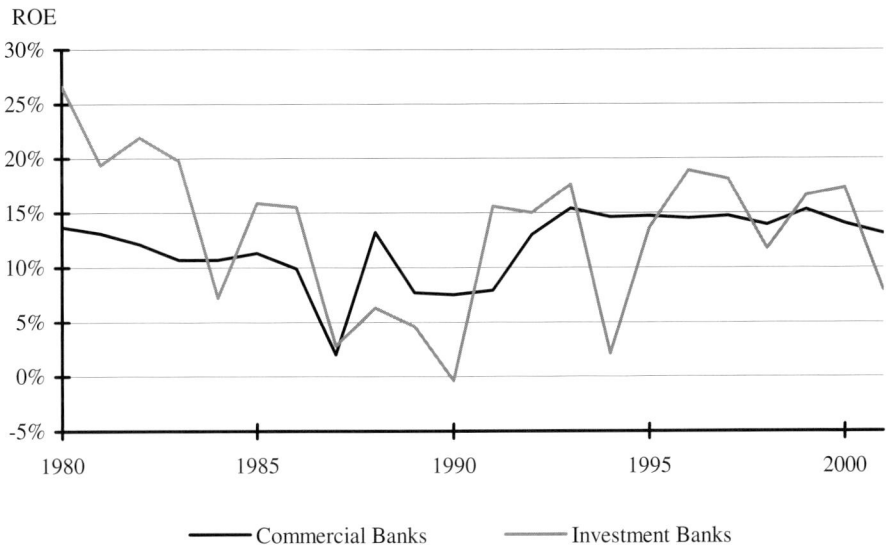

Abb. F3.2: Return on Equity (in %) von US-Banken[11]

Quelle: In Anlehnung an TOTO und MONAHAN (2002), S. 39.

F3.4.3 Einschaltung und Auswahl eines Emissionshauses

Stellen wir uns in der Folge eine anstehende Aktienemission vor. Hat Unternehmen U sich für eine Fremdemission mit Bankunterstützung entschieden, so ist dafür eine konkrete Bank B auszuwählen. Ein *Anleger* wird die Einschaltung einer Bank etwa so beurteilen:

1. Wie ich selbst, so ist auch die Bank bzgl. U unsicher; sie weiß aber mehr als ich.

2. Die Bank ist bestrebt, U richtig zu beurteilen, um nicht *Reputation* zu verlieren.[12]
3. Also will die Bank nur eine Erfolg versprechende Emission begleiten.
4. Folglich ist die Mitwirkung der Bank ein positives Signal für mich.
5. Dieses Signal ist für mich vor allem dann wertvoll, wenn die Bank bereits eine hohe Reputation hat, die sie wohl kaum gefährden möchte.

Für die betreffende *Bank* stellt sich die Situation wie folgt dar:

1. Die Anleger erwarten, dass wir nur dann an Emissionen mitwirken, wenn die Aktien sich unserer Meinung nach positiv entwickeln werden.
2. Fehleinschätzungen haben für uns, sofern wir alle Sorgfaltspflichten erfüllt haben, normalerweise kurzfristig keine negativen Folgen.
3. Langfristig können uns aber wegen der verschlechterten *Reputation* lukrative Geschäfte entgehen.
4. Also sollten wir uns nur an Erfolg versprechenden Emissionen beteiligen.

Ist B eine Universalbank, von der dem Anleger bekannt ist, dass sie ein großer Kreditgeber von U ist, so kann das zu einer gewissen Skepsis beim Anleger führen: Angenommen, U geht es wirtschaftlich schlecht. Dann könnte B bestrebt sein, dass U mit der Liquidität aus der Emission den Kredit von B ablöst. B würde damit das Kreditausfallrisiko los und hat deswegen im Vorfeld der Emission einen Anreiz, die Situation bei U zu beschönigen. Die Frage ist, ob diese Risikoreduzierung, die uns unten mit Blick auf eine Hausbank nochmals beschäftigen wird, groß genug ist, um das Risiko eines Reputationsverlustes einzugehen. Der folgende Fall, wiedergegeben nach KASERER und KEMPF (1995), zeigt im Übrigen sehr deutlich, dass der vermeintlich weiche Faktor Reputation im Emissionsgeschäft reale Bedeutung hat:

> Die Firma „Portfolio Management" (PM) brachte von 1980 bis 1984 neun Unternehmen an die Börse, von denen sechs in den ersten drei Jahren nach der Emission in Konkurs gingen. Seit 1985 ist PM nicht mehr als Emissionshaus aufgetreten.

Außer dem *Reputationsrisiko* sind aus Sicht einer Emissionsbank weitere Risiken zu beachten:

- *Absatz- und Preisrisiken* aus der Verpflichtung der Emissionsbank, die Emission oder Teile davon zu festen, ggf. nicht marktgerechten Preisen zu übernehmen.

> Der Aktienmarktcrash im Oktober 1987 hatte bei der Privatisierung von BP, welche gerade zu diesem Zeitpunkt als Emission zum Festpreis mit Hilfe eines Bankenkonsortiums stattfand, zur Folge, dass anstelle der erwarteten 5 Mio. Investoren lediglich

---

[11] Die Berechnung der Standardabweichung erfolgte mit Hilfe der Stichprobenvarianz $\frac{1}{n-1}\sum_{k=1}^{n}(x_k - \frac{1}{n}\sum_{j=1}^{n}x_j)^2$.

[12] Ist B Mitantragsteller für die Zulassung zum amtlichen Handel, so haftet B überdies für die Richtigkeit und Vollständigkeit der Angaben im vorgeschriebenen Verkaufsprospekt (siehe hierzu §§45ff. und 77 BörsG, §13 VerkProspG). Insofern hat der Glaube des Anlegers an die sorgfältige Prüfung von U durch B in diesem Fall sogar eine gesetzliche Grundlage.

270.000 die neu emittierten Aktien kauften. Das Wegbleiben der Käufer führte beim Übernahmekonsortium zu Verlusten in einer Höhe von 1,9 Mrd. US-$.[13]

- *Haftungsrisiken*, wenn Analysten der Emissionsbank unzutreffend positive Berichte über den Emittenten publiziert oder manipulierte Kaufempfehlungen abgegeben haben.

  Ein Aktienanalyst der US-Investmentbank Merrill-Lynch sprach Ende 1998 offiziell Kaufempfehlungen für Aktien von amazon aus, welche er in internen E-Mails hingegen als „Schrott" bezeichnete. Diese Empfehlungen waren Hauptursache für einen Kursanstieg der Aktien von über 200% innerhalb von 12 Tagen.

  Im Rahmen eines Vergleichs wegen irreführender Aktienempfehlungen verpflichtete sich Merrill-Lynch 2002, eine Summe von 100 Mio. US-$ zu zahlen; der Analyst wurde (auch wegen weiterer Aktienempfehlungen) mit einer Geldstrafe von 4 Mio. US-$ belegt und darf nicht mehr im Wertpapiersektor tätig werden.[14]

Soll eine Bank mit der Emission betraut werden, so stellt sich u. a. die Frage, ob die *Hausbank* (sofern es eine solche gibt) oder eine spezialisierte *Investmentbank* das Mandat erhalten soll. (Vgl. hierzu auch die Diskussion über Trennbankensystem und Universalbankensystem in Abschnitt A3.3.) Die Hausbank verfügt bereits über eine Vielzahl von Informationen. Das erleichtert ihr die finanzielle Beratung, die Prüfung und die Abgabe von Garantien (vgl. ELSAS und KRAHNEN (1998)). Wegen der vielfältigen Geschäftsbeziehungen ergeben sich u. U. allerdings Interessenkonflikte:

- U könnte versuchen, eine positiv gefärbte Einschätzung der Emission durch die Bank nicht nur zur Voraussetzung für die Durchführung der Emission, sondern auch für die Fortsetzung der anderen Geschäfte zu machen.
- U könnte mit der Drohung, das lukrative Emissionsgeschäft mit einer anderen Bank zu machen, Zugeständnisse im Kreditgeschäft verlangen.[15]
- Die Hausbank könnte mit schlechteren Konditionen bei den übrigen Geschäften für den Fall drohen, dass ein anderes Institut mit der Emission betraut wird.

Geht es U wirtschaftlich schlecht, so besteht die schon oben beschriebene Gefahr einer Koalition von U mit einer Kredit gebenden Emissionsbank zu Lasten der Anleger im Falle der Hausbank in tendenziell noch stärkerer Weise.

Eine modelltheoretische Analyse der Wahl zwischen Hausbank und Investmentbank liefert PURI (1999). Der wesentliche Unterschied zwischen beiden Banktypen liegt im Modell darin, dass die Hausbank bislang bereits eine Finanzierungsbeziehung zu U (Kredit oder Eigenkapital) und daraus Zugang zu privaten Informationen besitzt. Dieser Informationsvorsprung hat zwei gegenläufige Effekte:

---

[13] Vgl. SINGER (1987).

[14] Vgl. SCHAUDWET und HOHENSEE (2002).

[15] In der Tat ist aus der Praxis immer wieder zu hören, aber nicht leicht zu überprüfen, dass Universalbanken das angeblich nicht oder nur wenig profitable Kreditgeschäft mit Unternehmen vor allem betreiben, um an ihnen bei lukrativen Kapitalmarktgeschäften (und über weiteres Cross Selling) zu verdienen.

- Zertifizierungsvorteil: Die Hausbank kann den Wert der zu emittierenden Wertpapiere genauer einschätzen.
- Agency Konflikt: Die Hausbank kann den Wert der zu emittierenden Wertpapiere aber auch bewusst zu hoch ansetzen, um aus den Zuflüssen an U ihre eigenen Kredite getilgt zu bekommen.

Im Modell stellt sich heraus, dass der Vorteil aus der besseren Kenntnis von U überwiegen sollte, d. h. die Hausbank höhere Emissionspreise durchsetzen kann als eine Investmentbank gleicher Reputation, bzw. dass U bei Emission durch seine Hausbank niedrigere Anleihezinsen zahlen muss. Dieser Vorteil, der vor allem bei hohen Kosten der Informationsbeschaffung groß ist, steht in Einklang mit früheren empirischen Resultaten (vgl. für Literaturangaben PURI (1999), S. 135). Das Modellresultat lässt sich im Übrigen auf die Situation einer *Venture Capital Gesellschaft* übertragen, die eine Beteiligung an den Markt bringt. Anders als auf den ersten Blick zu vermuten wäre, muss laut Modell die Glaubhaftigkeit der zutreffenderen Bewertung nicht zwingend höher sein, wenn die Hausbank eine Eigenkapitalbeteiligung hält als wenn sie Kreditgeber ist. So kann für die Hausbank als Miteigentümer von U auch die Tilgung fremder Kredite attraktiv sein, da ggf. der Wert ihrer Beteiligung steigt.

Ihr Informationsvorsprung und die damit zusammenhängenden höheren Emissionserlöse geben der Hausbank eine gewisse Monopolstellung, die sie in höheren Gebühren gegenüber U ausnutzen kann (vgl. zu dieser Thematik LAUX und WALZ (2004)). Diese Möglichkeit macht verständlich, warum ein Nebeneinander von Hausbanken und Investmentbanken zu beobachten ist.

F3.4.4 Vertragsklauseln und Anreizprobleme

Viele Merkmale von Fremdemissionen hängen von der genauen Ausgestaltung des Vertrages ab, der zwischen den Unternehmen und den Banken für die Emission geschlossen wird (vgl. hierzu auch WAHRENBURG (2001)). Die speziellen Vertragsklauseln bringen diverse Anreize für die Beteiligten mit sich. Wir betrachten zunächst die *Vergütung*, die Kreditinstitute für ihre Mitwirkung bei einer Emission erhalten:

- Bei Anleihen ist es üblich, dass die platzierenden Banken die Wertpapiere zu einem Kurs übernehmen, der einige Prozentpunkte (oder zumindest Basispunkte) unter dem angestrebten Kurs für die Anleger liegt.
- Bei Aktien erfolgt die Vergütung von einigen Prozentpunkten des Emissionsvolumens zumeist als Provision.

Die so beschriebenen Vergütungen sind volumensproportional. Da für die Banken die variablen Kosten einer Emission nicht überproportional wachsen dürften, steigt für die Banken der Gewinn mit der Größe des *Emissionsvolumens*. Eine Beratung des Unternehmens bezüglich des Emissionsvolumens ist folglich dem Anreizproblem ausgesetzt, dass die Banken Volumina empfehlen, die sich aus Unternehmenssicht als zu hoch erweisen und kostensteigernd sowie flexibilitätsmindernd wirken. Die schon oben als wichtiger Aspekt herausgestellte

Reputation kann jedoch wiederum förderlich sein und das Anreizproblem entschärfen.

Ein weiteres Anreizproblem, das in Ausprägung und Stärke von der genauen Vertragsgestaltung abhängt, ergibt sich bei der Festlegung des *Emissionspreises*. Emittent und Bank möchten beide, dass die Emission zügig abgesetzt werden kann, weil sonst Imageschäden und Zwischenfinanzierungskosten entstehen. Das legt einen niedrigen Kurs nahe. Andererseits möchten sie einen hohen Kurs durchsetzen: der Emittent, um mehr Liquidität zu erhalten, und die Bank, um einen höheren Überschuss zu erzielen. Die Risikoeinschätzungen und Präferenzen können unterschiedlich sein, so dass die gegenläufigen Effekte von den beiden Partnern unterschiedlich bewertet werden.

Ursache dafür, dass die geschilderten (und andere) Anreizprobleme überhaupt auftreten können, sind diverse Informationsasymmetrien. Zum einen können Unternehmen, Banken und Investoren unterschiedlich über die wahren Erfolgsaussichten des Unternehmens informiert sein. Des Weiteren herrscht üblicherweise kein einheitliches Wissen über die Aufnahme- und Zahlungsbereitschaft des Marktes bzw. seiner Investoren für eine Emission. Und nicht zuletzt ist schwer kontrollierbar, mit welchem Einsatz die Emissionsbank das Marketing für die Emission und die Erhebung der Marktbedingungen betreibt.

Ein grundlegendes Modell zu derartigen Anreizproblemen hat BARON (1982) entwickelt. In dem Modell hat die Bank besseres Wissen über die Marktnachfrage und kann diese überdies mit eigenen Anstrengungen positiv beeinflussen. Festzulegen sind zum einen der Emissionspreis und zum anderen die Bedingungen des Vertrages zwischen Unternehmen und Investmentbank. Für diesen Vertrag werden drei Alternativen untersucht:

1. Delegationsvertrag: Das Unternehmen gibt faktisch der Bank die Möglichkeit, den Emissionspreis festzulegen, indem es eine Regel angibt, wie der Emissionspreis aus den von der Bank zu meldenden Marktbedingungen berechnet wird. Werden diese vom Unternehmen als zu schlecht angesehen, kann es das Emissionsverfahren abbrechen. Das Unternehmen gibt zudem eine Vergütungsfunktion vor, die vom Emissionspreis, den gemeldeten Marktbedingungen und den Erlösen aus der Emission abhängt.
2. Vertriebsvertrag: Das Unternehmen legt den Emissionspreis auf Basis seiner eigenen Informationen (d. h. ohne Beratung durch die Bank) fest. Die Bank übernimmt lediglich den Vertrieb und erhält hierfür eine Vergütung.
3. Selbstemission: Das Unternehmen schaltet gar keine Bank ein.

Folgende Ergebnisse werden abgeleitet: Wegen der Informationsasymmetrie ist der Delegationsvertrag optimal. Ansonsten wäre das der reine Vertriebsvertrag, aber ohne Kenntnis der Marktbedingungen kann das Unternehmen die first-best Lösung (symmetrische Information) nicht erreichen; denn der Bank muss für die Übermittlung der wahren Marktbedingungen eine Informationsrente zugestanden werden. Die Vergütung für die Bank steigt mit diesen Marktbedingungen, d. h. sie wird höher je besser die Emission vom Markt beurteilt wird. Sofern das Unternehmen die optimale Anstrengung der Bank aus der first-best Lösung induzieren will, so muss es die Preisbestimmungsregel derart wählen, dass ein niedrigerer Emissionspreis als im first-best resultiert, also eine Form von Underpricing zulassen.

Nur am Rande wollen wir noch eine Bemerkung zur Beziehung zwischen Banken und Wertpapierkäufern einstreuen. Trägt eine Bank durch das Underwriting das Absatzrisiko einer Emission, so ist für diese Papiere der Verkaufsanreiz größer als für vergleichbare Titel, an denen „nur" die Provision zu verdienen ist. Daher ist nicht auszuschließen, dass eine Bank ihrer Kundschaft eigene Emissionen eher ans Herz legt als andere.

F4 Eine Auswahl spezieller Steuerungsfragen

1. Risikoadjustierte Performancemaße wie RORAC setzen Überschüsse ins Verhältnis zum eingesetzten Risikokapital, z. B. gemessen durch den Value at Risk.
2. Der Shareholder-Value-Ansatz ist in Kreditinstituten als Steuerungsphilosophie wichtig.
3. Das Barwertkonzept ist ein portefeuilletheoretisch motivierter Ansatz, der intuitiv einleuchtend ist, aber keine operationelle Zielvorgabe hat.
4. Das Duale Steuerungsmodell benutzt die ROI-Analyse zur Rentabilitätssteuerung und stellt ihr ein Risikomanagement zur Seite. Die Kombination kann von einer Verwendung von RORAC-Kennziffern profitieren, ist aber auch dann nicht unproblematisch.
5. Diversifikation reduziert die Standardabweichung, aber nicht unbedingt den VaR von Rückflüssen.
6. Prämien für banksystematisches Risiko resultieren aus der Existenz nichthandelbarer Risiken.
7. Wenn von Eigenkapitalmangel die Rede ist, dann sind nicht unbedingt das bilanzielle Eigenkapital, sondern vielmehr die aufsichtsrechtlichen Eigenmittel oder das bankintern bereitgestellte Risikodeckungspotential gemeint.
8. Anreizsysteme sollten die eingegangenen Risiken berücksichtigen und nicht nur kurzfristig orientiert sein.

F4.1 Ansätze zur Gesamtbanksteuerung

F4.1.1 Eine wichtige Vorbemerkung

Dieser Abschnitt ist den Verfahren zur Gesamtbanksteuerung gewidmet. Wie wir aus Kapitel F1 wissen, gibt es aus theoretischen Gründen (noch) nicht *das* beste Verfahren. Recht viele Verfahren sind entwickelt worden, so dass eine Auswahl gleichermaßen wichtig wie schwierig ist – und zu einem gewissen Grade subjektiv bleibt.

Totalmodelle zur optimalen Gesamtbanksteuerung konnten sich in der Vergangenheit nicht durchsetzen. Das lag u. a. an

- der Komplexität der bankbetrieblichen Zusammenhänge,
- den damit zusammenhängenden Datenbeschaffungsproblemen,
- der letztlich doch nicht zu beseitigenden Unsicherheit, die dazu führt, dass Totalmodelle nur scheinbar genau sind und außerdem das ex post Optimum ohnehin im Regelfall verfehlen,
- der Missachtung informationsökonomischer Aspekte.

Heute steht die Entwicklung von *Partialmodellen*, die einige Interdependenzen bewusst vernachlässigen, im Zentrum des Interesses. Eine schwierige Aufgabe ist dabei, die wichtigen von den weniger wichtigen Interdependenzen zu trennen. Zudem sind einfache *Heuristiken* gefragt, d. h. Methoden und Kennzahlen, mit denen auf Basis plausibler Ideen eine Vorauswahl von Lösungen oder Lösungsstrategien erfolgt, die hoffentlich auch bei dezentralen Entscheidungen wenigstens in die Nähe des Gesamtoptimums führen.

Nach der Lektüre der Beispiele dieses Abschnittes werden Sie vielleicht den Eindruck haben, dass wir Ihnen bei der Gesamtbanksteuerung – anders als bei einigen modelltheoretischen oder von Rechtsvorschriften geprägten Kapiteln – nicht eindeutig sagen können, was richtig und was falsch ist. Dieser Eindruck trügt nicht. Nicht zuletzt führen viele offene theoretische Fragen dazu, dass nicht nur kein ideales Verfahren existiert, sondern auch die Qualität alternativer Ansätze nicht abschließend beurteilt werden kann. Gleichwohl werden Sie hoffentlich aus der konzeptionellen Diskussion so viel lernen, dass Sie im konkreten Anwendungsfall eine gut begründete Auswahl treffen können.

F4.1.2 Steuerung mit risikoadjustierten Performancemaßen

Durch neue Geschäfte ändert sich die Risikosituation und knappe Ressourcen, z. B. Risikokapital oder aufsichtsrechtliche Eigenmittel, werden gebunden. Ein gutes Steuerungssystem sollte implizieren, dass nur solche Geschäfte abgeschlossen werden, die unter Berücksichtigung dieser Wirkungen insgesamt positiv zu bewerten sind.

ROI-Kennzahlen

Gängige Kennzahlen zur Beurteilung einzelner Geschäfte oder ganzer Unternehmen sind die *Eigenkapitalrendite* (ROE = return on equity) und die *Gesamtkapitalrendite* (ROA = return on assets). Sie drücken aus, welcher Überschuss in Relation zum eingesetzten Eigen- bzw. Gesamtkapital erzielt wird. Es handelt sich dabei um zwei Ausprägungen allgemeiner *ROI-Kennzahlen* (ROI = return on investment). Zur ROI-Maximierung sind, sofern die Risikoübernahme entlohnt wird, besonders solche Geschäfte geeignet, die hohe Risiken mit sich bringen. Das Risiko selbst drückt sich nämlich in diesen Kennzahlen nicht aus.

Betrachten wir die Bewertungsformel des auf Sharpe, Lintner und Mossin zurückgehenden *Capital Asset Pricing Model* (*CAPM*). Dort besteht im Gleich-

gewicht für einen Finanztitel k folgende Beziehung (vgl. GUTHOFF *et al.* (2002),
S. 365) zwischen seiner erwartete Rendite, μ_k, der Standardabweichung σ_k dieser
Rendite, dem risikolosen Zinssatz i, der erwarteten Rendite μ_M des Marktportefeuilles, der Standardabweichung der Rendite des Marktportefeuilles, σ_M, sowie
dem Korrelationskoeffizienten der Renditen, $\rho_{k,M}$:

$$\mu_k = i + \frac{\mu_M - i}{\sigma_M}\sigma_k\rho_{k,M} = i + (\mu_M - i)\beta_k. \tag{F4-1}$$

In dieser Form der Gleichung der *Wertpapiermarktlinie* ist die Definition von
β_k evident.

Vergleichen wir nun für einen gut diversifizierten Investor bei gegebenen Werten $i = 4\%$ und $\mu_M = 8\%$ den Finanztitel 1 mit $\mu_1 = 6\%$ und $\beta_1 = 0,5$ mit dem
Finanztitel 2 ($\mu_2 = 7\%$ und $\beta_2 = 1$). Offensichtlich hat Finanztitel 2 zwar die
höhere Rendite, ist aber auf dem als vollkommen angenommenen Kapitalmarkt
die schlechtere Wahl, da er angesichts seines höheren Risikos eine zu geringe
erwartete Rendite erzielt.

Idee risikoadjustierter Performancemaße

Banken verwenden zur Berücksichtigung des Risikos vielfach *risikoadjustierte
Performancemaße*. Üblicherweise handelt es sich dabei um Kennzahlen, die eine
Überschussgröße zu einer Risikogröße ins Verhältnis setzen. Derartigen Kennzah-
len liegt das Konzept der relativen Deckungsspanne zugrunde, welches für viele
Planungsprobleme mit einem einzigen Engpass zu guten, ggf. sogar optimalen
Entscheidungen führt.

In der Finanzierungstheorie werden schon lange diverse risikoadjustierte Performancemaße zur Bewertung von Portefeuilles verwendet. Bekannte Beispiele
sind die Kennzahlen von SHARPE (1966) und TREYNOR (1965):

$$\text{Sharpe-Ratio:} \quad SR(X) = \frac{r_X - i}{\sigma_X}, \tag{F4-2}$$

$$\text{Treynor-Ratio:} \quad TR(X) = \frac{r_X - i}{\beta_X}. \tag{F4-3}$$

Beide Maße enthalten im Zähler die Risikoprämie des Portefeuilles X als Differenz zwischen Rendite r_X und risikolosem Zins i. Sie unterscheiden sich in
der Risikokennzahl, auf welche diese Prämie bezogen wird. Das ist beim Sharpe-
Maß das *Gesamtrisiko* in Gestalt der Standardabweichung σ_X der Rendite. Beim
Treynor-Maß hingegen wird im Sinne des CAPM nur auf das *systematische Risiko* in Form von β_X Bezug genommen. Folglich eignet sich die Sharpe-Ratio vor
allem, wenn breit diversifizierte Portefeuilles angestrebt werden, während die
Treynor-Ratio vorzuziehen ist, wenn es um den Risikobeitrag eines Teilportefeuilles zu einem Gesamtportefeuille geht (vgl. SPREMANN (2003), S. 315ff.).

Zur Bewertung von Bankgeschäften sind ähnliche Kennzahlen vorgeschlagen
worden (vgl. GROSS und KNIPPSCHILD (1995), LEHAR *et al.* (1998a)). Gedanklich gehören sie in die Rubrik von Rendite-Kennziffern, die als Quotienten von

Ergebnis und Kapitaleinsatz definiert sind. Die risikoadjustierten Performance-maße unterscheiden sich darin, ob der Zähler, der Nenner oder beide risiko-adjustiert werden. Am prominentesten dürften zwei in der Praxis entwickelte Maße sein, nämlich die von BANKERS TRUST (1995) propagierten Kennzahlen $RAROC^{TM}$ und $RORAC$:[16]

$$RAROC^{TM} = \frac{\text{risikoadjustiertes Nettoergebnis}}{\text{Risikokapital}} \qquad (\text{F4-4})$$

$$RORAC = \frac{\text{Nettoergebnis}}{\text{Risikokapital}} \qquad (\text{F4-5})$$

Unter *Nettoergebnis* ist z. B. im Kreditgeschäft die Differenz zwischen Zins-erlösen und Refinanzierungskosten zu verstehen, die in manchen Anwendungen zusätzlich noch um weitere Kostenkomponenten korrigiert wird. Die Risikoadju-stierung erfolgt durch Abzug erwarteter Verluste oder vergüteter Risikopoten-ziale.[17] Die Verwendung eines solchen Nettoergebnisses im Zähler erinnert an die Sharpe- und Treynor-Ratios. Als *Risikokapital* wird – anders als bei klassischen Renditekennziffern – nicht eine bilanzielle, sondern eine ökonomische, ggf. auch regulatorische Kapitalgröße verwendet. Aktuell wird zumeist der Value at Risk (VaR) gewählt. Das geschieht, weil damit die knappe Ressource berücksichtigt wird, durch deren Einsatz ein Überschuss erzielt werden soll.

Die beiden Kennzahlen unterscheiden sich darin, ob nur das Nettoergebnis oder das *risikoadjustierte* Nettoergebnis und damit die Standardrisikokosten zur Deckung des erwarteten Verlustes angesetzt werden. Eigentlich müsste RAROC im Übrigen RARORAC heißen, da Zähler *und* Nenner risikoadjustiert sind. Be-achten Sie außerdem, dass für vollständig risikofreie Geschäfte, die einen VaR von null haben, die Kennzahlen nicht in der beschriebenen Weise kalkuliert wer-den können. Bei sehr kleinen Risikobeträgen strebt der RAROC gegen unendlich; er bevorzugt also tendenziell besonders risikoarme Projekte.

RAPM nach Matten

Das risikoadjustierte Performancemaß von MATTEN (1998), S. 62,

$$RAPM = \frac{\text{Einzahlungen-Auszahlungen-erwartete Verluste}}{\text{Value at Risk}}, \qquad (\text{F4-6})$$

ist ein Spezialfall, den wir anhand eines Kreditengagements betrachten. Als Ri-siken sind dabei nur Ausfallrisiken zu berücksichtigen, da z. B. Zinsänderungs-risiken durch geeignete Maßnahmen (vgl. Kapitel J2) kostenlos gehedgt werden können. Der Zähler setzt sich aus folgenden Komponenten zusammen:

---

[16] Die Namen sind sprechend: RA steht für *risk-adjusted*, RO für *return on* und C für *capital*.

[17] Überhaupt ist festzuhalten, dass unter gleichen Namen oft unterschiedliche Definitionen verwendet werden; vgl. etwa ONG (1999), S. 218ff., oder SAUNDERS (1999), S. 151ff.

- *Einzahlungen* sind die bei einem insolvenzfreien Verlauf des Kredites fälligen und somit planmäßigen Einzahlungen laut Vertrag.
- *Auszahlungen* beinhalten die Kreditauszahlung, Zinsen für die Refinanzierung des Kredites und Zahlungen für die Bearbeitung, die ggf. kalkulatorisch ermittelt werden.
- *Erwartete Verluste* sind die erwarteten Ausfälle von Zins- und Tilgungszahlungen, d. h. der als Absolutbetrag angegebene Risikoaufschlag (vgl. Abschnitt B1.2.2) als Standardrisikokosten.

Das Risiko des Kredites liegt bei der geschilderten Vorgehensweise, also nach Abzug der erwarteten Verluste, lediglich noch darin, höhere als die erwarteten Verluste zu realisieren (vgl. Abbildung F4.1). Zur Existenzsicherung muss die Bank für *unerwartete Verluste* Risikokapital zur Deckung vorhalten. Dieses Risikokapital ist die Bezugsgröße für den erwarteten Überschuss. Beim RAPM nach Matten (1998) wird dafür der Value at Risk verwendet. Diese Größe RAPM gibt somit den erwarteten Überschuss in Bezug auf denjenigen Eigenkapitalbetrag an, dessen Höhe die unerwarteten Verluste der Bank mit einem bestimmten Sicherheitsgrad nicht überschreiten. In Abbildung F4.1 ist die typisierte Zerlegung der Kreditausfälle anhand der Anzahl der ausgefallenen Bauunternehmen in den Jahren 1994 bis 2001 dargestellt, ohne die Höhe der ausgefallenen Beträge zu berücksichtigen (vgl. hierzu Kapitel I1).

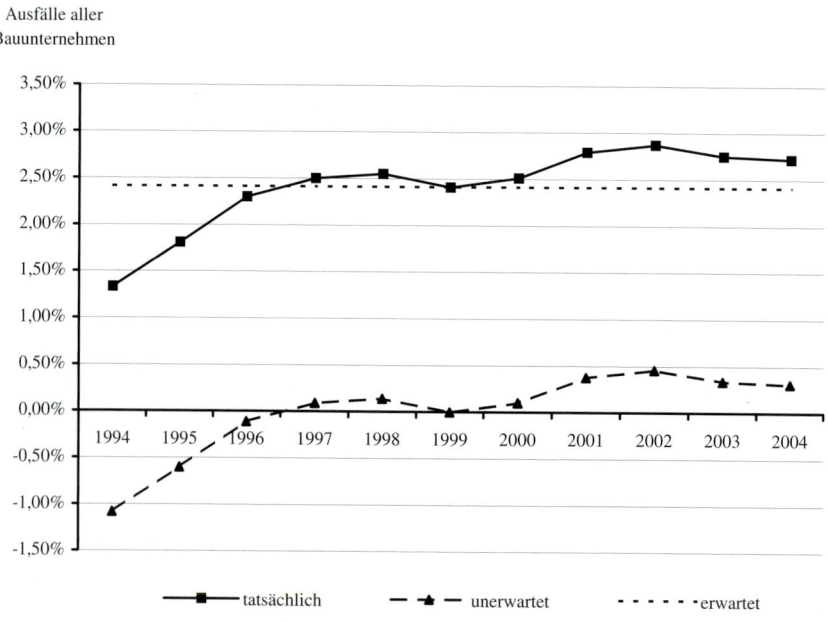

Abb. F4.1: Zerlegung der Kreditausfälle (typisiert)

Anwendung

Mit risikoadjustierten Performancemaßen ist ein Vergleich zwischen einzelnen Bankgeschäften mit unterschiedlichem Risikogehalt möglich:

> Wir betrachten zwei Kredite X und Y in Höhe von je 100 T-€. X erbringt einen verein-barten Einzahlungsüberschuss von 2 T-€, hat erwartete Ausfälle von 1 T-€ und einen VaR von 10 T-€. Y erbringt einen vereinbarten Einzahlungsüberschuss von 3 T-€, hat erwartete Ausfälle von 1,92 T-€ und einen VaR von 12 T-€. Als Werte für das RAPM nach Matten ergeben sich 10% für X und 9% für Y.

Prinzipiell könnten die Geschäfte mit den höchsten RORAC- bzw. RAPM-Werten ausgewählt werden, im Beispiel also X trotz seines niedrigeren erwarteten Überschusses. Die Auswahl nach renditeorientierten Kennzahlen führt jedoch nicht immer zur Marktwertmaximierung des Eigenkapitals, da hierfür auch die Höhe und die Dauer der Kapitalbindung zu beachten sind.

Sie sollten sich noch klar machen, dass ein positiver RORAC-Wert, anders als ein positiver Kapitalwert auf einem vollkommenen Markt, keineswegs impliziert, das so kalkulierte Geschäft sollte abgeschlossen werden. Am Markt werden normalerweise Prämien für die Risikoübernahme bezahlt, so dass sich ein Mindestwert für RORAC ergibt, auch als *Hurdle Rate* bezeichnet, der bei jedem Geschäftsabschluss erzielt werden sollte. Die Problematik der Festlegung adäquater Hurdle Rates thematisieren u. a. LEHAR *et al.* (1998b) sowie STOUGHTON und ZECHNER (2007). In der Praxis wird z. B. eine aus dem CAPM abgeleitete Marktrendite des Risikos als Hurdle Rate $RORAC_Z$ verwendet. Damit kann vom RORAC zum $RAROC^{TM}$ übergegangen werden:

$$
\begin{aligned}
RORAC - RORAC_Z &= \frac{\text{Nettoergebnis-Risikokapital} \cdot RORAC_Z}{\text{Risikokapital}} \\
&= \frac{\text{risikoadjustiertes Nettoergebnis}}{\text{Risikokapital}} \\
&= RAROC^{TM}
\end{aligned}
\tag{F4-7}
$$

Wird der $RAROC^{TM}$ einer Position mit dem zugeordneten Risikokapital multipliziert, so ergibt sich (unter Vernachlässigung von zusätzlichen Bereinigungen) der sog. *Economic Value Added* (*EVA*). Ist er positiv, so ist das kalkulierte Geschäft wertschaffend (vgl. SCHIERENBECK und PAUL (2000), S. 210, LEHAR *et al.* (1998b), S. 952).

Bewertung

Bei RORAC werden erwartete Rückflüsse zu einem potenziell täglich schwankenden Risikokapital in Beziehung gesetzt. Von daher ist die Methodik auf den ersten Blick nur für kurzfristige Entscheidungen geeignet. Im Rahmen der längerfristigen Steuerung kann sie jedoch ebenfalls verwendet werden, wenn von einigermaßen stabilen VaR-Werten ausgegangen werden kann.

RORAC ist als eine Margensteuerung grundsätzlich nicht unproblematisch, da z. B. Investitionen mit unterschiedlichen Laufzeiten oder Volumina hiermit nicht unbedingt so ausgewählt werden, dass der Marktwert des Eigenkapitals maximiert wird. Im Unterschied zu klassischen Rentabilitätskennziffern findet im RORAC immerhin das Risiko der Geschäfte Eingang in die Bewertung. Damit fördert die Methode auch das Bewusstsein für die Bedeutung von Risiken in der Kalkulation.

Wie STOUGHTON und ZECHNER (2007) in einem Modell zeigen, führt eine auf RAROC^{TM} oder EVA basierende Kapitalallokation zu einer optimalen Lösung. Dabei sollten Geschäftsbereichen ökonomisches Kapital in Höhe des tatsächlichen Risikos und nicht des Risikolimits zugerechnet werden.

Der Value at Risk begünstigt im Kreditgeschäft die Abkehr von einer reinen Kompensation erwarteter Ausfälle hin zu einer Prämie für die unerwarteten Verluste, d. h. speziell für negative Abweichungen von den durchschnittlichen Ausfällen. Allerdings ist der VaR mit konzeptionellen Problemen behaftet, die seine Eignung als Risikomaß schmälern. RORAC-Kennziffern können deswegen zukünftig u. a. dadurch verbessert werden, dass in ihnen andere Risikomaße, z. B. Lower Partial Moments oder Varianten des VaR, verwendet werden.

F4.1.3 Andere Methoden

Wir stellen in diesem Abschnitt zwei Steuerungsansätze vor, die auf kapitalmarkttheoretischen Überlegungen basieren und eine gewisse Nähe zueinander haben (Shareholder-Value-Ansatz und Barwertkonzept), sowie das Duale Steuerungsmodell.

Shareholder-Value-Ansatz

Die Steuerung mittels RORAC paßt zur Gedankenwelt des *Shareholder-Value-Ansatzes*, dessen normative Zielvorgabe die Maximierung des Shareholder Value ist. Die Konzeption wurde maßgeblich von Rappaport entwickelt. Sie findet sich als Gesamtdarstellung in RAPPAPORT (1997) und hat in den letzten Jahren viele Publikationen zur Anwendung in Banken stimuliert.

Ein Shareholder Value kann auf unterschiedliche Arten ermittelt werden, die sich zwei Hauptvarianten zuordnen lassen:

1. *DCF-Verfahren* (*d*iscounted *c*ash *f*low): Der Shareholder Value ist die Summe der diskontierten Zahlungsströme vermindert um den Wert des Fremdkapitals.

2. *Ertragswertverfahren*: Der Shareholder Value ist die Summe der diskontierten zukünftigen Gewinne bzw. möglichen Ausschüttungen.

Die Diskussion, ob bzw. unter welchen Bedingungen die Vorgehensweisen äquivalent sind, wollen wir hier nicht aufgreifen. Überdies verzichten wir auf eine Betrachtung der Beziehung zwischen dem Shareholder Value und dem Marktwert des Eigenkapitals (vgl. KÜRSTEN (2000)). Ein Kernproblem, das z. B. von BALL-WIESER (1994) und vom ARBEITSKREIS „FINANZIERUNG" DER SCHMALENBACH-GESELLSCHAFT (1996) detailliert behandelt wird, ist die Bestimmung der Kapitalkosten, d. h. insbesondere der Diskontierungsfaktoren. Grundsätzlich können die Fremdkapitalkosten praktisch direkt aus Kapitalmarktdaten abgeleitet werden. Für die Eigenkapitalkosten bietet sich entsprechend eine Bestimmung gemäß Capital Asset Pricing Model (CAPM) an.

> MATTEN (1998), S. 94ff., gibt an, dass die Risikoprämie in den USA und Großbritannien bei ca. 5% liegt und in Kontinentaleuropa bei ca. 4%. Die typischen Werte für β (vgl. Formel (F4-1)) streuen zwischen 0,74 und 2,03; der Median liegt für Universalbanken bei 0,97, für Retail Banken bei 1,09 und für global tätige Investment Banken bei 1,51 (Zum Vergleich: Die deutschen börsennotierten Großbanken wiesen im Dezember 2009 gemäß www.deutsche-boerse.de ein einjähriges Beta zwischen 1,28 und 1,85 auf). Matten scheint dabei das Asset-Beta zu verwenden, das allein das leistungswirtschaftliche Risiko beschreibt und für die Beurteilung einer Investition relevant ist. Das Equity-Beta schließt auch das vom Eigenkapital zu tragende finanzwirtschaftliche Risiko aus dem Leverage-Effekt ein (vgl. WEBER (1993)).

Für Kreditinstitute sind bei der Bestimmung der Kapitalkosten einige Besonderheiten zu beachten:

- Banken können im Unterschied zu anderen Unternehmen mit Einlagengeschäften Gelder zu Konditionen unterhalb der Kapitalkostensätze des Kapitalmarktes erhalten.
- Eigenkapital ist in Banken nicht nur Kapitalbestandteil, sondern hat auch eine aufsichtsrechtliche Bedeutung und kann in beiden Funktionen unterschiedliche Preise haben (vgl. Abschnitt F4.3).

Der Shareholder-Value-Ansatz hat in Banken viele Verfechter (vgl. z. B. SCHMITTMANN *et al.* (1996)), findet aber auch Gegner oder zumindest Zweifler. Kritikpunkte sind neben der impliziten Grundannahme vollkommener Kapitalmärkte, der übliche Vorwurf nicht verlässlich zu schätzender Zahlungsströme und Kapitalkosten sowie die zu einseitige Orientierung an den monetären Interessen der Eigentümer. AMELY (1997) bezweifelt damit speziell die Anwendbarkeit für strategische Fragen der Steuerung von Sparkassen.

In bzw. nach der jüngsten Finanzkrise wurden in einer einseitigen Orientierung am Shareholder Value und dem Anstreben realwirtschaftlich nicht erzielbarer Renditen von 25% wesentliche Krisenursachen gesehen. In Wirklichkeit dürfte das Problem eher in einer unzureichenden Risikoberücksichtigung gelegen haben. Vermeintlich risikolose Geschäfte waren dass nicht, so dass aus erwarteten Gewinnen Verluste wurden, die angesichts des geringen Kapitalpolsters existenzbedrohend wirkten. Genau der geringe Kapitaleinsatz war dafür verantwortlich, dass hohe Eigenkapitalrenditen erzielbar schienen (*Leverage Effekt*).

Barwertkonzept

Unter dem Namen *Barwertkonzept* ist in der früheren DG Bank ein marktwertorientierter Steuerungsansatz entwickelt worden (vgl. BENKE *et al.* (1991)). Namensgebend ist die weitgehende Konzentration auf barwertige Betrachtungen. Neugeschäftsabschlüsse werden konsequent anhand ihres Kapitalwertes, des Net Present Value, und anhand ihrer Marge beurteilt. Zielgröße ist erneut der Marktwert des Eigenkapitals, der als Differenz zwischen dem Marktwert der Aktiva und dem Marktwert des Fremdkapitals gemessen und als *Vermögen* bezeichnet wird.

Das Risiko wird in den möglichen Schwankungen des Vermögens gesehen. Als Performance eines Teilportefeuilles wird dessen relative Vermögensänderung gesehen und mit einem Marktindex verglichen, der einen ähnlichen Risikogehalt repräsentiert (*Benchmark*).

Die Bank wird dabei als ein Portefeuille von Finanztiteln betrachtet, die durch ihre erwarteten Renditen und ihre Risiken zu beschreiben sind. Insofern liegt eine gedankliche Nähe zur Portefeuilletheorie mit der Annahme vollkommener Märkte vor. Eine operationelle Zielsetzung im Sinne einer Maximierungsvorschrift wird nicht genannt. Basis für die Gesamtbanksteuerung im Treasury kann z. B. die Vorgabe eines Normportefeuilles sein, das die Ertrag/Risiko-Präferenz des Vorstandes sichtbar macht (vgl. PIASKOWSKI (1993)). Auf dieser Basis sollen Entscheidungen über einzelne Maßnahmen und Geschäfte danach getroffen werden, ob die damit verbundenen Ertrags- und Risikowirkungen intuitiv akzeptabel sind. Ein derartiges Vorgehen ist heuristisch zulässig, bedarf für die konkrete Banksteuerung aber noch einiger Präzisierungen bzw. fallweiser Diskussionen.

In den Teilen der Bankpraxis, die sich noch stark an der handelsrechtlichen Gewinn- und Verlustrechnung (GuV) orientieren, stößt das Vorgehen auf Skepsis, da die zur Steuerung berechneten Barwerte erst mit Verzögerung in der GuV auftauchen. Gelegentlich wird dabei einer der großen Vorzüge des Barwertkonzeptes nicht hinreichend gewürdigt: langfristige Ergebniswirkungen von Entscheidungen und Marktpreisänderungen werden sofort sichtbar gemacht und erleichtern deswegen die Zurechnung auf Verantwortliche.

Ein Beispiel für die zunehmende Verbreitung der Banksteuerung anhand barwertiger Größen ist das im kreditgenossenschaftlichen Sektor verwendete „VR-Control". Dieses auf die Gesamtbanksteuerung ausgerichtete Instrument verwendet an mehreren Stellen (bspw. in der Marktpreis- und der Adressenrisikosteuerung) barwertige anstelle traditionell GuV-orienterter Größen (vgl. BVR (2007)).

Duales Steuerungsmodell

Von SCHIERENBECK (2003), S. 293ff. wird als ein integriertes Managementkonzept zur ertragsorientierten Banksteuerung ein *Duales Steuerungsmodell* vorgeschlagen, das die Kernelemente Rentabilitätssteuerung und Risikosteuerung hat. Als Grundlage des *Rentabilitätsmanagements* wird die ROI-Analyse verwendet. Sie basiert auf einem System, das die Firma Du Pont für die Industrie entwickelt hatte. In einer kaum zitierten Arbeit wurde von COLE (1972) die Verwendung entsprechend angepasster Verhältniszahlen vorgeschlagen, mit denen die Profitabilität von Banken beurteilt und an denen das Rentabilitätsmanagement ausgerichtet werden kann.

In einem ROI-Schema wird die Eigenkapitalrendite ROE in ihre Bestandteile zerlegt. Ist sie unbefriedigend, so muss – so die Idee – an irgendwelchen Bausteinen etwas geändert werden. Das ROI-Schema des Dualen Steuerungsmodells kann mit Gesamtbankzahlen, vorwiegend aus dem externen Rechnungswesen, gefüllt werden. In dieser Weise angewendet, teilt es natürlich deren typische Mängel, z. B. die Periodenorientierung und die Bewertung nach buchhalterischen anstatt nach ökonomischen Prinzipien. Kalkulationen für Einzelgeschäfte und mit Daten des internen Rechnungswesens sind im Rahmen des Schemas aber ebenfalls denkbar.

Der entscheidende Mangel des ROI-Konzeptes für die Gesamtbanksteuerung ist die weitgehende Vernachlässigung des Risikos. Im Dualen Steuerungsmodell wird der Rentabilitätssteuerung daher mit der *Risikosteuerung* ein Korrektiv zur Seite gestellt, das nicht zuletzt aus aufsichtsrechtlichen Gründen ohnehin nötig ist. Aus kapitalmarkttheoretischer Perspektive genügt es allerdings nicht, die Risiken einfach nur unterhalb eines vorhandenen Risikodeckungspotenzials zu begrenzen. Zusätzlich muss darauf geachtet werden, dass die Risikoübernahme nur erfolgt, wenn dafür mindestens die Marktrisikoprämie gezahlt wird.

Operationelle Zielvorgaben und Steuerungsimpulse bedürfen folglich einer konkreten Abstimmung beider Bereiche, so dass der Integration (vgl. SCHIE-RENBECK (2009), S. 505ff.) besondere Bedeutung zukommt. Zu diesem Zweck kommt die Modifikation des ROI-Schemas durch $RAROC^{TM}$-Kennziffern infrage (für einen Vorschlag vgl. LISTER (1997), S. 213ff.), wenngleich die von uns in Abschnitt F4.1.2 genannten Probleme dabei nicht zu unterschätzen sind. Schließlich sei noch darauf hingewiesen, dass auch das Duale Steuerungsmodell von asymmetrischer Informationsverteilung abstrahiert.

F4.2 Diversifikation

F4.2.1 Messung von Diversifikationseffekten

Bei der Aggregation von Einzelrisiken zum Portefeuillerisiko gibt es in der Regel Diversifikationseffekte. Dieser Effekt ist im Modell von DIAMOND (1984) der entscheidende Vorteil einer Bank gegenüber direkten Kapitalmarktfinanzierungen. Vor diesem Hintergrund ist klar, dass die Diversifikation ein wichtiger Baustein der Gesamtbanksteuerung und speziell der Risikopolitik ist. Betrachten wir daher zunächst, ob und ggf. wie sich Diversifikation in wichtigen Risikomaßen niederschlägt.

Varianz

Die Rendite einer Vermögensposition i habe einen Erwartungswert μ_i und eine Standardabweichung σ_i. Die Kovarianz der Rendite zweier Wertpapiere i und j bezeichnen wir mit cov_{ij}. Sie läßt sich mittels der Standardabweichungen normieren: $\rho_{ij} = cov_{ij}/(\sigma_i \sigma_j)$. Der Korrelationskoeffizient ρ_{ij} kann Werte von -1 bis $+1$ annehmen. Wenn wir nun n verschiedene Wertpapiere mit den Gewichten $w_i \geq 0$ zu einem Portefeuille kombinieren, so erhalten wir die erwartete Rendite des Portefeuilles

$$r_P = \sum_{i=1}^{n} w_i \mu_i, \quad \text{wobei} \quad \sum_{i=1}^{n} w_i = 1 \qquad \text{(F4-8)}$$

und die zugehörige Portefeuillevarianz

$$\sigma_P^2 = \sum_{i=1}^{n} w_i^2 \sigma_i^2 + \sum_{i=1}^{n} \sum_{\substack{j=1 \\ i \neq j}}^{n} w_i w_j \sigma_i \sigma_j \rho_{ij}. \tag{F4-9}$$

Bei der Varianz ist das Gesamtrisiko eines Portefeuilles folglich kleiner als oder höchstens gleich der gewichteten Summe der Einzelrisiken. Je kleiner die Korrelationen ρ_{ij} sind, desto größer ist der Diversifikationseffekt, d. h. um so deutlicher liegt das Risiko des Portefeuilles unter dem *durchschnittlichen* Risiko der einzelnen Wertpapiere, ggf. sogar unter der *kleinsten* Varianz der im Portefeuille befindlichen Finanztitel und wird u. U. sogar null. Letztlich hängt das als Varianz gemessene Risiko des Gesamtportefeuilles von der durchschnittlichen Korrelation ab.

Die Erkenntnis, dass Renditen miteinander korreliert sind und welche Bedeutung diese Korrelation hat, war das Neue am Ansatz der von Markowitz (vgl. MARKOWITZ (1952)) initiierten Portefeuilletheorie. Im Portefeuillekontext tragen vor allem negativ korrelierte Positionen, also solche mit gegenläufiger Entwicklung, zu einer Verringerung der Schwankungsbreite der Portefeuillerendite bei. Die Korrelation der Renditen ist offensichtlich unabhängig von der Wahl des Risikomaßes. Allerdings müssen die aus der Portefeuilletheorie bekannten Aussagen zum Portefeuillerisiko an die veränderte Risikodefinition angepasst werden, wenn als Risikomaß statt der Varianz ein Downside-Risikomaß verwendet wird. Beispielsweise gibt es Paare von Wertpapieren, die im klassischen Sinne gute Diversifikationswirkungen haben, jedoch das Shortfall Risk erhöhen (vgl. ausführlich KADUFF und SPREMANN (1996)).

Value at Risk

Der Value at Risk hat recht merkwürdige Eigenschaften bezüglich der Diversifikationseffekte in Portefeuilles. Im folgenden Beispiel berechnen wir den VaR für zwei Kredite und ein Portefeuille (vgl. Tabelle F4-1) mit einem einseitigen Konfidenzniveau von 99% bezogen auf eine erwartete Rückzahlung von 104,46.

Tab. F4-1: Rückzahlungen von Finanztiteln

	Zustand			
	1	2	3	4
Wahrscheinlichkeit	0,4%	0,4%	0,4%	98,8%
Kredit A	0	85	95	105
Kredit B	105	75	0	105
Portefeuille aus je 50% von A und B	52,5	80	47,5	105

Zunächst wird die Realisation für den 1%-Quantilswert ermittelt, indem so lange die Wahrscheinlichkeiten der niedrigsten Rückzahlungen kumuliert werden bis 1% erreicht ist. Das ergibt für Kredit A (B) die Rückzahlung 95 (105). Sie wird von der erwarteten Rückzahlung in Höhe von 104,46 abgezogen, falls sie kleiner ist, was als VaR den Wert 9,46 (0) ergibt. Die beiden Kredite sind ganz offensichtlich nicht perfekt positiv miteinander korreliert. Gleichwohl hat das Portefeuille, das aus je einem „halben" Kredit A und B besteht, keinen VaR zwischen 0 und 9,46; mit 24,46 ($= 104, 46 - 80$) liegt der Wert deutlich darüber. Der Value at Risk ist somit, wie schon oben erwähnt, nicht subadditiv (vgl. ARTZNER *et al.* (1996)). Er zeigt nicht die als Folge der Diversifikation erwartete Risikoreduzierung an.

Ganz allgemein können wir folglich nicht für jedes Risikomaß automatisch davon ausgehen, dass sich eine Mischung nicht perfekt korrelierter Finanztitel in niedrigeren Risikowerten niederschlägt.

F4.2.2 Berücksichtigung der Diversifikation bei Geschäftsabschlüssen

Risikobeiträge von Bankgeschäften addieren sich i. d. R. nicht, da die Risiken typischerweise gerade *nicht* für alle Geschäfte gleichzeitig schlagend werden. Zur Steuerung des gesamten Bankportefeuilles ist daher das Problem der verlässlichen Messung von Korrelationen zwischen verschiedenen Geschäftsarten und streng genommen sogar zwischen verschiedenen Einzelgeschäften zu lösen; denn:

- Wenn die Risikowerte einzelner Geschäfte einfach addiert werden, wird der tatsächliche Risikogehalt eines Portefeuilles i. d. R. falsch eingeschätzt (vgl. obiges Beispiel).
- Ohne Kenntnis der Korrelationen ist der tatsächliche marginale Beitrag zusätzlicher Geschäfte zum Risiko des Gesamtportefeuilles nicht beurteilbar.
- Geschäfte, die geringe marginale VaR-Werte haben, d. h. den gesamten VaR nur wenig erhöhen, werden durch relativ hohe RORAC-Werte belohnt. Die Berücksichtigung von Korrelationen fördert damit die Diversifikation.

Das vorige Beispiel weist allerdings auf das Problem bei der Berechnung des VaR von Portefeuilles hin, dass nämlich der VaR eines Portefeuilles Korrelationseffekte nicht immer in der gewünschten Weise abbildet. Damit ergeben sich Folgeprobleme für RORAC-Kennziffern. Geschäftsbereiche, die nach üblicher Sicht gut diversifiziert sind, haben u. U. vergleichsweise schlechte RORAC-Werte, da der VaR im Nenner diese Diversifikation unzutreffend abbildet. Schlimmer gar, ein nahezu risikoloses Geschäft (im Sinne des VaR) kann zu einer erheblichen Risikoerhöhung (im Sinne des VaR) des Portefeuilles führen und würde dann einen marginalen Risikobeitrag zugerechnet bekommen, der ggf. weit über seinem eigenen Risiko liegt. Das begrenzt die Möglichkeiten dezentraler Steuerung – vor allem, aber nicht ausschließlich, bei Verwendung des VaR – maßgeblich; denn es bedeutet, dass über ein Einzelgeschäft ohne Kenntnis des gesamten Portefeuilles kaum sachgerecht entschieden werden kann.

Grundsätzlich gilt auch für andere Risikomaße, dass aus der Abhängigkeit der marginalen Risikobeiträge des Neugeschäftes vom Altportefeuille zwei wichtige

Konsequenzen folgen. Zum einen ist der marginale Risikobeitrag zeit- bzw. reihenfolgeabhängig; denn die Verteilung des zusätzlichen Risikos auf zwei Neugeschäfte hängt im Allgemeinen von der Reihenfolge ab, in der sie zum Altgeschäft hinzukommen. Zum anderen ist der marginale Risikobeitrag eines Neugeschäftes bankabhängig, da er vom Altgeschäft abhängt und dies im Regelfall bei zwei Banken unterschiedlich ist.

Die Aussagen des letzten Absatzes gelten sogar dann, wenn alle Korrelationen hinreichend zuverlässig gemessen werden können. Ist das nicht der Fall, so bietet sich folgendes Vorgehen an: Das Bankgeschäft wird in Segmente aufgeteilt. Für jedes Segment wird separat entschieden, ob Korrelationen innerhalb des Segmentes verwendet werden können und sollen oder ob die Risikobeiträge der Einzelgeschäfte einfach zu addieren sind. Darüber hinaus wird entschieden, wie mit Korrelationen (falls diese ermittelbar sind) zwischen den Segmenten umzugehen ist.

Eine Aufteilung in Segmente ist allerdings aus theoretischer Perspektive alles andere als unproblematisch; denn es ist überhaupt nicht klar, welche Segmentierung zu einem „guten" Entscheidungsverhalten führt. Das liegt allein schon daran, dass es von der Segmentierung und den konkreten Geschäften abhängt, wie es um Korrelationen innerhalb und zwischen Segmenten bestellt ist. Folgendes Beispiel möge das ansatzweise beleuchten:

> Zwei Unternehmen, KN1 und KN2, sind beide Kreditnehmer der Bank. Außerdem hat die Bank in ihrem Handelsbestand Aktien beider Unternehmen. Die Geschäftsentwicklung der beiden Unternehmen ist stark negativ korreliert.

> Bei kundenorientierter Segmentierung addieren sich die Risiken aus Kredit und Aktie innerhalb der Segmente KN1 und KN2; zwischen den Segmenten KN1 und KN2 besteht eine hohe negative Korrelation. Bei spartenorientierter Segmentierung ist innerhalb der Segmente Kreditgeschäft und Handelsgeschäft die hohe negative Korrelation zwischen KN1 und KN2 zu berücksichtigen; die Korrelation zwischen den Sparten Kredit und Handel ist unklar.

F4.2.3 Handelbarkeit von Risiken

Durch Diversifikation können handelbare Renditerisiken reduziert werden (vgl. Formel (F4-9)), wobei die Kovarianz eine entscheidende Rolle für das Ausmaß der so erreichbaren Risikoreduzierung spielt. Bereits in Abschnitt F1.5.1 haben wir jedoch auf die Existenz nichthandelbarer Risiken hingewiesen. Für den Fall, dass sowohl handelbare als auch nicht handelbare Risiken existieren, hat GUTHOFF (2001) (vgl. speziell S. 131ff.) auf Basis von FROOT und STEIN (1998) einen Weg aufgezeigt, die Konsequenzen zu modellieren. Sie zerlegt den Rückfluss aus einem gegebenen Portefeuille in seinen Erwartungswert sowie zwei Zufallsvariablen mit Erwartungswert null:

$$Y_p = \mu_p + Y_p^m + Y_p^{yh}. \tag{F4-10}$$

Eine dieser Zufallsvariablen erfasst die Rückflüsse aus den handelbaren, die andere die Rückflüsse aus den nichthandelbaren Risiken. Wäre ein nicht handelbares Risiko mit einem handelbaren Risiko korreliert, so könnte das vermeintlich nicht handelbare Risiko faktisch doch gehandelt werden. Das bedeutet, dass „etwas Nichthandelbares mit etwas Handelbarem per definitionem unkorreliert ist" (GUTHOFF (2001), S. 132) und damit nichthandelbare Risiken eine Kovarianz von null mit jedem der am Markt handelbaren Risikofaktoren haben müssen:

$$Cov(Y_p^m, Y_p^{\not{m}}) = 0. \tag{F4-11}$$

In Guthoffs Modellrahmen sieht die *optimale Hedgingentscheidung* der Bank so aus, dass alle handelbaren unsystematischen Risiken gehedgt werden, da dafür am Markt keine Prämie zu erhalten ist. Die *Risikoprämie* für ein Neugeschäft ist die Summe von zwei Teilrisikoprämien: einer Prämie für das systematische bzw. genauer das *markt*systematische Risiko und einer Prämie für das als Begriff neu eingeführte *banksystematische* Risiko:

1. Das marktsystematische Risiko ergibt sich aus der Kovarianz der handelbaren Risiken des Neugeschäftes mit dem Marktportefeuille.
2. Das banksystematische Risiko ergibt sich aus der Kovarianz der nichthandelbaren Risiken des Neugeschäftes mit den nichthandelbaren Risiken des *Bank*portefeuilles (daher der Name).

Die Existenz eines banksystematischen Risikos unterliegt auch dem Resultat von STOUGHTON und ZECHNER (2007), S. 312, für Kapitalkosten in einer divisionalisierten Bank (siehe dazu auch den folgenden Abschnitt). Die Überlegung wird später beim Thema Ausfallrisiken (vgl. Abschnitt G2.2.2) und im Internen Rechnungswesen (vgl. Teil L) erneut eine Rolle spielen. Für die Entscheidung über Neugeschäfte ist die wichtige Botschaft, dass banksystematische Risiken nicht über Kapitalmarkt-, sondern nur über Kundengeschäfte wegdiversifiziert werden können. Insofern existieren potenzielle Wettbewerbsvorteile für diversifizierte Banken, für die bestimmte Geschäfte das bankspezifische Risiko höchstens geringfügig erhöhen.

F4.3 Risiko, Kapital und Risikokapital[18]

F4.3.1 Kapitalkosten

Im Nenner der RORAC- und RAROC^{TM}-Kennziffern steht das Risikokapital, auf das die (ggf. risikoadjustierten) Nettoergebnisse zu beziehen sind. Insofern wird dieses Risikokapital als Engpass gesehen. Auf gut funktionierenden Märkten (also nicht in Zeiten einer Finanzkrise) können sich Banken mit gutem Standing – und auf solche konzentrieren wir uns in diesem Abschnitt – jederzeit Liquidität und das für ihre geschäftlichen Aktivitäten nötige Risikokapital besorgen. Darauf beruht auch die in Formel (F4-7) verwendete Überlegung, für das Risikokapital einen Marktpreis in Höhe von RORAC$_Z$ zu verwenden.

---

[18] Dieser Titel überschreibt Abschnitt 4.2 in GUTHOFF (2001).

Zumindest aus Sicht der neoklassischen Finanzierungstheorie gibt es kaum einen Grund, warum Eigenkapital (das klassische Risikokapital) im Vergleich zu Fremdkapital „zu teuer" sein sollte. Aber genau das wird von Bankpraktikern fast durchweg behauptet:

> „And indeed, people often tell me they can easily imagine a viable bank with 95 percent deposits and 5 percent equity, but they cannot imagine a viable bank with 5 percent deposits and 95 percent equity. Well, *I* can certainly imagine one." (MILLER (1995), S. 486)

Dieser Widerspruch kann uns zwar beunruhigen, sollte uns jedoch nicht verzweifeln lassen; denn schließlich haben wir bereits eingangs gelernt, dass die Existenz von profitablen Banken ohnehin Abweichungen vom idealisierenden Bild der Neoklassik voraussetzt.

Bei der Diskussion um *Eigenkapitalkosten* muss sauber zwischen zwei unterschiedlichen Funktionen getrennt werden, die Eigenkapital hat und die grundsätzlich additiv zu entlohnen sind (vgl. hier und im Folgenden GUTHOFF (2001)):

1. Eigenkapital hat eine *Finanzierungsfunktion*; Eigenkapitalkosten kompensieren damit die *Kapitalüberlassung*.
2. Eigenkapital hat eine *Haftungsfunktion*; Eigenkapitalkosten kompensieren damit die *Risikoübernahme*.

Die reine Kapitalüberlassung ist mit dem risikolosen Zinssatz zu entlohnen; der erste Teil der Eigenkapitalkosten steigt folglich linear mit der Höhe des Eigenkapitals an. Die Höhe der Risikoübernahme hingegen verläuft keineswegs zwingend proportional zur Höhe des Eigenkapitals, da Eigenkapital die Risikoübernahme *nicht verursacht*. Die Kosten der Risikoübernahme für die Eigenkapitalgeber hängen ab vom insgesamt übernommenen Risiko und von der Höhe des Eigenkapitals, auf das sich dieses Risiko verteilt. Der zweite Teil der Eigenkapitalkosten ergibt sich folglich aus dem *banksystematischen Risiko*. Unter der extremen Annahme unbeschränkter Haftung der Eigenkapitalgeber ist er bei marginaler Betrachtung sogar negativ; denn bei einer marginalen Erhöhung des Eigenkapitals würde sich das gleiche Risiko auf mehr Eigenkapital verteilen. In der Durchschnittsbetrachtung spielt für den zweiten Teil der Eigenkapitalkosten allein das (markt)systematische Risiko der Bank eine Rolle, da nur hierfür am Markt eine Prämie gezahlt wird. Hedgt die Bank alle Risiken, ist diese Komponente der Eigenkapitalkosten gleich null.

Wird im Rahmen einer Gesamtbanksteuerung mit RORAC den einzelnen Geschäftsbereichen Risikokapital zugeteilt, so muss festgelegt werden, ob die RORAC-Kennziffern und damit implizit die Kapitalkosten auf Basis des zugeteilten oder des tatsächlich benötigten Risikokapitals zu berechnen sind (vgl. ANDERS (2000), S. 316, und SCHIERENBECK (2009), S. 545). Ein Beispiel:

> Den Geschäftsbereichen A und B wurden je 200 Mio. € an Risikokapital zugewiesen. A (B) erzielt ein Nettoergebnis von 24 Mio. € (30 Mio. €) und benötigt dafür tatsächlich ein Risikokapital in Höhe von 100 Mio. € (200 Mio. €). Auf Basis des tatsächlich benötigten Risikokapitals beträgt der RORAC 24% für A und nur 15% für B, so dass A als besser zu beurteilen wäre. Allerdings hat A offenbar in dem Sinne falsch geplant, dass unausgenutztes Risikokapital vorgehalten wird. Eine Berechnung von RORAC auf

Basis des zugewiesenen Risikokapitals bringt das an den Tag; denn dann reduziert sich der RORAC von A auf 12%.

Eine Steuerung allein auf Basis des Ist-Risikokapitals führt scheinbar zu Fehlanreizen (Konzentration auf wenige, aber dafür besonders lukrative Geschäfte) und damit zu Fehlallokationen des Risikokapitals (vgl. LEHAR *et al.* (1998b), S. 954, und ANDERS (2000), S. 316f.). Unter Berücksichtigung von Informationsasymetrien kann es jedoch sein, dass Ineffizienzen akzeptiert werden müssen, um korrekte Informationen zu erhalten. STOUGHTON und ZECHNER (2007), S. 313f., begründen dementsprechend die Bepreisung des tatsächlich eingegangenen Risikos.

F4.3.2 Eigenkapitalbegriffe

Finanzierungstheoretisch ist relativ klar, was unter Eigenkapital zu verstehen ist. In der Regulierung (siehe Teil G) und in der externen Rechnungslegung (siehe Teil M) existieren jedoch andere und untereinander unterschiedliche Definitionen. Wir sprechen daher von ökonomischem, aufsichtsrechtlichem und bilanziellem Eigenkapital.

> In Tabelle F4-2 hat Bank A bei gleicher Bilanzsumme mehr *bilanzielles* Eigenkapital als Bank B (10 > 7). Insofern scheint Eigenkapital eher bei Bank B knapp zu sein. Bank B hat allerdings zusätzlich Genussrechtskapital, das nicht handelsrechtlich, wohl aber *aufsichtsrechtlich* zu den Eigenmitteln zählt.
>
> Also müssten für Bank A die Eigenmittel knapper sein (10 < 7 + 5). Wird die unterschiedliche Risikostruktur der Aktiva mit üblichen Anrechnungsfaktoren der Regulierung (vgl. Abschnitt I5.3) berücksichtigt, so kehrt sich dieses Ergebnis jedoch wieder um, da Bank A 9,62% = 10 / (0,2 · 120 + 1,0 · 80), Bank B aber nur 8,57% = 12 / (0,2 · 100 + 1,0 · 120) der gewichteten Risikoaktiva mit Eigenmitteln unterlegt hat. Wie es um die tatsächlichen *ökonomischen* Risiken der Aktivportefeuilles bestellt ist, die mit Risikokapital unterlegt werden müssten, lässt sich aus den gegebenen Daten nicht ersehen.

Eigenkapital dient u. a. grundsätzlich zur Abdeckung von Risiken. Allerdings ist nicht unbedingt davon auszugehen, dass eine Bank ihr gesamtes Eigenkapital auch tatsächlich „aufs Spiel setzen" will, d. h. bereit ist, Verluste in dieser Höhe (mit einer gewissen Wahrscheinlichkeit) in Kauf zu nehmen. So ist beispielsweise zu überlegen, ob die stillen Reserven (gem. §340f HGB; vgl. Abschnitt M2.3.2) gar nicht, nur teilweise, ganz oder sogar zuzüglich der offenen Vorsorgereserven (gem. §340g HGB; vgl. Abschnitt M2.3.2) riskiert werden sollen. Für ein derart gestuftes System von *Risikodeckungsmassen* vgl. SCHIERENBECK (2009), S. 22ff.

Mit unterschiedlichen Definitionen für Eigenkapital ist offensichtlich, dass in einer konkreten Situation eine Eigenkapitalknappheit bezüglich der dieser Feststellung zugrunde liegenden Begriffe präzisiert werden muss. In Tabelle F4-3 werden mögliche Kombinationen unter der Annahme gegenübergestellt, der Bestand sei geringer als der Bedarf.

Im Wesentlichen gibt es nur zwei relevante Vergleiche, nämlich die Prüfungen auf die Einhaltung der aufsichtsrechtlichen Bestimmungen und der internen

Tab. F4-2: Beispielbilanzen

Bank A

Bundeswertpapiere	200	Verb. ggü. Kunden	390
Forderungen an Kreditinstitute	120	Genussrechtskapital	0
Forderungen an Kunden	80	Gezeichnetes Kapital	10
	400		400

Bank B

Bundeswertpapiere	180	Verb. ggü. Kunden	388
Forderungen an Kreditinstitute	100	Genussrechtskapital	5
Forderungen an Kunden	120	Gezeichnetes Kapital	7
	400		400

Tab. F4-3: Unterschiedliche Fälle von Eigenkapitalknappheit

Annahme: **Bestand < Bedarf**		**Eigenkapitalbestand**		
		Bilanzielles Eigenkapital (< aufsichtsrechtliche Eigenmittel)	Aufsichtsrechtliche Eigenmittel	Bankspezifische Risikodeckungsmasse
Eigenkapitalbedarf	Gemäß aufsichtsrechtlicher Vorschriften	Unerheblich (Ausgleich z. B. durch Ergänzungskapital)	**Verstoß gegen Regulierungsvorschrift!**	Unerheblich
	Nach ökonomischer Berechnung	Unerheblich	Evtl. Unterschätzung des tatsächlichen Risikos durch Pauschalierung	**Verstoß gegen interne Vorgabe!**

Vorgaben (vgl. die fett gedruckten Felder). Die aufsichtsrechtlichen Eigenmittelanforderungen nicht allein mit bilanziellem Eigenkapital zu erfüllen, ist üblich und hat u. a. etwas mit unterschiedlichen Kosten der verschiedenen Arten aufsichtsrechtlicher Eigenmittel zu tun.

Pauschale Risikobewertungen im Aufsichtsrecht führen dazu, dass für manche Geschäfte mehr aufsichtsrechtliches Eigenkapital vorzuhalten ist als ökonomisch nötig wäre, für andere Geschäfte hingegen weniger. Das ermöglicht *Regulierungsarbitrage*, indem z. B. Forderungen von Kreditnehmern mit erstklassiger Bonität weiterveräußert werden und damit nicht mehr aufsichtsrechtlich anrechnungspflichtig sind. Bei der Bank verbleiben nur noch die „schlechten" Kreditrisiken, so dass bei nahezu gleichbleibender Risikoposition die regulatorischen Eigenkapitalanforderungen sinken. Insofern kann nicht allgemeingültig gesagt werden, ob der aufsichtsrechtliche oder der ökonomische Eigenkapitalbedarf größer ist. Hierzu sind aus der Praxis dementsprechend widersprüchliche Aussagen zu hören, zumal Banken selbst bei identischen Portefeuilles aufgrund unterschiedlicher Risikoneigung möglicherweise Kapitalbedarfe in unterschiedlicher Höhe errechnen.

Die Tendenzen in der Regulierung gehen dahin, die aufsichtsrechtliche Messung von Risiken stärker an die in den Banken praktizierte Risikomessung anzunähern (vgl. hierzu Kapitel G2). Die Verwendung interner Risikomodelle (vgl. Abschnitt J5.2) zur Ermittlung der aufsichtsrechtlich benötigten Eigenmittel ist deshalb auf den ersten Blick sehr attraktiv, weil auf diese Art beide Ansätze scheinbar in Übereinstimmung gebracht werden. Bei näherem Hinsehen gilt das jedoch nicht genau; denn nach wie vor ist die Berechnung der aufsichtsrechtlichen Eigenmittel fest vorgeschrieben, während die Festlegung der Risikodeckungsmasse im Belieben der Bank steht.

F4.4 Umsetzung von Steuerungskonzepten

F4.4.1 Bankbetriebliche Problematik der Leistungsmessung

Optimierung der Kapitalstruktur, Umsetzung einer geeigneten Rendite/Risiko-Relation, Auswahl der „richtigen" Kundengeschäfte - all das bedarf geeigneter Impulse für Bankmitarbeiter auf allen Ebenen. Dabei sind neben Koordinationserfordernissen vor allem auch Motivationsaspekte zu berücksichtigen. Spezifische Methoden der Koordination von Einzelentscheidungen sind durch ein Anreizsystem für die Mitarbeiter zu ergänzen. Dazu ist eine verbesserte Leistungsmessung nötig:

> „Es ist eine leider sehr ins Auge fallende Tatsache, daß im Bankwesen vielfach ein unangenehmer, widerlicher Servilismus zutage tritt. Ich habe gefunden, daß dieses Pflänzlein überall dort blüht, wo die Leistung der Angestellten unvollkommen gemessen wird, wo man den wertvollen Arbeiter vom wertlosen nicht oder doch nur schwer unterscheiden kann. [...] Man sorge dafür, daß die Leistungen der Angestellten meßbarer werden, dann hört diese beschämende Erscheinung von selbst wieder auf" SCHMALENBACH (1910), S. 377).

Nach der Beobachtung Schmalenbachs lässt sich in Kreditinstituten die Leistung der Mitarbeiter besonders schwer messen, was die Etablierung eines geeigneten Anreizsystems erschwert. Das Problem wird entschärft, wenn im internen Rechnungswesen die Ergebnisbeiträge einzelner Organisationseinheiten, ggf. disaggregiert auf die jeweiligen Mitarbeiter, ermittelt werden. SCHMALENBACH (1910), S. 376f. fordert daher die Einführung einer ordentlichen Betriebsstatistik für die einzelnen Abteilungen, auf deren Basis Tantiemen festgelegt werden können.

Allerdings werden uns zumindest ansatzweise in Teil L die bankspezifischen Schwierigkeiten begegnet, die bei der Ermittlung korrekter Ergebnisse von Organisationseinheiten auftreten. Problematisch ist bei Zugrundelegung falscher Maßgrößen, dass die Agenten u. U. nur Signale produzieren, nicht aber wirklich produktiv arbeiten. Im Beispiel Schmalenbachs ist unterwürfiges Verhalten der Angestellten eine reine Signalproduktion, die nur deswegen nicht „bestraft" wird, weil die tatsächliche Leistung nicht richtig gemessen wird: der Prinzipal glaubt offenbar, ein serviler Angestellter sei automatisch ein guter Angestellter.

Die Beschreibung der bankbetrieblichen Besonderheiten der Leistungsmessung wäre unvollständig, würden wir nicht nochmals auf die Bedeutung der Pflege langfristiger Beziehungen und der Informationsweitergabe hinweisen. Beide implizieren, dass die Vergütung nicht ausschließlich an kurzfristigen Verkaufserfolgen festgemacht werden sollte.[19] Von daher ist der Net Present Value der abgeschlossenen Neugeschäfte (in Teil L Konditionsbeitragsbarwert genannt) als alleiniger Anknüpfungspunkt für ergebnisabhängige Bezahlungskomponenten ungeeignet.

F4.4.2 Anreizsysteme

Mitarbeiter sollen sich intensiv für das Unternehmensinteresse einsetzen selbst wenn das anstrengend oder lästig ist. Anreizsysteme sollen deshalb folgende Situation vermeiden:

> Die Ergebnismessung für die Vertriebsbereiche erfolgt in intelligenter, wissenschaftlich abgesicherter und in der Praxis akzeptierter Art und Weise mittels Verrechnungspreisen. Die Ergebnisse der Vertriebsbereiche werden aber lediglich als Planzahlen für das nächste Jahr verwendet. Kein Mitarbeiter interessiert sich für das Ergebnis des eigenen Vertriebsbereichs und keiner fühlt sich veranlasst, dieses Ergebnis durch mehr Einsatz zu verbessern. Das Gesamtergebnis der Bank ist unbefriedigend.

In diesem Fall muss das Eigeninteresse der Mitarbeiter an den Ergebnissen geweckt werden (vgl. FRESE (1995), S. 950). Die Kopplung von Einkommen an Ergebnisse ist dazu natürlich naheliegend, aber Geld ist nicht alles und so sind viele andere Anreize denkbar (vgl. ALBERS (1995), S. 124, BÜSCHGEN (1995)): Lob wird in seiner Wirkung oft unterschätzt.

- Titel, z. B. die Bezeichnung Direktor auf der Visitenkarte, steigern Identifikation und Verantwortungsgefühl.
- Dienstwagen sind Ausdruck beruflicher Stellung auch ohne Außendienst.
- Beruflicher Aufstieg geht langsam und ist unsicher.
- Incentive Reisen werden oftmals als Preis für kurzfristige Verkaufswettbewerbe eingesetzt.

Mit anreizkompatiblen Vergütungssystemen beschäftigt sich vor allem die Prinzipal-Agenten-Theorie (vgl. BAMBERG und SPREMANN (1989)). Für den erfolgreichen Einsatz solcher Systeme in der Praxis ist wichtig, dass sie als fair akzeptiert werden und möglichst manipulationssicher sind. PFINGSTEN (1995)

---

[19] Dieser Satz stand, in alter Rechtschreibung, in der 2. Auflage unseres Buches und wurde nicht erst nach der Finanzkrise ergänzt.

leitet aus entsprechenden Anforderungen ab, dass der variable Teil der Vergütung wie folgt bestimmt werden sollte: Es wird ein Differenzierungsgrad zwischen 0 und 1 gewählt. Er bestimmt, welcher Anteil der gesamten variablen Vergütung nach dem individuellen Ergebnisbeitrag eines Mitarbeiters und welcher nach dem Durchschnitt verteilt wird. Ein solches System kommt der von KRÜGER (1990) intuitiv vorgeschlagenen Aufteilung in Einzel- und Teamprämie recht nahe.

In der Praxis werden z.T. andere Anreizsysteme verwendet. Verkaufswettbewerbe z.B. belohnen oft denjenigen Mitarbeiter, der die meisten Verkäufe eines bestimmten Produktes vorzuweisen hat. Für die Erreichung periodischer Vertriebsziele werden Prämien vergeben. Beide Systeme sind theoretisch anfällig gegen Manipulationen, die in der Praxis auch tatsächlich beobachtet werden:

> Bei Verkaufswettbewerben gewinnt oftmals eine Filiale, in der alle diesbezüglichen Verkäufe einem vorbestimmten Mitarbeiter „zugeschanzt" werden. Von seinem Preis, z.B. einer Incentive Reise nach New York, gibt er einen Teil ab, indem er beispielsweise ein Fest veranstaltet.

> Bei periodischen Vertriebszielen werden Geschäftsabschlüsse z.B. durch Vordatierung über das Periodenende verschoben. So wird ein Sockel für die nächste Periode geschaffen, falls die Zielgröße schon erreicht oder nicht mehr erreichbar ist. Durch Rückdatierung kann ggf. eine Zielgröße noch nachträglich erreicht werden.

PFINGSTEN (1998) zeigt, worauf diese Manipulationsmöglichkeiten beruhen und wie sie zu vermeiden sind. Aufgrund enger Substitutionsbeziehungen zwischen einigen Bankprodukten sind im übrigen produktorientierte Anreizsysteme ohnehin besonders kritisch zu betrachten. Manipulationsresistente Bezahlungssysteme haben auch aus Anreizsicht einen wichtigen Vorteil. Wenn den Mitarbeitern die Robustheit des Mechanismus deutlich ist, werden sie ihre Anstrengungen uneingeschränkt auf die eigentliche Arbeit richten und keine Zeit für die Suche von „Tricks" verschwenden.

In der Prinzipal-Agent-Theorie wie in der früheren Anreiz-Beitrags-Theorie (vgl. MARCH und SIMON (1958)) wird relativ selbstverständlich davon ausgegangen, dass monetäre Anreize wie gewünscht wirken. Schon die klassischen Arbeiten im Sinne von HERZBERG *et al.* (1959) haben gleichwohl deutlich gemacht, dass die Mechanismen viel subtiler sind. So wirkt z.B. die Entlohnung nur als Hygienefaktor, der Unzufriedenheit verhindern, aber nicht Zufriedenheit erzeugen kann. Motivationsfaktoren sind z.B. Arbeitsinhalte und Verantwortung.

Neuere verhaltensorientierte Arbeiten, denen häufig Experimente zugrunde liegen, zeigen weitere Facetten der Thematik. Die Probanden berücksichtigen in ihrem Entscheidungsverhalten auch Aspekte wie die Fairness der Bezahlung. Das gilt selbst dann, wenn sie dadurch nicht das für sie beste monetäre Ergebnis erzielen (vgl. HENRICH *et al.* (2001)). Die Beobachtungen sollten sich grundsätzlich auf Bankstrukturen übertragen lassen.

F4.4.3 Vorstandsvergütung und Boni

Die voran stehende Beobachtung gilt nach Meinung großer Teile der deutschen Bevölkerung nicht für Top-Manager deutscher Banken während und nach der

Finanzkrise. Vorstände, die auf der Auszahlung vereinbarter Boni bestanden,
obwohl die Bank unter ihrer Leitung sehr hohe Verluste gemacht hatte, werden
weiterhin als „gierige Zocker" beschrieben. In einigen, aber längst nicht in allen
Fällen zeigte diese öffentliche Kritik Wirkung.

> Sehen wir als ein Beispiel für ein Vergütungssystem die Vorstandsvergütung der Deut-
> schen Bank an. Die erfolgs*un*abhängige Vergütung des gesamten Vorstands betrug in
> 2007 und 2008 jeweils ca. 4,5 Mio €. Die erfolgsabhängige Vergütung entfiel in 2008,
> nachdem sie in 2007 ca. 29 Mio. € betragen hatte, wovon ca. 17,5 Mio. € (11,5 Mio.
> €) angabegemäß eine langfristige (kurzfristige) Anreizwirkung hatten (vgl. Deutsche
> Bank (2008), S. 51).

Eine Langfristwirkung der Vergütung wurde z. B. von der G20-Konferenz im
Frühjahr 2009 verlangt und soll über Rundschreiben der BaFin umgesetzt werden (vgl. o.V. (2009e)). Kurz vor Fertigstellung des Lehrbuchs sieht es danach
aus, als ob führende deutsche Kreditinstitute die zu erwartenden Regelungen
bereits für 2009 freiwillig beachten werden (vgl. o.V. (2009a)). Eine Orientierung am langfristigen Erfolg kann z. B. dadurch erreicht werden, dass Aktien
des Unternehmens mit einer Sperrfrist bis zur erstmalig möglichen Ausübung
ausgegeben werden.

Allgemeine Hinweise zu Anreizsystemen finden sich bei Pfaff (2007) und
speziell zur Incentivierung im Verkauf bei Krafft (2007). Von immenser Bedeutung ist die Festlegung der Bezugsgröße, anhand derer Erfolge gemessen bzw.
Boni verteilt werden:

- Die Verwendung einer nicht-risikoadjustierten Eigenkapitalrendite ist nicht
  ungewöhnlich, aber sehr problematisch; denn durch wenig Eigenkapitalein-
  satz kann über den Leverage-Effekt auch ein geringer Überschuss „hochgehe-
  belt" werden, was aber mit erheblichen Finanzierungsrisiken verbunden ist.
  Vorzuziehen wäre insofern ein RAPM (vgl. F4.1.2). Eine risikoreduzierende
  Wirkung könnte auch die Beteiligung an Verlusten haben, für die aber der
  Spielraum nicht beliebig groß ist.
- Auf den ersten Blick sehr plausibel und intuitiv attraktiver ist die Festlegung,
  dass Boni bei einer Rendite oberhalb des Branchendurchschnitts gezahlt werden. Selbst wenn wir Messprobleme außen vor lassen, ist in einer Finanzkrise
  auch diese Regel nicht unproblematisch. In einer Krise kann selbst ein erhebliches Minus noch über dem Wert der Mitbewerber liegen. Bonifizierungen in
  Verlustjahren sind jedoch in der Bevölkerung schwer zu vermitteln.

In Kreditinstituten mit nennenswerten Aktivitäten im Investment Banking
sind die Vorstände nicht unbedingt die bestbezahlten Angestellten. Durch transaktionsorientierte Boni haben führende Investmentbanker in guten Jahren u. U.
höhere Einkommen (vgl. o.V. (2006)). Diese Boni sind als z.T. mitverantwort-
lich für die Finanzkrise kritisiert worden – vermutlich nicht ganz zu Unrecht.
Während bei einem Merger grundsätzlich genau eine Bank oder genau ein Konsortium die Provision erhalten kann, können z. B. bei Verbriefungstransaktionen,
in denen Tranchen aus Verbriefungen selbst wieder verbrieft werden (CDO^2 etc.),
die Mitarbeiter mehrerer Banken durch immer neue Deals, die sie sich gegenseitig abkaufen, ihr Einkommen in die Höhe treiben. Negative Anreizeffekte bei

der Entscheidung, ob bestimmte Deals gemacht werden sollen, sind nicht auszuschließen.

Teil G
Grundlagen der Regulierung

„Deutsche Regulierungslust – Segen oder Fluch für das Kreditgewerbe?", so lautet die Überschrift eines Aufsatzes, der sich kritisch mit dem Ausmaß der Bankenregulierung auseinandersetzt (GERLACH (1996), S. 404ff.). Der Hintergrund dieses Beitrages ist, dass der Bankensektor wie kaum ein anderer Wirtschaftszweig umfassenden Regulierungsvorschriften unterworfen ist. Regulierung begleitet ein Kreditinstitut quasi von der „Geburt" bis in den „Tod" hinein. So ist die Aufnahme von Bankgeschäften entgegen dem Grundprinzip der Gewerbefreiheit genehmigungspflichtig, die laufende Geschäftstätigkeit der Banken wird durch zahlreiche Vorschriften reglementiert, deren Hauptzweck darin besteht, das zu verhindern, was in einer Marktwirtschaft unabdingbarer Bestandteil des Wettbewerbs ist: das Ausscheiden unrentabler und nicht mehr wettbewerbsfähiger Unternehmen aus dem Markt. Aber selbst dann, wenn es zu dem kommt, was umfassende Vorschriften zu verhindern versuchen, hält das Kreditwesengesetz auch für die letzten Tage eines Kreditinstituts bankspezifische Besonderheiten bereit.

Regulierung ist eigentlich ein Fremdkörper in einer Marktwirtschaft, die auf der Grundidee des freien Spiels der Marktkräfte fußt. Zumindest in der Theorie vollkommener Märkte funktioniert das Zusammenspiel der einzelnen Marktakteure perfekt, das Streben aller nach individueller Gewinn- bzw. Nutzenmaximierung führt zugleich auch zu einer gesellschaftlich effizienten Ressourcenallokation. Eine noch so allwissende und wohlwollende Regulierungsinstanz könnte keine das Marktergebnis dominierende Ressourcenallokation bewerkstelligen. Wir wissen aber, dass Märkte nicht vollkommen sind und somit die Voraussetzungen, unter denen das perfekte Funktionieren einer Marktwirtschaft nachgewiesen werden kann, nicht erfüllt sind. Die Finanzmarktkrise hat gezeigt, wie gravierend sich Störungen der Funktionsweise von Finanzmärkten auswirken können. Daraus folgt aber nicht zwangsläufig, dass Regulierung notwendig und sinnvoll ist, denn unvollkommen sind nicht nur die Märkte, auch Regulierungsinstanzen können versagen. Gesetzgeber und Aufsichtsbehörden sind weder allwissend noch stets wohlwollend, sie haben vielmehr unvollständige Informationen über die Objekte der Regulierung und verfolgen teilweise auch eigene, mit dem Gemeinwohl nicht kompatible Ziele. Etwas überspitzt formuliert haben wir die Wahl, Markt-

T. Hartmann-Wendels et al., *Bankbetriebslehre*,
DOI 10.1007/978-3-642-11857-9_7, © Springer-Verlag Berlin Heidelberg 2010

versagen hinzunehmen oder Staatsversagen zu riskieren. Regulierende Eingriffe bedürfen somit immer einer Begründung, Regulierung ist dort ein Segen, wo sie den Austausch von Gütern und Dienstleistungen fördert, sie wird aber zum Fluch, wo sie die Akteure unnötig einengt und sinnvolle Transaktionen aufgrund von Restriktionen nicht zustande kommen.

Wir werden uns im folgenden Kapitel zunächst mit der Frage beschäftigen, warum Regulierung notwendig ist und einige Gründe anführen, die eine Regulierung sinnvoll erscheinen lassen. Im Unterschied zu anderen Unternehmen finanzieren sich Banken über eine Vielzahl von Fremdkapitalgebern, die oftmals in finanziellen Dingen unerfahren sind und meist nur kleine Beträge einlegen. Damit ist es für die Einleger unmöglich oder zumindest nicht vorteilhaft, die Bank als Kreditnehmer so zu überwachen, wie die Banken ihrerseits ihre Kreditnehmer überwachen, zumal die Ansprüche der Sparer durch eine Einlagensicherung geschützt sind. Die Bankenaufsicht sollte diese Funktion stellvertretend für die Sparer der Bank erfüllen. Dabei geht es nicht darum, Bankgläubiger um jeden Preis vor Ausfällen zu schützen, vielmehr soll verhindert werden, was jede Bank als Kreditgeber auch bei ihren Schuldnern zu verhindern versucht: dass der Schuldner Maßnahmen durchführt, die ihm zwar nützen, aber zu Lasten der Gläubiger gehen. Im Kapitel D3 haben wir gesehen, dass die Bereitstellung von Liquidität durch Fristentransformation eine wichtige Funktion von Banken ist. Diese Funktion ist allerdings auch mit Risiken behaftet, insbesondere ist eine Bank der Gefahr eines Bank Runs ausgesetzt. Ein weiterer Grund für die Regulierung sind *systemische Risiken*. Damit ist gemeint, dass die Schieflage einer einzelnen Bank sehr schnell auch andere Banken in Schwierigkeiten bringen kann. Diese Ansteckung kann durch unterschiedliche Mechanismen geschehen: Möglich ist, dass das Vertrauen in die Banken insgesamt erschüttert wird und Banken Schwierigkeiten bekommen, ihre Refinanzierung sicher zu stellen. Darüber hinaus wirkt die Bonitätsverschlechterung einer Bank sich aufgrund der gegenseitigen Ansprüche und Verpflichtungen der Banken untereinander massiv auf die Ertragssituation anderer Banken aus. Schließlich sind viele Banken zunehmend von dem Geschehen auf den Finanzmärkten abhängig. Banken, die sich in Schwierigkeiten befinden, sind oft gezwungen, Finanztitel zu verkaufen, um liquide Mittel zu beschaffen. Die Folge kann sein, dass die Preise von Finanztiteln fallen und andere Banken gezwungen sind, Wertberichtigungen in ihren Bilanzen vorzunehmen. Dies wiederum kann weitere Verkäufe bei diesen Banken induzieren mit der Folge weiter sinkender Preise. Systemische Risiken rechtfertigen Regulierung, weil eine Bank die Folgewirkungen von eigenen Schwierigkeiten auf andere Banken und auf das Finanzsystem in ihrem Entscheidungskalkül nicht berücksichtigt. Damit besteht die Gefahr, dass eine Bank mehr Risiken eingeht, als gesamtwirtschaftlich wünschenswert ist. Wir werden im Kapitel G1.3 darlegen, dass die Begrenzung systemischer Risiken neue Regulierungskonzepte erfordert, deren Entwicklung noch in den Kinderschuhen steckt.

Es kann nicht das Ziel einer Bankenaufsicht sein, die Insolvenz einer Bank grundsätzlich zu verhindern, sondern es sollte darum gehen, die verzerrende Wirkung externer Effekte zu korrigieren. Banken haben einen Anreiz, zu hohe Risiken einzugehen, zum einen, weil sie ganz überwiegend durch Fremdkapital finanziert sind und Verluste damit zu Lasten der Gläubiger gehen, zum anderen, weil Banken die systemischen Folgen von Verlusten nicht berücksichtigen. Damit haben wir einen Aspekt angesprochen, der uns in den nächsten Kapiteln immer wieder beschäftigen wird. Wie kann durch Regulierung die Risikoübernahme von Banken auf ein sinnvolles Ausmaß begrenzt werden? Diese Fragestellung werden wir sowohl aus der Perspektive einer einzelnen Bank als auch aus einer systemischen Perspektive betrachten, im ersten Fall sprechen wir von einer *mikroprudenziellen Aufsicht*, im zweiten Fall von einer *makroprudenziellen Aufsicht*.

Die Begrenzung von Risiken beschäftigt nicht nur Regulierungsbehörden, sondern ist – wie Teil F gezeigt hat – auch eine zentrale Aufgabe des Bankmanagements. Wer Risiken begrenzen will, muss diese zunächst messen können. Da sich dieses Problem aus regulatorischer Sicht nicht anders stellt als aus bankinterner Sicht, werden für beide Anwendungen zunehmend dieselben Methoden angewendet. Wir tragen dieser Entwicklung dadurch Rechnung, dass wir die regulatorischen Vorschriften zur Risikomessung im Zusammenhang mit dem Management der jeweiligen Risikoart darstellen.

Kapitel G2 enthält einen Überblick über die bankenaufsichtlichen Vorschriften in Deutschland. Nach einem historischen Abriss werden wir die wichtigsten rechtlichen Normen vorstellen. Die Vorschriften des Kreditwesengesetzes werden wir als Maßnahmen zur Begrenzung von Risiken interpretieren. Kapitel G2.3 gibt einen Überblick über das Kernstück der Normen zur Risikobegrenzung, nämlich die Verordnung über die angemessene Eigenmittelausstattung von Instituten, kurz Solvabilitätsverordnung genannt, in Verbindung mit dem Begriff des haftenden Eigenkapitals. Weitere zentrale Bestandteile der Bankenregulierung sind die *Mindestanforderungen an das Risikomanagement*, kurz *MaRisk* genannt (Kapitel G2.4) sowie die Umsetzung der *Markets in Financial Instruments Directive (MiFID)* in deutsches Aufsichtsrecht (G2.5). Vorschriften zur Einlagensicherung sind zentraler Bestandteil der Bemühungen, der potentiellen Instabilität des Bankensektors entgegenzuwirken. Wir werden im Kapitel G2.6 die Gestaltung der Einlagensicherung sowohl aus theoretischer Perspektive betrachten als auch die praktische Umsetzung der Einlagensicherung in Deutschland darstellen. Kapitel G3 erläutert die Arbeitsweise der Institutionen, die mit der Bankenaufsicht betraut sind, und zwar sowohl Bundesbank und Bundesanstalt für die Finanzdienstleistungsaufsicht (BaFin) als nationale Aufsichtsbehörden als auch internationale Gremien.

G1 Theorie der Regulierung

1. Bankenkrisen sind meist mit gravierenden Folgen für die Gläubiger oder für das gesamte Finanzsystem verbunden. Da der Staat sich oftmals nicht der Verpflichtung entziehen kann, Verluste zumindest teilweise aufzufangen, hat der Staat ein Interesse daran, Bankenkrisen durch Regulierung zu verhindern.

2. Die Organe der Bankenregulierung sollten stellvertretend für die Einleger handeln. Dabei geht es nicht darum, Einleger grundsätzlich vor Ausfällen zu schützen, sondern darum, Moral-Hazard-Probleme zu reduzieren.
3. Eine Vorschrift, die den Banken eine Mindestausstattung an Eigenkapital vorgibt, die ausreichend ist, um Verluste aufzufangen, ist grundsätzlich geeignet, Ausfallrisiken der Einleger zu begegnen.
4. Um Liquiditätsrisiken zu reduzieren, sind die Möglichkeiten der Banken, Fristentransformation betreiben zu können, einzuschränken.
5. Die Begrenzung systemischer Risiken erfordert makroprudenzielle Ansätze der Bankenaufsicht.
6. Eine regelgebundene, auf quantitativen Normen aufbauende Regulierung schafft Anreize zur Regulierungsarbitrage.
7. Diskretionäre Spielräume in der Handhabung von Regulierungsvorschriften ermöglichen es zwar, eine jeweils auf den Einzelfall zugeschnittene Lösung zu finden, es besteht aber die Gefahr, dass die Organe der Bankenaufsicht davor zurückschrecken, notwendige Eingriffe und Sanktionen vorzunehmen. Wird dies von den Banken antizipiert, so geht die disziplinierende Wirkung von Regulierungsvorschriften verloren.

G1.1 Gründe für die Regulierung von Banken

Wir wollen uns zunächst anschauen, mit welchen Argumenten die Notwendigkeit einer Regulierung des Bankensektors begründet wird (einen ausgezeichneten Literaturüberblick zur Theorie der Bankenregulierung finden Sie in BHATTACHARYA *et al.* (1998)):

• Banken haben aufgrund ihrer Möglichkeit zur passiven Geldschöpfung einen wesentlichen Einfluss auf die Geldversorgung einer Volkswirtschaft und damit auch auf die Preisstabilität. Beide Größen wären ohne regulierende Eingriffe hohen Schwankungen ausgesetzt, die sich nachteilig auf die wirtschaftliche Stabilität und auf das gesamtwirtschaftliche Wachstum auswirken. Mit dem Hinweis auf die Notwendigkeit, die Geldschöpfungsmöglichkeiten von Banken begrenzen zu müssen, wird die Hinterlegung einer Mindestreserve auf Depositen begründet. Wir wollen dieses Argument, das in der Literatur kontrovers diskutiert wird (vgl. BALTENSPERGER (1990), S. 14ff.), hier nicht vertiefen, da wir weniger an geldpolitischen Fragestellungen interessiert sind.
• Aufgrund von „Economies of Scale and/or Scope" gäbe es im Bankensektor eine Tendenz zum Monopol, so dass ohne regulierende Eingriffe zu wenig Wettbewerb herrschen würde. Obwohl dieses Argument in der politischen Diskussion der USA eine gewisse Rolle gespielt hat und sich dort auch in einigen Regulierungsvorschriften wiederfindet (vgl. BALTENSPERGER (1990), S. 2f.), lassen sich steigende Skalenerträge in ausgeprägter Form empirisch nicht nachweisen (vgl. Abschnitt A4.5). Wir wollen auf dieses Argument daher ebenfalls nicht weiter eingehen.

- Das Bankensystem neige zur Instabilität. Die Insolvenz oder die drohende Schieflage einer einzelnen Bank kann leicht auf andere Banken übergreifen und dann wie ein *Dominoeffekt* das gesamte Bankensystem erfassen. Ein solches *systemisches Risiko* (vgl. hierzu HELLWIG (1995), SAUNDERS (1987)) hat für die gesamte Volkswirtschaft katastrophale Folgen. Ein Zusammenbruch des gesamten Bankensystems führt zu gewaltigen Vermögensverlusten der Einleger und kann die wirtschaftliche und politische Stabilität eines Landes bedrohen, so dass der Staat nicht umhin kann, unter massivem Einsatz finanzieller Mittel einzugreifen. Die Geschichte lehrt, dass jede Bankenkrise den Steuerzahler viel Geld kostet. So hat die Bankenkrise in Norwegen Anfang der 90er Jahre den Staat 16 Mrd. US-\$ gekostet, die Sanierung der maroden amerikanischen Spar- und Darlehensbanken belastete den Staatshaushalt mit einem dreistelligen Milliardenbetrag (siehe Abschnitt A5.1) und die Folgen der gegenwärtigen Finanzmarktkrise für die Staatshaushalte sind noch gar nicht absehbar. Auch bei Krisen einzelner Banken wird der Staat oftmals nicht umhin können, zumindest einen Teil der Verluste zu tragen. Dies betrifft insbesondere Großbanken, auf die das *„too big to fail"*-Phänomen zutrifft: Der Konkurs einer Großbank würde die Einlagen einer so großen Anzahl von Sparern gefährden, dass der Staat sich politisch gezwungen sähe, den Konkurs durch Gewährung finanzieller Hilfen abzuwenden. Am Beispiel Schweiz und Island wird deutlich, dass die Schieflage von Banken, die in Relation zu ihrem Heimatland zu groß sind, sogar das gesamte Staatswesen bedrohen können. Angesichts der impliziten Verpflichtung des Staates, bei Bankenkrisen als *„lender of last resort"* zu fungieren, ist es nur folgerichtig, dass der Staat ein Interesse daran hat, regulierend einzugreifen, um das Risiko einer Inanspruchnahme zu minimieren.
- Ein weiteres Argument begründet die Notwendigkeit der Regulierung damit, dass die Bankgläubiger vor Vermögensverlusten geschützt werden müssen. Der Gläubigerschutz steht sicherlich im Vordergrund der meisten bankaufsichtsrechtlichen Vorschriften. Indem die Einleger vor Verlusten geschützt werden, wird zugleich auch die Stabilität des gesamten Bankensektors gefördert, denn Ausgangspunkt eines Bank Runs ist i. d. R. die (drohende) Insolvenz einer einzelnen Bank. Dies macht allerdings die gesonderte Beaufsichtigung systemischer Risiken nicht überflüssig.
- Bankkunden sind nicht nur bei einer Insolvenz ihres Kreditinstituts der Gefahr von Vermögensverlusten ausgesetzt, Verluste drohen ihnen auch dadurch, dass sie sich aus Unkenntnis oder Unerfahrenheit auf Anlagegeschäfte einlassen, deren Risiken sie nicht durchschauen. So machten nach der Insolvenz der Lehman-Bank viele Anleger ihre Hausbank, bei der sie Lehman-Zertifikate erworben hatten, dafür verantwortlich, nicht ausreichend über die Risiken informiert worden zu sein. Den meisten Anlegern wird es nicht möglich sein, zu beurteilen, ob ein Anbieter von Finanzdienstleistungen seriös ist oder unlautere Gechäftspraktiken wie z. B. sogenannte „Schneeballsysteme" betreibt. Die Sicherstellung der *Integrität von Finanzdienstleistungen* wird als eine weitere zentrale Aufgabe der Bankenaufsicht angesehen.

Wir wollen uns im Folgenden mit dem Argument des Gläubigerschutzes und mit der Gefahr systemischer Effekte intensiver auseinandersetzen. Das Schutzbedürfnis des Sparers kann zunächst mit der Fürsorgepflicht des Staates seinen Bürgern gegenüber begründet werden: Sparer sind aufgrund mangelnder Kenntnisse über ökonomische Zusammenhänge nicht in der Lage, sich selbst zu schützen, und legen ihre Ersparnisse im Vertrauen auf die sichere Rückzahlung bei Banken an. Dieses Vertrauen gilt es nun zu schützen, zumal zu den Sparern auch wirtschaftlich schwache Personen, die nur über geringe Finanzmittel verfügen, gehören. Ein Verlust ihrer Einlagen würde diese Anleger hart treffen, sie sind daher in besonderem Maße schutzbedürftig (vgl. WASCHBUSCH (2000), S. 12). Hiergegen lässt sich einwenden, dass Unwissenheit nicht mit Schutzlosigkeit gleichzusetzen ist, denn auch ein unwissender Sparer kann sich durchaus selbst schützen, z. B. indem er sein Geld statt bei einer Bank anzulegen zu Hause im Sparstrumpf aufbewahrt.

Damit ist bereits ein weiterer Gesichtspunkt angesprochen, nämlich der Aspekt der ökonomischen Effizienz. Kommen Finanzierungsbeziehungen, die für Kapitalgeber und Kapitalnehmer vorteilhaft sind, nicht zustande, so resultieren daraus Wohlfahrtsverluste, da ertragreiche Investitionen nicht mehr finanziert werden können. In Kapitel C1 haben Sie gelernt, dass Kreditbeziehungen aufgrund der Risiken, die im Verhalten des Kreditnehmers liegen (Moral Hazard), komplexe Vertragsverhältnisse sind. Dies gilt auch für die Finanzierungsbeziehung zwischen Einleger als Kreditgeber und Bank als Kreditnehmer. So müssen die Sparer als Kreditgeber befürchten, dass ihre Einlagen in hochriskante Vermögensgegenstände investiert werden und die Bank risikosenkende Maßnahmen, wie Diversifikation oder Hedging, unterlässt (zu den vielfältigen Möglichkeiten einer Bank, Risiken zu erhöhen, siehe GEHRIG (1995), S. 750). Insbesondere bei schlechter Ertragslage wächst die Gefahr, dass die Bankleitung ihr Heil in riskanten Maßnahmen sucht, eine solche Verhaltensweise wird auch als *„Gambling for Resurrection"* bezeichnet. Für Einleger wären daher Maßnahmen, wie z. B. Covenants (vgl. Abschnitt C2.3) von Bedeutung, die die Dispositionsfreiheit der Bank einschränken.

Es gibt allerdings gute Gründe, die dafür sprechen, dass Einleger nicht in der Lage sind, ähnliche Vorkehrungen zu treffen, wie die Bank in ihrer Rolle als Kreditgeber. Sparern fehlt oft das Wissen um ökonomische Zusammenhänge, das notwendig wäre, um komplexe Vertragsklauseln mit ihrer Bank aushandeln zu können. Aufgrund des meist relativ geringen Betrages einer Kundeneinlage lohnt es sich auch nicht, die Zeit und Mühen für die Erstellung komplizierter Vertragsbedingungen aufzuwenden. Zudem kann die Überwachung einer Bank an Free-Rider-Effekten scheitern, nämlich dann, wenn jeder Einleger darauf spekuliert, von den Überwachungsaktivitäten anderer Einleger profitieren zu können, ohne sich dabei an den Kosten solcher Maßnahmen beteiligen zu müssen. Wenn jeder Einleger versucht, eine solche Free-Rider-Position einzunehmen, kommt schließlich keine Überwachung zustande. Andererseits ist es aber auch nicht sinnvoll, wenn jeder Einleger Mühen und Zeit für die Überwachung der Bank aufwendet, denn dies bedeutet letztlich eine unnötige Vervielfachung von Kosten (Denken Sie an das Diamond-Modell in Kapitel B3.).

Sinnvoll ist daher, dass eine Regulierungsinstanz stellvertretend für die Gesamtheit aller Einleger die Maßnahmen ergreift, die von Gläubigern zum Schutz vor Vermögensverlusten durchgeführt werden sollten (*„Representation Hypothesis"* nach DEWATRIPONT und TIROLE (1994)). Regulierungsvorschriften sind somit als Substitut für individuelle vertragliche Regelungen anzusehen und sollen genau das bewirken, was auch sinnvolle Kreditvertragsklauseln bezwecken sollen: Dem Kapitalnehmer (in diesem Fall die Bank) sollen die Möglichkeiten und Anreize genommen werden, Maßnahmen durchzuführen, die gesamtgesellschaftlich nicht vorteilhaft sind, sondern vor allem darauf abzielen, die Gläubiger (in diesem Fall die Sparer) zu schädigen. Gläubigerschutz bedeutet somit nicht, Schutz der Sparer vor Vermögensverlusten um jeden Preis, vielmehr geht es darum, dass Finanzierungsbeziehungen zwischen Sparern und Banken möglichst reibungslos zustande kommen. Dieses Ziel wird erreicht, wenn die Einleger darauf vertrauen können, dass die Bank keine Möglichkeit oder keinen Anreiz hat, Maßnahmen durchzuführen, die für die Einleger ein erhöhtes Ausfallrisiko nach sich ziehen.

Eine Besonderheit bei Banken ist die Gefahr, dass sich die Krise einer Bank auf andere Banken überträgt. Diese systemischen Effekte können mehrere Ursachen haben. Eine wird als *Pure Informational Contagion* bezeichnet. Darunter versteht man, dass sich die Einschätzungen der Gläubiger über die Solvenz der Banken ändern, wenn bei einer Bank Probleme auftreten. Besonders betroffen davon sind solche Banken, die als gleichartig eingestuft werden. In Kapitel D3 haben wir gesehen, dass allein veränderte Erwartungen einen Bank Run auslösen können. Vergleichbare Effekte haben wir im Anschluss an die Insolvenz der amerikanischen Investmentbank Lehman Brothers im September 2008 gesehen: Hier waren es weniger die Sparer, die Einlagen abzogen, als vielmehr institutionelle Anleger und die Banken selber, die anderen Banken keine Kredite mehr gewährten, weil die Gefahr weiterer Bankinsolvenzen plötzlich völlig anders eingeschätzt wurde. Besonders diejenigen Banken, die auf die laufende meist kurzfristige Refinanzierung durch andere Kreditinstitute angewiesen waren, bekamen durch das Austrocknen des Interbankenmarktes ernsthafte Liquiditätsprobleme. Daneben sind aufgrund der Interbankenverflechtungen *Spillover-Effekte* möglich. Die Ausfallrisiken, die aus Ansprüchen gegenüber anderen Banken resultieren, haben in den letzten Jahren erheblich zugenommen. Waren es früher vor allem Interbankenkredite, die solche Ausfallrisiken begründeten, kamen in der jüngeren Vergangenheit Ausfallrisiken aus Geschäften mit Derivaten, insbesondere aus Kreditderivaten sowie Bürgschaften und Garantien hinzu. Während man früher davon sprach, dass eine Bank ein systemisches Risiko darstellt, wenn sie zu groß ist (*„too big to fail"*), hat sich im Zuge der Finanzmarktkrise eine zu enge Verflechtung mit anderen Banken (*„too connected to fail"*) als weiterer Grund für die Notwendigkeit, eine Bank unbedingt retten zu müssen, hinzugesellt. In den letzten Jahren hat der Handel von Risikopositionen an Bedeutung gewonnen, insbesondere das Wachstum von Finanzinstrumenten, die Kreditausfallrisiken verbriefen, war enorm. Dies hat *Finanzmarktexternalitäten* als eine neue Ausprägung des systemischen Risikos entstehen lassen. Banken, die in Refinanzierungsschwierigkeiten geraten, sind gezwungen Finanztitel zu veräußern. Dies führt zu einem Preisverfall bei den Wertpapieren mit der Folge, dass alle Banken, die diese oder ähnliche Wertpapiere in den Büchern haben, Wertberichtigungen vornehmen müssen. Die daraus resultierenden Verluste bringen weitere Banken in Schwierigkeiten, die dann ebenfalls gezwungen sind, Wertpapiere zu veräußern, was die Preise weiter sinken lässt. ALLEN und GALE (2007) zeigen, dass bei Liquiditätsengpässen die Marktpreise von Wertpapieren nicht mehr von den damit verbundenen künftigen Zahlungen abhängen, sondern durch die Knappheit an Liquidität diktiert werden mit der Folge, dass schon ein geringer Mehrbedarf an Liquidität einen dramatischen Preisverfall auslösen kann (*„cash-in-the-market"*, vgl. ALLEN und GALE (2007), S. 110-114). Die Abwertungsspirale bei den Wertpapieren macht deutlich, dass systemische Risiken die Eigenschaft haben, sich gegenseitig zu verstärken. Der exogene Schock, der die Schieflage einer oder mehrerer Banken auslöst, ist nicht das gravierende Problem, die systemische Krise entsteht erst durch die Reaktion der Banken auf diesen Schock. Um systemische Risiken zu begrenzen, bedarf es daher besonderer Regulierungsinstrumente.

G1.2 Gläubigerschutz durch Risikobegrenzung

G1.2.1 Agency Probleme und Gläubigerrisiken

Wir haben bislang ausschließlich zwischen den Einlegern als Kreditgeber und der Bank als Kreditnehmer unterschieden. Dieses Bild ist allerdings unvollständig, denn die Bank ist kein monolithischer Block, sondern stellt – wie jedes andere Unternehmen auch – eine Koalition aus vielen Beteiligten mit teilweise unterschiedlicher Interessenlage dar. Für unsere Zwecke genügt es, bei der Bank zwischen Unternehmensleitung und den Eigentümern zu unterscheiden. Wir wollen im Folgenden die Interessen und Zielsetzungen der drei Beteiligten etwas näher skizzieren:

- Die Leitung der Bank handelt zwar im Auftrag der Eigenkapitalgeber, jedoch verfolgen Manager im Allgemeinen auch eigene Zielsetzungen. Hierzu zählen neben gewissen nicht finanziellen Annehmlichkeiten, die sich Manager recht großzügig gewähren – wie z. B. eine luxuriöse Büroausstattung –, auch das Streben nach Macht und Einfluss. Vor allem sind Manager am Erhalt ihrer Position interessiert und versuchen zu verhindern, dass andere die Verfügungsgewalt über „ihr" Unternehmen erhalten. Das Bemühen, eine Intervention von außen zu verhindern, wird dann zu einem Problem, wenn die Ertragslage des Unternehmens schlecht ist. Für das Management besteht dann ein Anreiz darin, sein Heil in einer Strategie des „Gambling for Resurrection" zu suchen, d. h. besonders riskante Strategien einzuschlagen. Ein Anreiz, hohe Risiken einzugehen, kann auch von Bonussystemen ausgehen, die in den letzten Jahren als Bestandteil der Entlohnung an Bedeutung gewonnen haben (F4.4.3). Erfolgsabhängige Vergütungen sind meist asymmetrisch in dem Sinne, dass der Manager von hohen Erträgen stark profitiert, er von Verlusten aber maximal durch den Verlust von Bonuszahlungen betroffen ist, so dass er von einer Risikoerhöhung insgesamt profitiert.

• Eigenkapitalgeber streben nach einer möglichst hohen Verzinsung des eingesetzten Kapitals. Dies ist solange unproblematisch, wie die Ertragslage des Unternehmens ausreichend ist, um die Zahlungsansprüche der Einleger zu befriedigen. Da den Eigentümern hohe Gewinne unbeschränkt zustehen, sie aber für Verluste nur mit ihrer Kapitaleinlage haften, profitieren sie - ähnlich wie die Manager - von hohen Risiken. Besonders ausgeprägt ist dies bei schlechter Ertragslage und hohem Verschuldungsgrad. Es besteht dann auch für die Eigenkapitalgeber ein Anreiz zu einem „Gambling for Resurrection". Die Eigenkapitalgeber haben daher keine Veranlassung, eine entsprechende Verhaltensweise des Managements zu unterbinden.

• Anders als bei den Eigenkapitalgebern sind die Zahlungsansprüche der Einleger nicht nur nach unten, sondern auch nach oben begrenzt. Einleger können nicht mehr als ihre Einlage verlieren, sie erhalten aber auch nicht mehr als ihre Nominalforderung einschließlich der vereinbarten Verzinsung. Daher haben Fremdkapitalgeber keine Motivation, für eine Unternehmenspolitik zu sorgen, die möglichst hohe Erträge abwirft, zumindest solange nicht, wie ihre Zahlungsansprüche nicht ausfallbedroht sind. Statt dessen werden sie für Maßnahmen plädieren, die möglichst risikoarm sind. Sind dagegen die Ansprüche der Gläubiger in hohem Maße gefährdet, so nehmen sie quasi die Position von Eigentümern eines rein eigenfinanzierten Unternehmens ein. Da die obere Grenze „Nominalforderung" ohnehin kaum noch erreichbar ist, kommen (nahezu) sämtliche Erträge den Einlegern zugute, ebenso wie die Verluste zu ihren Lasten gehen. Die Gläubiger werden daher in diesem Fall für eine Unternehmenspolitik eintreten, die den Gesamtwert des Unternehmens maximiert.

Wie wir gesehen haben, verfolgen die drei Interessengruppen Unternehmensleitung, Eigenkapitalgeber und Einleger unterschiedliche Zielsetzungen, wobei keine der drei Gruppen stets an einer gesamtwertmaximalen Unternehmenspolitik interessiert ist. Bei guter Ertragslage und weitgehend sicherer Rückzahlung des Fremdkapitals sind die Anreize der Eigenkapitalgeber, von einer gesamtwertmaximalen Unternehmensstrategie abzuweichen, gering. Nimmt das Ausfallrisiko des Fremdkapitals zu, so besteht zwischen Eigenkapitalgebern und Unternehmensleitung insofern eine gemeinsame Interessenlage, als das für beide eine Strategie des „Gambling for Resurrection" optimal ist. Die Interessenlage der Einleger ist umgekehrt: Ist die Rückzahlung der Einlage gewährleistet, so werden sie für eine zu sehr auf Sicherheit bedachte Unternehmenspolitik plädieren, bei hohen Ausfallrisiken dagegen ist für die Kreditgeber eine gesamtwertmaximale Unternehmenspolitik optimal.

G1.2.2 Gläubigerschutz durch Eigenmittelunterlegung

Das Ergebnis der Analyse von Agency Problemen legt folgende Vorgehensweise nahe: Solange das Fremdkapital nicht oder nur in geringem Maße ausfallbedroht ist, behalten die Eigentümer bzw. die Bankleitung die Verfügungsgewalt über das Unternehmen. Wenn dagegen das Ausfallrisiko der Einleger eine kritische Schwelle überschreitet, wird dem Management die Verfügungsgewalt entzogen und auf die Einleger bzw. auf eine Instanz übertragen, die stellvertretend für die Einleger handelt. Dies wirft zwei Fragen auf: An welchen Größen soll eine Messung des Ausfallrisikos anknüpfen und wie soll der kritische Schwellenwert angesetzt werden, ab dem die Regulierungsinstanz interveniert?

Zur Beantwortung dieser Fragen können wir uns daran orientieren, wie sich Banken als Kreditgeber verhalten. Banken orientieren sich bei der Kreditgewährung oft an Bilanzrelationen. Eine der wichtigsten Bilanzrelationen ist der Verschuldungsgrad als Quotient aus Fremd- (FK) und Eigenkapital (EK), der eine bestimmte Obergrenze (q) nicht überschreiten soll:

$$\frac{\text{FK}}{\text{EK}} \leq q. \tag{G1-1}$$

Der Verschuldungsgrad ist ein brauchbarer Indikator für die Messung von Gläubigerausfallrisiken. Je höher der Verschuldungsgrad ist, desto größer ist die Wahrscheinlichkeit, dass die Erträge aus der Leistungstätigkeit des Unternehmens nicht ausreichen, Zinsen und Rückzahlung des Fremdkapitals zu gewährleisten. Ein steigender Verschuldungsgrad geht einher mit einem verstärkten Anreiz zur Durchführung von Maßnahmen, die die Gläubiger schädigen. Daher ist es grundsätzlich sinnvoll, dass die Regulierungsinstanz dann interveniert, wenn ein Schwellenwert überschritten wird. Die von dieser Verhaltensregel ausgehende Drohung hält das Management davon ab, Maßnahmen zu ergreifen, die zu riskant sind.

Wenn wir in (G1-1) das Fremdkapital durch die Differenz aus Aktiva und Eigenkapital ersetzen, erhalten wir:

$$\frac{\text{Aktiva} - \text{EK}}{\text{EK}} \leq q. \tag{G1-2}$$

Daraus folgt unmittelbar:

$$\text{EK} \geq q^* \cdot \text{Aktiva} \qquad \text{mit} \qquad q^* = \frac{1}{1+q}.$$

Eine Begrenzung des Verschuldungsgrades ist somit gleichbedeutend mit der Forderung, dass das Eigenkapital einen bestimmten Prozentsatz der Aktiva betragen muss. In der Terminologie der Regulierungsvorschriften besagt (G1-2), dass ein bestimmter Prozentsatz der Aktiva mit Eigenkapital unterlegt werden muss. Damit können wir das Problem der Bestimmung eines maximalen Verschuldungsgrades umformulieren. Die Frage lautet jetzt: In welcher Höhe müssen die Aktiva mindestens mit Eigenkapital unterlegt werden?

Hier können wir auf das Konzept des Value at Risk (VaR), das in Abschnitt F3.4 eingeführt wurde, zurückgreifen. Sofern Eigenkapital mindestens in Höhe des VaR vorhanden ist, sind die Ansprüche der Einleger mit entsprechend hoher Wahrscheinlichkeit gesichert, da das Eigenkapital ausreicht, anfallende Verluste aufzufangen, vorausgesetzt natürlich, der VaR wird korrekt ermittelt.

Ein VaR wird erst seit einigen Jahren für die Ermittlung der Eigenkapitalunterlegung von Marktpreisrisiken aufsichtsrechtlich anerkannt, traditionell basieren die bankaufsichtsrechtlichen Vorschriften zur Risikobegrenzung darauf, dass Aktiva zu einem bestimmten Prozentsatz (i. d. R. 8%) mit Eigenkapital unterlegt werden müssen. Wir können eine solche Vorschrift als eine Heuristik ansehen, mit deren Hilfe ein VaR pauschal ermittelt wird. Pauschal deshalb, weil der Eigenkapitalunterlegungssatz nicht endogen berechnet, sondern exogen vorgegeben wird.

Wir haben bislang die Aktiva als gegeben betrachtet und uns gefragt, wieviel Eigenkapital notwendig ist, um die damit verbundenen Risiken auffangen zu können. Die Wirkung von Vorschriften über die Eigenkapitalausstattung von Banken ist jedoch – zumindest kurzfristig – eine andere: Das Eigenkapital wird als (kurzfristig) gegeben betrachtet, so dass die Frage ist, wieviele Risiken eingegangen werden können. Eine vorgeschriebene Mindestausstattung an Eigenkapital kann somit das Volumen der Geschäftätigkeit bremsen. Dies bekommen die Banken vor allem in Krisensituationen zu spüren, wenn das Eigenkapital aufgrund von Verlusten gesunken ist, die Risiken dagegen steigen. Starre Vorschriften zur Eigenmittelunterlegung können in solchen Situationen *prozyklisch* wirken, d. h. eine bestehende Krise noch verschärfen.

Für aufsichtliche Zwecke werden i. a. nicht die Bilanzwerte für die Bemessung der Eigenmittelunterlegung der Aktiva verwendet, denn Aktiva sind in unterschiedlichem Ausmaß mit Risiken behaftet und dies schlägt natürlich auf die Gefährdung der Gläubigereinlagen durch. Werden die Einlagen der Bankkunden vorwiegend in Staatsschuldverschreibungen angelegt, so resultiert daraus ein sicherer Zahlungsstrom, so dass die Gläubigereinlagen der Bank nicht durch Kreditausfälle gefährdet werden. Anders sieht es dagegen aus, wenn die Bank sog. Junk Bonds erwirbt, d. h. Schuldverschreibungen, die von Emittenten mit geringer Bonität ausgegeben werden. Naheliegend ist es somit, die Aktiva hinsichtlich ihres Risikogehalts zu gewichten. Werden Aktiva mit hohem Risikogehalt dementsprechend höher gewichtet, so führt der Erwerb solcher Aktiva tendenziell eher dazu, dass die durch das vorhandene Eigenkapital vorgegebene Obergrenze erreicht wird. Die Gewichtung der Aktiva nach ihrem Risikogehalt erfordert allerdings auch Methoden, mit deren Hilfe Risiken zuverlässig gemessen werden können. Dies führt zu sehr komplexen Vorschriften. Darüber hinaus kommt es nicht so sehr auf das Risiko eines einzelnen Vermögensgegenstandes an als vielmehr auf das Risiko des Gesamtportefeuilles an Kapitalanlagen. Um dies zu ermitteln, müssten Korrelationen zwischen den einzelnen Aktiva berücksichtigt werden. Dies wirft eine Reihe weiterer Messprobleme auf. Weiterhin sind unterschiedliche Risikoarten zu berücksichtigen. So ist die oben angesprochene Staatsschuldverschreibung zwar nicht mit Ausfallrisiken behaftet, gleichwohl können mit dem Erwerb jedoch Zinsänderungsrisiken verbunden sein oder aber Fremdwährungsrisiken, wenn der Emittent ein ausländischer Staat ist. Auch hier stellt sich die Frage, wie diese Risiken gemessen und aggregiert werden können. Dabei geht es nicht nur um die „richtige" Methode der Risikomessung, sondern auch um die Auswirkungen auf die Risikopolitik der Banken, denn jede Vorschrift zur Risikobegrenzung begrenzt nur das, was im Rahmen dieser Vorschrift als Risiko gemessen wird. Eine fehlerhafte oder ungenaue Risikomessung kann eine ungewollte Anreizwirkung entfalten mit der Konsequenz, dass Risiken nicht begrenzt werden, sondern Anreize zu einer erhöhten Risikoübernahme entstehen (vgl. BLUM (1999); GEHRIG (1995), S. 757ff.; JOHANNING (1996), S. 297f.; JOHANNING (1997)). Stellen wir uns vor, Risikoposition A sei (im Sinne eines Mean Preserving Spreads; vgl. hierzu Teil F) riskanter als die Risikoposition B, aufgrund einer fehlerhaften Risikomessung führt jedoch A zu einer geringeren Eigenkapitelunterlegung als B. Wenn wir davon ausgehen, dass Kreditinstitute die erforderliche Eigenkapitalunterlegung minimieren wollen, werden sie A trotz des größeren Risikos gegenüber B vorziehen. Wir sprechen hier auch von *Regulierungsarbitrage*. Trotz der Fehlanreize, die eine ungenaue Risikomessung erzeugen kann, wird als Konsequenz aus der Finanzmarktkrise erwogen, zusätzlich zu einer risikogewichteten Eigenmittelunterlegung auch eine an Bilanzwerten ausgerichtete *Leverage Ratio* einzuführen, um eine Mindesteigenkapitalquote sicher zu stellen. Es liegt auf der Hand, dass hierdurch die Anreize zur Regulierungsarbitrage noch gesteigert werden.

Risiken manifestieren sich nicht nur in bilanzierungsfähigen Vermögensgegenständen, sondern zunehmend auch in außerbilanziellen Geschäften. Insbesondere durch Geschäfte mit Derivaten lassen sich riskante Positionen mit minimalem Kapitaleinsatz aufbauen, ohne dass dies aus der Bilanz erkennbar ist. Als Aktiva sollten somit nicht nur Bilanzaktiva erfasst werden, sondern sämtliche risikobehafteten Positionen, unabhängig davon, ob und in welchem Ausmaß sie sich in der Bilanz niederschlagen. Diese Forderung ist in den geltenden Vorschriften erfüllt.

Hinsichtlich der Bilanzaktiva stellt sich die Frage, ob die Wertansätze in der Bilanz (Buchwerte) übernommen werden sollen oder aber, ob Marktwerte angesetzt werden sollen, soweit diese objektiv ermittelbar sind. Während Buchwerte zum Teil durch die historischen Anschaffungskosten bestimmt werden, sind Marktwerte besser geeignet, die Ausfallgefährdung der Gläubigeransprüche anzuzeigen. Auch hier geht es vor allem wieder um Anreizprobleme: Da der Buchwert tendenziell immer unter dem Marktwert liegt, könnte durch sog. „Gains Trading", d. h. durch den Verkauf unterbewerteter Aktiva mit anschließendem Rückerwerb, das bilanzielle Eigenkapital erhöht werden, ohne dass sich an der Gläubigerposition materiell etwas geändert hätte.

Sieht man den Zweck einer Risikobegrenzungsnorm weniger darin, dass die Einleger grundsätzlich vor Ausfällen geschützt werden müssen, sondern vor allem darin, dass Moral-Hazard-Probleme vermieden werden sollen, so kommt es vorrangig darauf an, solche Risiken zu begrenzen, die die Bankleitung auch kontrollieren kann, oder anders ausgedrückt: exogene Risiken, auf die das Management keinen Einfluss hat, sollten nicht dazu führen, dass dem Management die Kontrolle über die Bank entzogen wird. Daher wurde vorgeschlagen, zwischen makroökonomischen und unternehmensspezifischen Risiken zu unterscheiden und nur die letzteren in eine Risikobegrenzungsnorm aufzunehmen (vgl. DEWATRIPONT und TIROLE (1994), S. 185). Abgesehen davon, dass es kaum möglich sein wird, immer eine klare Unterscheidung zu treffen, stellt sich die Frage, ob es überhaupt Risiken in nennenswertem Umfang gibt, die exogen sind. Die Veränderung von Zinssätzen oder Wechselkursen z. B. ist sicherlich vom Management einer Bank nicht beeinflussbar, die Konsequenzen solcher Preisveränderungen für die Ertragslage der Bank sind aber sehr wohl vom Management gestaltbar.

G1.2.3 Beschränkung der Fristentransformation

Mindestanforderungen an die Eigenmittelausstattung verfolgen den Zweck, einen Puffer zu bilden, um Verluste auffangen zu können. Banken sind aber nicht nur Risiken ausgesetzt, die unmittelbar zu Verlusten führen, sondern sie sind auch mit Liquiditätsrisiken konfrontiert. Wie das Modell von DIAMOND und DYBVIG (1983) gezeigt hat (vgl. Abschnitt D3.2), sind zwei Faktoren für das Liquiditätsrisiko entscheidend: Banken vergeben überwiegend mittel- und langfristige Kredite, die zum großen Teil kurzfristig refinanziert werden (Fristentransformation), zudem besteht das Vermögen einer Bank aus überwiegend illiquiden Aktiva. Eine Begrenzung des Liquiditätsrisikos muss daher beide Komponenten berücksichtigen, die Fristigkeit der Forderungen und Verpflichtungen und die Liquidierbarkeit der Aktiva. Genauso wenig wie es sinnvoll ist, Ausfallrisiken dadurch auszuschalten, dass Banken keine Verbindlichkeiten mehr eingehen dürfen, kann es auch nicht sinnvoll sein, Fristentransformation vollständig zu verbieten. Statt dessen kann es nur darum gehen, die Möglichkeiten zur Fristentransformation zu begrenzen. Wie dies regulatorisch umgesetzt wird, erfahren Sie in Abschnitt G2.2.4.

G1.2.4 Qualität des Risikomanagements

Eine Insolvenzgefahr entsteht nicht nur dadurch, dass eine Bank in Relation zu ihrem Eigenkapital zu hohe Risiken eingeht, sondern auch durch ein unzureichendes Management von Risikopositionen. Der Ausspruch „*Risk comes from not knowing what you're doing*" von Warren Buffett macht deutlich, wie wichtig ein solides Risikomanagement ist. Hierzu gehört als erster Schritt, dass eine Bank sich darüber im Klaren ist, welchen Risiken sie ausgesetzt ist und welche Bedeutung die einzelnen Risikoarten für die Solvenz der Bank haben. Neben den klassischen Risikoarten wie Adressenausfall- und Marktpreisrisiken gehört hierzu auch, dass man sich Gedanken darüber macht, wie tragfähig das Geschäftsmodell ist und welche Entwicklungen dieses Geschäftsmodell in Frage stellen. Ein typisches Muster der Entwicklung von Schieflagen ist, dass am Anfang ein verfehltes Geschäftsmodell steht. Daraus resultiert dann eine unbefriedigende Ertragslage, die kaschiert werden soll, indem Risikopositionen eingegangen werden, die außerhalb des eigentlichen Geschäftsmodells stehen und für deren Management die nötige Kompetenz fehlt. Zum Risikomanagement gehört weiterhin, dass geeignete Methoden zur Risikomessung vorhanden sind und auch eingesetzt werden. Risiken resultieren schließlich auch aus organisatorischen Mängeln: Arbeitsabläufe müssen festgelegt werden, Verantwortlichkeiten müssen abgegrenzt werden und Kontrollmechanismen müssen vorhanden sein, um die Einhaltung von Regeln überprüfen zu können. Es ist sicherlich unbestritten, dass diese Elemente notwendige und wichtige Bestandteile des Risikomanagements sind, man kann allerdings fragen, ob man regulatorische Vorschriften benötigt, die den Banken ein angemessenes Risikomanagement vorschreiben, denn eigentlich müsste dies im Eigeninteresse jeder Bank sein. Ist es mit marktwirtschaftlichen Prinzipien vereinbar, wenn das Geschäftsmodell einer Bank Bestandteil bankaufsichtlicher Vorschriften wird, greift hier die Bankenaufsicht nicht in ureigene unternehmerische Aufgaben und Verantwortungsbereiche ein? Einfache Antworten auf diese Fragen gibt es nicht. Tatsache ist, dass in der Vergangenheit Krisen einzelner Banken nicht selten auf ein unzureichendes Risikomanagement zurückzuführen waren, teilweise fehlte es an den geeigneten Methoden, teilweise waren eklatante organisatorische Mängel das Problem. Der Grund hierfür waren neben Unkenntnis und Unvermögen auch Anreizprobleme: aufwendige Methoden zur Risikomessung sowie umfangreiche Kontrollmechanismen wurden als Hindernis für eine rasche Expansion in ertragreiche Geschäftsfelder gesehen. In Zeiten, in denen sich mit neuen Produkten in kurzer Zeit scheinbar viel Geld verdienen lässt, will niemand etwas von Kontrollen und Vorsichtsmaßnahmen wissen, sie erscheinen nur als unnötige Behinderung der erfolgreichen Tätigkeit. Wenn die damit verbundenen Risiken offenkundig werden, kann ein Ausbau des Risikomanagements nichts mehr bewirken. Aufgrund der Erfahrungen in der Vergangenheit ist nachvollziehbar, dass bankaufsichtliche Vorschriften in den letzten Jahren verstärkt das Risikomanagement ins Visier genommen haben.

G1.3 Regulierung systemischer Risiken

G1.3.1 Wirkungsweise systemischer Risiken

Die gegenwärtige Bankenregulierung beruht auf der Grundidee, dass die Stabilität des Finanzsystems gewährleistet werden kann, indem Maßnahmen erlassen werden, die die Solvenz jeder einzelnen Bank sichern. Unterschätzt wurde bislang die Bedeutung systemischer Risiken. Hierbei handelt es sich um Risiken, die auf der Ebene einer einzelnen Bank nicht erkennbar sind bzw. als beherrschbar erscheinen, sich bei der Aggregation über die Banken hinweg aber nicht ausgleichen, sondern sich gegenseitig verstärken.

Eine der Grundaussagen der Finanzierungstheorie ist, dass der Preis eines Finanztitels dem Barwert der damit verbundenen erwarteten Zahlungen entspricht. Dieser Wert wird auch als Fundamentalwert bezeichnet. Veränderungen dieses Preises sind die Folge von neuen Informationen, die die Erwartungen über die künftigen Erträge verändern. Da der Zugang neuer Informationen als zufällig angesehen werden kann, modelliert man üblicherweise das Verhalten der Preise als einen Zufallsprozess. Diese Sichtweise liegt nicht nur der Bewertung von Finanztiteln zugrunde, sondern auch dem Management und der Regulierung von Preisrisiken (vgl. Kapitel J). So richtig dieser Ansatz auch aus der Perspektive einer einzelnen Bank ist, so darf man dennoch nicht übersehen, dass Preise letztlich keine exogenen Zufallsgrößen sind, sondern durch Angebot und Nachfrage zustande kommen, also endogen sind. Wenn wir die Existenz von Marktunvollkommenheiten zulassen, so ist möglich, dass Preise von ihren Fundamentalwerten erheblich abweichen. Hierzu wollen wir eine Situation betrachten, die an die Modellstruktur in Kapitel D3.2 anknüpft.

Wir betrachten ein Drei-Zeitpunkt-Modell, mit einer kurzfristigen, d. h. einperiodigen und einer langfristigen, d. h. zweiperiodigen Investitionsmöglichkeit (vgl. ALLEN und GALE (2007)). Auf den Betrag y, der kurzfristig investiert wird, wird keine Rendite erzielt, die langfristige Investition erbringt eine Rendite von $R > 1$. Bei einer vorzeitigen Liquidation ist der Betrag x, der langfristig investiert wurde, vollständig verloren. Alle Investoren sind in $t = 0$ identisch, in $t = 1$ entscheidet sich, wer vom Typ 1 und wer vom Typ 2 ist. Typ 1 Investoren benötigen ausschließlich in $t = 1$ Konsum, Typ 2 Investoren sind ausschießlich an Konsum in $t = 2$ interessiert. Im Unterschied zum Grundmodell (vgl. Kapitel D3.2) nehmen wir nun aber an, dass das Verhältnis von Typ 1 zu Typ 2 Investoren unterschiedliche Werte annehmen kann, d. h. es besteht nun auch gesamtwirtschaftlich gesehen Unsicherheit über die Höhe des Liquiditätsbedarfs in $t = 1$. Wir nehmen weiterhin an, dass es einen Finanzmarkt gibt, auf dem Finanztitel, die Konsumansprüche in $t = 1$ bzw. $t = 2$ beinhalten, gehandelt werden. In $t = 1$ werden die Typ 1 Investoren ihre langfristigen Wertpapiere zum Kauf anbieten. Mit α sei der Anteil der Typ 1 Investoren bezeichnet, $x = (1 - y)$ sei der Anteil, der langfristig investiert wurde. Das Gesamtangebot an langfristigen Wertpapieren in $t = 1$, S, beträgt damit:

$$S = \alpha \, (1 - y) \,. \tag{G1-3}$$

Da Typ 1 Investoren mit Konsum in $t = 2$ keinen Nutzen verbinden, werden sie ihre Anteile an dem langfristigen Wertpapier verkaufen, unabhängig davon, wie niedrig der Verkaufspreis π ist. Die Angebotsfunktion verläuft somit senkrecht. Typ 2 Investoren haben grundsätzlich ein Interesse daran, ihre Erträge aus dem kurzfristigen Wertpapier in $t = 1$ in den Erwerb langfristiger Wertpapiere zu reinvestieren. Die Nachfrage nach dem langfristigen Wertpapier ist allerdings für Typ 2 Investoren nicht unabhängig vom Preis. Gilt $\pi > R$, so wird ein Typ 2 Investor kein langfristiges Wertpapier kaufen, da die kurzfristige Anlage von $t = 1$ bis $t = 2$ günstiger ist. Im Fall $\pi = R$ ist ein Typ 2 Investor indifferent zwischen der langfristigen und der erneuten kurzfristigen Anlage, die Nachfrage ist vollständig preiselastisch. Gilt $\pi < R$, so ist der Kauf der langfristigen Wertpapiere vorteilhaft. Die Investoren können umso mehr langfristige Wertpapiere kaufen, je geringer der Preis ist. Da es $(1 - \alpha)$ Investoren vom Typ 2 gibt, die jeweils y Einheiten in die kurzfristige Anlage investiert haben, steht den Typ 2 Investoren insgesamt ein Betrag in Höhe von $(1 - \alpha)y$ für den Kauf langfristiger Wertpapier in $t = 1$ zur Verfügung. Bei einem Preis in Höhe von π pro Wertpapier, ergibt dies im Bereich $\pi < R$ eine Nachfrage in Höhe von

$$D \left(\pi \right) = \frac{(1 - \alpha) \, y}{\pi} \,. \tag{G1-4}$$

Aus (G1-4) ist zu erkennen, dass die Nachfragefunktion im Bereich $\pi < R$ den üblichen fallenden Verlauf aufweist (vgl. auch Abbildung G1.1).

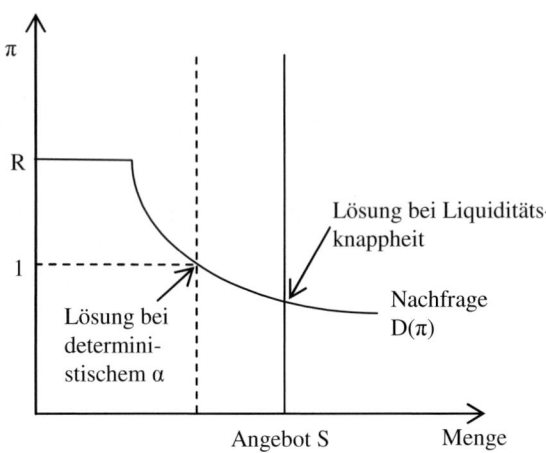

Abb. G1.1: Angebot und Nachfrage nach dem langfristigen Wertpapier (vgl. ALLEN und GALE (2007), S. 109)

Der Preis ergibt sich bei Markträumung durch Gleichsetzen von Angebot (G1-3) und Nachfrage (G1-4):

$$\pi = \frac{(1-\alpha)\,y}{\alpha\,(1-y)}. \tag{G1-5}$$

Aus (G1-5) ist zu erkennen, dass der Preis umso niedriger ist, je weniger in $t = 0$ in die kurzfristige Anlage investiert wurde und je größer der Anteil der Typ 1 Investoren ist. Ist der Anteil der Typ 1 Investoren in $t = 0$ bereits bekannt, muss $\pi = 1$ gelten, andernfalls würden alle Investoren entweder ausschließlich in die kurzfristige Anlage ($\pi < 1$) oder ausschließlich in die langfristige Anlage ($\pi > 1$) investieren. Der Preis des langfristigen Wertpapiers in $t = 1$ entspricht damit genau seinem Fundamentalwert. Ist dagegen α in $t = 0$ unbekannt, so besteht entweder ein Überschuss an Liquidität, wenn der Anteil der Typ 1 Investoren kleiner als erwartet ist, oder aber es entsteht Liquiditätsknappheit, wenn sich bei mehr Investoren als erwartet herausstellt, dass sie vom Typ 1 sind. Liquiditätsknappheit hat zur Folge, dass π sinkt, so dass es Fälle geben muss, in denen α so groß ist, dass $\pi < 1$ gilt, d. h. der Preis sinkt unter seinen Fundamentalwert. Wäre nämlich $\pi \geq 1$ unabhängig davon, wie groß der Anteil der

Typ 1 Investoren ist, so wäre es wiederum für alle Investoren in $t = 0$ optimal, ausschließlich in die langfristige Anlage zu investieren. Dann gäbe es aber niemanden, der in $t = 1$ das langfristige Wertpapier kaufen könnte, so dass der Preis auf Null fallen müsste.

Wie stark sich die Unsicherheit über die Liquidität auf den Wertpapierpreis auswirkt, hängt davon ab, wie groß die Schwankungen in den Liquiditätsbedürfnissen im Verhältnis zu der vorhandenen Liquidität sind. Halten die Akteure wenig Liquidität vor, weil sie die Wahrscheinlichkeit erhöhter Liquiditätsbedürfnisse für sehr gering ansehen, so können bereits geringe Schwankungen in den Liquiditätsbedürfnissen erhebliche Preisschwankungen nach sich ziehen. Eine solche Situation hatten wir in den letzten Jahren auf den Finanzmärkten: Liquidität wurde als stets ausreichend verfügbar angesehen, der Fall, dass aufgrund von Liquiditätsknappheiten Wertpapierpreise sinken und Kreditinstitute in existenzgefährdende Situationen geraten, wurde nur noch als eine rein theoretische Möglichkeit gesehen, die aber praktisch als ausgeschlossen galt.

Der Einfluss der Liquidität auf die Wertpapierpreise wird noch verstärkt, wenn wir zusätzlich einige institutionelle Gegebenheiten auf den Finanzmärkten berücksichtigen (vgl. BRUNNERMEIER und PEDERSEN (2009) und BRUNNERMEIER *et al.* (2009)). Wichtige Akteure an den Finanzmärkten sind Investmentbanken, deren Funktion wir in Kapitel A3.1.2 damit umschrieben haben, dass sie den Handel mit Finanztiteln erleichtern. Um temporäre Ungleichgewichte zwischen Angebot und Nachfrage nach Wertpapieren auszugleichen, nehmen Investmentbanken Long- und Short-Positionen ein. Investmentbanken refinanzieren ihre Wertpapierbestände nicht durch Kundeneinlagen, sondern durch die Kreditaufnahme bei anderen Banken, die wir als Refinanzierungsbanken bezeichnen wollen, wobei die Wertpapierbestände als Sicherheiten dienen. Allerdings sind dieser Kreditaufnahme Grenzen gesetzt, da die Refinanzierungsbanken üblicherweise nur bereit sind, den um einen Sicherheitsabschlag (*Haircut* bzw. *Margin*) reduzierten Kaufpreis als Kredit bereitzustellen. Der Haircut muss somit durch Eigenkapital der Investmentbank aufgebracht werden. Mit dem Haircut möchte die Refinanzierungsbank sicher gehen, dass ihre Kreditforderung bei einer Insolvenz der Investmentbank aus der Verwertung der als Sicherheit verpfändeten Wertpapiere möglichst vollständig befriedigt wird. Die Höhe des Haircuts hängt damit vom Ausmaß der Preisschwankungen eines Wertpapiers ab. Abgesehen von den Haircuts erfordern auch die Vorschriften über die Eigenmittelunterlegung, dass ein bestimmter Mindestsatz der Aktiva mit Eigenkapital finanziert werden muss. Tritt nun aufgrund eines exogenen Schocks eine Liquiditätsverknappung ein, die – wie oben beschrieben – einen Preisverfall bei den Wertpapieren nach sich zieht, so führt dies zunächst zu einem Verlust bei den Investmentbanken aufgrund einer Abwertung der Wertpapierbestände. Da die Bank gezwungen ist, eine bestimmte Mindesteigenkapitalquote s aufrechtzuerhalten, muss sie ihre Wertpapierbestände reduzieren, im Extremfall um den Betrag $1/s$, wenn ihre tatsächliche Eigenkapitalausstattung vorher nur dem Minimum entsprach. Die Kreditbanken werden auf den Preisverfall mit einer Erhöhung der Haircuts reagieren, wenn sie höhere als zuvor geschätzte Preisschwankungen bei den Wertpapieren realisieren und nicht beurteilen können, ob der Preisverfall auf veränderte Fundamentalwerte oder auf eine Liquiditätsverknappung zurückzuführen ist. Eine Erhöhung der Haircuts schränkt die Refinanzierungsmöglichkeiten der Investmentbanken weiter ein mit der Folge, dass die Investmentbanken immer weniger in der Lage sind, für einen Liquiditätsausgleich zu sorgen. Verschlechtert sich die Liquiditätssituation dadurch weiter, droht ein weiterer Preisverfall mit zusätztlichen Wertberichtigungen, weiteren Marginerhöhungen und einer sich immer mehr verschärfenden Liquiditätsknappheit (vgl. Abbildung G1.2).

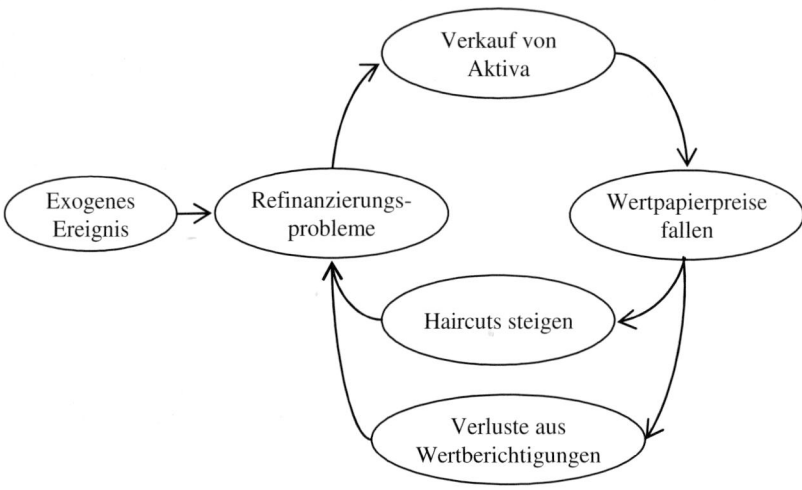

Abb. G1.2: Liquiditätsspirale (vgl. Brunnermeier und Pedersen (2009), S. 2204)

G1.3.2 Instrumente zur Begrenzung systemischer Risiken

Die Analyse der systemischen Risiken zeigt, dass ein exogen gegebener Schock nur der Auslöser einer Finanzkrise ist, das eigentliche Krisenszenario kommt durch die Reaktionen der Banken auf diesen Schock zustande. Die Folgewirkungen, die exogene Schocks durch das Handeln der Banken für die Stabilität eines Finanzsystems haben können, werden in der üblichen mikroprudenziellen Bankenaufsicht, die nur die individuelle Risikosituation einer Bank betrachtet, nicht erfasst. Auch jede einzelne Bank berücksichtigt die Folgewirkungen ihres Handelns auf die Stabilität der Finanzmärkte nicht in ihrem Risikomanagement. Daher entstehen externe Effekte, die eine makroprudenzielle Regulierung als Ergänzung zur mikroprudenziellen Regulierung erfordern. Hierfür gibt es allerdings noch kein umfangreiches Instrumentarium.

Der bekannteste Ansatz einer makroprudenziellen Regulierung stellt die sog. *statistical Provision (statistische Wertberichtigung)* dar, die die spanische Nationalbank in ihrer Eigenschaft als Bankaufsichtsbehörde seit dem 1. Juli 2000 anwendet (vgl. DE LIS *et al.* (2000)). Hintergrund ist die Beobachtung, dass die Kreditvergabe der Banken zyklisch verläuft. In wirtschaftlich guten Jahren expandiert das Kreditvolumen meist noch stärker als das Bruttoinlandsprodukt, dies geht allerdings oft einher mit einem Absinken der Kreditvergabestandards. Dies macht sich dann bei einem wirtschaftlichen Abschwung umso deutlicher bemerkbar: Die Kreditausfälle steigen stark an, zum einen wegen der nachlassenden Wirtschaftskraft, zum anderen rächt sich, dass in den guten Jahren viele Kredite zu leichtfertig vergeben wurden. Der Grundstock für die Probleme der Banken wird somit in den guten Jahren gelegt, folglich muss die Regulierung anti-zyklisch wirken, d. h. in guten Jahren müssen die Regulierungsvorschriften strenger sein als in schlechten Zeiten.

Die *statistical Provision* stellt eine an langfristigen Durchschnittswerten orientierte Wertberichtigung dar, die die Banken jedes Jahr unabhängig von ihrem tatsächlichen Wertberichtigungsbedarf bilden müssen. Für die Bestimmung der statistischen Wertberichtigung gibt es zwei Ansätze: Im *Standardansatz* werden bankaufsichtlich vorgegebene Standardwerte verwendet, deren Höhe je nach Risikogehalt einer Position zwischen 0% und 1,5% des Positionswertes betragen. Der niedrigste Anrechnungssatz gilt für Kredite an die öffentliche Hand, der höchste Wert muss z. B. für Kreditkartenforderungen und Überziehungskredite angesetzt werden. Statt des Standardansatzes können die Banken auch ihre eigenen *internen Modelle* anwenden, sofern sie über eine entsprechend lange Datenhistorie verfügen und in der Lage sind, die Risikopositionen in Gruppen, die hinsichtlich ihres Risikos hinreichend homogen sind, einzuteilen. Die statistische Wertberichtigung wird jährlich mit den für erkennbare Risiken gebildeten Einzelwertberichtigungen verglichen. In wirtschaftlich guten Jahren sollte die statistische Wertberichtigung die Einzelwertberichtigungen übersteigen. Der Überschussbetrag wird in einen Fond (statistischer Fond) eingestellt, bis dieser Fond das Dreifache der statistischen Wertberichtigung erreicht. Wenn in einem wirtschaftlichen Abschwung die Einzelwertberichtigungen die statistischen Wertberichtigungen übersteigen, wird dieser Fond dann entsprechend aufgelöst. Damit wird insgesamt eine Glättung der Wertberichtigungen über den Konjunkturzyklus hinweg erreicht. Diese Glättung verhindert, dass die Banken in wirtschaftlichen Abschwungphasen aufgrund hoher Verluste gezwungen sind, ihre Aktiva zu reduzieren und die Kreditvergabe einzuschränken, was wiederum den wirtschaftlichen Abschwung verstärkt.

Die statistischen Abschreibungen sind mit den internationalen Rechnungslegungsvorschriften nicht vereinbar (vgl. Kapitel M3). Der gleiche Effekt ließe sich aber auch dadurch erreichen, dass die Sätze für die Eigenmittelunterlegung von Risikopositionen in guten Jahren erhöht werden, damit sie in Abschwungphasen abgesenkt werden können. Hierdurch würde die Kreditexpansion in Boomphasen gebremst werden, dafür müssten die Banken in Abschwungphasen die

Kreditvergabe weniger stark einschränken. Die Wirkungsweise der statistischen Wertberichtigung steht in Gegensatz zu der prozyklischen Wirkung der Eigenmittelunterlegungsvorschriften nach Basel II (vgl. hierzu Kapitel I5).

In eine ähnliche Richtung wie die statistische Wertberichtigung geht der Ansatz von JIMENEZ und SAURINA (2006): Sie schlagen vor, die Wertberichtigungen bzw. alternativ die Eigenmittelunterlegung vom Kreditwachstum abhängig zu machen. Übersteigt das Kreditwachstum einer Bank den langfristigen Durchschnittswert des Kreditwachstums aller Banken, so steigt die Wertberichtigung bzw. die Eigenmittelunterlegung an, liegt das Wachstum unter dem Durchschnitt, so reduzieren sich die Werte entsprechend (siehe zu einem ähnlichen Vorschlag auch: BRUNNERMEIER *et al.* (2009)).

Eine makroprudenzielle Regulierung sollte auch externe Effekte erfassen, die dadurch entstehen, dass eine Bank zu groß bzw. zu verflochten mit anderen Banken ist, als dass man sie insolvent werden lassen könnte. Kann man davon ausgehen, dass eine Bank aufgrund ihrer Größe oder Verflochtenheit vor der Insolvenz gerettet werden muss, so hat diese Bank einen besonderen Anreiz, hohe Risiken einzugehen: Zum einen wird der Staat einspringen, wenn die Risiken zu existenzbedrohenden Verlusten führen, zum anderen erhöhen sich trotz steigendem Risiko die Refinanzierungskosten nicht entsprechend, weil die Gläubiger der Bank ebenfalls darauf vertrauen, dass der Staat im Notfall einspringt und die Bank – und damit auch die Ansprüche der Gläubiger – sichert. Um diesen externen Effekt zu internalisieren, sollte die Eigenmittelunterlegung einer Bank dann ansteigen, wenn eine Krise dieser Bank erheblichen Einfluss auf den Zustand des gesamten Finanzsystems hat. Zur Messung dieses Einflusses haben ADRIAN und BRUNNERMEIER (2009) das Konzept des CoVaR[1] entwickelt.

Im Kapitel F2.4 wurde der VaR als derjenige Verlust definiert, der mit einer Wahrscheinlichkeit von $(1 - \alpha)$ nicht überschritten wird. Während der VaR das isolierte Risiko einer Bank misst, soll der CoVaR angeben, wie hoch das Risiko einer Bank oder des gesamten Finanzsystems ist, wenn eine andere Bank in Schwierigkeiten geraten ist. Der CoVaR ist somit der VaR einer Institution j unter der Bedingung, dass bei der Institution i ein Verlust V^i in Höhe des VaR eingetreten ist:

$$\text{CoVaR}^{j|i} = \left(\text{VaR}^j | V^i = \text{VaR}^i \right). \tag{G1-6}$$

Die Institutionen i und j können einzelne Banken oder aber das gesamte Finanzsystem sein. Entsprechend kann mit Hilfe des CoVaR gemessen werden, wie sich die Krise einer bestimmten Institution (z. B. Lehman oder AIG) auf das Risiko einer anderen Bank (z. B. Hypo Real Estate) auswirkt, wie sich eine Finanzmarktkrise auf das Risiko einer bestimmten Bank auswirkt oder aber wie die Schieflage einer Bank die Verfassung der Finanzmärkte beeinflusst. Ziehen wir von dem CoVaR$^{j|i}$ den stand-alone VaR der Institution j ab, so erhalten wir den marginalen Risikobeitrag der Institution i zum Risiko der Institution j:

---

[1] Das Präfix *Co* steht laut Aussage der Autoren für *co*nditional, *co*movement, *co*ntagion oder *co*ntributing.

$$\Delta \text{CoVaR}^{j|i} = \text{CoVaR}^{j|i} - \text{VaR}^j. \qquad \text{(G1-7)}$$

$\Delta \text{CoVaR}^{j|i}$ ist ein Maß für die externen Effekte, die von der Institution i auf die Institution j ausgehen. Wenn wir mit j das Finanzsystem bezeichnen, dann gibt $\Delta \text{CoVaR}^{\text{Finanzsystem}|i}$ an, in welchem Maße eine Schieflage bei der Bank i das Finanzsystem zusätzlich destabilisiert. Da die Banken diesen externen Effekt in ihrem internen Risikomanagement nicht berücksichtigen, ist ein regulatorisches Eingreifen notwendig. BRUNNERMEIER *et al.* (2009) schlagen vor, die regulatorisch geforderte Eigenmittelunterlegung einer Bank i in Abhängigkeit von deren $\Delta \text{CoVaR}^{\text{Finanzsystem}|i}$ zu erhöhen. Um prozyklische Effekte zu vermeiden, sollte nicht das aktuelle $\Delta \text{CoVaR}^{\text{Finanzsystem}|i}$, sondern das vorausgeschätzte $\Delta \text{CoVaR}^{\text{Finanzsystem}|i}$ verwendet werden. ADRIAN und BRUNNERMEIER (2009) zeigen, dass der Verschuldungsgrad, das Ausmaß der Fristentransformation, die Größe sowie das Verhältnis von Buch- zu Marktwert geeignete Schätzer für das künftige systemische Risiko einer Bank sind.

G1.4 Prudential Regulation versus Pre-Commitment-Approach

Mindestanforderungen an die Eigenmittelunterlegung von Risikopositionen sowie eine Begrenzung der Fristentransformation sind Restriktionen, die vorbeugend wirken sollen, man spricht hier auch von *„Prudential Regulation"*: Es soll verhindert werden, dass Banken in eine Lage geraten, in der die Sicherheit der den Banken anvertrauten Gelder gefährdet ist und die Stabilität des Finanzsystems nicht mehr gewährleistet ist. Restriktionen haben drei potenzielle Nachteile: Zum einen ist denkbar, dass sie Transaktionen verhindern, obwohl diese potenziell nutzbringend sind, zum anderen schaffen sie Anreize zu Umgehungsmaßnahmen und drittens ist es sehr aufwändig, die Einhaltung der Regeln zu überprüfen.

Für den Bereich der Marktpreisrisiken ist als Alternative zur Prudential Regulation ein *„Pre-Commitment-Approach"* vorgeschlagen worden (vgl. KUPIEC und O'BRIEN (1997); DARIPA und VAROTTO (1998); SANTOS (2001)). Das Bankmanagement nennt im Vorhinein einen maximalen Verlustbetrag, der innerhalb einer festgelegten Zeitspanne nicht überschritten werden darf. Geschieht dies dennoch, so ist eine Strafzahlung zu leisten. Mit einem solchen Ansatz wäre es grundsätzlich möglich, den Informationsvorteil, den das Management bezüglich der Gesamtrisikosituation einer Bank gegenüber der Bankenaufsicht hat, für die Bestimmung des regulatorischen Eigenkapitals zu nutzen. Das Problem besteht nun darin, die optimale Strafzahlung festzulegen. Optimal heißt, dass das Bankmanagement einerseits keinen Anreiz haben darf, einen zu niedrigen Verlustbetrag anzukündigen, andererseits sollen durch die Straffunktion keine sinnvollen Transaktionen nur deshalb unterbleiben, weil das Management befürchtet, hierdurch die Gefahr einer Strafzahlung zu erhöhen. Der Vergleich zwischen Prudential Regulation und Pre-Commitment Approach weist eine gewisse Analogie zum Diamond-Modell auf: Auch dort wurden zwei Mechanismen betrachtet, das Verhalten der Bank zu beeinflussen. Die Alternative mit Straffunktion entspricht dem Pre-Commitment Approach, die Alternative mit Monitoring kommt der Prudential Regulation nahe.

Die Wirksamkeit des Pre-Commitment-Approachs hängt wesentlich davon ab, ob zwei Voraussetzungen erfüllt sind:

1. Um eine anreizkompatible Straffunktion herleiten zu können, muss die Aufsichtsbehörde wissen, wie die Bank auf diese Straffunktion reagiert. Dies setzt voraus, dass die Aufsichtsbehörde alle Parameter kennt, die das Verhalten des Bankmanagements beeinflussen.
2. Wir hatten schon im Diamond-Modell gesehen, dass die Art der Strafe einiges an Phantasie abverlangt. Geldstrafen sind möglicherweise nicht durchsetzbar, weil sie gerade dann zu zahlen wären, wenn die Bank hohe Verluste macht und somit zu einer Zahlung gar nicht in der Lage ist. Nicht-monetäre Strafen in Form von Freiheitsentzug o. ä. sind dagegen möglicherweise aus juristischen Gründen nicht durchsetzbar, ob man auf die Wirksamkeit von Reputationsverlust vertrauen kann, erscheint auch fraglich. Eine Reihe von Fällen aus der jüngeren Vergangenheit zeigen, wie schwierig es ist, Bankmanager für (vermeintliches) Fehlverhalten strafrechtlich zur Verantwortung zu ziehen.

Wie wir aus dem Diamond-Modell wissen, sind auch Straffunktionen nicht ohne gesellschaftliche Kosten: Da die Strafe auch dann angewendet werden muss, wenn die Bank ohne Verschulden des Management die angekündigte Verlustobergrenze überschreitet, setzt sie die Bankmanager einem hohen Risiko aus. Dieses Risiko bedeutet einen Nutzenverlust und kann dazu führen, dass das Management von einer optimalen Unternehmenspolitik in der Weise abweicht, dass zu wenig Risiko eingegangen wird.

G1.5 Regelgebundene versus diskretionäre Regulierung

Bankenaufsichtliche Vorschriften basieren in Deutschland traditionell auf eindeutig definierten Regeln. Ein Beispiel hierfür ist die Ermittlung der Eigenmittelunterlegung im Kreditrisikostandardansatz der *Solvabilitätsverordnung* (SolvV; vgl. hierzu Kapitel I5.1.2). Die Eigenmittelunterlegung für einen Kredit ist danach das Produkt aus dem Kreditvolumen (abzüglich Wertberichtigungen und zuzüglich Vorsorgereserven), dem Risikogewicht (in Abhängigkeit von der Art des Schuldners und seiner durch Ratingagenturen gemessenen Bonität) und dem Solvabilitätskoeffizienten (8%). Kennzeichnend für diese Regel ist, dass alle Eingangsgrößen sowie die Verknüpfung dieser Eingangsgrößen zur Ermittlung der Eigenkapitalanforderung genau definiert sind und so gut wie keinen Interpretationsspielraum belassen. Ähnlich starr vorgegebene, rein quantitative Regeln gibt es in der SolvV im Standardansatz für die Marktpreisrisiken sowie im Basisindikator- sowie Standardansatz bei den operationellen Risiken. Auch das Standardverfahren zur Ermittlung der Liquiditätskennzahl in der *Liquiditätsverordnung* (LiqV) enthält eindeutige Vorschriften, welche Positionen zu berücksichtigen sind und wie aus diesen Positionen die Liquiditätskennzahl zu ermitteln ist. Ferner sind die Großkreditvorschriften gemäß §13 KWG ebenfalls in diese Kategorie von Regelungen einzuordnen. Der Vorteil eindeutiger quantitativer Regeln ist, dass deren Einhaltung relativ leicht überprüft werden kann. Dies gilt sowohl hinsichtlich der Frage, ob die Eigenmittelanforderung korrekt ermittelt worden ist als auch hinsichtlich der Frage, ob die tatsächliche Eigenmittelausstattung ausreichend ist. Dies schafft Rechtssicherheit für die Kreditinstitute und für die Bankenaufsicht. Da eine Verletzung der Vorschriften weitgehend zweifelsfrei feststellbar ist, können daran zwingende Sanktionen geknüpft werden. Andererseits fehlt der Bankenaufsicht die Möglichkeit, einzugreifen, wenn deutlich wird, dass sich trotz Einhaltung der aufsichtlichen Vorschriften die Risikosituation einer Bank verschlechtert hat.

Den Vorteilen eindeutiger Regeln mit geringem Spielraum stehen erhebliche Nachteile gegenüber. So können starre Regeln die individuelle Risikosituation nur ungenau messen. Eine ungenaue und pauschalierende Risikomessung wiederum verleitet zu Ausweichreaktionen und Regulierungsarbitrage. So führte die pauschale Unterlegung von Kreditrisiken mit 8% haftendem Eigenkapital dazu, dass durch Kreditverbriefungen regulatorisches Eigenkapital eingespart werden konnte, ohne dass gleichzeitig die Risiken reduziert wurden, wenn der Originator die Equity-Tranche zurückbehielt[2]. Auch die 364-Tage Liquiditätsfazilitäten sind das Ergebnis einer Umgehung regulatorischer Vorschriften, denn ab einer Laufzeit von einem Jahr mussten im früheren Grundsatz I Kreditzusagen mit Eigenmitteln unterlegt werden. Ein weiterer Nachteil starrer Regeln ist, dass sie das Risiko eher rückwärts gerichtet erfassen und die Risikoentwicklung einer Bank zu wenig vorausschauend anzeigen. Die Schwächen einer Bankenaufsicht, die auf rein quantitativen Vorgaben beruht, sind in der aktuellen Finanzmarktkrise deutlich zu Tage getreten: Es ist bislang nicht bekannt geworden, dass ein Kreditinstitut quantitativ formulierte aufsichtliche Vorschriften verletzt hätte, dennoch wird immer deutlicher, dass einige Kreditinstitute Risiken angehäuft haben, die in keinem ausgewogenen Verhältnis zur Eigenkapitalausstattung stehen.

Die Unzulänglichkeiten starrer, rein quantitativer Regeln sind auch schon vor der Finanzmarktkrise erkannt worden und haben dazu geführt, dass in den letzten Jahren zunehmend Regelungen in die Bankenaufsicht Eingang gefunden haben, bei denen aus dem bankinternen Risikomanagement gewonnene Größen zur Ermittlung der Eigenmittelanforderung verwendet werden. Der bislang weitestgehende Vorstoß zu einer qualitativen Bankenaufsicht ist mit der Umsetzung der zweiten Säule von Basel II Bestandteil der deutschen Aufsichtsvorschriften geworden. Die als Internal Capital Adequacy Assessment Process (ICAAP) bezeichneten Anforderungen an die internen Prozesse von Banken zur dauerhaften Sicherstellung der Risikotragfähigkeit sind ein flexibler Handlungsrahmen, der weitgehend auf die Formulierung von Detailregelungen und konkreten Steuerungsvorgaben verzichtet und stattdessen der Heterogenität der Kreditinstitute

---

[2] Aus Anreizgründen ist es durchaus sinnvoll, wenn der Originator die Equtiy-Tranche behält, allerdings sollte dann auch die Eigenkapitalanforderung in etwa gleich bleiben.

und deren Geschäftsstruktur Rechnung trägt. Verlangt wird, dass die Banken in der Lage sind, ihre Risiken zu ermitteln und zu steuern, wobei die Banken hinsichtlich der Methoden, die sie im Risikomanagement einsetzen, freie Hand haben. An das Risikomanagement werden lediglich qualitative Anforderungen gestellt, wie z. B., dass die Methoden angemessen und geeignet sein sollen und der Bedeutung einer Risikoart für den Geschäftserfolg der Bank Rechnung tragen sollen.

Allgemein gehaltene qualitative Vorgaben, die diskretionären Spielraum belassen, ermöglichen es, die Bankenaufsicht an die individuelle Situation einer Bank anzupassen. Dadurch kann einerseits eine Überregulierung vernachlässigbarer Risiken vermieden werden, und andererseits können zusätzliche Anforderungen an das Management existenzieller Risiken gestellt werden. Auch Risikoarten, wie zum Beispiel Zinsänderungsrisiken im Bankenbuch, die nicht durch quantitative Vorgaben begrenzt werden, können in die Aufsicht mit einbezogen werden. Weiterhin ist es grundsätzlich möglich, auf die Umgehung quantitativer Vorgaben zu reagieren und somit Regulierungsarbitrage zu vermeiden. Qualitative Regeln ermöglichen es der Bankenaufsicht, frühzeitig einzugreifen, da nicht abgewartet werden muss, bis quantitative Vorgaben verletzt sind („forward-looking" statt „Nachtwächteraufsicht"). Mit der Vorgabe qualitativer Anforderungen an das Risikomanagement der Banken wird das Ziel verfolgt, für die interne Risikosteuerung und die externe Risikoüberwachung durch die Bankenaufsicht die gleichen Methoden anzuwenden. Greifen das Risikomanagement und die Bankenaufsicht auf die gleichen Konzepte zurück, entfällt der Zusatzaufwand für die doppelte Erfassung identischer Sachverhalte, zudem können Inkonsistenzen vermieden werden. Schließlich ist es möglich, den Banken Anreize zur Weiterentwicklung ihrer Risikomanagementsysteme zu geben, wenn die Höhe der Eigenmittelunterlegung an die Qualität des internen Risikomanagements gekoppelt wird. Die Eigenmittelanforderungen für Ausfallrisiken sind z. B. in der Weise kalibriert, dass die Höhe der Eigenkapitalunterlegung für ein durchschnittlich risikoreiches Portfolio beim Übergang vom einfachen Kreditrisikostandardansatz zu den komplexeren IRB-Ansätzen sinkt (vgl. zu den Regulierungsvorschriften für Kreditausfallrisiken Abschnitt I5.1.2).

Qualitative Vorgaben können nur einen Rahmen vorgeben, der dann im Einzelfall auf konkrete Maßnahmen und Bedingungen herunter gebrochen werden muss. Wie dies zu geschehen hat, wird nicht von vornherein festgelegt. Dies schafft zwar einerseits Flexibilität, bedeutet andererseits aber auch eine größere Rechtsunsicherheit und zwar sowohl bei den beaufsichtigten Banken als auch bei der Bankenaufsicht. Je mehr die Bankenaufsicht auf Vorgaben beruht, die qualitativ formuliert sind, desto weniger eindeutig ist feststellbar, ob eine solche Vorgabe im Einzelfall eingehalten worden ist oder nicht. Hier steht die Bankenaufsicht vor allem vor dem Problem, dass sie als Außenstehende einen Informationsnachteil hat. Um die Angemessenheit des internen Risikomanagements beurteilen zu können, müsste die Bankenaufsicht sich ausgehend von dem Geschäftsmodell einer Bank einen umfassenden Überblick über die damit verbundenen wesentlichen Risiken verschaffen. Im zweiten Schritt wäre dann zu prüfen, ob alle wesentlichen Risiken erfasst werden und ob die Konzeption der Risikomanagementsysteme der unterschiedlichen Bedeutung der Risikoarten gerecht wird. Abschließend wäre zu verifizieren, ob die einzelnen Risikomanagementsysteme korrekt konstruiert sind und von geeigneten Annahmen über die in das System eingehenden Parametern ausgehen. Damit wird offensichtlich, dass eine qualitative Bankenaufsicht erheblich höhere Anforderungen an die Aufsichtsinstanzen stellt als die Überprüfung der Einhaltung quantitativer Normen. Wie die deutsche Bankenaufsicht mit den Herausforderungen einer qualitativen Aufsicht umgeht, wird in Kapitel G3 ausführlicher behandelt.

Die mangelnde Eindeutigkeit qualitativer Vorgaben wirft die Frage auf, wie die Bankenaufsicht reagieren soll, wenn es zwischen ihr und einer Bank Meinungsverschiedenheiten über die Angemessenheit des internen Risikomanagements gibt. Eine qualitative Aufsicht bleibt ein weitgehend stumpfes Schwert, wenn die Bankenaufsicht nur dann Maßnahmen ergreifen kann, wenn sie einen Regelverstoß eindeutig nachweisen kann. Im Vorfeld krisenhafter Entwicklungen gibt es oft noch keine handfesten Mängel, die konkret belegbar wären. Muss die Bankenaufsicht mit dem Eingreifen warten, bis Verstöße offensichtlich sind, ist es oft schon zu spät. Wie wirkungsvoll eine qualitative Bankenaufsicht ist, hängt auch davon ab, wie die diskretionären Spielräume, die qualitative Vorgaben belassen, genutzt werden. Es ist keineswegs gewährleistet, dass eine Bankenaufsicht stets im Interesse des Gemeinwohls handelt und nicht eigene Zielsetzungen verfolgt. So könnte eine Bankenaufsicht sich gegenüber Probleminstituten zu sehr zurückhalten (*regulatory forbearance*), weil sie befürchtet, dass ein Eingreifen als Folge einer unzureichenden Überwachung interpretiert wird. Diskretionäre Spielräume machen die Bankenaufsicht anfällig für die Einflussnahme von außen. So kann eine Regulierungsbehörde unter politischen Druck geraten und zur Passivität gedrängt werden, weil befürchtet wird, dass ein Eingreifen die kritische Lage der Banken sichtbar macht und letztlich der Staat mit finanziellen Hilfen einspringen muss, um die Banken zu stabilisieren. Zu befürchten ist, dass analog zum *Gambling for Resurrection* ein „*Regulatory Gambling*" (DEWATRIPONT und TIROLE (1994), S. 195) betrieben wird in der Hoffnung, dass sich die Lage wieder bessern werde oder aber zumindest für die Dauer der eigenen Amtszeit vertuscht werden kann. Darüber hinaus versuchen natürlich auch die Banken selbst, über ihre Interessenvertretungen Einfluss auf die Regulierungsinstanzen zu nehmen.

Die Gefahr, dass die Bankenaufsicht unter dem Druck von Politik und Lobbyismus zu nachgiebig agiert, ist besonders ausgeprägt bei der Regulierung systemischer Risiken. Da eine makroprudenzielle Regulierung antizyklisch konzipiert sein sollte, führt sie gerade dann zu einer Verschärfung der Eigenmittelunterlegung, wenn jeglicher regulierender Eingriff als besonders störend empfunden wird: Die Geschäfte laufen gut, der Umsatz expandiert und Risiken sind scheinbar nirgends erkennbar. In einer solchen Situation eine höhere Eigenmittelunterlegung durchsetzen zu wollen, wird den massiven Widerstand der gesamten Bankenbranche provozieren. Um die Bankenaufsicht davor zu schützen, dem Druck aus Bankwirtschaft und Politik nachgeben zu müssen, ist eine strenge Regelgebundenheit der makroprudenziellen Bankenaufsicht auf der Basis quantitativ formulierter Regeln notwendig. Auch bei der mikroprudenziellen Bankenaufsicht wird man auf quantitative Regeln nicht ganz verzichten können, sie alleine können allerdings die Solvenz einer Bank nicht sicherstellen, hierzu bedarf es der Ergänzung durch eine qualitative Bankenaufsicht.

G2 Überblick über bankenaufsichtliche Vorschriften

1. Eine allgemeine Bankenaufsicht wurde infolge von spektakulären Bankzusammenbrüchen während der Weltwirtschaftskrise 1931 eingeführt. Seitdem wurden die bankaufsichtsrechtlichen Vorschriften mehrfach modifiziert und erweitert, wobei heute das Ziel verfolgt wird, international einheitliche Aufsichtsregeln als Voraussetzung für einen fairen Bankenwettbewerb zu schaffen.
2. Die Bankenaufsicht wird in Deutschland vor allem durch die BaFin und durch die Bundesbank ausgeübt. Wichtigste gesetzliche Grundlage für die Bankenaufsicht ist das Kreditwesengesetz (KWG).
3. Zahlreiche Vorschriften des KWG zielen darauf ab, Ausfallrisiken für die Einleger zu minimieren, indem die Risiken, die Banken eingehen können, begrenzt werden. Erfasst werden Adressen-, Sachwertausfall- und Preisrisiken (Solvabilitätsverordnung) sowie Liquiditätsrisiken (Liquiditätsgrundsatz), daneben auch Großkredit-, Betriebs- und Informationsrisiken.
4. In der Solvabilitätsverordnung (SolvV) wird die Risikobegrenzung erreicht, indem Risiken mit Eigenmittel unterlegt werden müssen.
5. Die Mindestanforderungen an das Risikomanagement (MaRisk) als Herzstück einer qualitativen Bankenaufsicht verlangen eine angemessene Geschäftsorganisation und ein angemessenes Risikomanagement.
6. Neben dem gesetzlichen Einlagensicherungssystem verfügen die deutschen Kreditbanken über ein zusätzliches Einlagensicherungssystem, das Einlagen bis zur Höhe von 30% des haftenden Eigenkapitals pro Einleger sichert. Sparkassen und Genossenschaftsbanken verfügen jeweils über ein eigenes Sicherungssystem, das primär auf Institutssicherung ausgerichtet ist.

G2.1 Entwicklung der Regulierungsvorschriften

Die Geschichte der Bankenaufsicht ist eng verbunden mit der Geschichte von Bankpleiten. Der Ruf nach einer intensiveren Beaufsichtigung von Banken wurde und wird immer dann laut, wenn spektakuläre Zusammenbrüche oder Bankenkrisen sich ereignen. So ist auch die erste allgemeine Bankenaufsicht, die 1931 per Notverordnung erlassen wurde, auf eine Bankenkrise zurückzuführen, nämlich auf die Schließung der Darmstädter und Nationalbank (Danatbank) im Verlauf der Weltwirtschaftskrise. Begleitet wurde diese Bankenkrise von einem panikartigen Abzug von Einlagen, einem Sturm auf die Bankschalter sowie der Einführung von Bankfeiertagen.

   Vorausgegangen waren Jahrzehnte, in denen immer wieder – insbesondere nach Bankzusammenbrüchen – die Forderung nach einer Beaufsichtigung der

Banken erhoben worden war. Diese Forderungen führten zwar zur Verabschiedung eines Börsen- und Depotgesetzes (1896) sowie zu einer Beaufsichtigung der Hypothekenbanken (1899), eine allgemeine Bankenaufsicht wurde aber unter Hinweis auf die Gewerbefreiheit abgelehnt (vgl. SCHNEIDER (1978), S. 7ff.; SCHULTE-MATTLER und TRABER (1997), S. 5ff.).

Die Notverordnung über die Bankenaufsicht wurde 1934 abgelöst durch das „Reichsgesetz über das Kreditwesen", das die Grundlage für das spätere Kreditwesengesetz bildete, das 1962 in Kraft trat. Nach einer Phase der Deregulierung, die zu einer Aufhebung der Zinsbindung und einem Wegfall der Vorschriften über die Wettbewerbsreglementierung führte, war die Schließung des Bankhauses I.D. Herstatt 1974 als Folge von Verlusten durch Devisenspekulationen der Anlass, zusätzliche Vorschriften zu erlassen. So wurde der Grundsatz Ia eingeführt, der zunächst nur die offenen Devisen- und Edelmetallpositionen limitierte und später dann auf Zinsänderungs- und sonstige Preisrisiken im Bereich der Derivativgeschäfte ausgedehnt wurde. Daneben wurden – quasi als Lehre aus der Herstatt-Pleite – die Einlagensicherung ausgebaut, das Vieraugenprinzip in der Geschäftsleitung etabliert und die Großkreditvorschriften verschärft.

Die seit den 80er Jahren in immer kürzeren Zeitabständen vorgenommenen Novellierungen des deutschen Bankenaufsichtsrechts haben ihren Ursprung in dem Bestreben, die europäischen Aufsichtsnormen zu vereinheitlichen. Damit verbunden ist eine EU-weite Niederlassungsfreiheit für Banken, die ausschließlich der Kontrolle des Heimatlandes unterliegen. Mittlerweile gehen die entscheidenden Impulse für die Weiterentwicklung der Bankenaufsicht vom Baseler Ausschuss für Bankenaufsicht aus, in dem Vertreter der zehn wichtigsten Industrienationen vertreten sind. Der Spielraum der nationalen Gesetzgebung beschränkt sich auf die Umsetzung von EU-Richtlinien, die wiederum häufig an die Arbeiten des Baseler Ausschusses anknüpfen.

Im Jahre 1984 wurde die (erste) EG-Konsolidierungsrichtlinie, die eine Beaufsichtigung von Kreditinstitutsgruppen auf konsolidierter Basis einführte, in deutsches Recht umgesetzt. Die 4. KWG-Novelle von 1993 beinhaltete neben der Aufhebung der Vorschriften über den Sparverkehr vor allem die Umsetzung der Solvabilitäts- und Eigenmittelrichtlinie. Dies brachte sowohl eine Ausweitung der Bestandteile des haftenden Eigenkapitals als auch der mit diesem Kapital zu unterlegenden Risikoaktiva mit sich. Die 5. KWG-Novelle folgte bereits 1995 und brachte eine Modifikation der Konsolidierungs- und Großkreditvorschriften mit sich. Den vorläufigen Schlusspunkt bildet die 6. KWG-Novelle (1998), mit der die Wertpapierdienstleistungs- und Kapitaladäquanzrichtlinie in deutsches Recht transformiert wurden. Zusätzlich zum haftenden Eigenkapital wurde der Begriff der Eigenmittel in das KWG aufgenommen, daneben wurden im Grundsatz I auch Marktpreisrisiken aufgenommen, so dass der GS Ia entfallen konnte. Der Neuformulierung des GS I folgte 1998 eine Neufassung des Finanzierungsgrundsatzes II, der im Gegensatz zu den „alten" GS II und III ausschließlich auf die Fähigkeit der Banken, kurzfristige Verbindlichkeiten decken zu können, abstellt.

Im Jahre 2004 verabschiedete der Baseler Ausschuss für Bankenaufsicht nach einer mehrjährigen Konsultationsphase die überarbeitete Rahmenvereinbarung

über die „Internationale Konvergenz der Eigenkapitalmessung und Eigenkapitalanforderungen". Diese auch als Basel II bekannt gewordene Übereinkunft besteht aus drei Säulen. Säule 1, die die Vorschriften zur Eigenmittelunterlegung
enthält, und Säule 3, die sich mit Offenlegungspflichten beschäftigt, sind durch
die *Solvabilitätsverordnung* (SolvV; vgl. Kapitel G2.3) in deutsches Aufsichtsrecht transformiert worden. Die in der zweiten Säule von Basel II enthaltenen
qualitativen Anforderungen an den Aufsichtsprozess sind in die *Mindestanforderungen an das Risikomanagement* (MaRisk; vgl. Kapitel G2.4) eingeflossen,
die Ende 2005 von der BaFin veröffentlicht und in Kraft gesetzt wurden. Damit
wurden die qualitativen Elemente der Bankenaufsicht deutlich gestärkt.

Man braucht kein Prophet zu sein, um vorherzusagen, dass die seit 2007 an-
dauernde Finanzmarktkrise zu weitreichenden Veränderungen in der Bankenregulierung führen wird. Die Hauptansatzpunkte der Reformbestrebungen betreffen höhere Eigenkapitalanforderungen, eine verbesserte Transparenz, Vergütungssysteme sowie eine antizyklische Wirkung der Regulierungsvorschriften
(vgl. BASEL COMMITTEE ON BANKING SUPERVISION (2009a)):

- Bei den Eigenkapitalanforderungen für Handelsbuchrisikopositionen soll künftig auch ein VaR, der auf der Basis eines Stressszenarios berechnet wird,
herangezogen werden. Darüber hinaus sollen für Adressausfallrisiken sowie
Verbriefungspositionen im Handelsbuch höhere Risikogewichte gelten.
- Wiederverbriefungen sollen in höherem Maße mit Eigenmitteln unterlegt werden müssen.
- Es sollen zusätzliche Informationen über Verbriefungspositionen, die im Handelsbuch gehalten werden, offen gelegt werden sowie über die Rolle einer Bank
als Sponsor von außerbilanziellen Zweckgesellschaften.
- Die Bankenaufsicht soll kontrollieren, ob die Vergütungssysteme einer Bank
den Managern Anreize geben, übermäßig hohe Risiken einzugehen. Die Struktur der Vergütungssysteme soll offen gelegt werden.
- Die prozyklische Wirkung von risikosensitiven Eigenmittelunterlegungsvorschriften soll durch die Bildung von Wertberichtigungen, die die erwarteten
Verluste durch den gesamten Konjunkturzyklus hinweg abbilden (*through-
the-cycle expected loss provisions*), abgemildert werden. Ähnlich der von der
spanischen Bankenaufsicht eingeführten statistischen Wertberichtigung (vgl.
Kapitel G1.3.2) soll in guten Jahren ein Puffer aufgebaut werden, der in
schlechten Jahren abgeschmolzen werden kann.

G2.2 Kreditwesengesetz und Risikobegrenzung

G2.2.1 Ansatzpunkte für eine Reduzierung von Gläubigerrisiken

Die bedeutendste gesetzliche Grundlage für die Regulierung von Kreditinstituten ist das Kreditwesengesetz (KWG), das für alle Kredit- und Finanzdienstleistungsinstitute gilt. Daneben existieren eine Reihe weiterer Spezialgesetze, die
nur für bestimmte Kreditinstitute oder bestimmte Geschäftsarten gelten. Hierzu

zählen z. B. das Pfandbriefgesetz, das Investmentgesetz, das Wertpapierhandels-gesetz, das Bausparkassengesetz und die Sparkassengesetze der Bundesländer.

Das KWG wird durch zahlreiche Verordnungen und weitere Vorschriften er-gänzt. Da das Hauptziel der Regulierung von Banken darin besteht, die Anle-ger vor Ausfallrisiken zu schützen, dienen die meisten Bestimmungen des KWG mittelbar oder unmittelbar dem Einlegerschutz. Die Vorschriften, durch die eine Begrenzung der Risiken, die die Banken eingehen können, erreicht werden soll, lassen sich in drei Kategorien einteilen.

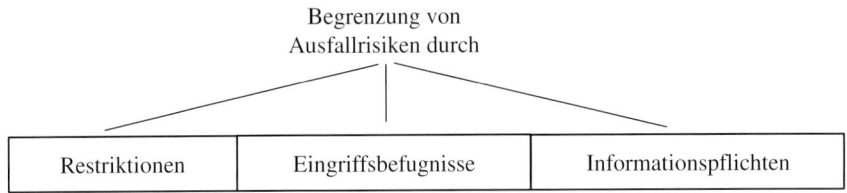

Abb. G2.1: Systematisierung der Vorschriften des KWG zur Begrenzung von Risiken

Durch das KWG und die daran anknüpfenden Bestimmungen werden den Kreditinstituten Restriktionen auferlegt, die die Möglichkeiten der Banken, Ri-siken eingehen zu können, begrenzen. Derartige Restriktionen beinhalten die Verpflichtung zur Eigenmittelunterlegung von Risikopositionen, dazu gehören Vorschriften über die Fristigkeit der Aktiva und Passiva sowie Bestimmungen über organisatorische Mindeststandards, die eingehalten werden müssen. Risi-ken, die zu einer Gefährdung der Einlagen führen, können unterschiedliche Ur-sachen haben und vielfältige Ausprägungen annehmen. Tabelle G2-1 gibt einen Überblick über die wichtigsten Risikoarten und listet die zugehörigen Vorschrif-ten zur Risikobegrenzung auf.

Tab. G2-1: Risikoarten und deren aufsichtsrechtliche Begrenzung

Risikoart	Gesetzliche Regelungsnorm
Ausfallrisiken	§§10, 10a, 12, 13 KWG; SolvV
Marktpreisrisiken	§10 KWG; SolvV
Liquiditätsrisiken	§11 KWG; LiqV
Operationelle Risiken	§§13 Abs. 2, 15, 17, 18, 25a, 32 Abs. 1 KWG; SolvV; MaRisk
Informationsrisiken	§§23, 23a, 39, 40 KWG; MiFID

Wer beaufsichtigen will, benötigt zuverlässige Informationen über denjeni-gen, der reguliert werden soll. Das KWG enthält dementsprechend eine Vielzahl von Anzeige- und Auskunftspflichten der Kreditinstitute gegenüber der Bankenaufsicht. Um die Zuverlässigkeit dieser Informationen zu gewährleisten, sind im KWG weitreichende Prüfungspflichten festgeschrieben, die in seltenen Fällen durch die BaFin selbst, sonst durch Wirtschaftsprüfer, Prüfungsverbände oder durch die Deutsche Bundesbank wahrgenommen werden.

Vorschriften sind nur dann wirksam, wenn deren Nichtbeachtung Sanktionen nach sich zieht. Solche Sanktionen bestehen in Form von Straf- und Bußgeldvorschriften, daneben kann die BaFin auch unmittelbar in die Geschäftstätigkeit der Banken eingreifen, wenn Vorschriften des KWG verletzt werden oder eine Gefährdung der Gläubigereinlagen erkennbar ist.

G2.2.2 Ausfallrisiken

Der größte Teil der Vermögensgegenstände einer Bank besteht aus Finanzaktiva, d. h. aus Krediten, festverzinslichen Wertpapieren, Anteilstiteln und Finanzderivaten. Allen Finanzaktiva ist gemeinsam, dass sie eine Zahlungsanwartschaft gegenüber dem Emittenten bzw. Schuldner beinhalten. Grundsätzlich besteht bei allen Finanzaktiva das Risiko, dass der Emittent bzw. Schuldner insolvent wird und die Zahlungsanwartschaft damit an Wert verliert oder ganz wertlos wird. Die Gefahr der Nichterfüllung von Zahlungsanwartschaften aufgrund von finanziellen Schwierigkeiten des Vertragspartners wird als Ausfallrisiko bezeichnet. Neben dem klassischen Ausfallrisiko, das potenziell bei jedem Kreditverhältnis besteht, gehört hierzu auch das Kontrahentenausfallrisiko, das im Wertpapierhandel entsteht. Hierbei geht es nicht darum, dass der Emittent eines Wertpapiers, sondern der Vertragspartner seinen Verpflichtungen aus dem Handelsgeschäft nicht nachkommen kann. Darüber hinaus gehört in diese Kategorie auch das Sachwertausfallrisiko. Darunter versteht man die Gefahr des zufälligen Untergangs von Vermögenswerten. Dies ist zwar kein bankspezifisches Risiko, dennoch werden die Sachwertausfallrisiken in die aufsichtsrechtliche Risikobegrenzung miteinbezogen. Einzelheiten zu den aufsichtsrechtlichen Vorschriften über die Ausfallrisiken finden Sie in Kapitel I5.

Die wichtigste Rechtsgrundlage für die Begrenzung von Ausfallrisiken ist der §10 KWG, der durch die Solvabilitätsverordnung (SolvV; vgl. BUNDESMINISTERIUM DER FINANZEN (2006)) konkretisiert wird.

> §10 KWG: „Die Institute ... müssen im Interesse der Erfüllung ihrer Verpflichtungen gegenüber ihren Gläubigern, insbesondere im Interesse der Sicherheit der ihnen anvertrauten Vermögenswerte, angemessene Eigenmittel haben."

Die Bestimmung des Begriffs Eigenmittel erfolgt in §10 Abs. 2-7 KWG (vgl. hierzu Kapitel G2.3), in der SolvV wird konkretisiert, anhand welcher Kriterien die BaFin die Angemessenheit der Eigenmittelausstattung beurteilt. Entscheidendes Kriterium ist die Relation der Risikopositionen, zu denen auch die Ausfallrisiken gehören, zu den vorhandenen Eigenmitteln. Die BaFin kann in bestimmten Situationen auch eine höhere Eigenmittelausstattung als die gemäß SolvV verlangen (§10 Abs. 1b KWG). Anlässe hierfür sind:

1. Berücksichtigung von Risiken, die nicht oder nicht hinreichend von der SolvV erfasst werden,
2. die Risikotragfähigkeit eines Instituts ist nicht gewährleistet,
3. es soll der Aufbau eines zusätzlichen Eigenmittelpuffers für Perioden wirtschaftlichen Abschwungs sichergestellt werden,
4. es liegt eine besondere Geschäftssituation, z. B. die Aufnahme der Geschäftstätigkeit, vor.

Inwieweit Adressenausfallrisiken die Sicherheit der Gläubigereinlagen gefährden, hängt nicht nur von der Eigenmittelausstattung der Bank sowie von der Bonität ihrer Kunden ab, sondern auch von Diversifikationseffekten im Kreditportfolio. Im Diamond-Modell (vgl. Kapitel B3) wurde der Grenzfall betrachtet, dass sämtliche Ausfallrisiken wegdiversifiziert werden konnten, so dass für die Einleger letztlich kein Ausfallrisiko bestand. Dieses Ergebnis beruhte auf zwei Effekten: Zum einen wurde stochastische Unabhängigkeit der Ausfallrisiken unterstellt, zum anderen bestand das Kreditportfolio der Bank aus unendlich vielen Krediten, die alle nur einen verschwindend kleinen Anteil am Gesamtkreditportfolio ausmachten. Die zweite Eigenschaft, d. h. der Anteil eines Kredites am Gesamtkreditportfolio wird auch als *Granularität* bezeichnet. Unendliche Granularität wie im Diamond-Modell ist natürlich eine extreme Annahme, die Zielsetzung der aufsichtsrechtlichen Regelungen ist weit bescheidener: Hier soll durch *Großkreditobergrenzen* vermieden werden, dass die Kreditvergaben an einen einzelnen Schuldner ein solches Ausmaß annehmen, dass ein Ausfall dieses Schuldners Ausfälle bei den Einlagen nach sich zieht (vgl. ausführlicher: Boos und Ramloch (1998), S. 186ff. sowie Kapitel I5.7).

G2.2.3 Preisrisiken

Wertschwankungen bei börsengehandelten Finanztiteln wie Aktien, festverzinslichen Wertpapieren oder Finanzderivaten resultieren nicht nur aus veränderten Bonitätseinschätzungen des Emittenten, sondern auch aus Marktpreisschwankungen. So fällt z. B. der Kurs festverzinslicher Wertpapiere, wenn das Zinsniveau steigt, und umgekehrt. Inwieweit das Kreditinstitut hierdurch einem Risiko ausgesetzt ist, kann nicht anhand der individuellen Position beurteilt werden, sondern hängt davon ab, ob gegenläufige Positionen vorhanden sind. So kann das mit einem festverzinslichen Wertpapier verbundene Zinsänderungsrisiko durch Festzinsverbindlichkeiten oder durch Zinsderivate gehedgt werden (siehe hierzu Teil J). In der SolvV werden allerdings nicht alle Zinsänderungsrisiken quantitativ erfasst, sondern nur bezüglich solcher Positionen, die dem Eigenhandel dienen. Zinsänderungsrisiken des Bankenbuches werden im Rahmen des bankaufsichtlichen Überwachungsprozesses qualitativ erfasst. Die Mindestanforderungen an das Risikomanagement (MaRisk) enthalten hierzu relativ allgemein gehaltene Vorschriften. Weitere Preisänderungsrisiken, die durch die SolvV begrenzt werden, sind Aktienkursrisiken (ebenfalls nur im Eigenhandelsbereich), Fremdwährungs- und Rohwarenrisiken. In Teil J werden wir ausführlich auf die Begrenzung von Preisrisiken durch die SolvV eingehen. An dieser Stelle soll nur darauf hingewiesen werden, dass die Erfassung von Preisrisiken eine andere Konzeption verlangt als die Erfassung von Ausfallrisiken.

G2.2.4 Liquiditätsrisiken

In §11 KWG wird den Kreditinstituten auferlegt, ihre Mittel so anzulegen, dass jederzeit eine ausreichende Zahlungsbereitschaft (gemeint ist hier wohl die Zahlungsfähigkeit) gewährleistet ist. Die Konkretisierung dieser allgemeinen Formulierung erfolgt durch die Liquiditätsverordnung (LiqV), die in Teil H dargestellt wird. Während frühere Fassungen der Liquiditätsgrundsätze an die Regel der fristenkongruenten Finanzierung anknüpften und vor allem auf die mittel- und langfristige Liquiditätssicherung (strukturelle Liquidität) abstellten, betont der neue Liquiditätsgrundsatz den kurzfristigen Bereich. Daneben sind auch interne Liquiditätssteuerungs- und -messverfahren zugelassen.

G2.2.5 Operationelle Risiken

Wir haben bislang Risiken betrachtet, die zwar vom Kreditinstitut beeinflussbar waren, deren Ursachen aber letztlich aus der Sicht der Bank exogen waren. Verlustgefahren werden aber auch durch eine unzureichende bankinterne Organisation, durch das Fehlen einer Risikostrategie einschließlich der Instrumente zur Risikomessung und Risikosteuerung, durch das Versagen von (EDV-) Systemen, durch Fehlentscheidungen oder Fehlverhalten von Mitarbeitern und/oder Unternehmensexterner oder aber durch die Unfähigkeit der Bankleitung hervorgerufen. Die bankaufsichtlichen Vorschriften, die diese unter dem Begriff „Operationelle Risiken" subsumierten Gefahrenquellen betreffen, sind in den letzten Jahren erheblich ausgebaut worden. Vorschriften zur Begrenzung operationeller Risiken finden wir im KWG, in den MaRisk und in der SolvV. Die wichtigsten Vorschriften des KWG zur Begrenzung von operationellen Risiken sind in Tabelle G2-2 aufgelistet.

Besondere Bedeutung haben in der jüngsten Vergangenheit die §§18 und 25a KWG erhalten. So muss sich zurzeit ein ehemaliger Vorstandsvorsitzender der WestLB wegen Verstoßes gegen §18 KWG vor Gericht verantworten. Hintergrund ist die Vergabe eines Kredits in Höhe von 1,35 Milliarden € an den britischen Fernsehverleiher Box Clever. Die Kreditvergabe soll ohne Prüfung der Jahresabschlüsse von Box Clever zustande gekommen sein, was einen Verstoß gegen §18 KWG darstellt. §25a KWG ist die gesetzliche Grundlage für die MaRisk, die umfangreiche Anforderungen an das Risikomanagement, an die interne Revision sowie an die Aufbau- und Ablauforganisation innerhalb von Banken stellen. Wir geben in Kapitel G2.4 einen Überblick über die allgemeinen Vorschriften der MaRisk, die besonderen Vorschriften, die für das Kreditgeschäft und das Handelsgeschäft gelten, werden im Zusammenhang mit den jeweiligen Risikoarten dargestellt (vgl. Kapitel I5.9 und J1.2.2).

Tab. G2-2: Vorschriften zur Begrenzung von Operationellen Risiken

Paragraf	Inhalt
§13 Abs. 2, §13a Abs. 2	Einstimmiger Beschluss aller Gesellschafter über die Gewährung eines Großkredits erforderlich
§15 Abs. 1 §17	Einstimmiger Beschluss aller Gesellschafter sowie Zustimmung des Aufsichtsorgans bei Organkrediten, d. h. z. B. bei Krediten an die Geschäftsleiter der Bank erforderlich, besondere Haftung bei Verstoß gegen §15
§18	Prüfung der wirtschaftlichen Verhältnisse des Kreditnehmers bei Krediten größer als 750.000 €
§25a	Besondere organisatorische Pflichten von Kreditinstituten: • Einrichtung eines geeigneten Systems zur Risikosteuerung, Risikoüberwachung und -kontrolle • Einrichtung einer ordnungsgemäßen Geschäftsorganisation, eines angemessenen internen Kontrollverfahrens sowie von Sicherheitsmaßnahmen für die EDV
§32 Abs. 1	Voraussetzungen für die Erlaubnis zum Betreiben von Bankgeschäften (Auszug): • Zuverlässigkeit und fachliche Eignung der Geschäftsleiter • Geschäftsplan (Angaben über: Art der geplanten Geschäfte, organisatorischer Aufbau und interne Kontrollverfahren)

Während die Vorschriften im KWG und in den MaRisk darauf beruhen, operationelle Risiken durch die Vorgabe organisatorischer Mindestanforderungen zu begrenzen, verlangt die SolvV eine Eigenmittelunterlegung von operationellen Risiken. Damit soll sichergestellt werden, dass Verluste, die auf operationelle Risiken zurückzuführen sind, durch das Eigenkapital als Verlustpuffer aufgefangen werden können. Die verschiedenen Ansätze zur Quantifizierung operationeller Risiken im Zusammenhang mit der SolvV werden in Kapitel K2 dargestellt.

G2.2.6 Informationsrisiken

Die Notwendigkeit des Gläubigerschutzes wird unter anderem auch damit begründet, dass der durchschnittliche Bankkunde in finanziellen Dingen unerfahren sei. Damit diese Unerfahrenheit nicht zu Lasten der Bankkunden ausgenutzt werden kann, enthält das KWG Bestimmungen, die verhindern sollen, dass Bankkunden irreführend oder unzureichend informiert werden (siehe Tabelle G2-3).

Weitere für das alltägliche Bankgeschäft bedeutende Verpflichtungen der Banken zur umfassenden Information ihrer Kunden enthalten die §§491-498 BGB. Darin ist u. a. festlegt, über welche Sachverhalte ein Kreditnehmer vor dem Abschluss eines Kreditvertrages aufgeklärt werden muss. So muss z. B. der Effektivzins, ermittelt nach den Vorschriften der Preisangabenverordnung (PAngV), angegeben werden sowie der Gesamtbetrag aller künftigen Zahlungen (§492 BGB). Der Anlegerschutz ist ein zentrales Thema der *Markets in Financial Instruments*

Tab. G2-3: Vorschriften des KWG zur Begrenzung von Informationsrisiken

Paragraf	Inhalt
§23	Verbot bestimmter Arten von Werbung, wie z. B. Werbung mit der Beaufsichtigung durch die BaFin, Werbung mit dem Begriff „Bank", obwohl nur wenige Bankgeschäfte betrieben werden.
§23a	Unterrichtung der Bankkunden über Umfang und Höhe der Einlagensicherung
§§39, 40	Bezeichnungsschutz für die Begriffe „Bank", „Bankier", „Volksbank" und „Sparkasse"

Directive (MiFID). Die MiFID verlangt unter anderem, dass die Bank sich über ihre Kunden informiert, insbesondere über deren Risikobereitschaft und Anlagedauer. Umgekehrt muss auch die Bank ihre Kunden informieren, und zwar über die Bank und über die von ihr angebotenen Produkte. Im Rahmen der Anlageberatung muss die Bank die Risikoneigung des Kunden, seine bisherigen Anlagen und seine Vermögensstruktur beachten, soweit Provisionszahlungen anfallen, sollen diese offen gelegt werden.

G2.2.7 Informationspflichten

Eine wirksame Beaufsichtigung der Kreditinstitute setzt voraus, dass die Bankenaufsichtsinstanzen über die notwendigen Informationen verfügen, um eine Gefährdung der Einleger frühzeitig erkennen zu können. Das KWG enthält daher weitgehende Informationspflichten für Kreditinstitute. Tabelle G2-4 gibt einen Überblick über die wichtigsten Anzeigepflichten[3].

Eine generelle Auskunftspflicht über alle Geschäftsangelegenheiten ist in §44 KWG verankert. Die BaFin und die Bundesbank sind berechtigt, Unterlagen jederzeit einzusehen und auch an Sitzungen der Aufsichtsorgane eines Kreditinstituts teilzunehmen. Darüber hinaus bestehen laufende Informationspflichten in Form von Monatsausweisen (monatlich zu erstellende Statistik, die einer Bilanz ähnelt), vierteljährlichen Risikoberichten, Jahresabschlüssen und Angaben, die für die Überprüfung der Einhaltung der Grundsätze über Eigenkapital und Liquidität notwendig sind. Eine weitere Kategorie von Informationspflichten betrifft die Anzeigepflicht von besonderen Ereignissen (vgl. Tabelle G2-4).

Ergänzt werden die Informationspflichten durch umfangreiche Prüfungsvorschriften (§§28-29 KWG), die weit über den Umfang der Prüfung einer Kapitalgesellschaft hinausgehen. So hat der Wirtschaftsprüfer nicht nur den Jahresabschluss zu prüfen, sondern auch die Einhaltung zahlreicher Bestimmungen des KWG sowie das Depotgeschäft. Die BaFin kann dem Jahresabschlussprüfer auf-

---

[3] Einen vollständigen Überblick über die gesetzlichen Anzeige- und Meldepflichten für Finanzdienstleistungsinstitute und Wertpapierhandelsbanken finden Sie auf den Webseiten der Bundesbank: http://www.bundesbank.de/download/bankenaufsicht/pdf/anz_fdi.pdf.

Tab. G2-4: Anzeigepflichten der Kreditinstitute gemäß KWG

Anzeigepflichten	Paragraf
Generelle Auskunftspflicht der Kreditinstitute	§44
Laufende Informationspflichten	
Angaben bzgl. SolvV	§10 Abs. 1
Angaben bzgl. LiqV	§11
Großkredite	§13, 13a
modifizierte bilanzielle Eigenkapitalquote (Leverage Ratio)	§24 Abs. 1a Nr. 5
Monatsausweise (monatliche Bilanzstatistiken)	§25
Jahresabschlüsse	§26
Informationspflichten bei besonderen Ereignissen	
Begründung von Unternehmensbeziehungen	§12a
Millionenkredite ($\geq$1,5 Mio. €)	§14
Anzeigen:	§24
• Bestellung und Ausscheidung eines Geschäftsleiters	
• Übernahme und Aufgabe einer Beteiligung	
• Änderung der Rechtsform	
• Verlust $\geq$25% des haftenden Eigenkapitals	
• Verlegung der Niederlassung oder des Sitzes	
• Errichtung, Verlegung, Schließung einer Zweigstelle in einem Drittstaat	
• Einstellung des Geschäftsbetriebs	
• Aufnahme und Beendigung von Nichtbankgeschäften	

geben, in welchen Bereichen er die Schwerpunkte seiner Prüfung legen soll. Der Jahresabschlussprüfer hat über seine Prüfung einen ausführlichen Bericht zu erstellen, der der Bundesbank und der BaFin zugeleitet wird. Einzelheiten zum Inhalt des Prüfungsberichtes enthält die *Prüfungsberichtsverordnung (PrüfbV)* (vgl. DICKEN (2003)).

G2.2.8 Eingriffsmöglichkeiten

Das KWG gewährt der BaFin weitgehende Eingriffsbefugnisse, wenn ein Kreditinstitut gegen eine der Normen des KWG verstößt oder wenn die Gläubigereinlagen durch drohende Insolvenz gefährdet sind. Je nach dem Grad der Gefährdung der Einlagen steht der BaFin ein breites Spektrum an Sanktionsmöglichkeiten offen, das von einer Fristsetzung zur Normerfüllung bis zur Schließung des Kreditinstituts reicht. In Tabelle G2-5 sind die wichtigsten Eingriffsmöglichkeiten aufgelistet, die um Sanktionen in Form von Straf- und Bußgeldvorschriften ergänzt werden.

Darüber hinaus sind in §47 KWG weitergehende Maßnahmen, die mehrere oder alle Kreditinstitute betreffen, vorgesehen. Ergeben sich wirtschaftliche Schwierigkeiten bei mehreren Kreditinstituten und drohen der Gesamtwirtschaft schwerwiegende Gefahren, so kann die Bundesregierung ein allgemeines Morato-

Tab. G2-5: Eingriffsmöglichkeiten der BaFin in den Geschäftsbetrieb eines Kreditinstituts

Eingriffe	Paragraf
Eingriffe bei einer Normverletzung	
Versagung bzw. Aufhebung der Erlaubnis, Bankgeschäfte betreiben zu dürfen	§§33, 35
Abberufung von Geschäftsleitern	§36
Einschreiten gegen ungesetzliche Geschäfte	§37
Anberaumung von Aufsichtsratssitzungen durch die BaFin	§44
Maßnahmen bei unzureichendem Eigenkapital oder unzureichender Liquidität:	§45
• Fristsetzung	
• Verbot von Ausschüttungen und Kreditgewährung	
Maßnahmen bei organisatorischen Mängeln:	§45b
• Anordnung von Maßnahmen zur Reduzierung von Risiken	
• Errichtung weiterer Zweigstellen nur mit Zustimmung der BaFin	
• Beschränkung der Geschäftstätigkeit	
Eingriffe bei drohender Insolvenz	
Einstweilige Maßnahmen zur Abwendung drohender Gefahren:	§46
• Erlass von Anweisungen für die Geschäftsführungen	
• Verbot der Annahmen von Einlagen und der Kreditgewährung	
• Tätigkeitsverbot für Inhaber und Geschäftsleiter	
• Bestellung von Aufsichtspersonen	
Maßnahmen bei Insolvenzgefahr:	§46a
• Veräußerungs- und Zahlungsverbot	
• Schließung für den Verkehr mit der Kundschaft	
• Verbot der Entgegennahme von Einlagen	

rium für die Verbindlichkeiten der Kreditinstitute erlassen sowie Kreditinstitute und Wertpapierbörsen vorübergehend schließen.

G2.3 Solvabilitätsverordnung und Eigenmittel im Überblick

G2.3.1 Der Building-Block-Approach

In §10 KWG wird gefordert, dass Kredit- und Finanzdienstleistungsinstitute zum Schutz der Gläubiger vor Vermögensverlusten über eine angemessene Eigenmittelausstattung verfügen müssen. Die inhaltliche Präzisierung dieser sehr allgemeinen Formulierung erfolgt in der Solvabilitätsverordnung (SolvV).

Die SolvV beruht auf dem Grundgedanken, dass ausreichende Eigenmittel vorhanden sein müssen, um die mit den Bankgeschäften verbundenen Risiken auffangen zu können. Hierzu wird im Rahmen der SolvV eine Gesamtrisikoposition als Summe aller (Risiko-)Anrechnungsbeträge ermittelt, die mit haftendem Eigenkapital bzw. mit Eigenmitteln zu unterlegen ist. Wir können diese Vorgehensweise als eine Heuristik zur Ermittlung eines Value at Risk (VaR) interpretieren, wenn wir die ermittelten Risiko-Anrechnungsbeträge als denjenigen maximalen Verlust ansehen, der mit einer bestimmten (nahe bei eins liegenden) Wahrscheinlichkeit nicht überschritten wird. Wie wir noch sehen werden, dürfen für einen Teil der Gesamtrisikoposition auch „echte" VaR-Verfahren eingesetzt werden.

Die Gesamtrisikoposition eines Instituts setzt sich additiv aus einzelnen Risikopositionen zusammen (Baukastenprinzip bzw. Building-Block-Approach). Dies ermöglicht es zwar, jeder einzelnen Position einen Unterlegungsbetrag individuell zuzuordnen, stochastische Abhängigkeiten zwischen den einzelnen Risikopositionen werden aber vernachlässigt.

Die Gesamtrisikoposition wird nach zwei Kriterien in einzelne Risikopositionen unterteilt:

1. Nach den Risikoarten wird unterschieden zwischen

   - Sachwertausfall-, Adressenausfall- und Veritätsrisiken,
   - operationellen Risiken,
   - Zinsänderungsrisiken,
   - Aktienkursrisiken,
   - Rohwarenrisiken,
   - Fremdwährungsrisiken und
   - anderen Marktrisiken.

2. Nach den Geschäftsarten, denen die Risiken entstammen, wird unterschieden zwischen

   - Handelsbuch-Risikopositionen und
   - Nicht-Handelsbuch-Risikopositionen.

Risiken, die mit Krediten, Wertpapieren oder sonstigen Finanzinstrumenten verbunden sind, können zum einen abhängen von der Bonität des Vertragspartners bzw. Emittenten (Bonitätsrisiken in Form von Adressenausfall-, Liefer- und Abwicklungsrisiken) und zum anderen von Preisveränderungen (Marktpreisrisiken in Form von Zinsänderungs-, Aktienkurs-, Rohwaren- und Fremdwährungsrisiken). Bisweilen ist eine eindeutige Abgrenzung zwischen beiden Risikoarten schwierig: So kann der Kurs einer festverzinslichen Unternehmensanleihe sinken, weil entweder das Zinsniveau gestiegen ist (Zinsänderungsrisiko) oder aber, weil die Bonität des Emittenten schlechter eingeschätzt wird (Bonitätsrisiko). In der gleichen Weise könnten wir natürlich auch bei einem Kredit argumentieren, wenn wir das Risiko einer Wertminderung auf den Barwert eines Kredites beziehen. Obwohl Kredit und Anleihe Ähnlichkeiten aufweisen, werden die damit verbundenen Risiken in der SolvV ganz unterschiedlich erfasst: Das Zinsänderungsrisiko wird beim Kredit nicht erfasst, sofern er nicht ausnahmsweise zum Handelsbestand zählt, das Bonitätsrisiko dagegen wird durch eine Unterlegung des Kreditbetrages mit haftendem Eigenkapital, dessen Höhe von der Bonität des Kreditnehmers abhängt, berücksichtigt. Zinsänderungsrisiken, die mit der Anleihe verbunden sind, führen grundsätzlich zu einer Eigenmittelunterlegung (allgemeines Kursrisiko), sofern die Anleihe zum Handelsbestand zählt, Bonitätsrisiken werden als „besonderes Kursrisiko" ebenfalls erfasst, allerdings in anderer Weise als beim Kredit.

Die gesonderte Erfassung von Handelsbuch-Risikopositionen ist vor dem Hintergrund unterschiedlicher Bankensysteme innerhalb der EU zu verstehen. Da reine Wertpapierfirmen, wie sie in einem Trennbankensystem vorkommen, nicht als Kreditinstitute gelten, unterlagen sie bisher auch nicht den Vorschriften über eine angemessene Eigenmittelausstattung. Die Konsequenz dieser Freistellung von der Regulierung war allerdings, dass Wertpapierfirmen auch keinen „Europapass" erhielten. Um auch Wertpapierfirmen die EU-Niederlassungsfreiheit zu gewähren, hielt man es – vor allem von deutscher Seite – für unverzichtbar, die Vorschriften über die Eigenmittelausstattung auf Wertpapierfirmen auszudehnen, allerdings weniger aus Gründen des Gläubigerschutzes als vielmehr aus ordnungspolitischen Gesichtspunkten: Da Wertpapierfirmen mit Universalbanken im Bereich des Wertpapierhandels und der darauf bezogenen Derivativgeschäfte im Wettbewerb stehen, gäbe es Wettbewerbsverzerrungen zu Lasten der Universalbanken, wenn diese strengeren Regulierungsvorschriften unterworfen wären als Wertpapierfirmen. Um einheitliche Bedingungen für alle Marktteilnehmer zu schaffen („*Level Playing Field*"), werden daher die Handelsbuch-Risikopositionen gesondert erfasst, so dass für gleichartige Geschäfte identische Vorschriften existieren („*Same Business, Same Risk, Same Rules*"). Für die Risikoerfassung nach der SolvV wird eine Universalbank somit gedanklich zerlegt in ein Kreditinstitut, das das Kredit- und Einlagengeschäft betreibt und Wertpapiere im Anlagebuch hält, und in eine Wertpapierfirma, die im Eigenhandel engagiert ist. Diese künstliche Zerlegung schafft zum einen Abgrenzungsprobleme, zum anderen werden aufgrund der additiven Risikoerfassung Hedging-Effekte zwischen dem Anlage- und dem Handelsbuch nicht erfasst.

Die Handelsbuch-Risikopositionen umfassen alle Finanzinstrumente einschließlich der darauf bezogenen Refinanzierungsgeschäfte, Absicherungsgeschäfte, Garantien und Forderungen, sofern sie mit zins- und aktienkursbezogenen Risiken behaftet sind. Als Finanzinstrumente gelten gemäß §1a Abs. 3 KWG alle Verträge, die für eine der beteiligten Seiten einen finanziellen Vermögenswert und für die andere Seite eine finanzielle Verbindlichkeit oder ein Eigenkapitalinstrument schaffen. Diese Definition des Begriffs Finanzinstrument entspricht damit der Begriffsdefinition im Rahmen der IFRS-Rechnungslegung (siehe hierzu Kapitel M3).

Dem Handelsbuch werden Finanzinstrumente dann zugerechnet, wenn sie mit der Absicht des Wiederverkaufs im Bestand gehalten werden, um bestehende oder erwartete Unterschiede zwischen Kauf- und Verkaufspreis oder andere Preis- und Zinsschwankungen kurzfristig zu nutzen (siehe Tabelle G2-6). Daneben gehen auch alle Geschäfte, die der Refinanzierung und der Absicherung von Teilen des Handelsbuches dienen, in die Handelsbuch-Risikoposition ein, ebenso zählen Forderungen in Form von Gebühren, Provisionen, Zinsen etc. dazu, wenn sie mit Positionen des Handelsbuches unmittelbar verknüpft sind (§1a Abs. 1

KWG). Die Zuordnung zum Handelsbuch orientiert sich somit an der Zwecksetzung, die mit dem Halten des Wertpapiers verfolgt wird, und entzieht sich
einer vollständigen objektiven Überprüfbarkeit (vgl. BOOS und HÖFER (1995),
S. 286). Um willkürliche Zuordnungen zu vermeiden, müssen bankintern festgelegte, nachprüfbare Kriterien formuliert werden, anhand derer die Einbeziehung
in das Handelsbuch vorzunehmen ist. Diese Kriterien müssen der BaFin und der
Deutschen Bundesbank mitgeteilt werden (§1a Abs. 4 KWG). Finanzinstrumente, die nicht dem Handelsbuch zugeordnet sind, werden im Anlagebuch geführt.
Finanzinstrumente müssen aus dem Anlagebuch in das Handelsbuch und umgekehrt umgruppiert werden, wenn die Voraussetzungen für die Zuordnung nicht
mehr gegeben sind.

Tab. G2-6: Bestandteile der Handelsbuch-Risikopositionen

Finanzinstrumente	Zwecksetzung ist die Erzielung von Handelserfolgen durch:
• Wertpapiere (Aktien, Schuld- verschreibungen, Options- und Genussscheine) • Geldmarktinstrumente • Finanzderivate • Devisen	• Preisunterschied zwischen Kauf-und Verkaufspreis • Nutzung von Preis- und Zinsschwankungen

Eine Erfassung der Handelsbuch-Risikopositionen ist nur erforderlich, wenn
das Eigenhandelsvolumen eine Bagatellgrenze überschreitet, man spricht dann
von einem Handelsbuchinstitut. Umgekehrt liegt ein Nichthandelsbuchinstitut
vor, wenn der Anteil des Handelsbuches an der Summe aller bilanziellen und
außerbilanziellen Geschäfte im Durchschnitt geringer als 5% ist und wenn die Gesamtsumme aller Handelsbuchpositionen durchschnittlich weniger als 15 Mio. €
beträgt. Neben diesen Durchschnittswerten gelten noch absolute Obergrenzen:
Der Anteil der Handelsbuchgeschäfte an allen bilanziellen und außerbilanziellen
Geschäften darf maximal 6% betragen und die Gesamtsumme aller Handelsbuchpositionen darf 20 Mio. € nicht übersteigen. Für Nichthandelsbuchinstitute
gelten die Bestimmungen über die Handelsbuch-Risikopositionen nicht, statt dessen müssen diese Institute „ergänzende Meldungen" über ihre Derivategeschäfte
abgeben.

Die Unterteilung in Handelsbuch-Risikopositionen und solche, die nicht zum
Handelsbuch gehören, hat Konsequenzen für die Risikoarten, die erfasst werden: Bei Handelsbuch-Risikopositionen werden Marktpreisrisiken in Form von
Zinsänderungs- und Aktienkursrisiken berücksichtigt, Adressenausfallrisiken in
Form von Vorleistungs- und Abwicklungsrisiken spielen dagegen – sofern sie nicht
in den Marktpreisrisiken enthalten sind – nur eine untergeordnete Rolle. Bei
nicht zum Handelsbuch gehörenden Positionen sind Adressenausfallrisiken unterlegungspflichtig, nicht aber Zinsänderungs- und Aktienkursrisiken. Da eine

kurzfristige Veräußerung dieser Positionen nicht geplant ist, führen Wertminderungen nicht notwendigerweise zugleich zu realisierten Verlusten.

Aus Abbildung G2.2 können Sie erkennen, aus welchen Risikopositionen sich in der SolvV das Gesamtrisiko einer Bank – die Handelsbuchinstitut ist – zusammensetzt. Mindestens in Höhe dieser Gesamtrisikoposition müssen Eigenmittel vorhanden sein. Ein höherer Eigenmittelbedarf kann sich ergeben, wenn Überschreitungen im Rahmen der Großkreditvorschriften mit haftendem Eigenkapital zu unterlegen sind (siehe Abschnitt I5.7). Dieses Eigenkapital gilt als verbraucht und steht damit nicht mehr zur Unterlegung anderer Risikopositionen zur Verfügung.

Gemäß §2 SolvV muss die Unterlegungspflicht täglich zum Geschäftsschluss (i. d. R. 24.00 Uhr) eingehalten werden, zum Ende jedes Monats muss die Relation aus den Eigenmitteln und der Gesamtrisikoposition gebildet werden. Von der täglichen Ermittlung kann unter bestimmten Voraussetzungen abgewichen werden, dies führt dann aber zu einer erhöhten Eigenmittelanforderung.

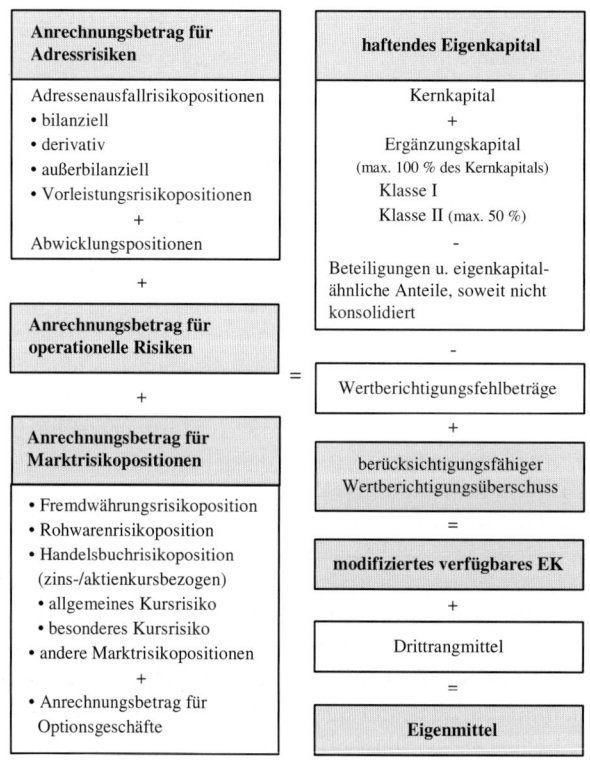

Abb. G2.2: Ermittlung der Eigenmittelanforderung nach dem Building-Block-Approach und Bestandteile der Eigenmittel

Für alle Positionen, die nicht zum Handelsbuch gehören, sind *Adressenausfallrisiken* zu berücksichtigen. Bei bilanziellen Positionen wie Forderungen, Wertpapieren und Beteiligungen besteht das Adressrisiko darin, dass der Schuldner bzw. Emittent des Wertpapiers seinen Verpflichtungen nicht nachkommen kann. Bei angekauften Forderungen besteht zudem die Gefahr, dass die Forderung rechtlich keinen Bestand hat (Veritätsrisiko). Auch Sachanlagen und Vermögensgegenstände gehören zu den bilanziellen Ausfallrisikopositionen, hier versteht man unter dem Adressrisiko das Sachwertausfallrisiko. Bei außerbilanziellen Geschäften wie z. B. Bürgschaften und Kreditzusagen ist die Bank zwar momentan noch nicht in Vorleistung getreten, es besteht aber das Risiko, das die Bank aus solchen Geschäften künftig in Anspruch genommen wird und Verluste erleidet. Typisch für derivative Geschäfte ist, dass sie von beiden Seiten noch nicht erfüllt sind. Da die Bank noch nicht in Vorleistung getreten ist, besteht die Verlustgefahr bei Ausfall des Vertragspartners darin, dass ein gleichwertiges Geschäft nur zu schlechteren Konditionen neu abgeschlossen werden kann (Wiedereindeckungsrisiko). Vorleistungsrisikopositionen beziehen sich auf Geschäfte des Handelsbuches, bei denen die Bank in Vorleistung getreten ist. Zur Messung des Kreditausfallrisikos kann entweder ein auf externen Ratings basierender *Standardansatz* oder ein auf *internen Ratings basierender Ansatz* (*IRB-Ansatz*) gewählt werden (zu Einzelheiten siehe Kapitel I5).

Operationelle Risiken betreffen Verlustgefahren, die aufgrund fehlerhafter interner Verfahren oder Systeme entstehen, auf menschliches Versagen (Betrug, mangelnde Sorgfalt) oder aber auf externe Ereignisse (z. B. Terroranschläge) zurückzuführen sind. Die Reduzierung operationeller Risiken ist der Hauptansatzpunkt der MaRisk, die SolvV verlangt zusätzlich eine Eigenkapitalunterlegung dieser Risiken. Die Ermittlung des Anrechnungsbetrages für operationelle Risiken kann alternativ nach drei Verfahren erfolgen: Im *Basisindikatoransatz* wird aus bestimmten Positionen der GuV ein Indikator definiert, der mit 15% zu gewichten ist. Der *Standardansatz* geht ähnlich vor, allerdings werden hier acht Indikatoren verwendet, die jeweils einem Geschäftsfeld (z. B. Handel, Firmen-, Privatkundengeschäft) zugeordnet werden. Die Gewichtungssätze liegen zwischen 12% und 18%. Beim *fortgeschrittenen Messansatz* muss eine Bank die erwarteten und unerwarteten Verluste aufgrund operationeller Risiken unter Verwendung interner Schadensdaten, externer Daten und mit Hilfe von Szenarioanalysen selbst schätzen (zu Einzelheiten siehe Teil K).

Marktrisikopositionen betreffen sämtliche Fremdwährungs-, Rohwaren- und andere Marktrisikopositionen. Andere Marktrisiken resultieren aus Kontrakten in nicht unmittelbar finanzmarktbezogenen Basiswerten wie z. B. Wetter, Frachtraten, CO_2-Emissionen oder Inflationsraten. Zins- und aktienkursbezogene Marktrisiken gehen nur dann in die Eigenmittelanforderung gemäß der SolvV ein, wenn sie sich auf Positionen des Handelsbuches beziehen. Für Nichthandelsbuchinstitute entfällt diese Risikoposition. Zinsänderungsrisiken, die aus dem Anlagebuch resultieren, führen nicht unmittelbar zu einer Eigenkapitalanforderung, sie werden aber im Rahmen der MaRisk in die Betrachtung der Angemessenheit der Eigenmittelausstattung einbezogen. Zinsänderungs- und Aktienkursrisiken können durch allgemeine Marktentwicklungen (allgemeines Kursrisiko) oder aber durch unternehmensspezifische Ereignisse (besonderes Kursrisiko) hervorgerufen werden. Die Unterscheidung in allgemeines und besonderes Kursrisiko ist bedeutsam für die Frage, ob und in welchem Maße Diversifikationseffekte oder Hedging-Effekte auftreten, wenn Einzelpositionen zu einer Gesamtrisikoposition aggregiert werden. Entsprechend werden für das allgemeine und das besondere Kursrisiko unterschiedliche Risikoerfassungsmethoden angewandt. Die aufsichtlichen Standardverfahren zur Ermittlung der Eigenmittelanforderung gehen so vor, dass eine Bemessungsgrundlage mit einem Gewichtungssatz multipliziert wird. Diese lineare Erfassungsmethode ist nur dann angemessen, wenn das Risiko proportional mit dem Volumen steigt. Typisch für Optionen ist dagegen, dass deren Wertverlauf eine konvexe Funktion des Basiswertes ist (Gamma-Risiko). Darüber hinaus sind Marktwertschwankungen einer Option nicht nur auf Marktwertänderungen des Basiswertes zurückzuführen, sondern auch auf schwankende Volatilitäten (Vega-Risiko). Um diese Effekte zu berücksichtigen, können Optionsgeschäfte zusätzliche Anrechnungsbeträge erfordern.

Für die Ermittlung der Marktrisikopositionen können alternativ zu dem von der BaFin vorgegebenen Standardverfahren auch eigene Risikomodelle verwendet werden. Die Anwendung eigener Risikomodelle kann auch auf Teile der Marktrisikopositionen beschränkt werden (Partial Use). Mit Hilfe von institutsinternen Risikomodellen ist ein VaR zu bestimmen als derjenige maximale (Gesamt-)Verlust, der mit einer Wahrscheinlichkeit von 99% nicht überschritten wird. Zur Ermittlung des VaR gibt es kein vorgeschriebenes Verfahren, vielmehr werden von der BaFin eine Reihe von Mindestanforderungen an das verwendete bankinterne Risikomodell gestellt. Der um eine Sicherheitsmarge erhöhte VaR stellt dann den mindestens erforderlichen Betrag an Eigenmitteln dar. In Abschnitt J5.2 werden die Bestimmungen über die Verwendung eigener Risikomodelle ausführlich erläutert.

Die Eigenmittelanforderung gemäß der SolvV gilt dann als erfüllt, wenn das *modifizierte verfügbare Eigenkapital* mindestens der Summe der Anrechnungsbeträge für Adressrisiken, für operationelle Risiken und für Marktrisikopositionen entspricht. Grundlage für die Ermittlung des modifizierten verfügbaren Eigenkapitals ist das haftende Eigenkapital, das sich aus Kern- und Ergänzungskapital (der Klasse 1 und 2) zusammensetzt. Banken, die für die Messung von Adressenausfallrisiken den IRBA anwenden, müssen die erwarteten Verluste (Produkt aus *Ausfallwahrscheinlichkeit* und *Verlustquote bei Ausfall*) der Gesamtheit der Adressenausfallrisikopositionen mit den insgesamt dafür gebildeten Wertberichtigungen und Rückstellungen vergleichen. Ergibt sich daraus ein *Wertberichtigungsfehlbetrag*, d. h. übersteigen die erwarteten Verluste die Wertberichtigungen und Rückstellungen, so ist dieser Betrag hälftig vom Kern- und Ergänzungskapital abzuziehen. Ein *Wertberichtigungsüberschuss* dagegen wird bis zur Höhe von 0,6% der Risikopositionen des IRB-Ansatzes, für die ein Risikogewicht von 1.250% gilt, als Ergänzungskapital anerkannt.

Drittrangmittel können ausschließlich zur Unterlegung von Marktrisikopositionen eingesetzt werden. Zusammen mit dem haftenden Eigenkapital ergeben die Drittrangmittel die *Eigenmittel*. Die Einteilung in die verschiedenen Eigenkapitalbestandteile bringt die unterschiedliche Haftungsqualität, die den einzelnen

Eigenmittelkomponenten beigemessen wird, zum Ausdruck. Kernkapital gilt als „hartes" Haftungskapital, während Ergänzungskapital und Drittrangmittel sich nur in geringerem Maße für eine Haftungsfunktion eignen. Ergänzungskapital und Drittrangmittel dürfen deshalb nur in begrenztem Maße zur Unterlegung von Risikopositionen eingesetzt werden. Ergänzungskapital wird maximal in Höhe des Kernkapitals als haftendes Eigenkapital anerkannt, Ergänzungskapital der Klasse 2 darf maximal die Hälfte des Kernkapitals ausmachen. Kernkapital, das zur Unterlegung von Adressrisiken nicht benötigt wird, wird als *freies Kernkapital* bezeichnet, analog ist das *freie Ergänzungskapital* definiert. Als *gekapptes Ergänzungskapital* werden solche Eigenkapitalbestandteile bezeichnet, die wegen Überschreitung der Obergrenzen nicht als Ergänzungskapital anerkannt werden. Das gekappte Ergänzungskapital gehört zu den Drittrangmitteln. Die Drittrangmittel und das freie Ergänzungskapital werden nur bis zu 250% des freien Kernkapitals als Eigenmittel berücksichtigt.

Die Banken sind gemäß der SolvV verpflichtet, die regulatorischen Eigenmittelanforderungen für die einzelnen Risikoarten offen zu legen (vgl. Teil 5 der SolvV). Tabelle G2-7 zeigt, dass der überwiegende Teil der Eigenmittel für die Unterlegung von Adressrisiken benötigt wird. Verglichen mit früheren Jahren sind die Eigenmittelanforderungen für Marktpreisrisiken erheblich zurückgegangen (vgl. Tabelle I3-2 in der vorhergehenden Auflage). Die Größenrelationen entsprechen in etwa den Anteilen der einzelnen Risikoarten am bankintern ermittelten ökonomischen Kapital (vgl. Deutsche Bundesbank (2007)).

Tab. G2-7: Gesamtanrechnungsbeträge für Risikopositionen und Zusammensetzung der Eigenmittel (Angaben beziehen sich auf die SolvV), Stand: 31.12.2008.

	Deutsche Bank (in Mio. €)	Commerzbank (in Mio. €)	Hypo-Vereinsbank (in Mio. €)
Adressrisiken	19.809	16.789	10.080
Marktrisiken	1.880	374	976
Operationelle Risiken	2.930	724	800
Eigenmittel	37.396	30.640	26.347
Kernkapital	31.034	22.060	21.211
Ergänzungskapital	6.302	8.555	5.136
Drittrangmittel	-	25	-

G2.3.2 Eigenmittel gemäß §10 KWG

Bilanzielles versus haftendes Eigenkapital

Die Definition der Eigenmittel ist in §10 Abs. 2-7 KWG enthalten. Wenn man Begriffe wie Eigenmittel oder haftendes Eigenkapital hört, denkt man zunächst an das in der Bilanz ausgewiesene Eigenkapital. Dies ist historisch gesehen auch korrekt. Bis 1993 entsprach das haftende Eigenkapital im Wesentlichen dem bilanziellen Eigenkapital. Obwohl auch heute noch das bilanzielle Eigenkapital der Ausgangspunkt für die Bestimmung des haftenden Eigenkapitals ist, entfernten sich im Zuge der mehrfachen Novellierungen des KWG in den letzten Jahren beide Eigenkapitalbegriffe zunehmend voneinander. Diese Entwicklung ist verständlich, wenn man sich überlegt, dass Eigenkapital keine an sich feststehende Größe ist, sondern die Definition von Eigenkapital an der Zwecksetzung, die mit dieser Definition verbunden ist, anknüpft.

Das bilanzielle Eigenkapital ist Ausfluss der jeweiligen Rechnungslegungszwecke. Bei der HGB-Bilanzierung geht es vorrangig darum, einen ausschüttbaren Betrag (Jahresüberschuss) zu ermitteln. Aus Gründen des Gläubigerschutzes soll der Jahresüberschuss vorsichtig bemessen werden, um einen übermäßigen Abzug von Eigenkapital zu verhindern. Um den Jahresüberschuss tendenziell niedrig zu bemessen, gilt für Passiva das Höchst- und für Aktiva das Niederstwertprinzip. Gerade die Unterbewertung von Aktiva hat für Kreditinstitute – wie Sie in Teil M noch lernen werden – große Bedeutung. Bei der Definition des haftenden Eigenkapitals bzw. der Eigenmittel steht jedoch ein anderer Gesichtspunkt im Vordergrund: Es soll ein Betrag bestimmt werden, der im Insolvenzfall als Haftungsmasse für die Befriedigung der Gläubigeransprüche zur Verfügung steht. Daher weichen die Eigenmittel im Wesentlichen durch folgende Punkte vom bilanziellen Eigenkapital (nach HGB-Bilanz) ab:

- Speziell für Kreditinstitute zulässige Unterbewertungen (sog. Vorsorgereserven nach §340f HGB) dürfen rückgängig gemacht werden. Weiterhin werden offene Reserven (z. B. Sonderposten für allgemeine Bankrisiken), die den Charakter von Gewinnrücklagen haben, dem Eigenkapital gleichgestellt. Eine stärkere Orientierung an Marktwerten (soweit objektiv feststellbar) ist sinnvoll, sofern davon auszugehen ist, dass diese im Liquidationsfall auch realisiert werden können. In Höhe des Ausweises von immateriellen Vermögensgegenständen, wie z. B. einem erworbenen Firmenwert, wird c. p. auch das bilanzielle Eigenkapital erhöht. Da immaterielle Vermögensgegenstände im Insolvenzfall meist nicht verwertbar sind, ist in Höhe des Aktivierungsbetrages ein Abzug vom bilanziellen Eigenkapital vorzunehmen.
- Während der Bestand an bilanziellem Eigenkapital nur einmal im Jahr festgestellt wird, werden die Eigenmittel täglich ermittelt, so dass auch unterjährige Veränderungen von einzelnen Komponenten der Eigenmittel erfasst werden können. Sofern eine geprüfte Zwischenbilanz erstellt wird, dürfen alle Erhöhungen von Eigenmittelkomponenten berücksichtigt werden. Dies betrifft sowohl Bestandsgrößen als auch Zwischengewinne, Nettogewinne aus Handelsbuchpositionen werden sogar täglich ermittelt. Darüber hinaus zählen eingezahlte Kapitalien bereits mit dem Zufluss der Zahlungsmittel zu den Eigenmitteln, andererseits entfällt eine Anerkennung unmittelbar ab dem Tag, ab dem die Voraussetzungen hierfür nicht mehr erfüllt sind. Durch ein solches dynamisches Konzept der Eigenmittelberechnung soll die Haftungsmasse möglichst zeitnah ermittelt werden.

- Soweit die Haftung der Eigenkapitalgeber nicht auf die Höhe der Kapitaleinlage beschränkt ist, kommt auch dieses zusätzliche Haftungspotenzial für eine Anerkennung als Eigenmittel in Betracht. Relevant ist dies grundsätzlich für Institute in der Rechtsform einer Personengesellschaft, und für Kreditgenossenschaften. Bei Genossenschaften wird der Haftsummenzuschlag unter bestimmten Voraussetzungen dem haftenden Eigenkapital zugeschlagen, das freie Vermögen eines persönlich haftenden Gesellschafters oder Inhabers gem. §64e Abs. 5 KWG wird nur noch bei bereits vor dem 1.1.1998 bestehenden Banken in einem von der BaFin festzusetzenden Umfang als haftendes Eigenkapital anerkannt.
- Die Definition einer Haftungsmasse hängt auch davon ab, in welcher Weise die Gesamtheit der Kapitalgeber eingeteilt wird: in diejenigen, die haften, und in diejenigen, für die gehaftet wird. Entscheidend für die Zuordnung zu einer der beiden Gruppen ist die Rangfolge, in der das Kapital im Liquidationsfall zurückgezahlt wird. Das in der Rangfolge der Rückzahlung jeweils weiter hinten platzierte Kapital steht dabei zur Rückzahlung der vorangehenden Kapitalien zur Verfügung mit der Konsequenz, dass das Ausfallrisiko der nicht-haftenden Verbindlichkeiten sinkt, je mehr Kapitalien als nachrangig gelten (siehe die stilisierte Bankbilanz in Abbildung G2.3). Offensichtlich ist, dass die Eigenkapitalgeber zu denen gehören, die Haftungskapital bereitstellen, da deren Ansprüche im Insolvenzfall zuletzt befriedigt werden. Solange die Verluste in Abbildung G2.3 (gemessen als Wertminderungen der Aktiva) den Betrag $\Delta A1$ nicht übersteigen, wird ausschließlich das Eigenkapital zur Haftung herangezogen. Darüber hinaus kommen aber auch sog. hybride Finanzierungstitel wie Genussrechtskapital oder langfristige Anleihen als Haftungskapital infrage, sofern eine Rückzahlung dieses Kapitals erst nach Befriedigung der übrigen Gläubigeransprüche erfolgt. Bei der Definition der Eigenmittel wird sogar noch einen Schritt weiter gegangen: Auch Verbindlichkeiten, die im Insolvenzfall erst nachrangig bedient werden, zählen unter gewissen Voraussetzungen zu den Eigenmitteln. Zu den Verlusten bei den nicht-haftenden Verbindlichkeiten kommt es in Abbildung G2.3 erst dann, wenn die Verluste die Summe aus $\Delta A1$, $\Delta A2$ und $\Delta A3$ übersteigen.
- Als Haftungsmasse für den Insolvenzfall kommen nur solche Kapitalpositionen infrage, die eingezahlt worden sind und dem Institut dauerhaft zur Verfügung stehen und bei drohender Insolvenz nicht kurzfristig zurückgefordert werden dürfen. Bei den Positionen, die auch bilanziell Eigenkapital darstellen, ist dies unproblematisch. Bei Vermögenseinlagen stiller Gesellschafter, beim Genussrechtskapital sowie bei nachrangigen Verbindlichkeiten ist jedoch möglich, dass dieses Kapital nur eine begrenzte Zeit zur Verfügung steht und zwar entweder wegen einer festen Laufzeit oder aber wegen eines Kündigungsrechts des Kapitalgebers. Die Ausgestaltung dieser Finanzierungstitel im Hinblick auf Laufzeit und Kündigungsmöglichkeiten ist daher entscheidend für die Anerkennung als Eigenmittel.

Es ist offensichtlich, dass die unterschiedlichen Kapitalpositionen die oben genannten Kriterien unterschiedlich gut erfüllen. Dem wird durch die mehrfache

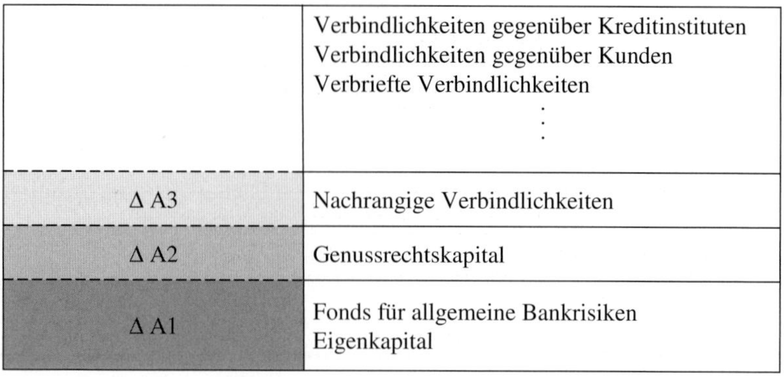

	Verbindlichkeiten gegenüber Kreditinstituten Verbindlichkeiten gegenüber Kunden Verbriefte Verbindlichkeiten $\vdots$
$\Delta\,A3$	Nachrangige Verbindlichkeiten
$\Delta\,A2$	Genussrechtskapital
$\Delta\,A1$	Fonds für allgemeine Bankrisiken Eigenkapital

Abb. G2.3: Rangfolge in der Insolvenz und Haftungsmasse

Abstufung der Eigenmittel in Kernkapital, Ergänzungskapital (Klasse 1 und 2) und Drittrangmittel Rechnung getragen.

Komponenten des Kernkapitals

Als *Kernkapital* kommen gemäß den Vorgaben des Baseler Ausschusses für Bankenaufsicht nur solche Instrumente in Betracht, die

- voll eingezahlt sind,
- dem Verlustauffang dienen,
- nachrangig haften gegenüber Einlegern, sonstigen Gläubigern und nachrangigen Verbindlichkeiten des Kreditinstituts,
- nicht-kumulativ sind, d. h. bei Ausfall nicht nachzahlbar sind.

Weiterhin kommt eine Anerkennung als Kernkapital nur in Betracht, wenn das Instrument keine feste Laufzeit besitzt und frühestens nach fünf Jahren durch den Emittenten kündbar ist (vgl. Abbildung G2.4).

Aufgrund dieser Kriterien werden von der Position *„eingezahltes Kapital"* nicht eingezahlte Kapitalanteile und eigene Aktien bzw. Geschäftsanteile abgezogen. Weiterhin gehören kumulative Vorzugsaktien nicht zum Kernkapital, sondern stellen Ergänzungskapital dar. Bei Kreditinstituten in der Rechtsform einer Personenhandelsgesellschaft ergeben sich im Hinblick auf die persönlich haftenden Gesellschafter Besonderheiten aufgrund der fehlenden haftungsmäßigen Trennung von Privat- und Unternehmenssphäre. Entnahmen und Kredite an persönlich haftende Gesellschafter, die wirtschaftlich gesehen letztlich auch Entnahmen darstellen, werden vom haftenden Eigenkapital abgezogen, da diese Zahlungen an die Gesellschafter die Haftungsmasse verringern. Ebenso mindert ein Schuldenüberhang im Privatvermögen eines persönlich haftenden Gesellschafters die Haftungsmasse.

Kernkapital (§ 10 Abs. 2a KWG)	
Eingezahltes Kapital (Geschäfts-, Grund-, Stamm-, Dotationskapital)	
- eigene Aktien/Gesellschaftsanteile	
- kumulative Vorzugsaktien	
- Entnahmen und marktunübliche Kredite an Inhaber u. pers. haftende Gesellschafter	
- Schuldenüberhang beim Vermögen persönlich haftender Gesellschafter	
+ (offene) Rücklagen	
+ einbehaltener Bilanzgewinn einschließlich Gewinne aus Zwischenabschlüssen	
+ Sonderposten für allgemeine Bankrisiken (§ 340g HGB)	
+ Vermögenseinlagen stiller Gesellschafter	
+ hybrides Kernkapital	
- Abzugspositionen	
• Bilanzverlust einschließlich Verluste aus Zwischenabschlüssen	
• Verluste aus der Bewertung von Handelsbuchpositionen	
• immaterielle Vermögensgegenstände	
• Korrekturposten für noch nicht bilanzwirksam gewordene Kapitalveränderungen	
• marktunübliche Kredite an Gesellschafter mit mehr als 25 % Kapitalanteil	
• 0,5 · (Wertberichtigungsfehlbeträge + erwartete Verluste aus Beteiligungen + ...)	Abzugsbeträge für IRBA-Institute; gilt nur für SolvV
• negativer Ergänzungskapitalsaldo	

Abb. G2.4: Komponenten des Kernkapitals

Die in der Bilanz offen ausgewiesenen *Rücklagen* zählen uneingeschränkt zum Kernkapital, unabhängig davon, ob es sich um Gewinn- oder Kapitalrücklagen handelt und, unabhängig davon, ob diese Rücklagen aufgrund einer gesetzlichen Vorschrift oder freiwillig gebildet wurden. Ebenfalls zählt der *Reingewinn*, soweit seine Einbehaltung beschlossen wurde, zum Kernkapital. *Zwischengewinne* können dem Kernkapital zugerechnet werden, sofern sie nicht für voraussichtliche Gewinnausschüttungen oder Steueraufwendungen gebunden sind.

Die Zurechnung von typischen und atypischen Vermögenseinlagen stiller Gesellschafter zum haftenden Eigenkapital als sog. hybrides Kernkapital ist nicht ganz eindeutig. Gemäß der Formulierung in §10 Abs. 4 KWG werden stille Einlagen als Kernkapital anerkannt, wenn die Vermögenseinlagen am laufenden Verlust partizipieren und im Insolvenzfall nachrangig bedient werden. Das Kriterium der Dauerhaftigkeit gilt gemäß §10 Abs. 4 KWG bei einer Ursprungslaufzeit von

mindestens fünf und einer Restlaufzeit von mindestens zwei Jahren als erfüllt.
Weiterhin muss gewährleistet sein, dass diese Bestimmungen nicht nachträglich
zum Nachteil des Kreditinstituts geändert werden können, um zu verhindern,
dass sich ein stiller Gesellschafter bei drohender Insolvenz seiner Haftungsverpflichtung entziehen kann. Da stille Einlagen häufig eine feste Laufzeit besitzen,
erfüllen diese die Kriterien des Baseler Ausschusses für eine Anerkennung als
Kernkapital nicht. Um zu einer mit dem Baseler Ausschuss abgestimmten Lösung
zu gelangen, hat das damalige BaKred 1998 Leitlinien erlassen, die festlegen,
dass die Vermögenseinlagen stiller Gesellschafter dann als hybrides Kernkapital
anerkannt werden, wenn die Ursprungslaufzeit mindestens zehn und die Restlaufzeit mindestens zwei Jahre beträgt. Vermögenseinlagen stiller Gesellschafter,
die vor 1998 begründet wurden, genießen Bestandsschutz, d. h. sie sind nach den
Kriterien des §10 Abs. 4 KWG dem Kernkapital zuzurechnen. Das Kernkapital
der Commerzbank enthält zum 30.06.2009 stille Einlagen in Höhe von 17,178
Milliarden €, darunter 16,4 Milliarden € als zeitlich unbefristete stille Vermö-
genseinlage des *SoFFin*.

Bei dem *„Sonderposten für allgemeine Bankrisiken"* handelt es sich um offen
ausgewiesene Reserven, die Kreditinstitute aufgrund besonderer Rechnungslegungsvorschriften bilden dürfen (vgl. Abschnitt M2.2.6, dort als *Fonds für allgemeine Bankrisiken* bezeichnet). Da diese offenen Reserven wirtschaftlich gesehen einen ähnlichen Charakter wie Rücklagen haben, werden sie diesen auch
haftungsmäßig gleichgestellt.

Als *hybrides Kernkapital* werden bestimmte innovative Instrumente mit besonderen Strukturmerkmalen bezeichnet. Die Merkmale, die für eine Anrechnung als Kernkapital erfüllt sein müssen, betreffen die Möglichkeit, Zahlungen
in Stresssituationen ausfallen zu lassen, die Fähigkeit Verluste aufzufangen und
die Dauerhaftigkeit. Kumulativklauseln, die die Nachzahlung von ausgefallenen
Zahlungen gewähren, dürfen nicht vereinbart worden sein. Die Verlustabsorptionsfähigkeit ist gegeben, wenn das Hybridkapital die nachrangigste Position
nach den Eigentümer bzw. Anteilseignern einnimmt, das Kriterium der Dauerhaftigkeit ist erfüllt, wenn keine Befristung der Laufzeit vorliegt oder aber die
Ursprungslaufzeit mindestens 30 Jahre beträgt und nur vom Emittenten vorzeitig gekündigt werden kann. Neben den Vermögenseinlagen stiller Gesellschafter
kommen *ewige Anleihen (Perpetuals)* oder *preference shares* in Betracht, die
nicht über eine feste Laufzeit verfügen, sondern mit einem Kündigungsrecht des
Emittenten ausgestattet sind. Während ewige Anleihen in unbegrenzter Höhe
dem Kernkapital zugerechnet werden, dürfen stille Einlagen und preference shares bis maximal 15% zum Kernkapital hinzugerechnet werden (vgl. BÖGER *et al.*
(2000)). Die *Hypo Real Estate* weist in ihrem Offenlegungsbericht gemäß SolvV
für das Jahr 2008 „Preferred Securities" im Buchwert von 1.550 Mio. € als hybrides Kernkapital aus. Die Preferred Securities enthalten keine Zinskumulations-
klauseln, werden im Konkursfall erst nach Rückzahlung des Ergänzungskapitals
befriedigt, haben eine unbefristete Laufzeit, können frühestens nach zehn Jahren
durch den Emittenten gekündigt werden, sind emittiert und voll eingezahlt und
stehen dem Unternehmen fortlaufend zur Verfügung, um Verluste aufzufangen.
Aufgrund der Verluste wurden in 2008 auf die Preferred Securities Zinsen in Hö-

he von 42 Mio. € nicht gezahlt (vgl. HYPO REAL ESTATE (2009)). Zurzeit wird erwogen, das hybride Kernkapital abzuschaffen und als Kernkapital nur noch das gezeichnete Kapital und die offenen Rücklagen anzuerkennen.

Vom Kernkapital sind folgende Beträge abzuziehen:

- Verluste, auch wenn sie noch nicht bilanzwirksam geworden sind, da diese die Haftungsmasse schmälern,
- immaterielle Vermögensgegenstände wegen ihrer schlechten Veräußerbarkeit,
- marktunübliche Kredite an Gesellschafter mit mehr als 25% Kapitalanteil[4],
- von der BaFin festgelegter Korrekturposten für noch nicht bilanzwirksam gewordene Verluste,
- die Hälfte der Wertberichtigungsfehlbeträge, der erwarteten Verluste aus Beteiligungen, sofern das Beteiligungsportfolio unter Berücksichtigung von Ausfallwahrscheinlichkeiten gesteuert wird (siehe Kapitel I5), Verbriefungspositionen, für die alternativ zum Eigenkapitalabzug ein Risikogewicht von 1.250% anzuwenden ist, sowie bestimmte Vorleistungsrisiken des Handelsbuches. Die andere Hälfte dieser Beträge wird vom Ergänzungskapital abgezogen. Dieser Abzug vom Eigenkapital gilt nur für die Beurteilung der Angemessenheit der Eigenmittelausstattung nach der SolvV, nicht aber für andere Vorschriften des KWG über die Eigenmittelunterlegungspflicht bestimmter Positionen (z. B. Großkredite).

Komponenten des Ergänzungskapitals

Zum *Ergänzungskapital* zählen Positionen geringerer Haftungsqualität. Aus diesem Grund wird Ergänzungskapital maximal nur bis zur Höhe des Kernkapitals anerkannt. Daneben gibt es bezüglich der einzelnen Komponenten weitere Einschränkungen (siehe auch Abbildung G2.5):

Vorsorgereserven ergeben sich aus Unterbewertungen von Forderungen und Wertpapieren unter dem handelsrechtlich sonst zulässigen Wert (siehe hierzu Abschnitt M2.3). Da diese Abwertung im Rahmen der stillen Vorsorgereservebildung nicht auf Wertminderungen der Aktiva beruht, sondern zur Sicherung gegen die besonderen Risiken des Geschäftszweigs der Kreditinstitute (vgl. §340f HGB) vorgenommen wird, kann man davon ausgehen, dass diese Vorsorgereserven im Liquidationsfall auch realisiert werden können.

Von den Vorsorgereserven zu unterscheiden sind die *nicht realisierten Reserven* bzw. *Neubewertungsreserven*. Hier handelt es sich um stille Zwangsreserven als Differenz zwischen einem Marktwert bzw. Verkehrswert und dem Buchwert eines Aktivums. Voraussetzung für eine objektive Bemessung von Neubewertungsreserven ist, dass ein Marktpreis festgestellt werden kann bzw. dass es ein objektives Verfahren zur Wertermittlung gibt. Dies ist gegeben bei marktgängigen Wertpapieren in Form eines Börsenkurses sowie bei Grundstücken, grundstücksgleichen Rechten und Gebäuden in Form des Beleihungswertes. Aus

---

[4] Hier liegt die Vermutung nahe, dass die Sonderkonditionen des Kredites eine verdeckte Gewinnausschüttung darstellen.

[5] Mit der Einführung des BilMoG entfällt die Möglichkeit, einen Sonderposten mit Rücklageanteil zu bilden.

Ergänzungskapital (§10 Abs. 2 KWG) < 100% des Kernkapitals
Ergänzungskapital Klasse 1 < 100% des Kernkapitals
Vorsorgereserven (§ 340f HGB) + nicht realisierte Reserven (Neubewertungsreserven, 45% bei Grundstücken und Gebäuden, 35% bei Wertpapieren) + kumulative Vorzugsaktien (in Nennwerten) + Sonderposten mit Rücklageanteil bzgl. Immobilien (45%) + Genussrechtskapital
Ergänzungskapital Klasse 2 < 50% des Kernkapitals
Längerfristige nachrangige Verbindlichkeiten + Haftsummenzuschlag bei Kreditgenossenschaften

Abb. G2.5: Komponenten des Ergänzungskapitals[5]

Sicherheitsgründen sind die Neubewertungsreserven vorsichtig zu bemessen. Dies kommt in verschiedenen Beschränkungen zum Ausdruck:

- So ist als Börsenkurs das Minimum aus dem Börsenkurs am letzten Bilanzstichtag und dem Durchschnitt aus diesem und den Börsenkursen der drei vorangegangenen Bilanzstichtage heranzuziehen. Bei Grundstücken, grundstücksgleichen Rechten sowie Gebäuden gilt der Beleihungswert gem. §16 Abs. 1 und 2 PfandBG als Vergleichsmaßstab für den Buchwert. Ähnliches gilt für bestimmte nicht notierte Wertpapiere, die in die Ermittlung der Neubewertungsreserven mit einbezogen werden können.
- Von dem ermittelten Differenzbetrag zwischen Marktpreis/Beleihungswert und Buchwert ist ein Abschlag von 55% vorzunehmen. Damit soll zum einen die Steuerbelastung berücksichtigt werden, die anfällt, wenn die Vermögensgegenstände zu einem über ihrem Buchwert liegenden Preis veräußert werden, und zum anderen soll künftigen Wertschwankungen Rechnung getragen werden.
- Um zu verhindern, dass ein Kreditinstitut bei der Ermittlung der Neubewertungsreserven nur die „Rosinen herauspickt", sind sämtliche infrage kommenden Wertpapiere und Grundstücke/Gebäude in die Berechnung der Neubewertungsreserven mit einzubeziehen. Damit werden auch stille Lasten aufgedeckt, nämlich dann, wenn in Anwendung des gemilderten Niederstwertprinzips eine Abschreibung auf den niedrigeren Börsenkurs bzw. beizulegenden Wert unterlassen wurde (vgl. Abschnitt M2.3). Solche stille Lasten mindern die Neubewertungsreserven.
- Nicht realisierte Reserven können dem haftenden Eigenkapital nur bis zu 1,4% der Risikoaktiva zugerechnet werden. Darüber hinaus wird die Mindestunter-

legung der Risikoaktiva mit Kernkapital von 4% auf 4,4% heraufgesetzt, wenn nicht realisierte Reserven als haftendes Eigenkapital anerkannt werden sollen.

Neubewertungsreserven = Marktwert/Verkehrswert - Buchwert	
Notierte und bestimmte nicht notierte Wertpapiere sowie Investmentanteile	Grundstücke, Gebäude und grundstücksgleiche Rechte
Kurswert = Minimum aus Kurs am Bilanzstichtag und Durchschnitt aus diesem Kurs und den Kursen der letzten drei Bilanzstichtage - Buchwert am Bilanzstichtag - Stille Lasten	Verkehrswert = Beleihungswert gem. § 12 Abs. 1 u. 2 HypBkG - Buchwert am Bilanzstichtag - Stille Lasten
= Neubewertungsreserven · 0,45 = Ergänzungskapital	
höchstens aber: 0,45 · Neubewertungsreserven ≤ 1,4 % der Risikoaktiva und nur dann, wenn: Kernkapital ≥ 4,4% der Risikoaktiva	

Abb. G2.6: Ermittlung der nicht realisierten Reserven bei Immobilien und Wertpapieren

Genussrechtskapital besitzt je nachdem, wie es im Einzelfall konkret ausgestaltet ist, entweder mehr Eigen- oder Fremdkapitalcharakter. Für eine Anerkennung als Ergänzungskapital ist Voraussetzung, dass das Genussrechtskapital wesentliche Eigenschaften von Eigenfinanzierungstiteln besitzt. Diese sind:

- Teilnahme an laufenden Verlusten einschließlich der Aufschiebung von Zinszahlungen,
- nachrangige Bedienung im Insolvenzfall und
- Dauerhaftigkeit (Ursprungslaufzeit mindestens fünf Jahre, Restlaufzeit bzw. Kündigungsfrist mindestens zwei Jahre, keine vorzeitige Rückzahlung möglich).

Darüber hinaus dürfen diese Voraussetzungen nicht dadurch ausgehöhlt werden, indem Besserungsabreden oder eine nachträgliche Änderung dieser wesentlichen Bedingungen vereinbart werden.

Die Bedingungen, unter denen längerfristige nachrangige Verbindlichkeiten als haftendes Eigenkapital (Ergänzungskapital der Klasse 2) anerkannt werden, sind – mit Ausnahme der Verlustteilnahme – ähnlich gefasst wie beim Genussrechtskapital. Die Kriterien für die Dauerhaftigkeit sind schwächer formuliert, da auch bei einer Restlaufzeit von weniger als zwei Jahren eine Anerkennung in Höhe von 40% erfolgt. Die Voraussetzungen für eine Anerkennung lauten:

- Nachrangige Befriedigung im Insolvenzfall,
- Ursprungslaufzeit bzw. Kündigungsfrist mindestens fünf Jahre und
- keine Verrechnung der Verbindlichkeit mit Forderungen des Kreditinstituts.

Auch hier gilt, dass diese Bedingungen nachträglich nicht geändert werden dürfen. Die Satzung einer Genossenschaft kann vorsehen, dass ihre Mitglieder über die Geschäftsanteile hinaus für die Verbindlichkeiten der Genossenschaft haften, und zwar entweder unbeschränkt oder aber mit Beschränkung auf eine bestimmte Summe. Diese Haftsummenverpflichtung stellt ein zusätzliches Haftungspotenzial für den Insolvenzfall dar und zählt daher zum haftenden Eigenkapital. Allerdings handelt es sich hier um nicht eingezahlte Beträge, so dass die Verfügbarkeit der Haftsummenverpflichtung von der Zahlungsfähigkeit der Genossen abhängt. Daher wird die Haftsummenverpflichtung nicht in voller Höhe, sondern nur im Rahmen eines vorsichtig bemessenen Haftsummenzuschlags (vgl. Abbildung G2.7) als Ergänzungskapital 2. Klasse berücksichtigt.

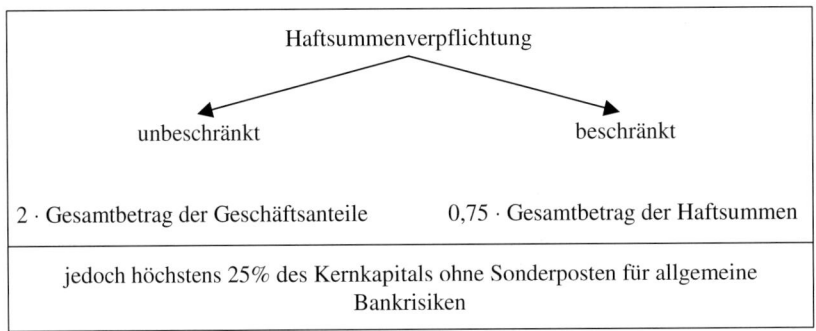

Abb. G2.7: Haftsummenzuschlag gem. §1 Zuschlagsverordnung

Drittrangmittel

Die *Drittrangmittel* setzen sich zusammen aus dem *Nettogewinn des Handelsbuches*, den *kurzfristigen nachrangigen Verbindlichkeiten* und unter bestimmten Umständen zudem aus *gekapptem Ergänzungskapital*.

Der Nettogewinn aus dem Handelsbuch ist der Gewinn, der bei der Glattstellung aller Handelsbuchpositionen realisiert würde. Bei der Ermittlung dieses – täglich zu berechnenden – Gewinns müssen jedoch alle vorhersehbaren Aufwendungen und Ausschüttungen sowie die Verluste aus dem Anlagebuch, die bei einer sofortigen Liquidation des Unternehmens realisiert würden, berücksichtigt werden. Da eine solche tägliche Verlustermittlung für Anlagebuchpositionen aber objektiv nicht möglich ist, haben Nettogewinne des Handelsbuches keinerlei praktische Bedeutung im Rahmen der Quantifizierung von Drittrangmitteln.

Deutsche Kreditinstitute setzen nahezu ausschließlich kurzfristige Verbindlichkeiten als Drittrangmittel ein. Die Bedingungen für deren Anerkennung ähneln denen für die längerfristigen nachrangigen Verbindlichkeiten mit zwei Ausnahmen: Die Mindestursprungslaufzeit beträgt lediglich zwei (statt fünf) Jahre, zudem dürfen auf die kurzfristigen nachrangigen Verbindlichkeiten keine Zins- oder Tilgungszahlungen geleistet werden, wenn hierdurch die gesetzlich vorgeschriebene Mindestausstattung an Eigenmitteln unterschritten würde.

Sollte ein Kreditinstitut nicht über ausreichend kurzfristige nachrangige Verbindlichkeiten verfügen, so dass diese zusammen mit dem freien Ergänzungskapital nicht die 2,5-fache Höhe des freien Kernkapitals erreichen, so kann es bis zu dieser Höchstgrenze auch das so genannte gekappte Ergänzungskapital als Drittrangmittel anrechnen. Unter gekapptem Ergänzungskapital versteht man diejenigen Kapitalien, die zwar grundsätzlich die Voraussetzungen zur Anerkennung von Ergänzungskapital erfüllen, jedoch nur deshalb keine Berücksichtigung finden, da das Kreditinstitut entweder über mehr Ergänzungskapital als Kernkapital verfügt oder es sich um Ergänzungskapital der Klasse 2 handelt, das die Anrechnungshöchstgrenze in Höhe von 50% des Kernkapitals überschreitet. Diese Möglichkeit zur Auffüllung der Drittrangmittel mit gekapptem Ergänzungskapital wurde vom Gesetzgeber eingeräumt, da die Haftungsqualität von Ergänzungskapital höher als die der Drittrangmittel einzustufen ist.

Konsolidierung des haftenden Eigenkapitals und Eigenkapitalabzüge

Das haftende Eigenkapital wird um einige Abzugsposten korrigiert. Hiermit soll dem Problem einer Mehrfachbelegung des haftenden Eigenkapitals durch das Halten von Beteiligungen an anderen Kreditinstituten Rechnung getragen werden. Dies möchten wir Ihnen anhand des folgenden Beispiels demonstrieren:

> Bank A mit einem haftenden Eigenkapital von 200 gründet die B-Bank als 100%ige Tochter mit einem haftenden Eigenkapital von 100, diese wiederum hält 100% der Anteile an der C-Bank mit einem haftenden Eigenkapital von 50. Das insgesamt eingezahlte haftende Eigenkapital beträgt 200, damit können maximal Risikoaktiva in Höhe von 2.500 mit 8% haftendem Eigenkapital unterlegt werden. Würde nun der Grundsatz I auf jedes der drei Kreditinstitute isoliert angewendet werden, so könnten damit Risikoaktiva in Höhe von 4.325 unterlegt werden, bezogen auf das effektiv eingezahlte haftende Eigenkapital betrüge die Unterlegungsquote aber nur 4,7%.

Um eine solche Umgehung der Bestimmungen der SolvV zu verhindern, fordert §10a KWG, dass die konsolidierten Risikoaktiva einer Institutsgruppe in Höhe von 8% durch konsolidiertes haftendes Eigenkapital der Institutsgruppe unterlegt werden müssen. Da eine Konsolidierung der Risikoaktiva und des haftenden Eigenkapitals sehr aufwändig ist, greift §10a KWG erst ab bestimmten Mindestbeteiligungsquoten, das Problem einer Mehrfachbelegung von haftendem Eigenkapital tritt jedoch grundsätzlich auch bei Beteiligungsquoten unterhalb der Konsolidierungsschwelle nach §10a KWG auf. Sofern diese Beteiligungen unterhalb der Konsolidierungsschwelle nicht freiwillig in eine Konsolidierung mit einbezogen werden, greift ein anderes Verfahren: Die entsprechenden Beteiligungen werden vom haftenden Eigenkapital abgezogen. Im Beispielfall würde dies zum gleichen Ergebnis führen wie die Konsolidierung. Das haftende Eigenkapital

A-Bank		B-Bank		C-Bank	
2.400 RA 100 Bet.	200 EK	1.200 RA 50 Bet.	100 EK	625 RA	50 EK

RA: Risikoaktiva
Bet.: Beteiligungen
EK: haftendes Eigenkapital

Abb. G2.8: Eigenkapitalunterlegung bei Institutsgruppen

der A-Bank reduziert sich nach Abzug der Beteiligung auf 100, damit können
maximal Risikoaktiva in Höhe von 1.250 unterlegt werden. Das um den Be-
teiligungswert reduzierte haftende Eigenkapital der B-Bank ist ausreichend zur
Unterlegung von Risikoaktiva in Höhe von 625, bei der C-Bank verbleibt es bei
Risikoaktiva in Höhe von 625. Damit betragen die Risikoaktiva der Institutsgruppe insgesamt 2.500, das hierzu benötigte haftende Eigenkapital in Höhe von
200 entspricht dem effektiv eingezahlten haftenden Eigenkapital.

In den Abzug vom haftenden Eigenkapital sind nicht nur Anteile im engeren
Sinne einzubeziehen, sondern grundsätzlich alle Passiva, die zum haftenden Eigenkapital gehören können. Dies betrifft neben Anteilen auch Forderungen aus
nachrangigen Verbindlichkeiten und Genussrechte sowie Vermögenseinlagen als
stiller Gesellschafter. Die Beteiligungsschwelle für die Vornahme eines Abzugs
beträgt 10%. Geringere Beteiligungsquoten kommen nur insoweit zum Abzug,
als der Gesamtbetrag dieser Beteiligungen und Forderungen 10% des haftenden
Eigenkapitals des Instituts übersteigt.

G2.4 Mindestanforderungen an das Risikomanagement

Die MaRisk (vgl. BUNDESANSTALT FÜR FINANZDIENSTLEISTUNGSAUFSICHT
(2009c)) knüpfen an §25a KWG an, der verlangt, dass die Kreditinstitute über
eine ordnungsgemäße Geschäftsorganisation verfügen müssen. Hierzu gehören
u. a. ein funktionierendes Risikomanagement, das auf geeigneten Methoden der
Risikomessung und Risikosteuerung beruht, klare organisatorische Vorgaben, interne Kontrollprozesse, eine vollständige Dokumentation der Geschäftsvorfälle
sowie eine angemessene personelle und technische Ressourcenausstattung. Die
MaRisk basieren weniger auf konkreten Detailvorschriften, sondern stellen einen
flexiblen Rahmen dar, der von jedem Institut individuell auszugestalten ist.

Die MaRisk gliedern sich in einen allgemeinen und in einen besonderen Teil
(vgl. Tabelle G2-8). Im allgemeinen Teil wird die Gesamtverantwortung der Geschäftsleitung für eine angemessene Geschäftsorganisation festgeschrieben. Daneben werden Mindestanforderungen an das Risikomanagement, an die Orga-

nisation und Dokumentation, an die personelle und technische Ressourcenausstattung, an Aktivitäten auf neuen Märkten und in neuen Produkten sowie an
das Outsourcing formuliert. Im besonderen Teil werden dann die Anforderungen
an das interne Kontrollsystem spezifiziert. Hinsichtlich der Aufbauorganisation
wird insbesondere eine klare Funktionstrennung gefordert. Im Kreditbereich betrifft dies die organisatorischen Einheiten Markt und Marktfolge, im Handelsbereich muss der Handel von den Funktionen Risikocontrolling sowie Abwicklung
und Kontrolle organisatorisch getrennt werden. Die Prozesse und Arbeitsabläufe, die mit der Kreditvergabe bzw. mit Handelsgeschäften verbunden sind,
müssen umfassend festgelegt werden, besonderer Wert wird darauf gelegt, dass
alle Vorgänge ausreichend dokumentiert werden, und dass alle Arbeitsabläufe
und die eingegangenen Risiken laufend überwacht werden. Für die einzelnen Risikoarten werden zudem spezielle Anforderungen an die Risikosteuerungs- und
-controllingprozesse gestellt. So müssen z. B. für einzelne Kreditnehmer oder Risikoarten Limite festgelegt werden, es muss sichergestellt sein, dass diese Limite
eingehalten werden, darüber hinaus müssen die eingegangenen Risiken zeitnah
bewertet werden. Näheres hierzu erfahren Sie in den Teilen I und J. Die Anforderungen an das Management von Liquiditätsrisiken (vgl. hierzu Teil H) sind
als Folge der Finanzmarktkrise verschärft worden. So muss gewährleistet sein,
dass ein sich abzeichnender Liquiditätsengpass rechtzeitig erkannt wird, ein Not-
fallplan für Liquiditätsengpässe existiert und die Bank auch bei angespanntem
Marktumfeld seinen Liquiditätsbedarf decken kann. Für Liquiditätsrisiken sind
regelmäßig Stresstests durchzuführen.

Die Prüfungstätigkeit der internen Revision muss sich auf alle Aktivitäten
und Prozesse des Kreditinstituts erstrecken. Hierzu ist eine risikoorientierte Prü-
fungsplanung zu erstellen, die Ergebnisse der Prüfung müssen der Geschäftsleitung berichtet werden, die fristgerechte Beseitigung etwaiger Mängel muss von
der internen Revision überwacht werden. Damit die interne Revision ihre Aufgabe unabhängig wahrnehmen kann, ist sie hinsichtlich der Berichterstattung und
der Wertung der Prüfungsergebnisse keinen Weisungen unterworfen, die Mitarbeiter der Revision dürfen keine revisionsfremden Aufgaben wahrnehmen. Der
Aufsichtsrat hat ein direktes Auskunftsrecht gegenüber der internen Revision.

Als Reaktion auf die Finanzmarktkrise wurden Anforderungen an die Gestaltung der Vergütungssysteme neu in die MaRisk aufgenommen (AT 7.1). Vergütungssysteme müssen mit den Unternehmenszielen vereinbar sein, sie müssen
sich künftig am langfristigen Erfolg orientieren und sie dürfen nicht so ausgelegt
sein, dass Anreize erzeugt werden, unverhältnismäßig hohe Risiken einzugehen.
Weiterhin muss ein Vergütungsausschuss eingerichtet werden, der Aufsichtsrat
ist über die Vergütungssysteme zu informieren.

Den allgemeinen Anforderungen an das Risikomanagement kommt im Hinblick auf eine vorausschauende und auf Prinzipien basierende Bankenaufsicht
zentrale Bedeutung zu. Kernelement der Anforderungen ist der sog. ICAAP (*Internal Capital Adequacy Assessment Process*), der vorsieht, dass die Banken im
Rahmen einer *Risikotragfähigkeitsrechnung* ihr *Gesamtrisikoprofil* und das zur
Abdeckung dieser Risiken verfügbare *Risikodeckungspotenzial* bestimmen (vgl.
MaRisk AT 4.1; siehe Abbildung G2.9). Weitere Elemente des ICAAP sind die

Tab. G2-8: Struktur der MaRisk

Allgemeiner Teil (AT)	Besonderer Teil (BT)		
• Vorbemerkung • Anwendungsbereich • Gesamtverant- wortung der Geschäftsleitung • Allgemeine An- forderungen an das Risikomanagement • Organisations- richtlinien • Dokumentation • Ressourcen • Aktivitäten in neuen Produkten und auf neuen Märkten • Outsourcing	Internes Kontrollsystem (BT 1)		Interne Revision (BT 2)
	Aufbau- und Ablauf- organisation (BTO) • Kreditgeschäft • Handelsgeschäft	Risikosteuerungs- und -controlling- prozesse (BTR) • Adressenausfall- risiken • Marktpreis- risiken • Zinsänderungs- risiken auf Gesamt- institutsebene • Liquiditäts- risiken • Operationelle Risiken	• Aufgaben • Grundsätze • Prüfungs- planung und durchführung • Berichtspflicht • Reaktion auf Mängel • Auslagerung

Formulierung einer Geschäftsstrategie und einer dazu konsistenten Risikostrategie, die im Einklang mir der Risikotragfähigkeit stehen (vgl. MaRisk AT 4.2),
sowie die Einrichtung angemessener Risikosteuerungs- und -controllingprozesse,
die eine Identifizierung, Beurteilung, Steuerung sowie Überwachung und Kommunikation der wesentlichen Risiken gewährleisten (vgl. MaRisk AT 4.3). In das
Risikomanagement müssen alle Unternehmen eines Konzerns einbezogen werden.
Gemäß §45b KWG kann die BaFin eine höhere Eigenmittelunterlegung als in der
SolvV vorgegeben anordnen, wenn sie Mängel im ICAAP feststellt. Gemeinsam
mit den Grundsätzen für die Überprüfung und Beurteilung dieser Grundsätze
durch die Bankenaufsicht (*Supervisory Review and Evaluation Process: SREP*)
bildet der ICAAP den *Supervisory Review Process (SRP)*, der die zweite Säule
von Basel II umsetzt.

Hinsichtlich der konkreten Ausgestaltung der Risikotragfähigkeitsrechnung
machen die MaRisk keine konkreten Angaben. Grundsätzlich sind alle wesentlichen Risiken in die Ermittlung des Gesamtrisikoprofils einzubeziehen. Dies sind
auf jeden Fall Adressenausfall-, Marktpreis- und operationelle Risiken, daneben können z. B. auch Geschäftsrisiken (Risiko sinkender Erträge aufgrund eines
rückläufigen Absatzes bestimmter Bankprodukte), Beteiligungsrisiken oder Reputationsrisiken mit aufgenommen werden. Auch hinsichtlich der anzuwendenden Methoden zur Risikoquantifizierung haben die Banken weitgehende Freiheit.
Eine empirische Untersuchung der DEUTSCHE BUNDESBANK (2007) zeigt, dass
die Banken bei der Bestimmung ihres Risikoprofils je nach Bankgröße und Risikoart sehr unterschiedlich vorgehen. Während vor allem kleinere Banken sich
an die aufsichtlichen Standardverfahren zur Risikomessung anlehnen, verwenden

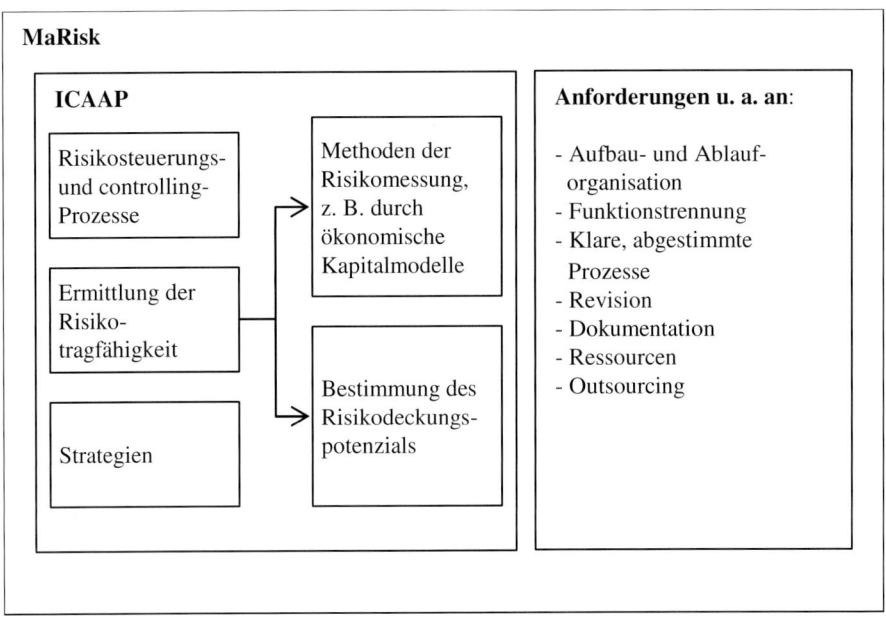

Abb. G2.9: ICAAP als Teil der MaRisk (Quelle: Deutsche Bundesbank (2007))

große Banken zumindest für die Kreditausfall- und Marktpreisrisiken eigene Risikomodelle (zu Kreditrisikomodellen siehe Kapitel I2), die auf dem VaR oder dem Expected Shortfall (vgl. Kapitel F2.4) basieren. Die eigenen Risikomodelle unterscheiden sich wiederum erheblich hinsichtlich der verwendeten quantitativen Methoden und der vorgegebenen Werte für Konfidenzniveau und Haltedauer. Diversifikationseffekte zwischen den einzelnen Risikoarten werden nur von wenigen Banken berücksichtigt, die überwiegende Anzahl der Banken addiert die Risikoanrechnungsbeträge für die einzelnen Risikoarten wie beim Building-Block-Approach (vgl. Kapitel G2.3.1).

Auch das Risikodeckungspotenzial wird von den Banken sehr unterschiedlich festgelegt (vgl. Deutsche Bundesbank (2007), S. 60-62). Einige Banken orientieren sich am adjustierten Buchkapital (*Adjusted Common Equity: ACE*), das aus dem bilanziellen Eigenkapital, vermindert um nicht realisierte Gewinne aus Wertpapieren und voraussichtlichen Dividendenzahlungen, besteht und damit enger definiert ist als das regulatorische Eigenkapital. Andere Banken fassen das Risikodeckungspotenzial weiter als das regulatorische Eigenkapital, indem sie auch Plangewinne hinzurechnen. Teilweise stufen die Banken das Risikodeckungspotenzial nach dem Grad der Verlustabsorptionsfähigkeit ab. So verwenden sie eine enger gefasste Version des ökonomischen Kapitals, um sicher zu stellen, dass im Falle einer Liquidation die Gläubigeransprüche befriedigt werden können (Liquidationsperspektive). Wird gefordert, dass die Bank auch nach Eintritt massiver Verluste noch über ausreichend Kapital verfügen soll, um weiter existieren zu können (Fortführungsperspektive), so wird man das Risiko-deckungspotenzial weit auslegen, d. h., auch Plangewinne mit einbeziehen und das Konfidenzniveau bei der Bestimmung des VaR niedriger ansetzen.

Ein weiteres Element des ICAAP sind *Stresstests*. Auch hier gewährten die MaRisk den Banken bis zur Finanzmarktkrise weitgehende Freiheiten, es wur-den lediglich angemessene Szenariobetrachtungen verlangt. Inzwischen sind die Anforderungen an die Stresstests etwas konkreter formuliert: So sind Risiko-konzentrationen und Risiken aus außerbilanziellen Zweckgesellschaften zu be-rücksichtigen, daneben müssen auch außergewöhnliche, aber plausibel mögliche Ereignisse abgebildet werden (AT 4.3.2). Die britische Bankenaufsicht *Financi-al Services Authority (FSA)* geht noch weiter und fordert Stresstests, in denen u. a. plötzliche und massive Ereignisse wie Marktschocks sowie ein wirtschaftli-cher Abschwung, wie er alle 25 Jahre einmal zu ewarten ist, simuliert werden (vgl. FINANCIAL SERVICES AUTHORITY (2005)). Künftig erwartet die FSA von den Banken einen sog. *Reverse Stress Test (RST)*. Im Rahmen des RST sollen die Banken solche Szenarien identifizieren und bewerten, die am ehesten da-zu geeignet sind, die Überlebensfähigkeit der gegenwärtigen Geschäftsstrategie in Frage zu stellen. Die Geschäftsstrategie wird dann als nicht überlebensfähig angesehen, wenn sich Risiken manifestieren, die dazu führen können, dass die Marktteilnehmer das Vertrauen in die Bank verlieren mit der Folge, dass Ver-tragspartner oder andere Interessenten keine Transaktionen mehr mit der Bank durchführen möchten, ihr kein Kapital mehr zur Verfügung stellen wollen oder bestehende Vertragsbeziehungen beenden möchten (vgl. FINANCIAL SERVICES AUTHORITY (2008)). In eine ähnliche Richtung gehen die Überlegungen des Ba-seler Ausschusses für Bankenaufsicht, der ebenfalls weitreichende Anforderungen an die Szenarios, die in Stresstests abgebildet werden sollen, stellt (vgl. BASEL COMMITTEE ON BANKING SUPERVISION (2009e)).

G2.5 MiFID - Regulierung von Wertpapierdienstleistungen

Zentrale Vorschrift zur Regulierung von Wertpapierdienstleistungen innerhalb der EU ist die *Market in Financial Instruments Directive* (Finanzmarktrichtli-nie), kurz *MiFID* genannt, die 2007 in deutsches Recht transformiert wurde und zu zahlreichen Anpassungen im Wertpapierhandelsgesetz, im Börsengesetz und im Kreditwesengesetz geführt hat. Mit der Finanzmarktrichtlinie soll ein einheit-licher europäischer Rahmen für Wertpapierdienstleistungen geschaffen werden. Damit soll der Wettbewerb in der EU gestärkt werden und zugleich sollen der Anlegerschutz, die Effizienz und die Integrität des europäischen Finanzmarkts verbessert werden.

Hauptbestandteile der Finanzmarktrichtlinie sind die *Anlageberatung* und die *Abwicklung von Wertpapiergeschäften*. Die Anlageberatung wird definiert als die Abgabe von persönlichen Empfehlungen an Kunden, die sich auf Geschäfte mit bestimmten Finanzinstrumenten beziehen, sofern die Empfehlung auf eine Prü-fung der persönlichen Umstände des Anlegers gestützt oder als für ihn geeignet dargestellt wird und nicht ausschließlich über öffentliche Kanäle bekannt gegeben wird (vgl. THEISSEN (2008)). Diese Definition macht bereits deutlich, dass der Empfehlung für eine bestimmte Geldanlage eine Prüfung der persönlichen Verhältnisse des Kunden vorausgehen muss. Hierzu muss der Anlageberater Informationen über den Kunden einholen, wobei das Ausmaß der Informationsbeschaffung von der Art des Kunden abhängt. Es werden drei Kategorien unterschieden:

- *Privatkunden*: Dies sind nicht nur Privatpersonen, sondern auch gewerbliche Kunden, soweit sie nicht in die beiden anderen Kategorien fallen.
- *Professionelle Kunden*: Darunter fallen Unternehmen, die mit Finanzdienstleistungen zu tun haben, wie z. B. Banken, Wertpapierdienstleistungsunternehmen, Versicherungen, Investmentfondsgesellschaften, aber auch öffentliche Stellen. Neben diesen „geborenen" professionellen Kunden können sich Privatkunden, sofern sie bestimmte Größenkriterien erfüllen, als professionelle Kunden einstufen lassen („gekorene" professionelle Kunden). Professionelle Kunden genießen ein geringeres Schutzniveau als Privatkunden.
- *Geeignete Gegenpartei*: Diese Kategorie betrifft denselben Kundenkreis wie die professionellen Kunden, die Einstufung in die Kategorie „geeignete Gegenpartei" ist nur für bestimmte Wertpapiergeschäfte relevant.

Die Informationen, die der Anlageberater im Rahmen der *Geeignetheitsprüfung* einholen muss, umfassen bei den Privatkunden die Kenntnisse und Erfahrungen des Kunden hinsichtlich bestimmter Arten von Finanzinstrumenten, die Anlageziele des Kunden und seine finanziellen Verhältnisse. Der Anlageberater muss somit nach der Höhe des regelmäßigen Einkommens und der finanziellen Verpflichtungen fragen ebenso wie nach der Ausbildung und der gegenwärtigen und früheren Tätigkeiten. Die Anlageziele müssen hinsichtlich Anlagedauer, Risikobereitschaft und dem mit der Anlage verfolgten Zweck konkretisiert werden. Bei professionellen Kunden und geeigneten Gegenparteien beschränkt sich die Informationspflicht auf die Anlageziele und die Risikobereitschaft. Auf der Basis der pflichtgemäß einzuholenden Informationen muss der Anlageberater dann prüfen, ob das von ihm empfohlene Finanzinstrument für den Kunden geeignet ist, d. h. ob es den Anlagezielen des Kunden entspricht, ob die Risiken im Einklang mit der Risikobereitschaft des Kunden stehen und für ihn finanziell verkraftbar sind und ob der Kunde auf der Basis seiner Kenntnisse und Erfahrungen die Risiken des Produkts verstehen kann.

Der Anlageberater muss nicht nur Informationen über den Kunden einholen, er muss den Kunden auch umfassend informieren. Dem Kunden müssen Informationen über die Bank, über die von ihr angebotenen Dienstleistungen und Arten von Finanzinstrumenten, über Anlagestrategien und damit verbundene Risiken, über die anfallenden Kosten einschließlich Provisionen sowie über sonstige Vertragsbedingungen bekannt gemacht werden. Diese Informationen werden i. d. R. in standardisierter Form, d. h. durch Broschüren dem Kunden übermittelt. Darüber hinaus müssen dem Kunden die angebotenen Finanzinstrumente in einer Weise erklärt werden, dass er die Produkte versteht und in Kenntnis der Wirkungsweise der Produkte seine Anlageentscheidung treffen kann. Neben allgemeinen Informationen über Wertpapiere und Termingeschäfte muss der Kunde über die Risiken aufgeklärt werden, insbesondere über das Risiko des Totalverlusts, die Hebelwirkung, die Volatilität des betreffenden Finanzinstruments sowie über finanzielle Verpflichtungen wie z. B. Einschusspflichten. Art und Ausmaß der Informationsbereitstellung hängen auch hier wieder davon ab, in welche Kategorie der Kunde einzuordnen ist.

> Die Frankfurter Sparkasse (Fraspa), die durch den Vertrieb von Lehman-Zertifikaten in die Kritik geraten ist, bot Anfang 2009 ihren Kunden, die „auf der Suche nach einem Extra an Rendite sind", eine „Credit Linked Note auf Daimler AG der Commerzbank AG" zum Kauf an. Die Rendite von 6% nach 14 Monaten gibt es nur, wenn „in Bezug auf die Daimler AG als Referenzschuldner kein Kreditereignis eintritt". Wenn Sie den Teil E gelesen haben, sollten Sie wissen, um was für ein Produkt es sich handelt und welche Risiken Sie eingehen, wenn Sie dieses Finanzinstrument kaufen. Für die Kundenberater dürfte es allerdings eine große Herausforderung sein, einem durchschnittlichen Sparkassenkunden, der den Teil E (leider) nicht gelesen hat, die Credit Linked Note in einer Weise zu erklären, die mit den Vorgaben der Finanzmarktrichtlinie vereinbar ist. Eine spontane Befragung durch die FAZ.NET, was denn ein Kreditereignis sei, ergab unter anderem folgende Antwort: „Na, ein Kreditereignis wird wahrscheinlich sein, wenn Daimler einen Kredit von der Sparkasse bekommt" (FAZ.NET (2009)).

Neben der Anlageberatung ist die Ausführung von Wertpapiertransaktionen im Kundenauftrag ein zweiter Schwerpunkt der MiFID. Um zu gewährleisten, dass die Aufträge zu den für den Kunden günstigsten Konditionen ausgeführt werden, muss jede Bank *Ausführungsgrundsätze* erstellen, die strukturell gleichbleibend die bestmögliche Ausführung von Orders (*Best Execution Policy*) sicherstellen. Die günstigste Ausführung wird somit nicht für jede einzelne Order verlangt, sie muss lediglich für die Gesamtheit der Wertpapiergeschäfte erfüllt sein. Mindestens einmal jährlich muss eine Bank ihre Ausführungsgrundsätze überprüfen. Was als günstigste Ausführung zu verstehen ist, hängt von mehreren Kriterien ab (vgl. MOSER (2008)):

- Preis des Finanzinstruments,
- Kosten der Auftragsausführung,
- Geschwindigkeit der Ausführung,
- Abwicklung des Auftrags,
- Wahrscheinlichkeit der Ausführung,
- Umfang und Art des Auftrags.

Diese Kriterien sind je nach Kundenkategorie unterschiedlich zu gewichten. Für Privatkunden dürften die Kosten des Auftrags und die Wahrscheinlichkeit der Ausführung im Vordergrund stehen, entsprechend sind die Transaktionskosten und die Liquidität des Handelsplatzes hoch zu gewichten. Für professionelle Kunden ist möglicherweise die Ausführungsgeschwindigkeit zusätzlich ein wichtiges Kriterium, das entsprechend zu gewichten ist. Die Best Execution Policy muss dem Kunden vor Entgegennahme eines Auftrags bekannt gemacht werden. Dies geschieht meist in Form eines Informationsblatts, das getrennt nach einzelnen Wertpapierarten Angaben zu dem Ausführungsweg enthält. Daneben ist auch möglich, dass der Kunde der Bank eine direkte Weisung erteilt, wie sein Auftrag auszuführen ist.

Die VR Bank Kitzingen eG schreibt in ihren Ausführungsgrundsätzen, dass alle Wertpapierkommissionsgeschäfte über die DZ BANK abgewickelt werden. Die Ausführung erfolgt unter Berücksichtigung der Kriterien Preis (50%), Kosten (40%) und Wahrscheinlichkeit der Abwicklung (10%). Für jede Produktart wird dann festgelegt, an welchem Handelsplatz das Geschäft von der DZ BANK ausgeführt wird. So werden z. B. Aktien von Unternehmen, die im DAX enthalten sind, über das System Xetra BEST erworben bzw. veräußert, sonstige börsengehandelte Aktien werden an der Frankfurter Börse ge- bzw. verkauft, an der EUREX gehandelte Futures werden über die EUREX abgewickelt, Aufträge über US-Zinsfutures dagegen werden an der Chicago Board of Trade (CBOT) ausgeführt.

Wertpapierdienstleistungsunternehmen in Deutschland sind meist als Universalbanken tätig und erbringen damit eine Fülle von Finanzdienstleistungen. Hierdurch kann es leicht zu Interessenkonflikten zwischen der Bank und ihren Kunden bzw. zwischen einzelnen Mitarbeitern und den Kunden kommen. Betreibt eine Bank neben dem Wertpapierkommissionsgeschäft auch den Eigenhandel mit Wertpapieren, so besteht grundsätzlich die Gefahr, dass ein Kundenauftrag nicht zu den für den Kunden günstigsten, sondern zu den für den Eigenhandelsbereich günstigsten Konditionen abgewickelt wird. Weitere Beispiele für potentielle Konflikte sind die Anlageberatung und der Verkauf von Wertpapieren, die die Bank oder andere Unternehmen ausgegeben haben, sowie das Anbieten von Finanzanalysen über Unternehmen, für die die Bank auch Leistungen im Investmentbanking erbringt. Um Interessenkonflikte zu begrenzen, muss eine Bank geeignete organisatorische Vorkehrungen treffen, wie z. B. die Kontrolle von Informationsflüssen („Chinese Walls"), die rechtzeitige Dokumentation aller relevanten Informationen und die Überwachung von Mitarbeitern. Darüberer hinaus ist eine Bank verpflichtet, die trotz aller organisatorischen Maßnahmen noch bestehenden Interessenkonflikte gegenüber dem Kunden offen zu legen.

G2.6 Einlagensicherungssystem

G2.6.1 Einige theoretische Überlegungen zur Gestaltung von Einlagensicherungssystemen

In nahezu jedem entwickelten Bankensystem gibt es ein Einlagensicherungssystem. Wir haben in Abschnitt D3.3 gesehen, dass die Existenz einer Einlagensicherung sinnvoll sein kann, um einem Bank Run vorzubeugen. Zunächst werden einige grundsätzliche Fragen zur Gestaltung von Einlagensicherungssystemen diskutiert:

1. Ist ein risikoabhängiges Prämiensystem flachen Prämiensätzen überlegen?
2. Was ist eine geeignete Bemessungsgrundlage für die Ermittlung der Prämie?
3. Sollen die Einleger vollständig abgesichert werden oder einen Selbstbehalt tragen?

Zur Beantwortung dieser Fragen ist es sinnvoll, die Position der Einlagensicherungseinrichtung als eine Stillhalterposition in einer Verkaufsoption auf die Aktiva der Bank mit dem Betrag der Kundenverbindlichkeiten als Ausübungspreis zu interpretieren (vgl. MERTON (1977), RONN und VERMA (1986)). Bezeichnen wir mit V den Wert der Aktiva und mit R den Betrag der Kundenverbindlichkeiten, so stellt sich die Position der drei Beteiligten Eigentümer, Einleger und Einlagensicherung im Fälligkeitszeitpunkt folgendermaßen dar:

Tab. G2-9: Einlagensicherung als Verkaufsoption

	$V \geq R$	$V < R$
Eigentümer	$V - R$	0
Einleger	R	R
Einlagensicherung	0	$V - R$

Sofern der Marktwert der Aktiva die Verpflichtungen der Bank übersteigt, wird die Einlagensicherung nicht in Anspruch genommen, im anderen Fall dagegen tritt Insolvenz ein und die Einlagensicherung muss den Verlust in Höhe der Differenz zwischen den Verbindlichkeiten der Bank und dem Marktwert der Aktiva tragen. Zusammengefasst ergibt sich die Ertragsposition der Einlagensicherung als $\min\{0; V - R\}$, dies entspricht dem Ertrag des Stillhalters einer Verkaufsoption.

Der Wert dieser Option ist der heutige Wert der möglichen Ausfälle, die die Einlagensicherung tragen muss. Dies ist zugleich der Betrag, den die Einlagensicherung als Kompensation für die Übernahme der Ausfallrisiken mindestens vereinnahmen muss. Aus der Optionspreistheorie wissen wir, dass der Wert einer Verkaufsoption um so größer ist, je höher der Ausübungspreis im Verhältnis zum Marktwert des Underlying ist und je größer die Wertschwankungen des Underlying sind. Eine verursachungsgerechte Zuordnung der Kosten der Einlagensicherung sollte daher an der Relation der Depositen zum Marktwert der Aktiva anknüpfen und zusätzlich das Risiko der Aktiva berücksichtigen.

Die Bemessung der Prämie ist allerdings nicht nur unter dem Aspekt einer verursachungsgerechten Zuordnung der Sicherungskosten zu sehen, sondern auch unter dem Blickwinkel der Anreizwirkungen, die von der Prämiengestaltung ausgehen. Da die Einlagensicherung die Position eines Stillhalter einer Verkaufsoption hat, muss sie befürchten, dass die Bankleitung Maßnahmen durchführt, die den Wert der Verkaufsoption erhöhen. So könnte die Bankleitung in riskantere Aktiva investieren oder aber den Wert der Aktiva durch Ausgaben vermindern, die dem Management Annehmlichkeiten bereiten, letztlich aber unproduktiv sind (z. B. vergoldete Armaturen in der Vorstandstoilette; vgl. zu diesem und weiteren Beispielen GREENBAUM und THAKOR (1995), S. 492f.; zu Moral-Hazard-Problemen im Zusammenhang mit der Einlagensicherung siehe auch BACH (1995), S. 90ff., KAISER (1996), S. 641f. sowie KUPIEC und O'BRIEN (1998)). Derartige Moral-Hazard-Probleme waren ein entscheidender Faktor für die Krise der S&L in den 80er Jahren (vgl. hierzu Abschnitt A5.1). Dem Anreiz zu einer Risikoerhöhung kann entgegengesteuert werden, indem die Prämienzahlung infolge der Risikoerhöhung heraufgesetzt wird. Dies kann allerdings den Anreiz zu einer riskanten Unternehmenspolitik verstärken mit dem Effekt, dass die Position der Einlagensicherung sich letztlich verschlechtert (vgl. CALEM und ROB (1996), die empirisch belegen, dass eine Erhöhung der Prämiensätze die Moral-Hazard-Probleme der Einlagensicherung verschärft hat; keine Bestätigung fand dagegen diese These in der empirischen Untersuchung von KARELS und MCCLATCHEY (1999)).

Zunehmend haben Elemente einer risikoadjustierten Bemessung der Prämiensätze Eingang in das Einlagensicherungssystem gefunden. Beim Einlagensicherungsfonds des Bundesverbandes Deutscher Banken e.V. werden Kreditinstitute zu diesem Zweck je nach Güte ihres Finanz- und Geschäftsprofils in die international üblichen 22 Ratingklassen von AAA bis D eingestuft. Von dieser Zuordnung hängt ab, in wie weit die Bank einer Überwachung unterliegt und wie hoch die an den Bankenverband zu entrichtende Jahresumlage ist. Diese wird zunächst in Höhe von 0,6% der Bilanzposition „Verbindlichkeiten gegenüber Kunden" veranschlagt. Institute, deren Risiko auf Basis des durchgeführten Ratings höher eingeschätzt wird, haben ab der Klasse BBB eine erhöhte Umlage zu entrichten. Die Klassifizierung einer Bank beruht auf der intensiven Analyse des Finanz- und Geschäftsprofils sowie einer Vielzahl von Unterkriterien und Beurteilungsparametern. Der Einschätzung des Finanzprofils liegt die Untersuchung der nachhaltigen Ertragslage und der Kapitalverhältnisse des Unternehmens zugrunde. Ein weiteres wesentliches Untersuchungsfeld ist das Geschäftsprofil. Neben den relevanten Märkten mit der Betrachtung der Marktattraktivität und der eigenen Wettbewerbssituation wird die Unternehmensstrategie eingehend untersucht. Die Analyse der Gesamtbanksteuerung und vor allem des Risikomanagements mit den internen Kontrollsystemen (Kredit, Handel, Dienstleistungen) münden unmittelbar in die Beurteilung des Risikoprofils. Dieses wird anhand einer Vielzahl von Kriterien in den Bereichen Kredit- und Marktpreisrisiken, operationellen Risiken sowie Strukturrisiken vorgenommen. Letztlich werden die Erkenntnisse aus der Analyse des quantitativen und qualitativen Bereichs mit Hilfe mathematisch-statistischer Verfahren zu einem Klassifizierungs- bzw. Ratingurteil verdichtet und geben somit eine valide Einschätzung der Bonität des beurteilten Instituts.

Im Gegensatz dazu basiert die Klassifizierung des *Institutssicherungssystems der deutschen Genossenschaftsbanken* (zur Zeit noch) ausschließlich auf quantitativ messbaren Kennziffern, die den Jahresabschlussberichten entnommen werden können (siehe Tabelle G2-10). Diese Kennziffern werden mit Hilfe mathematisch-statistischer Verfahren, wie sie auch in der Kreditwürdigkeitsprüfung von Bankkunden eingesetzt werden (siehe hierzu Abschnitt I1.2.5), in der Weise verarbeitet, dass die Ausfall- bzw. Sanierungswahrscheinlichkeit möglichst gut prognostiziert wird (vgl. KOLLBACH (2002)). Die Klassifizierung eines Instituts wirkt sich zum einen auf die Höhe des Beitragssatzes zur Sicherungseinrichtung aus, zum anderen soll das Klassifizierungssystem auch als Instrument zur Früherkennung von Fehlentwicklungen genutzt werden, um Unternehmenskrisen vorbeugen zu können.

Tab. G2-10: Kennzahlen im Klassifizierungssystem der Genossenschaftsbanken

	Kennzahl	Defintion
Vermögenslage	Eigenkapitalquote	$\dfrac{\text{Erwirtschaftetes Eigenkapital}}{\text{Bilanzsumme}}$
	Kernkapitalquote	$\dfrac{\text{Kernkapital + versteuerte Wertberichtigungen}}{\text{Risikoaktiva}}$
Ertragslage	Jahresüberschussquote	$\dfrac{\text{Jahresüberschuss vor Steuern} - \text{vermiedene Niederstwertabschreibungen}}{\text{Durchschnittliches Geschäftsvolumen}}$
	Verwaltungs- aufwandsquote	$\dfrac{\text{Verwaltungsaufwand}}{\text{Rohertrag inklusive Warenergebnis und Saldo aus sonstigen betrieblichen Aufwendungen und Erträgen}}$
	Risikoaufwandsquote	$\dfrac{\text{Risikoergebnis Kreditgeschäft}}{\text{Rohertrag}}$
Risikolage	Blankokreditquote (EK)	$\dfrac{\text{Ungedeckte Kredite der Bonitäts-gruppen 2 (erhöhtes latentes Risiko) und 3 (wertberichtigte Kredite)}}{\text{Erwirtschaftetes Eigenkapital}}$
	Blankokreditquote (BE)	$\dfrac{\text{Ungedeckte Kredite der Gruppen 2 und 3}}{\text{Betriebsergebnis}}$
	Branchenkonzentration	$\dfrac{\text{Volumen der größten Branche}}{\text{Kundenforderungen}}$

Quelle: KOLLBACH (2002), S. 11.

Der *Deutsche Sparkassen- und Giroverband* hat Anfang 2006 ein risiko-orientiertes Beitragssystem für die Sicherungseinrichtungen der Sparkassen-Finanzgruppe eingerichtet, das sich eng an die aufsichtliche Risikomessung an-lehnt. Bemessungsgrundlage sind die Eigenmittelanforderungen entsprechend der Solvabilitätsverordnung. Der Beitragssatz richtet sich nach der Risikotrag-fähigkeit eines Instituts, gemessen durch den *Risikotragfähigkeitsfaktor*:

$$\text{Gesamtvolumen} = \text{Eigenmittelanforderung} \cdot \text{Beitragssatz} \cdot \text{Kalibrierungsfaktor}$$

wobei gilt

$$\text{Beitragssatz} = \text{Basisfaktor} + \text{Risikotragfähigkeitsfaktor}\,,$$
$$\text{Basisfaktor} = 0,8\,,$$
$$\text{Risikotragfähigkeitsfaktor} = \frac{\text{Eigenmittelanforderung}}{\text{Kernkapital + ungebundene Vorsorgereserven}}\,.$$

Für die Risikoorientierung spielt damit sowohl der Risikogehalt der Aktiva als auch die Eigenmittelausstattung eine Rolle. Der Kalibrierungsfaktor wird so festgelegt, dass die Summe aller Beiträge dem gewünschten Volumen des Sicherungsfonds entspricht.

Grundlage für die Prämienbemessung bei dem in den USA praktizierten CAMEL-Rating sind fünf Faktoren, anhand derer das Risiko einer Bank beurteilt wird:

- *C*apital Adequacy: Die Kapitalausstattung wird in Relation zum Geschäftsvolumen, der Risikoposition des Kreditinstituts und der Struktur der Verbindlichkeiten beurteilt.
- *A*sset Quality: Hier geht es z. B. um das Ausfallrisiko der vergebenen Kredite, um das Risiko aus Kreditzusagen, um Klumpenrisiken und die Konzentration von Kreditrisiken in bestimmten Branchen; darüber hinaus wird auch die Fähigkeit einer Bank, ihre Risiken messen und steuern zu können, beurteilt.
- *M*anagement Ability: Hierzu gehört die Frage, ob ein Geschäftsplan existiert, in dem die strategischen Ziele des Kreditinstituts für die nächsten Jahre festgehalten sind. Ein weiteres Kriterium ist das Vorhandensein interner Kontrollsysteme. Relevant sind darüber hinaus die Kompetenz, Integrität und die Bereitschaft des Managements, Regulierungsvorschriften zu befolgen.
- *E*arnings: Beurteilt wird weniger die aktuelle Ertragslage als vielmehr die langfristige Entwicklungsperspektive für die Erträge und zwar absolut wie auch in Relation zu anderen Kreditinstituten.
- Asset/*L*iability Management: Hier geht es um die Messung und Steuerung von Zinsänderungs- und Liquiditätsrisiken. Zinsänderungsrisiken werden nach der Höhe und der Sensitivität des Exposures gegenüber Änderungen des Zinsniveaus beurteilt. Die Liquiditätslage wird z. B. beurteilt anhand der erwarteten Kreditrückzahlungen, der Schwankungen bei den Depositen und der Liquidierbarkeit der Aktiva.

Die Kreditinstitute werden hinsichtlich jedes einzelnen Merkmals auf einer Skala mit den Werten von 1 (sehr gut) bis 5 (schlecht) eingestuft. In einem zweiten Schritt werden die Einzelbewertungen zu einem Gesamturteil, dem ebenfalls eine fünf-stufige Skala zugrunde liegt, aggregiert (vgl. BACH (1995), S. 28; GREENBAUM und THAKOR (1995), S. 516).

Risikosensitive Beitragssätze werden die Moral Hazard-Probleme, die mit einer Einlagensicherung einhergehen, nicht vollständig lösen können. Hierzu müssten die Risiken zeitnah und präzise gemessen und bewertet werden, dies leisten risikoorientierte Beitragssysteme sicherlich nicht mit der erforderlichen Schnelligkeit und Genauigkeit. Als Ergänzung zu einer Steuerung über Anreize bedarf es daher einer Kontrolle des Bankmanagements, um auf deren Verhalten – sofern notwendig – einwirken zu können. Man könnte zunächst die Einleger dazu ermuntern, bei der Auswahl ihres Kreditinstituts sorgfältig und risikoorientiert vorzugehen, indem die Sparer einen Selbstbehalt zu tragen haben. Mit einem ähnlichen Argument wird auch bei anderen Versicherungsarten eine Selbstbeteiligung begründet. So soll beispielsweise der Selbstbehalt bei einer Kfz-Vollkaskoversicherung zu einer vorsichtigeren Fahrweise motivieren. In der EU-Einlagensicherungsrichtlinie ist eine prozentuale Verlustbeteiligung der Anleger bis zu 10% grundsätzlich vorgesehen. Bis zur Finanzmarktkrise gab es in einigen Ländern einen Selbstbehalt, im Oktober 2008 wurde der Selbstbehalt fast überall abgeschafft oder auf bestimmte Ansprüche reduziert. Ob ein Selbstbehalt die gewünschte Wirkung erzeugt, ist allerdings fraglich. Voraussetzung für eine disziplinierende Wirkung des Selbstbehalts auf das Verhalten der Bankleitung ist, dass die Sparer in der Lage sind, die finanzielle Situation einer Bank zu beurteilen und gegebenenfalls auf die Unternehmenspolitik Einfluss zu nehmen. Beides dürfte für die große Mehrheit der Sparer sicherlich nicht zutreffen.

Als zweite Kontrollinstanz kommt die Einlagensicherungseinrichtung in Betracht. Das Einlagensicherungs- und Anlegerentschädigungsgesetz (EAEG) sieht vor, dass die Entschädigungseinrichtung regelmäßig und bei gegebenem Anlass Prüfungen der ihr zugeordneten Institute vornehmen soll. Häufigkeit und Intensität der Prüfungen sollen sich nach der Wahrscheinlichkeit des Eintritts eines Entschädigungsfalls richten. Im Bereich der privatwirtschaftlichen Banken nimmt der *Prüfungsverband deutscher Banken* diese Aufgabe wahr. Als dritte Instanz kommt schließlich die allgemeine Bankenaufsicht als Kontrollinstanz in Betracht.

G2.6.2 Einlagensicherung in Deutschland

In Deutschland ist die Einlagensicherung im Jahre 1998 durch das Einlagensicherungs- und Anlegerentschädigungsgesetz, das die Vorgaben der EU-Einlagensicherungsrichtlinie in deutsches Recht transformiert hat, neu geregelt worden. Es gibt in Deutschland vier parallele Sicherungssysteme, nämlich das der privaten Banken, der öffentlich-rechtlichen Banken, der Sparkassen und Landesbanken und die Sicherungseinrichtung des Bundesverbandes der deutschen Raiffeisen- und Volksbanken. Bei den privaten und den öffentlich-rechtlichen Banken gibt es ein direktes Einlagensicherungssystem, bei den Sparkassen und Genossenschaftsbanken steht die Institutssicherung im Vordergrund, die indirekt natürlich auch eine Sicherung der Einlagen bewirkt. Die unterschiedliche Ausgestaltung der Sicherungssysteme der vier Bankengruppen hängt mit deren unterschiedlicher Struktur zusammen (vgl. Burghof und Rudolph (1996), S. 73ff.). Da die privaten Kreditbanken unmittelbar miteinander in Konkurrenz stehen, kann es nicht im Interesse der Banken sein, insolvente Konkurrenten durch Stützungsmaßnahmen am Leben zu erhalten. Vielmehr geht es darum zu verhindern, dass durch die Insolvenz einer Bank das Vertrauen der Einleger in die Sicherheit der Einlagen erschüttert wird. Dies wird am besten durch eine direkte Einlagensicherung erreicht.

Eine Institutssicherung ist für Sparkassen und Kreditgenossenschaften sinnvoll, da aufgrund des Regionalprinzips (vgl. Abschnitte A4.2.2 und A4.2.3) die Kreditinstitute der jeweiligen Verbände nicht oder nur in geringem Maße miteinander in Konkurrenz stehen. Damit bedeutet die Insolvenz eines Kreditinstituts auch keine Verbesserung der Wettbewerbsposition von Kreditinstituten derselben Institutsgruppe. Im Gegenteil, man kann davon ausgehen, dass die Insolvenz einer Sparkasse oder Kreditgenossenschaft nachteilige Auswirkungen auf andere Institute derselben Gruppe hat, da aufgrund des einheitlichen Erscheinungsbildes und der gemeinsamen Werbung von Sparkassen bzw. Kreditgenossenschaften die Gefahr besteht, dass die Mehrzahl der Einleger nicht hinreichend zwischen den einzelnen Instituten derselben Gruppe differenziert (vgl. BURGHOF und RUDOLPH (1996), S. 76ff.).

Tab. G2-11: Einlagensicherungssysteme in Deutschland

Einlagensicherung		Institutssicherung	
Private Banken	**Öffentlich-rechtliche Banken**	**Sparkassen und Landesbanken/ Girozentralen**	**Genossenschafts-banken**
Entschädigungs-einrichtung deutscher Banken GmbH: Einlagen bis zu 50.000 €, 90% der Verbindlichkeiten aus Wertpapiergeschäf-ten, maximal bis 20.000 € (Zwangs-mitgliedschaft); Einlagensicherungs-fonds (freiwillig): bis zu 30% des Kernkapitals zzgl. 25% des Ergänzungskapitals je Einleger	Entschädigungs-einrichtung des Bundesverbandes öffentlicher Banken (VÖB) als gesetzliche Entschädigungs-einrichtung, Schutzumfang identisch zu den privaten Banken; Einlagensicherungs-fonds des VÖB (freiwillig)	11 Sparkassen-stützungsfonds der regionalen Sparkassenverbände, überregionaler Ausgleich; Sicherungsreserve der Landesbanken; Haftungsverbund	Garantiefonds; Garantieverbund

Die Einlagensicherung der privaten Banken und der öffentlich-rechtlichen Banken besteht aus zwei Elementen: Die Entschädigungseinrichtung deutscher Banken GmbH (EdB) bzw. die VÖB-Entschädigungseinrichtung GmbH decken jeweils den durch die EU-Einlagensicherungsrichtlinie vorgeschriebenen Mindestschutz ab. Demnach haben Privatpersonen, Personengesellschaften und kleine Kapitalgesellschaften (nicht aber Banken, Versicherungen und staatliche Stellen) einen Entschädigungsanspruch für Einlagen bis zu einer Höhe von 50.000 €[6]. Für Verbindlichkeiten aus Wertpapiergeschäften gilt eine Sicherungsgrenze von 90%, maximal jedoch 20.000 €. Voraussetzung ist jedoch, dass die Einlage auf eine Währung des Europäischen Wirtschaftsraums oder auf Euro lautet. Ergänzt werden die gesetzlichen Entschädigungseinrichtungen, bei denen für alle Kreditinstitute der jeweiligen Gruppe eine Pflichtmitgliedschaft besteht, durch den Einlagensicherungsfonds, der eine freiwillige Einrichtung darstellt, der die meisten Banken angehören. Gesichert werden durch den Einlagensicherungsfonds die Einlagen jedes einzelnen Kunden (nicht Einlagen von anderen Kreditinstitu-

---

[6] Ab 31.12.2010 bis zu einer Höhe von 100.000 €.

ten) bis zu einer Höhe von 30% des maßgeblichen haftenden Eigenkapitals der jeweiligen Bank, wobei Ergänzungskapital nur bis zu 25% des Kernkapitals angerechnet wird. Die Einlagensicherung ist unabhängig von der Einlagewährung. Damit dürften praktisch sämtliche Kundeneinlagen vollständig gesichert sein.

Ein Grund für diesen umfassenden Anlegerschutz ist der Wettbewerb mit den Sparkassen und Genossenschaftsbanken, die ihren Anlegern einen vollständigen Einlagenschutz gewährleisten. Die Zweiteilung der Einlagensicherung in eine gesetzliche und in eine freiwillige Komponente ermöglicht es, das in der EU-Einlagensicherungsrichtlinie festgelegte sog. Exportverbot sowie das sog. Topping up zu umgehen: Demnach dürfen ausländische Zweigstellen deutscher Kreditinstitute ihren Kunden keine höhere Einlagensicherung gewähren als es den gesetzlichen Bestimmungen des Gastlandes entspricht (Exportverbot). Umgekehrt muss den Kunden von in Deutschland liegenden Zweigstellen ausländischer Banken der gleiche Versicherungsschutz gewährt werden, wie den Kunden deutscher Banken (Topping up). Da die gesetzlich vorgeschriebene Einlagensicherung nicht über die in der EU-Richtlinie festgelegte Mindesthöhe hinausgeht, werden weder das Exportverbot noch das Topping up relevant, für die freiwillige Einlagensicherung gelten dagegen weder das Exportverbot noch das Topping up (vgl. STEUER (1998)). Daher können deutsche Banken den Kunden ihrer ausländischen Zweigstellen denselben Versicherungsschutz bieten wie ihren deutschen Kunden, umgekehrt genießen deutsche Kunden von Zweigstellen ausländischer Banken nicht automatisch den Schutz, den der Einlagensicherungsfonds bietet.

Die Höhe der Einlagensicherung ist von Land zu Land sehr unterschiedlich geregelt. Selbst innerhalb der EU gibt es noch erhebliche Unterschiede (vgl. Tabelle G2-12), da die EU-Einlagensicherungsrichtlinie nur einen Mindeststandard vorschreibt. Im Zuge der Finanzmarktkrise wurden die Sicherungsgrenzen deutlich angehoben, wobei diese Erhöhungen teilweise nur temporär gelten.

Tab. G2-12: Einlagensicherung in ausgewählten Ländern

Land	Einlagensicherungsgrenze
Frankreich	70.000 €
Großbritannien	50.000 £
Italien	103.000 €
Luxemburg	100.000 €
Österreich	100.000 €
Japan	10 Mio. ¥
USA	250.000 US-$ bis 31.12.2013, dann 100.000 US-$

Quelle: Bundesverband Deutscher Banken e.V., http: www.bankenverband.de.

Das Sicherungssystem der Sparkassen umfasst neben der gesetzlich vorgeschriebenen Einlagensicherung einen freiwilligen Einlagensicherungsfonds, der aus drei Elementen besteht, die zu einem Haftungsverbund zusammengeschlossen sind:

- Elf Sparkassenstützungsfonds der regionalen Sparkassenverbände,
- Sicherungsreserve der Landesbanken und Girozentralen,
- Sicherungsfonds der Landesbausparkassen.

Auch die Sicherungseinrichtung der Genossenschaftsbanken zielt primär auf eine Institutssicherung ab, die Sicherung der Einlagen ist dann die Konsequenz aus dem Bemühen, Insolvenzen zu verhindern. Das Sicherungssystem der Kreditgenossenschaften besteht aus zwei Elementen: Ein Garantiefonds gewährt Hilfen in Form von Zuschüssen gegen Besserungsscheine sowie Darlehen. Durch die Gewährung von Besserungsscheinen verpflichtet sich eine Bank, empfangene Hilfen wieder zurückzuzahlen, wenn sich die wirtschaftliche Lage gebessert hat. Die Höhe der Beiträge zu dem Garantiefonds beläuft sich auf 0,5% des Kundenkreditvolumens und kann bis auf das Vierfache erhöht werden. Je nach Bonitätseinstufung der Primärgenossenschaft werden Abschläge auf den Normalbeitrag gewährt (10%) oder Zuschläge (10%, 20%, 40%) erhoben. Ergänzt wird der Garantiefonds durch einen Garantieverbund aller am Garantiefonds beteiligten Banken, dessen Aufgabe darin besteht, in Schwierigkeiten geratenen Kreditgenossenschaften durch die Gewährung von Bürgschaften und Garantien zu helfen.

G3 Institutionen der Bankenaufsicht

1. Die Bankenaufsicht in Deutschland wird gemeinsam von Bundesbank und BaFin ausgeübt, Aufgabenspektrum und Arbeitsteilung sind in der Aufsichtsrichtlinie verankert.
2. Die Banken werden hinsichtlich der Dimensionen Qualität und Systemrelevanz klassifiziert.
3. SRP-Rating und Risikoprofil sind die zentralen Instrumente zur Risikoklassifizierung von Banken.
4. Die Bankenaufsicht ist in den Mitgliedsstaaten der EU unterschiedlich organisiert, idealtypisch können die drei Aufsichtsmodelle sektorale Aufsicht, Twin Peaks Modell und Allfinanzaufsicht unterschieden werden.
5. Auf internationaler Ebene beschäftigen sich der Financial Stability Board und der Baseler Ausschuss für Bankenaufsicht mit der Bankenregulierung, innerhalb der EU soll die Finanzaufsicht künftig auf den beiden Säulen Europäischer Rat für Systemrisiken und Europäisches Finanzaufsichtssystem beruhen.

G3.1 Bundesbank und BaFin

Die Bankenaufsicht wird in Deutschland gemeinsam von der Bundesbank und der Bundesanstalt für die Finanzdienstleistungsaufsicht (BaFin) ausgeübt. Die Aufgabenteilung zwischen den beiden Institutionen ist in der „Richtlinie zur

Durchführung und Qualitätssicherung der laufenden Überwachung der Kredit- und Finanzdienstleistungsinstitute durch die Deutsche Bundesbank", kurz Aufsichtsrichtlinie (AufsichtsRL) genannt, geregelt. Darüber hinaus enthält die AufsichtsRL auch Angaben zu den Instrumenten, die die Bankenaufsicht einsetzt, um Risiken bei den Banken zu erkennen und zu bewerten. Hierbei knüpft die AufsichtsRL an eine entsprechende Richtlinie an, die vom CEBS (*C*ommittee of *E*uropean *B*anking *S*upervisors) zur Umsetzung der zweiten Säule von Basel II, dem *Supervisory Review and Evaluation Process (SREP)*, erarbeitet worden ist (vgl. COMMITTEE OF EUROPEAN BANKING SUPERVISORS (2006)).

Die Aufsicht über die Banken umfasst nach der Aufsichtsrichtlinie fünf Bereiche (vgl. Artikel 1 AufsichtsRL):

- Sachverhaltsaufklärung,
- Auswertung und Bewertung aktueller und potentieller Risiken aufgrund der ermittelten Sachverhalte,
- zusammenfassende und zukunftsgerichtete Beurteilung aller Informationen,
- Entscheidungen über aufsichtsrechtliche Maßnahmen und deren Durchführung auf der Grundlage der Beurteilungen,
- risikoorientierte Aufsichtsplanung.

Die Aufgabe der Bundesbank besteht vor allem in der Sachverhaltsaufklärung, in der Auswertung der gesammelten Informationen und in der risikoorientierten Bewertung der erhobenen Sachverhalte. So nimmt die Bundesbank die Meldungen der Kreditinstitute entgegen, führt den überwiegenden Teil der bankgeschäftlichen Prüfungen nach §44 KWG durch und erstellt hierüber einen Bericht, wertet die Prüfungsberichte der Jahresabschlussprüfer aus und fertigt hierüber einen Auswertungsbericht an und führt (meist gemeinsam mit Vertretern der BaFin) die Aufsichtsgespräche mit den Bankleitungen. In die Zuständigkeit der BaFin fallen die abschließende Beurteilung der Risikolage und der Eigenkapitalausstattung einer Bank sowie die Entscheidungen über aufsichtsrechtliche Maßnahmen. So trifft die BaFin z. B. die formelle Anordnung über die Durchführung einer §44 KWG-Prüfung, die dann in den meisten Fällen von Mitarbeitern der Bundesbank durchgeführt werden, die BaFin erteilt oder verweigert die Zulassung eigener Risikomodelle, sie hat die Befugnis, ein Moratorium zu verhängen oder die Abberufung von Geschäftsleitern zu verlangen. In allen Auslegungsfragen bankaufsichtlicher Regelungen hat die BaFin die letztentscheidende Kompetenz. Auch wenn es eine unterschiedliche Schwerpunktsetzung in den bankaufsichtlichen Aufgaben von Bundesbank und BaFin gibt, lassen sich in der Praxis der Bankenaufsicht die in den einzelnen Bereichen zu erfüllenden Aufgaben nicht überschneidungsfrei trennen, sondern greifen ineinander über, so dass eine enge Abstimmung zwischen beiden Institutionen notwendig ist.

Der erste Schritt im bankaufsichtlichen Prozess ist die Sachverhaltsaufklärung, d. h. das Sammeln von Informationen über die zu beaufsichtigenden Banken. Die Bankenaufsicht kann sich hierbei auf ein breites Spektrum an Informationsquellen stützen (vgl. HUETHER *et al.* (2009), S. 53-69). Neben den Informationen, die die Banken selbst aufgrund ihrer Meldepflichten (vgl. G2.2.7) übermitteln müssen, greift die Bankenaufsicht auch auf interne Berichte wie z. B. auf die vierteljährlichen Risikoberichte und die monatlichen Berichte über Markt- und Liquititätsrisiken zurück. Weitere Erkenntnisse gewinnt die Bankenaufsicht aus den Prüfungsberichten der Jahresabschlussprüfer und der Einlagensicherungseinrichtungen sowie aus Prüfungen nach §44 KWG und aus Aufsichtsgesprächen mit dem Bankmanagement.

Die Auswertung von Informationen, die der Bankenaufsicht zugehen, erfolgt in Form von Berichten, die nach einem vorgegebenen Muster erstellt werden. So werden die Inhalte des Prüfungsberichts zur Jahresabschlussprüfung in einem Auswertungsbericht festgehalten, ebenso werden über Prüfungen wie z. B. Zulassungsprüfungen für eigene Risikomodelle oder für den IRB-Ansatz Prüfungsberichte angefertigt. Diese Berichte enthalten neben einer Sachverhaltsdarstellung stets auch eine Beurteilung, ob die aufsichtlichen Vorgaben eingehalten wurden. Verstöße werden in Form von Feststellungen dokumentiert und je nach Schwere in eine der Kategorien F1 (geringfügige Auswirkungen) bis F4 (schwerwiegende Auswirkungen) eingestuft. Auf der Basis dieser Feststellungen werden dann aufsichtliche Entscheidungen getroffen, wie z. B. die Zulassung, Zulassung unter Auflagen bzw. mit Einschränkungen oder Nicht-Zulassung eigener Risikomodelle sowie die Anordnung, festgestellte Mängel innerhalb einer vorgegebenen Frist abzustellen.

Die Gesamtbeurteilung einer Bank erfolgt im Rahmen der Risikoklassifizierung, die die Banken hinsichtlich der Dimensionen Qualität und Systemrelevanz einstuft. Mit der Dimension Qualität eines Instituts wird die Risikolage, Risikosteuerung, Organisation und Leitung eines Kreditinstituts beurteilt, die Dimension Systemrelevanz erfasst die zu erwartenden Auswirkungen einer Schieflage des Instituts auf die Stabilität des Finanzsektors. Bei der Klassifizierung hinsichtlich der Qualität stützt sich die Bankenaufsicht auf das *SRP-Rating* (SRP = *S*upervisory *R*eview *P*rocess) und auf das *Risikoprofil* (siehe Tabelle G3-1).

Das SRP-Rating soll das Risiko einschätzen, dass eine Bank instabil wird, indem es seinen wirtschaftlichen Verpflichtungen nicht mehr nachkommen kann. Das Rating wird für alle Banken mit Ausnahme der systemrelevanten Banken und spezieller Institute erstellt. Für diese Banken kommt ein Rating nicht in Betracht, da es keine ausreichende Anzahl vergleichbarer Institute gibt, die für die Erstellung eines Ratings notwendig wären. Stattdessen stellt das Risikoprofil für systemrelevante Banken und für spezielle Finanzdienstleistungsinstitute das einzige Instrument zur Risikoklassifizierung dar. Das SRP-Rating besteht aus einem quantitativen Teil, der entweder modell- oder expertengestützt eingesetzt wird, und aus einem qualitativen Teil, in dem Aspekte, die nicht durch Kennzahlen messbar sind, mit Hilfe eines Fragebogens eingestuft werden. Der Fragebogen enthält 15 allgemein gehaltene Fragen zu der Qualität folgender Bereiche:

• Management,
• Kreditgeschäft,
• Handelsgeschäft und Markpreisrisiken,
• interne Revision,
• Bilanzierungsverhalten sowie
• Anzeigewesen.

Tab. G3-1: Instrumente der Bankenaufsicht zur Risikoklassifizierung von Banken

Bankenklassifizierung

Qualität des Instituts				Systemrelevanz
Quantitativer Teil		Qualitativer Teil		Größenkriterien und
modellgestützt	Sparkassen/Genossen	geplant:	SRP-	ergänzende Kriterien wie
expertengestützt	Kreditbanken – nicht	eigenes Modul	Rating	Interbankenverflechtung,
	systemrelevant	mit Fragebogen		internationale Geschäfte
Risikoprofil als	Systemrelevante	und Leitfaden;	Risiko-	
Rating(ersatz)	Kreditinstitute und	zur Zeit:	profil	
	spezielle Institute	Verwendung des		
		Risikoprofils		

Risikoprofil:
- zentrales Instrument der laufenden Überprüfung und Bewertung
- Abstimmung zwischen Bundesbank und BaFin
- zeigt Informations- und Handlungsbedarf an
- dient der Aufsichtsplanung
- Instrument des Overruling

Quelle: HUETHER *et al.* (2009), S. 73.

Die Beantwortung dieser Fragen wird durch einen Mitarbeiter der Bundesbank anhand des Prüfungsberichts über die Jahresabschlussprüfung vorgenommen. Ein Leitfaden soll sicherstellen, dass die Beurteilung der Kriterien nach einheitlichen Maßstäben erfolgt. Die Bewertung der einzelnen Kriterien erfolgt mit Noten von A (keine Beanstandung, kein Risiko) bis D (schwere Beanstandung, hohes Risiko). Der qualitative Teil des Ratings wird bereits erhoben, er wird aber noch nicht für die Ermittlung des Gesamtratings genutzt, weil noch keine ausreichende Datenbasis zur Verfügung steht, die es ermöglicht, die qualitativen Kriterien so zu einem Gesamturteil zusammenzufügen, dass möglichst trennscharf zwischen unterschiedlichen Qualitätsabstufungen der Banken unterschieden werden kann. Vorerst erfolgt die Beurteilung qualitativer Aspekte anhand des Risikoprofils.

Der quantitative Teil des SRP-Ratings ähnelt den internen Ratingverfahren, die die Banken zur Beurteilung ihrer Schuldner einsetzen (vgl. Abschnitt I1.2). Die Ratingbeurteilung stützt sich auf solche Kennzahlen über die (Entwicklung der) Ertragslage, die Werthaltigkeit der Vermögensgegenstände, die Liquiditätslage und die Kapitalstruktur, die in einem empirischen Datensatz als aussagekräftig im Hinblick auf die Wahrscheinlichkeit einer künftigen Bankenschieflage identifiziert wurden. Die Ableitung eines Ratingurteils aus diesen Kennzahlen erfolgt für Sparkassen und Genossenschaftsbanken modellgestützt auf der Basis einer linearen Diskriminanzfunktion (vgl. Abschnitt I1.2.5), bei den privaten Banken dagegen expertengestützt (Scoringverfahren, vgl. Abschnitt I1.2.2), da diese Bankengruppe zu heterogen ist für die Anwendung eines mathematisch-statistischen Verfahrens.

Das *Risikoprofil* stellt das zentrale Instrument der laufenden bankaufsichtlichen Überprüfung und Bewertung von Kreditinstituten dar. Das Risikoprofil ist das Ergebnis der Überprüfung und Bewertung der Risikolage eines Instituts und soll eine Gesamtwürdigung aller risikorelevanten Faktoren eines Instituts beinhalten. Bewertet werden Umfang und Komplexität der Risiken sowie die Angemessenheit der Organisation des Risikomanagements und deren Zusammenspiel mit der Ertragslage. Ziel ist es, nicht nur die gegenwärtige Risikolage zu beurteilen, sondern es sollen im Sinne einer vorausschauenden Aufsicht auch Gefährdungen in absehbarer Zukunft erkannt werden. Das Risikoprofil ist damit die Basis für weitere aufsichtliche Maßnahmen und die Aufsichtsplanung. Das Risikoprofil dient nicht nur der Analyse der Risikosituation eines einzelnen Instituts, sondern soll auch Vergleiche mit anderen Instituten ermöglichen. Zu diesem Zweck wurden Leitplanken definiert, die Einstufungskriterien beschreiben und ein einheitliches Bewertungsraster ermöglichen.

Das Risikoprofil besteht aus elf Kapiteln, teilweise mit zahlreichen Unterkapiteln und weiteren Unterabschnitten. Für systemrelevante Institute ist eine wesentlich tiefere Gliederung des Risikoprofils vorgesehen als für nichtsystemrelevante Institute (vgl. DEUTSCHE BUNDESBANK und BUNDESANSTALT FÜR DIE FINANZDIENSTLEISTUNGSAUFSICHT (2007)).

1. Gesamturteil und Klassifizierung: Die Geschäftspolitik, die Ertrags-und Risikosituation sowie die Kapitalausstattung werden zusammenfassend beurteilt, die Teilnoten für die Bereiche 4. bis 11. werden offen gelegt, Handlungsempfehlungen für künftige aufsichtliche Maßnahmen wie z. B. §44 KWG-Prüfungen oder Aufsichtsgespräche werden gegeben.
2. Bewertung durch Externe: Aufgelistet werden – sofern vorhanden – die Bewertung durch externe Ratingagenturen, durch den Kapitalmarkt und/oder ausländische Gastlandaufseher.
3. Strategie und Unternehmensstruktur: Dargestellt wird die Geschäftsstrategie insgesamt mit einer Beurteilung, ob das Geschäftsmodell dauerhaft tragfähig ist. Geprüft werden soll auch, ob die Geschäftsstrategie zur Ertrags- und Risikolage eines Instituts passt.
4. Eigentümerstruktur: Geprüft wird, ob aus der Eigentümerstruktur Risiken für das Institut drohen, z. B. weil ein einzelner Eigentümer oder eine Gruppe abgestimmt handelnder Eigentümer maßgeblichen Einfluss auf das Institut hat und Zweifel an der Zuverlässigkeit des oder der Eigentümer bestehen.
5. Ertragslage: Die Ertragslage soll unter den Aspekten Vereinbarkeit mit der Geschäftsstrategie, Nachhaltigkeit, Tragfähigkeit des Geschäftsmodells und Risiken beurteilt werden.
6. Kapitalausstattung und Risikotragfähigkeit: Geprüft wird, ob ein Institut über ein ausreichendes Risikodeckungspotenzial verfügt, um die mit der Geschäftsstrategie verbundenen Risiken tragen zu können.
7. Internal Capital Adequacy Assessment Process (ICAAP): Beurteilt wird die Qualität und Angemessenheit des Risikotragfähigkeitskonzepts sowie die Funktionsfähigkeit und Angemessenheit der Risikosteuerungs- und -controllingprozesse.

8. Internal Governance: Geprüft wird, ob aus der Leitungs- und Eigentümerstruktur Risiken für die Angemessenheit der Unternehmensführung drohen.
   Weiterhin wird bewertet, ob die internen Kontrollverfahren, bestehend aus
   den prozessbegleitenden Kontrollen und der internen Revision, organisatorisch angemessen verankert sind und ihre Funktionen erfüllen können.
9. Risikobereiche: Es geht hier sowohl um die Höhe der Risikopositionen als auch
   um die Qualität der Risikosteuerungsverfahren, unterteilt nach den Risikoarten

   - Kreditrisiko,
   - Beteiligungsrisiko,
   - Zinsänderungsrisiko (des Anlagebuches),
   - sonstiges Marktrisiko (Handelsbuch),
   - Liquiditätsrisiko,
   - operationelles Risiko und
   - sonstige materielle Risiken (z. B. Reputationsrisiken).

10. Compliance: Dieses Kapitel enthält die zusammengefasste Bewertung der
    Wertpapieraufsicht hinsichtlich der Einhaltung des WpHG.
11. Geldwäsche: Wiedergegeben wird die zusammengefasste Bewertung der BaFin
    hinsichtlich der Einhaltung des Geldwäschegesetzes.

Dem Risikoprofil kommt insbesondere für systemrelevante Banken große Bedeutung zu, da diese Banken nicht durch das SRP-Rating erfasst werden. Für
kleinere und mittlere Banken ist das Risikoprofil eher als eine Overruling-
Struktur für das SRP-Ratingergebnis zu sehen, es sei denn, es handelt sich um
ein Probleminstitut. In diesem Fall soll das Risikoprofil als Analyserahmen dienen, der schwerpunktmäßig die Problembereiche des Kreditinstituts unter die
Lupe nimmt.

Das Risikoprofil wird durch einen Bearbeiter der Bundesbank erstellt und
durch Vorgesetzte für die elektronische Übermittlung an die BaFin freigegeben.
In der BaFin überarbeitet der zuständige Institutsbetreuer das Risikoprofil bei
Bedarf, ein Vorgesetzter finalisiert schließlich das Risikoprofil. Somit unterliegt
die Erstellung des Risikoprofils dem Acht-Augen-Prinzip. Die BaFin ist für die
abschließende Beurteilung der Sachverhalte zuständig und fällt gegebenenfalls
eine Entscheidung über aufsichtsrechtliche Maßnahmen und deren Durchführung. Bei der Erstellung des Risikoprofils sollen alle vorhandenen, risikorelevanten Informationen über das Institut berücksichtigt werden, das sind z. B.:
Prüfungsberichte der Wirtschaftsprüfer oder der Einlagensicherungseinrichtungen, Aufsichtsgespräche, Auskunftsersuchen, Anzeigen und Meldungen, Rechnungslegung, SRP-Rating, bankinterne Berichte wie bankinterne Risikoberichte
oder Protokolle von Vorstands- und Aufsichtsratssitzungen, Presseberichte und
andere Quellen. Das Risikoprofil wird mindestens einmal jährlich aktualisiert, bei
systemrelevanten Instituten soll eine Aktualisierung in kürzeren Zeitabständen
(mindestens halbjährlich) erfolgen.

Bei der Beurteilung der *Systemrelevanz* geht es um die Frage, wie stark sich
ein Ausfall oder die Schieflage einer Bank auf die Stabilität des Finanzsystems

auswirkt. Als Kriterium für die Auswirkung wird vor allem die Größe einer Bank, gemessen durch die Bilanzsumme herangezogen, ergänzende Kriterien sind die Intensität der Interbankenbeziehungen, die Verflechtung mit dem Ausland sowie die Bedeutung als Transaktionsbank. Es werden drei Stufen der Systemrelevanz unterschieden. Kriterium für die Unterscheidung zwischen der Stufe 1 (niedrige Auswirkung) und Stufe 2 (mittlere Auswirkung) ist die Höhe der Bilanzsumme, wobei die Größenkriterien für die einzelnen Bankengruppen unterschiedlich sind. Dahinter steckt die Idee, dass die Relevanz eines Instituts in Relation zum jeweiligen Sektor bzw. Verbund zu messen ist. Für Banken des Genossenschaftssektors gilt für die Bilanzsumme ein Schwellenwert von 2 Mrd. €, für alle anderen Institute gilt ein Schwellenwert von 4 Mrd. €. Für die Abgrenzung der Stufen 2 und 3 spielen neben der Größe einer Bank noch die Intensität der Verflechtungen mit anderen inländischen Banken sowie die Verflechtung mit dem Ausland eine Rolle. Die Interbankverflechtungen sind besonders bei den Zentralinstituten des Sparkassen- und Genossenschaftssektors hoch, als Maß für die Auslandsverflechtung wird der Anteil der Auslandspositionen an der Bilanzsumme ($\geq 20\%$) sowie der Anteil der Auslandspositionen der betreffenden Bank an den Auslandspositionen aller Banken eines Landes ($\geq 3\%$) verwendet. Daneben werden Finanzdienstleister, die wie die Clearinghäuser der Deutschen Börse als Transaktionsbank systemrelevante Bedeutung haben, in die Stufe 3 eingeordnet. Über die Zuordnung eines Instituts in die Stufe 3 entscheiden Bundesbank und BaFin gemeinsam.

Die zusammengefasste Beurteilung der Banken hinsichtlich der beiden Dimensionen Qualität und Systemrelevanz erfolgt in einer Matrix mit drei Zeilen (Stufen der Systemrelevanz) und vier Spalten (Qualitätsstufen). G3-2 zeigt, dass die Finanzmarktkrise Spuren in der Risikoklassifizierung der Banken hinterlassen hat. Bei den Banken mit mittlerer und hoher Systemrelevanz hat im Vergleich zum Vorjahr der Anteil der Institute in den beiden unteren Qualitätsstufen C und D zugenommen.

Tab. G3-2: Bankenklassifizierung im Jahr 2008 (Vorjahreszahlen in Klammern)

Institute		A Hoch	B Mittelhoch	C Mittelniedrig	D Niedrig	Summe
		Qualität des Instituts				
System-relevanz	3 Hoch	0,1% (0,3%)	1,0% (1,0%)	0,4% (0,3%)	0,2% (0,0%)	1,8% (1,7%)
	2 Mittel	3,0% (3,1%)	3,3% (3,7%)	1,4% (1,3%)	0,5% (0,4%)	8,2% (8,6%)
	1 Niedrig	40,4% (40,3%)	34,9% (34,7%)	11,2% (11,0%)	3,5% (3,9%)	90,1% (89,8%)
	Summe	43,5% (43,7%)	39,2% (39,5%)	13,0% (12,5%)	4,2% (4,4%)	100%

Quelle: BUNDESANSTALT FÜR FINANZDIENSTLEISTUNGSAUFSICHT (2009a) und HUETHER *et al.* (2009).

Die Einordnung in die Matrix der Risikoklassifizierung wirkt sich unmittelbar auf die Aufsichtsplanung aus. So wurden nur 4,8% der Institute in der Qualitätsstufe A einer aufsichtsgetriebenen Sonderprüfung unterzogen, von den Probleminstituten dagegen 22,1% (vgl. BUNDESANSTALT FÜR FINANZDIENSTLEISTUNGSAUFSICHT (2009a), S. 128).

G3.2 Nationale und internationale Organisation der Bankenaufsicht

Die Arbeitsteilung in der Bankenaufsicht zwischen Bundesbank und BaFin wird häufig kritisiert. Das Nebeneinander von zwei Institutionen wird als umständlich empfunden, die Konkurrenz zwischen den beiden Instituten führe zu Reibungsverlusten und behindere so eine effektive Aufsicht über die Banken. Wenn eine Konzentration der Bankenaufsicht bei einer Institution gefordert wird, dann soll dies i. d. R. die Bundesbank sein. Dabei ist jedoch folgendes zu beachten: Die Unabhängigkeit der Bundesbank ist mit der gleichzeitigen Alleinkompetenz in der Bankenaufsicht nur schwer vereinbar. Da in Krisenzeiten letztlich der Staat mit massiven finanziellen Mitteln eingreifen muss, hat die Regierung ein berechtigtes Interesse daran, Einfluss auf die Bankenaufsicht nehmen zu können. Darüber hinaus kann es Zielkonflikte geben zwischen der Beaufsichtigung der Banken einerseits und der Erhaltung der Geldwertstabilität andererseits.

Wenn wir uns anschauen, wie in anderen Ländern der EU die Bankenaufsicht organisiert ist, so stellen wir fest, dass in den meisten Ländern zwei Institutionen in die Bankenaufsicht involviert sind (vgl. EUROPÄISCHE ZENTRALBANK (2003a) und EUROPÄISCHE ZENTRALBANK (2006), zur Bankenaufsicht in den USA siehe A5.1.3). Eine dieser Institutionen ist stets die Zentralbank, in Tschechien und in der Slowakei obliegt der Zentralbank sogar die alleinige Verantwortung für die Bankenaufsicht. In allen anderen Ländern gibt es die eine oder andere Form der Aufgabenteilung zwischen der Zentralbank und einer weiteren Aufsichtsbehörde. Hinsichtlich der Art der Kompetenzverteilung gibt es mehrere Modelle, die sich nach den Dimensionen Aufgaben der Bankenaufsicht und zu beaufsichtigende Sektoren unterscheiden lassen. Eine Bankenaufsicht hat im Wesentlichen drei Aufgaben zu erfüllen:

1. Finanzmarktstabilität/Liquiditätsversorgung,
2. mikroprudenzielle Aufsicht,
3. Integrität des Geschäftsgebarens (Conduct of Business).

Unbestritten ist, dass die erste Aufgabe bei der Zentralbank anzusiedeln ist. Während hierbei bislang die Liquiditätsversorgung im Vordergrund stand, wird der makroprudenziellen Aufsicht künftig größere Bedeutung zukommen.

Hinsichtlich der zu beaufsichtigenden Sektoren unterscheiden wir in

1. Banken,
2. Versicherungen und

3. Wertpapiermärkte.

Ist die Bankenaufsicht nach Sektoren organisiert, so sprechen wir von einem *Sektorenmodell*. Ein solches Modell finden wir in relativer Reinform in Spanien vor. Die spanische Nationalbank (Banco de Espana) ist verantwortlich für die Beaufsichtigung der Kreditinstitute und die Sicherung der Systemstabilität. Die Wertpapiermärkte und deren Institutionen werden von der Finanzmarktkommission (Comision Nacional del Mercado de Valores) beaufsichtigt, für die Beaufsichtigung von Versicherungen und Pensionsfonds ist eine Abteilung des Finanzministeriums zuständig. Neben Spanien finden wir das Sektorenmodell auch in Griechenland, Zypern, Litauen, Polen und Slowenien, darüber hinaus sind die Aufsichtsgremien der EU nach sektoralen Gesichtspunkten gebildet worden. Gliedern wir die Bankenaufsicht nach Aufgaben, so erhalten wir das sog. *Twin Peaks Modell*. An diesem Modell ist die Bankenaufsicht in den Niederlanden ausgerichtet. De Nederlandsche Bank (DNB) ist für die Beaufsichtigung der Banken, Versicherungen und Pensionsfonds zuständig, über die Integrität des Geschäftsgebarens wacht die „Autoriteit Financiële Markten" (AFM). Schließlich verbleibt als Möglichkeit, bewusst keine Aufteilung nach einer der beiden Kriterien vorzunehmen und eine einheitliche Aufsicht über alle Aufgaben (mit Ausnahme der Finanzmarktstabilität) und Sektoren hinweg zu etablieren, man spricht hier auch von einer *Allfinanzaufsicht*. Diesen Weg hat man in Großbritannien beschritten und mit der FSA eine Behörde geschaffen, die mit Ausnahme der Finanzsystemstabilität alle aufsichtlichen Aufgaben über Banken, Versicherer und andere Finanzdienstleister ausübt. Die Bank of England ist für die Geldpolitik und die Finanzsystemstabilität zuständig. In einigen Ländern finden wir Mischformen der Aufsichtsmodelle vor. So kommt die Bankenaufsicht in Deutschland der Allfinanzaufsicht nahe, allerdings mit außergewöhnlich starker Verankerung der Zentralbank in der Bankenaufsicht, die Bankenaufsicht in Italien ähnelt dem Twin Peaks Modell, wobei allerdings auch Elemente des Sektorenmodells einfließen, da die Versicherungsaufsicht von der Bankenaufsicht getrennt ist. Die Bankenaufsicht in Frankreich ist an das Sektorenmodell angelehnt, wobei die Arbeitsteilung allerdings nicht streng an den einzelnen Sektoren ausgerichtet ist.

Die Finanzsysteme aller entwickelten Volkswirtschaften sind eng miteinander verzahnt. Kapitalströme werden global gesteuert, Risiken werden über Länder und Kontinente hinweg gehandelt, große international agierende Banken sind praktisch auf allen wichtigen Bankplätzen der Welt präsent. Damit wächst auch der Bedarf an einer internationalen Harmonisierung der Bankenaufsicht: Zum einen ist – wie die Finanzmarktkrise gezeigt hat – eine Finanzstabilität nur im globalen Kontext zu erreichen, zum anderen führen unterschiedliche Aufsichtsregime zu Wettbewerbsverzerrungen. Innerhalb der Europäischen Union ist die Vereinheitlichung der Bankenaufsicht zudem eine notwendige Voraussetzung, um einen einheitlichen Binnenmarkt für Finanzdienstleistungen zu erreichen.

Anzahl und Bedeutung internationaler Gremien der Bankenaufsicht haben in den letzten Jahren zugenommen. Zu unterscheiden ist dabei die internationale und die europäische Ebene. Auf internationaler Ebene ist der *Baseler Aus-*

schuss für Bankenaufsicht (Basel Committee of Banking Supervision, BCBS),
der Bestandteil der Bank für internationalen Zahlungsausgleich ist, damit befasst, international einheitliche Regulierungsvorschriften zu erlassen (vgl auch
A5.2.3). Auf die Arbeit des Baseler Ausschusses gehen die in der SolvV ver-
ankerten Eigenmittelunterlegungsvorschriften und wesentliche Teile der MaRisk
zurück. Weitere Themen, mit denen sich der Baseler Ausschuss befasst, sind
Rechnungslegung und Jahresabschlussprüfung, Transparenz sowie Geldwäsche
und Terrorismusfinanzierung. Die Beschlüsse des Ausschusses sind zwar nicht
verbindlich, sondern haben offiziell lediglich empfehlenden Charakter, faktisch
werden aber die Baseler Vereinbarungen stets in EU-Richtlinien umgesetzt, die
dann verbindlichen Charakter innerhalb der EU haben. Für den Versicherungs-
und Wertpapierbereich gibt es mit der *International Association of Insurance
Supervisors (IAIS)* und der *International Organisation of Securities Commissi-
ons (IOSCO)* vergleichbare Gremien.

Der *Financial Stability Board (FSB)*, der bis April 2009 die Bezeichnung *Financial Stability Forum* trug, beschäftigt sich mit grundlegenden Problemen der
Finanzstabilität. Der FSB übt eher eine beratende Tätigkeit aus und konzentriert
sich darauf, wichtige Themen in die politische Diskussion über den angemessenen Umgang mit den Risiken für die Stabilität der Finanzsysteme einzubringen.
Dementsprechend mündet die Tätigkeit des FSB nicht in ausformulierten Regulierungsvorschriften, vielmehr ist die Umsetzung des vom FSB erkannten Re-
gulierungsbedarfs in konkrete Vorschriften die Aufgabe des Baseler Ausschusses
für Bankenaufsicht.

Auf europäischer Ebene wird die Bankenaufsicht vor allem vom *Committee of
European Banking Supervisors (CEBS)* koordiniert. CEBS beschäftigt sich mit
der Umsetzung von EU-Richtlinien in bankaufsichtliches Handeln mit dem Ziel,
dass die Aufsichtsstandards in allen EU-Staaten gleichermaßen angewandt werden, und berät als Stufe-3-Ausschuss im Lamfalussy-Verfahren die Europäische
Kommission bei der Erstellung von EU-Richtlinien für den Bankensektor. Die
vergleichbaren Institutionen für den Versicherungs- und Wertpapierbereich sind
CEIOPS (Committee of European Insurance and Occupational Pensions Supervisors) und CESR (Committee of European Securities Regulators). Geplant
ist, die Level-3-Ausschüsse zu Behörden aufzuwerten, mit mehr Kompetenzen
auszustatten und sie enger mit den nationalen Aufsichtsbehörden zu vernetzen.
Hieraus soll das *Europäische Finanzaufsichtssystem* (European System of Financial Supervisors, ESFS) entstehen, das künftig als eine Säule der europäischen
Finanzaufsicht für die mikroprudenzielle Aufsicht zuständig sein wird. Die zweite Säule wird der *Europäische Rat für Systemrisiken* (European Systemic Risk
Council, ESRC) sein, der im Sinne einer makroprudenziellen Regulierung die
Risiken für die Stabilität des Finanzsystems insgesamt überwachen und bewerten soll. Der ESRC soll frühzeitig vor sich abzeichnenden Systemrisiken warnen
und Empfehlungen für deren Eindämmung erarbeiten. Der ESRC wird bei der
Europäischen Zentralbank angesiedelt. Daneben werden *Aufsichtskollegien (Col-
leges of Supervisors)* für grenzüberschreitend tätige Kreditinstitute geschaffen.
In diesen Aufsichtskollegien sollen die jeweils betroffenen nationalen Aufsichtsbehörden auf der Basis der vom ESFS erarbeiteten Aufsichtsstandards zusammen-

arbeiten, um eine effektive Aufsicht über grenzüberschreitende Institute oder Institutsgruppen zu gewährleisten.

Teil H
Liquiditätsrisiken

In vielen Finanztiteln und -geschäften sind mehrere Risikoarten enthalten. So hängt der Wert der US-\$-Anleihe eines britischen Unternehmens im Portefeuille eines deutschen Kreditinstitutes u. a. von den Marktzinssätzen für risikofreie US-\$-Anleihen (Zinsänderungsrisiko), vom Wechselkurs zwischen US-\$ und € (Währungsrisiko) und von der Bonität des Unternehmens (Adressenausfallrisiko) ab. Abwicklungsfehler könnten zudem einen Nicht-Eingang von Zahlungen unentdeckt lassen (operationelles Risiko). Soll das mit dem Erwerb dieser Anleihe verbundene Risiko vollständig erfasst werden, so muss an alle diese Risikokomponenten gedacht werden. Nach der Idee des Building-Block-Approach haben daher ggf. eine gedankliche Zerlegung und eine gesonderte Eigenmittelunterlegung zu erfolgen.

Trotz des möglichen simultanen Auftretens mehrerer Risikoarten widmen wir, nach den voranstehenden allgemeinen Überlegungen zum Management und zur Regulierung von Risiken, jetzt zur Erleichterung einer systematischen Darstellung den folgenden vier Risikoarten jeweils einen eigenen Teil. Wir beginnen mit den *Liquiditätsrisiken*. Danach folgen *Ausfallrisiken* (einschließlich Liefer- und Abwicklungsrisiken) (Teil I), *Preisrisiken* (inkl. Zinsänderungs- und Währungsrisiken) (Teil J) und *Operationelle Risiken* (Teil K).

Wir trennen in den einzelnen Kapiteln grundsätzlich die Sichtweisen von Eigentümern und Bankenaufsicht. Zunächst betrachten wir jeweils, wie das *Management* der einzelnen Bankrisiken im Interesse der Eigentümer erfolgt. Anschließend wird dargelegt und diskutiert, welche Vorgaben die *Regulierung* macht.

Liquiditätsrisiken haben, wie wir noch sehen werden, in der Regulierung eine interessante Sonderstellung. Sie werden durch Vorgaben begrenzt, während die anderen Risikoarten zumeist mit Eigenmitteln zu unterlegen sind. Einen Grund, warum das sinnvoll ist, haben wir bereits in Teil D kennen gelernt: Ein Bank Run kann aus heiterem Himmel und ohne tieferen ökonomischen Grund erfolgen und würde somit durch mehr Eigenkapital nicht unbedingt verhindert. Allerdings kann mehr Eigenkapital das Vertrauen in eine Bank steigern. Und zusätzliches Eigenkapital erhöht den Spielraum für Preisabschläge, die bei der Veräußerung von Aktiva verkraftet werden können, ohne dass die Bank insolvent wird.

T. Hartmann-Wendels et al., *Bankbetriebslehre*,
DOI 10.1007/978-3-642-11857-9_8, © Springer-Verlag Berlin Heidelberg 2010

H1 Theoretische Grundlagen

1. Die *Goldene Bankregel* fordert, dass die Laufzeit der Passiva gleich der Laufzeit der Aktiva ist (Fristenkongruenz) und schließt daher Fristentransformation aus.
2. Die *Bodensatztheorie* geht davon aus, dass Teile der formal kurzfristigen Einlagen materiell längerfristig zur Verfügung stehen.
3. Die *Shiftability Theory* betont, dass über die Veräußerung von Vermögensgegenständen am Markt auch kurzfristig – ggf. unter Inkaufnahme von Preisabschlägen – Liquidität beschafft werden kann.
4. Die *Maximalbelastungstheorie* fordert, solche potenziellen Wertverluste aus vorzeitigen Verkäufen auf die Höhe des Eigenkapitals zu beschränken.
5. Mit der *Liquidity at Risk* wird gemessen welcher Auszahlungsüberschuss in einer Periode nur mit einer bestimmten, je nach vorgegebenem Konfidenzniveau gewählten Wahrscheinlichkeit überschritten wird.

H1.1 Liquiditätsrisiken und die „Goldene Bankregel"

Ebenso wie für andere Unternehmen, so ist auch für Banken *Liquidität* im Sinne einer jederzeitigen Zahlungsfähigkeit eine streng einzuhaltende Nebenbedingung. Das bedeutet: In jedem zukünftigen Zeitpunkt müssen die Zahlungszuflüsse einschließlich vorhandener bzw. zwischenzeitlich gebildeter Reserven mindestens so groß sein wie die Zahlungsabflüsse. Mit Blick auf das Liquiditätsrisiko kommt es dabei auf die *Dauer der Kapitalüberlassung* an, während für das Zinsänderungsrisiko (siehe hierzu Abschnitt J2) die *Zinsbindungsfrist* relevant ist.

Die *Giralgeldschöpfung* als eine volkswirtschaftlich wichtige Aktivität von Banken schafft Liquiditätsrisiken folgender Art: Sofern der Mindestreservesatz unter 100% liegt, übersteigen in der Regel die Sichteinlagen die Summe aus liquiden Mitteln und kurzfristig rückzahlbaren Ausleihungen. Zur Vermeidung derartiger Risiken wäre für Banken offenbar anzustreben, dass die Laufzeiten von Kreditgeschäften nicht über denen von Einlagegeschäften liegen. Diese heute noch prominente Idee findet sich im deutschen Schrifttum bereits kurz nachdem Banken Mitte des neunzehnten Jahrhunderts anfingen, überhaupt Depositen anzunehmen und Kredite nicht nur aus langfristig zur Verfügung gestellten Mitteln zu vergeben. HÜBNER (1854) formulierte diesbezüglich folgende spezielle Anforderung:

> „[Die Bank] kann daher mit Geldern, welche jeden Augenblick zurückgefordert werden können, nur solche Geschäfte machen, aus welchen sie das Geld ebenfalls jeden Augenblick wieder herauszuziehen vermag." (HÜBNER (1854), S. 59)

Allgemein lautet seine sogenannte *Goldene Bankregel*:

> „Der Credit, welchen eine Bank geben kann, ohne Gefahr zu laufen, ihre Verbindlichkeiten nicht erfüllen zu können, muß nicht nur im Betrage, sondern auch in der Qualität dem Credite entsprechen, welchen sie genießt." (HÜBNER (1854), S. 28)

Aktiv- und Passivgeschäfte sollen somit bezüglich Betrag und Qualität (d. h. hier vor allem in ihrer Laufzeit) exakt übereinstimmen. Mit zunehmender Bedeutung kurzfristig abrufbarer Einlagen würde die strenge Anwendung dieser Regel dazu führen, dass auch Kredite zunehmend kurzfristig zu vergeben sind. Ein *Refinanzierungsrisiko* wäre damit ausgeschlossen.

Die Goldene Bankregel ist nicht vereinbar mit der *Fristentransformation* (vgl. Abschnitt A3.1.1): Die Bank schaltet sich als „Puffer" zwischen Kunden, deren Anlage- und Finanzierungswünsche bzgl. der Fristigkeiten nicht übereinstimmen. Sie übernimmt damit im Regelfall ein Ungleichgewicht. Wie im Modell von Diamond und Dybvig (1983) gezeigt wurde, ist die Fristentransformation aus realwirtschaftlicher Sicht aber wichtig; denn erst die Banken als Intermediäre vermögen aus illiquiden, aber langfristig ertragreichen Investitionen liquide, kurzfristige Anlagemöglichkeiten zu generieren (vgl. Abschnitt D3.2). Daher können Liquiditätsrisiken im Sinne der Goldenen Bankregel nicht völlig ausgeschaltet werden, ohne dass die Banken eines Teils ihrer Funktion beraubt würden.

Die Goldene Bankregel wurde daher alsbald einer kritischen Analyse unterzogen. Eine genauere Betrachtung zeigt, dass zur Vermeidung von Liquiditätsrisiken die formale Fristenkongruenz zwischen Aktiva und Passiva weder notwendig noch hinreichend ist. Ein paar Beispiele mögen dies belegen:

- Dass Zahlungen nicht fristgerecht eingehen, stellt ein *Terminrisiko* dar.
- Schlagend werdende Ausfall- und ggf. Preisrisiken bewirken zusätzliche Liquiditätsrisiken.

> Die Russlandkrise gegen Ende des vorigen Jahrhunderts hat gezeigt, dass derartige Risiken sogar für ein ganzes Bankensystem durch das Auslandsgeschäft bestehen. Aufgrund eines Schuldenmoratoriums kamen russische Kreditnehmer ihren Verpflichtungen nicht fristgerecht nach (vgl. o.V. (1998), S. 1), was Liquiditätsengpässe, in diesem Fall allerdings ohne dramatische Konsequenzen, zur Folge hatte.

- Sowohl Einlagen als auch Kredite, z. B. im Kontokorrentbereich, werden häufig explizit oder implizit prolongiert.
- Zahlungsmittel können durch die vorzeitige Veräußerung von Wertpapieren und anderen Vermögensgegenständen beschafft werden.

Die letzten beiden Punkte haben zur Entwicklung der *Bodensatztheorie* und der *Shiftability Theory* geführt, die wir in den nächsten beiden Abschnitten behandeln.

H1.2 Formale Laufzeiten und die Bodensatztheorie

An einem Beispiel lässt sich anschaulich machen, dass ein systematischer Unterschied zwischen formalen und materiellen Laufzeiten von Spareinlagen besteht:

> Jeder von 48 Haushalten kauft sich alle 4 Jahre ein Auto für ca. 24.000 € und rechnet damit, dann für sein gebrauchtes Fahrzeug noch ca. 12.000 € zu erhalten. Um die Transaktion zu finanzieren, zahlt er monatlich 250 € in einen Sparvertrag mit vierjähriger Anfangslaufzeit ein und hofft, mit Zins und Zinseszins gerade die Preissteigerung zu

kompensieren. Die Kaufzeitpunkte seien gleich verteilt, d. h. jeden Monat kauft genau ein Haushalt.

Langfristig ergibt sich folgende Situation, deren genaue Zahlen u. a. von den Zahlungs-zeitpunkten innerhalb der Monate abhängen: Zu jedem Zeitpunkt sind ca. 288.000 € (6000 € · 48) in die Sparverträge eingezahlt. Formal liegen die Restlaufzeiten der Sparverträge unterhalb von 4 Jahren. Materiell bleibt aber auf Dauer ein Bodensatz von ca. 288.000 € erhalten, da monatlich Ein- und Auszahlungen von ca. 12.000 € erfolgen.

Dieses Beispiel bezieht sich im Sinne der drei klassischen Kassenhaltungsmotive von Keynes (vgl. FELDERER und HOMBURG (2005) S. 121) auf die *Transaktionskasse*, aber auch für die *Vorsichts-* und die *Spekulationskasse* sind ähnliche Phänomene darstellbar. Sie bilden letztlich die intuitive Grundlage für den folgenden, von WAGNER (1857) als Erfahrungstatsache beschriebenen Sachverhalt (ältere Quellen erwähnt SÜCHTING (1987), S. 289): Gemäß seiner *Bodensatztheorie* gibt es bei den Einlagen einen Sockel, den sogenannten Bodensatz, der unabhängig von den vereinbarten Fälligkeiten nicht abgezogen wird. Der empirisch zu ermittelnde Betrag kann durchaus für längerfristige Kredite verwendet werden, ohne die Liquidität der Bank zu gefährden. Wie wir im Folgenden noch sehen werden, spiegelt sich das Gedankengut der Bodensatztheorie auch in der Regulierung von Liquiditätsrisiken wider (vgl. Kapitel H4). In der *Liquiditätsverordnung* (LiqV) werden z. B. nur Teile der täglich fälligen Verbindlichkeiten gegenüber Kunden als Zahlungsverpflichtungen angesehen. Der implizit unterstellte Bodensatz wird dabei nicht als konstanter Absolutbetrag angenommen, sondern jeweils als Prozentsatz der aktuellen Einlagen bemessen. An der Bodensatztheorie ist u. a. problematisch, dass der tatsächliche Bodensatz von Einlagen im Zeitablauf weder absolut noch relativ konstant sein muss. So kann er z. B. mit der Zinsphase schwanken. Mögliche Bodensatzschwankungen stellen ebenso wie unerwartete Kreditinanspruchnahmen ein *Abrufrisiko* dar.

H1.3 Handelbarkeit von Aktiva und die Shiftability Theory

Am Ende von Abschnitt H1.1 haben wir bereits auf die Möglichkeit hingewiesen, durch den Verkauf von Vermögensgegenständen Liquidität zu beschaffen. Statt der formalen Laufzeit der Aktiva ist dabei der Zeitraum relevant, in dem sie liquidiert werden können. Diese Idee, die sich schon bei KNIES (1879) findet, ist heute nach MOULTON (1918) unter dem Namen *Shiftability Theory* geläufig. Um festzustellen oder zumindest abzuschätzen, in welchem Umfang und zu welchen Konditionen Bankaktiva veräußerbar sind, sind mehrere Fragen zu beantworten:

- Gibt es unorganisierte Märkte, d. h. Handelspartner im OTC-Geschäft, oder sogar Börsen bzw. andere organisierte Märkte für diese Vermögenspositionen?
- Sind die Märkte genügend liquide, um nennenswerte Volumina aufzunehmen?
- Wie groß sind die Transaktionskosten für diese Geschäfte bzw. auf diesen Märkten?

Die letzte Frage hängt u. a. damit zusammen, wie *spezifisch* die zu veräu-
ßernden Vermögensgegenstände sind. Bei vielen Industrieunternehmen ist offensichtlich, dass vor allem Teile ihres Maschinenparks von einem Käufer in dessen Betrieb nur weniger nutzbringend eingesetzt werden könnten und deswegen
beim Verkauf einen erheblichen Preisabschlag erleiden würden. Daher werden
Maschinen oftmals im Betrieb belassen und wechseln lediglich im Wege eines
sale-and-lease-back den Eigentümer.

Bei Kreditinstituten müssen wir zwei Fälle streng unterscheiden:

1. *Börsennotierte Wertpapiere* sind grundsätzlich leicht veräußerbar. Außerdem
   kann mit ihnen kurzfristig Geld durch *Pensionsgeschäfte* beschafft werden
   (vgl. Abschnitt H2.3). Sie werden daher auch bei langer Restlaufzeit in der
   LiqV als Zahlungsmittel behandelt, sofern sie nicht wie Anlagevermögen bewertet sind (vgl. Kapitel H4).

2. Abschläge sind vor allem im *Kreditgeschäft* hinzunehmen. Wer einer Bank
   deren Forderungen an ihre Kunden abkauft, kennt in der Regel die Bonität
   der Kreditnehmer schlechter als der Kreditgeber. Er kann so Opfer der asymmetrischen Informationsverteilung sowohl gegenüber dem Kreditnehmer als
   auch gegenüber der verkaufenden Bank werden (vgl. Kapitel E6). In der LiqV
   werden daher für bestimmte Fondsanteile Abschläge von 10% unterstellt. Forderungen werden sogar als gar nicht vorzeitig veräußerbar angesehen; vor der
   sub-prime-Krise wurde diese strenge Annahme als zunehmend unrealistisch
   angesehen, angesichts des weitgehenden Zusammenbruchs der MBS-Märkte
   und verwandter Märkte ist das inzwischen nicht mehr so.

Marktpreisrisiken und Liquiditätsrisiken stehen in einem engen Verhältnis.
BANGIA *et al.* (1998) drücken diesen Zusammenhang durch das in Abbildung
H1.1 dargestellte „*Risk Cross*" aus. Die meisten Handelssituationen fallen in die
Regionen I und III. Marktpreisrisiken und Liquiditätsrisiken sind demnach in den
meisten Fällen positiv korreliert. Derivate auf Währungen von Schwellenländern
zeichnen sich beispielsweise durch hohe Marktpreisrisiken und hohe Liquiditätsrisiken aus und fallen demnach in die Region I, Kassamärkte für Währungen von
G-7 Ländern aufgrund eines geringen Marktpreisrisikos und hoher Handelsvolumina in die Region III. BANGIA *et al.* (1998) bezeichnen für diese beiden Fälle
das Liquiditätsrisiko als *exogen*, da die einzelnen Händler keinen Einfluss auf das
Liquiditätsrisiko haben.

Endogene Liquiditätsrisiken kann der Händler hingegen beeinflussen. Als Beispiel sei der Versuch genannt, eine sehr große Aktienposition eines Standard-
wertes am Markt unterzubringen. Eine solche Handelssituation wird durch die
Region II im Risk Cross repräsentiert. Allerdings ist dort auf die Gefahr hinzuweisen, dass aufgrund der geringen Marktliquidität der zum Verkauf nötige
Zeitraum relativ lang ist (vgl. die Ausführungen zur Haltedauer bei der Berechnung des Value at Risk in Abschnitt F3.4), so dass auch für einen Standardwert
das Marktpreisrisiko vergleichsweise hoch ist und tendenziell eine Bewegung in
Richtung von Region I erfolgt. Als Beispiel für die Region IV sei ein hochliquider
Handel in Derivaten genannt.

Liquiditätsrisiko

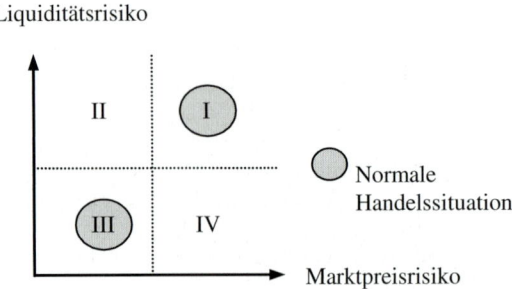

Abb. H1.1: Normale Handelssituationen im „Risk Cross"

Quelle: In Anlehnung an BANGIA *et al.* (1998), S. 4.

Aus der engen Verknüpfung von Marktpreis- und Liquiditätsrisken schließen BANGIA *et al.* (1998), dass die beiden Risiken zusammen betrachtet werden müssen, und schlagen eine Berücksichtigung des Liquiditätsrisikos im Value at Risk (VaR) vor. So kann der VaR durch einen Zuschlag erhöht werden, der auf der Geld-Brief-Spanne (ein wichtiger Liquiditätsindikator) oder der Volatilität von Spreads beruht (vgl. JORION (2008), S. 339ff.)

Der *Liquidity Value at Risk* (LVaR) gibt an, welche Verluste aus unerwartet hohen Refinanzierungskosten herrühren, die - ähnlich wie beim VaR - nur mit einer bestimmten Wahrscheinlichkeit auftreten. Der LVaR hängt von den *strukturellen* Laufzeitunterschieden zwischen Aktiva und Passiva ab. Faktisch stellt er ein Preisrisiko dar, das allerdings aus einer unausgeglichenen Liquiditätsbilanz herrührt (vgl. DEUTSCHE BUNDESBANK (2008b), S. 59-74). Wie wir noch sehen werden, werden Marktpreis- und Liquiditätsrisken in der Regulierung bislang jedoch trotz dieses Zusammenhangs noch weitestgehend separat betrachtet.

H1.4 Bank Runs und die Maximalbelastungstheorie

Sowohl die Bodensatztheorie als auch die Shiftability Theory sind vom Ansatz her darauf angelegt, die rigiden Vorgaben der Goldenen Bankregel abzuschwächen. Sie tun das, indem sie Tatbestände zugrundelegen, die eine strenge Fristenkongruenz von Aktiva und Passiva übertrieben vorsichtig erscheinen lassen. Nun ist aber nicht zu leugnen, dass grundsätzlich die Gefahr eines Bank Run besteht (vgl. Abschnitt D3.3). Vermuten die Einleger zu starke Fristentransformation und sehen sie dadurch ihre Einlagen gefährdet, so wird diese Gefahr womöglich besonders virulent. Wir haben bereits zwei Auswege kennen gelernt:

- Eine Einlagen(ver)sicherung nimmt den Einlegern den Anreiz, ihre Einlagen in einem realen oder auch nur vermuteten Krisenfall abzurufen.
- Die deutsche Regulierung begrenzt mittels der LiqV, in der sich Elemente der vorgenannten Theorien wiederfinden, das Ausmaß der Fristentransformation direkt.

Aber selbst damit ist die Gefahr eines Bank Run nicht gänzlich von der Hand zu weisen. Die Regelung der LiqV baut auf der going-concern-Prämisse auf und unterstellt implizit über Bodensätze etc. den Normalfall eines solventen Kreditinstitutes: „Die Liquidität folgt der Bonität" (STÜTZEL (1975), Sp.2523).

Ein möglicher Run ist hingegen der Ansatzpunkt für die weiterführenden Überlegungen von STÜTZEL (1959). Wenn alle Einleger um ihre Einlagen fürchten, wird der Bodensatz auf null sinken. Auch ein Verkauf von Aktiva kann dann ggf. nur mit größeren Abschlägen erfolgen, wenn beispielsweise das Misstrauen der Einleger auf schlagend gewordene Preis- und Ausfallrisiken zurückzuführen ist und Käufer überdies, wie oben beschrieben, Kreditnehmerbonitäten pessimistischer beurteilen als die Bank selbst. In der 4. Auflage unseres Lehrbuchs schien das noch reine Theorie zu sein. Die Subprime-Krise ist seither ein reales Beispiel dafür. Dies führt zur folgenden Forderung der *Maximalbelastungstheorie*:

> „Die Summe der Verluste, die bei einer derartigen vorzeitigen Abtretung gewisser Aktiva hingenommen werden müssen, darf nie größer sein als das Eigenkapital" (STÜTZEL (1959), S. 43).

Die Maximalbelastungstheorie verlangt also, dass mit größeren (erwarteten) Abschlägen beim Verkauf von Aktiva auch das Eigenkapital höher sein muss. Je reibungsloser die Märkte für Bankaktiva funktionieren und je liquider sie sind, desto geringer sind die Abschläge und desto weiter darf sich daher bei gleichem Eigenkapital die Bilanzstruktur vom Ideal der Goldenen Bankregel entfernen. Angesichts geringer werdender Friktionen auf den Märkten ist deshalb nachvollziehbar, dass Liquiditätsrisiken und der Maximalbelastungstheorie in den letzten Jahren weniger Aufmerksamkeit geschenkt wurde. Allerdings bewirken technische Entwicklungen, die Transaktionskosten reduzieren, zuweilen auch neue Risiken, wie das folgende Beispiel von KOCH (1995), S. 466 zeigt:

> Die Bank of New York arbeitet als Clearing House für Wertpapiertransaktionen. Am 20.11.1985 wurden aufgrund eines Computerfehlers die Kaufpreise zwar automatisch an die Verkäufer gezahlt, aber nicht automatisch von den Käufern eingezogen. Die Federal Reserve Bank of New York stellte als Ausgleich über Nacht einen Kredit von ca. 23 Mrd. US-\$ zur Verfügung – das 23-fache des Kapitals der Bank of New York – und verhinderte so die Zahlungsunfähigkeit.

In der sub-prime-Krise schließlich wurde deutlich, dass sogar stabil erscheinende Märkte in kurzer Zeit zusammenbrechen und sich dabei untereinander anstecken können. Der Maximalbelastungstheorie dürfte daher, z. B. im Zusammenhang mit Stresstests, zukünftig wieder mehr Aufmerksamkeit geschenkt werden.

H1.5 Liquidity at Risk

Zahlungsinkongruenzen, also die *dispositive* Liquiditätssituation, sind der Ausgangspunkt für ein weiteres Konzept. Der Zahlungssaldo wird darin als eine Zufallsvariable mit Dichtefunktion f_L aufgefasst. Analog zum Value at Risk ist beim *Liquidity at Risk* (LaR) zunächst zu ermitteln, welcher negative Zahlungssaldo betragsmäßig nur mit einer bestimmten Wahrscheinlichkeit α, z. B. 1%, überschritten wird. Betrachtet werden dabei nur die „autonomen" Zahlungen, d.h., Ein- und Auszahlungen, die nicht im direkten Einflussbereich der Bank liegen. Dazu zählen die Kundengeschäfte auf den laufenden Konten, die von der Bank mittels ihrer Konditionenpolitik nur bedingt beeinflussbar sind, die Zins- und Tilgungszahlungen aus Kapitalmarktgeschäften, Lohn- und Gehaltszahlungen und vieles mehr.

Eines der Hauptprobleme bei der Erstellung plausibler Systeme zur Prognose zukünftiger Zahlungssalden einer Bank besteht in der Wahl der „richtigen" Verteilungsklasse und ihrer anschließenden Kalibrierung. Letztere erfolgt in der Regel mit historischen Daten, deren Auswahl und Bestimmung ebenfalls nicht trivial ist. Eine besondere Schwierigkeit liegt darin, die Eintrittswahrscheinlichkeit sehr hoher, zuvor noch nicht beobachteter Nettoabflüsse zu schätzen. Gerade derartige Abflüsse sind potenziell existenzgefährdend und werden durch Normalverteilungen unterschätzt.

Ein Lösungsansatz ist die „Peaks-over-Threshold-Methode" (POT-Methode) (vgl. im Folgenden ZERANSKI (2006)). Sie stammt aus der Extremwertstatistik, die auch vom Baseler Ausschuss für das Liquiditätsrisikomanagement favorisiert wird (vgl. BANK FÜR INTERNATIONALEN ZAHLUNGSAUSGLEICH (2000)). Die Methode beruht darauf, dass der Zahlungssaldo L für Werte $L < -u$ mit einem hinreichend großen u näherungsweise einer verallgemeinerten Paretoverteilung folgt (vgl. EMBRECHTS *et al.* (2008)). Die konkrete Verteilung wird durch zwei Parameter charakterisiert, β und ϵ, die sich aus historischen Daten schätzen lassen. Das größte Problem besteht in der Wahl von u, da ein Konflikt zwischen zu wenigen Datenpunkten (u zu groß) und ungenauer Approximation (u zu klein) vorliegt. Für Lösungsansätze vgl. ZERANSKI (2005).

Ist der (negative) Zahlungssaldo $L_{1-\alpha}$ für das gewünschte Konfidenzniveau $1-\alpha$ berechnet, so stellt sich die Frage, ob die vorhandenen Mittel zur Abdeckung ausreichen. Je höher das gewählte α ist, desto kleiner ist $L_{1-\alpha}$ betragsmäßig und desto weniger liquide bzw. liquidierbare Mittel muss die Bank, ggf. unter Inkaufnahme höherer Verkaufsabschläge oder Preisaufschläge, einsetzen oder beschaffen (vgl. Abbildung H1.2). Wie genau die Beziehung zwischen Konfidenzniveau und toleriertem Liquiditätsbedarf ist, hat der Bankvorstand normativ in seiner Risikostrategie festzulegen.

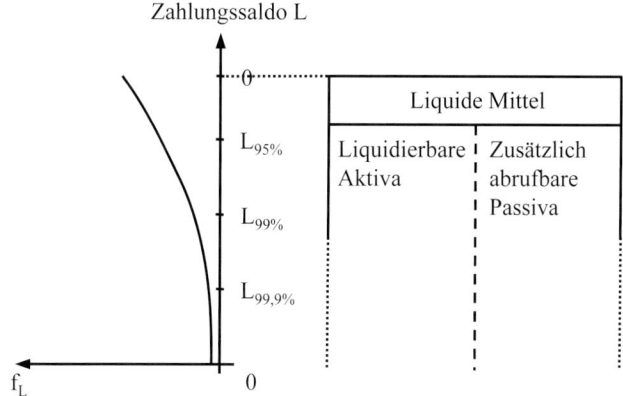

Abb. H1.2: Liquidity at Risk und Liquiditätsreserven

H2 Identifikation, Messung und Steuerung von Liquiditätsrisiken

1. Die Reduzierung von Liquiditätsrisiken geht mit der Einschränkung der Möglichkeiten der Banken zur Fristentransformation einher.
2. Der Einsatz von Kreditderivaten und ein erstklassiges Rating tragen dazu bei, die aus Informationsasymmetrien herrührenden Liquiditätsrisiken zu verringern.
3. Die Wertpapierleihe, d. h. die Überlassung von Wertpapieren für einen befristeten Zeitraum gegen ein Entgelt, ist ein wichtiges Instrument der Liquiditätssteuerung.
4. Die Erfüllung von Lieferverpflichtungen und die Erzielung von Leihgebühren sind weitere Motive für Wertpapierleihe.

H2.1 Problematik der Bestimmung von Zahlungssalden

Eine grundlegende Herausforderung für den Umgang mit Liquiditätsrisiken besteht in der Prognose zukünftiger Zahlungsmittelzu- und -abflüsse und der sich daraus ergebenden Zahlungssalden. Je nachdem, welche der oben behandelten Theorieansätze ein Kreditinstitut seinem Liquiditätsmanagement zugrundelegt, wird sich bereits das Ausmaß so identifizierter Liquiditätsrisiken unterscheiden; denn die Theorien unterscheiden sich darin, durch welche normativen Vorgaben (bzw. auf Basis welcher Annahmen) sie die Illiquidität verhindern wollen. Dabei ist nicht ohne weiteres klar, ob die eigene Einschätzung vorliegender Liquiditätsrisiken oder die in Kapitel H4 noch vorzustellenden Vorgaben der LiqV bzw. der MaRisk die Fristentransformation stärker begrenzen. In der *Liquiditätsplanung* des *Treasury* bzw. bei der Auswahl oder Gestaltung eines *Cash-Management-Systems* sind u. a. folgende Punkte zu beachten:

- Bei zugesagten, aber noch nicht ausbezahlten Krediten bzw. Kreditlinien ist der Zeitpunkt des Abrufs unsicher. Es ist relativ unwahrscheinlich, dass alle Beträge sofort fällig werden, da beispielsweise in vielen Fällen nach Bau- oder Projektfortschritt gezahlt wird. Also existiert ein Bodensatz noch nicht ausgezahlter Kredite.
- Ein Institut könnte sich nicht darauf verlassen wollen, dass für alle Produkte die kodifizierte Höhe der zukünftigen Bodensätze zutrifft.
- Viele Kredite, vor allem Kontokorrentkredite und zugesagte Kreditlinien, werden routinemäßig immer wieder verlängert. Auch bei eigenem Liquiditätsbedarf ist es für die Bank u. U. aus wirtschaftlichen Gründen selbst dann nicht empfehlenswert, eine Prolongation zu verweigern oder gar eine Kreditlinie zu kündigen, wenn das rechtlich zulässig ist. Beispielsweise könnte der Kreditnehmer durch den Abbruch der Kreditbeziehung in die Insolvenz wegen Zahlungsunfähigkeit getrieben werden. Zahlungen wären dann von ihm gar nicht oder erst viel später zu erwarten und überdies würde die Bank möglicherweise Imageschäden erleiden.
- Kunden schieben ihre kurzfristigen Einlagen zwischen mehreren Instituten hin und her, um den jeweils besten Zinssatz zu erhalten.

SWANK (1996) verweist auf eine Reihe von Modellen, die für das Management von Liquiditätsrisiken entwickelt worden sind. So wird Liquiditätsmanagement in früheren Arbeiten oft lediglich als ein *Kassenhaltungsproblem* gesehen, in dem die gegebenen Einlagen optimal auf illiquide Kredite und Liquiditätsreserven zu verteilen sind. Heute wird demgegenüber z. B. versucht, anhand von *stochastischen Modellen* selbst ein zutreffenderes Bild der Verweildauern zu erhalten.

H2.2 Diverse Ansätze zur Reduzierung des Liquiditätsrisikos

Das Liquiditätsrisiko kann unter Inkaufnahme von Kosten durch die Beschaffung bzw. Vorhaltung zusätzlicher Liquiditätsreserven direkt reduziert werden. Längerfristige Refinanzierungen am Kapitalmarkt und speziell am *Interbankenmarkt* substituieren bspw. kurzfristige Einlagen. Außerdem können Maßnahmen ergriffen werden, die indirekt wirken, indem sie die Gefahr von Mittelabzügen reduzieren, die Liquidierbarkeit vorhandener Vermögensgegenstände erhöhen oder zusätzliche Liquiditätsquellen erschließen. So haben Sparkassen und Landesbanken bzw. Kreditgenossenschaften und ihre Zentralbanken zusätzlich jeweils ein *verbundinternes Liquiditätsmanagement*, das für die angeschlossenen Primärinstitute einen Liquiditätspuffer bietet.

Bei *Wertpapierpensionsgeschäften* will die Bank Wertpapiere, die relativ leicht am Markt handelbare Vermögensgegenstände sind, längerfristig behalten, benutzt sie aber ggf. zur kurzfristigen Liquiditätsbeschaffung. Erhebliche Preisabschläge fallen nicht an. Dieses Instrument wird aufgrund seiner Bedeutung intensiv im folgenden Abschnitt beleuchtet, nachdem wir zuvor noch einige weitere Maßnahmen vorgestellt haben..

Durch *Asset Backed Securities* (vgl. Abschnitt C3.2) oder allgemeiner durch *Verbriefung* werden aus einzelnen Forderungen, von denen jede für sich relativ illiquide ist, marktgängige Aktiva geschaffen. Die Verbriefung erhöht die Shiftability und reduziert das gemäß Maximalbelastungstheorie zu haltende Eigenkapital. Allerdings besteht insbesondere im Rahmen kurzfristiger Asset Backed Commercial Paper ein Refinanzierungsrisiko, dem durch kurzfristige Liquiditätslinien Rechnung getragen wird (vgl. Abschnitt C3.2.4).

> Die IKB hatte für eine von ihr gegründete Zweckgesellschaft, die Rhineland Funding, Liquiditätsgarantien abgegeben. Im Geschäftsbericht 2006/2007 ist diese Position insgesamt mit 11,9 Mrd. € im Posten „Andere Verpflichtungen" unterhalb des Bilanzstriches enthalten, die „nur im Falle von kurzfristigen Liquiditätsengpässen bzw. vertraglich definierten Kreditausfallereignissen von diesen in Anspruch genommen werden können" (IKB (2007), S.198). Diese Garantie entsprach bei einer Bilanzsumme der IKB zum 31.3.2007 i.H.v. rd. 52 Mrd. € (vgl. IKB (2007), S.220) fast einem Viertel. Mit dem Zusammenbruch des Verbriefungsmarktes wurden diese Linien gezogen. Die IKB konnte nur durch die Übernahme durch die Kreditanstalt für Wiederaufbau (KfW) vor der Insolvenz bewahrt werden.

Mit den in Teil E behandelten Swaps und Forward Rate Agreements hingegen können Liquiditätsrisiken *nicht direkt* verringert werden; denn sie haben ja gerade das Merkmal, dass statt Nominalbeträgen nur zukünftige Zinsdifferenzen gezahlt werden. Ähnlich ungeeignet sind Futures und Optionen, die je nach betrachteter Position ggf. sogar das zusätzliche Risiko beinhalten, zu liefernde Finanztitel am Markt beschaffen zu müssen. Derivate vermögen u. U. allerdings *indirekt* zur Verminderung von Liquiditätsrisiken beizutragen:

> Ein Kreditinstitut möchte Finanzmittel am Geld- und Kapitalmarkt zur Liquiditätssicherung nicht nur kurz- sondern langfristig aufnehmen. Es meint aber, die hierfür bei der gegenwärtigen, normalen Zinsstruktur zunächst höheren Zinsaufwendungen in der Gewinn- und Verlustrechnung nicht verkraften zu können, und rechnet überdies mit sinkenden Zinsen. Folgende Lösungen bieten sich an: Zum einen könnte die Liquiditätsbeschaffung mit langfristigen variabel verzinslichen Mitteln erfolgen. Zum anderen könnten langfristige festverzinsliche Mittel und ein langfristiger Festzinsempfänger-Swap kombiniert werden.

Das Beispiel weist auf die unterschiedliche Bedeutung von *Laufzeit* und *Zinsbindungsfrist* hin. Erstere ist relevant für das Liquiditätsrisiko, letztere für Zinsänderungsrisiken (vgl. Teil J2).

Eine *Diversifikation* auf der Passivseite trägt ebenfalls zur Liquiditätssicherung bei. Die Bank wird dadurch weniger anfällig gegen Mittelverknappungen auf einzelnen Teilmärkten, die z. B. bei den Kundeneinlagen aus sinkenden Einkünften oder abnehmenden Spareigungen herrühren können.

Schon bei der Shiftability Theory und der Maximalbelastungstheorie haben wir erwähnt, dass die Abschläge beim Verkauf von Krediten u. a. davon abhängen, welches Ausfallrisiko die Forderungskäufer unterstellen. Der Einsatz von

Kreditderivaten erhöht die Liquidität von Krediten bzw. Kreditrisiken.[1] Kreditderivate ermöglichen den Forderungsverkauf überhaupt erst oder erlauben ihn
mit geringeren Abschlägen, da bei einem Forderungsverkauf zur Liquiditätsbeschaffung z. B. die Kreditrisiken mit einem Credit Default Swap beim Verkäufer
verbleiben können. Auf diese Weise wird die asymmetrische Informationsverteilung, die zwischen Forderungskäufer und -verkäufer bzgl. der Kreditnehmerbonität herrscht, weniger wichtig. Kreditderivate als selbst handelbare Finanzinstrumente sind später überdies weiterveräußerbar und erlauben damit *Risiko-
diversifikation.*[2]

Vermuten einige Marktteilnehmer aufgrund ihrer Informationen, dass eine
Bank hohe Ausfallrisiken in ihrem Kreditportefeuille hat, so kann das ohne Kreditderivate nicht nur den Kreditverkauf erschweren, sondern auch auf andere Art
für die Bank gefährlich werden:

- Wenn keine oder nur eine unzureichende Einlagensicherung existiert, könnten
  Einlagen in großem Ausmaß abgezogen werden (*Bank Run*).
- Kommt es nicht zu einem Bank Run, so kann es immer noch passieren, dass
  sich an den Kapitalmärkten auch bei hohen Zinsaufschlägen keine Geldgeber
  finden, die Liquidität als Ersatz für auslaufende Passiva zur Verfügung stellen.

Wie realistisch diese Effekte sind, zeigt der Fall der amerikanischen Bank Continental
Illinois (vgl. Koch (1995), S. 502ff.). Die Bank hatte vergleichsweise wenig Kundeneinlagen und finanzierte sich in erheblichem Ausmaß an den Kapitalmärkten. Als Anfang
1984 auch nach außen immer deutlicher wurde, wie groß ihr Wertberichtigungsbedarf
im Kreditgeschäft war, wurden der Bank Kreditlinien gekündigt und für die auslaufen-
den und bis dato immer wieder prolongierten Einlagenzertifikate (CDs = *c*ertificates of
*d*eposit) fanden sich zu wenig Käufer. Um den Zusammenbruch der Bank zu verhindern, startete eine Rettungsaktion, die Liquiditätszuführungen ebenso beinhaltete wie
die Erhöhung des Betrages, bis zu dem Einlagen durch die FDIC (vgl. Abschnitt A5.1.3)
abgesichert wurden.

Der weitgehende Zusammenbruch des Interbankenmarktes in Deutschland während der
jüngsten Finanzkrise ist ein weiteres Beispiel. Bundesbank und Europäische Zentralbank
(EZB) sahen sich genötigt, die Kapitalmärkte mit reichlich Liquidität zu versorgen und
Sicherungszusagen für Banken abzugeben.

Beachten Sie, dass bei Informationsasymmetrie die obigen Effekte unabhängig davon auftreten können, wie werthaltig die Bankaktiva tatsächlich sind. Als
Maßnahme des Liquiditätsrisikomanagements sollte sich die Bank daher durch
ihr Verhalten und insbesondere ihre Informationspolitik um ein hervorragendes
Standing am Markt bemühen, welches allerdings selbst auch wieder u. a. von den
vermuteten Ausfall- und Liquiditätsrisiken abhängt.

Schließlich reduziert ein *lender of last resort* die Gefahr der Illiquidität ebenfalls, wie wir am Beispiel der *Federal Reserve Bank of New York* gesehen haben

---

[1] Während mit einem Credit Default Swap nur das Kreditrisiko gehandelt wird, führt die
Emission einer Credit Linked Note zusätzlich zu einem Liquiditätszufluss.

[2] Als innovative außerbilanzielle Geschäfte werden Kreditderivate derzeit in der Regulierung
von Liquiditätsrisiken nicht berücksichtigt.

(vgl. Abschnitt H1.4). Jedoch sollte u. E. ein Kreditinstitut in seiner eigenen Planung dessen Unterstützung nicht ernsthaft einkalkulieren, weil damit weitgehende Eingriffe der Bankenaufsicht einhergehen. Diese retten letztlich zwar vielleicht die Existenz der Bank, ändern aber u. U. nichts daran, dass die Manager ihre Tätigkeit zukünftig nicht mehr ausüben dürfen. Die Gefahr, dass Kreditinstitute verleitet werden mögen, im Wissen um einen lender of last resort mehr Risiken zu übernehmen als ohne ihn, lässt sich aber nicht von der Hand weisen. Das gilt vor allem für Institute, die als „too-big-to-fail" bzw. systemrelevant angesehen werden.

H2.3 Wertpapierleihe im weiteren Sinne

H2.3.1 Wertpapierleihe als Instrument zur Liquiditätsbeschaffung

Ein besonders wichtiges Instrument im Rahmen des Liquiditätsmanagements ist die Wertpapierleihe im weiteren Sinne, die es in mehreren Varianten gibt. Ausführliche Darstellungen finden sich z. B. bei ACKER (1995) sowie EDELMANN und ELLER (1996). Auf die präzise handelsrechtliche Definition des Begriffs *Wertpapier* werden wir erst in Teil M eingehen. Hier genügt die Vorstellung, dass darunter *Anleihen*, *Obligationen* und *Aktien* zu verstehen sind. Im Vergleich zur Wertpapierleihe von festverzinslichen Wertpapieren weist die Wertpapierleihe von Aktien in der Praxis keine nennenswerten Besonderheiten in der Behandlung auf. Allen Fällen der Abbildung H2.1 ist gemeinsam, dass Wertpapiere von einem *Ver*leiher einem *Ent*leiher für einen *befristeten Zeitraum* gegen ein *Entgelt* überlassen werden. Der Begriff *Leihe*, der in §§598ff. BGB behandelt wird, ist irreführend, da hier dem Entleiher die volle wirtschaftliche Verfügung eingeräumt wird. Insbesondere darf er die Wertpapiere verpfänden oder verkaufen. Zurückgegeben werden müssen nicht in allen Fällen dieselben, sondern nur gleichartige Papiere (vgl. §607 BGB).

Die Abgrenzung der einzelnen Arten der Wertpapierleihe erfolgt nicht immer einheitlich (vgl. etwa HÄUSELMANN (2001) sowie PRAHL und NAUMANN (2001)). Zu den Begrifflichkeiten im Zusammenhang mit der Wertpapierleihe äußert sich DÖRGE (1997) recht ausführlich. Er weist auf Unterschiede zwischen umgangssprachlichen und rechtlichen Begriffsbelegungen hin und arbeitet heraus, dass bestimmte wirtschaftliche Merkmale einer Wertpapierleihe mit unterschiedlichen rechtlichen Konstruktionen erreichbar sind. Einen aktuelleren Vergleich von Merkmalen liefern die EUROPÄISCHE ZENTRALBANK (2002b) und ROTH (2003).

Bei *Wertpapierdarlehen* beschafft sich ein *Ent*leiher Wertpapiere, um damit z. B. eigene Lieferverpflichtungen rechtzeitig zu erfüllen. Dabei erfolgen die Übertragungsvorgänge ohne Zahlungen, sofern von der Entrichtung des Nutzungsentgeltes abgesehen wird. Bei *Wertpapierpensionsgeschäften* setzt der *Ver*leiher seine Wertpapiere zur kurzfristigen Liquiditätsbeschaffung ein. Diese beiden Fälle sind typisch und grundlegend; allerdings sind die gewünschten Wirkungen oft mit

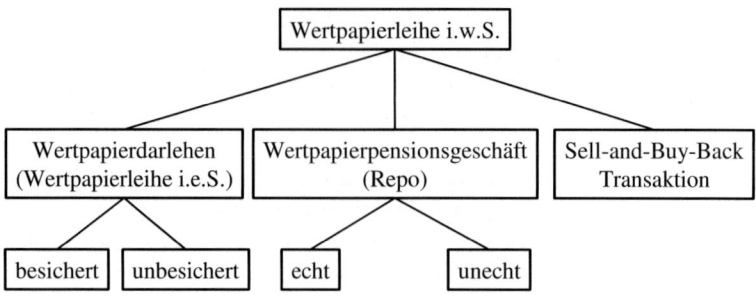

Abb. H2.1: Varianten der Wertpapierleihe

anderen Maßnahmen gleichfalls zu erreichen, die Beschaffung von Wertpapieren etwa auch mit Wertpapierpensionsgeschäften. Deshalb unterscheidet die EUROPÄISCHE ZENTRALBANK (2002b) zwischen einem liquiditäts- und einem wertpapierinduzierten Segment des Repomarktes. Im erstgenannten Segment können Wertpapiere aus einer breit definierten Gruppe (z. B. Staatsanleihen des Euroraums) geliefert werden, weshalb von General Collateral gesprochen wird. Im letztgenannten Fall geht es um genau bestimmte Wertpapiere (Special Collateral). Im Laufe der Verschärfung der Finanzkrise kamen auch die Märkte für Wertpapierpensionsgeschäfte, insbesondere der amerikanische, zunehmend unter Druck. Die Transaktionen konzentrierten sich dort verstärkt auf Sicherheiten höchster Qualität. Auf Unternehmensanleihen oder strukturierten Wertpapieren basierende Geschäfte waren de facto nicht mehr möglich. Auch bereitgestellte Kreditlinien wurden zunehmend gekündigt (vgl. BANK FÜR INTERNATIONALEN ZAHLUNGSAUSGLEICH (2008), S. 9).

Bei einem Wertpapierdarlehen gegen Geldsicherheit beschafft sich der Verleiher Liquidität, bei einem Wertpapierpensionsgeschäft entsprechend der Pensionsgeber. In diesen Fällen, die zum *Cash Management* zu rechnen sind, liegt wirtschaftlich ein (besichertes) Kreditgeschäft vor. Vor allem durch Repos mit Renten sind in den letzten Jahren große Teile des traditionellen Geldhandels zwischen Banken, der auf Basis unbesicherter Kreditlinien stattfand, ersetzt worden. Während der Finanzkrise gab es auf dem Interbankenmarkt kaum noch unbesicherte Kredite. Stattdessen wurden Wertpapiere bei den Zentralbanken zur Liquiditätsbeschaffung hinterlegt. Durch Kombination mit einem Verkauf oder vorherigen Leerverkauf kann sich bei einem Wertpapierdarlehen anstelle des Verleihers im Übrigen der Entleiher liquide Mittel besorgen, wenn er solche nicht als Sicherheit stellen muss.

Bei *Wertpapierpensionsgeschäften* fließt bei *beiden* Übertragungen eine Zahlung: ein *Kassa*-Verkauf (sofortige Erfüllung) und ein *Termin*-Rückkauf (spätere

Erfüllung) werden in einem Geschäft kombiniert.[3] Aus der Rückkaufvereinbarung rührt der Begriff *Repurchase Agreement* (kurz: *Repo*) her.

Bei *echten* Pensionsgeschäften (§340b Abs. 2 HGB) ist die Rückübertragung zwingend vorgeschrieben. Der Zeitpunkt kann vorab festgelegt oder vom Pensionsgeber frei wählbar sein. Bei *unechten* Pensionsgeschäften (§340b Abs. 3 HGB) hat der Pensionsnehmer die *Option*, nicht aber die Verpflichtung zur Rückgabe.

Abbildung H2.2 verdeutlicht den Ablauf eines Repogeschäftes. Der Repoverkäufer hält anfänglich Wertpapiere, der Repokäufer Kasse. Wertpapiere im Wert von C werden geliefert, wobei C so bestimmt wird, dass unter Berücksichtigung eines Sicherheitsabschlags h („Haircut") vom Repokäufer 100 € zu zahlen sind. Das Repogeschäft endet mit dem Rückkauf der verpensionierten Wertpapiere gegen Bezahlung (inklusive eines u. a. von der Laufzeit des Geschäftes abhängigen Reposatzes r).

Eröffnung des Repogeschäftes: Verkauf von Wertpapieren

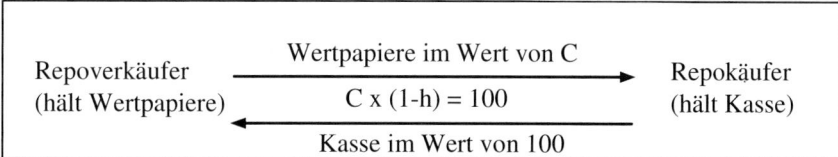

Abschluss des Repogeschäftes: Rückkauf der Wertpapiere und Zahlung des Reposatzes

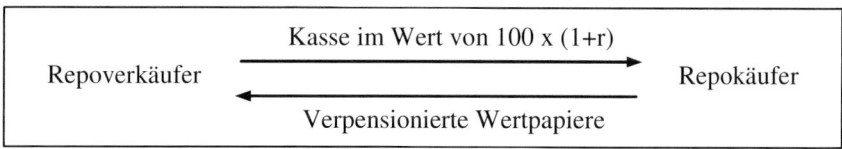

Abb. H2.2: Ablauf eines Repogeschäftes

Bei der Wertpapierleihe können Ver- und Entleiher direkt interagieren (*Principal-Methode*). Sie können aber auch einen Intermediär als Vermittler zwischenschalten (*Agent-Methode*). Vorteile der Einschaltung eines Intermediärs – denken Sie an ähnliche Aspekte in Teil B – können z. B. in Rationalisierungseffekten und zusätzlichen Sicherheiten liegen. Schließlich werden auch *Pool-Modelle* angeboten, in denen Wertpapiere in einen Pool eingebracht werden und die Verleiher anteilig an den damit erzielten Leihgebühren partizipieren. Beispiele sind der Brüsseler Wertpapierverwahrer Euroclear mit Morgan Guaranty Trust als Ga-

---

[3] Bei *Sell-and-Buy-Back Transaktionen*, die wir in der Folge nicht weiter behandeln, liegen zwei einzelne Handelsgeschäfte vor.

rantiegeber und Clearstream International, Tochter der Deutschen Börse AG (vgl. HÄUSELMANN (2001)).

Aufgrund der Unterschiedlichkeit der Marktteilnehmer und ihrer Berichtspflichten ist die Angabe von Volumenzahlen zur Verdeutlichung der Bedeutung der Wertpapierleihe nicht ganz einfach. Erschwerend kommt hinzu, dass wegen der häufig kurzen Laufzeiten ein erheblicher Unterschied zwischen dem Volumen innerhalb eines Jahres abgeschlossener Geschäfte und dem durchschnittlichen Bestand verliehener Wertpapiere besteht. Das Volumen ausstehender Repo-Kontrakte in Europa betrug im Dezember 2008 laut einer Studie der INTERNATIONAL CAPITAL MARKET ASSOCIATION (2009) 4.633 Mrd. €, wobei im Juni 2008 bzw. Juni 2007 die Werte noch bei 6.504 Mrd. € bzw. 6.775 Mrd. € lagen. Ca. 30% des Volumens entfallen auf deutsche Wertpapiere, speziell öffentliche Anleihen. Im Vergleich dazu betrugen die Werte auf dem US-amerikanischen Markt 3.900 Mrd. US-$ im Jahr 2008, bei noch 6.800 Mrd. US-$ im Jahr 2007 (vgl. SECURITIES INDUSTRY AND FINANCIAL MARKETS ASSOCIATION (2009)).

Die Börsenorganisation Eurex hatte mit Stand Januar 2008 180 Teilnehmer aus 9 Ländern zum Handel an der Eurex Repo zugelassen, die zu einem durchschnittlich ausstehenden Volumen von ca. 92 Mrd. € (Steigerung gegenüber dem Vorjahr um 9%) beitrugen. Ca. 47 Mrd. € davon entfielen auf Euro Repos und ca. 45 Mrd. € auf Wertpapiere in Schweizer Franken (vgl. EUREX (2008)).

Besonders interessant ist, dass die besondere Bedeutung der *Hauptrefinanzierungsgeschäfte* (vgl. Abschnitt A4.4.1) innerhalb der geldpolitischen Geschäfte des Eurosystems im Verlauf der Finanzkrise deutlich abgenommen hat. Während der Nettobeitrag im Zeitraum vom 4. März 2009 bis 1. Juli 2009 im Tagesdurchschnitt noch bei ca. 233 Mrd. € lag und damit ca. 58% der gesamten geldpolitischen Geschäfte des Eurosystems in diesem Zeitraum ausmachte (vgl. EUROPÄISCHE ZENTRALBANK (2009a)), betrugen die entsprechenden Werte für den Zeitraum vom 10. Juni 2009 bis 7. Oktober 2009 nur noch 114 Mrd. € bzw. 36% (vgl. EUROPÄISCHE ZENTRALBANK (2009b)).

Auffällig ist weiterhin die Entwicklung im Zeitablauf: Die Hauptrefinanzierungsgeschäfte nahmen fast durchgängig während des oben genannten Zeitraumes ab. Das Maximum betrug im Tagesdurchschnitt ca. 309,6 Mrd. € (17. Juni 2009), während das Minimum bei nur ca. 62,6 Mrd. € lag. Da zudem das Volumen an Tendergeschäften, insbesondere die Hereinnahme von Termineinlagen, im Betrachungszeitraum stark gestiegen ist (vgl. EUROPÄISCHE ZENTRALBANK (2009b)), kann darauf geschlossen werden, dass sich das in der Finanzkrise vorherrschende Liquiditätsproblem deutlich abgeschwächt hat.

H2.3.2 Weitere Motive für Wertpapierleihgeschäfte

Damit ein Geschäft zustande kommt, müssen beide Vertragspartner von der Sinnhaftigkeit des Geschäftes überzeugt sein. Deshalb werden wir uns einige Motive etwas näher ansehen, vor allem aus Sicht des Investment Banking und der Gesamtbanksteuerung (vgl. hierzu im Folgenden z. B. BÜSCHGEN (1999), S. 231, 345; EDELMANN und ELLER (1996), S. 10ff.; GESELL (1995), S. 6ff.; GOSSEN und ACKER (1999), S. 1392ff.; HÄUSELMANN (2001), S. 2259ff.). Warum Wertpapierleihgeschäfte anstelle anderer, ökonomisch ähnlich wirkender Finanzverträge eingesetzt werden, kann im Übrigen auch an Regulierungs- oder Rechnungslegungsvorschriften liegen (vgl. Teil G und Teil M).

Erfüllung von Lieferverpflichtungen

Für Wertpapierverkäufe, die im Eigenhandel und im Finanzkommissionsgeschäft der Investmentbanken anfallen, gibt es *Erfüllungsfristen*, innerhalb derer die Wertpapiere zu liefern sind. Sind diese Fristen knapp bemessen, so können bei der Abwicklung Lieferverzögerungen auftreten. In diesen Fällen kann sich das zur Lieferung verpflichtete Institut die Wertpapiere leihweise besorgen, um Schadenersatz (Verzugszinsen) zu vermeiden. Wegen unterschiedlicher Erfüllungsfristen insbesondere im internationalen Geschäft hat die *Globalisierung* daher die Ausweitung der Wertpapierleihe gefördert.

Die kurzfristige Lieferfähigkeit bei einem *Leerverkauf*[4] kann dadurch sichergestellt gewerden, dass Wertpapiere in Pension genommen werden. Auch im Zuge der Erfüllung von Lieferverpflichtungen aus *Optionen* kann die Wertpapierleihe nützlich sein. Der Stillhalter eines ausgeübten Call möchte u. U. den Kauf der zu liefernden Wertpapiere hinausschieben, weil er mit Preissenkungen rechnet. Ähnliches gilt für *Futures*, bei denen aufgrund gehorteter Bestände der lieferbaren Anleihen der Preis der *CtD-Anleihe* (vgl. Abschnitt E3.2) momentan nicht realisiert werden kann. Die Zunahme im Derivategeschäft fördert das Wachstum der Märkte für Wertpapierleihe also ebenfalls.

Rentabilitätssteigerung und Risikosteuerung

Für den Verleiher liegt in der Erzielung von *Leihgebühren* ein weiteres Motiv bei der Wertpapierleihe. Er nutzt sie folglich als ein Instrument zur Ertragssteigerung.[5] Darüber hinaus sinken im Regelfall die bestandsabhängigen *Depotgebühren* des Verleihers und aus einer eventuellen Sicherheitsleistung beim Wertpapierdarlehen können ebenfalls Erträge entstehen.

Immer wieder genannt wird noch die Realisierung von *Arbitragegewinnen*. Bei genauerer Betrachtung entpuppen sich die ins Feld geführten Beispiele allerdings häufig als Spekulationen auf den Wegfall bestehender Bewertungsanomalien. In den entsprechenden Handelsstrategien werden Wertpapierleihgeschäfte regelmäßig in Kombination mit oder alternativ zu Derivategeschäften eingesetzt. Um tatsächlich Arbitrage zu realisieren, müssen alle Risiken ausgeschaltet werden, so dass schließlich die Wertpapierleihe offenbar ebenso im Rahmen der *Risikosteuerung* eingesetzt werden kann.

Wie die Ausnutzung einer tatsächlichen Arbitragegelegenheit aussehen könnte, zeigt das folgende Beispiel:

In Abschnitt E3.2 haben wir Ihnen eine No-Arbitrage-Transaktion mit einem *Future* vorgestellt: Eine Bank kauft in $t = 0$ für 100.000 € ein zweijähriges Wertpapier mit einem

---

[4] Ein Leerverkauf ist der Verkauf von etwas, das der Verkäufer gar nicht besitzt.

[5] In ähnlicher Weise will ein Intermediär, z. B. Clearstream, aus seiner Tätigkeit *Kommissionen* erzielen, die seine Kosten übersteigen.

jährlichen Kupon von 7% zum Kassakurs von 100% und finanziert den Kauf für ein Jahr zu 6%. Sie verkauft zudem einen einjährigen Future und liefert in $t = 1$ das Wertpapier zur Erfüllung. Bei einer fairen, arbitragefreien Bewertung muss der Terminkurs des Wertpapiers 99% in $t = 0$ betragen.

Angenommen, der Terminkurs in $t = 0$ beträgt stattdessen 99,4%. Dann wäre mit der genannten Transaktion ein *Arbitragegewinn* in Höhe von 400 € im Zeitpunkt $t = 1$ zu erzielen. Dafür wäre ein Kapitaleinsatz von 100.000 € erforderlich; das Kapital wäre für ein Jahr gebunden. Hier liegt eine *Cash-and-Carry-Arbitrage* vor: Kauf des Underlying am Kassamarkt und Verkauf am Terminmarkt.

Die Bank würde vermutlich gerne den Arbitragegewinn realisieren, aber ungerne so viel Kapital einsetzen. Suchen wir daher nach Alternativen. Nehmen wir einmal an, dass solche *Arbitragemöglichkeiten* normalerweise nur kurzfristig bestehen. Dann würden wir erwarten, dass – unter Vernachlässigung von Zinsänderungen und der geringfügigen Laufzeitverkürzung – innerhalb weniger Tage der Terminkurs auf 99% fällt. Allein den Future zu verkaufen und auf die erwartete Wertänderung zu hoffen (um ihn dann mit Gewinn zu verkaufen), ist natürlich möglich, realisiert aber keinen Arbitragegewinn; denn dabei treten Risiken auf: Die Fehlbewertung verschwindet vielleicht doch langsamer als erwartet und im Laufe dieser Zeit treten Zinsänderungen auf, die nicht mehr zu vernachlässigen sind und u. U. dazu führen, dass der Terminkurs sogar weiter steigt.

Um die Arbitrage sicher zu realisieren, muss der fehlbewertete Future verkauft werden und das Wertpapier in $t = 1$ geliefert werden. Das Wertpapier selbst muss bereits in $t = 0$ gekauft werden, damit die Bank gegen Zinsänderungen und damit verbundene Preisänderungen des Wertpapiers abgesichert ist. Allerdings wird das Wertpapier dann für ein Jahr „nicht benötigt". Für diese Zeit existieren vor allem mittels Wertpapierleihe einige Verwendungsmöglichkeiten: Wenn die Bank Liquidität benötigt, kann sie das Wertpapier zumindest als Sicherheit für eine zusätzliche Kreditaufnahme einsetzen oder aber das Wertpapier sogar verkaufen und mit dem Käufer gleichzeitig eine Rückkaufvereinbarung für $t = 1$ abschließen. Liegt kein Liquiditätsbedarf vor, so kann die Bank das Wertpapier für ein Jahr an jemanden verleihen und damit letztlich ein u. U. gewinnbringendes Sachdarlehen gewähren oder es als Sicherheit für ihre Refinanzierung der Transaktion einsetzen und so bessere Konditionen bekommen.

H2.3.3 Risiken bei der Wertpapierleihe

Mit der Wertpapierleihe selbst gehen jedoch auch Risiken einher (vgl. hierzu die o.a. Beiträge sowie KRANNICH (1999) und mit daraus abgeleiteten Prüfungsansätzen ROTH (2003)), so u. a. folgende Verlustgefahren:

- Der Verleiher beim Wertpapierdarlehen und der Pensionsgeber tragen ein *Preisrisiko*: Veränderungen in Zinssätzen, Aktienkursen, Währungsparitäten oder anderen Marktpreisen können den Wert des Wertpapiers (unter Beachtung der geleisteten Zahlungen) senken.
- Der Verleiher beim Wertpapierdarlehen trägt auch das *Ausfallrisiko* aus der Nichtrückgabe des Wertpapiers. Bei Besicherung ist dieses Ausfallrisiko in

Wirklichkeit ein Preisrisiko: Die Sicherheit ist wegen der Preisveränderungen u. U. weniger wert als das nicht zurückgegebene Wertpapier.[6] Entsprechend besteht das Ausfallrisiko für den Pensionsgeber darin, dass zum vereinbarten Rückgabezeitpunkt der Wert des Wertpapiers über dem vereinbarten Rückkaufpreis liegt. Ein Ausfallrisiko für den Entleiher (gegen Sicherheit) bzw. den Pensionsnehmer besteht in einer Nicht-Rücknahme bei einem recht niedrigen Wert des Wertpapiers.

- Der Entleiher beim Wertpapierdarlehen kann durch Weiterverkauf des geliehenen Wertpapiers ein dem Verleiher entgegenlaufendes Preisrisiko übernehmen: Der Wert seiner schwebenden Rückgabeverpflichtung nimmt mit Wertzuwächsen des Wertpapiers zu.
- Überdies geht derjenige Entleiher, der das Wertpapier in irgendeiner Weise weitergibt, ein Risiko bzgl. der *Marktliquidität* ein: Die Möglichkeit, das bzw. ein zurückzugebendes Wertpapier erwerben zu können, ist u. U. nicht gegeben; so ist das ursprünglich als *CtD-Anleihe* angesehene Wertpapier u. U. so knapp, dass seine Preissteigerung ein anderes Papier zur CtD werden lässt.
- Aus der komplexen Struktur und internationalen Variabilität der Geschäfte rühren vielfältige *operationelle* und *rechtliche* Risiken her.

Auf Maßnahmen zum Management solcher Risiken soll hier nicht näher eingegangen werden (vgl. dazu die folgenden Teile des Lehrbuches). Eine erhebliche Reduzierung rechtlicher Risiken wird durch Rahmenverträge erreicht (vgl. BERNER (1999), S. 867ff.; KRANNICH (1999), S. 534ff.).

H3 Theoretische Überlegungen zur Regulierung von Liquiditätsrisken

1. Liquiditätserhaltung ist nur auf unvollkommenen Finanzmärkten ein eigenständiges Problem.

H3.1 Liquiditätsproblematik auf vollkommenen Finanzmärkten

In einer Welt vollkommener Finanzmärkte ist Liquiditätserhaltung kein eigenständiges Problem. Sind alle Vermögensgegenstände auf hochorganisierten Märkten perfekt handelbar, so ist Vermögen mit Liquidität gleichzusetzen, da jeder Vermögensgegenstand unmittelbar in Zahlungsmittel transformiert werden kann. Aber auch dann, wenn bestimmte Vermögensgegenstände illiquide sind, bedarf die Erhaltung der Liquidität solange keiner besonderen Vorkehrungen, wie die

---

[6] Deshalb wird in Verträgen teilweise eine Anpassung der Sicherheiten (ähnlich der Margins bei Transaktionen mit Futures) vereinbart.

Möglichkeiten der Kapitalbeschaffung nicht durch eine ungleiche Informationsverteilung zwischen Kapitalgeber und Kapitalnehmer eingeschränkt sind.

Ein typisches Beispiel für einen illiquiden Vermögensgegenstand ist Human-
kapital. Der Wert des Humankapitals ergibt sich als Barwert aller künftig erzielbaren Einkommen. Existiert ein vollkommener Kapitalmarkt, so ist es ohne
weiteres möglich, heute einen Kredit bis zur Höhe des Wertes des Humankapitals zu erhalten, da dieser Kredit einschließlich aller Zinsen aus dem künftigen
Einkommen zurückgezahlt werden kann. Voraussetzung ist allerdings, dass der
Wert des Humankapitals objektiv feststellbar ist und dass die Bank sicher sein
kann, dass die Verpflichtung des Kreditnehmers, sein künftiges Einkommen teilweise oder ganz für Zins- und Tilgungszahlungen aufwenden zu müssen, dessen
Bereitschaft, sich beruflich zu engagieren, nicht beeinflusst. Das heißt, es darf
keine asymmetrische Informationsverteilung zwischen Bank und Kreditnehmer
vorliegen.

> Studierende in Graduiertenprogrammen an den führenden amerikanischen Universitäten
> haben normalerweise kein Problem, Kredite zur Finanzierung der Studiengebühren und
> des Lebensunterhalts zu bekommen. Gründe: Der überstandene Auswahlprozess signali-
> siert einen hohen Wert des Humankapitals und die Statistiken der Universitäten weisen
> hervorragende Beschäftigungschancen sowie hohe Einkommen ihrer Absolventen nach.
> Damit ist das Risiko der Banken relativ gering, obwohl prinzipiell Verhaltenrisiken („auf
> die faule Haut legen") fortbestehen.

Unter idealen Voraussetzungen ist die Liquiditätserhaltung somit kein eigenständiges Ziel finanzwirtschaftlicher Maßnahmen, sondern quasi ein Nebenpro-
dukt des Strebens nach Marktwertmaximierung. Solange der Wert der Aktiva
die Nominalforderungen aller Gläubiger übersteigt, kann jederzeit neues Kapital
aufgenommen werden, um eine drohende Illiquidität abzuwenden; denn den neu-
en Kapitalgebern können stets Zahlungsansprüche zugestanden werden, deren
Wert mindestens dem Kapitalaufnahmebetrag entspricht. Dies gilt unabhängig
von der Fristigkeit bzw. Kapitalbindungsdauer der Passiva bzw. Aktiva.

H3.2 Liquiditätsproblematik auf unvollkommenen Finanzmärkten

Aber wie wir bereits in den vorangegangenen Teilen des Buches gesehen haben,
rechtfertigen gerade *Marktunvollkommenheiten* die Existenz von Banken. In einer unvollkommenen Welt kann ein Gläubiger, z. B. ein Einleger einer Bank,
nicht darauf bauen, dass der Schuldner an Einkommenserzielung interessiert ist.
Wenn es auch seit einigen Jahren Beispiele dafür gibt, Kredite im Wege der Verbriefung (*Securitization*; siehe hierzu Kapitel C3) zu transferieren, so ist derzeit
doch der weitaus größte Teil der ausgeliehenen Kredite einer Bank nicht oder
nur mit erheblichen Abschlägen veräußerbar. Dies wäre solange unproblematisch,
wie alle Einleger den „wahren" Wert der ausgeliehenen Kredite kennen würden.
In diesem Fall könnte die Bank jederzeit neues Kapital beschaffen, solange der
Wert der Kredite die Nominalforderungen übersteigt. Dies ist allerdings nicht

mehr gegeben, wenn die Bank über die Bonität ihrer Aktiva besser Bescheid weiß als die Einleger. Wie wir gesehen haben, ist unter diesen Umständen ein Bank Run nicht vollständig auszuschließen.

Selbst wenn es gelingt, Risiken aus dem Aktivgeschäft durch entsprechende Vorschriften wirksam zu begrenzen, ist damit die Sicherheit der Einlagen noch nicht gewährleistet. Wie uns das Modell von Diamond und Dybvig (vgl. Abschnitt D3.2) gezeigt hat, können Bankeinlagen auch dann gefährdet sein, wenn sie von der Bank in sichere Aktiva investiert werden, sofern diese Aktiva nicht oder nur mit erheblichen Verlusten kurzfristig liquidierbar sind. Die Bankenregulierung bedarf daher neben Vorschriften zur Risikobegrenzung einer Ergänzung durch Vorschriften, die jederzeit die *Liquidität* der Bank sicherstellen.

Die *Liquiditätslage* einer Bank hängt von den künftigen Ein- und Auszahlungen ab, nicht aber von Bilanzbeständen. Aus dem Buchwert und der (Rest-) Laufzeit von Bilanzpositionen kann die Höhe und die zeitliche Verteilung der künftigen Zahlungsströme im Allgemeinen nur sehr grob abgeschätzt werden. Insbesondere für den kurzfristigen Bereich ist es deswegen sinnvoll, sich von einer rein bilanzbezogenen Betrachtungsweise zu lösen und statt dessen Ein- und Auszahlungen direkt zu schätzen.

Die Zahlungsfähigkeit ist nur dann gesichert, wenn für jeden Tag die *Liquiditätsbedingung* – Anfangsbestand an Zahlungsmitteln zuzüglich Einzahlungen ist mindestens so groß wie die fälligen Zahlungsverpflichtungen – erfüllt ist. Dies verlangt allerdings eine tagesgenaue Planung sämtlicher Ein- und Auszahlungen, die kaum möglich bzw. zumindest in einer „Normalsituation" nicht wirtschaftlich ist. Statt dessen wird man sich damit begnügen müssen, die Einhaltung der Liquiditätsbedingung für die Summe aller Ein- und Auszahlungen innerhalb eines Zeitraumes (z. B. innerhalb eines Monats) zu fordern.

Grundsätzlich sind *sämtliche Zahlungen* zu berücksichtigen, d. h. auch Ein- und Auszahlungen aus bilanzunwirksamen Geschäften wie Bürgschaften und Kreditderivaten, aber auch Swaps, Termin- und Optionsgeschäften sowie Zahlungsverpflichtungen in Form von Löhnen, Gehältern und Mieten. Dem Zahlungsmittelbestand sind nicht nur Bargeld und Sichtguthaben, sondern auch alle Vermögenswerte zuzurechnen, die jederzeit - ohne Wertverlust und ohne die Leistungstätigkeit der Bank zu beeinträchtigen - in Zahlungsmittel transformiert werden können.

Zur Sicherung der Liquidität haben wir bereits unterschiedliche Ansätze kennen gelernt. Möglich ist, auf die *Goldene Bankregel* (fristenkongruente Finanzierung; Abschnitt H1.1) zurückzugreifen.[7] Aus der auf WAGNER (1857) zurückgehenden *Bodensatztheorie* (vgl. Abschnitt H1.2) kann die Rechtfertigung hergeleitet werden, Verbindlichkeiten aus Sicht- und Spareinlagen nur zu einem bestimmten Anteil als kurzfristig fällig zu berücksichtigen. Entsprechend der *Maximalbelastungstheorie* (vgl. Abschnitt H1.4) ist die Liquidität nur dann gesichert, wenn die Bank über ausreichendes Eigenkapital verfügt, um Liquidationsverluste auffangen zu können. Die Bankenaufsicht könnte deshalb grundsätzlich

---

[7] Die den aktuellen Regelungen vorhergehenden Vorschriften, die seit Juli 2000 nicht mehr angewendet werden dürfen bzw. müssen, basierten tatsächlich auf der Goldenen Bankregel.

die Verletzung von Liquiditätsvorschriften gestatten, wenn dafür hinreichendes
sonst nicht zur Risikodeckung benötigtes Eigenkapital vorgehalten wird.

Nach dieser Darstellung theoretischer Überlegungen zur Regulierung von Liquiditätsrisiken, betrachten wir im Folgenden die aktuell geltenden Regulierungsvorschriften.

H4 Vorschriften zur Regulierung von Liquiditätsrisiken

1. Die Vorschriften der Liquiditätsverordnung (LiqV) zielen darauf ab, Liquiditätsrisiken zu begrenzen.
2. Gemäß MaRisk haben die Banken zu begründen, ob das Liquiditätsrisiko für
   sie wesentlich ist, und ggf. ihr Liquiditätsmanagement zu erläutern.

H4.1 Darstellung der Liquiditätsverordnung

Zentrales Beurteilungskriterium für das Vorhandensein einer ausreichenden Zahlungsbereitschaft ist eine *Liquiditätskennzahl* als Quotient aus den innerhalb
eines Monats verfügbaren Zahlungsmitteln und den im gleichen Zeitraum abrufbaren Zahlungsverpflichtungen (*Ein-Monats-Kennzahl*; vgl. Abbildung H4.1).

Die Liquidität gilt dann als gesichert, wenn die Liquiditätskennzahl mindestens den Wert eins annimmt. Die Liquiditätskennzahl ist am Ende eines jeden
Monats zu ermitteln. Analog werden für drei weitere Laufzeitbänder (über einen
Monat bis zu drei Monaten, über drei Monate bis zu sechs Monaten, über sechs
Monate bis zu einem Jahr) *Beobachtungskennzahlen* gebildet, die allerdings keine unmittelbaren Auswirkungen auf die Liquiditätsbeurteilung haben (vgl. Abbildung H4.1). Aktuell werden eine Vielzahl möglicher Überarbeitungen diskutiert. Für die Erfassung und Steuerung von Liquiditätsrisiken wird insbesondere
ein neues quantitatives Rahmenwerk erwartet, das eine kurzfristige Stresstest-
Kennziffer beinhaltet (vgl. SCHULTE-MATTLER und DÜRSELEN (2009), S.59).

Zu den innerhalb eines Monats verfügbaren Zahlungsmitteln zählen zunächst
solche Aktiva, die Bargeld sind oder unmittelbar in Bargeld transfomiert werden können (*Liquidität erster Klasse*). Als *Liquidität zweiter Klasse* werden nicht
börsengängige Finanzaktiva (Forderungen, Wechsel, nicht börsennotierte Wertpapiere) mit einer *Restlaufzeit* bis zu einem Jahr bezeichnet. Sofern die Restlaufzeit bis zu einem Monat beträgt, gehen diese Finanzaktiva in die Liquiditätskennzahl mit ein, ansonsten je nach Restlaufzeit in eine der Beobachtungskennzahlen.
Den kurzfristig verfügbaren Zahlungsmitteln werden die kurzfristig anfallenden
Zahlungsverpflichtungen gegenübergestellt. Dies sind zum einen Auszahlungsverpflichtungen, die jederzeit auf die Bank zukommen können, und zum anderen
Verbindlichkeiten mit einer Restlaufzeit bzw. Kündigungsfrist bis zu einem Monat. Verbindlichkeiten mit einer Restlaufzeit bzw. Kündigungsfrist über einem

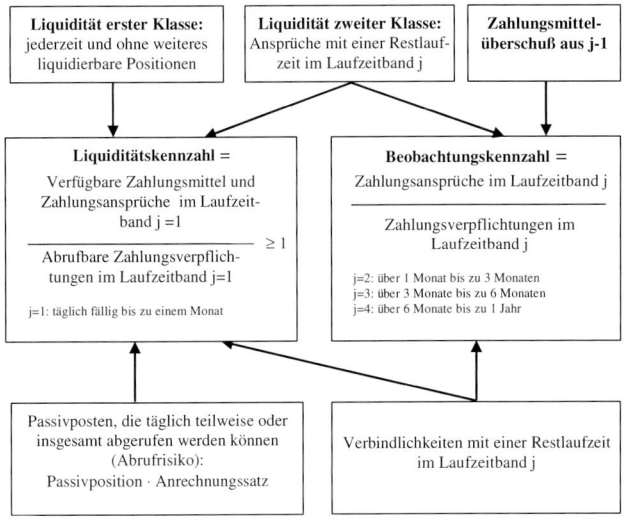

Abb. H4.1: Konstruktion der Liquiditätskennzahl und der Beobachtungskennzahlen in der LiqV

Quelle: Vgl. HARTMANN-WENDELS und WENDELS (1999).

Monat bis zu einem Jahr werden in eines der drei Fristenbänder zur Ermittlung der Beobachtungskennzahlen eingestellt.

Die Tabellen H4-1 bis H4-4 geben an, welche Positionen im einzelnen als Liquiditätskomponenten bzw. als Verbindlichkeiten in die Kennzahlen gem. §§3ff. der LiqV eingehen. Wir wollen im Folgenden nur die Komponenten besprechen, die besonders erklärungsbedürftig sind.

Tab. H4-1: Komponenten der Liquidität erster Klasse

- Kassenbestand
- Guthaben bei Zentralnotenbanken, sofern täglich fällig
- Inkassopapiere (Schecks, Zinsscheine, Gewinnanteilsscheine)
- Erhaltene unwiderrufliche Kreditzusagen
- Börsennotierte Wertpapiere, wenn sie wie Umlaufvermögen bewertet werden (strenges Niederstwertprinzip)
- Gedeckte Schuldverschreibungen
- Anteile an Geldmarkt- und Wertpapierfonds in Höhe von 90% des Rücknahmepreises

Börsennotierte Wertpapiere werden als Liquidität erster Klasse angesehen, sofern sie wie Umlaufvermögen bewertet werden. Neben den Wertpapieren des Handelsbestandes und der Liquiditätsreserve können somit auch Wertpapiere des Anlagevermögens als jederzeit liquidierbar angerechnet werden, wenn diese nach dem strengen Niederstwertprinzip bewertet werden (siehe zur Einteilung in die drei Wertpapierkategorien sowie zur Bewertung den Abschnitt M2.3.2). Bei den *gedeckten Schuldverschreibungen* handelt es sich um Bankobligationen, die besonderen Vorschriften unterliegen. So müssen die Emissionserlöse in Vermögenswerte angelegt werden, welche die Verpflichtungen aus den Schuldverschreibungen stets decken. *Anteile an Geldmarkt- und Wertpapierfonds* gelten aufgrund ihrer jederzeitigen Rückgabemöglichkeit als liquide, da Sondervorschriften für Kapitalanlagegesellschaften gelten, die sicherstellen sollen, dass die Fondsgesellschaft ihrer Rücknahmeverpflichtung auch nachkommen kann. Der Abschlag von 10% kommt dadurch zustande, dass 10% des Fondsvermögens in Wertpapiere und Schuldverschreibungen investiert werden dürfen, die nicht zur Liquidität erster Klasse zählen.[8]

Eine Einschränkung bei der Anerkennung der oben genannten Aktiva als Zahlungsmittel ist noch zu beachten: Falls Einzelwertberichtigungen vorgenommen worden sind und aktuelle Leistungsstörungen vorliegen, erfolgt keine Anerkennung, da hier der Zahlungseingang fraglich ist.

Tab. H4-2: Komponenten der Liquidität zweiter Klasse

- Forderungen an Zentralbanken, Kreditinstitute und Kunden
- Zentralnotenbankfähige Wechsel
- Sachforderungen des Pensionsgebers bzw. Verleihers auf Rückgabe der verliehenen Wertpapiere
- Geldforderungen des Pensionsnehmers aus unechten Pensionsgeschäften in Höhe des Rückzahlungsbetrages, sofern dieser den Wertpapierkurs übersteigt
- Nicht börsennotierte Wertpapiere sowie Geldmarktpapiere wie Schatzwechsel, Schatzanweisungen, Commercial Papers, Euro-Notes etc.
- Ausgleichsforderungen gegen die öffentliche Hand

Liquiditätseffekte aus *Wertpapierpensions- und Wertpapierleihgeschäften* (siehe oben Abschnitt H2.3) werden nach dem Bruttoprinzip berücksichtigt. Der (potenzielle) Zahlungszufluss und die Verpflichtungen werden somit getrennt ausgewiesen. Die durch das Wertpapier verkörperte Liquiditätsreserve wird unabhängig vom Bilanzausweis (zur Bilanzierung von Wertpapierpensionsgeschäften siehe Abschnitt M4.1) stets dem Pensionsnehmer bzw. Entleiher zugerechnet, da dieser das Wertpapier bei Bedarf kurzfristig liquidieren kann. Die Verpflichtung zur Rückgabe ist als Sachforderung beim Pensionsgeber bzw. Verleiher (siehe Ta-

---

[8] Bei der Analyse der Wertentwicklung von Geldmarktfonds fällt jedoch auf, dass viele Fonds auf Jahressicht ein Minus aufweisen, das deutlich höher ist als 10% (im Maximum 57,2%). Vgl. ONVISTA (2009).

belle H4-2) und als Sachverbindlichkeit beim Pensionsnehmer bzw. Entleiher anzurechnen (siehe Tabelle H4-4). Bei (echten) Pensionsgeschäften sind zusätzlich noch der Mittelzu- bzw. -abfluss aus der Kassatransaktion sowie die Zahlungsverpflichtung bzw. -forderung aus der Terminkomponente zu berücksichtigen. Die Erfassung der Liquiditätswirkung von unechten Pensionsgeschäften hängt von dem Verhältnis zwischen Marktpreis des Wertpapiers und vereinbartem Rückzahlungsbetrag ab. Ist der Rückzahlungsbetrag kleiner als der Marktwert des Wertpapiers, so ist mit einer Rückübertragung nicht zu rechnen. Das Pensionsgeschäft wirkt dann liquiditätsmäßig wie ein Kassa(ver)kauf, so dass lediglich der Mittelzu- bzw. -abfluss sowie die Veränderung des Wertpapierbestandes zu berücksichtigen sind. Ist dagegen mit einer Rückübertragung zu rechnen, da der Rückzahlungsbetrag den Marktwert des Wertpapiers übersteigt, so ist zusätzlich das Wertpapier entsprechend der Restlaufzeit des Pensionsgeschäftes beim Pensionsgeber in eines der Fristenbänder einzustellen, gleichzeitig hat der Pensionsgeber eine Verbindlichkeit in Höhe des Rückzahlungsbetrages auszuweisen (siehe Tabelle H4-4). Der Pensionsnehmer kann entsprechend eine Geldforderung in Höhe des Rückzahlungsbetrages in eines der Fristenbänder einstellen (siehe Tabelle H4-2).

Tab. H4-3: Jederzeit abrufbare Passivposten

Position	Anrechnungssatz
• Täglich fällige Verbindlichkeiten gegenüber Kreditinstituten	40%
• Täglich fällige Verbindlichkeiten gegenüber Kunden	10%
• Spareinlagen (unabhängig von der Kündigungsfrist)	10%
• Eventualverbindlichkeiten aus weitergegebenen Wechseln, übernommenen Bürgschaften und Gewährleistungen	5%
• Haftungsbetrag aus der Bestellung von Sicherheiten für fremde Verbindlichkeiten	5%
• Platzierungs- und Übernahmeverpflichtungen	20%
• Noch nicht in Anspruch genommene unwiderrufliche Kreditzusagen	20%

Kurzfristig abrufbare Zahlungsverpflichtungen sind mit solchen Passiva verbunden, die täglich ganz oder teilweise abgerufen werden können. Grundsätzlich ist bei diesen Positionen ungewiss, in welcher Höhe daraus kurzfristig Zahlungsabflüsse resultieren (*Abrufrisiko*). Daher werden diese Positionen mit einem Anrechnungssatz gewichtet, der berücksichtigt, inwieweit – unter normalen Voraussetzungen – mit einer Inanspruchnahme zu rechnen ist. Mit einem Abrufrisiko behaftet sind auch Eventualverbindlichkeiten, Bürgschaften, Haftungszusagen, Platzierungs- und Übernahmeverpflichtungen sowie unwiderrufliche Kreditzusagen, so dass diese Positionen ebenfalls mit einem Anrechnungssatz gewichtet zu den kurzfristig abrufbaren Zahlungsverpflichtungen zählen. Für Investitions-

und Hypothekarkredite, die nach Baufortschritt ausgezahlt werden, gelten Sondervorschriften.

Tab. H4-4: Entsprechend ihrer Laufzeit zu erfassende Verbindlichkeiten

---

- Verbindlichkeiten gegenüber Zentralnotenbanken, Kunden und Kreditinstituten (Sonderregelung für Zentralinstitute von Sparkassen und Kreditgenossenschaften)
- Sachverbindlichkeiten des Pensionsnehmers bzw. Entleihers aus der Rückgabepflicht der entliehenen Wertpapiere
- Geldverbindlichkeiten des Pensionsgebers aus unechten Pensionsgeschäften in Höhe des Rückzahlungsbetrages, sofern dieser den Wertpapierkurs übersteigt
- Verbriefte Verbindlichkeiten
- Nachrangige Verbindlichkeiten
- Genussrechtskapital
- Sonstige Verbindlichkeiten

Bei Verbindlichkeiten mit fester Laufzeit bzw. Kündigungsfrist besteht nur in geringem Maße ein Abrufrisiko. Mit Ausnahme der Verbindlichkeiten von Zentralinstituten des Sparkassen- und Genossenschaftssektors gegenüber den angeschlossenen Kreditinstituten werden diese Passiva in voller Höhe angerechnet.

Bemessungsgrundlage ist für alle Zahlungsmittel und Verpflichtungen, die sich auf Wertpapiere beziehen, grundsätzlich der amtlich festgestellte Kurs oder Marktpreis der Wertpapiere. Existiert ein solcher nicht, dürfen je nach Wertpapierart 80% bis 90% der Buchwerte angesetzt werden. Investmentanteile sind mit 90% des Rücknahmepreises anzusetzen, für alle anderen Aktiva und Passiva sind die jeweiligen Buchwerte maßgeblich.

H4.2 Beurteilung der Liquiditätsverordnung

Wir haben bereits in Kapitel H3 gesehen, dass die Beurteilung der Liquiditätslage von Banken die jederzeitige Kenntnis über die Höhe und die zeitliche Verteilung zukünftiger Zahlungsströme voraussetzt. Die Prognoseproblematik – vor allem im Bereich des Verhaltens von Anlegern mit täglich abrufbaren Einlagen – sowie der prohibitiv hohe organisatorische Aufwand bei der Erstellung einer jederzeit aktuellen kurzfristigen Finanzplanung verdeutlichen, dass diese zu einer perfekten Liquiditätsbeurteilung benötigten Informationen nicht (wirtschaftlich) ermittelbar sind. Somit kann eine Regulierungsvorschrift, die das Ziel verfolgt, eine angemessene Liquidität von Kredit- und Finanzdienstleistungsinstituten sicherzustellen, niemals eine Idealvorstellung vollständig verwirklichen, sondern lediglich versuchen, ihr möglichst nahe zu kommen. Dies muss bei der Beurteilung der LiqV berücksichtigt werden.

Trotz weitreichender Verbesserungen im Vergleich zu den vorhergehenden Vorschriften, muss kritisch beurteilt werden, dass nach wie vor wesentliche Zahlungsströme bei der Ermittlung der Liquiditätslage vernachlässigt werden. So werden lediglich zukünftige Zahlungströme aus dem Wertbereich des Institutes, nicht jedoch aus dem *Betriebsbereich* (z. B. relativ sicher planbare Lohn- und Gehaltszahlungen) berücksichtigt. Ferner bleiben auch die möglichen zukünftigen Ein- und Auszahlungen aus *innovativen außerbilanziellen Geschäften* (Swaps, Futures, Optionen, Kreditderivate) vollkommen unberücksichtigt, obwohl die Volumina der außerbilanziellen Geschäfte häufig ein Vielfaches der Bilanzsumme der betroffenen Institute betragen (vgl. Teil E).

Lediglich die Zahlungen beim Abschluss dieser Geschäfte (z. B. vereinnahmte oder gezahlte Optionsprämien) wirken sich unmittelbar auf den Kassenbestand und somit auf die Liquidität erster Klasse aus. Diese nur ausschnitthafte Erfassung der Zahlungswirkungen von Termingeschäften setzt einen Fehlanreiz, da beispielsweise durch das Eingehen riskanter Short Positionen in Optionen die (ausgewiesene) Liquiditätslage des Institutes tendenziell verbessert wird, während Long Positionen, die möglicherweise zur (Kurs-)Absicherung bestehender Wertpapierpositionen eingesetzt werden, eine gegenteilige Liquiditätswirkung suggerieren. Im Zuge der sub-prime-Krise hat sich gezeigt, dass aufgrund der Nichtberücksichtigung von abgegebenen Liquiditätsgarantien und Stress-Szenarien dringender Handlungsbedarf hinsichtlich einer Überarbeitung der nationalen und auch der internationalen Regulierungsvorschriften zu den Liquiditätsrisiken besteht.

Durch die Definition des Liquiditätsrisikos im Sinne eines sehr kurzfristigen Abrufrisikos besteht im Vergleich zu den vorhergehenden Regelungen für die Institute die Möglichkeit, die Fristentransformation erheblich zu intensivieren und hierdurch ein zusätzliches Ertragspotenzial zu schaffen (vgl. SPÖRK und AUGE-DICKHUT (1999)). Die hieraus resultierenden (Refinanzierungs-) Risiken werden jedoch in keiner Weise adäquat erfasst. Angesichts dieser erweiterten Fristentransformationsmöglichkeiten ohne eine entsprechende aufsichtsrechtliche Erfassung erschien uns die Annahme der BaFin, dass es sich bei den Instituten um solvente und ertragsstarke Unternehmen handelt, für die im Allgemeinen die Sicherstellung der mittel- und langfristigen Refinanzierung kein unüberbrückbares Hindernis darstellt (vgl. BUNDESAUFSICHTSAMT FÜR DAS KREDITWESEN (1998), S. 2), bereits in der 4. Auflage zumindest langfristig diskussionswürdig. Leider hat uns die Entwicklung der sub-prime-Krise inzwischen recht gegeben.

H4.3 Weitere Vorgaben zur Regulierung von Liquiditätsrisiken

In den Regelungen von Basel II finden sich keine konkreten Bestimmungen für das Management von Liquiditätsrisiken. Jedoch hatte der Baseler Ausschuss für Bankenaufsicht in einer separaten Veröffentlichung Grundsätze zum Liquiditätsmanagement von Banken vorgeschlagen (vgl. BASEL COMMITTEE ON BANKING SUPERVISION (2000)). Anstatt einer vollständigen Auflistung dieser Vorschläge seien hier zumindest einige grundlegende Forderungen des Ausschusses in ihren Grundzügen dargestellt:

- Banken sollten eine Strategie für das Management von Liquiditätsrisiken haben.
- Banken sollten mit einem adäquaten Informationssystem zur Messung und Überwachung der Liquiditätsrisiken ausgestattet sein.
- Im Liquiditätsmanagement sollten Szenarioanalysen durchgeführt werden.
- Der Marktzugang zur Aufnahme von Verbindlichkeiten aber auch zur Liquidierung von Aktiva sollte gepflegt werden.
- Für das konkrete Auftreten von Liquiditätskrisen sollten Eventualpläne bestehen.
- Die Bankenaufsicht sollte das Liquiditätsmanagement von Banken regelmäßig überprüfen.

Im Zuge der Finanzkrise wurde weiterer Handlungsbedarf erkannt und im Juni 2008 erfolgte daher eine weitere Veröffentlichung mit u.a. folgenden, zusätzlichen Leitsätzen (vgl. BASEL COMMITTEE ON BANKING SUPERVISION (2008)):

- Jeder Vorstand eines Kreditinstitutes hat eine Toleranzschwelle für das Eingehen von Liquiditätsrisiken zu definieren.
- Auf besondere Liquiditätsrisiken aus außerbilanziellen Geschäften ist gesondert einzugehen.
- Es sind regelmäßig Stress-Tests durchzuführen.
- Intraday-Liquiditätsrisiken sind zu berücksichtigen.
- Es wird eine stärkere Kooperation zwischen Aufsichtsinstanzen und Zentralbanken auf nationaler sowie internationaler Ebene angestrebt.

Diese Regelungen sind inzwischen in die MaRisk aufgenommen worden und damit für Kreditinstitute in Deutschland bindend. Die MaRisk enthalten u.a. noch folgende wichtige Neuerungen (vgl. BUNDESANSTALT FÜR FINANZDIENST-LEISTUNGSAUFSICHT (2009c)):

- Die Refinanzierungsquellen sind ausreichend zu diversifizieren, laufend zu überwachen sowie im Rahmen eines geeigneten Limitsystems zu steuern.
- Die Folgen anderer Risiken auf die Liquidität des Institutes z.B. Reputationsrisiken) sind zu berücksichtigen.

Eine konkrete inhaltliche Ausgestaltung dieser Grundsätze bleibt aber weiterhin offen. Von Banken wird zwar eine Strategie für das Management von Liquditätrisiken gefordert. Aus den vom Baseler Ausschuss veröffentlichten Grundsätzen zum Liquiditätsmanagement geht aber nicht hervor, wie eine solche Strategie mit Leben zu füllen ist. Mit Blick auf die Baseler Tendenzen in anderen Bereichen liegt eine zukünftige Orientierung an den „best practices", also am Vorgehen der in diesem Bereich führenden Banken, nahe.

Der Wunsch nach „best practices" steht auch hinter den MaRisk. Kreditinstitute können allerdings auf die Einbeziehung von Liquiditätsrisiken bei der

Ermittlung der Risikotragfähigkeit verzichten, wenn sie dies nachvollziehbar begründen. Dies ist neuerdings zwar nur noch möglich, wenn das Risiko nicht sinnvoll durch zusätzliches Deckungskapital begrenzt werden kann (vgl. BUNDESANSTALT FÜR FINANZDIENSTLEISTUNGSAUFSICHT (2009b)). Gleichwohl werden allgemeine Liquiditätsrisiken als Beispiel explizit genannt, so dass die Möglichkeit des Verzichtes weiterhin besteht.

Teil I
Ausfallrisiken

„Wegen der deutlich höheren Risikovorsorge im Kreditgeschäft, in die wir letztes Jahr 2,1 Mrd. € einstellen mussten, kam es insgesamt zu dem leicht rückläufigen Ergebnis." Mit ähnlichen Äußerungen wie diese, die dem Brief des Vorstandssprechers der Deutschen Bank an die Aktionäre, der dem Geschäftsbericht für das Jahr 2002 vorangestellt ist, entnommen wurde, haben in den letzten Jahren eine Reihe von Vorstandsvorsitzenden großer Banken die Ergebnisse des vorangegangenen Geschäftsjahres kommentiert. Das Zitat macht deutlich, dass das Kreditrisiko die volumenmäßig bedeutendste Risikoart ist. Was für die Großbanken, die sich sehr stark in anderen Geschäftsfeldern engagieren, gilt, trifft erst recht für die Masse der Sparkassen und Genossenschaftsbanken, für die das Kreditgeschäft nach wie vor das Kerngeschäft darstellt, zu.

Die besonderen Schwierigkeiten, die das Management von Kreditrisiken mit sich bringt, resultieren zum großen Teil aus der nur sehr beschränkten Handelbarkeit von Kreditrisiken. Ist eine Risikoposition erst einmal eingegangen, so hat die Bank – anders als bei den Marktpreisrisiken – nur noch sehr begrenzte Möglichkeiten, das Ausmaß des Ausfallrisikos zu beeinflussen. Entsprechend wichtig ist es, bereits vor der Kreditvergabe das Ausfallrisiko, das damit verbunden ist, abzuschätzen. Können Kreditrisiken nicht veräußert werden, so kommt es nicht nur auf das isoliert betrachtete Ausfallrisiko des Kredites an, sondern vor allem auch darauf, welchen Risikobeitrag er zu dem gesamten Kreditportfolio erbringt. Eine Beurteilung des Risikos setzt weiterhin voraus, dass geeignete Daten vorhanden sind, dies ist aber häufig wegen des Fehlens von Marktpreisen nur sehr eingeschränkt der Fall.

Eine fundierte Kreditentscheidung macht es erforderlich, Kreditrisiken zu bewerten. Da Marktpreise nicht vorhanden sind, können die finanzierungstheoretischen Modelle, die für die Bewertung marktgängiger Finanztitel gut geeignet sind, nur sehr eingeschränkt eingesetzt werden. Hinzu kommt, dass auch bei der Bewertung der Risikozusammenhang mit dem gesamten Kreditportfolio wieder eine Rolle spielt.

Kreditrisiken sind nicht nur aus bankinterner Sicht eine schwierig zu steuernde Risikokategorie, sie sind auch ein wichtiger Bestandteil bankaufsichtlicher Vorschriften. Sowohl das Kreditwesengesetz (KWG) als auch die Mindestanfor-

T. Hartmann-Wendels et al., *Bankbetriebslehre*,
DOI 10.1007/978-3-642-11857-9_9, © Springer-Verlag Berlin Heidelberg 2010

derungen an das Risikomanagement (MaRisk) enthalten eine Reihe von Vorgaben, die ein Mindestmaß an organisatorischen Vorkehrungen im Kreditgeschäft sicherstellen. In der Solvabilitätsverordnung (SolvV) ist geregelt, wie die Eigenkapitalanforderungen für Kreditrisiken ermittelt werden. Die Banken haben hier die Wahl zwischen verschiedenen Ansätzen unterschiedlicher Komplexität. Fortgeschrittene Ansätze ermöglichen es den Banken, auch intern geschätzte Größen wie die Ausfallwahrscheinlichkeiten der Schuldner und den Verlust im Insolvenzfall in die Berechnung der Eigenkapitalanforderung einfließen zu lassen.

Bevor wir uns der Regulierung von Kreditrisiken zuwenden, sollen zunächst einige grundlegende Konzepte, die wir für die Messung von Kreditrisiken benötigen, behandelt werden. Wir werden insbesondere auch Methoden vorstellen, die es im Rahmen der Kreditwürdigkeitsprüfung ermöglichen, zu einer Aussage über die Aufallwahrscheinlichkeit eines Kredites zu kommen. In Kapitel I2 wenden wir uns der Frage zu, wie das Risiko eines gesamten Kreditportfolios gemessen werden kann. Das entscheidende Problem hier sind die stochastischen Abhängigkeiten zwischen den Ausfallrisiken einzelner Positionen, die in der Regel durch Ausfallkorrelationen ausgedrückt werden. In Kapitel I3 werden Methoden zur Kreditrisikobewertung dargestellt, und zwar sowohl Konzepte, die aus der Wissenschaft heraus entwickelt wurden als auch Instrumente, die eher für den Einsatz in der Praxis konzipiert sind. Kapitel I4 behandelt das Management von Kreditrisiken. Neben den klassischen Konzepten, die von der Nicht-Handelbarkeit von Kreditrisiken ausgehen, werden auch neuere Instrumente angesprochen, die eine Übertragbarkeit von Kreditrisiken beinhalten. Kapitel I5 behandelt die Messung und Begrenzung von Kreditrisiken aus regulatorischer Perspektive.

I1 Messung der Ausfallrisiken einzelner Kredite

1. Zentrale Elemente der Messung von Kreditrisiken sind das Exposure at Default, der Verlust im Insolvenzfall und die Ausfallwahrscheinlichkeit.
2. Die Methoden der Kreditwürdigkeitsprüfung für Privat- und Firmenkunden unterscheiden sich vor allem in den verwendeten Bonitätsmerkmalen. Während im Privatkundengeschäft Einkommens- und Vermögensverhältnisse sowie die zu erwartenden Ausgaben wichtige Kriterien darstellen, kommt im Firmenkundengeschäft neben finanziellen Kriterien (z. B. Bilanz- und Branchendaten) auch nicht-finanziellen, qualitativen Faktoren (z. B. Marktposition, Managementqualität) eine große Bedeutung zu.
3. Das Kreditscoring ist eine zentrale Methode der Kreditwürdigkeitsprüfung. Es aggregiert einzelne Merkmale der potenziellen Kreditnehmer zu einem Kreditscore. Bekannte mathematisch-statistische Scoringverfahren sind die lineare Diskriminanzanalyse, die logistische Regression oder Neuronale Netze. Diese Verfahren unterscheiden sich bei der Bestimmung der Merkmalsgewichte.

4. Für das Risikomanagement relevant sind nicht in erster Linie die Kreditscores sondern die daraus abgeleiteten Ausfallwahrscheinlichkeiten. Solche Ausfallprognosen basieren in der Regel auf realisierten Ausfallraten.

5. Ausfallwahrscheinlichkeiten können auch aus den Marktpreisen handelbarer Finanztitel gewonnen werden. Bekanntester Vertreter dieser Gruppe von Verfahren ist das Credit Monitor Model von KMV.

I1.1 Grundlagen

I1.1.1 Erwartete und unerwartete Verluste

Unter dem Ausfallrisiko versteht man die Gefahr, dass der Vertragspartner seinen Verpflichtungen nicht, nicht zeitgereicht oder nicht in vollem Umfang nachkommt. Üblicherweise umfassen Risiken jegliche Abweichungen von einem erwarteten Wert, also sowohl Abweichungen nach oben als auch Abweichungen nach unten. Bei Ausfallrisiken ist dies anders: Als „Normalfall" wird angesehen, dass der Vertragspartner seinen Verpflichtungen nachkommt, jegliche Abweichung davon wird als Ausfallrisiko bezeichnet.

Der erwartete Verlust (*Expected Loss*) eines Engagements ist das Produkt aus den drei Komponenten *erwartete Höhe der Forderung zum Zeitpunkt des Ausfalls* (Exposure at Default, EAD), *Ausfallwahrscheinlichkeit* (Probability of Default, PD) und *Verlustquote bei Ausfall* (Loss given Default, LGD):

$$EL = EAD \cdot LGD \cdot PD. \qquad (I1\text{-}1)$$

In der Formulierung von (I1-1) wird implizit unterstellt, dass das Ausfallereignis die einzige mit Unsicherheit behaftete Größe ist und die Verlustquote sowie die Höhe der Forderung zum Zeitpunkt des Ausfalls mit Sicherheit bekannt sind. Davon kann aber im Regelfall nicht ausgegangen werden. Sind auch die Verlustquote und die Höhe der Forderung im Insolvenzzeitpunkt unsichere Größen, so können wir EAD und LGD als die entsprechenden Erwartungswerte interpretieren. Damit Formel (I1-1) weiterhin den erwarteten Verlust korrekt angibt, müssen wir nun zusätzlich unterstellen, dass alle Zufallsgrößen stochastisch unabhängig sind, denn nur unter dieser Voraussetzung entspricht der Erwartungswert des Produkts von Zufallsvariablen dem Produkt der Erwartungswerte dieser Zufallsvariablen. Plausibler als die Annahme der stochastischen Unabhängigkeit ist allerdings die Vermutung, dass PD und LGD positiv miteinander korreliert sind. In diesem Fall unterschätzt (I1-1) den erwarteten Verlust (vgl. FRYE (2005)).

Der erwartete Verlust kann sich auf einen einzelnen Kredit beziehen, oder aber auf das gesamte Kreditportfolio. Letzteren erhalten wir als Summe der erwarteten Verluste der einzelnen Kreditengagements.

Der erwartete Verlust gibt lediglich den durchschnittlichen Verlust aus dem Kreditengagement bzw. aus einem Kreditportfolio an, er ist aber noch kein Maß für das Risiko. Der Risikogehalt eines Kredites bzw. eines Kreditportfolios wird dabei durch Risikomaßzahlen, wie der Standardabweichung und vor allem der Value at Risk (VaR)-Kennzahl, quantifiziert. Der VaR wird üblicherweise definiert als Differenz zwischen dem erwarteten Kreditrückfluss bzw. Portfoliowert am Ende eines festgelegten Zeitraumes, dem Risikohorizont, und demjenigen Rückfluss bzw. Portfoliowert, der mit einer bestimmten Wahrscheinlichkeit, dem Konfidenzniveau, innerhalb dieses Zeitraumes nicht unterschritten wird (vgl. Abbildung I1.1). Das Konfidenzniveau wird häufig entsprechend dem angestrebten externen Rating einer Bank und der damit verbundenen Ausfallwahrscheinlichkeit gewählt. Wird beispielsweise ein AA Rating angestrebt und ist die von den Ratingagenturen berichtete durchschnittliche Ausfallwahrscheinlichkeit eines AA gerateten Schuldners 0,03%, so sollte ein Konfidenzniveau von 99,97% gewählt werden. Wird eine Risikoposition in Höhes des auf Basis dieses Konfidenzniveaus ermittelten VaR mit Eigenmitteln unterlegt, ist – so die modelltheoretische Überlegung – gewährleistet, dass lediglich mit einer Wahrscheinlichkeit von 0,03% das ökonomische Kapital (VaR) nicht zur Deckung unerwarteter Kreditverluste ausreicht und es zu einer Insolvenz der Bank kommt.

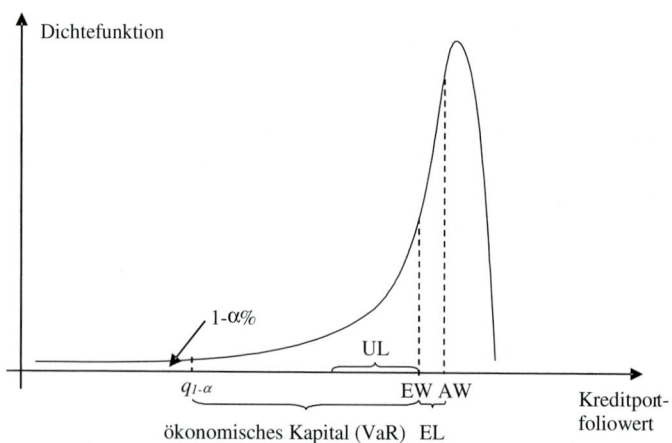

AW: Aktueller Kreditportfoliowert
EW: Erwarteter Kreditportfoliowert
EL: Erwarteter Verlust
$q_{1-\alpha}$: $(1-\alpha)$-Quantil der Wahrscheinlichkeitsverteilung des Kreditportfoliowertes

Abb. I1.1: Wahrscheinlichkeitsdichte des Kreditportfoliowertes am Risikohorizont und ökonomisches Kapital

Für eine Bank ist es nicht nur wichtig zu wissen, wie hoch der VaR eines einzelnen Kredites oder des gesamten Kreditportfolios ist, bei Kreditvergabeentscheidungen kommt es vor allem darauf an, zu beurteilen, wie sich das Gesamtrisiko verändert, wenn der betrachtete Kredit als Risikoposition hinzukommt. Da das Gesamtrisiko sich nicht additiv aus den Risiken der Einzelpositionen zusammensetzt, ist die Ermittlung des *Risikobeitrages* eines einzelnen Kredites zum Risiko des Kreditportfolios ein außerordentlich komplexes Problem. Unter der Annahme, dass das Volumen des betrachteten Kredites verglichen mit der Gesamtrisikoposition der Bank verschwindend gering ist, erhalten wir den VaR-Beitrag eines einzelnen Kredites ΔVaR als einen bedingten erwarteten Verlust, wobei die Bedingung darin besteht, dass der Gesamtverlust der Bank ($\tilde{L}$) den VaR-Wert L_{VaR} annimmt:

$$\Delta \text{VaR} = \text{E}\big[\text{LGD} \mid \tilde{L} = L_{VaR}\big]. \tag{I1-2}$$

Um den bedingten Erwartungswert zu bestimmen, ist grundsätzlich die Kenntnis sämtlicher Korrelationen mit den schon vorhandenen Risikopositionen erforderlich. Wie man bei der Bestimmung der Korrelationen zu einer praktikablen Lösung kommen kann, wird in Abschnitt I1.2 dargestellt. In Abschnitt I5.4.3 werden wir bei der Ableitung der IRB-Formel von Basel II auf eine ähnliche Beziehung, wie sie durch (I1-2) ausgedrückt wird, zurückkommen und sehen, dass es für den VaR-Beitrag eines einzelnen Kredites unter bestimmten Annahmen eine erstaunlich einfache Lösung gibt.

Um den VaR zu ermitteln, muss im Allgemeinen die gesamte Wahrscheinlichkeitsverteilung der Kreditverluste bekannt sein. Einfacher ist es, die *Standardabweichung der Verluste* als Risikomaß zu verwenden. Die Standardabweichung der Verluste wird auch als *unerwarteter Verlust* (Unexpected Loss; UL) bezeichnet. Unter der Annahme, dass die Verlusthöhe SEV (severity) und das Verlustereignis stochastisch unabhängig sind, erhalten wir für den unerwarten Verlust (vgl. ONG (1999), S. 116-118; BLUHM *et al.* (2003), S. 29):

$$\text{UL} = \sqrt{\text{Var}(\tilde{L})} = \text{EAD} \cdot \sqrt{\text{Var}(\text{SEV}) \cdot \text{PD} + \text{LGD}^2 \cdot \text{PD}(1 - \text{PD})}. \tag{I1-3}$$

Die Standardabweichung ist immer dann ein sinnvolles Risikomaß, wenn die Risikogröße normalverteilt ist oder zumindest hinreichend symmetrisch um den Mittelwert schwankt. Diese Annahme ist bei Kreditausfällen typischerweise nicht erfüllt, statt dessen besteht eine große Wahrscheinlichkeit für einen Rückfluss, der gerinfügig größer ist als die erwartete Rückzahlung, und eine geringe Wahrscheinlichkeit, einen großen Teil des Kreditbetrages zu verlieren (vgl. Abbildung I1.1). Dennoch wird die Standardabweichung auch für Kreditausfälle als Risikomaß verwendet, weil zu ihrer Berechnung nur wenige Parameter benötigt werden, nämlich die Ausfallwahrscheinlichkeit und die Varianz des LGD. Nimmt man zur weiteren Vereinfachung den LGD als konstant an, reicht die Ausfallwahrscheinlichkeit aus, um die unerwarteten Verluste zu berechnen.

Will man auf der Basis des unerwarteten Verlusts das ökonomische Kapital bestimmen, so reicht – wie aus Abbildung I1.1 ersichtlich wird – eine Eigenmittelunterlegung in Höhe der Standardabweichung nicht aus, um den Insolvenzfall mit hoher Wahrscheinlichkeit auszuschließen. Statt dessen ist ein Vielfaches von UL als ökonomisches Kapital (EC) vorzusehen:

$$EC = C \cdot UL \qquad \text{mit } C > 1. \tag{I1-4}$$

Soll das ökonomische Kapital wiederum so alloziert werden, dass die Insolvenzwahrscheinlichkeit der Bank bei 0,03% liegt, d. h.

$$P\left(\tilde{L} - EL \leq EC\right) = \alpha$$

gilt, so bestimmt sich der Faktor C unter Verwendung von (I1-4) gemäß:

$$P\left(\frac{\tilde{L} - EL}{UL} \leq C\right) = \alpha. \tag{I1-5}$$

Beziehung (I1-5) hilft nur weiter, wenn die Verlustverteilung bekannt ist. Häufig wird dies nicht der Fall sein, so dass man sich mit einem geschätzten Wert für C begnügen muss. SAUNDERS (1999) und ZAIK *et al.* (1996) berichten, dass Werte für C in der Größenordnung zwischen sechs und zehn von Banken in der Praxis eingesetzt werden.

Für die Aggregation der Standardabweichungen der einzelnen Positionen zum unerwarteten Verlust des Kreditportfolios sind die Ausfallkorrelationen ρ_{ij} entscheidend. Wenn wir mit UL_i und UL_j den unerwarteten Verlust zweier beliebiger Risikopositionen bezeichnen, so erhalten wir den unerwarteten Verlust des Portfolios $UL_{\text{Portfolio}}$ zu

$$UL_{\text{Portfolio}} = \left(\sum_i \sum_j UL_i \cdot UL_j \cdot \rho_{ij}\right)^{\frac{1}{2}}.$$

Ausfallkorrelationen sind auch entscheidend, wenn der marginale Risikobeitrag eines einzelnen Krediets bestimmt werden soll. Auch hier kommt man nur unter Inkaufnahme weiterer Annahmen zu praktikablen Ergebnissen (siehe hierzu ONG (1999), S. 255ff.).

I1.1.2 Ausfallwahrscheinlichkeit

Für die Schätzung der *Ausfallwahrscheinlichkeit* steht mit Abstand das umfangreichste methodische Instrumentarium zur Verfügung. Die verschiedenen Ansätze lassen sich grob zwei Gruppen zuordnen (vgl. Abbildung I1.2).

Die in der Praxis am häufigsten verwendete Methode besteht darin, den Schuldner je nach seiner Bonität in eine Ratingklasse einzuordnen, jeder Ratingklasse wird dann eine Ausfallwahrscheinlichkeit zugeordnet. Ein solches Ratingurteil basiert sowohl auf der Auswertung von Daten mit statistischen Methoden als auch auf der Berücksichtigung weicher Daten wie z. B. Managementqualität, die sich quantitativ nicht messen lassen. Ratingeinschätzungen werden zum einen von darauf spezialisierten Agenturen wie z. B. *Moody's Investors Services*, *Standard & Poor's* und *Fitch* bereitgestellt, zum anderen können solche Ratings auch bankintern erstellt werden. Im ersten Fall sprechen wir von *externen Ra-*

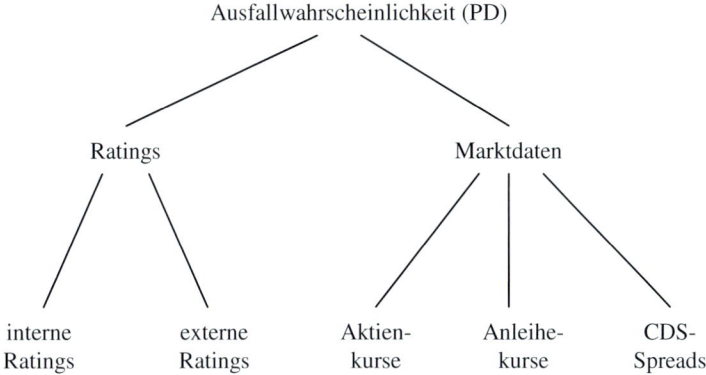

Abb. I1.2: Methoden zur Ermittlung von Ausfallwahrscheinlichkeiten

tings im zweiten Fall von *internen Ratings*. Wir werden auf diese Verfahren in Abschnitt I1.2 ausführlicher zurückkommen.

Ausfallwahrscheinlichkeiten können aber auch durch den Rückgriff auf Marktdaten wie z. B. den Kursen von Unternehmensanleihen gewonnen werden. Dahinter steckt die Idee, dass die Marktpreise von Anleihen neben dem Marktzinsniveau auch von der Bonitätseinschätzung des Emittenten abhängen. Mit Methoden, die wir in Abschnitt I1.2.9 kurz erläutern werden, kann man diese Einschätzung aus den Kursen herausfiltern. Der Rückgriff auf Marktdaten macht nur Sinn, wenn es liquide Märkte gibt, auf denen Anleihen unterschiedlicher Bonität gehandelt werden. Diese Voraussetzung ist aber häufig nicht erfüllt. Anleihen emittieren fast ausschließlich nur solche Unternehmen, die über eine überdurchschnittliche Bonität verfügen, darüber hinaus ist der Rentenmarkt nicht sehr liquide, so dass die Marktpreise von Anleihen durch die Kauf- bzw. Verkaufsentscheidungen einzelner Akteure beeinflusst werden. Größere praktische Bedeutung hat dagegen ein Ansatz erlangt, der nicht die Preise von Unternehmensanleihen, sondern Aktienkurse als Grundlage nimmt, um hieraus Ausfallwahrscheinlichkeiten zu bestimmen. Dies beruht auf der Erkenntnis, dass Anleihe und Aktie letztlich als Derivate auf den Unternehmenswert aufgefasst werden können. Dieser Ansatz, der auch als *KMV-Modell* bekannt ist, wird in Abschnitt I1.2.8 näher dargestellt. Als dritte Alternative zur Extrahierung von Kreditrisikoparametern aus Marktdaten ist die Verwendung von CDS-Spreads zu nennen. Die mittlerweile hohe Liquidität der Märkte für den Kreditrisikotransfer und die entsprechend große Datenmasse bieten gute Voraussetzungen für die Ermittlung von Kreditrisikoparametern. Dabei ist zu beachten, dass der Spread eines Credit Default Swaps sich annähernd aus dem Produkt von Ausfallwahrscheinlichkeit und Verlustquote zusammensetzt. In Abschnitt I1.2.10 wollen wir kurz auf Verfahren eingehen, die diese Kreditrisikoparameter aus CDS-Spreads ableiten. Beim Rückgriff auf Marktdaten zur Bestimmung kreditrisikorelevanter Parameter ist zu beachten, dass die genannten Finanzinstrumente unterschiedlich schnell und präzise auf neue Informationen reagieren bzw. diese verarbeiten. In einer empirischen Auswertung kommen FORTE und PENA (2009) zu dem Ergebnis, dass kreditrisikorelevante Informationen am schnellsten vom Aktienmarkt verarbeitet werden, es folgt der CDS-Markt und schließlich der Anleihemarkt.

Es ist nicht unüblich, dass Kredite durch Bürgschaften oder Garantien abgesichert werden. In diesem Fall tritt ein Verlust nur dann auf, wenn beide, sowohl der Schuldner als auch der Garant ausfallen (sog. *„double default effect"*). Die Ausfallwahrscheinlichkeit sinkt somit auf die Wahrscheinlichkeit für das Ereignis, das beide, Schuldner und Garant insolvent werden. Sei mit p_D die Ausfallwahrscheinlichkeit des Schuldners und mit p_G die Ausfallwahrscheinlichkeit des Garanten bezeichnet. Dann beträgt die gemeinsame Ausfallwahrscheinlichkeit $p_{G \cap D}$ (vgl. BLUHM *et al.* (2003), S. 31):

$$p_{G \cap D} = p_D \cdot p_G + \rho_{DG} \cdot \sqrt{p_D(1 - p_D) \cdot p_G(1 - p_G)}. \qquad \text{(I1-6)}$$

In (I1-6) bezeichnet ρ_{DG} die *Ausfallkorrelation*, die angibt, inwieweit die beiden Ausfallereignisse stochastisch abhängig sind. In dem Spezialfall, dass beide Ereignisse unabhängig sind, d. h. $\rho_{DG} = 0$, erhalten wir die gemeinsame Ausfallwahrscheinlichkeit als Produkt der beiden einzelnen Ausfallwahrscheinlichkeiten. Auch wenn die Bedingung der Unabhängigkeit nicht erfüllt ist, kann man im Allgemeinen davon ausgehen, dass durch eine Bürgschaft oder Garantie das Ausfallrisiko der Bank deutlich unter das Ausfallrisiko des Garanten gedrückt werden kann. Wenn wir $p_D = 0,02$, $p_G = 0,01$ und $\rho_{DG} = 0,2$ annehmen, erhalten wir als gemeinsame Ausfallwahrscheinlichkeit $p_{G \cap D} = 0,003$, ein Wert, der ungefähr die Hälfte der Ausfallwahrscheinlichkeit des Garanten ausmacht. In Abschnitt I5.5 werden Sie sehen, dass der *double default effect* bei der Bemessung der Eigenmittelunterlegung von Kreditrisiken berücksichtigt wird.

Typisch für Kredite ist, dass sie nicht gehandelt werden und somit bis zur Fälligkeit in den Büchern der Bank verbleiben. Für die Bank als Kreditgeber sind damit letztlich nur zwei Möglichkeiten von Bedeutung: Entweder wird der Kredit vollständig zurückgezahlt oder aber es treten Leistungsstörungen auf. Für ausfallrisikobehaftete Positionen, die gehandelt werden – wie z. B. Unternehmensanleihen – ist dagegen auch von Bedeutung, wie sich die Bonität des Schuldners entwickelt. Je besser die Bonität eingeschätzt wird, desto höher ist c. p. der Preis der Anleihe und umgekehrt. Für das Kreditrisikomanagement von handelbaren Positionen kommt es somit nicht nur darauf an, Ausfallwahrscheinlichkeiten zu bestimmen, sondern auch die Wahrscheinlichkeit einer Bonitätsverbesserung bzw. Bonitätsverschlechterung abzuschätzen. Wir sprechen hier von *Übergangswahrscheinlichkeiten*, die angeben, mit welcher Wahrscheinlichkeit der Schuldner von einer Ratingklasse in eine andere wechselt.

Wenn wir von der Wahrscheinlichkeit eines Ausfalls sprechen, müssen wir stets präzisieren, auf welchen Zeitraum sich das Ereignis des Kreditausfalls bezieht. Häufig betrachtet man Ausfallrisiken für einen Zeithorizont von einem Jahr, da üblicherweise die Bonität der Schuldner einmal jährlich neu eingeschätzt wird. Wenn wir annehmen, dass die einjährigen Ausfallwahrscheinlichkeiten p_D in jeder

Periode gleich sind, können wir hieraus die *kumulativen Ausfallwahrscheinlichkeiten* einfach berechnen. Die kumulative Ausfallwahrscheinlichkeit bezogen auf den Zeitpunkt t, PD_t, gibt an, wie hoch die Wahrscheinlichkeit dafür ist, dass der Kredit innerhalb der nächsten t Perioden ausfällt. Diese Wahrscheinlichkeit setzt sich zusammen aus der Wahrscheinlichkeit, dass der Kredit bis $t-1$ ausgefallen ist und der Wahrscheinlichkeit, dass der Kredit in der Periode t ausfällt:

$$PD_t = PD_{t-1} + (1 - PD_{t-1}) \cdot p_D. \tag{I1-7}$$

Durch rekursives Einsetzen erhalten wir:

$$PD_t = 1 - (1 - p_D)^t. \tag{I1-8}$$

Wenn wir eine jährliche Ausfallwahrscheinlichkeit von 0,4% annehmen, dies entspricht einer Rating-Einstufung von Baa nach Moody's, so erhalten wir gemäß (I1-8) $PD_5 = 0,0198$, d. h. der Kredit fällt mit einer Wahrscheinlichkeit von 1,98% innerhalb der nächsten fünf Jahre aus. Entsprechend den von Moody's veröffentlichten kumulativen Ausfallwahrscheinlichkeiten beträgt jedoch die Wahrscheinlichkeit für einen Ausfall innerhalb der nächsten fünf Jahre 2,3% (vgl. Tabelle I1-1):

Tab. I1-1: Kumulative Ausfallwahrscheinlichkeiten

Aktuelles Rating	Restlaufzeit (in Jahren)				
	1	2	3	4	5
Aaa	0,0%	0,0%	0,0%	0,0%	0,0%
Aa	0,0%	0,0%	0,0%	0,0%	0,0%
A	0,0%	0,1%	0,1%	0,1%	0,1%
Baa	0,4%	0,8%	1,5%	1,8%	2,3%
Ba	2,5%	4,6%	6,6%	7,5%	8,7%
B	6,5%	20,0%	29,4%	41,0%	51,9%
Caa-C	32,1%	47,8%	64,3%	67,3%	67,3%

Quelle: Moody's Investors Service (2003).

Der Grund für die Abweichung liegt darin, dass der Insolvenzzustand nicht nur von der aktuellen Ratingeinstufung aus erreicht wird, sondern auch über vorherige Ratingänderungen. Die Wahrscheinlichkeiten für Ratingänderungen werden von den Rating-Agenturen in Form von Übergangswahrscheinlichkeiten angegeben (vgl. Tabelle I1-2).

Um zu sehen, wie man aus den Übergangswahrscheinlichkeiten kumulative Ausfallwahrscheinlichkeiten ermitteln kann, wollen wir zunächst ein Beispiel betrachten. Ausgangspunkt sind die einjährigen Übergangswahrscheinlichkeiten in Tabelle I1-3.

Wenn wir für den Kreditnehmer ein Ausgangsrating von B unterstellen, erhalten wir als einjährige Ausfallwahrscheinlichkeit $p_{D,1} = 0,06$. Um die Wahr-

Tab. I1-2: Matrix der einjährigen Übergangswahrscheinlichkeiten

Aktuelles Rating	Rating nach einem Jahr							
	AAA	**AA**	**A**	**BBB**	**BB**	**B**	**CCC**	**Ausfall**
AAA	90,81%	8,33%	0,68%	0,06%	0,12%	0,00%	0,00%	0,00%
AA	0,70%	90,65%	7,79%	0,64%	0,06%	0,14%	0,02%	0,00%
A	0,09%	2,27%	91,05%	5,52%	0,74%	0,26%	0,01%	0,06%
BBB	0,02%	0,33%	5,95%	86,93%	5,30%	1,17%	0,12%	0,18%
BB	0,03%	0,14%	0,67%	7,73%	80,53%	8,84%	1,00%	1,06%
B	0,00%	0,11%	0,24%	0,43%	6,48%	83,46%	4,07%	5,20%
CCC	0,22%	0,00%	0,22%	1,30%	2,38%	11,24%	64,86%	19,79%

Quelle: GUPTON *et al.* (1997), S. 25.

Tab. I1-3: Einjährige Übergangswahrscheinlichkeiten

Aktuelles Rating	Zukünftiges Rating		
	A	B	D
A	90%	9%	1%
B	9%	85%	6%
D	0%	0%	100%

scheinlichkeit für einen Kreditausfall in der zweiten Periode zu erhalten, müssen wir die Pfade in Abbildung I1.3 betrachten, die zum Konkurs in der zweiten Periode führen. Demnach ist denkbar, dass der Kreditnehmer in der Ratingklasse B bleibt und von dort aus in der zweiten Periode die Insolvenz eintritt. Die Wahrscheinlichkeit für diesen Pfad beträgt $0,85 \cdot 0,06 = 0,051$. Denkbar ist aber auch, dass das Unternehmen zunächst auf A heraufgestuft wird, und dann von dort aus in der zweiten Periode die Insolvenz eintritt. Die Wahrscheinlichkeit für diesen Pfad ist sehr gering und beträgt $0,09 \cdot 0,01 = 0,0009$. Die Wahrscheinlichkeit, dass die Insolvenz (genau) in der zweiten Periode eintritt, ist die Summe der Pfadwahrscheinlichkeiten $0,051 + 0,0009 = 0,0519$. Somit beträgt die Wahrscheinlichkeit für eine Insolvenz innerhalb der ersten beiden Jahre $0,06 + 0,0519 = 0,1119$, d. h. 11,19%.

Zu dem gleichen Ergebnis kommen wir auch, wenn wir folgende Rechenoperationen durchführen (vgl. ALTROCK und HAKENES (2001)):

$$\begin{pmatrix} 0 \\ 1 \\ 0 \end{pmatrix}' \cdot \begin{pmatrix} 0,9 & 0,09 & 0,01 \\ 0,09 & 0,85 & 0,06 \\ 0 & 0 & 1 \end{pmatrix}^2 \cdot \begin{pmatrix} 0 \\ 0 \\ 1 \end{pmatrix} = 0,1119. \qquad (I1\text{-}9)$$

Der Zeilenvektor enthält entsprechend dem Ausgangsrating eine „1" als Eintrag, in der Matrix sind die Übergangswahrscheinlichkeiten angegeben, die Potenz der Matrix entspricht der Anzahl der Perioden, über die die kumulative

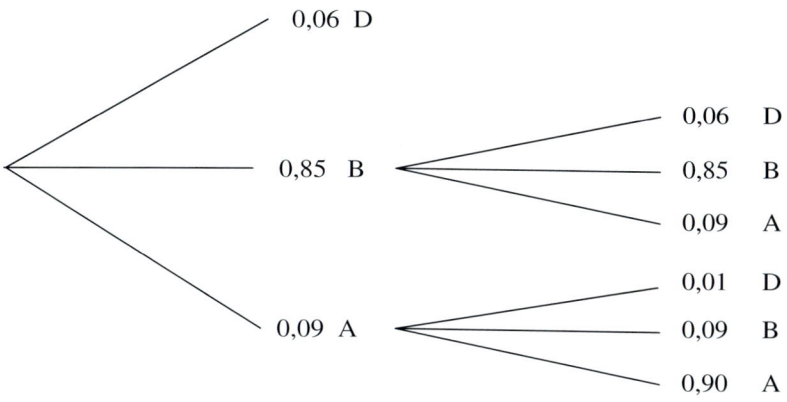

Abb. I1.3: Bonitätsentwicklung über zwei Perioden

Ausfallwahrscheinlichkeit ermittelt wird, und der Spaltenvektor enthält eine „1"
in Abhängigkeit des Zielratings (hier: Default), das betrachtet wird.

Wenn wir allgemeiner mit e_i einen Einheitsvektor bezeichnen, der entsprechend dem Ausgangsrating i in der i-ten Zeile eine „1" enthält, M die Matrix
der Übergangswahrscheinlichkeiten und e_j wieder ein Einheitsvektor sei, der das
Zielrating j symbolisiert, so erhalten wir die Wahrscheinlichkeit dafür, dass sich
der Schuldner nach t Perioden in der Rating-Klasse j befindet, P_{ij}^t, durch:

$$P_{ij}^t = e_i' \cdot M^t \cdot e_j. \tag{I1-10}$$

Die Wahrscheinlichkeit, dass ein Kredit ausfällt, hängt sowohl von unternehmensspezifischen (idiosynkratischen) als auch von gesamtwirtschaftlichen Einflussgrößen ab. In Zeiten einer gesamtwirtschaftlichen Flaute steigt die Zahl der
Insolvenzen und damit auch die Ausfallwahrscheinlichkeit der meisten Schuldner stark an. Inwieweit sich dies auch in einer niedrigeren Rating-Zuordnung
der meisten Schuldner niederschlägt, hängt von der Art des Ratings ab. Von
einem *Point-in-Time*-Rating wird gesprochen, wenn das Rating jeweils auf der
Basis der aktuellen Wirtschaftssituation abgegeben wird, ein *Through-the-Cycle*-
Rating berücksichtigt den gesamten Konjunkturzyklus. Dementsprechend führt
eine Verschlechterung der gesamtwirtschaftlichen Lage bei einem Point-in-Time-
Rating zu einer Herabsetzung des Ratings zahlreicher Schuldner, wohingegen
Through-the-Cycle-Ratings auf Veränderungen des gesamtwirtschaftlichen Um-
feldes weniger sensitiv reagieren.

I1.1.3 Exposure at Default

Die Höhe der Forderung zum Zeitpunkt des Ausfalls (*Exposure at Default*, EAD) besteht zum einen aus den aktuellen Außenständen und zum anderen aus der voraussichtlichen künftigen Inanspruchnahme von Verpflichtungen in Form von Kreditzusagen, die die Bank eingegangen ist. Die Bank muss damit rechnen, dass der Schuldner vor allem im Vorfeld von Insolvenzen versuchen wird, Kreditlinien weitgehend auszuschöpfen. Inwieweit sie dies durch die Kürzung der Kreditlinien verhindern kann, hängt davon ab, wie zeitnah sie über die Entwicklungen beim Schuldner informiert ist.

Nicht ohne weiteres offensichtlich ist die Höhe des EAD's bei Termingeschäften. Typisch für ein Termingeschäft ist, dass es während der Laufzeit von beiden Seiten noch nicht erfüllt ist. Da die Bank nicht in Vorleistung getreten ist, besteht hier nicht wie beim Kredit die Gefahr, dass ausgeliehene Gelder nicht zurückfließen. Der mögliche Schaden, den die Bank bei Ausfall des Vertragspartners erleidet, besteht vielmehr darin, dass sie ein gleichartiges Geschäft nur zu schlechteren Konditionen neu abschließen kann (*Neueindeckungsrisiko*). Ob und in welcher Höhe dies der Fall ist, hängt von der Konstellation des ursprünglich vereinbarten Terminpreises $\left(\pi^F\left(t_0\right)\right)$ und des im Ausfallzeitpunkt t_D gegebenen Terminpreises $\left(\pi^F\left(t_D\right)\right)$ ab. Bei einem Terminkauf entsteht nur dann ein Verlust, wenn $\pi^F\left(t_D\right) > \pi^F\left(t_0\right)$ gilt, bei einem Terminverkauf ist es genau umgekehrt. Wie man das EAD bei Termingeschäften und anderen sog. außerbilanziellen Geschäften bestimmen kann, werden wir im Rahmen der Regulierung von Kreditrisiken (Kapitel I5) darstellen.

Das EAD kann sich durch Aufrechnungsvereinbarungen, sog. *Netting-Vereinbarungen* vermindern. Netting-Vereinbarungen sehen vor, dass nur der Saldo aus den gegenseitigen Ansprüchen und Verpflichtungen maßgeblich ist, entsprechend reduziert sich das EAD auf diesen Saldo.

I1.1.4 Verlustquote und Recovery Rate

Die Verlustquote (*Loss given Default*, LGD) gibt an, welcher Anteil der Forderung im Insolvenzfall verloren ist. Statt der Verlustquote wird häufig auch das Gegenstück, die Wiedereinbringungsquote (*Recovery Rate*, δ) verwendet, dabei gilt LGD $= 1 - \delta$. Auch die Verlustquote ist wie das Insolvenzereignis grundsätzlich eine unsichere Größe, mit LGD=E[SEV] wird präzise formuliert die erwartete Verlustquote bezeichnet (vgl. Kapitel I1.1.1).

Für die Schätzung der Verlustquote kommen grundsätzlich zwei Verfahren infrage. Im sogenannten *Bottom-Up-Ansatz* werden auf der Basis historischer Ausfalldaten die Verlustquoten bzw. die Recovery Rates geschätzt. Der sogenannte *Top-Down-Ansatz* basiert auf Marktdaten von börsengehandelten Unternehmensanleihen.

Historische Recovery Rates können auf der Basis bankinterner Aufzeichnungen bestimmt werden, darüber hinaus werden diese Daten von den großen Rating-Agenturen regelmäßig zur Verfügung gestellt. Tabelle I1-4 gibt die von

Moody's Investors Services berechneten durchschnittlichen Recovery Rates verschiedener Finanzierungsinstrumente für unterschiedliche Zeiträume an. Deutlich zu erkennen ist, dass die Rangstellung der Forderung und das Vorhandensein von Sicherheiten einen erheblichen Einfluss auf die Recovery Rate haben. Daneben spielt auch der Zeitraum, über den die Daten erhoben wurden, eine Rolle. Bei schlechter Wirtschaftslage werden die Recovery Rates tendenziell niedriger ausfallen als in wirtschaftlich guten Zeiten (vgl. ALTMAN *et al.* (2005)). Überdies unterscheiden sich die Recovery Rates für Europa und die USA deutlich. Dies liegt an den unterschiedlichen Ausgestaltungen des Insolvenzrechts in den einzelnen Ländern, die den Gläubigern unterschiedliche Möglichkeiten einräumen, auf das Vermögen des Schuldners zuzugreifen. Unterschiede sind auch festzustellen zwischen den Recovery Rates von Krediten und denen von Anleihen. Die höheren Recovery Rates von Krediten sind wahrscheinlich darauf zurückzuführen, dass Darlehen häufig Vertragsklauseln (*Covenants*) enthalten, die es der Bank ermöglichen, frühzeitig einzugreifen und z. B. die Stellung zusätzlicher Sicherheiten zu fordern.

Tab. I1-4: Recovery Rates unterschiedlicher Finanzierungsinstrumente

Finanzierungs instrument	1982-2005		2003		2004	
	Europa	Nord-amerika	Europa	Nord-amerika	Europa	Nord-amerika
Senior Secured Bonds	52,7%	62,6%	40,5%	66,4%	Nicht verfügbar	66,0%
Senior Unsecured Bonds	26,0%	38,4%	16,6%	40,3%	95,8%	47,2%
Senior Subordinated Bonds	40,6%	32,0%	Nicht verfügbar	37,9%	Nicht verfügbar	49,3%
Subordinated Bonds	35,3%	31,0%	8,8%	31,3%	98,8%	Nicht verfügbar
Junior Subordinated Bonds	Nicht verfügbar	23,9%	Nicht verfügbar	Nicht verfügbar	Nicht verfügbar	Nicht verfügbar
Alle Finanztitel	32,3%	40,1%	19,9%	39,8%	97,3%	51,4%

Quelle: MOODY'S INVESTORS SERVICE (2006).

Für die Höhe der Recovery Rates ist auch bedeutsam, was unter „Kreditausfall" (*Default*) genau verstanden wird. Hierzu gehören auf jeden Fall Unternehmensinsolvenzen, Umschuldung und Forderungsverzicht der Kreditgeber als sogenannte *Severe Defaults*, daneben können aber auch Ereignisse wie z. B. Zahlungsverzug als sogenannte *Mild Defaults* mit unter die Definition des Kreditausfalls gefasst werden. Gemäß Solvabilitätsverordnung z. B. ist ein Kreditausfall bereits dann gegeben, wenn ein wesentlicher Teil der Verbindlichkeit mehr als 90 Tage überfällig ist (vgl. §125 SolvV). Auch Moody's verwendet eine weite Definition von Kreditausfall, in der Zahlungsverzug als Kriterium enthalten ist. Je weiter das Ereignis Kreditausfall gefasst wird, desto höher sind tendenziell die Recovery Rates.

Hinsichtlich der Definition des Begriffs „Verlust" gibt es ebenfalls keine einheitliche Vorgehensweise. Um den Verlust bei Ausfall für z. B. Kredit- oder Leasingverträge zu ermitteln, werden sämtliche Zahlungen, die nach dem Default-Zeitpunkt eingehen, auf diesen diskontiert und dann aufaddiert. Um die Recovery Rate zu erhalten, wird diese Summe dann durch das Exposure im Zeitpunkt des Kreditausfalls dividiert (*Workout Recovery*). Die Solvabilitätsverordnung geht in ihrer Verlustdefinition noch weiter und fasst hierunter auch alle direkten und indirekten Kosten der Beitreibung einer Forderung (vgl. §126 SolvV).

Die Recovery Rates der Anleihen und Darlehen in Tabelle I1-4 beruhen nicht auf den tatsächlich an die Gläubiger geflossenen Zahlungen (*Workout Recovery*), sondern wurden aus Marktpreisen von Anleihen und Krediten 30 Tage nach Eintritt der Insolvenz gewonnen (*Market Recovery*). Die Kursdifferenz zwischen einer risikolosen Anleihe und einer betrags- und laufzeitäquivalenten ausfallbedrohten Unternehmensanleihe wird durch die Ausfallwahrscheinlichkeit und die Erwartungen über den Verlust im Insolvenzfall bestimmt. Bei einer Anleihe, die als ausgefallen gilt, beträgt die Ausfallwahrscheinlichkeit 1, so dass die Preisdifferenz ausschließlich auf die Erwartungen der Marktteilnehmer über die Verluste zurückzuführen ist.

Ein Vergleich beider Methoden zeigt, dass die Workout Recovery höher ist als die Market Recovery (vgl. Tabelle I1-5). Dies liegt vermutlich daran, dass die enorme Unsicherheit über die künftige Rückzahlungshöhe zu großen Abschlägen bei der Bewertung von Anleihen ausgefallener Unternehmen führt.

Tab. I1-5: Market Recovery und Workout Recovery im Vergleich

	Market Recovery		**Workout Recovery**	
	Durchschnitt	Standard-abweichung	Durchschnitt	Standard-abweichung
1998				
Senior secured loans	72,8%	21%	86,7%	22,8%
Senior unsecured loans	K. A.	K. A.	79,4%	26,6%
1996				
Senior secured loans	71%	21%	79%	29%

Quelle: MOODY'S INVESTORS SERVICE (1996), MOODY'S INVESTORS SERVICE (1998).

Auch die Häufigkeitsverteilungen der Recovery Rates von Market und Workout Recovery unterscheiden sich deutlich. Während die Verteilung der Recovery Rates bei der Market Recovery durch eine Beta-Verteilung approximiert werden kann (vgl. Abbildung I1.4), ist für die Workout Recovery eine zweigipflige Verteilung mit hohen Konzentrationen bei den Werten 0 und 1 typisch (vgl. Abbildung I1.5 sowie ASARNOW und EDWARDS (1995), EALES und BOSWORTH (1998), HARTMANN-WENDELS und WINTER (2005), LAURENT und SCHMIT (2005), HARTMANN-WENDELS und ELBRACHT (2009)). Aufgrund der hohen Schwankungsbreite ist daher die Angabe einer durchschnittlichen Recovery Rate alleine wenig aussagefähig. Benötigt werden zusätzliche Angaben über die Quantile der Verteilung. Bezüglich der Stichprobe aus dem Jahr 1998 gibt es von Moody's die Angabe, dass das Intervall der Recovery Rates für vorrangige besicherte Kredite, in das 90% der Beobachtungen fielen, die Intervallgrenzen 36% und 90% besaß (vgl. MOODY'S INVESTORS SERVICE (1998), S. 12). Dies macht deutlich, dass die Angabe einer durchschnittlichen Recovery Rate wenig über den zu erwartenden Verlust aussagt.

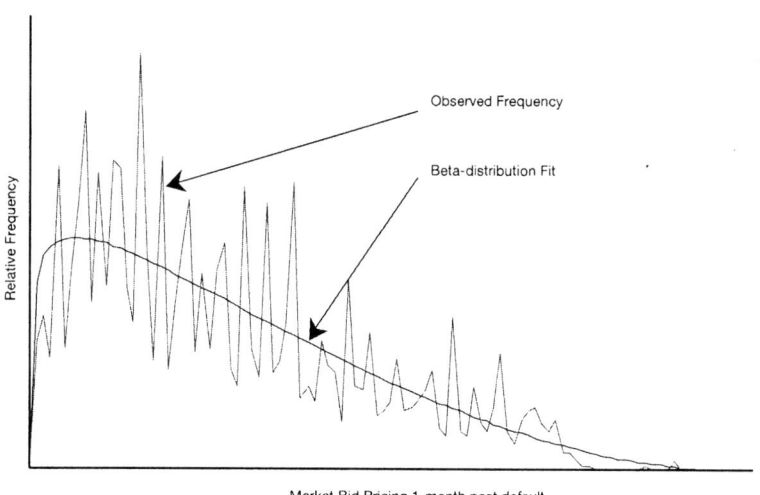

Abb. I1.4: Verteilung der Market Recovery Rates (LossCalc^{TM})

Quelle: GUPTON und STEIN (2002).

In welchem Maße Sicherheiten den Verlust im Insolvenzfall mindern, hängt davon ab, welcher Erlös aus der Verwertung der Sicherheit erzielt werden kann. Dieser Erlös lässt sich dann recht gut abschätzen, wenn es sich bei der Sicherheit um ein Gut handelt, für das ein liquider Sekundärmarkt existiert. Dies ist meist für Wertpapiere, die zur Sicherheit hinterlegt werden, der Fall, bei physischen Gütern gibt es für den Wert von Fahrzeugen gute Anhaltspunkte, für Maschinen dagegen existiert häufig kein liquider Markt, so dass es schwierig ist, der Sicherheit einen potenziellen Liquidationserlös beizumessen. Abbildung I1.6

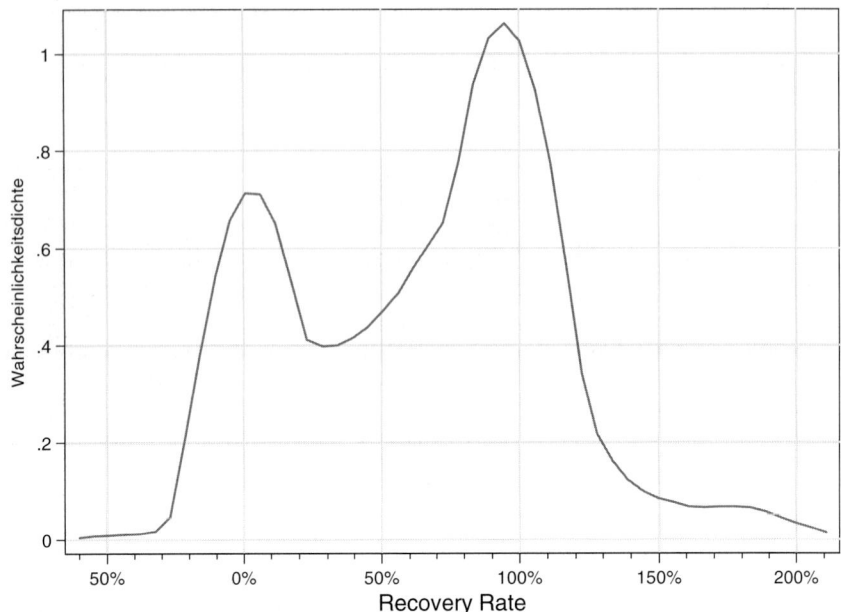

Abb. I1.5: Verteilung der Workout Recovery Rates ausgefallener Leasing-Verträge

Quelle: HARTMANN-WENDELS und ELBRACHT (2009).

zeigt am Beispiel ausgefallener Leasingverträge, dass die Recovery Rates aus der Verwertung von Sicherheiten erheblichen Schwankungen unterliegen.

Der Nutzen von Sicherheiten ist dann gering, wenn die Wertentwicklung der Sicherheit in hohem Maße mit der Bonität des Gläubigers korreliert. Dies ist häufig bei Objektfinanzierungen der Fall, bei denen der Kredit ausschließlich aus den Erträgen des Projekts, das mit dem Kredit finanziert wurde, getilgt wird. Ein typisches Beispiel ist die Finanzierung von Gewerbeimmobilien: Der Schuldner wird in der Regel dann insolvent, wenn der Markt für Gewerbeimmobilien schlecht ist, d. h., wenn Gewerbeimmobilien nicht oder nur zu geringen Preisen vermietet werden können. In einem solchen Fall ist aber auch der Wert der Immobilien gering, so dass der Liquidationserlös nur zu einem geringen Teil die Verluste aus dem Kredit abdeckt.

Von der Ratingagentur *Moodys Investors Service* ist das Modell *LossCalc*™ entwickelt worden, mit dessen Hilfe Verlustquoten geschätzt werden können, und zwar zum einen der LGD im Falle eines unmittelbar bevorstehenden Konkurses und zum anderen der LGD bei einer Insolvenz in einem Jahr (vgl. GUPTON (2005)). Der LGD wird auch hier auf der Basis von Marktpreisen gehandelter Fremdkapitaltitel einen Monat nach Insolvenz des Schuldners ermittelt. Die

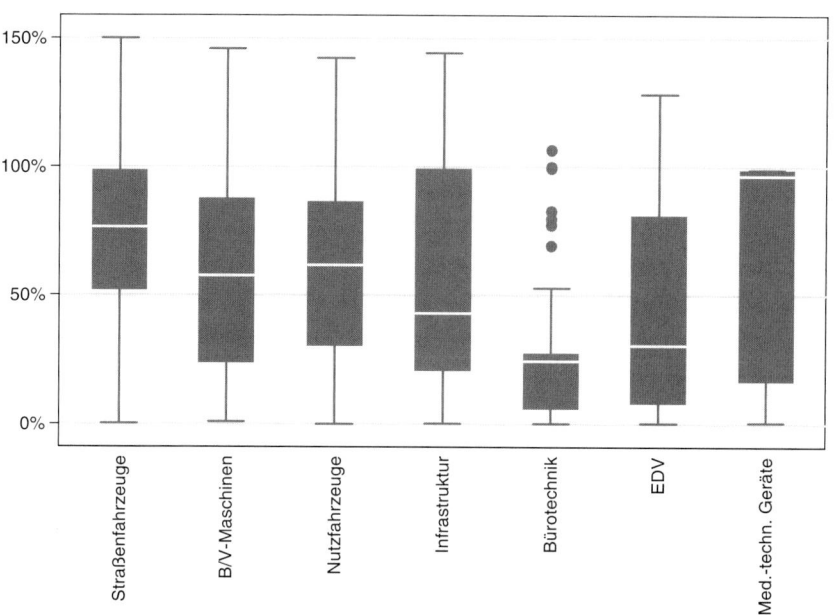

Abb. I1.6: Boxplots der Recovery Rates aus der Verwertung unterschiedlicher Leasingobjektarten (B/V-Maschinen = Be- und Verarbeitungsmaschinen, Med.-techn. Geräte = Medizinisch-technische Geräte)

Quelle: Forschungsinstitut für Leasing an der Universität zu Köln.

Vorgehensweise zur Bestimmung der LGD's besteht aus drei Schritten (vgl. Abbildung I1.7).

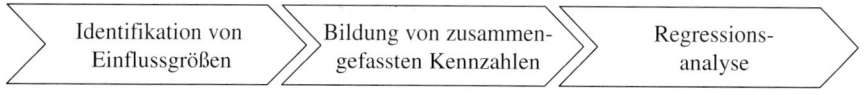

Abb. I1.7: Vorgehensweise zur Ermittlung von LGD-Werten in LossCalc™

In einem ersten Schritt werden Faktoren identifiziert, die dazu geeignet sind, die Verlusthöhe zu erklären. Diese Faktoren werden dann in fünf Gruppen eingeteilt (vgl. Tabelle I1-6). Sofern Informationen über *Sicherheiten* bekannt sind, werden Barunterlegung, die Verpfändung von Wertpapieren oder anderen Vermögensgegenständen, Sicherungsübereignung und Bürgschaften als Besicherungsarten unterschieden. Nach der *Art der Forderungstitel* werden Kredite,

Anleihen und Vorzugsaktien unterschieden. Die *Rangstellung* umfasst sowohl die absolute Rangstellung (vorrangig oder nachrangig) als auch die relative Rangstellung des betreffenden Forderungstitels im Vergleich zu anderen, vom selben Schuldner ausgegebenen Forderungstitel. Die *Kapitalstruktur*, insbesondere der Verschuldungsgrad, ist vornehmlich für die Verlusthöhe unbesicherter Kredite von Bedeutung, für besicherte Kredite ist die Werthaltigkeit des Sicherungsobjekts maßgeblich. Diese wird im Rahmen von LossCalc^{TM} nicht berücksichtigt. In empirischen Tests hat sich die *Branchenzugehörigkeit* als ein weiteres Merkmal herausgestellt, dass die Verlusthöhe beeinflusst. Dabei werden zwölf verschiedene Branchen unterschieden. Die fünfte Gruppe umfasst *makroökonomische Einflussgrößen* wie die durchschnittliche Ausfallwahrscheinlichkeit aller Kredite, einen Index für Anleihepreise sowie weitere gesamtwirtschaftliche Kennzahlen.

Tab. I1-6: Einflussgrößen auf den LGD in LossCalc^{TM}

Sicherheiten	Art des Forderungs-titels und Rangstellung	Kapital struktur des Schuldner-unternehmens	Branchen-zugehörigkeit	Makro-ökonomische Einflussgrößen
• Barunterlegung und handelbare Wertpapiere • Pfandrechte • Sicherungs-übereignung • Bürgschaften (Patronats-erklärungen) • unbesichert	• Darlehen • Anleihe • Vorzugsaktie • Rangstellung	• Relative Rangstellung • Verschuldungs-grad	• Differenzierung in zwölf Branchen	• Durchschnitt-liche Ausfall-wahrschein-lichkeit aller Kredite • Marktindex für Anleihepreise • Ausfallrate niedrig gerateter Anleihen • Änderungen in gesamt-wirtschaftlichen Kennzahlen

Die Faktoren, die den LGD erklären sollen, werden in einem zweiten Schritt zu Kennzahlen zusammengefasst, die dann im dritten Schritt in eine lineare Regressionsgleichung eingehen, um die Gewichte der einzelnen Kennzahlen zu bestimmen.

I1.2 Kreditwürdigkeitsprüfung

I1.2.1 Einführung

Bei der Kreditwürdigkeitsprüfung versuchen der Kreditsachbearbeiter bzw. das Kreditmanagement, die Wahrscheinlichkeitsverteilung der künftigen Zahlungen des Kreditnehmers zu schätzen. Dies wird dadurch erschwert, dass der Kreditnehmer Spielräume bei der Offenlegung seiner Daten besitzt. Dies trifft insbesondere für das internationale Geschäft zu. Die Durchführung einer Kreditwürdigkeitsprüfung ist nicht nur vom ökonomischen Standpunkt selbstverständlich, sondern auch im §18 KWG vorgeschrieben:

> „Ein Kreditinstitut darf einen Kredit von insgesamt mehr als 750.000 € nur gewähren, wenn es sich von dem Kreditnehmer die wirtschaftlichen Verhältnisse, insbesondere durch Vorlage der Jahresabschlüsse, offenlegen lässt."

Die Kreditwürdigkeitsprüfung darf nicht nur einmal durchgeführt werden. Vielmehr müssen Kreditinstitute die wirtschaftliche Entwicklung des Kreditnehmers während der Dauer des Kreditverhältnisses kontinuierlich beobachten und analysieren (vgl. §116 SolvV).

Der Begriff des Kreditnehmers wird in §19 KWG definiert. Danach gelten als ein Kreditnehmer auch zwei oder mehrere natürliche oder juristische Personen, sofern sie als Risikoeinheit anzusehen sind. Eine Risikoeinheit liegt vor, wenn eine Person einen beherrschenden Einfluss auf die andere(n) ausüben kann oder wenn zwischen den Personen Abhängigkeiten in der Weise vorliegen, dass eine die andere(n) mit in finanzielle Schwierigkeiten ziehen kann. Dies ist insbesondere bei allen Unternehmen der Fall, die demselben Konzern angehören oder die durch einen Gewinnabführungsvertrag, der Verlustübernahme impliziert, verbunden sind.

Die zu beurteilenden Risiken eines einzelnen Kreditgeschäftes liegen in der Qualität des finanzierten Projekts und in der Person des Kreditnehmers begründet. Nach den möglichen Auswirkungen von Risiken kann eine Unterteilung in Ausfallrisiken, Liquiditätsrisiken und Besicherungsrisiken vorgenommen werden. Unter dem Ausfallrisiko ist das Risiko zu verstehen, dass der Kreditbetrag oder die vereinbarten Zinsen nicht oder nur teilweise zurückgezahlt werden. Es besteht des Weiteren ein Liquiditäts- oder Terminrisiko, also das Risiko, dass der Kredit oder die Zinsen nicht termingerecht zurückgezahlt werden. Das Besicherungsrisiko umfasst die Gefahr, dass die als Sicherheiten bestimmten Güter an Wert verlieren und somit nicht mehr den gewünschten Zweck erfüllen.

Ausfall-, Liquiditäts- und Besicherungsrisiken können ihren Ausgangspunkt in der Unsicherheit der Umwelt (leistungswirtschaftliches Risiko) oder dem Verhalten des Kreditnehmers besitzen. Beide Aspekte werden unter dem Begriff Bonitätsrisiko zusammengefasst.

Leistungswirtschaftliches Risiko bezeichnet die Möglichkeit des Eintretens von durch den Kreditnehmer nicht beeinflussbaren, ungünstigen Umweltzuständen, die ihn an einer ordnungsgemäßen Erfüllung des Kreditvertrags hindern. Aus dem Verhalten des Kunden resultiert das Verhaltensrisiko, das auf der asymmetrischen Informationsverteilung zwischen Kreditgeber und Kreditnehmer basiert. Der Kreditnehmer besitzt die Möglichkeit, Projekte zu wählen oder Handlungen vorzunehmen, die für ihn vorteilhaft sind, aber zugleich die ordnungsgemäße Erfüllung des Kreditvertrags infrage stellen. Als Kunsthändlerin könnten Sie beispielsweise ihre Mittel während der Kreditlaufzeit in Kunstobjekte investieren, die gerade in Mode gekommen sind und deshalb bessere Absatzchancen bieten als „zeitlose" Objekte. Diese Chancen wären allerdings auch mit höheren Risiken verbunden, da durch einen abrupten Übergang zu einem anderen Modetrend die Nachfrage sinken und einen Preisverfall nach sich ziehen könnte, der Sie in Zahlungsschwierigkeiten bringt. Der Kreditgeber würde vermutlich eine Investition in Kunstobjekte befürworten, die Erträge mit einer geringeren Schwankungsbreite erbringen und damit auch in ungünstigen Fällen pünktliche Zins- und Tilgungszahlungen gewährleisten. Eine weitere Auswirkung asymmetrischer Informationsverteilung könnte darin bestehen, dass ein arglistiger Geschäftsmann viele Kunstgegenstände als gestohlen meldet oder als beschädigt erklärt, diese somit dem Geschäftsbetrieb bzw. einer späteren eventuellen Konkursmasse entzieht und den Verkauf privat betreibt. Hier stellt sich allerdings die Frage, ob nicht statt eines Ausfallrisikos ein Betrugsrisiko vorliegt, dass als operationelles Risiko zu klassifizieren ist (vgl. Kapitel K1).

Für den Kreditgeber ist eine ständige Überprüfung des Kreditnehmerverhaltens nicht möglich. Er wird deshalb zumindest vor Abschluss des Kreditvertrags versuchen, eine mögliche Neigung des Kreditnehmers zu opportunistischem Verhalten abzuschätzen. Im Rahmen der Kreditwürdigkeitsprüfung sind bezüglich des Verhaltensrisikos oft nur qualitative Anhaltspunkte zu ermitteln. Beispielsweise schließen die Kreditsachbearbeiter von der bisherigen Kunde-Bank-Beziehung auf die Integrität der Person des Kreditnehmers. Durch eine entsprechende Kreditvertragsgestaltung wird aber versucht, Anreize für ein Verhalten der Kreditnehmer zu schaffen, das die Interessen der Kreditgeber berücksichtigt.

Die Verfahren der Kreditwürdigkeitsprüfung unterscheiden sich bei Privatkunden und Firmenkunden vor allem durch die unterschiedliche Form der zu erhebenden Informationen und die damit verbundene Vorgehensweise bei deren Beurteilung. Grundsätzlich lassen sich zwei Typen unterscheiden. Die traditionelle Vorgehensweise besteht darin, dass der Kreditsachbearbeiter basierend auf den vorliegenden Informationen und seiner Erfahrung eine subjektiv-intuitive Beurteilung des Kreditantragstellers vornimmt. Die modernere Form der Kreditwürdigkeitsprüfung zeichnet sich durch eine Standardisierung aus. Kreditnehmermerkmale werden anhand vorgegebener Richtlinien einzeln bewertet und über eine Gewichtung zu einem Gesamtwert aggregiert. Dieser Scorewert bildet die Grundlage für die Kreditentscheidung. Diese Art des Vorgehens liegt den Verfahren des Kreditscoring zugrunde, das wir zunächst allgemein vorstellen wollen.

I1.2.2 Kreditscoringverfahren

Die Kernidee aller Scoringverfahren besteht darin, den Kreditnehmer mittels einer Reihe von Kriterien (Merkmale) zu beschreiben, diesen Kriterien (Transformations-) Werte zuzuordnen und die Werte in einer vorher bestimmten Weise zu aggregieren. Als Ergebnis erhält man einen Score S, der Aufschluss über die Kreditwürdigkeit eines potenziellen Kreditnehmers geben soll. Die Scorewerte können verschiedenen Ratingklassen zugeordnet werden, die ein Urteil über die Kreditwürdigkeit implizieren, oder es kann ein Trennscore festgelegt werden, bei dessen Unterschreitung kein Kredit mehr gewährt wird. Die Kriterien divergieren im Privatkunden- und Firmenkundengeschäft. Die hier vorgestellte Methodik ist jedoch universell einsetzbar.

Die einfachste Möglichkeit, eine Reihe von Kriterien zu aggregieren, liefert ein additives Modell der Form:

$$S(x_i) = \sum_{j=1}^{p} w_j \cdot T_j(x_{ij}), \tag{I1-11}$$

wobei die folgenden Bezeichnungen gelten:

$x_i = (x_{i1}, \ldots, x_{ip})'$: Realisation des Vektors x der p entscheidungsrelevanten Kriterien beim zu beurteilenden Kreditsuchenden i,

$T_j(x_{ij})$: Transformierte Ausprägung des j-ten Kriteriums,

w_j: Gewichtungsfaktor des j-ten Kriteriums.

Bei der Durchführung des Scoringverfahrens müssen zunächst die relevanten Kriterien bestimmt und die Ausprägungen des Kreditnehmers erhoben werden. Für die Ermittlung der Transformationswerte und Gewichte sind zwei Möglichkeiten denkbar. So können die gesuchten Größen durch Befragung des Kreditmanagements abgeleitet werden. Für diese *präskriptive* Vorgehensweise stehen die Methoden der Theorie der Entscheidung bei Mehrfachzielen bereit (vgl. z. B. EISENFÜHR und WEBER (2003)). Diese Methoden gehen davon aus, dass im Kreditmanagement soviel Wissen akkumuliert ist, dass daraus durch geschickte Befragung ein vernünftiges *Scoringmodell* abgeleitet werden kann. Weiterhin muss die Zuordnung der Scores zu Ratingklassen bzw. ein Trennscore definiert werden.

Im Gegensatz dazu beruhen *deskriptive* Verfahren auf der statistischen Auswertung vergangener Kreditengagements. Unterstellen wir für $T_j(x_{ij})$ die Beziehung $T_j(x_{ij}) = x_{ij}$ für alle Kriterien $j \in \{1, 2, ..., p\}$, so resultiert für das Scoringmodell in (I1-11) mit $w = (w_1, \ldots, w_p)'$ als Gewichtsvektor die Form:

$$S(x_i) = w'x_i. \tag{I1-12}$$

Dieser Ansatz unterstellt, dass in der Realität eine lineare Beziehung zwischen den Faktoren und dem Scorewert vorliegt. Der Einfluss des j-ten Merkmals auf den Scorewert wird dabei durch das Gewicht w_j beschrieben. Um das Modell praktikabel zu machen, müssen Werte für die nicht beobachtbaren Parameter

w auf Basis empirischer Daten geschätzt werden. Im Folgenden werden drei bekannte deskriptive Verfahren zur Bestimmung von w vorgestellt. Im Einzelnen handelt es sich um die lineare Diskriminanzanalyse, das lineare Logit-Modell und Künstliche Neuronale Netze. Zunächst aber sollen einige Ausführungen zu möglichen Bonitätskriterien, die im Merkmalsvektor x Berücksichtigung finden, erfolgen. Beginnen wir mit den Kriterien im Privatkundengeschäft.

I1.2.3 Risikofaktoren im Privatkundengeschäft

Die Prüfung der Kreditwürdigkeit von Privatkunden zielt zum einen auf die persönlichen Eigenschaften und zum anderen auf die wirtschaftlichen Verhältnisse ab. Ein Kreditinstitut bringt einer Person eher Vertrauen entgegen, die aufgrund ihres bisherigen Geschäftsgebarens als zuverlässig einzustufen ist und die aufgrund ihrer beruflichen Qualifikation und ihres Lebenswandels stabile Einkommensverhältnisse erwarten lässt. Entsprechend holt es von einem Kreditantragsteller folgende Informationen ein:

- Beruf, Arbeitgeber, Dauer des Beschäftigungsverhältnisses,
- Familienstand, unterhaltsberechtigte Personen,
- Auskünfte über die Kontoführung im eigenen Haus,
- externe Auskünfte, z. B. Auskunft der Schutzgemeinschaft für allgemeine Kreditsicherung (SCHUFA).

Die wirtschaftlichen Verhältnisse sind ausschlaggebend für die Fähigkeit des Kreditnehmers, seinen Verpflichtungen aus dem Kredit nachzukommen. Hier sind folgende Angaben relevant:

- Einkommensverhältnisse,
- Vermögensverhältnisse,
- erwartete Ausgaben.

Bezüglich der Einkommensverhältnisse verlangen Banken Angaben über die Höhe und Art der Einkünfte der letzten Jahre. Der Kunde reicht dazu Einkommensnachweise oder Einkommensteuerbescheide ein. Zur Ermittlung des Nettovermögens werden die Vermögenspositionen des Kreditantragstellers seinen Verbindlichkeiten gegenübergestellt. Die erforderlichen Unterlagen erbringt er in Form von Grundbuchauszügen und Vermögensübersichten. Die Ausgabenrechnung (Selbstauskunft) prognostiziert die Ausgaben der laufenden Lebenshaltung, Mietzahlungen, Zins- und Tilgungsleistungen für andere finanzielle Verpflichtungen, Versicherungsprämien und sonstige Ausgaben. In Verbindung mit der Einkommenssituation des Kreditantragstellers gibt die Ausgabenrechnung den Spielraum für zusätzliche Belastungen durch einen neuen Kredit an. Informationen zu den Vermögensverhältnissen geben Auskünfte über die Existenz von Gegenständen, die als Kreditsicherheiten dienen können.

In ihrer traditionellen Form erfolgt die Kreditwürdigkeitsentscheidung nach einem persönlichen Gespräch aufgrund einer subjektiv-intuitiven Beurteilung durch den Kreditsachbearbeiter. Diese nicht standardisierte Art der Entscheidungsfindung hat den Vorzug, dass sie auf einem ganzheitlichen Eindruck beruht, den sich der Prüfende vom Kreditnehmer bildet. Persönliche Präferenzen können hier allerdings nicht ausgeschaltet werden. Die intersubjektive Nachvollziehbarkeit der Entscheidung ist beeinträchtigt. Zur Objektivierung trägt der Einsatz von Bonitäts-Checklisten bei. Sie ermöglichen dem Sachbearbeiter, sich in strukturierter Form einen Überblick über die Stärken und Schwächen des Kreditnehmers zu verschaffen. Durch das Ausfüllen einer Checkliste ist gleichzeitig eine Dokumentation und somit eine spätere Nachvollziehbarkeit der Entscheidung gewährleistet. Ein Beispiel für eine Bonitäts-Checkliste finden Sie in Abbildung I1.8. Die MaRisk erlauben eine Kreditentscheidung durch den Kreditsachbearbeiter nur für Kredite, die unter Risikogesichtspunkten als unwesentlich einzustufen sind. Für alle anderen Kreditentscheidungen sind zwei Voten erforderlich (vgl. BTO 1.1 MaRisk).

Der nächste Standardisierungsschritt ist die Einführung einer Punktebewertung für die einzelnen Kundenmerkmale, d. h. die Anwendung des im vorhergehenden Kapitel erläuterten Scoringverfahrens. In Abbildung I1.9 sehen Sie Kriterien (Bonitätsmerkmale), nach denen ein Privatkunde beurteilt werden könnte. Je nach individueller Merkmalsausprägung werden Scorewerte, die $T_j(x_{ij})$, vergeben, die anschließend zu einem Gesamtscore aufaddiert werden. Die Gewichtung w der Kriterien ist direkt in die Scorewerte eingerechnet. Der Gesamtscore liegt im konkreten Fall im Bereich von 8 bis 165 Punkten. Für die Umsetzung in eine Kreditvergabeentscheidung werden häufig drei Bereiche unterschieden: Ab einer uns nicht bekannten Punktzahl wird der Kunde als auf jeden Fall kreditwürdig eingestuft. Weiterhin könnte es einen Bereich geben, in dem der Kreditsachbearbeiter aufgrund zusätzlicher Informationen über die Kreditvergabe entscheidet, und schließlich ist eine Punktzahl festgelegt, deren Unterschreiten automatisch eine Ablehnung des Kreditantrags vorschreibt.

Wenn man die Vielzahl der in der Praxis vorgenommenen Kreditwürdigkeitsprüfungen im Privatkundenbereich bedenkt (z. B. für die Vergabe von Kreditkarten), wird die Bedeutung des Scoringverfahrens deutlich. Es gibt inzwischen eine Reihe von Firmen, die Scoringverfahren für den Einsatz im Privatkundenbereich vertreiben. Das Unternehmen Fair Issac bietet beispielsweise ein Programm an, das in den USA bei über 60% der von Banken bearbeiteten Kreditkartenanträge eingesetzt wird. In Deutschland wird häufig ein Index, den die Creditreform zur Verfügung stellt, für Kreditentscheidungen verwendet.

I1.2.4 Risikofaktoren im Firmenkundengeschäft

In der klassischen Form der Kreditwürdigkeitsprüfung im Firmenkundengeschäft steht die Jahresabschlussanalyse als Instrument der Informationsaufbereitung und -auswertung im Vordergrund. Es werden Kennzahlen ermittelt, die über die Vermögens-, Erfolgs- und Finanzlage Auskunft geben. Eine ausführliche Beschreibung verwendeter Kennzahlen wie Verschuldungsgrad oder Anlagendeckung findet sich bei CROUHY *et al.* (2001). Die Beobachtung von Kennzah-

Selbstauskunft[1,2]

	Zur bankinternen Bearbeitung
	Nr.

1 Angaben zur Person

1.1 Antragsteller

Name, Vorname (ggf. auch Geburtsname)	Geburtsdatum

Straße, PLZ, Wohnort, Telefon

Familienstand/Zahl der unterhaltsberechtigten Personen	Staatsangehörigkeit

Beschäftigt bei/als/seit (Fa. mit Anschrift)

□ selbständig

1.2 Mitantragsteller/Ehegatte/Bürge

Name, Vorname (ggf. auch Geburtsname)	Geburtsdatum

Straße, PLZ, Wohnort, Telefon

Familienstand / Zahl der unterhaltsberechtigten Personen	Staatsangehörigkeit

Beschäftigt bei/als/seit (Fa. mit Anschrift)

□ selbständig

2 Vermögensverhältnisse (in TDM)

	Antragsteller	Mitantragsteller/Ehegatte/Bürge
- Immobilien[2] (Verkaufswert)		
- Bankguthaben		
- Wertpapiere (Kurswert)		
- Betriebsvermögen		
- Beteiligungen[2]		
- sonstiges Vermögen[3]		
Summen		

3 Verbindlichkeiten (in TDM)

- Hypotheken/Grundschulden(Valuten)		
- sonstige Bankkredite		
- Wechselverbindlichkeiten		
- Bürgschaften		
- Steuerverbindlichkeiten		
- sonstige Verbindlichkeiten		
- Leasingverbindlichkeiten		
Summen		

4 Bruttoeinkommen p.a. (in TDM)

(lfd. Jahr, letztes Jahr, vorletztes Jahr)

	19	19	19	19	19	19
- aus Gewerbebetrieb						
- aus selbständiger Arbeit						
- aus nichtselbständiger Arbeit						
- aus Beteiligungen						
- aus sonstigen Kapitalvermögen						
- aus Vermietung und Verpachtung						
- sonstige Einkünfte						
Summen						

[1] Für SCHUFA-Klausel bitte gesonderten Vordruck verwenden

[2] Für Angaben zum Immobilienvermögen und zu Beteiligungen Vordruck 203 07* verwenden

[3] Wesentliches sonstiges Vermögen bitte gesondert erklären

5 Ausgaben p.a. (in TDM)

(nur lfd. Jahr)

	Antragsteller	Mitantragsteller / Ehegatte / Bürge
- laufende Lebenshaltung		
- Mieten		
- Zinsen und Tilgung für		
- Hypotheken / Grundschulden		
- sonstige Bankkredite		
- sonstige Verbindlichkeiten		
- Leasingraten		
- Versicherungsprämien		
- Steuern / Abgaben		
- Bausparraten		
- Sparraten		
- sonstige Ausgaben		
(z.B. Unterhaltsleistungen)		
Summen		

6 Versicherungen

Versicherungsnehmer / versicherte Person	Versicherer	bestehend seit	Versicherungssumme in TDM	Jahresbeitrag DM	aktueller Rückkaufwert in DM

7

	Antragsteller	Mitantragsteller / Ehegatte / Bürge
Bestehen oder bestanden		
in den letzten zehn Jahren	☐ nein	☐ nein
Mahnverfahren oder		
Zahlungsklagen, Zwangsvollstreckungen,	☐ ja, und zwar	☐ ja, und zwar
Verfahren zur Abgabe der		
eidesstattlichen Versicherung,		
Konkurs- oder Vergleichsverfahren		

8 Bankverbindung

9 Zustimmung zur Bankauskunft

Der Antragsteller stimmt zu, daß die

einmalig der Bank über ihn eine Bankauskunft nach Nr. 2 AGB erteilt.

10 Auskunftsanfrage

Die Bank ist berechtigt, sich bei Behörden, Grundbuchämtern, sonstigen öffentlichen Stellen und Versicherungsgesellschaften Auskünfte einzuholen, Unterlagen zu beschaffen und dort Einsicht in Akten und Register zu nehmen; dazu zählen insbesondere beglaubigte Abschriften aus öffentlichen Registern, behördliche Bescheinigungen sowie Unterlagen über den Versicherungsschutz. Die Bank darf zu diesem Zweck den gesamten Vertrag zur Einsicht vorlegen.

11 AGB-Einbeziehungsklausel

Ergänzend gelten die **Allgemeinen Geschäftsbedingungen** der Bank (AGB). Die AGB können in den Geschäftsräumen der Bank eingesehen werden; auf verlangen werden sie ausgehändigt.
Die von der Bank geforderten, aber nicht beigefügten Unterlagen werden nachgereicht.

Ort, Datum	Antragsteller	Mitantragsteller / Ehegatte / Bürge

Abb. I1.8: Bonitäts-Checkliste für Privatkunden

Bonitätsmerkmale	Score		Score

(1) SCHUFA- Meldungen

	Score
keine Negativmerkmale	10

(2) Kapitaldienstfähigkeit (verfügbares Einkommen wird zu x% durch den Kapitaldienst, Zins und Tilgung benötigt)

		Score
bis	60%	20
61 bis	80%	10
81 bis	100%	0

(3) Sicherheiten (bewertbare Grundpfandrechte und Barsicherheiten gem. Beleihungswertrichtlinien in % des beantragten Kredits

		Score
keine Sicherheiten		0
0 bis	25%	1
26 bis	50%	4
51 bis	75%	7
76 bis	100%	12
über	100%	20

(4) Freies Vermögen

	Score
Grundbesitz, Wertpapiere, Bankguthaben u. ähnliches	10

(5) Kredite bei der Volksbank

	Score
kein Vorkredit	5
Vorkredit ord. zurückgezahlt	15
oder bestehender Kredit wird vereinbarungsgem. bed.	10
oder Mahnung erforderlich	0

(6) Berufliche Qualifikation

	Score
nicht berufstätig	0
Lt. Angest./geh. Dienst	13
Angestellte/Beamte	9
Facharbeiter	7
Hilfsarbeiter, Azubis	2
Rentner	13
Übertrag	

(7) Beschäftigungsdauer beim derzeitigen Arbeitgeber

		Score
aktiv bis	1 Jahr	0
aktiv bis	2 Jahre	3
aktiv bis	3 Jahre	5
aktiv bis	5 Jahre	8
aktiv über	5 Jahre	12
Rentner, Pensionist		0

(8) Beschäftigt in der Branche

	Score
Öffentl. Dienst	10
Industrie, Handel, Gewerbe, Dienstl.	6
Rentner, Pensionäre	0

(9) Alter des Kreditnehmers

		Score
bis	20 Jahre	0
bis	25 Jahre	2
bis	30 Jahre	4
bis	35 Jahre	8
bis	50 Jahre	9
bis	60 Jahre	11
über	60 Jahre	16

(10) Familienstand

	Score
ledig	8
verheiratet	14
verheiratet, getrennt lebend	6
geschieden	8
verwitwet	8

(11) Art des Wohnsitzes

	Score
Untermiete	0
Mietwohnung	5
Eigentumswohnung	10
Eigenheim	15

(12) Unterhaltspflichtige Personen einschl. Ehegatte

	Score
0	10
1	7
2	5
3	2
mehr	0
Gesamtscore	

Abb. I1.9: Scoringbogen für Privatkunden

Quelle: Volksbank Göttingen.

len im Zeitablauf soll Tendenzaussagen ermöglichen. Banken fordern zu diesem Zweck auch unterjährige Zwischenberichte und unternehmensinterne Planungsrechnungen, wie Finanzpläne und Kapitalflussrechnungen, an. Neben diesen quantitativen Kriterien gehören auch eine Reihe von qualitativen, zukunftsorientierten Faktoren wie Prognosen über die künftige Entwicklung des Unternehmens, über die Wettbewerbsposition sowie die Managementqualität zum Analysespektrum. So beurteilen Banken bei größeren Kreditnehmern die Marktchancen des Unternehmens und die Branchenentwicklung auch unter Einschaltung hauseigener Unternehmensberatungen. Das Potenzial des Humankapitals spiegelt sich in der Organisationsstruktur des Unternehmens und den Fähigkeiten des Managements wider. Die Kreditsachbearbeiter der Bank machen sich davon ein Bild, indem sie persönliche Gespräche mit der Unternehmensleitung führen und Betriebsbesichtigungen vornehmen. Das bisherige Geschäftsgebaren des Managements und eingeholte externe Auskünfte liefern Anhaltspunkte für die Zuverlässigkeit der Unternehmensvertreter. Nicht zuletzt ist die Möglichkeit der Eignung von Vermögensgegenständen zur Kreditbesicherung abzuklären.

In der amerikanischen Bankenpraxis werden Informationen zur Kreditwürdigkeit als sogenannte „Cs of Credit" (vgl. SINKEY (2002), S. 306) bezeichnet:

- Character: Unternehmerpersönlichkeit und -integrität,
- Capacity: sachliches und personelles Leistungsvermögen des
               Unternehmens,
- Capital: Vermögenslage des Kreditnehmers,
- Collaterals: Sicherheitensituation,
- Conditions: technologische und konjunkturelle Bedingungen,
- Coverage: Wirkungskreis und Aktionsradius des Unternehmens.

Dass die Cs of Credit nicht neu sind, belegt das folgende Zitat von SCHMALENBACH (1910), S. 378: „Kenntnis der Kunden, ihrer Gewohnheiten, des Kontostands ist schon an sich ein wirksames Mittel gegen Betrügereien irgend welcher Art."

Im Ergebnis ähneln die von Banken berücksichtigten Risikofaktoren denen, die auch von den großen externen Rating-Agenturen wie Standard & Poor's oder Moody's bei der Beurteilung von Unternehmen betrachtet werden. Dies zeigt eine Untersuchung der Ratingverfahren sechs großer deutscher Banken von BRUNNER (2001). Tabelle I1-7 vergleicht die Risikofaktoren der externen Rating-Agenturen mit denen einer „typischen" Bank aus der erwähnten Studie.

Oft werden Einzelmerkmale zunächst zu bestimmten Kategorien zusammengefasst, die dann anhand unterschiedlicher Methoden näher analysiert werden. So lassen sich beispielsweise Kategorien für die finanzielle Situation, die Marktstellung und die Managementqualität eines Unternehmens bilden. Die Bewertung der finanziellen Situation kann sich aus der Beurteilung einzelner Kennzahlen wie Eigenkapitalquote, Anlagendeckungsgrad, Cash Flow, Umsatzentwicklung und Gesamtkapitalrentabilität ergeben. Die Marktstellung kann durch den Marktanteil des Unternehmens, das Marktwachstum, die Branchenaussichten, die Organisation des Vertriebs und die Qualität der Produktpalette charakterisiert sein,

Tab. I1-7: Risikofaktoren alternativer Ratingverfahren

S&P	Moody's	Die „typische" Bank

Finanzielles Risiko:
 	
• Bilanz und
  Rechnungswesen
• Finanzpolitik
• Rentabilität
• Kapitalstruktur
• Cash-Flow
• Finanzielle Flexibilität
	Finanzwirtschaftliche
	Risiken:
	• Cash-Flow
	• Liquidität
	• Verbindlichkeiten-
	  struktur
	• Eigenkapital und
	  Reserven
		Wirtschaftliche
		Verhältnisse:
		• Ertragslage (Cash-Flow,
		  Rentabilität, ...)
		• Finanzlage (Eigenmittel-
		  quote, Liquidität, ...)

Geschäftsrisiko:
 	
• Industriemerkmale
• Wettbewerbsposition
	Wettbewerbliche und
	betriebliche Risiken:
	• Relativer Marktanteil/
	  Wettbewerbsposition
	• Diversifizierung
	• Umsatz, Kosten,
	  Ergebnis
	• Absatz und Beschaffung
	
	Unternehmensstruktur
	und rechtliche Risiken:
	• Einbeziehung verbundener
	  Unternehmen
		Unternehmenssituation:
		
		• Brancheneinschätzung
		• Marktstellung/
		  Wettbewerb
		• Produkt/Sortiment
		• Spezielle Risiken
		• Prognosen/Ertrags- und
		  Liquiditätsplanung
		• Unternehmensstruktur

Management	*Managementqualität:*
	• Planungs- und Kontroll-
	  wesen
	• Managementerfahrung
	• Organisationsstruktur
	• Nachfolgeregelung
		Management:
		• Erfahrung
		• Nachfolge
		• Qualität des
		  Rechnungswesens/
		  Controlling

		Kundenbeziehung/ *Kontoführung*

Quelle: BRUNNER (2001).

die Managementqualität durch die Erfahrung der Geschäftsleiter, die Struktur des Managements, die verfolgte Unternehmensstrategie, die Organisation des Planungs- und Rechnungswesens sowie durch das bisherige Geschäftsgebaren gegenüber der Bank und anderen Marktteilnehmern (vgl. HARTMANN-WENDELS *et al.* (2005)).

Während der Informationsgehalt qualitativer Risikofaktoren auch empirisch belegt ist (vgl. GRUNERT *et al.* (2002)), bleibt die Frage der Gewichtung zwischen „harten" (quantitativen) und „weichen" (qualitativen) Faktoren offen. In der Bankpraxis bestehen hier zum Teil gravierende Unterschiede. So erhalten die qualitativen Merkmale bei der Deutschen Bank AG eine Gewichtung von über 70% und grobe Angaben zu Stärken und Schwächen sowie Markt und Planung werden von der WestLB AG mit etwa 60% in das Gesamturteil einbezogen (vgl.

DICKEN (1999), S. 100 und 104). Demgegenüber kommen die weichen Risikofaktoren bei der HypoVereinsbank AG nur mit 30% zum Tragen (vgl. EIGERMANN (2001), S. 102ff.). Die fehlende metrische Skalierung qualitativer Informationen erschwert eine objektive, empirisch fundierte Bestimmung optimaler Gewichte mit Hilfe deskriptiver statistischer Verfahren. Einen möglichen Ausweg bieten hier Kodierungs- bzw. Skalierungsverfahren (vgl. BLOCHWITZ und EIGERMANN (2000)).

Eine besondere Stellung unter den qualitativen Faktoren nehmen gerade die privaten Informationen ein, die Banken aus ihrer zumeist langjährigen Beziehung zum Kreditnehmer generieren. Hieraus kann ein Informationsvorteil gegenüber externen Rating-Agenturen resultieren. Das Ratingsystem des Bundesverbandes der Deutschen Volks- und Raiffeisenbanken (BVR) liefert ein Beispiel für die Analyse einer Kundenbeziehung (vgl. DICKEN (1999), S. 354). Im Rahmen eines Schulnotensystems wird die Note 1 für eine „einwandfreie Kontoführung mit wechselnden Salden" und die Note 6 für eine „nicht vereinbarungsgemäße Kontoführung, häufige Linienüberschreitung, Scheckrückgaben, Mahnungen und rückläufige Eingänge" vergeben.

Kommen wir nun zu den eingangs erwähnten deskriptiven Verfahren zur statistischen Bestimmung der Gewichte quantitativer Risikofaktoren.

I1.2.5 Statistische Verfahren zur Kreditwürdigkeitsprüfung

Der folgende Abschnitt soll lediglich die Grundstruktur der Verfahren vorstellen, eine umfassendere formale Darstellung finden Sie auf der Homepage des Lehrbuchs unter www.bankbetriebslehre.de.

Beim Ansatz der linearen Diskriminanzanalyse (vgl. auch FAHRMEIR *et al.* (1996)) wird die Gewichtung der betrachteten Eigenschaften von Kreditnehmern so vorgenommen, dass die durch das Verfahren bestimmte Funktion $D(x) = w'x$ bestmöglich zwischen qualitativ guten und qualitativ schlechten Kreditnehmern trennt. Dazu werden die in der Vergangenheit abgewickelten Kreditengagements, nachfolgend als Grundgesamtheit G bezeichnet, in zwei Gruppen eingeteilt. Die Gruppe 1 (G_1) umfasst die „schlechten" Kreditnehmer mit nicht ordnungsgemäß abgewickelten Krediten und die Gruppe 2 (G_2) die „guten" Kreditnehmer mit ordnungsgemäß abgewickelten Krediten. Für die möglichen Diskriminanzscores $D_1(x)$, $x \in G_1$, bzw. $D_2(x)$, $x \in G_2$, in beiden Gruppen ergeben sich für beispielhaft gewählte Gewichtungsfaktoren w die in Abbildung I1.10 dargestellten Häufigkeitsverteilungen.

Die Diskriminanzanalyse versucht nun, durch die Wahl der Gewichte w die Funktion $D(x)$ so zu bestimmen, dass ihre Verteilung in den beiden Gruppen G_1 und G_2 möglichst verschiedenartig ist. Formal ausgedrückt soll der Quotient aus der quadrierten Differenz der erwarteten Diskriminanzwerte in beiden Gruppen und ihrer Gesamtstreuung maximiert werden:

$$\max_{w \in \mathbb{R}^p} \frac{\left(\mathrm{E}\left[D_1(x)\right] - \mathrm{E}\left[D_2(x)\right] \right)^2}{\mathrm{Var}(D(x))} . \tag{I1-13}$$

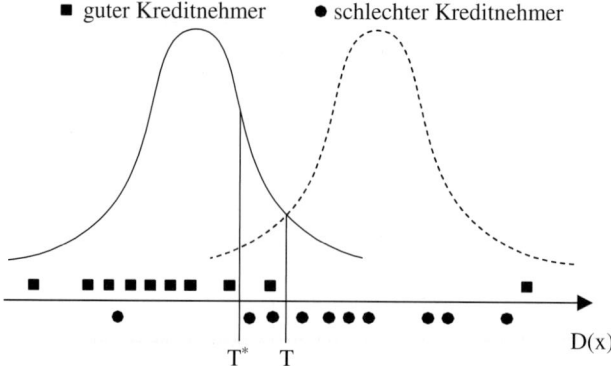

Abb. I1.10: Dichtefunktionen der Scorewerte von Kreditnehmergruppen 1 und 2

Die Ergebnisse der so durchgeführten Diskriminanzanalyse sind Dichtefunktionen bezüglich der Scores $D_1(x)$ und $D_2(x)$ für qualitativ gute und qualitativ schlechte Kreditnehmer, die einen relativ geringen Überschneidungsbereich aufweisen. Die Mittelwerte $E[D_1(x)]$, $E[D_2(x)]$ der Verteilungen liegen möglichst weit auseinander und die Varianzen $\text{Var}(D_1(x))$, $\text{Var}(D_2(x))$ sind möglichst klein.

Auf der Grundlage der durch $D(x)$ induzierten Dichtefunktionen wird ein vorläufiger Trennwert T festgelegt, der sich aus dem Schnittpunkt beider Dichtefunktionen ergibt. Dieser Wert T ist nur annähernd optimal, weil die Kosten von Fehlentscheidungen noch nicht berücksichtigt sind. Der Kreditgeber lehnt potenziell „gute" Kreditnehmer der Gruppe 2 ab, wenn sie einen höheren Score besitzen als der durch T fixierte Wert. Es entstehen ihm dadurch Opportunitätskosten in Höhe des Kapitalwertes der nicht gewährten Kredite. Werden „schlechte" Kunden der Gruppe 1 akzeptiert, weil der zugeordnete Scorewert kleiner ist als T, so entsteht ein realer Verlust. Der Kreditnehmer wird insolvent, und die Bank erhält die vereinbarten Zinsen und die Rückzahlung nicht oder nur teilweise. In einem zweiten Schritt wird deshalb eine Anpassung des Trennwertes T durch die Gegenüberstellung beider Kosten vorgenommen (Kosten der Ablehnung eines Kredites, obwohl der Kreditnehmer ex post kreditwürdig ist vs. Kosten der Vergabe eines Kredites, obwohl der Kreditnehmer ex post nicht kreditwürdig ist). Wir erhalten den endgültigen Trennwert T^*, der letztlich für die Kreditvergabeentscheidung relevant ist.

Die Abbildung I1.11 veranschaulicht das Prinzip der Diskriminanzanalyse noch einmal für den bivariaten Fall. Dargestellt sind jeweils die Ausprägungen der Kennzahlen Verschuldungsgrad (VG) und Eigenkapitalrentabilität (EKR) für eine fiktive Gruppe guter und schlechter Kreditnehmer. Die Bestimmung der Gewichte w_1 und w_2 der Funktion $D = w_1\text{VG} + w_2\text{EKR}$ erfolgt nun unter dem Prinzip, dass die zugehörigen Verteilungen der Funktionswerte in beiden Gruppen (dargestellt durch die Dichtefunktionen) möglichst weit auseinander liegen. Aus dem kritischen Trennwert T wird in dieser zweidimensionalen Betrachtung eine Trenngerade EKR $= (T - w_1\text{VG})/w_2$.

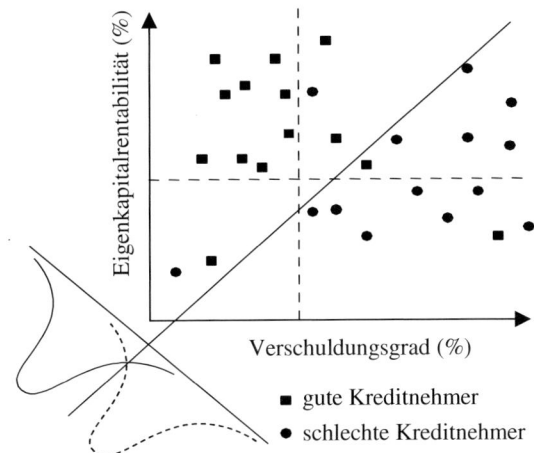

Abb. I1.11: Zweidimensionale lineare Diskriminanzfunktion

Das Logit-Modell (vgl. TUTZ (2000), Kapitel 1-3) verwendet einen Regressionsansatz (daher spricht man auch von logistischer Regression) für die Gewichts- bzw. Parameterbestimmung. Zur Charakterisierung der Gruppenzugehörigkeit eines Kreditnehmers führen wir zunächst die dichotome Zufallsvariable y ein, die für den i-ten Kreditnehmer die Ausprägung y_i aufweist, wobei gilt:

$$y_i = \begin{cases} 1, & \text{falls der } i\text{-te Kreditnehmer zur Gruppe 1 gehört,} \\ 0, & \text{falls der } i\text{-te Kreditnehmer zur Gruppe 2 gehört.} \end{cases} \quad (\text{I1-14})$$

Beim Logit-Modell wird nun die Annahme getroffen, dass die bedingte Wahrscheinlichkeit für das Eintreten des interessierenden Zustandes (Zahlungsunfähigkeit) beim i-ten Kreditnehmer der Wahrscheinlichkeit entspricht, dass eine standard-logistisch verteilte Zufallsvariable einen Wert kleiner oder gleich $w_0 + w'x$ annimmt, d. h. es soll gelten:

$$P(y_i = 1|x_i) = \frac{\exp(w_0 + w'x_i)}{1 + \exp(w_0 + w'x_i)}. \quad (\text{I1-15})$$

Die Werte für den Gewichtsvektor w und die Konstante w_0 werden nun so gewählt, dass die geschätzten Wahrscheinlichkeiten $P(y_i = 1|x_i)$ (Aposteriori-Wahrscheinlichkeiten) möglichst gut an die beobachtbaren Ausprägungen $y_i = 1$ bzw. $y_i = 0$ angepasst sind. Ist $y_i = 0$, so sollte $P(y_i = 1|x_i)$ annähernd null sein, und gilt $y_i = 1$, so sollte auch $P(y_i = 1|x_i)$ ungefähr den Wert eins betragen. Abbildung I1.12 verdeutlicht diese Vorgehensweise am Beispiel einer Funktion mit dem Verschuldungsgrad als Einflussfaktor.

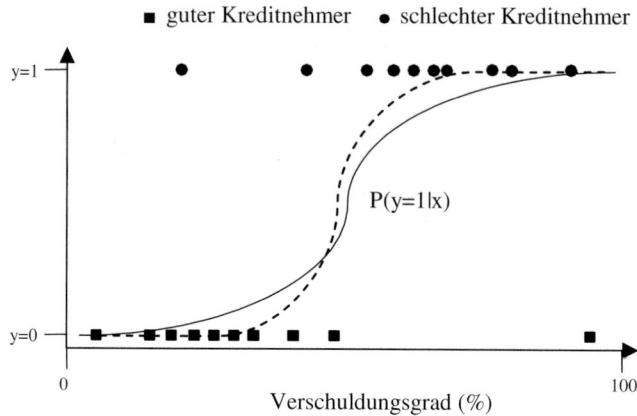

Abb. I1.12: Prinzip der Parameterschätzung im Logit-Modell

Offensichtlich sind bei der durchgezogenen Kurve die Werte für den Gewichts-vektor w und für die Konstante w_0 weniger gut gewählt als bei der gestrichelten Kurve, da diese eine bessere Anpassung an die Verteilung des Verschuldungs-grades für die guten und schlechten Kreditnehmer darstellt. Auch bestimmte einfache Künstliche Neuronale Netze lassen sich in die Form des linearen Sco-ringmodells (I1-11) überführen. Der interessierte Leser sei auf die Homepage des Lehrbuchs verwiesen (www.bankbetriebslehre.de).

Nachdem nun verschiedene Methoden zum Aufstellen einfacher Scoringmo-delle aufgezeigt wurden, schließt sich unmittelbar die Frage an, wie sich aus den Scorewerten die für das Risikomanagement relevanten Ausfallwahrscheinlichkei-ten generieren lassen.

I1.2.6 Kalibrierung von Scorewerten auf Ausfallwahrscheinlichkeiten

Eine einfache Möglichkeit zur empirischen Kalibrierung von Scorewerten auf Ausfallwahrscheinlichkeiten umfasst die folgenden zwei Stufen (vgl. FRITZ *et al.* (2002)). Die Ausgangsbasis bildet dabei ein Datensatz von insolventen und sol-venten Kreditnehmern, wobei für jeden Kreditnehmer ein Scorewert verfügbar ist.

1. Bildung von Kreditnehmergruppen (Buckets):
   Zunächst werden alle Kreditnehmer des Datensatzes anhand ihres Scorewer-

tes geordnet und in (z. B. 50) gleich große Gruppen (Buckets) eingeteilt. Für jede dieser Gruppen wird nachfolgend die empirische Ausfallrate bezogen auf einen bestimmten Ausfallhorizont als relative Häufigkeit der insolventen Kreditnehmer bestimmt.

2. Bestimmung der Kalibrierungskurve:
   Für die Ermittlung der genauen Form der funktionalen Beziehung zwischen Scorewert und geschätzter Ausfallwahrscheinlichkeit stehen parametrische und nichtparametrische Ansätze der nichtlinearen Regression zur Verfügung. Als parametrisches Verfahren bietet sich die exponentielle Regression an. Man bestimmt dabei die folgende funktionale Beziehung zwischen dem Scorewert $S(x)$ und der geschätzten Ausfallwahrscheinlichkeit PD(x):

$$\mathrm{PD}(x) = b_0 \exp\left(b_1 S(x)\right). \tag{I1-16}$$

Dieser Ausdruck lässt sich in eine lineare Regressionsgleichung überführen:

$$\ln \mathrm{PD}(x) = \ln b_0 + b_1 S(x). \tag{I1-17}$$

Hierbei bezeichnen $\ln b_0$ und b_1 jeweils die Konstante und den Koeffizienten der Regression. Die Basis für die Parameterbestimmung nach der Methode der kleinsten Quadrate bilden die (50) Datenpaare (ein Paar pro Bucket) aus mittlerem Scorewert und logarithmierter Ausfallrate.

Dieses Vorgehen soll durch ein Beispiel verdeutlicht werden. Tabelle I1-8 enthält die benötigten Werte für einen fiktiven Datensatz von 10.000 Kreditnehmern. Es sei unterstellt, dass niedrige Scorewerte eine günstigere Bewertung der Kreditwürdigkeit und somit auch niedrigere Ausfallwahrscheinlichkeiten implizieren. Es wurden zehn Buckets gebildet, wobei sich die 1.000 Kreditnehmer mit den kleinsten Scorewerten im ersten Bucket befinden und entsprechend die 1.000 Kreditnehmer mit den größten Scorewerten im zehnten Bucket. Die zweite Spalte der Tabelle enthält die Anzahl der Ausfälle, die dritte Spalte die Ausfallrate und die vierte Spalte die durchschnittlichen Scorewerte je Bucket. Das Aufstellen einer linearen Regressionsgleichung gemäß (I1-17) mit diesen Daten führt zu den Schätzwerten $\widehat{b_0} = 0,0491$ und $\widehat{b_1} = 0,5468$. Einsetzen dieser Werte in (I1-16) ergibt die geschätzten Ausfallwahrscheinlichkeiten in Spalte fünf.

Abbildung I1.13 stellt den Zusammenhang zwischen Scorewert und geschätzter Ausfallwahrscheinlichkeit noch einmal grafisch dar.

Über einen Vergleich von historischen Ausfallraten für Ratingklassen von Moody's oder Standard & Poor's mit den geschätzten Ausfallwahrscheinlichkeiten PD(x) kann ein Mapping von Scoreintervallen auf Ratingklassen erfolgen (vgl. PFINGSTEN und SCHRÖCK (2000)).

Tab. I1-8: Beispieldaten

Bucket Nr.	Anzahl	Anteil	∅ $S(x)$	$PD(x)$
I	0	0,0%	1	0,0848%
II	3	0,3%	2	0,1466%
III	1	0,1%	3	0,2533%
IV	5	0,5%	4	0,4376%
V	9	0,9%	5	0,7560%
VI	15	1,5%	6	1,3062%
VII	14	1,4%	7	2,2568%
VIII	34	3,4%	8	3,8993%
IV	87	8,7%	9	6,7372%
X	132	13,2%	10	11,6403%

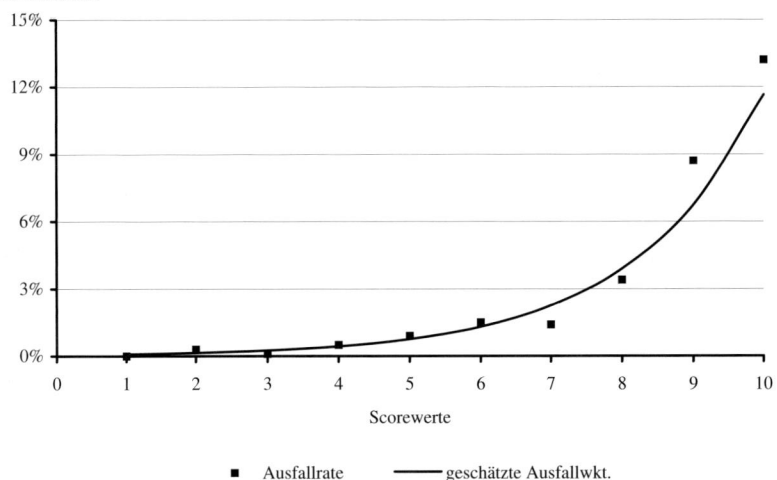

Abb. I1.13: Zusammenhang zwischen Scorewert und Ausfallwahrscheinlichkeit

I1.2.7 Anforderungen an interne Ratings

Soll ein internes Ratingsystem auch für aufsichtliche Zwecke anerkannt werden, so sind eine Reihe von Anforderungen einzuhalten (vgl. §§107-123 SolvV). Diese Anforderungen beziehen sich im Wesentlichen auf

- die generelle Struktur von Rating-Systemen,
- die Verfahrensweisen beim Rating-Prozess,
- die organisatorische Einordnung des Ratings und

- die Risikoquantifizierung und Validierung.

Ein Rating-System muss zwei Dimensionen berücksichtigen, und zwar zum einen *kreditnehmerspezifische* und zum anderen *kreditspezifische* Merkmale. Die Bonitätseinschätzung des Schuldners hängt nur von dessen Merkmalen ab, nicht aber davon, welche Art von Forderung vorliegt. Die Einschätzung des kreditnehmerspezifischen Risikos mündet letztlich in die Ermittlung von Ausfallwahrscheinlichkeiten. Mit der kreditspezifischen Dimension des Rating werden der Typ der Forderung, ihre Rangstellung sowie das Vorhandensein von Sicherheiten erfasst. Dieses Kriterium ist maßgeblich für die Schätzung der Verlusthöhe im Insolvenzfall (LGD). Wie ausführlich das kreditspezifische Risiko im Rating berücksichtigt werden muss, hängt davon ab, ob der IRB-Basisansatz oder der fortgeschrittene IRB-Ansatz gewählt wird. Im IRB-Basisansatz reicht eine eher rudimentäre Berücksichtigung des kreditspezifischen Risikos aus, da bei der Berechnung der Eigenmittelunterlegung aufsichtsrechtlich vorgegebene Standardwerte für den LGD und das EAD verwendet werden. Für den fortgeschrittenen Ansatz dagegen müssen kreditnehmerspezifische Aspekte in eigenen Rating-Kategorien erfasst werden, um jedem Exposure ein LGD zuordnen zu können. Jedes Exposure in den Asset-Klassen Staaten, Banken und Unternehmen muss ein Rating erhalten, jede Forderung des Retail-Portfolios muss einem Pool gleichartiger Forderungen zugeordnet werden.

Im Retail-Portfolio werden alle drei Parameter – PD, LGD und EAD – institutsintern bestimmt. Bei der Zuordnung von Forderungen des Retail-Portfolios zu einzelnen Pools müssen daher sowohl kreditnehmerspezifische Merkmale als auch kreditspezifische Merkmale berücksichtigt werden. Darüber hinaus müssen diejenigen Forderungen, die im Verzug sind, in einem gesonderten Pool erfasst werden.

Für Kredite an Staaten, Banken und Unternehmen gilt, dass es mindestens sieben Rating-Kategorien für solvente Kreditnehmer und eine Rating-Klasse für insolvente Unternehmen geben muss. Die Rating-Klassen müssen so definiert sein, dass sich eine sinnvolle Verteilung über das Spektrum der Rating-Klassen ergibt und es zu keinen übermäßigen Konzentrationen in einzelnen Rating-Klassen kommt. Die Rating-Klassen werden nach dem Kriterium des Ausfallrisikos der Schuldner gebildet, so dass jeder Rating-Klasse eine Ausfallwahrscheinlichkeit zugeordnet werden kann. Für Ratings nach transaktionsspezifischen Kriterien zur Zuordnung von LGD's sowie für das Retail-Portfolio ist keine Mindestanzahl an Rating-Klassen vorgeschrieben.

Es gibt keine inhaltlichen Vorgaben für die Kriterien, die bei einem Rating zu berücksichtigen sind. Die Rating-Klassen und die Kriterien müssen so detailliert beschrieben werden, dass Schuldner mit gleichem Ausfallrisiko der gleichen Risiko-Klasse zugeordnet werden und diese Zuordnung auch für Dritte nachvollziehbar ist. Auch hinsichtlich der Wahl der Methoden wird den Kreditinstituten freie Wahl gelassen. Die Bonitätseinstufung soll allerdings nicht ausschließlich auf statistisch-mathematischen Modellen beruhen, vielmehr sollen auch qualitative Beurteilungen in das Rating-Ergebnis mit einfließen. Es muss vom Kreditinstitut verbindlich festgelegt werden, wie die Ergebnisse quantitativer Modelle und

qualitativer Beurteilungen zu einem Gesamturteil zusammengefügt werden. Um
Konsistenz und Transparenz sicherzustellen, müssen die Rating-Systeme umfassend dokumentiert werden.

Um eine missbräuchliche Rating-Vergabe zu verhindern, muss die Ratingzuordnung von einer Instanz vorgenommen bzw. gebilligt werden, die unabhängig
ist, d. h. die keine Vorteile aus der Kreditvergabe erzielen kann. Firmenkunden-
betreuer, deren Leistung nach dem Volumen der vergebenen Kredite beurteilt
wird, dürfen somit keine Ratings vergeben. Damit die Ratings aktuell bleiben,
müssen sie mindestens einmal jährlich überprüft und gegebenenfalls angepasst
werden. Um Willkür zu verhindern, müssen die Bedingungen festgeschrieben
werden, unter denen ein Bankmitarbeiter das Ergebnis des Rating-Prozesses ab-
ändern darf.

Daten, die für die Bonitätsbeurteilung wesentlich sind, müssen aufbewahrt
werden. Hierzu zählen unter anderem Rating-Historien der Schuldner, Ausfallwahrscheinlichkeiten und realisierte Ausfallraten. Banken, die den fortgeschrittenen IRB-Ansatz wählen, müssen zusätzlich für jede Kreditart alle Daten auf-
bewahren, die mit der Schätzung des LGD und des EAD zusammenhängen.

Die internen Ratings müssen um Stress-Tests ergänzt werden, die aufzeigen
sollen, wie sich die Eigenkapitalanforderungen verändern, wenn eine ungünstige wirtschaftliche Entwicklung eintritt. Speziell muss berechnet werden, welche
Auswirkungen ein Nullwachstum in zwei aufeinander folgenden Perioden auf die
Ausfallwahrscheinlichkeiten, Verlusthöhen und Exposures haben.

Die Rating-Zuordnungen dürfen nicht nur für aufsichtsrechtliche Zwecke verwendet werden, sondern müssen auch für das interne Risikomanagement, für die
interne Kapitalallokation und für die Kreditvergabeentscheidung benutzt werden. Bevor eine aufsichtsrechtliche Anerkennung eines internen Rating-Systems
infrage kommt, muss ein Rating-System, das den Anforderungen der Solvabilitätsverordnung genügt, mindestens bereits seit drei Jahren im Kreditinstitut im
Einsatz sein. Kreditinstitute, die den fortgeschrittenen Ansatz wählen, müssen
eine dreijährige Erfahrung in der Schätzung von LGD's und EAD's vorweisen.

Aufgrund der hohen Bedeutung, die den internen Ratings für die Eigenmittelunterlegung zukommt, liegt die Verantwortung für das Rating-System gemäß
den aufsichtsrechtlichen Vorgaben bei der Geschäftsleitung. Sie muss die Einführung des Rating-Systems beschließen, von ihr und der obersten Managementebene wird verlangt, dass sie die Grundstruktur des verwendeten Rating-Systems
kennen und verstehen. Über die Entwicklung wichtiger Kenngrößen wie Ausfallwahrscheinlichkeiten und realisierte Ausfallraten müssen die Geschäftsleitung
und die oberste Managementebene regelmäßig informiert werden.

Um die Eignung des internen Rating-Systems zu gewährleisten, muss es regelmäßig intern überprüft werden. Die Überprüfung umfasst sowohl die Struktur des Rating-Systems, seine Voraussagefähigkeit als auch die Einhaltung der
Rating-Prozeduren durch die Mitarbeiter. Die nationalen Aufsichtsbehörden
können vorsehen, dass die internen Kontrollen durch externe Kontrollen ergänzt
werden.

Die Schätzung der Ausfallwahrscheinlichkeiten muss auf dem aufsichtsrechtlich festgelegten Insolvenzkriterium basieren (vgl. §125 SolvV). Demnach gilt ein Kreditnehmer dann als insolvent, wenn es entweder

- unwahrscheinlich ist, dass der Kreditnehmer seinen Kreditverpflichtungen nachkommen wird, oder
- der Kreditnehmer mit einem wesentlichen Teil seiner Zahlungsverpflichtungen mehr als 90 Tage in Verzug ist.

Ein Kreditnehmer wird somit bereits lange bevor die Eröffnung eines offiziellen Insolvenzverfahrens beantragt wird, als insolvent angesehen. Die Bildung einer Einzelwertberichtigung, Umschuldung oder (teilweiser) Forderungsverzicht sind Indikatoren dafür, dass die vollständige Kreditrückzahlung als unwahrscheinlich angesehen wird, und führen zur Klassifikation einer Forderung als *defaulted* (*soft default*). In diesem Fall erhält die Forderung eine Ausfallwahrscheinlichkeit von 100%.

Für die Schätzung der Ausfallwahrscheinlichkeiten kommen drei Methoden in Betracht:

1. Es können *interne Daten* über die Ausfallerfahrungen in der Vergangenheit herangezogen werden, sofern diese die aktuelle Kreditvergabepraxis widerspiegeln. Da insbesondere kleinere Kreditinstitute häufig nicht über einen hinreichend großen Datensatz verfügen, um daraus zuverlässige Schätzungen der Ausfallwahrscheinlichkeiten ableiten zu können, dürfen auch *gepoolte* Daten von mehreren Banken verwendet werden, vorausgesetzt die internen Rating-Systeme dieser Banken sind ähnlich aufgebaut.
2. Die Banken dürfen aus ihrem Rating-System auch Ausfallwahrscheinlichkeiten ableiten, indem sie die Rating-Klassen des internen Systems mit den Rating-Kategorien von Rating-Agenturen verbinden. Voraussetzung ist, dass die Kriterien, die für das Rating verwendet werden, vergleichbar sind und die externe Rating-Agentur eine Ausfalldefinition verwendet, die die Merkmale der Basler Eigenkapitalvereinbarung berücksichtigt.
3. Bei den beiden oben genannten Methoden wird davon ausgegangen, dass zunächst nicht einem einzelnen Kredit unmittelbar eine Ausfallwahrscheinlichkeit zugeordnet wird, sondern einer Rating-Klasse. Für jeden Kredit innerhalb der Rating-Klasse gilt dann die Ausfallwahrscheinlichkeit der zugehörigen Rating-Stufe. Werden statistische Modelle wie z. B. die logistische Regression verwendet, so können einzelnen Krediten unmittelbar Ausfallwahrscheinlichkeiten zugeordnet werden. In diesem Fall bildet der Durchschnitt aus den geschätzten Ausfallwahrscheinlichkeiten für Kredite einer Rating-Klasse die dieser Klasse zugeordnete Ausfallwahrscheinlichkeit.

Um die Ausfallwahrscheinlichkeiten für die Pools des Retail-Portfolios zu schätzen, sollen primär interne Daten verwendet werden. Externe Daten dürfen nur dann herangezogen werden, wenn sichergestellt ist, dass die Zusammensetzung der Pools ähnlich ist.

Die Schätzung der Ausfallwahrscheinlichkeiten muss auf einer Datenhistorie aufbauen, die für alle Asset-Klassen einheitlich fünf Jahre beträgt.

Der LGD wird für jede Kreditart auf Basis des langfristigen Durchschnitts aller Verluste innerhalb dieser Kreditart gebildet, zusätzlich muss auch der Einfluss eines wirtschaftlichen Abschwungs auf den LGD berücksichtigt werden (vgl. §132 Abs. 3 SolvV). Beinhalten die Schätzungen des LGD die risikoreduzierende Wirkung von Kreditsicherheiten, so müssen mögliche stochastische Abhängigkeiten zwischen Sicherungsgeber und Sicherungsnehmer berücksichtigt werden. Die Schätzungen des LGD müssen für Kredite an Unternehmen, Staaten und Banken auf einer Datenreihe beruhen, die mindestens sieben Jahre beträgt. Für das Retail-Portfolio reicht eine fünf-jährige Datenhistorie.

Die Qualität des internen Rating-Systems sowie die Zuverlässigkeit der geschätzten Parameter Ausfallwahrscheinlichkeit, Verlust im Insolvenzfall und Exposure bei Ausfall des Kreditnehmers müssen regelmäßig, mindestens einmal pro Jahr, durch ein *Backtesting* überprüft werden. Ist die Schätzgenauigkeit des Rating-Systems nicht zufriedenstellend, muss sichergestellt sein, dass Anpassungen vorgenommen werden.

Kreditinstitute, die den IRB-Ansatz wählen, müssen eine Reihe von Informationen über die Höhe der eingegangenen Kreditrisiken und das Management dieser Risiken offen legen. Hierzu zählen Angaben über die Höhe der Engagements in den einzelnen Asset-Klassen, gegliedert nach Laufzeiten, Ländern und Branchen, Informationen über die Höhe notleidender Kredite und die gebildete Risikovorsorge und schließlich sind die Methoden und Verfahrensweisen des Kreditrisikomanagements offen zu legen.

I1.2.8 Expected Default Frequency

Rating-Systeme basieren in der Regel auf Informationen, die aus Jahresabschlussdaten, aus einer Beurteilung der Unternehmensstrategie sowie der Managementfähigkeiten gewonnen werden. Für Unternehmen, die an der Börse gehandelt werden, gibt es mit dem Aktienkurs eine weitere Informationsquelle, die zur Schätzung von Ausfallwahrscheinlichkeiten von Krediten genutzt werden kann. Im Aktienkurs spiegeln sich die Einschätzungen der Finanzmarktinvestoren über die künftige Ertragslage eines Unternehmens wider. Steigt der Aktienkurs, so deutet dies auf die Erwartung steigender Gewinne hin, umgekehrt weisen fallende Aktienkurse auf eine nachlassende Ertragskraft des Unternehmens hin. Es leuchtet unmittelbar ein, dass diese Informationen auch für die Beurteilung des Kreditausfallrisikos relevant sind. Auf diesem Grundgedanken beruht das von *KMV* entwickelte *Credit-Monitor-Model*.

Um den Zusammenhang zwischen Aktienkursentwicklung und Ausfallrisiko herzustellen, interpretieren wir die Zahlungsanwartschaft von Eigenkapital und Fremdkapital als Derivate auf V_U, den Unternehmenswert. Hierzu nehmen wir an, dass Insolvenz dann eintritt, wenn der Unternehmenswert den Fremdkapitalrückzahlungsbetrag unterschreitet, d. h. wenn Überschuldung – hier gemessen durch Marktwerte – vorliegt. Eigenkapital kann als eine Kaufoption auf den Unternehmenswert angesehen werden, wobei der Kreditrückzahlungsbetrag F den Ausübungspreis darstellt (siehe Tabelle I1-9). Übersteigt der Unternehmenswert den Fremdkapitalrückzahlungsbetrag, so wird das (fiktive) Optionsrecht ausgeübt und dem Eigenkapitalgeber fällt die Differenz aus Unternehmenswert und Fremdkapitalrückzahlungsbetrag zu, im anderen Fall liegt Insolvenz vor, d. h. der Eigenkapitalgeber lässt sein Optionsrecht verfallen und erhält nichts.

Tab. I1-9: Eigenkapital als Kaufoption auf das Unternehmen

	$V_U < F$	$V_U \geq F$
Eigenkapital = **Kaufoption auf den Unternehmenswert**	0	$V_U - F$

Die Stillhalterposition in einer Verkaufsoption, die das ausfallbedrohte Fremdkapital beinhaltet, führt zu einem Verlust, wenn Insolvenz eintritt. Der Kreditgeber hat im Fall der Insolvenz einen bevorrechtigten Zugriff auf die Vermögensgegenstände des Unternehmens, er erleidet somit einen Verlust in Höhe der Differenz aus dem Betrag seiner Forderung und dem Erlös aus der Liquidation des Unternehmensvermögens (siehe Tabelle I1-10).

Tab. I1-10: Fremdkapital als Derivat auf den Unternehmenswert

	$V_U < F$	$V_U \geq F$
Stillhalter Verkaufsoption	$V_U - F$	0
Risikoloser Kredit	F	F
Gesamtposition	V_U	F

Die Eintrittswahrscheinlichkeit für das Insolvenzereignis können wir nun aus der Optionspreisformel herleiten. Verwenden wir die Black-Scholes Formel für eine Kaufoption, so erhalten wir für den Wert des Eigenkapitals:

$$E = V_U \cdot N\left(b_2 + \sigma_V \cdot \sqrt{T}\right) - F \cdot e^{-r \cdot T} \cdot N(b_2). \qquad (I1\text{-}18)$$

Für die weitere Betrachtung interessiert uns nur der zweite Ausdruck in Gleichung (I1-18). Dieser Ausdruck entspricht dem Barwert des Ausübungspreises, multipliziert mit dem Faktor $N(b_2)$, den wir als (risikoneutrale) Ausübungswahrscheinlichkeit interpretieren können. $N(b_2)$ bezeichnet den Wert der Wahrscheinlichkeitsfunktion einer standardnormalverteilten Zufallsvariablen an der Stelle b_2. Erinnern wir uns: Ausüben der Kaufoption durch die Eigenkapitalgeber bedeutet, dass das Fremdkapital zurückgezahlt wird, d. h. keine Insolvenz eintritt. $N(b_2)$ gibt somit die Wahrscheinlichkeit an, dass das Unternehmen bis zum Fälligkeitszeitpunkt des Kredites (T) solvent bleibt. Die Gegenwahrscheinlichkeit

$1 - N(b_2) = N(-b_2)$ können wir dann als (risikoneutrale) Ausfallwahrscheinlichkeit ansehen.

Gemäß der Optionspreisformel von Black-Scholes gilt für b_2:

$$b_2 = \frac{\ln\left(\frac{V_U}{F}\right) + \left(r - \frac{\sigma_V^2}{2}\right) \cdot T}{\sigma_V \cdot \sqrt{T}} = \frac{\ln V_U + \left(r - \frac{\sigma_V^2}{2}\right) \cdot T - \ln F}{\sigma_V \cdot \sqrt{T}}. \qquad \text{(I1-19)}$$

Der Ausdruck $\ln V_U + \left(r - \frac{\sigma_V^2}{2}\right) \cdot T$ im Zähler von (I1-19) entspricht dem (risikoneutralen) Erwartungswert für den logarithmierten Unternehmenswert im Fälligkeitszeitpunkt des Kredites T, $\mathrm{E}[\ln V_U(T)]$. Setzen wir dies in den Zähler von (I1-19) ein,

$$b_2 = \frac{\mathrm{E}[\ln V_U(T)] - \ln F}{\sigma_V \cdot \sqrt{T}} \qquad (\text{\textit{,,Distance-from-Default``}}), \qquad \text{(I1-20)}$$

so sehen wir, dass die Solvenzwahrscheinlichkeit davon abhängt, wie weit der für den Fälligkeitszeitpunkt des Kredites erwartete Unternehmenswert von der Insolvenzgrenze entfernt ist. Als Maßstab für die Entfernung wird die (Momentan-) Standardabweichung der Unternehmenswertänderung verwendet. In der Terminologie von KMV wird (I1-20) als *,,Distance-from-Default``* (DFD) bezeichnet. Wird die *Distance-from-Default* in die Formel für die Wahrscheinlichkeit einer standardnormalverteilten Zufallsvariablen eingesetzt, erhalten wir die Solvenzwahrscheinlichkeit.

Wir wollen die Zusammenhänge anhand eines Beispiels, das eine stark vereinfachte Version von (I1-20) verwendet, verdeutlichen. Wir nehmen folgende Werte an: $\mathrm{E}[V_U] = 100$, $F = 80$, $\sigma_V = 10$ und $T = 1$. σ_V sei hier die jährliche Standardabweichung für den Unternehmenswert. Die vereinfachte *Distance-from-Default* $(\mathrm{E}[V_U] - F)$ beträgt dann das Doppelte der Standardabweichung. Da V_U annahmegemäß standardnormalverteilt ist, liegen ungefähr 95% der Wahrscheinlichkeitsmasse im Intervall $\mathrm{E}[V_U] \pm 2\sigma_V$, d. h. die Wahrscheinlichkeit, dass der Unternehmenswert um mehr als $20 = 2\sigma_V$ sinkt, beträgt 2,5% (siehe Abbildung I1.14). Diese Ausfallwahrscheinlichkeit heißt im *Credit-Monitor-Model ,,Expected-Default-Frequency``* (EDF).

Diese aus einem theoretischen Modell abgeleitete EDF ist allerdings für den Einsatz in der Praxis nicht unmittelbar geeignet, da zu ihrer Herleitung eine Reihe von zum Teil recht restriktiven Annahmen getroffen wurden:

- $\mathrm{E}[\ln V_U(T)]$ beruht nicht auf einer ,,realen`` Wahrscheinlichkeitsverteilung, sondern auf sogenannten risikoneutralen Wahrscheinlichkeiten. Um den ,,realen`` Erwartungswert zu erhalten, muss in Formel (I1-19) der sichere Zinssatz r durch die Drift μ des stochastischen Prozesses, der die Entwicklung des Unternehmenswertes beschreibt, ersetzt werden.

- Insolvenz tritt im Modell immer dann ein, wenn der Unternehmenswert geringer ist als der Betrag der Verbindlichkeiten. Da Unternehmenswerte nicht beobachtbar sind, ist dieses Kriterium nicht anwendbar, vielmehr ist durchaus möglich, dass Unternehmen noch als solvent gelten, obwohl der Wert der Akti-

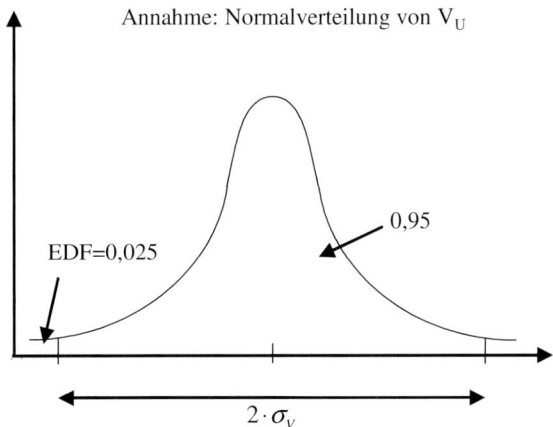

Abb. I1.14: Distance-from-Default (DFD) und Expected-Default-Frequency (EDF) im Credit Monitor Model

va niedriger ist als der Betrag der Verbindlichkeiten. Im *Credit-Monitor-Model* wird deshalb der Abstand des Unternehmenswertes von einem Ausfallpunkt gemessen, der sich aus den kurzfristigen Verbindlichkeiten zuzüglich der Hälfte der langfristigen Verbindlichkeiten zusammensetzt. Dieser Wert hat sich in empirischen Untersuchungen als geeignet für die Schätzung von Ausfallwahrscheinlichkeiten erwiesen.

- Kreditausfälle können auch auftreten, ohne dass eine Insolvenz vorliegt. Bisweilen verzichten Gläubiger auf einen Teil ihrer Forderung, um damit das Überleben des Schuldnerunternehmens zu ermöglichen und noch höhere Ausfälle zu vermeiden.
- Der Formel (I1-20) liegt die Annahme zugrunde, dass die Veränderung des Unternehmenswertes lognormalverteilt ist. Es ist keineswegs gewährleistet, dass diese Annahme in der Realität erfüllt ist.
- Bei der Herleitung von (I1-20) wurde angenommen, dass der Betrag der Verbindlichkeiten über die Zeit hinweg konstant ist. Zu beobachen ist aber, dass Unternehmen kurz vor Eintritt der Insolvenz noch versuchen, neues Fremdkapital aufzunehmen, um damit fällige Zahlungsverpflichtungen erfüllen zu können.

Um die Schätzgenauigkeit zu verbessern, verwenden KMV daher eine empirisch ermittelte Expected Default Frequency. Hierzu greifen sie auf eine Datenbank zurück, in der die *Distance-from-Default*-Werte vieler Unternehmen enthalten sind. Die empirische EDF für einen Schuldner mit einer DFD in Höhe von α ergibt sich als Anteil der Unternehmen mit der DFD von α, die innerhalb eines Jahres insolvent wurden, an der Gesamtzahl aller Unternehmen in der Datenbank mit einer DFD von α.

$$\text{Empirische EDF} = \frac{\begin{array}{c}\text{Anzahl der Unternehmen mit einer DFD von } \alpha, \\ \text{die innerhalb eines Jahres insolvent wurden}\end{array}}{\begin{array}{c}\text{Gesamtzahl der Unternehmen mit einer DFD} \\ \text{von } \alpha\end{array}}.$$

Einer Schätzung der EDF's für praktische Anwendungen steht noch entgegen, dass weder V_U noch σ_V beobachtet werden können. Dieses Problem kann umgangen werden, wenn der Wert des Eigenkapitals E und dessen Volatilität σ_E beobachtbar sind. Formel (I1-18) kann invertiert werden um V_U als Funktion von E darzustellen und zwischen σ_E und σ_V besteht ferner die Beziehung:

$$\sigma_E = \frac{V_U}{E} \cdot N\big(b_2 + \sigma_V \cdot \sqrt{T}\big) \cdot \sigma_V. \tag{I1-21}$$

Aus den beiden Beziehungen (I1-18) und (I1-21) können somit sowohl der Unternehmenswert als auch dessen Volatilität ermittelt werden (vgl. CROUHY *et al.* (2001), S. 367 sowie zu weiterführenden Methoden für die praktische Anwendung BLUHM *et al.* (2003), S. 138ff.).

KMV auf der einen Seite und die Rating-Agentur Moody's auf der anderen Seite haben heftig darum gestritten, ob das *Credit-Monitor-Model* den klassischen Ratings überlegen sei. Von KMV wurde angeführt und anhand zahlreicher Beispiele belegt, dass die von ihnen berechneten EDF's auf die Gefahr von Kreditausfällen wesentlich früher reagieren als die Downgrades der Rating-Agenturen. Auch eine empirische Studie von DELIANEDIS und GESKE (1999) kommt zu dem Ergebnis, dass Informationen über den künftigen Unternehmenswert in Aktien früher verarbeitet sind als in Ratings. Inzwischen ist dieser Streit verstummt, da Moody's die Firma KMV aufgekauft hat und deren Produkte nun selbst anbietet.

Die Qualität der EDF's hängt davon ab, wie informationseffizient der Aktienmarkt ist. Je mehr Infomationen über die künftige Ertragslage in den Aktienkursen enthalten sind, desto aussagekräftiger sind Aktienkurse im Hinblick auf Ausfallrisiken. Ein Vorteil des *Credit-Monitor-Model's* liegt darin, dass EDF's prinzipiell jederzeit neu berechnet werden können, wohingegen Ratings normalerweise nur in periodischen Abständen – meist ein Jahr – aktualisiert werden. Der größte Nachteil des *Credit-Monitor-Model's* ist, dass es nur bei börsengehandelten Unternehmen anwendbar ist. Dieser Nachteil wiegt in Ländern mit ausgeprägter Aktienkultur weniger gravierend als in Deutschland, wo die Anzahl der börsengehandelten Aktiengesellschaften immer noch relativ klein ist.

I1.2.9 Schätzung von Ausfallwahrscheinlichkeiten aus Anleihepreisen

Das Instrumentarium der Optionspreistheorie kann auch angewendet werden, um aus den Preisen für börsengehandelte Unternehmensanleihen (*corporate bonds*) Ausfallwahrscheinlichkeiten abzuleiten. Hierzu betrachten wir eine Unternehmensanleihe mit der Zahlungsstruktur eines Zero-Bonds und vergleichen deren Wert mit dem einer risikolosen Staatsanleihe mit identischer Restlaufzeit, identischer Zahlungsstruktur und identischem Nominalwert. Sollte eine solche Staatsanleihe nicht verfügbar sein, kann auch eine hypothetische Staatsanleihe, deren Wert aus der Zinsstrukturkurve ermittelt werden kann, verwendet werden. Die Wertdifferenz zwischen dieser Staatsanleihe $\pi_S(F,T)$ und der Unternehmensanleihe $\pi_D(F,T)$ entspricht den Kosten des Kreditausfallrisikos und kann als Wert einer Verkaufsoption auf den Unternehmenswert interpretiert werden. Zwischen dem Wert der Verkaufsoption π_P und dem Unternehmenswert V_U besteht nach der Black-Scholes-Formel die Beziehung:

$$\pi_P = F \cdot e^{-r \cdot T} \cdot N(-b_2) - V_U \cdot N\big(-b_2 - \sigma_V \cdot \sqrt{T}\big). \tag{I1-22}$$

Wenn σ_V exogen vorgegeben werden kann, lässt sich aus (I1-22) sowohl der Unternehmenswert als auch die (risikoneutrale) Ausfallwahrscheinlichkeit $N(-b_2)$ ermitteln. Die Kenntnis von σ_V ist nicht erforderlich, wenn statt dessen E, der Marktwert des Eigenkapitals, bekannt ist.

Zur Schätzung der Ausfallwahrscheinlichkeit können wir auch an dem Credit Spread, d. h. an der Renditedifferenz zwischen einer risikolosen Anleihe und einer ausfallbedrohten Anleihe anknüpfen (vgl. CROUHY *et al.* (2001), S. 415ff. und LI (1999)). Nehmen wir an, wir kennen die Yield-to-Maturities sowohl für risikolose Nullkuponanleihen unterschiedlicher Laufzeit als auch für Nullkuponanleihen einer bestimmten Ratingklasse. Aus den Yield-to-Maturities $(i_{0,t})_t$ können wir aufgrund der Beziehung

$$i^f_{t-1,t} = \frac{(1 + i_{0,t})^t}{(1 + i_{0,t-1})^{t-1}} - 1$$

die Ein-Jahres Forward Rates $i^f_{t-1,t}$ für (fiktive) Zinstermingeschäfte ermitteln, die im Zeitpunkt $t - 1$ beginnen, und zwar sowohl für die risikolose als auch für die risikobehaftete Anleihe. Die Differenz zwischen den Terminzinssätzen können wir als Termin-Credit-Spread FS_t bezeichnen. Der Termin-Credit-Spread ergibt sich als Produkt aus dem erwarteten LGD und der (marginalen) Ausfallwahrscheinlichkeit für die Periode t, λ_t, wobei es sich auch hier um risikoneutrale Wahrscheinlichkeiten und Erwartungswerte handelt:

$$\mathrm{FS}_t = \lambda_t \cdot \mathrm{LGD}. \tag{I1-23}$$

Ist der LGD bekannt, so erhalten wir daraus

$$\lambda_t = \frac{\mathrm{FS}_t}{\mathrm{LGD}}.$$

Die kumulative Wahrscheinlichkeit für einen Ausfall bis zum Zeitpunkt t erhalten wir als Summe aus der Wahrscheinlichkeit, dass der Kredit bis zum Zeitpunkt $t - 1$ bereits ausgefallen (P_{t-1}) ist, zuzüglich der Wahrscheinlichkeit, dass der Kredit genau in der Periode t ausfällt:

$$P_t = P_{t-1} + (1 - P_{t-1}) \cdot \lambda_t.$$

I1.2.10 Schätzung von Kreditrisikoparametern aus CDS-Spreads

Eine weitere Möglichkeit zur Ermittlung von Ausfallwahrscheinlichkeiten aus Marktdaten besteht darin, den in den letzten Jahren wachsenden Markt für Kreditderivate als Datengrundlage zu nutzen. Zu den meistgehandelten Produkten unter den Kreditderivaten zählt der Credit Default Swap (CDS), mit dem Kreditrisiken handelbar gemacht werden können. Da sich – in Analogie zu den Spreads von Unternehmensanleihen – ein CDS-Spread ebenfalls, zumindest approximativ, aus dem Produkt von erwarteter Ausfallwahrscheinlichkeit und erwarteter Verlustquote zusammen setzt, eröffnet der CDS-Markt weitere Perspektiven zur Quantifizierung von Ausfallwahrscheinlichkeiten und Kreditrisiken generell. Neben der für eine Extrahierung von Kreditrisikoparametern nötigen Liquidität des Marktes eignen sich die CDS-Kontrakte auch wegen der durch die International Swaps and Derivatives Association (ISDA) vorgenommenen Standardisierung dieser Produkte. Die von der ISDA definierten Rahmenverträge schaffen neben der Rechtssicherheit der Kontrahenten auch eine Vereinheitlichung der Vertragskomponenten (vgl. MARTIN et al. (2006), S. 8ff.), was einer präziseren Analyse von Kreditrisiken zugute kommt.

Wie bereits im vorherigen Abschnitt beschrieben, lassen sich Ausfallwahrscheinlichkeiten nur dann aus Marktdaten extrahieren, wenn die Verlustquote exogen vorgegeben wird, entweder als fester Parameter oder als Funktion bekannter Parameter. Das liegt daran, dass sich der Credit Spread (CS) symmetrisch aus (erwarteter) Ausfallwahrscheinlichkeit und (erwarteter) Verlustquote zusammensetzt, CS $\approx \lambda \cdot$ LGD (vgl. (I1-23)), folglich gibt es unendlich viele Kombinationen aus λ und LGD, die denselben Credit Spread ergeben. Dieses *Identifikationsproblem* lässt sich nur durch zusätzliche Annahmen an die Verteilungen von Ausfallwahrscheinlichkeit und Verlustquote lösen. Aus diesem Grund wird in vielen Kreditrisikomodellen die Verlustquote als exogen definierte Größe angenommen, in vielen Fällen sogar als fester Parameter.

Im Folgenden beschreiben wir kurz die Möglichkeiten einer Extrahierung von Kreditrisikoparamtern aus CDS-Spreads (vgl. TARASHEV und ZHU (2008) sowie DAS und HANOUNA (2009)). Die verschiedenen Ansätze unterscheiden sich primär hinsichtlich der unterstellten Annahmen über Ausfallwahrscheinlichkeit und Verlustquote.

Zur Ermittlung von (risikoneutralen) Ausfallwahrscheinlichkeiten aus CDS-Spreads kann man wie folgt vorgehen. Bei einem typischen CDS-Kontrakt zahlt der Sicherungsnehmer eine regelmäßige Risikoprämie s, den CDS-Spread, im Gegenzug leistet der Sicherungsgeber im Fall eines vordefinierten Kreditereignisses (für ein Referenzaktivum) eine vereinbarte Ausgleichszahlung (LGD). Wir nehmen an, dass der betrachtete Kontrakt in $t = 0$ zustande gekommen sei mit einer vereinbarten Laufzeit T. Im Marktgleichgewicht müssen der Barwert der Prämienzahlungen und der Barwert der Entschädigungszahlung gleich sein, d. h. es gilt

$$ s \int_0^T e^{-r_t t} S(t)\, dt = \text{LGD} \int_0^T e^{-r_t t} \lambda(t)\, dt \,, \qquad (\text{I1-24}) $$

wobei r_t der risikolose Zins, $\lambda(t)$ die risikoneutrale Ausfallintensität des Referenz-schuldners und entsprechend $S(t) = 1 - \int_0^t \lambda(t)dt$ die risikoneutrale Überlebens-wahrscheinlichkeit sei. Als erste Einschränkung unterstellen wir in (I1-24), dass die ggf. zu zahlende Ausgleichszahlung bei Vertragsabschluss fix sei, d. h., LGD beschreibt den erwarteten Verlust im Fall des Kreditereignisses, unabhängig von dessen Eintrittszeitpunkt. Wenn wir zusätzlich annehmen, dass die Zinsstruk-turkurve flach und die Ausfallintensität zeitunabhängig ist, so erhalten wir aus (I1-24) die risikoneutrale Ausfallwahrscheinlichkeit

$$\text{PD} \equiv \lambda = \frac{s \cdot (1 - e^{-rT})}{\text{LGD} \cdot (1 - e^{-rT}) + s \cdot (1 - e^{-rT}(T+1))}. \qquad (\text{I1-25})$$

Auf der Basis von CDS-Spreads, erwartetem LGD und risikolosem Zins lassen sich somit – unter den entsprechenden Voraussetzungen – aus (I1-25) risikoneu-trale Wahrscheinlichkeiten ableiten. Bitte beachten Sie, dass die Ausfallintensität annahmegemäß während der gesamten Vertragslaufzeit des CDS-Kontrakts fix ist (vgl. TARASHEV und ZHU (2008)).

Die Ermittlung der risikoneutralen Ausfallwahrscheinlichkeiten nach TARAS-HEV und ZHU (2008) setzt die Kenntnis der erwarteten Ausgleichszahlung vor-aus. Greift man auf unterschiedliche Marktdaten zurück, so kann man beide Parameter, Ausfallwahrscheinlichkeiten und Verlustquoten, simultan ermitteln.

Beispielsweise verwenden DAS und HANOUNA (2009) neben CDS-Spreads und risikolosen Zinssätzen auch Aktienkurse (und -volatilitäten), um risikoneutrale Verläufe sowohl zukünftiger Ausfallwahrscheinlichkeiten als auch zukünftiger Re-covery Rates zu ermitteln. Im Unterschied zu dem vorherigen Ansatz handelt es sich hierbei um einen diskreten Modellrahmen, in dem das typische Bino-mialmodell (in jedem Zeitpunkt) um einen *Ausfallzustand* erweitert wird. Der Aktienkurs S wird entsprechend wie folgt modelliert:

$$S = \begin{cases} Su = Se^{\sigma\sqrt{h}}, & \text{mit W'keit } q(1-\lambda), \\ Sd = Se^{-\sigma\sqrt{h}}, & \text{mit W'keit } (1-q)(1-\lambda), \\ 0, & \text{mit W'keit } \lambda, \end{cases} \qquad (\text{I1-26})$$

wobei σ die Aktienkursvolatiliät, h die Zeitintervalllänge, q die typische Sprung-wahrscheinlichkeit eines Binomialmodells und entsprechend λ die unbekannte Ausfallwahrscheinlichkeit des diskreten Modells darstellen. Auf Basis dieses An-satzes definieren DAS und HANOUNA (2009) die Ausfallwahrscheinlichkeit durch

$$\lambda = 1 - e^{-\xi h} \qquad \text{mit } \xi = S^{-b}, \qquad (\text{I1-27})$$

mit b als unbekanntem Parameter. Ein fallender Aktienkurs impliziert somit eine höhere Ausfallwahrscheinlichkeit. Darauf aufbauend wird schließlich die Recove-ry Rate (Recovery of Par) durch

$$\text{RR} = N(a_0 + a_1 \cdot \lambda) \qquad (\text{I1-28})$$

spezifiziert, mit den unbekannten Paramtern a_0 und a_1. Die stochastische Aus-gleichszahlung hängt damit annahmegemäß von der Ausfallwahrscheinlichkeit und somit von demjenigen stochastischen Prozess ab, der das Eigenkapital modelliert.

Die Ermittlung von risikoneutraler Ausfallwahrscheinlichkeit und Recovery Rate erfolgt in diesem Modell dann durch Schätzung der drei unbekannten Größen a_0, a_1 und b, indem der aus dem Ansatz resultierende CDS-Spread mit dem beobachtenbaren Markt-CDS-Spread gleichgesetzt wird. Bitte beachten Sie, dass die Recovery Rate im Unterschied zu TARASHEV und ZHU (2008) an dieser Stelle nicht als ex ante fix angenommen wird, was erst durch die Hinzunahme weiterer Marktdaten, die kreditrisikorelevante Informationen beinhalten, möglich wird. Das Modell von DAS und HANOUNA (2009) identifiziert zudem nicht nur einzelne Werte für die Kreditrisikoparameter, sondern ermittelt modellendogen spezifizierte Funktionen für die Ausfallwahrscheinlichkeit und die Verlustquote.

I2 Kreditportfoliomodelle

1. Mit Hilfe von Kreditportfoliomodellen lassen sich unter Berücksichtigung stochastischer Abhängigkeiten zwischen der Bonitätsentwicklung verschiedener Schuldner Aussagen über die Wahrscheinlichkeit zukünftiger Wertentwicklungen eines Kreditportfolios treffen. Damit können insbesondere Risikomaßzahlen, wie der Value at Risk, für Kreditportfolios berechnet werden.
2. CreditMetrics™, CreditRisk^{+}™, Portfolio Manager™ und CreditPortfolioView™ gehören zu den zur Zeit bekanntesten Kreditportfoliomodellen. Sie unterscheiden sich hinsichtlich einer Vielzahl von Merkmalen, z. B. dem Risikoverständnis, der Art der Modellierung stochastischer Abhängigkeiten oder den Verteilungsannahmen für die Risikofaktoren.
3. Bei CreditMetrics™ werden sämtliche barwertigen Veränderungen des Wertes einer Forderung infolge eines sich verändernden Ratings des Schuldners berücksichtigt. Dabei wird eine Änderung des Ratings als Ergebnis einer bestimmten Unternehmenswertentwicklung interpretiert. CreditRisk^{+}™ erfasst dagegen ausschließlich Verluste, die aus dem Ausfall eines Schuldners resultieren.

I2.1 Struktur von Kreditportfoliomodellen

Im Mittelpunkt dieses Abschnitts stehen Modelle, die Kreditrisiken auf Portfolioebene messen. Das Ziel derartiger Modelle ist es, Aussagen über die Wahrscheinlichkeit zukünftiger – insbesondere negativer – Wertentwicklungen eines Kreditportfolios treffen zu können. Solche Modelle wollen wir im Folgenden Kreditportfoliomodelle nennen. Zentrales Kennzeichen aller Kreditportfoliomodelle ist, dass Korrelationen zwischen den Bonitätszustandsänderungen verschiedener Schuldner eines Kreditportfolios bei der Bestimmung der Wahrscheinlichkeitsverteilung zukünftiger Wertveränderungen des Portfolios erfasst werden.

Durch die Erfassung stochastischer Abhängigkeiten zwischen den Bonitätsveränderungen der Schuldner ist es insbesondere möglich, den Einfluss von Klumpenrisiken auf den Risikogehalt von Kreditportfolios zu untersuchen. Von Klumpenrisiken wird gesprochen, wenn ein Portfolio entweder einzelne Kreditnehmer mit sehr großen Kreditbeträgen oder viele einzelne Schuldner, deren Bonitätsänderungen tendenziell in die gleiche Richtung weisen, z. B. weil sie in der gleichen Branche tätig sind, enthält. Die aus der Messung des Kreditportfoliorisikos gewonnenen Erkenntnisse können dann beispielsweise zur Berechnung des für ein Kreditportfolio notwendigen ökonomischen Kapitals, als Ausgangspunkt für ein aktives Portfoliomanagement (z. B. durch den Einsatz von Kreditderivaten oder Asset-Backed-Securities, siehe hierzu Kapitel I4) oder zur auf dem marginalen Risikobeitrag eines Titels basierenden Margenbestimmung genutzt werden. Des Weiteren ist denkbar, dass in der ferneren Zukunft Kreditportfoliomodelle zur Regulierung von Ausfallrisiken bei Kreditinstituten verwendet werden können. Analog zu den in Deutschland zulässigen internen Risikomodellen für Marktrisikopositionen (vgl. Abschnitt J5.2) könnte die Eigenmittelberechnung zur Unterlegung von Ausfallrisiken an der mit Hilfe von Kreditportfoliomodellen ermittelten VaR-Kennzahl anknüpfen. Mit dem Hinweis auf fehlende Daten und Modellvalidierungen lehnt dies die Bankenaufsicht zurzeit noch ab.

Die bekanntesten Kreditportfoliomodelle, die in den letzten Jahren vorgestellt wurden, sind:

- CreditMetrics^{TM} von der mittlerweile zur Chase Gruppe gehörenden Investmentbank JPMorgan,
- Portfolio Manager^{TM} von der inzwischen von Moody's aufgekauften, auf die Entwicklung von Software zum Kreditrisikomanagement spezialisierten Firma Kealhofer, McQuown and Vasicek (KMV),
- CreditRisk$^{+\text{TM}}$ von Credit Suisse Financial Products (CSFP) und
- CreditPortfolioView^{TM} von der Unternehmensberatung McKinsey & Company.

Daneben wurden von größeren Banken oder Bankverbänden auch interne Modelle entwickelt, die jedoch häufig „Derivate" der oben genannten Produkte sind. Im Folgenden wollen wir Ihnen die Funktionsweise von zwei dieser Modelle, CreditMetrics^{TM} und CreditRisk$^{+\text{TM}}$, etwas näher bringen. Zuvor möchten wir aber sowohl einige grundsätzliche Gemeinsamkeiten als auch Unterscheidungsmerkmale von Kreditportfoliomodellen diskutieren (vgl. hierzu auch BASEL COMMITTEE ON BANKING SUPERVISION (1999)).

Allen Ansätzen gemeinsam ist, dass letztlich die Wahrscheinlichkeitsverteilung der Zufallsvariablen „Kreditportfolioverlust" bzw. „Kreditportfoliowert" zu einem genau spezifizierten, zukünftigen Zeitpunkt, dem Risikohorizont, bestimmt werden soll. Um diese Wahrscheinlichkeitsverteilung zu ermitteln, müssen zum einen die *gemeinsamen* Eintrittswahrscheinlichkeiten aller am Risikohorizont möglichen Bonitätszustandskombinationen der Schuldner des Kreditportfolios bestimmt werden. Zum anderen muss für jede mögliche Bonitätszustandskombination eine Neubewertung des Kreditportfolios am Risikohorizont vorgenommen werden. Durch Zuordnung der gemeinsamen Wahrscheinlichkeit für das Eintreten einer bestimmten Bonitätszustandskombination am Risikohorizont zu dem entsprechenden Kreditportfoliowert bei dieser Bonitätszustandskombination lässt sich dann die Wahrscheinlichkeitsverteilung des Kreditportfoliowertes am Risikohorizont bestimmen. Trotz dieser gemeinsamen grundlegenden Struktur unterscheiden sich die in der Praxis verwendeten Kreditportfoliomodelle jedoch hinsichtlich einer Vielzahl von Merkmalen, z. B. bezüglich der:

- *Wahl des Risikohorizontes*: Typischerweise wird ein Ein-Jahres-Risikohorizont verwendet. Als Begründungen hierfür werden beispielsweise angeführt, dass dies der typische Zeitraum sei, in dem neues Kapital zum Auffangen von Kreditportfolioverlusten jenseits des Risikohorizontes beschafft werden könne oder neue Daten über Ausfallraten von Schuldnern durch Ratingagenturen veröffentlicht werden.
- *Risikodefinition*: Hinsichtlich der Risikodefinition ist zwischen Modellen mit so genanntem *Ausfallmodusparadigma* und solchen mit so genanntem *Marktwertparadigma* zu unterscheiden. Bei der erstgenannten Modellklasse, zu der beispielsweise CreditRisk$^{+\text{TM}}$ gehört, werden bis zum Risikohorizont lediglich Wertverluste der im Portfolio enthaltenen Titel aufgrund von Ausfallereignissen berücksichtigt. Für jeden Titel sind somit am Risikohorizont nur zwei Werte möglich: Ist es bis zum Risikohorizont zur Insolvenz gekommen, so ist der zukünftige Wert des Titels gleich der Recovery Rate (1-LGD) multipliziert mit der Höhe der ausstehenden Forderung bei einem Ausfall (EAD). Ist der Schuldner am Risikohorizont noch solvent, so entspricht der Wert des Titels im Allgemeinen dem Buchwert (unter Berücksichtigung eventueller Kapitalrückzahlungen bis zum Risikohorizont). Bei Modellen mit Marktwertparadigma, ein Beispiel hierfür ist CreditMetrics^{TM}, werden sämtliche Wertveränderungen der im Portfolio enthaltenen Titel bis zum Risikohorizont, welche durch eine Veränderung der Bonität der Schuldner hervorgerufen werden, erfasst. Wird die Bonität eines Schuldners durch sein Rating am Risikohorizont gemessen, so muss für jede mögliche Ratingklassenzugehörigkeit eine marktgerechte Neubewertung des Titels am Risikohorizont vorgenommen werden. Zu beachten ist, dass unter dem Marktwertparadigma auch eine Wertsteigerung eines Kredites oder einer Anleihe als Folge einer verbesserten Bonität eines Schuldners möglich ist.
- *Neubewertung am Risikohorizont*: In den meisten Kreditportfoliomodellen mit Marktwertparadigma erfolgt die Neubewertung von Krediten oder Anleihen am Risikohorizont durch eine einfache Barwertberechnung der jenseits des Risikohorizontes anfallenden vertraglich vereinbarten Zahlungen. Zur Diskontierung werden die aktuell am Markt (durchschnittlich) je Ratingklasse beobachtbaren risikoadjustierten Terminzinssätze für die Zeitintervalle, die am Risikohorizont beginnen und im jeweiligen Rückflusszeitpunkt enden, verwendet. Stochastische Veränderungen der (ausfall-) risikolosen Zinsstruktur oder der Credit Spreads je Ratingklasse bis zum Risikohorizont werden in den meisten Modellen nicht erfasst (zur daraus resultierenden Unterschätzung des Risikogehalts eines Kreditportfolios vgl. GRUNDKE (2003) und GRUNDKE (2004)).

- *Berücksichtigung der aktuellen Wirtschaftslage*: Kreditportfoliomodelle unterscheiden sich auch dahingehend, ob aktuelle Informationen über die gesamtwirtschaftliche Lage bei der Bestimmung der gemeinsamen Bonitätsänderungswahrscheinlichkeiten der Schuldner und damit auch bei der Berechnung der Wahrscheinlichkeitsverteilung des Kreditportfoliowertes berücksichtigt werden oder nicht. Ein Beispiel für ein Modell, bei dem derartige Informationen berücksichtigt werden (derartige Modelle werden auch *bedingte Modelle* genannt), ist CreditPortfolioView™.

- *Verfahren zur Berechnung der Wahrscheinlichkeitsverteilung des Kreditportfoliowertes*: Bei den meisten der gegenwärtig verwendeten Kreditportfoliomodelle wird die Wahrscheinlichkeitsverteilung des Kreditportfoliowertes im Rahmen einer so genannten Monte Carlo-Simulation bestimmt. Dies ist beispielsweise beim nachfolgend vorgestellten Modell CreditMetrics™ der Fall. Beim Modell CreditRisk$^+$ kann die Wahrscheinlichkeitsverteilung dagegen analytisch berechnet werden, wodurch der Rechenaufwand erheblich reduziert wird.

- *Erfassung von Abhängigkeiten zwischen stochastischen Größen*: Grundsätzlich müssten in einem Kreditportfoliomodell stochastische Abhängigkeiten zwischen den individuellen Bonitätszustandsprozessen, den individuellen Verlustquoten (LGD) und den ausstehenden Forderungsbeträgen bei einem Ausfall (EAD) aller Schuldner bzw. Titel eines Portfolios berücksichtigt werden. Aufgrund der im Allgemeinen sehr dünnen Datenbasis im Kreditrisikobereich werden in der Praxis jedoch meist nur Korrelationen zwischen den Bonitätszustandsprozessen der einzelnen Schuldner erfasst und stochastische Unabhängigkeit zwischen den LGD's und den EAD's sowie zwischen den Bonitätszustandprozessen und den LGD's und den EAD's unterstellt. Die Annahme der stochastischen Unabhängigkeit der verschiedenen Größen ist jedoch häufig nicht sachgerecht. Wird beispielsweise der Fall eines durch Grundpfandrechte besicherten Kredites betrachtet, so kann in Rezessionen die Ausfallwahrscheinlichkeit des Kreditnehmers steigen und gleichzeitig der Wert der durch ihn gestellten Sicherheiten und damit auch die Höhe der Befriedigungsquote im Insolvenzfall abnehmen. Damit bestünde eine positive Korrelation zwischen dem Ausfallereignis des Schuldners und seines individuellen LGD (zur Modellierung dieses Zusammenhangs durch die Annahme, dass sowohl die Unternehmensaktivarendite eines Schuldners als auch der Wert der durch ihn gestellten Sicherheit von einem gemeinsamen systematischen Risikofaktor abhängen, vgl. FRYE (2000); zu empirischen Untersuchungen über den Zusammenhang zwischen LGD's und systematischen Risikofaktoren vgl. HARTMANN-WENDELS und HONAL (2010)).

12.2 Das Asset Value-Modell CreditMetrics™

CreditMetrics™ ist ein ratingbasiertes Kreditportfoliomodell mit Marktwertparadigma, d. h., ausgehend vom aktuellen Rating jedes Schuldners eines Portfolios

– es wird also vorausgesetzt, dass jeder Schuldner ein Rating besitzt – wird die Wahrscheinlichkeitsverteilung für Veränderungen des Kreditportfoliowertes am Risikohorizont aufgrund von Bonitätszustandsänderungen (Ratingveränderungen oder Insolvenz) der Kreditnehmer bestimmt.[1] Grundsätzlich muss dazu für jede Bonitätszustandskombination der Schuldner am Risikohorizont eine Neubewertung des Kreditportfolios durchgeführt und die *gemeinsame* Wahrscheinlichkeit für den Eintritt der Bonitätszustandskombination berechnet werden.

Die Neubewertung jedes einzelnen Titels in Abhängigkeit von dem am Risikohorizont gültigen Rating des Schuldners stellt hierbei den leichteren Teil der Aufgabe dar, weil dies nichts anderes als eine Barwertberechnung ist. Die vertraglich vereinbarten, jenseits des Risikohorizontes anfallenden Rückflüsse eines Titels, also z. B. Kupon- und Tilgungszahlungen bei Anleihen oder Krediten[2], werden mit Hilfe so genannter risikoadjustierter Terminzinssätze laufzeitadäquat diskontiert. „Risikoadjustiert" bedeutet, dass die Terminzinssätze umso höher sind, je schlechter das Rating des Schuldners ist, wodurch das höhere Ausfallrisiko eines Schuldners mit schlechterem Rating zum Ausdruck kommt. Die Differenz zwischen (ausfall-) risikolosem Terminzinssatz und risikoadjustiertem Terminzinssatz wird als (Termin-) Credit Spread bezeichnet. Die als Modellinput benötigten risikoadjustierten Terminzinssätze können aus den aktuell beobachtbaren Renditen von Unternehmensanleihen der verschiedenen Ratingklassen herausgerechnet werden.[3] JPMorgan stellt diese beispielsweise auf ihrer Homepage für ihre Kunden bereit (siehe Tabelle I2-1).

Offensichtlich werden damit bei der Neubewertung weder stochastische Veränderungen der (ausfall-) risikolosen Zinsstruktur bis zum Risikohorizont noch Veränderungen des durchschnittlichen Credit Spreads je Ratingklasse oder Abweichungen des schuldnerspezifischen Credit Spreads vom Durchschnitt seiner Ratingklasse berücksichtigt. Das Prinzip der ratingabhängigen Neubewertung möchten wir Ihnen an einem Beispiel demonstrieren (GUPTON *et al.* (1997), S. 27). Gehen Sie hierzu von einer vorrangigen, unbesicherten Unternehmensanleihe mit endfälliger Tilgung, 5 Jahren Restlaufzeit, einem jährlichen Kupon von 6% sowie einem Nominalbetrag von 100 Geldeinheiten aus. Der Emittent dieser Anleihe ist gegenwärtig mit BBB geratet und nach Ablauf eines Jahres, dem Risikohorizont, sei er nach A hochgeratet worden. Der Wert dieser Anleihe am Risikohorizont wird dann wie folgt berechnet:

---

[1] Die dem Modell CreditMetrics™ zugrunde liegende Konzeption ist ausführlich in einem technischen Dokument erklärt (vgl. GUPTON *et al.* (1997)). Daneben finden sich zahlreiche Modelldarstellungen in der Sekundärliteratur (vgl. beispielsweise CROUHY *et al.* (2000), S. 62ff., GRUNDKE (2000) oder SAUNDERS und ALLEN (2002), S. 84ff., S. 165ff.).

[2] Auf die etwas aufwändigere Methodik zur Neubewertung von beispielsweise Kreditzusagen oder OTC-Marktpreisderivaten wollen wir hier nicht eingehen (vgl. hierzu GUPTON *et al.* (1997), S. 41ff.).

[3] Zur Problematik bei der Interpretation der aus Unternehmensanleihen herausgerechneten Terminzinssätze als diejenigen Zinssätze, zu denen Geldanlagen bzw. Kreditaufnahmen per Termin möglich sind, vgl. UHRIG-HOMBURG (2001), S. 39ff.

Tab. I2-1: Terminzinssätze in Abhängigkeit von der Ratingklasse – Termin 1 Jahr und Laufzeit (LZ) von 1 bis 4 Jahren

Rating	LZ 1 Jahr	LZ 2 Jahre	LZ 3 Jahre	LZ 4 Jahre
AAA	3,60%	4,17%	4,73%	5,12%
AA	3,65%	4,22%	4,78%	5,17%
A	3,72%	4,32%	4,93%	5,32%
BBB	4,10%	4,67%	5,25%	5,63%
BB	5,55%	6,02%	6,78%	7,27%
B	6,05%	7,02%	8,03%	8,52%
CCC	15,05%	15,02%	14,03%	13,52%

Quelle: GUPTON *et al.* (1997), S. 27.

Wert der Anleihe am Risikohorizont (Rating A)

$$= 6 + \frac{6}{1+0,0372} + \frac{6}{(1+0,0432)^2} + \frac{6}{(1+0,0493)^3} + \frac{106}{(1+0,0532)^4}$$

$$= 108,66.$$

Die verwendeten Terminzinssätze stammen aus der zur Ratingklasse A gehörenden Zeile von Tabelle I2-1. Analog könnte nun auch für die anderen möglichen Ratingklassen der Wert der Anleihe am Risikohorizont berechnet werden.

Kommt es bei einem Titel bis zum Risikohorizont zu einem Ausfall, so wird durch eine betaverteilte Zufallsvariable, deren Erwartungswert und Standardabweichung den in Abhängigkeit von der Titelart und von der Rangstellung des Titels historisch beobachteten Werten entsprechen (vgl. Tabelle I2-2), die Befriedigungsquote (bezogen auf den Nominalwert) des Titels simuliert. Hierbei wird unterstellt, dass die Befriedigungsquoten verschiedener Finanztitel stochastisch unabhängig sind. Fällt also beispielsweise der Emittent der Anleihe aus dem obigen Beispiel aus, so würde eine betaverteilte Zufallsvariable mit Erwartungswert 0,5113 und Standardabweichung 0,2545 simuliert und als Befriedigungsquote verwendet werden.

Ignorieren wir zur Vereinfachung die durch die Betaverteilung ausgedrückte Unsicherheit über die tatsächliche Befriedigungsquote eines ausgefallenen Titels und verwenden stattdessen den Erwartungswert als Befriedigungsquote, so sind in Abhängigkeit vom Rating des Emittenten am Risikohorizont die in Tabelle I2-3 dargestellten Werte für die Unternehmensanleihe aus unserem Beispiel möglich.

Um zu einer Wahrscheinlichkeitsverteilung des Kredit*portfolio*wertes zu gelangen, muss für jede der möglichen Bonitätszustandskombinationen aller im Portfolio vertretenen Schuldner der Portfoliowert und die zugehörige Eintrittswahrscheinlichkeit bestimmt werden. Wenn wir als Beispiel ein Portfolio bestehend aus nur zwei Schuldnern und lediglich acht Ratingklassen betrachten, müssen wir jedem der 64 Felder in Abbildung I2.1 einen Kreditportfoliowert und eine Eintrittswahrscheinlichkeit zuordnen. Dies wirft zwei Probleme auf:

Tab. I2-2: Erwartungswerte und Standardabweichungen der Recovery Rates von Unternehmensanleihen in Abhängigkeit von der Rangstellung und Sicherheiten (in Prozent des Nominalwertes)

Rangstellung	Erwartungs-wert	Standard-abweichung
Senior Secured	53,80%	26,86%
Senior Unsecured	51,13%	25,45%
Senior Subordinated	38,52%	23,81%
Subordinated	32,74%	20,18%
Junior Subordinated	17,09%	10,90%

Quelle: GUPTON *et al.* (1997), S. 26.

Tab. I2-3: Werte der Unternehmensanleihe am Risikohorizont in Abhängigkeit vom Rating des Emittenten

Rating am Risikohorizont	AAA	AA	A	BBB	BB	B	CCC	Ausfall
Wert der Unternehmensanleihe	109,37	109,19	108,66	107,55	102,02	98,10	83,64	51,13

Quelle: GUPTON *et al.* (1997), S. 28.

1. Die Anzahl der Portfoliowerte und Eintrittswahrscheinlichkeiten, die zu ermitteln wären, nimmt sehr schnell enorm große Ausmaße an. Bezeichnet M die Anzahl der verschiedenen Schuldner im Kreditportfolio und K die Anzahl der möglichen Bonitätszustände, so sind K^M verschiedene Bonitätszustandskombinationen möglich. Hat eine Bank beispielsweise nur $M = 10$ Schuldner im Portfolio und wird ein Ratingsystem mit $K = 8$ Ratingklassen verwendet, so ergäben sich hieraus bereits über eine Milliarde verschiedener Kombinationen. Wie man dieses Problem in den Griff bekommen kann, wollen wir später behandeln.

2. Um die gemeinsame Eintrittswahrscheinlichkeit für das Eintreten einer bestimmten Bonitätszustandskombination zu ermitteln, benötigen wir Informationen über die stochastischen Abhängigkeiten der Bonitätsveränderungen der einzelnen Schuldner. Derartige Informationen sind aber nicht verfügbar. Darüber hinaus gibt es auch hier wieder ein Problem der Datenmenge. Bei einer Anzahl von M Schuldnern im Kreditportfolio wären $M \cdot (M - 1)/2$ verschiedene Korrelationswerte zu ermitteln. Schon bei einem vergleichsweise kleinen Portfolio mit $M = 5.000$ Schuldnern wären dies 12.497.500 Werte.

Um den zweiten Problemkomplex zu lösen, wird im Modell CreditMetrics™ ein indirekter Ansatz gewählt, der auch als *Asset Value Modell* bezeichnet wird (vgl. Abbildung I2.2). Im ersten Schritt werden die stochastischen Abhängigkeiten

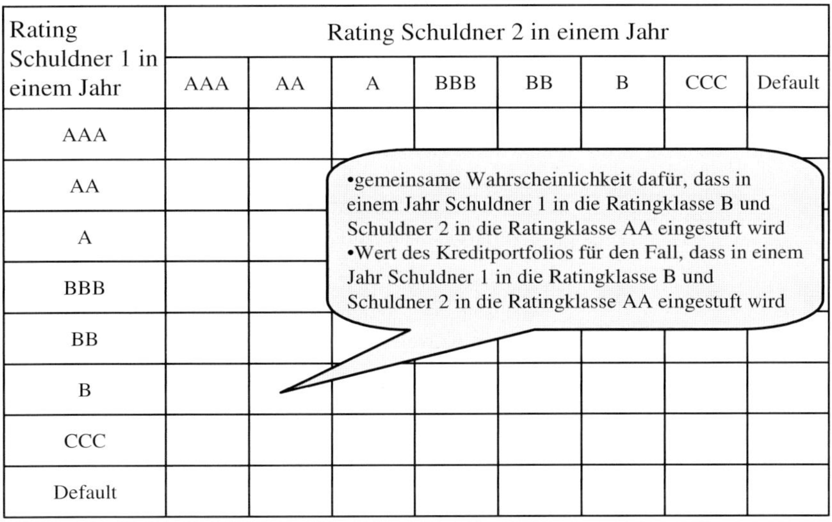

Rating Schuldner 1 in einem Jahr	Rating Schuldner 2 in einem Jahr							
	AAA	AA	A	BBB	BB	B	CCC	Default
AAA								
AA								
A								
BBB								
BB								
B								
CCC								
Default								

(Sprechblase:) •gemeinsame Wahrscheinlichkeit dafür, dass in einem Jahr Schuldner 1 in die Ratingklasse B und Schuldner 2 in die Ratingklasse AA eingestuft wird •Wert des Kreditportfolios für den Fall, dass in einem Jahr Schuldner 1 in die Ratingklasse B und Schuldner 2 in die Ratingklasse AA eingestuft wird

Abb. I2.1: Kreditportfoliowert und gemeinsame Eintrittswahrscheinlichkeiten

zwischen den Bonitätsveränderungen zweier Schuldner auf stochastische Abhängigkeiten zwischen den Unternehmenswertänderungen dieser beiden Schuldner zurückgeführt. Unter der Normalverteilungsannahme für die Unternehmenswertänderungen verlagert sich das Problem damit auf die Schätzung von Korrelationen für die Unternehmenswertänderung. Um die Anzahl der zu schätzenden Korrelationen zu reduzieren, werden dann in einem zweiten Schritt Unternehmenswertänderungen durch ein Linearfaktorenmodell erklärt. Wenn wir davon ausgehen, dass die Unternehmenswertänderungen sämtlicher Schuldner durch eine geringe Anzahl von Faktoren erklärt werden können, brauchen wir nur die Korrelationen zwischen diesen Faktoren zu schätzen, um daraus die Unternehmenswertkorrelationen ableiten zu können.

Um Bonitätsveränderungen auf Unternehmenswertänderungen zurückführen zu können, greifen wir wieder auf den Optionsansatz zurück, den wir im Zusammenhang mit dem Konzept der *Expected Default Frequency* (vgl. Abschnitt I1.2.8) bereits kennen gelernt haben. Allerdings zäumen wir nun das Pferd von der anderen Seite auf: Während im KMV-Modell der Unternehmenswert als Inputgröße einging und wir daraus die Insolvenzwahrscheinlichkeit abgeleitet haben, sehen wir nun die Insolvenzwahrscheinlichkeit aufgrund des Ratings als bekannt an und fragen uns, welche Unternehmenswertänderung mindestens eintreten muss, damit der Schuldner insolvent wird. Darüber hinaus beschränken wir uns nicht nur auf den Insolvenzfall, sondern können mit dem gleichen methodischen Ansatz auch fragen, welches Ausmaß die Unternehmenswertänderung annehmen muss, damit der Schuldner in eine andere Ratingklasse überwechselt.

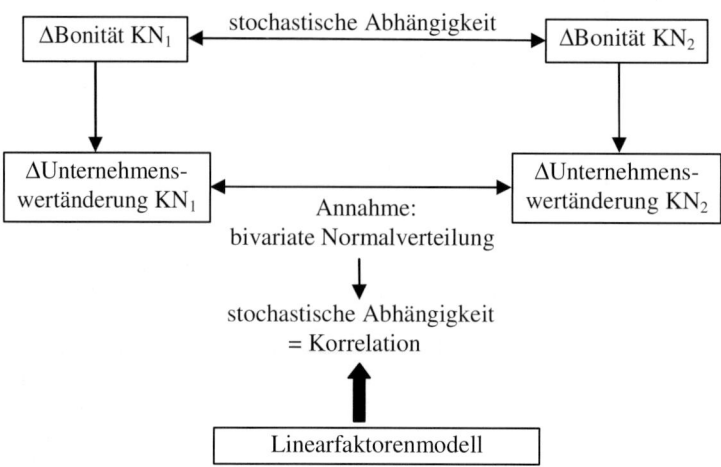

Abb. I2.2: Prinzip zur Bestimmung gemeinsamer Bonitätsänderungswahrscheinlichkeiten im Modell CreditMetrics™ für ein 2 Kreditnehmer (KN)-Portfolio

Wir bestimmen zunächst Intervalle von Unternehmenswertänderungen, d. h. von Unternehmensaktivarenditen, die mit bestimmten Ratings korrespondieren. Hierbei wird angenommen, dass die Unternehmensaktivarenditen für den Zeitraum von heute bis zum Risikohorizont aller Schuldner multivariat normalverteilt sind und jede einzelne Unternehmensaktivarendite durch eine standardnormalverteilte Zufallsvariable modelliert werden kann. Die Transformation der möglichen Ratingklassen, in denen sich ein Schuldner am Risikohorizont befinden kann, in entsprechende Renditeintervalle erfolgt mittels der Wahrscheinlichkeiten aus der zu seinem Ausgangsrating gehörenden Zeile der historischen Übergangsmatrix. Derartige Übergangsmatrizen werden regelmäßig von den großen Ratingagenturen, wie Moody's oder Standard & Poor's, veröffentlicht (vgl. Tabelle I2-4). Sie geben die Wahrscheinlichkeit an, dass ein Schuldner mit einem bestimmten Ausgangsrating (z. B. BBB) innerhalb eines Jahres in eine andere Ratingklasse (z. B. A) eingestuft wird. Werden derartige Übergangsmatrizen im Kreditrisikomanagement verwendet, so wird hierdurch implizit unterstellt, dass die in der Vergangenheit durchschnittlich beobachteten Ratingänderungswahrscheinlichkeiten auch in der Zeitspanne bis zum Risikohorizont Gültigkeit besitzen. Des Weiteren wird so getan, als ob es keine Unterschiede in den Ratingänderungswahrscheinlichkeiten verschiedener Schuldner derselben Ratingklasse gibt, also alle Schuldner mit demselben Rating eine homogene Gruppe hinsichtlich des Kreditrisikos bilden. Dies ist jedoch in der Realität im Allgemeinen nicht zu beobachten, z. B. aufgrund verzögerter Ratinganpassungen durch die Agenturen oder aufgrund der relativ groben Bonitätseinteilung durch die Ratings. Auch länder- oder branchenspezifische Unterschiede in den Übergangswahrscheinlichkeiten werden nicht berücksichtigt. Grundsätzlich können auch interne Ratings der Kreditinstitute und auf diesen basierende Übergangsmatrizen im Modell verwendet werden. In diesem Fall müssten dann jedoch auch die zu den internen Ratingkategorien gehörenden risikoadjustierten Terminzinssätze bestimmt werden.

Tab. I2-4: Matrix der einjährigen Übergangswahrscheinlichkeiten

Aktuelles Rating	Rating nach einem Jahr							
	AAA	**AA**	**A**	**BBB**	**BB**	**B**	**CCC**	**Ausfall**
AAA	90,81%	8,33%	0,68%	0,06%	0,12%	0,00%	0,00%	0,00%
AA	0,70%	90,65%	7,79%	0,64%	0,06%	0,14%	0,02%	0,00%
A	0,09%	2,27%	91,05%	5,52%	0,74%	0,26%	0,01%	0,06%
BBB	0,02%	0,33%	5,95%	86,93%	5,30%	1,17%	0,12%	0,18%
BB	0,03%	0,14%	0,67%	7,73%	80,53%	8,84%	1,00%	1,06%
B	0,00%	0,11%	0,24%	0,43%	6,48%	83,46%	4,07%	5,20%
CCC	0,22%	0,00%	0,22%	1,30%	2,38%	11,24%	64,86%	19,79%

Quelle: GUPTON *et al.* (1997), S. 25.

Wie nun auf Basis der Übergangswahrscheinlichkeiten die möglichen Endratings am Risikohorizont in Intervalle von Unternehmensaktivarenditen transformiert werden, zeigen wir Ihnen wieder anhand unseres obigen Beispiels. Zunächst wird diejenige Renditegrenze $R_{\text{Ausfall}}^{\text{BBB}}$ ermittelt, bei deren Unterschreitung ein Ausfall des Emittenten am Risikohorizont stattfindet. Der obere Index der Renditegrenze gibt hierbei das Ausgangsrating und der untere Index das bestmögliche Endrating am Risikohorizont an. Die gesuchte Grenze $R_{\text{Ausfall}}^{\text{BBB}}$ ist dadurch charakterisiert, dass links von ihr genau die Wahrscheinlichkeitsmasse liegen muss, die der in der Übergangsmatrix enthaltenen Ausfallwahrscheinlichkeit 0,18% entspricht (siehe Abbildung I2.3). Die Größe 0,18% ist die Wahrscheinlichkeit, bis zum Risikohorizont von der Ratingklasse BBB in den Ausfallzustand zu wechseln, und entspricht somit demjenigen Element, das sich in der Zeile *BBB* und der Spalte *Ausfall* der Übergangsmatrix befindet. Die gesuchte Renditegrenze $R_{\text{Ausfall}}^{\text{BBB}}$ kann nun aufgrund der angenommenen Standardnormalverteilung der Unternehmensaktivarenditen mit Hilfe der Umkehrfunktion N^{-1} der Standardnormalverteilung berechnet werden:

$$\mathrm{P}\left(R \le R_{\text{Ausfall}}^{\text{BBB}}\right) = N\left(R_{\text{Ausfall}}^{\text{BBB}}\right) \overset{!}{=} 0,0018$$
$$\Leftrightarrow \quad N^{-1}\left(0,0018\right) = -2,9112 = R_{\text{Ausfall}}^{\text{BBB}}.$$

Die Zufallsvariable R bezeichnet hierbei die Unternehmensaktivarendite eines Schuldners. Nun wird als nächstes diejenige Renditegrenze $R_{\text{CCC}}^{\text{BBB}}$ bestimmt, bei deren Unterschreitung das Unternehmen sich am Risikohorizont in der zweitschlechtesten Ratingklasse CCC oder in der schlechtesten Ratingklasse, dem

Ausfallzustand, befindet. Diese Grenze ergibt sich durch die folgende Überlegung: Die Wahrscheinlichkeit, dass sich das Unternehmen am Risikohorizont in der zweitschlechtesten Ratingklasse CCC befinden wird (diese entspricht dem Element in der Zeile *BBB* und der Spalte *CCC* der Übergangsmatrix), muss gleich der Wahrscheinlichkeit sein, dass die Unternehmensaktivarendite größer als die zuvor ermittelte Ausfallgrenze $R_{\text{Ausfall}}^{\text{BBB}} = -2,9112$ und kleiner als die gesuchte Grenze $R_{\text{CCC}}^{\text{BBB}}$ ist. Hieraus lässt sich die Renditegrenze $R_{\text{CCC}}^{\text{BBB}}$ wie folgt ableiten:

$$\text{P}\left(-2,9112 < R \leq R_{\text{CCC}}^{\text{BBB}}\right) = N\left(R_{\text{CCC}}^{\text{BBB}}\right) - N\left(-2,9112\right) \overset{!}{=} 0,0012$$

$$\Leftrightarrow \quad N^{-1}\left(0,0012 + N\left(-2,9112\right)\right) = N^{-1}\left(0,0012 + 0,0018\right)$$

$$= N^{-1}\left(0,003\right) = -2,7479 = R_{\text{CCC}}^{\text{BBB}}.$$

Dieses Verfahren wird fortgesetzt, bis alle Renditegrenzen $\{R_{\text{Ausfall}}^{\text{BBB}}, R_{\text{CCC}}^{\text{BBB}},$ $\ldots, R_{\text{AA}}^{\text{BBB}}\}$ bestimmt sind (vgl. Abbildung I2.3).[4] Ist die Unternehmensaktivarendite größer als R_{AA}^{BBB}, so befindet sich das Unternehmen am Risikohorizont in der besten Bonitätsklasse AAA, so dass eine Renditegrenze $R_{\text{AAA}}^{\text{BBB}}$ nicht ermittelt werden muss. Das größte Renditeintervall ergibt sich jeweils für die dem Ausgangsrating entsprechende Ratingkategorie, da der Verbleib in der aktuellen Ratingklasse stets die größte Wahrscheinlichkeit besitzt. Dies zeigt sich in der Übergangsmatrix von Tabelle I2-4, bei der die Verbleibewahrscheinlichkeiten jeweils deutlich größer sind als alle anderen Wahrscheinlichkeiten in derselben Zeile.

Die Transformation der Endratings am Risikohorizont in Intervalle von Unternehmensaktivarenditen muss für jedes Ausgangsrating separat durchgeführt werden, da natürlich je nach Ausgangsrating auch die Wahrscheinlichkeiten für Ratingveränderungen und damit die Intervallgrenzen unterschiedlich sind. Beispielsweise wäre für einen Schuldner mit gegenwärtigem Rating BB die Ausfallgrenze $R_{\text{Ausfall}}^{\text{BB}}$ gleich:

$$\text{P}\left(R \leq R_{\text{Ausfall}}^{\text{BB}}\right) = N\left(R_{\text{Ausfall}}^{\text{BB}}\right) \overset{!}{=} 0,0106$$

$$\Leftrightarrow \quad N^{-1}\left(0,0106\right) = -2,3044 = R_{\text{Ausfall}}^{\text{BB}}.$$

Haben wir die Renditegrenzen für jedes Ausgangsrating berechnet, so sind wir unserem Ziel, gemeinsame Wahrscheinlichkeiten für die verschiedenen Bonitätszustandskombinationen zu bestimmen, schon ein ganzes Stück näher gekommen, denn wir kennen nun für jede mögliche Bonitätszustandskombination die zugehörige Kombination von Intervallen von Unternehmensaktivarenditen. Was uns dies nützt, möchten wir Ihnen wieder anhand eines Beispiels demonstrieren. Stellen Sie sich vor, unser Portfolio bestünde nur aus zwei Schuldnern: Der eine Schuld-

---

[4] In Analogie zum sog. „Default Point" des KMV-Modells zur Bestimmung von Ausfallwahrscheinlichkeiten (siehe Abschnitt I1.2.8) könnten diese Renditegrenzen auch „Rating Points" genannt werden.

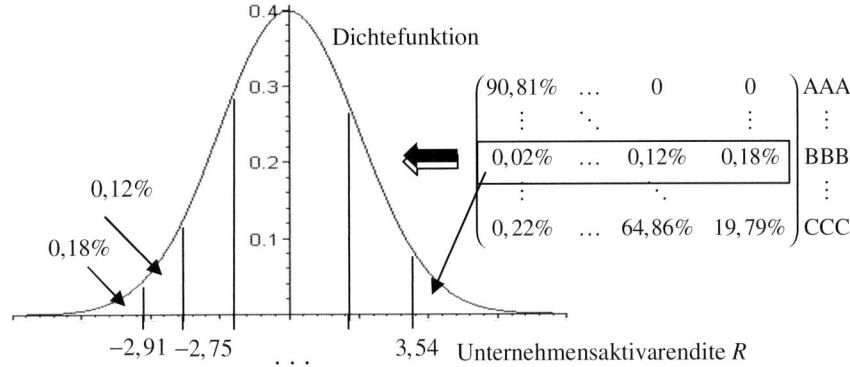

Abb. I2.3: Transformation der möglichen Endratings am Risikohorizont in Intervalle von Unternehmensaktivarenditen für einen Schuldner mit Ausgangsrating BBB

Quelle: In Anlehnung an GUPTON *et al.* (1997), S. 88.

ner (aus unserem obigen Beispiel) besitze gegenwärtig das Rating BBB, der zweite Schuldner sei derzeit eine Klasse schlechter mit BB geratet. Wollen wir nun beispielsweise die gemeinsame Wahrscheinlichkeit berechnen, dass beide Schuldner innerhalb eines Jahres ausfallen, so wissen wir aus obigen Berechnungen, dass wir dafür die Wahrscheinlichkeit bestimmen müssen, dass die Unternehmensaktivarendite des BBB-Schuldners kleiner als -2,9112 und die des BB-Schuldners kleiner als -2,3044 ist. Wenn wir nun die gemeinsame Wahrscheinlichkeitsverteilung der Unternehmensaktivarenditen des BBB- und des BB-Schuldners nicht kennen würden, hätten wir durch dieses Wissen jedoch keinen Fortschritt erzielt. Da wir eingangs aber angenommen haben, dass die Unternehmensaktivarenditen aller Schuldner multivariat (in unserem Beispiel bivariat) normalverteilt und die einzelnen Unternehmensaktivarenditen jeweils standardnormalverteilt sind, können wir die gemeinsame Wahrscheinlichkeit für einen Ausfall beider Schuldner wie folgt berechnen:

$$\text{P (Ausfall des BBB-Schuldners und Ausfall des BB-Schuldners)} \qquad (\text{I2-1})$$

$$=\text{P}\left(R^{BBB} \leq -2;9112, R^{BB} \leq -2,3044\right)$$

$$= \int\limits_{-\infty}^{-2,9112} \int\limits_{-\infty}^{-2,3044} \frac{1}{2\pi\sqrt{1-\rho^2}}\, e^{-\frac{1}{2(1-\rho^2)}\left((r_1)^2 - 2\rho r_1 r_2 + (r_2)^2\right)} dr_1 dr_2 \,. \qquad (\text{I2-2})$$

Der einzige noch unbekannte Wert, den wir zur Berechnung der gemeinsamen Ausfallwahrscheinlichkeiten benötigen, ist die Korrelation ρ der Unternehmensaktivarenditen des BBB- und des BB-Schuldners. Da der Marktwert der Unternehmensaktiva eines Schuldners im Allgemeinen nur sehr schwer zu bestimmen ist, wird bei CreditMetrics™ auf die Wertentwicklung von Aktien der betreffenden Unternehmen zurückgegriffen. Als Näherung für die Korrelationen der Unternehmensaktivarenditen werden die Korrelationen von Aktienrenditen verwendet. Würden für alle Schuldner des Portfolios Aktienkurszeitreihen vorliegen, so könnte individuell für jedes Schuldnerpaar die Korrelation der Aktienrenditen ermittelt werden. Dies ist in der Realität aber nicht der Fall. Außerdem bestünde – wie schon oben erwähnt – bereits für relativ kleine Kreditportfolios das Problem, dass eine sehr hohe Anzahl von Korrelationen geschätzt werden müsste.

Durch die nachfolgend beschriebene Methode, Unternehmensaktiva- bzw. Aktienrenditen durch ein Linearfaktoren-Modell darzustellen, reduziert sich dagegen die Anzahl der zu schätzenden Korrelationsparameter erheblich, da nur noch die Korrelationen zwischen den Faktoren bestimmt werden müssen. Bei Credit-Metrics™ wird angenommen, dass die Unternehmensaktiva- bzw. Aktienrendite R_{KN_j} (zum Zwecke der Korrelationsbestimmung werden beide Renditearten als identisch betrachtet) jedes Kreditnehmers KN_j als Linearkombination von miteinander korrelierenden Aktienindexrenditen X_k ($k \in \{1, \ldots, K\}$), die bestimmte Länder und Branchen repräsentieren, und einem unternehmensspezifischen Risikofaktor ε_j dargestellt werden kann. Die normierte Darstellung lautet:

$$R_{\mathrm{KN}_j} = \omega_{j,1} \cdot X_1 + \omega_{j,2} \cdot X_2 + \cdots + \omega_{j,K} \cdot X_K + \omega_{j,K+1} \cdot \varepsilon_j \qquad \text{(I2-3)}$$

für $j \in \{1, \ldots, M\}$ mit

$$X_1, X_2, \ldots, X_K, \varepsilon_j \sim \mathcal{N}(0,1),$$
$$\mathrm{Cov}(\varepsilon_j; \varepsilon_i) = 0 \ (j \neq i), \ \mathrm{Cov}(\varepsilon_j; X_k) = 0 \ (k \in \{1, \ldots, K\}),$$
$$\mathrm{Cov}(X_n; X_k) = \sigma_{n,k} \ (n, k \in \{1, \ldots, K\}, n \neq k).$$

Da die unternehmensspezifischen Risikofaktoren ε_j weder untereinander noch mit den Aktienindizes korrelieren, tragen diese nicht zur Korrelation der Unternehmensaktivarenditen bei. Die Unternehmensaktivarenditen zweier Schuldner korrelieren genau dann miteinander, wenn diese von gemeinsamen Risikofaktoren, den Aktienindizes, oder von unterschiedlichen Faktoren, die jedoch ihrerseits miteinander korrelieren, abhängen. Die normierten Gewichte $\omega_{j,k}$ ($j \in \{1, \ldots, M\}, k \in \{1, \ldots, K\}$) werden auf der Basis des vom Portfoliomanager vorzugebenden Anteils der Standardabweichung der Unternehmensaktivarendite, der durch die Aktienindizes, also den systematischen Risikofaktoren, erklärt werden soll, den vorzugebenden Anteilen der Geschäftstätigkeit des Schuldners an dem Land oder der Branche, die durch die Aktienindizes repräsentiert werden, sowie den von JPMorgan bereitgestellten Standardabweichungen und Korrelationen der Aktienindizes bestimmt. Das Gewicht des unsystematischen Renditerisikos $\omega_{j,K+1}$ ergibt sich als Residualgröße, so dass die Standardabweichung der Unternehmensaktivarendite gleich eins ist. Die paarweisen Korrelationen der Unternehmensaktivarenditen ergeben sich dann unter Anwendung der üblichen Kovarianz-Rechenregeln aus der Linearfaktoren-Darstellung (I2-3). Auch diese Vorgehensweise möchten wir Ihnen nun wieder im Rahmen eines Beispiels verdeutlichen. Nehmen Sie an, dass der BBB-Schuldner aus unserem obigen Beispielportfolio ein deutsches und der BB-Schuldner ein US-amerikanisches Unternehmen ist. Beide Unternehmen sind in verschiedenen Branchen, jedoch ausschließlich auf dem heimischen Markt tätig, so dass der Dax bzw. der Dow Jones zu 100% das systematische Aktienkursrisikos erklären können. Der Korrelationsparameter zwischen dem Dax und dem Dow Jones sei 0,5. Wir gehen außerdem davon aus, dass bei beiden Unternehmen jeweils 90% des Aktienkursrisikos durch systematische Einflüsse erklärt werden kann und dementsprechend 10% unternehmensspezifisches Aktienkursrisiko verbleibt. Ziel ist es nun, zu der standardisierten Darstellung (I2-3) überzugehen, bei der alle Aktienrenditen und Risikofaktoren eine Standardabweichung von 1 besitzen. In diesem Fall gilt:

$$
\begin{aligned}
1 &= \sqrt{\mathrm{Var}\left(R_{\mathrm{BBB}}\right)} \\
&= \sqrt{\mathrm{Var}\left(\omega_{\mathrm{BBB},1} \cdot X_{\mathrm{Dax}} + \omega_{\mathrm{BBB},2} \cdot \varepsilon_{\mathrm{BBB}}\right)} \\
&= \sqrt{\left(\omega_{\mathrm{BBB},1}\right)^2 \cdot \mathrm{Var}\left(X_{\mathrm{Dax}}\right) + \left(\omega_{\mathrm{BBB},2}\right)^2 \cdot \mathrm{Var}\left(\varepsilon_{\mathrm{BBB}}\right)} \\
&= \sqrt{\left(\omega_{\mathrm{BBB},1}\right)^2 + \left(\omega_{\mathrm{BBB},2}\right)^2},
\end{aligned}
$$

sowie entsprechend

$$
1 = \sqrt{\mathrm{Var}\left(R_{\mathrm{BB}}\right)} = \sqrt{\left(\omega_{\mathrm{BB},1}\right)^2 + \left(\omega_{\mathrm{BB},2}\right)^2}.
$$

Da jeweils 90% des Aktienkursrisikos, gemessen durch die Standardabweichung, durch den systematischen Risikofaktor erklärbar sein soll, muss für die normierten Gewichte $w_{\mathrm{BBB},1} = w_{\mathrm{BB},1} = 0,9$ gelten. Daraus folgt dann für die normierten Gewichte $w_{\mathrm{BBB},2}$ und $w_{\mathrm{BB},2}$ der unternehmensspezifischen Risikofaktoren:

$$
1 = \sqrt{0,9^2 + \left(\omega_{\mathrm{BB(B)},2}\right)^2} \quad \Longleftrightarrow \quad \sqrt{1 - 0,9^2} \approx 0,44 = \omega_{\mathrm{BB(B)},2}.
$$

Damit ergeben sich die folgenden normierten Linearfaktor-Darstellungen für die Aktienrenditen des BBB- bzw. BB-Schuldners:

$$
R_{\mathrm{BB(B)}} = 0,9 \cdot X_{\mathrm{Dow(Dax)}} + 0,44 \cdot \varepsilon_{\mathrm{BB(B)}}. \tag{I2-4}
$$

Wie Sie leicht nachrechnen, ist bei dieser Darstellung die Standardabweichung der Aktienrenditen tatsächlich gleich 1,

$$\sqrt{\mathrm{Var}\left(R_{\mathrm{BB(B)}}\right)} = \sqrt{0,9^2 \cdot \mathrm{Var}\left(X_{\mathrm{Dow(Dax)}}\right) + 0,44^2 \cdot \mathrm{Var}\left(\varepsilon_{\mathrm{BB(B)}}\right)}$$

$$= \sqrt{0,9^2 + 0,44^2} \approx 1,$$

und 90% dieser Standardabweichung von 1 werden jeweils durch den systematischen Risikofaktor erklärt:

$$\frac{\sqrt{\mathrm{Var}\left(0,9 \cdot X_{\mathrm{Dow(Dax)}}\right)}}{\sqrt{\mathrm{Var}\left(R_{\mathrm{BB(B)}}\right)}} = \frac{\sqrt{0,9^2 \cdot \mathrm{Var}\left(X_{\mathrm{Dow(Dax)}}\right)}}{\sqrt{1}} = \frac{\sqrt{0,9^2 \cdot 1}}{\sqrt{1}} = 0,9.$$

Offensichtlich waren die tatsächlichen Standardabweichungen des Dax und des Dow Jones bei unseren Berechnungen der normierten Gewichte ohne Bedeutung; diese spielen jedoch dann eine Rolle, wenn die Aktienrenditen von mehr als einem systematischen Risikofaktor abhängen. Mit der Darstellung (I2-4) der Aktienrenditen können wir nun auch deren Korrelation berechnen, die wir dann als Näherung für die noch gesuchte Korrelation ρ der Unternehmensaktivarenditen des BBB- und des BB-Schuldners verwenden:

$$\rho = \mathrm{Corr}(R_{\mathrm{BBB}}; R_{\mathrm{BB}})$$

$$= \mathrm{Corr}(0,9 \cdot X_{\mathrm{Dax}} + 0,44 \cdot \varepsilon_{\mathrm{BBB}}; 0,9 \cdot X_{\mathrm{Dow}} + 0,44 \cdot \varepsilon_{\mathrm{BB}})$$

$$= \frac{\mathrm{Cov}(0,9 \cdot X_{\mathrm{Dax}} + 0,44 \cdot \varepsilon_{\mathrm{BBB}}; 0,9 \cdot X_{\mathrm{Dow}} + 0,44 \cdot \varepsilon_{\mathrm{BB}})}{\sqrt{\mathrm{Var}(R_{\mathrm{BBB}}) \cdot \mathrm{Var}(R_{\mathrm{BB}})}}$$

$$= \frac{0,9^2 \cdot \mathrm{Cov}\left(X_{\mathrm{Dax}}; X_{\mathrm{Dow}}\right)}{1}$$

$$= 0,9^2 \cdot \mathrm{Corr}\left(X_{\mathrm{Dax}}; X_{\mathrm{Dow}}\right)$$

$$= 0,9^2 \cdot 0,5$$

$$= 0,405.$$

Nachdem auf diese Weise die Korrelationen der Unternehmensaktivarenditen aller Schuldner des Portfolios bestimmt worden sind, stehen alle Daten, die zur Bestimmung der (letztlich gesuchten) gemeinsamen Eintrittswahrscheinlichkeiten für die Bonitätszustandskombinationen benötigt werden, zur Verfügung. Die jeweils betrachtete Bonitätszustandskombination wird in die zugehörige Kombination von Intervallen für Unternehmensaktivarenditen „übersetzt" und die Wahrscheinlichkeit, dass die Unternehmensaktivarenditen der Kreditnehmer genau in dieser Kombination von Intervallen liegen, kann unter der Annahme, dass die Unternehmensaktivarenditen aller Schuldner multivariat normalverteilt sind, berechnet werden. So ergibt sich beispielsweise für die gemeinsame Ausfallwahrscheinlichkeit des BBB- und des BB-Schuldners (siehe Formel (I2-1)):

$$P\left(R^{\mathrm{BBB}} \leq -2,9112, R^{\mathrm{BB}} \leq -2,3044\right)$$

$$= \int\limits_{-\infty}^{-2,9112} \int\limits_{-\infty}^{-2,3044} \frac{1}{2\pi\sqrt{1-0,405^2}} e^{-\frac{1}{2(1-0,405^2)}\left((r_1)^2 - 0,81 r_1 r_2 + (r_2)^2\right)} dr_1 dr_2$$

$$= 0,0002463 \; (= 0,02463\%).$$

Hätten wir angenommen, dass sich die Bonität der beiden Schuldner unabhängig voneinander verändert, so wäre die gemeinsame Ausfallwahrscheinlichkeit gleich dem Produkt der beiden einzelnen Ausfallwahrscheinlichkeiten gewesen, also $0,0018 \cdot 0,0106 = 0,000019 \; (= 0,0019\%)$. Die positive Korrelation der Unternehmensaktivarenditen der beiden Schuldner bewirkt also im Vergleich zum Fall der Unabhängigkeit einen Anstieg der gemeinsamen Ausfallwahrscheinlichkeit der beiden Schuldner.

Theoretisch könnte auf diese Weise für jede Bonitätszustandskombination die zugehörige Eintrittswahrscheinlichkeit berechnet werden. Würden dann die sich bei jeder Bonitätszustandskombination ergebenden Kreditportfoliowerte der Größe nach geordnet und die jeweiligen Eintrittswahrscheinlichkeiten aufsummiert, so ergäbe sich die Verteilungsfunktion des Kreditportfoliowertes am Risikohorizont. Dieses Verfahren weist jedoch den Nachteil auf, dass für jede mögliche Bonitätszustandskombination das Integral über die Dichtefunktion einer multivariaten Normalverteilung, deren Dimension der Anzahl der im Portfolio enthaltenen Schuldner entspricht, numerisch aufwändig berechnet werden müsste. Darüber hinaus wäre – wie oben bereits dargestellt – auch bei einem relativ kleinen Portfolio die Anzahl der möglichen Bonitätszustandskombinationen sehr groß.

Um diese Problematik zu umgehen, werden bei CreditMetrics™ im Rahmen von Monte Carlo-Simulationen mögliche Bonitätszustandskombinationen am Risikohorizont simuliert. Je Simulationslauf wird hierbei ein Vektor von korrelierten standardnormalverteilten Zufallsvariablen erzeugt, der als Realisation von Unternehmensaktivarenditen interpretiert wird. Die Dimension des Zufallsvektors entspricht der Anzahl der Kreditnehmer im Portfolio und die Korrelationen der Vektorkomponenten ergeben sich aus der Linearfaktoren-Darstellung in (I2-3). Der so ermittelte Zufallsvektor kann dann unter Berücksichtigung des jeweils aktuellen Ratings der Schuldner auf Basis der zuvor ermittelten Renditeintervalle in die zugehörige Bonitätszustandskombination transformiert werden. Für diese Bonitätszustandskombination erfolgt eine Neubewertung des Kreditportfolios am Risikohorizont. Durch eine hohe Zahl von Simulationsläufen werden viele verschiedene Szenarien von Bonitätszustandsveränderungen der Schuldner und damit auch von Kreditportfoliowerten am Risikohorizont erzeugt. Die empirische Verteilungsfunktion des Kreditportfoliowertes ergibt sich dann aus den relativen Häufigkeiten der aufgetretenen Werte.

12.3 Weitere Kreditportfoliomodelle im Überblick

Im Folgenden wollen wir noch kurz die wichtigsten Eigenschaften der drei anderen bekannteren Kreditportfoliomodelle, CreditRisk$^{+\text{TM}}$ von CSFP, Portfolio Manager^{TM} von KMV und CreditPortfolioView^{TM} von McKinsey & Company, skizzieren und diese von dem zuvor detaillierter beschriebenen Modell CreditMetrics^{TM} abgrenzen (vgl. hierzu auch die Überblicksarbeit von CROUHY *et al.* (2000), sowie BLUHM *et al.* (2003), S. 149ff., GORDY (2000a), S. 121ff., McKINSEY & COMPANY (1998), SAUNDERS und ALLEN (2002), S. 107ff., S. 157ff., WILSON (1997b),WILSON (1997c)).

CreditRisk$^{+\text{TM}}$ ist ein auf versicherungsmathematischen Methoden basierendes Kreditportfoliomodell, das in der Praxis viel Beachtung gefunden hat. Es handelt es sich bei CreditRisk$^{+\text{TM}}$ um ein Modell mit Ausfallmodusparadigma, d. h., es werden nur die beiden möglichen Bonitätszustände „Solvenz" und „Insolvenz" und die damit einhergehenden Wertveränderungen eines Titels erfasst. Historische Rating-Änderungswahrscheinlichkeiten werden somit nicht benötigt. Auch risikoadjustierte Terminzinssätze gehen nicht in das Modell ein, da im Solvenzfall stets der Buchwert als Wert des Titels am Risikohorizont angesetzt wird. Ein weiterer zentraler Unterschied zu CreditMetrics^{TM} ist, dass das Modell eine analytische Berechnung der Verlustverteilung erlaubt. Es sind somit keine zeit- und rechenintensiven Monte Carlo-Simulationen erforderlich, was sicherlich, neben dem Umstand, dass die (Beispiel-) Software kostenlos ist, einer der Gründe für den verbreiteten Einsatz dieses Modells in der Praxis ist. Ein weiterer Vorteil von CreditRisk$^{+\text{TM}}$ ist der vergleichsweise geringe Datenumfang, der für eine Implementierung erforderlich ist. Stochastische Abhängigkeiten zwischen den Schuldnern werden dadurch modelliert, dass jede individuelle Ausfallwahrscheinlichkeit als Funktion von – als unabhängig unterstellten – gammaverteilten Hintergrundfaktoren dargestellt wird. Gegeben die Realisation dieser Hintergrundfaktoren werden die Ausfallzeitpunkte der einzelnen Kreditnehmer als unabhängig angenommen. Genaueres über die Funktionsweise von CreditRisk$^{+\text{TM}}$ können Sie unter www.bankbetriebslehre.de erfahren.[5]

CreditPortfolioView^{TM} ist wie CreditMetrics^{TM} ein Kreditportfoliomodell mit Marktwertparadigma, d. h., es werden auch Wertveränderungen, welche durch Bonitätsveränderungen jenseits des Ausfalls – gemessen durch das veränderte Rating des Schuldners – hervorgerufen werden, berücksichtigt. Im Modell CreditPortfolioView^{TM} wird jeder Schuldner einem Segment (z. B. branchenabhängig)

---

[5] Auch zum Modell CreditRisk$^{+\text{TM}}$ existiert ein ausführliches technisches Dokument (vgl. CREDIT SUISSE FIRST BOSTON (1997)). Wir beschränken uns auf die Erklärung der ursprünglichen Form von CreditRisk$^{+\text{TM}}$, wie sie im technischen Dokument beschrieben ist, und gehen nicht auf verschiedene in der Literatur beschriebene Modellerweiterungen ein (vgl. z. B. BÜRGISSER *et al.* (1999), ROLFES und BRÖKER (1998), BÜRGISSER *et al.* (2001), GORDY (2002), BINNENHEI (2004), GIESE (2003), REISS (2003)). Im Gegensatz zu JPMorgan, die Credit-Metrics^{TM} als komplette Softwarelösung verkaufen, wird von CSFP lediglich die Methodologie und eine exemplarische Implementierung von CreditRisk$^{+\text{TM}}$ in Form eines EXCEL-Spreadsheets zur Verfügung gestellt. Dies ist dafür kostenlos und falls Sie einmal selbst mit CreditRisk$^{+\text{TM}}$ „spielen" wollen, können Sie sich das Spreadsheet unter http://www.csfb.com/institutional/research/credit_risk.shtml downloaden.

zugeordnet und die bedingte Ausfallwahrscheinlichkeit von Schuldnern eines Segments als zu schätzende Logit-Funktion zukünftiger Ausprägungen makroökonomischer Faktoren, die einen Großteil des systematischen Kreditrisikos erklären können sollen, modelliert. Die Segmentbildung erfolgt unter dem Gesichtspunkt, dass sich das Ausfallrisiko der einem Segment zugeordneten Schuldner möglichst einheitlich im Laufe eines Konjunkturzyklus verändert. Bei den makroökonomischen Faktoren kann es sich beispielsweise um die Arbeitslosenrate, die Inflationsrate, die Wachstumsrate des BIP oder um kurz- und langfristige Zinssätze handeln. Die zukünftigen Ausprägungen dieser Faktoren werden mittels stochastischer Prozesse, die mit Methoden der Zeitreihenanalyse geschätzt wurden, simuliert. In Abhängigkeit von der Relation der segmentspezifischen bedingten Ausfallwahrscheinlichkeit zu seinem langfristigen Durchschnittswert wird dann eine segmentspezifische bedingte Übergangsmatrix ermittelt. Für den Fall, dass die bedingte Ausfallwahrscheinlichkeit größer als die durchschnittliche Ausfallwahrscheinlichkeit ist, wird je Zeile der durchschnittlichen Übergangsmatrix (vgl. z. B. Tabelle I2-4) eine Verschiebung der Wahrscheinlichkeitsmasse von links nach rechts vorgenommen. Hierdurch werden Ratingverschlechterungen wahrscheinlicher und Ratingverbesserungen unwahrscheinlicher. Im umgekehrten Fall findet entsprechend eine Verschiebung von rechts nach links statt, so dass Ratingverbesserungen wahrscheinlicher und Ratingverschlechterungen unwahrscheinlicher werden. Es werden also bedingte Übergangsmatrizen bestimmt, die das entsprechende Bonitätsänderungsverhalten der Schuldner je Segment im jeweils simulierten makroökonomischen Umfeld widerspiegeln. Für jeden Simulationslauf kann damit eine bedingte Wahrscheinlichkeitsverteilung des Kreditportfoliowertes (oder des Verlustes) am Risikohorizont ermittelt werden. Durch zahlreiche Simulationen der makroökonomischen Faktoren kann dann die unbedingte Kreditportfoliowert- bzw. Verlustverteilung und somit z. B. auch die VaR-Risikomaßzahl berechnet werden. Bei der gerade beschriebenen Modellversion handelt es sich um CreditPortfolioView™-Macro, bei der die Datenanforderungen sehr hoch sind. Mit einem wesentlich geringeren Datenumfang implementierbar ist die Version CreditPortfolioView™-Direct. Bei dieser zweiten Modellvariante, die erst nachträglich von McKinsey entwickelt wurde, wird direkt unterstellt, dass die segmentspezifischen Ausfallwahrscheinlichkeiten durch eine multivariate Gammaverteilung modelliert werden können.

Das Modell Portfolio Manager™ von KMV weist eine hohe Ähnlichkeit zu CreditMetrics™ auf. Auch bei diesem Modell werden Korrelationen zwischen Bonitätsänderungen von Schuldnern modelliert, indem die Unternehmensaktivarenditen als Linearkombination von gemeinsamen Faktoren dargestellt werden. Allerdings erfolgt beim Portfolio Manager™ eine wesentlich feinere Bonitätsmessung als bei CreditMetrics™. Während bei Letzterem die Bonität relativ grob durch das Rating gemessen wird, entspricht beim Portfolio Manager™ jede Ausprägung der so genannten Distance-to-Default einem bestimmten Bonitätszustand. Die Distance-to-Default ergibt sich auf Basis des Unternehmenswertes, der Kapitalstruktur sowie der Volatilität des Unternehmenswertes und kann als in Standardabweichungen des Unternehmenswertes gemessene Differenz zwischen Unternehmenswert und dem durch die kurz- und langfristigen Verbindlichkeiten bestimmten Default Point interpretiert werden. Der Distance-to-Default wird dann auf empirischer Basis die so genannte Expected Default Frequency (EDF) zugeordnet, welche die Wahrscheinlichkeit für einen Ausfall innerhalb eines bestimmten Zeithorizontes angibt (vgl. Abschnitt I1.2.8). Da zur Bestimmung des Unternehmenswertes und dessen Volatilität mittels optionspreistheoretischer Methoden Aktienkurszeitreihen des betreffenden Unternehmens benötigt werden, eignet sich das Modell Portfolio Manager™ vor allem zur Messung des Kreditrisikos eines Portfolios börsennotierter Schuldner. Ähnlich wie bei Credit-Metrics™ für jedes Rating unterschiedliche risikoadjustierte Terminzinsstrukturkurven zur Bestimmung des Wertes des Kredites oder der Anleihe am Risikohorizont verwendet werden, wird beim Portfolio Manager™ jeder Distance-to-Default eine so genannte risikoneutrale EDF zugeordnet. Der Wert eines Titels bei gegebener Distance-to-Default am Risikohorizont ergibt sich dann als diskontierter Erwartungswert der zukünftigen Cash Flows, wobei der Erwartungswert bezüglich der risikoneutralen EDF's gebildet wird. Die risikoneutralen EDF's werden im Rahmen eines Unternehmenswertansatzes auf der Basis der laufzeitabhängigen realen EDF's des betrachteten Schuldners, der Korrelation zwischen der Unternehmensaktivarendite und der des Marktportfolios, der schuldnerspezifischen Ausfallquote (LGD) und der aktuell am Markt beobachtbaren Spreads für von dem Schuldner emittierte Anleihen für verschiedene Laufzeiten geschätzt.

Tabelle I2-5 fasst noch einmal die wichtigsten Merkmale der vier vorgestellten Kreditportfoliomodelle zusammen.

Tab. I2-5: Zusammenfassung Kreditportfoliomodelle

	Credit Risk^{+TM}	Credit Metrics™	Portfolio Manager™	CreditPortfolio View™
Risiko-verständnis	Ausfälle	Ratingänderungen und Ausfälle	Distance-to-Default-Änderungen und Ausfälle	Ratingänderungen und Ausfälle
Verlustquote	Konstant	Stochastisch	Konstant oder stochastisch	Stochastisch
Stochastische Abhängigkeit zwischen Kredit-nehmern	Gemeinsame Abhängigkeit der individuellen Ausfall-wahrscheinlich-keiten von denselben Sektoren	Gemeinsame Abhängigkeit der individuellen Aktienrenditen von denselben Aktienindizes sowie durch deren Korrelationen	Gemeinsame Abhängigkeit der individuellen Unternehmens-aktivarendten von denselben Faktoren sowie durch deren Korrelationen	Gemeinsame Abhängigkeit der segment-spezifischen Ausfall-wahrscheinlich-keiten von denselben makro-ökonomischen Faktoren sowie durch deren Korrelationen (CPV-Macro)
Berechnungs-methode	Analytisch	Monte Carlo-Simulation	Analytisch oder Monte Carlo-Simulation	Monte Carlo-Simulation

I3 Bewertung von Kreditausfallrisiken

1. Traditionelle Verfahren der Kreditrisikobewertung berücksichtigen ausschließlich die Standardrisikokosten in Höhe der erwarteten Kreditausfälle, nicht aber eine Risikoprämie als Kompensation für unerwartete Ausfälle.
2. Um die Risikoprämie zu bestimmen, kann man so vorgehen, dass dem Kredit in Abhängigkeit vom Risikogehalt eine Eigenmittelunterlegung zugeordnet wird, auf die eine risikoadäquate Verzinsung erzielt werden muss.
3. Ausfallbedrohte Kredite können mit dem Instrumentarium der Optionspreistheorie bewertet werden. Grundgedanke ist, dass ein ausfallbedrohter Kredit als eine Kombination aus einem sicheren Kredit und einer Stillhalterposition in einer Verkaufsoption auf das Schuldnerunternehmen dargestellt werden kann.
4. Zahlreiche Bestandteile von Kreditverträgen können als implizite Optionen aufgefasst werden und mit Hilfe der Optionspreistheorie bewertet werden.
5. Aus den Marktpreisen ausfallbedrohter Anleihen können die darin enthaltenen Risikoprämien für Kreditausfälle herausgerechnet und zur Bewertung von Kreditrisiken eingesetzt werden.

I3.1 Grundlagen

Für eine Bank ist es wichtig zu wissen, wieviel ein Kreditengagement, das sie eingeht, aus heutiger Sicht Wert ist. Dieser Wert ist der maximale Betrag, den die Bank bei einer gegebenen Nominalforderung als Kreditauszahlung zur Verfügung stellen sollte. Im Rahmen von Kreditverhandlungen geht man allerdings üblicherweise anders vor: Man legt nicht den Auszahlungsbetrag für eine gegebene Nominalforderung fest, sondern handelt einen Zinssatz aus, den der Kreditnehmer bezahlen muss. Entsprechend braucht die Kreditabteilung der Bank für die Kreditverhandlung nicht den Wert des Kredites als maximalen Auszahlungsbetrag, sondern einen Mindestzinssatz als Preisuntergrenze. Hat der Kredit die Zahlungsstruktur eines Zero-Bonds, so besteht zwischen dem Wert eines Kredites $\pi_D(F,T)$ mit der Laufzeit T und der Nominalforderung F und der Mindestverzinsung r_D ein eindeutiger Zusammenhang:

$$\sqrt[T]{\frac{F}{\pi_D(F,T)}} - 1 = r_D.$$

Der Mindestzins r_D, den die Bank fordern muss, ist natürlich größer als der Zinssatz für sichere Anlagen, denn er muss sowohl einen Risikoaufschlag für erwartete Verluste als auch eine Risikoprämie für unerwartete Verluste beinhalten. Darüber hinaus muss die Bank die Kosten der Kreditabwicklung berücksichtigen. Wir wollen diese Kostenkomponente hier zunächst vernachlässigen, da sie im Rahmen der Bankkalkulation ausführlich behandelt wird.

Um Kredite bewerten zu können, werden zunächst Kennzahlen benötigt, die das Ausmaß und die Wahrscheinlichkeit von Verlusten beschreiben. Darüber hinaus sind für die Risikobeurteilung die Korrelationen zu den anderen Risikopositionen der Bank von Bedeutung. Schließlich müssen Prämien bestimmt werden, die pro Einheit Risiko mindestens verdient werden müssen. Schon diese knappe Skizze macht deutlich, dass die Bewertung von Kreditausfallrisiken ein schwieriges Unterfangen ist, das sowohl ein Prognose- als auch ein Bewertungsproblem beinhaltet. In der Praxis muss man sich daher häufig mit Näherungslösungen begnügen, die aus theoretischer Sicht nicht überzeugen können. Wir wollen mit den in der Praxis üblichen Verfahren der Kreditrisikobewertung beginnen (Abschnitt I3.2). Daran anschließend werden zwei Bewertungsverfahren vorgestellt, die von der Wissenschaft entwickelt worden sind. Diese Verfahren versuchen, das Prognose- und Bewertungsproblem durch den Rückgriff auf Marktdaten zu lösen. Dabei kann man, ähnlich wie bei der Bewertung von festverzinslichen Wertpapieren, zwei Wege einschlagen:

- Der künftige Wert des Kredites bzw. die künftigen Zahlungen aus dem Kredit werden als eine zufällige, exogen gegebene Größe modelliert und bewertet.
- Man modelliert nicht die Kreditrückzahlung unmittelbar als Zufallsvariable, sondern den bzw. die Parameter, die Einfluss auf die Höhe der Kreditrückzahlung haben. Der entscheidende Parameter, von dem abhängt, ob und in welcher Höhe ein Kredit zurückgezahlt wird, ist der Unternehmenswert.

Die erste Vorgehensweise, die dem Ansatz von CreditRisk$^{+\text{TM}}$ ähnelt, führt zur Kreditbewertung im Rahmen von Reduktionsmodellen, die wir in Abschnitt I3.4 darstellen werden. Für den zweiten Ansatz, der sich auch in CreditMetrics^{TM} wiederfindet, müssen wir noch den Zusammenhang zwischen Kreditrückzahlung und Unternehmenswert spezifizieren. Dieses Bindeglied liefert uns die Optionspreistheorie, deren Anwendung für die Bewertung ausfallbedrohter Kredite in Abschnitt I3.3 dargestellt wird.

I3.2 Traditionelle Verfahren der Kreditrisikobewertung

Expected Loss

Ausgangspunkt der traditionellen Verfahren der Kreditrisikobewertung ist der *Expected Loss*. Ist die Bank in der Lage, einem Kredit die drei Komponenten Ausfallwahrscheinlichkeit, Loss Given Default und Exposure at Default zuzuordnen, so ergeben sich unter der Annahme, dass entweder nur das Ausfallereignis stochastisch ist oder aber alle Komponenten stochastisch unabhängig sind, aus dem Produkt dieser drei Größen die *Standardrisikokosten*, die dem Kredit zuzurechnen sind (vgl. z. B. KNOBLOCH *et al.* (1999)).

Wir demonstrieren die Bestimmung der Standardrisikokosten am Beispiel eines Ratenkredites (Abschnitt C2.4.7) mit periodisch gleich bleibenden Raten (Annuitätendarlehen, vgl. zum Folgenden DALDRUP *et al.* (2004)). Im ersten Schritt bestimmen wir den erwarteten Rückfluss aus der Kreditvergabe. Der

Kredit kann in jedem Zeitpunkt, in dem eine Rate fällig wird, zwei Zustände annehmen: Entweder ist der Kreditnehmer zahlungsfähig und leistet eine Zahlung
in Höhe der vorgesehenen Annuität A oder aber es liegt eine Zahlungsstörung
vor. Wir nehmen an, dass in diesem Fall ein Anteil δ am Kapitalwert des noch
ausstehenden Kreditbetrages (Exposure at Default) von der Bank eingebracht
werden kann. Für δ gilt $0 < \delta < 1$, weiterhin wird angenommen, dass δ über die
gesamte Laufzeit des Kredites konstant sei.

Die Höhe der Restschuld in einem beliebigen Zeitpunkt t, EAD_t, beträgt bei
einem Annuitätendarlehen mit einer Gesamtlaufzeit von T:

$$\mathrm{EAD}_t = K_0 \cdot \frac{(1+i)^T - (1+i)^t}{(1+i)^T - 1}. \tag{I3-1}$$

In (I3-1) bezeichnet K_0 das Anfangskapital, d. h. den ursprünglichen Kreditbetrag. Beziehung (I3-1) gibt die Restschuld im Zeitpunkt t an unter der
Annahme, dass die Annuität für diesen Zeitpunkt bereits geleistet wurde. Im
Falle einer Leistungsstörung erfolgt in diesem Zeitpunkt aber gerade keine plan-
mäßige Kreditbedienung, so dass als Exposure at Default (EAD) die aufgezinste
Restschuld der Vorperiode anzusetzen ist. Der Barwert des EAD, $\mathrm{BW}(\mathrm{EAD}_t)$,
lautet für den Fall, dass der Kredit im Zeitpunkt t ausfällt, somit:

$$\begin{aligned}
\mathrm{BW}\left(\mathrm{EAD}_t\right) &= K_0 \cdot \frac{(1+i)^T - (1+i)^{t-1}}{(1+i)^T - 1} \cdot \frac{1+i}{(1+i)^t} \\
&= K_0 \cdot \frac{(1+i)^{T+1} - (1+i)^t}{((1+i)^T - 1) \cdot (1+i)^t}.
\end{aligned} \tag{I3-2}$$

Der Anfangskreditbetrag K_0 entspricht dem Produkt aus dem Rentenbarwertfaktor (RBF) und der Annuität,

$$K_0 = \frac{(1+i)^T - 1}{i \cdot (1+i)^T} \cdot A. \tag{I3-3}$$

Einsetzen von (I3-3) in (I3-2) ergibt schließlich

$$\mathrm{BW}(\mathrm{EAD}_t) = A \cdot \frac{(1+i) - (1+i)^{t-T}}{i \cdot (1+i)^t}. \tag{I3-4}$$

Um den Erwartungswert der Rückflüsse zu ermitteln, sind die möglichen Zahlungen in den einzelnen Zeitpunkten mit den jeweiligen Eintrittswahrscheinlichkeiten zu multiplizieren. Wir bezeichnen mit p_D die einjährige Ausfallwahrscheinlichkeit, d. h. die Wahrscheinlichkeit, dass der Kreditnehmer innerhalb eines Jahres ausfällt. Zur Vereinfachung unterstellen wir, dass diese Wahrscheinlichkeit über die Laufzeit des Kredites konstant bleibt. Die möglichen Zahlungen in diesem Zeitpunkt betragen somit entweder A (kein Ausfall) oder
$\delta \cdot \mathrm{BW}(\mathrm{EAD}_1)$, falls der Kredit ausfällt. Ein Ausfall im zweiten Jahr entspricht
dem Ereignis, dass der Kreditnehmer das erste Jahr „überlebt" und im zwei-
ten Jahr dann ausfällt. Entsprechend ergibt sich die Eintrittswahrscheinlichkeit

für dieses Ereignis als Produkt aus der Überlebenswahrscheinlichkeit für das
erste Jahr $(1 - p_D)$ und der Ausfallwahrscheinlichkeit für das zweite Jahr p_D.
Die Wahrscheinlichkeit für einen Ausfall genau im zweiten Jahr beträgt damit
$(1 - p_D) \cdot p_D$, für das dritte Jahr $(1 - p_D)^2 \cdot p_D$, für das vierte Jahr $(1 - p_D)^3 \cdot p_D$
usw. Allgemein ergibt sich unter der Annahme einer konstanten einjährigen Ausfallwahrscheinlichkeit für die Wahrscheinlichkeit eines Ausfalls genau in der Periode t die Formel $(1 - p_D)^{t-1} \cdot p_D$. Die kumulative Ausfallwahrscheinlichkeit (vgl.
Abschnitt I1.1.2) erhalten wir als Summe der einjährigen Ausfallwahrscheinlichkeiten (I1-7):

$$\mathrm{PD}_t = \sum_{\tau=1}^{t}(1 - p_D)^{\tau-1} \cdot p_D = 1 - (1 - p_D)^t. \tag{I3-5}$$

Abbildung I3.1 fasst die Annahmen über die Zahlungen und die zugehörigen
Eintrittswahrscheinlichkeiten zusammen.

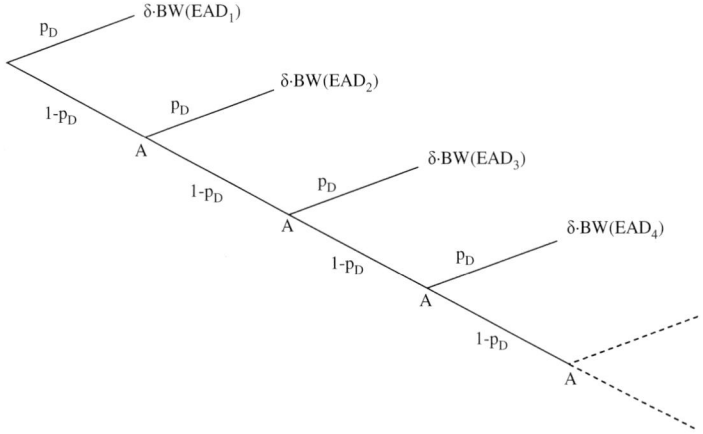

Abb. I3.1: Zahlungsstruktur eines Ratenkredites mit konstanter einjähriger Ausfallwahrscheinlichkeit

Mit der Wahrscheinlichkeit $(1 - p_D)^T$ wird der Kredit über die gesamte Laufzeit vollständig bedient (Überlebenswahrscheinlichkeit). Der erwartete Barwert
des Zahlungsstroms in diesem Fall ergibt sich aus der Annuität, multipliziert mit
der Überlebenswahrscheinlichkeit und dem Rentenbarwertfaktor:

$$(1 - p_D)^T \cdot A \cdot \frac{1 - (1 + i)^{-T}}{i}. \tag{I3-6}$$

Fällt der Kredit in der Periode t aus, so fließen der Bank die Annuitäten bis
zur Periode $(t - 1)$ in voller Höhe zu, der Rückfluss in der Periode t entspricht

der Restschuld zu diesem Zeitpunkt EAD_t, multipliziert mit der Recovery Rate. (I3-7) gibt den erwarteten Barwert dieser Zahlungen an:

$$(1 - p_D)^{t-1} \cdot p_D \cdot A \cdot \left(\frac{1 - (1 + i)^{-(t-1)}}{i} + \delta \cdot \frac{(1 + i) - (1 + i)^{t-T}}{i \cdot (1 + i)^t} \right). \qquad \text{(I3-7)}$$

Der Barwert des erwarteten Gesamtrückflusses aus dem Kredit $E[BW(\tilde{A})]$ setzt sich zusammen aus der Summe der Barwerte der Zahlungen in allen möglichen, einander ausschließenden Ereignissen, multipliziert jeweils mit deren Eintrittswahrscheinlichkeiten. Die möglichen Ereignisse sind: kein Ausfall bis zum Laufzeitende, Ausfall in der ersten Periode, Ausfall (genau) in der zweiten Periode, ..., Ausfall (genau) in der letzten Periode:

$$E[BW(\tilde{A})] = A \cdot \left[(1 - p_D)^T \cdot \frac{1 - (1 + i)^{-T}}{i} + \right. \qquad \text{(I3-8)}$$

$$\left. \sum_{t=1}^{T} (1 - p_D)^{t-1} \cdot p_D \cdot \left(\frac{1 - (1 + i)^{-(t-1)}}{i} + \delta \cdot \frac{(1 + i) - (1 + i)^{t-T}}{i \cdot (1 + i)^t} \right) \right].$$

Die Höhe der Annuität ist so festzulegen, dass der Barwert der erwarteten Rückflüsse dem Kreditbetrag entspricht: $E[BW(\tilde{A})] = K$. Die Annuität A^*, die diese Bedingung erfüllt, erhalten wir, indem (I3-8) nach A aufgelöst wird:

$$A^* = K \left/ \left[(1 - p_D)^T \cdot \frac{1 - (1 + i)^{-T}}{i} + \right. \right. \qquad \text{(I3-9)}$$

$$\left. \left. \sum_{t=1}^{T} (1 - p_D)^{(t-1)} \cdot p_D \cdot \left(\frac{1 - (1 + i)^{-(t-1)}}{i} + \delta \cdot \frac{(1 + i) - (1 + i)^{t-T}}{i \cdot (1 + i)^t} \right) \right].$$

Die Standardrisikokosten, EL, sind die Differenz aus dem Barwert eines sicheren periodischen Zahlungsstroms in Höhe von A^* und dem Barwert des erwarteten Rückflusses bei einem Kapitaldienst in nominaler Höhe von A^*, $E[BW(\widetilde{A^*})]$:

$$EL = A^* \cdot \frac{1 - (1 + i)^{-T}}{i} - E[BW(\widetilde{A^*})]. \qquad \text{(I3-10)}$$

Den Teil des Credit Spreads, der zur Abdeckung des erwarteten Verlusts dient, ermitteln wir als denjenigen Zinssatz, bei dessen Verwendung der Barwert des sicheren periodischen Zahlungsstroms A^* dem Kreditbetrag entspricht:

$$K = A^* \cdot \frac{1 - (1 + r_D)^{-T}}{r_D}. \qquad \text{(I3-11)}$$

Tabelle I3-1 gibt für unterschiedliche Laufzeiten und Ausfallwahrscheinlichkeiten die Höhe des Credit Spreads an, der zur Abdeckung des erwarteten

Verlusts benötigt wird. Den Berechnungen liegt ein Ratenkredit mit monatlichen Zins- und Tilgungszahlungen zugrunde. Als Zinssatz für sichere Anlagen/Kreditaufnahmen wurden 4,5% angenommen. Wie aus Tabelle I3-1 zu erkennen ist, steigt der Credit Spread erwartungsgemäß mit zunehmender Ausfallwahrscheinlichkeit an, die Kreditlaufzeit dagegen hat nur einen schwachen Einfluss auf den Credit Spread. Für lange Laufzeiten ist der Credit Spread etwas geringer als für kurze Laufzeiten. Dies mag zunächst überraschen, da bei konstanter einjähriger Ausfallwahrscheinlichkeit die kumulative Ausfallwahrscheinlichkeit nahezu proportional mit der Laufzeit zunimmt. Allerdings ist der absolute Verlust bei einem Ausfall gegen Ende der Laufzeit aufgrund der geringeren Restschuld relativ niedrig, zudem fließen der Bank die Standardrisikokosten bei einem länger laufenden Kredit bis zum Ausfall des Kredites zu.

Tab. I3-1: Credit Spreads für unterschiedliche Laufzeiten und Ausfallwahrscheinlichkeiten

Laufzeit	Credit Spreads für unterschiedliche p_D (i=4,5%; LGD=45%)										
	0%	1%	2%	3%	4%	5%	6%	7%	8%	9%	10%
1	0,00%	0,47%	0,95%	1,43%	1,92%	2,42%	2,92%	3,42%	3,93%	4,45%	4,97%
2	0,00%	0,47%	0,95%	1,43%	1,91%	2,39%	2,88%	3,37%	3,87%	4,37%	4,87%
3	0,00%	0,47%	0,94%	1,42%	1,89%	2,37%	2,85%	3,33%	3,81%	4,29%	4,78%
4	0,00%	0,47%	0,94%	1,41%	1,88%	2,35%	2,82%	3,29%	3,75%	4,22%	4,69%
5	0,00%	0,47%	0,94%	1,40%	1,87%	2,33%	2,79%	3,24%	3,70%	4,15%	4,60%

Bevor wir uns Gedanken darüber machen, wie das Risiko in der Bewertung berücksichtigt werden kann, wollen wir eine andere Vorgehensweise zur Ermittlung des Expected Loss vorstellen, die vor allem dann zur Anwendung kommt, wenn den Krediten keine individuellen Ausfallwahrscheinlichkeiten und LGD's zugeordnet werden können. Dies wird künftig vor allem im Retail-Kreditportfolio der Fall sein. In einem ersten Schritt werden die Kredite nach bestimmten Merkmalen in Risikoklassen eingeteilt. Als Kriterium für die Einteilung in Risikoklassen können unterschiedliche Bonitätszustände, kreditnehmerspezifische oder kreditartenspezifische Merkmale sowie eine Kombination aus mehreren Merkmalen verwendet werden (siehe Tabelle I3-2).

Bei den zustandsspezifischen Verfahren ist u. a. nachteilig, dass einzelnen Krediten während der Laufzeit eigentlich unterschiedliche Risikoraten zugeordnet werden müssten, der Zinssatz aber festliegt. Bei einer guten Kreditüberwachung dürfte den meisten Ausfällen eine Herunterstufung in der Bonitätsklasse vorausgehen, während die ursprüngliche Einstufung oft den Risikoaufschlag determiniert. Dieser entspricht, falls er nicht während der Laufzeit angepasst werden darf, vorwiegend dem Risikoaufschlag der oberen Bonitätsklassen, da besonders „gefährdete" Kredite zumeist gar nicht erst gewährt werden.

Bei den kreditartenspezifischen Verfahren werden die Kredite nach mehr oder weniger fein strukturierten Produktkatalogen aufgegliedert. Dahinter steckt implizit die Vorstellung, die Produktcharakteristika bestimmten die Ausfallquote. Diese Prämisse scheint unsinnig, da das Ausfallrisiko mit dem Kreditnehmer

Tab. I3-2: Segmentierungskriterien für die Einteilung in Risikoklassen

Kriterium	Beschreibung
Zustand	Scorewert, Rating, qualitatives Urteil der Kreditwürdigkeitsprüfung z. B. Einteilung in „Kredite ohne erkennbare Risiken", „anmerkungsbedürftige Kredite", „notleidende Kredite", „uneinbringliche Kredite"
Kreditnehmer	• Im Privatkundenbereich: Differenzierung der Kreditnehmer nach Ausbildungsstand, Stellung im Beruf, Familienstand, Lebensalter • Im Firmenkundenbereich: Differenzierung nach Branche, Rechtsform, Unternehmensgröße
Kreditart	Konsumenten, Hypothekarkredite, Überziehungskredite, Betriebsmittelkredite, Investitionskredite
Geschäftsfeld	Segmentierung nach mehreren Kriterien wie z. B. Kreditnehmertyp, Kreditart, Bonität, Besicherung etc.

verbunden ist. Allerdings ist sie im Sinne eines Signalling bzw. einer Selbstselektion nicht ganz von der Hand zu weisen. So können Konsumentenkredite u. U. dann noch aufgenommen werden, wenn der Kunde für niedriger verzinsliche Hypothekendarlehen schon keine ausreichende Bonität mehr hat. Weiterhin ist an den kreditartenspezifischen Verfahren zu kritisieren, dass Verschiebungen in der Kreditstruktur zu einem Auseinanderklaffen von Standard- und Ist-Risikokosten führen können, also das von uns kritisierte Ziel der Deckung der Ausfälle gar nicht erreicht werden kann.

Die Segmentierung der geschäftsfeldspezifischen Verfahren lässt sich bei geeignet gewählten Merkmalen gut an die Vertriebs- und Organisationsstruktur anbinden. Bezüglich der Merkmale Bonität und Produktart gelten allerdings die zuvor genannten Mängel. Die gebildeten Klassen können sehr leicht zu klein für stabile Ergebnisse, d. h. für eine geringe Bedeutung von Ausreißern, werden.

Die Anwendung kreditnehmerspezifischer Verfahren beruht auf der Annahme, dass es vor allem die Bonität des Kreditnehmers ist, die das Ausfallrisiko determiniert. Vernachlässigt wird dabei die Bedeutung von Sicherheiten und der Rangstellung.

Um den Risikoaufschlag zu ermitteln, berechnen wir auf der Basis historischer Daten für jedes Segment die *Ausfallrate* (AR) als Quotient aus den Kreditausfällen in der Vergangenheit (EWB) und dem gesamten Kreditvolumen (KV):

$$AR = \frac{EWB}{KV}. \tag{I3-12}$$

Wir erweitern nun diesen Ausdruck mit der Krisenquote (KQ), die als Quotient aus der Anzahl der Kreditnehmer mit Bonitätsproblemen (BP) und der Gesamtzahl aller Kreditnehmer in diesem Segment (KN) definiert ist (KQ=BP/KN):

$$AR = \frac{EWB}{KQ \cdot KV} \cdot KQ. \tag{I3-13}$$

Das Produkt aus Krisenquote und gesamtem Kreditvolumen wird auch als potenzielles Ausfallvolumen (AV) bezeichnet. Die Ausfallrate gibt an, welcher Ausfall pro GE Kredit in dem betrachteten Segment auf der Basis historischer Daten zu erwarten ist. Dieser Ausfall wird allerdings nicht von allen Kreditnehmern im betrachteten Segment getragen, sondern nur von denjenigen, die solvent bleiben. Die Ausfallrate ist daher auf den Anteil der solventen Kreditnehmer zu beziehen. In dieser Formulierung wird die Ausfallrate auch als Risikomarge (RM) bezeichnet, die in den Kreditzins mit einzubeziehen ist:

$$RM = \frac{KQ}{1 - KQ} \cdot \frac{EWB}{AV}. \tag{I3-14}$$

Kritisch ist an diesem Verfahren anzumerken, dass es ausschließlich vergangenheitsbezogen ist. Es ist keineswegs plausibel, anzunehmen, dass die für die Vergangenheit gebildeten Durchschnittswerte auch für die Zukunft gelten. Darüber hinaus ist nicht zu erkennen, ob hohe Ausfälle auf schlechtes Kreditmanagement oder auf riskante Engagements zurückzuführen sind. Hier kann ein Vergleich mit Branchendaten sinnvoll sein (vgl. BRAKENSIEK (1991)).

Risikoprämie

Um die *Risikoprämie* berechnen zu können, müssen zwei Größen ermittelt werden, zum einen die Risikomenge, zum anderen die Prämie pro Einheit Risiko. In Abschnitt I1.1.1 haben wir bereits aufgezeigt, welche Schwierigkeiten bestehen, den Risikobeitrag eines einzelnen Kredites zu messen. Wir wollen dies hier nicht vertiefen, sondern unser Beispiel wieder aufgreifen und uns der Einfachheit halber an der Risikobemessung, wie sie in dem auf internen Ratings basierenden Ansatz (IRBA) der Solvabilitätsverordnung für Forderungen des sonstigen Mengengeschäfts vorgenommen wird, orientieren. Wie wir in Abschnitt I5.5.2 zeigen werden, entspricht unter bestimmten Annahmen das Ergebnis der IRBA-Formel (I5-12) dem Zuwachs des VaR, der durch den Kredit bewirkt wird. In dem Maße, in dem der VaR die erwarteten Verluste übersteigt, sind Forderungen mit Eigenkapital zu unterlegen. Als (kalkulatorische) Kosten für das eingesetzte Eigenkapital setzen wir 20% an, dies entspricht einem Zinssatz, der von den Banken häufig als Mindestrendite auf das eingesetzte Eigenkapital genannt wird. Tabelle I3-3 gibt die Höhe der Eigenkapitalkosten in Abhängigkeit von der Ausfallwahrscheinlichkeit an.

Tab. I3-3: Eigenkapitalkosten

p_D	1%	2%	3%	4%	5%	6%	7%	8%	9%	10%
Eigenmittel-unterlegung	3,66%	4,64%	5,02%	5,20%	5,31%	5,42%	5,54%	5,69%	5,86%	6,04%
Eigenkapital-kosten	0,73%	0,93%	1,00%	1,04%	1,06%	1,08%	1,11%	1,14%	1,17%	1,21%

Der Zinssatz, der von der Bank für einen Kredit mindestens zu fordern ist, setzt sich zusammen aus dem Zinssatz für sichere Kredite sowie dem Credit Spread. Der Credit Spread wiederum enthält eine Komponente zur Abdeckung erwarteter Verluste sowie eine Risikoprämie für unerwartete Verluste.

I3.3 Bewertung von Kreditausfallrisiken mit Hilfe der Optionspreistheorie

Grundmodell

Eine elegante Möglichkeit der Bewertung von Kreditrisiken bietet die Optionspreistheorie. In den letzten Jahren sind eine Vielzahl von Bewertungsansätzen entwickelt worden, die alle auf dem Grundgedanken der Asset-Value-Modelle, die Ihnen aus CreditMetrics sowie aus dem *Credit Monitor Model* bekannt sind, basieren. Insolvenz tritt in diesen Modellen dann ein, wenn der Unternehmenswert eine kritische Grenze unterschreitet. Diese Modelle werden daher auch Unternehmenswertmodelle genannt oder Strukturmodelle, da die Insolvenz durch ökonomische Zusammenhänge erklärt wird.

In Abschnitt I1.2.8 haben wir bereits gesehen, dass der ausfallbedrohte Kredit aufgefasst werden kann als eine Kombination aus einem betrags- und laufzeitäquivalenten sicheren Kredit und einer Stillhalterposition in einer Verkaufsoption auf das Schuldnerunternehmen mit dem Fremdkapitalrückzahlungsbetrag als Ausübungspreis. Diesen Gedanken wollen wir nun aufgreifen, um ausfallbedrohte Kredite zu bewerten. $\pi_D(F,T)$ bezeichne den Wert eines ausfallbedrohten Kredites mit der Nominalforderung F und der Fälligkeit T. Dieser Wert setzt sich entsprechend aus zwei Komponenten zusammen, dem Wert eines äquivalenten sicheren Kredites $\pi(F,T)$ abzüglich des Wertes der Verkaufsoption π_P:

$$\pi_D(F,T) = \pi(F,T) - \pi_P. \qquad (\text{I3-15})$$

Um die Bewertung der Verkaufsoption möglichst einfach zu halten, gehen wir von folgenden Annahmen aus:

- Das Kreditausfallrisiko ist exogen gegeben und wird durch Maßnahmen des Kreditnehmers nicht beeinflusst. Moral-Hazard-Probleme, wie sie typischerweise in Kreditbeziehungen auftreten, werden damit von der Betrachtung ausgeschlossen.
- Der Schuldner hat nur einen Typ von Fremdkapital aufgenommen. Dieses Fremdkapital hat die Zahlungsstruktur eines Zero-Bonds, d. h. es wird im Fälligkeitszeitpunkt T einschließlich aller bis dahin aufgelaufenen Zinsen zurückgezahlt.
- Insolvenz kann nur im Zeitpunkt T auftreten, und zwar dann, wenn der Wert des Schuldnerunternehmens V_U kleiner ist als der Betrag der Verbindlichkeiten F.

- Im Insolvenzfall kann der Kreditgeber auf das Vermögen des Schuldnerunternehmens vollständig zurückgreifen, d. h. der Kreditrückfluss beträgt $V_U(T)$ für $V_U(T) < F$.
- Die Entwicklung des Unternehmenswertes über die Zeit kann durch einen stochastischen Prozess beschrieben werden, der als geometrisch Brown'sche Bewegung bezeichnet wird:

$$dV_U = \mu_V \cdot V_U dt + \sigma_V \cdot V_U dz \qquad (\text{I3-16})$$

mit

μ_V: Drift des Prozesses, d. h. die erwartete stetige Unternehmenswertrendite je Zeiteinheit,

σ_V^2:   Varianz der stetigen Unternehmenswertrendite je Zeiteinheit,

z: Standard Brownsche Bewegung mit $\Delta z \sim \mathcal{N}(0, \Delta t)$.

- Der Zinssatz für sichere Anlagen r ist konstant während der Laufzeit des Kredites.

Unter diesen Annahmen können wir den Optionsteil des ausfallbedrohten Kredites mit Hilfe der Black-Scholes-Optionspreisformel bewerten und erhalten für den Wert des Kredites:

$$
\begin{aligned}
\pi_D\left(F, T\right) = {}& F \cdot e^{-r \cdot T} \\
& - \left[F \cdot e^{-r \cdot T} \cdot N\left(-b_2\right) - V_U \cdot N\left(-b_2 - \sigma_V \cdot \sqrt{T}\right) \right].
\end{aligned}
\qquad (\text{I3-17})
$$

Der Ausdruck in eckigen Klammern entspricht der Optionskomponente und gibt die Kosten des Kreditrisikos an. Kosten des Kreditrisikos bedeutet, dass der Wert der Putkomponente der *„faire"* Preis wäre, den die Bank für die Veräußerung des Kreditrisikos – z. B. durch einen Credit Default Swap – zahlen müsste. Der Wert der Putkomponente kann anschaulich interpretiert werden: Der erste Summand in eckigen Klammern entspricht dem Barwert der Nominalforderung multipliziert mit der (risikoneutralen) Insolvenzwahrscheinlichkeit, davon subtrahiert wird der Barwert des erwarteten Kreditrückflusses im Fall der Insolvenz. Anders ausgedrückt: Der erste Summand entspricht – unter Berücksichtigung des negativen Vorzeichens vor der eckigen Klammer – dem diskontierten Erwartungswert eines Totalverlusts, dieser wird gemindert um den erwarteten Rückfluss aus der Befriedigung aus dem Unternehmensvermögen.

Wir können die Ausdrücke in (I3-17) zusammenfassen und erhalten dann:

$$\pi_D\left(F, T\right) = F \cdot e^{-r \cdot T} \cdot N\left(b_2\right) + V_U \cdot N\left(-b_2 - \sigma_V \cdot \sqrt{T}\right). \qquad (\text{I3-18})$$

Auch in dieser Formulierung kann die Bewertung eines ausfallbedrohten Kredites anschaulich interpretiert werden: Der erste Summand in (I3-18) ist der Barwert der vollständigen Kreditrückzahlung multipliziert mit der (risikoneutralen) Wahrscheinlichkeit, dass der Schuldner solvent bleibt und den Kredit vollständig zurückzahlt, der zweite Summand ist der Barwert des erwarteten Kreditrückflusses im Insolvenzfall.

Credit Spread

Aus (I3-18) können wir auch den *Credit Spread,* d. h. den Renditezuschlag eines ausfallbedrohten Kredites gegenüber einem sicheren Kredit, ermitteln. Hierzu definieren wir zunächst $T - t$ als Restlaufzeit und dividieren beide Seiten von (I3-18) durch die Nominalforderung F,

$$
\frac{\pi_D(F, T - t)}{F} \equiv e^{-r_D \cdot (T-t)}
$$

$$
= e^{-r \cdot (T-t)} \cdot \left[N(b_2) + \frac{V_U}{F \cdot e^{-r \cdot (T-t)}} \cdot N\left(-b_2 - \sigma_V \cdot \sqrt{T - t}\right) \right].
$$

Der resultierende Credit Spread ergibt sich zu

$$
r_D - r = -\frac{1}{T - t} \cdot \ln\left[N(b_2) + \frac{1}{d} \cdot N\left(-b_2 - \sigma_V \cdot \sqrt{T - t}\right) \right] \qquad \text{(I3-19)}
$$

mit

$T - t$:   Restlaufzeit,

$d = \frac{F \cdot e^{-r \cdot (T-t)}}{V_U}$:   Quasi-Verschuldungsgrad bzw. *debt-to-firm-value-ratio* (Merton 1974),

$b_2 = \frac{\ln\left(\frac{V_U}{F}\right) + \left(r - \frac{\sigma_V^2}{2}\right) \cdot (T-t)}{\sigma_V \cdot \sqrt{T-t}}$:   Schranke zur Ermittlung der Solvenzwahrscheinlichkeit.

Beachten Sie, dass der Credit Spread sowohl einen *Risikoaufschlag* für den erwarteten Verlust als auch die *Risikoprämie* zur Abdeckung der unerwarteten Verluste beinhaltet.

Wie aus (I3-19) zu erkennen ist, hängt der Credit Spread im Wesentlichen von drei Größen ab:

- von der Restlaufzeit,
- von der Volatilität des Unternehmenswertes und
- vom Verschuldungsgrad.

Während der Credit Spread mit zunehmender Volatilität und zunehmendem Verschuldungsgrad stets steigt, ist die Abhängigkeit des Credit Spreads von der Restlaufzeit nicht eindeutig. Zunächst steigt der Credit Spread mit zunehmender Restlaufzeit an, erreicht dann ein Maximum und fällt danach wieder ab. Je niedriger der Verschuldungsgrad ist, desto höher ist die Restlaufzeit, bei der der maximale Credit Spread erreicht wird (vgl. Abbildung I3.2).

Für sehr kurze Restlaufzeiten strebt der Credit Spread gegen null (sofern $d < 1$ gilt). Der Grund hierfür ist, dass für die Entwicklung des Unternehmens-

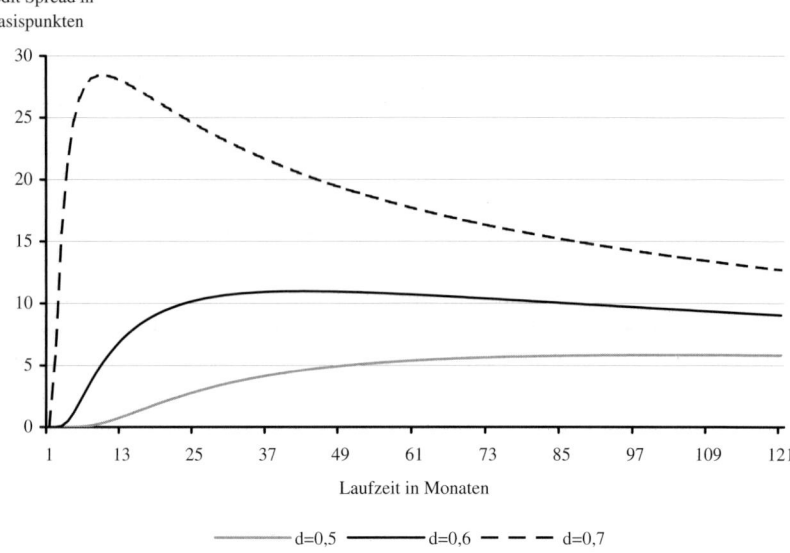

Abb. I3.2: Verlauf des Credit Spreads in Abhängigkeit von der Restlaufzeit für unterschiedliche debt-to-firm-value-ratios d ($\sigma_V = 0,06$; $r = 0,002$)

wertes ein stochastischer Prozess angenommen wurde, der plötzliche gravierende
Änderungen des Unternehmenswertes nicht zulässt. Damit ist praktisch ausgeschlossen, dass über einen kurzen Zeitraum hinweg betrachtet, Insolvenz eintritt.
In der Realität ist es jedoch häufig so, dass der Insolvenz die Veröffentlichung von
Informationen, die zu einer abrupten Neubewertung der künftigen Ertragslage
des Schuldners führen, vorangehen. Entsprechend beobachten wir, dass auch die
Credit Spreads für kurzfristige Anleihen deutlich von null verschieden sind. Um
dies im Modell abzubilden, könnte der stochastische Prozess um eine Komponente erweitert werden, die plötzliche Sprünge zulässt. In diesem Fall erhält man
Credit Spreads, die auch für kurze Restlaufzeiten deutlich von null verschieden
sind (vgl. ZHOU (2001)).

Erweiterungen

Der bisherigen Betrachtung lagen sehr restriktive Prämissen zugrunde. Es ist
aber ohne weiteres möglich, die Betrachtung an realistischere Szenarien anzupassen.

Insbesondere bei langfristiger Fremdfinanzierung ist es unrealistisch anzunehmen, dass die Insolvenz ausschließlich zum Zeitpunkt der Fälligkeit der Verbindlichkeiten anfallen kann, vielmehr wird die Insolvenz bereits während der Kreditlaufzeit eintreten, sobald der Unternehmenswert eine Schranke unterschreitet.

LONGSTAFF und SCHWARTZ (1995), KLEIN (1996), ZHOU (2001) und ERICSSON und RENEBY (1998) verwenden eine im Zeitablauf konstante Insolvenzschranke $I \leq F$. BLACK und COX (1976), BRIYS und DE VARENNE (1997) sowie SCHÖBEL (1999) unterstellen eine im Zeitablauf steigende Insolvenzgrenze der Form $I = K \cdot e^{-c \cdot (T-t)}$. Die Konstante K ist an die Verbindlichkeitshöhe und die Wachstumsrate c an den sicheren Zinssatz gekoppelt.

Die Kriterien für die Insolvenzauslösung haben unmittelbare Auswirkungen auf den LGD, d. h. die Höhe des Kreditausfalls im Insolvenzfall. Grundsätzlich gilt, dass die Gläubigerverluste umso geringer ausfallen, je schneller die Insolvenz bei einer Gefährdung der Gläubigeransprüche greift. Darüber hinaus ist zu modellieren, in welchem Maße die Gläubiger an dem Marktwert des Unternehmens im Insolvenzfall partizipieren. Im Grundmodell wurde davon ausgegangen, dass im Insolvenzfall der gesamte Unternehmenswert zur Befriedigung der Gläubigeransprüche zur Verfügung steht. In der Realität ist es jedoch möglich, dass den Gläubigerforderungen andere Ansprüche vorgelagert sind, darüber hinaus wird die Insolvenzmasse durch Konkurskosten geschmälert. Weiterhin ist zu beachten, dass nicht alle Gläubiger gleichermaßen an der Insolvenzmasse partizipieren, sondern dass vor- und nachrangige Ansprüche existieren können. Schließlich sollten nicht nur gerichtliche Insolvenzverfahren in die Modellanalyse einbezogen werden, sondern auch gerichtliche oder außergerichtliche Vergleiche sowie Reorganisationsverfahren. Typisch für diese Verfahren ist, dass die Gläubiger zwar Verluste erleiden, die Eigenkapitalgeber aber dennoch Anteile am Unternehmenswert behalten.

Zur Modellierung der Kreditrückzahlungshöhe im Insolvenzfall sind zwei unterschiedliche Lösungen vorgeschlagen worden:

1. Die Höhe der Kreditrückzahlung beträgt einen bestimmten Prozentsatz der Nominalforderung: $\delta \cdot F$ mit $\delta \leq 1$. Eine solche Annahme verwenden LONGSTAFF und SCHWARTZ (1995) sowie ZHOU (2001). Die Höhe der Recovery Rate hängt maßgeblich von der Rangstellung im Insolvenzverfahren ab.

2. Die Kreditgeber erhalten im Insolvenzfall einen bestimmten Prozentsatz des Unternehmenswertes im Default-Zeitpunkt: $\delta \cdot V_U(t_I)$ mit $\delta \leq 1$ und t_I als Unternehmenswert im Default-Zeitpunkt. Diese Annahme ist zu finden bei KLEIN (1996), BLACK und COX (1976) mit $\delta = 1$ sowie BRIYS und DE VARENNE (1997), wobei letztere zwischen der Rückzahlungsquote bei einer Insolvenz im Fälligkeitszeitpunkt des Kredites und der Rückzahlungsquote bei einer vorzeitigen Insolvenz unterscheiden. ERICSSON und RENEBY (1998) berücksichtigen zusätzlich noch Konkurskosten und nehmen an, dass der Kreditgeber einen Anteil am Unternehmenswert nach Konkurskosten erhält.

Beide Möglichkeiten sind identisch, wenn – wie bei SCHÖBEL (1999) – die Konkursgrenze dem Barwert des Kreditrückzahlungsbetrages entspricht. Es gilt dann $\delta \cdot F \cdot e^{-r \cdot (T-t)} = \delta \cdot V_U(t_I)$.

Kann eine Insolvenz auch vor Fälligkeit des Kredites eintreten, so kann der Kreditausfall nicht mehr als eine Option europäischen Typs modelliert werden, sondern wir müssen nun auf sog. *Barrier Optionen* zurückgreifen. Barrier Optionen sind dadurch gekennzeichnet, dass eine positive Zahlung im Fälligkeitszeitpunkt nur dann anfällt, wenn während der Laufzeit der Option eine untere oder obere Schranke nicht unter- bzw. überschritten wurde. Die Kreditrückzahlung im Fälligkeitszeitpunkt kann als eine *down-and-out* Option interpretiert werden, da eine Zahlung im Fälligkeitszeitpunkt nur dann anfällt, wenn zuvor die Konkursschranke nicht unterschritten worden ist. Die Kreditrückzahlung bei einem Konkurs vor Fälligkeit kann dagegen als eine *down-and-in* Option aufgefasst werden, d. h. hier fällt eine Zahlung an, wenn die Konkursschranke erreicht wird (zur Modellierung komplexerer Rückzahlungsformen siehe ERICSSON und RENEBY (1998), zur Bewertung von Barrier Optionen siehe BLACK und COX (1976) sowie ERICSSON und RENEBY (1998)).

Mit Hilfe von Barrier-Optionen können auch Zins- und/oder Tilgungszahlungen vor Ende der Kreditlaufzeit rekonstruiert werden. Das Problem bei der Rekonstruktion von Zins- und Tilgungszahlungen vor Fälligkeit des Kredites besteht darin, dass eine Zahlung in einem Zeitpunkt $t < T$ nur dann anfällt, wenn zuvor keine Insolvenz eingetreten ist. Aufgrund dieser Abhängigkeit der Zahlung in einem Zeitpunkt t von der vorangegangenen Wertentwicklung des Underlyings ist eine Kuponanleihe nicht ohne weiteres als Summe von Zero-Bonds mit dem jeweiligen Kupontermin als Fälligkeitstermin rekonstruierbar. Barrier-Optionen berücksichtigen jedoch gerade diese Abhängigkeit, da deren Ertrag von der vorangegangenen Wertentwicklung abhängt. Eine Zahlung im Zeitpunkt $t < T$ in Höhe von $C(t)$ entspricht einer Long-Position in Höhe von $C(t)$ down-and-out *Binäroptionen* mit der Fälligkeit t, der Barrier I_t und dem Ausübungspreis I_t. Eine down-and-out Binäroption erbringt im Fälligkeitszeitpunkt genau eine Geldeinheit, wenn der Unternehmenswert im Fälligkeitszeitpunkt größer ist als der Ausübungspreis (hier die Insolvenzschranke) und zuvor die Insolvenzschranke nicht unterschritten wurde. Den Wert aller Zins- und Tilgungszahlungen vor Fälligkeit erhalten wir dann als Summe der Werte aller down-and-out Binäroptionen.

Bislang haben wir den Unternehmenswert als einzige unsichere Größe betrachtet, daneben bleibt aber auch das Zinsniveau nicht wie bislang angenommen über die Laufzeit des Kredites hinweg konstant, sondern unterliegt Schwankungen. Dies beeinflusst die Bewertung eines ausfallbedrohten Kredites auf zwei Arten:

1. Wir haben gesehen, dass der Wert eines ausfallbedrohten Kredites berechnet werden kann als Wert eines betrags- und laufzeitäquivalenten sicheren Kredites abzüglich des Barwertes der erwarteten Kreditausfälle, wobei der Erwartungswert über die risikoneutralen Wahrscheinlichkeiten gebildet wird. Die Berechnung des Barwertes erfolgte dabei durch Diskontieren mit dem annahmegemäß konstanten sicheren Zinssatz. Schwankt das Zinsniveau stochastisch, so muss die Barwertermittlung entsprechend angepasst werden. Die Annahmen über die Entwicklung des sicheren Zinssatzes beeinflussen somit unmittelbar die Kreditbewertung.

2. Daneben ist noch ein weiterer Einfluss denkbar: Das Zinsniveau kann Auswirkungen haben auf die Überschüsse, die ein Unternehmen durch seine Leistungstätigkeit erwirtschaftet. Die Entwicklung des Zinsniveaus und des Unternehmenswertes sind in diesem Fall stochastisch abhängig, so dass die Kor-

relation zwischen dem stochastischen Prozess der Zinsentwicklung und dem stochastischen Prozess der Unternehmenswertentwicklung berücksichtigt werden muss.

Bewertungsmodelle für ausfallbedrohte Kredite, die auch Unsicherheit über die Zinsentwicklung berücksichtigen, wurden entwickelt von SHIMKO *et al.* (1993), LONGSTAFF und SCHWARTZ (1995) sowie SCHÖBEL (1999).

Ein Vorzug der Bewertung von Kreditausfallrisiken mit Hilfe der Optionspreistheorie besteht darin, dass eine Reihe von Vertragsbestandteilen als Option interpretiert und damit auch in die Bewertung einbezogen werden können.Wir wollen uns hier auf die Betrachtung von Kündigungsrechten und Sicherheiten beschränken.

Das Recht, den Kredit zu kündigen, kann sich entweder der Schuldner oder der Gläubiger oder beide vorbehalten. Mit der Kündigung ist das Recht verbunden, den Kredit unmittelbar zum Nominalwert bzw. zum Barwert des Nominalbetrages zurückzahlen zu können (Schuldnerkündigungsrecht) bzw. zurückfordern zu können (Gläubigerkündigungsrecht). Ein Schuldnerkündigungsrecht kann somit als eine Kaufoption auf den Kredit mit dem Nominalwert als Ausübungspreis aufgefasst werden. Eine Kündigung des Kredites durch den Gläubiger stellt nichts anderes dar als eine Rückveräußerung des Kredites an den Schuldner, ein Gläubigerkündigungsrecht beinhaltet somit eine Verkaufsoption auf den Kredit, wobei der Schuldner der Stillhalter ist.

Der Gläubiger wird von seinem Kündigungsrecht immer dann Gebrauch machen, wenn der Wert des Kredites aufgrund einer Verschlechterung der Schuldnerbonität unter den Rückzahlungsbetrag bei Kündigung sinkt. Diese Ausübungsstrategie ist nur dann unbedenklich, wenn die Ausübung des Kündigungsrechts selbst keinen Einfluss auf den Wert der Unternehmensaktiva hat. Ein derartiger Einfluss wäre möglich, wenn aufgrund von Marktunvollkommenheiten die Kündigung des Kredites eine Insolvenz des Schuldners nach sich ziehen würde, in deren Folge dann die Unternehmensaktiva nur mit Verlust liquidiert werden könnten. Zu beachten ist weiterhin, dass das Optionsrecht nur solange ausgeübt werden kann, wie der Schuldner noch nicht insolvent ist (zur Rekonstruktion und Bewertung von Kündigungsrechten mit Hilfe von Optionen siehe RENEBY (1998)).

An Kreditsicherheiten betrachten wir im Folgenden nur solche Besicherungsformen, die die Haftungsmasse des Schuldners vergrößern. Dies können Bürgschaften oder Vermögensgegenstände außerhalb des Unternehmens sein. Ist der Kredit besichert, so kann der Gläubiger im Insolvenzfall nicht nur auf das Vermögen des Schuldners, sondern auch auf den Wert der Sicherheit zurückgreifen. Auch die Wertentwicklung der Sicherheit wird im Allgemeinen Schwankungen unterliegen. Wenn wir annehmen, dass eine Verwertung des Sicherheit nur in dem Maße erfolgt, in dem eine Restforderung nach der Befriedigung aus dem Unternehmenswert noch verbleibt, so kann die Sicherheit als eine Kaufoption, die sich auf das Minimum aus dem Wert der Sicherheit $CL(T)$ und der Restforderung $(F - V_U(T))$ bezieht, interpretiert werden, wobei der Ausübungspreis null beträgt. Damit ist sichergestellt, dass die Option nur dann ausgeübt wird, wenn Insolvenz vorliegt und der Rückfluss an den Kreditgeber nie höher als der Nominalbetrag der Forderung sein kann. Zur Rekonstruktion der Minimumoption kann man unter anderem auf Tauschoptionen zurückgreifen, die das Recht beinhalten, Anteile am Unternehmenswert gegen Anteile an der Sicherheit zu tauschen. Der Wert der Tauschoption hängt entscheidend ab von der Korrelation zwischen der Wertentwicklung des Unternehmens und der Wertentwicklung des Sicherungsgutes. Nähert sich die Korrelation dem Wert 1 an, so wird die Sicherheit wertlos, weil die Sicherheit immer dann keinen Verwertungserlös erbringt, wenn Insolvenz vorliegt. Bei einer Korrelation nahe -1 können durch die Sicherheit Kreditausfälle fast ganz vermieden werden.

Bisher wurde angenommen, dass das Kreditausfallrisiko exogen gegeben sei. Tatsächlich aber ist die Entwicklung des Unternehmenswertes durch Handlungen des Managements beeinflussbar. Dies ist vor allem bei einer ungleichen Informationsverteilung zwischen Kapitalgeber und Kapitalnehmer ein Problem, da der Kreditgeber befürchten muss, dass der Kreditnehmer seinen Informationsvorteil dazu ausnutzt, sich Vorteile zu Lasten des Gläubigers zu verschaffen (zu solchen Moral Hazard-Problemen in Kreditbeziehungen siehe Teil B). Grundsätzlich ist es möglich, solche Effekte mit zu berücksichtigen, allerdings steigt die Komplexität der Modelle enorm an. Deshalb verzichten wir auf eine nähere Darstellung und verweisen auf UHRIG-HOMBURG (2001).

Der Reiz der Unternehmenswertmodelle liegt darin, dass die Insolvenz nicht als ein zufällig eintretendes, exogen gegebenes Ereignis modelliert wird, sondern durch ökonomische Zusammenhänge erklärt wird. Darüber hinaus können eine Vielzahl typischer Bestandteile von Kreditverträgen wie z. B. Kündigungsrechte und Sicherheiten durch Optionspositionen nachgebildet und bewertet werden. Im Hinblick auf die praktische Umsetzung bleibt kritisch, dass die zentrale Eingangsgröße Unternehmenswert nicht beobachtbar ist. Für börsennotierte Unternehmen kann man – wie in Abschnitt I1.2.8 gezeigt – den Marktwert des Eigenkapitals und die Volatilität der Eigenkapitalrendite heranziehen, um hieraus V_U und σ_V zu ermitteln, für nicht börsennotierte Unternehmen bleibt dieser Weg natürlich verschlossen.

Risikoneutrale und reale Ausfallwahrscheinlichkeiten

Einige Ergebnisse, die wir in diesem Kapitel hergeleitet haben, sind nützlich, um auch dann, wenn der Unternehmenswert nicht ermittelt werden kann, einen ausfallbedrohten Kredit zu bewerten. Wir betrachten hierzu eine Situation, in der wir zwar keinen Unternehmenswert haben, dafür aber eine Ratingzuordnung des Schuldners mit einer zugehörigen Ausfallwahrscheinlichkeit PD sowie einen LGD, der sich aus der Rangstellung im Konkursfall ergibt.

Wenn wir in (I3-18) für den Fall der Insolvenz einen konstanten LGD unterstellen, vereinfacht sich die Bewertungsformel zu:

$$\pi_D(F,T) = F \cdot e^{-r \cdot T} \cdot (1 - N(-b_2) \cdot \text{LGD}). \qquad (\text{I3-20})$$

Auch diese Bewertungsformel ist leicht zu interpretieren: Der Wert eines ausfallbedrohten Kredites entspricht dem Wert eines äquivalenten sicheren Kredites abzüglich dem erwarteten Ausfall. Bis auf eine Kleinigkeit haben wir mit PD und LGD alle Informationen, um den Wert des Kredites bestimmen zu können: $N(-b_2)$ in (I3-20) bezeichnet eine risikoneutrale Ausfallwahrscheinlichkeit, PD dagegen die reale Ausfallwahrscheinlichkeit. Daher ist zu klären, welcher Zusammenhang zwischen der risikoneutralen und der realen Ausfallwahrscheinlichkeit besteht.

Wenn wir weiterhin annehmen, dass die Unternehmenswertentwicklung durch einen stochastischen Prozess gemäß (I3-16) $dV_U = \mu_V \cdot V_U dt + \sigma_V \cdot V_U dz$ beschrieben werden kann, so beträgt die reale Ausfallwahrscheinlichkeit für den Fälligkeitszeitpunkt T

$$\mathrm{PD} = N\left(\frac{\ln\frac{F}{V_U} - \left(\mu_V - \frac{\sigma_V^2}{2}\right)\cdot T}{\sigma_V \cdot \sqrt{T}}\right). \tag{I3-21}$$

Die risikoneutrale Ausfallwahrscheinlichkeit $N(-b_2)$,

$$N(-b_2) = N\left(\frac{\ln\frac{F}{V_U} - \left(r - \frac{\sigma_V^2}{2}\right)\cdot T}{\sigma_V \cdot \sqrt{T}}\right), \tag{I3-22}$$

unterscheidet sich von der realen Ausfallwahrscheinlichkeit nur dadurch, dass in (I3-22) der Drift μ_V des stochastischen Prozesses durch den sicheren Zinssatz r ersetzt worden ist. Wenn wir (I3-22) um den Ausdruck $\frac{\mu_V}{\sigma_V} \cdot \sqrt{T}$ erweitern, erhalten wir:

$$\begin{aligned} N(-b_2) &= N\left(\frac{\ln\frac{F}{V_U} - \left(\mu_V - \frac{\sigma_V^2}{2}\right)\cdot T}{\sigma_V \cdot \sqrt{T}} + \frac{(\mu_V - r)\cdot\sqrt{T}}{\sigma_V}\right) \\ &= N\left(N^{-1}(\mathrm{PD}) + \frac{(\mu_V - r)\cdot\sqrt{T}}{\sigma_V}\right). \end{aligned} \tag{I3-23}$$

Die risikoneutrale Ausfallwahrscheinlichkeit entspricht offensichtlich der realen Ausfallwahrscheinlichkeit, korrigiert um einen Bewertungsfaktor. Dieser Bewertungsfaktor gibt die erwartete Überrendite (über den sicheren Zinssatz) pro Einheit Risiko an. Als erwartete Überrendite können institutsspezifische Renditevorgaben verwendet werden, es kann aber auch auf ein Bewertungsmodell wie z. B. das CAPM zurückgegriffen werden.

Im CAPM beschreibt die Wertpapiermarktlinie den Zusammenhang zwischen erwarteter Überrendite und sicherem Zinssatz:

$$\mu_V - r = \frac{\mathrm{Cov}(r_V; r_M)}{\sigma_M} \cdot \lambda \tag{I3-24}$$

mit r_M und σ_M als Rendite bzw. Standardabweichung der Rendite des Marktportfolios und $\lambda = (\mu_M - r)/\sigma_M$ als Marktpreis des Risikos pro Einheit Risiko.

Wenn wir statt der Kovarianz den Korrelationskoeffizienten $\rho = \frac{\text{Cov}(r_V; r_M)}{\sigma_M \sigma_V}$ verwenden, erhalten wir für (I3-23):

$$N(-b_2) = N\left(N^{-1}(\text{PD}) + \rho \cdot \lambda \cdot \sqrt{T}\right). \qquad (\text{I3-25})$$

Wir erhalten somit die risikoneutrale Ausfallwahrscheinlichkeit, indem die reale Ausfallwahrscheinlichkeit um den Faktor $\rho \cdot \lambda \cdot \sqrt{T}$ korrigiert wird. Wenn wir davon ausgehen, dass Kreditausfallrisiken im Allgemeinen positiv mit der Rendite des Marktportfolios korreliert sind, so ist die risikoneutrale Ausfallwahrscheinlichkeit stets größer als die reale Ausfallwahrscheinlichkeit.

Formel (I3-25) macht deutlich, dass der Wert eines ausfallbedrohten Kredites nicht nur von den Risikoeigenschaften des betreffenden Kredites abhängt, sondern auch davon, in welcher Weise der Kredit das Risiko des gesamten Kreditportfolios, letztlich sogar die Gesamtrisikoposition der Bank beeinflusst. Wollte man dies exakt messen, so müssten die Korrelationen zu sämtlichen Risikopositionen in die Kreditbewertung mit einfließen. Es ist offensichtlich, dass dies nicht zu bewältigende Schätzprobleme aufwirft.

Um zu einer praktikablen Lösung zu gelangen, kann man ähnlich wie bei CreditMetrics so vorgehen, dass die stochastischen Abhängigkeiten zwischen den einzelnen Risikopositionen durch die stochastischen Abhängigkeiten zu einem oder einigen wenigen Faktoren, die Einfluss auf die Ausprägung aller Risikofaktoren haben, ersetzt werden. Das Marktportfolio aus dem CAPM wäre ein solcher Faktor, für die Kreditbewertung ist das CAPM jedoch weniger geeignet, weil aufgrund der Nicht-Handelbarkeit von Krediten das Marktportefeuille nicht bestimmt werden kann. In Kapitel I2 haben wir dargestellt, wie Ausfallkorrelationen auf der Basis von Faktormodellen ermittelt werden können.

Vor dem Hintergrund der vorstehenden Ausführungen erscheint es zunächst überraschend, dass wir bei der Herleitung der Bewertungsformeln (I3-18) bzw. (I3-20) keine Korrelationen berücksichtigt haben. Der Grund hierfür liegt darin, dass wir den Kredit als ein Derivat auf den Unternehmenswert bewertet haben, wobei der Unternehmenswert als Marktwert zu verstehen ist. In der Marktbewertung des Unternehmens sind aber bereits Korrelationseffekte berücksichtigt, so dass sie im Rahmen der Kreditbewertung nicht noch einmal angesetzt werden müssen.

I3.4 Bewertung von Kreditausfallrisiken mit Reduktionsmodellen

Im Optionsansatz wurde die Bewertung des Kreditausfallrisikos aus dem Unternehmenswert abgeleitet. Möglich ist auch, aus den Preisen von Unternehmensanleihen, die am Markt gehandelt werden, die darin enthaltene Bewertung des Ausfallrisikos herauszurechnen. Wir wollen die Grundidee anhand eines einfachen Beispiels erläutern (das formale Modell, das hinter dem Beispiel steht, finden Sie in JARROW und TURNBULL (1995)).

An der Börse notiere die potenziell ausfallbedrohte Anleihe eines Unternehmens zu einem Kurs von 142,22 €. Die Anleihe sei ein Zero-Bond mit einer Restlaufzeit von zwei Jahren und einem Rückzahlungsbetrag in Höhe von 200 €. Konkurs kann entweder im Zeitpunkt 1 oder im Fälligkeitszeitpunkt der Anleihe eintreten, in diesem Fall betrage der LGD 60% des Barwertes der Nominalforderung (ohne Berücksichtigung der Konkursmöglichkeit). Im Zeitpunkt t_2 beläuft sich die Rückzahlung im Konkursfall damit auf $0{,}4 \cdot 200 = 80$, in t_1 entsprechend auf $0{,}4 \cdot \frac{200}{1{,}05} = 0{,}4 \cdot 190{,}48 = 76{,}19$. Der Zinssatz für sichere Anlagen sei in jeder Periode 5%.

Aus dem Umstand, dass die Anleihe zu 142,22 € notiert, kann man bereits erkennen, dass der Markt bei der Bewertung das Ausfallrisiko eingepreist hat. Eine betrags- und laufzeitäquivalente sichere Anleihe hätte nämlich einen Marktwert in Höhe von $\frac{200}{1{,}05^2} = 181{,}41$ €. Die Preisdifferenz von knapp 40 € kommt zustande aufgrund der Erwartungen über den (annahmegemäß sicheren) LGD und über die Ausfallwahrscheinlichkeit, darüber hinaus ist in dieser Differenz die eigentliche Risikobewertung enthalten. Wir wollen nun zeigen, dass man aus den Daten des Beispiels die risikoneutralen Ausfallwahrscheinlichkeiten, die – wie im vorigen Kapitel erklärt – eine Kombination aus Ausfallwahrscheinlichkeit und Risikobewertung darstellen, herausrechnen kann. Dazu verdeutlichen wir uns zunächst einmal die Zahlungsstruktur der Anleihe (vgl. Abbildung I3.3).

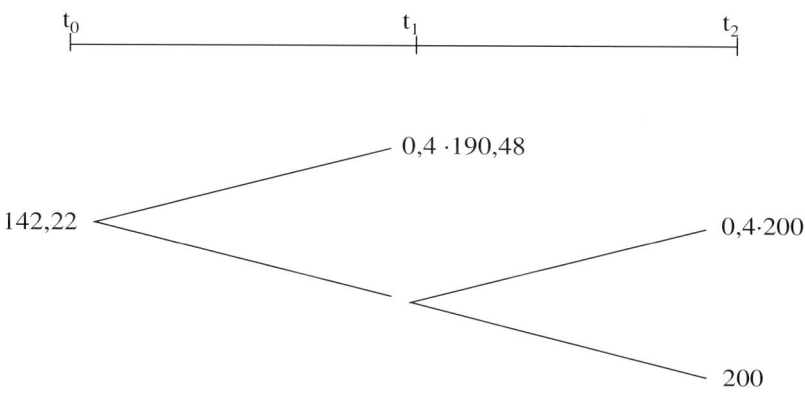

Abb. I3.3: Stochastische Entwicklung der Rückzahlungen

Wir modellieren die Insolvenz als einen „absorbierenden" Zustand, d. h., wir schließen den Fall aus, dass ein insolventes Unternehmen zu einem späteren Zeitpunkt wieder solvent wird. Dies wäre durchaus denkbar, wenn – wie in der Solvabilitätsverordnung – eine weite Ausfalldefinition gewählt wird, die z. B. bereits bei Zahlungsverzug den Ausfall als eingetreten ansieht. Im Gegensatz zum Optionsansatz verzichten wir nun darauf, das Eintreten der Insolvenz auf ökonomische Sachverhalte zurückzuführen. Statt dessen wird der Ausfall als ein rein zufälliges Ereignis modelliert, das unvorhergesehen eintreten kann. Da hier bewusst auf eine ökonomische Struktur verzichtet wird, werden diese Modelle auch *Reduktionsmodelle* (reduced form models) genannt.

Um den Wert der Anleihe in Höhe von 142,22 € aus dem Zahlungsstrom zu erklären, greifen wir auf Erkenntnisse zurück, die wir im Rahmen der Optionspreistheorie gewonnen haben (vgl. Teil E). So wissen wir, dass bei Arbitragefreiheit jeder unsichere Zahlungsstrom bewertet werden kann, indem die möglichen Zahlungen mit den risikoneutralen Wahrscheinlichkeiten gewichtet werden, und der so ermittelte risikoneutrale Erwartungswert dann mit dem sicheren Zinssatz diskontiert wird. Der Wert der Anleihe im Zeitpunkt t_1 beträgt damit für den Fall, dass kein Ausfall eingetreten ist:

$$
\begin{aligned}
\pi_1^S &= \frac{1}{1,05} \cdot \big(\varphi \cdot 0,4 \cdot 200 + (1 - \varphi) \cdot 200 \big) \\
&= \frac{1}{1,05} \cdot (1 - 0,6 \cdot \varphi) \cdot 200.
\end{aligned}
\tag{I3-26}
$$

Tritt dagegen im Zeitpunkt t_1 Insolvenz ein, so wird aus der Anleihe mit unsicherer Rückzahlung eine Anleihe mit sicherer Rückzahlung in Höhe von $0,4 \cdot \frac{200}{1,05} = 76,19$ €, dies ist auch der Wert der Anleihe π_1^I in t_1 im Insolvenzfall (siehe Abbildung I3.4).

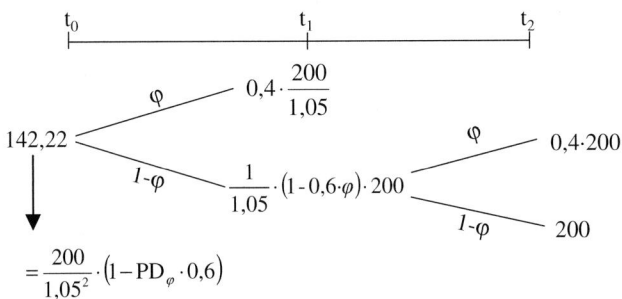

Abb. I3.4: Wertentwicklung eines ausfallbedrohten Kredites

Vom Zeitpunkt t_0 aus betrachtet, beinhaltet die Anleihe eine Anwartschaft auf eine Zahlung in Höhe von entweder $0,4 \cdot 190,48$ € (Insolvenzfall in t_1) oder aber auf einen Marktwert in Höhe von π_1^S (Fall der Solvenz in t_1). Diese unsichere Zahlungsanwartschaft können wir wiederum bewerten, indem wir den risikoneutralen Erwartungswert mit dem sicheren Zinssatz diskontieren:

$$\pi_0 = \frac{1}{1,05} \cdot \left(\varphi \cdot \pi_1^I + (1 - \varphi) \cdot \pi_1^S \right). \qquad (I3\text{-}27)$$

Um das Modell einfach zu halten, gehen wir davon aus, dass die risikoneutralen Wahrscheinlichkeiten konstant bleiben. Wir können nun die berechneten Werte π_1^I und π_1^S in (I3-27) einsetzen und erhalten:

$$
\begin{aligned}
\pi_0 &= 142,22 \\
&= \frac{1}{1,05} \cdot \left(\varphi \cdot 0,4 \cdot \frac{1}{1,05} \cdot 200 + (1 - \varphi) \cdot \frac{1}{1,05} \cdot (1 - 0,6 \cdot \varphi) \cdot 200 \right) \\
&= \frac{200}{1,05^2} \cdot (1 - \mathrm{PD}_\varphi \cdot 0,6), \qquad (I3\text{-}28)
\end{aligned}
$$

mit $\mathrm{PD}_\varphi = 2 \cdot \varphi - \varphi^2$ als risikoneutrale Wahrscheinlichkeit dafür, dass bis t_2 Insolvenz eintritt. In dieser Formulierung beinhaltet (I3-28) die gleiche Aussage wie (I3-19) aus dem Optionsansatz: Der Wert eines ausfallbedrohten Schuldtitels entspricht dem Wert eines äquivalenten sicheren Schuldtitels abzüglich des erwarteten Ausfalls (Expected Loss), ermittelt auf der Basis risikoneutraler Wahrscheinlichkeiten. Wenn wir (I3-28) nach PD_φ auflösen, erhalten wir $\mathrm{PD}_\varphi = 0,36$. Die (risikoneutrale) Wahrscheinlichkeit dafür, dass bis t_2 Insolvenz eintritt, beträgt somit 36%. Daraus leiten wir als risikoneutrale einjährige Ausfallwahrscheinlichkeit $\varphi = 0,2$, also 20% ab.

Dieses Ergebnis können wir nun benutzen, um andere Fremdkapitaltitel dieses Schuldners oder um Kreditderivate auf diese Anleihe zu bewerten. Ein Credit-Default-Swap z. B. hat die in Abbildung I3.5 angegebene Zahlungsstruktur.

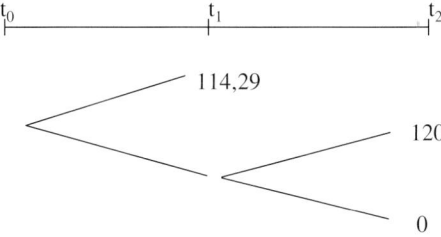

Abb. I3.5: Zahlungsstruktur eines Credit Default Swaps

Den Wert des Credit Default Swap π^{CDS} ermitteln wir aus:

$$\pi^{\mathrm{CDS}} = \frac{1}{1,05} \left[\varphi \cdot 114,29 + (1 - \varphi) \cdot \frac{1}{1,05} \cdot \varphi \cdot 120 \right]. \qquad (I3\text{-}29)$$

Wenn wir für $\varphi = 0,2$ in (I3-29) einsetzen, erhalten wir $\pi^{\text{CDS}} = 39{,}18 \text{ €}$ als Wert für den Credit Default Swap. Dieser Betrag entspricht genau der Preisdifferenz zwischen einer risikolosen und der risikobehafteten Anleihe. Der Preisabschlag, den wir für das Ausfallrisiko ermitteln, entspricht somit dem Aufwand, den eine Absicherung des Ausfallrisikos durch einen Credit Default Swap verursachen würde.

Die bisherigen Überlegungen beruhten auf einem sehr einfachen Modell, das in vielfältiger Weise erweitert werden kann. Wir wollen im Folgenden einen Überblick über die wichtigsten Erweiterungsmöglichkeiten geben.

Im Modell von JARROW und TURNBULL (1995) wird zusätzlich noch Unsicherheit über das Zinsniveau berücksichtigt, wobei unterstellt wird, dass Zins- und Kreditrisiko stochastisch unabhängig sind. Des Weiteren zeigen Jarrow und Turnbull, wie die Bewertung von Kreditausfallrisiken in einem zeitkontinuierlichen Fall modelliert werden kann. Der Ausfallzeitpunkt τ ist dann definiert als derjenige Zeitpunkt, in dem ein Sprungprozess $N(t)$ von null nach eins springt. Die Wahrscheinlichkeit für das Ereignis $\{\tau \leq t\}$, also für eine Insolvenz bis zum Zeitpunkt t, hängt entscheidend von der Definition der sog. *Intensitätsrate* λ des Sprungprozesses, die auch als momentane Ausfallrate interpretiert werden kann, ab (Modelle dieser Art werden daher auch als *Intensitätsmodelle* bezeichnet). Grundsätzlich kommt hier eine Modellierung als Konstante, als deterministische Funktion der Zeit oder als Zufallsgröße in Frage. Die Wahrscheinlichkeit für das Ereignis $\{\tau \leq t\}$, also einen Ausfall bis zum Zeitpunkt t (natürlich immer vorausgesetzt, dass heute das Unternehmen noch solvent ist), ergibt sich zu:

$$P(\tau \leq t) = P(N(t) > 0) = 1 - \mathrm{E}\left[\exp\left(-\int_0^t \lambda(s)\,ds\right)\right]. \qquad (I3\text{-}30)$$

JARROW und TURNBULL (1995) unterstellen den einfachsten Fall einer konstanten Intensitätsrate, so dass die Ausfallwahrscheinlichkeit gleich $P(\tau \leq t) = 1 - \exp(-\lambda t)$ ist. Diese Annahme impliziert, dass die Wahrscheinlichkeit, innerhalb eines Jahres auszufallen, für ein Unternehmen, das jeweils zu Beginn des Jahres noch solvent ist, im Zeitablauf konstant und damit insbesondere von konjunkturellen Schwankungen unabhängig ist.

Diese unrealistische Konsequenz wird vermieden, wenn die Intensitätsrate selbst als im Zeitablauf stochastisch schwankend modelliert wird. Dann nämlich sind die Ausfallwahrscheinlichkeiten abhängig von der zufälligen Realisierung des Intensitätsprozesses und damit selbst zufällig. Hierdurch wird berücksichtigt, dass die Ertragslage eines Unternehmens und damit auch die Insolvenzgefahr in der Zukunft von einer Vielzahl von Faktoren in einer in der Gegenwart nicht sicher vorhersagbaren Weise abhängen.

Eines der ersten Intensitätsmodelle mit im Zeitablauf stochastisch schwankender Intensität wurde von JARROW et al. (1997) vorgestellt. In diesem Modell hängt die für die Ausfallwahrscheinlichkeit relevante Intensität vom Rating eines Unternehmens ab: Je besser das Rating ist, desto niedriger ist die Intensität und damit die Insolvenzwahrscheinlichkeit. Das Rating eines Unternehmens (und damit die Intensität) wird als stochastischer Prozess modelliert. Die Wahrscheinlichkeit, innerhalb eines Jahres von einer Ratingklasse in eine andere zu

wechseln oder auszufallen, ist in sog. *Übergangsmatrizen* enthalten, welche jährlich von den großen Ratingagenturen wie z. B. Moody's oder Standard & Poor's
veröffentlicht werden (vgl. auch Abschnitt I1).

Während im Modell von JARROW *et al.* (1997) die Intensität in jedem Zeitpunkt nur endlich viele Werte annehmen kann, nämlich entsprechend der Anzahl der möglichen Ratingklassen, wurden auch Modelle entwickelt, in denen
die Intensität in jedem Zeitpunkt eine stetige Zufallsvariable ist. So modelliert
LANDO (1998) die Intensität als stetige Funktion von Zustandsvariablen, welche
beispielsweise makroökonomische Größen, wie das Wachstum des Bruttoinlands-
produkts oder die Arbeitslosenquote, repräsentieren können. Indem auch der
Zinssatz für sichere Anlagen als Zustandsvariable gewählt wird, kann bei diesem Ansatz darüberhinaus eine stochastische Abhängigkeit zwischen Kredit- und
Zinsrisiko erfasst werden. Im Modell von MADAN und UNAL (1998) ist die Intensität eine stetige Funktion des Eigenkapitalwertes des Schuldnerunternehmens,
wobei die Entwicklung des Eigenkapitalwertes – wie bei den zuvor vorgestellten Unternehmenswertmodellen der Wert der Unternehmensaktiva – als geometrisch Brown'sche Bewegung modelliert wird. Der funktionale Zusammenhang
zwischen Intensität und Eigenkapitalwert ist derart, dass steigende Aktienkurse sinkende Intensitäten und damit auch fallende Insolvenzwahrscheinlichkeiten
zur Folge haben. Außerdem wurde eine kritsche Schranke eingebaut. Sinkt der
Eigenkapitalwert unter diese, so kommt es in jedem Fall zu einem als Insolvenz
interpretierten Sprung. Da im Modell von MADAN und UNAL (1998) innerhalb
eines Intensitätsmodells das Insolvenzereignis mit der Entwicklung des Eigenkapitalwertes verknüpft ist und damit – in begrenztem Umfang – ein ökonomisches
Modell zur Erklärung eines Ausfalls zugrunde gelegt wird, nähern wir uns wieder
den Unternehmenswertmodellen an. Man spricht hier auch von einem hybriden
Modell.

Neben dem bereits im vorherigen Kapitel erwähnten Modell von ZHOU (2001)
gehören auch die Arbeiten von DUFFIE und LANDO (2001) sowie MADAN und
UNAL (2000) in die Klasse der *hybriden Modelle*. DUFFIE und LANDO (2001)
nehmen an, dass die Marktteilnehmer nur unvollständige Informationen über
den aktuellen Unternehmenswert besitzen. Es lässt sich zeigen, dass durch diese
Zusatzannahme dem Ausfallzeitpunkt eine stochastische Intensität zugeordnet
werden kann. Dies zeigt, wie die Vorgehensweise in Intensitätsmodellen, die Ausfallintensität als exogen gegeben anzunehmen, innerhalb eines Unternehmens-
wertmodells ökonomisch gerechtfertigt werden kann. MADAN und UNAL (2000)
gehen davon aus, dass das betrachtete Unternehmen zu einem zufälligen zukünftigen Zeitpunkt eine Zahlung in ebenfalls zufälliger Höhe L (z. B. aufgrund hoher
Verluste im Handelsbereich einer Bank) leisten muss. Ein Ausfall soll annahmegemäß dann eintreten, wenn diese Zahlung L höher als die Differenz zwischen
dem Unternehmenswert und den mit dem Zinssatz für sichere Anlagen diskontierten zukünftigen Zahlungen an die Fremdkapitalgeber ist. Diese Differenz wird
als Näherung für den Eigenkapitalwert betrachtet. MADAN und UNAL (2000)
modellieren den Zeitpunkt der Zahlung des Betrages L als Erstsprungzeitpunkt
eines homogenen Poisson Prozesses mit Intensitätsrate λ und unterstellen, dass
die Höhe L eine vom Poisson Prozess unabhängige Zufallsvariable ist. Der Aus-

fallzeitpunkt ergibt sich damit als Zeitpunkt des ersten Sprunges eines Sprung-prozesses, dessen Intensitätsrate dem Produkt aus λ und der Wahrscheinlichkeit, dass der Betrag L höher als der Eigenkapitalwert ist, entspricht.

Intensitätsmodelle, aber auch die vorgestellten hybriden Modelle weisen nicht das für Unternehmenswertmodelle typische, aber leider unrealistische Merkmal, dass der Credit Spread bei sehr kleinen Restlaufzeiten gegen null strebt, auf. Intuitiv kann dies dadurch erklärt werden, dass in diesen Modellen ein als In-solvenz interpretierter Sprung des Prozesses $N(t)$ jederzeit, also auch noch kurz vor Fälligkeit eines Titels, eintreten kann.

Bislang sind wir lediglich darauf eingegangen, wie der Ausfallzeitpunkt in In-tensitätsmodellen beschrieben wird. Für das Kreditrisiko gleichermaßen relevant ist aber natürlich auch die Ausfallhöhe bzw. umgekehrt die Befriedigungszahlung an die Gläubiger im Insolvenzfall. In Intensitätsmodellen werden im Wesentli-chen drei verschiedene Annahmen verwendet:

1. Zahlung eines Anteils von $\delta \in [0,1]$ des Nominalwertes und gegebenenfalls der aufgelaufenen Stückzinsen direkt im Insolvenzzeitpunkt (*Recovery-of-Face Value*); dies entspricht der gängigen Marktpraxis bei einem Ausfall eines Emittenten einer Anleihe. Die Höhe der Befriedigungszahlung ist hierbei un-abhängig von der Restlaufzeit des Titels oder der Höhe der bis zur Fälligkeit noch ausstehenden Zinszahlungen (mit Ausnahme der aufgelaufenen Stück-zinsen), lediglich unterschiedliche Rangstellungen der Titel können zu unter-schiedlichen Befriedigungszahlungen führen.
2. Im Insolvenzzeitpunkt Zahlung eines Anteils von $\delta \in [0,1]$ des Wertes des Titels kurz vor dem Insolvenzzeitpunkt (*Recovery-of-Market Value*); die-se Befriedigungszahlung entspricht der üblichen Marktkonvention für OTC-Derivate.
3. Die Gläubiger erhalten im Insolvenzzeitpunkt $\delta \in [0,1]$ Einheiten eines aus-fallrisikolosen Schuldtitels mit ansonsten identischen Ausstattungsmerkmalen wie der zuvor ausgefallene Titel (*Recovery-of-Treasury*); diese Rückzahlungs-annahme wurde gerade in den ersten Intensitätsmodellen am häufigsten ver-wendet, fand aber auch Eingang in Unternehmenswertmodelle.

Jede dieser Annahmen über die Kreditrückzahlungshöhe im Insolvenzfall hat verschiedene Vor- und Nachteile. So vereinfacht beispielsweise die *Recovery-of-Face Value*-Annahme die Bewertung ausfallrisikobehafteter Titel ganz erheb-lich, da in diesem Fall eine Vorgehensweise analog zur Bewertung ausfallrisiko-loser Zinsinstrumente möglich ist. Eine ausführliche Diskussion der verschiede-nen Rückzahlungsannahmen findet sich bei SCHÖNBUCHER (2000) und UHRIG-HOMBURG (2001).

Wenn Sie sich unter www.bankbetriebslehre.de das Kreditportfoliomodell CreditRisk$^+$ genauer anschauen, wird Sie einiges an die Darstellung in diesem Kapitel erinnern. Dies liegt daran, dass CreditRisk$^+$ im Grunde nichts ande-res als ein auf Portfolioebene erweitertes Intensitätsmodell ist. Betrachten Sie beispielsweise den einführenden Fall, bei dem unterstellt wird, dass das Ausfall-verhalten aller Kreditnehmer eines Portfolios jeweils unabhängig voneinander ist. Wie dort gezeigt wird, ist die Anzahl A von Kreditausfällen innerhalb eines Jahres näherungsweise Poissonverteilt mit Parameter μ, das heißt es gilt $P(A = n) = \frac{e^{-\mu}\mu^n}{n!}$, wobei $\mu = \sum_{m=1}^{M} q_m$ der Summe der individuellen einjährigen Ausfallwahrscheinlichkeiten entspricht. Es lässt sich zeigen, dass dies auch gerade die Wahrscheinlichkeit ist, dass innerhalb eines Jahres insgesamt n Sprünge stattfinden, sofern das Ausfallverhalten jedes einzelnen der M Kreditnehmer wie in einem einfachen Intensitätsmodell durch einen homogenen Poisson Prozess mit konstanter Intensität q_m modelliert wird (allerdings wird hierbei nicht ausgeschlossen, dass die einzelnen Sprungprozesse bis zum Risikohorizont mehr als einmal springen und damit die Kreditnehmer mehrfach ausfallen können). Später werden zur Erfassung von Abhängigkeiten im Ausfallverhalten individueller Kreditnehmer sowie im Zeitablauf stochastisch schwankender Insolvenzscheinlichkeiten die individuellen Ausfallwahrscheinlichkeiten $q_m(X) = q_m \cdot (\sum_{k=1}^{K} \omega_{m,k} \cdot \frac{X_k}{\mu_k})$ als Funktionen von K systematischen Risikofaktoren $X = (X_1, \ldots, X_K) > 0$ modelliert. Dies ist im Prinzip nichts anderes als der von LANDO (1998) für die Bewertung ausfallrisikobehafteter Finanztitel vorgeschlagene Ansatz, die individuelle Intensitätsrate eines Schuldners als stetige Funktion von bestimmten Zustandsvariablen zu modellieren.

I4 Management von Kreditrisiken

1. Das Management von Kreditrisiken setzt sowohl am Ausfallrisiko des einzelnen Kredites als auch des gesamten Kreditportfolios an.
2. Neben der Risikobegrenzung ist die Steuerung der Eigenmittelbindung Ziel des Kreditrisikomanagements.
3. Passive Instrumente des Kreditrisikomanagements zielen auf die Begrenzung von Ausfallrisiken ab unter der Prämisse, dass das Kreditrisiko nicht veräußerbar ist.
4. Unter den Begriff aktives Kreditrisikomanagement subsumiert man alle Instrumente, die zur Übertragung von Krediten bzw. Kreditrisiken geeignet sind.

I4.1 Ziele des Kreditrisikomanagements

Die Messung und Bewertung von Kreditrisiken sind die Voraussetzung, um Kreditrisiken zielgerichtet steuern zu können. Im Vordergrund steht dabei das Ziel, das Risikoprofil des Kreditportfolios optimal zu gestalten. Ansatzpunkt für die Kreditrisikosteuerung ist zunächst das Ausfallrisiko des einzelnen Kredites bzw. die Kreditvergabe an einen einzelnen Schuldner. Wir haben in Teil C Maßnahmen wie Kreditrationierung, Besicherung, Kündigungsrechte und die Vereinbarung von Vertragsklauseln (Covenants) kennen gelernt, die dazu dienen sollen, die Wahrscheinlichkeit und die Höhe von Kreditausfällen in Grenzen zu halten. Daneben dient letztlich auch die Kreditwürdigkeitsprüfung der Kreditrisikosteuerung, da damit die Gefahr von Verlusten aufgrund einer Fehleinschätzung der Bonität des Schuldners reduziert wird.

Die Kreditrisikosteuerung geht über diese Maßnahmen hinaus: In Kapitel I2 haben wir gesehen, dass Kreditrisiken nicht nur isoliert, sondern auf Portfolioebene gemessen werden sollten, da die Ausfallkorrelationen einen erheblichen Einfluss auf das Gesamtrisiko des Kreditportfolios haben. Durch die Verwendung von Kreditportfoliomodellen wird deutlich, ob das Kreditportfolio gut diversifiziert ist oder aber, ob übermäßige Konzentrationen in bestimmten Branchen oder Ländern vorhanden sind. Darüber hinaus ist die *Granularität* des Kreditportfolios eine wichtige Steuergröße. Ein Kreditportfolio weist eine hohe Granularität auf, wenn es aus vielen – verglichen mit dem Gesamtkreditvolumen – kleinen Krediten besteht, so dass der Ausfall eines einzelnen Kreditnehmers die Ertragslage der Bank nicht nachhaltig beeinflusst. *Klumpenrisiken* dagegen können die Existenz einer Bank gefährden, zumindest aber zu hohen Verlusten führen. Ein Beispiel für ein solches Klumpenrisiko ist die Kreditgewährung der WestLB an den britischen Fernsehverleiher Boxclever. Das Kreditvolumen belief sich auf knapp 690 Mio. €, die drohende Insolvenz von Boxclever bescherte der WestLB nicht nur hohe Verluste durch Wertberichtigungen auf das Kreditengagement, sondern kostete letztlich auch deren Vorstandsvorsitzenden den Job. Ein Klumpenrisiko brachte auch die IKB 2007 an den Rand des Ruins: Liquiditätszusagen in Höhe von ca. 16 Mrd. € an drei Zweckgesellschaften konnte die vergleichsweise kleine IKB mit einer Bilanzsumme von ca. 50 Mrd. € nicht bewältigen. Klumpenrisiken werden auch im Rahmen der Großkreditvorschriften durch die Bankenaufsicht begrenzt (siehe hierzu Abschnitt I5.8), und zwar sowohl die maximale Kredithöhe an einen einzelnen Kreditnehmer (Krediteinzelobergrenze) als auch die Summe der Großkredite (Großkreditgesamtobergrenze).

Kreditrisiken binden Eigenkapital, um unerwartete Kreditausfälle auffangen zu können. Sowohl im Rahmen der internen Risikosteuerung als auch aufgrund bankaufsichtsrechtlicher Vorschriften werden Kreditrisiken mit (haftendem) Eigenkapital unterlegt. Geht man davon aus, dass das vorhandene Eigenkapital zum einen knapp und zum anderen kurzfristig nicht veränderbar ist, so kommt es nicht nur darauf an, Kreditengagements einzugehen, die einen positiven Wert haben, sondern es sind diejenigen Risikopositionen einzugehen, die bezogen auf die knappe Ressource Eigenkapital die höchste Rendite erwarten lassen. Ein Motiv zur Eigenmitteloptimierung ist insbesondere dann vorhanden, wenn die regulatorische Eigenmittelunterlegung von der ökonomisch als notwendig erachteten Eigenmittelunterlegung abweicht. Um dies zu erläutern, stellen wir uns vor, die Bank habe in Zeiten einer unvollständigen Eigenmittelauslastung einen risikoarmen Kredit vergeben, der aufgrund der guten Bonität des Schuldners zwar nur eine geringe Zinsmarge erbringt, allerdings auch nur einen geringen Betrag an ökonomischem Eigenkapital bindet. Da die Ermittlung der regulatorischen Eigenmittelunterlegung auf anderen Verfahren beruht als die Bestimmung des ökonomischen Eigenkapitals, übersteige die regulatorisch notwendige Eigenmittelunterlegung die aus ökonomischer Sicht notwendige Eigenmittelunterlegung. In Zeiten einer Eigenmittelknappheit kann es für die Bank sinnvoll sein, nach Möglichkeiten zu suchen, sich des Kreditengagements zu entledigen, um das frei werdende Eigenkapital für Risikopositionen zu verwenden, die eine höhere Rendite erwarten lassen. Ein Weg, dies zu erreichen, ist die Ausplatzierung von Krediten durch Verbriefungstransaktionen (vgl. Kapitel C3.2).

Maßnahmen der Kreditrisikosteuerung können am einzelnen Kreditengagement ansetzen oder aber gesamtgeschäftsbezogen sein. So kann das Kreditvolumen an einen einzelnen Kreditnehmer limitiert werden, Limite können sich aber auch auf die Summe aller Kredite, die in ein Land oder in eine Branche vergeben werden, beziehen. Auch Maßnahmen zur Reduzierung von Risiken durch Kreditversicherungen oder Kreditderivate können sich auf ein einzelnes Engagement oder aber auf einen Pool von Krediten beziehen. Bei einzelgeschäftsbezogenen Maßnahmen geht es häufig darum, Risiken, die aus einer ungleichen Informationsverteilung resultieren, zu begrenzen, im Rahmen der Kreditportfoliosteuerung dagegen wird das Ausfallrisiko vorwiegend als exogen gegeben angenommen.

I4.2 Instrumente des Kreditrisikomanagements

Das Spektrum der Instrumente, die zur Steuerung des Kreditrisikos eingesetzt werden können, hat sich in den letzten Jahren deutlich erweitert. Von zunehmender Bedeutung sind Maßnahmen, die eine Übertragung von Krediten bzw. von Kreditrisiken ermöglichen. Traditionelle Methoden der Kreditrisikosteuerung dagegen gehen weitgehend davon aus, dass Kredite bzw. Kreditrisiken nicht veräußerbar sind. Ausnahmen sind die Kreditversicherung, die insbesondere in der Form der Waren- und Exportkreditversicherung schon seit vielen Jahren in größerem Umfang genutzt wird. Können Kreditrisiken nicht übertragen werden, so kommt es darauf an, bei der Kreditvergabe, während der Laufzeit des Kredites und beim Auftreten von Problemen geeignete Maßnahmen zu ergreifen, um mögliche Ausfälle zu begrenzen oder Risikokonzentrationen zu vermeiden. Dementsprechend gehören zu den traditionellen Methoden der Kreditrisikosteuerung die schon oben besprochene Kreditwürdigkeitsprüfung (siehe Abschnitt I1.2), die laufende Kreditüberwachung, die auch die Vertragsgestaltung mit einschließt, die Sanierung notleidender Kredite und die Kreditabwicklung. Gemeinsam ist diesen Strategien, dass die Bank eine passive Rolle einnimmt: Ist der Kredit erst einmal vergeben, kann die Bank nur noch versuchen, das damit verbundene Risiko gering zu halten, ein aktives Kreditrisikomanagment in Form einer Übertragung von Risikopositionen wird mit diesen Instrumenten nicht angestrebt; dies ist das Ziel neuerer Methoden, die wir in Abschnitt I4.2.2 vorstellen wollen.

Da wir die Kreditwürdigkeitsprüfung bereits ausführlich betrachtet haben, wollen wir die Darstellung des passiven Kreditrisikomanagements auf die Kreditüberwachung, Kreditsanierung und -abwicklung beschränken.

I4.2.1 Methoden des passiven Kreditrisikomanagements

Kreditüberwachung

Unter Kreditüberwachung wollen wir die Sammlung von Informationen über den Kreditnehmer nach Vergabe des Kredites verstehen. Der englische Begriff „Monitoring", der oft stellvertretend benutzt wird, umfasst auch die Kreditwürdigkeitsprüfung. Wir können den Begriff aber weiterhin synonym benutzen, denn die Kreditüberwachung umfasst auch die ständige Überprüfung der Kreditwürdigkeit des Kreditnehmers während der Kreditlaufzeit. NOLTE-HELLWIG *et al.* (1991) unterteilen die Kreditüberwachung in drei Arten:

- Überwachung der charakteristischen Merkmale des Kreditnehmers,
- Überwachung des Kreditnehmerverhaltens während der Kreditlaufzeit,
- Überwachung der vom Kreditnehmer tatsächlich erzielten Einkünfte.

Damit haben wir uns die Aspekte vor Augen geführt, auf die eine Bank nach der Kreditvergabe achten wird. Die Erhebung der charakteristischen Merkmale entspricht der Kreditwürdigkeitsprüfung. Diese haben wir schon in Abschnitt I1.2 behandelt. Wir wollen deshalb die Überwachung des Kreditnehmerverhaltens während der Kreditlaufzeit in den Vordergrund stellen. Ein Beispiel soll in die Problematik einführen.

In Teil C zur Theorie des Kredites ist klar geworden, dass es für den Kreditnehmer vorteilhaft sein kann, bei der Wahl zwischen Investitionsprojekten die riskantere Alternative durchzuführen. Die Bank befürwortet dagegen eine sichere Strategie. Ein Unternehmer würde beispielsweise ein im Inland erfolgreich platziertes Produkt gerne auch im europäischen Ausland absetzen. Alle beauftragten Marktforschungsinstitute prognostizieren momentan gute Absatzmöglichkeiten bei gleichen Renditeerwartungen aber höherem Risiko als im Inland. Dieses höhere Risiko ist abhängig von der notwendigen Anlaufzeit bis zur Markteinführung. Potenzielle Konkurrenten haben die guten Verdienstmöglichkeiten ebenfalls erkannt und forcieren die Markteinführung. Derjenige, der als erstes ein Produkt platziert, kann über die Ausnutzung des Markenbewusstseins der Kunden eine Stammkundschaft auf Dauer an sich binden. Der Unternehmer würde deshalb gerne sofort in allen infrage kommenden Ländern das Produkt einführen. Dies erfordert aber hohe Anfangsinvestitionen. Die ersten Rückflüsse wären in einem Jahr zu erwarten. Die Bank würde aber dem Kunden aus eigenem Interesse raten, erst in einigen weniger riskanten Ländern zu investieren, um bei einem Fehlschlag das Unternehmen nicht in Liquiditätsschwierigkeiten zu bringen. Es liegt ein Interessenkonflikt zwischen der Bank als Fremdkapitalgeber und dem Unternehmer vor.

Eine Überwachung des Kreditnehmerverhaltens anhand der einmal jährlich erscheinenden Geschäftsberichte ist sicherlich nicht ausreichend. Bis zu deren Veröffentlichung hat der Unternehmer die Bank schon vor vollendete Tatsachen gestellt. Diese kann zwar anhand der Liquiditätskennzahlen sowie der hohen Bestände des Anlagevermögens und der Vorräte sehen, dass der Unternehmer sein gesamtes Investitionsprogramm durchgeführt und keine Liquidität mehr zur Verfügung hat, eine Kündigung des Kreditvertrags mit Konkursfolge hätte aber wahrscheinlich hohe Liquidationsverluste zur Folge. Letztlich wird die Bank gezwungen sein, stillzuhalten oder den Kreditnehmer mit Kreditnachschüssen sogar weiter zu unterstützen. Auch eine Anforderung von Zwischenberichten löst dieses Problem nicht. Die Reaktionszeit der Bank wird dadurch nur verkürzt. Außerdem hat der Kunde die Möglichkeit, diese Interimsberichte zu manipulieren. Sie unterliegen nicht der Kontrolle eines vereidigten Wirtschaftsprüfers.

Wir wollen uns im Folgenden überlegen, wie Kreditinstitute mit solchen Problemen umgehen können. Dazu soll der Kreditüberwachungsprozess in drei Phasen unterteilt werden:

- Prävention,
- Identifikation,
- Workout.

Die Durchführung präventiver Maßnahmen reicht bis zur Vertragsgestaltung zurück. Kreditinstitute vereinbaren Sicherheiten und Vertragsklauseln, die insofern Anreizwirkungen haben können, als sie den Kreditnehmer von einer den Kreditgeber schädigenden Risikoerhöhung oder von einer Verminderung seiner Anstrengungen in einer schlechten Situation abhalten (vgl. Teil C). Mit *event risk Covenants* kann der Kreditgeber beispielsweise bestimmte Kennzahlenwerte der Bilanz festlegen, die der Kreditnehmer einhalten muss, will er nicht eine Kündigung des Kreditvertrags durch die Bank riskieren. Eine frühzeitige Eingriffsmöglichkeit wäre bei entsprechender Schärfe der Formulierung der Kennzahlenwerte gegeben. Ein Bruch solcher Covenants ist dann aber noch keine Identifikation von Schwierigkeiten beim Kreditnehmer. Die Bank besitzt lediglich ein zusätzliches Drohpotenzial. Sie hat die Möglichkeit, den Vertrag frühzeitig zu kündigen und nachzuverhandeln. Die in den Allgemeinen Geschäftsbedingungen deutscher Banken regelmäßig vereinbarte Klausel, den Kreditvertrag aus wichtigem Grund kündigen zu können, kann diese Funktion nicht erfüllen. Sie räumt Banken eine Kündigungsmöglichkeit bei wesentlicher Verschlechterung der Vermögenslage des Kunden, bei einer Weigerung der Verstärkung von Sicherheiten sowie beim Vertrauensverlust aufgrund von unrichtigen Angaben ein. Dadurch muss die Bank zwar nicht mit Eingriffen warten, bis der Kreditnehmer konkursreif ist, der Begriff des „wichtigen Grunds" ist allerdings so streng gefasst, dass sich der Kreditnehmer bei Vorliegen einer Kündigungsmöglichkeit oft schon in einem Stadium befindet, in dem es für die Bank schwer ist, erfolgversprechend einzugreifen.

Die Identifikation von Schwierigkeiten beim Kreditnehmer haben wir schon mit der Darstellung der Kreditwürdigkeitsanalyse und dem obigen Beispiel eingeführt. Die Kreditwürdigkeitsprüfung findet allerdings vor der Kreditvergabe statt. Die Bank hat hier noch die Möglichkeit, den Kreditantrag einfach abzulehnen. Im Stadium der Kreditüberwachung ist die vertragliche Verpflichtung bereits erfolgt. Der Kreditgeber ist nun während der gesamten Kreditlaufzeit darauf angewiesen, die Qualitäts- und Verhaltensänderungen des Kreditnehmers durch Methoden der Kreditwürdigkeitsanalyse frühzeitig zu erkennen. Die Beurteilung von Jahresabschlüssen und Zwischenberichten gibt grobe und vor allem verzögerte Anhaltspunkte. Aktuellere Informationen bieten die Analyse des

laufenden Kontos und der persönliche Kontakt zum Kreditnehmer. Hier zahlt
sich die genaue Kenntnis des Kunden durch eine langfristige Geschäftsbeziehung aus. Aus den Abweichungen von den üblichen Zahlungsbewegungen kann
beispielsweise auf Absatzschwierigkeiten oder auf ein aggressives Investitionsver-
halten geschlossen werden. Das persönliche Gespräch vor Ort eröffnet darüber
hinausgehende Anhaltspunkte. Informationen zur Branchenentwicklung erlauben zusätzliche Rückschlüsse. Im Firmenkundengeschäft wird auf der Basis der
angesprochenen Informationen in der Regel jedes Jahr eine Überprüfung der
Kreditwürdigkeit durchgeführt und gegebenenfalls das Rating des Unternehmens
angepasst.

Durch eine reine Identifikation der sich verschlechternden Kreditnehmerqualität bzw. eines unerwünschten Kreditnehmerverhaltens sind aber noch keine
Maßnahmen seitens des Kreditgebers ergriffen. Haben die schon geschilderten
Methoden der Prävention nichts geholfen, wird der Kreditgeber versuchen, zusammen mit dem Kreditnehmer ein Restrukturierungskonzept zu erarbeiten. In
letzter Konsequenz ist auch das Betreiben des Kreditnehmerkonkurses als eine
Einwirkung anzusehen.

Die Workoutphase schließt sich an das Erkennen von Schwierigkeiten beim
Kreditnehmer an. Sie reicht bis zu einer erfolgreichen Sanierung oder einer Abwicklung des Kreditnehmers. Falls Schwierigkeiten beim Kreditnehmer erkannt
werden, erhöht die Bank ihre Monitoringanstrengungen. Die drohenden Verluste aus dem Geschäft rechtfertigen den höheren Aufwand. Während im Stadium eines normalen Kreditverlaufs Routineprüfungen in größeren Zeitabständen
durchgeführt werden, ist die Frequenz der Beobachtungen in der Krise höher. Die
Bank wird das Gesamtengagement ihres Kunden zusammenstellen und die Werthaltigkeit und die rechtliche Ordnungsmäßigkeit der hereingenommenen Sicherheiten überprüfen. Sie strebt unter Ausnutzung ihrer Kündigungsmöglichkeiten
eine Nachverhandlung des Kredites mit dem Ziel an, die Problempunkte beim
Kreditnehmer zu beseitigen. Wenn allerdings keine sinnvolle Restrukturierungs-
bzw. Sanierungsmöglichkeit besteht, wird eine Abwicklung der Sicherungsgüter
und des sonstigen Kreditnehmervermögens betrieben. Für eine ausführliche Darstellung der Reaktionen eines Kreditinstitutes im Krisenfall, siehe BERG (1994).

Kreditsanierung

Unter Kreditsanierung wollen wir diejenigen Maßnahmen fassen, die von der
Bank in Verhandlung mit dem Kreditnehmer und anderen Gläubigern ergriffen
werden, um einen notleidenden Kredit wieder in ordnungsgemäße Bahnen zu
lenken. Eine ausführliche Darstellung hierzu bietet LAUER (1994).

Wenn sich ein Kreditnehmer in der Krise befindet, ist neben der Intensivierung der bereits beschriebenen Überwachungsmaßnahmen zu klären, ob eine
Sanierung des Kredites bzw. des Kreditnehmers möglich ist und welche Maßnahmen das Kreditinstitut am besten ergreifen sollte. Problembehaftete Kreditengagements werden deshalb oft an spezielle Workout-Gruppen übergeben. Bran-
chenspezialisten und Wirtschaftsprüfer übernehmen die Feststellung der Sanie-
rungswürdigkeit. Die Bereitschaft der Banken, zur Rettung eines Unternehmens
beizutragen, hängt von der Existenz eines schlüssigen Sanierungskonzeptes, der

Qualität des Managements, der Bereitschaft zum Wechsel des Managements und der Marktstellung des Unternehmens ab. Außerdem sehen sich Banken eher gezwungen, eine Sanierung zu unterstützen, wenn bei Nichtteilnahme ihr Image zu leiden droht (vgl. EDWARDS und FISCHER (1996), S. 170).

Solange noch nicht abschließend geklärt ist, ob der Kreditnehmer erfolgreich saniert werden kann, wird das Kreditinstitut durch entsprechende Überbrückungsmaßnahmen dessen Zahlungsfähigkeit sichern. Eine Möglichkeit besteht darin, die Zins- und Tilgungsleistungen zu stunden. Wenn das nicht ausreicht, sind zusätzliche Mittel für einzelne Geschäfte, z. B. zur Bezahlung von Lieferantenrechnungen für betriebsnotwendige Rohstoffe, bereitzustellen. Nach der endgültigen Entscheidung für die Sanierung werden weitreichendere Maßnahmen ergriffen, die sich eventuell an einem bereits ausgearbeiteten Sanierungskonzept orientieren.

Durch Umschuldungen lässt sich der Kreditbestand des Schuldners neu strukturieren. Auf laufenden Konten angesammelte Sollsalden werden in Darlehen umgewandelt, die u. U. deutlich niedrigere Zinszahlungen erfordern. Bereits bestehende Darlehen werden in längerfristige umgewandelt (Tilgungsstreckung). Dadurch sinken ebenfalls die regelmäßig zu leistenden Zins- und Tilgungszahlungen.

Die Sicherheitenfreigabe dient dazu, die Zuführung liquider Mittel zu unterstützen. Es geht hier vor allem darum, existierende Übersicherungen der Bank abzubauen. So können eingegangene Zahlungen, die momentan nicht für Zins- oder Tilgungsleistungen benötigt werden, aber mit einem Pfandrecht des Kreditinstituts belegt sind, freigegeben werden. Eine weitere Möglichkeit besteht darin, auf nachrangige Grundpfandrechte zu verzichten, um die Veräußerung nicht betriebsnotwendiger Vermögensgegenstände zu ermöglichen.

Durch einen Zinsverzicht oder bei Krediten an Unternehmen durch die Umwandlung von Krediten in Beteiligungen (*Debt Equity Swap*) werden hohe bzw. erfolgsunabhängige regelmäßige Zahlungsverpflichtungen des Kreditnehmers reduziert. „Harte" Kredite werden zu „weichem" Eigenkapital. Gerade die Beteiligung am Kreditnehmer ist aufgrund der damit verbundenen Haftungsrisiken eine wenig präferierte Maßnahme, weil die Bank mit ihrem Beteiligungskapital bei einer Insolvenz des Kreditnehmers haftet.

Der Rangrücktritt erfordert einen Verzicht der Bank insofern, als sie bei einer eventuellen Verwertung mit ihren Ansprüchen hinter alle übrigen Gläubiger zurücktritt. Dadurch kann die Überschuldung eines Unternehmens abgewendet werden. Nur die Forderungen der Gesellschafter sind von dieser Bevorrechtigung ausgeschlossen.

Bei einem Forderungserlass verzichtet die Bank auf ihre Forderungen ganz oder teilweise und trägt somit zum Abbau einer möglichen Überschuldung bei. Ein solcher Erlass kann unter der Bedingung gewährt werden, dass andere Gläubiger ebenfalls einen entsprechenden Teil ihrer Forderungen aufgeben. Durch die zusätzliche Vereinbarung von Besserungsklauseln sichern die Gläubiger oft das Aufleben der Zahlungspflicht, falls sich der Schuldner wieder wirtschaftlich erholt. Als Anhaltspunkt kann diesbezüglich die wiederaufgenommene Zahlung von Dividenden dienen.

Ein Sanierungskredit ist in vielen Fällen die Voraussetzung für das Zustandekommen einer erfolgreichen Fortführung des Unternehmens. Das Kreditinstitut stellt dem Schuldner, häufig zusammen mit anderen Banken und sonstigen Gläubigern, zusätzliche Mittel zur Durchführung von Sanierungsmaßnahmen zur Verfügung. Die Sanierungsfähigkeit ist vom Kreditinstitut sorgfältig zu prüfen und durch einen Wirtschaftsprüfer zu belegen. Es besteht ansonsten die Gefahr, dass andere Gläubiger bei einem Scheitern der Sanierung die Bank auf Schadenersatz wegen ungerechtfertigter Verzögerung der Liquidation des Schuldners verklagen, wenn sie bei sofortiger Liquidation einen größeren Anteil am Liquidationswert relativ zur Bank erhalten hätten.

Die Interessengegensätze der unterschiedlichen Gläubiger werden meist durch eine Poolbildung in Einklang gebracht. Die gemeinsame Gewährung eines Sanierungskredites erfolgt in Form eines Konsortialkredites. Des Weiteren gibt es Sicherheitenpools zur Abgrenzung der Ansprüche bezüglich der Kreditsicherheiten. Poolführer ist oft der größte Gläubiger oder die Hausbank des Schuldners. Sie verwaltet die Ansprüche aller Berechtigten treuhänderisch.

Kreditabwicklung

Die Kreditabwicklung soll als die vorzeitige Beendigung des Kreditverhältnisses verstanden werden. In der Regel kündigt die Bank den Kredit und stellt ihn somit zur sofortigen Zahlung fällig. Die Ursachen für eine Kreditkündigung und -abwicklung liegen oft in der Überschuldung oder Zahlungsunfähigkeit des Kunden, wobei eine (weitere) Sanierung keinen Erfolg verspricht. Eine Kündigung kann aber auch aufgrund der Nichtbeachtung der vertraglichen Bedingungen vorgenommen werden, wenn die Bank dadurch das Vertrauen in den Kunden verloren hat.

Bei einer gütlichen Einigung mit dem Kunden wird die Verwertung seines Vermögens oftmals gemeinsam mit anderen Gläubigern organisiert. Es handelt sich dabei um einen außergerichtlichen Vergleich oder um eine stille Liquidation.

Der außergerichtliche Vergleich, wie auch der später zu behandelnde gerichtliche Vergleich, beinhaltet zusätzlich zur Verwertung von Vermögensgegenständen einen Verzicht der Gläubiger auf einen Teil ihrer Forderungen, um dem Kreditnehmer eine Fortführung seiner Tätigkeit zu erlauben. Die Bank verspricht sich davon einen höheren Erlös als bei der reinen Sicherheitenverwertung. Aufgrund der Existenz mehrerer Gläubiger entsteht allerdings beim außergerichtlichen Vergleich das Problem, dass einige versuchen können, aus dem Kollektiv auszuscheren. Sie bestehen auf der vollständigen Rückzahlung ihrer Forderungen in der Hoffnung, dass andere, die am Zustandekommen des Vergleichs interessiert sind, diese ablösen.

Die stille Liquidation dient der außergerichtlichen Verwertung des Kreditnehmervermögens. Bei einem Unternehmen wird diese Art der Abwicklung durch die Gesellschafter selbst eingeleitet. Es soll eine sofortige Liquidation der Gegenstände im Unternehmen, die oft mit hohen Verlusten verbunden ist, vermieden werden. Das Unternehmen wird zunächst fortgeführt, um ein ausgearbeitetes Verwertungskonzept verwirklichen zu können.

Im Unterschied zum außergerichtlichen Vergleich und zur stillen Liquidation sind bei Zwangsvollstreckungsmaßnahmen staatliche Organe beteiligt. Das Verfahren ist gesetzlich geregelt. Es ist zu unterscheiden, ob es sich um eine Zwangsvollstreckungsmaßnahme eines einzelnen Gläubigers oder um eine kollektive Zwangsvollstreckungsmaßnahme handelt.

Die Zwangsvollstreckungsmaßnahme eines einzelnen Gläubigers in das bewegliche und unbewegliche Vermögen des Schuldners bedarf eines vollstreckbaren Titels (öffentliche Urkunde), die den Schuldner zur Zahlung einer Geldsumme zwingt. Diesen vollstreckbaren Titel kann der Gläubiger über ein gerichtliches Mahnverfahren oder ein Klageverfahren erwirken (vgl. ausführlicher GRILL und PERCZYNSKI (2006)). Wenn es sich um Ansprüche auf körperliche Gegenstände handelt, erfolgt die Durchsetzung einer Zwangsvollstreckung durch den Gerichtsvollzieher. Ansonsten werden die Ansprüche des Gläubigers durch das zuständige Amtsgericht realisiert. Bei einem erfolglosen Verlauf kann der Gläubiger beim Amtsgericht eine eidesstattliche Versicherung des Schuldners beantragen. Dieser muss daraufhin ein Verzeichnis seiner Vermögenswerte erstellen und dessen Richtigkeit an Eides Statt versichern. Des Weiteren wird er in ein beim Gericht geführtes Schuldnerverzeichnis eingetragen.

Kollektive Zwangsvollstreckungsmaßnahmen existieren in der Form des gerichtlichen Vergleichsverfahrens und des Insolvenzverfahrens. Beim gerichtlichen Vergleichsverfahren sind im Gegensatz zum außergerichtlichen Vergleich alle nicht bevorrechtigten Gläubiger gezwungen, sich dem Verfahren zu unterwerfen. Den Antrag zu einem gerichtlichen Vergleich stellt der Schuldner unter Vorlage eines Vergleichsvorschlags, der den Vergleichsgläubigern mindestens 35% ihrer Forderungen erbringen muss. Voraussetzung für den Vergleich ist die Zahlungsunfähigkeit oder Überschuldung. Besicherte Gläubiger sind als bevorrechtigte Gläubiger nicht dem Vergleich unterworfen. Sie können von ihrem Recht auf Absonderung Gebrauch machen. Dadurch werden aber die verteilbaren Vermögensgegenstände (Konkursmasse) im Unternehmen zusehends geringer und die Durchführbarkeit des Vergleichs deutlich erschwert. Das ist sicherlich auch der Grund dafür, dass nur in sehr seltenen Fällen ein Vergleich eröffnet wird. Gemäß ANGELE (1996) wurden im Jahr 1995 in der Bundesrepublik Deutschland nur 56 Vergleichsverfahren eröffnet. Im gleichen Zeitraum wurden dagegen 8.024 Konkurse bzw. Gesamtvollstreckungsverfahren in die Wege geleitet.

Im Insolvenzverfahren wird die Liquidation eines Schuldnerunternehmens betrieben, um die Gläubiger ihrem Anteil entsprechend zu befriedigen. Den Antrag auf Insolvenzeröffnung können sowohl der Schuldner als auch jeder Masse- oder Insolvenzgläubiger stellen. Es muss eine Überschuldung oder Zahlungsunfähigkeit vorliegen. Nach der Eröffnung des Verfahrens wird zunächst durch Gerichtsbeschluss, danach durch eine Gläubigerversammlung ein Insolvenzverwalter und zu dessen Kontrolle ein Gläubigerausschuss bestellt. Der Insolvenzverwalter übernimmt die Geschäftsführung und führt die Liquidation des Unternehmens durch. Der Gläubigerausschuss überwacht den Fortgang des Konkurses. Die Gläubiger werden nach einer festgelegten Rangfolge bedient. Besicherte Gläubiger sind absonderungsberechtigt, d. h. sie können sich vorab durch Verwertung ihrer Sicherheiten befriedigen und nehmen deshalb nicht am Insolvenzverfahren teil (vgl. zur Rangfolge der Gläubigeransprüche §§43-70 Konkursordnung). Da Banken in der Regel einen hohen Anteil ihrer Forderungen besichern, haben sie bei einem Insolvenzverfahren eine bevorrechtigte Position und sind nur mit ihrem unbesicherten Teil vom eigentlichen Insolvenzverfahren betroffen. In der Regel kündigen sie aufgrund ihrer guten Informationsquellen die Kredite schon frühzeitig und verwerten die Sicherheiten. Deshalb treten sie als Antragsteller im Insolvenzverfahren auch nur in geringem Maße auf.

I4.2.2 Methoden des aktiven Kreditrisikomanagements

Kennzeichnend für das aktive Kreditrisikomanagement ist, dass Kredite und/ oder Kreditausfallrisiken übertragen werden (vgl. FELSENHEIMER *et al.* (2006)). Dies erweitert nicht nur den Handlungsspielraum des Kreditrisikomanagements, sondern hat auch Rückwirkungen auf die Kreditvergabeentscheidung. Mit der Kreditvergabe geht die Bank ein ganzes Bündel von Risiken ein. Zu nennen sind hier neben dem Kreditausfallrisiko vor allem das Zinsänderungs- und Liquiditätsrisiko, die immer dann auftreten, wenn ein Kredit nicht laufzeitkongruent refinanziert wird. Hinzu kann noch ein Fremdwährungsrisiko bei einer Kreditvergabe in fremder Währung kommen. Der Handel von Risiken, insbesondere der Handel mit Derivaten, ermöglicht es der Bank, Risiken vom Kredit abzuspalten und separat zu steuern.

Bei Zinsänderungs- und Fremdwährungsrisiken ist es mit Hilfe von Derivaten problemlos möglich, nahezu jede gewünschte Risikoposition einzunehmen. Die Bank braucht sich bei der Kreditvergabe damit keine Gedanken zu machen, ob sie mit dem Kredit ein nicht mehr akzeptables Zinsänderungs- und/oder Fremdwährungsrisiko eingeht. Wird durch den Kredit eine offene Position in einer Fremdwährung begründet, die der Bank zu hoch ist, so kann sie diese durch Termin- oder Optionsgeschäfte jederzeit reduzieren. Wichtig ist nur, dass die Zinsmarge des Kredites hoch genug ist, um die Kosten der Absicherung daraus bestreiten zu können. Da Zins- und Devisenfutures an Börsen gehandelt werden, sind die Konditionen, zu denen diese Risiken abgesichert werden können, leicht zu ermitteln und können problemlos in der Kreditkalkulation berücksichtigt werden (vgl. Abschnitt L2.4.6).

Ein liquider Markt für Kreditrisiken würde ähnliche Effekte bewirken: Die Bank müsste sich bei der Kreditvergabe nicht mehr festlegen, ob sie den Kredit bzw. das Kreditrisiko wirklich bis zur Fälligkeit der Forderung in den Büchern halten will, da sie das Kreditrisiko jederzeit absichern kann. Gäbe es organisierte Märkte für Kreditderivate, so könnten aus den (Markt-)Preisen für Kreditderivate Risikoaufschläge und Risikoprämien einfach ermittelt werden. Das Volumen des Handels mit Kreditrisiken ist in den letzten Jahren dramatisch angestiegen, allerdings werden Kreditderivate nicht börsenmäßig, sondern ausschließlich *over the counter* gehandelt, was die Transparenz der Märkte für Kreditderivate erheblich einschränkt.

Die Möglichkeit, Kreditrisiken kaufen oder verkaufen zu können, wirft die Frage auf, nach welchen Kriterien über das Halten oder die Absicherung einer

Risikoposition entschieden werden soll. Offensichtlich ist, dass eine Veräußerung sämtlicher Kreditrisiken – selbst wenn dies möglich wäre – nicht infrage kommt, zumindest nicht für eine Bank, die das Kreditgeschäft zu ihrem Kerngeschäft zählt. Eine abschließende Antwort auf die Frage nach der optimalen Kreditrisikostrategie können wir Ihnen nicht geben, wir wollen aber zumindest einige Aspekte diskutieren. Hierzu betrachten wir ein einfaches Modell, das zwar ziemlich abstrakt und wenig realitätsnah ist, die wichtigsten Argumente aber dafür gut verdeutlichen kann (vgl. FRANKE (2000), S. 274ff.).

Ähnlich wie bei CreditMetrics^{TM} nehmen wir an, dass das Risiko eines Kredites in eine systematische und in eine unsystematische Komponente zerlegt werden kann, wobei das systematische Risiko über Risikofaktoren erfasst wird. Wir unterstellen einen linearen Zusammenhang zwischen dem Kreditverlust (L_j) und der Ausprägung der Risikofaktoren ($\widetilde{X}_k$):

$$L_j = \alpha_j + \sum_{k=1}^{K} \beta_{jk} \cdot \widetilde{X}_k + \widetilde{\epsilon}_j. \tag{I4-1}$$

Auch hier normieren wir wieder den Erwartungswert der Risikofaktoren und der unternehmensspezifischen Risikokomponenten $\widetilde{\epsilon}_j$ auf null und unterstellen, dass die unternehmensspezifischen Risikokomponenten, die Risikofaktoren untereinander und die Risikofaktoren mit den unternehmensspezifischen Risikokomponenten unkorreliert sind. Mit β_{jk} wird die Sensitivität von L_j bezüglich des Faktors k bezeichnet. Weiterhin müssen wir die Nebenbedingung beachten, dass der Kreditverlust nach oben durch den Nominalwert der Forderung beschränkt ist.

Den Verlust ($L_{\mathrm{Portfolio}}$) eines Kreditportfolios, das aus N Krediten besteht, erhalten wir dann entsprechend zu (I4-1):

$$L_{\mathrm{Portfolio}} = \alpha + \sum_{k=1}^{K} \beta_k \cdot \widetilde{X}_k + \widetilde{\epsilon}, \tag{I4-2}$$

wobei $\alpha = \sum_{j=1}^{N} \alpha_j$, $\beta_k = \sum_{j=1}^{N} \beta_{jk}$, $\widetilde{\epsilon} = \sum_{j=1}^{N} \widetilde{\epsilon}_j$ gilt.

Wenn wir als Risikomaß die Varianz berechnen, erhalten wir:

$$\sigma^2 \left(L_{\mathrm{Portfolio}} \right) = \sum_{k=1}^{K} \sum_{h=1}^{K} \beta_k \cdot \beta_h \cdot \mathrm{Cov}\left(\widetilde{X}_k, \widetilde{X}_h \right) + \sigma^2 \left(\widetilde{\epsilon} \right) \tag{I4-3}$$

mit $\mathrm{Cov}\left(\widetilde{X}_k, \widetilde{X}_h \right)$ als Kovarianz zwischen den Risikofaktoren $\widetilde{X}_k$ und $\widetilde{X}_h$ und $\sigma^2 \left(\widetilde{\epsilon} \right)$ als Summe der unsystematischen Risikofaktoren $\widetilde{\epsilon}$.

Risikokonzentrationen können entweder in der Form vorliegen, dass die Sensitivität bezüglich eines Risikofaktors sehr hoch ist oder aber dass das unsystematische Risiko groß ist. Ein Beispiel für den ersten Fall liegt dann vor, wenn zahlreiche Kredite an Schuldner aus derselben Branche vergeben wurden und wir die Branchenentwicklung als einen Faktor auffassen. Um diese Risikokonzentration abzubauen, wäre es denkbar, Kreditderivate auf Kredite an Schuldner dieser Branche abzuschließen oder aber solche Forderungen vermehrt in Asset-

Backed-Transaktionen einzubringen. Denkbar ist auch, dass Derivate auf diesen
Faktor oder auf eine Größe, die mit diesem Faktor hoch korreliert ist, gehandelt
werden können. Dies ist z. B. der Fall, wenn der Faktor ein Fremdwährungs- oder
Zinsänderungsrisiko repräsentiert.

Ein hohes unsystematisches Risiko deutet auf Klumpenrisiken, d. h. auf das
Vorliegen einzelner Kredite mit großem Volumen hin. Auch hier können Kreditderivate die Risikokonzentration reduzieren, möglich ist aber auch, das Risiko
aus Großkrediten durch Syndizierung auf mehrere Gläubiger zu verteilen.

Inwieweit es vorteilhaft ist, Maßnahmen zur Risikoreduktion zu ergreifen,
hängt von den zu erwartenden Kosten und Erträgen ab. FRANKE (2000) unterscheidet sechs Arten von Kosten bzw. Erträgen, die bei Absicherungsentschei-
dungen bezüglich Kreditrisiken gegeneinander abzuwägen sind (vgl. FRANKE
(2000), S. 274f.):

1. Als Erträge bzw. Kosten durch die reine Übertragung von Ausfallrisiken werden diejenigen Erfolgswirkungen verstanden, die dadurch zu Stande kommen,
   dass der *erwartete Verlust* vom Risikokäufer zu tragen ist. Dieser wird hierfür
   allerdings einen Risikoaufschlag verlangen. In welcher Relation der Risikoaufschlag zum erwarteten Verlust steht, hängt von den Erwartungen der Beteiligten ab. Schätzen beide den erwarteten Verlust gleich hoch ein, entsprechen
   sich beide Größen, so dass der Nettoertrag gleich null ist, andernfalls kann
   sich ein Kosten- oder Ertragsüberhang ergeben.
2. Der Risikokäufer wird zusätzlich zu der Kompensation für erwartete Verluste
   eine *Risikoprämie* verlangen. Die Höhe der Risikoprämie hängt u. a. davon ab,
   wie sich das Ausfallrisiko in das Gesamtportfolio des Risikokäufers einfügt.
   Vernachlässigt man die anderen Ertrags- und Kostenkomponenten, so lohnt
   sich die Risikoübertragung für beide Vertragspartner, wenn die Korrelation
   des zu übertragenden Kreditausfallrisikos mit den übrigen Risikopositionen
   beim Risikoverkäufer höher ist als beim Risikokäufer.
3. Durch die Übertragung von Kreditausfallrisiken sinkt die aus regulatorischer
   Sicht notwendige Eigenmittelunterlegung beim Risikoverkäufer. Dem steht ein
   entsprechender Anstieg beim Risikokäufer gegenüber, wenn dieser ebenfalls eine Bank ist. Hinzu kann noch eine Eigenmittelunterlegung für die Ansprüche
   gegen den Risikokäufer kommen (siehe Kapitel I5). Selbst wenn die saldierte
   Eigenmittelunterlegung von Risikokäufer und -verkäufer durch die Transaktion unverändert bleibt oder sogar leicht ansteigt, kann eine Risikoübertragung
   dennoch vorteilhaft sein, nämlich dann, wenn die Eigenmittelauslastung des
   Risikoverkäufers weitgehend ausgeschöpft ist, wohingegen der Risikokäufer
   noch über ausreichend freies regulatorisches Eigenkapital verfügt.
4. Die Absicherung einer Ausfallrisikoposition senkt das Insolvenzrisiko der Bank
   und damit die erwarteten *Insolvenzkosten*. Dem steht allerdings ein Anstieg
   der Insolvenzgefahr beim Risikokäufer gegenüber. Ein positiver Nettoeffekt
   verbleibt, wenn der Rückgang der Insolvenzgefahr beim Risikoverkäufer stärker ist als der Anstieg der Insolvenzwahrscheinlichkeit beim Risikokäufer.
   Maßgeblich hierfür sind zum einen die Korrelation des zu übertragenden Risikos mit der Gesamtrisikoposition von Risikokäufer bzw. -verkäufer und zum

anderen die Relation der Gesamtrisikoposition zum Eigenkapital bei beiden Vertragspartnern.

5. Die Übertragung von Kreditausfallrisiken erfordert häufig komplexe Verträge, um einen rechtlich wirksamen Übergang des Risikos zu gewährleisten. Entsprechend hoch sind die *Transaktionskosten i. e. S.*, die mit solchen Transaktionen verbunden sind. Zumindest einen Teil dieser Kosten wird der Risikokäufer zu tragen haben.

6. Kreditrisiken zeichnen sich dadurch aus, dass sie intransparent sind und der Risikoverkäufer das Ausfallrisiko meist genauer einschätzen kann als der Risikokäufer. Die Probleme aufgrund einer ungleichen Informationsverteilung zwischen Kreditgeber und Kreditnehmer, die Sie in Teil C kennen gelernt haben, treten in ähnlicher Weise auch in der Beziehung zwischen Risikokäufer und -verkäufer auf. Die ungleiche Informationsverteilung führt auch zu Anreizproblemen: Eine Bank, die bei der Kreditvergabe davon ausgeht, dass sie das Ausfallrisiko später veräußern wird, vergibt wesentlich leichtfertiger Kredite an bonitätsmäßig zweifelhafte Schuldner und hat zudem kaum einen Anreiz, den Schuldner später zu überwachten. Ähnlichkeiten mit manchen Vorkommnissen im Zusammenhang mit dem Subprime-Markt sind durchaus nicht zufällig. Kosten, die anfallen, um die Folgen der Informationsasymmetrie abzubauen sowie eine Risikoprämie für das verbleibende Misstrauen des Risikokäufers machen die *Transaktionskosten i. w. S.* aus, die den potenziellen Vorteil einer Risikoübertragung schmälern.

Als Instrumente zur Übertragung von Krediten bzw. Kreditausfallrisiken stehen die Verbriefung von Forderungen im Rahmen von Asset-Backed-Transaktionen, Kreditderivate sowie die Syndizierung von Krediten zur Verfügung. Da die beiden ersten Instrumente schon ausführlich dargestellt wurden, wollen wir hier nur die Syndizierung näher erklären.

Die Syndizierung von Krediten geschieht in Form von Konsortialkreditgeschäften. Der Konsortialkredit ist eine gemeinschaftliche Kreditvergabe durch mehrere Kreditgeber. Er kann in Form eines Bar-, Aval-, Diskont- oder Akzeptkredites gewährt werden. Der Kreditnehmer trägt seinen Kreditwunsch in der Regel an seine Hausbank heran. Diese arrangiert den weiteren Ablauf, erstellt ein Informationsprospekt, das sog. *Information Memorandum*, in dem alle Daten des Projekts, das durch den Kredit finanziert werden soll, detailliert dargestellt werden. Im internationalen Syndizierungsgeschäft bildet sie beispielsweise als Lead Manager mit anderen, gegebenenfalls eng verbundenen Kreditinstituten eine Management Group, die den Kredit zunächst übernimmt und ihn dann abzüglich ihres eigenen Anteils an sogenannte „Einladungsadressen" oder Participants platziert, manchmal übernimmt der Lead Manager auch das Risiko der Weiterplatzierung. Eine ausführliche Darstellung der Praxis des internationalen Konsortialkreditgeschäftes bietet RHODES und CLARK (2000). Die beteiligten Banken, auch Konsorten genannt, legen im Innenverhältnis durch einen Konsortialvertrag unter anderem fest, welcher Anteil am Kreditvolumen von jedem einzelnen getragen wird, welche Abstimmungsregeln gelten sollen und wer die Geschäftsführung und die Vertretung nach außen übernimmt. Den eigentlichen

Konsortialkreditvertrag schließt der vertretungsberechtigte Konsorte (das feder-
führende Institut) mit dem Kreditnehmer. Wie bei allen anderen Kreditverträgen werden hierbei die Modalitäten des Kredites, also Zins, Tilgung, Besicherung
usw., festgelegt. Wenn es sich beim kreditgewährenden Konsortium um ein Au-
ßenkonsortium handelt, werden zusätzlich die Rechte und Pflichten zwischen
dem Kreditnehmer und den einzelnen Konsorten festgelegt. Die konsortialfüh-
rende Bank handelt in diesem Fall immer nur im Namen und für Rechnung
des Konsortiums. Beim Bestehen eines Innenkonsortiums schließt der Konsortialführer dagegen den Vertrag im eigenen Namen ab. Die anderen Konsorten
treten gegenüber dem Kreditnehmer nicht in Erscheinung. Sie haben nur Rechte
und Pflichten aus dem Innenverhältnis gegenüber dem Konsortialführer. Häufig
werden aber Klauseln vereinbart, die es den „stillen" Konsorten ermöglichen,
bei einer Kreditgefährdung gegenüber dem Kreditnehmer „offen" aufzutreten.
Damit beugen sie der Möglichkeit vor, dass der geschäftsführende Konsorte im
Krisenfall zunächst nur seine eigenen Interessen wahrnimmt. Die stille Form wird
häufig als „echter" Konsortialkredit bezeichnet.

Konsortialkredite werden gewöhnlich zur Finanzierung von großen Investitionsprojekten oder Schuldnern vergeben. Im Jahr 2002 wurden europaweit 14
Transaktionen mit einem Gesamtvolumen von 3,6 Mrd. € durch Konsortialkredite finanziert. Die Aufteilung eines Kredites und des damit verbundenen
Ausfallrisikos auf mehrere Banken (*Risikozerfällung*) vermeidet das Entstehen
von Klumpenrisiken und verbessert damit die Granularität des Kreditportfolios. Daneben kann sich aus den Großkreditvorschriften (§13 KWG, siehe hierzu
Kapitel I5) die Notwendigkeit der Syndizierung ergeben.

Asset-Backed-Transaktionen eignen sich für Pools gleichartiger Kredite. In
der Vergangenheit wurden häufig Forderungen mit geringem Risiko in Asset-
Backed-Transaktionen eingebracht, das Ausfallrisiko verblieb zudem weitgehend
bei der Bank, da diese meist die Equity-Tranche aus der Verbriefung übernahm.
Das entscheidende Motiv für Asset-Backed-Transaktionen war häufig weniger der
Risikotransfer als vielmehr das Ziel der Regulierungsarbitrage: Da die Eigenmittelunterlegung von Ausfallrisiken nach den derzeit geltenden Vorschriften nicht
vom individuellen Risiko, sondern vornehmlich vom Kreditvolumen abhängt,
kann durch die Übertragung risikoarmer Kredite oder risikoarmer Tranchen regulatorisches Eigenkapital eingespart werden, ohne dass das von der Bank zu
tragende Risiko nennenswert reduziert wird.

Kreditderivate haben die Besonderheit, dass das Risiko vom Kredit abgespal-
ten und separat übertragen werden kann. Anders als beim Forderungsverkauf ist
es nicht notwendig, den Schuldner von der Weiterveräußerung des Kreditrisikos
zu informieren. Kreditderivate greifen somit nicht in die Kunde-Bank-Beziehung
ein. Probleme können sich aus einer ungleichen Informationsverteilung zwischen
Risikoverkäufer und Risikokäufer ergeben. Der Risikokäufer muss befürchten,
dass das Ausfallrisiko höher ist als vom Risikoverkäufer angegeben, darüber hinaus hat der Risikoverkäufer kein Interesse mehr, den Kreditnehmer zu überwachen, wenn er das Ausfallrisiko abgesichert hat. Die Vorteilhaftigkeit eines
Einsatzes von Kreditderivaten hängt entscheidend davon ab, ob es gelingt, diese
Probleme zu lösen.

Ein möglicher Weg könnte darin bestehen, dass das Derivat sich nicht unmittelbar auf den Kredit, sondern auf eine Größe bezieht, die eng mit dem Kreditausfallrisiko korreliert ist, deren Ausprägung aber allgemein beobachtbar und von keiner Vertragspartei beeinflussbar ist. Um dies zu erläutern, greifen wir wieder auf die Zerlegung des Kreditrisikos in eine systematische und in eine unsystematische Risikokomponente zurück, wobei wir nun annehmen, dass das systematische Ausfallrisiko nur von einem Faktor abhängt:

$$L_j = \alpha_j + \beta_{jk} \cdot \widetilde{X}_k + \widetilde{\epsilon}_j. \tag{I4-4}$$

Eine risikominimierende Hedging Strategie besteht nun darin, pro Einheit Kreditvolumen β_{jk} Einheiten Kreditderivate, die jeweils eine Einheit Kredit absichern, zu kaufen (vgl. BROLL *et al.* (2004)). In diesem Fall bliebe nur noch das unsystematische Kreditrisiko bei der Bank, dieses kann durch Diversifikation reduziert werden.

An der *Chicago Mercantile Exchange* (CME) wurde von 1998 bis 2003 ein Kreditderivat gehandelt, das dazu dienen sollte, das systematische Kreditrisiko abzusichern. Gehandelt wurde ein Future auf einen Insolvenzindex, den *Quarterly Bankruptcy Index* (QBI). Bei einem gut diversifizierten Portefolio sollten die Ausfallraten eng mit der Veränderung des Insolvenzindex korreliert sein. Probleme aus einer ungleichen Informationsverteilung treten nicht auf, da die Ausprägung des Index allgemein beobachtbar ist, weiterhin ist die Bank nach wie vor für die Kreditüberwachung selbst zuständig, da die Zahlung aus dem Derivat sich nicht auf den Ausfall eines Kredites bezieht. Diesen Vorteilen stehen allerdings auch Nachteile gegenüber: So wird das Risikomanagement komplizierter gegenüber einem Kreditderivat, das sich unmittelbar auf einen Kredit bezieht. Nur wenn die Bank in der Lage ist, einen statistisch stabilen Zusammenhang zwischen dem Index und seinem Kreditportfolio herzustellen, eignet sich dieses Derivat für die Absicherung von Ausfallrisiken. Ein weiterer Nachteil besteht darin, dass eine Risikominderung aufsichtsrechtlich nicht anerkannt wird und somit keine Reduzierung der regulatorischen Eigenmittelunterlegung erreicht werden kann. Diese Nachteile waren offensichtlich so schwerwiegend, dass der Handel mit diesem Derivat mangels Nachfrage eingestellt wurde.

Ähnliche Möglichkeiten der Kreditrisikoabsicherung wie der Future auf den QBI ermöglichen sog. Makroderivate, die im Oktober 2002 von Goldman Sachs und der Deutschen Bank ausgegeben wurden. Hierbei handelt es sich um Terminkontrakte auf makroökonomische Indizes wie z. B. auf die Veränderung der Arbeitslosigkeit oder auf den IFO-Geschäftsklimaindex. Wenn die Entwicklung dieser Indizes mit der Entwicklung der Kreditausfälle korreliert, können Derivate auf diese Indizes ebenfalls dazu beitragen, das systematische Risiko abzusichern.

Ein weiteres Instrument zur Absicherung des systematischen Ausfallrisikos von Krediportfolien ist der *iTraxx Europe Benchmark*. In dem iTraxx Europe Benchmark sind die liquidesten 125 single-name CDS enthalten, Veränderungen des iTraxx spiegeln somit die systematische Risikokomponente eines gut diversifizierten Kreditportfolios näherungsweise wider. Ein großer Vorteil des iTraxx

Europe Benchmark liegt darin, dass er sehr liquide ist, so dass die Bid-Ask-Spreads gering sind.

AZARCHS (2003) kommt zu dem Ergebnis, dass Kreditderivate die in sie gesetzten Erwartungen bislang nicht erfüllt und das Kreditrisikomanagement der Banken nur unwesentlich beeinflusst haben. So gab es 2003 weltweit nur 17 Banken, die in größerem Umfang mit Kreditderivaten handeln. Nur gut 3% des Kreditderivatevolumens dient dazu, Kreditrisiken außerhalb des Bankensektors zu transferieren, hinzu kommt, dass Kreditderivate sich überwiegend auf Anleihen beziehen, die im Investment-Bereich geratet sind, also ein geringes Ausfallrisiko aufweisen.

Kreditrisiken betreffen nicht nur den Ausfall des Schuldners, sondern auch Veränderungen des Credit Spreads , d.h. der Ausfallrisikoprämie. Credit Spread Risiken sind immer dann relevant, wenn eine ausfallrisikobehaftete Position nicht bis zur Fälligkeit gehalten werden soll, eine vorzeitige Veräußerung bei einer Ratingherabstufung z. B. aufgrund regulatorischer Vorgaben notwendig wird oder wenn der Investor sein Portfolio auf der Basis einer marked-to-market-Bewertung steuert. Veränderungen des Credit Spreads können sich auf einen bestimmten Finanztitel beziehen: Dies ist der Fall, wenn das Rating des Schuldners aufgrund einer schlechteren Bonitätseinschätzung herabgestuft wird. Daneben können sich aber auch die Credit Spreads für gegebene Ratingklassen ändern. So kann man beobachten, dass in Krisenzeiten mit spektakulären Ausfallereignissen wie z. B. die LTCM-Krise 1998 oder die Bear Stern-Rettung im Frühjahr 2008 die Credit Spreads für Anleihen aller Ratingklassen spürbar ansteigen (vgl. PAPE und SCHLECKER (2009)).

Credit Spread Risiken können durch Credit-Spread Optionen oder durch Credit-Default Swaps (CDS) abgesichert werden (vgl. Kapitel E6). Ein *Credit-Spread Put* beinhaltet das Recht, eine mit Ausfallrisiko behaftete Anleihe (Referenzanleihe) zu einem festgelegten Ausübungs-Credit-Spread an den Stillhalter zu verkaufen. Möglich ist auch, die Zahlung des Stillhalters an den Optionsinhaber an eine Rating-Herabstufung zu koppeln. Mit einem Credit Spread Put kann eine Long Position in einer Anleihe gegen Wertminderungen aufgrund einer Ausweitung des Credit Spreads abgesichert werden, wohingegen der Inhaber des Puts an Wertsteigerungen aufgrund einer Spread-Reduzierung weiterhin partizipiert. Für den Erwerb des Optionsrechts muss allerdings eine Optionsprämie entrichtet werden. Mit geringeren Kosten verbunden ist die Absicherung von Credit Spread Risiken durch CDS. Allerdings schützt ein Hedging durch CDS nicht nur vor Kursverlusten der Referenzanleihe, sondern nimmt auch die Möglichkeit, von Kurssteigerungen zu profitieren. Werden CDS zur Absicherung gegen Spread Risiken genutzt, so ist zu beachten, dass die Marktwerte der Referenzanleihe und des CDS unterschiedlich stark auf Veränderungen des Spreads reagieren. Die optimale Hedge-Ratio beträgt damit nicht 1, sondern hängt vom Verhältnis der Marktwert-Sensitivitäten von Referenzanleihe und CDS ab. Beträgt z. B. die Marktwertänderung der Anleihe bei einer Spread-Änderung um einen Basispunkt 0,04 GE und des CDS 0,05 GE, so müssen CDS in Höhe von 80% $(0,04/0,05 = 0,8)$ des Nominalwertes des Anleihebestandes erworben werden.

Credit Spread Risiken können auch auf Portfolioebene abgesichert werden. Der Credit Spread kann analog zu (I4-1) gedanklich in eine systematische und in eine unsystematische Komponente zerlegt werden. Die systematische Risikokomponente kann wiederum mit Portfolio-Kreditderivaten wie dem iTraxx Europe Benchmark abgesichert werden.

I5 Regulierung von Kreditausfallrisiken

1. Die Eigenmittelunterlegung von Ausfallrisiken aus Bilanzaktiva, Derivaten und außerbilanziellen Geschäften, soweit diese Risikopositionen nicht zum Handelsbuch gehören, wird in der Solvabilitätsverordnung (SolvV) geregelt.
2. Für die Messung des Ausfallrisikos kann eine Bank zwischen dem Kreditrisiko-Standardansatz (KSA) und dem auf internen Ratings basierenden Ansatz (IRBA) wählen.
3. Im KSA hängt die Eigenmittelunterlegung vom externen Rating des Schuldners ab.
4. Im IRBA wird jeder Risikoposition auf der Basis eines internen Ratings eine Ausfallwahrscheinlichkeit zugeordnet. Die Eigenmittelunterlegung wird dann auf der Basis eines Value at Risk-Ansatzes in Abhängigkeit von der Ausfallwahrscheinlichkeit ermittelt.
5. Im IRB-Basisansatz geht nur die Ausfallwahrscheinlichkeit als individuell geschätzte Größe ein, im fortgeschrittenen IRB-Ansatz müssen auch der LGD und die Restlaufzeit von der Bank geschätzt bzw. ermittelt werden.
6. Kreditsicherheiten werden Eigenkapital-mindernd berücksichtigt. Neben Bürgschaften, Garantien, Netting und Kreditderivaten werden im KSA nur finanzielle Sicherheiten anerkannt, im IRBA werden auch bestimmte physische Sicherheiten als risikomindernd anerkannt.
7. Die Regeln zur Eigenmittelunterlegung von Asset-Backed-Transaktionen sollen Regulierungsarbitrage als Motiv für solche Transaktionen ausschließen.

I5.1 Grundlagen

Die Eigenmittelanforderungen für Kreditrisiken sind in der Solvabilitätsverordnung (SolvV) geregelt. Banken müssen daneben die Großkreditvorschriften im KWG beachten sowie die in den MaRisk vorgegebenen aufbau- und ablauforganisatorischen Vorschriften einhalten.

I5.1.1 Risikoaktiva

Kredite gehören zusammen mit anderen Risikopositionen in Bilanzaktiva sowie in außerbilanziellen Geschäften zu den *Risikoaktiva*. Die SolvV unterscheidet vier

Klassen von Adressenausfallrisikopositionen (vgl. §9 und Tabelle I5-1), nämlich
Bilanzaktiva, Derivate, außerbilanzielle Geschäfte, sowie Vorleistungsrisikopositionen. Nicht zu den Risikoaktiva gehören grundsätzlich Risikopositionen des
Handelsbestandes. Eine Ausnahme gilt für die unter die Bagatellgrenze fallenden Handelsbestände von Nichthandelsbuchinstituten. Zu den Risikoaktiva zählen auch nicht solche Aktiva, die aufgrund anderer Bestimmungen schon mit
haftendem Eigenkapital unterlegt sind. Hierbei kann es sich um von der Bankenaufsicht tolerierte Überschreitungsbeträge der Großkreditvorschriften handeln
(siehe Abschnitt I5.8) oder aber um Eigenkapitalanteile an anderen Banken, die
vom haftenden Eigenkapital abgezogen wurden. Ebensowenig gehen Beteiligungen und Anteile an anderen Unternehmen, die in die konsolidierte Eigenmittelunterlegung einbezogen werden, in die Risikoaktiva ein.

Wenn wir uns bei der Einteilung der Risikoaktiva von der Art des Ausfallrisikos leiten lassen, können wir die Bilanzaktiva unterscheiden in solche Positionen,
die mit Sachwertausfallrisiken verbunden sind, und in solche Positionen, die mit
einem Adressenausfallrisiko verbunden sind. Bei den Sachwertausfallrisiken besteht kein Zahlungsanspruch gegen eine andere Partei, sondern es geht um die
Gefahr des zufälligen Untergangs eines Vermögensgegenstandes. Bei Forderungen und Wertpapieren dagegen besteht das Risiko darin, dass der Vertragspartner bzw. der Emittent des Wertpapiers seinen Verpflichtungen nicht nachkommen kann, d. h. es geht um Adressenausfallrisiken, deren Höhe von der Bonität
des Vertragspartners abhängt.

Tab. I5-1: Risikoaktiva und damit verbundene Risiken

Risikoaktiva		Risiken
Bilanzielle Adressenausfall-risikopositionen (Bilanzaktiva)	Sachanlagen und sonstige Vermögensgegenstände	Sachwertausfallrisiken
	Forderungen, festverzinsliche Wertpapiere, Eigenkapitalanteile, Leasingobjekte	Kreditausfallrisiko in Form eines Vorleistungsrisikos
Derivative Adressenausfall-risikopositionen	Termin- und Optionsgeschäfte	Kreditausfallrisiko in Form eines Neueindeckungsrisikos
	Novationspositionen: Ansprüche aufgrund von Aufrechnungs-vereinbarungen über Derivate	
Außerbilanzielle Adressenausfall-risikopositionen	Bürgschaften, Garantien, Termin-käufe und Stillhalterpositionen in Verkaufsoptionen auf Bilanzaktiva, Dokumentenakkreditive, Kreditzusagen	Inanspruchnahme
Vorleistungsrisiko-positionen	Geschäfte des Handelsbuches, bei denen das Kreditinstitut in Vorleistung gegangen ist	Kreditausfallrisiko bei Ausfall des Vertragspartners, Kontrahentenausfallrisiko

Adressenausfallrisiken können in unterschiedlicher Form auftreten und erfordern daher auch unterschiedliche Erfassungsmethoden. Typisch für bilanzielle

Adressenausfallrisikopositionen (Bilanzaktiva) ist, dass die Bank in Vorleistung getreten ist, d. h. sie hat einen Geldbetrag für den Erwerb eines Anspruchs auf Zins- und Tilgungszahlungen aufgewendet und ist nun dem Risiko ausgesetzt, dass der Schuldner seinen Verpflichtungen nicht nachkommt. Bei Bürgschaften, Kreditzusagen und Indossamentsverbindlichkeiten ist die Bank dagegen noch nicht in Vorleistung getreten, die Bank ist lediglich eine Verpflichtung eingegangen, in Vorleistung zu gehen, wenn bestimmte Bedingungen erfüllt sind. Es handelt sich in diesen Fällen um eine Eventualverbindlichkeit (die unter dem Bilanzstrich ausgewiesen wird), deren Ausfallrisiko tendenziell geringer ist als das der Bilanzaktiva. Dem wird dadurch Rechnung getragen, dass die Risikoposition mit einem Risikoklassenfaktor (*Credit Conversion Factor*), dessen Höhe von der Art des Geschäfts abhängt, multipliziert wird. Derivate sind schwebende Geschäfte, die noch von keiner Vertragsseite erfüllt worden sind. Kommt es zu einem Ausfall des Vertragspartners, so ist daher nicht die Rückzahlung eines ausstehenden Geldbetrages gefährdet, sondern es besteht die Gefahr, dass ein gleichartiges Geschäft nur zu ungünstigeren Konditionen neu abgeschlossen werden kann (*Neueindeckungsrisiko*). Zur Messung des Neueindeckungsrisikos gibt es zwei verschiedene Verfahren, die wir in Abschnitt I5.2 darstellen werden. Vorleistungsrisikopositionen betreffen ausschließlich Handelsbuchpositionen. Während das Ausfallrisiko bzw. das Risiko einer Bonitätsverschlechterung des Emittenten eines festverzinslichen Wertpapiers bei den besonderen Kursrisiken der Zinsänderungsrisiken erfasst werden, geht es hier um das Risiko, dass der Vertragspartner, an den bzw. von dem ein Wertpapier verkauft bzw. gekauft wurde, seinen Verpflichtungen nicht nachkommt, obwohl die Bank ihre Verpflichtungen bereits erfüllt hat, also in Vorleistung getreten ist (vgl. hierzu Abschnitt I5.7).

I5.1.2 Methoden der Kreditrisikomessung in der SolvV

Die SolvV lässt mit dem *Kreditrisiko-Standardansatz* (KSA) und mit dem *Auf internen Ratings basierenden Ansatz* (IRBA) zwei unterschiedliche Methoden der Kreditrisikomessung zu. Innerhalb des IRBA existieren wiederum zwei Varianten, ein einfacherer Basisansatz und ein fortgeschrittener Ansatz. Der grundlegende Unterschied zwischen dem KSA und dem IRBA besteht darin, dass im IRBA institutsspezifisch geschätzte Größen in die Ermittlung der Eigenkapitalanforderung einfließen. In der Basisvariante umfasst dies lediglich die Ausfallwahrscheinlichkeit (PD), in der fortgeschrittenen Variante auch das Exposure at Default (EAD) und den Loss Given Default (LGD). Im KSA werden dagegen – soweit vorhanden – externe Ratings verwendet, ansonsten finden ausschließlich aufsichtlich vorgegebene Parameter Eingang in die Ermittlung der Eigenkapitalanforderung. Den IRBA dürfen Banken nur mit Zustimmung durch die BaFin einsetzen. Die BaFin erteilt die Erlaubnis, wenn die Bank nachweisen kann, dass sie die Anforderungen an eine zuverlässige Schätzung der PD bzw. des EAD und des LGD erfüllt. Darüber hinaus muss die Bank bei der erstmaligen Anwendung des IRBA für mindestens 50% der Ausfallrisikopositionen über eigene Schätzungen der PD bzw. des EAD und des LGD verfügen („*Eintrittsschwelle*").

In einem Umsetzungsplan muss die Bank darlegen, dass sie innerhalb von fünf Jahren einen Abdeckungsgrad von 92% erreichen wird („*Austrittsschwelle*"). Bis Ende 2008 haben 59 Institute bzw. Institutsgruppen einen Zulassungsantrag gestellt, davon 21 für den fortgeschrittenen IRBA (vgl. DEUTSCHE BUNDESBANK (2009e)). Um die Voraussetzungen zur Zulassung zum IRBA zu erfüllen, sind erhebliche Investitionen in den Aufbau der internen Kreditrisikomanagementsysteme erforderlich. Um den Abdeckungsgrad von mindestens 92% zu erreichen, müssen häufig mehrere interne Ratingsysteme sowie Verfahren zur institutseigenen Schätzung des EAD und des LGD für unterschiedliche Kundengruppen (z. B. Privatkunden, gewerbliche Kunden, Banken und andere Finanzdienstleister, öffentlicher Sektor) entwickelt werden. Im Durchschnitt beantragten die Banken die Zulassung für bis zu sieben IRBA-Systeme, im Einzelfall sogar für über 50 Systeme. Den damit verbundenen Aufwand können nur sehr große Banken stemmen. Daneben lohnt sich die Zulassung zum IRBA für Banken, die ein spezialisiertes Geschäftsmodell betreiben und daher nur wenige IRBA-Systeme benötigen, um den Abdeckungsgrad zu erreichen (vgl. DEUTSCHE BUNDESBANK (2009e)).

Die Ermittlung der Eigenkapitalanforderung erfolgt im KSA und im IRBA nach einem ähnlichen Grundprinzip. Der *Gesamtanrechnungsbetrag für Adressrisiken* ergibt sich als Produkt aus dem Positionswert (EAD), dem Risikogewicht und dem Solvabilitätskoeffizienten (siehe Tabelle I5-2). Zusätzlich kann die Berücksichtigung von Sicherheiten sowie Nettingvereinbarungen, die das Ausfallrisiko vermindern, zulässig sein. Soweit für Ausfallrisiken bereits Einzel- oder Pauschalwertberichtigungen gebildet wurden, sind Ausfallrisiken vom haftenden Eigenkapital abgezogen worden, so dass eine erneute Eigenmittelunterlegung nicht notwendig ist. Tabelle I5-2 enthält einen vergleichenden Überblick über die verschiedenen regulatorischen Verfahren zur Kreditrisikomessung.

Das Exposure at Default (EAD) ist in allen aufsichtsrechtlichen Methoden der Ausgangspunkt für die Bemessung der Eigenmittelunterlegung. Das EAD bezeichnet den erwarteten ausstehenden Forderungsbetrag im Zeitpunkt des Ausfalls, also denjenigen Betrag, der im Insolvenzfall potenziell ausfallgefährdet ist. Für Bilanzaktiva wird das EAD im KSA als Nettobetrag nach Abzug von Einzel- und Pauschalwertberichtigungen gemessen, im IRBA dagegen wird der Bruttobetrag, d. h. die Rückzahlungsforderung angesetzt, gebildete Wertberichtigungen und Rückstellungen werden mit dem erwarteten Verlust verrechnet (*Wertberichtigungsvergleich*, §105 SolvV). Übersteigen die Wertberichtigungen und Rückstellungen den erwarteten Verlust (*Wertberichtigungsüberschuss*) so wird der Unterschiedsbetrag dem modifizierten verfügbaren Eigenkapital unter Beachtung bestimmter Obergrenzen hinzugerechnet, ist der Saldo dagegen negativ (*Wertberichtigungsfehlbetrag*), wird der Unterschiedsbetrag vom haftenden Eigenkapital abgezogen, und zwar je zur Hälfte vom Kernkapital und vom Ergänzungskapital.

Bei traditionellen außerbilanziellen Geschäften erhalten wir das EAD, indem der Betrag der Eventualverbindlichkeit mit einem *Konversionsfaktor* (*Credit Conversion Factor*) multipliziert wird. Im KSA und im IRB-Basisansatz sind für alle außerbilanziellen Risikopositionen Werte für die Konversionsfaktoren

Tab. I5-2: Grundsätzlicher Aufbau regulatorischer Verfahren zur Kreditrisikomessung

Eigenmittel-unterlegung (Gesamt-anrechnungs-betrag für Adressrisiken)	Positionswert = (Exposure at Default)	Risikogewicht · (Risk Weight)	Solva-bilitäts-koeffi-zient 8%	Wertbe-richtigungen	Kreditrisiko-minderungen
KSA	Bilanzaktiva: Buchwert nach Wertberichti-gungen außerbilanz. Geschäfte: Positionswert · Konversions-faktor Derivate: Laufzeit- oder Marktbewer-tungsmethode	Abhängig von der Schuldnerkategorie und dem externen Rating	ja	Werden im EAD berück-sichtigt Einzel- und Pauschalwert-berichtigungen, keine Vor-sorgereserven	Kreditderivate, Bürgschaften, Netting, Finanzielle Sicherheiten
IRBA-Basis-variante IRBA-fortge-schrittene Variante	Bilanzaktiva: Bruttoforderung vor Wertberich-tigungen außerbilanz. Geschäfte: Positionswert · Konversions-faktor Derivate: Laufzeit- oder Marktbewer-tungsmethode	LGD · (bed. PD – prog. PD) · M LGD: Loss Given Default Bed. PD: Bedingte Ausfallwahr-scheinlichkeit Prog. PD: Prognos-tizierte Ausfall-wahrscheinlich-keit	nicht notwendig	Wertberichti-gungsvergleich: Erwarteter Verlustbetrag – Wertberich-tigungen §10 Abs. 2b S. 1 Nr. 9, Abs. 6a Nr. 1	Wie Standard-ansatz zzgl. physische Sicherheiten Grundsätzlich keine Be-schränkungen

aufsichtlich vorgegeben, im fortgeschrittenen IRBA werden teilweise auch selbst geschätzte Werte verwendet. Für die Messung des Neueindeckungsrisikos aus Derivativgeschäften gibt es die *Laufzeitmethode* und die *Marktbewertungsmetho-de*. Banken, die Nichthandelsbuchinstitute sind, haben ein Wahlrecht zwischen beiden Methoden, Handelsbuchinstitute müssen dagegen die Marktbewertungs-methode anwenden (zu beiden Methoden siehe Abschnitt I5.2).

Das Risikogewicht soll das mit einer Position verbundene Ausfallrisiko und den im Falle der Insolvenz zu erwartenden Verlust messen. Im KSA wird dies in der Weise umgesetzt, dass das Risikogewicht zum einen von der Zugehörigkeit des Schuldners zu einer der drei Schuldnertypen öffentliche Hand, Kreditinsti-tute und Nichtbanken abhängt, und zum anderen auch von der Klassifizierung durch eine externe Ratingagentur. Weist ein Unternehmen ein erstklassiges Ra-ting auf, kann das Risikogewicht auf 20% sinken, bei schlechtem Rating kann es aber auch auf bis zu 150% ansteigen. Im IRBA geht die Ausfallwahrscheinlichkeit der Ratingklasse, in die ein Schuldner eingeordnet wird, explizit in die Berechnung des Risikogewichtes mit ein. Darüber hinaus werden im IRBA auch das EAD, der LGD und die Laufzeit des Kredites (Maturity, M) mit berücksichtigt. Beim IRB-Basisansatz werden für den LGD und für M von der Bankenaufsicht standardmäßig vorgegebene Werte angesetzt, und zwar 45% bzw. 75% für den LGD und 2,5 Jahre für die Maturity. Beim fortgeschrittenen Ansatz müssen beide Komponenten für jede Position individuell geschätzt bzw. ermittelt werden. Kreditrisikominderungen durch Sicherheiten, Gewährleistungen, Kreditderivate oder Aufrechnungsvereinbarungen (Netting) werden in der SolvV explizit berücksichtigt, indem das EAD oder das Risikogewicht gemindert werden.

Die Multiplikation mit dem Solvabilitätskoeffizienten von 8% schließlich soll sicherstellen, dass ausreichend Eigenmittel vorhanden sind, um *erwartete und unerwartete Verluste* auffangen zu können. Der Wert von 8% beruht allerdings weder auf theoretischen Überlegungen noch auf empirisch gestützten Schätzungen, sondern ist ein eher willkürlich gewählter Wert, der auf historisch gewachsenen Kapitalstrukturen bei Banken aufbaut. Im IRBA kommt der Solvabilitätskoeffizient zwar noch formal vor, letztlich ist diese Größe aber eliminiert worden, da bei der Ermittlung des Risikogewichtes mit einem Faktor von 12,5 – d. h. dem Kehrwert von 0,08 – multipliziert wird. Dem Erfordernis, für *unerwartete Verluste* Eigenmittel vorzuhalten, wird dadurch Rechnung getragen, dass das Risikogewicht im IRBA als ein um die erwarteten Verluste verminderter Value at Risk interpretiert werden kann. In die Ermittlung des Value at Risk gehen teilweise standardisierte Werte, die aufsichtlich vorgegeben werden, ein, teilweise werden aber auch von der Bank für jeden Kreditnehmer individuell geschätzte Größen wie z. B. die Ausfallwahrscheinlichkeit verwendet. *Erwartete Verluste* müssen vom haftenden Eigenkapital abgezogen werden, sofern diese nicht bereits in Form von Wertberichtigungen das haftende Eigenkapital reduziert haben.

Als Kreditsicherheiten werden im KSA risikomindernd Bürgschaften, Kreditderivate und finanzielle Sicherheiten anerkannt, im IRBA zusätzlich noch bestimmte physische Sicherheiten.

I5.1.3 Anforderungen an eine Risikoerfassungsnorm

Um die Vorschriften der SolvV zur Eigenmittelunterlegung von Kreditrisiken beurteilen zu können, sind in Tabelle I5-3 zum einen die Faktoren aufgeführt, die für das Kreditrisiko maßgeblich sind, und zum anderen wird angegeben, inwieweit diese Faktoren im KSA und im IRBA berücksichtigt sind.

Das EAD ist die einzige Größe, die in allen Ansätzen explizit in die Ermittlung der Eigenmittelunterlegung eingeht. Der LGD wird im KSA nicht als eigene Risikokomponente erfasst, Sicherheiten können aber durch eine Minderung des Risikogewichtes berücksichtigt werden. Im IRB-Basisansatz wird der LGD nicht für jede Forderung individuell geschätzt, sondern er wird als Standardwert in Höhe von 45% für unbesicherte Forderungen und in Höhe von 75% für nachrangige Forderungen angesetzt. Je nach Ausmaß und Art der Besicherung kann sich der LGD vermindern. Im fortgeschrittenen IRB-Ansatz wird dagegen der LGD

Tab. I5-3: Komponenten des Ausfallrisikos

	Exposure at Default	Verlust im Insolvenzfall	Ausfallwahrscheinlichkeit	Unerwartete Verluste	Laufzeit (Maturity)	Korrelation	Granularität	Sicherheiten
KSA	Explizit erfasst	Nicht explizit erfasst	Implizit erfasst	Pauschal erfasst	Nicht erfasst	Nicht erfasst	Nicht erfasst	Finanzielle Sicherh., Wohnimmobilien
IRB-Basisansatz	Explizit erfasst	Erfasst Standardwert	Explizit erfasst	Erfasst Standardwert	Erfasst Standardwert	Erfasst Standardwert	Nicht mehr erfasst	Finanzielle u. physische Sicherheiten
IRB-fortg. Ansatz	Explizit erfasst	Explizit erfasst	Explizit erfasst	Erfasst Standardwert	Explizit erfasst	Erfasst Standardwert	Nicht mehr erfasst	Finanzielle u. physische Sicherheiten

individuell geschätzt. Hierfür ist ein zweidimensionales internes Rating erforderlich, das nicht nur die Bonität des Schuldners berücksichtigt, sondern auch mit einbezieht, dass der Verlust im Insolvenzfall von der Art der Forderung abhängt.

Die Probability of Default (PD) gibt für jede Ratingklasse die Wahrscheinlichkeit an, dass ein darin enthaltener Schuldner innerhalb eines bestimmten Zeitraumes – typischerweise ein Jahr – insolvent wird. Der KSA erfasst die Ausfallwahrscheinlichkeit implizit dadurch, dass das Risikogewicht von der Zuordnung zu einer Ratingklasse, der wiederum eine durchschnittliche Ausfallwahrscheinlichkeit zugeordnet werden kann, abhängt. Explizit berücksichtigt wird die Ausfallwahrscheinlichkeit dagegen im IRBA. Auf der Basis einer einjährigen Ausfallwahrscheinlichkeit wird dort ein Value at Risk pro Einheit Exposure und pro Einheit LGD ermittelt. Damit wird dem Erfordernis explizit Rechnung getragen, dass die Eigenmittel mit einer sehr hohen Wahrscheinlichkeit ausreichen sollen, auch unerwartete Verluste auffangen zu können. Sofern in Höhe der erwarteten Verluste Wertberichtigungen gebildet worden sind, müssen diese nicht noch einmal mit haftendem Eigenkapital unterlegt werden. Daher ist nur derjenige Teil des VaR, der die erwarteten Verluste übersteigt, mit haftendem Eigenkapital zu unterlegen. Die Genauigkeit der VaR-Ermittlung wird dadurch beeinträchtigt, dass in die Berechnung aufsichtlich vorgegebene Standardwerte einfließen, die den tatsächlichen Gegebenheiten möglicherweise nicht entsprechen.

Im IRBA bezieht sich die Ausfallwahrscheinlichkeit auf einen Zeitraum von einem Jahr. Für davon abweichende Kreditrestlaufzeiten ist der VaR entsprechend anzupassen. Im IRB-Basisansatz wird für alle Kredite einheitlich eine Restlaufzeit von 2,5 Jahren unterstellt, lediglich im fortgeschrittenen IRB-Ansatz wird die jeweils individuelle Restlaufzeit berücksichtigt.

Für die Risikoposition einer Bank insgesamt ist nicht nur die Ausfallwahrscheinlichkeit eines einzelnen Kredites entscheidend, sondern auch die Verluste, die aus dem gesamten Kreditportfolio resultieren können. Daher ist für die Risikobeurteilung eines einzelnen Kredites zu fragen, welchen Risikobeitrag dieser Kredit zum Risiko des Gesamtportfolios leistet. Ein Maß hierfür ist die Ausfallkorrelation. Wie Sie in Abschnitt I2.2 gesehen haben, ist die zuverlässige Schätzung von Ausfallkorrelationen ein außerordentlich schwieriges Problem, wahrscheinlich deshalb hat der Baseler Ausschuss davon abgesehen, von den Kreditinstituten individuell geschätzte Ausfallkorrelationen zuzulassen. Statt dessen wird bei der VaR-Berechnung von einer standardmäßig vorgegebenen Korrelation ausgegangen, deren Höhe von der Art der Forderung (Unternehmenskredit oder Retail Kredit), von der Ausfallwahrscheinlichkeit und von der Unternehmensgröße abhängt.

Unabhängig von der Korrelation ist es im Hinblick auf die Risikoposition einer Bank von Bedeutung, ob das Kreditportfolio sich aus wenigen großen Krediten oder aus vielen kleinen Krediten zusammensetzt. Das Ausmaß der Konzentration in einem Kreditportfolio wird als Granularität bezeichnet. Im zweiten Konsultationspapier des Baseler Ausschusses vom Januar 2001 war vorgesehen, dass bei Anwendung des IRBA die Granularität des Kreditportfolios durch Zu- bzw. Abschlägezur Mindesteigenmittelunterlegung berücksichtigt wird. Der Granularitätsanpassungsfaktor wurde in die endgültige Fassung der Eigenmittelübereinkunft jedoch nicht übernommen, statt dessen wird die Granularität nun im KSA und im IRBA implizit dadurch berücksichtigt, dass für Forderungen im Retail-Portfolio die Eigenmittelunterlegung geringer als für andere Forderungen ausfällt.

Ausfallrisiken lassen sich durch Besicherung von Krediten erheblich reduzieren. Der Kreis der anerkennungsfähigen Sicherheiten wird umso weiter gezogen, je fortgeschrittener das Verfahren zur Risikomessung ist.

Die drei Ansätze zur Ermittlung der Eigenmittelunterlegung, die die SolvV alternativ zulässt, führen nicht nur zu unterschiedlich hohen Beträgen an einzusetzendem Eigenkapital, sie unterscheiden sich auch hinsichtlich ihrer Komplexität und ihren Anforderungen an das bankinterne Know-How im Kreditrisikomanagement. Von den Aufsichtsbehörden wird angestrebt, dass die Eigenmittelunterlegung umso geringer ausfällt, je fortgeschrittener die angewandte Methode der Kreditrisikomessung ist. Damit wird zum einen berücksichtigt, dass um so weniger Eigenmittelreserven als zusätzlicher Verlustpuffer benötigt werden, je zuverlässiger das Kreditrisiko geschätzt werden kann. Zum anderen soll den Banken ein Anreiz gegeben werden, möglichst fortgeschrittene Verfahren der Kreditrisikomessung anzuwenden. Bei Anwendung des KSA werden von den Banken weder Daten noch besonderes methodisches Know-How verlangt, bei Anwendung des IRB-Basisansatzes müssen die Banken nachweisen können, dass sie über ein internes Rating-System verfügen, das in der Lage ist, Ausfallwahrscheinlichkeiten zuverlässig zu schätzen. Neben dem Vorhandensein einer umfassenden Datenbasis und einer Datenhistorie von fünf Jahren verlangt dies auch erhebliches methodisches Know-How. Noch wesentlich anspruchsvoller sind die methodischen und datenmäßigen Voraussetzungen, die an die Anwendung des fortgeschrittenen

IRB-Ansatzes geknüpft sind. Es müssen nicht nur Ausfallwahrscheinlichkeiten, sondern auch die zu erwartenden Verluste im Insolvenzfall geschätzt werden, darüber hinaus muss auch die effektive Restlaufzeit institutsintern ermittelt werden. Bei außerbilanziellen Geschäften sind auch die Konversionsfaktoren zum Teil institutsintern zu schätzen.

I5.2 Messung des Exposure at Default (EAD)

Für *Bilanzaktiva* wird im KSA als EAD der Buchwert zuzüglich der als haftendes Eigenkapital anerkannten Vorsorgereserven angesetzt, Einzel- und Pauschalwertberichtigungen mindern dagegen das EAD, ebenso wie Nettingvereinbarungen und finanzielle Sicherheiten (vgl. Abschnitt I5.6). Im IRBA wird die Bruttoforderung vor Abzug von Wertberichtigungen als EAD (in der SolvV IRBA-Positionswert genannt) verwendet, Wertberichtigungen werden im Rahmen des Wertberichtigungsvergleichs mit den erwarteten Verlusten verrechnet. Damit wird erreicht, dass die erwarteten Verluste das haftende Eigenkapital mindern und nur die unerwarteten Verluste mit Eigenkapital zu unterlegen sind. Nettingvereinbarungen mindern ebenfalls das EAD im IRBA.

Bei *außerbilanziellen Adressenausfallrisikopositionen* ergibt sich das EAD als Produkt aus dem Buchwert bzw. der Bruttoforderung und einem Konversionsfaktor bzw. Credit Conversion Factor (CCF), der von der Art des Geschäftes abhängt. Die wichtigsten Faktoren enthält Tabelle I5-4.

Tab. I5-4: Konversionsfaktoren für außerbilanzielle Geschäfte

	KSA	IRBA
(*Unverbindliche oder*) Unmittelbar kündbare Kreditlinien	0%	0%
Sonstige Kreditlinien mit einer Ursprungslaufzeit bis zu einem Jahr	20%	
Sonstige Kreditlinien mit einer Ursprungslaufzeit bis über einem Jahr	50%	
Sonstige Kreditlinien		75%
Dokumentenakkreditive (Zahlungsverpflichtungen im Außen- handel), die durch Wertpapiere besichert (*oder kurzfristig*) sind	20%	20%
Sonstige Dokumentenakkreditive	50%	50%
Erfüllungsgarantien	50%	50%
Unwiderrufliche Kreditsicherungsgarantien, die Charakter eines Kreditsubstituts haben	50%	50%
Sonstige unwiderrufliche Kreditsicherungsgarantien	100%	100%
Verpflichtungen aus Note Issuance Facilities oder Revolving Underwriting Facilities	50%	75%
Unmittelbar kündbare revolvierende Forderungsankaufszusagen		0%
Nicht unmittelbar kündbare revolvierende Forderungsankaufszusagen		75%
Sonstige Forderungsankaufszusagen		100%
Alle anderen Positionen	100%	100%

Für das Retail-Portfolio und bei Anwendung des fortgeschrittenen IRB-Ansatzes auch für einige weitere außerbilanzielle Geschäftsarten müssen die CCF's vom Kreditinstitut selbst geschätzt werden. Voraussetzung für die Anerkennung eigener Schätzungen ist, dass das Kreditinstitut eine zuverlässige Schätzung des Konversionsfaktors nachweisen kann. Die Schätzung muss auf einer langfristigen Durchschnittsbildung beruhen, wobei im fortgeschrittenen IRB-Ansatz eine mindestens siebenjährige Datenreihe, im Retail-Portfolio eine mindestens fünfjährige Datenreihe verfügbar sein muss.

Für die Ermittlung des EAD von Derivaten gibt es die Laufzeit- und die Marktbewertungsmethode. Bei der *Laufzeitmethode* wird das Kontraktvolumen mit einem restlaufzeitbezogenen (zinsbezogene Kontrakte) bzw. mit einem von der Ursprungslaufzeit (wechselkurs- und goldpreisbezogene Kontrakte) abhängigen Prozentsatz multipliziert. Die aktuelle Marktpreisentwicklung wird bei dieser Berechnungsmethode völlig außer Acht gelassen, die Laufzeitmethode stellt somit ein sehr pauschales Verfahren dar. Aufgrund dieser Schwächen darf die Laufzeitmethode nur von Nichthandelsbuchinstituten angewendet werden. Ein Wechsel zur Marktbewertungsmethode ist jederzeit möglich, nicht aber umgekehrt. Sind Derivate in Netting-Vereinbarungen einbezogen, so kann das Netto-Exposure auch nach der *Standardmethode* oder der *Internen Modelle Methode* ermittelt werden.

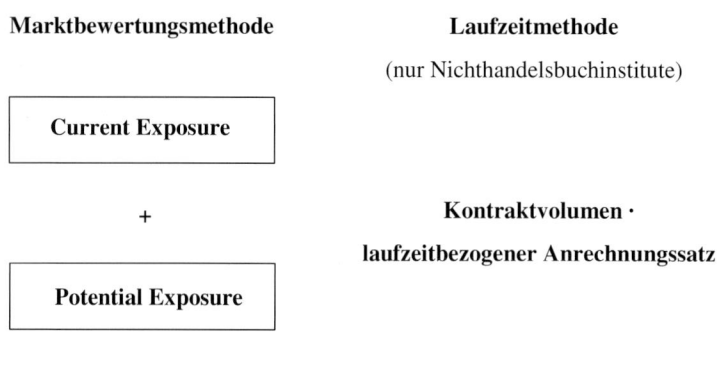

Abb. I5.1: Laufzeit- und Marktbewertungsmethode

Bei der Marktbewertungsmethode wird unterschieden zwischen dem gegenwärtigen potenziellen Wiedereindeckungsaufwand (*Current Exposure*) und der künftig zu erwartenden Erhöhung des gegenwärtigen potenziellen Wiedereindeckungsaufwandes (*Potential Exposure*). Das Current Exposure erfasst den zusätzlichen Aufwand bzw. den geringeren Erlös, der sich derzeit bei Ausfall des Kontraktpartners und Begründung einer gleichwertigen Position ergeben würde und entspricht damit dem Marktwert des Derivats. Ist dieser Wert aus Sicht des Instituts negativ, so wird das Current Exposure gleich null gesetzt.

Der Zuschlag (Add-on) für die Erfassung des Potential Exposure ergibt sich durch Multiplikation der Bemessungsgrundlage eines Derivativgeschäftes mit einem Prozentsatz, dessen Höhe von der Restlaufzeit und der dem Geschäft zugrunde liegenden Risikoart abhängt. Da z. B. Aktienkurse im Allgemeinen stärker schwanken als Zinssätze, ist die Gefahr, dass bei Ausfall des Kontrahenten ein Verlust entsteht, bei aktienkursbezogenen Derivaten größer als bei Zinsderivaten. Entsprechend ist der Zuschlagssatz für aktienkursbezogene Kontrakte höher als für zinsbezogene Kontrakte. Sind für ein Geschäft mehrere Risikoarten relevant, so ist der höchste infrage kommende Zuschlagssatz zu verwenden. Weiterhin ist die Wahrscheinlichkeit eines Kontrahentenausfalls um so größer, je länger die verbleibende Laufzeit des Geschäfts ist. Entsprechend steigen die Zuschlagssätze mit der Restlaufzeit. Tabelle I5-5 fasst die wichtigsten Regelungen zum EAD zusammen.

Tab. I5-5: Regeln zur Ermittlung des EAD

Adressen-ausfallrisiko-positionen	KSA	IRBA	
		Basis-variante	fortgeschritt. Variante
Bilanzaktiva	Buchwert nach Wertberichtigungen	Brutto-Exposure vor Abzug von Abschreibungen und Wertberichtigungen	
Kreditrisiko-minderungen	Nettingvereinbarungen, finanzielle Sicherheiten,		Grundsätzlich keine Beschränkungen
		physische Sicherheiten	
Außerbilanzielle Risikopositionen	Bemessungsgrundlage · Konversionsfaktor (CCF)		
	Aufsichtsrechtlich vorgegebene Werte für Konversionsfaktoren (Standardwerte)	• Standardwerte	
		• Eigene Schätzungen	
Derivate des Bankenbuches	Laufzeit- oder Marktbewertungsmethode		

I5.3 Risikogewichte im Kreditrisiko-Standardansatz

Das charakteristische Merkmal des KSA besteht darin, dass das Risikogewicht von dem Bonitätsurteil einer externen Ratingagentur abhängt. Im Hinblick auf das anzuwendende Risikogewicht können im Standardansatz sieben unterschiedliche Typen von Forderungsklassen unterschieden werden (vgl. Tabelle I5-6).

1. Staaten und Zentralbanken: Das Risikogewicht hängt vom entsprechenden Länderrating ab, alternativ können auch die Länderklassifizierungen von Ex-

portkreditagenturen, auf denen die Bemessung von Mindestprämien für Exportversicherungen beruht, verwendet werden. Forderungen gegenüber der Bank für Internationalen Zahlungsausgleich, dem Internationalen Währungsfonds, der europäischen Zentralbank und der Europäischen Gemeinschaft werden stets mit einem Risikogewicht von null angerechnet.

2. Banken, Wertpapierfirmen und sonstige öffentliche Stellen: Die Höhe des Risikogewichtes hängt von der Bonitätseinstufung des Landes, in dem das Kreditinstitut seinen Sitz hat, ab. Bei den ersten drei Ratingstufen ist das Risikogewicht jeweils eine Stufe höher als das Risikogewicht des Sitzlandes, ab der vierten Ratingstufe sind die Risikogewichte identisch. Für Forderungen mit einer Ursprungslaufzeit bis zu drei Monaten beträgt das Risikogewicht einheitlich 20%.

3. Unternehmen: Das für Forderungen an Unternehmen (Nichtbanken) anzuwendende Risikogewicht hängt vom Rating des jeweiligen Unternehmens ab. Forderungen an ungeratete Unternehmen erhalten ein Risikogewicht in Höhe von 100%, wobei ein Floor in Höhe des Ratings des jeweiligen Heimatlandes gilt.

Tab. I5-6: Ratingabhängige Risikogewichte im Standardansatz

	Externes Rating Bonitätsstufe	Risikogewichte		
		Staaten und Zentralbanken	Kreditinstitute	Nichtbanken
1	AAA bis AA-	0%	20%	20%
2	A+ bis A-	20%	50%	50%
3	BBB+ bis BBB-	50%	100%	100%
4	BB+ bis BB-	100%	100%	100%
5	B+ bis B-	100%	100%	150%
6	Unter B-	150%	150%	150%
7	Ohne Rating	100%	100%	100%

Bei den folgenden Risikopositionen ist das Risikogewicht unabhängig vom Vorliegen eines Ratings (vgl. Tabelle I5-7).

4. Forderungen im Retail-Portfolio erhalten stets ein Risikogewicht in Höhe von 75%. Damit eine Forderung zum Retail-Portfolio gerechnet wird, müssen vier Kriterien erfüllt sein:

   a. Der Kreditnehmer muss eine natürliche Person oder ein kleines oder mittleres Unternehmen sein.

   b. Die Forderung ist Bestandteil eines Portfolios ähnlicher Forderungen, so dass eine erhebliche Risikominderung durch Diversifikationseffekte zu erwarten ist.

   c. Die Gesamtforderungen gegenüber einem Kreditnehmer dürfen, soweit sie zum Retail-Portfolio gehören, den Betrag von 1 Mio. € nicht überschreiten.

5. Hypothekarkredite erhalten ein Risikogewicht in Höhe von 35%, wenn es sich um Wohnimmobilien handelt, grundpfandrechtlich gesicherte Kredite für gewerbliche Immobilien werden mit 50% angerechnet.

6. Eigenkapitalanteile an anderen Unternehmen erhalten ein Risikogewicht in Höhe von 100%, sofern diese Beteiligungen nicht vom haftenden Eigenkapital abgezogen werden müssen.

7. Forderungen, die seit mehr als 90 Tagen im Verzug sind, erhalten ein Risikogewicht in Höhe von 150%. Sofern auf diese Forderungen Einzelwertberichtigungen in Höhe von mindestens 25% gebildet worden sind, sinkt das Risikogewicht auf 100%. Für überfällige Forderungen aus Hypothekarkrediten wird ebenfalls ein reduziertes Risikogewicht angewendet.

8. Für alle anderen Bilanzaktiva, soweit sie nicht zum Handelsbuch gehören, gilt ein Risikogewicht in Höhe von 100%.

Tab. I5-7: Ratingunabhängige Risikogewichte im KSA

Art der Risikoposition		Risikogewicht
Retail Portfolio		75%
Hypothekarkredite	Wohnimmobilien	35%
	Gewerbliche Immobilien	50%
Eigenkapitalpositionen		100%
Forderungen mehr als 90 Tage im Verzug		150%
Andere Bilanzaktiva soweit nicht zum Handelsbuch gehörend		100%

Die Bezeichnung der Bonitätsstufen in Tabelle I5-6 entspricht der Klasseneinteilung von Standard & Poor's. Es können auch die Bonitätsbeurteilungen anderer Rating-Agenturen, sofern sie von der BaFin anerkannt werden, verwendet werden. Die Bank muss für jede Forderungskategorie mindestens eine anerkannte Ratingagentur benennen. Die nationalen Aufsichtsbehörden legen fest, welche Risikogewichte den Rating-Klassen einer Ratingagentur zugeordnet werden. Hierzu wird zunächst für jede Ratingklasse ermittelt, welcher prozentuale Anteil der Kredite innerhalb dieser Klasse in einem Drei-Jahres-Zeitraum ausgefallen ist. Die Zuordnung erfolgt dann anhand eines Vergleichs der langfristigen Entwicklung dieser Ausfallrate einer Ratingagentur mit Vergleichswerten, die aus den Daten großer internationaler Rating-Agenturen gewonnen wurden. Wenn die Ausfallrate einer Ratingagentur den Vergleichswert signifikant überschreitet, wird das Risikogewicht für diese Ratingklasse heraufgesetzt.

Das Rating kann sich entweder auf einen Emittenten insgesamt (Emittentenrating) oder auf eine spezifische Emission eines Emittenten (Emissionsrating) beziehen. Existiert für eine Forderung ein emissionsspezifisches Rating, so sollte dieses verwendet werden. Existiert zwar ein emissionsspezifisches Rating, bezieht sich dieses jedoch auf eine andere Verbindlichkeit desselben Schuldners, oder liegt ein Emittentenrating vor, so ist dieses Rating auf die zu beurteilende

Position immer dann anzuwenden, wenn dieses Rating schlecht ist, d. h. in die Bonitätsstufen 4 bis 6 fällt. Ist diese Voraussetzung nicht erfüllt, so muss das fiktive Risikogewicht einer gerateten Vergleichsforderung desselben Schuldners herangezogen werden. Aus diesem fiktiven Risikogewicht ist dann die Bonitätsbeurteilung abzuleiten. Ist dies nicht möglich, gilt eine Forderung als ungeratet.

Grundsätzlich sollen langfristige Ratings verwendet werden, für die Bonitätsbeurteilung von Forderungen gegenüber Unternehmen dürfen auch kurzfristige Ratings eingesetzt werden. Die zugehörigen Risikogewichte sind in Tabelle I5-8 wiedergegeben.

Tab. I5-8: Risikogewichte für emissionsspezifische Kurzfristratings – Die Bezeichnung der Rating-Klassen beruht auf der Klassifikation von Standard & Poor's und Moody's Investors Service

Externes Rating, Bonitätsstufe	1 A1/P1	2 A2/P2	3 A3/P3	Alle übrigen
Risikogewicht	20%	50%	100%	150%

Ist ein Schuldner von mehreren Rating-Agenturen geratet worden, so wird das zweitbeste Rating verwendet. Sind in ein Emissionsrating die Auswirkungen von Sicherheiten eingeflossen, so dürfen diese Kreditsicherheiten nicht noch einmal eigenkapitalmindernd berücksichtigt werden. Es dürfen nur beauftragte Ratings verwendet werden, es sei denn, die Bonitätsbeurteilung stammt von einer Ratingagentur, die ausschließlich unbeauftragt Ratings erstellt. Die Banken müssen u. a. offen legen, welche Rating-Agenturen sie für die Risikogewichtung herangezogen haben, welcher Anteil der Risikoaktiva geratet ist, wie viel davon auf jede der eingesetzten Rating-Agenturen entfällt, und wie hoch die Ausfallquoten für geratete und ungeratete Forderungen waren.

Damit eine Ratingagentur von den Aufsichtsbehörden anerkannt wird, sind eine Reihe von Anforderungen zu erfüllen, die ein zuverlässiges Rating sicherstellen sollen. Besonderes Augenmerk wird darauf gerichtet, dass die Ratings objektiv sind und im Hinblick auf ihre empirische Validität überprüft werden, darüber hinaus soll das Rating-Verfahren transparent sein. Deshalb müssen die Ratingagenturen u. a. veröffentlichen, welche Beurteilungsmethoden angewendet werden, wie Ausfall definiert wird und wie hoch die Ausfallraten in den einzelnen Rating-Kategorien in der Vergangenheit waren.

I5.4 Risikogewichte im IRBA

Die Ermittlung der Eigenmittelunterlegung beruht auf einem weitgehend einheitlichen Schema, das bis auf wenige Ausnahmen für alle Forderungsklassen und für beide Varianten des IRBA – dem IRB-Basisansatz und dem fortgeschrittenen IRB-Ansatz – gilt. Das Risikogewicht setzt sich multiplikativ aus vier Komponenten zusammen (vgl. Abbildung I5.2). Dies sind der Loss Given Default (LGD), eine Größe, die wir als Value at Risk abzüglich erwartetem Verlust pro Einheit EAD und pro Einheit LGD interpretieren können und die u. a. von der Ausfallwahrscheinlichkeit abhängt, sowie die Restlaufzeit (Maturity). Hinzu kommt noch der *aufsichtliche Skalierungsfaktor*, der zur Zeit 1,06 beträgt. IRB-Basisansatz und fortgeschrittener IRB-Ansatz unterscheiden sich dadurch, welche dieser Größen vom Kreditinstitut individuell geschätzt werden, und welche als Standardwerte vorgegeben werden. Im IRB-Basisansatz beruht nur die Ausfallwahrscheinlichkeit auf einer Einschätzung, die aus dem internen Rating des Instituts hergeleitet wird, im fortgeschrittenen Ansatz geht auch der LGD und die Laufzeit als intern geschätzte bzw. bestimmte Größe ein.

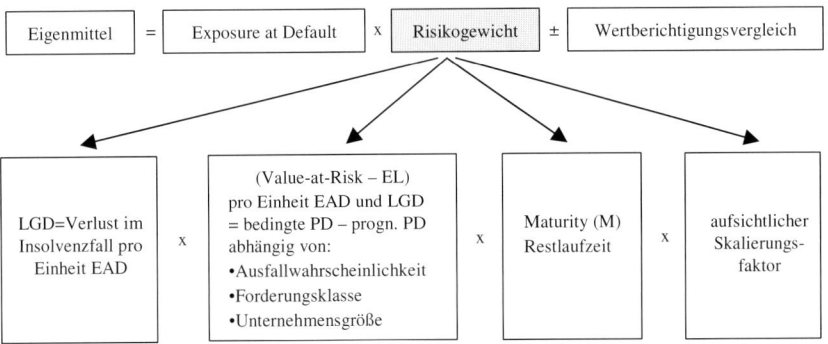

Abb. I5.2: Komponenten des Risikogewichtes im IRB-Ansatz

Quelle: In Anlehnung an HARTMANN-WENDELS (2003), S. 60.

I5.4.1 Forderungsklassen

Im IRBA werden für die Berechnung der Eigenmittelunterlegung die Forderungsklassen Staaten und Zentralbanken, Banken und sonstige öffentliche Stellen, Unternehmen, Retail-Portfolio, Eigenkapitalanteile und sonstige kreditunabhängige Aktiva unterschieden. Für letztere beträgt das Risikogewicht stets 100%. Zu den Forderungen an Unternehmen zählen auch Spezialfinanzierungen, für die teilweise eigene Vorschriften zur Eigenmittelunterlegung existieren, das Retail-Portfolio wird in qualifizierte revolvierende Kredite (z. B. Kontokorrentkredite), Hypothekarkredite und sonstiges Retail unterteilt (vgl. Abbildung I5.3).

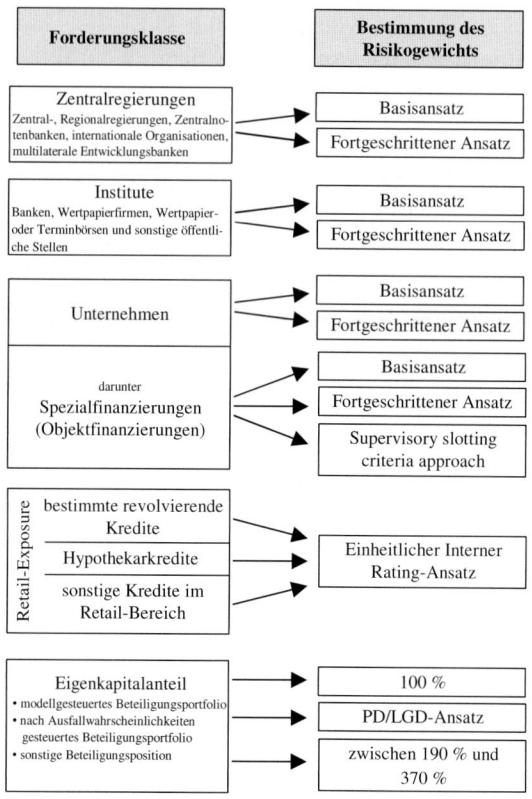

Abb. I5.3: Forderungsklassen und Methoden zur Bestimmung der Risikogewichte

Quelle: HARTMANN-WENDELS (2003), S. 52.

Für die drei Forderungsklassen Staaten und Zentralbanken, Banken, Wertpapierfirmen und sonstige öffentliche Stellen sowie für Forderungen an Unternehmen können die Kreditinstitute bei der Ermittlung des Risikogewichtes zwischen einem IRB-Basisansatz und einem fortgeschrittenen Ansatz wählen. Während im IRB-Basisansatz nur die Ausfallwahrscheinlichkeit einer Forderung von der Bank geschätzt werden muss, sind im fortgeschrittenen Ansatz zusätzlich auch der Verlust im Insolvenzfall (LGD) und die Restlaufzeit (Maturity) für jede Forderung individuell zu bestimmen.

Gesamtforderungen an kleine Unternehmen bis zur Höhe von 1 Mio. € können statt dem Unternehmensexposure auch dem Retail-Portfolio zugerechnet werden. Zu den Forderungen an Unternehmen zählen auch *Spezialfinanzierungen*. Spezialfinanzierungen sind dadurch gekennzeichnet, dass

- der Schuldner ein Unternehmen ist, dessen besonderer Zweck die Finanzierung oder das Betreiben eines Objekts ist,
- die Rückzahlung der Forderung hauptsächlich aus den Erträgen des Objekts, das durch den Kredit erworben wurde, bestritten wird und
- der Kreditgeber erhebliche Kontrollrechte über den beschafften Vermögensgegenstand innehat.

Für die Ermittlung des Risikogewichtes bei Spezialfinanzierungen steht neben dem IRB-Basisansatz und dem fortgeschrittenen IRB-Ansatz noch ein dritter Ansatz, der *„supervisory slotting criteria approach"* zur Verfügung. Dieser Ansatz ist für Kreditinstitute vorgesehen, die nicht in der Lage sind, Spezialfinanzierungen Ausfallwahrscheinlichkeiten zuzuordnen. Beim supervisory slotting criteria approach werden die Forderungen nach ihrem Risikogehalt fünf Risikogewichtsklassen (stark, gut, befriedigend, schwach, ausgefallen) zugeordnet. In der Abhängigkeit von der Risikogewichtsklasse und der Restlaufzeit wird dann ein Risikogewicht angewendet, das zwischen 0% (ausgefallen) und 250% (schwach) liegt. Die erwartete Verlustrate für Spezialfinanzierungen liegt zwischen 0% und 50%.

Das *Retail-Exposure* (Mengengeschäft) umfasst Kredite an Privatpersonen oder an kleine und mittlere Unternehmen. Das Volumen jedes einzelnen Kredites muss – verglichen mit dem zugehörigen Portfolio gleichartiger Forderungen – klein sein, damit eine hinreichende Granularität gewährleistet ist. Eine explizite Obergrenze für das Gesamtexposure bezogen auf einen Kreditnehmer gibt es nur für Kredite an Unternehmen, die Grenze liegt bei 1 Mio. €. Für das Granularitätskriterium gibt es beim IRBA keine quantitative Obergrenze, statt dessen wird verlangt, dass es sich um eine große Anzahl von Forderungen handeln muss, die auf einer gepoolten Basis gemanagt werden. Kredite zur Finanzierung von Wohn- und Gewerbeimmobilien können im IRBA im Gegensatz zum KSA auch zum Retailportfolio gehören.

Das Retail-Portfolio besteht im IRBA aus drei Kategorien:

- Grundpfandrechtlich besicherte Kredite;
- Revolvierende, unbesicherte Kredite wie z. B. Kreditkartenforderungen, Kontokorrentkredite, die an Privatpersonen vergeben werden, vorausgesetzt,
  - das Volumen an einen Kreditnehmer übersteigt nicht 100.000 €,
  - die Schwankungsbreite der Verlustraten ist relativ zu den durchschnittlichen Verlustraten gering;
- Sonstiges Retail-Portfolio: Hierzu gehören auch Kredite an kleine Unternehmen, sofern das Gesamtkreditvolumen 1 Mio. € nicht übersteigt.

Für die Bestimmung der Risikogewichte im Retail-Portfolio gibt es nur einen einheitlichen IRB-Ansatz, bei dem die Kreditinstitute eigene Schätzungen der Ausfallwahrscheinlichkeiten und des Verlusts im Insolvenzfall bereitstellen müssen. Die Schätzung dieser Parameter bezieht sich nicht auf einzelne Kredite, sondern jeweils auf einen Pool gleichartiger Forderungen (*„Top-down-Ansatz"*).

Zu den *Eigenkapital-Risikopositionen* (Beteiligungen) zählen neben den klassischen Eigenkapitaltiteln auch solche Finanztitel, die dem Eigenkapital ähnliche Ansprüche beinhalten. Entscheidend für die Zuordnung zur Forderungsklasse Eigenkapital ist, dass die Position keine Forderung darstellt und einen nachrangigen Residualanspruch auf das Vermögen oder das Einkommen des Emittenten beinhaltet.

Sofern Eigenkapitalpositionen weder in die konsolidierte Eigenmittelunterlegung einbezogen worden sind noch vom haftenden Eigenkapital abgezogen worden sind und auch nicht zum Handelsbuch gehören, kommen für die Bemessung der Eigenkapitalanforderung drei Verfahren in Betracht: Sind die Eigenkapitalpositionen Teil eines modellgesteuerten Portfolios, beträgt das Risikogewicht 100%. Wird das Beteiligungsportfolio nach Ausfallwahrscheinlichkeiten gesteuert, so wird die Eigenmittelunterlegung ähnlich wie bei Forderungen aus der PD und dem LGD ermittelt. Als LGD ist in diesem Fall entweder 65% oder 90% anzusetzen (vgl. Tabelle I5-9). Liegt keiner dieser beiden Fälle vor, liegt das Risikogewicht zwischen 190% und 370%.

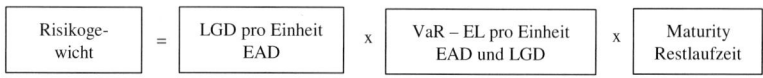

Abb. I5.4: Zusammensetzung des Risikogewichtes

I5.4.2 Loss Given Default

Der LGD wird im IRB-Basisansatz aufsichtlich vorgegeben und beträgt im Regelfall 45%, für nachrangige unbesicherte Forderungen gilt ein erhöhter Satz von 75% (vgl. Tabelle I5-9). Banken, die den fortgeschrittenen IRB-Ansatz wählen, müssen den LGD selbst schätzen, wobei sie der Schätzung eine Datenreihe von mindestens sieben Jahren zugrunde legen müssen. Auch für das Retail-Portfolio ist der LGD von der Bank zu schätzen, allerdings nicht für jeden Kredit einzeln, sondern für jeden Pool gleichartiger Kredite. Für Kredite, die durch Wohnimmobilien gesichert sind, gilt ein Mindest-LGD von 10%. Kreditrisikominderungen durch finanzielle und physische Sicherheiten führen anders als im KSA nicht zu einer Reduzierung des Exposure at Default, sondern werden durch eine Reduzierung des LGD berücksichtigt (vgl. hierzu im Einzelnen Abschnitt I5.6).

Tab. I5-9: LGD's im IRB-Ansatz

	IRB-Basisansatz	Fortgeschrittener IRB-Ansatz
Unternehmen	45% im Regelfall	Eigene Schätzungen des LGD
Banken	75% für nachrangige	Datenreihe: mind. 7 Jahre
Staaten	Forderungen	
Retail Portfolio	Eigene Schätzungen bezogen auf den LGD eines Pools	
Eigenkapital-anteile	Bei Anwendung des PD/LGD-Ansatzes: 90% (65% bei hinreichend diversifiziertem Beteiligungsportfolio)	

I5.4.3 Value at Risk (bedingte Ausfallwahrscheinlichkeit)

Grundidee der IRBA-Formel

Im IRB-Ansatz muss jeder Kredit entsprechend seiner Ausfallwahrscheinlichkeit einer von mindestens acht Rating-Klassen zugeordnet werden. Die niedrigste Ratingklasse ist für Kredite vorgesehen, die als ausgefallen („defaulted") anzusehen sind. Die Ausfallwahrscheinlichkeit, die sich auf einen Betrachtungszeitraum von einem Jahr bezieht, geht dann in eine Formel (IRBA-Formel) ein, die eine Größe ermittelt, die in der SolvV als *bedingte Ausfallwahrscheinlichkeit* bezeichnet wird. Wir werden zeigen, dass diese bedingte Ausfallwahrscheinlichkeit als ein Value at Risk pro Einheit LGD und pro Einheit EAD mit einem Konfidenzniveau von 99,9% aufgefasst werden kann. Wird dieser Wert mit dem LGD und dem EAD sowie einem Laufzeitanpassungsfaktor (Maturity) multipliziert, erhält man denjenigen Verlustbetrag, der mit einer Wahrscheinlichkeit von 99,9% nicht überschritten wird, vorausgesetzt natürlich, die Modellannahmen, auf denen die VaR-Formel basiert, sind erfüllt. Erwartete Verluste sind, soweit sie bereits in Form von Wertberichtigungen das haftende Eigenkapital reduziert haben, nicht noch einmal mit Eigenmitteln zu unterlegen. Im Rahmen des Wertberichtigungsvergleichs werden die insgesamt vorgenommenen Wertberichtigungen (Einzel- und Pauschalwertberichtigungen) mit dem insgesamt erwarteten Verlustbetrag verglichen. Übersteigen die Wertberichtigungen den erwarteten Verlust, so wird der Unterschiedsbetrag dem Ergänzungskapital zugerechnet und kann zur Unterlegung bestimmter Risikopositionen verwendet werden, andernfalls wird der Unterschiedsbetrag hälftig vom Kern- und Ergänzungskapital abgezogen.

Die Formel für die Bestimmung des Value at Risk weist für alle Forderungsklassen und für beide Varianten des IRB-Ansatzes eine identische Grundstruktur auf, Unterschiede ergeben sich hinsichtlich einzelner Parameter. Bevor diese aufgezeigt werden, soll die Grundidee, die hinter der Formel steckt, erläutert werden.

Ziel der Vorschriften zur Mindestunterlegung mit haftendem Eigenkapital ist es, dafür Sorge zu tragen, dass die Risiken des Kreditportfolios insgesamt mit großer Wahrscheinlichkeit durch Eigenmittel aufgefangen werden können. Dies entspricht dem Konzept des *Value at Risk (VaR).* Für den Gesamt-VaR sind weniger die Ausfallrisiken der einzelnen Kredite maßgeblich als vielmehr der Risikozusammenhang zwischen den einzelnen Krediten im Portfolio. Entscheidend ist somit der Risikobeitrag eines einzelnen Kredites zum Risiko des Gesamtportfolios. Dieser Beitrag hängt nicht nur vom betrachteten Kredit selbst ab, sondern vor allem von den Ausfallkorrelationen zu allen anderen Krediten im Portfolio. Der insgesamt zur Unterlegung des Kreditrisikos benötigte Eigenmittelbetrag lässt sich somit im Allgemeinen nicht einzelnen Krediten zuordnen. Um zu einer praktikablen Lösung zu kommen, ist es aber dennoch notwendig, jedem Kredit einen VaR-Betrag in der Weise zuzurechnen, dass sich der Gesamtunterlegungsbetrag additiv aus den VaR-Beträgen für die einzelnen Kredite zusammensetzt.

Voraussetzungen für die IRBA-Formel

Dieses Ziel lässt sich nur unter bestimmten Annahmen erreichen:

1. Die Erträge (= Unternehmensrenditen $\tilde{R}_i$) aller Unternehmen hängen von zwei Einflussgrößen ab, von der Entwicklung eines systematischen Faktors $\tilde{x}$ und von der Ausprägung einer unternehmensspezifischen Größe $\tilde{\epsilon}$. Der systematische Faktor wird in Basel II inhaltlich nicht näher spezifiziert, man kann sich darunter eine makroökonomische Variable wie z. B. die gesamtwirtschaftliche Entwicklung gemessen durch das Wachstum des Bruttosozialprodukts vorstellen, die sich auf die Erträge aller Unternehmen auswirkt. Die unternehmensspezifische Risikokomponente dagegen betrifft unternehmensspezifische Ereignisse, die jeweils unabhängig sind von den unternehmensspezifischen Ereignissen anderer Unternehmen. Wir setzen

$$\tilde{R}_i = \zeta_i \cdot \tilde{\epsilon}_i - \tilde{x} \cdot w \tag{I5-1}$$

   mit

$$\tilde{x} \sim \mathcal{N}(0, \sigma_x) \quad \text{und} \quad \tilde{\epsilon}_i \sim \mathcal{N}(0,1) \quad \text{für alle } i,$$
$$\text{Cov}(\tilde{x}, \tilde{\epsilon}_i) = \text{Cov}(\tilde{\epsilon}_i, \tilde{\epsilon}_j) = 0 \quad \text{für alle } i \text{ und } j.$$

   ζ_i und w sind Gewichtungsfaktoren für unternehmensspezifische bzw. für das systematische Risiko, wobei angenommen wird, dass w für alle Kreditnehmer identisch ist. Wegen $\text{E}[\tilde{\epsilon}_i] = \text{E}[\tilde{x}] = 0$ ist auch der Erwartungswert der Unternehmensrendite null, also $\text{E}[\tilde{R}_i] = 0$. Darüber hinaus werden die Gewichtungsfaktoren so skaliert, dass für die Varianzen der Unternehmensrenditen $\text{Var}(\tilde{R}_i) = \zeta_i^2 + w^2 \cdot \sigma_x^2 = 1$ gilt.

2. Der Idee der Unternehmenswertmodelle (siehe Abschnitt I2.2) folgend tritt Insolvenz dann ein, wenn die Unternehmensrendite eine Schranke γ_i unterschreitet. Die Insolvenzwahrscheinlichkeit PD_i entspricht damit der Wahrscheinlichkeit, dass die Unternehmensrendite kleiner wird als der kritische Wert γ_i:

$$\text{PD}_i = \text{P}(\tilde{R}_i \leq \gamma_i) = N(\gamma_i) \quad \Rightarrow \quad \gamma_i = N^{-1}(\text{PD}_i). \tag{I5-2}$$

Im Gegensatz zu den Unternehmenswertmodellen interessiert uns hier nicht die Ermittlung der Ausfallwahrscheinlichkeit, da diese aufgrund der Rating-Einstufung bereits bekannt ist.

3. Das Kreditportfolio der Bank ist vollständig granular, d. h. es besteht aus einer sehr großen Anzahl von Krediten, wobei das Volumen jedes einzelnen Kredites in Relation zum Volumen des Gesamtportfolios verschwindend gering ist. Unter dieser Annahme kann das unternehmensspezifische Risiko vollständig wegdiversifiziert werden.

Herleitung der IRBA-Formel

GORDY (2000b) hat gezeigt, dass sich der VaR pro Einheit LGD und pro Einheit EAD unter den obigen Annahmen als *bedingte Ausfallwahrscheinlichkeit* eines Kredites darstellen lässt. Entscheidend hierfür ist folgender Zusammenhang:

$$\lim_{n \to \infty} \mathrm{P}\Big(\mathrm{LGD}_n \leq \mathrm{E}\big[\mathrm{LGD}_n \mid x_q\big]\Big) \to q \qquad (\text{I5-3})$$

mit

n:	Anzahl der Kredite im Kreditportfolio,
LGD_n:	Portfolioverlust pro Einheit Kreditexposure,
x_q:	q-tes Quantil der Verteilungsfunktion von $\tilde{x}$, d. h. x_q ist diejenige Ausprägung von $\tilde{x}$, die nur mit der Wahrscheinlichkeit $(1 - q)$ überschritten wird,
$\mathrm{E}[\mathrm{LGD}_n \mid x_q]$:	erwarteter Portfolioverlust pro Einheit Kreditexposure unter der Bedingung, dass die Größe $\tilde{x}$ die Ausprägung x_q annimmt.

Um diese Aussage zu interpretieren, stellen wir uns vor, dass x_q eine Ausprägung des systematischen Faktors ist, die so extrem ungünstig ist, dass sie nur mit einer sehr geringen Wahrscheinlichkeit $(1 - q)$ noch übertroffen wird. $\mathrm{E}[\mathrm{LGD}_n \mid x_q]$ gibt den erwarteten Portfolioverlust pro Einheit Exposure im Insolvenzfall an unter der Bedingung, dass die extrem ungünstige Situation $\tilde{x} = x_q$ eingetreten ist.

Wenn nun die Anzahl der Kredite in einem Kreditportfolio gegen unendlich strebt, übersteigen die tatsächlichen Ausfälle den bedingten Erwartungswert $\mathrm{E}[\mathrm{LGD}_n \mid x_q]$ nur mit der sehr geringen Wahrscheinlichkeit $(1 - q)$. Anders ausgedrückt: Ist Eigenkapital in Höhe von $\mathrm{E}[\mathrm{LGD}_n \mid x_q]$ vorhanden, so reicht dies mit der Wahrscheinlichkeit q aus, um künftige Kreditausfälle aufzufangen. Wir können $\mathrm{E}[\mathrm{LGD}_n \mid x_q]$ somit als einen VaR pro Einheit EAD interpretieren.

Wenn wir annehmen, dass der LGD eine Konstante ist, setzt sich der bedingte Erwartungswert der Kreditausfälle $\mathrm{E}[\mathrm{LGD} \mid x_q]$ als Produkt aus dem LGD und der auf x_q bedingten Ausfallwahrscheinlichkeit eines Kredites $(\mathrm{PD}(x_q))$ zusammen:

$$\mathrm{E}[\mathrm{LGD} \mid x_q] = \mathrm{LGD} \cdot \mathrm{PD}(x_q). \qquad (\text{I5-4})$$

Wir können PD(x_q) somit auch als VaR pro Einheit Exposure und pro Einheit LGD interpretieren. Um nun aus der durch das Rating vorgegebenen Ausfallwahrscheinlichkeit PD die bedingte Ausfallwahrscheinlichkeit herzuleiten, greifen wir auf das Unternehmenswertmodell zurück. Das Insolvenzkriterium $\tilde{R}_i \leq \gamma_i$ können wir umformulieren zu:

$$\zeta_i \cdot \tilde{\epsilon}_i - \tilde{x} \cdot w \leq \gamma_i \qquad \Rightarrow \qquad \tilde{\epsilon}_i \leq \frac{\gamma_i + \tilde{x} \cdot w}{\zeta_i} \qquad (\text{I5-5})$$

Aus (I5-5) ist zu erkennen, dass das Insolvenzereignis von der jeweiligen Ausprägung des systematischen Faktors $\tilde{x}$ abhängt. Wenn wir nun $\tilde{x} = x_q$ setzen, so erhalten wir die Ausfallwahrscheinlichkeit, bedingt auf die Situation $\tilde{x} = x_q$:

$$\text{PD}_i\,(x_q) = \text{P}\left(\tilde{\epsilon}_i \leq \frac{\gamma_i + x_q \cdot w}{\zeta_i}\right) = N\left(\frac{\gamma_i + x_q \cdot w}{\zeta_i}\right). \qquad (\text{I5-6})$$

In (I5-6) können wir γ_i, $\frac{1}{\zeta_i}$ und $x_q \cdot w$ ersetzen. Hierzu ermitteln wir zunächst die Korrelation der Unternehmensrenditen $\rho(\tilde{R}_i, \tilde{R}_j)$ zweier Kreditnehmer i und j. Es gilt

$$\rho(\tilde{R}_i, \tilde{R}_j) = \frac{\text{Cov}(\tilde{R}_i, \tilde{R}_j)}{\sqrt{\text{Var}(\tilde{R}_i) \cdot \text{Var}(\tilde{R}_j)}} = \text{Cov}(\tilde{R}_i, \tilde{R}_j), \qquad (\text{I5-7})$$

wegen $\text{Var}(\tilde{R}_i) = \text{Var}(\tilde{R}_j) = 1$ nach Voraussetzung. Für die Kovarianz gilt

$$\text{Cov}(\tilde{R}_i, \tilde{R}_j) = \text{E}[\tilde{R}_i \cdot \tilde{R}_j] - \text{E}[\tilde{R}_i] \cdot \text{E}[\tilde{R}_j] = \text{E}[\tilde{R}_i \cdot \tilde{R}_j], \qquad (\text{I5-8})$$

da annahmegemäß $\text{E}[\tilde{R}_i] = \text{E}[\tilde{R}_j] = 0$. Wenn wir nun $\tilde{R}_i$ und $\tilde{R}_j$ entsprechend (I5-1) aus dem Unternehmenswertmodell ersetzen, ergibt sich

$$\text{E}[\tilde{R}_i \cdot \tilde{R}_j] = \text{E}[w^2 \cdot \tilde{x}^2] = w^2 \cdot \text{E}[\tilde{x}^2] = w^2 \cdot \sigma_x^2 = \rho, \qquad (\text{I5-9})$$

weil $\text{E}[\tilde{x}] = 0$. Die Korrelation der Unternehmensrendite ist somit für alle Kreditnehmer i und j identisch, so dass $\rho(\tilde{R}_i, \tilde{R}_j) = \rho$ gilt. Damit können wir für die Varianz der Unternehmensrendite auch schreiben:

$$\text{Var}(\tilde{R}_i) = \zeta_i^2 + w^2 \cdot \sigma_x^2 = \zeta_i^2 + \rho = 1. \qquad (\text{I5-10})$$

Aus (I5-9) folgt $w \cdot \sigma_x = \sqrt{\rho}$ und (I5-10) liefert $\zeta_i = \sqrt{1-\rho}$. Dies ermöglicht es uns, $\frac{1}{\zeta_i}$ und $\frac{x_q \cdot w}{\zeta_i}$ in (I5-6) zu ersetzen durch

$$\frac{1}{\zeta_i} = \sqrt{\frac{1}{1-\rho}} \qquad \text{und} \qquad \frac{x_q \cdot w}{\zeta_i} = \frac{x_q}{\sigma_x} \cdot \sqrt{\frac{\rho}{1-\rho}}. \qquad (\text{I5-11})$$

Wir ersetzen nun in Formel (I5-6) für die bedingte Ausfallwahrscheinlichkeit

- γ_i durch $N^{-1}(\text{PD}_i)$,
- $\frac{1}{\zeta_i}$ durch $\sqrt{\frac{1}{1-\rho}}$ und

- $\frac{x_q \cdot w}{\zeta_i}$ durch $\frac{x_q}{\sigma_x} \cdot \sqrt{\frac{\rho}{1-\rho}}$.

Da $\tilde{x}$ annahmegemäß normalverteilt ist, ist $\frac{\tilde{x}}{\sigma_x}$ standardnormalverteilt. Uns interessiert nun diejenige Ausprägung x_q von $\tilde{x}$, die mit einer Wahrscheinlichkeit von 99,9% nicht überschritten wird. $\frac{x_q}{\sigma_x}$ entspricht damit dem Wert der Umkehrfunktion der Verteilungsfunktion der Standardnormalverteilung an der Stelle 0,999, also $\frac{x_q}{\sigma_x} = N^{-1}(0,999)$. Damit erhalten wir schließlich für die bedingte Ausfallwahrscheinlichkeit $\mathrm{PD}(x_q)$:

$$\mathrm{PD}(x_q) = N \left(\frac{N^{-1}(\mathrm{PD})}{\sqrt{1-\rho}} + \sqrt{\frac{\rho}{1-\rho}} \cdot N^{-1}(0,999) \right). \qquad (\text{I5-12})$$

Da der Formel (I5-12) eine Verlustdefinition zu Grunde liegt, die den Verlust als Mindereinzahlung gegenüber der Nominalforderung definiert und somit auch erwartete Verlustbestandteile beinhaltet, wird der erwartete Verlust pro Einheit EAD und pro Einheit LGD in Höhe von PD von dem Betrag gemäß (I5-12) abgezogen. Im Gegensatz zu $\mathrm{PD}(x_q)$ wird PD in der SolvV als *prognostizierte Ausfallwahrscheinlichkeit* bezeichnet.

Modifikationen der IRBA-Formel

Für die einzelnen Forderungsklassen werden unterschiedliche Modifikationen der Formel (I5-12) vorgenommen (vgl. Tabelle I5-10):

- Die prognostizierte Mindestausfallwahrscheinlichkeit für Kredite an Banken und Unternehmen sowie für Kredite im Retail-Portfolio beträgt 0,03%, für Beteiligungen liegt die prognostizierte Mindestausfallwahrscheinlichkeit zwischen 0,09% und 1,25%, für Kredite an Staaten und Zentralbanken existiert keine Mindestausfallwahrscheinlichkeit.
- Mit Ausnahme der Hypothekarkredite und der revolvierenden Kredite im Retail-Portfolio hängt der Korrelationskoeffizient von der Ausfallwahrscheinlichkeit ab, und zwar sinkt der Korrelationskoeffizient mit zunehmender Ausfallwahrscheinlichkeit. Das Schwankungsintervall für die Korrelation ist für die Forderungsklassen unterschiedlich festgelegt. Für Kredite an Staaten, Banken und Unternehmen schwankt die Korrelation zwischen 12% und 24% (ohne Berücksichtigung der größenabhängigen Erleichterungen bei Unternehmen), und im sonstigen Retail-Portfolio bewegt sich die Korrelation zwischen 3% und 16%. Aus theoretischer Sicht ist nicht begründbar, warum die Korrelation mit zunehmender Ausfallwahrscheinlichkeit sinkt. Diese – ursprünglich nicht vorgesehene – Regelung dient vermutlich nur dazu, den Anstieg des Eigenmittelunterlegungssatzes für höhere Ausfallwahrscheinlichkeiten zu dämpfen.
- Der Korrelationskoeffizient für Kredite an kleinere und mittlere Unternehmen mit einem jährlichen Umsatz im Bereich von 5 Mio. € bis 50 Mio. € wird in Abhängigkeit von der Umsatzhöhe abgesenkt. Unternehmen mit einem Jahresumsatz unter 5 Mio. € werden wie solche mit einem Umsatz von 5 Mio. € behandelt. Hierdurch ergibt sich eine Reduzierung der Eigenmittelunterlegung bis zu 20%, durchschnittlich beträgt die Reduzierung bei Krediten an die betroffenen Unternehmen 10%.

Tab. I5-10: (VaR-EL) für unterschiedliche Forderungsklassen

Forderungsklasse	(VaR-EL) · Maturity

Zentralregierungen,
Banken, Unternehmen
	$\left(N\left(\frac{N^{-1}(\mathrm{PD})}{\sqrt{1-\rho(\mathrm{PD})}} + \sqrt{\frac{\rho(\mathrm{PD})}{1-\rho(\mathrm{PD})}} \cdot N^{-1}(0,999)\right) - \mathrm{PD}\right)$ (VaR)
	
	$\cdot(1 - 1,5 \cdot b(\mathrm{PD}))^{-1} \cdot \underbrace{\left((1 + (M - 2,5) \cdot b(\mathrm{PD}))\right)}_{\text{Nur fortgeschrittener Ansatz}}$ (Maturity)
	
	mit
	PD: Einjährige Ausfallwahrscheinlichkeit (mindestens 0,03 für
	       Kredite an Banken und Unternehmen)
	$\rho(\mathrm{PD})$: Korrelation, definiert durch
	
	$\rho(\mathrm{PD}) = 0,12 \cdot \frac{1-e^{-50 \cdot \mathrm{PD}}}{1-e^{-50}} + 0,24 \cdot \left(1 - \frac{1-e^{-50 \cdot \mathrm{PD}}}{1-e^{-50}}\right)$
	
	$\underbrace{-0,04 \cdot \left(1 - \frac{S-5}{45}\right)}_{\text{Nur für Unternehmen}}$
	
	S: Jährlicher Umsatz in Mio. €, $5 \le S \le 50$
	$b(\mathrm{PD})$: Laufzeitanpassungsfaktor mit
	       $b(\mathrm{PD}) = (0,11852 - 0,05478 \cdot \ln(\mathrm{PD}))^2$
	M: Effektive Restlaufzeit, $1 \le M \le 5$, $M = \sum_t t \cdot \frac{\mathrm{CF}_t}{\sum_t \mathrm{CF}_t}$

Retail Portfolio • Hypothekar- kredite	$N\left(\frac{N^{-1}(\mathrm{PD})}{\sqrt{0,85}} + \sqrt{\frac{0,15}{0,85}} \cdot N^{-1}(0,999)\right) - \mathrm{PD}$
• Revolvierende Kredite	$N\left(\frac{N^{-1}(\mathrm{PD})}{\sqrt{0,96}} + \sqrt{\frac{0,04}{0,96}} \cdot N^{-1}(0,999)\right) - \mathrm{PD}$
• Sonstiges Retail	$N\left(\frac{N^{-1}(\mathrm{PD})}{\sqrt{1-\rho(\mathrm{PD})}} + \sqrt{\frac{\rho(\mathrm{PD})}{1-\rho(\mathrm{PD})}} \cdot N^{-1}(0,999)\right) - \mathrm{PD}$ mit $\rho(\mathrm{PD}) = 0,03 \cdot \frac{1-e^{-35 \cdot \mathrm{PD}}}{1-e^{-35}} + 0,16 \cdot \left(1 - \frac{1-e^{-35 \cdot \mathrm{PD}}}{1-e^{-35}}\right)$

Quelle: Die Formeln basieren auf der SolvV (vgl. BUNDESMINISTERIUM DER FINANZEN (2006)).

Einfluss der Korrelation auf die Eigenmittelunterlegung

Welchen Einfluss die Korrelation auf die Eigenmittelunterlegung hat, wird deutlich, wenn man die Eigenmittelunterlegungssätze für die unerwarteten Risiken aus Krediten an Unternehmen unterschiedlicher Größenklassen vergleicht (vgl. Abbildung I5.5). Unter der Annahme einer effektiven Restlaufzeit von 2,5 Jahren und eines LGD von 45% wird für Unternehmen mit einem jährlichen Umsatz von 50 Mio. € und mehr der Eigenmittelunterlegungssatz in Höhe des Solvabilitätskoeffizienten von 8% bei einer Ausfallwahrscheinlichkeit von 1,35% erreicht, bei Unternehmen mit einem Umsatz von bis zu 5 Mio. € liegt diese Wahrscheinlichkeit bei 3,6%.

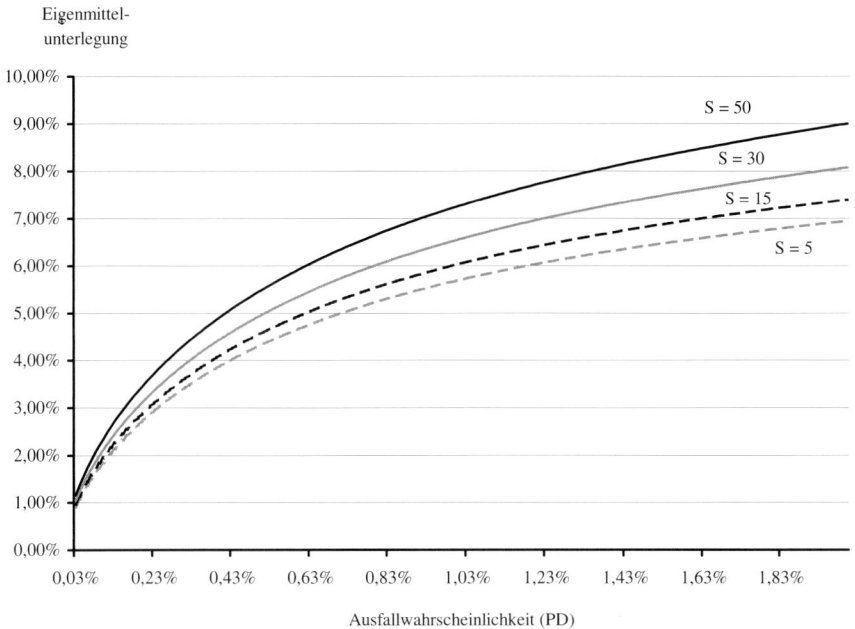

Abb. I5.5: Eigenmittelunterlegung für unerwartete Verluste aus Krediten an Unternehmen unterschiedlicher Umsatzstärke (S = 5, 15, 30, 50 Mio. €) in Abhängigkeit von der Ausfallwahrscheinlichkeit

Die gesamte Eigenmittelunterlegung in Abhängigkeit von der Ausfallwahrscheinlichkeit ist in Abbildung I5.6 angegeben. Die Darstellung beruht auf der Prämisse, dass für die erwarteten Verluste noch keine Wertberichtigungen vorgenommen worden sind. Für eine Ausfallwahrscheinlichkeit von 1%, dies entspricht ungefähr einer Rating-Einstufung von BB- bei Standard & Poor's, ergibt sich für große Unternehmen ($S \geq 50$) ein Anrechnungssatz von 7,69%, der damit geringfügig unter der Eigenkapitalanforderung im Standardansatz, der für diese Ratingklasse einen Unterlegungssatz von 8% vorsieht, liegt. Hierbei ist noch zu berücksichtigen, dass gebildete Wertberichtigungen im IRBA die erforderliche Eigenmittelunterlegung mindern, im KSA dagegen nicht. Wenn in Höhe des erwarteten Verlusts Wertberichtigungen vorgenommen worden sind, sinkt der Eigenmittelunterlegungssatz im IRBA auf 7,24%.

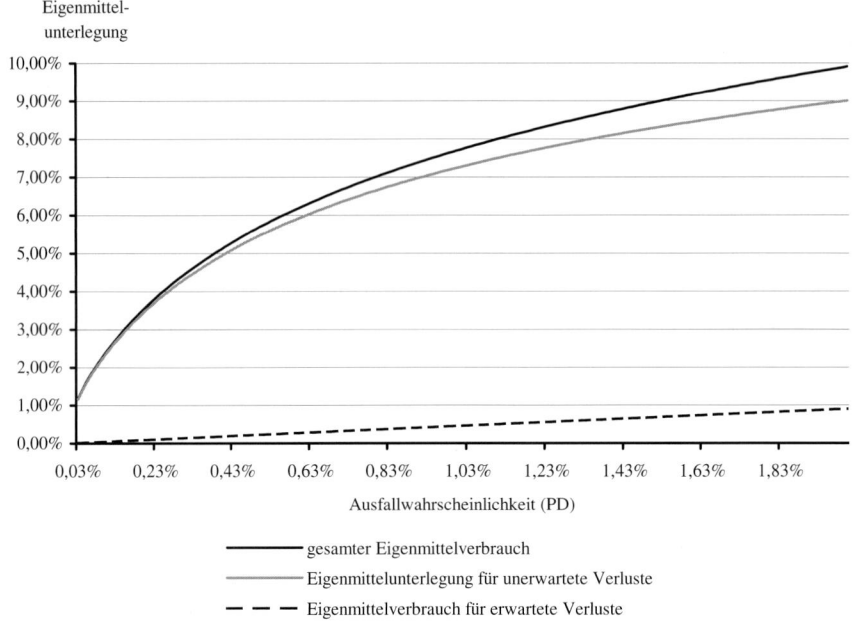

Abb. I5.6: Eigenmittelunterlegung für erwartete und unerwartete Verluste (Kredit an Unternehmen mit S ≥ 50)

I5.4.4 Maturity

Für Kredite an Staaten, Banken und Unternehmen wird die Formel (I5-12) noch mit einem Laufzeitanpassungsfaktor (Maturity) multipliziert. Im IRB-Basisansatz ist der Laufzeitanpassungsfaktor so kalibriert, dass eine 2,5-jährige Restlaufzeit unterstellt wird, für Eigenkapitalanteile gilt eine Restlaufzeit von fünf Jahren. Im fortgeschrittenen IRB-Ansatz wird der standardisierte Laufzeitanpassungsfaktor entsprechend der effektiven Restlaufzeit angepasst, wobei eine Untergrenze von einem Jahr und eine Obergrenze von fünf Jahren festgesetzt sind. Die effektive Restlaufzeit ist der mit dem Cash Flow Anteil gewogene Durchschnitt der Zeitpunkte, zu denen Zahlungen aus der Forderung anfallen. Für Kredite mit einer effektiven Restlaufzeit unter 2,5 Jahren ergibt sich somit im fortgeschrittenen IRB-Ansatz eine geringere Eigenmittelunterlegung verglichen mit dem IRB-Basisansatz, bei einer effektiven Restlaufzeit von mehr als 2,5 Jahren dagegen ist die Eigenmittelunterlegung im fortgeschrittenen IRB-Ansatz höher als im IRB-Basisansatz. Die Anpassung des Standardlaufzeitanpassungsfaktors an die effektive Restlaufzeit unterbleibt für Unternehmen mit einer Bilanzsumme und einem jährlichen Umsatz von weniger als 500 Mio. €. Im Retail-Portfolio unterbleibt jegliche Laufzeitanpassung.

Die Eigenmittelunterlegung im fortgeschrittenen IRB-Ansatz steigt mit zunehmender effektiver Restlaufzeit linear an. Bei einer Ausfallwahrscheinlichkeit von 1% und einem LGD von 45% beträgt die Eigenmittelunterlegung bei einer effektiven Restlaufzeit von bis zu einem Jahr 6,23%, sie steigt mit zunehmender Restlaufzeit an bis auf 10,13% für effektive Restlaufzeiten von fünf Jahren und mehr. Der Laufzeiteffekt wirkt um so stärker, je höher die Ausfallwahrscheinlichkeit ist. Bei der Mindestausfallwahrscheinlichkeit von 0,03% bewirkt eine Verlängerung der effektiven Restlaufzeit von einem Jahr (Mindestwert von M) auf fünf Jahre (Höchstwert von M) lediglich einen Anstieg der Eigenmittelunterlegung von 0,61% auf 2,09%, also um 1,48%-Punkte. Beträgt die Ausfallwahrscheinlichkeit dagegen 2%, so steigt der Eigenmittelunterlegungssatz von 8,43% für $M = 1$ auf 12,36% für $M = 5$, ein Anstieg um immerhin 3,93%-Punkte.

I5.5 Kreditrisikominderungen

I5.5.1 Kreditrisikominderungen im Kreditrisiko-Standardansatz

Kreditsicherheiten mindern die Wahrscheinlichkeit eines Ausfalls, die Höhe des Verlusts und/oder das Exposure im Verlustfall. Einen Überblick über die anerkennungsfähigen Instrumente und die Methoden zur Anerkennung von Kreditrisikominderungen im KSA gibt Abbildung I5.7.

Kreditrisikomindernde Maßnahmen können in drei Kategorien eingeteilt werden:

1. Sicherheiten bewirken, dass der Kreditgeber im Insolvenzfall auf bestimmte Vermögensgegenstände des Schuldners vorrangig zugreifen kann. Im KSA werden neben einer Baruntrelegung, Gold, bestimmte Wertpapiere und Investmentanteile als Sicherheiten anerkannt. Aufgrund der Sicherheit vermindert sich der Betrag, der im Insolvenzfall potenziell ausfallgefährdet ist. Um die risikomindernde Wirkung von Finanzsicherheiten zu berücksichtigen, können zwei Methoden alternativ verwendet werden, die Banken müssen eines der beiden Verfahren durchgängig anwenden. Im umfassenden Ansatz wird das um einen Wertschwankungsfaktor erhöhte Exposure at Default um den schwankungsbereinigten Wert der Sicherheit gekürzt. Der schwankungsbereinigte Wert ist ein um Sicherheitsabschläge (*Haircuts*) gekürzter Wert der Sicherheit. Die Haircuts können durch interne Modelle geschätzt werden, alternativ können auch Standardhaircuts verwendet werden, deren Höhe von der Art der Sicherheit und der Laufzeit abhängt. Wird der umfassende Ansatz angewendet, so ist der Kreis der Wertpapiere, die als Finanzsicherheiten anerkannt werden, größer als bei Anwendung des einfachen Ansatzes. Im einfachen Ansatz wird für den besicherten Teil der Forderung das Risikogewicht des Schuldners durch das der Sicherheit ersetzt.
2. Nettingvereinbarungen bewirken, dass nur der Saldo der gegenseitigen Forderungen und Verbindlichkeiten ausfallbedroht ist. Entsprechend knüpft die

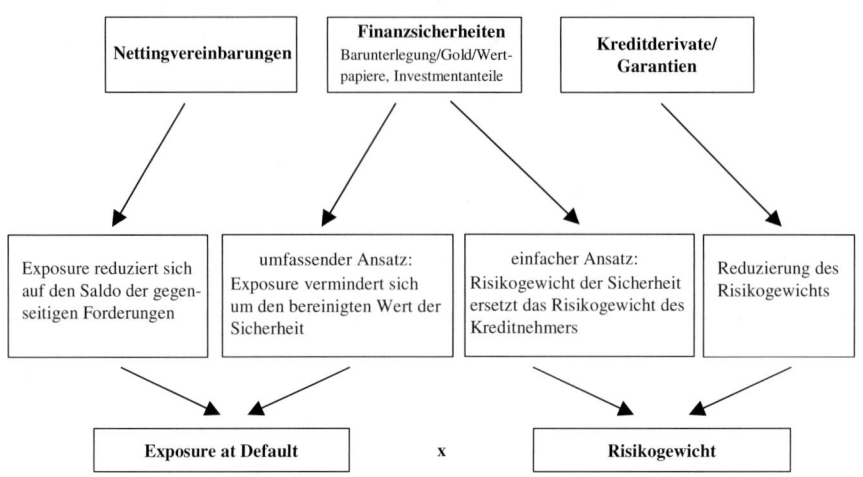

Abb. I5.7: Kreditrisikominderungen im KSA

Quelle: HARTMANN-WENDELS (2003), S. 39.

Eigenmittelunterlegung an das Netto-Exposure an. Die Positionen, die in die Saldierung eingehen, können Wertschwankungen unterliegen. Diese Wertschwankungen werden durch Zuschläge zu dem Saldo der gegenseitigen Forderungen und Verbindlichkeiten berücksichtigt. Für die Ermittlung der Zuschläge können mehrere Methoden alternativ eingesetzt werden, teilweise beruhen diese Verfahren auf aufsichtlich vorgegebenen Standardwerten, teilweise können die Wertschwankungen durch den Einsatz eigener Modelle geschätzt werden.

3. Bei Garantien und Kreditderivaten wird für den besicherten Teil der Risikoposition das Risikogewicht des Sicherungsgebers anstelle des Risikogewichtes des Schuldners angesetzt, der *double-default-effect* (vgl. Abschnitt I1.1) darf nur im Rahmen des IRBA berücksichtigt werden.

Kreditrisikominderungen werden nur dann aufsichtlich anerkannt, wenn sie nicht bereits schon in einem Emissionsrating durch eine bessere Bonitätseinstufung berücksichtigt worden sind. Darüber hinaus muss eine spürbare Reduzierung des Ausfallrisikos erreicht werden. So muss sichergestellt sein, dass die Bank im Insolvenzfall wirklich auf eine werthaltige Sicherheit zurückgreifen kann, auch die rechtliche Durchsetzung ihrer Ansprüche muss gewährleistet sein. Weiterhin wird das Vorhandensein interner Mechanismen gefordert, die die Risiken unterschiedlicher Art, die mit Transaktionen zur Kreditrisikominderung verbunden sein können, kontrollieren. Ist die Restlaufzeit der Absicherungsvereinbarung (t)

kürzer als die Restlaufzeit der Forderung (T), so wird der Betrag, der als Absicherung anerkannt wird, im Verhältnis t/T gekürzt. Liegt die Restlaufzeit der Absicherung unter einem Jahr so wird ein Maturity Mismatch nicht akzeptiert.

I5.5.2 Kreditrisikominderungen im IRBA

Der Kreis der anerkennungsfähigen Sicherheiten ist im IRBA umfassender als im KSA. Neben den finanziellen Sicherheiten sind im IRBA auch Gewerbe- und Wohnimmobilien, Forderungsabtretungen sowie sonstige physische Sicherheiten, sofern es für diese einen liquiden Sekundärmarkt gibt, zugelassen.

Für die Messung der Kreditrisikominderung kommen im IRBA – anders als im KSA – drei Bezugsgrößen in Betracht, nämlich das Exposure at Default (EAD), der Loss Given Default (LGD) und die Ausfallwahrscheinlichkeit (PD), die den Value at Risk (VaR) bestimmt. Nettingvereinbarungen werden stets wie im KSA durch eine Reduktion des Exposures auf den um Wertschwankungszuschläge erhöhten Saldo der gegenseitigen Ansprüche und Verpflichtungen berücksichtigt, Kreditsicherheiten dagegen führen zu einer Verringerung des LGD. Im IRB-Basisansatz werden Garantien und Kreditderivate berücksichtigt, indem die Ausfallwahrscheinlichkeit des Schuldners durch die des Sicherungsgebers ersetzt wird (Substitutionsansatz), im fortgeschrittenen IRB-Ansatz hat das Kreditinstitut die Wahl zwischen der Anpassung der Ausfallwahrscheinlichkeit oder der Verlustquote (vgl. Abbildung I5.8). Statt des Substitutionsansatzes und der Reduzierung des LGD kann auch der *double-default-effect* berücksichtigt werden, indem ein Risikogewicht angesetzt wird, dass auf der Basis einer vorsichtig geschätzten gemeinsamen Ausfallwahrscheinlichkeit ermittelt wird (zu Einzelheiten siehe SCHULTE-MATTLER (2006), SUYTER (2005)).

Die Berücksichtigung der Kreditrisikominderung durch Sicherheiten erfolgt im IRB-Basisansatz in der Weise, dass die Risikoposition in einen besicherten und in einen unbesicherten Teil aufgespalten wird. Für den besicherten Teil der Risikoposition werden aufsichtlich vorgegebene LGD-Werte verwendet, deren Höhe von der Art der Sicherheit abhängt. Für finanzielle Sicherheiten ist ausschließlich der umfassende Ansatz zugelassen. Im fortgeschrittenen IRB-Ansatz muss die Bank den LGD unter Berücksichtigung von Sicherheiten selbst schätzen. Für die Schätzung der Kreditrisikominderung sollen nicht nur Marktwerte der Sicherheiten herangezogen werden, sondern auch historische Recovery-Rates. Korrelationen zwischen der Veränderung der Kreditnehmerbonität und der Wertentwicklung der Sicherheit müssen berücksichtigt werden, ebenso wie Laufzeit- und Währungsinkongruenzen. Schließlich ist die LGD-Schätzung laufend zu aktualisieren, mindestens aber einmal im Jahr.

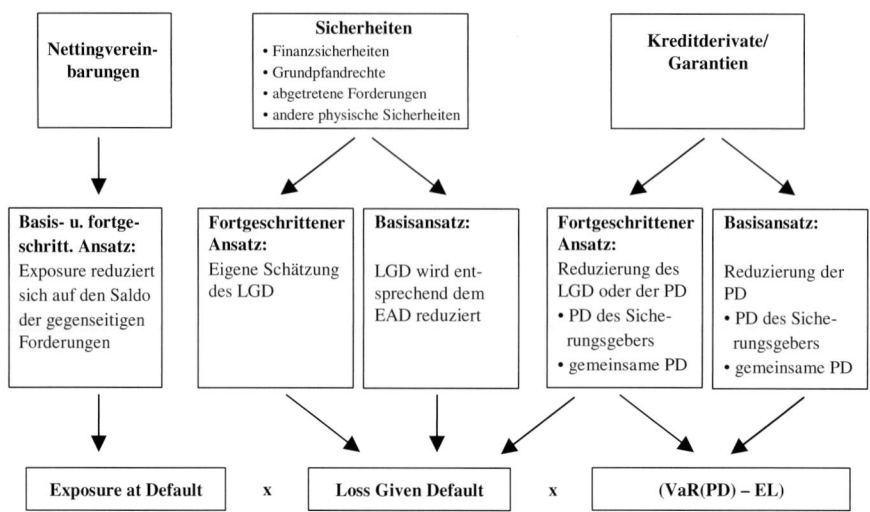

Abb. I5.8: Kreditrisikominderungen im IRBA

Quelle: HARTMANN-WENDELS (2003), S. 71.

I5.6 Kontrahentenrisiken im Handelsbuch

Der Handel mit Wertpapieren sowie Transaktionen mit OTC-Derivaten und Wertpapierpensionsgeschäfte, die dem Handelsbuch zugeordnet werden, beinhalten nicht nur Risiken, die aus Preisschwankungen beruhen, sondern auch Risiken, die darin bestehen, dass der Vertragspartner, d. h. der Kontrahent (und nicht der Emittent!) seinen Verpflichtungen nicht oder nicht in vollem Umfang nachkommt. Ausfallrisiken können in Form eines *Abwicklungs-* oder eines *Vorleistungsrisikos* bestehen. Ein Abwicklungsrisiko liegt vor, wenn ein Geschäft von beiden Seiten noch nicht erfüllt wurde und ein gleichartiges Geschäft nur zu schlechteren Konditionen neu abgeschlossen werden könnte. Dies führt zu einer Eigenmittelunterlegung, wenn nach Ablauf des Erfüllungszeitpunkts das Geschäft noch nicht abgewickelt worden ist und bei Ausfall des Kontrahenten ein Verlust entstehen würde. Für die Ermittlung des Anrechnungsbetrages wird der Verlustbetrag, der bei einer Neueindeckung entstehen würde (Current Exposure) mit einem Faktor multipliziert, dessen Höhe von der Zeitdauer der Überschreitung des Erfüllungszeitpunktes abhängt.

    Vorleistungsrisiken im Rahmen von Handelsaktivitäten entstehen dann, wenn Leistung und Gegenleistung nicht Zug um Zug erbracht werden. So liegt im Allgemeinen auch bei Kassageschäften zwischen Bezahlung und Lieferung eine

Zeitspanne von drei Arbeitstagen. Bei einer von der Bank erbrachten Vorleistung ist das Risiko der Nichterfüllung von der Bonität des Vertragspartners abhängig.

> Der Fall des Kölner Bankhauses Ivan D. Herstatt zeigt, dass selbst dann, wenn zwischen Leistung und Gegenleistung nur eine Zeitspanne von einigen Stunden liegt, ein Ausfallrisiko zu Verlusten führen kann. Am 26.6.1974 hatte das Bankhaus Herstatt die Zahlungen aus Devisengeschäften mit amerikanischen Banken bereits erhalten, aber aufgrund der Zeitverschiebung die Gegenleistungen noch nicht erbracht, als das Bankhaus Herstatt durch die Bankenaufsicht geschlossen wurde. Seitdem wird dieses Risiko auch als „Herstatt-Risiko" bezeichnet.

Tabelle I5-11 fasst die wichtigsten Vorschriften zusammen.

Tab. I5-11: Kontrahentenrisiken im Handelsbuch

Risikoposition	Anrechnungsmethode
Vorleistungsrisikoposition	EAD · Risikogewicht (IRBA oder KSA oder 100%)
Abwicklungsrisikoposition	Current Exposure · zeitabhängiger Gewichtungssatz

Gemäß der SolvV gelten für Vorleistungsrisiken im Handelsbuch grundsätzlich die gleichen Vorschriften wie für Ausfallrisiken des Anlagebuches. Banken können auch hier zwischen dem KSA und dem IRBA wählen, zusätzlich besteht auch die Möglichkeit, alle Vorleistungsrisikopositionen einheitlich mit einem Risikogewicht von 100% anzusetzen. Der Kreis der anerkennungsfähigen Sicherheiten ist weiter gefasst als im Anlagebuch, grundsätzlich können alle Finanzinstrumente, die dem Handelsbuch zugeordnet werden, als Sicherungsinstrumente eingesetzt werden.

I5.7 Großkreditvorschriften

Ziel der Großkreditvorschriften ist es, zu vermeiden, dass die Kreditvergaben an einen einzelnen Schuldner oder an eine kleine Gruppe von Schuldnern ein solches Ausmaß annehmen, dass der Ausfall eines oder einiger weniger Schuldner die Sicherheit der Bankeinlagen gefährden kann. Die Vorschriften zur Begrenzung des Großkreditrisikos unterscheiden danach, ob die Bank in größerem Maße in den Eigenhandel mit Wertpapieren und Finanzderivaten involviert ist und damit ein Handelsbuchinstitut ist oder als Nichthandelsbuchinstitut zählt. Wir wollen uns zunächst mit den einfacheren Vorschriften für Nichthandelsbuchinstitute beschäftigen.

Ein Großkredit liegt nach der Definition des KWG dann vor, wenn das Gesamtkreditvolumen an einen Kreditnehmer 10% des haftenden Eigenkapitals (bzw. der Eigenmittel) einer Bank überschreitet (§13 Abs. 1 KWG). Die Vergabe von Großkrediten wird in zweifacher Hinsicht beschränkt, und zwar zum einen auf der Ebene des einzelnen Großkredites (Großkrediteinzelobergrenze) und zum anderen auf der Ebene der insgesamt vergebenen Großkredite (Großkredit-gesamtobergrenze). Die Großkrediteinzelobergrenze begrenzt die insgesamt an einen Kreditnehmer vergebenen Kredite auf 25% des haftenden Eigenkapitals (bzw. bei verbundenen aber nicht konsolidierten Unternehmen auf 20%). Die Großkreditgesamtobergrenze begrenzt die Summe der Großkredite auf das acht-fache des haftenden Eigenkapitals. Überschreitungen dieser Grenzen sind stets meldepflichtig und nur mit Zustimmung der BaFin zulässig. Der Überschrei-tungsbetrag ist mit haftendem Eigenkapital zu unterlegen, das damit zur Unter-legung anderer Risiken nicht mehr zur Verfügung steht.

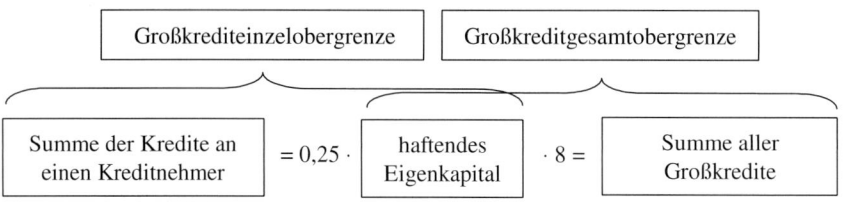

Abb. I5.9: Großkreditvorschriften für Nichthandelsbuchinstitute

Bei Handelsbuchinstituten ist zu unterscheiden zwischen den Krediten des Anlagebuches und denen des Handelsbuches. Unterscheidungsmerkmal ist der Zweck, der mit der Kreditvergabe beabsichtigt ist. Soll der Kredit dauerhaft ge-halten werden, so ist er dem Anlagebuch zuzurechnen, dient er dem Eigenhandel, so fällt er unter das Handelsbuch (vgl. Abbildung I5.10).

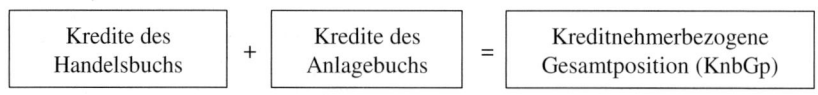

Abb. I5.10: Ermittlung der kreditnehmerbezogenen Gesamtposition bei Handelsbuchinstitu-ten

Für das Anlagebuch gelten die gleichen Vorschriften, die wir schon für die Nichthandelsbuchinstitute kennen gelernt haben. Darüber hinaus haben Han-delsbuchinstitute die erweiterte Großkrediteinzelobergrenze sowie die erweiterte Großkreditgesamtobergrenze zu beachten, die das Großkreditrisiko aus Anlage-und Handelsbuch auf 25% bzw. auf das achtfache der Eigenmittel, d. h. der Summe aus haftendem Eigenkapital und Drittrangmittel begrenzen (§13a KWG, siehe Abbildung I5.11).

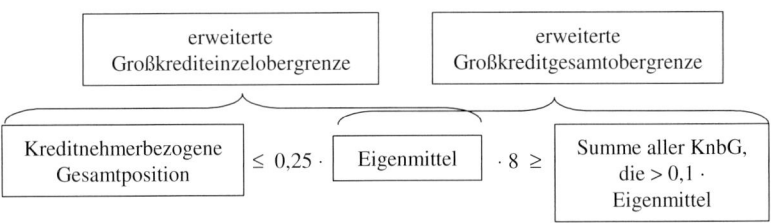

Abb. I5.11: Zusätzliche Großkreditvorschriften für Handelsbuchinstitute

Wird die Gesamtbuch-Großkrediteinzelobergrenze oder die Gesamtbuch-Großkreditgesamtobergrenze überschritten, unterliegen die Handelsbuchkredite pro Kreditnehmer zusätzlich einer Begrenzung auf das fünffache der freien Eigenmittel, d. h. derjenigen Eigenmittel, die nicht für eine evtl. notwendige Unterlegung der Anlagebuchkredite gebraucht werden. In §13b KWG werden die Großkreditvorschriften auf Institutsgruppen analog angewendet.

Die Vorschriften über die Großkreditbegrenzung könnten leicht umgangen werden, indem die Bank keinen Kredit vergibt, sondern die Kapitalhergabe durch Kauf von Obligationen oder aber in Form einer Eigenkapitalbeteiligung erfolgt. Im Hinblick auf das Adressenausfallrisiko ist es aber unerheblich, ob die Kapitalhergabe die Bezeichnung „Kredit" trägt, oder ob es sich um eine andere Form der Finanzierung handelt. Der Kreditbegriff ist daher im Bereich der Großkreditregelungen sehr weit zu verstehen und umfasst grundsätzlich alle Ansprüche und Eventualansprüche der Bank an einen Kreditnehmer (§19 Abs. 1 KWG). Hierzu zählen neben Krediten auch Ansprüche aus festverzinslichen Wertpapieren sowie Aktien und andere Formen der Eigenkapitalbeteiligung, daneben aber auch Ansprüche aus Derivativgeschäften, Bürgschaften und Garantien. Beteiligungen an Nichtbanken werden nicht nur durch §13 KWG begrenzt, sondern auch durch §12 KWG, der die Obergrenze für eine einzelne Beteiligung auf 15% des haftenden Eigenkapitals und die Obergrenze für alle Beteiligungen an Nichtbanken auf 60% des haftenden Eigenkapitals festlegt.

Auch der Begriff des Kreditnehmers ist weit zu verstehen und bezieht sich auf die Risikoeinheit von juristischen oder natürlichen Personen (§19 Abs. 2 KWG). Eine solche Risikoeinheit liegt vor, wenn ein haftungsmäßiger Verbund gegeben ist. Daher werden Kredite an Mutter- und Tochterunternehmen wie Kredite an einen Kreditnehmer behandelt, das gleiche gilt für Kredite an eine Personenhandelsgesellschaft und deren persönlich haftende Gesellschafter.

15.8 Eigenmittelunterlegung von
Asset-Backed-Transaktionen

Die Vorschriften über die Eigenmittelunterlegung von Asset-Backed-Transaktionen gelten sowohl für klassische Verbriefungstransaktionen als auch für synthetische Verbriefungen. Die aufsichtlichen Regelungen verfolgen das Ziel, Regulierungsarbitrage als Motiv für die Durchführung solcher Transaktionen auszuschalten. Regulierungsarbitrage liegt dann vor, wenn die Eigenmittelunterlegung des Originators sinkt, ohne dass zugleich das Volumen an Adressenausfallrisiken in nennenswertem Umfang reduziert wird. Dies ist durch eine Veräußerung risikoarmer Forderungen sowie durch einen Zurückbehalt der Equity-Tranche vor allem dann leicht möglich, wenn die Eigenmittelunterlegung vorrangig vom Forderungsvolumen und nicht von dem Risikogehalt der Forderungen abhängt.

Wir wollen hier die sehr komplexen Regelungen nur in den Grundzügen darstellen. Unterlegungspflichtig sind Risikopositionen, die sich ergeben aus

- der Investition in Wertpapieren, die zur Verbriefung von Kreditforderungen ausgegeben wurden,
- der Zurückbehaltung von (meist nachrangigen) Tranchen aus der Verbriefung beim Originator,
- der Bereitstellung von Kreditsicherheiten (credit enhancements) und
- Liquiditätsfazilitäten.

Die Ausgliederung von Kreditforderungen aus dem Bestand des Originators und die Übertragung auf das SPV wird aufsichtlich nur dann anerkannt, wenn auch tatsächlich ein Risikotransfer stattfindet und der Originator nicht für die Erfüllung der übertragenen Forderungen haften muss (*„clean break"*). Auch eine implizite Unterstützung, d.h. eine Unterstützung ohne rechtliche Verpflichtung führt dazu, dass der Risikotransfer als nicht wirksam eingestuft wird.

Auch für die Eigenmittelunterlegung von Asset-Backed-Transaktionen gibt es einen KSA und einen IRBA. Beim KSA werden die Verbriefungspositionen zunächst mit einem Konversionsfaktor und dann mit einem Risikogewicht multipliziert, das von dem externen Rating der Tranche, zu der die Verbriefungsposition gehört, abhängt. Der Konversionsfaktor beträgt außer für bestimmte Liquiditätsfazilitäten 100%. Für die Bestimmung der Risikogewichte werden fünf Bonitätsstufen unterschieden. Die Risikogewichte für die ersten drei Bonitätsstufen entsprechen denen für Forderungen an Unternehmen, die Risikogewichte für die beiden unteren Bonitätsstufen liegen mit 350% und 1.250% deutlich über denen für risikomäßig vergleichbare Forderungen an Unternehmen. Nicht geratete Tranchen müssen grundsätzlich vom Eigenkapital abgezogen werden. Engagiert sich eine Bank als Sicherungsgeber in einer Asset-Backed Transaktion ohne zugleich Originator zu sein, so wird sie im Hinblick auf die Eigenmittelunterlegung wie ein Investor behandelt.

Die extrem hohen Risikogewichte für Tranchen mit niedriger Bonitätseinstufung sollen folgenden Zusammenhang berücksichtigen: In den Ratings, die sich auf unverbriefte Forderungen beziehen, wird nur der einzelne Kredit bzw. der einzelne Kreditnehmer beurteilt, unberücksichtigt bleibt dagegen, dass aufgrund von Diversifikationseffekten im Kreditportfolio das Gesamtrisiko weniger steigt als es im Rating des einzelnen Kreditengagements zum Ausdruck kommt. Dieser Effekt wird dann durch die Höhe des Risikogewichtes ausgeglichen. Wird dagegen ein Pool von Forderungen geratet, so werden Diversifikationseffekte innerhalb des Pools beim Rating berücksichtigt, sie brauchen daher nicht noch einmal in die Höhe des Risikogewichtes mit einzufließen. Daneben ist noch ein zweiter Effekt zu berücksichtigen: Bei Tranchen mit einem guten Rating ist der Verlust im Insolvenzfall in der Regel geringer als bei identisch gerateten Einzelkrediten, bei Tranchen im Non-investment-grade Bereich dagegen ist der Verlust im Insolvenzfall meist höher als bei Krediten analoger Bonität. Für Investment-grade Tranchen wirken der Diversifikationseffekt und der Verlusteffekt in die entgegengesetzte Richtung, daher entsprechen hier die Risikogewichte für Verbriefungstranchen denen für Einzelkredite. Im Non-investment-grade Bereich dagegen bedingen beide Effekte ein höheres Verlustpotenzial bei den verbrieften Tranchen, daher liegen die Risikogewichte deutlich über denen von Einzelkrediten entsprechender Bonität. Obergrenze für die mit einer Verbriefungstransaktion verbundenen Eigenmittelunterlegung bilden die risikogewichteten Positionswerte der in einer Transaktion enthaltenen Forderungen zuzüglich der erwarteten Verluste der Forderungen, die in dem Forderungspool enthalten sind.

Als Sicherheiten werden – wie im Standardansatz für Kreditrisiken – nur finanzielle Sicherheiten anerkannt, Absicherungen durch Garantien und Kreditderivate werden in der Form berücksichtigt, dass das Risikogewicht des Garanten zu verwenden ist.

Im IRBA bestimmt sich das Risikogewicht, das einer Tranche beizumessen ist, nach der Ratingeinstufung. Diese kann entweder von einer externen Ratingagentur stammen oder aber auf einem internen Einstufungsverfahren beruhen. Ein internes Einstufungsverfahren darf nur dann angewendet werden, wenn hierfür eine Zulassung durch die BaFin vorliegt. Liegt diese Zulassung nicht vor und sind externe Ratings nicht verfügbar, müssen, sofern möglich, „inferred" Ratings verwendet werden. Dabei handelt es sich um abgeleitete Bonitätseinschätzungen, die sich an den externen Ratings anderer Tranchen desselben Verbriefungsprogramms orientieren. Die Höhe des Risikogewichtes hängt ab von der Bonitätseinstufung, von der Granularität und der Rangstellung der Tranche. Es erfolgt eine Einordnung der Tranchen in 12 Bonitätsstufen, daneben werden für jede Bonitätsstufe die Kategorien „granular und höchstrangig", „granular und nicht höchstrangig" sowie „nicht-granular" unterschieden. Die Höhe des Risikogewichtes liegt je nach Einstufung zwischen 7% und 1.250%. Für Positionen, die mit einem Risikogewicht von 1.250% zu gewichten sind, kommt statt einer Eigenmittelunterlegung auch ein Abzug vom modifizierten verfügbaren Eigenkapital in Betracht.

Liegt kein externes Rating vor und kann ein solches auch nicht abgeleitet werden, kann die Eigenmittelunterlegung nach dem *aufsichtlichen Formelansatz* bestimmt werden. Die Formel zur Bestimmung des Risikogewichtes hängt vor allem von zwei Größen ab, die als Eigenkapitalanforderungsrate $KIRBR$ und als Verlustpuffer L bezeichnet werden.

Die Eigenkapitalanforderungsrate ist der Quotient aus dem Betrag an Eigenmittelunterlegung, der sich nach dem IRBA ergeben würde, wenn die Forderungen nicht verbrieft worden wären, und dem Gesamtbetrag der verbrieften Forderungen:

$$KIRBR = \frac{\text{Eigenmittelunterlegung gemäß IRBA}}{\text{Gesamtbetrag der verbrieften Forderungen}}.$$

Bei einer Verbriefung mit der Aufteilung in Tranchen dienen die nachrangigen Tranchen als Verlustpuffer und schirmen damit vorrangige Tranchen von Verlustrisiken ab. Insofern übernehmen nachrangige Tranchen Eigenkapitalfunktionen und tragen zur Verbesserung der Bonität vorrangiger Tranchen bei („credit enhancement"). Die Höhe des Verlustpuffers, von dem eine Tranche profitiert, wird durch den Anteil der Tranchen, die gegenüber der betrachteten Tranche nachrangig sind, am Gesamtbetrag der verbrieften Tranchen gemessen.

$$L = \frac{\text{Nominalbetrag aller nachrangigen Tranchen}}{\text{Nominalbetrag der verbrieften Tranchen}}.$$

Gilt $L < KIRBR$, so ist die Unterlegung einer Tranche mit nachrangigen Tranchen als Haftungskapital geringer als die Eigenmittelunterlegung der Kredite im Falle eines Verzichts auf die Verbriefung wäre. Dies ist ein Indiz dafür, dass durch die Verbriefung Vorteile aufgrund von Regulierungsarbitrage möglich sind. Damit dies ausgeschlossen wird, muss der Originator zurückbehaltene Positionen, für die $L < KIRB$ gilt, entweder vollständig mit haftendem Eigenkapital unterlegen oder aber vom modifizierten verfügbaren Eigenkapital abziehen.

Für Tranchen, für die $L > KIRB$ gilt, wird das Risikogewicht durch eine Formel bestimmt, in die neben $KIRBR$ und L der erwartete durchschnittliche LGD aller in einer Verbriefung enthaltenen Forderungen eingeht.

Aufgrund der Erfahrungen aus der Finanzmarktkrise ist geplant, dass künftig Tranchen aus Wiederverbriefungen mit einem höheren Risikogewicht belegt werden sollen.

I5.9 Adressenausfallrisiken in den MaRisk

Die MaRisk enthalten eine Reihe von Mindestanforderungen, die das Kreditgeschäft der Banken betreffen. Der Geschäftsleitung wird die Gesamtverantwortlichkeit für das Kreditgeschäft zugewiesen ungeachtet der Aufgabenverteilung in der Geschäftsleitung. Ausdruck dieser Gesamtverantwortung ist die Verpflichtung der Geschäftsleitung, eine *Kreditrisikostrategie* zu entwickeln, die das Auftreten von Klumpenrisiken verhindern soll.

Hinsichtlich der *Aufbauorganisation* verlangen die MaRisk eine strikte Funktionstrennung zwischen Markt (Initiierung von Kreditgeschäften) und Marktfolge. Für Kreditentscheidungen sind grundsätzlich zustimmende Voten beider Bereiche notwendig, eine Überstimmung ablehnender Voten durch die Geschäftsleitung ist möglich, sie muss aber dann besonders dokumentiert werden. Als dritte funktionale Einheit fordern die MaRisk ein Kreditrisikocontrolling, dem die Erstellung eines Risikoberichts und die Überwachung der Kreditrisiken zukommt.

Für die Arbeitsabläufe im Kreditgeschäft (*Ablauforganisation*) verlangen die MaRisk eine klare Definition der Prozesse und eine Regelung der Zuständigkeiten. Im normalen Kreditverlauf wird zwischen Kreditbearbeitung und Kreditbearbeitungskontrolle unterschieden, bei leistungsgestörten Krediten sind die Prozesse der Intensivbetreuung, Problemkreditbearbeitung und Risikovorsorge zu definieren.

Im Rahmen des Kreditrisikomanagements fordern die MaRisk die Implementierung eines aussagefähigen Risikoklassifizierungsverfahrens. Dies muss kein internes Rating sein, im Zusammenhang mit der Solvabilitätsverordnung wird es aber meistens in dieser Form umgesetzt werden. Alle wesentlichen Risiken im Kreditgeschäft sollen frühzeitig erkannt werden, um geeignete Gegenmaßnahmen rechtzeitig ergreifen zu können.

Teil J
Preisrisiken

Preisrisiken werden in nicht immer klaren Abgrenzungen auch als Marktrisiken oder Marktpreisrisiken bezeichnet. Sie haben damit zu tun, dass sich Zinssätze, Aktienkurse und Wechselkurse, aber auch die Werte von Rohwaren und Sachvermögen zu Lasten der Bank (aber auch zu ihren Gunsten) verändern können. So fällt z. B. der Kurs festverzinslicher Wertpapiere, wenn das Zinsniveau steigt, und er steigt an, wenn das Zinsniveau fällt.

Ein und dasselbe Geschäft kann mehrere Preisrisiken unterschiedlicher Kategorien beinhalten. Erwirbt z. B. ein deutsches Kreditinstitut eine auf US-$ lautende festverzinsliche Anleihe, so hängt deren Wert sowohl von der Zinsentwicklung in beiden Währungen (Zinsänderungsrisiko) als auch vom US-$/€-Wechselkurs (Währungsrisiko) ab.

Inwieweit ein Kreditinstitut Preisrisiken ausgesetzt ist, kann nicht anhand von einzelnen Finanztiteln beurteilt werden, sondern hängt davon ab, ob im Portefeuille gegenläufige Positionen vorhanden sind. So kann z. B. das mit einem festverzinslichen Wertpapier verbundene Zinsänderungsrisiko durch Festzinsverbindlichkeiten oder durch einen Festzinszahler-Swap gehedgt werden.

Preisrisiken beeinflussen zunächst direkt die Marktwerte der Vermögens- und Schuldpositionen des Unternehmens. Weil damit auch eine Veränderung des Marktwertes des Eigenkapitals einhergeht, betreiben Banken Risikomanagement im Sinne ihrer Eigentümer. Dabei kann eine Überwälzung von Risiken auf die Gläubiger, speziell auf die Einleger, erfolgen.

Diese Gefahr ruft die Bankenaufsicht prophylaktisch auf den Plan, die durch Eigenkapitalanforderungen in der Solvabilitätsverordnung und durch weitere Anforderungen (z. B. die Erfüllung der Mindestanforderungen an das Risikomanagement (MaRisk)) eine Begrenzung der Risikoübernahme und ein vernünftiges Umgehen der Kreditinstitute mit den Preisrisiken erreichen will. Die Bankenaufsicht möchte damit überdies bewirken, dass nicht Verluste aus Preisrisiken zur Angst der Einleger um ihre Ersparnisse und damit zu deren vermehrtem Abzug (Liquiditätsrisiko; vgl. Teil H) führen.

Wir analysieren in den folgenden Kapiteln zunächst die grundsätzlichen Ideen und Vorschriften zum Umgang mit Preisrisiken und anschließend nacheinander Zinsänderungsrisiken, Aktienkursrisiken sowie Währungs- und Rohwa-

T. Hartmann-Wendels et al., *Bankbetriebslehre*,
DOI 10.1007/978-3-642-11857-9_10, © Springer-Verlag Berlin Heidelberg 2010

renrisiken. Wir tun das jeweils aus einer Management- und aus einer Regulierungsperspektive. Ein Kapitel zu zwei übergreifenden, weiterführenden Themen, nämlich zur Ermittlung der Anrechnungsbeträge für Optionen und zu bankeigenen Risikomodellen, beschließt diesen Teil.

J1 Grundlagen des Umgangs mit Preisrisiken

1. Viele Marktpreisrisiken können durch den Aufbau von Positionen mit gegenläufigen Zahlungen oder Wertentwicklungen gehedgt werden.
2. Für den Umgang mit Preisrisiken existieren rechtliche Vorgaben auf internationaler wie auf nationaler Ebene.
3. Nettopositionen für die einzelnen Risiken sind der Ausgangspunkt zur Ermittlung der erforderlichen Eigenmittel.
4. Die Werte mancher Finanztitel hängen nicht nur von allgemeinen Marktentwicklungen, sondern auch von emittenten- bzw. kontrahentenspezifischen Gegebenheiten ab.
5. Bei der Aggregation von Einzel- zu Portefeuillerisiken spielen (Annahmen über) Korrelationen eine zentrale Rolle.

J1.1 Ökonomische Basis

Mit Änderungen von Marktpreisen gehen zum einen Änderungen in den aktuellen Werten vorhandener Finanzverträge und Finanztitel einher. Zum anderen wirken sich solche Änderungen auf den zukünftigen Wertverlauf dieser Geschäfte aus sowie auf die Werte anderer, noch abzuschließender Geschäfte.

Diejenigen Risken, die auf vollkommenen Märkten gehandelt werden können, sollten von Kreditinstituten grundsätzlich gehedgt werden (vgl. die Argumentation von FROOT und STEIN (1998) in Abschnitt F1.4). Der Name *Markt*preisrisiken suggeriert bereits, dass dies für viele Preisrisiken zumindest näherungsweise gilt. Gleichwohl werden wir feststellen, dass selbst im Bereich der Preisrisiken manche Elemente nicht oder zumindest nicht auf vollkommenen Märkten handelbar sind. Das liegt u. a. daran, dass Preisrisiken auch in Kundengeschäften stecken, die aus Banksicht ihren Reiz ja gerade darin haben, dass sie nicht zu Kapitalmarktpreisen, sondern mit einem positiven Kapitalwert (NPV) bzw. einer Marge für die Bank abgeschlossen werden. Ein weiterer Grund ist, dass manche Risiken nicht auf einem einzigen, sondern auf mehreren unterschiedlichen Märkten gehandelt werden, was zu gewissen Preisdifferenzen (ggf. Arbitragemöglichkeiten) und der Existenz von *Marktwechselprämien* führen kann. Offensichtliche Beispiele hierfür sind das gleichzeitige Handeln von Aktien an mehreren Börsen und das Auftreten von Zinsdifferenzen zwischen Anleihe- und Swapmärkten.

Das Hedging eines Risikos kann auf vielerlei Arten erfolgen. Zwei grundlegende Möglichkeiten sind zu unterscheiden:

- Aufbau von Positionen mit gegenläufigen *Zahlungen*: Im Bereich der Zinsänderungsrisiken kann beispielsweise eine variable Zinszahlungsverpflichtung, deren Höhe von einem schwankenden Referenzzinssatz abhängt, durch das Eingehen einer Position gehedgt werden, die zu Zahlungsansprüchen führt, die in gleicher Weise von eben diesem Referenzzinssatz abhängen. Da sich die Cashflows direkt ausgleichen (ggf. bis auf eine konstante Marge), wird dies auch als *Cashflow-Hedge* bezeichnet (vgl. SCHIEFNER (2002)).
- Aufbau von Positionen mit gegenläufigen *Wertentwicklungen*: Für viele Zwecke mag es genügen, wenn nicht unbedingt die vereinbarten Zahlungen gegenläufig sind, wohl aber die Marktwerte zweier Geschäfte. Durch die Gleichheit von Gewinnen und Verlusten ist dann ebenfalls eine Immunisierung gegen die Preisrisiken gegeben.

Hedging-Maßnahmen funktionieren nicht immer perfekt. Einige Beispiele:

- Zinszahlungstermine fallen wenige Tage auseinander.
- Börsengehandelte Derivate haben normierte Underlyings, die nicht zu jedem Zeitpunkt in genau dieser Form am Markt verfügbar sind.
- Spreads zwischen Märkten, auf denen „sehr ähnliche" und damit grundsätzlich zum Hedging geeignete Positionen gehandelt werden, verändern sich im Zeitablauf.

Für das Risikomanagement bedeutet dies, dass selbst ein angestrebter perfekter Hedge nicht immer möglich ist und daher gewisse Basisrisiken verbleiben. Aus Regulierungssicht folgt dementsprechend, dass gewisse Kapitalreserven für diese Unvollkommenheiten vorzuhalten sind. Im Übrigen werden wir uns in Abschnitt M4.2 unter dem Titel „Abbildung von Sicherungszusammenhängen" im Rahmen der externen Rechnungslegung damit befassen, wie vollkommene und unvollkommene Hedges im Handelsgesetzbuch (HGB) und in den International Financial Reporting Standards (IFRS) abzubilden sind.

J1.2 Rechtliche Basis

J1.2.1 Internationale Vorgaben

Wegen der Handelbarkeit von Preisrisiken auf Märkten ist klar, dass die Stabilität der internationalen Finanzmärkte und -systeme nicht unwesentlich vom Ausmaß der Risikoübernahme durch die großen Marktteilnehmer abhängt. Deswegen haben die Regulatoren weltweit ein Interesse an einem „vernünftigen" Risikomanagement speziell der Finanzintermediäre und der Einhaltung von Risikobegrenzungsnormen durch sie. Nicht zuletzt die Vorfälle um den Händler Nick Leeson, der die *Barings* Bank im Februar 1995 zum Einsturz brachte (vgl.

o.V. (2008b)), haben erhebliche Ausweitungen der Anforderungen an die Kreditinstitute mit sich gebracht.

Der *Baseler Ausschuss für Bankenaufsicht* (Basel Committee on Banking Supervision) hat 1996 sein sog. *„Marktrisikopapier"* (*Amendment to the Capital Accord to Incorporate Market Risks*) publiziert (vgl. BASEL COMMITTEE ON BANKING SUPERVISION (1996)), mit dem die Regeln der Eigenkapitalrichtlinie von 1988 (*International Convergence of Capital Measurement and Capital Standards*, jetzt bekannt als *Basel I*, vgl. BASEL COMMITTEE ON BANKING SUPERVISION (1988)) präzisiert und ergänzt wurden. Erstmals im September 1997 publizierte der Baseler Ausschuss speziell für den Umgang mit Zinsänderungsrisiken zudem seine *Principle for the Management and Supervision of Interest Rate Risk* (vgl. BASEL COMMITTEE ON BANKING SUPERVISION (1997)). Eine Aktualisierung dieses Papiers erfolgte im Jahr 2001 mit dem 2. Konsultationspapier (*Basel II: The New Basel Capital Accord*, vgl. BASEL COMMITTEE ON BANKING SUPERVISION (2001a)), welches wiederum im November 2005 unter dem Titel *Basel II: International Convergence of Capital Measurement and Capital Standards: A Revised Framework* (vgl. BASEL COMMITTEE ON BANKING SUPERVISION (2005)) überarbeitet wurde. Im Jahr 2006 veröffentlichte der Baseler Ausschuss eine Zusammenfassung aller bis dahin geltenden Regelungen aus *Basel I* und *Basel II* in einer *Comprehensive Version* (vgl. BASEL COMMITTEE ON BANKING SUPERVISION (2006)). Diese Regelungen wurden am 1. Januar 2007 in Gestalt der *Solvabilitätsverordnung* (SolvV) in deutsches Recht umgesetzt und stellen den in diesem Lehrbuch beschriebenen, aktuellen Stand der *quantitativen* Bankenregulierung dar. Auf noch nicht in deutsches Recht umgesetzte Regelungen aus dem internationalen Konsultationsprozess werden wir an geeigneter Stelle hinweisen. In diesem Zusammenhang ist zu erwähnen, dass im Juli 2009 als Reaktion auf die Finanzkrise ein Vorschlag zur Erweiterung des Regelwerkes veröffentlicht wurde. In ihm wurden vor allem die Regeln bezüglich der Risikotragfähigkeitskonzeption, der Liquiditäts- und Konzentrationsrisikosteuerung sowie der Verwendung von Stresstests und der Behandlung von Risiken aus Verbriefungspositionen bearbeitet (vgl. BASEL COMMITTEE ON BANKING SUPERVISION (2009b)). Zusätzlich wurden hinsichtlich der Preisrisiken die beiden Papiere *Revisions to the Basel II market risk framework* (vgl. BASEL COMMITTEE ON BANKING SUPERVISION (2009f)) und *Guidelines for computing capital for incremental risk in the trading book* (vgl. BASEL COMMITTEE ON BANKING SUPERVISION (2009c)) veröffentlicht. Einen Überblick über die aktuell diskutierten und im Detail hier nicht besprochenen Veränderungen bieten beispielsweise NEISSEN *et al.* (2009).

J1.2.2 Qualitative Regelungen in Deutschland

Vorschriften zum Umgang mit Marktpreisrisiken haben in Deutschland Tradition. Das damalige BAKred hat schon 1977 erste Vorgaben zur Behandlung von Zinsänderungsrisiken gemacht (vgl. Abschnitt J2.2). Im Oktober 1995 kamen dann seine „Mindestanforderungen an das Betreiben von Handelsgeschäften"

(*MaH*). Die vollständige Umsetzung der MaH wurde seit Anfang 1997 verlangt. Inzwischen sind die MaH in den MaRisk aufgegangen, die seit dem 20. Dezember 2005 in Kraft sind sowohl am 30. Oktober 2007 als auch zueltzt am 14. August 2009 überarbeitet wurden (vgl. Bundesanstalt für Finanzdienstleistungsaufsicht (2005), Bundesanstalt für Finanzdienstleistungsaufsicht (2007a) und Bundesanstalt für Finanzdienstleistungsaufsicht (2009c), sowie Kapitel G2). Außer den *Prozessen* im Handelsgeschäft (vgl. Bundesanstalt für Finanzdienstleistungsaufsicht (2009c), Abschnitt BTO 2.2), die im Fall Leeson nicht richtig funktionierten und die MaH seinerzeit ganz wesentlich bestimmten, sind für uns an dieser Stelle v. a. die Ausführungen zu den Marktpreisrisiken (Abschnitt BTR 2) von Bedeutung.

Als *Handelsgeschäfte* gelten alle Geldmarkt-, Wertpapier-, Devisen-, Waren- und Derivategeschäfte sowie Geschäfte mit handelbaren Forderungen, die von einem Kreditinstitut im eigenen Namen und für eigene Rechnung abgeschlossen werden. Bei Handelsgeschäften müssen Handel und Risikocontrolling sowie Abwicklung und Kontrolle bis hinein in die Geschäftsleitung funktional getrennt werden, außer wenn die Handelsgeschäfte als nicht risikorelevant einzustufen sind (vgl. Abschnitt BTO 2.1). Die Verantwortung der Geschäftsleitung ist im Überarbeitungsprozess der MaRisk immer weiter verschärft worden. Zuletzt heißt es im Wesentlichen: „Alle Geschäftsleiter [...] sind [...] für die ordnungsgemäße Geschäftsorganisation und deren Weiterentwicklung verantwortlich. [...] Die Geschäftsleiter werden dieser Verantwortung nur gerecht, wenn sie die Risiken beurteilen können und die erforderlichen Maßnahmen zu ihrer Begrenzung treffen."(Vgl. Bundesanstalt für Finanzdienstleistungsaufsicht (2009c), Abschnitt AT 3). Mit Blick auf die Innovationen an den Finanzmärkten ist das eine permanente Herausforderung, wie Pfingsten *et al.* (2005b) näher ausführen.

Die Vorgaben für den Ablauf des Handels (Abschnitt BTO 2.2.1) sind offenbar durch frühere Schadensfälle sowie Überlegungen motiviert, wie wohl besonders leicht betrogen werden kann. So müssen auch Nebenabreden vereinbart, interne Handelsgeschäfte nach klaren Regelungen abgeschlossen, viele Dokumentationspflichten erfüllt und Abweichungen von marktgerechten Preisen besonders begründet werden. Warnlampen gehen auch bei Geschäften außerhalb der Geschäftsräume und nach Erfassungsschluss an. Die Ausführungen zu Abwicklung und Kontrolle sowie zur Abbildung im Risikocontrolling (Abschnitte BTO 2.2.2 und 2.2.3) führen dies z. T. weiter aus.

Dass derartige Vorgaben für den Handelsablauf erforderlich sind, zeigt das Beispiel des Milliardenverlusts der Société Générale aus dem Jahr 2008. Ihrem Händler Jérôme Kerviel gelang es, sämtliche vorhandenen Kontrollmechanismen zu umgehen. Er handelte zeitweise ohne Absicherungssystem mit hochriskanten Positionen in Höhe von 50 Milliarden Euro und damit ungefähr dem zweifachen Eigenkapital der Bank. Um zu hohe Verluste oder Gewinne zu verschleiern, gelang es ihm, über ein Jahr lang Transaktionen zu fingieren, Scheinverluste auszuweisen und Kontrakte mit erfundenen Geschäftspartnern zu fälschen. Seine betrügerischen Geschäfte haben der Bank letztlich einen Verlust von 4,9 Milliarden Euro eingebracht (vgl. o. V. (2008a)).

Aus unserer kurzen Beschreibung der handelsbezogenen Teile der MaRisk wird deutlich, dass sie für jedes Kreditinstitut, das Handelsgeschäfte betreibt, erhebliche Auswirkungen auf die Gestaltungsfreiheit hinsichtlich der internen Organisation haben. Ausnahmen für kleinere Institute – etwa aus dem Genossenschafts- und Sparkassensektor – werden von diesen gelegentlich gefordert. Dem wird jedoch allenfalls dadurch Rechnung getragen, dass die Angemessenheit des Risikocontrollings und Risikomanagements abhängig vom Geschäftsumfang beurteilt werden kann. Außerdem ist mit der 6. KWG-Novelle im Jahr 1998 eine Bagatellgrenze eingeführt worden. Unter Berücksichtigung der strategischen Ausrichtung muss die Geschäftsleitung daher entscheiden, ob Handelsgeschäfte betrieben werden sollen. Für manches kleinere Institut kann der nahezu vollständige Verzicht auf die Durchführung von Handelsgeschäften angebracht sein. Zumindest in diesem Bereich würde durch die Regulierung somit die Konzentration im Bankensektor gefördert.

Für den Umgang mit *Marktpreisrisiken* werden in den MaRisk zunächst einige allgemeine qualitative Anforderungen aufgestellt (vgl. Abschnitt BTR 2.1). Sie betreffen hauptsächlich die Limitierung und die regelmäßige Überprüfung. So heißt es, motiviert durch neueste Erfahrungen aus der Finanzkrise, in der aktuellen Fassung beispielsweise: „Es ist zu überprüfen, ob die Verfahren auch bei schwerwiegenden Marktstörungen zu verwertbaren Ergebnissen führen. Für länger anhaltende Fälle fehlender, veralteter oder verzerrter Marktpreise sind für wesentliche Positionen alternative Bewertungsmethoden festzulegen." Bei den Marktpreisrisiken des Handelsbuches (Abschnitt BTR 2.2) kommt es hauptsächlich darauf an, dass zeitnah dokumentiert, bewertet und überprüft wird. Speziell muss der für das Risikocontrolling zuständige Geschäftsleiter täglich über die Gesamtrisikoposition, die Handelsergebnisse sowie die Limitauslastungen informiert werden. Bei den Marktpreisrisiken des Anlagebuches (Abschnitt BTR 2.3), bei denen die Einbeziehung der ensprechenden Zinsänderungsrisiken in der Überschrift des Abschnitts explizit betont wird, sind die Anforderungen weniger stark. So genügt hier u. U. eine vierteljährliche Bewertung. Die Abkehr vom one-size-fits-all-Ansatz zeigt sich z. B. darin, dass jedoch häufiger – im Extremfall täglich – bewertet und berichtet werden muss, wenn dies aufgrund der Risiken, u. a. wegen ihrer Komplexität und Höhe, erforderlich ist. Grundsätzlich herrscht außerdem Freiheit bei der Wahl geeigneter Methoden und Annahmen. Das geht sogar so weit, dass nicht, wie in *Basel II*, verlangt wird, die barwertige Auswirkung eines Zinsschocks zu berechnen (vgl. BASEL COMMITTEE ON BANKING SUPERVISION (2005), S. 170f.), sondern die Ermittlung der Auswirkung auf das handelsrechtliche Ergebnis ebenfalls zulässig ist (vgl. BUNDESANSTALT FÜR FINANZDIENSTLEISTUNGSAUFSICHT (2009c), BTR 2.3, Satz 6, und Abschnitt J2.8). Hier wurde offensichtlich der stärkeren GuV-Orientierung in der deutschen Banksteuerung Rechnung getragen.

J1.3 Nettopositionen als Basis der Eigenmittelunterlegung von Marktpreisrisiken

Kommen wir nun zu den Grundlagen der quantitativen Regulierungsvorgaben, d. h. der Eigenmittelunterlegung der Marktpreisrisiken. Die Rolle von *Basel II* wurde bereits betont. In deutsches Recht wurden die auf der Säule 1 aufbauenden Vorgaben aus Brüssel durch die *Solvabilitätsverordnung* umgesetzt. Die zwei wesentlichen Punkte der SolvV bezüglich der Eigenkapitalunterlegung von Marktpreisrisiken sind:

- Zur Messung der wichtigsten Marktpreisrisiken (Zinsänderungsrisiko, Risiko von Eigenkapitalpositionen, Währungsrisiko, Risiko aus Warengeschäften) werden *Standardverfahren* vorgegeben (vgl. SolvV §§294-312).
- Für die Nutzung *interner Modelle* zur Messung von Marktpreisrisiken werden qualitative und quantitative Anforderungen (u. a. Haltedauer, Konfidenzniveau) aufgestellt (vgl. SolvV §§313-318 und Abschnitt J5.2).

Die vorgegebenen Standards behandeln wir in den späteren Kapiteln dieses Teils bei den jeweiligen Risikoarten, die internen Modelle übergreifend am Ende dieses Teils.

Das Ausmaß an eingegangenen Marktpreisrisiken hängt zum einen vom Ausmaß der Preisschwankungen und zum anderen vom Betrag der offenen Positionen ab. Bevor wir auf die Ermittlung der Anrechnungsbeträge[1] für die einzelnen Risikoarten näher eingehen, wollen wir an einem Beispiel für Fremdwährungsrisiken aufzeigen, wie die Quantifizierung von Marktpreisrisiken grundsätzlich ablaufen kann und was dabei zu beachten ist:

Ein deutsches Kreditinstitut habe eine Forderung in Höhe von 100.000 US-\$ und eine Verbindlichkeit über 60.000 US-\$. Der aktuelle Wechselkurs sei 1,10 €/US-\$. Umgerechnet in € sieht die Fremdwährungsposition damit folgendermaßen aus:

Fremdwährungsposition in €			
Forderung	110.000	Verbindlichkeit	66.000

Es besteht offensichtlich ein *Aktivüberhang* in Höhe von umgerechnet 44.000 €. Steigt der Wechselkurs bis zum Fälligkeitstermin auf 1,20 €/US-\$, so bedeutet dies eine Wertsteigerung der Forderung um $(1{,}20 - 1{,}10) \cdot 100.000$ US-\$ $= 10.000$ €. Dem steht eine Erhöhung der Verbindlichkeit in Höhe von $(1{,}20 - 1{,}10) \cdot 60.000$ US-\$ $= 6.000$ € gegenüber. Der Nettoertrag beläuft sich somit auf 4.000 €.

Die gleiche Wirkung ergäbe sich, wenn nur eine Forderung in Höhe der offenen Position bestünde (und keine Verbindlichkeit). Entscheidend für das Ausmaß an eingegangenen Wechselkursrisiken ist also ausschließlich die offene Position (im Beispiel 40.000 US-\$ bzw. 44.000 € als Saldo aus Zahlungsansprüchen und Zahlungsverpflichtungen). Entsprechend ist auch für die Erfassung der anderen Preisrisiken jeweils eine offene Position bzw. eine *Nettoposition* zu bestimmen.

---

[1] Unter einem Anrechnungsbetrag ist im Folgenden der Betrag zu verstehen, der für die Marktrisikopositionen bzw. für Risiken aus Optionsgeschäften tatsächlich an Eigenkapital vorgehalten werden muss.

Die Multiplikation der Nettoposition mit der für (maximal) möglich gehaltenen Preisschwankung ergibt ein Maß für den (maximal) möglichen Verlust.

Eine geschlossene Position ist gegen Preisschwankungen abgesichert (im Beispiel 66.000 € gegen Wechselkursänderungen). Das gilt allerdings nur dann, wenn die Fristigkeiten der aktivischen und passivischen Positionen identisch sind. Eine geringe zeitliche Diskrepanz in den Fälligkeiten von Zahlungsansprüchen und Zahlungsverpflichtungen mag unproblematisch sein, bei großen Diskrepanzen in den Fristigkeiten ist dagegen eine Saldierung trügerisch:

> Stellen wir uns vor, die obige Forderung sei erst einen Monat nach der Verbindlichkeit fällig. Fällt der Wechselkurs bis dahin auf 1,00€/US-$, so bedeutet dies eine Mindereinzahlung in Höhe von 10.000 € gegenüber der Ausgangssituation und insgesamt, ohne Berücksichtigung der zwischenzeitlichen Verzinsung der früher fälligen Verbindlichkeit, einen Nettoaufwand in Höhe von 16.000 €.

Ein Konzept zur Messung von Marktpreisrisiken sollte somit die *Fristigkeit* der einzelnen Positionen berücksichtigen.

Für Verfahren des internen Risikomanagements sind für die Zukunft geplante Zahlungen sicherlich vertretbar, für bankaufsichtsrechtliche Bestimmungen sind sie aufgrund der fehlenden Objektivierbarkeit jedoch in vielen Fällen nicht geeignet. Stattdessen kommen vor allem Aktiv- und Passivpositionen der *Bilanz* für die Ermittlung der offenen Position in Betracht.

Der Zusammenhang zwischen Buchwerten und künftigen Zahlungen ist bei den einzelnen Bilanzpositionen unterschiedlich eng. Bei Forderungen und Verbindlichkeiten kann aus dem Buchwert in der Bilanz durchaus auf die Höhe künftiger Zahlungen geschlossen werden. Buchwerte von Sachanlagen dagegen stehen in keinem unmittelbaren Zusammenhang zu künftigen Zahlungen. Umgekehrt gibt es Zahlungsansprüche bzw. -verpflichtungen, die in der Bilanz nicht erscheinen. Hierbei ist insbesondere an *Derivate* zu denken. Da mit diesen bilanzunwirksamen Geschäften erhebliche Zahlungen verbunden sein können, sollten sie auch in die Ermittlung der offenen Position eingehen.

Ein weiteres Problem entsteht, wenn der Zahlungsanspruch bzw. die Zahlungsverpflichtung vom Eintritt einer Bedingung abhängig ist. Dies betrifft speziell *Optionsgeschäfte* als bedingte Termingeschäfte, die neben der Zahlung bzw. dem Erhalt der Optionsprämie nur dann zu weiteren Zahlungen führen, wenn das Optionsrecht ausgeübt wird. Eine solche bedingte offene Position begründet zwar auch ein Preisrisiko, der Wertverlust einer Optionsposition aufgrund von Marktpreisschwankungen ist aber keine lineare Funktion der Wertveränderung des Underlyings; Optionsrisiken werden daher auch als *nichtlineare Risiken* bezeichnet. Laut SolvV erfolgt eine lineare Risikoerfassung durch den Deltafaktor, der die prozentuale Wertänderung der Option bei einer (marginalen) Wertänderung des Underlyings angibt. Ergänzt wird das Deltafaktorrisiko um weitere Risikokomponenten wie Gamma- und Vegafaktorrisiko. Die speziellen Konzepte zur Erfassung von Optionsrisiken werden, alle Preisrisiken übergreifend, in Abschnitt J5.1 behandelt. Insgesamt ist festzuhalten, dass Optionsrisiken mit den in der SolvV verwendeten linearen Risikoerfassungsmethoden nur näherungsweise ermittelt werden können.

Bei Aktien, festverzinslichen Wertpapieren und darauf bezogenen Derivaten hängt der Marktpreis nicht nur von einer allgemeinen Marktentwicklung, sondern auch von emittentenspezifischen Gegebenheiten ab (mehr hierzu in Abschnitt J1.4.2). Beide Risiken sind zu berücksichtigen; ein Hedgen ist hier nur möglich durch Halten von gegenläufigen Positionen in Wertpapieren, die gleichartig sind und sich auf denselben Emittenten beziehen.

Wenn z. B. für jede Laufzeit, Währung oder Aktienart einzeln eine offene Position ermittelt worden ist, stellt sich die Frage, wie diese Einzelpositionen zu einer Gesamtrisikoposition für die entsprechende Risikoart aggregiert werden sollen. Grundsätzlich sind drei Verfahren, die auch miteinander kombiniert werden können, denkbar (vgl. SCHULTE-MATTLER und TRABER (1997), S. 118f.):

- Der denkbar ungünstigste Fall für ein Institut ist dadurch gekennzeichnet, dass alle Longpositionen an Wert verlieren und alle Short-Positionen an Wert gewinnen. Ein solches „Worst Case Szenario" wird dadurch abgebildet, dass die Beträge aller offenen Positionen unabhängig von ihrem Vorzeichen aufaddiert werden.
- Eine sehr optimistische Sichtweise stellt die sog. „Best Case Methode" dar, bei der implizit davon ausgegangen wird, dass sämtliche Einzelnettopositionen vollständig positiv miteinander korreliert sind. In diesem Fall wäre eine Saldierung aller Einzelnettopositionen gerechtfertigt, man könnte aber auch auf eine getrennte Ermittlung der Einzelnettopositionen verzichten und statt dessen direkt eine Gesamtrisikoposition ermitteln.
- Einen mittleren heuristischen Weg zwischen diesen beiden auf sehr extremen Annahmen beruhenden Verfahren stellt die sog. „Middle Case Methode" dar, bei der man davon ausgeht, dass einerseits nicht sämtliche offenen Positionen zu Verlusten führen, andererseits aber auch keine vollständige Kompensation zwischen aktivischen und passivischen Einzelnettopositionen unterstellt wird. Die Aggregation zu einer Gesamtrisikoposition erfolgt in der Weise, dass zunächst alle aktivischen und passivischen Einzelnettopositionen getrennt aufaddiert werden und dann die betragsmäßig größere der beiden Summen die Gesamtrisikoposition bildet.

Daneben kommen auch Zwischenformen zur Anwendung und zwar in der Weise, dass eine Saldierung von Einzelnettopositionen erlaubt ist, aber auch die geschlossene Position mit Eigenmitteln (wenn auch in reduzierter Form) zu unterlegen ist. Gemäß der SolvV werden die Marktrisikopositionen nach dem Schema in Tabelle J1-1 erfasst. Abbildung J1.1 zeigt diese Aggregation in grafischer Form.[2]

Geschäfte, die mit Marktpreisrisiken verbunden sind, können zusätzlich mit Ausfallrisiken behaftet sein. Diese Ausfallrisiken gehen grundsätzlich in den Risikoaktiva-Anrechnungsbetrag ein (vgl. Kapitel G2.3). Lediglich die Adressenausfallrisiken aus zins- und aktienkursbezogenen Geschäften des Handelsbuches bei Handelsbuchinstituten werden im Rahmen der Handelsbuch-Risikopositionen berücksichtigt, denen wir uns im nächsten Abschnitt zuwenden.

---

[2] Die Pfeile verdeutlichen die Berücksichtigung von Aktiv- bzw. Passivüberhängen bei der Aggregation zu einer Gesamtrisikoposition.

Tab. J1-1: Vorgehensweise zur Ermittlung der Eigenmittelunterlegung für Marktpreisrisiken

---

1. Im ersten Schritt ist durch Saldierung gegenläufiger Positionen eine Einzelnettoposition zu ermitteln. Optionsrisiken werden mit dem Delta-gewichteten Wert angesetzt.
2. Die Einzelnettopositionen sind dann zu einer Gesamtrisikoposition zu aggregieren.
3. Den Verlust, der durch die Eigenmittel mindestens abgedeckt werden soll, erhält man, indem die Gesamtrisikoposition mit einem Faktor (q) multipliziert wird. Die Höhe des Faktors q hängt von der Marktpreisrisikoart ab und wurde aufgrund statistischer Untersuchungen über die Schwankungen der jeweiligen Marktpreise festgelegt.
4. Bei Handelsbuchinstituten sind zusätzliche Teilanrechnungsbeträge für das Gammafaktor- und Vegafaktorrisiko von Optionen mit Eigenmitteln zu unterlegen.

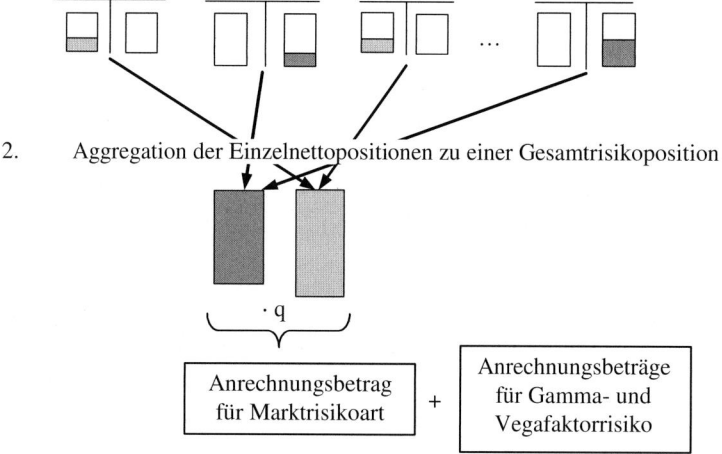

1. Ermittlung der Einzelnettopositionen durch Saldierung von aktivischen und passivischen (jeweils gleichartigen) Positionen

2. Aggregation der Einzelnettopositionen zu einer Gesamtrisikoposition

| Anrechnungsbetrag für Marktrisikoart | + | Anrechnungsbeträge für Gamma- und Vegafaktorrisiko |

Abb. J1.1: Ermittlung der Eigenmittelunterlegung für Marktpreisrisiken

J1.4 Marktrisikoposition

J1.4.1 Abgrenzungen

Die *Marktrisikoposition* ist die Summe aus den Handelsbuch-Risikopositionen, der Währungsgesamt- und der Rohwarenposition. Marktpreisrisiken in Form von Fremdwährungs- und Rohwarenrisiken sind unabhängig davon, ob die diesen Risiken zugrunde liegenden Positionen zum Eigenhandel gehören, mit Eigenmitteln zu unterlegen. Zinsänderungs- und Aktienkursrisiken als weitere Preisrisiken hingegen sind nur dann mit Eigenmitteln zu unterlegen, wenn sie zum Handelsbuch zu rechnen sind (vgl. Abschnitt G2.3).

Als *Finanzinstrumente* gelten Finanztitel, die handelbar sind. Dies sind Wertpapiere (zum Wertpapierbegriff siehe ausführlicher Abschnitt M2.2.4), Geldmarktinstrumente, Devisen und Derivate. Die Handelsbuch-Risikopositionen umfassen gem. §1 Abs. 12 KWG alle Finanzinstrumente einschließlich der darauf bezogenen Absicherungsgeschäfte und Garantien, die mit zins- und aktienkursbezogenen Risiken behaftet sind, soweit sie dem Handelsbuch zuzurechnen sind. Dem Handelsbuch werden die Finanzinstrumente dann zugerechnet, wenn sie im Bestand gehalten werden mit der Absicht des (oftmals baldigen) Wiederverkaufs, um bestehende oder erwartete Unterschiede zwischen Kauf- und Verkaufspreis oder andere Preis- und Zinsschwankungen kurzfristig zu nutzen. Daneben gehören auch alle Geschäfte, die der Absicherung von Teilen des Handelsbuches dienen, zu den Handelsbuch-Risikopositionen.

J1.4.2 Allgemeine Vorüberlegungen

Die *Handelsbuchrisikopositionen* umfassen *zins- und aktienkursbezogene Marktpreisrisiken*. Bei Aktien, festverzinslichen Wertpapieren und darauf bezogenen Derivaten hängt der Marktpreis dabei nicht nur von einer allgemeinen Marktentwicklung ab, sondern auch von emittentenspezifischen Gegebenheiten. Bei den Preisrisiken erfolgt deshalb eine weitere Differenzierung in ein allgemeines, vom Markt abhängiges Risiko (*Allgemeines Kursrisiko*) und ein spezifisches, vom Emittenten abhängiges Risiko (*Besonderes Kursrisiko*). Dieser Zweiteilung liegt die aus der Kapitalmarkttheorie entnommene Vorstellung zugrunde, dass Preisschwankungen sowohl von gesamtwirtschaftlichen Einflüssen als auch von emittentenspezifischen Faktoren abhängen.

Marktpreisrisiken			
aktienkursbezogene Risiken		zinssatzbezogene Risiken	
Allgemeines Kursrisiko	Besonderes Kursrisiko	Allgemeines Kursrisiko	Besonderes Kursrisiko

Abb. J1.2: Risikokomponenten der Handelsbuchrisikopositionen

Die Unterscheidung in allgemeines und besonderes Risiko ist bedeutsam im Hinblick auf die Möglichkeiten, Risiken durch Hedging oder Diversifikation zu reduzieren. Dies sei zunächst am Beispiel von *aktienkursbezogenen Risiken* erläutert.

Aus der Kapitalmarkttheorie (z. B. aus dem CAPM) ist das Begriffspaar systematisches und unsystematisches Risiko geläufig, das inhaltlich einen ähnlichen Sachverhalt beschreibt wie allgemeines und spezifisches Risiko (für eine kritische Stellungnahme vgl. HUSCHENS (1998), S. 576ff.). Gemäß CAPM bestimmt sich die Renditeerwartung eines risikobehafteten Wertpapiers k (μ_k) als Summe aus sicherer Rendite (i) und der Risikoprämie des Marktes multipliziert mit der wertpapierspezifischen Risikohöhe (β_k). Dabei ergeben sich die Risikoprämie des Marktes als Differenz aus der erwarteten Marktrendite und der sicheren Rendite ($\mu_M - i$) und der β_k-Faktor, indem man die Kovarianz der Renditeerwartungen des Wertpapiers mit der des Marktportefeuilles (σ_{kM}) durch die Varianz der Renditerwartungen des Marktportefeuilles (σ_M^2) dividiert. Unterstellen wir diesen linearen Zusammenhang, so können wir für die erwartete Rendite des Wertpapiers k schreiben:

$$\mu_k = i + \beta_k \cdot (\mu_M - i), \quad \text{mit} \quad \beta_k = \frac{\sigma_{kM}}{\sigma_M^2}. \tag{J1-1}$$

Das Risikomaß β_k bezieht sich dabei nur auf das marktbezogene Risiko (*systematisches Risiko*). Somit wird aus Formel (J1-1) deutlich, dass die Höhe des eingegangenen *systematischen Risikos* entscheidend von der Faktorsensitivität β_k abhängt. Das systematische Risiko des gesamten Wertpapierportefeuilles kann demzufolge dadurch reduziert werden, dass Positionen (z. B. Long- und Shortpositionen) gehalten werden, deren Faktorsensitivitäten entgegengesetzte Vorzeichen aufweisen. In jedem Fall setzt eine korrekte Messung des systematischen Risikos eine zuverlässige und objektiv nachprüfbare Ermittlung der Faktorsensitivitäten voraus. Die Annahmen der Regulierung hierzu wurden in Kapitel G2 vorgestellt und kritisch diskutiert.

Da die unternehmensspezifischen Risiken (*unsystematisches Risiko*) definitionsgemäß unkorreliert sind, kann gemäß des schwachen Gesetzes der großen Zahlen das besondere Kursrisiko durch ein gut diversifiziertes Portefeuille (im CAPM das Marktportefeuille), in dem der Anteil eines jeden Wertpapiers gering ist, deutlich reduziert werden. Daher ist es sinnvoll, für gut diversifizierte Portefeuilles eine reduzierte Eigenmittelunterlegung vorzusehen.[3] Auch dies spiegelt sich in der Regulierung wider.

Auf *zinssatzbezogene Risiken* lassen sich die obigen Überlegungen zwar grundsätzlich übertragen, aber einige Besonderheiten sind zu beachten.

Der Wert eines Forderungstitels j ergibt sich als Barwert aller künftigen Zahlungen, die mit diesem Wertpapier verbunden sind. Der Diskontierungsfaktor für eine zukünftige Zahlung hängt von der am Markt herrschenden, laufzeitgerechten Rendite ($\tilde{r}_j$) ab. Er setzt sich zusammen aus dem Zinssatz für ausfallrisikofreie Anlagen ($\tilde{i}$) und einem Risikozuschlag ($\tilde{RZ}_j$), dessen Höhe von der individuellen Bonität des Emittenten abhängt:

---

[3] Eine ähnliche Überlegung findet sich beispielsweise auch im Diamond-Modell; vgl. Kapitel B3.

$$\tilde{r}_j = \tilde{i} + \tilde{R}Z_j. \tag{J1-2}$$

Ähnlich wie Aktienkursbewegungen können auch Preisschwankungen von festverzinslichen Wertpapieren zum einen auf Veränderungen einer allgemeinen Marktgröße, also eines Zinssatzes für sichere Anlagen, und zum anderen auf eine Veränderung emittentenspezifischer Einflussgrößen, speziell der individuellen Bonität des Emittenten, zurückgeführt werden.

Für Forderungstitel gilt stets, dass Steigerungen des *Marktzinsniveaus* zu fallenden Kursen, Rückgänge zu steigenden Kursen führen. Wie stark der Wertpapierkurs auf Veränderungen des Zinsniveaus reagiert, lässt sich näherungsweise mit einer Kennziffer messen, der *modifizierten Duration* des Wertpapiers (siehe Abschnitt J2.5.2). Die modifizierte Duration kann somit als eine Art Faktorsensitivität interpretiert werden, so dass es zur Erfassung des *allgemeinen Kursrisikos* sinnvoll ist, mit der jeweiligen modifizierten Duration gewichtete gegenläufige Positionen zu saldieren.

Im Hinblick auf die Bestimmung des *besonderen Kursrisikos* sind für zinssatzabhängige Preisrisiken einige Besonderheiten zu beachten. Sie rühren u. a. daher, dass ein Nebeneinander von hohem Risiko der Aktien eines Emittenten und geringem Risiko seiner festverzinslichen Wertpapiere denkbar ist, da im ersten Fall Eigen-, im zweiten aber Fremdkapitaltitel betroffen sind:

- Besitzt der Emittent eine erstklassige Bonität, so entspricht die vom Markt geforderte Rendite dem Zinssatz für risikofreie Anlagen und ein besonderes Risiko existiert nicht. Dies kann z. B. für bestimmte öffentliche Stellen gelten.
- Überhaupt scheint die Unterlegung des besonderen Risikos bei zinssatzabhängigen Wertpapieren in Anlehnung an die Bonitätsgewichtungsfaktoren (vgl. Abschnitt I5.3) sinnvoll.
- Besondere Kursrisiken sind auch bei solchen Finanzinstrumenten nicht vorhanden, die sich nicht auf einen speziellen Finanzierungstitel, sondern unmittelbar auf einen Marktpreis, z. B. einen Zinssatz, beziehen. Klassisches Beispiel ist ein einfacher „plain-vanilla" *Zinsswap*, bei dem der 3-Monats-Euribor gegen die Umlaufrendite festverzinslicher öffentlicher Anleihen (ggf. zuzüglich eines Spreads) getauscht wird.
- Die Bonitätsveränderungen der Emittenten festverzinslicher Wertpapiere sind wegen der gemeinsamen Abhängigkeit von gesamtwirtschaftlichen Faktoren u. U. stärker korreliert als die Renditen ihrer Aktien (vgl. Abschnitt I1.1.2). Diversifikation durch Mischung unterschiedlicher Emittenten bewirkt in diesem Fall bei zinssatzabhängigen Risiken keine deutliche Reduktion des besonderen Risikos, so dass kein Bonus für gut diversifizierte Portefeuilles gegeben werden sollte.

Damit haben wir genügend an allgemeinen Grundlagen gelegt, um uns in den folgenden Kapiteln den einzelnen Marktrisikoarten zuwenden zu können. Wir beschäftigen uns nacheinander mit Zinsänderungsrisiken (Kapitel J2), Aktienkursrisiken (Kapitel J3) sowie Währungs- und Rohwarenrisiken (Kapitel J4). Weitere Risiken, z. B. im Zusammenhang mit Wetterderivaten, CO^2-Emissionen und vielem mehr (vgl. SolvV §312) behandeln wir nicht.

J2 Zinsänderungsrisiken

1. Zinsänderungsrisiken entstehen aus unterschiedlichen Zinsbindungsdauern auf Aktiv- und Passivseite sowie aus unterschiedlichem Zinsanpassungsverhalten variabel verzinslicher Positionen.
2. Sie äußern sich u. a. in Marktwertrückgängen von Aktivpositionen und Marktwertsteigerungen von Passivpositionen.
3. Die Grundidee der Zinsbindungsbilanz ist, dass bei Laufzeitkongruenz der Aktiva und Passiva kein Zinsänderungsrisiko besteht.
4. Das Elastizitätskonzept geht davon aus, dass die Zinssätze einzelner variabel verzinslicher Bankprodukte in unterschiedlichem Ausmaß auf die Marktzinsbewegungen reagieren.
5. Die Duration drückt die durchschnittliche Bindungsdauer eines Vermögenswertes aus, gibt einen Immunisierungszeitpunkt an und lässt sich zur näherungsweisen Berechnung von Kurswertänderungen verwenden.
6. Für eine Gesamtschau des Zinsrisikos bieten sich Simulationsrechnungen für mehrere Zinsszenarien an.
7. Bei Zinsänderungen entsprechend den impliziten Terminzinssätzen ist Fristentransformation endwertneutral.
8. Der Einsatz von Zinsderivaten kann im Vergleich zu „klassischen" Kapitalmarktgeschäften im Hedging gegen Zinsänderungsrisiken u. U. zu geringeren Transaktionskosten sowie günstigeren Wirkungen bei der aufsichtsrechtlichen Behandlung und in der externen Rechnungslegung führen.
9. Zinsänderungsrisiken müssen im Handelsbuch, nicht aber im Anlagebuch mit Eigenmitteln unterlegt werden.

J2.1 Arten von Zinsänderungsrisiken

Zinsänderungsrisiken haben grundsätzlich etwas mit der Veränderung von Zinssätzen und den dadurch verursachten Veränderungen der Marktpreise von zinsreagiblen Finanztiteln (Anleihen, Kredite, Einlagen, Zinsderivate etc.) zu tun. Um unterschiedliche Ursachen und Ausprägungen des Risikos zu verstehen, stellen Sie sich bitte zunächst die folgenden drei Situationen vor:

Situation 1: Ein Kreditinstitut hat zweijährige Finanzierungsschätze des Bundes mit einem Zinssatz von 6% erworben. In Gedanken hat es sie, abweichend von der Goldenen Bankregel, am Geld- und Kapitalmarkt (GKM) für 1 Jahr mit Termingeld zu 4,5% finanziert. Nun steigen die Geld- und Kapitalmarktzinssätze im Laufe des ersten Jahres um 1%, speziell die Zinsen für einjährige Termingelder auf 5,5%. Die gedankliche Anschlussfinanzierung erbringt statt 1,5% nur eine Marge von 0,5% im zweiten Jahr.

Situation 2: Gewarnt durch diese Entwicklung, entschließt sich die Bank, zukünftig auf Fristenkongruenz zu achten. Insbesondere finanziert sie (Sie wissen schon: nur gedanklich) zinsvariable Konsumentenkredite mit vierteljährlicher Zinsanpassung auf dem Interbankenmarkt mit Termingeldern mit vierteljähriger Laufzeit. Zu Jahresbeginn liegen die Konditionen bei 7% und 4%, führen also zu einer Marge von 3%. Ein Vierteljahr später sind die Zinssätze gefallen. Für die Refinanzierung am Interbankenmarkt müssen 3,5% gezahlt werden, durch Lockangebote von Autobanken und Kaufhäusern sind für die Kredite nur noch 6% ohne Volumeneinbußen durchsetzbar, die Marge sinkt auf 2,5%.

Situation 3: Weil die Bank auch diese zweite Entwicklung nicht besonders positiv findet, entschließt sie sich am folgenden Jahresbeginn, fünfjährige Sparbriefe (Aufzinsungstyp, d. h. Zinszahlung am Laufzeitende) zu 5% zu verkaufen und die dafür zufließenden Mittel in fünfjährige öffentliche Anleihen (Zerobonds) zu 7% zu investieren. Eine restriktive Geldpolitik führt zu einem Anstieg der längerfristigen Zinssätze, was die Bank relativ sorglos verfolgt; denn schließlich ist die Position für die nächsten fünf Jahre vollständig geschlossen. Am Jahresende jedoch kommt die Leitung des Rechnungswesens mit dem Hinweis, dass der Kurs des Zerobonds gefallen sei und daher Abschreibungen vorzunehmen seien.

In diesen Beispielen haben Sie die wichtigsten *Ausprägungen* von Zinsänderungsrisiken anhand ihrer Entstehungsursachen kennen gelernt (vgl. SCHIERENBECK (2009), S. 294ff.):

1. *Festzinsrisiken* aus unterschiedlichen Zinsbindungsdauern auf Aktiv- und Passivseite (inkongruente Refinanzierung).
2. *Variable Zinsänderungsrisiken* aus unterschiedlichem Zinsanpassungsverhalten variabel verzinslicher Positionen.
3. *Abschreibungsrisiken* aus Marktwertrückgängen von Aktivpositionen.

Gemeinsames Merkmal aller drei Ausprägungen des Zinsänderungsrisikos ist, dass sie durch Zinsveränderungen verursacht werden (daher auch der Name). Beachten Sie jedoch einen wesentlichen Unterschied: im ersten und dritten Fall haben allein die Zinsänderungen am GKM zu einer Reduzierung des erwarteten Gewinns geführt, im zweiten Fall waren Änderungen der Kundenzinssätze für das Risiko mit verantwortlich.

Das BASEL COMMITTEE ON BANKING SUPERVISION (2003b), S. 6f., klassifiziert die *Quellen* des Zinsänderungsrisikos in folgende vier Bereiche (vgl. auch die Darstellung von COOSMANN und HUDETZ (2000), S. 166f.):

- *Repricing risk* als Folge von Fristeninkongruenzen,
- *Yield curve risk* speziell aus Drehungen der Zinsstrukturkurve,
- *Basis risk* aus unvollkommener Korrelation der (vergleichbaren) Zinssätze auf Aktiv- und Passivseite bzw. auf verschiedenen Märkten,
- *Optionality* aus explizit gehandelten und implizit in anderen Produkten enthaltenen Optionen wegen ihrer asymmetrischen Risikoprofile.

Diese aus Regulierungssicht nicht unwichtige Klassifizierung werden wir für das Risikomanagement *nicht* weiter verfolgen. Sie passt u. E. schlechter zu den gängigen Methoden; denn sie ignoriert z. B. bestimmte Beziehungen zwischen den Risikoquellen. So ist etwa eine Drehung der Zinsstrukturkurve nur dann ein Problem, wenn überhaupt Gaps (hierzu vgl. Abschnitt J2.5) bestehen.

Wir werden uns in den Abschnitten J2.3 bis J2.5 mit den drei Arten des Zinsänderungsrisikos näher beschäftigen und, sofern möglich, Instrumente zur Risikoidentifikation und -messung sowie Strategien zur Risikobegrenzung oder -vermeidung vorstellen. Letztlich ist eine Gesamtrisikobetrachtung nötig (vgl.

Abschnitt J2.6), da sich die Risiken aus einzelnen Geschäften und Risikoarten ggf. kompensieren können. Unserer Meinung nach erleichtert allerdings die isolierte Darstellung das Verständnis erheblich, so dass wir schrittweise vorgehen werden. Dabei folgen wir den drei Ausprägungen des Zinsänderungsrisikos in der aufgeführten Reihenfolge, die sich aus der bankpraktischen und bankwissenschaftlichen Historie in Deutschland ergibt.

Um unsere Ausführungen möglichst durchsichtig zu gestalten, werden wir an einem durchgängigen Beispiel argumentieren. Wir betrachten die stilisierte *Musterbank A* mit einer Bilanzsumme von 200 Mio. €. Das entspricht etwa einer mittleren bis kleineren Genossenschaftsbank. Die Aufteilung auf einzelne Bilanzpositionen zeigt Tabelle J2-1. Offenbar ist das Gesamtvolumen der mit F gekennzeichneten Festzinspositionen auf beiden Bilanzseiten gleich.[4]

Tab. J2-1: Bilanz der Musterbank A

Aktiva		Passiva	
Kontokorrentkredite	60	Termineinlagen	60
Betriebsmittelkredite (F)	70	Sparbriefe (F)	40
Hypothekendarlehen (F)	60	Schuldverschreibungen (F)	88
Grundstücke u. Gebäude (F)	10	Eigenkapital (F)	12
	200		200

Gelegentlich modifizieren wir das Beispiel und betrachten *Musterbank B*. Sie hat anstelle der festverzinslichen Sparbriefe variabel verzinsliche Spareinlagen und somit einen *Aktivüberhang* bei den festverzinslichen Positionen.

J2.2 Historischer und regulatorischer Hintergrund

In denjenigen Zeiten, in denen sich die Zinsen wenig verändern, ist es bei einer normalen Zinsstruktur verführerisch, durch *positive Fristentransformation*, d. h. längere Laufzeiten auf der Aktiv- als auf der Passivseite, Überschüsse zu erwirtschaften. Dazu werden langfristige Ausleihungen mit kurzfristigen Einlagen (oder kurzfristigen Geldmarktmitteln) refinanziert. Dieser Versuchung sind einige Kreditinstitute nach Aufhebung der Zinsverordnung im Jahre 1967 erlegen, um so Rückgänge der ursprünglich auskömmlichen, nun aber durch den Wettbewerb sinkenden Margen zu kompensieren. Durch Zinssteigerungen kam es zu Verlusten.

Bereits im Jahr 1970 ist der Finanzmakler Münemann durch den umfangreichen Erwerb von langfristigen Darlehensforderungen vor Fälligkeit und deren revolvierende Finanzie-

---

[4] Die Positionen Grundstücke und Gebäude sowie Eigenkapital werden hier zu den Festzinspositionen gezählt, da sie nicht unmittelbar auf Markzinsänderungen reagieren.

rung mit kurzfristigen Schuldscheindarlehen an den Risiken der Fristentransformation gescheitert (vgl. MÜLHAUPT (1982), S. 449).

In den USA sind zwischen 1982 und 1989 viele Savings & Loans Associations insolvent geworden; sie hatten langfristige, festverzinsliche Hypothekendarlehen mit kurzfristigen Depositen finanziert und wurden Opfer der erheblichen Zinssteigerungen, die sich als Folge einer restriktiven Geldpolitik der US-Notenbank einstellten (vgl. Teil A).

Im Oktober 2007 hatte die auf Immobilienfinanzierung spezialisierte Hypo Real Estate die auf Finanzierung der öffentlichen Hand spezialisierte Depfa Bank plc übernommen. Die Depfa hat ihr langfristiges, tendenziell risikoarmes Staatskreditengagement überwiegend kurzfristig refinanziert. Mit dem Austrocknen des Interbankenmarktes nach der Insolvenz der Lehman Brothers Inc. am 15. September 2008 verteuerten sich die Anschlussfinanzierungen so stark, dass die Depfa und mit ihr der gesamte HRE Konzern auf staatliche Hilfe angewiesen war, um eine Insolvenz zu vermeiden.[5]

Die frühe Erfahrung in Deutschland hat zunächst dazu geführt, dass „die Eingehung der Verpflichtung, Darlehensforderungen vor Fälligkeit zu erwerben" im *KWG* als Bankgeschäft aufgenommen wurde (§1 (1) Nr. 7 KWG). Zinsänderungsrisiken resultieren aber letztlich nicht aus einzelnen Geschäftsarten, sondern aus der Geschäftsstruktur. Da auch nach dem Fall Münemann einzelne Banken durch Fehlspekulationen bei der Fristentransformation in Existenzgefahr kamen, wurden Zinsänderungsrisiken zu einem aufsichtsrechtlichen Thema.

Von SCHOLZ (1979) wurde die Erstellung einer *Zinsbindungsbilanz* vorgeschlagen, die Auskunft über Inkongruenzen geben sollte. Mit Schreiben vom 23. November 1977 hat das BAKred von den Kreditinstituten eine Berichterstattung über den Umfang der Festzinsdarlehen und die zugehörige Refinanzierung erbeten. Die Offenlegung von Fristeninkongruenzen gegenüber der Aufsicht wurde mit Schreiben vom 24. Februar 1983 erneut gefordert und erweitert: es sollten die Inkongruenzen über einen Zeitraum von mindestens 5 Jahren sichtbar gemacht und die Auswirkungen von Zinsänderungen auf das Zinsergebnis dargestellt werden. Die Erstellung einer Zinsbindungsbilanz ist allerdings nicht in jedem Fall zwingend vorgeschrieben. Sofern die Zinsänderungsrisiken mit moderneren Verfahren ermittelt werden, kann auf die Erstellung einer Zinsbindungsbilanz verzichtet werden.

Der Baseler Ausschuss hat mit BASEL COMMITTEE ON BANKING SUPERVISION (1997) *Prinzipien für das Management von Zinsänderungsrisiken* verabschiedet, die neben dem sog. „Marktrisikopapier", *Basel I* und *Basel II* (vgl. Kapitel G2.3) als Grundlage für das interne Handeln wie auch für die ausführliche Überwachung dienen sollen. Im Zuge der Vorbereitung von *Basel II* wurden dieses Papier überarbeitet (vgl. BASEL COMMITTEE ON BANKING SUPERVISION (2003b)). Es enthält insgesamt 15 Prinzipien zu den Bereichen:

- Board and senior management oversight of interest rate risk,
- Adequate risk management policies and procedures,
- Risk measurement, monitoring and control functions,
- Internal controls,
- Information for supervisory authorities,

---

[5] Vgl. O.V. (2009b)

- Capital adequacy,
- Disclosure of interest rate risk,
- Supervisory treatment of interest rate risk in the banking book.

Der Tenor des Papiers steht im Einklang mit den übrigen Regulierungsvorgaben aus Basel (vgl. Teil 3, Abschnitt 2 in BASEL COMMITTEE ON BANKING SUPERVISION (2005)), indem u. a. eine Orientierung an Ideen, die aus Sicht von Instituten mit „best practice" selbstverständlich sind, erfolgt und die Bedeutung angemessener Prozesse besonders betont wird. Auf weitere Details zu qualitativen Regelungen sowie zur Eigenmittelunterlegung von Zinsänderungsrisiken werden wir später noch eingehen (vgl. Abschnitt J2.8 für das Anlagebuch und Abschnitt J2.9 für das Handelsbuch).

J2.3 Zinsbindungsbilanz und Zinsablaufbilanz

J2.3.1 Konzeption der Zinsbindungsbilanz

Die Grundidee der *Zinsbindungsbilanz* als Instrument zur Identifikation und später auch zur Quantifizierung von Zinsänderungsrisiken geht auf SCHOLZ (1979) zurück und lautet: Sind für jede Laufzeit die Volumina auf Aktiv- und Passivseite gleich groß (Laufzeitkongruenz), so bewirken Zinsänderungen keine Ergebnisveränderungen. Unter *Laufzeit* wird dabei die Rest- und nicht die Ursprungslaufzeit verstanden. (Ein ursprünglich zehnjähriges Darlehen wird so im Laufe der Zeit zu einem kurzfristigen Geschäft.) Variabel verzinsliche Positionen werden faktisch ausgeblendet (vgl. Abbildung J2.1). Aus Sicht der Zinsbindungsbilanz liegt ein *Zinsänderungsrisiko* vor, wenn eine *offene Festzinsposition* existiert. Bei einem *Aktivüberhang* (*Passivüberhang*) geht die Zinsspanne bei Zinssteigerungen (Zinssenkungen) zurück. Dementsprechend wird gelegentlich zwischen einem *Refinanzierungs-* und einem *Reinvestitionsrisiko* unterschieden (vgl. SAUNDERS und CORNETT (2008), S. 196).

Übertragen auf die Bilanz der Musterbank A bedeutet dies: Wenn außer dem Gesamtvolumen der Festzinsgeschäfte auch die einzelnen Restlaufzeiten einander entsprechen, liegt kein Zinsänderungsrisiko vor.

In amerikanischen Lehrbüchern zum Bankmanagement ist eine der Zinsbindungsbilanz ähnliche Konzeption als „*Gap Analysis*" oder auch in ähnlicher Form als Grundlage des „*Repricing Model*" bekannt: Bilanzpositionen werden in Laufzeitbänder eingeordnet. Für jedes Band wird die Differenz zwischen Aktiva und Passiva (gap) ermittelt. Auf dieser Basis können dann diverse Szenarien von Preisveränderungen (repricing) durchgerechnet werden (vgl. beispielhaft GARDNER *et al.* (2005), S. 356ff., KOCH und MACDONALD (2006), S. 143ff., und SAUNDERS und CORNETT (2008), S. 195ff.).

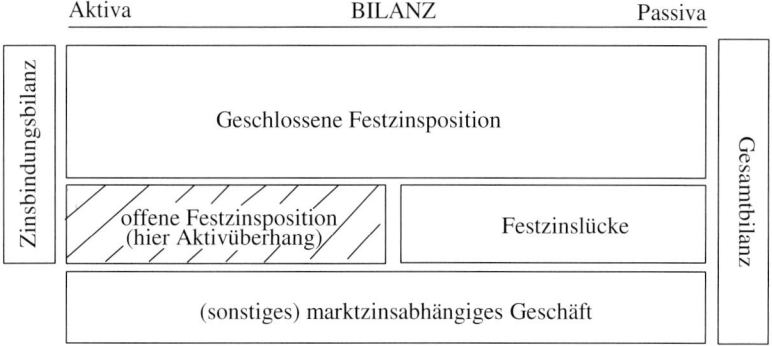

Abb. J2.1: Zinsbindungsbilanz als Teil der Gesamtbilanz

Quelle: SCHIERENBECK (2009), S. 326.

J2.3.2 Wichtigster Mangel der Zinsbindungsbilanz

Der schwerwiegendste Mangel der Zinsbindungsbilanz ist, dass Zinsveränderungen auch bei Fristenkongruenz zu Ergebnisrückgängen führen können (vgl. ROLFES (1985), S. 127ff.). Um Ihnen das zu demonstrieren, versehen wir die einzelnen Bilanzpositionen der Musterbank A mit Zinssätzen und stellen dann die Zinsertragsbilanz auf (vgl. Tabelle J2-2 sowie die Erläuterungen in Abschnitt L2.1).

Tab. J2-2: Zinsertragsbilanz der Musterbank A (Ausgangssituation)

Aktiva				Passiva			
Position	Zins (in %)	Ertrag (in Mio.)	Vol. (in Mio.)	Position	Zins (in %)	Aufwand (in Mio.)	Vol. (in Mio.)
Grundstücke und Gebäude	0,0%	0	10	Eigenkapital	0,0%	0	12
Betriebsmittel- kredite	8,5%	5,95	70	Schuld- verschreibungen	7,0%	6,16	88
Hypotheken- darlehen	9,0%	5,4	60	Sparbriefe	4,0%	1,6	40
Summe Festzinsaktiva		11,35	140	Summe Festzinspassiva		7,76	140
Kontokorrent- kredite	z. Zt. 10,5%	6,3	60	Termineinlagen	z. Zt. 4,5%	2,7	60
		17,65	200			10,46	200

Falls die Positionen das Jahr über so bestehen bleiben, ergibt sich ein Zinsüberschuss von 7,19 Mio. €. Nehmen wir nun an, dass sich unmittelbar nach dem

Bilanzstichtag die Zinssätze am GKM in allen Laufzeiten um 1%-Punkt erhöhen. In den Kundengeschäften schlägt sich das zunächst nur bei den zinsvariablen Teilen (und auch dort nur partiell) nieder: z. B. steigen die Kontokorrentzinssätze auf 11,1%, die Zinssätze der Termineinlagen auf 5,4%. Damit ergibt sich eine neue Zinsertragsbilanz (vgl. Tabelle J2-3).

Tab. J2-3: Zinsertragsbilanz der Musterbank A (nach Zinserhöhung)

Aktiva				Passiva			
Position	Zins (in %)	Ertrag (in Mio.)	Vol. (in Mio.)	Position	Zins (in %)	Aufwand (in Mio.)	Vol. (in Mio.)
Grundstücke und Gebäude	0,0%	0	10	Eigenkapital	0,0%	0	12
Betriebsmittel-kredite	8,5%	5,95	70	Schuld-verschreibungen	7,0%	6,16	88
Hypotheken-darlehen	9,0%	5,4	60	Sparbriefe	4,0%	1,6	40
Summe Festzinsaktiva		11,35	140	Summe Festzinspassiva		7,76	140
Kontokorrent-kredite	z. Zt. 11,1%	6,66	60	Termineinlagen	z. Zt. 5,4%	3,24	60
		18,01	200			11	200

Bleiben die Positionen und die neuen Zinssätze über das Jahr bestehen, so beträgt der Zinsüberschuss 7,01 Mio. €, ein Rückgang gegenüber der ursprünglichen Erwartung um 0,18 Mio. €. Dieses Minus im Zinsüberschuss tritt auf, obwohl keine Festzinslücke besteht und – mangels anderer Angaben – davon ausgegangen werden kann, dass in der geschlossenen Festzinsposition keine Inkongruenzen in Bezug auf die Laufzeit bestehen. (Die wären hier im Übrigen nicht erkennbar und zudem wirkungslos, da die Zinssätze der bestehenden Festzinspositionen definitionsgemäß nicht auf Veränderungen der Marktzinssätze reagieren.)

Betrachten wir noch einmal Abbildung J2.1, so können wir folgende Schlussfolgerung ziehen: Da der Zinsüberschuss *geschlossener Festzinspositionen* nicht auf Zinsänderungen reagiert und die zweite Schicht (mit der *Festzinslücke*) im Beispiel fehlt, muss die Veränderung aus dem untersten Block herrühren, der das *zinsvariable Geschäft* umfasst. In der Tat steigen die Kontokorrent-Zinssätze „nur" um 0,6%-Punkte, die Zinsen für Termineinlagen jedoch um 0,9%-Punkte, was die Ursache für den Zinsüberschuss-Rückgang darstellt. An dieser Stelle setzt das Elastizitätskonzept an, das in Abschnitt J2.4 behandelt wird.

J2.3.3 Zinsablaufbilanz und verbleibende Mängel

Unter dem Begriff Zinsbindungsbilanz wird manchmal auch die folgende „Verfeinerung" verstanden: die *Zinsablaufbilanz*. Sie macht die Idee der Gap Analysis und die Bedeutung der Restlaufzeiten im Festzinsgeschäft noch deutlicher. Im Unterschied zur Zinsbindungsbilanz berücksichtigt die Zinsablaufbilanz nicht lediglich einen Stichtag, sondern bildet die Festzinsbestände zu mehreren Zeitpunkten ab, so dass im Zeitablauf auftretende Inkongruenzen sichtbar werden. Für die Musterbank B, also mit den variablen Spareinlagen anstelle der festverzinslichen Sparbriefe, könnte sie z. B. wie in Tabelle J2-4 aussehen.

Tab. J2-4: Zinsablaufbilanz für Musterbank B

		Zum Stichtag				
		0	1	2	3	4
(1) **Festzins-Aktiva (in Mio.)**		140	140	70	10	10
Festzins-Passiva (in Mio.)		100	100	12	12	12
(2) **⌀-Zinssatz des Festzinsblocks**						
• Aktiv		8,107%				
• Passiv		6,160%	...			
(4) **⌀-Zinsspanne der geschlossenen Festzinsposition**		1,947%	...			
(5) **Festzinsrisiko p. a. des Überhangs bei 1%-iger Erhöhung des Zinsniveaus**		-0,4 Mio. bzw. -0,2% DBS	...			
(6) **Grenzzinssätze (in %)**	A	8,107%				
	B	12,975%	...			

Offenbar könnte die Restlaufzeit für die Betriebsmittelkredite und die Schuldverschreibungen knapp zwei Perioden sowie für die Hypothekendarlehen knapp drei Perioden betragen. In der Praxis ist zu beobachten, dass als Perioden zunächst einmal Monate und dann Quartale, Halbjahre und Jahre gewählt werden.

Neben der reinen Angabe der Festzinsüberhänge soll die Angabe des Festzinsrisikos und bestimmter Grenzzinssätze ein Gefühl für die Höhe der Zinsrisikoposition vermitteln:

- Das Festzinsrisiko ist das Produkt aus Festzinsüberhang und angenommener Zinsänderung.
- Der Grenzzinssatz A, der durchschnittliche Festzinssatz der Überhangseite, gibt an, zu welchem Zinssatz die Festzinslücke geschlossen werden müsste, damit der Zinsüberschuss aus der offenen Festzinsposition genau null ist.
- Der Grenzzinssatz B gibt an, bei welchem Zinssatz der Zinsüberschuss aus der gesamten Festzinsposition null wird. Im Beispiel ergibt er sich aus $140 \cdot 8,107\% = 100 \cdot 6,160\% + 40 \cdot$ Grenzzinssatz B.

Die Bedeutung der Grenzzinssätze ist allerdings beschränkt; denn z. B. wird eine Bank mit einem Aktivüberhang kaum ohne Sicherungsmaßnahmen warten, bis der variable Zinssatz auf das Niveau des Grenzzinssatzes B geklettert ist.

Auch die Zinsablaufbilanz beinhaltet nach wie vor nicht das Risiko aus dem zinsvariablen Geschäft. Sie macht nur das Risiko aus Laufzeitinkongruenzen in-

nerhalb der „geschlossenen" Festzinsposition deutlicher. Ebenso wie in der Zinsbindungsbilanz werden Marktwertveränderungen von Aktiva und Passiva in der
Zinsablaufbilanz nicht berücksichtigt. Zinszahlungen (und natürlich die Zahlungen aus den Provisionsgeschäften, für Löhne und Gehälter etc.) fehlen ebenfalls.
Sie können zusammen dazu führen, dass aus einem Refinanzierungsrisiko (*Passiv-
vorlauf*: mehr Passiva als Aktiva sind in der Periode fällig, d. h. per Saldo werden
für Tilgungen Finanzmittel benötigt) ein Anlagerisiko wird.

J2.4 Steuerung mit dem Elastizitätskonzept

Grundidee des Elastizitätskonzepts

Wir haben in Abschnitt J2.3.2 gesehen, dass der Zinsüberschuss als Folge von
Zinsänderungen auch dann zurückgehen kann, wenn keine offene Festzinsposition existiert. Als Ursache dafür haben wir unterschiedliche Veränderungen in
den variablen Aktiv- und Passivzinssätzen ausgemacht. Das *Elastizitätskonzept*
(vgl. hier und in der Folge ROLFES (1985)) integriert solche Anpassungen der
zinsvariablen Geschäfte in die Zinsrisikosteuerung. Es beruht auf der Annahme,
dass die Zinssätze einzelner Bilanzpositionen bzw. Bankprodukte gewissermaßen
an die GKM-Zinssätze „angebunden" sind.

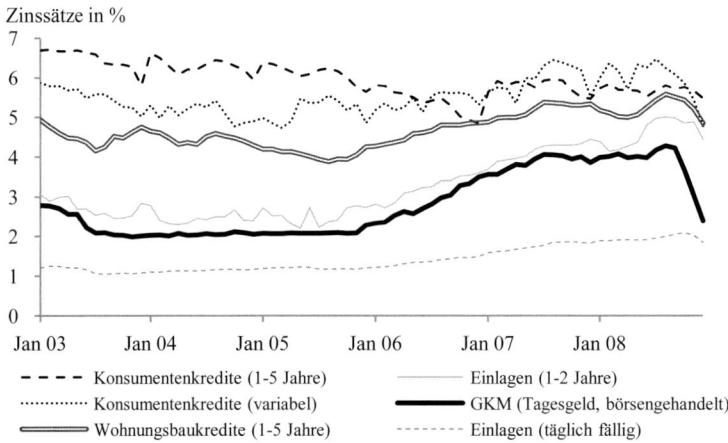

Abb. J2.2: Entwicklung einiger Zinssätze

Betrachten wir einmal über einen längeren Zeitraum die durchschnittlichen
Zinssätze für einzelne Produkte laut der Zeitreihen-Datenbank der Deutschen
Bundesbank (siehe Abbildung J2.2). Es fällt auf, dass einige Produktzinssätze
relativ parallel zum GKM (hier abgebildet durch den an der Frankfurter Börse
gehandelten Tagesgeldzinssatz) verlaufen, z. B. die Zinsen für Wohnungsbaukre-

dite und ein- bis zweijährigen Einlagen (Festgelder). Andere Kurven reagieren deutlich schwächer, z. B. die täglich fälligen Einlagen.

In stilisierter Form ist dies (ohne explizit auf GKM- versus Produktzinssätze einzugehen) von ROLFES (1985), S. 27, gemäß der Abbildung J2.3 dargestellt worden. In diesen Kurven können Sie sich prinzipiell alle Geschäfte der jeweiligen Bilanzseite aggregiert vorstellen, wobei Festzinsgeschäfte mit einem konstanten Zinssatz eingehen. Meist aber werden nur die zinsvariablen Positionen berücksichtigt. Ohne *Festzinslücke*

- führt eine Zinsänderung im Fall 1 zu keiner Änderung der Marge,
- führen Zinserhöhungen (Zinssenkungen) im Fall 2 zu steigenden (sinkenden) Margen,
- führen Zinserhöhungen (Zinssenkungen) im Fall 3 zu sinkenden (steigenden) Margen.

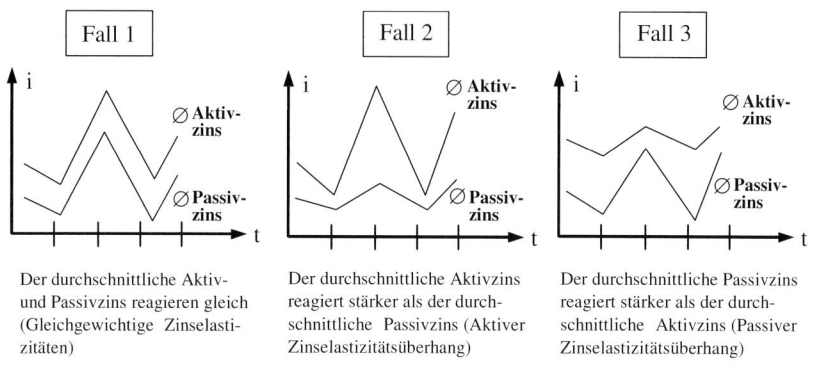

Abb. J2.3: Unterschiedliche stilisierte Zinszusammenhänge

Quelle: In Anlehnung an ROLFES (1985), S. 27.

Am Beispiel des Kontokorrentkredits (vgl. Tabellen J2-2 und J2-3) stellen wir diesen Effekt in Abbildung J2.4 im Vergleich zum GKM-Tagesgeld dar. Während der GKM-Satz um 1%-Punkt gestiegen ist (sagen wir von 6% auf 7%), erhöhte sich der Zinssatz für Kontokorrentkredite nur um 0,6%-Punkte (von 10,5% auf 11,1%). Die Marge ist von 4,5% auf 4,1% gefallen.

Die *Zinsanpassungselastizität* eines Produktes ist mit Bezug auf einen festgelegten Referenzzinssatz des GKM, z. B. den Tagesgeldsatz unter Banken, wie folgt definiert:

$$\text{Zinsanpassungselastizität} = \frac{\text{Veränderung des Produktzinssatzes}}{\text{Veränderung des Referenzzinssatzes}}. \qquad \text{(J2-1)}$$

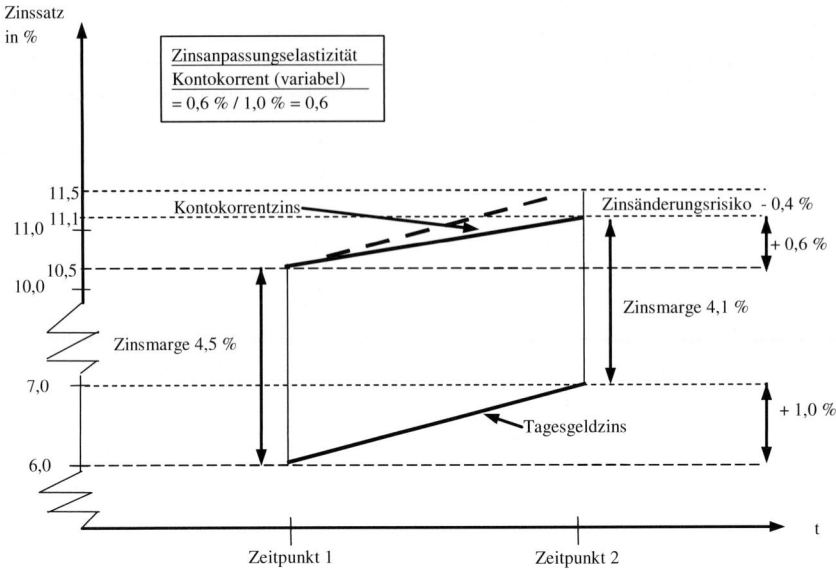

Abb. J2.4: Zinsanpassungselastizität

Quelle: In Anlehnung an SCHIERENBECK (2009), S. 331.

Die Zinsanpassungselastizitäten sind Verhältnisse *absoluter* (und nicht *relativer*) Änderungen, so dass sie im Sinne der üblichen Terminologie nicht als Elastizitäten zu bezeichnen sind. In Wirklichkeit sind es Ableitungen folgender Funktionen:

$$\text{Produktzinssatz} = \text{Zinsanpassungselastizität} \cdot \text{Referenzzinssatz} \\ + \text{produktabhängige Konstante.} \tag{J2-2}$$

Wir werden bei der unpräzisen, aber gängigen Bezeichnungsweise bleiben.

J2.4.1 Elastizitätsbilanzen

Mit den Zinselastizitäten, die für Festzinsgeschäfte null sind, können wir *Elastizitätsbilanzen* aufstellen. Aus ihnen sind die Ergebnisveränderungen bei Marktzinsveränderungen (meist auf 1%-Punkt normiert) und deren Aufteilung auf das Festzinsrisiko und das variable Zinsrisiko abzulesen. Die Elastizitätsbilanzen in den folgenden Tabellen, in denen wir Werte für die Elastizitäten angenommen haben,[6] beziehen sich auf unsere Musterbanken A und B, die sich nur bezüglich der Spargelder unterscheiden (vgl. Tabellen J2-5 und J2-6).

Die Daten sind bekannt, die Rechenschritte angegeben oder aus den Tabellen offensichtlich. Wir können uns daher ganz auf die Interpretation konzentrieren:

- Der Ergebnisrückgang im ersten Fall in Höhe von 180.000 € ist genau das Ergebnis aus Abschnitt J2.3.2. Da die in Tabelle J2-5 verwendeten Elastizitäten zu den dort verwendeten Zinssätzen passen, ist das auch nicht verwunderlich.
- Im zweiten Fall (mit Aktivüberhang) mag das kleiner gewordene variable Zinsrisiko auf den ersten Blick verwundern. Das Resultat rührt daher, dass die ursprünglich fixen Sparbriefe jetzt als Spareinlagen mit der relativ geringen Elastizität von 0,4 in den variablen Bereich „wandern". Sie senken dort die durchschnittliche Elastizität von 0,9 auf 0,7. Die Elastizität nähert sich also der durchschnittlichen Elastiziztät der Aktivseite an und verringern somit das variable Zinsrisiko der untersten Schicht aus Abbildung J2.1. Gleichzeitig schaffen sie aber ein Festzinsrisiko, indem sie die offene Festzinslücke überhaupt erst entstehen lassen, der die durchschnittliche Elastizität der variablen Passiva gegenübergestellt wird. Insgesamt wird im Beispiel das Zinsänderungsrisiko bei Zinssteigerungen durch die Variabilität der Spareinlagen größer.

Aus diesen Überlegungen können wir ableiten, wann ein Kreditinstitut gemäß dem Elastizitätskonzept gegenüber Zinsänderungen *immunisiert* ist: wenn die durchschnittliche Elastizität der gesamten Aktivseite gleich der durchschnittlichen Elastizität der gesamten Passivseite ist (Festzinsgeschäfte wieder mit null angesetzt).

Die Steuerung des Zinsänderungsrisikos nach der Zinsbindungsbilanz kann nur durch „Volumenanpassungen" erfolgen, sei es durch Basisgeschäfte, sei es durch Derivate wie etwa einen Zinsswap. In der Gedankenwelt der Elastizitätsbilanz gibt es darüber hinaus noch weitere Ansatzpunkte und Gefahren. So werden durch Maßnahmen, die zur Veränderung der Kundenbindung führen, die Elastizitäten geändert, was Risiken u. U. erhöht oder senkt. Die intuitiv plausible Idee, durch Steigerung der Kundenbindung könne erreicht werden, dass Zinssteigerungen im Aktivgeschäft schneller oder umfassender durchzusetzen seien als im Passivgeschäft erforderlich, während für Zinssenkungen das Gegenteil gelte, widerspricht im übrigen der implizit angenommenen langfristigen Gültigkeit von Formel (J2-2). Vor dem Hintergrund einer zunehmenden Zinssensibilität der Verbraucher, nicht zuletzt gefördert durch das Vordringen des Direct Banking, ist die Hoffnung ohnehin gewagt.

---

[6] Aus der Praxis werden z. B. Werte von 0,6 für das Darlehensgeschäft, 0,2 für das Spargeschäft und 0,9 für Sondersparformen und Termineinlagen genannt.

Tab. J2-5: Zinselastizitätsbilanz der Musterbank A

Aktiva / **Passiva**

Position (1)	Block (2)	Volumen (in Mio.) (3)	Zins-elastizität (4)	Ertragsveränderung bei 1%-Punkt Marktzinssteigerung (5) = (3)·(4)/100	Position (6)	Block (7)	Volumen (in Mio.) (8)	Zins-elastizität (9)	Aufwandsveränderung bei 1%-Punkt Marktzinssteigerung (10) = (8)·(9)/100
Grundst. und Gebäude	F	10	0	0	Eigenkapital	F	12	0	0
Betriebsmittelkredite		70	0	0	Schuldverschreibungen		88	0	0
Hypothekardarlehen		60	0	0	Sparbriefe		40	0	0
Summe „fest"		140	0	0	Summe „fest"		140	0	0
Kontokorrentkredite	V	60	0,6	360000	Termineinlagen	V	60	0,9	540000
Summe „variabel"		60	0,6	360000	Summe „variabel"		60	0,9	540000
Summe		200	0,18	360000	Summe		200	0,27	540000

Zinsergebnisveränderung (gesamt) $=$ $(0{,}18-0{,}27) \cdot 200$ Mio./100 $=$ **-180000**

Davon: Festzins(überhang)-Risiko $=$ $=$ 0

Variables Zinsänderungsrisiko $=$ 60 Mio. $\cdot$ $(0{,}6-0{,}9)$/100 $=$ -180000

Tab. J2-6: Zinselastizitätsbilanz der Musterbank B

Aktiva

Position	Block	Volumen (in Mio.)	Zinselastizität	Ertragsveränderung bei 1%-Punkt Marktzinssteigerung
(1)	(2)	(3)	(4)	(5) = (3) · (4)/100
Grundst. und Gebäude	F	10	0	0
Betriebsmittelkredite		70	0	0
Hypothekardarlehen		60	0	0
Summe „fest"		140	0	0
Kontokorrentkredite	V	60	0,6	360000
Summe „variabel"		60	0,6	360000
Summe		200	0,18	360000

Passiva

Position	Block	Volumen (in Mio.)	Zinselastizität	Aufwandsveränderung bei 1%-Punkt Marktzinssteigerung
(6)	(7)	(8)	(9)	(10) = (8) · (9)/100
Eigenkapital	F	12	0	0
Schuldverschreibungen		88	0	0
Summe „fest"		100	0	0
Spareinlagen		**40**	**0,4**	**160000**
Termineinlagen	V	60	0,9	540000
Summe „variabel"		100	0,7	700000
Summe		200	0,35	700000

Zinsergebnisveränderung (gesamt) $= (0,18-0,35) \cdot 200 \text{ Mio.}/100 = $ **-340000**

Davon:

Festzins(überhang)-Risiko $= (140 \text{ Mio.} - 100 \text{ Mio.}) \cdot (-0,7)/100 = -280000$

Variables Zinsänderungsrisiko $= 60 \text{ Mio.} \cdot (0,6-0,7)/100 = -60000$

J2.4.2 Kritik am Elastizitätskonzept

Offensichtlich trägt die Verwendung des Elastizitätskonzeptes zu einem umfassenderen Bild des Zinsänderungsrisikos bei. Das ist sicherlich positiv zu werten. Die auch damit nicht erfassten Kurswertveränderungen behandeln wir in Abschnitt J2.5.

Eine Steuerung der Refinanzierung mit Hilfe des Elastizitätskonzepts wirft jedoch das Problem auf, dass die zu messenden Zinselastizitäten keine zeitliche Stabilität aufweisen (vgl. BRAMMERTZ und SPILLMANN (1991)). Dies hat auch zur Weiterentwicklung in Richtung auf eine dynamische Elastizitätsbilanz (vgl. HERZOG (1990) sowie SCHWANITZ (1996)) geführt. Ein anderer Vorschlag, der zu relativ konstanten Elastizitäten führen soll, besteht darin, die Berechnung mit Hilfe einer multiplen Regression vorzunehmen (vgl. ROLFES und SCHIERENBECK (1992)). GOEBEL *et al.* (1999) schlagen mit der Nutzung gleitender Durchschnitte bei gleichzeitiger Mischung von Refinanzierungszinssätzen unterschiedlicher Laufzeiten einen Ansatz vor, der ohne die Nutzung von Elastizitäten auskommt und zu einer Verstetigung der erzielbaren Margen führt. Der Ablauf der zinsvariablen Geschäfte wird dabei durch einen rollierenden Mix von Festzinsgeschäften unterschiedlicher Laufzeit approximiert. Vorliegende Untersuchungen deuten an, dass diese Idee im Rahmen der Zinsrisikosteuerung der Verwendung von Elastizitäten überlegen ist, zumal sie besser zu einer an Marktwerten bzw. Barwerten orientierten Gesamtbanksteuerung passt (vgl. GOEBEL *et al.* (1999), S. 190ff.).

SIEVI (1995), S. 266ff., spricht einen Aspekt kurz an, der in der Literatur unseres Wissens weitgehend fehlt bzw. nicht recht deutlich wird: das Geschäftsvolumen. Implizit wird nach Elastizitäten derart gesucht, dass die Volumina der variablen Geschäfte gleichbleiben; denn sonst würden Überhänge verändert werden, ohne dass klar wäre, wie dies zu kompensieren ist. Das erschwert die empirische Ermittlung von Zinselastizitäten, da Zinsänderungen zumeist von Volumenänderungen begleitet werden. Im übrigen können Volumenänderungen (oder Änderungen der Kundenzinssätze) einfach Folge von geänderten gesetzlichen oder wettbewerblichen Rahmenbedingungen sein. Wie das von der marktzinsinduzierten Komponente zu trennen ist, bleibt unklar.

Insgesamt deuten die genannten Arbeiten darauf hin, dass eigentlich gefragt ist, welche Kundenzinssätze sich in Abhängigkeit von den GKM-Zinssätzen und deren Veränderungen etc. ergeben. Gesucht wird also eine Art „Modell der Kundenzinsstruktur", eine Nachfragefunktion für Bankprodukte.

J2.5 Einsatz der Duration

J2.5.1 Berechnung von Marktwertänderungen

Von unseren eingangs erwähnten drei Ausprägungen des Zinsänderungsrisikos ist jetzt noch das Abschreibungsrisiko zu behandeln. Der Name soll für uns repräsentativ für Marktwertverluste stehen. Im externen Rechnungswesen auf

Basis des HGB müssen Forderungen, anders als Wertpapiere des Umlaufvermögens, nicht aufgrund von Zinserhöhungen abgeschrieben werden (für Details vgl. Abschnitt M2.3). In der Zinsrisikosteuerung interessiert uns diese Differenzierung aber nicht, da wir allein an den ökonomischen Wirkungen interessiert sind. Betriebswirtschaftlich würden wir bei Zinssenkungen z. B. auch gedanklich Zuschreibungen über den Anschaffungswert hinaus vornehmen.

> Betrachten wir die Betriebsmittelkredite aus unserem Beispiel (70 Mio. € zu 8,5% bei zwei Jahren Restlaufzeit) und unterstellen wir einen Anstieg der flachen Zinsstrukturkurve von 6% auf 7%. Vor der Zinserhöhung betrug der Kurswert 73,21 Mio. € (= 5,95/1,06 + 75,95/1,06²), nachher ist er nur noch 71,90 Mio. €. Derartige Kursverluste sind für einzelne Geschäfte, aber auch für komplette Bilanzen berechenbar (vgl. SAUNDERS und CORNETT (2008), S. 221ff.).

Für die Steuerung des Zinsänderungsrisikos durch die Bankleitung sind „Zahlenfriedhöfe" von Wertänderungen aber kaum geeignet, so dass einfachere, näherungsweise richtige Lösungen gesucht werden. Hierzu kann die (modifizierte) *Duration* dienen.

J2.5.2 Definition und Eigenschaften der Duration

Den Marktpreis eines festverzinslichen Wertpapiers erhalten wir als Barwert (C_0) aller künftigen Zahlungen (CF_t):

$$C_0 = \sum_{t=1}^{T} CF_t \cdot AF_t. \tag{J2-3}$$

Mit AF_t ist der Zerobond-Abzinsungsfaktor für Zahlungen im Zeitpunkt t bezeichnet. AF_t gibt an, welchen Wert eine sichere Zahlung, die im Zeitpunkt t anfällt, heute ($t = 0$)hat. Haben wir eine *flache Zinsstruktur*, d.h. ist der Marktzinssatz für alle Laufzeiten gleich i, so gilt $AF_t = (1+i)^{-t}$ und Gleichung (J2-3) geht in die Ihnen geläufige Formulierung des Barwertes über:

$$C_0 = \sum_{t=1}^{T} CF_t \cdot (1+i)^{-t}. \tag{J2-4}$$

Bei nicht-flacher Zinsstruktur können wir die Zerobond-Abzinsungsfaktoren als Produkte der periodenspezischen Zinssätze i_τ darstellen (vgl. Abschnitt L2.4):

$$AF_t = \prod_{\tau=1}^{t} (1 + i_\tau)^{-1}. \tag{J2-5}$$

Die *Duration*, die auch als „mittlere Restbindungsdauer" oder als „durchschnittliche Selbstliquidationsperiode" bezeichnet wird, ist der gewogene Mittelwert jener Zeitpunkte, zu denen der Anleger Zahlungen aus einem Wertpapier erhält. Gewichtet werden die Zahlungszeitpunkte mit den Barwertanteilen der einzelnen Zahlungen. Die Duration wird dann in ihrer Grundform unter Annahme einer flachen Zinsstruktur mit Rendite i, also mit $AF_t = (1+i)^{-t}$, als

$$D = \sum_{t=1}^{T} \frac{t \cdot CF_t \cdot (1+i)^{-t}}{C_0} \qquad \text{(J2-6)}$$

definiert. Eine nicht-flache Zinsstrukturkurve wird in der effektiven Duration[7] berücksichtigt:

$$ED = \sum_{t=1}^{T} t \cdot \frac{CF_t \cdot AF_t}{C_0}. \qquad \text{(J2-7)}$$

Aus der Durationsformel (J2-6) in Verbindung mit der Barwertformel (J2-3) erkennen wir, dass D (für ausschließlich nichtnegative CF_t) maximal T sein kann und diesen Wert für einen Zerobond bzw. jeden Zahlungsstrom, der nur noch aus einer Schlusszahlung besteht, auch tatsächlich annehmen wird. Für andere Zahlungsströme ist D kleiner und kann sich bis an den Abstand zur ersten Zahlung ($t = 1$) annähern. Weiterhin ist plausibel (und formal präzise nachweisbar), dass die Duration tendenziell sinkt, wenn die Cash Flows relativ früher anfallen. Weniger offensichtlich dürfte sein, dass D mit steigendem i fällt (vgl. STEINER und UHLIR (2001), S. 99ff.). (Immer ist zu beachten, dass sich Änderungen nicht nur im Zähler von Formel (J2-6), sondern auch in C_0 niederschlagen.)

J2.5.3 Zinssensitivität und Duration

Für die Steuerung des Zinsänderungsrisikos interessiert, wie sensitiv die Kurse festverzinslicher Wertpapiere auf Zinsänderungen reagieren. Im Folgenden wollen wir zeigen, dass zur Ermittlung dieser Zinssensitivität auf die modifizierte Duration zurückgegriffen werden kann.

Jedem Praktiker ist aus Erfahrung klar, dass die Zinssensitivität eines festverzinslichen Wertpapiers von der Länge der Restlaufzeit und von der zeitlichen Verteilung der noch anfallenden Zahlungen aus dem Wertpapier abhängt. Je länger die Restlaufzeit eines Wertpapiers ist und je näher die künftigen Zahlungen am Ende der Restlaufzeit liegen, desto zinsreagibler ist ein festverzinsliches Wertpapier. Einen Extremfall stellt ein Zerobond dar. Da bei ihm ausschließlich im Rückzahlungszeitpunkt eine Zahlung anfällt, ist seine Zinsreagibilität größer als die jeder Kuponanleihe gleicher Restlaufzeit.

Zwischen der Duration und der *Sensitivität des Barwertes* bezüglich Zinsänderungen existiert ein enger Zusammenhang. Er wird deutlich, wenn wir die Barwertfunktion zunächst nach i ableiten:

---

[7] Hier ist darauf zu achten, dass C_0 ebenfalls unter Berücksichtigung der nicht-flachen Zinsstruktur berechnet wird.

$$\frac{dC_0}{di} = \sum_{t=1}^{T} CF_t \cdot (-t) \cdot (1+i)^{-t-1}$$

$$= -\frac{1}{1+i} \cdot \sum_{t=1}^{T} t \cdot CF_t \cdot (1+i)^{-t}. \tag{J2-8}$$

Erweitern wir die rechte Seite der Gleichung mit dem Barwert, so erhalten wir:

$$\frac{dC_0}{di} = -\frac{1}{1+i} \cdot D \cdot C_0. \tag{J2-9}$$

Der Ausdruck $D/(1+i)$ wird als *modifizierte Duration* (D_m) bezeichnet. Für kleine absolute Renditeänderungen Δi können wir die Barwertänderung näherungsweise ausdrücken als:

$$\Delta C_0 \approx -D_m \cdot C_0 \cdot \Delta i. \tag{J2-10}$$

Der Kursrückgang bei einer Zinserhöhung um 1%-Punkt beträgt somit ungefähr D_m Prozentpunkte. Mit dieser Formel kann auch der *Basis Point Value* (BPV) bestimmt werden. Er gibt die Wertänderung als Folge einer Zinsänderung um 1 *Basispunkt* (0,01%-Punkte) an (vgl. DAUBE und TAKE (1994)).

Dass die modifizierte Duration den Einfluss diskreter Zinsänderungen auf den Barwert nur näherungsweise erfasst, liegt an der *Konvexität* der Barwertfunktion (vgl. Abbildung J2.5).

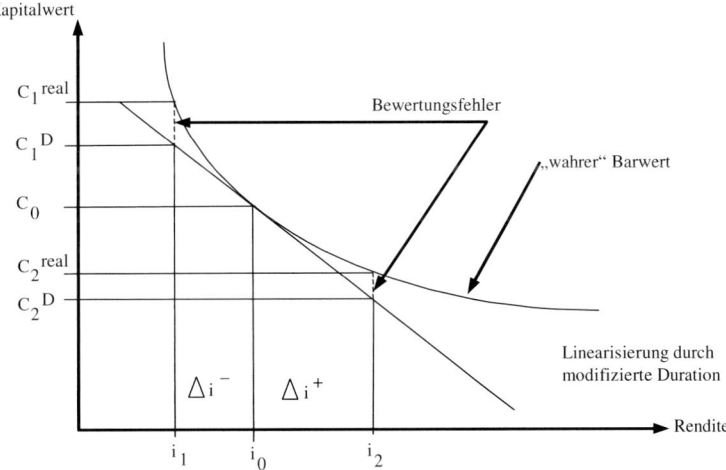

Abb. J2.5: Konvexität der Barwertfunktion

Wir haben die erste Ableitung der Barwertfunktion nach der Rendite in der Formel (J2-10) verwendet. Faktisch ist damit die wahre Barwertfunktion durch ihre Tangente im Ausgangspunkt (Rendite i_0, Kapitalwert C_0) ersetzt worden. Da die Barwertfunktion konvex ist, liegt sie an den anderen Stellen immer über der Tangente.[8] Kursverluste werden durch die Duration systematisch über-, Kursgewinne systematisch unterschätzt.

> Für die zweijährigen Betriebsmittelkredite ergeben sich bei einer flachen Zinsstruktur mit $i = 6\%$ eine Duration von 1,92 sowie eine modifizierte Duration von 1,81. Bei einer Zinssteigerung auf 7% würden wir statt des oben exakt berechneten Marktwertrückgangs von 1,31 Mio. € ($= 71{,}90 - 73{,}21$) nach Formel (J2-10) näherungsweise einen Marktwertverlust von 1,33 Mio. € ($= 1{,}81 \cdot 73{,}21 \cdot 1\%$) errechnen.

J2.5.4 Immunisierung gegen Zinsänderungen

Wir haben gerade gezeigt, dass die Steigerung der GKM-Rendite von 6% auf 7% bei den Betriebsmittelkrediten zu einem Rückgang des Marktwertes von 73,21 auf 71,90 Mio. € führen würde. Das ist jedoch nur ein Teil der Wahrheit. Die Bank könnte die Betriebsmittelkredite (auf einem hinreichend gut funktionierenden Markt oder zumindest gedanklich) zum jeweiligen Kurswert verkaufen und den Erlös dann am GKM anlegen: vor der Zinssteigerung zu 6%, nach der Zinssteigerung zu 7%. Wenn keine weitere Zinsänderung erfolgt, würde der Kursverlust im Laufe der Zeit also durch höhere Zinsen nach und nach wieder aufgeholt und schließlich sogar überkompensiert (vgl. Abbildung J2.6).

Wir fragen uns, zu welchem Zeitpunkt der Wert in beiden Zinsszenarien gleich ist. Sie werden die Antwort schon ahnen: die Duration gibt ungefähr den Zeitraum an, in dem der Kursverlust wieder aufgeholt ist (vgl. STEINER und UHLIR (2001), S. 75ff.). Das lässt sich auf folgende einfache Weise belegen:

$$C_t = C_0 \cdot (1 + i)^t \tag{J2-11}$$

gibt den Kurswert zum Zeitpunkt t an. Die marginale Veränderung von C_t bei marginaler Variation von i berechnet sich unter Berücksichtigung der Gleichung (J2-10) als

$$\begin{aligned} \frac{dC_t}{di} &= -\frac{D}{1+i} \cdot C_0 \cdot (1+i)^t + C_0 \cdot t \cdot (1+i)^{t-1} \\ &= (t - D) \cdot C_0 \cdot (1+i)^{t-1}. \end{aligned} \tag{J2-12}$$

Offensichtlich reagiert für den Zeitpunkt $t = D$ der Kurswert C_t *nicht* auf Veränderungen der GKM-Rendite. Für diesen Zeitpunkt ist der Wert der Betriebsmittelkredite somit gegen eine einmalige, anfängliche Zinsänderung immunisiert.

---

[8] Leiten Sie dazu die rechte Seite von Formel (J2-8) nochmals nach i ab und überzeugen Sie sich, dass das Ergebnis immer positiv ist.

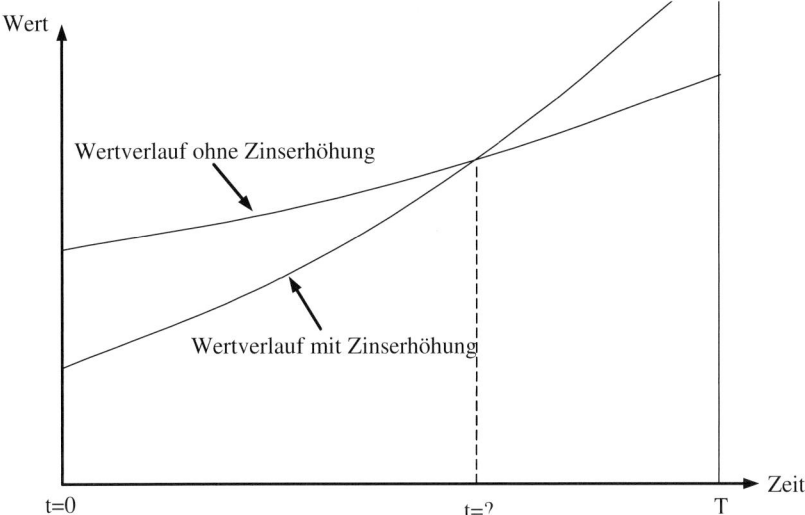

Abb. J2.6: Wertverlauf ohne und mit Zinserhöhung

Eine an der Vermeidung von Zinsänderungsrisiken interessierte Bank ist offenbar in einer besonders glücklichen Lage, wenn die Duration mit dem Planungshorizont übereinstimmt, da dann kein Zinsänderungsrisiko bezüglich des Endwertes existiert. Allerdings ist diese Aussage einzuschränken; denn erstens verkürzen sich ohne Neugeschäft die Restlaufzeit und die Duration, während sich der Planungshorizont eher rollierend vorwärts schieben dürfte, und zweitens besteht keine Immunisierung gegen *spätere* Zinsänderungen. Die Zinsrisikosteuerung mittels Duration bedarf folglich ständiger Anpassungen, um ein Portefeuille durch Umschichtungen laufend mit Bezug auf den jeweils aktuellen Planungshorizont immunisiert zu halten.

Besteht das Ziel in einer Immunisierung gegen Zinsänderungsrisiken, so ist die Duration noch in einer zweiten Hinsicht wichtig. Mittels der Duration kann nämlich beurteilt werden, inwieweit durch gegenläufige Positionen in festverzinslichen Wertpapieren Zinsänderungsrisiken reduziert werden. Eine Position ist dann gegen Zinsänderungsrisiken immunisiert, wenn sich die mit den Marktwerten gewichteten (modifizierten) Durationen der Long- und der Short-Position entsprechen:

$$D(Long) \cdot C_0(Long) = D(Short) \cdot C_0(Short)$$

$$\text{bzw.} \quad D_m(Long) \cdot C_0(Long) = D_m(Short) \cdot C_0(Short).$$

(J2-13)

Auch hier gilt die Immunisierung aufgrund der Konvexität für diskrete Zinsänderungen nur näherungsweise. Betrachten wir zur Verdeutlichung eine flache
Zinsstruktur mit $i = 8\%$ und die drei folgenden festverzinslichen Wertpapiere:

1. Kuponanleihe mit einer Laufzeit von 6 Jahren und einer Rendite von 8%. Der
   Kurs der Anleihe sei 100. Die Duration beträgt ziemlich genau 5 Jahre.
2. Zerobond mit einer Laufzeit (zugleich Duration) von 5 Jahren und einem Kurs
   von 100.
3. 10-jähriger Zerobond mit einem Kurs von 50.

Da je zwei der drei Wertpapiere Bedingung (J2-13) erfüllen, ist eine gegenläufige Position in jeweils zwei der drei Wertpapiere weitgehend gegen Zinsänderungsrisiken abgesichert. Wie Tabelle J2-7 zeigt, sind die Unterschiede in den
Marktwertänderungen immer dann besonders gering, wenn nicht nur die mit
dem Marktwert gewichteten Durationen übereinstimmen, sondern auch die un-
gewichteten Durationen.

Tab. J2-7: Kursänderungen von Wertpapieren mit identischer gewichteter Duration

	8%	7%		9%	
	Kurs	Kurs	Δ Kurs	Kurs	Δ Kurs
1. Kuponanleihe	100	104,77	4,77	95,51	-4,49
2. Zerobond	100	104,76	4,76	95,50	-4,50
3. Zerobond	50	54,87	4,87	45,60	-4,40

Bei gegenläufigen Positionen mit unterschiedlicher Duration ist außerdem Folgendes zu beachten: Wir haben in Tabelle J2-7 nur den Fall betrachtet, dass sich
die gesamte (im Beispiel flache) Zinsstrukturkurve parallel verschiebt, d. h. die
Zinssätze für sämtliche Laufzeiten verändern sich um den gleichen Absolutbetrag. Empirisch beobachtbar ist dagegen, dass die Zinsänderungen für unterschiedliche Laufzeiten nicht vollständig positiv miteinander korreliert sind. Im
Allgemeinen schwanken die Zinssätze für kurze Laufzeiten stärker als die für
lange Laufzeiten (vgl. CARCANO und FORESI (1997)). Unterschiedliche Zinsänderungen für die jeweiligen Laufzeiten bedeuten eine *Drehung der Zinsstrukturkurve*; die damit verbundenen Zinsänderungsrisiken werden durch die „normale"
Duration nicht erfasst.

Nehmen wir z. B. an, der relevante Kapitalmarkt-Zinssatz für den 5-jährigen
Zerobond schwanke um 1%-Punkt, der für den 10-jährigen Zerobond dagegen nur
um 0,25%-Punkte. Wie aus Tabelle J2-8 zu erkennen ist, bewirkt eine gegenläufige Position in beiden Zerobonds dann nur eine sehr schwache Absicherung gegen
Zinsänderungsrisiken.

Wenn keine andere Kennzahl verwendet wird (siehe hierzu Abschnitt J2.5.6),
wird somit Risikokapital für Drehungen der Zinsstrukturkurve benötigt.

Tab. J2-8: Zinsänderungsrisiken und Drehung der Zinsstrukturkurve

	7%/7,75%	**9%/8,25%**
	Δ Kurs	**Δ Kurs**
2. Zerobond 5 Jahre	4,76	-4,50
3. Zerobond 10 Jahre	1,17	-1,14

J2.5.5 Durationsbilanz

Im vorigen Abschnitt haben wir gesehen, dass die Duration Auskunft über Kurswertänderungen gibt. Die Barwertfunktion ist in den Cash Flows linear und folglich additiv. Damit kann die Duration eines Portefeuilles auf zwei Arten berechnet werden (vgl. KRUSCHWITZ und SCHÖBEL (1986), S. 607):

1. Addition der Zahlungsströme und normale Berechnung der Duration für den Gesamtzahlungsstrom.
2. Berechnung der einzelnen Durationen und anschließend Bildung des mit den Barwerten gewichteten Mittels.

Der zweite Weg führt für Musterbank B zu der in Tabelle J2-9 dargestellten Durationsbilanz.

Tab. J2-9: Durationsbilanz der Musterbank B

Aktiva					**Passiva**
Position	Marktwert (vor Zins-änderung)	Modifizierte Duration	Modifizierte Duration	Marktwert (vor Zins-änderung)	Position
Kontokorrent-kredite	60	0	0	40	Spareinlagen
Betriebsmittel-kredite	73,21	1,814	0	60	Termineinlagen
Hypotheken-darlehen	64,81	2,612	1,826	89,61	Schuld-verschreibungen
Grundst. u. Gebäude	10	0			
	208,02	1,452	0,863	189,61	

Setzen wir die Daten aus Tabelle J2-9 in Formel (J2-13) ein, so sehen wir, dass Musterbank B nicht gegen Zinsänderungen immunisiert ist; denn das Produkt aus Marktwert und modifizierter Duration ist auf beiden Bilanzseiten unterschiedlich. Ein Anstieg der GKM-Rendite von 6% auf 7% hätte einen ungefähren Rückgang des Marktwertes der Aktiva um ca. 3,02 Mio. € (= 1,452 · 208,02 · 1%) und der Passiva um ca. 1,64 Mio. € (0,863 · 189,61 · 1%) zur Folge. Wertverluste der Passiva erscheinen Ihnen vielleicht seltsam. Aber denken Sie daran:

es geht um die betriebswirtschaftliche Sicht und jemand anderes hält die Passiva wieder als Aktiva.

PIASKOWSKI (1993) verwendet eine Marktwertbilanz, die zeigt, dass die Differenz in den Marktwertänderungen der Aktiva und der Passiva vom „Eigenkapital" aufgefangen wird, das als Residualgröße *Vermögen* zu berechnen ist (vgl. Abschnitt F4.1.3). Wir verwenden in Tabelle J2-10 in der Marktwertbilanz nicht die exakten neuen Marktwerte, sondern die mittels der modifizierten Durationen näherungsweise errechneten Werte, damit Sie die oben genannten Zahlen hier wiederfinden.

Tab. J2-10: Marktwertbilanz der Musterbank B

Aktiva					Passiva
Position	Marktwert (vor Zins-änderung)	Marktwert (nach Zins-änderung)	Marktwert (nach Zins-änderung)	Marktwert (vor Zins-änderung)	Position
Kontokorrent-kredite	60	60	40	40	Spareinlagen
Betriebsmittel-kredite	73,21	71,88	60	60	Termineinlagen
Hypotheken-darlehen	64,81	63,12	87,97	89,61	Schuld-verschreibungen
Grundst. u. Gebäude	10	10	**17,03**	**18,41**	**Eigenkapital**
	208,02	205	205	208,02	

Die Zinserhöhung führt im Beispiel dazu, dass die Eigentümer einen Vermögensverlust in Höhe von 1,38 Mio. € hinnehmen müssen. In ihm drückt sich das Zinsänderungsrisiko auf Gesamtbankebene im Durationskonzept aus. Um die ungleichgewichtige Durationsbilanz auszugleichen, sind ähnliche Maßnahmen wie aus Sicht der Zinsbindungsbilanz geeignet:

• Passiva mit hoher Duration aufnehmen und in Aktiva mit niedriger Duration anlegen. Diese Zusatzgeschäfte verursachen bei normaler Zinsstruktur zunächst negative Zinsüberschüsse.

• Bei Neuverträgen die Aktivgeschäfte eher mit niedriger und die Passivgeschäfte eher mit hoher Duration abschließen, was im Kundengeschäft nicht immer ohne weiteres möglich ist.

• Geeignete Derivate einsetzen (siehe Abschnitt J2.7).

J2.5.6 Kritik

Die Duration ist wohl das in ausländischen Banklehrbüchern vorherrschende Instrument zur Messung und Bewertung des Zinsänderungsrisikos (vgl. zur *Duration-Gap Analysis* bzw. dem *Duration Model* SAUNDERS und CORNETT (2008), S. 221ff.). GRADDY *et al.* (1994) zeigen empirisch, dass durch Deregulierungsmaßnahmen Anfang der achtziger Jahre des letzten Jahrhunderts den Einlagenkreditinstituten, speziell den Savings & Loans Associations, mehr Möglichkeiten zur Reduzierung der Gaps gegeben wurden. Die betrachteten Institute setzten die Gap-Analyse offenbar ein und nutzten die Chance zur Reduzierung ihrer Inkongruenzen, so dass die Zinssensitivität ihrer Ergebnisse zurückging. Die Verwendung der Duration spiegelt auch die im Vergleich zu Deutschland höhere Bedeutung der *Marktwerte* in der amerikanischen Rechnungslegung wider. Vor diesem Hintergrund verwundert nicht, dass in Deutschland von Seiten der Bankvorstände, die hauptsächlich auf GuV-Ergebnisse schauen, noch erhebliche Vorbehalte existieren (vgl. ACKERMANN (2001), S. 3f.), die infolge der Finanzkrise eher wieder gewachsen sind. Die derzeitigen Regelungen nach International Financial Reporting Standards (IFRS) spiegeln allerdings wider, dass es auch hier Entscheidungsspielräume (insbesondere bei der Klassifizierung von Vermögensgegenständen) gibt, die zur Folge haben, dass nur eine partielle Marktwertbilanzierung erfolgt. Ein wesentliches Argument gegen die Marktwertbilanzierung besteht in dem durch sie verursachten Anstieg der Ergebnisvolatilität. Zusätzlich werden einige Sicherungsbeziehungen durch die restriktiven Hedge-Accounting-Regeln nicht erfasst, so dass es zu künstlichen Ergebnisvolatilitäten kommen kann, die über die durch die Berücksichtigung von Marktwerten entstehenden Anstiege hinaus gehen. Es wird also die tatsächliche Volatilität der Marktwerte mit der durch die Rechnungslegungsvorschriften entstehenden Volatilität vermischt. Dadurch wird unter Umständen ein verzerrtes Bild der wirschaftlichen Lage des Unternehmens wiedergegeben (vgl. ACKERMANN (2001), S. 137ff.).

Die Duration ist offenbar eine relativ leicht berechenbare und gut interpretierbare Kennzahl. Sie hat eine enge Verwandtschaft zur Zinsbindungsbilanz und teilt deren größten Mangel, nämlich die Fast-Nichtberücksichtigung des „geschlossenen" zinsvariablen Geschäftes. Dieses geht nur über den Marktwert als Gewichtungsfaktor ein.

Im Kundengeschäft – und zwar nicht nur im Bereich zinsvariabler Einlagen – erzielen die Banken Konditionsbeiträge (vgl. Kapitel L2), was die Existenz von Marktunvollkommenheiten belegt. Deswegen sollten Maße wie die Duration, die ursprünglich für vollkommene Kapitalmärkte entwickelt wurden, nicht unbesehen übernommen werden. Kern der Überlegungen zum Elastizitätskonzept war ja gerade, dass sich Markt- und Produktzinssätze unterschiedlich entwickeln können. Diese Problematik wird u. a. von HUTCHISON und PENNACCHI (1996) und O'BRIEN (2000) aufgegriffen. Sie entwickeln (unter z. T. recht restriktiven Annahmen) für Depositen Bewertungsformeln, Möglichkeiten zur Prognose zukünftiger Volumina und Zinssätze sowie Zinsrisikomaße.

Dass die wesentliche Kritik an der Duration die Behandlung des zinsvariablen Geschäftes trifft, ist übrigens ein wichtiger Grund für eine augenfällige Asymmetrie: Im Portefeuillemanagement ist die Duration längst verbreitet, in deutschen Universalbanken mit erheblichen Anteilen zinsvariabler Geschäfte keinesfalls im gleichen Umfang. Dort hat verständlicherweise seit Ende der achtziger Jahre das Elastizitätskonzept eher Liebhaber gefunden und wurde seither teilweise durch die Verwendung gleitender Durchschnitte ersetzt.

Kritik an der Annahme flacher Zinsstrukturen ist durch die Verwendung der *effektiven Duration* auffangbar. Wir sollten hier auch noch die *Key-Rate-Duration* (vgl. BÜHLER und HIES (1995) und HO (1992)) erwähnen, die einen weiteren Schritt vorwärts macht: Kurswertveränderungen als Folge der Veränderung mehrerer, als besonders wichtig angesehener Laufzeitzinssätze (Key-Rates) können damit erfasst werden. Dieses Vorgehen erlaubt Drehungen (und nicht nur Parallelverschiebungen) der Zinsstrukturkurve, verlangt aber einige zusätzliche Annahmen. Der Lohn der Mühen ist u. a. ein Eindruck davon, in welchen Laufzeiten Zinsänderungen größere und in welchen sie kleinere Ergebniswirkungen hervorrufen. Eine andere erwähnenswerte Erweiterung stellt beispielsweise die *Exponential Duration* dar (vgl. LIVINGSTON und ZHOU (2005)).

J2.6 Zusammenfügung zu einer Gesamtschau

Wie aus der Behandlung der einzelnen Instrumente deutlich geworden sein sollte, liefern sie alle wertvolle Einsichten in die Zinsrisikosituation einer Bank. Sie ergänzen sich, indem sie jeweils andere Schwerpunkte in der Betrachtung setzen, und sind je nach Struktur des betrachteten Kreditinstitutes von unterschiedlicher Relevanz. Während Zinsbindungs- und Elastizitätsbilanz hauptsächlich die laufenden Zinseinkommen betrachten, konzentriert sich die Durationsanalyse auf Wertveränderungen. Beide Aspekte hängen letztlich über das *Lücke-Theorem* zusammen (vgl. MARUSEV und PFINGSTEN (1993)). So weist denn auch das BASEL COMMITTEE ON BANKING SUPERVISION (1997), S. 7ff., darauf hin, dass u. U. in niedrigen Marktwerten von Altgeschäften zukünftige Einkommensrückgänge stecken können.

Das BASEL COMMITTEE ON BANKING SUPERVISION (2005) erwartet, dass sich Kreditinstitute im Idealfall mit den für die jeweilige Position entscheidenden Risikocharakteristika beschäftigen, weiß aber, dass realistisch nur vereinfachte Systeme Verwendung finden. Die Zusammenfügung aller Methoden und Daten zu einer Gesamtschau des Zinsrisikos dürfte sich am einfachsten und verständlichsten dadurch realisieren lassen, dass die Auswirkungen mehrerer Zinsszenarien in Simulationsrechnungen ermittelt und gegenübergestellt werden. Beispielsweise bieten sich standardmäßig parallele Verschiebungen der Zinsstrukturkurve um 1%-Punkt an, wie sie bereits für einzelne Instrumente als Referenzfälle vorgeschlagen wurden. Das BASEL COMMITTEE ON BANKING SUPERVISION (2003b), S. 30f., begrüßt Simulationsansätze grundsätzlich, warnt aber vor der Gefahr, sie als „black boxes" (S. 31) zu sehen, die ungerechtfertigtes Vertrauen in die Genauigkeit der Schätzungen fördern.

Mit Blick auf die Zinsstrukturkurve sollte u. E. die Veränderung der Zinsstrukturkurve entsprechend der impliziten Terminzinssätze ebenfalls immer betrachtet werden. Die Bedeutung wollen wir an einem einfachen Beispiel deutlich machen, dessen Daten uns bereits in Kapitel E3 begegnet sind:

Nehmen wir an, zum Zeitpunkt $t = 0$ betragen die Kuponzinssätze für ein- bzw. zweijährige Anlagen und Finanzierungen (mit Aus- und Rückzahlung zu 100%) 6% bzw.

7%. Wird eine zweijährige Anlage mit einjährigen Mitteln refinanziert, so ist der Endwert in $t = 2$ genau in folgendem Fall gleich null: der einjährige Zinssatz in $t = 1$, zu dem die Anschlussfinanzierung erfolgt, beträgt 8,08%, ist also gleich dem impliziten Terminzinssatz.

Die Botschaft dieses Beispiels: Wird bei einer normalen Zinsstrukturkurve positive Fristentransformation betrieben (länger anlegen als refinanzieren), so ergeben sich nicht bei jeder Zinssteigerung Verluste, sondern erst bei Steigerungen, die über die impliziten Terminzinssätze hinausgehen. Diese bilden also die Grenze zwischen Erfolg und Misserfolg einer Zinsspekulation. Deshalb erscheint es uns sinnvoll, auch Szenarien durchzurechnen, in denen die Zinssätze von den impliziten Terminzinssätzen (und nicht von den aktuellen Spotzinssätzen) um 1%-Punkt abweichen.

Wenn wir beim Zinsänderungsrisiko von Verlusten sprechen, so verstehen wir darunter solche im betriebswirtschaftlichen Sinne. Wir wissen nun aber, dass Banken und deren Manager auch auf Basis der Zahlen der *Gewinn- und Verlustrechnung* (GuV) beurteilt werden, für deren Ermittlung es eine Reihe von Vorschriften gibt (vgl. im Detail Abschnitt M2.4). Immerhin folgt aus der Bedeutung der GuV als Bewertungsinstrument, dass sich, so betriebswirtschaftlich unvernünftig die Vorschriften auch sein mögen, die Entscheider an antizipierten GuV-Wirkungen orientieren werden. Insofern ist es sinnvoll, in Simulationsrechnungen nicht nur ökonomische, sondern auch buchhalterische Effekte abzubilden.

Allerdings wollen wir eine erhebliche Gefahr der gedanklichen Fixierung auf die deutsche GuV nicht verschweigen: Es mag sein, dass ökonomisch zweifelhafte Entscheidungen getroffen werden, nur weil sie kurz- oder mittelfristig ein „besseres" Aussehen der GuV als ökonomisch sinnvollere Entscheidungen versprechen. Die Gefahr wird dadurch etwas geringer, dass die Gestaltungsmöglichkeiten innerhalb der GuV vielfältig sind. Das ist allgemein in Teil M und exemplarisch für Zinstitel im Handelsbestand bei HOMÖLLE und PFINGSTEN (1997), S. 13ff., dargestellt.

Sie vermissen vermutlich noch Hinweise, wie der von uns als so wichtig herausgestellte *Value at Risk* (VaR) (vgl. Teil F) im Zinsrisikomanagement eingesetzt werden kann. Zunächst ist dazu festzuhalten, dass er eine Kennzahl für Verteilungen von (Markt-)Wertänderungen ist. Von daher passt er unmittelbar weder zur Zinsbindungsbilanz noch zum Elastizitätskonzept,[9] wohl aber zur barwertorientierten Gedankenwelt der Durationsanalyse. Da der VaR zudem besonders für das kurzfristige Risikomanagement geeignet ist, wird er im Rahmen der Zinssteuerung besonders gern im Eigenhandel eingesetzt.

J2.7 Einsatz von Zinsderivaten

Wir sind im Zuge des Zinsrisikomanagements bislang nicht explizit auf derivative Instrumente eingegangen, wie wir sie in Teil E behandelt haben. Das soll an

---

[9] Beide Methoden beschäftigen sich im übrigen zunächst mit *Voraussetzungen* für Wertänderungen und erst im zweiten Schritt mit den Ergebnissen selbst.

dieser Stelle ansatzweise nachgeholt werden. Eine intensive Beschäftigung mit diesem Thema haben wir nicht vor, da es hierzu eine Menge einschlägiger Literatur gibt (z. B. RUDOLPH und SCHÄFER (2005) oder SAUNDERS und CORNETT (2008), S. 691 ff.). Einige elementare Instrumente und Anwendungsfälle für das Hedging:

- Mit Zinsswaps können Festzinsüberhänge beseitigt oder zumindest reduziert werden. Beispielsweise könnte im Fall von Tabelle J2-4 ein dreijähriger Festzinszahler-Swap über ein Nominalvolumen von 40 Mio. € abgeschlossen werden. In den Zinsbindungs- und -ablaufbilanzen entspräche er dem gleichzeitigen Abschluss eines zinsvariablen Aktivgeschäftes und eines dreijährigen festverzinslichen Passivgeschäftes.
- Mit Forward Rate Agreements (FRA) können Zinssätze für Anlagen und Refinanzierungen in späteren Perioden bereits heute fixiert werden. Beispielsweise könnte im Fall von Tabelle J2-4 ein FRA über ein Nominalvolumen von 18 Mio. € abgeschlossen werden, das den Refinanzierungszinssatz für den nach Abschluss des obigen Zinsswaps verbleibenden Aktivüberhang des dritten Jahres festschreibt. In den Zinsbindungs- und -ablaufbilanzen entspräche das FRA dem Abschluss eines Passivgeschäftes, das erst Anfang des dritten Jahres beginnt.
- Mit Zinsfutures können Kursverluste aus anderen Positionen kompensiert werden. Falls z. B. Vermögensverluste durch Zinserhöhungen drohen, können Zinsfutures verkauft werden. Damit werden die Verkaufspreise für die zu liefernden Wertpapiere festgelegt. Bei Zinssteigerungen ergibt sich tendenziell durch Gewinne aus den verkauften Futures eine Kompensation für den Verlustsaldo aus den übrigen Positionen. Beim Einsatz von Zinsfutures für das Hedging von Zinsrisiken ist u. a. problematisch, dass oftmals der Zeitraum, für den ein Überhang geschlossen werden soll, mit der Laufzeit des Underlying nicht übereinstimmt und dass der Future auf Zinssätze reagiert, von denen das abzusichernde Portefeuille nicht beeinflusst wird.
- Mit Caps, Floors und Zinsoptionen kann das Risiko aus bewusst nicht vollständig immunisierten Positionen begrenzt werden. Beispielsweise begrenzt der Kauf von Zinscaps die Refinanzierungskosten.

Dies sind lediglich einige Beispiele für mögliches Hedging mit Derivaten. Modelle zur Bestimmung optimaler Volumina von Terminkontrakten bespricht z. B. KÜRSTEN (1997a), der auf eine Vielzahl weiterer Beiträge verweist.

J2.8 Regulatorische Behandlung der Zinsänderungsrisiken des Anlagebuches

Wie bereits erwähnt, ist für Zinsänderungsrisiken Risikovorsorge in der Weise zu treffen, dass die gemäß gegebener Vorschriften quantifizierten Risiken mit Eigenmitteln zu unterlegen sind. Allerdings erfasst die SolvV der BaFin nicht sämtliche Zinsänderungsrisiken; zu unterlegen sind die zinssatzabhängigen Risiken des *Handelsbuches*, nicht aber die Zinsänderungsrisiken des *Anlagebuches*.

Im Regelwerk *Basel II* heißt es in der überarbeiteten Rahmenvereinbarung (vgl. hier und im Folgenden BASEL COMMITTEE ON BANKING SUPERVISION (2006), S. 240) u. a., das Zinsänderungsrisiko im Anlagebuch sei „ein potenziell bedeutendes Risiko [...] das mit Kapital unterlegt werden sollte". Gleichwohl wird dieses Risiko nicht der ersten Säule mit ihren quantitativen Unterlegungsnormen, sondern der zweiten Säule, also der individuellen Überwachung durch die Aufsicht, zugeordnet. Zur Begründung wird ausgeführt, Bankäußerungen und Untersuchungen durch den Ausschuss hätten ergeben, dass „beträchtliche Unterschiede zwischen international tätigen Banken hinsichtlich [der] Art des zugrunde liegenden Risikos [und der] Verfahren zu seiner Überwachung und Steuerung" gäbe. Deshalb sei es „zu diesem Zeitpunkt angemessen" dieses Risiko in Säule 2 zu behandeln. Gerade vor dem Hintergrund der Finanzkirse kommt hier möglicherweise in naher Zukunft ein nicht unerheblicher Nachholbedarf auf die Kreditinstitute zu.

Die für die Zuordnung zur Säule 2 genannten Argumente gelten in noch viel erheblicherem Ausmaß für das Kreditausfallrisiko sowie insbesondere das operationelle Risiko, die trotzdem beide in der quantitativen Säule 1 behandelt werden. Im Unterschied zum operationellen Risiko, für das es nach wie vor keine allgemein als ökonomisch richtig anerkannte Konzeption zur Risikomessung gibt, existieren beim Zinsänderungsrisiko bekannte und validierte Verfahren (siehe die Abschnitte J2.3 bis J2.5). Aus sachlicher Perspektive hätte die Zuordnung der operationellen Risiken zur Säule 1 und der Zinsänderungsrisiken des Anlagebuches zur Säule 2 daher wohl eher anders herum erfolgen müssen (vgl. ausführlich PFINGSTEN *et al.* (2005a)).

Seit Inkrafttreten der Umsetzung von *Basel II könnten* Aufsichtsinstanzen im Übrigen bereits handeln: Falls „hinreichende Homogenität hinsichtlich der Art und Methoden zur Überwachung und Messung dieses Risikos [...] unter den von ihnen beaufsichtigten Banken" besteht, dürfen sie eine „verbindliche Eigenkapitalanforderung einführen". Hier besteht also die Gefahr internationaler Wettbewerbsverzerrung.

Die Aufsichtsinstanzen *müssen* sogar handeln und „von der Bank eine Verringerung des Risikos, die Beschaffung eines bestimmten zusätzlichen Betrags an Eigenkapital oder eine Kombination von beidem verlangen", wenn die Bank kein angemessenes Kapital hinterlegt (vgl. BASEL COMMITTEE ON BANKING SUPERVISION (2006), S. 241). Dies gilt insbesondere, wenn eine Bank mit besonders hohem Zinsänderungsrisiko im Anlagebuch als „Ausreißer" identifiziert wird. „Dies sind Banken, bei denen sich [...] der Substanzwert als Reaktion auf den standardisierten Zinsschock (200 Basispunkte) oder dessen Äquivalent um mehr als 20% des Eigenkapitals (Summe aus Kernkapital und Ergänzungskapital) verringert."(BASEL COMMITTEE ON BANKING SUPERVISION (2006), S. 241). Die Umsetzung in deutsches Recht wurde durch das Rundschreiben 7/2007 der BaFin (vgl. BUNDESANSTALT FÜR FINANZDIENSTLEISTUNGSAUFSICHT (2007b)) konkretisiert. Als *Zinsschock* wird hier ein Veränderungsrate eingesetzt, die auf Basis einer historischen Simulation als geeigneter Extremwert identifiziert wird.

Betrachtet werden dabei die jährlichen Veränderungsraten der Umlaufrenditen börsennotierter Bundeswertpapiere mit Restlaufzeit 3-5 Jahren. Der Zinsschock ist dabei als eine über Nacht eingetretene Parallelverschiebung der Zinsstrukturkurve zu verstehen. Mit *Substanzwert* war grundsätzlich die barwertige Veränderung des Eigenkapitals gemeint. Banken werden hiermit gezwungen, barwertig rechnen zu können, selbst wenn sie das eigentlich nicht für sinnvoll halten. Wie schon in Abschnitt J1.2.2 erwähnt, sind die deutschen Regulatoren dieser Vorgabe nicht gefolgt, sondern haben im Rundschreiben 7/2007 ein Ausweichverfahren bereitgestellt, auf Basis dessen die Barwertveränderung des Eigenkapitals mit Hilfe einer Laufzeitbandmethode geschätzt werden kann.

„Hohe" Fristenkongruenzen machen eine Bank zu einem „Ausreißer". Eine interessante Frage ist, was hierbei „hoch" heißt:

> Wir betrachten ein Kreditinstitut mit 200 Mio. € Bilanzsumme (zu Marktwerten). Von den Aktiva sind 197 Mio. € Forderungen, Wertpapiere etc., der Rest Sachanlagen und Sonstiges. Die Passiva setzen sich aus 10 Mio. € Eigenkapital und 190 Mio. € Verbindlichkeiten zusammen. Wir berechnen die Wertveränderungen, die aus einer Zinssteigerung um 200 Basispunkte resultieren, näherungsweise mit der Durationsmethode, ausgehend von einer flachen Zinsstruktur, gemäß Formel (J2-10) mit D_A und D_P als modifizierte Durationen der verzinslichen Aktiva bzw. Verbindlichkeiten: der ungefähre Wertrückgang der verzinslichen Aktiva beträgt dann $D_A \cdot 197 \cdot 2\%$ und der des Fremdkapitals $D_P \cdot 190 \cdot 2\%$. Dies bedeutet, dass bei einer modifizierten Duration der Verbindlichkeiten in Höhe von $D_P = 3$ schon bei einer Duration der verzinslichen Aktiva in Höhe von $D_A = 3{,}40$ ein „Ausreißer" vorliegt; denn: $3{,}40 \cdot 197 \cdot 2\% - 3 \cdot 190 \cdot 2\% = 20\% \cdot 10$. Also dürfte die aggregierte Fristentransformation nicht einmal ein halbes Jahr betragen.

Natürlich ist die Durationsmethode nur näherungsweise richtig und unser Beispiel mit einigen Fragezeichen zu versehen, z. B. wegen der fehlenden Unterscheidung zwischen Buch- und Marktwerten. Wie besorgte Bankvorstände in Gesprächen sowie die Studie von PFINGSTEN *et al.* (2005a) bestätigt haben, gibt es mehr „Ausreißer" als offenbar von der Aufsicht erwartet. Daher könnte es sein, dass *Basel II* in Verbindung mit den MaRisk zukünftig die Zinsänderungsrisiken im Anlagebuch stärker begrenzen wird, als weithin angenommen wird. [10] Allerdings sollte bei der Beurteilung durch die Aufsicht beachtet werden, ob „Ausreißer-Banken" neben dem Zinsänderungsrisiko des Anlagebuches noch weiteren Preisrisiken in nennenswertem Umfang ausgesetzt sind.

---

[10] Hierfür spricht auch, dass die Bundesbank die Zahl der „Ausreißer", die sie in einer Umfrage stichprobenhaft ermittelt hatte, nicht publizieren wird. Auf einer Informationsveranstaltung im Juli 2006 hieß es hierzu, dass eine Kommunikation der bloßen Zahl in die Irre führen könne.

J2.9 Regulatorische Behandlung der Zinsänderungsrisiken des Handelsbuches

J2.9.1 Bestimmung der Zinsnettopositionen

Zur Ermittlung der mit Eigenmitteln zu unterlegenden Zinsänderungsrisiken des Handelsbuches sind zunächst die Zinsnettopositionen zu bestimmen (vgl. Abschnitt J1.3). Die zinsabhängigen Positionen des Handelsbuches können im Hinblick auf die Bestimmung der Nettopositionen in drei Kategorien unterteilt werden (vgl. Abbildung J2.7):

1. Bestände an Wertpapieren (Forderungstitel) und Ansprüche bzw. Verpflichtungen aus Kassapositionen,
2. Ansprüche bzw. Verpflichtungen aus Termin,- Options- und Swapgeschäften, die sich auf Wertpapiere beziehen,
3. zinsbezogene Derivate (Termin-, Options- und Swapgeschäfte), die sich auf einen Marktzinssatz beziehen.

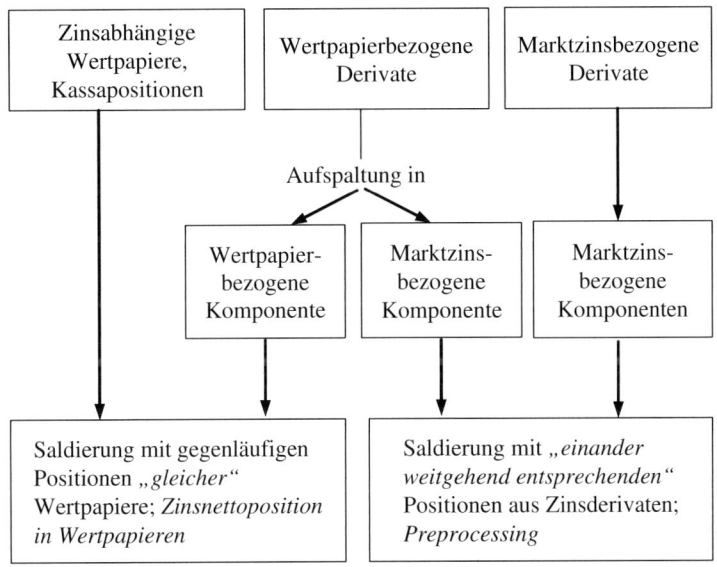

Abb. J2.7: Ermittlung der Zinsnettopositionen

Bestände an *Wertpapieren* (Forderungstitel) und Ansprüche bzw. Verpflichtungen aus Kassapositionen dürfen zu einer Nettoposition zusammengefasst werden, wenn sie sich auf gleiche Wertpapiere beziehen (vgl. Tabelle J2-11).[11]

Positionen in Geschäften mit *Derivaten* müssen in der Weise in einzelne Komponenten zerlegt werden, dass der gesamte Zahlungsstrom dieser Komponenten wieder die Zahlungsanwartschaft des Derivats rekonstruiert (*Duplizierung*). Einige Beispiele (vgl. hierzu Abschnitte E2.2 und E5.2):

> Der *Terminkauf* eines (festverzinslichen) Wertpapiers ist duplizierbar durch eine Kassa-Longposition in dem entsprechenden Wertpapier, die bis zum Kauftermin über einen Kredit finanziert wird, wobei der Kreditrückzahlungsbetrag gleich dem Terminkurs ist. Umgekehrt kann der *Terminverkauf* eines (festverzinslichen) Wertpapiers in eine Kassa-Shortposition in dem betreffenden Wertpapier und in eine Kreditgewährung aufgespalten werden.
>
> Eine *Kaufoption* auf ein (festverzinsliches) Wertpapier entspricht einer delta-gewichteten Kassaposition in dem Wertpapier kombiniert mit einer Kreditaufnahme.

Tab. J2-11: Definition des Begriffs „gleiches" Wertpapier für die Zinsnettoposition

- Derselbe Emittent
- Dieselbe Währung
- Derselbe nationale Markt
- Derselbe Rang im Insolvenzfall
- Übereinstimmendes Rückzahlungsprofil (z. B. Fälligkeit, Verzinsung)

Wie aus den Beispielen zu erkennen ist, werden Zinsderivate, die sich auf ein *Wertpapier* beziehen, in eine Kassaposition in dem betreffenden Wertpapier und in eine Position, die sich auf einen Marktzins bezieht, zerlegt („two legged approach"; vgl. Abbildung J2.7).

Die wertpapierbezogene Komponente ist mit gegenläufigen Positionen des „gleichen" Wertpapiers zu einer Nettoposition zusammenzufassen. Die marktzinsbezogene Komponente kann (Wahlrecht!) dagegen mit „einander weitgehend entsprechenden" Positionen (vgl. Tabelle J2-12), die sich auf einen Marktzinssatz beziehen, in das sog. *Preprocessing* einbezogen werden. In ähnlicher Weise werden *Kreditderivate* bei Zuordnung zum Handelsbuch behandelt (für Details siehe SolvV §299 Abs. 5ff.).

Ansprüche und Verpflichtungen aus Derivaten, die sich auf einen *Marktzinssatz* beziehen, müssen ebenfalls in ihre Komponenten zerlegt werden:

> Ein Plain Vanilla *Zinsswap*, bei dem das Kreditinstitut eine Festzinsverpflichtung übernimmt und variable Zinsen erhält, ist identisch mit einer Longposition in einem Floater

---

[11] Sie gehen dann mit ihrem Marktwert (zuzüglich aufgelaufener Stückzinsen) in die Saldierung ein.

Tab. J2-12: Definition des Begriffs „einander weitgehend entsprechende" Zinspositionen

„Einander weitgehend entsprechende" Positionen aus Zinsderivaten

- Dieselbe Instrumentenkategorie (z. B. Swap, Forward Rate Agreement)
- Dieselbe Währung
- Nur geringfügig unterschiedliche Verzinsung
  - festverzinsliche Positionen: höchstens 15 Basispunkte
  - variabel verzinsl. Positionen: derselbe Referenzzins, höchstens 15 Basispunkte
- Nur geringfügig unterschiedliche Restlaufzeit bzw. restliche Zinsbindungsfrist

Restliche Zinsbindungsfrist bzw. Restlaufzeit	Maximaler Unterschied
Unter einem Monat	Keiner (derselbe Kalendertag)
Ein Monat bis ein Jahr	7 Kalendertage
Mehr als ein Jahr	30 Kalendertage

und einer Shortposition in einem festverzinlichen Wertpapier (vgl. Abschnitt E3.2), wobei Laufzeiten, Beträge, Verzinsung bzw. Referenzzinssatz der Kassapositionen denen aus dem Swapgeschäft entsprechen.

Die einzelnen Komponenten eines marktzinsbezogenen Derivates bilden selbst auch wieder marktzinsbezogene Positionen, die ggf. im Rahmen des „Preprocessing" in die Saldierung einfließen.

J2.9.2 Eigenmittelunterlegung

Wie bereits an anderer Stelle ausgeführt (vgl. Abschnitt J1.4.2), ist hinsichtlich der Zinsänderungsrisiken zwischen dem allgemeinen und dem besonderen Kursrisiko zu unterscheiden.

Besondere Kursrisiken

Besondere Kursrisiken sollen die Gefahr eines Kursverlustes aufgrund einer verschlechterten Bonität des Emittenten erfassen. Daher sind – ähnlich wie bei den Adressenausfallrisiken – nach der Bonität differenzierte Anrechnungssätze sinnvoll. Um den Begriff *Bonität* zu konkretisieren, veröffentlicht die BaFin mit der Norm T016N001 ein regelmäßig aktualisiertes Mapping, mittels dessen alle Bonitätsbeurteilungsstufen der anerkannten Ratingagenturen sechs aufsichtsrechtlichen „Bonitätsstufen" zuordnet werden, von denen die Stufe 1 am hochwertigsten ist (vgl. SolvV §54.) Bei den besonderen zinsbezogenen Kursrisiken werden zur Eigenmittelunterlegung vier Kategorien unterschieden (vgl. SolvV §303):

1. *Staatstitel*, d. h. Wertpapiere, die von Zentralregierungen, internationalen Organisationen, multilateralen Entwicklungsbanken oder Regionalregierungen oder örtlichen Gebietskörperschaften des Europäischen Wirtschaftsraums

Tab. J2-13: Anrechnungssätze zur Erfassung des besonderen zinsbezogenen Kursrisikos

Emittentengruppe	Anrechnungssatz
Staatstitel	0%
Derivate auf Zinssätze	
Wertpapiere hoher Anlagequalität	
Laufzeit: $t \leq 6$ Monate	3,125% $(\cdot\ 8\% = 0{,}25\%)$
6 Monate $< t \leq 2$ Jahre	12,50% $(\cdot\ 8\% = 1{,}00\%)$
2 Jahre $< t$	20,00% $(\cdot\ 8\% = 1{,}60\%)$
Extern oder intern nach dem IRB-Ansatz geratete Unternehmensanleihen der Bonitätsstufe 5 oder 6 sowie entsprechende Staatsanleihen der Stufe 6	12,00% $(\cdot\ 8\% = 0{,}96\%)$
Sonstige	8%

emittiert wurden und die der Bonitätsstufe 1 zugeordnet werden (oder wenn diese Wertpapiere als Position des Kreditrisiko-Standardansatzes ein Risikogewicht von 0% erhalten würden), werden im Hinblick auf das besondere Kursrisiko nicht berücksichtigt. Ebenfalls nicht angerechnet werden Derivate auf Zinssätze, da sie wegen des Fehlens eines Emittenten des Unterlyings kein emittentenbezogenes Risiko haben, sowie passivische Zinspositionen von Termingeldern und eigenen Schuldverschreibungen.

2. *Wertpapiere mit hoher Anlagequalität* sind entsprechend ihrer Restlaufzeit zu gewichten (vgl. Tabelle J2-13). Zu dieser Kategorie gehören z. B.:

   • Wertpapiere, für die keine Bonitätsbeurteilungen einer anerkannten Ratingagentur verfügbar sind, sofern sie an einem geregelten Markt des Europäischen Wirtschaftsraums oder eines Drittstaates gehandelt und vom Kreditinstitut als hinreichend liquide angesehen und mit einem Ausfallrisiko eingestuft werden, das besser als die Bonitätsstufe 3 ist,

   • Wertpapiere, für die keine Bonitätsbeurteilungen einer anerkannten Ratingagentur verfügbar sind, denen aber nach dem internen IRB-Ansatz bestimmte prognostizierte Ausfallwahrscheinlichkeiten zugeordnet sind, die der Bonitätsstufe 1, 2 oder 3 entsprechen.

   Multipliziert man den laufzeitabhängigen Gewichtungsfaktor mit dem Unterlegungssatz von 8%, so erhält man den effektiven Anrechnungssatz.

3. Eine weitere Klasse von Zinsnettopositionen ist mit 12% zu gewichten. Dies betrifft u. a. extern oder intern nach dem IRB-Ansatz geratete Unternehmensanleihen der Bonitätsstufe 5 oder 6 oder entsprechende Staatsanleihen der Stufe 6.

4. Sofern der Emittent keiner privilegierten Gruppe angehört, sind die Nettopositionen zusammenzufassen und mit 8% Eigenmitteln zu unterlegen.

Daneben gibt es noch diverse Besonderheiten, z. B. wenn Zinsnettopositionen durch Kreditderivate besichert sind, auf die wir hier nicht weiter eingehen.

Allgemeine Kursrisiken: Durationsmethode

Zur Erfassung des *allgemeinen Kursrisikos* kann zwischen der Jahresbandmethode und der Durationsmethode gewählt werden. Nach Erläuterung der Durationsmethode werden wir zeigen, dass die (einfachere) Jahresbandmethode als eine Durationsmethode unter Verwendung pauschaler Annahmen interpretiert werden kann. Hat ein Kreditinstitut einmal die Durationsmethode verwendet, so darf es nicht mehr zurück zur Jahresbandmethode wechseln (vgl. SolvV §300 Abs. 2).

Aus dem Risikomanagement wissen wir bereits, dass Zinsänderungsrisiken für Positionen in festverzinslichen Wertpapieren in den Kurswertänderungen der Wertpapiere als Folge einer Änderung der Marktzinssätze liegen und mit der Duration näherungsweise bestimmt werden können. Gemäß Formel (J2-10) ist die Veränderung des Kurswertes näherungsweise das Produkt aus modifizierter Duration, Kurswert und Zinssatzänderung:

$$\Delta C_0 \approx -D_m \cdot C_0 \cdot \Delta_i. \qquad \text{(J2-14)}$$

Modifizierte Duration und Kurswert ergeben sich aus dem Wertpapier, so dass die Regulatoren nur noch festlegen müssen, welche Zinssatzänderungen zu unterstellen sind. Zur Ermittlung des Anrechnungsbetrages für das allgemeine Kursrisiko nach der Durationsmethode wird dementsprechend in folgenden Schritten vorgegangen:

1. Zunächst werden die Zinsnettopositionen entsprechend ihrer Duration den *Laufzeitbändern* (siehe Tabelle J2-14) zugeordnet. Unter Benutzung der für das jeweilige Laufzeitband unterstellten Marktzinsänderung[12] und des für dieses Band geltenden Zinssatzes wird für die Zinsnettoposition des jeweiligen Laufzeitbandes die Kursänderung gemäß Formel (J2-14) berechnet.

2. Innerhalb jedes Laufzeitbandes werden die mit Hilfe der modifizierten Duration ermittelten Kurswertänderungen gegenläufiger Positionen „horizontal" saldiert und ergeben die *ausgeglichene Bandposition*. Die Gesamtheit aller ausgeglichenen Bandpositionen ist mit 5% zu gewichten. Damit wird berücksichtigt, dass auch die ausgeglichenen Bandpositionen aufgrund nicht vollständig übereinstimmender Durationen sowie aufgrund unterschiedlich ausgeprägter Konvexitäten nicht vollständig gegen Zinsänderungsrisiken abgesichert sind.[13]

3. Die 15 Laufzeitbänder werden zu drei *Laufzeitzonen* zusammengefasst: kurzfristig (bis zu einem Jahr), mittelfristig (von über einem Jahr bis zu 3,6 Jahren) und langfristig (über 3,6 Jahren). Die offenen Bandpositionen aus dem vorigen Schritt werden dann innerhalb einer Laufzeitzone „vertikal" saldiert,

---

[12] Die in der SolvV für jedes Laufzeitband vorgegebene Zinsänderung orientiert sich an der empirisch ermittelten zweifachen Standardabweichung der einmonatigen Renditevolatilität an den meisten großen Rentenmärkten. Wie aus Tabelle J2-14 hervorgeht, sinkt die anzusetzende Zinsänderung mit zunehmender Duration. Dies entspricht dem empirischen Befund, dass Zinssätze für langfristige Anlagen weniger stark schwanken als kurzfristige Renditen (vgl. Abschnitt J2.5.4).

[13] Für eine ausführlichere Darstellung anhand eines Beispiels vgl. die Übungsaufgaben im Internet.

Tab. J2-14: Laufzeitbänder und zu berücksichtigende Zinsänderungen bei der Durations-methode

Laufzeitbänder für die Duration	Zu berücksichtigende Zinsänderung in %-Punkten
t $\leq$ 1 Monat	1,00
1 Monat < t $\leq$ 3 Monate	1,00
3 Monate < t $\leq$ 6 Monate	1,00
6 Monate < t $\leq$ 1 Jahr	1,00
1 Jahr < t $\leq$ 1,9 Jahre	0,90
1,9 Jahre < t $\leq$ 2,8 Jahre	0,80
2,8 Jahre < t $\leq$ 3,6 Jahre	0,75
3,6 Jahre < t $\leq$ 4,3 Jahre	0,75
4,3 Jahre < t $\leq$ 5,7 Jahre	0,70
5,7 Jahre < t $\leq$ 7,3 Jahre	0,65
7,3 Jahre < t $\leq$ 9,3 Jahre	0,60
9,3 Jahre < t $\leq$ 10,6 Jahre	0,60
10,6 Jahre < t $\leq$ 12 Jahre	0,60
12 Jahre < t $\leq$ 20 Jahre	0,60
20 Jahre < t	0,60

so dass wir je Laufzeitzone eine geschlossene und eine offene Zonenposition erhalten. Die geschlossenen Zonenpositionen werden für die kurzfristige Zone mit 40% und für die mittel- und langfristige Zone jeweils mit 30% gewichtet.

4. Anschließend werden die offenen Zonenpositionen miteinander verrechnet, um jeweils die offene und die geschlossene Zonensaldoposition zu erhalten. Dabei ist am unteren Ende zu beginnen:

- Zunächst wird die offene Position der kurzfristigen Zone mit der der mittelfristigen Zone saldiert. Die geschlossene Zonensaldoposition ist mit 40% anzurechnen.
- Falls in der mittelfristigen Zone ein offener Zonensaldo verbleibt, ist er mit der offenen langfristigen Zonenposition zu saldieren. Die sich daraus ergebende geschlossene Zonensaldoposition ist ebenfalls mit 40% zu gewichten. Falls stattdessen in der kurzfristigen Zone ein offener Zonensaldo verbleibt, ist er ebenfalls mit der offenen langfristigen Zonenposition zu saldieren. Dieser Saldo ist jedoch mit 150% zu gewichten.

5. Die Summe der nach Saldierung über die Zonen noch verbleibenden offenen Positionen geht in voller Höhe (100%) in den anrechnungspflichtigen Betrag ein.

Der Teilanrechnungsbetrag für das allgemeine Kursrisiko ergibt sich als Summe aus den Eigenmittel-Anforderungen für die ausgeglichenen Bandpositionen, die geschlossenen Zonenpositionen, die geschlossenen Zonensaldopositionen und die offene Zonensaldoposition. Dieser Betrag ist letztlich mit 100% Eigenmittel zu unterlegen.

Allgemeine Kursrisiken: Jahresbandmethode

Bei der *Jahresbandmethode* werden die Zinsnettopositionen entsprechend ihrer Nominalverzinsung und ihrer Restlaufzeit bzw. restlichen Zinsbindungsfrist zwei Zinsbereichen und darin 15 bzw. 13 Laufzeitbändern zugeordnet (vgl. Tabelle J2-15).

Tab. J2-15: Laufzeitbänder und Laufzeitzonen zur Erfassung von Zinsänderungsrisiken mit der Jahresbandmethode

Laufzeitbänder im Zinsbereich A ($< 3\%$)	Laufzeitbänder im Zinsbereich B ($\geq 3\%$)	Gewichtungs- satz
t $\leq$ 1 Monat	t $\leq$ 1 Monat	0%
1 Monat $<$ t $\leq$ 3 Monate	1 Monat $<$ t $\leq$ 3 Monate	0,2%
3 Monate $<$ t $\leq$ 6 Monate	3 Monate $<$ t $\leq$ 6 Monate	0,4%
6 Monate $<$ t $\leq$ 1 Jahr	6 Monate $<$ t $\leq$ 1 Jahr	0,7%
1 Jahr $<$ t $\leq$ 1,9 Jahre	1 Jahr $<$ t $\leq$ 2 Jahre	1,25%
1,9 Jahre $<$ t $\leq$ 2,8 Jahre	2 Jahre $<$ t $\leq$ 3 Jahre	1,75%
2,8 Jahre $<$ t $\leq$ 3,6 Jahre	3 Jahre $<$ t $\leq$ 4 Jahre	2,25%
3,6 Jahre $<$ t $\leq$ 4,3 Jahre	4 Jahre $<$ t $\leq$ 5 Jahre	2,75%
4,3 Jahre $<$ t $\leq$ 5,7 Jahre	5 Jahre $<$ t $\leq$ 7 Jahre	3,25%
5,7 Jahre $<$ t $\leq$ 7,3 Jahre	7 Jahre $<$ t $\leq$ 10 Jahre	3,75%
7,3 Jahre $<$ t $\leq$ 9,3 Jahre	10 Jahre $<$ t $\leq$ 15 Jahre	4,5%
9,3 Jahre $<$ t $\leq$ 10,6 Jahre	15 Jahre $<$ t $\leq$ 20 Jahre	5,25%
10,6 Jahre $<$ t $\leq$ 12 Jahre	20 Jahre $<$ t	6%
12 Jahre $<$ t $\leq$ 20 Jahre		8%
20 Jahre $<$ t		12,5%

Die Zinsnettopositionen werden mit einem Gewichtungssatz multipliziert und dann über beide Zinsbereiche saldiert, so dass wir je Laufzeitband die geschlossene und die offene (gewichtete) Bandposition erhalten. Abweichend von der Durationsmethode geht die ausgeglichene Bandposition bei der Jahresbandmethode mit 10% in den Anrechnungsbetrag ein. Die weitere Vorgehensweise entspricht der Durationsmethode.

Die Jahresbandmethode kann als eine vereinfachte Durationsmethode interpretiert werden. Der Definition der Laufzeitbänder und der Gewichtungssätze im Zinsbereich A (Rendite $< 3\%$) liegt ein Zerobond zugrunde, daher ist die Einteilung in Laufzeitbänder dieselbe wie bei der Durationsmethode. Für den Zinsbereich B (Rendite $\geq 3\%$) wird eine (fiktive) Kuponanleihe mit 8% unterstellt. Die Kuponanleihe aus Tabelle J2-7 mit einer Restlaufzeit von 6 Jahren wird daher derselben Laufzeitkategorie zugeordnet wie eine niedrigverzinsliche Anleihe mit fünfjähriger Restlaufzeit. Der Gewichtungssatz entspricht ungefähr dem Produkt aus modifizierter Duration und unterstellter Renditeänderung für die entsprechende Laufzeitkategorie. Im Beispiel ergibt sich angesichts der Duration von ca. 5 Jahren: $(5/1{,}08) \cdot 0{,}007 = 0{,}0324 \approx 3{,}25\%$.

Auch der regulatorische Ansatz zur Bestimmung des Zinsänderungsrisikos wird zurzeit weiter diskutiert. Für eine Kritik vgl. beispielsweise ENTROP *et al.* (2008).

J3 Aktienkursrisiken

J3.1 Bedeutung der Aktienportefeuilles für die Kreditinstitute

Zunächst ist festzuhalten, dass Aktienkursrisiken für die meisten Kreditinstitute in Deutschland keine besonders große Rolle spielen, da Aktien nur einen geringen Anteil der Aktivseiten deutscher Bankbilanzen ausmachen (vgl. Tabelle A4-1). Die Aktienmarktkapitalisierung in Relation zum BIP ist in Deutschland relativ gering. Diese Aktienbestände werden zudem überwiegend von Unternehmen und nur zu einem kleinen Teil von deutschen Kreditinstituten gehalten (vgl. Abbildung J3.1).

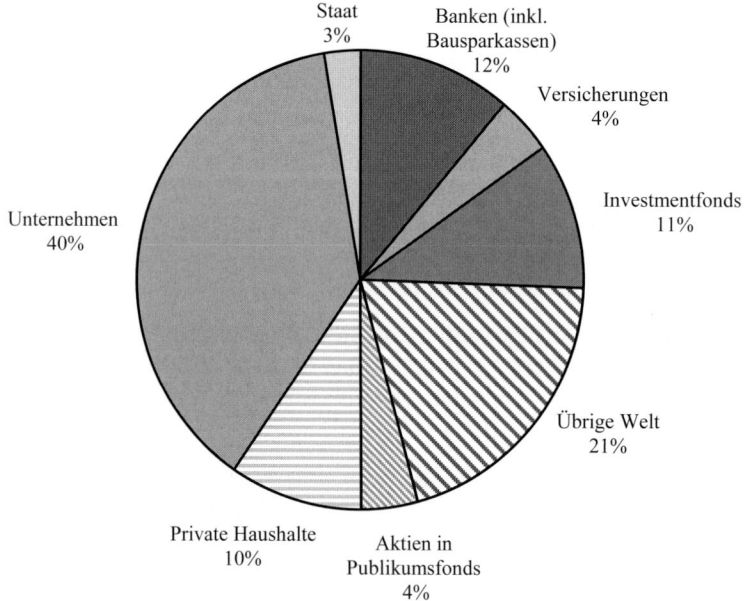

Abb. J3.1: Aktionärsstruktur in Deutschland (2008)

Quelle: Daten vom Deutschen Aktieninstitut und der Deutschen Bundesbank.

Wenn Aktienbestände gehalten werden, so sind das nicht selten *Beteiligungen*. Ohne jetzt auf die genaue handelsrechtliche Definition einzugehen (vgl. Abschnitt M2.2.4), wollen wir hier darunter Aktienpakete verstehen, die nicht zu Handelszwecken, sondern längerfristig gehalten werden. Aus den Medien bekannte Beispiele sind das Investment des Bankhauses Sal. Oppenheim am Handelskonzern Arcandor mit über 25 % (vgl. JENSEN (2008)) oder die Anteile der Deutschen Bank an der Linde AG in Höhe von 10% sowie an der DaimlerChrysler AG, die von 10,4% in 2004 auf 4,4% in 2005 reduziert wurden (vgl. DEUTSCHE BANK (2006b), S. 70).

Ökonomisch bedeuten Kursschwankungen von Aktien in jedem Fall ein Risiko. Aus handelsrechtlicher Sicht nach HGB ist das anders, da bei Beteiligungen keine Verkaufsabsicht und somit nicht automatisch die Gefahr einer *Realisierung* von Verlusten besteht (vgl. Abschnitt M2.3.2). In Kreditinstituten wird vor dem Hintergrund unterschiedlicher Zielsetzungen und Handlungsmöglichkeiten organisatorisch zwischen *Handelsabteilungen* und dem *Beteiligungsmanagement* getrennt (vgl. WESTLB AG (2003), S. 69ff.):

- Handelsabteilungen sollen Gewinne aus dem Ausnutzen *kurzfristiger* Preisschwankungen erzielen, während das Beteiligungsmanagement nach Anlagen mit *langfristig* guten Rendite-Risiko-Relationen sucht.
- Im Beteiligungsmanagement werden auch sog. *strategische Beteiligungen* betreut, bei denen in der Beurteilung die Wirtschaftlichkeit u. U. im Vergleich zu anderen Kriterien (Einflussnahme, Verbundeffekte etc.) in den Hintergrund rückt. (Beispiel: Beteiligungen der Kreditgenossenschaften an ihren Verbundunternehmen, z. B. den Rechenzentralen.)
- Handelsportefeuilles sind tendenziell deutlich schneller umzuschichten als Beteiligungsportefeuilles. Bei letzteren kann die Position in einem Titel so groß sein, dass ein Verkauf marktbeeinflussend wirkt und ggf. Paket-Zu- oder Abschläge mit sich bringt. Beispielhaft sei hier der Verkauf der Beteiligung der Deutschen Bank an der Verlagsgruppe Springer genannt (vgl. O.V. (2003)).
- Bei der Auflösung von Beteiligungen erzielen speziell deutsche Kreditinstitute oft erhebliche Gewinne, da die Beteiligungen gemeinhin mit recht niedrigen historischen Anschaffungskosten (und somit mit erheblichen stillen Reserven, die nach IFRS so nicht möglich sind; vgl. Abschnitt M3.3) in der Bilanz stehen. Der Wert der stillen Reserven aus den Beteiligungen der Deutschen Bank an DaimlerChrysler und Linde wurde im September 2003 mit 700 Mio. € beziffert (vgl. STRECKERT (2003)). Aus Verkäufen von DaimlerChrysler-Aktien konnte im Jahr 2005 schließlich ein Gewinn von 666 Mio. € realisiert werden (vgl. DEUTSCHE BANK (2006a)). Dass ein solches Investment nicht immer erfolgreich ist und auch eine strategische Beteiligung nicht zwingend wirklich in einem Langfrist-Investment endet, wird u. a. dadurch belegt, dass Sal. Oppenheim bereits im Sommer 2009 die Anteile am angeschlagenen Arcandor-Konzern mit einem Verlust in zweistelliger Millionenhöhe wieder abgestoßen hat (vgl. O.V. (2009c)).

- Beteiligungen können schließlich, anders als Titel der Handelsportefeuilles, in nichthandelbaren Finanztiteln gehalten werden und sind dann nur mit erheblich höherem Aufwand liquidierbar (Beispiel: GmbH-Anteile).

Wir konzentrieren uns im Folgenden auf Handelsportefeuilles.

J3.2 Management von Aktienkursrisiken in Handelsportefeuilles

Aktienkursrisiken sind das klassische Marktrisiko. Mit der Portefeuilletheorie und dem CAPM wurden bereits vor Jahrzehnten für vollkommene Kapitalmärkte die Grundlagen für dessen Management im Rahmen der *asset allocation* gelegt. *Diversifikation* zur Vermeidung des *unsystematischen Risikos*, das nicht am Markt vergütet wird, heißt dort die grundlegende Devise. Auf unvollkommenen, nicht informationseffizienten Kapitalmärkten können jedoch durchaus Möglichkeiten für profitablen Eigenhandel existieren, der bewusst andere Portefeuilles wählt.

Bankspezifisches ist auf diesem Feld kaum zu erkennen. Das zeigt sich u. a. sehr schön in der seitenmäßigen Gewichtung des wichtigen Lehrbuches von SAUNDERS und CORNETT (2008) zum Management von Finanzintermediären. Im Kapitel 10 zum Marktrisiko steht dort eine knappe Seite (S. 273) zu „Equities", während dem Zinsänderungsrisiko mit den Kapiteln 8 und 9 fast 80 Seiten gewidmet werden. Einzig mit der Regulierung (siehe nächster Abschnitt), also einer typischen Marktunvollkommenheit, gibt es Besonderheiten.

Das Risiko von Aktien wurde und wird typischer Weise mit der Volatilität (Gesamtrisiko) oder dem β (systematisches Risiko) ihrer Renditen beschrieben. Eine gewisse Veränderung ist jedoch seit etwa Mitte der neunziger Jahre des letzten Jahrhunderts festzustellen. Das Bankhaus JPMorgan stellte mit RiskMetrics^{TM} ein Werkzeug zur Berechnung des Value at Risk (VaR) vor und allgemein zur Verfügung. Fortan begannen Kreditinstitute, diese Kennzahl zur Risikomessung zu verwenden, nicht zuletzt auch wegen ihrer aufsichtsrechtlichen Anerkennung in bankinternen Risikomodellen (mehr dazu in Abschnitt J5.2). Allerdings entfernten die Banken sich damit trotz der Verwendung eines Downside-Risikomaßes nicht unbedingt weit von der Markowitz-Welt. In RiskMetrics^{TM} beispielsweise wird nach dem Varianz-Kovarianz-Ansatz vorgegangen, unter dem sich wegen der Normalverteilungsannahme der VaR als Vielfaches der Standardabweichung berechnen lässt (vgl. Abschnitt F3.4).

Als Marktrisikofaktoren, die für eine Bestimmung des VaR infrage kommen, bieten sich z. B. die Kurse einer Aktie selbst oder aber Branchen- und Gesamtmarktindizes an. Mit Blick auf die Datenlage und den Umfang nötiger Berechnungen kann bei einer diesbezüglichen Entscheidung die Verfügbarkeit, Zuverlässigkeit und Handhabbarkeit von *Korrelationen* eine Rolle spielen: Bei 10 Aktien gibt es bereits 45, bei 100 Aktien sogar 4950 paarweise Korrelationen, so dass möglicherweise eine Beschränkung auf *Branchenindizes* anzuraten ist. Daneben gelten natürlich andere Wahlmöglichkeiten fort, die bereits allgemein im Zuge der Berechnung des VaR angesprochen wurden (vgl. Abschnitt F3.4).

Im internen Risikomanagement spielen solche Korrelationen eine entscheidende Rolle. Das Kursrisiko aus einer Aktie kann nämlich nicht nur durch einen long Put auf diese Aktie (vgl. das Beispiel in Abschnitt E5.2), sondern z. B. auch durch long Puts auf einen Index dieser Branche oder auf hochkorrelierte Unternehmen zumindest teilweise abgesichert werden. Für die verbleibenden Restrisiken wird dann *ökonomisches Kapital* benötigt. Der Kapitalbedarf wird des Weiteren vom Diversifikationsgrad des jeweiligen Portefeuilles beeinflusst, da in gut diversifizierten Portefeuilles praktisch kein Kapital für unsystematische Risiken benötigt wird.

J3.3 Eigenmittelunterlegung für Aktienkursrisiken des Handelsbuches

Die Aktienkursrisiken des Handelsbuches sind, wie die Zinsänderungsrisiken, mit regulatorischem Kapital zu unterlegen. In die Ermittlung der Anrechnungsbeträge für Handelsbuchrisikopositionen gehen ausschließlich vorab saldierte Positionen in „gleichen" Wertpapieren ein. Ein Saldo aus gegenläufigen Positionen in gleichen Wertpapieren wird wieder als *Nettoposition* bezeichnet.

Wesentlich für die Definition der Nettoposition ist, welche Art von Ansprüchen und Verpflichtungen berücksichtigt wird und wann Wertpapiere als „gleich" angesehen werden. Die *Aktiennettoposition* ergibt sich aus den Unterschiedsbeträgen folgender Bestandteile (vgl. SolvV §299 Abs. 1):

- Ansprüche und Verpflichtungen aus Kassa-, Termin- und Optionsgeschäften sowie Swapgeschäften, die sich auf die „gleichen" Wertpapiere beziehen,
- Einander weitgehend entsprechende, gegenläufig ausgerichtete Positionen aus derivativen Geschäften, soweit diese der Zinsnettoposition zuzurechnen sind.

In dem Spezialfall, dass es sich um gegensätzliche Ansprüche und Verpflichtungen handelt, die sich auf völlig gleiche Wertpapiere beziehen, wird stets eine Risikoreduktion erreicht. Eine Saldierung solcher Positionen ist unproblematisch. Aktien werden aber bereits als „gleich" angesehen, wenn sie die Bedingungen für „Gleichheit" zinsabhängiger Wertpapiere erfüllen (vgl. Tabelle J2-11), wobei die Übereinstimmung im Rückzahlungsprofil durch die Gleichheit des Stimmrechts zu ersetzen ist.

Aus der ökonomischen Betrachtung wissen wir, dass ergänzend die Korrelationen wichtig sind, um risikoreduzierende Effekte zu messen und im Eigenmittelbedarf abzubilden. Die Vorschriften der SolvV sehen hier eine sehr vereinfachte Vorgehensweise vor. Hinsichtlich des *allgemeinen Kursrisikos* wird unterstellt, dass alle auf einem nationalen Markt gehandelten Aktien in gleichem Maße von allgemeinen Marktbewegungen betroffen sind. In diesem Fall ist das allgemeine Kursrisiko eines Aktienportefeuilles sehr einfach aus der offenen Position nach

Saldierung aller Long- und Short-Positionen zu ermitteln, d. h. alle gegenläufigen Aktiennettopositionen eines nationalen Marktes dürfen saldiert werden (Best Case Methode; vgl. Abschnitt J1.3). Der verbleibende Saldo ist mit 8% Eigenmitteln zu unterlegen.

Die Annahme einer für alle Aktien gleichen Faktorsensitivität ist problematisch. Sie führt zu einer verzerrten Risikomessung, wenn sich die Faktorsensitivitäten der Aktien deutlich unterscheiden:

> Die Faktorsensitivitäten von zwei Wertpapieren, X und Y, seien betragsmäßig identisch, weisen aber ein gegensätzliches Vorzeichen auf. Werden X und Y beide Long gehalten (oder beide Short), so ist das systematische Risiko vollständig gehedgt, in der SolvV wird dagegen eine offene Position ausgewiesen. Wird umgekehrt X Short und Y Long gehalten, so weist die SolvV keine offene Position hinsichtlich des allgemeinen Marktrisikos aus, tatsächlich ist das Portefeuille aber in erheblichem Maße einem systematischen Risiko ausgesetzt.

Zur Abdeckung des emittentenspezifischen, _besonderen Kursrisikos_ sind die Aktiennettopositionen unabhängig davon, ob es sich um Long- oder Shortpositionen handelt, mit 4% Eigenmitteln zu unterlegen (Worst Case Methode; vgl. Abschnitt J1.3). Für hochdiversifizierte Portefeuilles gilt ein um 50% ermäßigter Anrechnungssatz, sofern es sich um hochliquide Aktien mit hoher Anlagequalität handelt (zur Definition vgl. SolvV §305 Abs. 2 S. 3 und 4). Insofern wird hier zwar in pauschaler, aber grundsätzlich sinnvoller Weise berücksichtigt, dass in gut diversifizierten Portefeuilles die unsystematischen Risiken weitgehend verschwinden.

Hinsichtlich der Berücksichtigung des allgemeinen und besonderen Kursrisikos für Investmentanteile existieren besondere Regelungen in SolvV §307, auf die hier nicht genauer eingegangen wird.

J4 Währungs- und Rohwarenrisiken

J4.1 Gemeinsamkeiten und Unterschiede

Die gemeinsame Behandlung von Währungs- und Rohwarenrisiken verlangt eine inhaltliche Begründung und nicht nur den Hinweis, dass beides zusammen immer noch kein besonders langes Kapitel ergibt. Das sei hier geleistet.

Der Umgang mit Währungen (_Foreign Exchange, FX_) hat für Kreditinstitute eine lange Geschichte. Schon Anfang des 16. Jahrhunderts nutzten die Fugger Unterschiede in Wechselkursen zur Erzielung von Arbitragegewinnen für sich aus (vgl. EHRENBERG (1922), S. 93).

Begrifflich zu unterscheiden sind Devisen und Sorten. _Devisen_ sind auf ausländische Währungen lautende und an einem ausländischen Platz zahlbare _Forderungen_, also Währungsguthaben bei ausländischen Banken und auf fremde Währungen lautende und im Ausland zahlbare Wechsel und Schecks. Ausländische Banknoten (_Sorten_) sind keine Devisen im engeren Sinne (vgl. MAIER (2000), S. 1045).

In §1 KWG ist der Handel mit *Sorten*, wenn er die Haupttätigkeit darstellt, als ein Geschäft von Finanzdienstleistungsinstituten definiert. Commercial Banks betreiben das Sorten- und das Devisengeschäft sozusagen nebenbei. Dabei stehen sie im Wettbewerb mit anderen Dienstleistern, die ebenfalls mit Sorten handeln, nämlich z. B. Hotels und Wechselstuben. Insofern ist Sortenhandel kein Geschäft, das nur Kreditinstitute betreiben. Das Volumen, das an den internationalen Devisenmärkten gehandelt wird ist enorm[14] und geht bei weitem über das für die Finanzierung von und Im- und Exporten notwendige Volumen hinaus. Während in 2007 täglich allein fast 2,7 Billionen US-$ an den Devisenmärkten gehandelt wurden, betrugen die Im- und Exporte der USA für das gesamte Jahr gerade mal ca. 4 Billionen US-$. [15]

Gleiches gilt für den Handel mit *Rohwaren*. In diesem Feld, das so unterschiedliche Dinge wie Rohöl, Getreide, Metalle und Schweinehälften umfasst, sind neben reinen „Spekulanten", d. h. Investoren, die entsprechende Finanztitel kaufen und verkaufen, ohne eine betriebliche Beziehung zu den Waren zu haben, auch Unternehmen tätig, die diese Waren als Rohstoffe kaufen, weiterverkaufen oder -verarbeiten. Zu denken ist beispielsweise an Mineralölkonzerne oder Futtermittellieferanten. Für (deutsche) Banken war die Teilnahme an solchen Märkten nicht nur bis vor kurzer Zeit nicht üblich, sondern ihnen waren Warentermingeschäfte bis zur Umsetzung der EU-Kapitaladäquanzrichtlinie im Jahr 1998 als Ergebnis von Basel I sogar verboten. Der Markt für Warentermingeschäfte teilt sich auf verschiedene Börsenplätze in Deutschland auf. Spezialisiert auf Waren im engeren Sinne (wie Ferkel, Kartoffeln, Braugerste etc.) ist die WTB Hannover, während die European Energy Exchange Leipzig europaweit auf dem Gebiet der Energie-Termingeschäfte führend ist.

Eine besondere Rolle spielt *Gold*. Gold ist ein Edelmetall und von daher sachlich betrachtet eine Rohware. Jedoch hat Gold vor allem zur Zeit des Goldstandards (vgl. BORCHERT (2003), S. 3ff.) eine direkte Relation zu Währungen gehabt, die durch staatliche Goldreserven in ihrem Wert unterlegt waren. Noch heute wird Gold zumindest in den aufsichtsrechtlichen Vorschriften zur Eigenmittelunterlegung daher wie eine Fremdwährung und nicht wie eine Rohware behandelt.

J4.2 Überlegungen zum Management

Kreditinstitute können Währungs- und Rohwarengeschäfte als Agenten für ihre Kunden tätigen oder für sich selbst Hedging- oder Spekulationsgeschäfte durchführen. Uns interessieren hier nur die *Eigengeschäfte* der Banken.

Fremdwährungsrisiken entstehen aus künftigen Ein- und Auszahlungen in fremder Währung. Ein Messkonzept sollte demnach an künftigen Zahlungen an-

---

[14] Ein Vergleich: Das Aktien-Handelsvolumen an der New Yorker Börse (NYSE) macht weniger als 3% des dortigen Devisenumsatzes aus.

[15] Vgl. BANK FÜR INTERNATIONALEN ZAHLUNGSAUSGLEICH (2007) und U.S. CENSUS BUREAU (2008).

knüpfen. Ähnlich wie bei den bislang behandelten Preisrisiken, rühren die Gefahren aus Inkongruenzen her, d. h. aus unterschiedlich hohen Ansprüchen und Verpflichtungen, die bei Wechselkurs- oder Warenpreisveränderungen zu Vermögensverlusten führen können. Insofern sind wiederum Nettopositionen, die sich jetzt auf einzelne Währungen oder Rohwaren beziehen, der entscheidende Ausgangspunkt (vgl. OEHLER und UNSER (2002), S. 141ff. für eine ausführlichere Darstellung). Zu berücksichtigen sind erneut die Volatilität der Preise als wesentliches Risikomerkmal sowie das Nebeneinander von Kassa- und Terminmärkten als Quellen für marktbasierte Volatilitätsschätzungen und Hedgegeschäfte.

Bei vielen originären Geschäften treten Währungs- oder Rohwarenrisiken nicht isoliert auf. So birgt beispielsweise eine Staatsanleihe in US-$ im Portefeuille einer deutschen Bank neben dem Risiko, wieviel € die US-$-Zahlungen aus der Anleihe in ihren Fälligkeitszeitpunkten wert sein werden, das Risiko von Veränderungen in den US-$-Zinssätzen, die von den €-Zinssätzen abweichen. Unter Vernachlässigung jeglicher Ausfallrisiken bieten sich zur Immunisierung gegen diese Risiken z. B. getrennte Hedgegeschäfte an:

- Mit einem ersten Zinsswap können z. B. US-$ Festzinsen in variable US-$ Zinsen getauscht werden.
- Wenn das nicht gleich in einem Geschäft geht, können anschließend mit einem zweiten Zinsswap die variablen US-$ Zinsen in variable € Zinsen getauscht werden.
- Mit einem Währungsswap oder mit Devisentermingeschäften können die Zahlungen aus US-$ in € transformiert werden.

Für Geschäfte mit Rohwaren existiert ebenfalls ein Spektrum von Termingeschäften (u. a. Optionen und Futures), mit denen viele Risiken gehedgt werden können. Ein zusätzliches Währungsrisiko ist für deutsche Kreditinstitute gegeben, wenn Geschäfte mit Rohwaren in Fremdwährung (z. B. US-$) denominiert und abgerechnet werden.

An dieser Stelle werden wir – anders als bei Zinsänderungsrisiken, aber ähnlich wie bei Aktienkursrisiken – nicht näher auf Managementaspekte eingehen. Der Grund ist im Wesentlichen, dass unserer Meinung nach nicht sehr viel Bankspezifisches zu sagen ist, außer natürlich zur Regulierung, die wir deswegen in den folgenden beiden Abschnitten abhandeln. Für das nicht zwingend auf Kreditinstitute beschränkte Währungsmanagement existiert im Übrigen mit BREUER (2000) ein geeignetes Lehrbuch.

J4.3 Regulatorische Vorschriften

J4.3.1 Eigenmittelunterlegung von Währungsrisiken

Offene Einzelwährungspositionen

In die Ermittlung einer *offenen Einzelwährungsposition* (*EWP*), den Saldo aus Zahlungsansprüchen und -verpflichtungen in einer fremden Währung, sind die in

Tabelle J4-1 aufgeführten Posten aufzunehmen, sofern sie auf diese fremde Währung lauten. Die Einteilung in Aktiva und Passiva ist nicht identisch mit dem Bilanzausweis, sondern hängt davon ab, ob in der Zukunft eine Einzahlung (Aktiva) oder Auszahlung (Passiva) in fremder Währung erfolgt. Dementsprechend heißt die EWP aktivisch (passivisch), wenn die Zahlungsansprüche (Zahlungsverpflichtungen) überwiegen.

Tab. J4-1: Fremdwährungsaktiva und -passiva

Aktivpositionen	Passivpositionen
1. Bilanzaktiva einschließlich zeitanteiliger Erträge	1. In der Bilanz ausgewiesene Schulden einschließlich zeitanteiliger Aufwendungen
2. Liefer- u. Zahlungsansprüche aus Kassa- u. Termingeschäften sowie aus Finanzswaps	2. Liefer- u. Zahlungsverpflichtungen aus Kassa- und Termingeschäften sowie aus Finanzswaps
3. Eventualansprüche auf Rückgabe von in Pension gegebenen Bilanzaktiva	3. Eventualverbindlichkeiten auf Rück- gabe verpensionierter Bilanzaktiva
4. Liefer- o. Zahlungsansprüche aus Gold- u. Devisenoptionen	4. Liefer- o. Zahlungsverpflichtungen aus Gold- u. Devisenoptionen
5. Sonstige Optionsrechte	5. Stillhalterpositionen in sonstigen Optionen
6. Unwiderrufliche Garantien und Gewährleistungen, die zu einer Erhöhung der Fremdwährungsaktiva führen	6. Unwiderrufliche Garantien und Gewährleistungen, die zu einer Erhöhung der Fremdwährungspassiva führen
7. Erwartete Einnahmen, die keine zeitanteiligen Erträge sind, und durch Fremdwährungspassiva gesichert sind (Wahlrecht)	7. Erwartete Ausgaben, die keine zeitanteiligen Aufwendungen sind, und durch Fremdwährungsaktiva gesichert sind (Wahlrecht)

Quelle: Vgl. SolvV §295 Abs. 1 und 2.

Eine unterschiedliche *Fristigkeit* der Aktiva und Passiva bleibt unberücksichtigt. Weiterhin werden grundsätzlich alle *Bilanzaktiva* berücksichtigt, die Vermögensgegenstände darstellen, unabhängig davon, ob sie in der Zukunft zu Zahlungen führen. Eine Ausnahme[16] gibt es für sog. strukturelle Positionen, die mit Zustimmung der BaFin außer Ansatz gelassen werden können. Hierzu zählen Posten im Zusammenhang mit den Eigenmitteln sowie Beteiligungen und Anteile an verbundenen Unternehmen, die zu Anschaffungskursen bewertet werden (vgl. hierzu ausführlicher SCHULTE-MATTLER und TRABER (1997), S. 115ff.). Die weiteren Positionen betreffen Geschäfte, die einen Anspruch oder eine Verbindlichkeit in fremder Währung begründen, ohne dass damit ein adäquater Bilanzausweis verbunden wäre.

---

[16] Auch können Gold- und Sortenbestände unberücksichtigt bleiben, sofern sie 128.000 € nicht übersteigen.

Ein *Eventualanspruch* auf Rückgabe von Bilanzaktiva entsteht bei einem *un-echten Pensionsgeschäft*, bei dem der Pensionsnehmer das Recht, aber keine Verpflichtung zur Rückübertragung des verpensionierten Vermögensgegenstandes hat. Da in diesem Fall der in Pension gegebene Vermögensgegenstand aus der Bilanz des Pensionsgebers ausgebucht wird (vgl. Abschnitt M4.1), erfolgt eine gesonderte Nennung bei den Fremdwährungsaktiva, da andernfalls das aus der Rücknahmeverpflichtung entstehende potenzielle Fremdwährungsrisiko nicht erfasst werden würde. Das mit der Rücknahmeverpflichtung aus einem *echten Pensionsgeschäft* verbundene Fremdwährungsrisiko wird dagegen bei den Bilanzaktiva erfasst, da der Vermögensgegenstand weiterhin beim Pensionsgeber bilanziert wird. Analog ist im Hinblick auf die Eventualverbindlichkeit des Pensionsnehmers bei einem unechten Pensionsgeschäft zu argumentieren: Das Rückgaberecht wirkt analog zu einem (Verkaufs-)Optionsrecht wie eine Absicherung des in Pension genommenen Vermögensgegenstandes. Da dieser beim Pensionsnehmer bilanziert wird und damit als Bilanzaktivum in die Fremdwährungsposition eingeht, wird die gegebene Absicherung nur dann korrekt erfasst, wenn die bei Ausübung des Rückgaberechts entstehende Verbindlichkeit als Passivum erfasst wird.

Optionsrechte und Stillhalterpositionen in *Gold- und Devisenoptionen* zählen dann zu den Fremdwährungsaktiva, wenn sie einen bedingten Liefer- oder Zahlungsanspruch auf fremde Währung oder auf Vermögensgegenstände in fremder Währung beinhalten. Dies ist bei einer Kaufoption (Long Call) oder bei einer Stillhalterposition in einer Verkaufsoption (Short Put) der Fall. Ein Verkaufsoptionsrecht (Long Put) und eine Stillhalterposition in einer Kaufoption (Short Call) begründen dagegen eine bedingte Liefer- bzw. Zahlungsverpflichtung und werden daher als Fremdwährungspassiva geführt. Devisenoptionspositionen sind bei der Ermittlung der EWP deltagewichtet zu berücksichtigen. Handelsbuchinstitute müssen daneben noch Gamma- und Vegafaktorrisiken von Devisenoptionen (sowohl Optionsrechte als auch Stillhalterpositionen) mit Eigenmitteln unterlegen (vgl. Abschnitt J5.1). *Sonstige Optionen* lauten selbst nicht auf Gold oder fremde Währung, haben aber ein in fremder Währung denominiertes Underlying. Ein Beispiel hierfür ist eine Kaufoption auf in US-$ lautende Aktien. Sonstige Optionen werden mit ihrem Marktwert angesetzt.

Garantien und sonstige Gewährleistungen, die zu einer Erhöhung der fremdwährungsrisikobehafteten Aktiva oder Passiva führen, sind ebenfalls zu berücksichtigen, sofern sie mit Sicherheit in Anspruch genommen werden. Diese Voraussetzung gilt als erfüllt, wenn eine Rückstellung in der Bilanz gebildet wird.

Erwartete Einnahmen bzw. Ausgaben, die nicht als zeitanteiliger Ertrag bzw. Aufwand verbucht werden, können – sofern sie gesichert sind – als Fremdwährungsaktiva bzw. -passiva erfasst werden (Wahlrecht); denn andernfalls würde lediglich das Sicherungsgeschäft in die EWP eingehen und somit eine offene Position begründen, obwohl durch das Sicherungsgeschäft gerade eine geschlossene Position hergestellt worden ist.

Währungsgesamtposition

Ein Kreditinstitut wird im Regelfall Fremdwährungspositionen in mehreren Währungen unterhalten und für jede Währung eine offene EWP ermitteln. In die *Nettowährungsposition* fließen sämtliche bilanziellen und außerbilanziellen Geschäfte, die mit einem Wechselkursrisiko verbunden sind, also alle EWP ein. Zusätzlich werden bei der *Währungsgesamtposition* auch Positionen in Gold mit berücksichtigt (vgl. hier und im Folgenden SCHULTE-MATTLER (2004), S. 1627ff. und SolvV §294ff.).

Eine Saldierung von Zahlungsansprüchen und -verpflichtungen in zwei *unterschiedlichen* Währungen kommt aus ökonomischer Perspektive nur dann in Betracht, wenn die Wechselkursentwicklung der beiden Währungen gleichgerichtet ist, d. h. wenn beide Währungen zwar nicht unbedingt vollständig, aber doch zumindest in hohem Maße (positiv) korreliert sind. Dies ist z. B. für den US-$ und den Can-$ gegeben. So könnte eine deutsche Bank eine Forderung in Can-$ durch einen Terminverkauf von US-$ recht wirkungsvoll absichern.

Dementsprechend werden bei der Zusammenfassung der EWP zu einer Währungsgesamtposition (WGP) zwei Fälle unterschieden. Im *Normalfall* werden zunächst alle aktivischen und passivischen EWP getrennt zusammengefasst. Nach der Middle Case Methode (vgl. Abschnitt J1.3) bildet die betragsmäßig größere der beiden Teilsummen die *Nettowährungsposition*. Durch betragsmäßige Hinzunahme der offenen Goldposition (also unabhängig vom Vorzeichen und keinesfalls mit risikomindernder Wirkung) erhält man die *Währungsgesamtposition*, die mit 8% Eigenmitteln zu unterlegen ist.

Für hochkorrelierte, sogenannte „eng verbundene" Währungen besteht eine *Sonderregelung*, wonach ausgeglichene Positionen faktisch nur mit 4% Eigenmitteln zu unterlegen sind. Ein Beispiel:

Tab. J4-2: Aktivische und passivische Einzelwährungspositionen

Aktivische EWP	Passivische EWP
200 Mio. US-$ · 1,1 €/US-$ = 220 Mio. €	150 Mio. Can-$ · 0,9 €/Can-$ = 135 Mio. €
80 Mio. CHF · 0,65 €/CHF = 52 Mio. €	30 Mio. £ · 1,4 €/£ = 42 Mio. €

1. Die ausgeglichene Position in Höhe von 135 Mio. € geht nicht in die Aggregation mit ein, sondern wird gesondert behandelt.
2. Die Nettowährungsposition ergibt sich dann aus der Aktivseite zu 137 Mio. €.
3. Die ausgeglichene Position wird zur Hälfte der Nettowährungsposition hinzugerechnet (137 Mio. € + 67,5 Mio. € = 204,5 Mio. €).

Der unterlegungspflichtige Anrechnungsbetrag beläuft sich somit auf 16,36 Mio. € (= 204,5 · 8% bzw. = 137 · 8% + 135 · 4%). Dies bedeutet eine Reduzierung der Eigenmittelunterlegung um 5,4 Mio. € durch die Berücksichtigung der hohen Korrelation zwischen US-$ und Can-$.

Wird von dem Wahlrecht einer reduzierten Anrechnung eng verbundener Währungen Gebrauch gemacht, so ist von dem betreffenden Institut anfänglich nachzuweisen, dass eine ausreichend hohe Korrelation der Wechselkursentwicklung dieser beiden Währungen besteht.

Das Verfahren, mit dem der Nachweis der Korreliertheit erbracht werden muss, beruht auf folgender Grundidee: Liegt eine geschlossene Position in zwei eng verbundenen Währungen vor, so müssen sich Gewinne und Verluste aus gegenläufigen offenen Positionen in den Einzelwährungen weitgehend kompensieren, so dass der Nettoertrag bzw. -verlust der geschlossenen Position gering ist. Dies muss anhand der aktuellen ausgeglichenen Position unter Verwendung der Wechselkursentwicklung in den letzten fünf Jahren überprüft werden. Hierzu wird wie folgt ein Value at Risk mit 95% Konfidenzniveau auf Basis einer historischen Simulation ermittelt. Es sind für einen Fünf-Jahres-Zeitraum die Gewinne und Verluste zu berechnen, die entstanden wären, wenn die ausgeglichene Position über jeweils zehn Arbeitstage gehalten worden wäre, wobei an jedem Arbeitstag eine neue Zehn-Tage-Halteperiode beginnt. Auf diese Weise werden bei einem Fünf-Jahres-Zeitraum ca. 1250 Erfolge ermittelt, die im statistischen Sinne jeweils als eine Stichprobenziehung interpretiert werden können. Werden die Erfolge der Größe nach sortiert, so kann man den 63-größten Verlust (1250 · 0,05) als den Verlust interpretieren, der mit einer Wahrscheinlichkeit von mehr als 95% nicht überschritten wird. Nur wenn dieser Wert 4% der ausgeglichenen Position nicht überschreitet, darf der ermäßigte Anrechnungssatz angewendet werden. Alternativ zum 95%-VaR und einem Zeitraum von fünf Jahren, darf auch ein 99%-VaR basierend auf drei Jahren gewählt werden. Hier wäre dann von 750 Werten der acht-größte Verlust (750 · 0,01) zu ermitteln.

Wie bei manchen anderen Regelungen existiert eine *Bagatellgrenze* (vgl. Tabelle J4-3). Mit dieser Bagatellregelung werden Institute mit relativ unbedeutenden Währungsrisiken von einer Unterlegung mit Eigenmitteln ganz befreit. Sie müssen sich bei ihrer Kapitalallokation keine Gedanken machen, ob möglicherweise „zufällig" durch einige größere Fremdwährungsgeschäfte im Zusammenhang mit ihrem Kerngeschäft das Kapital für eben diese Kerngeschäftsfelder kurzfristig zusätzlich knapp wird:

> Eine Bank habe einige Firmenkunden aus dem Handel. Regelmäßig fallen ein paar kurzfristige Überbrückungskredite in Fremdwährung an, da die Händler im Ausland bestellen, in US-$ bezahlen und von ihren Abnehmern ebenfalls in US-$ bezahlt werden. Das Volumen dieser Kredite ist recht gering, aber schwankend. Müsste eine Kapitalunterlegung erfolgen, so würden der Kapitalbedarf für diese Kredite und damit auch das den anderen Geschäftsfeldern zur Verfügung stehende Kapital schwanken.

Beachten Sie, dass selbst Institute, die von der Bagatellregelung profitieren, den vollen abwicklungsmäßigen Anforderungen unterworfen sind. Da sie zunächst die zur Berechnung der Unterlegung nötigen Zahlen ermitteln müssen, um die Anwendbarkeit der Bagatellregelung überprüfen zu können, haben sie keine administrativen Erleichterungen.

Tab. J4-3: Ausnahmen von der Eigenmittelunterlegung für Fremdwährungsrisiken

Keine Eigenmittelunterlegung von Fremdwährungsrisiken erforderlich, wenn:
Währungsgesamtposition $\leq 2\%$ der Eigenmittel
und
$\text{Max}\{\sum \text{Fremdwährungsaktiva}; \sum \text{Fremdwährungspassiva}\} \leq \text{Eigenmittel}$
und
Keine Inanspruchnahme der Sonderregelung für hochkorrelierte Währungen

J4.3.2 Eigenmittelunterlegung von Rohwarenrisiken

Mit der Umsetzung der Kapitaladäquanzrichtlinie ist für die Kreditinstitute das seit 1974 geltende Verbot gefallen, Warentermingeschäfte abzuschließen. Als Konsequenz aus dieser Lockerung müssen nun die Risiken aus Rohwarengeschäften erfasst und mit Eigenmitteln unterlegt werden. Zu den Rohwaren gehören mit Ausnahme von Gold alle Edelmetallarten, landwirtschaftliche Produkte, aber auch Rohstoffe wie z.B. Rohöl (für eine Abgrenzung vgl. SCHULTE-MATTLER (2004), S. 1571). Bestände an Rohwaren, die in die Rohwarenposition einbezogen werden, gehören nicht zu den anrechnungspflichtigen Risikoaktiva.

In die *Rohwareneinzelpositionen* gehen – analog zur Ermittlung der Einzelwährungspositionen – Ansprüche bzw. Verpflichtungen aus folgenden Posten mit ein (vgl. SolvV §296):

- Bilanzaktiva (nur aktivisch),
- Lieferansprüche (aktivisch) bzw. -verpflichtungen (passivisch) aus Swap-, Kassa- und Termingeschäften,
- Lieferansprüche (aktivisch) bzw. -verpflichtungen (passivisch) aus Optionsgeschäften (Optionsrechte und Stillhalterpositionen),
- Eventualansprüche (aktivisch) bzw. Eventualverpflichtungen (passivisch) aus unechten Pensionsgeschäften.

Die Aktiv- und Passivpositionen sind für jede Rohwarenart getrennt zu ermitteln. Eine Saldierung gegenläufiger Positionen über verschiedene Rohwarenarten hinweg ist nicht möglich. Für die Ermittlung des Anrechnungsbetrages für die *Rohwarenposition* kann zwischen dem Standardverfahren und der sog. Zeitfächermethode gewählt werden (vgl. hier und im Folgenden SCHULTE-MATTLER (2004), S. 1646ff.).

Beim einfachen *Standardverfahren* muss jede offene Rohwareneinzelposition zur Abdeckung des *direktionalen* Risikos, d.h. des Risikos einer Veränderung der Spotpreise zu Lasten des Instituts, mit 15% Eigenmitteln unterlegt werden (Worst Case Methode; vgl. Abschnitt J1.3). Hinzu kommt ein weiterer Teilanrechnungsbetrag in Höhe von 3% der Summe aus allen Aktiv- und Passivpositionen. Damit werden Termin-, Zins- und Basisrisiken pauschal erfasst. Das Terminrisiko bezeichnet mögliche Veränderungen des Terminpreises, die nicht mit Zinsänderungen zusammenhängen, das Zinsrisiko erfasst die Unsicherheit über die Bestandshaltekosten und das Basisrisiko beschreibt unerwartete Veränderungen der Preisrelationen ähnlicher Rohwaren.

Bei der *Zeitfächermethode* (vgl. SolvV §297) wird die unterschiedliche Fristigkeit von Aktiv- und Passivpositionen berücksichtigt, indem die einzelnen Positionen nach Laufzeitbändern eingeteilt werden. Insgesamt werden sieben Laufzeitbänder (vgl. SolvV, Tabelle 20, Anlage 1) unterschieden. Nach der Zuordnung aller Aktiv- und Passivpositionen einer Rohwarenart zu dem jeweiligen Laufzeitband gelangt man über folgende Schritte, die dem Vorgehen zur Unterlegung des allgemeinen Kursrisikos im Zinsbereich ähneln (vgl. Abschnitt J2.9.2), zum anrechnungspflichtigen Betrag für diese Rohwarenart:

1. Ermittlung der offenen und der geschlossenen Position je Laufzeitband.
2. Jede geschlossene Position wird mit 3% angerechnet. Ausnahmen gelten, sofern die zugrunde liegenden Geschäfte den gleichen Fälligkeitstermin haben oder diese innerhalb des gleichen Zehn-Tageszeitraums fällig sind und auf Märkten mit täglichen Lieferterminen gehandelt werden (vgl. SolvV §297 Abs. 2 S. 3).
3. Verrechnung der offenen Positionen mit gegenläufigen Positionen im jeweils nachfolgenden Laufzeitband.
4. Die dadurch entstehenden geschlossenen Positionen werden wieder mit 3% angerechnet, die jeweils vorgetragenen offenen Positionen („Carry Over") gehen mit 0,6% ein.
5. Die verbleibende offene Position im siebten Laufzeitband wird mit 15% angerechnet.

Zur Ermittlung des gesamten Anrechnungsbetrages für die Rohwarenposition werden die Teilanrechnungsbeträge für die einzelnen Rohwarenarten addiert (wiederum Worst Case Methode).

J5 Übergreifendes

J5.1 Anrechnungsbeträge für Optionen

Bei der Erfassung von Marktpreisrisiken im Zusammenhang mit Optionspositionen tritt ein Problem auf, das wir bereits in ähnlicher Form bei der Duration kennen gelernt haben: Der Optionswert ist eine nichtlineare Funktion des Wertes des Underlying. Der nichtlineare Zusammenhang kann wiederum linear approximiert werden, indem die Veränderung des Underlyingwertes mit einer Sensitivität multipliziert wird. Der Sensitivitätsparameter heißt diesmal Deltafaktor und ist die erste Ableitung des Optionswertes nach dem Wert des Underlying (vgl. Gleichung (J5-1)). Entsprechend heißt der Ansatz, der auf dieser Vorgehensweise aufbaut, *Delta-Plus-Methode*; „Plus" deshalb, weil unter Umständen noch weitere Sensitivitätsparameter (Gamma- und Vegafaktor) berücksichtigt werden müssen. Daneben besteht die Möglichkeit, die Veränderung des Optionswertes für unterschiedliche Werte des Underlying sowie für Veränderungen anderer Parameter explizit zu ermitteln. Dies ist der Grundgedanke der *Szenario-Matrix-Methode*.

Bevor wir die beiden Verfahren im einzelnen vorstellen, wollen wir erst klären, welche Kreditinstitute für welche Risikoarten welches Verfahren anwenden müssen bzw. dürfen (vgl. Tabelle J5-1).

Tab. J5-1: Verfahren zur Berücksichtigung von Optionsrisiken

	Währungs- und Rohwarenrisiken	**Handelsbuchrisikopositionen**	
		Allgemeines Kursrisiko	Besonderes Kursrisiko
Handelsbuch-institute	Wahlmöglichkeit zwischen		Ausschließlich Deltafaktorrisiko
	Delta-Plus-Methode - Deltafaktorrisiko - Gammafaktorrisiko - Vegafaktorrisiko	Szenario-Matrix-Methode	
Nicht-handelsbuch-institute	Ausschließlich Deltafaktorrisiko	Ausschließlich Delta-Plus-Methode	

Für besondere Kursrisiken des Handelsbuches ist von allen Instituten nur das Deltafaktorrisiko zu berücksichtigen. Für Nichthandelsbuchinstitute gilt das auch für Währungs- und Rohwarenrisiken. Ansonsten ist eher die Delta-Plus-Methode zu verwenden. Die Szenario-Matrix-Methode darf nur von Handelsbuchinstituten angewendet werden. Dieses Wahlrecht der Handelsbuchinstitute darf nur mit Zustimmung der BaFin ausgeübt werden; möglich ist sogar, dass die BaFin die Anwendung der Szenario-Matrix-Methode vorschreibt. Dies kann z. B. der Fall sein, wenn das Institut in erheblichem Umfang exotische Optionen im Bestand hat, deren Risiken mit der Delta-Plus-Methode nur schlecht erfasst werden können (vgl. SolvV §308 Abs. 3).

Für die Berechnung des Gamma- bzw. Vegafaktorrisikos im Rahmen der Delta-Plus-Methode gilt:

- Die Preisänderungen von Aktien, Fremdwährungen oder Gold als Underlyings sind mit 8% anzusetzen, die von Rohwaren und anderen Marktrisiken mit 15%.
- Zinsoptionen werden mit einem von der Restlaufzeit abhängigen Gewichtungsfaktor (vgl. Tabellen J2-14 bzw. J2-15) angerechnet, da das Kursrisiko von Zinstiteln laufzeitabhängig ist.
- Als Schwankungsbreite der Volatilität werden ±25% um den aktuellen Wert angenommen.

Delta-Plus-Ansatz

Der Delta-Plus-Ansatz beruht auf der Grundidee, das Preisrisiko von Optionen mittels der Sensitivität des Optionswertes bezüglich Veränderungen der Einflussgrößen Preis (π^{opt}) und Volatilität des Underlying (σ) zu ermitteln. Die festgestellte Sensitivität wird mit einer unterstellten Veränderung der Einflussgröße multipliziert, um so die erforderliche Eigenmittelunterlegung zur Abdeckung des Preisrisikos zu bestimmen. Grundlage ist die folgende, vereinfachte Variante von Gleichung (E7-1):

$$\Delta\pi^{opt} = \frac{\partial\pi^{opt}}{\partial\pi} \cdot \Delta\pi + \frac{\partial\pi^{opt}}{\partial\sigma} \cdot \Delta\sigma + 0,5 \cdot \frac{\partial^2\pi^{opt}}{\partial\pi^2} \cdot (\Delta\pi)^2 + \ldots \qquad \text{(J5-1)}$$

$$= \text{Deltafaktor} \cdot \Delta\pi + \text{Vegafaktor} \cdot \Delta\sigma + 0,5 \cdot \text{Gammafaktor} \cdot (\Delta\pi)^2 + \ldots$$

$$= \text{Deltafaktorrisiko} + \text{Vegafaktorrisiko} + \text{Gammafaktorrisiko} + \ldots.$$

In Abschnitt E7.2 haben wir „die Griechen" und die damit verbundenen Risiken bereits diskutiert. Ergänzend sei hier angemerkt:

- Das Produkt aus Deltafaktor und Underlyingwert, das Deltafaktorrisiko, heißt *Deltaäquivalent*. Da in die Nettoposition sowohl das Underlying als auch darauf geschriebene Optionen eingehen, ist es sinnvoll, Optionen in Höhe ihres Deltaäquivalents zu berücksichtigen, um beide Komponenten risikomäßig „gleichnamig" zu machen.
- Da die Verluste von Short- und Longpositionen durch den Deltafaktor in entgegengesetzter Weise verzerrt werden, ist es sinnvoll, entgegengesetzte Optionspositionen in dem Maße hinsichtlich ihres Gammafaktors zusammenzufassen, wie auch die den Optionsgeschäften zugrunde liegenden Basiswerte zusammengefasst werden können. Somit können die Gammafaktorrisiken von Devisenoptionen, die sich auf die gleiche Währung beziehen, saldiert werden, ebenso wie die Gammafaktorrisiken von Aktienoptionen, die sich auf denselben nationalen Markt beziehen. Bei Zinsoptionen ist eine Saldierung innerhalb der Laufzeitbänder möglich. Damit eine vorzeichengerechte Saldierung der Gammafaktorrisiken von Short- und Longpositionen erfolgt, wird der Gammafaktor von Longpositionen mit einem positiven und der von Short-Positionen mit einem negativen Vorzeichen versehen. Dabei zeigt ein negativer Saldo an, dass durch den Deltafaktor zu gering bemessene Verlustrisiken korrigiert werden, daher sind nur negative Salden mit Eigenmitteln zu unterlegen.
- Da Long- und Short-Positionen in Optionen von Veränderungen der Volatilität in gegensätzlicher Weise betroffen sind, wird der Vegafaktor von Longpositionen mit einem positiven und der von Short-Positionen mit einem negativen Vorzeichen versehen. Eine Saldierung ist in dem Maße möglich, wie dies beim Gammafaktorrisiko erlaubt war, wobei nun aber der entsprechende Saldo unabhängig von seinem Vorzeichen mit Eigenmitteln zu unterlegen ist.

Abbildung J5.1 fasst noch einmal am Beispiel von Aktienoptionen zusammen, wie die mit Optionspositionen verbundenen Marktpreisrisiken in der SolvV zu berücksichtigen sind.

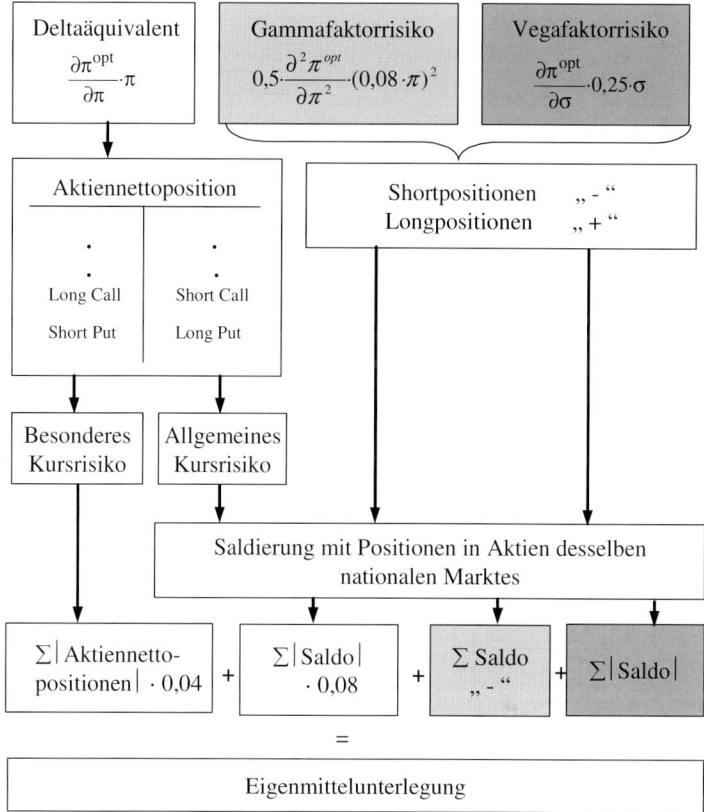

Abb. J5.1: Eigenmittelunterlegung nach der Delta-Plus-Methode am Beispiel von Aktienoptionen

Mit konkreten Zahlen wollen wir die Delta-Plus-Methode anhand des Beispiels erläutern, das wir schon in Abschnitt E7.2 verwendet haben (vgl. Tabelle J5-2):

Ausgangsdaten: Kaufoption auf eine Aktie, Laufzeit 90 Tage, Basispreis 100 €, aktueller Kurs der Aktie ebenfalls 100 €, Volatilität des Aktienkurses 10%, Zinssatz für risikolose Anlagen 10%.

Frühere Ergebnisse: Optionswert nach der Black-Scholes-Formel 3,33 €, Deltafaktor 0,691.

Damit ergibt sich das Deltafaktorrisiko zu $0{,}691 \cdot 0{,}08 \cdot 100 = 5{,}53$. Mit einem Wert des Gammafaktors von 0,071 erhalten wir für das Gammafaktorrisiko $0{,}5 \cdot 0{,}071 \cdot (0{,}08$

$\cdot 100)^2 = 2{,}271$. Der Vegafaktor 17,499 führt zu einem Anrechnungsbetrag für das Vegafaktorrisiko in Höhe von $17{,}499 \cdot 0{,}25 \cdot 0{,}1 = 0{,}437$.

Tab. J5-2: Eigenmittelunterlegung einer Option nach dem Delta-Plus-Ansatz

Risikokomponente	Allg. Risiko	Bes. Risiko	Shortpos.	Longpos.
Deltafaktorrisiko	5,53	2,77	8,30	8,30
Gammafaktorrisiko	2,270944	–	2,270944	–
Vegafaktorrisiko	0,437475	–	0,437475	0,437475
Gesamt	8,238419	2,77	11,008419	8,737475

Die Beispieloption führt damit zu einem Anrechnungsbetrag von insgesamt (allgemeines und besonderes Kursrisiko) 8,74 € für den Inhaber des Optionsrechtes und 11,01 € für den Stillhalter. Der Anrechnungsbetrag übersteigt damit erheblich die Wertverluste, die bei einer Preisschwankung des Underlying von 8% eintreten (vgl. Tabelle J5-2). Für die Longposition liegt der Anrechnungsbetrag zudem noch über der maximal möglichen Wertminderung von 3,33 €, die bei einem vollständigen Wertverlust der Option eintritt.

Szenario-Matrix-Methode

Alternativ zum Delta-Plus-Ansatz dürfen Handelsbuchinstitute Preisrisiken aus Optionsgeschäften mit Hilfe der Szenario-Matrix-Methode erfassen. Bei der Szenario-Matrix-Methode wird der Wert der Option einschließlich der durch die Option nachweislich gesicherten Positionen dadurch erfasst, dass für unterschiedliche Werte des Underlying und für unterschiedliche Volatilitäten die Marktwerte der Gesamtposition jeweils explizit neu berechnet werden. Die entsprechenden Positionen gehen damit nicht in die Nettoposition ein, sondern werden gesondert berechnet und unterliegen einer gesonderten Eigenkapitalunterlegung. Das Ergebnis dieser Berechnungen kann man als Matrix darstellen, wobei jedem Element dieser Matrix eine bestimmte Kombination aus Preis und Volatilität des Underlying entspricht. Durch dieses Vorgehen ist die Szenario-Matrix-Methode genauer, aber auch aufwändiger als die Delta-Plus-Methode.

Ähnlich wie bei der Delta-Plus-Methode gelten für die Berechnungen folgende Vorgaben (vgl. SolvV §311):

- Es ist von einer relativen Zu- und Abnahme der Volatilität von jeweils 25% auszugehen.
- Für die Preisänderung von auf Fremdwährung, Gold, Aktien oder Aktienindizes lautenden Optionsgegenständen ist eine relative Zu- und Abnahme in Höhe von 8% anzunehmen, für auf Rohwaren lautende Optiongegenstände in Höhe von 15%.
- Für zinsbezogene Finanzinstrumente gelten die im Rahmen der Durationsmethode vorgegebenen Renditeänderungen (vgl. Tabelle J2-14 bzw. SolvV §302).

Neben dem aktuellen Marktpreis des Underlying als Ausgangswert sind sechs weitere Preise zu berücksichtigen, wobei diese Preise ein Schwankungsintervall abdecken müssen, das den genannten regulatorischen Vorgaben entspricht. Für die Volatilität (Schwankungsbreite auch wie oben) müssen keine Teilintervalle gebildet werden.

In einem zweiten Schritt sind die Abweichungen zwischen den bei Variation von Preis und Volatilität ermittelten Marktwerten und dem Ausgangswert zu berechnen. Die größten auftretenden Wertminderungen bei einer Long- bzw. Shortposition ergeben die anrechnungspflichtigen Beträge zur Abdeckung des allgemeinen Marktrisikos. Hinzu kommt noch das Deltarisiko für das besondere Kursrisiko.

Die folgende Tabelle enthält die Marktwerte der im obigen Beispiel verwendeten Option für unterschiedliche Kombinationen aus Preis und Volatilität des Underlying. Die Wertänderungen sind kursiv gesetzt.

Tab. J5-3: Marktwert(änderungen) der Beispieloption

Volatilität	Preis						
	−8,00% 92,00	−5,34% 94,66	−2,66% 97,33	±0,00% 100,00	+2,66% 102,66	+5,34% 105,34	+8,00% 108,00
+ 25,00% = 12,50%	0,4661 *−2,8683*	1,0889 *−2,2455*	2,1496 *−1,1848*	3,6909 *0,3565*	5,6620 *2,3276*	7,9574 *4,6230*	10,4385 ***7,1041***
+ 0,00% = 10,00%	0,2609 *−3,0735*	0,7661 *−2,5683*	1,7643 *−1,5701*	3,3344 *±0*	5,4010 *2,0666*	7,8034 *4,4690*	10,3634 *7,0290*
− 25,00% = 7,50%	0,0570 ***−3,2774***	0,3352 *−2,9992*	1,1870 *−2,1474*	2,8337 *−05007*	5,1079 *1,7735*	7,6813 *4,3469*	10,3247 *6,9903*

Die anrechnungspflichtigen Beträge zur Abdeckung des allgemeinen Marktrisikos sind demnach für Long- bzw. Shortpositionen 3,28 € bzw. 7,10 €. Unter Berücksichtigung des Deltarisikos für das besondere Kursrisiko in Höhe von 2,76 € ist der anrechnungspflichtige Betrag bei der Szenario-Matrix-Methode, 6,04 € bzw. 9,86 €, somit hinsichtlich der Longposition um 2,67 € und bei der Shortposition um 1,08 € geringer als bei der Anwendung des Delta-Plus-Ansatzes.

Insgesamt dürfte die Delta-Plus-Methode für die Mehrzahl der Fälle zu einer höheren Eigenmittelanforderung führen als die Szenario-Matrix-Methode.

J5.2 Bankinterne Risikomodelle

Alternativ zu den dargestellten Standardverfahren dürfen Kreditinstitute zur Erfassung von Marktrisikopositionen bereits seit ca. 10 Jahren bankinterne Risikomodelle einsetzen (vgl. im Folgenden z. B. SCHULTE-MATTLER und TRABER

(2001)). Diese können entweder die Standardverfahren in den genannten Risikobereichen vollständig ersetzen oder nur für Teilbereiche verwendet werden („Partial Use"). Mit der Erlaubnis, bankinterne Risikomodelle einsetzen zu dürfen, soll den Kreditinstituten die Möglichkeit gegeben werden, für die interne Risikosteuerung und für die bankaufsichtsrechtliche Risikobegrenzung dasselbe Instrumentarium nutzen zu können. Diese Tendenz ist mit *Basel II* und den MaRisk noch verstärkt worden. Für die Verwendung interner Modelle für regulatorische Zwecke werden seitens der Regulierung aktuell einige Veränderungen diskutiert, die auch mit negativen Erfahrungen aus der jüngsten Finanzmarktkrise zu tun haben (vgl. hierzu die in Abschnitt J1.2.1 angegebenen Quellen).

Im Fall der Verwendung bankinterner Risikomodelle bewegt sich die Aufgabe der BaFin weg von der Überprüfung der Einhaltung gegebener Vorschriften hin zur Prüfung der Risikomodelle selbst; denn bankinterne Risikomodelle werden nur nach Genehmigung durch die BaFin anerkannt. Die Erteilung der Genehmigung hängt davon ab, ob bestimmte Mindeststandards hinsichtlich der quantitativen Vorgaben, der zu erfassenden Risikofaktoren und der qualitativen Vorgaben eingehalten werden.

Bankinterne Risikomodelle bauen zumeist auf dem Konzept des „Value at Risk" (VaR) auf, den Sie bereits kennen gelernt haben (vgl. Kapitel F2). Gemäß den *quantitativen Vorgaben* der SolvV ist der VaR als derjenige maximale Verlust zu ermitteln, der mit einer Wahrscheinlichkeit von 99% unter Zugrundelegung einer Haltedauer von 10 Arbeitstagen nicht überschritten wird. Weiterhin ist den Berechnungen ein historischer Beobachtungszeitraum von mindestens einem Jahr (250 Handelstage) zugrundezulegen. In SolvV §315 wird der so ermittelte VaR als potenzieller Risikobetrag bezeichnet.

Hinsichtlich der zu berücksichtigenden *Risikofaktoren* (vgl. SolvV §316) werden folgende Mindeststandards vorgeschrieben (vgl. SCHULTE-MATTLER und TRABER (2001), S. 1066):

- Bei *Optionen* müssen neben Delta als weitere Sensitivitätskennziffern Gamma, Vega, Rho und Theta (vgl. Abschnitt E7.2) in die Berechnung eingehen.
- Bei der Erfassung der *Zinsänderungsrisiken* sind sowohl Veränderungen der Zinsstruktur als auch Spreadrisiken, d. h. Risiken aufgrund einer nicht gleichförmig verlaufenden Entwicklung der Renditen von Wertpapieren unterschiedlicher Emittenten, zu berücksichtigen.
- Für *Aktienkurs- und Rohwarenpreisrisiken* wird vorgeschrieben, dass das eigene Modell auch Sonderbewegungen bestimmter Branchen oder Teilmärkte mit einbeziehen muss.

Schließlich werden auch eine Reihe von *qualitativen Anforderungen* (vgl. SolvV §317) an die bankinternen Risikomodelle gestellt. Diese Anforderungen beziehen sich auf organisatorische Vorkehrungen, wie sie auch in den Mindestanforderungen an das Risikomanagement (vgl. Abschnitt J1.2.2) gefordert werden: auf Dokumentations- und Informationspflichten, auf die regelmäßige Überprüfung des eingesetzten Modells sowie auf das Durchspielen von sog. Krisenszenarien (für solche *stress tests* vgl. beispielsweise ALEXANDER und SHEEDY (2008) oder

MEMMEL (2008)). Den Kreditinstituten bleibt es dagegen überlassen, die Methode zu bestimmen, nach der sie den VaR berechnen (vgl. zur VaR-Berechnung Abschnitt F3.4 sowie BÜHLER *et al.* (1998), S. 64ff.).

Der potenzielle Risikobetrag ist der Anknüpfungspunkt für den Anrechnungsbetrag und damit für die Eigenmittelunterlegung. Diese bestimmt sich als Maximum der folgenden zwei Größen:

- dem potenziellen Risikobetrag bezogen auf das Portefeuille zum Geschäftsschluss des Vortages (aktueller Risikobetrag),
- dem Durchschnitt aus den potenziellen Risikobeträgen der vorangegangenen 60 Arbeitstage, multipliziert mit einem Faktor, der für die besonderen Kursrisiken des Handelsbuches 4 und für alle anderen Positionen 3 beträgt (durchschnittlicher Risikobetrag · Faktor); bei mangelnder Prognosegüte des Modells kann der Faktor um einen Zuschlag erhöht werden, der bis zu 1 betragen kann.

Abbildung J5.2 verdeutlicht diesen Zusammenhang für den Anrechnungsbetrag für das allgemeine Kursrisiko.

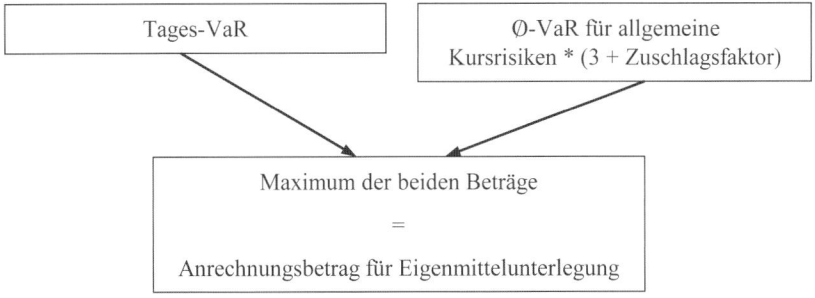

Abb. J5.2: Anrechnungsbetrag für allgemeine Kursrisiken

Aufgrund der Multiplikation mit dem Faktor 3 dürfte im Regelfall der *durchschnittliche* Risikobetrag für die Eigenmittelunterlegung maßgeblich sein. Die Erhöhung der Eigenmittelanforderung mit diesem Faktor dient dazu, Verluste aufzufangen, die durch das dem VaR zugrunde liegende Konfidenzniveau von 99% nicht erfasst werden. Modellrechnungen zeigen, dass die Multiplikation mit dem Faktor 3 im allgemeinen bei weitem ausreicht, um solche Verluste aufzufangen (vgl. BÜHLER *et al.* (1998), S. 74ff.). Die bei mangelnder Prognosegüte angedrohte Heraufsetzung der Eigenmittelunterlegung ist in der Praxis tatsächlich mehrfach erfolgt (vgl. SCHULTE-MATTLER und TRABER (2001), S. 1071). Sie entfaltet ihre disziplinierende Wirkung jedoch nur, falls die Bank auch dann nicht insolvent ist, wenn die tatsächlichen Verluste den VaR überschritten haben.

Ob und inwieweit der Multiplikator um einen Zusatzfaktor erhöht wird, hängt von der Prognosegüte des verwendeten Modells ab. Die Prognosegüte wird danach beurteilt, inwieweit die tatsächlichen Verluste innerhalb der vom Modell

mit einer Wahrscheinlichkeit von 99% prognostizierten Bandbreite liegen. Um
dies festzustellen, muss täglich ein sogenanntes „Backtesting" durchgeführt werden. Hierbei werden auf der Basis des aktuellen Portefeuilles für eine eintägige
Haltedauer die vom Modell prognostizierten maximalen Wertverluste mit den
Wertveränderungen verglichen, die sich auf der Basis der tatsächlich eingetretenen Preisschwankungen ergeben haben. Übersteigen die tatsächlichen Verluste
den VaR bei 250 Vergleichen mehr als 4 mal, so wird der Multiplikator schrittweise heraufgesetzt (vgl. SolvV §318 Abs. 2). Kommen mehr als zehn Überschreitungen vor, so ist das Modell insgesamt als nicht geeignet anzusehen; seine
weitere Verwendung kann von der BaFin untersagt werden.

Bei der Beurteilung der Prognosegüte eines bankinternen Modells durch die
Aufsicht können beide aus der statistischen Testtheorie bekannten Fehler auftreten. Zum einen ist denkbar, dass ein ungenaues Risikomodell nicht als solches
erkannt wird (Fehler 1. Art), zum anderen ist möglich, dass ein hinreichend
genaues Modell fälschlicherweise als ungenau eingestuft wird (Fehler 2. Art).
Insbesondere die zweite Möglichkeit könnte Kreditinstitute dazu veranlassen,
ihr Modell so zu kalibrieren, dass tendenziell eine zu geringe Eigenmittelanforderung herauskommt. Ob ein Anreiz hierzu besteht, hängt einerseits davon ab,
mit welcher Wahrscheinlichkeit ein solches Verhalten „entdeckt" wird und wie
hoch der Zuschlagfaktor ausfällt, und zum anderen, wie hoch die Ersparnis aufgrund einer geringeren Eigenmittelanforderung ist (vgl. OVERBECK und STAHL
(2000), S. 298ff.).

Teil K
Operationelle Risiken

„High Speed Money. Das Milliardenspiel. Wie ich die Barings-Bank ruinierte"
– so lautet der provokative Titel des Buches des ehemaligen General Managers
der Barings-Bank in Singapur, Nick Leeson (LEESON und WHITLEY (1999)).
In diesem Buch zeigt er auf, wie es ihm im Zeitraum von 1992 bis 1995 durch
fehlende interne Kontrollmechanismen und durch das betrügerische Verhalten
von Mitarbeitern unter Missachtung aller Limite möglich war, so große offene
Risikopositionen aufzubauen, dass diese letztendlich zum Konkurs der Barings-
Bank führten.

Neben diesem spektakulären Fall haben insbesondere in den 90er Jahren
weitere Aufsehen erregende Fälle, wie z. B. der irrtümliche Verkauf von Aktien im Wert von mehr als 300 Mio. £ durch die Fehleingabe in das Ordersys-
tem bei Lehman Brothers, der zu dem bis dahin zweitgrößten Tagesverlust an
der Londoner Börse führte, oder die Flut an Schadenersatzklagen gegen Discount
Broker wegen temporär nicht verfügbarer Internetseiten gezeigt, dass neben den
quantitativ bereits erfassten Preis- und Ausfallrisiken auch weitere Risiken zu
einer existenzbedrohenden Situation für Kreditinstitute führen können.

Auch bankexterne Ereignisse bilden ein erhebliches – bislang nicht explizit
reguliertes – Bedrohungspotenzial für Kreditinstitute. Die Oderflut mit den damit einhergehenden zeitweiligen Schließungen der betroffenen Zweigstellen und
weiteren nicht durch Versicherungen gedeckten Schäden sowie die Auswirkungen der Terroranschläge vom 11. September 2001 in New York sind prominente
Beispiele hierfür.

Diese Vielzahl an Ereignissen, die bislang unter dem Begriff *Betriebsrisiken*
subsumiert wurde, führte sowohl beim Gesetzgeber als auch bei den Aufsichtsbehörden zu einer restriktiveren Regulierung. So wurde 1998 durch die Einführung des Gesetzes zur Kontrolle und Transparenz im Unternehmensbereich
(KonTraG) und der damit einhergehenden Änderung des §91 Abs. 2 AktG jeder
Vorstand einer Aktiengesellschaft dazu verpflichtet, ein Risikomanagementsys-
tem einzuführen. Für Kreditinstitute, deren Kernaufgabe – wie sie in Teil B
gesehen haben – in der Transformation von Risiken liegt, war diese gesetzliche
Änderung von eher untergeordneter Bedeutung, da sie ohnehin den *besonderen
organisatorischen Pflichten von Instituten* unterliegen, die im §25a KWG gere-

gelt sind. Ferner enthält das KWG eine Reihe weiterer Vorschriften für Kreditinstitute, mit denen deren Betriebsrisiken begrenzt werden sollen (vgl. Kapitel G2). Diese wurden schrittweise ergänzt durch die *Mindestanforderungen an das Betreiben von Handelsgeschäften* (MaH), 1995, die *Mindestanforderungen an die Ausgestaltung der internen Revision* (MaIR), 2000, und die am 20. Dezember 2002 in Kraft getretenen *Mindestanforderungen an das Kreditgeschäft* (MaK), die eine Reihe organisatorischer Vorgaben enthalten (zu weiteren Einzelheiten siehe: DEUTSCHE BUNDESBANK (1996), S. 55ff.; GROSS (2003), S. 94ff.; BECKER und OSSANG (2003), S. 222ff.). Letztlich dienten die jeweiligen Mindestanforderungen der Konkretisierung des nur sehr vage gefassten §25a KWG, in dem die „besonderen organisatorischen Pflichten" der Institute benannt werden. Gemeinsames Merkmal dieser Vorschriften zur Begrenzung von *Betriebsrisiken* ist deren rein qualitative Ausgestaltung. Zudem beziehen sich die jeweiligen Vorschriften nur punktuell auf Teilbereiche des Betriebsrisikos, ohne dass mit einem ganzheitlichen Ansatz versucht würde, das *Universum der Betriebsrisiken* zu definieren, und klare Managementnormen für diese Risikoart gesetzt würden.

Im Zuge der Novellierung der Baseler Eigenkapitalvereinbarung wurden die einzelnen Betriebsrisiken unter dem Begriff *operationelle Risiken* zusammengefasst. Der durch die Umsetzung der Baseler Eigenkapitalvereinbarung zu novellierende §25a KWG wurde in den seit 2007 anzuwendenden MaRisk konkretisiert, die gleichzeitig die bisherigen Mindestanforderungen ersetzen. Die mittlerweile identifizierten Schwächen der MaRisk wurden eliminiert, so dass ab 2010 präzisere Normen anzuwenden sind (vgl. DEUTSCHE BUNDESBANK (2009h), S. 67 ff.). So wird versucht, dem Management dieser neuen Risikoart, ebenso wie auch dem Management der bislang schon erfassten Risikoarten, einen ganzheitlichen Regulierungsrahmen zu geben. Was genau hierunter verstanden wird, welche Ursachen für operationelle Risken verantwortlich sind und wie sich diese Risikoart von anderen Risiken, die Sie bereits in den vorangegangenen Kapiteln kennen gelernt haben, unterscheidet, stellen wir im folgenden Kapitel dar. Operationelle Risiken sind zudem seit Inkrafttreten der Solvabilitätsverordnung (SolvV) Anfang 2007 mit Eigenkapital zu unterlegen. Eine Unterlegungsvorschrift setzt allerdings die Quantifizierung dieser Risiken voraus. Die hierzu in der SolvV festgeschriebenen unterschiedlichen Messkonzepte (vgl. BUNDESMINISTERIUM DER FINANZEN (2006), §§269ff.) werden in Kapitel K2 vorgestellt. Deren Eignung zur Erfassung des tatsächlichen operationellen Risikos versuchen wir in Kapitel K3 zu beurteilen und stellen alternative Ansätze zur Diskussion.

K1 Ursachen und Charakteristika operationeller Risiken

Als Reaktion auf die wachsende Anzahl an Pleiten und Beinahepleiten von Kreditinstituten in den 90er Jahren, die nicht auf bereits regulierte Risiken wie Preis- oder Ausfallrisiken zurückzuführen waren, setzte der Baseler Ausschuss 1998 eine Arbeitsgruppe ein, die Vorschläge zur Definition, Messung, Steuerung und Regulierung für diese Gruppe von Risiken erarbeiten sollte. Hierbei war zunächst nicht klar, um welche Risiken es sich dabei genau handelt. Ein erster Versuch, diese zu konkretisieren, führte zu einer Negativabgrenzung, nach der operationelle Risiken als Residualgröße des Gesamtbankrisikos abzüglich der Preis-, Ausfall-, Liquiditäts- und Rechtsrisiken verstanden wurden (vgl. GROSS (2003), S. 68). Diese Definition wurde aber von weiten Teilen der Finanzindustrie und der Aufsichtsbehörden abgelehnt, da sie nur einen unzureichenden Eindruck der konkreten Einzelrisiken vermittelt und zudem nicht die Ursachen dieser Risiken aufzeigt (vgl. MINZ *et al.* (2003), S. 19). Insbesondere die Ursachenbezogenheit stellte aber – wie eine Befragung von 30 Risikomanagern führender internationaler Banken durch die Arbeitsgruppe zeigte – einen möglichen Weg zur Konkretisierung dieser Risikoart dar (vgl. BASEL COMMITTEE ON BANKING SUPERVISION (1998), S. 2). Dies spiegelt sich auch in der Definition von operationellen Risiken innerhalb der Solvabilitätsverordnung wider (§269, Abs. 1 SolvV):

> Operationelles Risiko ist die Gefahr von Verlusten, die infolge der Unangemessenheit oder des Versagens von internen Verfahren und Systemen, Menschen oder infolge externer Ereignisse eintreten. Diese Definition schließt Rechtsrisiken ein.

Auch wenn der Versuch zu begrüßen ist, eine möglichst umfassende Definition für diese Risikoart zu finden, der gleichzeitig eine ursachenbasierte Betrachtung zugrunde liegt, so stellt gerade der hohe Abstraktionsgrad dieser Definition deren größte Schwäche dar. Was genau sind nun diese Risiken, die durch solche Ursachen hervorgerufen werden und zu Verlusten führen können? Vielfach wird versucht, die Ursachenkategorien interne Verfahren und Systeme, Menschen sowie externe Ereignisse durch eine Aufzählung von Beispielen zu konkretisieren. Wie Sie im folgenden Kapitel noch sehen werden, folgt auch der Baseler Ausschuss dieser Vorgehensweise bei den Vorschlägen zu den Methoden zur Messung operationeller Risiken. Ein solcher Ansatz kann jedoch nur dann zielführend sein, wenn zum einen die Liste der Beispiele abschließend ist (was beispielsweise für den Bereich der Betrugsrisiken ein höheres Maß an krimineller Kreativität bei den Aufsichtsbehörden als bei den (potenziellen) Betrügern voraussetzt) und zum anderen eine überschneidungsfreie Abgrenzung der einzelnen operationellen Risiken untereinander und zu anderen Risikoarten möglich ist. Wie schwierig allein die Erfüllung der letzteren Bedingung ist, mag das Beispiel eines ausfallbedrohten Kredites verdeutlichen. Worin liegen die Ursachen für den Ausfall? Wurden bei der Vergabe des Kredites in betrügerischer Absicht Inputparameter der Kreditwürdigkeitsanalyse so geschönt, dass der Kredit überhaupt vergeben werden durfte? Oder war der mit der Vergabe betraute Mitarbeiter fachlich nicht entsprechend ausgebildet? Wurden keine Kontrollsysteme implementiert, die gerade solche Fehler- bzw. Betrugsquellen ausschließen konnten? Oder waren diese Kontrollsysteme unangemessen? Könnte eine dieser Fragen bejaht werden, so wäre der Ausfall des Kredites offensichtlich dem Bereich der operationellen Risiken zuzuordnen. Führten hingegen leistungswirtschaftliche Gründe zum Ausfall des Kredites, müsste derselbe Tatbestand als Ausfallrisiko klassifiziert werden. Offen bleibt, welcher Risikoart der Kreditausfall zuzuordnen wäre, wenn mehrere Faktoren diesen bedingen. Diese Abgrenzungsschwierigkeit führte dazu, dass durch operationelles Risiko verursachte Verluste im Kreditrisikobereich bei Anwendung eines fortgeschrittenen Ansatzes zwar in einer Verlustdatenbank erfasst werden müssen, jedoch nicht für die Bestimmung des Anrechnungsbetrags für das operationelle Risiko herangezogen werden (vgl. §288 SolvV).

Obwohl es schwierig ist, aus der vom Baseler Ausschuss vorgeschlagenen Definition abzuleiten, welche Tatbestände den operationellen Risiken zugerechnet werden müssen, so können für diese Risikoart – insbesondere im Vergleich zu den anderen Risikoarten – gemeinsame Charakteristika gefunden werden.

Ein zentrales Merkmal von operationellen Risiken ist, dass Banken diese nicht bewusst eingehen, um hierfür eine Risikoprämie zu vereinnahmen. Vielmehr entstehen diese gerade durch die Unangemessenheit oder das Versagen einer der drei Ursachenkategorien oder infolge externer Ereignisse. Da durch operationelle Risiken lediglich Verluste entstehen können, die nicht durch Risikoprämien kompensiert werden, muss das Ziel von Kreditinstituten darin bestehen, diese Risiken zu vermeiden oder auf Dritte zu transferieren. Dies setzt wiederum voraus, dass alle Quellen von operationellen Risiken identifiziert werden können. Zudem muss in dem Identifikationsprozess und den darauf basierenden Maßnahmen zur Risikovermeidung auch das Prinzip der Wirtschaftlichkeit beachtet werden. So dürfen die mit der Identifikation und Vermeidung eines Risikos verbundenen Kosten nicht höher sein als der Schaden, der durch diese Risikoart verursacht wird. Dies ex ante abzuschätzen, setzt aber sowohl die Identifikation der Risiken und genaue Kenntnisse über die Eintrittswahrscheinlichkeit des jeweiligen operationellen Risikos und eine möglichst exakte Prognose der Schadenshöhe voraus. Insbesondere bei *„high-frequency – low-severity"*-Risiken, die beispielsweise im Zahlungsverkehr durch fehlerhaft ausgeführte Überweisungen entstehen, mag die Schätzung dieser Parameter aufgrund der hohen verfügbaren Datendichte noch möglich sein. Operationelle Risiken, die diesem Risikotyp zuzuordnen sind, stellen jedoch nur in den seltensten Fällen eine existenzielle Bedrohung für Kreditinstitute dar. Diese geht, wie nicht zuletzt der Barings-Fall gezeigt hat, vielmehr von den *„low-frequency – high-severity"*-Risiken aus. Sowohl die Schätzung der Eintrittswahrscheinlichkeiten als auch die Prognose der Schadenshöhe stellen bei operationellen Risiken dieses Risikotyps aufgrund der Seltenheit der Ereignisse ein nahezu unüberwindliches Problem dar. Daher ist es fraglich, ob angesichts der Identifikations- und Datenprobleme diese Risikoart mit dem gleichen Instrumentarium, das auch für Preisrisiken und/oder Ausfallrisiken verwendet wird, erfasst werden kann. Die Methoden zur Erfassung der operationellen Risiken stellen wir im folgenden Kapitel dar.

K2 Aufsichtsrechtliche Ansätze zur Quantifizierung operationeller Risiken

Analog zu den Methoden zur Erfassung des Kreditrisikos stehen den Kreditinstituten mehrere Ansätze zur Erfassung der operationellen Risiken zur Auswahl. Neben zwei standardisierten Ansätzen (Basisindikatoransatz (BIA) und Standardansatz (STA)), die von der Bankenaufsicht vorgegeben werden, können Kreditinstitute unter Beachtung einiger qualitativer und quantitativer Mindestanforderungen auch eigene Messansätze, sogenannte fortgeschrittene Messansätze (*Advanced Measurement Approach*, AMA), entwickeln und nach einer Genehmigung durch die Aufsichtsbehörden anwenden. Dieses Kontinuum an Methoden zeichnet sich durch eine zunehmende Komplexität und Risikosensitivität aus. Insbesondere von international tätigen Banken und Banken mit einer erheblichen Gefährdung durch operationelle Risiken wird erwartet, dass sie sich auf dem Kontinuum der verfügbaren Ansätze voran bewegen. Ein Anreiz hierzu soll durch eine geringere Eigenkapitalunterlegungspflicht bei einem gleichen Ausmaß an operationellen Risiken gegeben werden. Zudem soll die Bankenaufsicht „angemessene aufsichtliche Reaktionen im Rahmen der 2. Säule in Erwägung ziehen" (Basel Committee on Banking Supervision (2003a), Rn 88), wenn diese Banken durch die Verwendung eines weniger fortgeschrittenen Verfahrens im Vergleich zu anderen Kreditinstituten das operationelle Risiko nur mit unglaubwürdig wenig Eigenkapital unterlegen müssen. Um eine schnelle Entwicklung der fortgeschrittenen Messansätze zu unterstützen, können Kreditinstitute diese mit Zustimmung der BaFin auch für Teilbereiche des operationellen Risikos neben dem Basisindikatoransatz oder dem Standardansatz anwenden („*partial use*"). Hat sich ein Kreditinstitut jedoch für einen fortgeschrittenen Messansatz qualifiziert, so darf es ohne Zustimmung der Aufsichtsbehörden nicht wieder zu einem einfacheren Ansatz zurückkehren. Abbildung K2.1 gibt einen Überblick über das aufsichtsrechtliche Instrumentarium für operationelle Risiken.

K2.1 Der Basisindikatoransatz

Der Basisindikatoransatz stellt das einfachste Verfahren zur Erfassung der operationellen Risiken und zur Ermittlung der notwendigen Eigenkapitalunterlegung dar. Da mindestens dieses Verfahren von allen Kreditinstituten angewendet werden muss, sind keine speziellen Mindestanforderungen zu erfüllen. Jedoch müssen alle Kreditinstitute, die diesem Ansatz folgen, die „*sound practices for the management and supervision of operational risk*" einhalten (vgl. Basel Committee on Banking Supervision (2003c)), die in den MaRisk (vgl. Bundesanstalt für Finanzdienstleistungsaufsicht (2009c), BTR4) kodifiziert werden.

Wie auch bei den anspruchsvolleren Verfahren beruht der Basisindikatoransatz auf der Idee, dass ein gewisser Prozentsatz (α) eines Indikators (EI), der das Exposure an operationellen Risiken messen soll, mit Eigenkapital unterlegt werden muss. Demnach ergibt sich die Menge an vorzuhaltendem Eigenkapital (K) als:

$$K = \alpha \cdot EI. \tag{K2-1}$$

Um dem Ziel gerecht zu werden, ein möglichst einfaches Verfahren anzubieten, das von jedem Kreditinstitut ohne großen Rechenaufwand angewendet werden

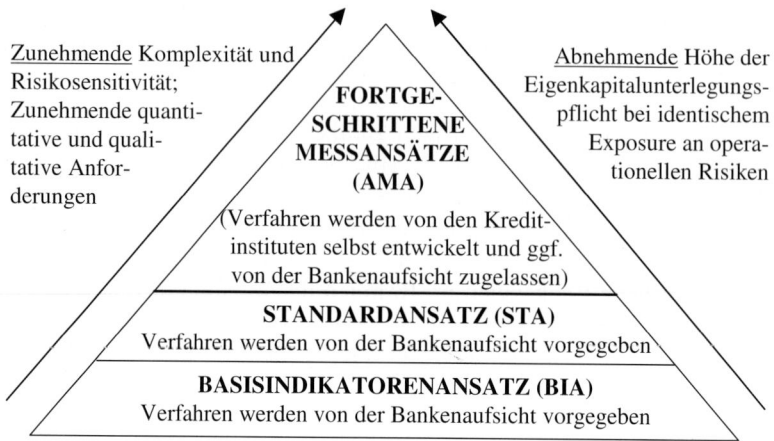

Zunehmende Komplexität und
Risikosensitivität;
Zunehmende quantitative und qualitative Anforderungen

**FORTGE-
SCHRITTENE
MESSANSÄTZE
(AMA)**
(Verfahren werden von den Kreditinstituten selbst entwickelt und ggf.
von der Bankenaufsicht zugelassen)

Abnehmende Höhe der
Eigenkapitalunterlegungspflicht bei identischem
Exposure an operationellen Risiken

STANDARDANSATZ (STA)
Verfahren werden von der Bankenaufsicht vorgegeben

BASISINDIKATORENANSATZ (BIA)
Verfahren werden von der Bankenaufsicht vorgegeben

Abb. K2.1: Messmethoden zur Erfassung operationeller Risiken

kann, wurde als Indikator ein durchschnittlicher bereinigter Bruttoertrag der letzten drei Jahre festgelegt. Dieser Indikator (GI; gross income) ist definiert als die Summe aus

- Zinserträgen,
- laufenden Erträgen aus Aktien und anderen nicht festverzinslichen Wertpapieren,
- Provisionserträgen,
- ggf. Nettoerträgen aus Finanzgeschäften und
- sonstigen Erträgen (einschließlich des Leasing-Ergebnisses)

abzüglich der Summe aus

- Zinsaufwendungen,
- Provisionsaufwendungen und
- ggf. Nettoaufwendungen aus Finanzgeschäften.

Hierbei ist zu beachten, dass diese Größen der Gewinn- und Verlustrechnung um

- außerordentliche oder unregelmäßige Erträge aus der Auflösung von Rückstellungen,
- realisierte Gewinne und Verluste aus der Veräußerung von Positionen, die nicht im Handelsbuch enthalten sind sowie

- Erträge aus dem Versicherungsgeschäft

zu bereinigen sind, sofern sie in diesen ausgewiesenen Größen des externen Rechnungswesen enthalten sind. Neubewertungen von Handelsbuchpositionen, die in die GuV einfließen, sollen ebenfalls in die Berechnung des Indikators eingehen. Diese Definition des bereinigten Bruttoertrags geht auf die Empfehlungen des Fachgremiums Operationelle Risiken (vgl. BUNDESANSTALT FÜR FINANZ-DIENSTLEISTUNGSAUFSICHT - FACHGREMIUM OpR (2005) und BUNDESANSTALT FÜR FINANZDIENSTLEISTUNGSAUFSICHT - FACHGREMIUM OpR (2006)) zurück, das den zunächst in der Konsultationsphase vorgeschlagenen Indikator „bereinigtes Zinsergebnis" in mehrfacher Hinsicht anpasste, um deutschen Instituten gleiche Wettbewerbsbedingungen im Vergleich zu ihren internationalen – insbesondere europäischen – Konkurrenten, die befreiend nach den International Accounting Standards bzw. den International Financial Reporting Standards (IAS/IFRS) bilanzieren, zu ermöglichen. So werden beispielsweise nicht die Leasingerträge, die keine reine Ertragsgröße darstellen, da sie neben den kalkulatorischen Wertberichtigungen auf das Leasingobjekt auch Aufwendungen für den Unterhalt des Leasingobjekts enthalten, in die Berechnung des Indikators einbezogen, sondern in Analogie zu den IAS/IFRS-Rechnungslegungsvorschriften wird nur das Leasing-Ergebnis berücksichtigt. Im Gegensatz zu den Vorschlägen während der Konsultationsphase wurde bei der dreijährigen Durchschnittsberechnung des Indikators ferner berücksichtigt, dass nur die positiven Indikatoren der letzten drei Geschäftsjahre berücksichtigt werden und die Summe der positiven Indikatoren durch die Anzahl der Jahre mit positiven Indikatoren zu teilen ist. Hierdurch wird sichergestellt, dass auch bei einer negativen Ertragslage operationelle Risiken mit Eigenkapital zu unterlegen sind. Nur in dem Fall, dass in drei aufeinander folgenden Geschäftsjahren negative Erträge erwirtschaftet wurden, bleibt bei der Anwendung des Basisindikatoransatzes die Eigenkapitalunterlegung der operationellen Risiken unberücksichtigt. Eine Minderung der Unterlegungspflicht durch eine negative Ausprägung des Indikators ist jedoch nicht möglich. Der Gewichtungsfaktor α wird von der Bankenaufsicht vorgegeben und liegt zunächst bei 15%. Die Aufsichtsbehörden haben sich aber ausdrücklich vorbehalten, die Angemessenheit dieses Gewichtungsfaktors zu beobachten und ggf. anzupassen. Nach dem Basisindikatoransatz wird die notwendige Menge an Eigenkapital für die operationellen Risiken daher wie folgt ermittelt:

$$K_{BIA} = 0,15 \cdot GI. \qquad \text{(K2-2)}$$

Basisindikatoransatz

K2.2 Der Standardansatz

Die Anwendung des auf dem Basisindikatoransatz basierenden Standardansatzes setzt voraus, dass Kreditinstitute erweiterte (qualitative) Mindestanforderungen einhalten. Diese beziehen sich im Wesentlichen auf die Dokumentation und Überprüfung des angewendeten Risikomanagementverfahrens (vgl. §276 SolvV) und gehen weit über die „Basisanforderungen" der MaRisk hinaus. Die Anwendung des Standardansatzes setzt die institutsinterne Überprüfung der regulatorischen Vorgaben voraus. Der BaFin ist diese Einhaltung der Normen zu erklären und anzuzeigen, ab wann der Standardansatz verwendet werden soll. Eine Genehmigungspflicht durch die BaFin besteht jedoch nicht.

Analog zum Basisindikatoransatz wird die benötigte Menge an Eigenkapital durch gewichtete Indikatoren ermittelt. Hierzu werden die Tätigkeitsfelder der Kreditinstitute in acht standardisierte Geschäftsfelder aufgeteilt. Für jedes dieser Geschäftsfelder wird das operationelle Risikoexposure wiederum über einen Indikator (EI_j) gemessen, der mit einem geschäftsfeldspezifischen Faktor (β_j) gewichtet wird. Da im Standardansatz als Indikator wiederum der bereinigte Bruttoertrag (in der Definition des Basisindikatoransatzes) von der Bankenaufsicht vorgegeben wird, unterscheiden sich die beiden Verfahren lediglich durch die Höhe der geschäftsfeldspezifischen Gewichtungssätze. Nach dem Standardansatz wird die notwendige Menge an Eigenkapital für die operationellen Risiken somit wie folgt ermittelt:

$$K_{STA} = \sum_{j=1}^{8} \beta_j \cdot GI_j. \tag{K2-3}$$

Die Geschäftsfelder und Gewichtungssätze werden beim Standardansatz von den Aufsichtsbehörden wie in Tabelle K2-1 angesetzt (vgl. auch §273, Abs. 4 SolvV).

Tab. K2-1: Parameter im Standardansatz

Geschäftsfeld	Gewichtungssatz
1. Unternehmensfinanzierung und -beratung (Corporate Finance)	18%
2. Handel (Trading and Sales)	18%
3. Zahlungsverkehr und Wertpapierabwicklung	18%
4. Depot- und Treuhandgeschäft (Agency Services)	15%
5. Firmenkundengeschäft (Commercial Banking)	15%
6. Privatkundengeschäft (Retail Banking)	12%
7. Vermögensverwaltung (Asset Management)	12%
8. Wertpapierprovisionsgeschäft	12%

Um den Standardansatz verwenden zu können, müssen alle banklichen und nicht-banklichen Tätigkeiten in einem Kreditinstitut vollständig und überschneidungsfrei einem der acht Geschäftsfelder zugeordnet werden. Dies muss für Dritte überprüfbar dokumentiert und bei etwaigen Änderungen, z. B. durch die Hinzunahme neuer Dienstleistungsangebote im Rahmen einer veränderten Geschäftsausrichtung, sofort angepasst werden. Hierdurch soll es ermöglicht werden, dass auch der mit dieser Tätigkeit erzielte Bruttoertrag einem klar definierten Geschäftsfeld zugeordnet werden kann. Grundsätzlich ist es den Kreditinstituten erlaubt, interne Verrechnungsmethoden anzuwenden, um den Bruttoertrag, der mit Tätigkeiten aus unterschiedlichen Geschäftsfeldern erzielt wurde, aufzuteilen. Jedoch muss dies sachlich begründet sein und sichergestellt werden, dass die Summe der Bruttoerträge aller Geschäftsfelder mit dem Bruttoertrag, der im Basisindikatoransatz verwendet wird, übereinstimmt. Können bestimmte Geschäftstätigkeiten – einschließlich der sie unterstützenden Tätigkeiten – nicht eindeutig einem der vorgegebenen Geschäftsfelder zugeordnet werden, müssen sie einem der Geschäftsfelder 1-3 zugerechnet werden, für die die höchsten β-Faktoren zum Tragen kommen (zu den Einzelheiten der Geschäftsfeldeinteilung siehe §273 und §275 SolvV).

Neben dem Standardansatz kann die nationale Bankenaufsicht einem Kreditinstitut auch die Anwendung eines alternativen Standardansatzes (ASA) erlauben, falls dieses nachweist, dass durch den alternativen Standardansatz das operationelle Risikoprofil des Instituts besser erfasst wird. Methodisch stimmen diese beiden Ansätze überein – beim alternativen Standardansatz können lediglich für die Geschäftsfelder 5 (Firmenkundengeschäft) und 6 (Privatkundengeschäft) alternative Indikatoren verwendet werden. Als Indikator ist hier die Kennzahl *„nominales Kreditvolumen"* zu verwenden (loan account, LA_j). Diese Kennzahl umfasst die gesamte tatsächliche Kreditinanspruchnahme in den beiden Kreditportfolien. Wird zur Ermittlung dieser Kennzahlen auf Bilanzwerte zurückgegriffen, so sind etwaige vorgenommene Wertberichtigungen hinzuzurechnen. Die Kreditportfolien sind analog zu den Geschäftsfeldern abzugrenzen. Dem Portfolio des Geschäftsfelds 5 könnten so beispielsweise Kredite an Unternehmen, Staaten und Banken, Spezialfinanzierungen und angekaufte Unternehmensforderungen zugeordnet werden. Auf jeden Fall müssen dort die im Anlagebuch gehaltenen Wertpapiere einbezogen werden. Das Portfolio des Geschäftsfeldes 6 könnte dann analog Privatkundenkredite, Kredite an Unternehmen, die wie Privatkunden behandelt werden und angekaufte Privatkundenforderungen umfassen. Neben dem Nachweis, dass der alternative Indikator besser als der Indikator GI_j geeignet ist, das Ausmaß der operationellen Risiken zu beurteilen, müssen noch drei weitere Anforderungen für die Verwendung des Alternativen Standardansatzes erfüllt sein (vgl. §274 SolvV):

1. Das Institut muss überwiegend Geschäfte betreiben, die den Geschäftsfeldern Firmen- und Privatkundengeschäft zuzuordnen sind.
2. Mindestens 90% des gesamten bereinigten Bruttoertrags stammen aus diesen beiden Geschäftsfeldern.
3. Ein wesentlicher Teil der Geschäftstätigkeit im Firmen- und Privatkundengeschäft besteht aus Krediten mit einer hohen Ausfallwahrscheinlichkeit.

Die so berechneten Indikatoren für die Geschäftsfelder 5 und 6 sind Bestandsgrößen und werden mit einem m-Faktor, der derzeit 3,5% beträgt, kalibriert, um sie mit den im Standardansatz verwendeten Ergebnisgrößen vergleichbar zu machen. Somit ergibt sich die nach dem alternativen Standardansatz notwendige Menge an Eigenkapital für die operationellen Risiken als:

$$\mathrm{K_{ASA}} = \sum_{j=1}^{4} \beta_j \cdot \mathrm{GI}_j + \sum_{j=5}^{6} m \cdot \beta_j \cdot \mathrm{LA}_j + \sum_{j=7}^{8} \beta_j \cdot \mathrm{GI}_j. \qquad (\text{K2-4})$$

Während der Konsultationsphase wurde zunächst ein weiterer *vereinfachter* Standardansatz diskutiert, der eine kumulative Erfassung der Geschäftsfelder 5 und 6 mit einem einheitlichen β-Faktor von 15% und eine kumulative Erfassung der verbleibenden Geschäftsfelder mit einem β-Faktor von 18% vorsah. Dies sollte zu einer Vereinfachung des Übergangs vom Basisindikator- zum Standardansatz beitragen. Ein solcher vereinfachter Standardansatz führt jedoch in allen Fällen, in denen das Ausmaß der operationellen Risiken durch den bereinigten Bruttoertrag (GI_j) gemessen wird, zu einer höheren Eigenkapitalunterlegung der operationellen Risiken als im Basisindikatoransatz. Lediglich bei der Verwendung der Indikatoren LA_j für die Geschäftsfelder 5 und 6 hätte es in Ausnahmefällen zu einer Reduktion der Eigenkapitalunterlegung kommen können. Daher wurde dieser Ansatz nicht weiter verfolgt und durch die Regelung substituiert, dass nur übergangsweise und in begründeten Ausnahmefällen mit Zustimmung der BaFin, eine Kombination von Basisindikatoransatz und Standardansatz („partial use") möglich ist. Jedoch geht eine solche Erlaubnis zur temporären Anwendung des *partial use* mit der Verpflichtung des betroffenen Instituts einher, in absehbarer Zeit den Standardansatz zur Bestimmung des gesamten Anrechnungsbetrages für das operationelle Risiko anzuwenden.

K2.3 Die fortgeschrittenen Messansätze

Im zweiten Konsultationspapier vom Januar 2001 wurden detailliert zwei potenzielle fortgeschrittene Messansätze zur Diskussion gestellt (vgl. BASEL COMMITTEE ON BANKING SUPERVISION (2001c)), die zum damaligen Zeitpunkt treffenderweise noch als „ambitionierte" Messansätze bezeichnet wurden. Hierbei handelt es sich um den Internen Bemessungsansatz (IMA) und den Verlustverteilungsansatz (LDA). In einem Arbeitspapier vom September 2001 wurde der Kreis der potenziellen fortgeschrittenen Messansätze um ein weiteres Verfahren, den sogenannten Scorecardansatz, erweitert (vgl. BASEL COMMITTEE ON BANKING SUPERVISION (2001d)). Diese vorgestellten Verfahren können als Anregungen für Kreditinstitute verstanden werden, wie ein eigenes Verfahren zur Erfassung von operationellen Risiken möglicherweise konzipiert werden kann. Seit April 2003 wurden diese Verfahren in den veröffentlichten Konsultationspapieren nicht mehr namentlich genannt, sondern es werden – wie auch in der Solvabilitätsverordnung – nur noch detailliert die Mindestanforderungen dargelegt, die bei der Entwicklung eines eigenen fortgeschrittenen Messansatzes einzuhalten sind. Diese gehen im qualitativen Bereich bei weitem über die Mindestanforderungen des Basisindikator- und Standardansatzes hinaus und enthalten ferner quantitative Mindestanforderungen an das dem Messansatz zugrunde liegende Modell und die Daten, die zur Kalibrierung des Modells verwendet werden. So wird beispielsweise von den Kreditinstituten für eine aufsichtsrechtliche Anerkennung ihres Messansatzes der Nachweis verlangt, dass das entwickelte Verfahren bezüglich der Solidität vergleichbar mit dem auf internen Ratings basierenden Ansatz für das Kreditrisiko ist. Hierbei dürfen sowohl für die Kalibrierung und Validierung des Modells als auch für die regulatorische Eigenkapitalberechnung nur solche Daten verwendet werden, für die eine mindestens fünf Jahre umfassende historische Zeitreihe interner Verluste vorliegt. Lediglich in einer Übergangszeit kann das Datenfenster auf eine Dreijahresperiode verkürzt werden (zu den Einzelheiten der Mindestanforderungen an die AMA's siehe §279ff. (Qualitative Anforderungen) und §284ff. (Quantitative Anforderungen) der SolvV.

Alle fortgeschrittenen Messansätze haben als gemeinsames Charakteristikum, dass sie (wenn überhaupt) nur wenige von der Bankenaufsicht vorgegebene Parameter verwenden und so eine höhere Individualität bei der Erfassung des jeweiligen bankspezifischen operationellen Risikoprofils erlauben. Zudem dürfen nur bei diesen Ansätzen – unter Beachtung restriktiver Vorgaben – transferierte Risiken bis zu maximal 20% der gesamten Kapitalanforderung für operationelle Risiken berücksichtigt werden. Auch wenn die ehemals vorgeschlagenen Verfahren nun nicht mehr namentlich in der Solvabilitätsverordnung genannt werden, möchten wir Ihnen diese im Folgenden darstellen, da hierdurch potenzielle Entwicklungswege und die Schwierigkeiten bei der Erfassung operationeller Risiken aufgezeigt werden können. Einzelne Elemente dieser Methoden zur Erfassung der operationellen Risiken finden sich im Regelwerk zu den fortgeschrittenen Messansätzen wieder und werden in Abschnitt K2.3.4 behandelt.

K2.3.1 Der Interne Bemessungsansatz

Analog zum Standardansatz werden alle Tätigkeiten eines Kreditinstitutes auf die acht Geschäftsfelder aufgeteilt. Zusätzlich werden sieben Ereigniskategorien von der Bankenaufsicht vorgegeben, so dass aus der Kombination der Geschäftsfelder und der Ereigniskategorien eine 56 Felder umfassende Matrix entsteht. Die Ereigniskategorien geben Gruppen von potenziellen Ereignissen an, die zu einem Verlust infolge von externen Ereignissen, der Unangemessenheit interner Verfahren und Systeme oder menschlichem Versagen führen können, und gruppieren so ursachenbezogen die unterschiedlichen Risikotypen des operationellen Risikos. Im Einzelnen lauten diese Ereigniskategorien (vgl. §287 Abs. 3 SolvV):

- Interner Betrug,
- Externer Betrug,
- Beschäftigungspraxis und Arbeitsplatzsicherheit,
- Kunden, Produkte und Geschäftsgepflogenheiten,
- Sachschäden,
- Geschäftsunterbrechungen und Systemausfälle,
- Ausführung, Lieferung und Prozessmanagement.

Jede dieser Ereigniskategorien hat mehrere hierarchisch aufgebaute Ebenen, die das Ereignis, das ein potenzielles operationelles Risiko darstellt, in die möglichen Ausgestaltungsformen auffächert und anhand von Beispielen weiter konkretisiert (vgl. Tabelle 30 in Anlage 1 der SolvV).

Die Bankenaufsicht gibt für jede der 56 Geschäftsfeld-/Ereigniskategorie-Kombinationen einen geeigneten Indikator (EI_{ij}) vor, mit dem das Ausmaß an operationellem Risiko in dieser Kombination gemessen werden kann. Die Banken schätzen ihrerseits anhand interner Verlustdaten zum einen die Wahrscheinlichkeit für den Eintritt eines operationellen Risikoereignisses in jeder dieser Geschäftsfeld-/Ereigniskategorie-Kombination (PE_{ij}) und zum anderen die Schadenshöhe eines Risikoereignisses in jeder der Geschäftsfeld-/Ereigniskategorie-Kombinationen (LGE_{ij}), gemessen als Verlust pro Einheit, in dem das Exposure ausgedrückt wird. Das Produkt dieser drei Parameter gibt für jedes Kombinationsfeld den erwarteten Verlust (EL_{ij}) durch operationelle Risiken an. Um die erwarteten Verluste aller Geschäftsfeld-/Ereigniskategorie-Kombinationen in eine Gesamtkapitalanforderung zu transformieren, wurde folgende Vorgehensweise vorgeschlagen: Jeder kombinationsfeldspezifische erwartete Verlust sollte mit einem von der Bankenaufsicht vorgegebenen γ-Faktor gewichtet werden, um damit auch die unerwarteten Verluste zu erfassen. Die Summe der mit γ gewichteten kombinationsfeldspezifischen erwarteten Verluste ergibt dann die Gesamtkapitalanforderung für das operationelle Risiko des Kreditinstitutes. Formal lautet diese:

$$\mathrm{K}_{\mathrm{IMA}} = \sum_{j=1}^{8} \sum_{i=1}^{7} \gamma_{ij} \cdot \mathrm{EI}_{ij} \cdot \mathrm{PE}_{ij} \cdot \mathrm{LGE}_{ij} = \sum_{j=1}^{8} \sum_{i=1}^{7} \gamma_{ij} \cdot \mathrm{EL}_{ij}. \qquad \text{(K2-5)}$$

Der Baseler Ausschuss hat erkannt, dass die Ableitung der unerwarteten Verluste aus den erwarteten Verlusten problematisch ist. Da durch den γ-Faktor, der auf Basis der durchschnittlichen erwarteten Verluste aller Kreditinstitute geschätzt wird, auch die unerwarteten Verluste erfasst werden sollen, kann sich insbesondere bei Kreditinstituten, deren Verlustverteilung einer Geschäftsfeld-/Ereigniskategorie-Kombination von der durchschnittlichen Verlustverteilung aller Kreditinstitute abweicht, eine erhebliche Verzerrung ergeben. Um diese zu vermeiden, schlug der Baseler Ausschuss eine zusätzliche Meßgröße zur individuellen Erfassung der Streuung der Verluste um den Mittelwert vor. Dieser sogenannte Risikoprofilindex (RPI_{ij}) setzt die individuelle Streuung der Verluste je Geschäftsfeld-/Ereigniskategorie-Kombination ins Verhältnis zur durchschnittlichen Streuung aller Kreditinstitute. Ist die individuelle Streuung eines Kreditinstitutes in einer Geschäftsfeld-/Ereigniskategorie-Kombination höher (geringer) als der Branchendurchschnitt, folgt daraus ein $\mathrm{RPI}_{ij}{>}1$ ($\mathrm{RPI}_{ij}{<}1$). Diese 56 kreditinstitutsindividuellen RPI_{ij}'s werden dann zur Adjustierung der gewichteten erwarteten Verluste im Rahmen der Gesamtkapitalanforderungsermittlung für die operationellen Risiken verwendet. Diese ergibt sich formal als:

$$K_{\text{IMA}} = \sum_{j=1}^{8} \sum_{i=1}^{7} \gamma_{ij} \cdot \text{EI}_{ij} \cdot \text{PE}_{ij} \cdot \text{LGE}_{ij} \cdot \text{RPI}_{ij}$$

$$= \sum_{j=1}^{8} \sum_{i=1}^{7} \gamma_{ij} \cdot \text{EL}_{ij} \cdot \text{RPI}_{ij} \, . \tag{K2-6}$$

K2.3.2 Der Verlustverteilungsansatz

Der Verlustverteilungsansatz (LDA) stellte eine Erweiterung des Internen Bemessungsansatzes dar und versuchte methodisch, die problematische Ableitung der unerwarteten Verluste aus den erwarteten Verlusten durch eine direkte Schätzung der Verlustverteilungsfunktion zu überwinden. Zugleich zeichnet sich dieser Ansatz durch noch größere Gestaltungsfreiräume für die entwickelnden Kreditinstitute aus, was nicht zuletzt durch eine geringere Anzahl an durch die Bankenaufsicht vorgegebenen Parametern (z. B. γ-Faktor, RPI) zum Ausdruck kommt.

Grundsätzlich sollten die Kreditinstitute auch beim Verlustverteilungsansatz alle banklichen und nicht-banklichen Tätigkeiten in verschiedene Geschäftsfelder aufteilen und diesen dann unterschiedliche Ereigniskategorien zuordnen. Diese Parameter konnten nach den Vorstellungen des Baseler Ausschusses jedoch frei – den individuellen Bedürfnissen der Kreditinstitute entsprechend – gewählt werden. Für jede Geschäftsfeld-/Ereigniskategorie-Kombination sollten basierend auf internen operationellen Verlustdaten sowohl die Wahrscheinlichkeitsverteilung der Schadensereignisse (für einen 1-Jahres-Zeitraum) als auch die Verteilung der Schadenshöhe geschätzt werden. Basierend auf diesen Schätzungen sollte die Verteilungsfunktion der operationellen Verluste jeder Geschäftsfeld-/ Ereigniskategorie-Kombination abgeleitet werden. Der auf dieser Verteilungsfunktion basierende *Value at Risk* (zum Konfidenzniveau 99,9%) gibt dann die benötigte Menge an Eigenkapital zur Unterlegung der operationellen Risiken dieser Geschäftsfeld-/Ereigniskategorie-Kombination an, so dass sich die Gesamtkapitalanforderung als die Summe der einzelnen operationellen *Value at Risk*-Beträge (VaR_{ij}) ergibt. Korrelationen zwischen den Risiken der einzelnen Geschäftsfeld-/ Ereigniskategorie-Kombinationen sollten angesichts der zu erwartenden Umsetzungsschwierigkeiten zunächst unberücksichtigt bleiben. Formal hätte sich die Gesamtkapitalanforderung nach dem Verlustverteilungsansatz ergeben als:

$$K_{\text{LDA}} = \sum_{j=1}^{J} \sum_{i=1}^{I} \text{VaR}_{ij} \, . \tag{K2-7}$$

K2.3.3 Der Scorecardansatz

Im Gegensatz zu den zuvor dargestellten fortgeschrittenen Messansätzen wurde die Grundidee des Scorecardansatzes vom Baseler Ausschuss lediglich kurz skizziert. Dieser Ansatz kann als eine qualitative Erweiterung aller quantitativen

Messansätze (insbesondere der AMA's) verstanden werden, die zudem eine zukunftsbezogene Komponente in die Erfassung und Eigenkapitalunterlegung von operationellen Risiken integriert.

Ausgangspunkt dieses Ansatzes ist die Menge an Eigenkapital für die operationellen Risiken des gesamten Kreditinstitutes oder für einzelne Geschäftsfelder, die mit einem quantitativen Ansatz bestimmt werden muss. Die Veränderung dieser zugrunde liegenden Gesamtkapitalanforderung erfolgt in regelmäßigen Abständen mit qualitativen Methoden in Form von Scorecards. Diese sollen beispielsweise die veränderte Qualität des operationellen Risikomanagementsystems erfassen und zusätzlich eingerichtete Kontrollsysteme oder die aktuelle Ausprägung von risikobeeinflussenden Indikatoren widerspiegeln. Die Scorecards erweitern die quantitativen Methoden der Risikoerfassung und Eigenkapitalunterlegung somit um eine zukunftsgerichtete Komponente, da deren Parameter nicht ausschließlich auf historischen Verlustdaten basieren. Während sich beispielsweise erhebliche Verbesserungen in der operationellen Risikoprophylaxe und der damit einhergehenden Reduzierung des operationellen Risikoexposures bei den beiden anderen fortgeschrittenen Messansätzen erst sukzessiv über fünf Jahre (mit einer wachsenden Berücksichtigung) in der Gesamtkapitalanforderung niederschlagen, da ein historisches Datenfenster von mindestens fünf Jahren zu verwenden ist, kann dies beim Scorecardansatz bereits beim nächsten Adjustierungstermin in vollem Umfang berücksichtigt werden. Jedoch forderte der Baseler Ausschuss auch schon während der Konsultationsphase, dass die Auswirkungen der Scorecards auf das operationelle Risikoexposure ebenfalls mit historischen Daten zu validieren sind.

K2.3.4 Die Regulierungsvorschriften zu den fortgeschrittenen Messansätzen

Analysiert man die Regulierungsvorschriften zu den fortgeschrittenen Messansätzen, so kann man viele Elemente der zuvor vorgestellten Methoden wiedererkennen. Beispielsweise finden sich Elemente des Scorecard-Ansatzes in der Regelung, dass Risikoänderungen aufgrund von Veränderungen des internen Kontrollsystems bei der Berechnung des Anrechnungsbetrages berücksichtigt werden müssen und sich somit unmittelbar auf die Eigenkapitalunterlegungspflicht für operationelle Risiken auswirken (vgl. §291 Satz 2 SolvV). Am stärksten sind die Elemente des „fortgeschrittensten" Ansatzes, des *Loss Distribution Approaches*, vertreten. Jedoch sind die den Kreditinstituten zugestandenen Freiheitsgrade, die dem während der Konsultationsphase diskutierten Verlustverteilungsansatzes (LDA) zugrunde lagen, teilweise eingeschränkt worden. So müssen beispielsweise die Kreditinstitute ihre internen Daten zu operationellen Schadensfällen den beim internen Bemessungsansatz (IMA) verwendeten Ereigniskategorien und den beim Standardansatz (STA) und beim internen Bemessungsansatz definierten Geschäftsfeldern zuordnen können und auf Anfrage der BaFin zur Verfügung stellen können (vgl. §287 Abs. 1 SolvV). Da eine von den regulatorischen Vorgaben abweichende Verwendung von Geschäftsfeldern und Ereigniskategorien, die

möglicherweise besser geeignet wäre, die individuelle operationelle Risikosituation des Kreditinstituts zu erfassen, zu einer aufwändigen Doppelrechnung führen
würde, ist durch diese Berichterstattungspflicht von der Bankenaufsicht faktisch
der regulatorische Rahmen für den von den Kreditinstituten zu erstellenden fortgeschrittenen Messansatz vorgegeben worden. Neben der Verwendung interner
Daten müssen die Kreditinstitute auch externe – anonymisierte – Daten verwenden. Hierdurch soll insbesondere die Ableitung der Verteilungen für solche
Geschäftsfeld-/Ereigniskategorie-Kombinationen erleichtert werden, für die aufgrund der Seltenheit des Schadensereignisses („*low frequency – high severity*"- Risiken) typischerweise ein einzelnes Kreditinstitut nicht über ausreichende interne
Daten verfügt. Zudem müssen die Institute Szenarioanalysen durchführen, die
auf externen Daten und auf Expertenmeinungen basieren, um das Gefährdungs-
potenzial schwerwiegender Risikoereignisse besser beurteilen zu können. Hierdurch soll sichergestellt werden, dass die Haupttreiber des operationellen Risikos,
die vor allem den Rand der Verlustverteilungsfunktion prägen, korrekt erfasst
wurden. Im Unterschied zu den in der Konsultationsphase diskutierten fortgeschrittenen Messansätzen kann den Kreditinstituten, die sich für diese Verfahren
zur Erfassung und Eigenkapitalunterlegung entscheiden, der Anrechnungsbetrag
(oder ein Teil hiervon) für die erwarteten Verluste erlassen werden. Zwingende Voraussetzung hierfür ist, dass das Institut in der Lage ist, den erwarteten
Verlust angemessen zu bestimmen und zusätzlich diesen erwarteten Verlust angemessen in seinen internen Geschäftspraktiken berücksichtigt (vgl. §284 Abs.
2 SolvV). Ferner müssen Verluste im Zusammenhang mit dem Kreditrisiko, die
durch operationelle Risiken verursacht wurden, zwar erfasst und in der internen Verlustdatenbank dokumentiert werden, jedoch fließen diese Verluste nicht
in die Bestimmung des Anrechnungsbetrages für operationelle Risiken ein (vgl.
§288 SolvV). Weiterhin dürfen im fortgeschrittenen Messansatz auch Korrelationen zwischen den einzelnen Geschäftsfeld-/ Ereigniskategorie-Kombinationen
berücksichtigt werden, die zu einer Reduktion des Anrechnungsbetrages für das
operationelle Risiko führen, wenn diese Korrelationen zuverlässig ermittelt werden können und deren Güte anhand von quantitativen und qualitativen Verfahren überprüft werden kann (vgl. §285 SolvV). Der operationelle Risikotransfer
ist weiterhin nur bei den fortgeschrittenen Messansätzen bis zu einer Obergrenze von 20% des Anrechnungsbetrages für operationelle Risiken erlaubt. Neben
dem Risikotransfer zu Versicherungen, ist unter sehr restriktiven Bedingungen
auch der Einsatz anderer geeigneter Instrumente zur Verlagerung der operationellen Risiken erlaubt, wenn der Aufsichtsbehörde die erkennbare und verlässli-
che Risikominderung dargelegt werden kann (vgl. §292 Abs. 4 SolvV). Um den
Übergang auf die zweifelsohne sehr schwierig zu entwickelnden fortgeschrittenen
Messansätze zu erleichtern, kann die BaFin zur Erfassung der operationellen Risiken auch eine Kombination aus einem fortgeschrittenen Messansatz und dem
Basisindikatoransatz oder dem Standardansatz erlauben. Um die Genehmigung
hierfür zu erhalten, müssen die Kreditinstitute nachweisen, dass sie bereits einen
„signifikanten" Anteil ihres operationellen Risikos mittels eines fortgeschrittenen
Messansatzes messen können. Zudem müssen sie in einem Zeitplan darlegen, dass
sie spätestens fünf Jahre nach der erstmaligen Zulassung zum fortgeschrittenen

Messansatz dazu in der Lage sind, für den „größten Teil" ihrer Geschäftstätigkeit operationelle Risiken mit einem fortgeschrittenen Ansatz zu erfassen. Ein „unwesentlicher" Anteil der operationellen Risiken kann auch weiterhin mit dem Basisindikatoransatz oder dem Standardansatz erfasst werden, so dass auch dauerhaft ein *partial use* verschiedener Messansätze erlaubt sein wird.

K3 Eignung der vorgeschlagenen Messansätze, Status Quo der Umsetzung und potenzielle Erweiterungen

Mit dem Basisindikatoransatz wurde von der Bankenaufsicht ein sehr einfaches Verfahren zur Ermittlung der notwendigen Gesamtkapitalanforderung für operationelle Risiken vorgegeben. Dieses Verfahren verursacht nahezu keine zusätzlichen Kosten der Regulierung, da die Einflußgrößen für den Indikator *bereinigter Bruttoertrag* (quartalsweise bzw. jährlich) auch für andere Rechenwerke ermittelt werden müssen. Daher stellt dieses Verfahren insbesondere auch für kleinere Kreditinstitute einen gangbaren Weg zur Ermittlung der Unterlegungspflicht für die operationellen Risiken dar.

Jedoch muss festgehalten werden, dass hiermit keine Messung oder Erfassung der operationellen Risiken stattfindet. Deutlich wird dies vor allem durch die Verwendung des relevanten Indikators *Bruttoertrag*, der in keinem erkennbar kausalen Verhältnis zum operationellen Risikoexposure steht und vielmehr eine Unterlegungspflicht nach dem Risikotragfähigkeitsprinzip vornimmt. Dies würde bedeuten, dass Kreditinstitute in Jahren, in denen sie eine „schwarze Null" erzielen, keinem operationellen Risiko ausgesetzt wären. Auf der anderen Seite steigt bei einer solchen Art der Operationalisierung das Ausmaß des operationellen Risikos mit dem Erfolg, den die Bank im leistungswirtschaftlichen Bereich erzielt. Auch hier ist wiederum nicht ersichtlich, weshalb erfolgreiche Geschäfte mit mehr operationellem Risiko verbunden sind, als weniger erfolgreiche. Erfreulich ist zumindest, dass die zunächst vorgeschlagene Regelung, nach der ein über drei Jahre negativer Indikator zu einer Reduktion der Eigenkapitalunterlegungspflicht in anderen Bereichen führen würde (und somit ein definitionsgemäß unmögliches negatives Risikoexposure indizieren würde), zugunsten einer ausgesetzten Unterlegungspflicht für operationelle Risiken ersetzt wurde. Dennoch ist auch bei dieser Regelung nicht einsichtig, weshalb ein Kreditinstitut, das über drei Jahre hinweg einen negativen Indikator aufweist, keinem operationellen Risiko ausgesetzt sein soll.

Kritisch ist ebenfalls die Höhe des gewählten α-Faktors von 15% zu beurteilen. War im zweiten Konsultationspapier noch ein α von 30% vorgesehen, so sank dieser Faktor sukzessive in dem Maß, wie im Rahmen der quantitativen Auswirkungsstudien festgestellt wurde, dass die durchschnittliche zukünftige Eigenkapitalunterlegung von Kreditausfallrisiken und operationellen Risiken die bisherige Eigenkapitalanforderung von 8% der gewichteten Risikoaktiva überschritt. Dies legt die Vermutung nahe, dass die quantitative Erfassung der operationellen Risiken im Rahmen der Mindestkapitalanforderungen eher einer politisch gewollten

„Ausgleichsgröße" gleichkommt, mit der das bisherige durchschnittliche Unterlegungsniveau der Ausfallrisiken konstant gehalten wird, denn ein ernsthafter Versuch ist, das tatsächlich bestehende operationelle Risikoexposure mit einer ökonomisch sinnvollen Menge an Eigenkapital zu unterlegen.

Zudem erscheint die festgelegte Höhe des α-Faktors zu gering, da hierdurch die Anreizwirkung verloren geht, sich auf dem Kontinuum der Messansätze voran zu bewegen. So ist die Gesamtkapitalforderung im Standardansatz nur dann geringer, wenn in den Geschäftsfeldern, die mit den geringeren β-Faktoren von 12% (Geschäftsfelder 6 bis 8) gewichtet werden müssen, mehr bereinigter Bruttoertrag erzielt wird als in den Geschäftsfeldern 1 bis 5, für die die höheren β-Faktoren von 18% und 15% gelten. Gleiches gilt für den alternativen Standardansatz.

Da der Standardansatz eine geschäftsfeldbezogene Variante des Basisindikatoransatzes darstellt, trifft auf ihn dieselbe Kritik in Bezug auf die Messung der operationellen Risiken zu. Auch hier wird von der Bankenaufsicht als vermeintliche Maßgröße für das operationelle Risiko nur der Indikator *bereinigter Bruttoertrag* zugelassen. Im Begleitdokument zum 2. Konsultationspapier (vgl. BASEL COMMITTEE ON BANKING SUPERVISION (2001c)) wurden zunächst noch andere Indikatoren vorgeschlagen, die eine höhere Kausalität zu den operationellen Risiken vermuten ließen. Beispielsweise sollte das Exposure an operationellen Risiken im Geschäftsfeld Zahlungsverkehr mit dem Indikator *jährlicher Durchsatz an Zahlungen* gemessen werden und im Geschäftsfeld Vermögensverwaltung mit dem Indikator *verwaltetes Gesamtvermögen*. Weshalb diese Indikatoren nun nicht mehr verwendet werden dürfen, wird nicht begründet. So kann lediglich vermutet werden, dass empirisch nachgewiesen wurde, dass diese Indikatoren weniger präzise das tatsächliche Ausmaß an operationellen Risiken messen können. Eine weitere mögliche Erklärung für diese Änderung könnte darin zu sehen sein, dass der Basisindikatoransatz als Benchmark für den Standardansatz dient und durch identische Indikatoren eine Vergleichbarkeit hergestellt werden soll. Problematisch ist beim Standardansatz die vorgegebene Höhe der β-Faktoren. Im Rahmen der quantitativen Auswirkungsstudien konnten bei dem Versuch, die β-Faktoren so zu kalibrieren, dass die durchschnittliche Eigenkapitalunterlegung der operationellen Risiken aller Kreditinstitute 12% des Eigenkapitals entspricht, das bislang für die Ausfallrisiken vorgehalten werden musste, keine stabilen β-Faktoren gefunden werden (vgl. BASEL COMMITTEE ON BANKING SUPERVISION (2001b), S. 28ff.). Die nun festgelegte Höhe orientiert sich dennoch an den arithmetischen Mitteln bzw. den Median-Werten der so kalibrierten β-Faktoren, obwohl die höchsten kreditinstitutsspezifischen β-Faktoren mehr als die 40-fache Höhe der geringsten kreditinstitutsspezifischen β-Faktoren in dem jeweiligen Geschäftsfeld aufwiesen. Dies ist ein weiteres Indiz dafür, dass sich sowohl der Standardansatz als auch der Basisindikatoransatz am Prinzip der Risikotragfähigkeit orientieren, nicht aber eine Risikomessung vornehmen.

Angesichts der risikoinsensitiven Eigenkapitalunterlegung der operationellen Risiken führt eine Einteilung aller banklichen und nicht-banklichen Tätigkeiten in Geschäftsfelder lediglich zu einer Pseudogenauigkeit, die mit einem erheblichen Verwaltungsaufwand für die Kreditinstitute verbunden ist. Neben dem Problem einer überschneidungsfreien Zuordnung der operationellen Risiken zu standardisierten Geschäftsfeldern, die nicht zwangsläufig die heterogenen Geschäfts- und Organisationsstrukturen der betroffenen Kreditinstitute widerspiegeln, wird auch für die (nahezu unmögliche) Abgrenzung zwischen den Risikoarten keine klare Handlungsanleitung gegeben. Möglicherweise hilft eine solche gedankliche Zerlegung aller Geschäftsprozesse eines Kreditinstitutes bei der systematischen Bestandsaufnahme der operationellen Risiken, macht möglicherweise die potenziellen Risiken transparenter, mag dabei helfen, fehlende Kontrollmechanismen zu identifizieren und kann bei der Entwicklung fortgeschrittener Messansätze helfen – eine Messung und risikoadäquate Unterlegung der operationellen Risiken findet aber auch bei diesem Verfahren nicht statt.

Die fortgeschrittenen Messansätze versuchen die Schwächen der einfacheren Verfahren durch ein höheres Maß an individueller Gestaltung und einer tatsächlichen Erfassung der operationellen Risiken zu überwinden. Dies erfolgt bei den fortgeschrittenen Messansätzen durch eine direkte Ermittlung der Verluste, die in jeder der Geschäftsfeld-/Ereigniskategorie-Kombinationen mit einer sehr hohen Wahrscheinlichkeit (99,9%) innerhalb eines Jahres nicht überschritten werden. Die Summe dieser Verluste, deren Überschreiten sehr unwahrscheinlich ist, bilden dann den Anrechnungsbetrag für das operationelle Risiko, der seinerseits mit 8% an haftendem Eigenkapital unterlegt werden muss. Etwaige Korrelationen, die zwischen den jeweiligen Geschäftsfeld-/Ereigniskategorie-Kombinationen nachgewiesen werden können, mindern den jeweiligen Anrechnungsbetrag des Kreditinstituts. Ausgangspunkt einer solchen Verlustermittlung ist die Bestimmung der Verlustverteilungsfunktion für die jeweiligen Geschäftsfeld-/Ereigniskategorie-Kombinationen, die ihrerseits auf den konkreten Verlusthöhen aus den schlagend gewordenen operationellen Risiken und deren Verlusthäufigkeiten basieren. Doch genau diese Anforderungen an die Daten stellen den wesentlichen Schwachpunkt der konzeptionell durchaus geeigneten Methode zur tatsächlichen Messung des operationellen Risikoexposures dar. So mag es für einige dieser Geschäftsfeld-/Ereigniskategorie-Kombinationen, beispielsweise für das Geschäftsfeld „Zahlungsverkehr und Abwicklung" und die Verlustereigniskategorie „Ausführung, Lieferung und Prozessmanagement", vergleichsweise einfach sein, über einen Zeitraum von fünf (bzw. drei) Jahren ausreichend interne Daten zu sammeln, um eine Verlustverteilungsfunktion zu bestimmen. Dies kann damit erklärt werden, dass es sich bei den typischen operationellen Schadensfällen in dieser Kategorie um *„high frequency – low severity"*-Risiken handeln wird. Doch erscheint eine Datensammlung für andere Kategorien, in denen insbesondere die *„low frequency – high severity"*-Risiken dominieren, zumindest aber mit einbezogen werden müssen, schon allein aufgrund der Seltenheit dieser Schadensereignisse für nicht zielführend. Diese Schadensereignisse, die vor allem den Rand der Verteilungsfunktion beeinflussen, an dem der Verlust, der mit hoher Wahrscheinlichkeit nicht überschritten wird, ermittelt wird, sind auch nicht zwangsläufig aus externen Daten, die einem Datenpool vieler Kreditinstitute entstammen, zu extrahieren. Doch selbst wenn dies gelänge, würde die Verlustverteilungsfunktion lediglich das historische Schadensverhalten widerspiegeln. Zukunftsgerichtete Elemente könnten lediglich in der Form Berücksichtigung finden, dass durch die verbesserte Risikoidentifikation und durch die veränderte Risikovorsorge (beispielsweise durch die Implementierung zusätzlicher Kontrollinstrumente zur Vermeidung dieser Risiken) zukünftig mit einer geringeren Schadensfrequenz (und -höhe) zu rechnen ist. Schadensereignisse, die in der Vergangenheit (noch) nicht aufgetreten sind oder solche Ereignisse, die überhaupt noch nicht als potentielles operationelles Risiko erkannt wurden, würden jedoch in keinster Weise die Verlustverteilungsfunktion beeinflussen. Ein keineswegs triviales Problem stellt – wie auch schon im Standardansatz – die überschneidungsfreie Abgrenzung der Prozesse dar, die ein vorgegebenes, möglicherweise nur schwer auf die individuelle Organisationsstruktur des jeweiligen Instituts zu übertragendes, Geschäftsfeld definieren. So verwendet keines der zehn Institute, die bis 2009 einen fortgeschrittenen Ansatz entwickelt haben und diesen auch aufsichtsrechtlich verwenden dürfen, die vorgegebene Geschäftsfeld-/Ereigniskategorie-Matrix. Alle zehn Institute benutzen Geschäftsfeld-/Ereigniskategorie-Matrizen mit weniger als 56 Matrixfeldern (vgl. DEUTSCHE BUNDESBANK (2009e), S. 75). Eine Studie des Baseler Ausschusses zeigt auf, dass die 20 europäischen Banken, die einen fortgeschrittenen Ansatz implementiert haben, lediglich fünf Ereigniskategorien und zwei Geschäftsfelder verwenden (vgl. BASEL COMMITTEE ON BANKING SUPERVISION (2009d), S. 47). Die Zuordnungsschwierigkeiten zeigen sich auch daran, dass in §287 Abs. 2 der Solvabilitätsverordnung explizit gefordert wird, dass ein Kreditinstitut Kriterien entwickeln muss, welchem Geschäftsfeld Schadensereignisse in den Zentralbereichen, die per Definition keinem Geschäftsfeld zugehören, zuzuordnen sind. Ferner müssen ebenfalls Kriterien für die Aufteilung eines Ereignisses festgelegt werden, das mehrere Geschäftsfelder betrifft. Ungleich schwerer ist es jedoch, ein Schadensereignis nicht nur einem Geschäftsfeld, sondern gleichzeitig auch einer Verlustereigniskategorie zuzuordnen. Zwar hat die Bankenaufsicht die Ereigniskategorien durch eine weitere Ebene potenzieller Ereignisse, die diesem Verlusttyp zuzuordnen sind, und der beispielhaften Nennung möglicher Ereignisse konkretisiert, jedoch kann diese Konkretisierung nicht abschließend sein. Dies würde eine „allwissende" Bankenaufsicht voraussetzen, die alle potenziellen operationellen Risiken antizipiert. Die vorgestellten, beispielhaften Ereigniskategorien werden dem nicht gerecht, so dass nicht auszuschließen ist, dass wesentliche operationelle Risiken überhaupt nicht erfasst werden oder die Verlustverteilungsfunktionen der jeweiligen Geschäftsfeld-/Ereigniskategorie-Kombinationen auf falschen Größen basieren, da historische Ereignisse den falschen Kategorien zugeordnet wurden. Die nicht in die Ermittlung des Anrechnungsbetrages für operationelle Risiken einzubeziehenden Verluste, die im Zusammenhang mit dem Kreditrisiko stehen (vgl. §288 SolvV), scheinen ein Indiz dafür zu sein, dass die Bankenaufsicht die Schwierigkeit der Differenzierung der Ursachen eines Kreditausfalls in schlagend gewordene operationelle Risiken und leistungswirtschaftliche Gründe (vgl. hierzu auch Kapitel K1) anerkennt. Unverständlich ist jedoch, dass die Kreditinstitute – trotz des Verzichts auf die Eigenkapitalunterlegung – verpflichtet sind, den Versuch zu unternehmen, Kreditausfälle, die auf operationelle Risiken zurückzuführen sind, zu identifizieren und in der Verlustdatenbank zu erfassen.

Versucht man die Eignung der vom Baseler Ausschuss vorgestellten Methoden zur Messung und Eigenkapitalunterlegung operationeller Risiken zusammenfassend zu beurteilen, so muss man festhalten, dass mit den beiden einfacheren Ansätzen (BIA und STA) überhaupt keine Risikomessung stattfindet, sondern nach dem Prinzip der Risikotragfähigkeit eine pauschale Eigenkapitalunterlegung der bereinigten Bruttoerträge erfolgt. Der fortgeschrittene Messansatz bietet eine konzeptionell geeignete Basis, jedoch kann aufgrund der dargestellten Definitions-, Abgrenzungs- und insbesondere Datenprobleme nicht mit einer zügigen flächendeckenden Implementierung gerechnet werden. Zwar ist zu erwarten, dass ein erfolgreich implementierter und von der Bankenaufsicht zugelassener fortgeschrittener Messansatz nicht zuletzt aufgrund der Möglichkeit, die erwarteten Verluste aus operationellen Risiken (oder Teile hiervon) nicht mehr mit haftendem Eigenkapital zu unterlegen, zu einer erheblichen Reduktion der (teuren) Haftungsmasse führt. Jedoch dürfen bei einer solchen Überlegung die immensen Entwicklungskosten und durch die erweiterten qualitativen Auflagen auch deutlich höheren administrativen Kosten in diesem trade-off nicht außer Acht gelassen werden. Auch hierdurch bedingt ist nicht mit einer schnellen flächendeckenden Implementierung des einzig konzeptionell geeigneten Ansatzes zu rechnen.

Dies zeigt sich auch daran, dass bis Anfang 2009 lediglich zehn Institute, darunter vier Großbanken und vier Töchter ausländischer Institute, eine Zulassung für einen fortgeschrittenen Ansatz erhalten haben (vgl. DEUTSCHE BUNDESBANK (2009e), S. 72). Das Gros der Banken (ca. 2000 Institute) verwendet den Basisindikator- bzw. den Standardansatz. Das Bild relativiert sich allerdings, wenn man die Bilanzsummen der jeweiligen Institute betrachtet. So erreichen die Institute, die einen fortgeschrittenen Ansatz anwenden, immerhin eine Abdeckung von 46%. Auf den Standardansatz entfallen 24% und auf den Basisindikatoransatz entsprechend 30%. Hierdurch wird deutlich, dass das Ziel der Bankenaufsicht, dass große und systemrelevante Banken ein möglichst risikosensitives Messverfahren anwenden sollen, schon zum Teil erreicht wurde.

Der Verlustverteilungsansatz hat sich dabei als Marktstandard herausgebildet. Hierbei verwenden alle Institute die Poisson-Verteilung – teilweise noch ergänzt um weitere Verteilungen –, um die Wahrscheinlichkeit eines operationellen Schadensereignisses zu bestimmen. Jedoch räumt die Deutsche Bundesbank ein, dass insbesondere die Validierung der Daten und des Modells selbst eine „besondere Herausforderung" darstellen (DEUTSCHE BUNDESBANK (2009e), S. 75) und deshalb die Institute neben den statistischen Analysen und Stresstests vor allem qualitative Methoden und Expertenwissen einsetzen, um die „Defizite" (DEUTSCHE BUNDESBANK (2009e), S. 78) im Bereich der Validierung zu überwinden.

Angesichts der massiven Probleme bei der Erfassung der operationellen Risiken stellt sich die Frage, weshalb diese Risikoart in der ersten Säule der Baseler Eigenkapitalvereinbarung Berücksichtigung finden musste. Angesichts der noch zu klärenden Problemfelder erscheint eine Berücksichtigung dieser zweifelsohne wichtigen Risikoart im Rahmen der qualitativen Bankenaufsicht der zweiten Säule zweckmäßiger. Sollte wirklich die Suche nach einer „Ausgleichsgröße" für die künftig reduzierte Eigenkapitalunterlegung der Kreditrisiken zu dieser Entscheidung geführt haben, so wäre man mit den Zinsänderungsrisiken des Anlagebuches, die unverständlicherweise nur im Rahmen der qualitativen Bankenaufsicht der zweiten Säule erfasst werden – obwohl für deren präzise Erfassung ein geeignetes Instrumentarium zur Verfügung steht –, zu einer praktikableren Lösung gekommen.

Selbst bei dem fortgeschrittenen Messansatz muss berücksichtigt werden, dass zwar mit einer hohen Wahrscheinlichkeit (99,9%) die erwarteten und unerwarteten Verlust durch das Eigenkapital aufgefangen werden können, jedoch denkbare Extremszenarien nicht erfasst werden. Das sehr hohe Konfidenzniveau von 99,9% bedeutet, dass im Durchschnitt nur in einem von 1000 Jahren die tatsächlichen Verluste aus operationellen Risiken über den prognostizierten und mit Eigenkapital unterlegten Verlusten liegen. Die geringe Wahrscheinlichkeit der Verlustüberschreitung mag zunächst beruhigend wirken, jedoch können die tatsächlich realisierten Verluste in einem Überschreitungsfall sehr weit über dem Value at Risk (VaR) liegen. Dies wird insbesondere dann der Fall sein, wenn ein operationelles *„low-frequency – high-severity"*-Risiko schlagend wird. In einem solchen (extremen) Fall wird die Haftungsmasse einer Bank üblicherweise nicht ausreichen, um die operationellen Verluste aus diesem Schadensereignis aufzufangen.

Da insbesondere durch Verluste dieses operationellen Risikotyps die Insolvenz eines Kreditinstitutes droht, sollte darüber nachgedacht werden, hierfür eine kreditinstitutsübergreifende Auffanglösung zu schaffen. Diese könnte beispielsweise ähnlich wie das derzeitige Einlagensicherungssystem (vgl. Abschnitt G2.6) konzipiert sein. Jedoch setzt auch eine solche Lösung voraus, dass die an einem solchen System beteiligten Kreditinstitute ein Bündel von qualitativen und quantitativen Anforderungen erfüllen, um so Anreizkonflikte in Bezug auf die mangelnde Überwachung „versicherter Risiken" zu vermeiden (Moral Hazard). Denkbar wäre die Zertifizierung von Banken oder ein „Gütesiegel" für die Qualität ihres operationellen Risikomanagements. Um auch weiterhin einen Anreiz zu schaffen, eine möglichst gute Risikovorsorge im Sinne einer Risikovermeidung zu realisieren, wären auch abgestufte Beiträge zu dieser branchenweiten Auffanglösung in Abhängigkeit der von einer unabhängigen Institution testierten Qualität des Risikomanagements möglich.

Neben einer bankenübergreifenden Versicherungslösung könnten auch institutionelle Versicherungsprodukte zur Absicherung der Verluste aus operationellen Risiken eingesetzt werden und den Anrechnungsbetrag für operationelle Risiken um bis zu 20% reduzieren. Für einige operationelle Teilrisiken existieren bereits heute eigenständige Versicherungsprodukte. Beispiele hierfür sind (vgl. PIAZ (2002), S. 160f.):

- *Fidelity/Bankers Blanket Bond*: Bietet Schutz vor Verlusten aus Unehrlichkeit, Betrug, Fälschungen oder Fehler der Angestellten,
- *Electronic Computer Crime*: Bietet Schutz gegen Verluste aus Computerfehlern, Viren, Datenübermittlungsproblemen etc.,
- *Professional Indemnity*: Bietet Schutz vor Ansprüchen Dritter aufgrund grober Fahrlässigkeit von Angestellten bei der Erbringung einer professionellen Leistung gegenüber Kunden,

- *Employment Practices Liability*: Bietet Schutz vor Haftungsansprüchen aufgrund von Verletzungen des Arbeitsrechts, wie z. B. Belästigungen am Arbeitsplatz, Diskriminierung oder Vertragsbruch,
- *Unauthorised Trading*: Bietet Schutz vor Verlusten aus nicht-authorisierten, auch verdeckten und nicht dokumentierten Handelsaktivitäten.

Problematisch bei diesen Versicherungen ist einerseits die vollständige Definition aller potenziellen Schadensereignisse, so dass in jedem erdenkbaren Fall ein tatsächlicher Schutz durch die Versicherung gegeben ist. Andererseits schließen diese Teilversicherungen häufig identische Schadensereignisse ein, so dass es zu einer Doppelversicherung einzelner Teilrisiken kommen kann. Daher wird auf Seiten der Versicherer an sogenannten „*multi-peril-basket-insurance*" -Produkten gearbeitet (vgl. ASHBY und YOUNG (2003), S. 4f.). Der wohl prominenteste Vertreter dieses neuen Versicherungstyps ist FIORI (Financial Institutions Operational Risk Insurance) der Swiss Re. FIORI bietet einen Versicherungsschutz, der sich stark an die Definition des operationellen Risikos des Baseler Ausschusses orientiert. Ausgenommen sind lediglich Risiken, für die bereits gängige Versicherungen am Markt existieren (z. B. Naturkatastrophen). Diese Versicherung richtet sich ausschließlich an sehr große und international tätige Kreditinstitute, da von diesen eine Bilanzsumme von mindestens 20 Mrd. US-\$ und eine Börsennotierung erwartet wird. Da zudem ein Selbstbehalt von 100 Mio. US-\$ je Schadensfall getragen werden muss, stellt diese Versicherung für den Großteil der Kreditinstitute keine Alternative dar. Zudem sind die erwarteten Kosten in Höhe von 3% bis 8% des abgesicherten Kapitals prohibitiv hoch (vgl. BUNGE (2002), S. 8 und S. 36).

Neben den institutionalisierten Versicherungsprodukten können operationelle Risiken auch durch alternative Risikotransferinstrumente auf Dritte übertragen werden. Denkbar sind – in Analogie zu den Kreditderivaten (vgl. Kapitel E6) – kapitalmarktorientierte Instrumente wie Operational Risk Bonds, Operational Risk Swaps oder Operational Risk Derivate (vgl. SCHIERENBECK *et al.* (2005), S. 65). Das zentrale Problem in der Entwicklung dieser Produkte liegt in der vollständigen und eindeutigen Definition der transferierten Schadensereignisse, um einerseits im Verlustfall Auseinandersetzungen der Vertragsparteien über den Eintritt oder Nichteintritt des relevanten Ereignisses zu vermeiden und dem Risikoträger die Kalkulation einer fairen Prämie zu ermöglichen und andererseits eine aufsichtsrechtliche Anerkennung für diese Produkte zu gestatten. Die Entwicklung dieser Produkte wird insbesondere dann durch die Definitions- und Abgrenzungsprobleme erschwert, wenn sich der Risikotransfer nicht nur auf ein einzelnes Schadensereignis, sondern möglicherweise auf die operationellen Risiken einer kompletten Geschäftsfeld-/ Ereigniskategorie-Kombination des ambitionierten Messansatzes beziehen soll. Diese Problematik kommt insbesondere bei Operational Risk Swaps zum Tragen. Bei Operational Risk Derivaten könnte das Definitionsproblem durch die Verwendung eines noch zu konstruierenden Operational Risk Indexes (ggf. mit einzelnen Sub-Indizes) überwunden werden. Im Versicherungsbereich existieren schon ähnliche Indizes, wie beispielsweise der INSTRAT-Index, der den Schadenszahlungen der größten britischen Versicherungen folgt (vgl. LISTER (2005), S. 257). Voraussetzung für einen wirksamen Risikotransfer durch ein solches Operational Risk Derivat ist neben der Schaffung geeigneter Indizes vor allem deren hohe Korrelation mit dem tatsächlichen operationellen Risikoexposure des abgebenden Instituts. Während bei Operational Risk Swaps und Operational Risk Derivaten eine direkte Vertragsbeziehung zwischen dem Risikonehmer und Risikogeber bestehen, wird bei der Emission von Operational Risk Bonds, in der Ausgestaltung einer Operational Risk-linked Note, eine Zweckgesellschaft zwischengeschaltet. Diese bietet der Bank die Kompensation für die zu transferierenden operationellen Risiken und erhält hierfür eine Prämie. Die Zweckgesellschaft refinanziert die Deckungszusage durch die Emission von Operational Risk-linked Notes. Die Höhe der Zins- und Tilgungszahlungen an die Investoren dieser Operational Risk-linked Notes ergibt sich aus dem Umfang der Zahlungen, die die Zweckgesellschaft an die Bank für schlagend gewordene Risiken zahlen muss. Auch wenn die Entwicklung dieser kapitalmarktorientierten Instrumente zum Transfer operationeller Risiken noch am Anfang steht, bieten sie neben der Vervollständigung der Kapitalmärkte mit dem damit einhergehenden Diversifikationspotential durch bislang nicht handelbare Risiken eine Reihe weiterer Vorteile. Die erfolgreiche Platzierung vieler Catastrophe-linked Bonds (Cat Bonds) sowie die Emission von Bonds, mit denen sich die FIFA gegen das Risiko einer nicht fristgerechten Fertigstellung von Stadien für die Fußballweltmeiterschaft 2010 abgesichert hat, gibt Anlass zur Hoffnung, dass die Idee der Securitization auch auf schwer zu definierende Schadensereignisse, wie sie für operationelle Risiken typisch sind, übertragbar ist.

Teil L
Internes Rechnungswesen

Freitagabend, die Schalter sind geschlossen, die meisten Angestellten haben sich längst ins Wochenende verabschiedet. Der Vorstandsvorsitzende dimmt das Licht in seinem Büro, legt die Beine hoch und lässt seine erste Woche in der Bank vor dem geistigen Auge Revue passieren. Ihn bewegt vor allem die Frage, warum es den kürzlich ausgeschiedenen Vorständen nicht gelungen ist, den wirtschaftlichen Niedergang des traditionsreichen Bankhauses in den letzten Jahren zu verhindern. Die Mitarbeiter scheinen gut und motiviert zu sein, das externe Rechnungswesen – um diesen zentralen Bereich des Kreditinstitutes hat er sich sofort besonders gekümmert – macht einen vorbildlichen Eindruck.

Aus Führungsseminaren hat er noch die gebetsmühlenartig wiederholten Mahnungen von Professoren und Unternehmensberatern im Kopf, das Controlling sei heutzutage mehr denn je für Banken einer der entscheidenden Erfolgsfaktoren. So etwas gibt es hier bislang nicht.

Im Sinne der Eigentümer soll er die wirtschaftliche Situation der Bank verbessern. Er denkt an die vielen Angestellten, die ihre Tage damit verbringen, Zahlen für das externe Rechnungswesen zu erfassen und aufzubereiten. Und dann noch die Anforderungen aus der Regulierung! Kann er da einfach hergehen und noch ein teures internes Rechnungswesen aufbauen? Nur um vielleicht Zahlenfriedhöfe zu bekommen?

Die vorsichtige Einstellung des Vorstandsvorsitzenden gegenüber Controllingaktivitäten ist grundsätzlich gerechtfertigt. Die Kosten der Kostenrechnung sind, wie andere Kosten auch, einer Wirtschaftlichkeitskontrolle zu unterziehen. Das geschieht nach einer empirischen Studie von WEBER et al. (1998) jedoch selten. Dort wurde festgestellt, dass die meisten deutschen Großunternehmen, wobei allerdings Finanzintermediäre ausgeklammert waren, nicht einmal Angaben über die Größenordnung dieser Kosten machen konnten (zur Bedeutung der Kostenrechnung u. a. auch in deutschen Banken vgl. KAJÜTER (2005)).

Wir werden uns im Kapitel L1 u. a. mit den Aufgaben der Bankkalkulation und ihren daraus ableitbaren Ausprägungen samt dazugehörigen Anforderungen beschäftigen. Die wichtigste Funktion des internen Rechnungswesens ist aus unserer Sicht die *Entscheidungsunterstützung* mit Informationen und Steuerungsimpulsen, die betriebswirtschaftlich vernünftig, aus dem externen Rechnungswesen aber nicht verfügbar sind. Einige zentrale Themen, zu denen die Bankkalkulation etwas beizutragen hat, sind z. B. die Festlegung von Kreditkonditionen, die Vergütung von Mitarbeitern und die Schließung von Filialen.

Ausgangspunkt für unsere Berechnungen ist das Schema einer mehrstufigen _Deckungsbeitragsrechnung._ Dieses wird in den einzelnen Abschnitten schrittweise mit Leben gefüllt. Mangels besserer Alternativen übernehmen wir dazu die klassische Trennung in den Wertbereich und in den Betriebsbereich. Das heißt, wir stellen uns eine zweigeteilte Bank vor: Der eine Teil erledigt das Zinsgeschäft, der andere Teil die gesamte Dienstleistungs- und Produktionsseite.

In Kapitel L2 kalkulieren wir zunächst den _Wertbereich_ unter Sicherheit, gehen also davon aus, dass alle Zahlungen vereinbarungsgemäß erfolgen. Wir verwenden dazu die _Marktzinsmethode,_ die unter diesem Namen seit Anfang der achtziger Jahre des letzten Jahrhunderts das betriebswirtschaftliche Denken und Handeln in Kreditinstituten nachhaltig beeinflusst hat. Ihre finanzierungstheoretischen Grundlagen werden ebenso diskutiert wie Möglichkeiten und Grenzen der Einbeziehung realer Markt- und sonstiger Rahmenbedingungen, z. B. des Aufsichtsrechtes.

Wir haben _Unsicherheit_ als wesentliches Element von Bankgeschäften kennen gelernt. In Kapitel L3 geht es darum, wie Unsicherheit in der Einzelgeschäftskalkulation berücksichtigt werden kann. Dazu greifen wir auf diverse Vorüberlegungen aus den Teilen B und C zurück. Wie wir aus Kapitel F4 bereits wissen, ist eine alleinige Einzelgeschäftsbetrachtung wegen der Existenz von Korrelationen allerdings nicht unproblematisch.

Nachdem wir so den Wertbereich abgearbeitet haben, wird in Kapitel L4 der _Betriebsbereich_ betrachtet. Die Banken verdienen außer durch Zinsspannen auch an diversen Gebühren, wie viele Menschen von ihrer eigenen Kontoführung und anderen Bankgeschäften her wissen. Solche _Dienstleistungserlöse_ sind – mit Ausnahme einiger Interpretations- und Abgrenzungsprobleme – relativ einfach zu ermitteln und zu bewerten, aber u. U. schwer zuzuordnen. Noch problematischer ist die Kostenseite, da sowohl die Zurechenbarkeit als auch die Entscheidungsrelevanz von Personal- und Sachkosten oft nicht klar ist. Wir werden die _Standardeinzelkostenrechnung_ als eine Methode vorstellen, Kosten für Geschäftsvorfälle, Produkte etc. zu berechnen, und werden ihre Anwendbarkeit genauer betrachten. Sie orientiert sich an Arbeitsabläufen und wird z. T. als Variante einer _Prozesskostenrechnung_ betrachtet. Alternative, marktnähere Möglichkeiten zur Gewinnung von Kostensätzen werden ebenfalls angesprochen.

Die Kernprobleme aus Kapitel L1, zu deren Lösung das interne Rechnungswesen beitragen soll, haben Sie bis zum Beginn des Kapitels L5 hoffentlich nicht vergessen. Wir wollen dort nämlich zeigen, wie einzelne Kalkulationsergebnisse zu aggregierten _Ergebnisrechnungen_ zusammengeführt werden können, um Entscheidungsempfehlungen abzuleiten.

Im Vergleich zu anderen Teilen des Lehrbuchs werden Sie hier weniger Verweise auf internationale, speziell US-amerikanische, Literatur finden. Das ist themenadäquat, weil dort zwar ein _managerial accounting_ existiert, in den Unternehmen aber dennoch meist auf Basis der Zahlen des externen Rechnungswesens gesteuert wird. Wegen dessen dichter Frequenz (Stichwort: Quartalsabschlüsse), der stärkeren Betonung der Entscheidungsorientierung im Vergleich zum Gläubigerschutz (mehr dazu in Teil M) und einer größeren Nähe zwischen den Rechenwerken ist das vertretbar. Einen Überblick über den Stand der Harmonisierung des internen und des externen Rechnungswesens sowie über empirische Studien zum Nutzen einer solchen Harmonisierung in Deutschland und den USA liefert MÜLLER (2006).

L1 Grundlagen der Bankkalkulation

1. Die grundlegenden Aufgaben der Bankkalkulation – Dokumentation, Planung, (Verhaltens-) Steuerung und Kontrolle – unterscheiden sich nicht wesentlich von den Aufgaben, die Systeme der Kosten- und Leistungsrechnung in anderen Branchen zu erfüllen haben.
2. Einzelgeschäfte werden in einer Deckungsbeitragsrechnung kalkuliert und können anschließend in unterschiedlicher Weise aggregiert werden.

L1.1 Aufgaben eines internen Rechnungswesens und resultierende Anforderungen

Aufgrund rechtlicher Bestimmungen müssen viele Zahlen über Bankgeschäfte erhoben und zusammengestellt werden. Wofür ist dann noch ein internes Rechnungswesen nötig?

Allgemein wird von einer Kosten- und Leistungsrechnung verlangt, dass sie den Unternehmensprozess abbildet und dokumentiert, zur Planung verwendet werden kann, entscheidungsrelevante Informationen (z. B. für die Preiskalkulation) bereitstellt, das Verhalten der Entscheidungsträger und Mitarbeiter im Unternehmensprozess zielgerichtet steuert und eine Kontrolle des Unternehmensprozesses (z. B. eine Beurteilung der Wirtschaftlichkeit) ermöglicht. Für den Bankbereich werden diese allgemeinen Aufgaben weitgehend akzeptiert.

Die *Dokumentation* ist z. B. besonders wichtig zur Erfüllung rechtlicher Anforderungen aus der Preisangabenverordnung (PAngV) und dem Verbraucherkreditgesetz. Außerdem steht die Bank z. B. bei außerplanmäßigen Tilgungen oder Zahlungsausfällen von Kunden mit einer nachvollziehbaren Kostenrechnung vor Gericht im Streitfall um Schadenersatz besser da als mit groben Schätzwerten (vgl. WIMMER (2006), S. 46ff.).

Nun wird u. a. die Dokumentationsfunktion auch von externen Rechenwerken erfüllt. Dort stehen jedoch andere Interessen im Vordergrund als die der Unternehmenseigner und Manager. So führt z. B. der *Gläubigerschutz* zu Bewertungsvorschriften, die unter den Kriterien einer betriebswirtschaftlich richtigen Unternehmenssteuerung falsche Signale geben:

- Kursgewinne bei Wertpapieren erhöhen das Vermögen, selbst wenn handelsrechtlich gemäß dem Realisationsprinzip keine Zuschreibung auf einen Wert
  oberhalb der Anschaffungskosten erfolgen darf.
- Jährliche Zinsaufwendungen und -erträge verdecken, dass eine Entscheidung,
  die zu mehrperiodigen Erfolgswirkungen führt, oftmals zu einem früheren
  Zeitpunkt und von ggf. aktuell nicht mehr in der Verantwortung stehenden
  Personen getroffen worden ist.

In Kenntnis dieser und anderer Probleme wurden allgemeine Anforderungen
an betriebswirtschaftlich „vernünftige" Ergebnisinformationen entwickelt (vgl.
z. B. HUMMEL und MÄNNEL (1986), KÜPPER (1992) sowie DÖRRIE und PREISS-
LER (2004)). Für bankbetriebliche Ergebnisinformationen wurden daraus folgende Postulate abgeleitet (vgl. z. B. FLECHSIG und FLESCH (1982) sowie DROSTE
et al. (1983)):

1. Jeder einzelnen Entscheidung ist die durch sie bewirkte Veränderung des Gesamtergebnisses leistungsgerecht zuzurechnen (grenznutzenorientierte Einzelbewertung, direkter Verantwortungsbezug, Trennung von Erfolgsquellen).
2. Die Ergebnisinformation muss in dem Sinne richtig sein, dass die verwendeten Daten hinreichend aktuell und frei von willkürlichen Zurechnungen sind
   (Objektivität, Vermeidung versteckter Subventionierung).
3. Es darf keinen Widerspruch zwischen Vor- und Nachkalkulation geben, sofern
   das Geschäft wie geplant verläuft (einheitlicher Regelkreis von Planung und
   Kontrolle).
4. Die zur Bewertung herangezogenen Alternativen müssen durchführbar sein
   (Realitätsbezug).
5. Die Ergebnisinformationen müssen sachlich richtig sein und alle bewertungs-
   relevanten Gesichtspunkte berücksichtigen.
6. Für die praktische Umsetzung sind (EDV-) technische Praktikabilität, Flexibilität und Erweiterbarkeit nötig.
7. Die Informationen müssen nachvollziehbar und leicht handhabbar sein.

Aus den Informationen können ganz unterschiedliche Steuerungsimpulse entstehen. Beispielsweise kann eine *Preisuntergrenze* dazu führen, ein Geschäft bei
bestimmten Konditionen zu unterlassen. Neben dieser direkten Entscheidungs-
wirkung gibt es auch Verhaltenswirkungen. So können Berater durch eine Preisuntergrenze dazu gebracht werden, bei allen Kunden so intensiv zu verhandeln,
dass sie mindestens den vorgegebenen Preis bezahlen.

Die Erfüllung der genannten Anforderungen sollte die Akzeptanz der Informationen durch die Mitarbeiter fördern. Sie ist wichtig, darf aber nicht überbetont
werden:

> Wer wegen bislang nicht erkannter schlechter Leistungen von einer verbesserten Bank-
> kalkulation Nachteile befürchtet, wird u. U. versuchen, sie zu verhindern. Dazu eignen
> sich z. B. Hinweise auf verbliebene Mängel. Durch Erfüllung der oben genannten sach-
> lichen Anforderungen kann den „Unwilligen" aber immerhin die Ablehnung schwerer
> gemacht werden.

Grundsätzlich muss bedacht werden, welche Verhaltensänderungen bestimmte Kalkulationssysteme bewirken. Es kann nämlich sogar sein, dass Ergebnisinformationen, die dem Anforderungskatalog z. T. widersprechen, zu einem besseren Gesamtergebnis führen als damit zu vereinbarende Systeme. Aus Sicht des Prinzipals ist z. B. häufig ein ergebnisabhängiges Vergütungssystem zu teuer, das immer wahre Angaben oder maximale Anstrengung des Agenten induziert (vgl. LAUX (1995), S. 568f.).

L1.2 Besonderheiten der Bankkalkulation

Mit dem Begriff *Bankkalkulation* meinen wir nicht nur Rechenverfahren, sondern die gesamte Kosten- und Erlösrechnung, oftmals knapp als Kostenrechnung bezeichnet. Für sie ist besonders der sog. *Dualismus der Bankleistung* wichtig, der sich in der Einteilung in Wertbereich und Betriebsbereich äußert. Diese Zweiteilung in das Zinsgeschäft sowie die Dienstleistungs- und Produktionsseite steht theoretisch durchaus auf unsicherem Fundament; denn u. a. kann oftmals die Leistung in einem der Bereiche nicht erbracht werden, ohne den anderen Bereich zu beeinflussen. JACOB (1978), S. 416, bezeichnet die gedankliche Trennung sogar als „eine der folgenschwersten Fehlentwicklungen der Bankkostenrechnung [...] in der Vergangenheit". Gleichwohl werden auch wir, mangels „besserer" Theorien, die Bereiche zumeist getrennt kalkulieren.

Eine weitere, etwas subtilere Besonderheit ist in der historischen Entwicklung in Deutschland zu sehen: Gesetzgeber und Bankenaufsicht hatten Sorge, Preiswettbewerb könnte die Funktionsfähigkeit des Kreditwesens gefährden. So wurden diverse Abkommen, Anordnungen und schließlich 1965 die *Zinsverordnung* des damaligen BAKred erlassen und die Zinssätze vorgegeben (vgl. SZAGUNN und WOHLSCHIESS (1993), S. 284). Den Kreditinstituten wurden damit derart auskömmliche Zinsspannen gewährt, dass Bankkalkulation als überflüssig angesehen wurde.

Die Aufhebung der Zinsverordnung erfolgte dann schon im Jahre 1967. Zinsen und auch Provisionen wurden freigegeben, so dass ein Konditionenwettbewerb beginnen konnte. Dieser führte, zum Bedauern vieler Banker, zu Rückgängen der Margen, aber bislang nicht zu erkennbaren Negativwirkungen für die Stabilität des deutschen Kreditwesens.

Diese Historie hat dazu geführt, dass das interne Rechnungswesen in Kreditinstituten im Vergleich zu anderen Branchen ein „Spätentwickler" ist. Und daher wird noch heute von relativ vielen Bankangestellten nicht eingesehen, dass erstens Kalkulation nötig ist und zweitens die Daten des externen Rechnungswesens dafür nicht ausreichen.

L1.3 Ausprägungen der Bankkalkulation

Kosten- und Leistungsrechnungen können ganz allgemein in vielfältiger Weise klassifiziert werden (vgl. etwa HUMMEL und MÄNNEL (1986), S. 12ff.): nach dem Zeitpunkt der Rechnung (Vor- oder Nachkalkulation), nach dem Kostenbegriff (Voll- oder Teilkostenrechnungen), nach dem Bezugsobjekt (z. B. Stückrechnungen oder Periodenrechnungen). Außerdem kann nach dem *Rechenzweck* strukturiert werden: Ermittlung von Preisuntergrenzen und Preisobergrenzen, Prognose zukünftiger Kosten und Erlöse, Entscheidungsunterstützung bei der Wahl zwischen Alternativen, Kontrolle der Wirtschaftlichkeit. Ein paar Beispiele aus der Bankkalkulation:

> Im Wertbereich können im Rahmen der Vorkalkulation Preisuntergrenzen für Aktiv- und Dienstleistungsprodukte sowie Preisobergrenzen für Passivprodukte auf Teilkostenbasis ermittelt sowie erwartete Ergebnisbeiträge berechnet werden.

> Zur Feststellung der Preisuntergrenze für ein konkretes Kundengeschäft kann eine Kundenberaterin von den Daten der Vorkalkulation ausgehen. Ergänzend kann sie die Nachkalkulation vergangener Perioden heranziehen, um aus Daten bisheriger Geschäfte mit dem Kunden und ihren eigenen intuitiven Zukunftserwartungen abzuleiten, ob dessen Ertragspotenzial eine Sonderkondition rechtfertigt.

> Erwartete Ergebnisbeiträge können in der Nachkalkulation einem periodenweisen Soll-Ist-Vergleich unterzogen werden.

> Im Betriebsbereich können Differenzen zwischen den Ergebnissen von Vor- und Nachkalkulation (also zwischen Plan- und Istkosten) Hinweise auf Unwirtschaftlichkeiten geben.

> Die Frage, ob der Zahlungsverkehr defizitär ist, verlangt eine Nachkalkulation auf Vollkostenbasis für eine hinreichend lange und repräsentative Periode bzw. eine Vorkalkulation unter Einbeziehung zu erwartender Änderungen.

Diese Beispiele beziehen sich teils auf Einzelgeschäfte, teils auf Gruppen von Einzelgeschäften. Exakt können wir ein Gesamtergebnis als Summe von Einzelgeschäftsergebnissen nur berechnen, wenn jedes einzelne Geschäft unabhängig von allen anderen kalkuliert werden kann. Durch Verbundeffekte im Absatz, Kopplungen im Aufsichtsrecht sowie Korrelationen zwischen diversen Risiken (vgl. Abschnitte F4.2 und F4.2.2) ist diese Voraussetzung jedoch verletzt. Eine anschauliche Darstellung, wie getrennt kalkulierte Einzelgeschäfte nach unterschiedlichen Kriterien zusammenzufassen sind, ist der Ergebniswürfel von SCHIERENBECK (2003), S. 388:

- *Profitcenterkalkulation*: Welche Ergebnisbeiträge haben die einzelnen Vertriebseinheiten erzielt?
- *Kundenkalkulation*: Wie profitabel ist ein Kunde bzw. eine Kundengruppe?
- *Produktkalkulation*: Wie profitabel ist ein Produkt bzw. eine Produktgruppe?

Die Antworten können bei einer Vielzahl von Entscheidungen herangezogen werden (vgl. Kapitel L5). Das Thema Preiszugeständnisse und Sonderkonditionen für einzelne Kunden ist oben schon angesprochen worden. Aber auch wenn es um Fragen wie die Modifikation der Produktpalette, um die Bemessung und Verteilung von Erfolgsprämien oder um die Schließung von Filialen geht, sind die gewonnenen Zahlen hilfreich.

Aufgrund der unterschiedlichen Zielsetzungen werden im internen Rechnungs-wesen andere Ergebnisse ermittelt als im externen Rechnungswesen. In der Bank-praxis werden daher oftmals sog. *„Brückenrechnungen"* als Nachweis verlangt, dass und wie sich die kalkulatorischen Ergebnisse im externen Rechenwerk wie-derfinden lassen. Aus theoretischer Sicht ist als allgemeines Resultat das erwei-terte *Lücke-Theorem* relevant:

> Falls das externe Rechnungswesen bestimmte, relativ harmlose Anforderungen erfüllt, ist der Barwert eines Zahlungsstroms gleich dem Barwert der – um die Verzinsung des gebundenen Kapitals mit den impliziten Terminzinssätzen reduzierten – Periodenerfolge (vgl. MARUSEV und PFINGSTEN (1993)).

Vor diesem Hintergrund sind Brückenrechnungen überflüssig. Allerdings kommt dem externen Rechnungswesen aufgrund seiner Rolle zur Reduzierung von Informationsasymmetrien einige Bedeutung zu. Daher sind auch die GuV-Wirkungen der Entscheidungen zu betrachten, selbst wenn aus einer engeren ökonomischen Perspektive nur die Cash Flow-basierten Barwerte relevant sind.

L1.4 Deckungsbeitragsrechnung als Basismethode

Für unsere entscheidungsorientierte Bankkalkulation drängt sich als grundle-gende Bewertungsmethodik die *Deckungsbeitragsrechnung* mit relativen Einzel-kosten auf (vgl. etwa RIEBEL (1994)).[1] Ihre Struktur lässt sich für ein Einzelge-schäft in folgendem Schema darstellen:

Den *Konditionsbeitrag*, ggf. unter Einbeziehung von Eigenkapitalkosten, er-mitteln wir mit Hilfe der *Marktzinsmethode* in Kapitel L2. In Kapitel L3 be-handeln wir diverse Ansätze zur Ermittlung von *Risikokosten*. Das *Provisions-ergebnis* sowie die Berechnung von *Betriebskosten* mit der *Standardeinzelkosten-rechnung* sind Gegenstand von Kapitel L4. In Kapitel L5 werden wir dann noch einiges zur Aggregation von Einzelergebnissen sagen. Dabei demonstrieren wir u. a., wie mit Kosten umzugehen ist, die erst auf höheren Ebenen als Einzelko-sten zurechenbar sind.

---

[1] Gelegentlich missbrauchen wir bei unseren Ausführungen in durchaus üblicher Weise (vgl. RIEBEL (1993), S. 363f.) die Terminologie: Wir werden Rechnungen von der Art der Tabelle L1-1 als Deckungsbeitragsrechnungen bezeichnen, selbst wenn die Zahlen in den Zeilen nicht nur Einzelkosten darstellen und insofern Entscheidungsrelevanz auf kurze Sicht streng genommen nicht gegeben ist.

Tab. L1-1: Deckungsbeitragsschema für ein Einzelgeschäft

	Zinserlöse
−	Zinskosten
=	Konditionsbeitrag
−	Risikokosten
=	Deckungsbeitrag 1 (Wertbereich)
+/−	Direkt zurechenbare Provisionen
=	Deckungsbeitrag 2 (Wertbereich und Provisionsergebnis)
+/−	Zurechenbare Betriebserlöse und -kosten
=	Deckungsbeitrag 3 (Marktergebnis)

L2 Kalkulation im Wertbereich unter Sicherheit

1. Die Pool- und die Schichtenbilanzmethode vergleichen die Zinssätze von Kundengeschäften mit Zinssätzen der jeweils anderen Bilanzseite und liefern keine entscheidungsrelevanten Informationen über Erfolgsquellen.
2. Die Marktzinsmethode beruht auf der Annahme eines vollkommenen Geld- und Kapitalmarktes (GKM). Sie trennt den Erfolg aus der im Vergleich zum GKM besseren Kondition im Kundengeschäft (Konditionsbeitrag) von dem Erfolg aus Fristentransformation (Strukturbeitrag).
3. In der Vorkalkulation ist der Strukturbeitrag keine eigenständige Ergebnisquelle, sondern er zeigt lediglich intertemporale Ergebnisverschiebungen.
4. Anwendungsprobleme für die Marktzinsmethode ergeben sich aus diversen Marktunvollkommenheiten, z. B. Geld-Brief-Spannen und aufsichtsrechtlichen Restriktionen, sowie aus der Bewertung zinsvariabler Geschäfte.
5. In einem erweiterten Marktzinsmodell können auch Engpässe aus aufsichtsrechtlichen Restriktionen in der Bewertung berücksichtigt werden.

L2.1 Zinsertragsbilanz, Zinsüberschuss und Zinsspanne

Nach wie vor ist das Zinsgeschäft, welches intern im Wertbereich kalkuliert wird, der tragende Teil des Bankgeschäftes. Der Anteil des Zinsüberschusses an den gesamten Überschüssen aus dem operativen Geschäft der deutschen Banken stieg (ausgehend von 72,9% im Jahr 2007) primär aufgrund eines deutlichen Rückgangs der gesamten operativen Erträge auf 84,6% im Jahr 2008 (vgl. DEUTSCHE BUNDESBANK (2008b), S. 15ff. und DEUTSCHE BUNDESBANK (2009h), S. 37ff.). Im Rahmen der Berichterstattung über das Zinsgeschäft wurden bis Anfang der neunziger Jahre des letzten Jahrhunderts zusätzlich zu den Bilanzen sowie den Gewinn- und Verlustrechnungen (GuV) sogenannte *Zinsertragsbilanzen* bei der Bundesbank eingereicht. Insofern sind (noch) viele Banker gewohnt, in den Zahlen dieser Auswertung zu denken. Die darin für jede Bilanzposition bzw. jedes Produkt vorzunehmenden Eintragungen seien beispielhaft für ein Hypothekendarlehen dargestellt (vgl. Tabelle L2-1).

Tab. L2-1: Auszug aus einer Zinsertragsbilanz

Produkt	Volumen (in T-€)	Anteil an der Bilanzsumme	Zinssatz	Zinsertrag (in T-€)
...	...	...	...	...
Hypothekendarlehen	60.000	30,00%	9,00%	5.400
...	...	...	...	...

Während in der GuV jährliche Zinsüberschüsse ex post ausgewiesen werden, sind in der Zinsertragsbilanz die Zinssätze und Volumina stichtagsbezogen, nach Ursprungslaufzeiten gegliedert sowie kundengruppen- und produktorientiert zusammengestellt. Mit den Daten kann ein hypothetischer jährlicher Zinsüberschuss stichtagsbezogen als Differenz der Zinserträge und -aufwendungen berechnet werden. Die *Bruttozinsspanne* (BZS) – auch Zinsspanne, Zinsmarge oder kurz Marge genannt – ergibt sich als Verhältnis von Zinsüberschuss zu Bilanzsumme.

Bei den beiden Kennzahlen Zinsüberschuss und Zinsspanne handelt es sich um deskriptive Kennzahlen, die überdies Durchschnittscharakter aufweisen. Sie bieten keine Hinweise, welche zusätzlichen Geschäfte unter dem Managementziel einer Ergebnisverbesserung positiv zu bewerten sind. Nehmen wir z. B. an, der Zinsüberschuss und die Zinsspanne von Bank A seien niedriger als die von Bank B, weil die Kreditzinssätze bei Bank A geringer sind. Dann kann das ganz unterschiedliche Ursachen haben:

- Die Laufzeiten bei A sind (bei normaler Zinsstruktur) im Durchschnitt kürzer.
- Die Kredite kommen aus unterschiedlichen Zinsphasen und weisen trotz gleicher durchschnittlicher Ursprungslaufzeiten unterschiedliche Restlaufzeiten auf.
- Bei A gibt es höhere Bonitätsanforderungen, so dass auch nur geringere Risikoaufschläge durchsetzbar sind.
- Teile des Preises sind nicht erkennbar, weil A Bearbeitungsgebühren anstelle höherer Zinssätze kassiert.
- Die Mitarbeiter von A sind weniger verhandlungsstark.

Direkte Verhaltensempfehlungen sind ohne tiefergehende Analysen folglich nicht abzuleiten.

L2.2 Traditionelle Verfahren

Zur Identifikation von Erfolgsquellen wurden daher traditionell die Ergebnisbeiträge von Einzelgeschäften mit der Poolmethode oder der Schichtenbilanzmethode kalkuliert (vgl. zur Darstellung SCHIERENBECK (2003), S. 57ff.).

Die *Poolmethode* funktioniert wie folgt (vgl. Abbildung L2.1): Die Marge eines Aktivgeschäftes ist die Differenz aus dem Zinssatz dieses Geschäftes und dem durchschnittlichen Passivzinssatz; die Marge eines Passivgeschäftes ist die Differenz aus durchschnittlichem Aktivzinssatz und dem Zinssatz des Einzelgeschäftes. Beide Margen werden ggf. noch um die Hälfte der BZS gekürzt, um diese nicht sowohl auf der Aktiv- als auch auf der Passivseite als Erfolgsbeitrag auf die entsprechenden Positionen zu verrechnen.

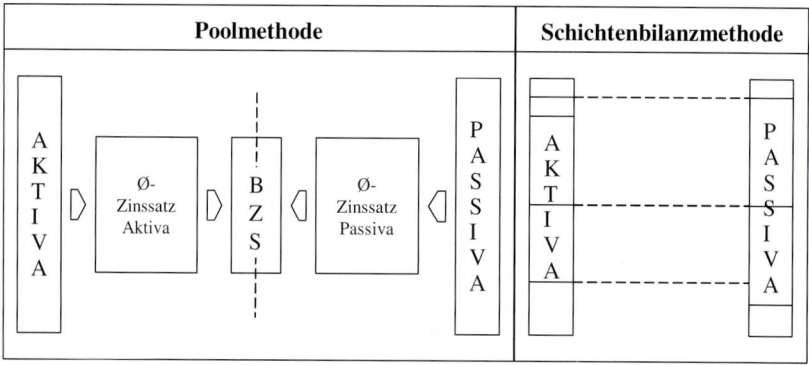

Abb. L2.1: Ideen der Pool- und Schichtenbilanzmethode

Bei der *Schichtenbilanzmethode* werden die Positionen der Aktiv- und Passivseite jeweils bestimmten Aktiv- und Passivkategorien zugewiesen. Eine solche Schichtung kann z. B. nach Liquidität, Rentabilität oder gesetzlichen Vorschriften vorgenommen werden. Anschließend erfolgt eine gegenseitige Zuordnung dieser Aktiv- und Passivkategorien. Zur rentabilitätsmäßigen Beurteilung eines Einzelgeschäftes wird dessen Zinssatz mit dem durchschnittlichen Zinssatz der Geschäfte der anderen Bilanzseite in derselben Schicht verglichen. Die so berechneten Margen werden ggf. jeweils um die Hälfte der Zinsspanne der jeweiligen Schicht, der sog. *Teilzinsspanne*, gekürzt.

Vom Vorgehen her – also der Beurteilung eines Geschäftes anhand des Vergleichs mit einem Durchschnittszinssatz der Bilanzgegenseite – ähnelt die Schichtenbilanzmethode der Poolmethode. Beide unterscheiden sich lediglich in der Art der Klassen- und damit der Durchschnittsbildung. Eine kleine Auswahl von Problemen, die mit der Anwendung dieser Methoden verbunden sind:

- Die Refinanzierung eines Neugeschäftes bzw. die Anlage neu zugeflossener Gelder kann in der Regel nicht zu den Konditionen der zur Kalkulation benutzten Bilanzgegenseite bzw. Schicht erfolgen.
- Die Schichten- bzw. Poolstruktur ist im Zeitablauf nicht konstant.
- Ex post herrschen andere Vergleichszinssätze als ex ante.
- Die Durchschnittsverzinsung kann in Zeiten stark volatiler Zinssätze erheblich von den aktuellen Marktzinssätzen abweichen.
- Es werden kalkulatorisch Geschäfte (und ihre Erfolgswirkungen) miteinander verbunden, die ursächlich nichts miteinander zu tun haben.

Offensichtlich wird mit beiden Verfahren gegen unsere Anforderungen an Ergebnisinformationen verstoßen. Zu Beginn der achtziger Jahre des vorigen Jahrhunderts wurde daher das im Folgenden noch näher zu beschreibende *Marktzinsmodell* entwickelt (vgl. zu diesem Themenkomplex FLECHSIG und FLESCH (1982), DROSTE *et al.* (1983), FLESCH *et al.* (1984), FLECHSIG (1985), SCHIERENBECK (1994a)).

L2.3 Finanzierungstheoretische Vorüberlegungen

Ausgangspunkt des Marktzinsmodells ist die gängige Investitionstheorie. Auf vollkommenen Kapitalmärkten bei Sicherheit ist danach der *Kapitalwert* (*Net Present Value*, kurz: *NPV*, C_0) das einzige geeignete Entscheidungskriterium (vgl. WILHELM (1983)). Die entsprechenden Formeln haben wir bereits in Kapitel E2 präsentiert.

Dort haben wir auch dargestellt, dass bei Vollständigkeit des Kapitalmarktes eine zu bewertende Investition mit einem *äquivalenten Portefeuille* aus Finanztiteln des Geld- und Kapitalmarktes verglichen wird. Bei Arbitragefreiheit kann der Wert der Investition nur dann vom Marktpreis dieses Portefeuilles abweichen, wenn die Investition selbst kein Finanztitel des Geld- und Kapitalmarktes ist. Außerhalb des Geld- und Kapitalmarktes müssen also Unvollkommenheiten existieren, z. B. Zugangsbeschränkungen, die einen abweichenden Wert begründen. Genau diese Segmentierung von Märkten wird im nächsten Abschnitt der Ausgangspunkt der Marktzinsmethode sein:

- Der Interbankenmarkt (*Geld- und Kapitalmarkt*; GKM) wird als vollkommen und vollständig unterstellt.
- Die meisten Bankkunden haben jedoch keinen (direkten) Zugang zum GKM, sondern müssen sich der Hilfe eines Intermediärs bedienen.
- Die Bank kann daher in einem Kundengeschäft, das wegen seiner Größe keinen Einfluss auf die Marktzinssätze hat, eine Prämie für die Ermöglichung des Marktzugangs verdienen. Diese „Marktzugangsprämie" wird als NPV berechnet und in der Terminologie der Marktzinsmethode als *Konditionsbeitragsbarwert* bezeichnet.

Alle Zahlungen von GKM-Papieren seien im Übrigen sicher, d. h. der Geld- und Kapitalmarkt sei ausfallrisikofrei. Für den Zahlungsstrom des zu beurtei-

L2.4 Grundmodell der Marktzinsmethode

lenden Kundengeschäftes gelte das ebenfalls. Die heute als Grundmodell der Marktzinsmethode bezeichnete Version geht zudem davon aus, dass der Wert eines Kundengeschäftes nur von den Zahlungen abhängt.

Die finanzierungstheoretische Konzeption, die der Marktzinsmethode zugrunde liegt, ist schon länger bekannt (vgl. RUDOLPH (1988)). Die spezielle Anpassung für und die Anwendung in Banken sind vor allem von Schierenbeck vorangetrieben worden, der in SCHIERENBECK (2003) und SCHIERENBECK (2009) eine umfassende und wiederum aktualisierte Lehrbuchdarstellung vorlegt. Eine teilweise kritische Diskussion um die Marktzinsmethode für Kreditinstitute wurde z. B. von KRUSCHWITZ und RÖHRS (1994), HARTMANN-WENDELS und GUMM-HEUSSEN (1994), SCHIERENBECK (1994a) sowie GAIDA *et al.* (1997) geführt.

In Abschnitt A3.1.4 haben wir gelernt, dass es auf vollkommenen Kapitalmärkten keinen Grund gibt, warum Banken existieren. Gerade diese Annahme liegt aber der Marktzinsmethode zugrunde. Das muss nicht schlimm sein; denn schließlich wird auch in anderen Bereichen mit idealisierenden Modellen gearbeitet. Wir sollten das Problem allerdings zumindest im Auge behalten. Eine ausführlichere Diskussion der Annahmen der Marktzinsmethode verschieben wir aber vorerst auf Abschnitt L2.4.7.

L2.4 Grundmodell der Marktzinsmethode

L2.4.1 Bewertungsidee

Der Ergebnisbeitrag eines Bankgeschäftes wird auch im Marktzinsmodell im Vergleich zu einer „Messlatte" (Opportunität) ermittelt. Anders als bei der Pool- und der Schichtenbilanzmethode leitet sich diese Messlatte allerdings nicht aus einer alten, nicht entscheidungsrelevanten Bilanz, sondern aus aktuellen, alternativ realisierbaren GKM-Geschäften ab.

Die Marktzinsmethode zerlegt das Zinsergebnis einer Bank in den *Konditionsbeitrag* (vgl. Abschnitt L2.4.2) und in den *Strukturbeitrag* (vgl. Abschnitt L2.4.6). Hierzu wird zwischen die Aktiv- und die Passivseite der Bankbilanz der vollkommene Kapitalmarkt geschoben. Bei flacher Zinsstrukturkurve ist dann

- die *Konditionsmarge* eines Aktivgeschäftes gleich der Differenz zwischen seinem Zinssatz und dem Kapitalmarktzinssatz,
- die *Konditionsmarge* eines Passivgeschäftes gleich der Differenz zwischen dem Kapitalmarktzinssatz und dem Zinssatz des Passivgeschäftes.

Abbildung L2.2 verdeutlicht diese Überlegung:

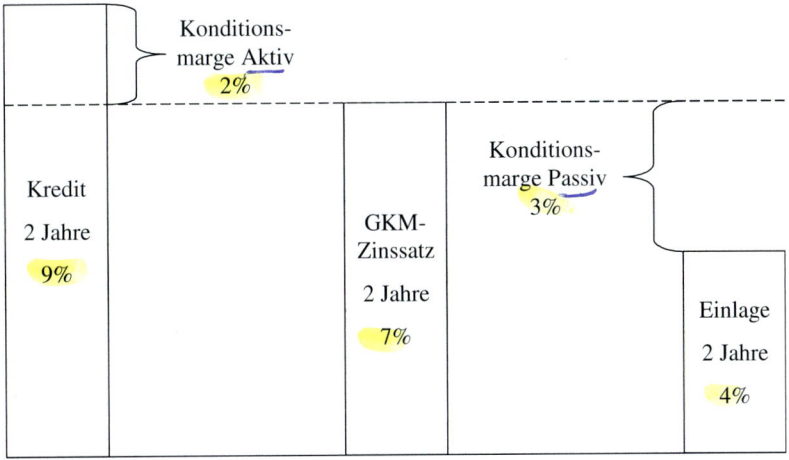

Abb. L2.2: Idee des Konditionsbeitrages

Ist die Zinsstrukturkurve nicht flach, kann sich zwischen Aktiv- und Passivseite eine *Strukturmarge* aus *Fristentransformation* (also aus ungleichen Laufzeiten auf Aktiv- und Passivseite) ergeben. In Abbildung L2.3 ist dies in Form der „bilanzähnlichen" Darstellung aus Abbildung L2.2 dargestellt:

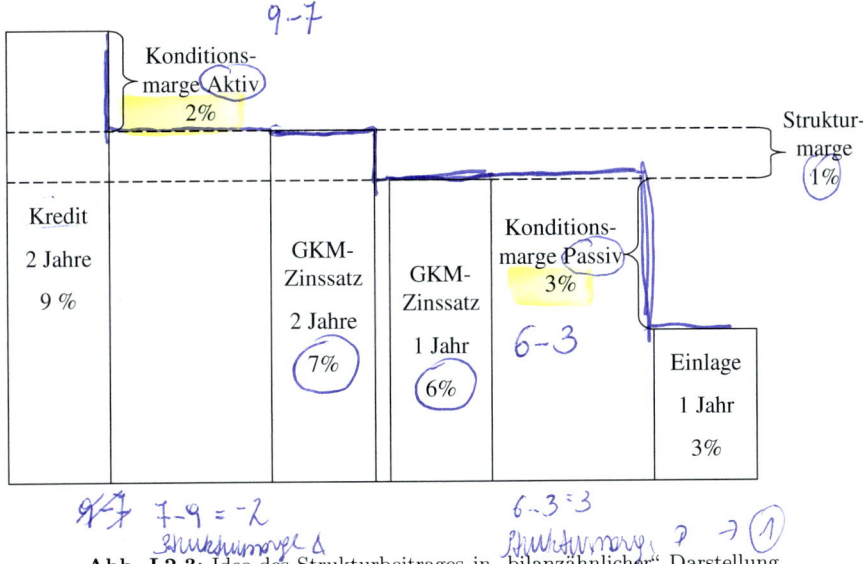

Abb. L2.3: Idee des Strukturbeitrages in „bilanzähnlicher" Darstellung

Abbildung L2.4 verdeutlicht den Sachverhalt anhand einer normalen Zinsstrukturkurve, wie sie bereits aus Kapitel E3 bekannt ist:

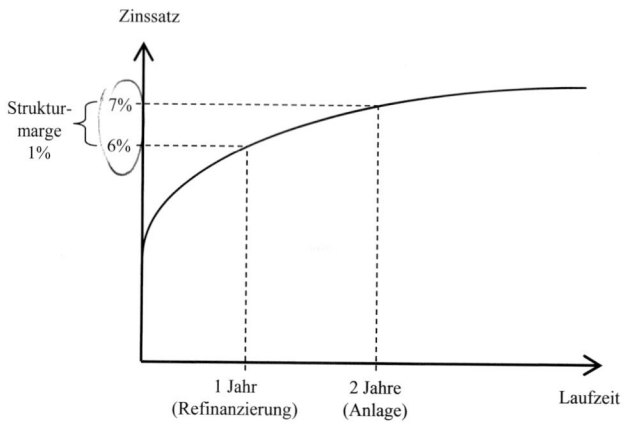

Abb. L2.4: Idee des Strukturbeitrages anhand einer normalen Zinsstrukturkurve

Quelle: In Anlehnung an LEVEY (2008), S. 12.

Die Berücksichtigung einer nicht-flachen Zinsstrukturkurve (vgl. Abschnitt
E3.1) ermöglicht Fristentransformation überhaupt erst und ist der wesentliche
Unterschied zum üblichen Vorgehen in der Investitionstheorie.[2]

L2.4.2 Berechnung des barwertigen Konditionsbeitrages

Zur Verdeutlichung unserer Ausführungen ziehen wir einen Kredit heran (vgl.
Tabelle L2-2). Hier und in der Folge unterstellen wir, dass Auszahlungen zu 100%
erfolgen und Zins- und Tilgungsleistungen immer jährlich nachträglich erbracht
werden.

Tab. L2-2: Beispieldaten

Kredit				GKM-Kuponzinssätze	
Kreditbetrag	Laufzeit	Verzinsung	Tilgung	1 Jahr	2 Jahre
100 GE	2 Jahre	10% p. a.	50% p. a.	6% p. a.	7% p. a.

---

[2] Allerdings wird gelegentlich auch dort mit gekrümmten Zinsstrukturkurven gearbeitet; vgl.
etwa BREUER (2007), S. 191ff.

Aus diesen Daten ergeben sich die Zahlungsreihen des zu bewertenden Kredites und der beiden am Geld- und Kapitalmarkt gehandelten Finanztitel (vgl. Tabelle L2-3).

Tab. L2-3: Zahlungsströme des Kredites und der Finanztitel

	Zeitpunkt		
	t_0	t_1	t_2
Kredit [GE]	-100	60	55
Finanztitel 1 [GE]	-1	1,06	
Finanztitel 2 [GE]	-1	0,07	1,07

Ein *äquivalentes Portefeuille*, d. h. ein Portefeuille mit den gleichen Rückzahlungen in t_1 und t_2, wie sie aus dem Kredit resultieren, ergibt sich als Lösung des folgenden linearen Gleichungssystems (LGS), in dem x_1 (x_2) die Menge des Finanztitels 1 (2) bezeichnet:[3]

$$1,06 \cdot x_1 + 0,07 \cdot x_2 = 60 \tag{L2-1}$$
$$1,07 \cdot x_2 = 55.$$

Als Lösung des Gleichungssystems erhalten wir das äquivalente Portefeuille:[4] eine einjährige GKM-Anlage in Höhe von $x_1 = 53{,}20931$ GE und eine zweijährige GKM-Anlage von $x_2 = 51{,}40187$ GE. Der *Konditionsbeitragsbarwert* (KB-Barwert) des Kredites ist gleich der Differenz zwischen den Zahlungen aus diesem äquivalenten Portefeuille und dem Kredit zum Zeitpunkt t_0 (vgl. Gleichung (L2-2)).

$$53{,}20931 + 51{,}40187 - 100 = 4{,}61. \tag{L2-2}$$

Wir können auch beide Schritte zusammenfassen. Dazu wird das LGS (L2-1) um eine Gleichung erweitert, die für den Zahlungsausgleich durch die liquiditätswirksame Entnahme des KB-Barwertes, C_0, in t_0 steht:

$$\begin{aligned} C_0 - \quad x_1 - \quad\quad x_2 &= -100 \\ 1,06 \cdot x_1 + 0,07 \cdot x_2 &= \quad 60 \\ 1,07 \cdot x_2 &= \quad 55. \end{aligned} \tag{L2-3}$$

Insgesamt müsste die Bank, um gleiche Rückzahlungen wie vom Kunden zu erhalten, am GKM einen um 4,61 GE ($= C_0$) höheren Betrag anlegen, als sie dem Kunden auszahlt. Eine andere Erläuterung für C_0: Wegen der Gleichheit der

---

[3] Die Rückzahlungsströme der beiden Finanztitel sind linear unabhängig, der Geld- und Kapitalmarkt erfüllt damit die Spanningeigenschaft.

[4] Anlagen am GKM weisen ein positives, Aufnahmen am GKM ein negatives Vorzeichen auf.

Anlage- und Refinanzierungszinssätze kann die Bank zu den genannten GKM-Konditionen 104,61 GE so aufnehmen, dass die dafür erforderlichen Rückzahlungen jeweils genau den Rückzahlungen des Kunden entsprechen. Da sie ihm aber nur 100 GE auszahlen muss, bleiben 4,61 GE übrig, die von der Bank sofort liquiditätswirksam entnommen werden können.

L2.4.3 Alternative Berechnungsmöglichkeiten des KB-Barwertes

Formal entspricht das Grundmodell der Marktzinsmethode dem Vorgehen der auf ARROW (1964) und DEBREU (1959) basierenden *State-Preference-Theory*.[5] Im einfachsten Fall kann dort in einem einzigen zukünftigen Zeitpunkt einer von mehreren möglichen Zuständen auftreten. Ein *reines Wertpapier* zahlt in genau einem Zustand 1 GE aus, sein Preis in t_0 heißt deshalb *Zustandspreis*. Im Marktzinsmodell gibt es mehrere zukünftige Zeitpunkte, aber in jedem liegt Sicherheit über die Zahlungen vor. Damit ist die Analogie einfach: die Zustände sind die Zeitpunkte, die reinen Wertpapiere sind Zerobonds unterschiedlicher Laufzeit mit Rückzahlungen von je 1 GE, die Zustandspreise sind Abzinsungsfaktoren.

Aus Kapitel E3 wissen wir bereits, dass zur Kuponzinsstruktur von $i_{01}^k = 6\%$ und $i_{02}^k = 7\%$ die Spotzinssätze $i_{01} = 6\%$ und $i_{02} = 7{,}03535\%$, der implizite Terminzinssatz $i_{12} = 8{,}08081\%$ sowie die Abzinsungsfaktoren $AF_{01} = 0{,}9433962$ und $AF_{02} = 0{,}8728619$ gehören. Die letztgenannten Preise ein- und zweijähriger reiner Wertpapiere lassen sich jeweils als Summe von x_1 und x_2 errechnen, wenn als rechte Seiten des Gleichungssystems (L2-1) die Werte 1 und 0 bzw. 0 und 1 eingetragen werden.

Mit den Preisen reiner Wertpapiere, mit den Spotzinssätzen und mit den Terminzinssätzen kann der Kapitalwert aus Gleichung (L2-2) auch auf drei andere Arten berechnet werden:

$$60 \cdot 0{,}9433962 + 55 \cdot 0{,}8728619 - 100 = \frac{60}{1{,}06} + \frac{55}{(1{,}0703535)^2} - 100$$

$$= \frac{60}{1{,}06} + \frac{55}{1{,}06 \cdot 1{,}0808081} - 100 \quad \text{(L2-4)}$$

$$= 4{,}61.$$

Zur späteren Erläuterung von Modifikationen und Erweiterungen ist es sinnvoll, das LGS mit Matrizen darzustellen, wobei wir $\underline{x} = (x_1, x_2)'$ verwenden:

$$\begin{bmatrix} 1 & -1 & -1 \\ 0 & 1{,}06 & 0{,}07 \\ 0 & 0 & 1{,}07 \end{bmatrix} \cdot \begin{bmatrix} C_0 \\ \underline{x} \end{bmatrix} = \begin{bmatrix} -100 \\ 60 \\ 55 \end{bmatrix}. \quad \text{(L2-5)}$$

---

[5] ZIMMERMANN (1998) bietet eine schöne Lehrbuchdarstellung dieser Theorie. Ohne deren Kenntnis sind für Sie einige Passagen in diesem Abschnitt vermutlich schwer zugänglich, die alternativen Berechnungsmöglichkeiten des KB-Barwertes werden Sie dennoch leicht verstehen.

Dieses LGS lässt sich mit Algorithmen lösen, die auf der Gauß-Elimination beruhen. Bei großen Koeffizientenmatrizen rechentechnisch aufwändiger, aber für unsere Beispiele durch Sie mit Standardfunktionen aus Tabellenkalkulationsprogrammen relativ leicht selbst realisierbar, ist eine andere Methode. Sie invertieren die linke Matrix und führen mit dieser Inversen eine Linksmultiplikation des LGS durch. Es ergibt sich:

$$\begin{bmatrix} C_0 \\ \underline{x} \end{bmatrix} = \begin{bmatrix} 1 & 0,9433962 & 0,8728619 \\ 0 & 0,9433962 & -0,0617175 \\ 0 & 0 & 0,9345794 \end{bmatrix} \cdot \begin{bmatrix} -100 \\ 60 \\ 55 \end{bmatrix}. \qquad \text{(L2-6)}$$

Betrachten Sie die inverse Matrix etwas genauer, so sollten Ihnen in der ersten Zeile die bereits bekannten Abzinsungsfaktoren auffallen. Die Ermittlung des KB-Barwertes kann damit, wie in Gleichung (L2-4), einfach durch Multiplikation der Zahlungen mit diesen Abzinsungsfaktoren erfolgen. Da die Inverse nur von den GKM-Zinssätzen, nicht aber von den Daten des Kundengeschäftes abhängt, genügt eine einmalige Berechnung der Abzinsungsfaktoren, solange die GKM-Zinssätze sich nicht ändern.

Die Berücksichtigung eines Disagios wäre im vorgestellten Beispiel problemlos möglich. Wird unterstellt, dass das Disagio zu keiner Veränderung der sonstigen Kreditzahlungen führt, erhöht sich der KB-Barwert genau um das Disagio. Geht mit dem Disagio eine Veränderung der sonstigen Zahlungen einher, muss zur Berechnung des KB-Barwertes das zur Duplizierung gebildete Portefeuille von GKM-Geschäften dem veränderten Zahlungsstrom des Kredites angepasst werden.

Wir haben die Matrixdarstellung nur an Beispieldaten gezeigt, aus denen Ihnen die Methodik hoffentlich deutlich wird. Wer mehr dazu wissen möchte, kann bei GAIDA *et al.* (1997) nachlesen.

L2.4.4 Periodischer Konditionsbeitrag

Für die Entnahme des Konditionsbeitrages existieren neben der barwertigen Entnahme im Zeitpunkt t_0 viele weitere Möglichkeiten. Besonders beliebt sind in der Praxis Darstellungen in Form von Margen, weil diese schon aus den traditionellen Verfahren bekannt sind und als sehr anschaulich empfunden werden. Mit Hilfe der impliziten Terminzinssätze (vgl. Kapitel E3) kann der Konditionsbeitrag beliebig auf der Zeitachse verschoben werden. Von den verschiedenen Verrentungskonzeptionen (Entnahmen während der Laufzeit) wird im folgenden die sogenannte *effektive Konditionsmarge* vorgestellt.[6] Mit ihrer Hilfe wird der Konditionsbeitragsbarwert proportional zum jeweils effektiv gebundenen Kapital des Kundengeschäftes auf die einzelnen Laufzeitperioden verteilt.

Zur Berechnung muss zunächst der *Effektivzinssatz* als interner Zinsfuß des Zahlungsstroms ermittelt werden. Das anfängliche *Effektivkapital* ist gleich der Anfangsauszahlung. Die folgenden effektiven Kapitalien ergeben sich jeweils

---

[6] Alternativen zeigen MARUSEV (1990), MARUSEV und KOTISSEK (1991) und SKARUPPE (1993).

durch Aufzinsung mit dem Effektivzinssatz und Abzug der erhaltenen bzw. Addition weiterer geleisteter Zahlungen.

Die Folge der effektiven Kapitalsalden (also das gebundene Kapital) der einzelnen Perioden wird als *Kapitalbasis* bezeichnet. Die *Verrentungsbasis* ist die Summe der Barwerte der Kapitalbasis (vgl. Tabelle L2-4). Da bei dem hier betrachteten Kredit die Nominalverzinsung mit der Effektivverzinsung (nach PAngV)[7] übereinstimmt, entsprechen die effektiven Kapitalien den Nominalsalden.

Tab. L2-4: Berechnung der Verrentungsbasis

	Zeitpunkt		
	t_0	t_1	t_2
(1) Kapitalbasis [GE]		100	50
(2) Abzinsungsfaktoren		0,9433962	0,8728619
(3) Barwerte [GE] = (1) · (2)		94,34	43,64
(4) Verrentungsbasis [GE] = $\sum$(3)	137,98		

Die *effektive Konditionsmarge* errechnet sich als Quotient von Konditionsbeitragsbarwert und Verrentungsbasis: $4,61/137,98 = 3,34\%$. Sie ist in jeder Periode gleich hoch. Wird die Konditionsmarge mit den undiskontierten Kapitalsalden der einzelnen Perioden multipliziert, erhält man die *periodischen Konditionsbeiträge* bzw. *KB-Renten*. Die Verbarwertung der jährlichen Renten führt wiederum zum KB-Barwert C_0 (vgl. Tabelle L2-5).

Tab. L2-5: Verrentung des Konditionsbeitrages

	Zeitpunkt		
	t_0	t_1	t_2
(1) Kapitalbasis [GE]		100	50
(2) Konditionsmarge		0,0334	0,0334
(3) Rente [GE] = (1) · (2)		3,34	1,67
(4) Abzinsungsfaktoren		0,9433962	0,8728619
(5) Barwerte [GE] = (3) · (4)		3,15	1,46
(6) KB-Barwert [GE] = $\sum$(5)	4,61		

Die formale Berechnung der effektiven Konditionsmarge m kann auch in der folgenden Weise erfolgen: In die erste Spalte der Koeffizientenmatrix von Glei-

---

[7] Für eine Darstellung der Effektivzinsregelungen nach PAngV siehe SCHIERENBECK (2003), S. 131ff.

chung (L2-5) wird in der ersten Zeile eine 0 und darunter die Kapitalbasis einge-
tragen. Anstelle von C_0 ergibt sich $m = 3{,}34\%$ als erstes Element der Lösung des
LGS. Die jetzt berechneten GKM-Geschäfte $\underline{x}' = (50{,}16; 49{,}84)$ haben folgende
Eigenschaften:

- Die GKM-Geschäfte führen in der Summe zur gleichen Auszahlung in t_0 wie
  das Kundengeschäft.
- Die Rückzahlungen des Kunden übersteigen die Rückflüsse der GKM-Geschäfte um die jeweiligen periodischen Konditionsbeiträge (3,34 GE bzw. 1,67
  GE).

Ein Disagio würde wegen der veränderten Kapitalbasis nicht nur die Marge,
sondern – anders als bei der Entnahme des KB-Barwertes – ebenso die abzuschließenden GKM-Geschäfte verändern.

Mit KB-Barwert und Konditionsmarge haben wir zwei Kennzahlen für den In-
vestitionserfolg. Beide haben das gleiche Vorzeichen. Ist es in der Vorkalkulation
positiv, so sollte das kalkulierte Geschäft abgeschlossen werden. Zu korrigieren
ist ggf. noch um Risiko- und Bearbeitungskosten (vgl. hierzu die Kapitel L3 und
L4).

Im Sinne der Marktwertmaximierung sollte bei sich ausschließenden Alternativen, wenn z. B. einem Kunden genau einer von zwei unterschiedlichen Kreditverträgen verkauft werden könnte, das Geschäft mit dem höheren Barwert
gewählt werden. Eine andere Entscheidung kann sich bei Beachtung unsicherer
Folgegeschäfte ergeben (vgl. Abschnitt L3.5).

L2.4.5 Zinsüberschuss bei alternativen Refinanzierungen

Interessant ist die Frage, welcher Zusammenhang zwischen den periodischen
Konditionsbeiträgen und den ebenfalls periodischen GuV-Wirkungen (hier: dem
Zinsüberschuss) besteht. Nehmen wir einmal an, das kalkulierte Kundengeschäft
würde sofort bei Abschluss zahlungsstrukturkongruent am Geld- und Kapitalmarkt refinanziert. Wie diese Refinanzierung konkret aussieht und welcher Zinsaufwand dafür anfällt, ist abhängig davon, wie der Konditionsbeitrag entnommen
wird. Bei Entnahme des *KB-Barwertes* gilt, dass die Summe der Zinsüberschüsse gleich diesem KB-Barwert ist (vgl. PFINGSTEN und THOM (1995)). Mit den
Daten unseres Beispiels (vgl. Tabelle L2-6 sowie Abschnitt L2.4.2):

Bei Verrentung des Barwertes wird dieser später entnommen und führt zu
weiteren Zinserträgen, so dass der Zinsüberschuss hier insgesamt höher ist als
bei barwertiger Entnahme. Bei Periodisierung des Konditionsbeitrages gemäß
effektiver Konditionsmarge setzt sich die zahlungsstrukturkongruente Refinanzierung aus $x_1 = 50{,}16$ GE und $x_2 = 49{,}84$ GE zusammen (s. o.). Es ergeben
sich die in Tabelle L2-7 dargestellten Zinsüberschüsse in den einzelnen Perioden.

Der oben angesprochene Zusammenhang zwischen Konditionsbeitrag und
Zinsüberschuss lässt sich vor dem Hintergrund dieses Beispiels wie folgt verallgemeinern: Die Summe der entnommenen Konditionsbeiträge (vgl. Tabelle L2-5)

Tab. L2-6: Zinsüberschuss bei Barwertentnahme

| | Zeitpunkt | | Summe |
	t_1	t_2	
(1) Zinsertrag Kredit [GE]	10	5	15
(2) Zinsaufwand für x_1 = 53,21 [GE]	3,19	–	3,19
(3) Zinsaufwand für x_2 = 51,40 [GE]	3,60	3,60	7,20
(4) Zinsüberschuss [GE] = (1)−(2)−(3)	3,21	1,40	4,61

Tab. L2-7: Zinsüberschuss bei Entnahme gemäß effektiver Konditionsmarge

| | Zeitpunkt | | Summe |
	t_1	t_2	
(1) Zinsertrag Kredit [GE]	10	5	15
(2) Zinsaufwand für x_1 = 50,16 [GE]	3,01	–	3,01
(3) Zinsaufwand für x_2 = 49,84 [GE]	3,49	3,49	6,98
(4) Zinsüberschuss [GE] = (1)−(2)−(3)	3,50	1,51	5,01

entspricht bei zahlungsstrukturkongruenter Refinanzierung der Summe der Zinsüberschüsse ($3,34 + 1,67 = 3,50 + 1,51 = 5,01$ GE).

Neben der Verrentung gemäß effektiver Konditionsmarge gibt es eine Reihe weiterer barwertneutraler Entnahmemöglichkeiten. Der Konditionsbeitrag könnte beispielsweise auch in Höhe der Zinsüberschüsse am Ende der jeweiligen Laufzeitperioden entnommen werden. In unserem Beispiel entspricht dieses der kapitalstrukturkongruenten Refinanzierung, da die Refinanzierung allein auf das dem Kreditnehmer überlassene Kapital abgestellt wird. Mit der Kapitalstrukturkongruenz wird somit ein Übergang auf die weit verbreitete periodische Betrachtungsweise geschaffen, bei der die Anlage bzw. Finanzierung zwischenzeitlicher Zinszahlungen nicht berücksichtigt wird. Bei *kapitalstrukturkongruenter Refinanzierung* des Kredites aus unserem Beispiel müssen in t_0 100 GE und in t_1 aufgrund der Tilgung nur noch 50 GE refinanziert werden.

Da der Barwert der ausgeschütteten Zinsüberschüsse (= KB-Renten) dem KB-Barwert entspricht (vgl. Tabelle L2-8), stellt diese Entnahmemöglichkeit tatsächlich nur eine weitere Verrentungskonzeption dar.

L2.4.6 Fristentransformation und Strukturbeitrag

Die in den Tabellen L2-6 bis L2-8 ermittelten Zinsüberschüsse sind durch die in t_0 abgeschlossenen Geschäfte eindeutig determiniert. Die jeweiligen Entnahmen des Konditionsbeitrages sind demgemäß ebenfalls nicht risikobehaftet. Insofern sind die einzelnen Refinanzierungsvarianten fristenkongruent und passen

Tab. L2-8: Zinsüberschuss bei kapitalstrukturkongruenter Refinanzierung

	Zeitpunkt		
	t_0	t_1	t_2
(1) Zinsertrag Kredit [GE]		10	5
(2) Zinsaufwand für $x_1 = 50$ [GE]		3	–
(3) Zinsaufwand für $x_2 = 50$ [GE]		3,50	3,50
(4) Zinsüberschuss [GE] $= (1)-(2)-(3)$		3,50	1,50
(5) Abzinsungsfaktoren		0,9433962	0,8728619
(6) Barwerte [GE] $= (4) \cdot (5)$		3,30	1,31
(7) Barwert des Zinsüberschusses [GE] $= \sum (6)$	4,61		

zu einer bestimmten Entnahmevorstellung. Bereits in Abschnitt J2.2 haben wir darauf hingewiesen, dass Banken bei normaler Zinsstruktur durch die revolvierende kurzfristige Refinanzierung langfristiger Ausleihungen anfänglich Zusatzgewinne erzielen können. In der Kalkulation interessiert uns nun, welcher Teil des Zinsüberschusses durch die Konditionengestaltung und welcher Teil durch Spekulation auf eine günstige Zinsentwicklung verdient wird.

Wir unterstellen in der Folge eine revolvierende Refinanzierung mit einjährigen GKM-Mitteln und als Vergleichsmaßstab eine Entnahme des Konditionsbeitrages in Höhe des Zinsüberschusses bei kapitalstrukturkongruenter Refinanzierung (vgl. Tabellen L2-8 und L2-9).

Tab. L2-9: Erfolgswirkung der Fristentransformation in t_1

	t_1
(1) Zinsertrag Kredit [GE]	10
(2) Zinsaufwand für $x_1 = 100$ [GE]	6
(3) Zinsüberschuss [GE] $= (1)-(2)$	4
(4) Zinsüberschuss bei Fristenkongruenz [GE]	3,50
(5) Strukturbeitrag [GE] $= (3)-(4)$	0,50
(6) Barwert des Strukturbeitrages [GE] $= 0,9433962 \cdot (5)$	0,47

Der Zinsüberschuss ist hier um 0,50 GE höher als der Zinsüberschuss bei fristenkongruenter Refinanzierung bzw. als die KB-Rente. Diese Differenz entspricht dem Strukturbeitrag in t_1. Der Zinsüberschuss wird zum Ende der ersten Periode vereinnahmt und ausgeschüttet. Aufgrund der Tilgung müssen in der zweiten Periode nur noch 50 GE refinanziert werden. Die Höhe des Strukturbeitrages für diese Periode hängt von den Konditionen der Refinanzierung ab, d. h. vom Zinssatz der neu aufzunehmenden Passivmittel. Zum Zweck der Kalkulation im Zeitpunkt t_0 sind für t_1 zwei mögliche Fälle zu unterscheiden:

1. Der Refinanzierungssatz entspricht genau dem impliziten Terminzinssatz, der sich aus der Zinsstruktur zum Zeitpunkt t_0 errechnet.
2. Die Kosten der Refinanzierung weichen vom impliziten Terminzinssatz ab.

Die folgende Tabelle L2-10 stellt die beiden Fälle einander gegenüber, wobei der implizite Terminzinssatz (8,08%) aus Abschnitt E3.2 bekannt ist und für den zweiten Fall $i_{12} = 7{,}50\%$ exemplarisch angenommen wird. Aus den Zahlen erkennen wir unter Beachtung des Strukturbeitrages aus t_1 die folgenden verallgemeinerungsfähigen Ergebnisse:

Tab. L2-10: Erfolgswirkung der Fristentransformation in t_2

	Fall 1 ($i_{12} = 8{,}08\%$)	Fall 2 ($i_{12} = 7{,}50\%$)
(1) Zinsertrag Kredit [GE]	5	5
(2) Zinsaufwand Refinanzierung [GE] $= 50 \cdot i_{12}$	4,04	3,75
(3) Zinsüberschuss [GE] = (1)−(2)	0,96	1,25
(4) Zinsüberschuss bei Fristenkongruenz [GE]	1,50	1,50
(5) Strukturbeitrag [GE] = (3)−(4)	-0,54	-0,25
(6) Barwert von (5) [GE] $= 0{,}8728619 \cdot (5)$	-0,47	-0,22

1. Bei Eintreten des impliziten Terminzinssatzes ergibt sich durch die Fristentransformation zwar eine Gewinnverschiebung zwischen den Perioden, aber keine barwertige Ergebniswirkung.
2. Bei Eintreten eines anderen Zinssatzes ist der Barwert des Strukturbeitrages ungleich null (im Beispiel: $0{,}47 - 0{,}22 = 0{,}25$ GE).
3. Ein negativer Strukturbeitrag in einer Periode zeigt keineswegs zwingend eine verfehlte Spekulation an, sondern kann das Ergebnis barwertneutralen Gewinntransfers oder sogar barwertig lohnender Fristentransformation sein.
4. Der implizite Terminzinssatz dient als Benchmark für Fristentransformationsentscheidungen. Bei Risikoneutralität oder sicheren Erwartungen gilt bspw. für zweiperiodige Kredite:

> Liegt der im Zeitpunkt t_0 für die zweite Periode erwartete Refinanzierungssatz unter (über) dem impliziten Terminzinssatz, so ergibt sich vor dem Hintergrund dieser Erwartung ein positiver (negativer) Barwert der Fristentransformation in der Vorkalkulation. In diesem Fall ist eine revolvierende Finanzierung unter Ertragsgesichtspunkten positiv (negativ) zu bewerten.

Zu fragen ist, ob ein Abweichen von den impliziten Terminzinssätzen in der Vorkalkulation modellkonsistent ist. Bei Sicherheit über die Zinsentwicklung ist dies auf jeden Fall zu verneinen, da die zukünftigen Spotzinssätze aufgrund der Arbitragefreiheit den impliziten Terminzinssätzen entsprechen müssen.

Für den Fall der unsicheren Zinsentwicklung kann auf die Ergebnisse zur Beurteilung von Einzelinvestitionen zurückgegriffen werden, die HARTMANN-WENDELS und GUMM-HEUSSEN (1994) vorstellen. Dort wird nachgewiesen, dass auch in diesem Fall aufgrund von Arbitrageüberlegungen allein die impliziten Terminzinssätze bewertungsrelevant sind. Dies gilt unabhängig davon, ob sie sich in der Nachkalkulation als zutreffend erweisen. Ein Abweichen von den impliziten Terminzinssätzen bei der Vorkalkulation des Fristentransformationsbeitrages ist folglich unter der Annahme der Vollständigkeit auch bei Unsicherheit über die Zinsentwicklung modellinkonsistent.

Zudem sind die arbitragefreien Forward Rates die einzigen Terminzinssätze, die sich allein mit Hilfe der zum Zeitpunkt t_0 möglichen GKM-Geschäfte realisieren lassen (vgl. Abschnitt E3.2). Da sie aus den Spot- bzw. den Kuponzinssätzen abgeleitet werden, sind sie bei der Berechnung des Konditionsbeitrages implizit ohnehin bereits fester Bestandteil des Marktzinsmodells. Eine Kalkulation offener Positionen mit anderen Zinssätzen als den arbitragefreien Forward Rates würde daher zu Inkonsistenzen im gesamten Marktzinsmodell führen; denn die Berechnung des Konditionsbeitrages würde dann auf anderen Grundlagen basieren als die Kalkulation des Strukturbeitrages und damit gleichzeitig das grundsätzliche Vorgehen zur Berechnung des Konditionsbeitrages infrage stellen (vgl. HERING (2008), S. 269ff.).

Mit Nachdruck ist darauf hinzuweisen, dass bei Gültigkeit der Prämissen des Marktzinsmodells der aus Fristeninkongruenzen entstehende Ergebnisbeitrag keinerlei Relevanz für die Vorteilhaftigkeit einer einzelnen Investition bzw. eines abzuschließenden Bankgeschäftes besitzt. Denn wie bereits in Abschnitt L2.3 erläutert, gilt auf dem zugrunde gelegten GKM die *Fisher-Separation*, d.h. Investitions- und Finanzierungsentscheidungen können unabhängig voneinander getroffen werden.

L2.4.7 Theoretische und praktische Anwendungsprobleme

Das Marktzinsmodell basiert auf der Annahme eines vollkommenen und vollständigen Geld- und Kapitalmarktes. Will ein Kreditinstitut das Marktzinsmodell zur Bewertung seiner Geschäfte einsetzen, so muss es dazu als erstes den heranzuziehenden *Geld- und Kapitalmarkt* konkret festlegen. Bei Betrachtung der Prämissen des Marktzinsmodells erkennt man, dass hierzu nur ein *liquider* Markt geeignet ist, zu dem die Bank transaktionskostenfreien Zugang mit hinreichend großen und kleinen Volumina hat. Je nach Art und Größe des Kreditinstitutes können dieses z.B. Emissionsmärkte für Pfandbriefe oder öffentliche Anleihen sein, die internationalen Finanzplätze oder auch, vor allem für Sparkassen und Kreditgenossenschaften, die zugehörigen Zentralinstitute. Selbstverständlich ist dabei zu berücksichtigen, dass die Finanztitel risikofrei sein müssen und außer den Zahlungsanwartschaften keine anderen Ansprüche (z.B. Kündigungsrechte von Schuldnern) in die Bewertung einfließen dürfen.

Die Restriktivität der einzelnen Annahmen ist von unterschiedlicher Relevanz für die praktische Umsetzung. So können beispielsweise manche *Transaktionskosten* recht leicht in die Zahlungsströme einbezogen werden. Prämien für bestimmte Formen der *Einlagenversicherung* sind ein Beispiel hierfür. Volumenbeschränkungen existieren zwar, dürften aber meist von geringer Bedeutung sein, solange Kreditinstitute Kundengeschäfte in einem normalen Umfang betreiben. Wird als Geld- und Kapitalmarkt ein Interbankenmarkt herangezogen, so ist die angenommene Risikofreiheit konsistent mit dem Glauben an die Wirksamkeit der Bankenaufsicht, passt allerdings nicht ganz genau zu den zu beobachtenden Differenzen in den Ratings der Kreditinstitute.

Die empirische Ermittlung der Zinsstruktur haben wir in Kapitel E3 bereits behandelt. Aus der Praxis ist ergänzend noch angemerkt worden, dass ggf. nicht die Zinssätze für Kuponanleihen, sondern die Sätze der *Swapmärkte* in Betracht kommen. Auf vollkommenen Märkten führt das nicht zu unterschiedlichen Bewertungen. Auf unvollkommenen Märkten hingegen kann die Wahl des Referenzmarktes die Bewertungszinssätze beeinflussen. Jedoch scheinen, in Einklang mit der Theorie, eher keine nennenswerten *systematischen* Marktdifferenzen zu existieren. Mit der Ausnutzung *kurzfristiger* Preisdifferenzen zwischen Swap-, Anleihe- und anderen Märkten kann das zentrale Treasury Dispositionserträge erwirtschaften. Eine Diskussion dieser Thematik finden Sie bei BENKE *et al.* (1995) sowie GAIDA (1996).

Je nach zugrunde gelegtem Geld- und Kapitalmarkt – und damit auch abhängig vom betrachteten Institut – ist die Annahme gleicher Soll- und Habenzinssätze mehr oder weniger realitätsnah. In der Praxis ist vor allem für Sparkassen und Genossenschaftsbanken oft eine *Geld-Brief-Spanne* zu beobachten, die 10 bis 20 Basispunkte ausmachen kann. Sie mag Ihnen gering erscheinen, liegt aber u. U. oberhalb der Margen etwa im Kommunalkreditgeschäft.

Ist die Annahme verletzt, so liegt ein gespaltener Kapitalmarkt vor, der sog. *Hirshleifer-Fall* (vgl. z. B. SCHMIDT und TERBERGER (1997), S. 114ff., oder BREUER (2007), S. 293ff.). Das Marktzinsmodell ist in seiner Grundform nicht anwendbar; denn die Finanzierungs- und Investitionsentscheidungen sind nicht trennbar. Es wäre um eine explizite Zielfunktion zu ergänzen, die insbesondere Informationen über die Zeitpräferenz der Eigentümer beinhalten müsste. Da sich Modelle der simultanen Planung von Konsum und Investition letztlich als unfruchtbar erwiesen haben, liegt nahe, nach weniger komplexen, handhabbaren und halbwegs vertretbaren Alternativen zu suchen.

Grundsätzlich können das äquivalente Portefeuille und der KB-Barwert mit einem linearen Programm (LP) berechnet werden. Bei gespaltenen GKM-Zinssätzen ergeben sich aber unterschiedliche Ergebnisse für die beiden folgenden Varianten:

- Duplizierung: Vergleich eines Kredites mit einer GKM-Anlage.
- Kompensation: Refinanzierung eines Kredites am GKM.

Die erste Variante entspricht dem *Opportunitätsprinzip*, die zweite dem *Gegenseitenprinzip*. Alternativ wird von BANKEN (1987), S. 195ff., eine *Engpassorientierung* vorgeschlagen: Für Aktiv- und Passivgeschäfte werden einheitlich die

GKM-Zinssätze derjenigen Bilanzseite verwendet, auf der es weniger Kundengeschäft gibt. Eine Bank mit hohem Einlage- und geringem Kreditvolumen würde somit den meist niedrigeren GKM-Anlagezinssatz wählen und so einen Ausgleich des Volumens der aktivischen und passivischen Kundengeschäfte tendenziell erleichtern. Eine kritische Diskussion der unterschiedlichen Ansätze finden Sie bei SCHIERENBECK (2003), S. 220ff., WIMMER (1994), WIMMER (2006), S. 104ff. und HOFMANN (2009), S. 98ff.

Die Bewertung mit dem Marktzinsmodell setzt – wie die Kapitalwertmethode mit zeitkonstantem Kalkulationszinssatz – determinierte Zahlungsströme voraus. Die Vorgehensweise ist damit zunächst nur auf *Festzinsgeschäfte* anwendbar. Alle Bankgeschäfte mit Zins- und Kapitalanpassungsmöglichkeiten, z. B. die üblichen Spar- und Kontokorrentkonten und damit vor allem für Sparkassen und Kreditgenossenschaften große Teile der Bilanz, können daher mit der Methode scheinbar nicht bewertet werden. Allerdings ist zu beachten, dass auch die genannten variablen Geschäfte für bestimmte Zeiträume – zum Teil nur für einen Tag – Festzinsgeschäfte sind. Damit kann für eine Bewertung davon ausgegangen werden, dass der kürzestmögliche rechtlich zulässige Verfügungszeitraum zutrifft.

Aus der Praxis ist diese Annahme als realitätsfern kritisiert worden. Argumentiert wird, dass z. B. bei Sparbüchern längere durchschnittliche Verweildauern bekannt seien. Wir haben diesen Gedanken, der beim Management und bei der Regulierung von *Liquiditätsrisiken* als *Bodensatztheorie* eine Rolle spielt (siehe dazu Teil H), schon beim Einlagengeschäft kennen gelernt (vgl. Teil D). Diese Verweildauern sind zumindest theoretisch spekulativ und können in der Praxis derzeit meist nicht durch Gegengeschäfte am Geld- und Kapitalmarkt abgesichert werden. Im Rahmen einer Bewertung unter Sicherheit sollte stattdessen konsequent jede Abweichung vom ursprünglich angesetzten Zahlungsstrom als Anschlussgeschäft berechnet werden, so wie wir das in Abschnitt L3.3 vorführen werden. Das erfordert prinzipiell eine tägliche Berechnung, die bei der heutigen EDV-Situation allerdings machbar sein dürfte.

Bei einer normalen Zinsstruktur bekommen Einlagengeschäfte auf Basis ihrer formellen Laufzeit in der Regel geringere (und überdies schwankende) Margen zugerechnet als bei Verwendung der üblichen Verweildauern. Daher wurde aus der Praxis die Entwicklung von Methoden angestoßen, die diese Effekte nicht auslösen. Eine Diskussion der unterschiedlichen Konzepte zur Behandlung zins- und kapitalvariabler Geschäfte finden Sie z. B. bei FLESCH *et al.* (1987), BENKE *et al.* (1991), ROLFES und SCHIERENBECK (1992), ROLFES (1994), GOEBEL *et al.* (1999), S. 190ff., ROLFES und BANNERT (2001), SIÈVI und WEGNER (2005) und FRAUENDORFER und SCHUERLE (2006). (vgl. auch unsere Ausführungen im Rahmen der Zinsrisikosteuerung in Abschnitt J2.4):[8]

- *Zinsanpassungselastizitäten* drücken die Reagibilität von Produktzinssätzen im Vergleich zu GKM-Zinssätzen aus. Zinsvariable Geschäfte sollen durch einen Mix von Geschäften unterschiedlicher Laufzeit so dupliziert werden,

---

[8] Im Beitrag von ROLFES (2001) wird das von ihm befürwortete Elastizitätskonzept relativ ausführlich, die Methode der gleitenden Durchschnitte aber nur recht knapp (und ohne Verweis auf die einschlägige Basisliteratur von GOEBEL *et al.* (1999)) dargestellt.

dass bei Gültigkeit der unterstellten *Zinsanpassung* eine konstante Marge resultiert.

- Die *Methode gleitender Durchschnitte* arbeitet ebenfalls mit einer Zerlegung in Tranchen unterschiedlicher Laufzeit und dem Ziel einer konstanten Marge. Hier wird allerdings, statt Elastizitäten zu betrachten, von *revolvierenden Wiederanlagen* in den jeweiligen Laufzeiten ausgegangen, so dass sich z. B. bei monatlicher Betrachtung die fünfjährigen Mittel aus 60 fünfjährigen GKM-Papieren zusammensetzen, deren Zinssätze die Zinssätze die 5-Jahres-GKM-Zinssätze der letzten 60 Monate sind.

Uns überzeugt u. a. die verbreitete Forderung nach Margenkonstanz nicht: Warum müssten wir denn noch Bankkalkulation im Wertbereich betreiben, wenn z. B. ohnehin klar wäre, dass die Margen im wichtigen Spargeschäft konstant sind? Gleichwohl ist einzuräumen, dass mit der Methode gleitender Durchschnitte ein praktikables Verfahren zur Verfügung steht, mit dem eine vergleichsweise gute (und offenbar häufig dem Elastizitätskonzept überlegene) Approximation der tatsächlichen Produktzinssätze als Summen gemittelter Kapitalmarktzinssätze und konstanter Margen möglich ist. Zu beachten ist, dass die Mischungsverhältnisse der einzelnen Laufzeiten im Anwendungsfall nicht nur produktabhängig, sondern vor allem auch institutsabhängig gewählt werden sollten; denn in ihnen stecken implizit Annahmen bzw. Informationen zur Geschäftspolitik und zur Wettbewerbssituation.

Über die Beurteilung der einzelnen Ansätze ist das letzte Wort noch nicht gesprochen. Für weitere Fortschritte bedarf es u. E. einer theoretisch basierten Methode, die explizit die *Unsicherheit* über zukünftige Folgegeschäfte berücksichtigt. Im Übrigen ist die Annahme sicherer Zahlungsströme auch bei vielen Festzinsgeschäften nicht erfüllt. Wir werden auf diesen Aspekt in Kapitel L3 zurückkommen.

Leicht sind im Marktzinsmodell gewisse institutionelle (z. B. rechtliche) Rahmenbedingungen zu berücksichtigen. So ist die Einbeziehung einer unverzinslichen Mindestreserve in unsere LGS-Version trivial, da lediglich der Mittelzufluss und der Mittelabfluss jeweils um die Mindestreserve verringert werden müssen:

Wir betrachten eine dreimonatige Termineinlage in Höhe von 10.000 €, die mit 3% p. a. verzinst wird und deren Zinsen monatlich zu zahlen sind. Bei einer Mindestreserveverpflichtung von z. B. 2%, die zum Zinssatz des Hauptrefinanzierungsinstruments des ESZB (hier: 2,5%) verzinst wird (BORCHERT (2003), S. 272ff.), sind die Zahlungen in diesem und in den folgenden Monaten nicht (10.000; -25; -25; -10.025), sondern (9.800; -24,58; -24,58; -9.824,58). Der neue Zahlungsstrom spiegelt wider, dass die 200 €, die als verzinsliche Mindestreserve unterhalten werden müssen, nicht für andere Aktivgeschäfte verwendet werden können.

Steuern sind noch nicht in das Marktzinsmodell integriert worden. Erste Schritte in diese Richtung liegen aber vor (vgl. ALTROCK und PFINGSTEN (1996)).

L2.5 Erweitertes Marktzinsmodell

L2.5.1 Motivation der Betrachtungen

Die umfassende Regulierung von Kreditinstituten haben wir bereits in Teil G intensiv behandelt. Dass aufsichtsrechtliche Restriktionen für eine Bank zu einem begrenzenden Faktor (Engpass) werden können, darf daher nicht überraschen. Die im Grundmodell unzureichende Berücksichtigung der Regulierung ist von Bankpraktikern und im Schrifttum vor allem von DJEBBAR (1990) heftig kritisiert worden. Das erweiterte Marktzinsmodell gibt Antworten darauf.

Wir haben in Abschnitt L2.4.2 einen Kredit mit GKM-Anlagen dupliziert. In Tabelle L2-11 sind die Ergebnisse aus dem Grundmodell bei Barwertentnahme noch einmal wiedergegeben. Ergänzt werden sie im rechten Teil um Angaben zur erforderlichen Eigenmittelunterlegung für den Kredit und die Opportunität nach dem Kreditrisikostandardansatz (KSA) der Solvabilitätsverordnung (SolvV) (im Folgenden kurz auch als „KSA-Belastung" oder „KSA-Wirkung" bezeichnet). Er verlangt, dass Risikoaktiva mit 8% Eigenmitteln zu unterlegen sind, wobei Kundenkredite zu 100%, Interbankengeschäfte am GKM aber nur zu 20% anzurechnen sind. Die Ermittlung der erforderlichen Eigenmittelunterlegung erfolge (zur Vereinfachung) nur einmal jährlich:

Tab. L2-11: Ergebnisse des Grundmodells bei Eigenkapital-Engpässen

Geschäft	Cash Flow [GE]			KSA-Belastung	
	t_0	t_1	t_2	1. Periode	2. Periode
Kredit	-100,00	60,00	55,00	-100,00	-50,00
2-jährige GKM-Anlage = 51,40 GE	-51,40	3,60	55,00	-10,28	-10,28
1-jährige GKM-Anlage = 53,21 GE	-53,21	56,40		-10,64	
Summe „Opportunität"	-104,61	60,00	55,00	-20,92	-10,28
Differenz	4,61	0,00	0,00	-79,08	-39,72

Die letzte Zeile der Tabelle zeigt Ihnen, dass der Kredit eine erheblich höhere KSA-Belastung bewirkt als die Opportunität. Von Gleichwertigkeit kann also keine Rede sein. Es gilt:

- Der Zahlungsstrom bildet die Wirkungen eines Kredites nicht vollständig ab.
- Zusätzlich sind die Auswirkungen des Kredites auf die Eigenmittelunterlegung in die Duplizierung respektive in die Bestimmung des Marktwertes mit einzubeziehen.

Im folgenden Abschnitt soll an einem Beispiel eine intuitiv anschauliche Vorgehensweise vorgestellt werden, mit der eine Bepreisung von Zahlungsströmen unter Einbeziehung zusätzlicher Engpässe möglich ist. Dieses sog. *erweiterte Marktzinsmodell* wird von GAIDA *et al.* (1997) allgemein dargestellt und u. a. von GÜRTLER und HEITHECKER (2006) näher untersucht. Es ist finanzierungstheoretisch nicht unproblematisch; denn die Bewertungsmethodik vollkommener Märkte wird auf Märkten verwendet, die mit den aufsichtsrechtlichen Vorgaben explizit als unvollkommen modelliert werden. Ob das erweiterte Marktzinsmodell eine gute Heuristik ist, bleibt noch zu prüfen. Einige theoretische und praktische Anwendungsprobleme besprechen wir in Abschnitt L2.5.3.

L2.5.2 Beispielrechnung zum erweiterten Marktzinsmodell

Wir wollen nun nicht nur die Rückzahlungen, sondern auch die Grundsatzbelastungen des Kredites duplizieren. Wir gehen davon aus, dass zusätzlich zu den GKM-Geschäften Geschäfte mit Kunden 1. Bonität zur Duplizierung zur Verfügung stehen. Sie werden zu 100% im KSA angerechnet und annahmegemäß mit einem für alle Laufzeiten gleichen Zinsaufschlag von 0,25%-Punkten gehandelt. Weiter gehen wir zur Vereinfachung von symmetrischen Regelungen hinsichtlich der Engpassbelastungen aus, so dass z. B. Refinanzierungen den Eigenmittelbedarf verringern.[9]

Ausgangspunkt ist das LGS (L2-5). Die Forderung nach Duplizierung der KSA-Wirkungen fügen wir in Form zweier Nebenbedingungen (Zeilen) hinzu. Außerdem ergänzen wir zwei Handlungsmöglichkeiten (Spalten), nämlich die in t_0 abgeschlossenen einjährigen und zweijährigen Geschäfte mit Kunden 1. Bonität. Bezeichnen wir diese mit k_1 und k_2, so ergibt sich folgendes LGS:

$$
\begin{aligned}
C_0 - \quad x_1 - \quad\quad x_2 - \quad\quad\quad k_1 - \quad\quad\quad\quad k_2 &= -100 \\
+ 1,06 \cdot x_1 + 0,07 \cdot x_2 + 1,0625 \cdot k_1 + 0,0725 \cdot k_2 &= \quad 60 \\
+ 1,07 \cdot x_2 \quad\quad\quad\quad + 1,0725 \cdot k_2 &= \quad 55 \\
- \quad 0,2 \cdot x_1 - \quad 0,2 \cdot x_2 - \quad\quad\quad k_1 - \quad\quad\quad\quad k_2 &= -100 \\
- \quad 0,2 \cdot x_2 \quad\quad\quad\quad\quad - \quad\quad\quad\quad k_2 &= -50.
\end{aligned}
\tag{L2-7}
$$

Die vier Finanztitel erfüllen für den Kredit die Eigenschaft des *Spanning*. Wir können daher das LGS eindeutig lösen und erhalten

$$
C_0 = 4{,}27, \quad x_1 = 3{,}73, \quad x_2 = 1{,}61, \quad k_1 = 49{,}25, \quad k_2 = 49{,}68.
$$

Der KB-Barwert beträgt bei Berücksichtigung der KSA-Belastung 4,27 GE. Er ist wiederum der *Net Present Value*, C_0, der sich als Preisdifferenz zwischen dem Kredit und dem äquivalenten Portefeuille ergibt. Dieses äquivalente Portefeuille besteht aus ein- bzw. zweijährigen Anlagen am GKM in Höhe von 3,73 bzw. 1,61 GE sowie aus ein- bzw. zweijährigen Krediten an Kunden 1. Bonität in Höhe von 49,25 bzw. 49,68 GE. Es führt, bis auf Rundungsdifferenzen, im erwei-

---

[9] Das ist u. a. dann richtig, wenn eine „Refinanzierung" dadurch erfolgt, dass auf eine sonst durchzuführende GKM-Anlage verzichtet wird.

terten Marktzinsmodell sowohl zu den gleichen Cash Flows in den Zeitpunkten $t_n > t_0$ als auch in allen Perioden zu den gleichen KSA-Belastungen wie der Kredit (vgl. Tabelle L2-12).

Tab. L2-12: Duplizierung des Cash Flows und der KSA-Wirkungen

Geschäft	Cash Flow [GE]			KSA-Belastung	
	t_0	t_1	t_2	1. Periode	2. Periode
Kredit	-100,00	60,00	55,00	-100,00	-50,00
2-jährige GKM-Anlage = 1,61 GE	-1,61	0,11	1,72	-0,32	-0,32
2-jährige Kundenkredite 1. Bonität = 49,68 GE	-49,68	3,60	53,28	-49,68	-49,68
1-jährige GKM-Anlage = 3,73 GE	-3,73	3,95		-0,75	
1-jährige Kundenkredite 1. Bonität = 49,25 GE	-49,25	52,33		-49,25	
Summe „Opportunität"	-104,27	59,99	55,00	-100,00	-50,00
Differenz	4,27	0,01	0,00	0,00	0,00

Natürlich kann auch das LGS (L2-7) in eine Matrixdarstellung ähnlich Gleichung (L2-5) übersetzt werden. Die Lösung erfolgt mittels der Inversen (vgl. Gleichung (L2-6)). Aus ihr sind dann u. a. abzulesen:

- *Engpassneutrale* Abzinsungsfaktoren (0,9439528 und 0,8738873): Zu diesen Preisen können Zahlungen ohne Liquiditäts- und KSA-Wirkungen auf der Zeitachse verschoben werden. Die Faktoren unterscheiden sich von denen im Grundmodell, in dem die KSA-Wirkung der GKM-Titel nicht beachtet wurde.
- Barwertige Preise für Freiräume hinsichtlich der KSA-Belastung (0,0029499 und 0,0027309): Sie geben den Betrag an, der für die Schaffung einer Einheit Freiraum in den entsprechenden zukünftigen Zeitpunkten heute zu zahlen wäre.
- Ferner geben die einzelnen Spalten der Inversen an, wie derart bewertete Engpassfreiräume geschaffen werden können.

Mehr Details hierzu finden Sie in den Arbeiten von MARUSEV (1990), MARUSEV und KOTISSEK (1991), MARUSEV und PFINGSTEN (1992), SCHIERENBECK *et al.* (1992) sowie GAIDA *et al.* (1997).

Auch im erweiterten Modell kann der KB-Barwert einfach durch Multiplikation der relevanten Wirkungen des Kundengeschäftes mit ihren auf Marktbasis ermittelten Preisen berechnet werden. Zwischen dem Konditionsbeitragsbarwert im Grundmodell (4,61 GE) und dem im erweiterten Marktzinsmodell (4,27 GE) besteht eine Differenz von 0,34 GE. Diese Differenz, in der sich die Berücksichtigung von Engpässen in der Kalkulation ausdrückt, wird Malus bzw. bei anderem Vorzeichen Bonus genannt (zur genauen Interpretation vgl. VOGELSANG (1998)).

L2.5.3 Überlegungen zur Bewertungsmethodik

Damit die Duplizierung zu eindeutigen Preisen führt, muss der Geld- und Kapitalmarkt auch bei Einbeziehung der Auswirkungen auf die Eigenmittelunterlegung die Eigenschaft der Vollständigkeit bzw. zumindest des Spanning besitzen. Zwei Fälle sind zu unterscheiden:

1. Es sind genügend Finanztitel in jeweils ausreichendem Umfang vorhanden, um das äquivalente Portefeuille tatsächlich zu konstruieren. In diesem Fall stellt das Marktzinsmodell richtige Ergebnisinformationen zur Verfügung.
2. Kann davon ausgegangen werden, dass die Volumina dieser Finanztitel nicht zu einem konstanten Preis in ausreichendem Maße vorhanden sind, müssen die Kapazitätsrestriktionen in einem Totalmodell berücksichtigt werden. Eine solche Situation bildet das Marktzinsmodell nicht zutreffend ab, so dass es höchstens eine eben noch akzeptable Approximation der Realität sein kann.

Die im Beispiel gewählten Kundengeschäfte 1. Bonität erfüllen in der Realität nicht die Bedingung, dass beliebige Volumina zu einem konstanten Preis abgeschlossen werden können. Einige weitere konzeptionelle Probleme bei der Anwendung des erweiterten Marktzinsmodells wollen wir kurz nennen. Lösungsansätze und Interpretationsmöglichkeiten werden bei GAIDA et al. (1997) diskutiert:

- Asymmetrien in den Auswirkungen auf die Eigenmittelunterlegung: Die KSA-Wirkungen beim Kauf eines Pfandbriefes (Belastung) sind z. B. nicht gleich den umgekehrten Wirkungen bei der Emission eines Pfandbriefes (keine Entlastung) durch ein Kreditinstitut.
- Marktteilnehmer ohne Eigenmittelanforderungen: Prominente „Unfälle" von Hedge-Fonds (wie bspw. „Long Term Capital Management" in den USA im Jahre 1998, vgl. LOWENSTEIN (2002)) und anderen Nichtbanken (wie bspw. der „Metallgesellschaft" in Deutschland im Jahre 1993, vgl. KNIPP (1999)) zeigen, dass Eigenhandel in Derivaten eines von den Geschäften ist, die auch von Akteuren durchgeführt werden, die dem KWG und der Bankenaufsicht nicht unterliegen. KSA-Wirkungen haben für solche Marktteilnehmer Opportunitätskosten von null. Für sie wäre ein Markt, auf dem Prämien für die Auswirkungen auf die Eigenmittelunterlegung in den Preisen enthalten sind, nicht arbitragefrei.

Eine wichtige Frage ist, ob die KSA-Belastungen für die Kalkulation eines Kreditinstitutes überhaupt relevant sind, d. h. ob bzw. wann sie Einfluss auf die Vorteilhaftigkeit des Kundengeschäftes haben. Folgende Überlegung ist hilfreich:

> Vergleichen Sie die Bank für den Moment einmal mit einem produzierenden Unternehmen und die KSA-Belastung mit dem Zeitbedarf, den der zu kalkulierende Kundenauftrag an einer Maschine hat. Dann wissen Sie, wie die Maschinenkosten bei der Ermittlung der Preisuntergrenze zu berücksichtigen sind (vgl. COENENBERG (2007), S. 330ff.): Stellt die Maschinenkapazität keinen Engpass dar, sind nur die Grenzkosten des Auftrages anzusetzen, andernfalls sind zusätzlich die Opportunitätskosten der Maschinennutzung zu addieren.

In der Bankkalkulation sind Zahlungsmittel immer bewertungsrelevant, da sie in jedem Fall zinsbringend am GKM angelegt werden könnten. Ansonsten sind für die Einzelgeschäftsbewertung lediglich weitere Engpässe einzubeziehen. Ob nun eine Vorschrift wie die Eigenmittelunterlegung für eine Bank einen solchen Engpasscharakter hat, ist nur dann aus den aktuellen Daten abzulesen, wenn die rechtlich vorgegebenen Obergrenzen erreicht sind. In allen anderen Fällen bedarf es einer expliziten Entscheidung (üblicherweise des Vorstandes), ob für den „Verbrauch" verbliebener Freiräume ein Preis verlangt werden soll. Mit anderen Worten, es ist eine ausdrückliche Deklaration von Engpässen erforderlich.[10]

Im Übrigen ist umstritten, ob überhaupt individuelle Restriktionen in der Bewertung berücksichtigt werden dürfen (vgl. die Beiträge von GRÜNDL (1995) und GAIDA *et al.* (1997)). Womöglich helfen sie nur bei der Entscheidung über den Weiterverkauf eines Kundengeschäftes:

> Ein Kunde kommt zu Kreditinstitut A und interessiert sich für einen Kredit, der einen engpassneutralen KB-Barwert von 4,27 GE hat. Am Markt gebe es Institut B, das keinen Eigenkapitalengpass hat (oder ohne ihn rechnet) und für das der Wert des Kredites 4,61 GE beträgt. Dann könnte Bank A im barwertigen Preis bis zu 4,27 GE nachgeben, ohne dass das Geschäft unvorteilhaft wird. Ein Weiterverkauf an B wäre lohnend, da B bis zu 4,61 GE für ein Geschäft bezahlen würde, das aus Sicht von A nur 4,27 GE wert ist. Bei sicherer Möglichkeit des Weiterverkaufes erhöht sich für A der Preisspielraum gegenüber dem Kunden deswegen sogar auf 4,61 GE.

Würden „engpassfreie" Kreditinstitute die anderen Marktteilnehmer unterbieten, so zögen sie zunehmend anrechnungspflichtiges Geschäft an sich. Damit würden ihre Freiräume schrumpfen und schließlich wohl ganz verschwinden. Wegen Informationsasymmetrien und anderer Marktunvollkommenheiten ist dennoch nicht klar, ob sich die Engpassauslastungen der Kreditinstitute angleichen.

L2.6 Kritischer Ausblick

Das Marktzinsmodell ist eine Methode, um entscheidungsrelevante Lenkpreise in die Bankkalkulation und -steuerung zu integrieren. Als Partialmodell erhebt es keinen Optimalitätsanspruch, selbst wenn das gelegentlich suggeriert wird. Mit dem Grundmodell erfolgte eine bewusste Abkehr von Totalmodellen früherer Jahrzehnte (vgl. für viele DEPPE (1961)). Das erweiterte Modell geht einen Mittelweg, der einen Verzicht auf die vollständige Modellierung aller, aber gleichzeitig die Berücksichtigung einiger als besonders wichtig erachteter Rahmenbedingungen beinhaltet (vgl. auch GERKEN (1994), S. 70f. sowie GÜRTLER und HEITHECKER (2006)).

Das Marktzinsmodell unterstellt eine Welt, in der es kaum eine Existenzberechtigung für Banken gibt. Aus dieser Perspektive ist seine Anwendung in Banken unbefriedigend. Als Heuristik scheint es gleichwohl sehr hilfreich zu sein,

---

[10] Empirische Untersuchungen zeigen, dass viele Banken bewusst einen Kapitalpuffer oberhalb des erforderlichen Mindesteigenkapitals halten (vgl. STOLZ und WEDOW (2005)).

zumal wir eine deutlich überlegene Alternative derzeit nicht sehen.

L3 Berücksichtigung von Unsicherheit in der Einzelgeschäftskalkulation

1. Marktpreisrisiken sind für die Kalkulation von Einzelgeschäften irrelevant.
2. Gegen Rechtsrisiken ist oft keine kostenlose Absicherung möglich.
3. Für die Abdeckung von Ausfallrisiken sind Standardrisikokosten für erwartete Verluste und Eigenkapitalkosten für die Abdeckung unerwarteter Verluste anzusetzen.
4. Bei nachträglichen Vertragsänderungen auf Wunsch eines Kunden müssen u. U. Gebühren verlangt werden, um nicht im Nachhinein nur einen geringeren Konditionsbeitrag als geplant zu erzielen.

L3.1 Behandelte Aspekte

Im vorangegangenen Abschnitt haben wir unter Sicherheit der Erwartungen kalkuliert: Erstens haben wir die in der Realität nahezu täglich beobachtbaren Veränderungen von Zinssätzen, Währungskursen etc. nicht wirklich beachtet. Lediglich im Zusammenhang mit dem Strukturbeitrag sind wir kurz auf das Problem eingegangen, dass die zukünftigen Zinssätze unbekannt sind. Wir haben zweitens so getan, als ob alle vereinbarten Zahlungen – eigene und fremde – tatsächlich termin- und betragsgerecht geleistet werden. Das ist im wirklichen Leben ebenfalls anders; denn sowohl einseitige, unzulässige Abweichungen (Stichworte: *Moral Hazard*, Konkurse) als auch gemeinsame Vereinbarungen über veränderte Zahlungsmodalitäten (*Nachverhandlungen*) kennen wir. Drittens sollte Ihnen einfallen, dass manche Kredit- und Einlagengeschäfte (z. B. variabel verzinsliche Kredite und die üblichen *Spareinlagen*) gar keine vorab bis zum Ende ihrer Laufzeit festgelegten Zahlungsströme aufweisen. Schließlich haben wir keine *Prognosen* erstellt, welche Verträge die Bank zukünftig abschließen kann.

Mit diesen Hinweisen wissen Sie ungefähr, worum es in diesem Abschnitt geht. Wir werden auf folgende Aspekte in unterschiedlicher Intensität eingehen:

1. Ausfallrisiken: Ausfall vereinbarter Rückzahlungen im Kreditgeschäft,
2. nachträgliche Vertragsänderungen: Vereinbarung geänderter Konditionen,
3. Embedded Options: Bedeutung und Kalkulation optionaler Vertragselemente,
4. unsichere Folgegeschäfte: Prognose von Prolongationen und Neugeschäft.

Marktpreisrisiken, z. B. aus Veränderungen der Zinssätze und Währungsparitäten, behandeln wir nicht (vgl. Teil J). Auf vollkommenen Kapitalmärkten können sie zum Preis von null verkauft werden, wie wir im Zusammenhang mit den impliziten Terminzinssätzen und dem Barwert des Strukturbeitrages deutlich gemacht haben (vgl. Kapitel E3 und Abschnitt L2.4.6). Von daher beeinflussen Marktpreisrisiken die Vorteilhaftigkeit von Einzelgeschäften nicht.

Durchweg unterstellen wir Konstanz der rechtlichen Rahmenbedingungen und abstrahieren damit von Risiken aus rechtlichen Änderungen. Anders als gegen Preisrisiken kann sich das Kreditinstitut gegen manche Rechtsrisiken nicht kostenlos absichern. Eine Erhöhung der Eigenkapitalanforderungen z. B. würde möglicherweise die aktuelle Geschäftsstruktur unzulässig machen. Eine vorherige Schaffung von Eigenkapitalreserven ist u. U. recht kostspielig.

L3.2 Ausfallrisiken im Kreditgeschäft

Unter dem Ausfallrisiko ist im Kreditgeschäft die Gefahr zu verstehen, dass der vereinbarte Schuldendienst gar nicht oder nur teilweise erfolgt (vgl. Abschnitt I1.1.1). Bei Zahlungsverzögerungen können die zusätzlich erhobenen Zinsen dem Darlehenskonto zugeschlagen werden. Daher stellt eine verspätete Zahlung, falls sie samt Zinsen eingeht, keinen Ausfall dar.

Im Nachhinein ist bekannt, welche Rückzahlungen wann geflossen sind. Die eingetretenen Ausfälle sind folglich relativ leicht zu ermitteln. Im externen Rechnungswesen finden wir diese Ist-Risikokosten im Bewertungsergebnis Kreditgeschäft wieder (vgl. Tabelle M2-12).

Ausfallrisiken sind in ihrer Bedeutung für die Gewinne der Kreditinstitute nicht zu unterschätzen. Dabei muss man nicht einmal an besonders spektakuläre Fälle (wie z. B. Schneider, Enron, Quelle oder Lehman Brothers) denken. Auch die „normalen" Ausfälle allein machen ein erhebliches Volumen aus. Die Abbildung der Entwicklung der Insolvenzzahlen in den letzten Jahren (vgl. Abbildung L3.1) vermittelt eine Vorstellung davon.

Die Existenz von Märkten, auf denen Versicherungen gegen Kreditausfälle ohne Zahlung einer Prämie angeboten werden, ist nicht plausibel. Daher können Ausfallrisiken nicht kostenlos beseitigt werden. Ausfallrisiken entstehen durch ein Kreditgeschäft, dem deshalb beeinflussbare, entscheidungsrelevante *Ausfallrisikokosten* anzulasten sind. Diese Kosten haben u. a. Bedeutung für die Ermittlung von Preisuntergrenzen.

Wie wir bereits in Abschnitt I3.2 gezeigt haben, bestehen die Ausfallrisikokosten aus den zwei in der Literatur nicht immer streng getrennten Komponenten *Risikoaufschlag* (zum Ausgleich des *erwarteten Verlustes*) und *Risikoprämie* (zur Kompensation risikoscheuer Entscheider für die Möglichkeit *unerwarteter Verluste*).

Zur Kalkulation der Standardrisikokosten stehen verschiedene Methoden zur Verfügung, die in Kapitel I3 ausführlich dargestellt wurden. In der Vergangenheit wurden die unerwarteten Verluste bei der Berechnung zumeist ignoriert. Sie können jedoch als Differenz zwischen dem Value at Risk der Verlustverteilung und den erwarteten Verlusten in die Kalkulation integriert werden.

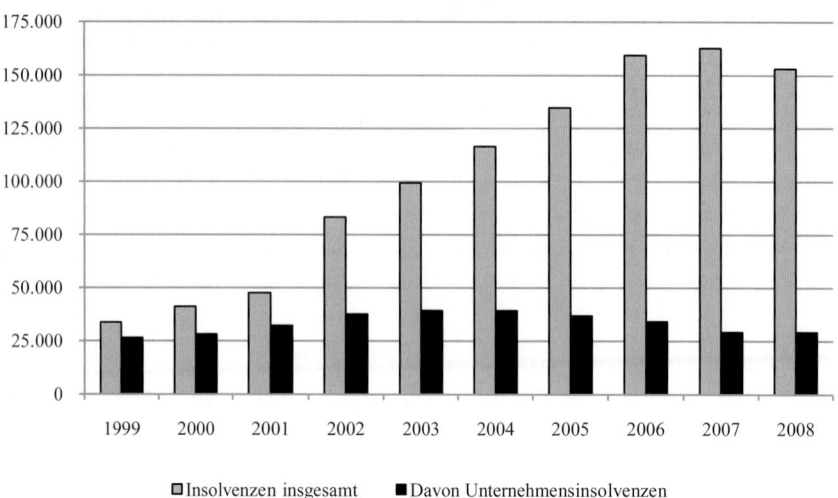

□ Insolvenzen insgesamt   ■ Davon Unternehmensinsolvenzen

Abb. L3.1: Anzahl der Insolvenzen 1999-2008

Quelle: STATISTISCHES BUNDESAMT (2009).

L3.3 Nachträgliche Vertragsänderungen

In Abschnitt L3.2 ging es um die Vorkalkulation von Situationen, in denen der Kreditnehmer vertragswidrig Zahlungen nicht leistet. Manchmal kommen Kunden aber auch während der Vertragslaufzeit, um Änderungen am Vertrag zu vereinbaren, d. h. Nachverhandlungen zu führen (vgl. Kapitel C2):

Firma Baulahm möchte eine Tilgungsstreckung, da einige Großprojekte erst später als erwartet abgerechnet werden können.

Herr Sorgsam will nicht den Auslauf der Zinsbindungsfrist seines Kredites abwarten, sondern sich die heutigen, besonders günstigen Konditionen langfristig sichern.

Frau Neureich hat geerbt und möchte einen Teil ihres Kredites vorzeitig zurückzahlen.

Professor Clever hat den Ruf an eine andere Hochschule angenommen und möchte für den dortigen Hauskauf auch sein Guthaben auf einem Renditesparkonto sofort einsetzen, das eigentlich noch einige Zeit gebunden ist.

Pacta sunt servanda – Verträge sind einzuhalten. Deshalb müsste das Kreditinstitut auf die Änderungswünsche nicht eingehen. Doch um seine Flexibilität und damit einen für Kunden wichtigen Qualitätsaspekt zu zeigen, sollte es Vertragsänderungen nicht grundsätzlich ablehnen. Allerdings kommt es darauf an, deren Ergebniswirkungen zu kennen, um im Einzelfall sachgerecht entscheiden zu können. Dazu wird wie folgt vorgegangen (vgl. MARUSEV und PFINGSTEN (1992), STARK (1996), WIMMER (1999a), WIMMER (1999b)):

1. Die Bank berechnet, wie in Kapitel L2 beschrieben, den *Marktwert*, den das (restliche) Kundengeschäft hätte, falls es unverändert fortgesetzt würde.
2. Ist sie bereit, auf die anteiligen Konditionsbeiträge für den Rest der ursprünglich vereinbarten Laufzeit zu verzichten, so korrigiert sie vorab, z. B. gemäß konstanter effektiver Marge, die zukünftigen Zahlungen um die KB-Renten. Der sich dann ergebende Barwert heißt *Ablösesumme*.

> Die Ablösesumme ist die Anfangsinvestition, falls das Geschäft fortgesetzt wird. Bei Beendigung des Geschäftes wäre sie die betriebswirtschaftlich mindestens zu fordernde (Aktivgeschäfte) bzw. höchstens zu leistende (Passivgeschäfte) Schlusszahlung.

3. Der *KB-Barwert* aus dem veränderten Restgeschäft errechnet sich als Differenz zwischen dem Barwert der neu vereinbarten Zahlungen und der Anfangsinvestition.

Am Beispiel des Kredites aus Abschnitt L2.4 wollen wir das Vorgehen demonstrieren. Der Kunde habe den Wunsch, in t_1 zusätzlich 20 GE zu tilgen. Der Einjahreszinssatz am GKM zum Zeitpunkt t_1 sei 7,5% und damit ungleich dem impliziten Terminzinssatz in Höhe von 8,08%:

1. Der Marktwert des Kundengeschäftes beträgt 55 / 1,075 = 51,16 GE.
2. Die Ablösesumme bei Verzicht auf die KB-Rente in t_2 (vgl. Tabelle L2-5), die Anfangsinvestition, wäre (55 − 1,67) / 1,075 = 49,61 GE.
3. Der gewünschte neue Zahlungsstrom beträgt (20; 33), dessen Barwert 20 + 33 / 1,075 = 50,70 GE und der KB-Barwert aus dem veränderten Restgeschäft somit 50,70 − 49,61 = 1,09 GE.

Aus der unveränderten Fortsetzung des Geschäftes ergibt sich ein Markt-/ Barwert von 51,16 GE, der den Barwert bei Sondertilgung um 51,16 − 50,70 = 0,46 GE übersteigt. Das Resultat bedeutet, dass die Erfüllung des Kundenwunsches zur Verfehlung des ursprünglich angestrebten KB-Barwertes führt. Da der KB-Barwert des veränderten Kundengeschäftes positiv ist, wird aber in der zweiten Periode immerhin noch ein Teil der geplanten KB-Rente erwirtschaftet. Ob auf den Kundenwunsch angesichts dieser Datenlage eingegangen werden sollte, kann nur mit Blick auf die Kundenbeziehung insgesamt und die Wettbewerbssituation entschieden werden. Ggf. könnte versucht werden, vom Kunden die Zahlung einer *Vorfälligkeitsentschädigung* in Höhe von 0,46 GE zu verlangen.[11]

Die dargestellte Methodik kann grundsätzlich auch verwendet werden, um Schadenersatzansprüche bei Zahlungsversäumnissen und in Streitfällen betriebs-

---

[11] In der Tat ist es in Deutschland eine rechtmäßige und gebräuchliche Vorgehensweise von Banken, bei vorzeitiger Kündigung eines Darlehens durch den Kreditnehmer eine Vorfälligkeitsentschädigung zu verlangen (sofern kein gesetzliches oder vertragliches Kündigungsrecht besteht). Sie kann in Einzelfällen bis zu 20% der Restkreditsumme ausmachen. In den USA wird ein solches Aufhebungsentgelt üblicherweise nicht gefordert, in Frankreich ist es auf 3% gesetzlich limitiert. Für eine vergleichende Studie zur Regelung der Vorfälligkeitsentschädigung in verschiedenen europäischen Staaten vgl. TIFFE (2004).

wirtschaftlich zu untermauern. Bei der Frage der Durchsetzbarkeit mit juristischen Mitteln ist allerdings eine Vielzahl einschlägiger Gerichtsurteile über Detailfragen (z. B. die Behandlung von Disagien) zu beachten. So ist z. B. inzwischen klar, dass ein Disagio ein Zinsbestandteil ist, der anteilig zu erstatten ist, wenn der Darlehensnehmer von einem vertraglichen oder gesetzlichen Kündigungsrecht Gebrauch macht (vgl. RÖSLER *et al.* (2003), S. 202ff., sowie WIMMER und WAGNER (2007)).

L3.4 Embedded Options und andere Vertragselemente

Bei einer Vielzahl von Bankprodukten werden dem Kunden Wahlrechte eingeräumt, die dazu führen, dass gar kein oder ein nur teilweise fest vereinbarter Zahlungsstrom existiert. Solche Wahlrechte, die in den Produktdefinitionen eingebettet und damit mehr oder weniger verborgen sind, bezeichnen wir als *Embedded Options* (vgl. z. B. HULL (2009), S. 737-740 und S. 780). Es gibt dafür viele Beispiele:

> Im Kreditgeschäft ist es nicht unüblich, dem Kunden ein *verbindliches Angebot* zu unterbreiten, an das sich die Bank einige Tage gebunden hält. Diese Option ist für den Kunden vorteilhaft, da er bei steigenden Zinsen das Angebot annehmen, bei fallenden Zinsen aber nochmals nachverhandeln kann. Häufig wird vom Kreditinstitut weder für die Option ein Preis verlangt, noch der Optionswert in die Nettomarge eingerechnet. Eine Analyse zur möglichen Bewertung eines solchen Kreditangebots findet sich bei KELLER (2001).

> Kredite mit variabler Verzinsung und Zinsbegrenzungen (Cap, Floor oder Collar) enthalten Optionen, die zu Ausgleichszahlungen führen, falls der vereinbarte Referenzzinssatz diese Grenzen über- oder unterschreitet. Mit derartigen Produkten lassen sich *Zinsänderungsrisiken* beschränken oder erhöhen (vgl. Abschnitt J2.7).

> Die bedingungslose Einräumung der Möglichkeit vorzeitiger Kredittilgungen (*Sondertilgungen*) ist ebenfalls eine Option. Bei manchen Zinsentwicklungen ist es für den Kunden vorteilhaft und für die Bank nachteilig, den Kredit vorzeitig in voller Höhe zurückzuzahlen und direkt anschließend wieder einen Kredit zu nun verbesserten Konditionen aufzunehmen. Im vorigen Abschnitt haben Sie das am Beispiel einer vollständigen Rückzahlung und gleichzeitiger Aufnahme eines neuen Kredites in Höhe von 30 GE in t_1 gesehen. Um dieses Ertragsrisiko auszuschalten, werden inzwischen Sondertilgungen häufig nur gegen Zahlung einer *Vorfälligkeitsentschädigung* angenommen.

> Von *Sparbüchern* mit einer (früher „gesetzlichen") Kündigungsfrist von drei Monaten können pro Kalendermonat bestimmte Beträge (z. B. 2.000 €) ohne Zinsbelastung abgehoben werden. Die Bank hat das Recht, kurzfristig den Zinssatz zu verändern.

> Ausgehend vom klassischen Sparbuch gibt es unter dem Oberbegriff *Sondersparformen* eine Reihe von Passivprodukten, die durch höhere Zinssätze und zusätzliche Optionen gekennzeichnet sind (vgl. auch Teil D). Beispielsweise wächst der Zinssatz mit der Laufzeit, so dass der Kunde die Möglichkeit hat, für eine bereits vorab festgelegte Prämie in Form erhöhter Zinssätze auf die Rückzahlung nach der Mindestlaufzeit zu verzichten.

Oftmals kann der Kunde einen derartigen Sparvertrag nach Erreichen eines festgelegten Höchstzinssatzes, der z. B. an langfristigen Zinssätzen orientiert ist, zu diesem Satz beliebig weiterführen oder täglich bzw. kurzfristig kündigen. Führt er ihn in einer Phase niedriger kurzfristiger Zinssätze weiter, so bedeutet das für die Bank u. U. hohe negative *Konditionsbeiträge*; denn der Zinssatz liegt über den kurzfristigen Sätzen, obwohl die vertragliche Restlaufzeit, d. h. die Laufzeit der Opportunität, sehr kurz ist.

Schließlich basiert ein ganzer Sektor des Finanzdienstleistungsbereichs auf Spar- und Kreditverträgen mit optionalen Elementen: Die *Bausparkassen* zahlen Zinsen für die Einlagen und verkaufen gleichzeitig die Option auf einen i. d. R. zinsgünstigen Festzinskredit zu einem nicht fest determinierten Zeitpunkt.

Gemäß der Arbitragetheorie wird der Wert eines Kundengeschäftes mittels eines äquivalenten Portefeuilles bestimmt. Bestandteil unserer Arbitragedefinition in Kapitel L2 war die Gleichheit nicht nur von Zahlungen, sondern allgemein von Ansprüchen. Also ist klar, dass auch enthaltene Optionen als bedingte Zahlungsansprüche einzubeziehen sind.

Die Bewertung genannter und weiterer Optionen, die von Kreditinstituten teilweise wohl unbewusst, zumindest aber ohne genaue Kenntnis des ökonomischen Wertes eingeräumt werden, kann grundsätzlich auf mehrere Arten erfolgen. Gibt es „passende" Optionen an den Geld- und Kapitalmärkten, so kann mittels der Duplizierung bewertet werden. Meistens ist das nicht der Fall. Dann müssen Optionspreismodelle aufgestellt und gelöst werden (für ein Beispiel vgl. ROLFES und HASSELS (1994)). Dazu bedarf es im Regelfall u. a. der Modellierung von Zinsprozessen – der Rahmen des deterministischen Marktzinsmodells wird einmal mehr verlassen. Erschwerend hinzu kommt die Tatsache, dass die korrekte Abbildung des Optionswertes im internen Rechnungswesen dessen Periodisierung erforderlich macht.

L3.5 Unsichere Folgegeschäfte

Beschließen wollen wir diesen Abschnitt mit ein paar Bemerkungen zu zukünftigen Folgegeschäften, d. h. zu Geschäften, über die es anfänglich gar keine Abmachungen gibt:

Im Kreditgeschäft sind *Prolongationen* ein besonders wichtiger, derartiger Fall. So ist es etwa bei einer Hausfinanzierung nicht ungewöhnlich, zunächst eine fünf- oder zehnjährige Zinsbindung zu vereinbaren. Nach dieser Zeit ist das Darlehen zumeist noch nicht vollständig getilgt, so dass eine neue Abmachung benötigt wird. Selbst wenn der Kreditvertrag weiterbesteht und nur die Zinsvereinbarung erneuert wird, so kommt dies aufgrund eines Sonderkündigungsrechtes des Kreditnehmers für diesen Zeitpunkt faktisch einer Anschlussfinanzierung gleich. Für den Kunden wäre ein Wechsel des Kreditgebers mit Kosten verbunden, z. B. Bearbeitungs- und Schätzgebühren sowie Notar- und Verwaltungskosten für die zu ändernde grundbuchliche Sicherung. Daher wird eine Prolongation nicht nur aus Bequemlichkeit häufig beim ursprünglichen Kreditgeber erfolgen, denn dieser ist selbst bei einer etwas höheren Zinsforderung angesichts der *Transaktionskosten* für den Kunden oftmals noch der preiswerteste Anbieter.

Im Firmenkreditgeschäft sind *Roll-Over-Kredite* (vgl. Abschnitt C2.4.4), die sich praktisch immer wieder verlängern, nicht ungewöhnlich. Ein Wechsel auf Bestreben des Kunden ist angesichts der Informationssituation problematisch; denn ein anderes Kreditinstitut könnte den Wechselwunsch des Kreditnehmers als negatives *Signal* seiner Kreditwürdigkeit interpretieren. Es könnte vermuten, dass der frühere Kreditgeber den Kunden inzwischen als gefährdet ansieht und ihn deswegen durch eine Abwehrkondition, d. h. einen besonders hohen Zinssatz, zum Wechsel drängen will. (Der Wechselwunsch könnte allerdings auch ein positives Signal sein, weil der Kunde glaubt, inzwischen eine höhere Bonität signalisieren zu können.)

Im Passivgeschäft verlängern sich Kundeneinlagen vor allem im Sparbereich häufig über die formelle Vertragslaufzeit hinaus (vgl. unsere Ausführungen zur Bodensatztheorie in den Teilen D und H sowie zu *Embedded Options* in Abschnitt L3.4).

In der sicheren Welt des Marktzinsmodells sind alle derartigen unsicheren Folgegeschäfte für die Einzelgeschäftskalkulation grundsätzlich unerheblich (siehe einschränkend Kapitel L5). Für Planungszwecke sind unsichere Folgegeschäfte jedoch in Szenarien zu berücksichtigen. Dementsprechend haben wir sie in der Theorie des Kreditgeschäftes z. B. beim Relationship Banking berücksichtigt (vgl. Abschnitt C1.4).

Die nicht genau spezifizierte Zielvorstellung im Marktzinsmodell schafft ein Problem: Soll ein Geschäft mit geringerer Marge und einem wegen der längeren Laufzeit größeren Barwert bei gleichem jährlichen Kapitaleinsatz einem Geschäft mit höherer Marge, geringerem Barwert und der Chance auf ein weiteres lohnendes Geschäft für die anschließende Laufzeit vorgezogen werden? Aus dem gegenwärtigen Marktzinsmodell heraus kann diese Frage nicht überzeugend beantwortet werden. Marktwertmaximierung unter Sicherheit verlangt die Entscheidung nach dem Barwert, aber die erwartete Marktwerterhöhung kann für das kurzfristigere Geschäft mit der höheren Marge sprechen. Dieses mag ein Grund sein, warum in der Praxis Skepsis bezüglich eines Wechsels vom Margen- zum Barwertkalkül herrscht. Die Theorie ist hier gefordert, für eine adäquate Lösung zu sorgen.

L4 Kalkulation im Betriebsbereich

1. Dienstleistungserlöse können Werterlöse substituieren.
2. Die Zurechnung von Fixkosten und von variablen Gemeinkosten hängt von Verwendungszweck und Zeithorizont ab.
3. Vollkostenrechnungen können informationsökonomisch geboten sein, um die Qualität langfristiger Entscheidungen zu verbessern.
4. In der prozessorientierten Standardeinzelkostenrechnung werden Standardstückkosten auf Basis von Standardarbeitsabläufen kalkuliert, die aus verschiedenen Aktivitäten bestehen. Deren Kosten werden aus Standardbearbeitungszeiten und Standardkostensätzen berechnet.

5. Anstatt Standardeinzelkosten zu berechnen, können Preise externer Anbieter oder Kostensätze anderer Banken verwendet oder Verrechnungspreise auf internen Märkten ermittelt werden.

L4.1 Überblick

In den beiden vorangegangenen Abschnitten haben wir uns intensiv mit der Kalkulation im Wertbereich beschäftigt. Jetzt geht es um den *Betriebsbereich*. Als Ausgangspunkt wählen wir die Schnittstelle zwischen den beiden Bereichen, nämlich das *Provisionsgeschäft*, indem wir Dienstleistungserlöse definieren und untersuchen.

Im zweiten Schritt fragen wir, welche Kosten der Leistungserstellung verrechnet werden sollen und diskutieren dabei u. a. die Problematiken von *Fixkosten* und von *Gemeinkosten*. Neben einer entscheidungstheoretischen Perspektive werden wir auch auf die in Abschnitt L1.1 angedeutete Möglichkeit eingehen, dass die Wahl der Art des Kostenrechnungssystems selbst schon Verhaltensänderungen bewirkt.

State of the Art der betriebsbereichsbezogenen Bankkostenrechnung sind *Prozesskostenrechnungen*, die in diversen Varianten und mit unterschiedlichen Namen vorgestellt wurden. Wir zeigen ihre Grundzüge und Wirkungen auf und gehen anschließend auf mögliche zukünftige Alternativen der Kostenermittlung ein.

Bei allen unseren Ausführungen müssen wir immer die Aufgaben vor Augen haben, die mit der Kostenkalkulation erfüllt werden sollen: Erstens wollen wir Stückkosten für Dienstleistungen und für die Abwicklung von Wertleistungen ermitteln, um sie bei der Bestimmung von Preisuntergrenzen und -obergrenzen verwenden zu können. Zweitens dient die Verrechnung solcher Stückkosten in der Einzelgeschäftskalkulation dazu, Erfolgsquellen richtig zu identifizieren. Drittens können mit der Kostenrechnung Unproduktivitäten aufgedeckt werden. Schließlich ist zu konstatieren, dass in der Praxis häufig bereits die bloße Einführung irgendeiner Kostenrechnung ergebnisverbessernd wirkt, da sich die Mitarbeiter kostenbewusster verhalten.

L4.2 Dienstleistungserlöse

Dienstleistungserlöse müssen wir zunächst definieren. Wir haben Sie bereits auf Probleme hingewiesen, die mit der Idee des Dualismus der Bankleistung verbunden sind. Immerhin kann diese Konzeption hier in Form einer negativen Abgrenzung hilfreich sein (vgl. DREWES (1993), S. 714): Alle Erlöse, die nicht Werterlöse, d. h. Zinserlöse und zinsähnliche Erlöse, sind, werden als *Dienstleistungserlöse* bezeichnet. Typischerweise handelt es sich dabei um Provisionen und Gebühren, woher auch der Ausdruck Provisionsgeschäft rührt.

Zwei Beispiele mögen Ihnen allerdings deutlich machen, welche Schwierigkeiten eine solche Definition auf Basis des Charakters der Erlöse macht:

> Bei einem Kredit (Wertbereich) werden üblicherweise außer Zinsen auch Bearbeitungsgebühren verlangt – teils proportional zur Kreditsumme, teils als Fixum. Sie sind nominell für Dienstleistungen zu zahlen, obwohl sie materiell Zinsersatzcharakter haben und daher in der PAngV und in der Kalkulation den Zinsen zugerechnet werden (vgl. SCHIERENBECK (1994b), S. 281f.).

> Die mit einem Girokonto verbundenen Dienstleistungen (Zahlungsverkehr) werden nicht immer nur offen durch Gebühren, sondern auch teilweise verdeckt durch Zinskonditionsbeiträge bezahlt.

Je nach gewählter Preispolitik ist also eine Verschiebung zwischen Zins- und Dienstleistungserlösen und damit eine Ergebnisverschiebung zwischen Zinsüberschuss und Provisionsüberschuss möglich. Für die betriebswirtschaftliche Beurteilung der Ergebnisse einer Bank hat dies folgende Konsequenz: Eine isolierte Bewertung von Wert- versus Dienstleistungserlösen sollte in ihrer Bedeutung nicht überbetont werden, da die Art der Bepreisung bestimmter Produkte erhebliches „Manipulationspotenzial" schafft. Insofern ist auch klar, dass eine Definition von Dienstleistungserlösen nach Produkten ebenfalls nicht unproblematisch ist.

Bei einzeln verkaufbaren und verkauften Dienstleistungen, z. B. beim Sortengeschäft, kann grundsätzlich festgestellt werden, welche Erlöse von welchem Mitarbeiter erwirtschaftet worden sind. Schwieriger ist dies bei denjenigen Dienstleistungserlösen, die im Verbund mit anderen Produkten verkauft werden:

> Denken Sie einmal an Buchungen auf dem Girokonto. Prinzipiell müsste zunächst jeder einzelne Umsatz darauf überprüft werden, ob er zu Buchungsgebühren, also zu Dienstleistungserlösen führt. Aus EDV-Sicht wird das noch als sehr aufwändig angesehen und könnte im Widerspruch zur geforderten Wirtschaftlichkeit der Bankkalkulation stehen.

> Aber selbst wenn dieses Problem nicht existierte, wäre im nächsten Schritt z. B. nicht klar, welcher Mitarbeiter den Erlös (und ggf. die Kosten) einer ohne Mitarbeiterbeteiligung vorgenommenen Buchung zugerechnet bekommen soll; denn eine vergütungswürdige Vertriebsanstrengung wurde dafür i. d. R. nicht direkt erbracht. Denkbar und in der Praxis üblich ist die Festlegung, dass ein dem Kunden zugeordneter Betreuer für die Bankverbindung an sich und damit für nicht anderweitig zuzuordnende Transaktionen des Kunden verantwortlich ist.

L4.3 Betriebskosten

L4.3.1 Abgrenzungen

In den Abschnitten M2.4 und M3.4 werden wir sehen, dass in der Gewinn- und Verlustrechnung zu den ordentlichen betrieblichen Aufwendungen u. a. die folgenden Positionen gehören: Zinsaufwendungen, Provisionsaufwendungen, Personalaufwand, andere Verwaltungsaufwendungen, sonstige betriebliche Aufwendungen. Von diesen Kategorien gehören die Zinsaufwendungen zum Wertbereich und viele Provisionsaufwendungen sind in der Kalkulation mit zugehörigen Provisionserträgen (z. B. bei Vermittlungsgeschäften und anderen Dienstleistungen) zu saldieren. Wir behandeln hier nur den Personalaufwand und den Sachaufwand bzw. die entsprechenden Kosten.

Auch in der Bankkalkulation können Kosten als „bewerteter, durch die Leistungserstellung bedingter Verbrauch von Gütern und Dienstleistungen" (SÜCHTING und PAUL (1998), S. 384) definiert werden. Im Unterschied zur Gewinn- und Verlustrechnung ist die Kostenrechnung in der Art der Bewertung nicht gesetzlich festgelegt, sondern kann frei nach betriebswirtschaftlichen Grundsätzen gestaltet werden. Normierend wirken dabei die Aufgaben, die mit der Kalkulation erfüllt werden sollen, und die daraus resultierenden Anforderungen.

Als *Einzelkosten* werden jene Kosten bezeichnet, die einem Bezugsobjekt direkt zurechenbar sind (vgl. Abbildung L4.1). Zu den *Gemeinkosten* eines Kalkulationsobjektes gehört jener Werteverzehr, der auf Dispositionen zurückgeht, die auch noch andere als das betrachtete Kalkulationsobjekt betreffen.

Gesamtkosten		
Einzelkosten	Gemeinkosten	
variable Kosten		Fixkosten

Abb. L4.1: Aufteilung der Gesamtkosten

Quelle: In Anlehnung an COENENBERG (2007), S. 43ff.

Für die Zurechnung von Kosten zu Einzelgeschäften sind einige Grundsatzfragen zu klären:

1. Sollen *Vollkosten* oder nur *Teilkosten* zugerechnet werden?

In Abschnitt L1.3 haben wir sowohl Anwendungen für Voll- als auch solche für Teilkostenrechnungen kennen gelernt. Im zweiten Fall ist für eine grenznutzenorientierte Einzelbewertung die Zurechnung von Einzelkosten zwingend erforderlich. Es gibt jedoch noch Entscheidungsbedarf:

2. Wie sollen *Gemeinkosten* behandelt werden?
3. Wie sollen insbesondere *Fixkosten* behandelt werden?

Alle drei Fragen sind sowohl für die Ist- als auch für die Plankostenrechnung von Bedeutung, weil andernfalls gegen die Einheitlichkeit von Planung und Kontrolle verstoßen würde.

Im Übrigen ist festzuhalten, dass es bei diesen Entscheidungen nicht um die berüchtigten „Peanuts" geht; denn es handelt sich hier um den größten Teil der allgemeinen Verwaltungsaufwendungen, die knapp 15% der gesamten Aufwendungen in deutschen Kreditinstituten (in Höhe von ca. 522 Mrd. € per 31.12.2008) ausmachen, wie Abbildung L4.2 verdeutlicht. Von den Allgemeinen Verwaltungsaufwendungen in Höhe von ca. 75 Mrd. € entfallen dabei ca. 56% (dies entspricht ca. 41,9 Mrd. €) auf den Personalaufwand.

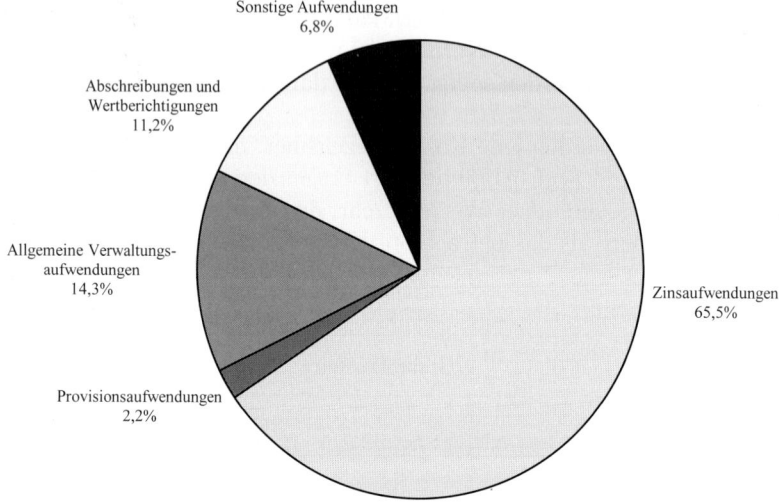

Abb. L4.2: Zusammensetzung der gesamten Aufwendungen deutscher Kreditinstitute, Stand: 31.12.2008

Quelle: Vgl. DEUTSCHE BUNDESBANK (2009h), S. 62f.

Die Zuordnung von Kostenbestandteilen innerhalb der beiden Einteilungen fixe vs. variable Kosten und Einzel- vs. Gemeinkosten ist nicht absolut vorgegeben, sondern erfolgt kontextbezogen (vgl. COENENBERG (2007), S. 43ff.):

- Fixe, also leistungsmengenunabhängige Kosten haben diese Eigenschaft oft nur bei kurzfristiger Betrachtung oder bzgl. einer Senkung der Leistungsmengen, nicht aber bei einer erheblichen Erhöhung derselben. Sie kennen dies unter den Stichworten *Kostenremanenz* und *sprungfixe Kosten.*
- Manche Kosten sind aus Sicht eines einzelnen Kundengeschäftes Gemeinkosten, können auf Produkt-, Kunden- oder Vertriebsstellenebene aber als Einzelkosten zugeordnet werden (vgl. vor allem Kapitel L5).

Unechte Gemeinkosten sind Kosten, die als Einzelkosten zurechenbar wären, bei denen eine solche Zurechnung aber aus Wirtschaftlichkeitsgründen unterbleibt. Denken Sie z. B. daran, dass typischerweise nicht bei jeder einzelnen Kopie festgehalten wird, in Zusammenhang mit welchem Kundengeschäft sie angefertigt wurde. Der Verzicht auf die Erfassung als Einzelkosten ist unproblematisch, solange dadurch keine Fehlentscheidungen verursacht werden.

SCHAUENBERG (1992) analysiert hierzu ein einfaches Modell eines Kosteninformationssystems Riebelscher Prägung, auf dessen Basis zwischen zwei Aufträgen zu wählen ist. Er erhält daraus folgende Resultate:

1. Sind die unechten Gemeinkosten für beide Aufträge gleich, so kann es zu keiner Fehlentscheidung kommen.
2. Notwendig für eine Fehlentscheidung ist vielmehr, dass die unechten Gemeinkosten beim Auftrag mit dem vermeintlich höheren Deckungsbeitrag ebenfalls höher sind; die Differenz der unechten Gemeinkosten muss sogar höher als die Differenz der vermeintlichen Deckungsbeiträge sein, damit es zu einer Fehlentscheidung kommt.
3. Sind genauere Kosteninformationen nicht kostenlos erhältlich, so erhöht sich die für eine Fehlentscheidung erforderliche Mindestdifferenz noch um die Informationskosten.

Wann also die Verwendung ungenauer Kosteninformationen unschädlich ist, kann mit einigen Abschätzungen beurteilt werden, die möglicherweise in der Praxis gar nicht so schwierig sind.

L4.3.2 Berücksichtigung von Fix- und Gemeinkosten

Die Berücksichtigung von Fix- und Gemeinkosten hängt entscheidend vom jeweiligen Rechenzweck und vom Zeithorizont ab. Hierzu einige Beispiele (siehe auch Kapitel L5):

- Ob wir *fixe Personalkosten* in der *Kostenstellenrechnung* berücksichtigen sollten, hängt unter dem Gesichtspunkt des *Verantwortungsbezuges* davon ab, ob sie durch eine Entscheidung des aktuell Kostenverantwortlichen verursacht wurden. Erfolgreiche Mitarbeiter wechseln, vor allem in Großbanken, Aufgabengebiet und Arbeitsort durchaus häufiger, so dass ihnen die Fixkosten eines aus der Vergangenheit zu hohen Personalbestandes in der von ihnen übernommenen Abteilung eher nicht anzulasten sind. Die Anforderung zusätzlichen Personals ist anders zu bewerten.
- Erhebliche Teile der *fixen Sachkosten* (Filialgebäude, Räume, Büroausstattung, EDV) gehen auf Entscheidungen des Bankvorstandes zurück und sind daher den Kostenverantwortlichen in der *Kostenstellenrechnung* ebenfalls nicht zuzurechnen.
- Betrachten wir die Zurechnung der Fixkosten in einer *Kostenträgerrechnung* hauptsächlich unter dem Blickwinkel der *Preiskalkulation* und der *Erfolgsquellenanalyse*, so ist anders zu argumentieren. Ganz außen vor bleiben die Fixkosten für Stäbe und für die Geschäftsleitung, die sog. Overhead-Kosten, die auch auf oberster Ebene keinem Kostenträger vernünftig zugerechnet werden können. Für die Bestimmung *kurzfristiger* Preisuntergrenzen sind die übrigen Fixkosten ebenfalls irrelevant.

- *Langfristig* sind sämtliche Kosten (d.h. auch die periodenfixen) zu erwirtschaften. Entsprechend ist für die Identifizierung der langfristig, nicht aber der kurzfristig wesentlichen Erfolgsquellen eine Einbeziehung dieser Fixkosten sinnvoll, um Verzerrungen, die aus unterschiedlichen Fixkostenanteilen herrühren, zu eliminieren.

Hier liegt ein Dilemma vor: Einerseits legt eine strenge Entscheidungsorientierung scheinbar zweifelsfrei die Ausklammerung von Fixkosten nahe. Andererseits sind gerade im Bankgeschäft langfristige Beziehungen außerordentlich wichtig und langfristig sind viele „Fixkosten" variabel. Angesichts dieser Situation wird verständlich, was wir in Banken beobachten:

> Im *Wertbereich* wird, wie wir an der weit verbreiteten Marktzinsmethode gesehen haben, vor allem bei kurzfristigen Preisentscheidungen vorwiegend mit (variablen) Einzelkosten gearbeitet. Im *Betriebsbereich*, der durch Personalkosten dominiert wird, werden hingegen, wie wir in Abschnitt L4.4 sehen werden, auch Teile der variablen und der fixen Gemeinkosten einbezogen.

Wir werden im Übrigen in Kapitel L5 noch erkennen, dass in einer mehrdimensionalen stufenweisen Deckungsbeitragsrechnung einige variable Gemeinkosten je nach Auswertung auf irgendeiner Ebene unterhalb der Gesamtunternehmensebene zu Einzelkosten werden.

L4.3.3 Eine informationsökonomische Begründung für Vollkostenrechnungen

Man mag es als bankbetriebliches Spezifikum ansehen, dass langfristige Beziehungen besonders wichtig sowie die Gemeinkostenanteile sehr hoch sind und daher vieles für Vollkostenrechnungen spricht. Selbst wenn man das nicht tut, gibt es – anders als WIMMER (2006), S. 40f., suggeriert – „normale" entscheidungs- und anreiztheoretische Argumente für das Rechnen mit Vollkosten. Eine grundlegende Quelle hierfür ist BALACHANDRAN *et al.* (1987) (vgl. auch PFAFF (1993), S. 135ff.). KRAHNEN (1994) hat anhand spezieller quantitativer Beispiele etwa wie folgt argumentiert:

Nehmen wir an, dass *formal* die Zentrale über eine Investition entscheidet. Wenn sie das auf Basis der nicht verifizierbaren Angaben der Abteilungen tut, liegt die Entscheidung *faktisch* bei den Abteilungen. Später werden die dezentralen Entscheider nach ihren Periodenergebnissen beurteilt. Die zur Wahl stehenden Alternativen unterscheiden sich dadurch, dass bei höherem Investitionsvolumen und in der Folge höheren Fixkosten die variablen Kosten sinken. Ist den Entscheidern bekannt, dass sie später nur die variablen Kosten tragen müssen, so ist aus ihrer Sicht eine möglichst hohe – und damit ggf. *zu* hohe – Investition wünschenswert. Das bedeutet: Die für kurzfristige Entscheidungen an sich richtige Nichtberücksichtigung von Fix- und anderen Gemeinkosten kann, wenn sie antizipiert wird, aufgrund von Informations- und Anreizproblemen zu falschen langfristigen Investitionsentscheidungen führen.

Übertragen auf die Personalpolitik in Kreditinstituten hat die Beobachtung Krahnens folgende Konsequenz: Werden bei der Berechnung von Erfolgsbeiträgen fixe Personalkosten immer ignoriert, so ist es für die Abteilungsleiter, im Unterschied zum Gesamtinteresse der Bank, u. U. rational, immer mehr Personalstellen zu verlangen. Vielleicht ist die Sorge vor solchem Verhalten einer der Gründe dafür, dass gerade in ertragsorientierten Kreditinstituten das Vollkostendenken noch weit verbreitet ist.

Im Mittelpunkt von Krahnens Ausführungen stehen Investitionen, die wenigstens zum Teil irreversibel sind. Es liegen *Sunk Costs (versunkene Kosten)* vor, die zumindest teilweise nicht durch einen Verkauf des Investitionsobjektes zurückzugewinnen sind. Der „Fehler" von Teilkostenrechnungen lässt sich dann dadurch reduzieren, dass in späteren Perioden nicht die aktuellen, sondern historische Opportunitätskosten (vor bzw. unter Einbeziehung der „versunkenen Investition") verwendet werden. Alternativ könnte auch die formelle Entscheidungskompetenz inklusive voller Kostenverantwortung auf die Abteilungen übertragen werden.

L4.4 Prozessorientierte Standardeinzelkostenrechnung

L4.4.1 Einordnung

Wir haben bereits in Abschnitt L1.4 für die Verwendung der *relativen Einzelkostenrechnung* (vgl. RIEBEL (1994)) argumentiert. In ihr werden nur Einzelkosten verrechnet, wobei durch eine hierarchische Struktur erreicht wird, dass viele Kosten zumindest auf oberen Hierarchieebenen zu Einzelkosten werden.

Alternativ käme die *Grenzplankostenrechnung* in Frage, die von VIKAS (1988) auf den Bankbereich übertragen wurde. In ihr werden variable Kosten nach dem Verursachungsprinzip proportional zugerechnet. Fixkosten können in Nebenrechnungen gesondert behandelt werden.

Oben haben wir die Bedeutung von Fix- und Gemeinkosten im Bankbetrieb betont. Unter Steuerungsgesichtspunkten wäre es unbefriedigend, große Kostenblöcke zu ignorieren oder nur nebenbei zu behandeln – Entscheidungsrelevanz hin oder her. Dieses Problem, das beide Verfahren haben, ist keineswegs allein banktypisch, sondern hat in anderen Wirtschaftsbereichen zur Entwicklung der *Prozesskostenrechnung* geführt. Sie firmiert auch unter *Activity Based Costing* sowie anderen Namen und besteht aus folgenden Schritten (vgl. EWERT und WAGENHOFER (2008), S. 680ff.):

1. Ermittlung der Prozesse und Zuordnung von Kosten.
2. Ermittlung der Kostentreiber, die für die Größe der leistungsmengeninduzierten Kosten verantwortlich sind.
3. Ermittlung der Prozesskostensätze als Quotienten aus Prozesskosten durch Prozessmenge.
4. Zusammenfassung von Prozessen mit gleichen Kostentreibern zu Hauptprozessen.

Die Prozesskostenrechnung lässt sich mit anderen Ansätzen vergleichen:

- REICHLING und KÖBERLE (1992), S. 507, kommen, ungeachtet aller Unterschiede im Detail, zu der Feststellung, dass Grenzplankostenrechnung und Prozesskostenrechnung gar nicht so weit auseinander liegen. Vielmehr stelle die Prozesskostenrechnung eine geeignete Form dar, die Fixkostennebenrechnung der Grenzplankostenrechnung zu gestalten.
- Im Bankbereich ist der Grenzplankostenrechnung und der Prozesskostenrechnung die *Standardeinzelkostenrechnung* (SEKR) verwandt, die bei SCHIERENBECK (1994b) das Attribut „prozessorientiert" bekommen hat. Gerade angesichts dieser Modifikation überrascht, wie wenig Bedeutung der Definition von Prozessen in der Literatur zugemessen wird. Im Regelfall werden Prozesse als gegeben angenommen.

Geprägt durch die Mode des *Business Process Re-Engineering*, wird die Prozesskostenrechnung in enger Verbindung mit der Geschäftsprozessoptimierung gesehen (vgl. FRIEDRICH (1996)). Die Abgrenzung von Prozessen ist hierbei nicht immer im Detail nachvollziehbar. In den frühen bankbezogenen Arbeiten werden Prozesse zumeist in Anlehnung an Produkte definiert (vgl. HOFFJAN (1994) sowie LUND und BLITZ (1995)). Besonders deutlich wird das an der Prozesshierarchie von WERNER (2002), S. 126, bei der auf der obersten Ebene produktbezogene strategische Geschäftsfelder stehen und darunter einzelne Bankprodukte, sowie an seinen Beispielen für Teilprozesse (z. B. „Dispositionskredit verkaufen – Bearbeitung Sonderkredite", S. 96). Allerdings werden dort auch sog. Administrationsprozesse vorgestellt, die sich nicht einzelnen Bankprodukten zuordnen lassen (z. B. „Controlling Prozesse", S. 100). Einen neueren Ansatz zur Definition bankbetrieblicher Prozesse in Anlehnung an industrielle Vorbilder liefert WÖLFING (2006).

L4.4.2 Grundideen

Die *Standardeinzelkostenrechnung* fasst die Kostenentstehung als Folge betrieblicher, auf bestimmte Bezugsobjekte bezogener Entscheidungen auf. In Anlehnung an die Riebelsche relative Einzelkostenrechnung wird eine Differenzierung zwischen Einzel- und Gemeinkosten vorgenommen, die in dem Sinne relativ ist, dass sie nur mit Blick auf ein bestimmtes Bezugsobjekt innerhalb der hierarchischen Struktur von Unternehmensentscheidungen zu begründen ist (vgl. FLECHSIG und FLESCH (1982), S. 175ff.).

Wir können als Beispiel den *Kernprozess* Kreditgeschäft heranziehen, den wir in die Teilprozesse Firmenkredite, Verbraucherkredite etc. aufteilen können. Diese sind weiter nach einzelnen Produkten aufzuteilen (vgl. Abschnitt C2.4). Zu jedem Teilprozess gehören auf der untersten Ebene Aktivitäten, d. h. einzelne Bearbeitungsschritte. Für diese lassen sich mit der SEKR, die wir im folgenden Abschnitt etwas detaillierter behandeln werden, Kosten ermitteln und einzelnen Geschäften zuordnen.

Mit der Planung des Umfangs und der zeitlichen Verteilung der Leistungserstellung auf der untersten Stufe erfolgt wegen der vertikalen Interdependenzen auch gleichzeitig die Festlegung der Anforderungen an die übergeordneten Stellen (bottom-up-Prinzip). Auf höherer Ebene werden beispielsweise die Kosten für die Zusammenstellung der Meldungen über Großkredite und Millionenkredite an die Bundesbank erfasst. Die Erfassungskosten werden zwar aufgrund von zusammengefasster Erstellung und EDV-Unterstützung nicht direkt von der Durchführung eines Einzelgeschäftes beeinflusst, für die Gesamtheit der Kreditgeschäfte muss jedoch die Leistung, d. h. hier die Meldung, erbracht werden, wodurch eine Anforderung an die übergeordnete Stelle entsteht.

Nach diesem Prinzip werden auf den einzelnen Ebenen den verschiedenen Leistungen Kosten zugeordnet. Gemeinkostenanteile werden dabei, anders als bei Riebel, durch Arbeits- und Zeitstudien gerechtfertigt. Die Basis für die Bestimmung der Standardkosten bilden normierte Zeit- und Mengenverbräuche, d. h. Sollzeiten und -mengen, die mit Planpreisen bewertet werden. Dabei werden neben den variablen Stückkosten auch fixe periodenbezogene Personalkosten sowie sogenannte Arbeitsplatzkosten (Raumkosten, EDV-Ausstattung etc.) verrechnet. Von diesen sagt SCHIERENBECK (2003), S. 372, dass sie Kostenzusammenhänge „leistungsbezogen aufhellen". Das grenze diese Zurechnungsweise von der pauschalen Gemeinkostenschlüsselung im herkömmlichen Sinne ab.

Bei der Übertragung einer solchen relativen Einzelkostenrechnung auf die Bankkalkulation sind einige Punkte zu beachten:

- Bankleistungen können, wie andere Dienstleistungen, überwiegend nicht auf Vorrat produziert werden. Da außerdem der Zeitpunkt der Inanspruchnahme unsicher ist, erfolgt die Ausrichtung der *Betriebskapazitäten* oft an der Spitzenbelastung. Wird zudem noch die mangelnde Teilbarkeit des Faktors Personal bedacht, so dürfte eine Reaktion der Kosten auf einzelne Geschäftsvorfälle im Regelfall nicht zu erwarten sein.
- Zwischen Wert- und Betriebsbereich besteht ein *Leistungsverbund*. Der Betriebsbereich eines Kreditinstitutes kann als *Mehrproduktbetrieb* aufgefasst werden, der dem Wertbereich, der u. U. anders gegliedert ist, zuliefert. Eine zusätzliche Komplikation ergibt sich daraus, dass auch die erwartete Nachfrage nach selbstständig marktfähigen Betriebsleistungen zu berücksichtigen ist.

Wir wollen diese Anmerkungen an ein paar Beispielen erläutern:

Der Ressourcenbedarf für Kreditwürdigkeitsprüfungen wird durch den Absatz von Krediten determiniert. Kreditanträge fallen in unregelmäßigen Abständen an und sollen dennoch jeweils schnell bearbeitet und entschieden werden, weil das von den Kunden als wichtiges Qualitätsmerkmal gesehen wird. Insofern sind hinreichende Ressourcen vorzuhalten. Die während eines Kreditgeschäftes laufende Überwachung ist zeitlich eher variabel und kann deswegen als Puffer dienen.

In größeren Einheiten können Nachfrageschwankungen leichter ausgeglichen werden. Jedoch werden die durchschnittlichen Bearbeitungszeiten z. B. länger, wenn ein Mitarbeiter abwechselnd Privat- und Firmenkredite beurteilen und sich deshalb immer wieder mit anderen Verfahren beschäftigen muss. Auch eine fehlende Zuordnung von Firmenkunden zu Mitarbeitern im Betriebsbereich erhöht die Bearbeitungszeit, wenn sich immer wieder ein anderer Sachbearbeiter in ein Unternehmen hineindenken muss.

Viele Informationen über Kreditkunden können im Zusammenhang mit dem Verkauf anderer Produkte gewonnen werden, z. B. im Zahlungsverkehr und durch Wertpapiertransaktionen. Da beide Leistungen getrennt vom Kreditgeschäft vermarktbar sind, dürfen deren Kosten nicht dem Kredit zugerechnet werden.

Wir sehen aus diesen Ausführungen, dass der Ressourcenbedarf für einzelne Betriebsleistungen von der Organisation abhängig ist.

L4.4.3 Ermittlung von Standardeinzelkosten (SEK)

Will man die obigen Grundideen unter Berücksichtigung des Gedankenguts der Prozesskostenrechnung konkret umsetzen, sind folgende Arbeitsschritte erforderlich (vgl. etwa BRÜHL und FRISCHMUTH (1995), REICHLING und KÖBERLE (1992), SCHIERENBECK (2003), S. 374ff., sowie WIMMER (2004), S. 158ff.)):

Zunächst einmal sind die betrieblichen Prozesse zu erfassen. Es kann z. B. eine Hierarchie aus kostenstellenübergreifenden Kern- und Teilprozessen sowie kostenstellengebundenen Aktivitäten gebildet werden.

Die Durchführung einiger solcher Aktivitäten, z. B. die zentrale Versendung von Abrechnungen, wird von Leistungsabgaben an Kunden oder an andere Kostenstellen induziert. Die entsprechenden Auslöser sind dann die gesuchten *Kostentreiber* (cost driver). Andere Aktivitäten sind zwar nicht konkret irgendwelchen Leistungen, wohl aber einem Bezugsobjekt auf einer höheren Ebene zuzuordnen. Die Kosten eines EDV-Programms zur Bonitätsanalyse von Firmenkunden z. B. gehören als Prozesskosten zur Produktgruppe Unternehmenskredite und zur Kundengruppe Firmenkunden. Viele Aktivitäten von Stäben sind demgegenüber keinem Bezugsobjekt zurechenbar, da sie nicht von anderen Leistungsabgaben ausgelöst werden. Sie sind daher Overhead-Kosten.

Die eigentliche Kalkulation von Standardeinzelkostensätzen, die wir in der Folge nur für Kosten beschreiben werden, die bereits auf unterster Ebene zurechenbar sind, erfolgt in mehreren Schritten (vgl. SCHIERENBECK (2003), S. 378ff., SCHÜLLER (2001), S. 305ff.). Wir weichen in der Reihenfolge von den genannten Autoren ab, indem wir mit der Ermittlung der Kosten der einzelnen Aktivitäten starten und dann die Ergebnisse in einem Prozess einfach nur aggregieren.

1. Für einzelne Aktivitäten können auf unterschiedliche Weise standardisierte, d. h. als normal angesehene *Ressourcenbedarfe* (Arbeitszeit, Rechenkapazität, Formulare etc.) ermittelt werden. Für den dominierenden Kostenfaktor Arbeit, auf den wir uns jetzt konzentrieren, lassen sich beispielsweise Zeitbedarfe durch Selbstaufschreibung oder durch analytische Verfahren (REFA etc.) gewinnen. Die bekannten Vor- und Nachteile der Methoden wollen wir hier nicht weiter diskutieren (vgl. dazu BODEN (2005), S. 43ff.). Wir werden aber auf die Rolle institutsspezifischer Daten später noch einmal eingehen. Das Ergebnis dieses ersten Schrittes ist eine *Standardbearbeitungszeit* für jede Aktivität.

2. In Schritt 2 werden *Standardkosten je Aktivität* berechnet. Um die Zeiten aus Schritt 1 in Kosten umrechnen zu können, müssen wir diese mit einem *Standardkostensatz* multiplizieren. Er ergibt sich als Quotient aus Plankosten und Plankapazität der betrachteten Periode. Das klingt sehr einfach, verlangt aber einige folgenreiche Entscheidungen:

- Sollen nur Personalkosten oder auch Arbeitsplatzkosten etc. einbezogen werden? Je mehr Kosten einbezogen werden, desto größer wird die Differenz zu den entscheidungsrelevanten Einzelkosten, desto geringer wird aber auch die Gefahr, insgesamt nicht kostendeckende Preisgrenzen zu berechnen. Welches Vorgehen zu marktnäheren Preisen führt, ist nicht unmittelbar klar.
- Soll als Plankapazität die *Maximal*kapazität oder eine Leerzeiten berücksichtigende *Normal*kapazität verwendet werden? Bei dieser Entscheidung ist neben Steuerungswirkungen zusätzlich zu berücksichtigen, ob die Bearbeitungszeiten aus Schritt 1 bereits Verteilzeiten etc. berücksichtigen. Falls nicht, was aus Erfassungsgründen vorzuziehen ist, spricht das für die Verwendung einer Normalkapazität.
- Sollen als Standardkostensätze für alle vergleichbaren Organisationseinheiten *gleiche* oder *kostenstellenindividuelle* Werte verwendet werden? Die erste Variante bewirkt u. a., dass die berechnete Profitabilität eines Geschäftes unabhängig davon ist, wer bestimmte Tätigkeiten erledigt, und dass – bei gleichem Geschäftsanfall – die Kostenstruktur des Filialnetzes besser sichtbar wird. Sie ist also vorzuziehen, zumal sie auch dem Prinzip des Verantwortungsbezuges entspricht; denn falls der Leiter eines Profitcenters besser qualifiziertes und damit normalerweise teureres Personal einstellt, aber nur Standarderlössätze für deren Aktivitäten vergütet bekommt, muss er durch größere Stückzahlen die höheren Personalkosten erwirtschaften. Gleiche Standardkostensätze für vergleichbare Organisationseinheiten reduzieren überdies den Ermittlungsaufwand und können u. a. auch dadurch berechnet werden, dass für die einzelnen Tätigkeiten die erforderlichen Mitarbeiterqualifikationen und daraus resultierend die tariflichen oder außertariflichen Vergütungen bestimmt werden.

3. Für jede Leistung bzw. jedes Produkt werden *Standardarbeitsabläufe* definiert. Auf Basis von Schwachstellenanalysen sollten diese gegenüber den Istabläufen verbessert sein und zur Berechnung der *Sollkosten* dienen.
4. Schließlich werden auf Basis der Standardarbeitsabläufe *Standardstückkosten* berechnet. Sie ergeben sich durch Addition der Standardkosten all derjenigen Aktivitäten, die zum Standardarbeitsablauf gehören.
Zur Verdeutlichung der Kalkulation im Betriebsbereich soll ein Kleinkredit dienen:

Die Arbeitszeitaufschreibung habe ergeben, dass im Abschlusszeitpunkt des Vertrages ein 30-minütiges Beratungsgespräch mit einem leitenden Mitarbeiter (kalkulatorischer Stundensatz 70 €) nötig ist. Die anschließende Antragsbearbeitung (inkl. Kontoeröffnung, Schufa-Meldung und Anlage der Kreditakte) erfordert 60 Minuten Arbeit eines Sachbearbeiters (kalkulatorischer Stundensatz 50 €). Für die notwendigen Berechnungen werden EDV-Dienstleistungen des externen Rechenzentrums in Höhe von 3,50 € bezogen. Unter Vernachlässigung künftiger Kosten ergibt sich für den Abschluss ein Stückkostensatz von 88,50 €.

Statt mit Standardarbeitsabläufen zu arbeiten, könnten in einem gut strukturierten und detaillierten EDV-Informationssystem grundsätzlich für jedes Einzelgeschäft die durchgeführten Aktivitäten und die durchführenden Kostenstellen erfasst und zusammengebracht werden. Der technische oder wirtschaftliche Aufwand bei einem solchen Vorgehen wird jedoch oftmals selbst für die ex post Kalkulation als prohibitiv hoch eingeschätzt.

L4.4.4 Bewertung der Methode

Wir haben eingangs Anforderungen an Ergebnisinformationen formuliert (siehe Abschnitt L1.1). Die gerade dargestellte Standardeinzelkostenrechnung (SEKR) wollen wir nun auf dieser Basis bewerten:

1. Durch die Proportionalisierung von Fixkosten findet eine leistungsgerechte Zurechnung nur begrenzt statt. Für kurzfristige Entscheidungen sind die SEK nicht entscheidungsrelevant, so dass ergänzende Rechnungen angestellt werden müssen. Zum Beispiel könnten im Deckungsbeitragsschema aus Abschnitt L1.4 die zurechenbaren Betriebskosten und -erlöse nach ihrer kurzfristigen Entscheidungsrelevanz aufgespalten werden.
2. Bei einer genügend aktuellen und umfassenden Datenerfassung, die möglicherweise sehr teuer ist und daher zu Konflikten mit der Forderung nach Wirtschaftlichkeit der Kostenrechnung führt, und bei als akzeptabel angesehenen Kostentreibern wäre die Richtigkeit gegeben. In der Praxis ist die Objektivität der Standardbearbeitungszeiten bei einigen Ermittlungsmethoden zweifelhaft.
3. Vor- und Nachkalkulation passen zueinander, indem den Leistungsempfängern, unabhängig von der tatsächlichen Situation in der leistungserbringenden Kostenstelle, nur die SEK zugerechnet werden.
4. Da keine Marktdaten Verwendung finden, kommt es für die Realitätsnähe darauf an, die Standardwerte für Zeiten, Kosten und Abläufe möglichst zutreffend zu ermitteln, was nicht unproblematisch ist.
5. Die Standardisierung impliziert, dass die SEKR nur für repetitive Tätigkeiten angewendet werden kann. Damit wird die Individualität vieler Geschäftsvorfälle nicht vollständig abgebildet.
6. Die Nachvollziehbarkeit und die leichte Handhabbarkeit der Zahlen der SEKR sind gegeben und fördern ihre Akzeptanz.

Die Stärken der SEKR liegen in der Schaffung von Kostentransparenz und in der damit verbundenen Identifikation von Unwirtschaftlichkeiten. Dies gilt vor allem bei mittel- bis langfristiger Betrachtung. Allein die Erhebung von Prozessen führt in der Praxis wegen der damit verbundenen Stärkung des Kostenbewusstseins oft schon zu Verbesserungen. Hingegen ist die SEKR z. B. für

Entscheidungen über individuelle, kurzfristige Preiszugeständnisse nicht gut geeignet.

L4.5 Alternative Ansätze zur Ermittlung von Betriebskosten

Die Bewertung der SEKR hat deutlich gemacht, dass vor allem Entscheidungsrelevanz und Realitätsnähe sowie der hohe Aufwand für die Ermittlung der Standardstückkosten kritisch zu beurteilen sind. Gibt es Marktpreise, so ist deren Verwendung als Ersatz für die SEK überlegenswert (vgl. EVERDING (1995), S. 128):

- Marktpreise sind kostengünstig zu ermitteln (allerdings u. U. mit einiger Unsicherheit über die Leistungsqualität).
- Auf hinreichend gut funktionierenden Märkten kann die Leistung auch tatsächlich zu Marktpreisen bezogen werden.
- Marktpreise sind aus Sicht des Leistungsempfängers variable Einzelkosten und deshalb entscheidungsrelevant.

Wir wollen daher einige mögliche Quellen für marktorientierte Preise mit ihren Stärken und Schwächen kurz untersuchen.

Preise externer Anbieter

Die Preise externer Anbieter können als Verrechnungspreise anstelle der SEK verwendet werden, wenn Leistungen am Markt angeboten werden, die den zu bewertenden Leistungen hinreichend vergleichbar sind. Manchmal ist das der Fall, z. B. bei der Mikroverfilmung oder beim Einscannen von Kreditunterlagen und u. U. bei der Unternehmensbewertung durch Rating-Agenturen, manchmal aber ist kein externes Angebot verfügbar. So wüssten wir nicht, dass gegenwärtig die Bearbeitung von Reklamationen angeboten wird, was nicht zuletzt angesichts der dabei anfallenden sensiblen Informationen gut zu verstehen ist.

Liegen Marktpreise vor, so haben sie gegenüber SEK u. a. den Vorteil, nicht von bankinternen Ineffizienzen beeinflusst zu sein. Nachteilig ist, dass in den Marktpreisen von Outsourcing-Anbietern, wie z. B. in den Prämien für Kreditversicherungen, ein Gewinnaufschlag enthalten ist.

Vergleich der SEK mit Werten anderer Kreditinstitute

Möglicherweise werden bestimmte Leistungen nicht von externen Anbietern am Markt offeriert. In jedem Fall ist aber davon auszugehen, dass die Leistungen, die eine Bank intern selbst erstellt, auch von anderen Kreditinstituten produziert werden müssen, sofern nicht neue oder besonders „exotische" Produkte oder Prozesse vorliegen. Daher bietet es sich an, die Standardstückkosten anderer Kreditinstitute bei den eigenen Berechnungen zu berücksichtigen. Dies stellt, wenn hierfür der beste Mitbewerber ausgewählt wird, eine Art des *Benchmarkings* dar bzw. entspricht einer Orientierung an der *Best Practice*, um einmal zwei populäre Schlagworte zu nennen (vgl. EVERDING (1995), S. 135f.).

Da es sich bei den Standardstückkosten nicht um publizierte Marktpreise handelt, sind sie u. U. schwer beschaffbar. Dieses Problem stellt sich jedoch zumindest bei Sparkassen und bei Genossenschaftsbanken oftmals nicht. Dort gibt es Arbeitskreise ähnlich strukturierter Institute, in denen sich die Teilnehmer – ggf. mit Betreuung durch Unternehmensberater – viele Daten gegenseitig zugänglich machen, z. B. auch Standardbearbeitungszeiten. Aufgrund des *Regionalprinzips* müssen sie zumeist keine Konkurrenz in der eigenen Organisation fürchten, so dass ihnen aus der Offenlegung keine Nachteile erwachsen. Die Kenntnis der Werte vergleichbarer Institute kann z. B. genutzt werden, um die Effizienz des eigenen Betriebsbereichs zu überprüfen (vgl. Kapitel L5).

Interne Märkte

Preise für Aktivitäten auf internen Märkten zu ermitteln, ist eine dritte Alternative zu der Verwendung von SEK. Jeder Nachfrager einer Leistung kann dabei diejenigen Kostenstellen, die zur Durchführung der gewünschten Aktivität infrage kommen, um ein Angebot bitten und dann nach dem erwarteten Preis-Leistungs-Verhältnis den Auftrag vergeben. Der vereinbarte Preis ersetzt dann die SEK.

Gibt es für eine Aktivität nur einen Anbieter oder Nachfrager (Monopolfall), so werden die aus Verhandlungen resultierenden Preise i. d. R. nicht effizient sein, d. h. aus Gesamtbanksicht nicht zu einer optimalen Ressourcenallokation führen. Je mehr Marktteilnehmer es gibt, desto eher sind effiziente Preise zu erwarten, so dass sich Preisfindungen über interne Märkte vor allem für größere Institute mit vielen ähnlichen Organisationseinheiten eignen. Um nicht gegen das Prinzip der Wirtschaftlichkeit zu verstoßen, sollten die Kosten für die Preisfindung durch den Einsatz von Informationstechnologie beschränkt werden, z. B. durch die Installation *elektronischer Märkte* (vgl. SANDBILLER (1998)).

Die *Transaktionskosten* durch interne Märkte dürften für oft wiederholte, besonders stark standardisierte Aktivitäten (also das *Mengengeschäft*) am geringsten sein. In diesen Fällen lässt sich meist auch die Qualität der Leistung aus der Erfahrung gut beurteilen. Das Wissen der „Lieferanten", dass ständig neue Aufträge zur Verteilung anstehen, bietet ihnen Anreize zur laufenden Verbesserung des Preis-Leistungs-Verhältnisses.

Die Qualität und Wirkung intern ermittelter Marktpreise hängt schließlich noch davon ab, welche internen Liefer- und Abnahmepflichten bestehen.

L5 Kalkulatorische Erfolgsrechnungen

1. Die Ergebnisse von Servicecentern und Zentralfunktionen werden im Wesentlichen als Differenzen zwischen interner Leistungserstattung und angefallenen Kosten berechnet.
2. Profitcenter verkaufen ihre Leistungen am Markt und müssen intern Kosten erstatten.
3. Kunden-, Profitcenter- und Produktkalkulation erfolgen mittels stufenweiser Deckungsbeitragsrechnung.

L5.1 Vorbemerkungen

In den Kapiteln L2 bis L4 haben wir uns mit der Berechnung des Konditionsbeitrages, der Standardrisikokosten und der Bestimmung der direkt zurechenbaren Provisionen sowie der zurechenbaren standardisierten Betriebskosten für ein Einzelgeschäft befasst. In diesem Abschnitt wollen wir uns nun von Einzelgeschäften lösen. Uns geht es darum, Einzelergebnisse so zu aggregieren, dass daraus Ansatzpunkte für die Verbesserung des Gesamtergebnisses gewonnen werden (vgl. VON VILLIEZ (1989), EVERDING (1995)). Für unsere Erfolgsrechnungen unterscheiden wir dazu vier Arten von Organisationseinheiten (OE):

1. *Costcenter* sind OE, deren Leistungen wegen mangelnder Standardisierbarkeit kaum vernünftig gemessen und weiterverrechnet werden können. Wir klammern diese OE, z. B. Vorstände und viele Stäbe, aus unserer Betrachtung aus. Bei ihnen kommt eine qualitative Leistungsbeurteilung infrage.
2. *Servicecenter* sind OE, die ebenfalls keine Marktleistungen erbringen, sondern lediglich den Marktbereichen direkt oder indirekt zuarbeiten. Sie haben aber einen hohen Anteil standardisierter Leistungen. Als Beispiele besprechen wir das *Produktivitätsergebnis* von OE des Betriebsbereichs.
3. *Zentralfunktionen* sind OE, die auf Gesamtbankebene für eine bestimmte Ergebniskomponente zuständig sind, z. B. für das Transformations-, das Handels- oder das Ausfallrisikoergebnis.
4. *Profitcenter* sind OE, die Marktleistungen im Kundengeschäft erbringen. Die Kundengeschäftsergebnisse können außer nach Profitcentern auch nach Kunden und Produkten aggregiert werden.

Die Ergebnisse der OE werden als Differenz zwischen erzielten Erlösen und angefallenen Kosten berechnet. Um die wirtschaftlichen Ergebnisse der betrachteten OE möglichst zutreffend zu berechnen, werden nur die Kosten- und Erlöskomponenten einbezogen, die von den jeweiligen OE zu verantworten sind. Die einzelnen Typen von OE unterscheiden sich darin, wie Erlöse und Kosten berechnet werden:

- Den Servicecentern werden die intern erbrachten Leistungen zu Standardpreisen gutgeschrieben. Die Kosten entstehen hauptsächlich in der OE selbst. Bei

„richtig" festgelegten Standardpreisen wird so eine Wirtschaftlichkeitskontrolle möglich; denn die Summe der Standardpreise für erbrachte Leistungen sollte nicht unterhalb der verursachten Kosten liegen.

- Profitcenter müssen die Leistungen der Servicecenter zu den Standardpreisen bezahlen und zudem ihre eigenen Kosten tragen. Ihre Erlöse erzielen sie vor allem am Markt.
- Zentralfunktionen stehen zwischen diesen beiden Polen.

L5.2 Ergebnisse von Zentralfunktionen und Servicecentern

L5.2.1 Produktivitätsergebnis von Servicecentern

Die Ergebnisrechnung für Servicecenter haben wir schon vorbereitet; denn die SEK aus Kapitel L4 sind standardisierte Preise für Betriebsleistungen. Den Marktbereichen werden in der Kalkulation diese SEK für die bezogenen Leistungen berechnet. Eine vollständige Kalkulation auf Gesamtbankebene muss aber stattdessen die tatsächlich entstandenen Kosten ausweisen. Das kann durch folgende Rechnung ganz im Sinne der beschriebenen Methodik erreicht werden (vgl. Tabelle L5-1):

Tab. L5-1: Berechnung des Produktivitätsergebnisses

	Summe aller weiterverrechneten SEK
−	Istkosten
=	Produktivitätsergebnis

Die Produktivitätsergebnisse von Servicecentern liefern Hinweise u. a. über die Wirtschaftlichkeit der Leistungserstellung. So können negative Werte z. B. folgende Ursachen haben:

- Die Erlöse aus der Weiterverrechnung von SEK sind geringer ausgefallen als erwartet, weil von den Marktbereichen weniger Leistungen nachgefragt wurden als erwartet.
- Die Erlöse aus der Weiterverrechnung von SEK können aber auch deswegen so gering gewesen sein, weil das Servicecenter zu langsam gearbeitet hat bzw. die zeitlich sehr ungleich verteilten Aufträge nicht alle erledigen konnte.
- Die Istkosten sind höher ausgefallen als erwartet, weil Preissteigerungen nicht antizipiert wurden oder Kosten für Überstunden (wegen zu langsamer Arbeit oder recht ungleichen zeitlichen Anfalls der Aufträge) angefallen sind.

Bei der Interpretation der Zahlen ist Vorsicht geboten. So könnte es vorkommen, dass außergewöhnliche Markterfolge zu negativen Produktivitätsergebnissen führen, weil der erhöhte Arbeitsanfall nur durch Überstunden bewältigt werden kann, die Zuschläge dafür aber zu Stückkosten deutlich oberhalb der SEK führen. In einem solchen Fall könnte die *Akzeptanz* der Ergebnisse durch die Servicecenter leiden. Zu empfehlen wäre u. U., für Leistungen oberhalb der Maximalbeschäftigung höhere SEK anzusetzen (für *Abweichungsanalysen* in Kreditinstituten allgemein vgl. VON VILLIEZ (1989), S. 89ff.).

Wichtig ist, sich die Anreizwirkungen der nach oben gezeigter Vorgehensweise berechneten Produktivitätsergebnisse vor Augen zu führen. *Während* der Festsetzung der SEK für einzelne Leistungen werden die Servicecenter hohe Werte anstreben, um ihre Istkosten später leichter decken zu können. Die Profitcenter hingegen präferieren geringere Werte, um bei gleichem Ergebnisbeitrag billiger am Markt anbieten zu können oder um bei gleichen Marktpreisen mehr an den Kundengeschäften zu verdienen. Es müssen also Regeln für die Preisfindung aufgestellt werden, wenn nicht ein interner Markt etabliert werden soll.

Nach der Festlegung der SEK haben Servicecenter zum einen den Anreiz, ihre Istkosten zu senken, was durchaus im Sinne der Gesamtbank sein dürfte. Zum anderen werden sie versuchen, möglichst viele SEK weiterzuverrechnen. Das bietet Anreiz zu zügiger, aber vielleicht nicht immer präziser Bearbeitung der Vorfälle. Eine Qualitätskontrolle ist also nötig.

Die Installierung interner Märkte, d. h. die Schaffung einer Wahlmöglichkeit für die Leistungsempfänger zwischen mehreren OE für die Abwicklung, kann möglicherweise sowohl das Qualitätsproblem als auch das Problem während der Festlegung der SEK mildern; denn mit zu hohen SEK würden sich OE aus dem internen Markt kalkulieren, d. h. kaum Aufträge bekommen. Falls die Leistungen dann sogar unternehmensextern bezogen würden, wäre das jedoch aus Gesamtbanksicht nicht unbedingt optimal, da die Fixkosten bleiben. Ein solcher potenzieller Zielkonflikt zwischen einer optimalen Motivation der Geschäftsbereiche durch höchstmögliche Autonomie einerseits und andererseits der Sicherung möglicher Verbundvorteile (vgl. COENENBERG (2007), S. 673ff.) ist ein bekanntes, nicht bankspezifisches Phänomen.

L5.2.2 Transformationsergebnis und Handelsergebnis

Der *Zinsüberschuss* wird in die *Konditionsbeiträge* der Profitcenter und den *Strukturbeitrag* der Zentraldisposition zerlegt. Um deren *Transformationsergebnis* zu ermitteln, kann die Methode aus Tabelle L5-1 in angepasster Form verwendet werden.

Die *Zentraldisposition* installiert für die Vertriebseinheiten einen internen Geld- und Kapitalmarkt. Finanzmittel für Kundengeschäfte oder aus Kundengeschäften können dort von den Marktbereichen in beliebiger Menge aufgenommen oder angelegt werden. Die Zentraldisposition ist der Market Maker und verlangt keine Geld-Brief-Spanne. Als standardisierte Preise am internen Markt (*Opportunitätszinssätze*) werden die Sätze des externen GKM genommen. Dementsprechend erhält die Zentraldisposition Opportunitäts-Zinserträge für

Finanzmittelaufnahmen von Vertriebseinheiten bzw. leistet sie Opportunitäts-
Zinsaufwendungen für Finanzmittelanlagen an die Vertriebseinheiten.

In der Annahmenwelt des Marktzinsmodells ist auch der externe GKM vollkommen. Abstrahiert man von den Vorschriften der externen Rechnungslegung
zur Bewertung von Wertpapieren etc., so könnte die Zentraldisposition ein betriebswirtschaftliches Ergebnis von null dadurch erwirtschaften, dass sie alle Zahlungsströme zu den Konditionen des externen GKM einfach nur durchleitet.
Transaktionskosten am Markt sowie die Betriebskosten der Zentraldisposition
bleiben bei dieser Betrachtung außen vor. Weicht das Ergebnis von null ab, so
kann das annahmegemäß nur daran liegen, dass die Zentraldisposition Fristentransformation oder ggf. Währungstransformation betrieben hat und dementsprechend ihre tatsächlichen GKM-Zinserträge und -Zinsaufwendungen nicht
den weiterverrechneten Opportunitäten entsprechen. Daher heißt dieses Ergebnis *Transformationsergebnis* (vgl. Tabelle L5-2):

Tab. L5-2: Berechnung des Transformationsergebnisses

	Opportunitäts-Zinserträge
−	Opportunitäts-Zinsaufwendungen
+	GKM-Zinserträge
−	GKM-Zinsaufwendungen
=	Transformationsergebnis

Gedanklich getrennt von der Zentraldisposition stellen wir uns den *Eigenhandel* der Bank vor. Dort wird versucht, Marktpreisentwicklungen richtig vor-
herzusehen. Mit an diesen Prognosen orientierten Geschäften soll ein positives
Handelsergebnis erwirtschaftet und das Vermögen der Bank vermehrt werden
(vgl. PIASKOWSKI (1993)).

Nennenswerte Transformations- und Handelsergebnisse, die über die Ausnutzung kleinerer Arbitragegelegenheiten hinausgehen, können nur unter Inkaufnahme von Risiken erzielt werden. Für eine sachgerechte Beurteilung der
Profitabilität sollten daher die Spekulationsgewinne auch mit Blick auf diese
Risiken bewertet werden, z. B. indem sie im Sinne des RORAC-Konzeptes (vgl.
Kapitel F4) durch den Value at Risk der eingegangenen Marktpreisrisiken geteilt
werden.

L5.2.3 Ausfallrisikoergebnis

Entsprechend den SEK können den Vertriebseinheiten in der Einzelgeschäftskalkulation ex ante standardisierte Ausfallrisikokosten in Rechnung gestellt werden.
Unabhängig davon, wie die Risikokosten berechnet worden sind, gilt keinesfalls
automatisch, dass sie ex post gleich den tatsächlichen Ausfällen sind. In Ab-

schnitt L3.2 haben wir sogar argumentiert, dass dies auch gar kein Ziel sein sollte. Stattdessen kommt es darauf an, mit den vereinnahmten Risikokosten die erwarteten Kreditausfälle zuzüglich einer Risikoprämie zu decken: außer dem *expected loss* muss auch der Kapitalbedarf für den *unexpected loss* bezahlt werden.

Konzeptionell ist die Ermittlung des Ausfallrisikoergebnisses folgendermaßen realisierbar: Kalkulatorisch überträgt der Kundenberater seine Kreditgeschäfte gegen Zahlung der standardisierten Risikokosten an eine OE „Ausfallrisikomanagement". Die Risikokosten sind deren Erlöse. Kosten des Ausfallrisikomanagements sind, neben den durch SEK erfassten Bearbeitungskosten, die tatsächlichen Ausfälle. Das Ausfallrisikomanagement muss versuchen, ein Ausfallrisikoergebnis mindestens in Höhe der Risikoprämie zu erwirtschaften.

Eine solche Lösung praktisch umzusetzen hat u. a. aus folgenden Gründen einigen Charme:

- Die Erfolgsquellen Vertrieb und Risikomanagement werden getrennt.
- Ein zentrales Ausfallrisikomanagement kann eher Diversifikationseffekte nutzen als regional oder bezüglich der Kundengruppen oder der Produkte eingeschränkte dezentrale Vertriebseinheiten.
- Gibt das Ausfallrisikomanagement die standardisierten Risikokosten selbst vor, so verfügt es damit über Lenkpreise zur marktmäßigen Steuerung der Risikoübernahme.

Wegen asymmetrischer Information zwischen Vertrieb und Risikomanagement kann adverse Selektion auftreten (vgl. auch Abschnitt B1.3.3):

Die Kundenberater dürften dazu neigen, vorwiegend Kunden, die sie als gefährdeter einschätzen, als es die Standardrisikokosten ausdrücken, an das Ausfallrisikomanagement weiterzugeben. Bei anderen Kunden könnten sie versucht sein, das Risiko selbst zu tragen, wenn sie es nicht abgeben müssen.

Aus anreiztheoretischer Sicht ist die geschilderte Methode daher fragwürdig. Das Dilemma sieht wie folgt aus: Ohne die Pflicht, das Ausfallrisiko intern weitergeben zu müssen, droht ein Zusammenbruch des internen Marktes; mit einer solchen Pflicht hingegen könnte sich das Ausfallrisikomanagement mit Risikozuschlägen absichern wollen, die im Vergleich zum Markt überhöht sind und den Vertriebseinheiten keine lohnenden Kreditgeschäfte mehr gestatten. Beide Effekte sind nicht im Interesse der Gesamtbank. Als Ausweg bietet sich eine Kooperation zwischen Vertrieb und Ausfallrisikomanagement an, die mit Selbstselektion oder Signalisieren arbeitet.

Die Probleme rühren zumindest teilweise daher, dass das Ausfallrisikomanagement von erfolgreichen Kreditgeschäften nicht wirklich profitiert; denn in sein Ausfallrisikoergebnis gehen die Marktergebnisse gar nicht ein. Daher wird in einigen Kreditinstituten seit einiger Zeit dazu übergegangen, Kreditvertrieb und Risikomanagement aufbauorganisatorisch zusammenzufassen. Diese Integration schaltet die Interessenkonflikte und damit das Lemon-Problem aus.

L5.2.4 Zusammenfassung

Die Ausführungen von Abschnitt L5.2 lassen sich in folgender Tabelle zusammenfassen:

Tab. L5-3: Kosten- und Erlösverrechnung

Ergebnis-bestandteil	Bereich						
	Kundengeschäft (Marktbereich)		Zentraldisposition/ Handel	Risiko-management	Service-Center	Cost-Center	Zeilensumme
	Aktiv	Passiv					
Kunden-Zinserträge (Ist)	+						+
Kunden-Zinsaufwendungen (Ist)		−					−
Dienstleistungserträge (Ist)	+	+					+
Dienstleistungsaufwendungen (Ist)	−	−					−
Opportunitäts-Zinserträge	−		+				0
Opportunitäts-Zinsaufwendungen		+	−				0
GKM-Zinserträge (Ist)			+				+
GKM-Zinsaufwendungen (Ist)			−				−
Ist-Risikokosten Kundengeschäft				−			−
Standardrisikokosten Kdgesch.	−			+			0
Ist-Einzelkosten					−		−
Standard-Einzelkosten	−	−	−	−	+		0
Sonstige Kosten						−	−
Soll-Ergebnisse der OE	+	+	+/0	+/0	+/0	−	**Gesamt-Ergebnis**

Aufteilung von Ergebnisbestandteilen (Zeilen) auf OE (Spalten), wobei + (−) für im Regelfall positive (negative) Werte steht. 0 steht für Ergebnisse von Null, wobei die entsprechenden Zeilensummen definitionsgemäß gleich Null sind.

Quelle: In Anlehnung an PFINGSTEN (1992), S. 621ff.

Die Spaltensummen zeigen die Ergebnisse der jeweiligen OE an und können Ansatzpunkte zur Suche nach Ergebnisverbesserungen liefern. Diejenigen Zeilen, deren Summen null sind, beinhalten die internen Verrechnungsgrößen. Ohne Verhaltenswirkungen etc. bewirken Veränderungen der in diesen Zeilen angesetzten Standardpreise lediglich Verschiebungen der Art „rechte Tasche, linke Tasche".

L5.3 Auswertungen im Marktbereich

L5.3.1 Methodik

Als Basis unserer Erfolgsrechnungen für das Kundengeschäft dient die Deckungsbeitragsrechnung aus Tabelle L1-1. Darin sind standardisierte Risikokosten anzusetzen und entsprechend sind als Betriebskosten die SEK zu verwenden. Für
die Berechnung von *Marktergebnissen* von OE mit Vertriebsfunktion ist das vernünftig, weil deren Ergebnisse nicht durch unwirtschaftliches Arbeiten interner
Abteilungen belastet werden sollten.

Wir haben wiederholt davon gesprochen, dass einige Kosten nicht auf der
Ebene eines Einzelgeschäftes, welches ein Bezugsobjekt auf der untersten Hie-
rarchieebene darstellt, wohl aber „weiter oben" als Einzelkosten anzusehen sind.
Derartige Hierarchien von Bezugsobjekten können nach vielen Kriterien gebildet
werden. Kunden-, Produkt- und Profitcenterkalkulation sind als die wichtigsten
Aggregationen anzusehen und dienen uns als Beispiele für mehrstufige Deckungsbeitragsrechnungen (siehe z. B. MEYER ZU SELHAUSEN (1995), S. 386ff.; SCHIE-
RENBECK (2003), S. 305f. und 396ff.). Konkrete Fragen dafür hatten wir bereits
in Abschnitt L1.3 formuliert.

L5.3.2 Kundenkalkulation

In der *Kundenkalkulation* geht es allgemein darum, die Profitabilität einzelner
Kunden oder Kundengruppen zu ermitteln. Bildlich ausgedrückt: Wem gebührt
ein roter Teppich?

Dazu sind zunächst alle Marktergebnisse mit einem Kunden für die gewählte
Betrachtungsperiode zu addieren. Ob nur die in der Periode neu abgeschlossenen Geschäfte oder aber alle in der Periode laufenden Geschäfte ausgewertet
werden sollten, ist abhängig von der genauen Fragestellung. Die insgesamt laufenden Geschäfte signalisieren eher die gesamte *Bedeutung* des Kunden, während
die Geschäftsabschlüsse eher die *Aktivität* der Geschäftsbeziehung zeigen. Eine
Prognose der weiteren Entwicklung sollte beides berücksichtigen.

Das *Kundenergebnis* ergibt sich aus den Marktergebnissen durch Korrektur
um diejenigen Erlöse und Kosten, die keinem der Einzelgeschäfte mit dem Kunden, wohl aber dem Kunden insgesamt als Einzelkosten zuzurechnen sind. Beispiele sind die Kosten für produktunabhängige Werbegeschenke, die er bekommen hat, und für die Pflege seiner allgemeinen Kundendaten.

Liegt eine Kundensegmentierung vor, so lassen sich für die daraus ableitbaren
Kundengruppen (Familien, Berufsgruppen, Einkommensgruppen etc.) *Gruppenergebnisse* berechnen: Man addiert die Kundenergebnisse der Gruppenmitglieder
und korrigiert um gruppenspezifische Einzelerlöse und -kosten, wie z. B. um die
Kosten der Leiterin eines Profitcenters, das nur diese Kundengruppe betreut.

Beispiel für eine spezielle Aggregation: Laut §19 Abs. 2 KWG sind einzelne Kunden
unter bestimmten Bedingungen zu *Kreditnehmereinheiten* zusammenzufassen.

Die Ergebnisse der Kundenkalkulation können *operativ* als Grundlage für eine *ABC-Analyse* dienen und als Basis für Entscheidungen über *Sonderkonditionen* verwendet werden (vgl. die Beispiele in Abschnitt L1.3). Dabei sind u. a. folgende Gesichtspunkte zu beachten:

- Mit einer sehr profitablen Kundenbeziehung geht oft die laufende Nutzung vieler Produkte einher. Dann sind für den Kunden die Transaktionskosten eines Institutswechsels erheblich, wodurch seine Verhandlungsposition geschwächt wird.
- Die „innere Kündigung" der Geschäftsbeziehung erfolgt meist lange vor dem Auslaufen des letzten Geschäftes. Nach und nach werden neue Geschäftsabschlüsse bei einer Zweitbank getätigt.
- Gelegentlich ist zu hören, dass die Einführung einer Kundenkalkulation offenbart, „dass man mit den Weihnachtsgeschenken zu den falschen Leuten geht": Die vermeintlich so wichtigen, weil profitablen, Kunden haben derart viele Preiszugeständnisse herausgehandelt, dass sie gar keine überdurchschnittlichen Ergebnisbeiträge mehr erbringen.

Außerdem können die Ergebnisse der Kundenkalkulation in *strategischer Perspektive* bei der Frage verwendet werden, welches die „Wunschkunden" der Bank sind. Anzustreben ist ein hoher Marktanteil vor allem in denjenigen Kundengruppen, die sich durch weit überdurchschnittliche Gruppenergebnisse (pro Kopf oder im Verhältnis zu anderen relevanten Bezugsgrößen) auszeichnen.

Findet bereits eine hinreichende Betreuung der gegenwärtigen Kunden in diesem Segment statt, so sind – bei korrekter Berechnung – die Kosten dafür schon im Gruppenergebnis enthalten. Die Aufwendungen für die Gewinnung neuer Kunden im angepeilten Segment hingegen sind in die Planrechnung zusätzlich mit einzubeziehen.

L5.3.3 Produktkalkulation

Neben der Kundendimension ist die *Produktdimension* eine weitere gängige Bezugsgrößenhierarchie. KILHEY (1987), S. 114, gibt als Beispiel an, dass ein einzelnes Vermögenssparbuch zum Produkt Vermögenssparbuch gehört. Dieses ist Teil der Produktgruppe Spareinlagen, welche wiederum dem Produktbereich Kundeneinlagen zuzuordnen ist.

Falls bei jeder Transaktion die betroffenen Produkte festgehalten werden, können ähnlich wie im vorigen Abschnitt stufenweise immer mehr Erlöse und Kosten zugerechnet werden. Die Kosten der Werbeaktion für eine neue Sondersparform sind z. B. direkt auf Produktebene einzubeziehen. Die resultierenden Produktergebnisse helfen u. a. bei der Beantwortung folgender Fragen:

1. Welche Volumina müssen pro Einzelgeschäft und insgesamt bei bestimmten Konditionen erzielt werden, um mit dem Produkt keinen Verlust zu machen?
2. Bietet sich die Verschmelzung von Produkten an, um Rationalisierungseffekte in der Abwicklung zu erreichen?

Die erste Frage verlangt eine Break-Even-Analyse, wie sie z. B. auch in der Industriebetriebslehre durchgeführt wird. In Banken bestehen zwischen vielen Produkten bzw. Leistungen hohe Substitutionsmöglichkeiten. So sind z. B. Sparbriefe in vielen Merkmalen festverzinslichen Wertpapieren ähnlich. Ob die Unterschiede für einen Kunden kaufrelevant sind, hängt von der konkreten Situation ab. Im Sinne des Relationship Banking soll die Bank dem Kunden Lösungen für Probleme in finanziellen Fragen verkaufen. Welche Produkte das sind, ist eher nebensächlich, solange die Bank an der gesamten Kundenbeziehung gut verdient. Das reduziert einerseits die Bedeutung der ersten Frage und damit die der Produktkalkulation im Kreditwesen im Vergleich zu anderen Sektoren der Wirtschaft. Andererseits wird aber auch deutlich, dass in Kreditinstituten durchaus darüber nachgedacht werden sollte, ob nicht die meisten Kundenwünsche mit einer gestrafften Produktpalette (vgl. die zweite Frage) annähernd ebensogut erfüllt werden könnten. Diese Strategie wird offenbar in letzter Zeit nicht nur von Retailbanken wie der Citibank oder den Sparda-Banken verfolgt und auch vom Bundesverband der Deutschen Volksbanken und Raiffeisenbanken e. V. (BVR) propagiert (vgl. SCHLOSSER (2003) und VOGT (2003)), sondern auch von weiteren Instituten angestrebt (vgl. DEKABANK (2009)).

Starke Verbundeffekte mindern die Wichtigkeit einzelner Produktergebnisse ebenfalls; denn die Elimination eines Produktes kann bei anderen Produkten sowohl Ergebniszuwächse (durch Substitutionseffekte) als auch Ergebnisrückgänge (wegen der Sortimentseffekte) bewirken. Die ursprünglich isoliert berechneten Produktergebnisse spiegeln somit nicht die tatsächlichen Ergebnisveränderungen wider.

Machen Sie sich die Verbundeffekte an der Einführung zweier Produkte klar: Die Erfolge von Geldmarktfonds sind zu Lasten von Spar- und Termineinlagen gegangen. Innovative Aktienderivate haben der Commerzbank angeblich zusätzliche Kunden im „normalen" Wertpapier- und Depotgeschäft beschert.

Die zweite Frage betrifft die Produktion. Dort führt normalerweise eine Straffung der Produktpalette zu erheblichen Kosteneinsparungen. Ob das für die Abwicklung von Bankleistungen ebenfalls gilt, hängt u. a. davon ab, wie standardisiert und modularisiert die Arbeitsabläufe sind. Aus Gesamtbanksicht ist es wünschenswert, wenn ein Prozess – anders als in Kapitel L4 angedeutet – zu vielen Produkten passt. Dann lassen sich Skaleneffekte (economies of scale) im Betriebsbereich erzielen, ohne auf eine breite Produktpalette verzichten zu müssen.

L5.3.4 Profitcenterkalkulation

Nicht erst seit Beginn der Finanzkrise ist in den Zeitungen zu lesen, dass Kreditinstitute Zweigstellen umstrukturieren und schließen sowie Mitarbeiter entlassen (vgl. O.V. (2009d)). Um die Vertriebsstruktur möglichst gut zu gestalten, sollten dabei z. B. die gewinnbringenden von den wenig profitablen Filialen (bzw. allgemeiner: Vertriebsstellen) unterschieden werden können. Für manche Personalmaßnahmen (Beförderung, Prämierung, Entlassung, etc.) ist zudem die

Kenntnis der Ergebnisbeiträge einzelner Mitarbeiter wünschenswert. Für beide Anwendungsfälle kann eine Profitcenterkalkulation die Datengrundlage liefern.

Allerdings hat insbesondere die mitarbeiterbezogene Detaillierung ihre rechtlichen Grenzen. So hat gemäß §87 Abs. 1 Nr. 6 BetrVG der Betriebsrat bei Fehlen tarifvertraglicher Regelungen ein Mitspracherecht bezüglich der Anwendung und der Einführung technischer Einrichtungen, die zur Überwachung des Verhaltens oder der Leistung der Arbeitnehmer bestimmt sind.

Auf der untersten Ebene kann ein Profitcenter ein einzelner Mitarbeiter sein, aber auch die Abteilung Firmenkunden einer Filiale. Die Ergebnisse solcher Profitcenter werden folgendermaßen berechnet: Für jedes Einzelgeschäft wird das verantwortliche Profitcenter festgehalten. Alle seine Marktergebnisse werden aufaddiert. Korrigiert um Erlöse und Kosten, die keinem Einzelgeschäft, wohl aber dem Profitcenter insgesamt als Einzelkosten zuzurechnen sind, z. B. die Kosten der Abteilungsleitung, ist dies das Ergebnis des Profitcenters.

Auf höheren Ebenen werden zunächst die Ergebnisse der zugehörigen Profitcenter der nächst tieferen Ebene addiert. Korrigiert wird wieder um Erlöse und Kosten, die auf der betrachteten Ebene erstmals zurechenbar sind, z. B. die Kosten für die Filialleitung.

In der Praxis mag die EDV-technische Umsetzung von Profitcenterkalkulationen gelegentlich schwierig erscheinen, da grundsätzlich bei jedem Geschäftsvorfall ein Profitcenter zu erfassen und abzuspeichern ist. Mit der fortschreitenden Entwicklung der Systeme sollte dieses Problem immer mehr an Bedeutung verlieren.

Bei einer kundenorientierten Organisation werden alle Kunden einem Betreuer und damit einem Profitcenter zugeordnet, bei einer Spartenorganisation ist jedes Profitcenter für bestimmte Produkte zuständig. In beiden Fällen ist die Profitcenterkalkulation vor allem eine spezielle Art einer der beiden anderen Auswertungen. Aber es gibt Besonderheiten:

> Manche Bankgeschäfte können keiner Kundennummer zugeordnet werden: Passanten kaufen oder verkaufen Sorten; Tafelgeschäfte werden anonym abgewickelt, selbst wenn der Kunde bekannt ist. In der Profitcenterkalkulation können solche Geschäfte auf der untersten Ebene erfasst werden, in der Kundenkalkulation nur als „Restposten" auf Gesamtbankebene.

> Kunden wickeln nicht alle ihre Bankgeschäfte mit dem für sie zuständigen Profitcenter ab: Das Konto wird in derjenigen Zweigstelle geführt, die der Wohnung am nächsten liegt, aber Abhebungen und die Abholung neuer Scheckformulare etc. erfolgen gelegentlich auch in der Mittagspause in einer Zweigstelle in der Nähe des Arbeitsplatzes.

Aus anreiztheoretischer Sicht ist der zweite Punkt, die „vernünftige" Verrechnung zwischen Filialen, interessant: Solange es sich um profitable Transaktionen handelt, wird der dem Kunden zugeordnete Betreuer das Ergebnis für sich reklamieren und der ausführenden Stelle lediglich die SEK vergüten wollen. Bei Abhebungen von Guthaben aber, bei denen zu den SEK noch eine Reduzierung des Konditionsbeitrages kommt, würde er sicher gerne das negative Gesamtergebnis des Geschäftsvorfalls abgeben.

Erhält die ausführende Stelle das Gesamtergebnis, so besteht die Gefahr, dass die Mitarbeiter versuchen, „Verlustgeschäfte" mit Kunden anderer Profitcenter z. B. durch unfreundliche Behandlung der Kunden abzuwimmeln. Das könnte die gesamte Kundenbeziehung gefährden und aus Gesamtbanksicht falsch sein. Werden genau die SEK vergütet, so wird dieser Effekt wohl nicht zu beobachten sein, so dass diese Alternative vorzuziehen ist. Besondere Anreize, sich um gewinnbringende Zusatzgeschäfte zu bemühen, gibt es dann aber auch nicht.

Teil M
Externes Rechnungswesen

Schon ein erster Blick in eine HGB-Bankbilanz zeigt, dass es erhebliche Unterschiede zu Nicht-Banken gibt. So ist die Reihenfolge, in der die Aktiva und Passiva aufgelistet sind, quasi auf den Kopf gestellt. Die Aktivseite beginnt mit den liquiden Mitteln, Sachanlagen dagegen stehen weiter unten, die Passivseite beginnt mit dem Fremdkapital, danach erst folgt das Eigenkapital. Auf der Aktivseite fehlt die vertraute Einteilung in Anlage- und Umlaufvermögen, in der GuV gibt es Bezeichnungen wie „Nettoergebnis aus …", die darauf hindeuten, dass Aufwendungen und Erträge entgegen allen sonstigen Gepflogenheiten saldiert werden. Dies sollte Grund genug sein, sich eingehender mit der Bankbilanzierung zu beschäftigen. Wir werden uns allerdings nicht nur auf die Bilanzierung nach HGB-Vorschriften beschränken, sondern wir werden auch die internationalen Rechnungslegungsvorschriften, die mit Beginn 2004 von *International Accounting Standards* (*IAS*) in *International Financial Reporting Standards* (*IFRS*) umbenannt wurden, behandeln. Seit 2005 sind diese für die Konzernrechnungslegung von kapitalmarktorientierten Unternehmen verpflichtend, nicht kapitalmarktorientierte Unternehmen können einen befreienden IFRS-Konzernabschluss erstellen. Darüber hinaus haben mittlerweile alle Unternehmen die Möglichkeit, auch ihren Einzelabschluss nach den IFRS zu erstellen, allerdings nur für Zwecke der Offenlegung, für gesellschaftsrechtliche und steuerliche Zwecke muss darüber hinaus ein HGB-Abschluss erstellt werden.

Wir wollen zunächst aus den Aufgaben, die die externe Rechnungslegung zu erfüllen hat, die unterschiedlichen Zielsetzungen der beiden Regelungssysteme HGB und IFRS ableiten. Diese unterschiedlichen Zielsetzungen bedingen dann wiederum andersartige Bewertungsvorschriften.

Kapitel M2 hat die HGB-Bankbilanzierung zum Inhalt. Dort werden Sie kennen lernen, welche gesetzlichen Grundlagen Banken bei der Jahresabschlusserstellung zu beachten haben, wie eine Bankbilanz gegliedert ist und was sich inhaltlich hinter den Aktiv- und Passivpositionen verbirgt. Danach wenden wir uns der Bewertung dieser Positionen zu, wobei wir uns auf bankspezifische Besonderheiten konzentrieren. Sie werden dabei erfahren, dass Banken erhebliche Bewertungsspielräume mit weitreichenden Konsequenzen für den ausgewiesenen Gewinn nutzen können und dass Banken in Durchbrechung des Anschaffungswert-

T. Hartmann-Wendels et al., *Bankbetriebslehre*,   797
DOI 10.1007/978-3-642-11857-9_13, © Springer-Verlag Berlin Heidelberg 2010

und Realisationsprinzips einen Teil ihrer finanziellen Vermögenswerte zu aktuellen Marktpreisen bewerten. Die Besonderheiten der Bank-Gewinn- und Verlustrechnung werden Sie in Abschnitt M2.4 kennen lernen.

In Kapital M3 geht es um die IFRS-Rechnungslegung. Der Aufbau erfolgt analog zu Kapitel M2, d. h. nach Vorstellung der maßgeblichen IFRS werden die Bilanzpositionen erläutert, die wichtigsten Bewertungsvorschriften dargestellt und die GuV-Positionen erklärt. Eine Besonderheit des IFRS-Jahresabschlusses ist die Kapitalflussrechnung, deren Aufbau Gegenstand von Abschnitt M3.5 ist.

In Kapitel M4 werden einige Spezialprobleme wie die Bilanzierung und Bewertung von Sicherungszusammenhängen, die Fremdwährungsumrechnung und Pensionsgeschäfte behandelt, wobei hier vor allem die Unterschiede zwischen HGB- und IFRS-Rechnungslegung herausgearbeitet werden.

M1 Aufgaben und Funktionen der externen Rechnungslegung

1. Jahresabschlüsse sollen Informationen bereitstellen, die zum einen für Kapitalanlageentscheidungen benötigt werden und zum anderen eine Kontrolle der Bankleitung durch die Kapitalgeber ermöglichen.
2. Die Rechnungslegung nach HGB orientiert sich an dem Ziel des Gläubigerschutzes, entsprechend dient der Jahresabschluss dazu, einen vorsichtig bemessenen ausschüttbaren Gewinn zu bestimmen.
3. Zielsetzung von Abschlüssen nach IFRS ist es, entscheidungsrelevante Informationen über die Vermögens-, Finanz- und Ertragslage des Unternehmens sowie deren Veränderungen im Zeitablauf zu vermitteln.
4. Besondere Ausweis- und Offenlegungsvorschriften für Kreditinstitute lassen sich mit der besonderen Geschäftstätigkeit von Kreditinstituten begründen, das Ziel des Gläubigerschutzes ist der Grund für spezielle Bewertungsvorschriften im HGB.

Aufgaben und Funktionen der externen Rechnungslegung sind bei Kreditinstituten grundsätzlich die gleichen wie bei anderen Unternehmen. Die externe Rechnungslegung dient der Produktion und Übermittlung von Informationen, wobei das Attribut „extern" auf den Adressatenkreis hindeutet, nämlich Unternehmensexterne wie z. B. Kunden, Lieferanten, Kapitalgeber, Arbeitnehmer oder aber allgemein die Öffentlichkeit. Bei Kreditinstituten stehen ganz eindeutig die Kapitalgeber im Vordergrund. Die Produktion von Informationen ist allerdings kein Selbstzweck, vielmehr ist zu fragen, wofür Informationen benötigt werden und was sie bewirken. Informationen dienen dazu, bestehende Unsicherheiten zu reduzieren. Die Unsicherheit der Kapitalgeber kann sich dabei auf zwei verschiedene Aspekte beziehen: Zum einen geht es um die Unsicherheit über die künftigen Erträge einer Kapitalanlage bei einem Kreditinstitut, zum anderen geht es um die Unsicherheit über das Verhalten der Bankleitung. Was damit gemeint ist, soll im Folgenden näher erläutert werden.

Ähnlich wie Banken als Kreditgeber Informationen über die Bonität potenzieller Kreditnehmer einholen, ist es für die Einleger einer Bank von Interesse, Informationen über die Sicherheit ihrer Einlage zu erhalten. In noch viel stärkerem Maße sind die Eigenkapitalgeber auf Informationen über die künftige Unternehmensentwicklung angewiesen, da sie primär das unternehmerische Risiko tragen. Rechnungslegungsinformationen sollen den Kapitalgebern dabei helfen, bessere Entscheidungen zu treffen. Es ist offensichtlich, dass solche Informationen nur dann nutzbringend sein können, wenn sie verfügbar sind, bevor eine Entscheidung getroffen wird, man spricht hier auch von der „pre decision" Informationsfunktion der Rechnungslegung.

Informationen über die wirtschaftliche Situation eines Kreditinstituts werden nicht nur vor der Kapitalhergabe benötigt, sondern auch zu späteren Zeitpunkten. Welcher Rückfluss aus einer Kapitalanlage zu erwarten ist, hängt auch davon ab, wie die Leitung der Bank die eingelegten bzw. aufgenommenen Gelder verwendet. Wir hatten bereits an früherer Stelle gesehen, dass die Beziehung zwischen Kapitalgebern und Bankleitung als eine Principal-Agent-Beziehung angesehen werden kann (vgl. Kapitel G). Interessenkonflikte bestehen sowohl zwischen den Einlegern und der Bankleitung als auch zwischen Geschäftsleitung und Anteilseignern. Für die Kapitalgeber ergibt sich damit die Notwendigkeit, die Bankleitung zu kontrollieren. Informationen über die wirtschaftliche Situation der Bank können Aufschluss darüber geben, inwieweit das Management die Interessen der Kapitalgeber gewahrt hat. Rechnungslegungsinformationen beziehen sich in diesem Fall auf die Konsequenzen von bereits getroffenen Entscheidungen, daher spricht man auch von einer „post decision" Informationsfunktion der externen Rechnungslegung. Obwohl diese Informationen erst vorliegen, nachdem Entscheidungen bereits getroffen worden sind, beeinflussen sie doch diese Entscheidungen: Die Unternehmensleitung, die weiß, dass ihre Dispositionen später anhand der erzielten Ergebnisse beurteilt werden, wird dies bei der Festlegung eben dieser Dispositionen bereits berücksichtigen. Die post decision Informationsfunktion zielt somit darauf ab, Interessenkonflikte zwischen Unternehmensleitung und Kapitalgeber zu reduzieren: man spricht hier auch von Rechenschaftslegung.

Die Bereitstellung von Informationen für die Kapitalgeber ist immer dann besonders wichtig, wenn ein Unternehmen börsengehandelte Finanztitel in Form von Aktien oder Anleihen ausgegeben hat. Anders als die Gesellschafter einer Personengesellschaft oder als die Bank im Rahmen von Kreditbeziehungen haben die Investoren von kapitalmarktorientierten Unternehmen in der Regel keine andere Möglichkeit als den Jahresabschluss, um sich über die wirtschaftliche Situation des Unternehmens zu informieren. Daher ist es grundsätzlich sinnvoll, an kapitalmarktorientierten Unternehmen umfangreiche Bilanzierungs- und Publizitätsanforderungen zu stellen. Ebenso gut begründet ist vor diesem Hintergrund die Vorschrift, dass alle Kreditinstitute unabhängig von ihrer Größe und Rechtsform ihre Jahresabschlüsse publizieren müssen (§340l HGB), da Kreditinstitute, sofern sie das Einlagengeschäft betreiben, eine Vielzahl von Kapitalgebern haben.

Die Versorgung der Kapitalgeber mit entscheidungsrelevanten Informationen über die Vermögens-, Finanz- und Ertragslage des Unternehmens sowie deren Veränderungen ist das Hauptziel der IFRS-Rechnungslegung. Demgegenüber wird das Ziel des HGB-Abschlusses im Schutz der Gläubiger vor Vermögensverlusten gesehen. Der Gläubigerschutz soll allerdings nicht primär – wie bei den IFRS – durch die Versorgung der Fremdkapitalgeber mit umfangreichen Informationen realisiert werden, sondern knüpft an die Ausschüttungsbemessungsfunktion der Jahresüberschussermittlung an. Je stärker das Ausschüttungspotenzial begrenzt ist, desto mehr Eigenkapital muss im Unternehmen verbleiben, ein tendenziell höherer Eigenkapitalanteil mindert wiederum das Ausfallrisiko der Gläubiger.

Die unterschiedlichen Schwerpunktsetzungen der beiden Rechnungslegungssysteme ziehen voneinander abweichende Bewertungsvorschriften nach sich. Dem Gläubigerschutz durch Begrenzung des Ausschüttungspotenzials wird dadurch gedient, dass der Jahresüberschuss tendenziell niedrig ausfällt. Dies kann erreicht werden, indem für alle Aktiva ein niedriger und für alle Passiva ein hoher Wertansatz gewählt wird. Die auf dem Vorsichtsprinzip gründenden Bewertungsprinzipien der GoB zielen genau in diese Richtung: Der Wertansatz für die Aktiva darf die Anschaffungskosten nicht übersteigen, nicht realisierte Gewinne infolge von Wertsteigerungen dürfen nicht ausgewiesen werden, noch nicht realisierte Verluste müssen dagegen schon erfolgswirksam berücksichtigt werden. Infolge dieser Bewertungsvorschriften muss allerdings in Kauf genommen werden, dass die Rechnungslegung kaum einen zutreffenden Einblick in die wirtschaftliche Situation des Unternehmens vermitteln kann. Daher ist nicht verwunderlich, dass die IFRS, die die Informationsfunktion des Jahresabschlusses in den Vordergrund stellen, andere Bewertungsvorschriften beinhalten: Ein beträchtlicher Teil der Aktiva werden zum aktuellen Marktwert, d. h. zum *Fair Value* ausgewiesen. Mit dem Bilanzrechtsmodernisierungsgesetz (BilMoG) hat die Fair Value-Bewertung nun auch in die HGB-Bilanzierung für Banken Eingang gefunden: Künftig werden die Handelsbestände zum aktuellen Marktwert bilanziert, ein Stück Vorsichtsprinzip ist aber erhalten geblieben, da zum einen der Marktwert um einen Risikoabschlag reduziert werden muss (§340e Abs. 3 HGB) und zum anderen 10% der Nettoerträge des Handelsbestands dem „Fonds für allgemeine Bankrisiken" zugeführt werden müssen und somit einer Ausschüttungssperre unterliegen (§340e Abs. 4 HGB).

Die externe Rechnungslegung der Banken hat grundsätzlich die gleichen Aufgaben zu erfüllen wie die Rechnungslegung der Nichtbanken. Gibt es daher eine Notwendigkeit, für Kreditinstitute gesonderte Rechnungslegungsvorschriften zu erlassen? Unmittelbar einleuchtend ist, dass die besondere Geschäftstätigkeit der Banken abweichende Positionen in der Bilanz und in der GuV sinnvoll macht. So setzen sich Aktiv- und Passivseite der Bilanz fast ausschließlich aus finanziellen Vermögenswerten bzw. Verpflichtungen der unterschiedlichsten Art zusammen, daher ist eine tiefere Untergliederung dieser Posten als bei Nichtbanken sinnvoll. Erträge und Aufwendungen resultieren ganz überwiegend aus finanziellen Transaktionen, daher ist es auch hier sinnvoll, die damit zusammenhängenden Aufwands- und Ertragsarten stärker zu untergliedern als bei Nichtbanken.

Gibt es auch eine Notwendigkeit für besondere Bewertungsvorschriften, die nur für Banken gelten? Im Rahmen der HGB-Rechnungslegung könnte ein Plädoyer für spezielle Bewertungsvorschriften folgende Argumente beinhalten: Sparer als typische Gläubiger von Banken haben ein höheres Schutzbedürfnis als andere Gläubiger, weil sie die Geldanlage nicht gewerbsmäßig betreiben, sondern nur rudimentäre Kenntnisse über finanzwirtschaftliche Zusammenhänge besitzen. Daraus ließe sich dann ableiten, dass das Vorsichtsprinzip bei Banken eine strengere Ausprägung annehmen muss und Banken in besonderem Maße stille Reserven bilden müssen. Allerdings darf ein niedriger Gewinnausweis nicht dazu führen, dass das Vertrauen der Sparer in die Stabilität der Banken erschüttert wird, da – wie Sie in Kapitel D3 gesehen haben – die Gefahr eines Bank Runs potenziell immer besteht. Dem kann man vorbeugen, indem man den Banken durch die Bewertungswahlrechte die Möglichkeit einräumt, den Gewinnausweis über die Zeit zu glätten, um so Stabilität in der Ertragsentwicklung nach außen zu dokumentieren.

Sieht man die Versorgung der Kapitalgeber mit Informationen über das Unternehmen als Hauptziel der externen Rechnungslegung an, so ist nicht ersichtlich, warum für Banken andere Bewertungsgrundsätze gelten sollen als für Nicht-Banken. Daher gibt es innerhalb der IFRS keinen branchenspezifischen Standard, der speziell für Banken gilt.

M2 Der HGB-Jahresabschluss

1. Die Bilanz von Kreditinstituten enthält Informationen über die Liquiditätslage und die Risikosituation: Die Aktiva sind nach abnehmender Liquidität und die Passiva nach zunehmender Fristigkeit gegliedert. Rückschlüsse auf das Ausfallrisiko bestimmter Geschäfte ermöglicht die Differenzierung der Schuldner nach öffentlichen Stellen, Kreditinstituten und Kunden.
2. Auf der Aktivseite der Bilanz wird zwischen Forderungen und Wertpapieren unterschieden, auf der Passivseite zwischen Verbindlichkeiten und verbrieften Verbindlichkeiten.
3. Finanzinstrumente, die zu Handelszwecken gehandelt werden, müssen gesondert ausgewiesen werden.
4. Wertpapiere müssen für Bewertungszwecke intern drei Kategorien zugeordnet werden: Finanzanlagen, Handelsbestand und Liquiditätsreserve. Der Handelsbestand wird mit dem aktuellen Zeitwert bewertet, für den Liquiditätsbestand und für Forderungen dürfen Vorsorgereserven gebildet werden, die eine bewusste Unterbewertung erlauben.
5. In der GuV wird der Zinsüberschuss getrennt vom Provisionsüberschuss ausgewiesen. Bei einigen Posten müssen bzw. dürfen Aufwendungen und Erträge saldiert ausgewiesen werden.

M2.1 Rechtsgrundlagen für die HGB-Bankbilanzierung

Für Kreditinstitute gelten besondere Bilanzierungsvorschriften, die im vierten Abschnitt des dritten Buches des HGB (§§340-340o HGB) enthalten sind. Ergänzt werden diese Sondervorschriften durch die *„Verordnung über die Rechnungslegung der Kreditinstitute und Finanzdienstleistungsinstitute"* (RechKredV), die ihre Rechtsgrundlage wiederum in §330 HGB hat, demzufolge für Kreditinstitute gesonderte Vorschriften über die Gliederung des Jahresabschlusses und über den Inhalt des Anhangs per Verordnung erlassen werden können. Die RechKredV regelt vor allem Gliederung und Inhalt von Bilanz, Gewinn- und Verlustrechnung (GuV) und Anhang und erläutert die einzelnen Positionen. Daneben ist für die externe Rechnungslegung der Kreditinstitute noch das KWG relevant, in dem besondere Vorschriften bezüglich der Fristen für die Aufstellung und bezüglich der Prüfung des Jahresabschlusses festgelegt sind (§§26-29 KWG).

In diesen Spezialgesetzen werden die von den Kreditinstituten zu beachtenden Bilanzierungsvorschriften allerdings nicht erschöpfend festgelegt, vielmehr sind hier nur die Bestimmungen aufgenommen, die von den für Nichtbanken geltenden Vorschriften abweichen. Die für alle Unternehmen geltenden Bilanzierungsvorschriften kommen somit auch für Kreditinstitute in Betracht, allerdings nur insoweit, als die Spezialgesetze keine abweichenden Regelungen vorsehen. Die im Handelsrecht vorzufindende Unterscheidung in Vorschriften für alle Kaufleute und ergänzende Vorschriften für Kapitalgesellschaften hat für Banken insofern keine Bedeutung, als dass Kreditinstitute unabhängig von ihrer Rechtsform und Größe grundsätzlich die Vorschriften, die für die große Kapitalgesellschaft (§267 Abs. 3 HGB) gelten, anzuwenden haben (§340a HGB).

Kreditinstitute müssen demnach einen Jahresabschluss, bestehend aus Bilanz, GuV und Anhang, erstellen, der von einem Wirtschaftsprüfer geprüft und veröffentlicht werden muss. Weiterhin verlangt §340a HGB für alle Kreditinstitute die Aufstellung und Veröffentlichung eines geprüften Lageberichts.

Wenn Sie sich darüber informieren wollen, wie ein Kreditinstitut einen bestimmten Sachverhalt zu bilanzieren hat, so müssen Sie zunächst immer in den Spezialvorschriften (§§340-340o HGB, RechKredV) nachsehen. Nur sofern dieser Sachverhalt dort nicht geregelt ist, kommen die Bilanzierungsvorschriften, die auch für Nichtbanken gelten, zur Anwendung. Hier gelten dann zunächst wiederum die *„Ergänzenden Vorschriften für Kapitalgesellschaften"* (§§264-289 HGB) und nur, sofern Sie auch hier nicht fündig werden, sind die Bilanzierungsvorschriften, die für alle Kaufleute gelten (§§238-263 HGB), anzuwenden.

M2.2 Aufbau der Bankbilanz nach HGB

M2.2.1 Gliederungsprinzipien in der Bilanz

Der formale Aufbau der Bilanz ist im Formblatt 1 der RechKredV einheitlich für alle Kreditinstitute geregelt. Lediglich für Realkreditinstitute, Bausparkassen und Genossenschaften gelten bei einigen Bilanzpositionen abweichende Vorschriften, die wir hier aber nicht näher betrachten wollen. Bereits ein flüchtiger Blick auf das Bilanzformblatt (vgl. Abbildung M2.1) lässt erkennen, dass die Anordnung und Bezeichnung der Bilanzpositionen einer Bankbilanz völlig von dem Ihnen vertrauten Bilanzbild abweicht:

- Die sonst übliche Reihenfolge der Bilanzpositionen ist quasi auf den Kopf gestellt, denn die Aktivseite beginnt mit liquiden Mitteln und auf der Passivseite rangiert das Fremdkapital vor dem Eigenkapital,
- eine Unterteilung der Aktiva in Anlage- und Umlaufvermögen fehlt,
- die Finanzaktiva sind in zahlreiche Bilanzpositionen aufgeschlüsselt,
- das Sachvermögen wird hingegen nur in einer einzigen Bilanzposition (A12) zusammengefasst.

Die Abgrenzung der einzelnen Bilanzpositionen voneinander und ihre Reihenfolge sollen gewisse Einblicke in die Liquiditätslage und in die Risikosituation des Kreditinstituts gewähren. Maßgeblich für die Erhaltung der Liquidität ist neben dem Bestand an Zahlungsmitteln vor allem die Höhe und zeitliche Struktur künftiger Ein- und Auszahlungen. Hinweise auf die Liquidität eines Kreditinstituts können der Bilanz unter zwei Aspekten entnommen werden: Zum einen können Vermögensgegenstände danach unterschieden werden, wie schnell und mit welchen finanziellen Einbußen sie im Bedarfsfall liquidiert werden können (statische Liquidität) und zum anderen erlaubt die Laufzeit bzw. Fristigkeit von Aktiva und Passiva zumindest vage Rückschlüsse auf die Höhe und den zeitlichen Anfall von künftigen Ein- und Auszahlungen (dynamische Liquidität). So deutet beispielsweise ein hoher Bestand an kurzfristigen Forderungen und/oder Verbindlichkeiten darauf hin, dass in naher Zukunft mit erheblichen Ein- bzw. Auszahlungen zu rechnen ist. Tendenziell sind die Aktiva und Passiva nach fallender Liquidität geordnet, so dass die Aktivseite mit der Position „Barreserve" beginnt, wohingegen die Sachanlagen erst weit unten in der Bilanz vor den sog. Korrekturposten ausgewiesen werden.

Auf der Passivseite der Bilanz stehen entgegen der sonst üblichen Reihenfolge die Verbindlichkeiten vor dem zeitlich unbegrenzt zur Verfügung stehenden Eigenkapital. Einige Bilanzpositionen sind darüber hinaus nach Laufzeit- bzw. Fälligkeitskriterien weiter zu unterteilen (z. B. A3 Forderungen an Kreditinstitute: Unterteilung nach täglich fälligen und anderen Forderungen; P1 und P2 Verbindlichkeiten gegenüber Kreditinstituten bzw. Kunden: Unterteilung nach täglich fälligen Verbindlichkeiten und solchen mit vereinbarter Laufzeit oder Kündigungsfrist). Eine tiefergehende Beurteilung der Liquiditätsverhältnisse soll der Anhang gewähren, in dem Forderungen und Verbindlichkeiten nach unterschiedlichen *Restlaufzeiten* weiter aufzuschlüsseln sind (§340d HGB). Folgende

Rückstellung: hinsichtl. Höhe und Wahrsch. ungewiss

Aktivseite			Passivseite		
(1) Barreserve			(1) Verbindlichkeiten gegenüber		
a) Kassenbestand		...	Kreditinstituten		
b) Guthaben bei Zentralnotenbanken		...	a) täglich fällig		...
darunter:			b) mit vereinbarter Laufzeit oder		
bei der Deutschen Bundesbank ...... Euro			Kündigungsfrist	...	...
c) Guthaben bei Postgiroämtern		... ...	(2) Verbindlichkeiten gegenüber Kunden		
(2) Schuldtitel öffentlicher Stellen und			a) Spareinlagen		
Wechsel, die zur Refinanzierung bei			aa) mit vereinbarter Kündigungsfrist		
Zentralnotenbanken zugelassen sind			von drei Monaten		...
a) Schatzwechsel und unverzinsliche			ab) mit vereinbarter Kündigungsfrist		
Schatzanweisungen sowie ähnliche			von mehr als drei Monaten	...	...
Schuldtitel öffentlicher Stellen		...	b) andere Verbindlichkeiten		
darunter:			ba) täglich fällig		...
bei der Deutschen Bundesbank			bb) mit vereinbarter Laufzeit oder		
refinanzierbar ...... Euro			Kündigungsfrist	...	...
b) Wechsel		... ...	(3) Verbriefte Verbindlichkeiten		
(3) Forderungen an Kreditinstitute			a) begebene Schuldverschreibungen		...
a) täglich fällig		...	b) andere verbriefte Verbindlichkeiten	...	...
b) andere Forderungen		... ...	darunter:		
(4) Forderungen an Kunden		...	Geldmarktpapiere ...... Euro		
darunter:			eigene Akzepte und Solawechsel im		
durch Grundpfandrechte gesichert ...... Euro			Umlauf ...... Euro		
Kommunalkredite ...... Euro			3a. Handelsbestand		...
(5) Schuldverschreibungen und andere			4. Treuhandverbindlichkeiten		...
festverzinsliche Wertpapiere			darunter:		
a) Geldmarktpapiere			Treuhandkredite ...... Euro		
aa) von öffentlichen Emittenten		...	5. Sonstige Verbindlichkeiten		
darunter:			6. Rechnungsabgrenzungsposten *RAP*		
beleihbar bei der Deutschen			6a. Passive latente Steuern		...
Bundesbank ...... Euro			7. Rückstellungen → *FK* *Rücksl.*		
ab) von anderen Emittenten		... ...	a) Rückstellung für Pensionen und		
darunter:			ähnliche Verpflichtungen		...
beleihbar bei der Deutschen			b) Steuerrückstellungen		...
Bundesbank ...... Euro			c) andere Rückstellungen		... ...
b) Anleihen und Schuldverschreibungen			8. [gestrichen]		
ba) von öffentlichen Emittenten		...	9. Nachrangige Verbindlichkeiten		
darunter:			10. Genussrechtskapital		
beleihbar bei der Deutschen			darunter:		
Bundesbank ...... Euro			vor Ablauf von zwei Jahren fällig ...... Euro		
bb) von anderen Emittenten			11. Fonds für allgemeine Bankrisiken		...
darunter:		... ...	(12) Eigenkapital → *EK*		
beleihbar bei der Deutschen			a) gezeichnetes Kapital		...
Bundesbank ...... Euro			b) Kapitalrücklage		
c) eigene Schuldverschreibungen			c) Gewinnrücklagen		
Nennbetrag ...... Euro		... ...	ca) gesetzliche Rücklage		...
(6) Aktien und andere nicht festverzinsliche			cb) Rücklage für Anteile an einem		
Wertpapiere		...	herrschenden oder mehrheitlich		
6a. Handelsbestand		...	beteiligten Unternehmen		...
			cc) satzungsmäßige Rücklagen		...
			cd) andere Gewinnrücklagen		... ...
			d) Bilanzgewinn/Bilanzverlust		... ...

EK

(Rücklage:)

- *unerw. Verluste auffangen*
- *Ausstattung verbessern*
- *Kapitalstruktur positiv beeinflussen*
- *gleichm. Gewinnausschüttung*

noch Aktivseite		noch Passivseite

noch Aktivseite

7. Beteiligungen ...
    darunter:
    an Kreditinstituten ...... Euro
    an Finanzdienstleistungsinstituten ..... Euro
8. Anteile an verbundenen Unternehmen ...
    darunter:
    an Kreditinstituten ...... Euro
    an Finanzdienstleistungsinstituten ..... Euro
9. Treuhandvermögen ...
    darunter:
    Treuhandkredite ...... Euro
10. Ausgleichsforderungen gegen die
    öffentliche Hand einschließlich Schuld-
    verschreibungen aus deren Umtausch ...
11. Immaterielle Anlagewerte
    a) Selbst geschaffene gewerbliche
        Schutzrechte und ähnliche Rechte und
        Werte ...
    b) entgeltlich erworbene Konzessionen,
        gewerbliche Schutzrechte und ähnliche
        Rechte und Werte sowie Lizenzen an
        solchen Rechten und Werten ...
    c) Geschäfts- oder Firmenwert ...
    d) geleistete Anzahlungen ... ...
12. Sachanlagen ...
13. Ausstehende Einlagen auf das
    gezeichnete Kapital ...
    darunter:
    eingefordert ...... Euro
14. Sonstige Vermögensgegenstände ...
15. Rechnungsabgrenzungsposten ...
16. Aktive latente Steuern ...
17. Aktiver Unterschiedsbetrag aus der
    Vermögensverrechnung ...
18. Nicht durch Eigenkapital gedeckter
    Fehlbetrag ...

Summe der Aktiva ...

noch Passivseite

Summe der Passiva ...

1. Eventualverbindlichkeiten
    a) Eventualverbindlichkeiten aus
        weitergegebenen abgerechneten
        Wechseln ...
    b) Verbindlichkeiten aus Bürgschaften
        und Gewährleistungsverträgen ...
    c) Haftung aus der Bestellung von
        Sicherheiten für fremde
        Verbindlichkeiten ... ...
2. Andere Verpflichtungen
    a) Rücknahmeverpflichtungen aus
        unechten Pensionsgeschäften ...
    b) Platzierungs- und
        Übernahmeverpflichtungen ...
    c) Unwiderrufliche Kreditzusagen ... ...

Abb. M2.1: Bilanzformblatt

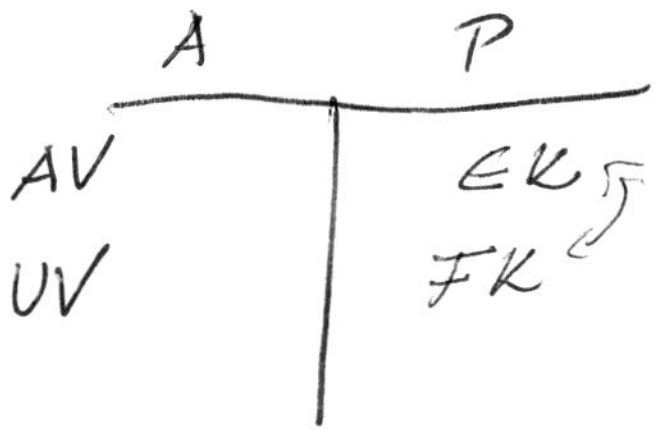

A   P
AV   EK
UV   FK

Zeitintervalle sind zu erfassen: Forderungen und Verbindlichkeiten bis zu drei Monaten, mehr als drei Monate bis zu einem Jahr, mehr als ein Jahr bis zu fünf Jahren, mehr als fünf Jahre. Bei den „Schuldverschreibungen und anderen festverzinslichen Wertpapieren" (A5) und den „begebenen Schuldverschreibungen" (P3a)) sind die Beträge derjenigen Papiere anzugeben, die in dem Jahr, das auf den Bilanzstichtag folgt, fällig werden (§9 RechKredV).

Rückschlüsse auf die Liquidierbarkeit von Vermögenspositionen gestattet die Bezeichnung einiger Bilanzpositionen sowie die Ausgliederung von bestimmten Aktiva in sog. „Darunter-Positionen". So orientiert sich die Unterteilung in Forderungen (A3 bzw. A4) und Wertpapiere (A5 bzw. A6) an dem Kriterium der Fungibilität, d. h. an der Möglichkeit einer schnellen und reibungslosen Veräußerung. Anhaltspunkte über das Refinanzierungspotential gibt die Position A2, in der Schuldtitel und Wechsel, die zur Refinanzierung bei Zentralnotenbanken zugelassen sind, getrennt von anderen Forderungstiteln ausgewiesen werden. Auch der gesonderte Ausweis von Anleihen und Schuldverschreibungen sowie Geldmarktpapieren, die bei der Deutschen Bundesbank beliehen werden können (A5a, A5b), in einer „Darunter-Position" lässt Rückschlüsse auf die Liquiditätsnähe einzelner Vermögensgegenstände zu.

Unter Liquiditätsgesichtspunkten sind auch die Positionen unter dem Bilanzstrich von Interesse. Aus den „Eventualverbindlichkeiten" und den „Anderen Verpflichtungen" ist erkennbar, inwieweit Auszahlungsverpflichtungen auf das Kreditinstitut zukommen können.

Die Aussagefähigkeit der Bilanz ist jedoch hinsichtlich der Liquiditätslage eingeschränkt. So ist die Bilanz ein stichtagsbezogenes Rechenwerk, das eine zeitraumbezogene und zukunftsgerichtete Beurteilung der Liquidität von der Konzeption her nur sehr unvollständig zu leisten vermag. Hinzu kommen Objektivierungserfordernisse, die eine den individuellen Gegebenheiten Rechnung tragende Einordnung von Aktiva und Passiva in der Bilanz unter dem Gesichtspunkt der Laufzeit bzw. Fristigkeit nicht erlauben. So beziehen sich die Begriffe Ursprungs-, Restlaufzeit und Kündigungsfrist immer auf formell vereinbarte Fristen bzw. Zeitpunkte. Inwieweit damit zu rechnen ist, dass Forderungen tatsächlich zum vereinbarten Zeitpunkt zurückfließen und Verbindlichkeiten tatsächlich bis zum formellen Fälligkeitszeitpunkt zur Verfügung stehen, ist der Bilanz nicht zu entnehmen. Auch Ansatz- und Bewertungsvorschriften erschweren den Einblick in die Liquiditätslage. So werden eine Reihe von Transaktionen, mit denen künftige Zahlungen verbunden sind, in der Bilanz nicht erfasst, auch nicht in den Positionen unter dem Bilanzstrich. Dies betrifft insbesondere die Finanzinnovationen, also Swapgeschäfte sowie unbedingte und bedingte Termingeschäfte, die sich in der Bilanz gar nicht oder nur sehr unvollständig niederschlagen. Schließlich bewirken auch die Bewertungsvorschriften, und hier insbesondere die speziell für Kreditinstitute geltenden besonderen Bewertungswahlrechte (vgl. hierzu den Abschnitt M2.3), dass die in der Bilanz ausgewiesenen Buchwerte wenig aussagefähig sind im Hinblick auf die Möglichkeit, diese Buchwerte in Zahlungsmittel zu transformieren. Insgesamt gesehen vermittelt die Bilanz somit trotz der liquiditätsorientierten Gliederung der einzelnen Bilanzpositionen nur ein unvollständiges Bild von der Liquiditätslage eines Kreditinstituts.

In der Bankbilanz werden neben Liquiditätsrisiken auch Bonitätsrisiken berücksichtigt, jedoch keine Zinsänderungs- und Wechselkursrisiken. Im Rahmen der Ermittlung von Bonitätsrisiken ist aber aufgrund von Objektivierungserfordernissen keine individuelle Risikobeurteilung einzelner Finanzaktiva möglich, stattdessen erfolgt die Berücksichtigung der Risikoverhältnisse nur in sehr grober Weise anhand intersubjektiv überprüfbarer Kriterien. Die Differenzierung der Schuldner in Kreditinstitute und Kunden, d. h. Nichtbanken, sowie der gesonderte Ausweis von Forderungen gegen öffentliche Stellen bei einigen Bilanzpositionen erlaubt gewisse Rückschlüsse über die Risikohaftigkeit der ausgeliehenen Gelder. Weiterhin werden durch Grundpfandrechte besicherte Kredite an Nichtbanken in einer Darunter-Position gesondert vermerkt. Nachrangige Forderungen, d. h. Forderungen, die erst nach Befriedigung der anderen Gläubiger erfüllt werden und damit in erhöhtem Maße ausfallbedroht sind, werden in der Bilanz ausgegliedert oder aber im Anhang vermerkt. Eine tiefergehende Unterteilung der an Nichtbanken vergebenen Kredite nach Risikogesichtspunkten wäre natürlich sehr aufschlussreich, eine solche Differenzierung scheitert jedoch alleine schon aus Gründen der mangelnden intersubjektiven Überprüfbarkeit. Dem Risikoaspekt wird auch dadurch Rechnung getragen, dass Verflechtungen mit anderen Kreditinstituten und mit Nichtbanken in der Bilanz kenntlich gemacht werden. So werden auf der Aktivseite *„Beteiligungen"* (A7) und *„Anteile an verbundenen Unternehmen"* (A8) gesondert ausgewiesen, wobei entsprechende Beteiligungstitel, die an Kreditinstituten bzw. Finanzdienstleistungsinstituten gehalten werden, noch einmal in einer Darunter-Position ausgegliedert werden. Weiterhin müssen Forderungen (auch in Form von in Wertpapieren verbrieften Forderungen) und Verbindlichkeiten, die gegenüber verbundenen Unternehmen und gegenüber Unternehmen, mit denen ein Beteiligungsverhältnis besteht, entweder in einem Unterposten gesondert ausgewiesen werden oder aber es müssen entsprechende Angaben im Anhang gemacht werden. Eine vergleichbare Regelung gilt für Forderungen und Verbindlichkeiten, die ein Kreditinstitut in der Rechtsform einer GmbH gegenüber Gesellschaftern hat.

M2.2.2 Charakterisierung und Systematisierung von Finanzaktiva

Ein wesentlicher Teil der Geschäftstätigkeit von Kreditinstituten, der die Aktivseite der Bilanz berührt, ist auf den Erwerb, das Halten sowie die Veräußerung von Finanzaktiva gerichtet. Unter Finanzaktiva werden hier ganz allgemein Anwartschaften auf künftige Zahlungen verstanden. Gleichgültig, ob Kredite vergeben, Wechsel angekauft, Aktien, Anleihen oder Optionsrechte gekauft werden, stets ist damit der Erwerb einer Zahlungsanwartschaft verbunden.

Die unter dem Oberbegriff Finanzaktiva zusammengefassten Finanztitel sind in sehr unterschiedlicher Weise ausgestaltet. Zu den wichtigsten Merkmalen, die für die Zuordnung zu den einzelnen Bilanzpositionen auf der Aktivseite von Bedeutung sind, zählen die Refinanzierbarkeit bei Zentralnotenbanken, die Börsenfähigkeit, die Rechtsstellung des Finanztitelinhabers und die Zwecksetzung, die mit dem Halten eines Finanztitels verbunden ist. Refinanzierbarkeit bzw. Börsenfähigkeit verleihen einem Finanzierungstitel einen hohen Liquiditätsgrad, so dass eine Abgrenzung dieser Titel von nicht handelbaren Finanzaktiva Einblicke in die Liquiditätslage erlaubt. Hinsichtlich der Rechtsstellung des Finanztitelinhabers ist zu unterscheiden zwischen Anteilstiteln, die Eigentums- bzw. Mitgliedschaftsrechte beinhalten, und Schuldtiteln, die Gläubigerrechte repräsentieren. Bei Schuldtiteln ist im Hinblick auf die Risikobeurteilung von Bedeutung, wer der Emittent ist. Anteilstitel gewähren Einwirkungsrechte, daher können mit deren Erwerb unterschiedliche Motive verbunden sein. Für die Bilanzierung ist bedeutsam, ob lediglich eine Kapitalanlage beabsichtigt wird oder ob mit dem Erwerb auch eine weitergehende Verflechtung angestrebt wird. Werden Finanzinstrumente gleich welcher Art zu Handelszwecken gehalten, so werden sie in der Bilanz gesondert ausgewiesen, und zwar auf der Aktivseite, wenn mit der Position ein Anspruch bzw. eine Anwartschaft auf Zahlungen verbunden ist, und auf der Passivseite, wenn aus der Position eine Verpflichtung resultiert.

Angesichts dieser vielfältigen Differenzierungsmöglichkeiten ist nicht verwunderlich, dass für die Bilanzierung von Finanzaktiva eine Reihe von Bilanzpositionen zur Auswahl stehen, nämlich die Bilanzpositionen A2 bis A8 sowie evtl. auch A14 *„sonstige Vermögensgegenstände"*. Als Gliederungsmerkmal werden wir die Rechtsstellung des Finanztitelinhabers und die Halteabsicht verwenden.

M2.2.3 Bilanzierung von Forderungstiteln

Forderungstitel sind mit Gläubiger- oder gläubigerähnlichen Rechten verbunden. Sofern die Forderungstitel nicht zum Handelsbestand gehören, werden sie nach dem Kriterium der Liquidierbarkeit in drei Gruppen eingeteilt (vgl. Abbildung M2.2). Für Schuldtitel, die bei Zentralnotenbanken refinanzierungsfähig sind, erfolgt der Bilanzausweis unter A2 *„Schuldtitel öffentlicher Stellen und Wechsel, die zur Refinanzierung bei Zentralnotenbanken zugelassen sind"*. Forderungstitel mit Wertpapiercharakter werden unter A5 *„Schuldverschreibungen und andere festverzinsliche Wertpapiere"* aufgeführt. Die übrigen, nicht börsenfähigen Forderungstitel werden unter A3 bzw. A4 als Forderungen an Kreditinstitute bzw. an Kunden ausgewiesen. Weiterhin ist für die Zuordnung in der Bilanz die Bonität des Schuldners relevant, hier wird unterschieden zwischen öffentlichen Stellen, Kreditinstituten und Kunden.

Ein Ausweis unter der Position A2 kommt in Betracht für Forderungstitel, die unter Diskontabzug hereingenommen werden und zur Refinanzierung bei den Zentralnotenbanken der Niederlassungsländer zugelassen sind (§13 Abs. 1 RechKredV). Die Hereinnahme unter Diskontabzug bedeutet, dass beim Ankauf ein Abschlag vom Nominalbetrag (Diskont, Disagio) vorgenommen wird. Die Vereinbarung eines Agiozuschlags, d. h. Ankauf zum Nominalwert und Rückzahlung zu einem höheren Betrag steht einem Ausweis unter A2 nicht entgegen. Wechsel sind immer dann unter A2 zu bilanzieren, wenn sie zur Refinanzierung zugelassen sind.

Unter A5 sind solche Forderungstitel auszuweisen, die Wertpapiercharakter haben und nicht zu Handelszwecken gehalten werden. Hierzu zählen börsen-

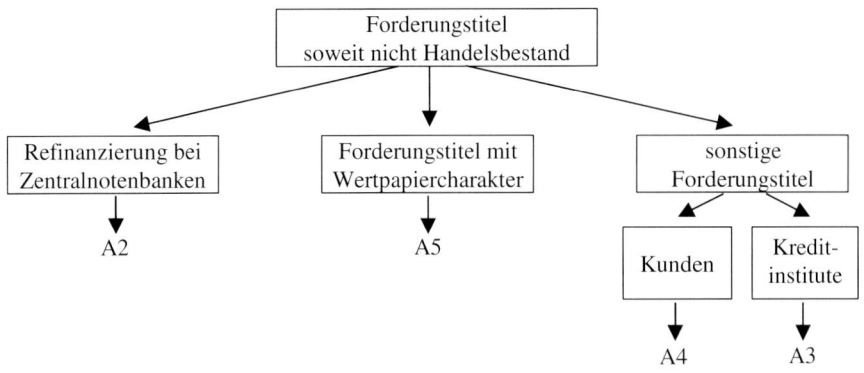

Abb. M2.2: Bilanzausweis von Forderungstiteln

fähige Inhaberschuldverschreibungen, börsenfähige Orderschuldverschreibungen und andere börsenfähige festverzinsliche Inhaberpapiere, wie z. B. Geldmarktpapiere (§16 Abs. 1 RechKredV). Die Bezeichnung *festverzinsliche Wertpapiere* bezieht sich nicht auf die Art der Verzinsung, sondern auf die Rechtsstellung des Finanztitelinhabers. Wertpapiere gelten immer dann als festverzinslich, wenn sie Gläubigerrechte verbriefen und zwar unabhängig davon, ob sie mit einer festen, einer variablen oder mit keiner (expliziten) Verzinsung ausgestattet sind (§16 Abs. 2 RechKredV). Floating Rate Notes bzw. Indexanleihen, bei denen die Verzinsung an einen Referenzzinssatz gekoppelt ist, gelten als festverzinslich, genauso wie Zerobonds, bei denen überhaupt keine direkten Zinszahlungen anfallen. Auch Gewinnschuldverschreibungen, Asset Backed Securities (ABS) sowie Wandel- und Optionsanleihen gelten als festverzinsliche Wertpapiere. Das gleiche gilt für die mit der Optionsanleihe verbundenen Optionsscheine, die zum Bezug junger Aktien berechtigen, solange diese der Anleihe noch anhaften. Nach Abtrennung von der Anleihe werden sie dagegen unter A6 bilanziert.

Die im Bestand befindlichen Geldmarktpapiere sind getrennt von den Kapitalmarktpapieren auszuweisen. Als Geldmarktpapiere gelten alle Schuldverschreibungen mit einer Ursprungslaufzeit bis zu einem Jahr (§16 Abs. 2a RechKredV). Typische Geldmarktpapiere sind Certificates of Deposit, Commercial Papers und Euro-Notes. Certificates of Deposit sind handelbare, nur von Kreditinstituten zu emittierende Zertifikate, die ein Bankguthaben zu einem bestimmten Zinssatz repräsentieren. Commercial Papers sind Schuldverschreibungen, die unter Abzug eines Diskonts vom Nennbetrag ausgegeben werden und üblicherweise eine Laufzeit bis zu 90 Tagen haben. Euro-Notes haben als gemeinsames Charakteristikum, dass die Banken nicht mehr als direkte Kreditgeber fungieren. Die Kreditinstitute sichern die Mittelbeschaffung des Schuldners mittels der Emission von Euro-Notes ab, indem sie sich verpflichten, nicht am Markt platzierte

Euro-Notes zu übernehmen. Sowohl Geld- als auch Kapitalmarktpapiere werden getrennt nach öffentlichen und anderen Emittenten ausgewiesen. Zusätzlich wird in Darunter-Positionen jeweils angegeben, ob die Papiere bei der Deutschen Bundesbank beleihbar sind. Zurückgekaufte börsenfähige Schuldverschreibungen eigener Emissionen werden ebenfalls aktivisch unter A5 ausgewiesen. Sofern es sich um nicht börsenfähige eigene Titel handelt, erfolgt der Ausweis passivisch (§16 Abs. 4 RechKredV).

Im Unterschied zu den Wertpapieren sind Forderungen nur im Sinne einer Negativabgrenzung definiert. Somit liegt nur dann eine Forderung vor, wenn die Voraussetzungen für einen Bilanzausweis als Wertpapier nicht erfüllt sind und auch eine Bilanzierung unter den Positionen A2 und A6a nicht infrage kommt (§§14 und 15 RechKredV). Forderungen sind somit z. B. Guthaben bei anderen Banken (eine Ausnahme bilden die täglich fälligen Sichtguthaben bei Zentralnotenbanken in Niederlassungsländern, diese gehören zur Barreserve (A1)), gewährte Darlehen, Namensschuldverschreibungen, Schuldscheindarlehen, nicht börsenfähige Inhaber- und Orderschuldverschreibungen sowie Wechsel, die weder börsenfähig noch bei Zentralnotenbanken zur Refinanzierung zugelassen sind.

Der Forderungsbestand ist je nachdem, ob der Schuldner eine Bank oder eine Nichtbank ist, in den Positionen A3 _„Forderungen an Kreditinstitute"_ bzw. A4 _„Forderungen an Kunden"_ auszuweisen. Sofern sich die Forderung gegen verbundene Unternehmen oder gegen Unternehmen richtet, mit denen ein Beteiligungsverhältnis besteht, ist ein gesonderter Ausweis in der Bilanz oder eine entsprechende Angabe im Anhang vorzunehmen. Das gleiche gilt für die bonitätsmäßig niedriger einzustufenden nachrangigen Forderungen. Voraussetzung für die Bilanzierung unter A3 ist zum einen, dass der Schuldner als Kreditinstitut einzustufen ist, und zum anderen, dass die Forderung aus einem Bankgeschäft resultiert. Als Kreditinstitute gelten alle inländischen Kreditinstitute im Sinne des §1 KWG, daneben aber auch ausländische Kreditinstitute, die über eine Banklizenz in ihrem Heimatland verfügen und das Einlagen- und Kreditgeschäft betreiben, Zentralnotenbanken und internationale Einrichtungen mit Bankcharakter. Die für Kreditinstitute geltende Begrenzung auf Bankgeschäfte ist materiell unbedeutend. Denkbar wäre, dass eine Forderung gegenüber einem Kreditinstitut besteht, die aus einer Warenlieferung resultiert. Diese Forderung ist dann nicht unter A3, sondern als „Sonstiger Vermögensgegenstand" (A14) zu bilanzieren. Informationen über die Liquiditätslage vermittelt der gesonderte Ausweis der täglich fälligen Forderungen (A3a), die anderen Forderungen an Kreditinstitute sind im Anhang nach ihrer Laufzeit näher aufzuschlüsseln.

Forderungen an Kunden sind unabhängig davon, ob sie aus Bankgeschäften oder aus Warengeschäften resultieren, stets unter Position A4 auszuweisen. Informationen über die Bonität der ausgereichten Kredite vermittelt die Ausgliederung der durch Grundpfandrechte besicherten Kredite und der Kommunalkredite. Von einem Kommunalkredit wird gesprochen, wenn der Schuldner eine inländische Körperschaft oder Anstalt des öffentlichen Rechts ist oder eine solche Institution die Bürgschaft für einen Kredit übernimmt (§15 Abs. 3 RechKredV). Kommunalkredite können daher als risikolos eingestuft werden.

M2.2.4 Bilanzierung von Anteilstiteln

Zu den Anteilstiteln zählen alle Finanzaktiva, die Eigentums- oder eigentumsähnliche Rechte beinhalten. Hierzu gehören Anteile an anderen Unternehmen in Form von z. B. Kommandit- oder GmbH-Anteilen, daneben auch Aktien und unter gewissen Voraussetzungen sog. hybride Finanztitel, die eine Zwischenform zwischen Eigen- und Fremdfinanzierung darstellen. Für die Bilanzierung von Anteilstiteln kommen die Positionen A6-A8 („*Aktien und andere nicht festverzinsliche Wertpapiere*", „*Handelsbestand*", „*Beteiligungen*", „*Anteile an verbundenen Unternehmen*") in Betracht, ausnahmsweise auch die Position A14 „*Sonstige Vermögensgegenstände*" (vgl. Tabelle M2-1). Maßgeblich für die Zuordnung ist zum einen der Wertpapiercharakter und zum anderen die Zwecksetzung, die mit dem Anteilsbesitz verfolgt wird.

Der Inhalt der Bilanzposition A6 „*Aktien und andere nicht festverzinsliche Wertpapiere*" ist in §17 RechKredV präzisiert. Demnach sind hier sämtliche Anteilstitel, die unter den Wertpapierbegriff fallen, auszuweisen, sofern sie nicht zu Handelszwecken gehalten werden. Dies sind:

- Aktien, soweit sie nicht als Beteiligung bzw. als Anteile an verbundenen Unternehmen anzusehen sind,
- aktienähnliche Titel wie z. B. Zwischenscheine,
- Investmentanteile, (von der Optionsanleihe abgetrennte) Optionsscheine (sog. Warrants), Gewinnanteilsscheine,
- als Inhaber- oder Orderpapiere ausgestaltete börsenfähige Genussscheine,
- andere nicht festverzinsliche Wertpapiere, soweit sie börsennotiert sind (z. B. Bezugsrechte).

Tab. M2-1: Bilanzierung von Anteilstiteln (ohne Handelsbestand)

	A6 „Aktien und andere nicht festverzinsliche Wertpapiere"	A7 „Beteiligungen"	A8 „Anteile an verbundenen Unternehmen"
Aktien	Sofern nicht A6a, A7 oder A8	Sofern dauerhafte Verbindung (Beteiligungsvermutung: Anteilsquote ≥20%) und nicht A8	Sofern Einbezug in den Konzernabschluss
Sonstige Anteilstitel mit Wertpapiercharakter	Stets, sofern nicht A6a	Nicht zulässig	Nicht zulässig
Anteile an GmbH oder Personengesellschaft	Nicht zulässig, da kein Wertpapier	Stets, sofern nicht A8 (ausnahmsweise auch A14)	Sofern Einbezug in den Konzernabschluss

Für Aktien ist eine Ausnahme zu beachten. Unter bestimmten Voraussetzungen kommt auch eine Bilanzierung in den Positionen A7 *„Beteiligungen"* und A8 *„Anteile an verbundenen Unternehmen"* infrage. Weiterhin werden Anteilstitel, für die ein Ausweis unter A6 nicht infrage kommt, in der Regel unter A7 oder A8 ausgewiesen. Hierbei handelt es sich insbesondere um Anteile an einer GmbH oder an einer Personengesellschaft. Lediglich dann, wenn diese Anteilsrechte ausnahmsweise keinen Beteiligungscharakter haben, werden sie unter A14 *„Sonstige Vermögensgegenstände"* bilanziert.

Um die Abgrenzungsprobleme zwischen den Positionen A6, A7 und A8 zu klären, muss §271 HGB herangezogen werden, in dem die Begriffe „Beteiligungen" und „Anteile an verbundenen Unternehmen" für alle Kapitalgesellschaften definiert sind. Da Kreditinstitute stets nach den Vorschriften für Kapitalgesellschaften bilanzieren müssen, gelten diese Legaldefinitionen für alle Kreditinstitute unabhängig von ihrer Rechtsform. Zum Begriff der Beteiligung heißt es in §271 Abs. 1 HGB:

> „Beteiligungen sind Anteile an anderen Unternehmen, die bestimmt sind, dem eigenen Geschäftsbetrieb durch Herstellung einer dauernden Verbindung zu jenen Unternehmen zu dienen. Dabei ist es unerheblich, ob die Anteile in Wertpapieren verbrieft sind oder nicht."

Maßgeblich für das Vorliegen einer Beteiligung sind zwei Kriterien: Es muss zum einen eine dauerhafte Anlageabsicht vorliegen und zum anderen muss die Beteiligung dem eigenen Geschäftsbetrieb dienen. Ob eine dauerhafte Verbindungsabsicht vorliegt, ist objektiv nicht nachprüfbar, hier kommt es vielmehr auf die subjektive Entscheidung des bilanzierenden Kreditinstituts an. Auch die Formulierung „dem eigenen Geschäftsbetrieb ... dienen" eröffnet erhebliche Interpretationsspielräume. Gemeint ist mit dieser Formulierung eine Anlage, bei der nicht nur – wie bei jeder anderen Kapitalanlage auch – eine angemessene Verzinsung angestrebt wird, sondern bei der auch eine Beteiligung an der Willensbildung im anderen Unternehmen gegeben ist. Allerdings darf diese Beteiligung nicht so stark ausgeprägt sein, dass ein beherrschender Einfluss vorliegt, da in diesem Fall ein Anteil an einem verbundenen Unternehmen vorliegt. Eine Beteiligung ist somit eine wirtschaftliche Beziehung zu einem anderen Unternehmen, die über eine reine Vermögensanlage hinausgeht, die jedoch nicht die strengeren Kriterien, die ein verbundenes Unternehmen charakterisieren, erfüllt. Typische Anzeichen dafür, dass eine Kapitalanlage dem eigenen Geschäftsbetrieb dient, sind personelle Verflechtungen oder leistungswirtschaftliche Interdependenzen. Von einer Beteiligung kann daher insbesondere dann ausgegangen werden, wenn Anteile an einem branchengleichen oder branchenverwandten Unternehmen gehalten werden, da in diesem Fall die Kapitalanlage im Allgemeinen der Ergänzung oder Abrundung der eigenen geschäftlichen Tätigkeit dient.

Der subjektive Ermessensspielraum, den die Legaldefinition einer Beteiligung eröffnet, wird insofern eingeschränkt, als dass gemäß §271 Abs. 1 S. 3 HGB stets eine Beteiligung vermutet wird, wenn der Anteil an einer Kapitalgesellschaft 20% des Nennkapitals dieser Gesellschaft überschreitet. Diese Beteiligungsvermutung ist allerdings widerlegbar, wenn anhand objektiver Kriterien dargelegt werden kann, dass der Besitz der Anteile keine über eine reine Vermögensüberlassung hinausgehende wirtschaftliche Verbindung zu dem anderen Unternehmen beinhaltet. Kriterien für eine Widerlegung der Beteiligungsvermutung sind das Fehlen leistungswirtschaftlicher Verflechtungen sowie der Ausschluss von Mitwirkungsrechten bei dem anderen Unternehmen.

Liegt eine Beteiligung vor, so ist stets zu prüfen, ob nicht auch die Kriterien für einen Anteilsbesitz an einem verbundenen Unternehmen erfüllt sind. Ist dies der Fall, so geht der Ausweis unter A8 der Bilanzierung unter A7 vor. Der Begriff *„verbundene Unternehmen"* bezieht sich auf solche Unternehmen, die als Mutter- oder Tochterunternehmen in den Konzernabschluss nach den Vorschriften über die Vollkonsolidierung einzubeziehen sind (§271 Abs. 2 HGB). Ein Mutter-Tochter-Verhältnis liegt dann vor, wenn ein Unternehmen (Mutterunternehmen) auf ein anderes (Tochterunternehmen) unmittelbar oder mittelbar einen beherrschenden Einfluss ausüben kann (§290 HGB). Dies ist gegeben, wenn eine der folgenden Voraussetzungen erfüllt ist: Das Mutterunternehmen hat die Stimmrechtsmehrheit, ein Organbestellungsrecht, ein Beherrschungsrecht oder es trägt bei Zweckgesellschaften die Mehrheit der Risiken und Chancen.

M2.2.5 Handelsbestand

In den Positionen A6a und P3a sind Finanzinstrumente des Handelsbestandes auszuweisen, und zwar auf der Aktivseite finanzielle Vermögenswerte und auf der Passivseite finanzielle Verpflichtungen, die zu Positionen des Handelsbestandes gehören. Entscheidend für die Zuordnung zum Handelsbestand sind nicht die Wesensmerkmale eines Finanztitels, sondern allein die Handelsabsicht. Zu den Handelsaktiva (A6a) zählen damit sowohl originäre als auch derivative Finanztitel, d. h. Finanzaktiva, die sonst unter A3, A4 (Forderungen), A5 (Schuldverschreibungen und andere festverzinsliche Wertpapiere), A6 (Aktien und andere nicht festverzinsliche Wertpapiere) oder A14 (sonstige Vermögensgegenstände) ausgewiesen werden sowie außerbilanzielle Optionsrechte und Termingeschäfte werden in der Position A6a gezeigt, sofern sie zu Handelszwecken gehalten werden. Handelspassiva (P3a) können Verpflichtungen aus Termingeschäften und Stillhalterpositionen aus Optionsgeschäften sowie andere Verbindlichkeiten sein.

Die Zuordnung zum Handelsbestand erfolgt somit anders als bei den anderen Positionen nicht anhand von objektiv überprüfbaren Ausstattungsmerkmalen eines Finanztitels, sondern nach der subjektiven Zwecksetzung, die mit dem Erwerb verbunden ist. Eine Handelsabsicht liegt dann vor, wenn intendiert ist, mit dem Finanzinstrument einen Eigenhandelserfolg zu erzielen. Dies ist gegeben, wenn ein Finanzinstrument mit der Absicht erworben wird, es kurzfristig wieder zu einem günstigeren Preis weiterzuveräußern oder wenn Finanzinstrumente erworben werden, um bestehende oder erwartete Preisdifferenzen oder Marktschwankungen auszunutzen. Bilanzielles und bankaufsichtliches Handelsbuch (vgl. Abschnitt G2.3.1) stimmen zunächst im Wesentlichen überein, Unterschiede können sich aber durch spätere Umwidmungen ergeben. §1a Abs. 4 S. 3 KWG verlangt eine Umwidmung, wenn die Voraussetzungen für eine Zuordnung in das Handels- bzw. Anlagebuch entfallen sind, ansonsten lässt §1a Abs. 4 S. 4 KWG eine Umwidmung zu, wenn hierfür ein schlüssiger Grund vorliegt. Eine derartige Umwidmung aus dem Anlage- oder Liquiditätsbestand in den Handelsbestand ist dagegen in der HGB-Bilanz grundsätzlich ausgeschlossen, eine Umwidmung aus dem Handelsbestand ist nach §340e Abs. 3 S. 3 HGB nur dann möglich, wenn außergewöhnliche Umstände wie z. B. eine schwerwiegende Beeinträchtigung der Handelbarkeit eines Finanztitels vorliegt, die zu einer Aufgabe der Handelsabsicht führt. Dieser Passus gleicht die Umwidmungsvorschriften des HGB an die des IAS 39 an. Dort wurde im Zuge der Finanzmarktkrise die Möglichkeit geschaffen, in besonderen Situationen („rare circumstances") Finanzinstrumente des Handelsbestandes umzuwidmen. Der IFRS 9, der den IAS 39 ersetzen wird, erlaubt ebenfalls eine Umklassifizierung, allerdings sind die Voraussetzungen hierfür anders gefasst (vgl. Abschnitt M3.2). Die Definition der Handelsaktiva nach HGB stimmt nicht mit der des IAS 39 überein. Ein wichtiger Unterschied ist, dass Derivate in der IFRS-Bilanz stets zum Handelsbestand zählen, außer wenn sie in Sicherungszusammenhänge einbezogen sind.

Der gesonderte Ausweis von Finanzinstrumenten in der Kategorie Handelsbestand ist wichtig, weil ausschließlich diese Finanzinstrumente unter Durchbrechung des Anschaffungskosten- und Realisationsprinzips zum aktuellen Zeitwert („Fair Value") abzüglich eines Risikoabschlags bewertet werden.

M2.2.6 Bilanzierung der Verbindlichkeiten

Verbindlichkeiten sind bei Kreditinstituten sowohl hinsichtlich ihres Anteils am Gesamtkapital als auch hinsichtlich ihrer Vielfalt von wesentlich größerer Bedeutung als bei Nichtbanken. Daher ist es nicht verwunderlich, dass die Bankbilanz einen wesentlich differenzierteren Ausweis des Fremdkapitals fordert als dies für andere Unternehmen vorgeschrieben ist.

Die Unterteilung in einzelne Verbindlichkeitspositionen erfolgt teilweise in Analogie zu den entsprechenden Positionen auf der Aktivseite der Bilanz. So finden wir – entsprechend zu den Forderungen – auf der Passivseite ebenfalls eine Unterscheidung danach, ob die Verbindlichkeit gegenüber Kunden oder gegenüber Kreditinstituten besteht. Ebenfalls ist ein gesonderter Bilanzausweis oder eine entsprechende Angabe im Anhang erforderlich für Verbindlichkeiten gegenüber verbundenen Unternehmen oder gegenüber Unternehmen, zu denen ein Beteiligungsverhältnis besteht. Auch die Fristengliederung der Verbindlichkeiten entspricht der für die Forderungen. Die Unterscheidung zwischen Forderungen und Wertpapieren findet auf der Passivseite ihre Entsprechung in der Differenzierung zwischen Verbindlichkeiten (P1, P2) und „*Verbrieften Verbindlichkeiten*" (P3), wobei die Abgrenzungskriterien allerdings hier anders gefasst sind.

„*Nachrangige Verbindlichkeiten*" sind – anders als die nachrangigen Forderungen – nicht bei der jeweiligen Verbindlichkeitsposition gesondert auszuweisen, sondern in einer eigenen Position zusammengefasst (P9). Diese Bilanzposition steht bewusst „relativ nah" zum Eigenkapital, da nachrangige Verbindlichkeiten unter bestimmten Voraussetzungen Bestandteil des haftenden Eigenkapitals sind (vgl. Kapitel G2.3.2). Das gleiche gilt für das „*Genussrechtskapital*" (P10), das gesondert von den übrigen Verbindlichkeiten auszuweisen ist und ebenfalls unter gewissen Voraussetzungen zum haftenden Eigenkapital gehört (vgl. Kapitel G2.3.2).

Wir wollen zunächst den Begriff der „*Verbrieften Verbindlichkeit*" erläutern und dann auf Bilanzierungsfragen, die die übrigen Verbindlichkeitspositionen betreffen, näher eingehen. Der Begriff „*Verbriefte Verbindlichkeiten*" ist in §22 RechKredV definiert. Demnach gelten Verbindlichkeiten als verbrieft, wenn hierfür nicht auf den Namen lautende übertragbare Urkunden ausgestellt sind. Damit sind drei Kriterien genannt, die die Verbriefung von Verbindlichkeiten ausmachen: (1.) es dürfen keine Namenspapiere sein, (2.) sie müssen in Schuldurkunden verbrieft und (3.) übertragbar sein. Verbriefte Verbindlichkeiten müssen somit in Form von Inhaber- oder Orderpapieren vorliegen. Charakteristisch für diese Papiere ist, dass die Durchsetzbarkeit der Forderung von dem Besitz der Urkunde abhängt („Das Recht aus dem Papier folgt dem Recht an dem Papier"). Dient die Urkunde dagegen lediglich zur Beweissicherung bzw. als Legitimationsinstrument, so liegt keine „*Verbriefte Verbindlichkeit*" vor. Damit sind Schuldscheindarlehen und im Allgemeinen auch die von Kreditinstituten herausgegebenen Sparbriefe keine „*Verbrieften Verbindlichkeiten*". Die Ausgliederung „*eigene Akzepte und Solawechsel im Umlauf*" bezieht sich nur auf solche Wechsel, die die Bank zur eigenen Refinanzierung akzeptiert hat und die sich im Umlauf befinden, nicht jedoch auf Akzepte, welche sich im Bestand der Bank befinden.

Die Bilanzposition P1 „*Verbindlichkeiten gegenüber Kreditinstituten*" bezieht sich – analog zu den Forderungen an Kreditinstitute – bei Banken nur auf solche Zahlungsverpflichtungen gegenüber anderen Kreditinstituten, die aus Bankgeschäften resultieren, und bei Finanzdienstleistungsinstituten auf alle Verbindlichkeiten gegenüber Banken. Besteht bei Kreditinstituten die Verbindlichkeit gegenüber einer anderen Bank nicht aufgrund eines Bankgeschäftes, so erfolgt der Ausweis unter P5 „*Sonstige Verbindlichkeiten*" .

Bei den „*Verbindlichkeiten gegenüber Kunden*" werden die Spareinlagen von anderen Einlageformen getrennt ausgewiesen (Zur Legaldefinition von Spareinlagen gemäß §21 Abs. 4 RechKredV siehe Abschnitt D2.4). Zu den „*anderen Verbindlichkeiten*" (P2b) gehören u. a. Namensschuldverschreibungen und Orderschuldverschreibungen, die nicht Teil einer Gesamtemission sind, sowie Namensgeldmarktpapiere (§21 Abs. 2 RechKredV).

M2.2.7 Bilanzierung von Hybridkapital

Als Hybridkapital werden Finanzinstrumente bezeichnet, die Charakteristika von Eigen- und Fremdkapital in sich vereinigen. So werden diese Instrumente – ähnlich dem Eigenkapital – im Insolvenzfall erst nachrangig bedient und nehmen teilweise am Verlust des Unternehmens teil, andererseits weisen diese Finanzinstrumente wie für Fremdkapital typisch eine begrenzte Laufzeit auf. Für Banken ist die Emission von Hybridkapital von Interesse, da diese Finanzinstrumente unter gewissen Voraussetzungen als haftendes Eigenkapital anerkannt werden und die Kapitalkosten niedriger eingeschätzt werden als die des „echten" Eigenkapitals.

In der Position P9 *„Nachrangige Verbindlichkeiten"* sind solche Verbindlichkeiten auszuweisen, die im Fall der Insolvenz erst nach den Forderungen der übrigen Gläubiger erfüllt werden dürfen und somit zum haftenden Eigenkapital zählen. Dabei ist es für den Ausweis unter P9 unerheblich, ob diese Verbindlichkeiten verbrieft sind oder nicht. Der Anhang enthält zusätzliche Angaben zu den nachrangigen Verbindlichkeiten (§35 Abs. 3 RechKredV).

Auch Genussrechte enthalten sowohl Komponenten der Eigen- als auch der Fremdfinanzierung. Daher werden begebene Genussrechte unter bestimmten Voraussetzungen als haftendes Eigenkapital (vgl. Kapitel G2.3.2) anerkannt. In der Bilanz steht dementsprechend das Genussrechtskapital nahe beim Eigenkapital. Auch der Daruntervermerk *„vor Ablauf von zwei Jahren fällig"* ist auf die Anerkennung als haftendes Eigenkapital ausgerichtet. Die Bilanzierung von begebenen Genussrechten unter der Position P10 ist allerdings unabhängig von der Anerkennung als haftendes Eigenkapital und auch unabhängig von der Börsenfähigkeit. Stille Einlagen gelten ebenfalls als Hybridkapital, der Ausweis erfolgt allerdings beim Eigenkapital (§25 RechKredV).

M2.2.8 Die Bilanzierung des Eigenkapitals

Der Bilanzausweis des Eigenkapitals von Kreditinstituten entspricht der Gliederung der Eigenkapitalpositionen der großen Kapitalgesellschaft. Demnach ist zu unterscheiden zwischen dem gezeichneten Kapital, den Kapitalrücklagen, den einzelnen Arten der Gewinnrücklagen und dem Bilanzgewinn bzw. Bilanzverlust. Für Kreditinstitute ist ein Ausweis nach teilweiser Gewinnverwendung (nach Zuführung zu den Gewinnrücklagen) vorgeschrieben, wohingegen für Nichtbanken ein Wahlrecht besteht, die Bilanz vor, nach teilweiser oder nach vollständiger Gewinnverwendung aufzustellen.

Inhaltlich unterscheiden sich die Bilanzpositionen des Eigenkapitals nicht von denen einer Nichtbank, so dass wir hier auf eine weitergehende Erläuterung verzichten können. Ein gewisses Problem beim Ausweis des Eigenkapitals entsteht dadurch, dass das Bilanzformblatt rechtsformunabhängig gilt, die Bezeichnung der Eigenkapitalpositionen aber typischerweise von der Rechtsform abhängt. Dementsprechend fallen unter das gezeichnete Kapital unabhängig von der Rechtsform und der genauen Bezeichnung alle Beträge, die als von den Eigentümern oder Gesellschaftern gezeichnet gelten. Dies können Einlagen stiller Gesellschafter sein, ebenso wie das Dotationskapital bei Sparkassen oder aber auch Geschäftsguthaben der Genossen (§25 Abs. 1 RechKredV, Fußnote 12 zum Bilanzformblatt). Desgleichen ist die Gewinnrücklage bei Aktiengesellschaften gleichzusetzen mit der Sicherheitsrücklage bei Sparkassen und der Ergebnisrücklage bei Genossenschaften.

Der *„Fonds für allgemeine Bankrisiken"* (P11) stellt eine Form der offenen Rücklagenbildung dar. Die gesetzliche Grundlage für die Bildung dieses Fonds ist §340g Abs. 1 HGB, der es den Kreditinstituten erlaubt, in diesen Fonds Beträge zur Sicherung gegen allgemeine Bankrisiken einzustellen. Zuführungen zu diesem Fonds sind als Aufwand zu behandeln (§340g Abs. 2 HGB), ökonomisch gesehen sind sie aber eher als eine Form der Gewinnthesaurierung (unter Ausschaltung jeglicher Mitspracherechte der Aktionäre) anzusehen. Dieser Sichtweise tragen auch die Bestimmungen über das haftende Eigenkapital Rechnung, die den *„Fonds für allgemeine Bankrisiken"* als haftendes Eigenkapital anerkennen. Die Zuführungen zu diesem Fond sind dementsprechend steuerlich nicht als Aufwand anerkannt. Im Fonds für allgemeine Bankrisiken ist der „Sonderposten nach §340e Abs. 4 HGB" gesondert auszuweisen. In diesen Sonderposten sind 10% der Nettoerträge aus Handelsgeschäften einzustellen, bis 50% des Durchschnitts der Nettoerträge aus den vorangegangenen fünf Jahren erreicht sind (§340e Abs. 4 Satz 2 Nr. 2 HGB).

M2.2.9 Bilanzierung weiterer Bilanzpositionen

Bislang haben wir nur die für Banken besonders bedeutsamen und mit ihrer Geschäftstätigkeit unmittelbar zusammenhängenden Bilanzpositionen betrachtet. Im Folgenden sollen die bis jetzt noch nicht angesprochenen Positionen kurz erläutert werden.

Die Position A1 *„Barreserve"* besteht aus drei Unterpositionen: a) Zum Kassenbestand zählen neben in- und ausländischen Noten und Münzen, die gesetzliches Zahlungsmittel sind, auch Postwertzeichen und Gerichtsgebührenmarken. Unterposition b) umfasst die täglich fälligen Guthaben bei den Zentralnotenbanken der Niederlassungsländer, wobei die Guthaben bei der Deutschen Bundesbank in einer Darunter-Position gesondert auszuweisen sind. Zu den täglich fälligen Guthaben zählen auch die Mindestreserven. Mit Postgiroämter sind Institutionen gemeint, die anders als die Deutsche Postbank AG kein Institut sind. Derartige Postgiroämter gibt es noch in einigen EU-Staaten.

Unter A9 *„Treuhandvermögen"* sind solche Vermögensgegenstände auszuweisen, die ein Kreditinstitut im eigenen Namen, aber für fremde Rechnung hält (§6 RechKredV). Die Gegenposition auf der Passivseite ist P4 *„Treuhandverbindlichkeiten"*. Das Kreditinstitut leitet bspw. Darlehen der Kreditanstalt für Wiederaufbau an Dritte weiter und verwaltet sie, ohne jedoch das Kreditrisiko zu tragen. Sofern Kredite im eigenen Namen aber für fremde Rechnung vergeben werden, wird dies in einer Darunter-Position gezeigt. Im Anhang ist eine weitere Aufgliederung zu erstellen.

Die Position A10 *„Ausgleichsforderungen gegen die öffentliche Hand einschließlich Schuldverschreibungen aus deren Umtausch"* enthält Forderungen, die im Zuge der Währungsreform 1948 entstanden sind sowie im Rahmen der Währungsumstellung bei der deutschen Wiedervereinigung gegenüber dem Ausgleichsfonds Währungsumstellung (§19 RechKredV).

Die Position A11 *„Immaterielle Anlagewerte"* umfasst selbst geschaffene oder entgeltlich erworbene Konzessionen und Schutzrechte, ähnliche Rechte (z. B. EDV-Software) und Werte sowie Lizenzen an solchen Rechten und Werten, falls sie dem Anlagevermögen zuzurechnen sind. Auch ein entgeltlich erworbener Geschäfts- oder Firmenwert sowie geleistete Anzahlungen auf immaterielle Anlagewerte werden dort bilanziert.

Die Position A12 *„Sachanlagen"* umfasst all diejenigen Vermögensgegenstände, die bei einer Nichtbank auf der Aktivseite unter II. „Sachanlagen" zu bilanzieren sind, also Grundstücke und Gebäude, technische Anlagen und Maschinen, andere Anlagen, Betriebs- und Geschäftsausstattung sowie geleistete Anzahlungen und Anlagen im Bau. Eine weitergehende Unterteilung dieser Position unterbleibt in der Bankbilanz, da das Sachvermögen für Banken unbedeutend ist. Zu beachten ist, dass nur solche Vermögensgegenstände unter A12 auszuweisen sind, die zum Anlagevermögen gehören, d. h. die dauernd dem Geschäftsbetrieb dienen sollen. Demnach sind Grundstücke und Gebäude, die zur Vermeidung von Kreditverlusten in der Zwangsversteigerung erworben wurden und bald wieder veräußert werden sollen (sog. „Rettungserwerbe"), nicht unter A12, sondern unter A14 *„Sonstige Vermögensgegenstände"* auszuweisen.

„Ausstehende Einlagen auf das gezeichnete Kapital" stellen Forderungen der Gesellschaft gegen ihre Anteilseigner dar und werden unter A13 bilanziert (Bruttoausweis). Der Darunterausweis „eingefordert" ist eigentlich überflüssig, da nach dem BilMoG nur noch eingeforderte Einlagen aktivisch ausgewiesen werden (vgl. SCHARPF und SCHABER (2009)). Nicht eingeforderte Einlagen sind auf der Passivseite vom gezeichneten Kapital offen abzusetzen (§272 Abs. 1 HGB). Bezüglich dieser Position ergeben sich keine Besonderheiten gegenüber Nichtbanken.

Die Aktivposition A14 *„Sonstige Vermögensgegenstände"* ist eine Sammelposition, in der Forderungen und andere Vermögensgegenstände auszuweisen sind, die den Charakter von Umlaufvermögen haben und keinem anderen Posten zuzuordnen sind. Als Bestandteile von A14 werden in §20 RechKredV explizit Inkassopapiere und nicht in Wertpapieren verbriefte Genussrechte, die nicht rückzahlbar sind, genannt. Darüber hinaus werden unter A14 Münzen, die keine gesetzlichen Zahlungsmittel sind, Edelmetallbestände, zum eigenen Verbrauch bestimmte Hilfs- und Betriebsstoffe und Forderungen von Kreditinstituten an Banken, die nicht aus Bankgeschäften resultieren, ausgewiesen. Schließlich gehören zu A14 auch solche Vermögensgegenstände, für die es eigentlich einen Bilanzposten gibt, der aber deshalb ausnahmsweise nicht infrage kommt, weil der betreffende Vermögensgegenstand als Umlaufvermögen zu klassifizieren ist. Hierzu gehören immaterielle Vermögensgegenstände, insbesondere erworbene Optionsrechte (Eurex-Optionen) soweit sie nicht zum Handelsbestand zählen, Grundstücke und Gebäude, die nur vorübergehend im Bestand gehalten werden sowie Anteile an einer GmbH oder an einer Personengesellschaft, die ausnahmsweise nicht dauernd dem Geschäftsbetrieb dienen sollen. Schließlich kommen für A14 auch antizipative Posten in Betracht, sofern sie keinen Zinscharakter haben. Dazu zählen Erträge der jeweiligen Abrechnungsperiode, die jedoch erst nach dem jeweiligen Bilanzstichtag zu Einnahmen führen, bspw. die nachträgliche Erhebung von Kontoführungsgebühren für das abgelaufene Quartal.

Das Gegenstück zu A14 ist auf der Passivseite die Position P5 *„Sonstige Verbindlichkeiten"*, die als Sammelposten alle Verbindlichkeiten aufnimmt, die keiner anderen Bilanzposition zugeordnet werden können. Im Wesentlichen handelt es sich hier um Verbindlichkeiten, die nicht aus dem Bankgeschäft stammen. Hierzu zählen z. B. Verbindlichkeiten aus Lieferungen und Leistungen, Steuerschulden sowie noch nicht ausbezahlte Löhne und Gehälter. Daneben kann eine erhaltene Optionsprämie für die Einnahme einer Stillhalterposition als „sonstige Verbindlichkeit" bilanziert werden oder aber unter „*andere Rückstellungen*" (P7c) ausgewiesen werden, sofern die Optionsposition nicht zum Handelsbestand gehört. Vom Kreditinstitut begebene wertpapiermäßig verbriefte Optionsscheine zählen dagegen zu den „*verbrieften Verbindlichkeiten*" (P3).

Als aktivische „*Rechnungsabgrenzungsposten*" (A15) sind, wie auch bei Nichtbanken üblich, Ausgaben auszuweisen, die Aufwand für eine spätere Periode darstellen. Für Kreditinstitute sind hier vor allem solche Ausgaben von Bedeutung, die in künftigen Perioden als Zinsaufwand verrechnet werden. Dies kommt immer dann vor, wenn bei einer Verbindlichkeit bzw. bei einer Forderung der Rückzahlungsbetrag bzw. der Nennbetrag vom Ausgabebetrag abweicht. Hier sind zwei Fälle zu unterscheiden: Ist bei einer Verbindlichkeit der Rückzahlungsbetrag höher als der Ausgabebetrag, so stellt die Differenz (Disagio, Damnum) Zinsaufwand dar, der die gesamte Laufzeit des Kredites betrifft. Dementsprechend darf (Wahlrecht!) im Sinne einer periodengerechten Überschussermittlung das Disagio als aktivischer Rechnungsabgrenzungsposten ausgewiesen werden, der dann über die Laufzeit planmäßig abzuschreiben ist (§250 Abs. 3 HGB). Analog ist vorzugehen, wenn bei einer Forderung der Nennbetrag niedriger ist als der Auszahlungsbetrag. Da Kreditinstitute Forderungen zum Nennwert bilanzieren dürfen (§340e Abs. 2 S. 1 HGB), ist der Unterschiedsbetrag eine Ausgabe, die einen Aufwand für die gesamte Laufzeit des vergebenen Kredites darstellt. Entsprechend darf auch hier zunächst in Höhe dieses Unterschiedsbetrages ein aktivischer Rechnungsabgrenzungsposten gebildet und dann über die Laufzeit abgeschrieben werden. Diese Abschreibungsbeträge sind in der Bilanz oder im Anhang gesondert anzugeben (§340e Abs. 2 S. 3 HGB). Weiterhin wird in der Literatur gefordert, dass die Beträge, die sich aus den beiden möglichen Fällen ergeben, getrennt ausgewiesen werden (vgl. SCHARPF und SOHLER (1992), S. 162).

Passivische „*Rechnungsabgrenzungsposten*" (P6) entstehen aufgrund von Einnahmen, die erst in künftigen Perioden Ertrag darstellen. Von besonderer Bedeutung ist hier, analog zu den aktivischen Rechnungsabgrenzungsposten, ein Damnum bzw. Disagio aus der Kreditvergabe. Zu einem passivischen Ausweis kommt es, wenn der Nennbetrag höher ist als der Ausgabebetrag einer Forderung bzw. der Rückzahlungsbetrag einer Verbindlichkeit kleiner als der Ausgabebetrag ist.

„*Latente Steuern*" (A16 bzw. P6a) ergeben sich aufgrund von voraussichtlich temporären Bilanzierungs- und Bewertungsabweichungen zwischen Handels- und Steuerbilanz. Übersteigt der steuerliche Gewinn den handelsrechtlichen Gewinn, so werden zunächst – gemessen am handelsrechtlichen Gewinn – zuviel Steuern gezahlt, dieser Betrag kann (Wahlrecht!) unter den aktivischen latenten Steuern ausgewiesen werden. Sofern zu erwarten ist, dass sich die Bilanzierungs- und Bewertungsdifferenzen über die Zeit hinweg ausgleichen, tritt künftig entsprechend eine Steuerentlastung ein, die dann zur Auflösung des Postens führt.

Liegt der handelsrechtliche über dem steuerlichen Gewinn, werden zunächst –
handelsrechtlich gesehen – zu wenig Steuern bezahlt, entsprechend müssen passive latente Steuern gebildet werden. Die sich aus den einzelnen Bilanzierungs- und
Bewertungsunterschieden ergebenden Steuerbe- und -entlastungen können saldiert oder unsaldiert ausgewiesen werden (vgl. SCHARPF und SCHABER (2009)),
in Höhe eines Überhangs der aktiven über die passiven latenten Steuern besteht
eine Ausschüttungssperre.

Gemäß §246 Abs. 2 S. 2 HGB sind Vermögensgegenstände, die dem Zugriff
aller übrigen Gläubiger entzogen sind und ausschließlich der Erfüllung von Schulden aus Altersversorgungsverpflichtungen oder vergleichbaren langfristig fälligen
Verpflichtungen dienen, mit diesen Schulden zu verrechnen, der Saldo wird unter
A17 *„Aktiver Unterschiedsbetrag aus der Vermögensverrechnung"* ausgewiesen.

Die Position A18 *„Nicht durch Eigenkapital gedeckter Fehlbetrag"* werden Sie
normalerweise bei einer Bank nicht vorfinden, denn er zeigt an, dass die betreffende Bank überschuldet ist und sich damit in der Insolvenz befindet. Die Position A18 ist kein Vermögensgegenstand, sondern ein reiner Korrekturposten,
der einen sonst notwendigen negativen Eigenkapitalausweis verhindert.

„Rückstellungen" P7 dienen bei Kreditinstituten wie auch bei Nichtbanken der
Erfassung von dem Grunde und/oder der Höhe nach ungewissen Verpflichtungen. Die Dreiteilung in Pensions-, Steuer- und andere Rückstellungen entspricht
der Bilanzierung bei der großen Kapitalgesellschaft. Auch materiell werden hier
grundsätzlich die gleichen Sachverhalte erfasst wie bei Nichtbanken. Von besonderer Bedeutung sind für Kreditinstitute die Rückstellungen für drohende Verluste aus schwebenden Geschäften. Zu den schwebenden Geschäften zählen vor
allem (unbedingte) Termin-, Options- und Swapgeschäfte. Soweit hier Verluste
zu erwarten sind, muss die gebildete Drohverlustrückstellung unter den anderen
Rückstellungen ausgewiesen werden. Daneben werden erhaltene Optionsprämi-
en aus der Einnahme von Stillhalterpositionen wahlweise unter den *„sonstigen
Verbindlichkeiten"* oder als *„andere Rückstellungen"* bilanziert. Dies gilt nur insoweit, wie diese Positionen nicht zum Handelsbestand zählen.

M2.2.10 Positionen unter dem Bilanzstrich

In den Positionen unter dem Bilanzstrich finden solche Geschäftsvorfälle ihren
Niederschlag, aus denen für das bilanzierende Kreditinstitut eine Haftung bzw.
ein Kreditrisiko (d. h. eine mögliche Verpflichtung) resultieren kann. Diese Positionen werden daher auf der Passivseite der Bilanz unter dem Bilanzstrich
ausgewiesen. Ausreichend für einen Ausweis unter dem Bilanzstrich ist, dass eine Inanspruchnahme des Kreditinstituts denkbar ist, ohne dass bereits konkrete
Anhaltspunkte für eine tatsächliche Inanspruchnahme vorliegen. Ist dagegen mit
einer Inanspruchnahme zu rechnen, d. h. erscheint die Inanspruchnahme wahrscheinlich oder ist sie zu erwarten, so ist eine Rückstellung für drohende Verluste aus schwebenden Geschäften zu bilden. Somit ist denkbar, dass zunächst
aufgrund der rein theoretisch gegebenen Inanspruchnahme ein Ausweis unter
dem Bilanzstrich erfolgt, später dann – falls Verluste aus einer tatsächlichen

Inanspruchnahme absehbar sind – eine Rückstellung gebildet wird. Der Ausweis unter dem Bilanzstrich ist dann um die gebildete Rückstellung zu kürzen, um eine Doppelerfassung zu vermeiden (§24 RechKredV). Es ist offensichtlich, dass Formulierungen wie „wahrscheinlich" oder „zu erwarten" kein trennscharfes und objektiv überprüfbares Unterscheidungskriterium darstellen, so dass sich im Einzelfall Bilanzierungsspielräume hinsichtlich der Zuordnung zu den beiden Positionen ergeben können. Die Zuordnung wiederum hat erhebliche Auswirkungen auf den ausgewiesenen Erfolg. Während die Bildung von Rückstellungen Aufwand darstellt und damit den ausgewiesenen Jahresüberschuss schmälert, ist der Ausweis unter dem Bilanzstrich erfolgsneutral.

Die einzelnen Posten unter dem Bilanzstrich unterteilen sich in „*Eventualverbindlichkeiten*" und in „*Andere Verpflichtungen*". Bei den Eventualverbindlichkeiten handelt es sich um Haftungsverpflichtungen, die auf das Kreditinstitut zukommen können. Diese sind auch bei Nichtbanken unter dem Bilanzstrich unter dem Begriff „*Haftungsverhältnisse*" (§251 HGB) auszuweisen. Die Eventualverbindlichkeiten gliedern sich in drei Positionen: „*Eventualverbindlichkeiten aus weitergegebenen abgerechneten Wechseln*", „*Verbindlichkeiten aus Bürgschaften und Gewährleistungsverträgen*" und „*Haftung aus der Bestellung von Sicherheiten für fremde Verbindlichkeiten*". Eine Haftungsverpflichtung ergibt sich aus Indossamentsverbindlichkeiten, d. h. wenn die Bank einen dem Kunden abgerechneten Wechsel weiterverkauft. In diesem Fall kann die Bank als Indossant auf dem Regressweg in Anspruch genommen werden, wenn der Bezogene den Wechsel nicht einlöst. Offensichtlich ist, dass Bürgschaften und bürgschaftsähnliche Verhältnisse immer eine Haftung für Verbindlichkeiten Dritter bzw. das Einstehen für die Erbringung einer Leistung beinhalten und somit eine Eventualverbindlichkeit begründen. Ein sehr ähnlicher Sachverhalt liegt vor, wenn ein Kreditinstitut eigene Vermögenswerte als Sicherheit zur Verfügung stellt, um damit den Kredit eines Dritten abzusichern.

Unter den Posten „*Andere Verpflichtungen*" fallen unwiderrufliche Vereinbarungen, aus denen künftig ein Kreditrisiko entstehen kann. Es werdem drei Unterpositionen unterschieden: „*Rücknahmeverpflichtungen aus unechten Pensionsgeschäften*", „*Platzierungs- und Übernahmeverpflichtungen*" und „*Unwiderrufliche Kreditzusagen*". Bei unechten Pensionsgeschäften ist der vereinbarte Rückgabepreis vom Pensionsgeber unter dem Bilanzstrich anzugeben.

Platzierungs- und Übernahmeverpflichtungen entstehen im Zusammenhang mit der Fremdkapitalaufnahme von Unternehmen durch die revolvierende Ausgabe von kurzfristigen Forderungstiteln. Das dabei entstehende Refinanzierungsrisiko können Unternehmen durch sog. Stand-by-Arrangements ausschalten, in denen ein Kreditinstitut sich verpflichtet, die vom Emittenten ausgegebenen Forderungstitel zu einem vorher vereinbarten Zinssatz zu übernehmen oder alternativ zu diesem Zinssatz einen Kredit zu gewähren. Sofern die emittierten Titel dem Geldmarkt zuzurechnen sind, ist in Höhe des zugesagten Betrages ein Ausweis unter der Position „*Platzierungs- und Übernahmeverpflichtungen*" vorzunehmen. Bei Platzierungs- und Übernahmeverpflichtungen geht das Kreditinstitut eine Position ein, die wirtschaftlich einer Stillhalterposition in einer Verkaufsoption entspricht. Mit der Inanspruchnahme aus dieser Stillhalterposition muss immer dann gerechnet werden, wenn der Emittent aufgrund gesunkener Bonität oder aufgrund eines gestiegenen Marktzinsniveaus die Papiere nur zu einem über dem vorher mit dem Kreditinstitut vereinbarten Zinssatz am Markt platzieren kann. In diesem Fall ist der Erwerb der Titel für die Bank nachteilig. Sofern am Bilanzstichtag ein Verlust aus der Übernahme abzusehen ist, muss wiederum in Höhe des erwarteten Verlusts eine Drohverlustrückstellung gebildet werden. Der Ausweis unter dem Bilanzstrich ist dann um die Höhe der gebildeten Rückstellung zu kürzen.

Kreditzusagen sind nur dann unter dem Bilanzstrich zu vermerken, wenn sie unwiderruflich sind und Anlass zu einem Kreditrisiko geben können. Insbesondere das Attribut „*unwiderruflich*" ist unscharf. In der Regel enthalten Kreditzusagen sog. „bis auf weiteres Klauseln" oder einen allgemeinen Bonitätsvorbehalt, so dass dem Kreditinstitut ein Ausweg offensteht, die Kreditgewährung bei mangelnder Bonität des Kreditnehmers zu umgehen. Bei sehr enger Auslegung des Begriffs „unwiderruflich" würde damit praktisch keine Kreditzusage unter dem Bilanzstrich auszuweisen sein.

Im Anhang sind zu den Positionen unter dem Bilanzstrich weitere Angaben über Art und Höhe des jeweiligen Geschäftes zu machen, sofern dieses Geschäft für die Gesamttätigkeit des Kreditinstituts von wesentlicher Bedeutung ist. Auf die Abgrenzungsproblematik, die mit der Formulierung „*von wesentlicher Bedeutung*" verbunden ist, soll hier nicht näher eingegangen werden.

M2.3 Bewertung von Vermögensgegenständen und Verbindlichkeiten

M2.3.1 Grundsätzliche Bewertungsfragen

Für Kreditinstitute gelten besondere Bewertungsvorschriften, die in §340e-h HGB enthalten sind. Sofern die besonderen Vorschriften nichts anderes bestimmen, kommen darüber hinaus zunächst wieder die für Kapitalgesellschaften geltenden Bewertungsvorschriften zur Anwendung (§§279-283 HGB), und sofern diese nichts Abweichendes enthalten, gelten schließlich auch die allgemeinen Bewertungsvorschriften (§§252-256 HGB).

Das Vorsichtsprinzip ist die prägende Leitidee aller Bewertungsvorschriften im HGB. Dem Vorsichtsprinzip wird im Rahmen der externen Rechnungslegung von Banken eine besondere Bedeutung beigemessen. Begründet wird dies damit, dass Banken besonderen Risiken ausgesetzt sind, Bankgeschäfte vertrauensempfindlich sind und den Banken eine besondere volkswirtschaftliche Bedeutung zukommt (vgl. KRUMNOW *et al.* (1994), S. 357ff.). Ausfluss des Vorsichtsprinzips sind die allgemeinen Bewertungsprinzipien wie Anschaffungswertprinzip, Imparitätsprinzip, Realisationsprinzip und Niederstwertprinzip. Diese Prinzipien wollen wir im folgenden kurz erläutern.

Vermögensgegenstände sind bei der Erstbewertung stets zu den Anschaffungskosten zu bewerten. Die Anschaffungskosten bilden zugleich die Obergrenze für die Folgebewertung, d. h. nicht realisierte Gewinne dürfen nicht ausgewiesen werden. Während Gewinne erst dann erfolgswirksam verbucht werden dürfen, wenn sie durch eine Umsatztätigkeit am Markt realisiert worden sind (Realisationsprinzip), müssen Verluste dagegen bereits durch Bildung einer Rückstellung oder durch Vornahme einer außerplanmäßigen Abschreibung (Niederstwertprinzip) erfolgswirksam berücksichtigt werden, sobald sie zu erwarten sind. Die unterschiedliche Behandlung nicht realisierter Gewinne und Verluste wird als Imparitätsprinzip bezeichnet. Während für Vermögensgegenstände das Niederstwertprinzip gilt, sind Verbindlichkeiten nach dem Nominalwertprinzip anzusetzen.

Für Handelsbestände wird das Vorsichtsprinzip in einer anderen Ausprägung angewendet: Handelsbestände werden zum beizulegenden Zeitwert (Fair Value) bilanziert, bei den Handelsaktiva wird der Fair Value um einen Risikoabschlag gekürzt, bei Handelspassiva erhöht sich der beizulegende Zeitwert um einen Risikoaufschlag. Dieser Wertansatz wird auch als *Risk Adjusted Fair Value* bezeichnet. Der Risikoabschlag bzw. Risikoaufschlag bemisst sich nach Risikogrößen wie z. B. dem Value at Risk (vgl. Kapitel F2.4), die im Rahmen des internen Risikomanagements ermittelt werden und einer aufsichtlichen Überprüfung unterliegen. SCHARPF und SCHABER (2009) bezeichnen dies als betriebswirtschaftliches Vorsichtsprinzip, das für Handelsbestände das sonst übliche transaktionsorientierte Vorsichtsprinzip ersetzt.

Für die Bewertung von Vermögensgegenständen, die Wertschwankungen unterliegen und nicht zum Handelsbestand zählen, ist bedeutsam, ob das gemilderte oder das strenge Niederstwertprinzip anzuwenden ist. Dies hängt wiederum davon ab, ob der Vermögensgegenstand zum Anlage- oder zum Umlaufvermögen gehört. In der Bankbilanz gibt es aber eine solche Unterteilung nicht, so dass es einer besonderen gesetzlichen Regelung bedarf, um die Anwendung des Niederstwertprinzips zu klären. §340e Abs. 1 HGB stellt ganz auf die intersubjektiv nur bedingt überprüfbare Zwecksetzung ab. In §340e Abs. 1 S. 1 HGB werden eine Reihe von Aktiva genannt, die „nach den für das Anlagevermögen geltenden Vorschriften zu bewerten" sind, allerdings nur dann, wenn sie dazu bestimmt sind, dauernd dem Geschäftsbetrieb zu dienen, andernfalls werden sie nach den für das Umlaufvermögen geltenden Vorschriften bewertet. Alle anderen Vermögensgegenstände, insbesondere Forderungen und Wertpapiere, werden hinsichtlich der Bewertung als Umlaufvermögen angesehen, es sei denn, dass sie dazu bestimmt sind, dauernd dem Geschäftsbetrieb zu dienen. In diesem Fall gelten die Bewertungsvorschriften für das Anlagevermögen. Finanzinstrumente, die zu Handelszwecken gehalten werden, werden in der Bilanz gesondert ausgewiesen und mit dem beizulegenden Zeitwert vermindert um einen Risikoabschlag bewertet, das Niederstwertprinzip gilt somit für diese Aktiva nicht.

Die typischerweise wie Anlagevermögen zu bewertenden Aktiva sind in den Bilanzpositionen A7 „*Beteiligungen*", A8 „*Anteile an verbundenen Unternehmen*", A11 „*Immaterielle Anlagewerte*" und A12 „*Sachanlagen*" enthalten. Wie Umlaufvermögen sind dagegen typischerweise die Aktiva zu behandeln, die zu den Forderungs- und Wertpapierpositionen in der Bilanz gehören und keine Handelsaktiva sind, dies sind vor allem die Posten A2, A3, A4, A5, A6 sowie die sonstigen Vermögensgegenstände A14. Ausnahmen sind auch hier bei fast allen

Aktiva möglich. Von besonderer Bedeutung für die Praxis der Bilanzierung sind Wertpapiere, die wie Anlagevermögen zu behandeln sind. Daneben sind auch Forderungen in Form von Schuldscheindarlehen und Namensschuldverschreibungen denkbar, die wie Anlagevermögen bewertet werden. Die Entwicklung der wie Anlagevermögen behandelten Vermögensgegenstände ist im Anhang in einem Anlagespiegel darzustellen.

Ein Abwertungswahlrecht bei einer voraussichtlich nur vorübergehenden Wertminderung (gemildertes Niederstwertprinzip) besteht nur bei Beteiligungen, Anteilen an verbundenen Unternehmen sowie Forderungen und Wertpapieren, die wie Anlagevermögen behandelt werden. Bei Sachanlagen und immateriellen Vermögensgegenständen dagegen gibt es kein Abwertungswahlrecht, d. h. bei diesen Aktiva darf bei voraussichtlich nur vorübergehenden Wertminderungen keine Abschreibung vorgenommen werden. Eine voraussichtlich dauerhafte Wertminderung muss in jedem Fall durch eine außerplanmäßige Abschreibung berücksichtigt werden. Bei Vermögensgegenständen, die wie Umlaufvermögen zu bewerten sind, besteht eine Pflicht zur Vornahme einer außerplanmäßigen Abschreibung auch bei einer voraussichtlich nur vorübergehenden Wertminderung (strenges Niederstwertprinzip). Kreditinstitute müssen das allgemeine Wertaufholungsgebot gemäß §253 Abs. 5 HGB beachten.

M2.3.2 Bewertung von Wertpapieren

Wertpapiere werden bei Erwerb mit den Anschaffungskosten bilanziert. Werden neu emittierte Aktien über die Ausübung eines Bezugsrechts erworben, so setzen sich die Anschaffungskosten aus dem Preis für das Bezugsrecht und dem Emissionskurs zusammen. Ähnlich wird bei einem Erwerb über die Ausübung eines Optionsscheins verfahren. Die Anschaffungskosten entsprechen der Summe aus gezahlter Optionsprämie und Ausübungspreis. Für Zerobonds gilt, dass zunächst der Ausgabebetrag als Buchwert angesetzt wird. Dieser ist in den folgenden Jahren um die durch eine Effektivzinsberechnung ermittelten anteiligen Zinsen zu erhöhen.

Für die Folgebewertung in der Bilanz sowie für den Erfolgsausweis in der GuV muss der gesamte Wertpapierbestand in drei Kategorien eingeteilt werden (vgl. Tabelle M2-2): Für Wertpapiere, die wie Anlagevermögen behandelt werden, gilt das gemilderte Niederstwertprinzip. Demnach muss bei einer voraussichtlich dauernden Wertminderung auf den niedrigeren Börsenkurs abgeschrieben werden, bei einer voraussichtlich nur vorübergehenden Wertminderung besteht ein Abwertungswahlrecht. Eindeutige Kriterien für die Abgrenzung zwischen „*dauerhaft*" und „*vorübergehend*" gibt es nicht. Aus kapitalmarkttheoretischer Sicht ist eine solche Unterteilung ohnehin fragwürdig: Unter einer voraussichtlich vorübergehenden Wertminderung kann man sich eine Situation vorstellen, in der für die Zukunft mit steigenden Kursen, z. B. Aktienkursen, zu rechnen ist. Wenn dem so ist, bestünde zu dem heute niedrigeren Kurs kein Verkaufsinteresse, dagegen wäre die Nachfrage zu dem heute günstigen Kurs groß. Die Konsequenz ist, dass bei der Erwartung steigender Kurse bereits der heutige Kurs steigt, so dass

Tab. M2-2: Bewertung von Wertpapieren

wie Anlagevermögen behandelt	Liquiditätsreserve (Wertpapiere und Forderungen)	Handelsbestand Wertpapiere und andere Finanzinstrumente)
Gemildertes Niederstwertprinzip gem. §253 Abs. 3 HGB: • Abwertungspflicht bei dauernder Wertminderung • Abwertungswahlrecht bei voraussichtlich nur vorübergehender Wertminderung	Strenges Niederstwertprinzip gem. §253 Abs. 4 HGB: • Abwertungspflicht auch bei voraussichtlich nur vorübergehender Wertminderung • Vorsorgereserven gem. §340f HGB • Beibehaltungswahlrecht	Bewertung zum Zeitwert abzüglich Risikoabschlag gem. §340e Abs. 3 HGB (Risk Adjusted Fair Value): • Abwertung/Zuschreibung bei verändertem Zeitwert und/oder Risikoabschlag • Zuführung von mindestens 10% der Nettoerträge des Handelsbestands zum Fond für allg. Bankrisiken (Ausschüttungssperre)
• Umwidmung bei geänderter Zwecksetzung möglich		• Umwidmung in den Handelsbestand nicht möglich • Umwidmung aus dem Handelsbestand nur bei außergewöhnlichen Umständen

der heutige Preis die Erwartungen über den künftigen Preis widerspiegelt. Bei hinreichend informationseffizienten Märkten ist somit jede eingetretene Wertminderung dauerhaft in dem Sinne, dass der Kursrückgang veränderte Kurserwartungen für die Zukunft widerspiegelt, andererseits ist jede Wertminderung auch nur vorübergehend, da ständig neue Informationen eintreffen, die zu einer veränderten Bewertung führen. Letztlich verbleibt dem Bilanzierenden somit ein erheblicher Ermessensspielraum bei der Qualifizierung einer Wertminderung als vorübergehend oder dauerhaft (zur Beurteilung einer dauerhaften Wertminderung bei Wertpapieren in der Rechtsprechung und in der Bilanzierungspraxis vgl. SCHARPF und SCHABER (2009), S. 104-113). Die Nutzung der Ermessensspielräume und Abwertungswahlrechte hat erhebliche Auswirkungen auf die Höhe des Abschreibungsaufwands und des Jahresüberschusses. Im Anhang muss der Betrag der nicht mit dem Niederstwert bewerteten, börsenfähigen Wertpapiere der Positionen A5 und A6 genannt werden. Darüber hinaus ist anzugeben, in welcher Weise diese Wertpapiere von den mit dem Niederstwert bewerteten abgegrenzt worden sind (§35 Abs. 1 Nr. 2 RechKredV).

Wertpapiere, die nicht wie Anlagevermögen behandelt werden, müssen daüber hinaus eingeteilt werden in diejenigen, die zum Handelsbestand gehören (die Zuordnung von Wertpapieren in den Handelsbestand entscheidet auch darüber, ob ein Handelsbuchinstitut vorliegt, vgl. Kapitel G2.3.1), und in diejenigen, die zur Liquiditätsreserve zählen.

Zu der Kategorie Wertpapiere der Liquiditätsreserve zählen alle Wertpapiere, die weder Finanzanlagen darstellen, noch zu Handelszwecken gehalten werden. Es handelt sich somit um eine Residualgröße. Wertpapiere der Liquiditätsreserve werden nach den für das Umlaufvermögen geltenden Vorschriften bewertet, d. h. es gilt das strenge Niederstwertprinzip gemäß §253 Abs. 4 HGB. §340f HGB gibt den Kreditinstituten die Möglichkeit, für Wertpapiere der Liquiditätsreserve sowie für Forderungen einen niedrigeren als den für Nichtbanken vorgeschriebenen oder zulässigen Wertansatz zu wählen, *„soweit dies nach vernünftiger kaufmännischer Beurteilung zur Sicherung gegen die besonderen Risiken des Geschäftszweigs der Kreditinstitute notwendig ist"*. Die durch diese bewusste Unterbewertung gebildeten stillen Reserven werden als Vorsorgereserven bezeichnet. Die Möglichkeit zur Bildung von Vorsorgereserven ist auf 4% der Wertpapiere der Liquiditätsreserve und der Forderungen begrenzt, bezogen auf den Wertansatz, der sich nach den für Nichtbanken geltenden Bewertungsvorschriften ergibt. Um den Banken die Möglichkeit zu geben, die niedrigeren Wertansätze fortzuführen, sieht §340f Abs. 2 HGB ein Beibehaltungswahlrecht für die im Rahmen der Risikovorsorge gebildeten Unterbewertungen vor.

Die Vorsorgereserve stellt eine sog. *stille Reserve* dar, d. h. für den Bilanzleser ist nicht erkennbar, in welchem Ausmaß die in der Bilanz aufgeführten Vermögensbestände unterbewertet sind. Daneben gibt es für Kreditinstitute die Möglichkeit einer offenen Reservenbildung gemäß §340g HGB in Form des *„Fonds für allgemeine Bankrisiken"*, der auf der Passivseite der Bilanz ausgewiesen wird. Auch der Fonds für allgemeine Bankrisiken dient der Sicherung gegen die besonderen Risiken des Kreditgewerbes, er bezieht sich allerdings nicht auf einen Bestand an bestimmten Vermögensgegenständen. Für die Dotierung des Fonds ist keine eindeutige Obergrenze fixiert, die Zuführungen zu dem Fonds müssen nach „vernünftiger kaufmännischer Beurteilung" notwendig sein.

Wertpapiere, die zu Handelszwecken gehalten werden, und andere Finanzinstrumente des Handelsbestandes werden zum beizulegenden Zeitwert, vermindert um einen Risikoabschlag bewertet. Dieser Wertansatz wird auch als *Risk Adjusted Fair Value* bzeichnet. Bei der Ermittlung des Zeitwertes ist folgendermaßen vorzugehen (vgl. §255 Abs. 4 HGB):

1. Gibt es für ein Finanzinstrument einen *aktiven Markt*, so entspricht der Marktpreis dem beizulegenden Zeitwert.
2. Besteht kein aktiver Markt, so ist der beizulegende Zeitwert anhand *allgemein anerkannter Bewertungsmethoden* zu ermitteln. Dies kann z. B. die Discounted Cash Flow Methode oder ein Optionspreismodell sein.
3. Wenn weder ein aktiver Markt existiert noch ein Bewertungsmodell angewendet werden kann, sind die Anschaffungskosten fortzuführen, wobei der zuletzt nach 1. bzw. 2. ermittelte beizulegende Zeitwert als Anschaffungskosten gilt.

Verglichen mit der Fair Value-Ermittlung nach IAS 39 (vgl. Kapitel M3.3) kommen deutlich weniger Bewertungsstufen zur Anwendung.

Die Bewertung zum Fair Value führt dazu, dass nicht realisierte Gewinne ausgewiesen werden. Da hiermit das Vorsichtsprinzip außer Kraft gesetzt werden würde, ist vorgesehen, dass der beizulegende Zeitwert um einen Risikoabschlag reduziert wird. Weder im HGB noch in der RechKredV finden sich konkrete Hinweise darauf, wie dieser Risikoabschlag zu ermitteln ist. Aus dem Regierungsentwurf zum BilMoG geht hervor, dass der Risikoabschlag „auf Basis der internen Risikosteuerung gemäß der bankaufsichtsrechtlichen Vorgaben" anzusetzen ist. Damit wird auf die bankaufsichtlichen Vorschriften zur Risikosteuerung und Risikomessung wie die Mindestanforderungen an das Risikomanagement (MaRisk) und die Solvabilitätsverordnung (SolvV) abgestellt (vgl. G2.4 und G2.3). Die MaRisk verlangen, dass die Banken über geeignete Verfahren der Risikomessung und Risikosteuerung verfügen. Bei Banken mit einem größeren Handelsbuch ist der Value at Risk (VaR) die übliche Methode der Risikomessung. Der VaR (vgl. Kapitel F2.4) entspricht einem Verlust, der mit hoher Wahrscheinlichkeit nicht überschritten wird. Im Bereich der Marktpreisrisiken kann der VaR als Bestandteil eines eigenen Risikomodells für die aufsichtliche Risikomessung gemäß SolvV herangezogen werden, sofern eine Reihe von quantitativen und qualitativen Anforderungen eingehalten werden (vgl. §§315-318 SolvV sowie Kapitel J5.2). Diese Vorgaben sind auch für die Bestimmung des Risikoabschlags in der HGB-Bilanz einzuhalten. Beruht die interne Risikosteuerung von Handelsbuchpositionen auf anderen Methoden als dem VaR, so sind auch diese Verfahren für die Bemessung des Risikoabschlags zulässig, sofern sie mit den aufsichtlichen Vorgaben an die Risikomessung vereinbar sind. Mit der engen Anbindung an die aufsichtlichen Vorschriften soll sichergestellt werden, dass die Angemessenheit der Berechnungsmethoden und Berechnungsparameter von der Bankenaufsicht beurteilt und überwacht wird. Im Anhang ist anzugeben, wie hoch der Risikoabschlag ist, nach welcher Methode er ermittelt worden ist und welche Annahmen der Ermittlung zugrunde lagen (§35 Abs. 1 Nr. 6a RechKredV).

Erfolgt die Risikomessung auf der Basis von Einzelgeschäften, so kann der Risikoabschlag auf die Höhe der unrealisierten Gewinne beschränkt werden. Bei VaR-Verfahren üblich ist dagegen die Risikosteuerung auf Portfoliobasis, in diesem Fall kann der Risikoabschlag auf die Differenz aller unrealisierten Gewinne und Verluste begrenzt werden (vgl. LÖW *et al.* (2008)). Im Rahmen einer solchen Portfoliosteuerung, in die sowohl Handelsaktiva als auch Handelspassiva einbezogen werden, ist es nicht möglich, den Risikoabschlag einzelnen Positionen zuzuordnen. Es wird als zulässig angesehen, dass die Risikokorrektur des Fair Value beim größeren der jeweiligen Bestände vorgenommen wird (vgl. SCHARPF und SCHABER (2009)).

Zusätzlich zum Risikoabschlag sieht §340e Abs. 4 HGB die Bildung eines weiteren Sicherheitspuffers vor. Innerhalb des „Fonds für allgemeine Bankrisiken" muss ein Sonderposten gebildet werden, dem mindestens 10% der Nettoerträge des Handelsbestands zugeführt werden, bis dieser Sonderposten 50% des Durchschnitts der vorangegangenen fünf jährlichen Nettoerträge des Handelsbestands erreicht hat. Inwieweit negative Nettoerträge in die Durchschnittsbildung einzubeziehen sind, ist unklar. Dieser Sonderposten darf nur aufgelöst werden zum Ausgleich von Nettoaufwendungen des Handelsbestands sowie um Beträge, die die 50%-Grenze überschreiten. Die Zuführung zu dem Sonderposten bewirkt neben dem Risikoabschlag eine weitere Ausschüttungssperre als zusätzlichem Risikopuffer zur Sicherung der Gläubigeransprüche. Damit wird dem Vorsichtsprinzip in doppelter Weise genüge getan, dies wird auch etwas spöttisch als „Gürtel-Hosenträger-Prinzip" bezeichnet (vgl. SCHARPF und SCHABER (2009), S. 202).

Die Bilanzierung von Wertpapieren eröffnet den Banken eine Reihe von Ermessensspielräumen und Wahlrechten (vgl. Tabelle M2-3). So richtet sich die Zuordnung eines Wertpapiers zu einer der drei Kategorien nach der Zwecksetzung, die mit dem Erwerb verbunden ist. Diese Zwecksetzung muss dokumentiert werden und plausibel erscheinen, sie ist jedoch nur bedingt intersubjektiv überprüfbar. Hinzu kommt, dass eine Umwidmung zwischen Anlage- und Liquiditätsbestand jederzeit möglich ist, wenn sich die Zwecksetzung geändert hat. In der Vergangenheit haben Kreditinstitute von dieser Möglichkeit des öfteren in der Weise Gebrauch gemacht, dass in den Anlagebestand umgewidmet wurde, um durch Ausnutzung des gemilderten Niederstwertprinzips Abschreibungen zu vermeiden. Bei den Wertpapieren des Anlagebestandes wird den Banken explizit ein Abwertungswahlrecht bei voraussichtlich nur vorübergehender Wertminderung eingeräumt, bei den Wertpapieren der Liquiditätsreserve besteht ein Wahlrecht hinsichtlich der Bildung und Auflösung von Vorsorgereserven. Die Nutzung dieser Wahlrechte wiederum eröffnet weitere Ermessensspielräume. So kann die Dauerhaftigkeit einer Wertminderung kaum objektiv beurteilt werden, schon gar nicht ist eindeutig feststellbar, welcher Betrag für die Vorsorgereserven nach vernünftiger kaufmännischer Überlegung angemessen ist. Auch die Bestimmung des Risikoabschlags beim Handelsbestand beinhaltet gewisse Ermessensspielräume, auch wenn diese durch die Anbindung an die aufsichtsrechtlichen Bestimmungen eingeengt sind.

Tab. M2-3: Ermessensspielräume bei der Bewertung von Wertpapieren

Ermessensspielräume bei der Zuordnung zu den drei Wertpapierkategorien		
• Finanzanlagen → Gemildertes Niederstwertprinzip	• Liquiditätsreserve → Strenges Niederstwertprinzip	• Handelsbestand → Risk Adjusted Fair Value
Ermessensspielräume bei der Nutzung von Bewertungswahlrechten innerhalb jeder Wertpapierkategorie		
• Abwertungswahlrecht bei vorübergehender Wertminderung (§253 Abs. 2 S. 3 HGB)	• Vorsorgereserven (§340f Abs. 1 HGB)	
Ermessensspielräume bei der Beurteilung bewertungsrelevanter Sachverhalte		
• Ist die Wertminderung vorübergehend?	• In welcher Höhe ist eine Risikovorsorge nach vernünftiger kaufmännischer Überlegung notwendig?	• Bemessung des Risikoabschlags

M2.3.3 Bewertung von Forderungen

Die Erstbewertung von Forderungen erfolgt grundsätzlich zu Anschaffungskosten, d. h. zu dem Kreditauszahlungsbetrag. Häufig werden Kredite mit einem Damnum oder Disagio ausgereicht, in diesen Fällen liegt der Kreditauszahlungsbetrag unter dem Nennwert. §340e Abs. 2 HGB gibt den Kreditinstituten das Wahlrecht, nicht zum Handelsbestand zählende Hypothekendarlehen und andere Forderungen mit ihrem Nennwert anzusetzen, auch wenn dieser von dem Auszahlungsbetrag bzw. von den Anschaffungskosten (bei Zweiterwerb) abweicht. Zusätzlich sind auch die bis zum Bilanzierungsstichtag aufgelaufenen anteiligen Zinsen zu aktivieren.

Die Aktivierung eines Damnums bzw. Disagios ist nur dann zulässig, wenn das Damnum bzw. Disagio Zinscharakter hat. Insbesondere bei erworbenen Forderungen ist möglich, dass der Unterschiedsbetrag zwischen Kaufpreis und Nennwert nicht nur zins-, sondern auch bonitätsbedingt ist, z. B. wenn Credit Spreads sich ausgeweitet haben. Nicht eindeutig geklärt ist, ob der bonitätsbedingte vom zinsbedingten Abschlag getrennt und nur der letztere dem Kaufpreis hinzugerechnet werden muss (vgl. SCHARPF und SCHABER (2009), GEBHARDT und STRAMPELLI (2005)).

Ein Damnum bzw. Disagio ist in die passivischen Rechnungsabgrenzungsposten einzustellen und in den folgenden Jahren planmäßig aufzulösen. Liegt der Ausgabebetrag über dem Nennwert, so besteht ein Wahlrecht zwischen einer sofortigen Verrechnung des Agios als Aufwand einerseits und einer Einstellung in die aktivischen Rechnungsabgrenzungsposten und planmäßiger Auflösung andererseits. Wird von dem Wahlrecht, zum Nennwert zu bilanzieren, nicht Gebrauch gemacht, so ist bei einem Disagio der Auszahlungsbetrag der Forderung erfolgswirksam über die Kreditlaufzeit auf den höheren Nennwert zuzuschreiben, bei einem Agio sind die Anschaffungskosten entsprechend erfolgswirksam auf den Nennwert abzuschreiben.

Es gibt keine Vorschrift, nach welcher Methode ein Rechnungsabgrenzungsposten abzuschreiben ist, der wirtschaftlichen Interpretation des Disagios (bzw. Agios) als Zinskomponente wird am besten eine Abschreibung nach der effektivzinskonstanten Methode gerecht. Diese Vorgehensweise soll anhand eines einfachen Beispiels erläutert werden: Unmittelbar vor dem Bilanzstichtag werde ein Kredit über vier Jahre vergeben zu einem Nominalbetrag von 100 T-€. Das Damnum sei 10 T-€, Zins- und Tilgungszahlungen werden jährlich geleistet, die Tilgung erfolgt in vier gleichen Raten und der vereinbarte Zinssatz (Nominalzinssatz) sei 10%. Aus diesen Angaben lässt sich nun eine Zahlungsreihe ermitteln, die neben dem Auszahlungsbetrag auch die künftigen Zins- und Tilgungszahlungen enthält (vgl. Tabelle M2-4).

Die Effektivverzinsung ergibt sich als interner Zinssatz dieser Zahlungsreihe und beträgt ca. 15,26%. Man kann nun die gegebene Zahlungsreihe des Kredites in der Weise auf Zins- und Tilgungsanteile aufspalten, dass man zunächst die effektive Zinszahlung berechnet, indem man die effektive Restschuld mit dem jeweiligen Effektivzins multipliziert. Die effektive Tilgungszahlung ergibt sich dann als Residualgröße aus Kapitaldienst und effektiver Zinszahlung. Für die

Tab. M2-4: Zahlungsreihe des Kredites

Zeitpunkt	0	1	2	3	4
Zins- und Tilgungszahlung (T-€)	-90	35	32,5	30	27,5

erste Periode erhält man somit eine effektive Zinszahlung in Höhe von 13.736 €
(= 90.000 € · 0,1526) sowie eine effektive Tilgungszahlung in Höhe von 21.264 €,
die die effektive Restschuld auf 68.736 € reduziert. Die Differenz zwischen den
effektiven und den nominell erhaltenen Zinsen (13.736 € − 10.000 € = 3.736 €)
ist genau der Betrag, um den der passivische Rechnungsabgrenzungsposten aufzulösen ist. Dieser Betrag wird zusätzlich zu den nominell gezahlten Zinsen als
Zinsertrag in der GuV erfasst, so dass dort stets die effektiv erhaltenen Zinszahlungen erfolgswirksam verbucht werden. Die Entwicklung der Buchwerte für
den Kredit und den Rechnungsabgrenzungsposten können Sie der Tabelle M2-5
entnehmen.

Tab. M2-5: Entwicklung des Buchwertes und des Rechnungsabgrenzungspostens (RAP) eines
Kredites

(Nominal-) Zinsen = Zinsertrag (1)	Effektiver Zinsanteil (2)	Effektiver Tilgungs- anteil	Buchwert der Forderung	Abschreibung des RAP = Zinsertrag (2)−(1)	RAP
			100.000		10.000
10.000	13.736	21.264	75.000	3.736	6.264
7.500	10.491	22.009	50.000	2.991	3.273
5.000	7.132	22.868	25.000	2.132	1.141
2.500	3.641	23.859	0	1.141	0

Für den Fall, dass der Ausgabebetrag über dem Nominalwert liegt, kann analog verfahren werden. In diesem Fall sind die effektiv erhaltenen Zinsen geringer
als die nominellen Zinszahlungen. Der Differenzbetrag mindert wiederum den
jetzt aktivisch gebildeten Rechnungsabgrenzungsposten und wird in der GuV
als Minderung der Zinserträge erfasst. Alternativ zu der Abgrenzung der Zinserträge über die Bildung und Auflösung von Rechnungsabgrenzungsposten kann
das Agio auch im Jahr der Anschaffung der Forderung erfolgswirksam verbucht
werden.

Für die Folgebewertung von Forderungen ist i. d. R. das strenge Niederstwertprinzip anzuwenden. Davon ausgenommen sind Forderungen, die zum Anlage-
oder Handelsbestand gehören. Der (Markt-)Wert einer Forderung hängt im Wesentlichen von zwei Faktoren ab, vom Marktzinsniveau und von der Schuldnerbonität. Schwankungen des Marktzinsniveaus führen grundsätzlich nicht zu

Anpassungen des Buchwertes, Ausnahmen gibt es nur für Forderungen, die zum Handelsbestand gehören und zum Risk Adjusted Fair Value bewertet werden, und für Forderungen, die aus sonstigen Gründen zum Verkauf bestimmt sind, und zum erwarteten Verkaufspreis bewertet werden, sofern dieser unter den fortgeschriebenen Anschaffungskosten liegt.

Bonitätsbedingte Wertminderungen von Forderungen müssen in Form von Abschreibungen bzw. Wertberichtigungen berücksichtigt werden. Als Abschreibungen werden Ausfälle bezeichnet, die als endgültig angesehen werden, für Wertkorrekturen, die sich auf erwartete oder für möglich gehaltene Ausfälle beziehen und daher eher vorläufigen Charakter haben, wird der Begriff Wertberichtigung verwendet. In beiden Fällen wird der Buchwert der Forderung vermindert. Die MaRisk verlangen, dass die Risikoeinstufung jedes Kredits sowie die Werthaltigkeit von Sicherheiten mindestens einmal jährlich überprüft werden müssen (vgl. MaRisk, BTO 1.2). Kommt man im Rahmen dieser Überprüfung oder aufgrund anderer Ereignisse zu dem Schluss, dass der Kredit mit Ausfallrisiken behaftet ist, die noch nicht durch eine Korrektur des Wertansatzes berücksichtigt sind, so nimmt man eine Abwertung vor. Wertberichtigungen, die sich auf ein konkret erkennbares Ausfallrisiko beziehen, werden als *Einzelwertberichtigung* bezeichnet. Anlass für die Bildung von Einzelwertberichtigungen sind meist Leistungsstörungen, z. B. wenn der Kreditnehmer mit Zins- und Tilgungszahlungen in Verzug ist oder diese ganz eingestellt hat. Für Forderungen, die zur Zeit noch ungefährdet erscheinen, bei denen aber künftig ein Ausfallrisiko entstehen könnte (sog. latente Risiken), werden Wertkorrekturen in Form von *Pauschalwertberichtigungen* vorgenommen.

Neben Einzel- und Pauschalwertberichtigungen dürfen für Forderungen auch sog. stille Vorsorgereserven nach §340f HGB „zur Sicherung gegen die besonderen Risiken des Geschäftszweigs der Kreditinstitute" gebildet werden. Tabelle M2-6 fasst die verschiedenen Formen der Wertberichtigungen für Forderungen, die im Folgenden ausführlicher besprochen werden, noch einmal im Überblick zusammen.

Tab. M2-6: Wertberichtigungen bei Forderungen

Einzelwertberichtigung (pauschalierte Einzelwertberichtigung)	Pauschalwertberichtigung	Vorsorgereserven
• Erkennbare Ausfallrisiken • Länderrisiken	• Latente Ausfallrisiken	• Risikovorsorge

Die Bemessung von Einzelwertberichtigungen hängt von der Einschätzung der Bonität des Schuldners sowie von dem Wert der Kreditsicherheiten ab. Hier kann man sich an dem Schema in Tabelle M2-7 orientieren (vgl. KRUMNOW *et al.* (1994), S. 423). Zulässig ist, die aus dem notleidenden Kreditengagement noch zu erwartenden Zahlungen mit einem risikoangepassten Zinssatz zu diskontieren (vgl. SCHARPF und SCHABER (2009), S. 157).

Tab. M2-7: Bestimmung der Einzelwertberichtigungen auf Forderungen

	Nomineller Forderungs(rest)betrag (Buchwert)
–	Erwartete Tilgungszahlungen des Kreditnehmers
–	Erwartete Einzahlungen aus der Verwertung von Sicherheiten
=	Betrag der Einzelwertberichtigung

Da es außerordentlich schwierig ist, Höhe und Wahrscheinlichkeit künftiger Tilgungszahlungen zu schätzen, ist die Bemessung von Einzelwertberichtigungen mit erheblichen Ermessensspielräumen behaftet. Die individuelle Beurteilung der Bonität des Schuldners an jedem Bilanzstichtag ist ein aufwändiges Verfahren, das nur für Großkredite in Betracht kommt. Im Massengeschäft bedient man sich bei der Bemessung der Wertberichtigungen einer vereinfachten Verfahrensweise. Sämtliche Kredite, die unter dem Gesichtspunkt des Ausfallrisikos als gleichartig eingestuft werden, werden zu Gruppen zusammengefasst. Für jede Gruppe werden dann pauschal Wertkorrekturen vorgenommen, wobei die Abschlagssätze sich meist an Vergangenheitsdaten orientieren. Man bezeichnet die so ermittelten Wertberichtigungen als „*pauschal ermittelte Einzelwertberichtigung*". Auch die Berücksichtigung von Länderrisiken erfolgt in Form von pauschalisierten Einzelwertberichtigungen. Mit Länderrisiko bezeichnet man die Gefahr einer bewussten Zahlungsunwilligkeit (politisches Länderrisiko) oder einer gegebenen Zahlungsunfähigkeit (wirtschaftliches Länderrisiko) eines Landes. Das Länderrisiko hängt somit nicht von der individuellen Bonität eines Schuldners ab, sondern betrifft alle Kredite, die an Schuldner eines Landes vergeben worden sind, gleichermaßen. Die Höhe der prozentualen Wertberichtigungen zur Erfassung des Länderrisikos ist daher für alle Kredite eines Schuldnerlandes identisch.

Die Bemessung der *Pauschalwertberichtigungen*, die das latente Kreditrisiko widerspiegeln, orientiert sich meist an Erfahrungswerten aus der Vergangenheit. Für die Rechnungslegungspraxis bedeutsam ist eine Berechnungsmethode, die vom Bundesfinanzministerium im Hinblick auf die steuerliche Anerkennung vorgegeben wurde und die Höhe der Pauschalwertberichtigung auf der Basis eines weitgehend objektiv nachvollziehbaren Kriteriums ermittelt. Die für steuerliche Zwecke zulässige Pauschalwertberichtigung ergibt sich, indem die aus Vergangenheitsdaten ermittelte durchschnittliche Ausfallquote mit dem Volumen an (latent) risikobehafteten Krediten multipliziert wird. Für Zwecke der Handelsbilanzierung wird die steuerlich zulässige Pauschalwertberichtigung als Untergrenze angesehen. Denkbar sind weitere Verfeinerungen des Verfahrens wie z. B. eine Differenzierung der Ausfallquoten nach Kreditarten (vgl. BANKENFACHAUSSCHUSS (1990)).

Pauschalwertberichtigung = Ausfallquote • risikobehaftetes Kreditvolumen

$$\text{Ausfallquote} = \frac{\emptyset\text{-Forderungsausfall} - \text{Min}\{\text{EWB}; 0{,}4 \cdot \emptyset\text{-Forderungsausfall}\}}{\emptyset\text{-risikobehaftetes Kreditvolumen}}$$

Ø-Forderungsausfall: durchschnittlicher Forderungsausfall in den letzten fünf Jahren

Ø-risikobehaftetes Kreditvolumen: durchschnittliches risikobehaftetes

Kreditvolumen in den letzten fünf Jahren

EWB: Einzelwertberichtigung

Abb. M2.3: Ermittlung von Pauschalwertberichtigungen auf Forderungen

Der durchschnittliche Forderungsausfall ergibt sich aus den tatsächlichen Forderungsausfällen der letzten fünf Jahre. Hierbei werden allerdings nur solche Ausfälle berücksichtigt, deren Ursache in der individuellen Bonität des Schuldners liegen, d. h. Ausfälle, die z. B. auf Länderrisiken zurückgehen, fließen nicht mit ein. Der so ermittelte durchschnittliche Forderungsausfall wird um einen Abschlag von 40% gekürzt, höchstens aber um den Bestand an Einzelwertberichtigungen. Mit dieser Kürzung soll dem Umstand Rechnung getragen werden, dass in den tatsächlichen Forderungsausfällen der Vergangenheit nicht nur latente, sondern auch erkennbare Risiken, für die Einzelwertberichtigungen gebildet wurden, enthalten sind. Der um diesen Abschlag gekürzte Forderungsausfall wird dann dividiert durch das „durchschnittliche risikobehaftete Kreditvolumen". Zum risikobehafteten Kreditvolumen zählen die Kundenforderungen mit folgenden Ausnahmen:

Tab. M2-8: Ermittlung des risikobehafteten Kreditvolumens

	Forderungen an Kunden
−	Sichere Forderungen
−	Einzelwertberichtigte Forderungen
−	Forderungen, die mit Länderrisiken behaftet sind
=	Risikobehaftetes Kreditvolumen

Auch bezüglich des risikobehafteten Kreditvolumens wird ein Durchschnitt über fünf Jahre gebildet. Aus der Definition des risikobehafteten Kreditvolumens geht hervor, dass die Pauschalwertberichtigung alternativ und nicht zusätzlich zur Einzelwertberichtigung anzusetzen ist.

Anders verhält es sich dagegen mit der Vorsorgereserve. Diese kann zusätzlich zu einer Einzel- oder Pauschalwertberichtigung angesetzt werden, da die

Vorsorgereserve zur Sicherung gegen die besonderen Risiken des Kreditgewerbes gebildet wird und somit einen anderen Sachverhalt erfasst als die Einzel- bzw. Pauschalwertberichtigung.

M2.3.4 Bilanzierung und Bewertung von Derivaten

Die Bilanzierung und Bewertung von Derivaten hängt von der Zwecksetzung, die mit dem Erwerb und dem Halten dieser Finanzinstrumente verfolgt wird, ab. Hier sind drei Fälle zu unterscheiden: Derivate können

- der Absicherung anderer risikobehafteter Positionen, die bereits eingegangen worden sind oder mit hoher Wahrscheinlichkeit eingegangen werden, dienen,
- zu Handelszwecken gehalten werden oder
- auf stand alone Basis ohne Handelsabsicht gehalten werden.

Derivate, die zur Absicherung anderer Positionen dienen, müssen gemeinsam mit dem abzusichernden Grundgeschäft zu einer Bewertungseinheit zusammengefasst werden. Die Bilanzierung und Bewertung von Bewertungseinheiten werden wir im Kapitel M4.3 behandeln. Für Termingeschäfte und Swaps, die als stand alone Derivate außerhalb des Handelsbuchs gehalten werden, ist das Prinzip der Nichtbilanzierung schwebender Geschäfte zu beachten. Demnach ergeben sich aus diesen Geschäften Auswirkungen auf die Bilanz nur insoweit, als Marginzahlungen geleistet werden oder Rückstellungen für drohende Verluste aus schwebenden Geschäften gebildet werden. Gezahlte Prämien für den Erwerb von Optionsrechten sind mit den Anschaffungskosten zu aktivieren, erhaltene Optionsprämien für Stillhalterpositionen dürfen nicht erfolgserhöhend vereinnahmt werden, sondern sind zu passivieren. Positionen in Derivaten, die zu Handelszwecken eingegangen worden sind, werden als Handelsaktiva (A6a) bzw. Handelspassiva (P3a) zum Risk Adjusted Fair Value ausgewiesen. Werden solche Derivate später zu Sicherungszwecken eingesetzt, sind sie aus dem Handelsbestand auszugliedern. Im Folgenden wird die Bewertung von stand alone Derivaten, die nicht zu Handelszwecken gehalten werden, dargestellt.

Bei börsengehandelten Termingeschäften (Futures) ist bei Kontraktabschluss als Sicherheit zur Abdeckung von Ausfallrisiken ein Einschuss ("Initial Margin") zu leisten, der bei Erfüllung oder Glattstellung zurückerstattet wird. Diese Initial Margin wird als *„Forderung an Kunden"* (A4) bilanziert. Die Ermittlung und Verrechnung von Gewinnen und Verlusten aus der Futureposition ("daily settlement") erfolgt täglich auf einem Marginkonto. Gutschriften bzw. Belastungen auf diesem Konto sind nicht als Realisation des schwebenden Geschäftes anzusehen, somit ist der Saldo des Marginkontos am Bilanzstichtag erfolgsneutral unter *„Sonstige Vermögensgegenstände"* (A14) bzw. unter *„Sonstige Verbindlichkeiten"* (P5) zu verbuchen. Bei Glattstellung des Terminkontrakts durch Abschluss eines Gegengeschäftes stellt der Saldo des Marginkontos den realisierten Gewinn bzw. Verlust aus dem Termingeschäft dar. Analog ist zu verfahren hinsichtlich der Einschüsse, die aufgrund der Einnahme einer Stillhalterposition in einer Option zu leisten sind.

Gezahlte Optionsprämien werden als „*Sonstige Vermögensgegenstände*" (A14) bilanziert. Wird eine Kaufoption ausgeübt, so erhöht die gezahlte Optionsprämie die Anschaffungskosten der erworbenen Wertpapiere, bei einer Verkaufsoption vermindert die Optionsprämie den Verkaufserlös. Lässt man das Optionsrecht verfallen, so ist es wertlos und dementsprechend wird es erfolgswirksam ausgebucht.

Erhaltene Optionsprämien werden als „*Sonstige Verbindlichkeiten*" (P5) ausgewiesen. Erfolgswirksam vereinnahmt wird die erhaltene Optionsprämie, wenn das Optionsrecht verfallen ist, so dass eine Inanspruchnahme aus der Stillhalterposition nicht mehr möglich ist, oder bei Ausübung der Option. Wird eine Kaufoption gegen den Stillhalter ausgeübt, so erhöht die erhaltene Optionsprämie den Verkaufserlös. Der Erfolg ergibt sich als Saldo aus diesem Gesamtverkaufserlös und dem Buchwert der gelieferten Wertpapiere. Besteht eine Abnahmeverpflichtung (Stillhalterposition in einer Verkaufsoption), so vermindert die erhaltene Optionsprämie den Kaufpreis. Als Erfolg ist der Saldo aus dem Börsenkurs des Wertpapiers am Erfüllungstag und dem um die Optionsprämie verminderten Kaufpreis zu verbuchen.

Sofern am Bilanzstichtag aus Abnahme- oder Lieferverpflichtungen aufgrund von Termingeschäften oder aus Stillhalterpositionen Verluste abzusehen sind, ist hierfür eine Rückstellung für drohende Verluste aus schwebenden Geschäften (sog. *Drohverlustrückstellung*) zu bilden. Unrealisierte Gewinne müssen aufgrund des Imparitätsprinzips unberücksichtigt bleiben. Bei Stillhalterpositionen aus Optionen sollte die Höhe der Rückstellung der Differenz aus dem Optionspreis am Bilanzstichtag und der erhaltenen Optionsprämie entsprechen. Diese Differenz zuzüglich der passivierten Optionsprämie ist genau der Betrag, der am Bilanzstichtag aufgewendet werden müsste, um die Stillhalterposition durch ein gegenläufiges Optionsrecht glattzustellen (*Glattstellungsfiktion*). Wird die Option später ausgeübt, erhöht die Rückstellung den Veräußerungserlös (bei Verkauf einer Kaufoption) bzw. mindert den Kaufpreis (bei einer Stillhalterposition in einer Verkaufsoption). Ganz ähnlich kann bei (börsengehandelten) Termingeschäften verfahren werden: Aus der Differenz zwischen dem Terminkurs am Bilanzstichtag und dem vereinbarten Terminkurs ist erkennbar, ob aus dem Termingeschäft ein Verlust oder ein Gewinn zu erwarten ist. Bei einem Terminkauf ergibt sich somit ein Rückstellungsbedarf, wenn der Terminkurs am Bilanzstichtag kleiner ist als der vereinbarte Terminkurs. Die Differenz aus beiden Terminkursen ist der Verlust, der eintreten würde, wenn der Terminkauf am Bilanzstichtag durch ein gegenläufiges Geschäft (Terminverkauf) glattgestellt werden würde. Bei einem Terminverkauf ist entsprechend zu verfahren, wenn der Terminkurs am Bilanzstichtag den vereinbarten Terminkurs übersteigt.

Swaps werden nur dann bilanzwirksam, wenn am Bilanzstichtag eine Rückstellung für drohende Verluste zu bilden ist. Da Swaps nicht an Börsen gehandelt werden, kann die Frage, ob ein Verlust droht, nicht durch Vergleich mit einem Börsenkurs beantwortet werden. Statt dessen muss der Marktwert des Swaps durch Diskontierung der künftigen Ein- und Auszahlungen mit jeweils laufzeitäquivalenten Zinssätzen ermittelt werden. Ein Rückstellungsbedarf besteht, sofern der Barwert der künftigen Swapauszahlungen größer ist als der Barwert der künftigen Swapeinzahlungen.

Tabelle M2-9 fasst die wichtigsten Bilanzierungsvorschriften für Optionen und Termingeschäfte zusammen.

Tab. M2-9: Bilanzierung von Termingeschäften und Optionen

	Kontraktabschluss	Bewertung am Bilanzstichtag	Erfüllungs-/ Ausübungszeitpunkt
Optionsrechte • Call	Bilanzierung der Optionsprämie unter sonstige Vermögensgegenstände (A14)	Evtl. Abwertung der Optionsprämie auf den niedrigeren Börsenkurs	Anschaffungskosten = Optionsprämie + Ausübungspreis
• Put			Verkaufserlös = Ausübungspreis − Optionsprämie
Stillhalterpositionen • Call	Bilanzierung der Optionsprämie unter sonstige Verbindlichkeiten	Evtl. Bildung einer Rückstellung für drohende Verluste aus schwebenden Geschäften	Verkaufserlös = Optionsprämie + Ausübungspreis
• Put	(P5) oder andere Rückstellungen (P7c) Ausweis der Initial Margin unter Forderungen an Kunden (A4)	Bemessung der Rückstellung: Differenz aus Börsenkurs am Bilanzstichtag und passivierter Optionsprämie	Anschaffungskosten = Ausübungspreis − Optionsprämie
Termingeschäfte • Terminkauf	Ausweis der Initial Margin als Forderung an Kunden (A4)	Evtl. Bildung einer Rückstellung für drohende Verluste aus schwebenden Geschäften	Anschaffungskosten = vereinbarter Terminkurs
• Terminverkauf		Bemessung der Rückstellung: Differenz aus Terminkurs am Bilanzstichtag und vereinbartem Terminkurs	Verkaufserlös = vereinbarter Terminkurs

M2.4 Gewinn- und Verlustrechnung (GuV)

M2.4.1 Grundsätzliche Gliederungsprinzipien

Aufbau und Inhalt der GuV von Kreditinstituten sind in der RechKredV geregelt (Formblatt 2 und 3). Abweichend von Nichtbanken haben Kreditinstitute ein Wahlrecht zwischen Konto- und Staffelform. Die speziell für Kreditinstitute geltende Gliederung in einzelne Ertrags- und Aufwandsarten soll den Besonderheiten der bankbetrieblichen Leistungserstellung Rechnung tragen. Um einen Einblick in die Erfolgsquellen zu erhalten, ist eine Gliederung nach unterschiedlichen Kriterien möglich (vgl. BIEG (2010), S. 323):

- Eine Gliederung nach Geschäftssparten erfordert eine Trennung von Erträgen und Aufwendungen aus dem Kreditgeschäft von denen aus dem Wertpapier- und Dienstleistungsgeschäft. Eine solche Unterteilung erlaubt Einblicke in die Ertragskraft einzelner Leistungsbereiche.
- Insbesondere für Aufwendungen kommt in Betracht, diese danach zu unterteilen, ob sie im Betriebsbereich oder im Wertbereich angefallen sind. Diese Unterteilung findet ihre Entsprechung in der internen Rechnungslegung.
- Eine Trennung von Aufwendungen und Erträgen in betriebliche und betriebsfremde Komponenten zeigt an, inwiefern der Erfolg durch die eigentliche bankbetriebliche Leistungstätigkeit entstanden ist.

Im GuV-Gliederungsschema werden alle drei Gliederungskriterien berücksichtigt, allerdings werden sie nicht immer konsequent durchgehalten. So werden Zinserträge bzw. -aufwendungen einerseits getrennt ausgewiesen von den im Dienstleistungsgeschäft angefallenen Provisionserträgen und -aufwendungen. Andererseits findet keine Trennung statt zwischen den Zu- bzw. Abschreibungen auf Wertpapiere der Liquiditätsreserve und Forderungen, obwohl die entsprechenden Erträge und Aufwendungen durch ganz unterschiedliche Sachverhalte begründet werden. Abschreibungen bei Forderungen sind ausschließlich durch Bonitätsrisiken bedingt, Abschreibungen bei festverzinslichen Wertpapieren sind vor allem Ausfluss von Zinsänderungsrisiken. Der Trennung in Betriebs- und Wertbereich dient der gesonderte Ausweis von Personal- und Sachaufwand in dem Posten *„Allgemeine Verwaltungsaufwendungen"*.

Der gesonderten Erfassung von betriebsfremden Erfolgsbestandteilen dienen die Positionen *„Außerordentliche Erträge/Aufwendungen"*.

Wie wir bereits gesehen haben, dominieren auf der Aktivseite der Bilanz die Positionen, in denen Finanztitel ausgewiesen werden. Auf der Passivseite sind die verschiedenen Einlagenformen von besonderer Bedeutung. Die Aufwendungen und Erträge, die zu diesen Positionen gehören, lassen sich in zwei Kategorien einteilen: Aus Forderungen, Wertpapieren und Anteilstiteln resultieren laufende Erträge in Form von Zinsen, Abschreibungen eines aktivierten Disagios sowie Gewinnausschüttungen, Verbindlichkeiten führen entsprechend zu Zinsaufwand. Darüber hinaus sind auch Bewertungsänderungen aufgrund von Abschreibungen bzw. Wertberichtigungen sowie Veräußerungsgewinne bzw. -verluste erfolgswirksam. In der GuV werden die laufenden Erträge und Aufwendungen getrennt von dem Bewertungsergebnis ausgewiesen, mit diesen Positionen werden wir uns ausführlich beschäftigen. Die anderen GuV-Positionen werden hingegen nur im Überblick dargestellt (vgl. Abbildung M2.4).

Aufwendungen		Erträge	
1. Zinsaufwendungen	...	1. Zinserträge aus	
2. Provisionsaufwendungen	...	a) Kredit- und Geldmarktgeschäften	...
3. Nettoaufwand des Handelsbestands	...	b) festverzinslichen Wertpapieren und Schuldbuchforderungen	... ...
4. Allgemeine Verwaltungsaufwendungen		2. Laufende Erträge aus	
a) Personalaufwand		a) Aktien und anderen nicht fest- verzinslichen Wertpapieren	...
aa) Löhne und Gehälter	...	b) Beteiligungen	...
ab) Soziale Abgaben und Aufwend- ungen für Altersversorgung und für Unterstützung	...	c) Anteilen an verbundenen Unternehmen	... ...
darunter: für Altersversorgung ...... Euro		3. Erträge aus Gewinngemeinschaften, Gewinnabführungs- oder Teilgewinnabführungsverträgen	...
b) andere Verwaltungsaufwendungen	... ...	4. Provisionserträge	...
5. Abschreibungen und Wertberichtigungen auf immaterielle Anlagewerte und Sachanlagen	...	5. Nettoertrag des Handelsbestands	...
6. Sonstige betriebliche Aufwendungen	...	6. Erträge aus Zuschreibungen zu Forderungen und bestimmten Wertpapieren sowie aus der Auflösung von Rückstellungen im Kreditgeschäft	...
7. Abschreibungen und Wertberichtigungen auf Forderungen und bestimmte Wertpapiere sowie Zuführungen zu Rückstellungen im Kreditgeschäft	...	7. Erträge aus Zuschreibungen zu Beteiligungen, Anteilen an verbundenen Unternehmen und wie Anlagevermögen behandelten Wertpapieren	...
8. Abschreibungen und Wertberichtigungen auf Beteiligungen, Anteile an verbundenen Unternehmen und wie Anlagevermögen behandelte Wertpapiere	...	8. Sonstige betriebliche Erträge	...
9. Aufwendungen aus Verlustübernahme	...	9. Außerordentliche Erträge	...
10. Außerordentliche Aufwendungen	...	10. Erträge aus Verlustübernahme	...
11. Steuern vom Einkommen und vom Ertrag	...	11. Jahresfehlbetrag	...
12. Sonstige Steuern, soweit nicht unter Posten 6 ausgewiesen	...		
13. Auf Grund einer Gewinngemeinschaft, eines Gewinnabführungs- oder eines Teilgewinnabführungsvertrags abgeführte Gewinne	...		
14. Jahresüberschuss	...		
Summe der Aufwendungen	...	Summe der Erträge	...

Abb. M2.4: Gewinn- und Verlustrechnung in Kontoform

M2.4.2 Zinsergebnis

Als „*Zinsaufwendungen*" bzw. „*Zinserträge*" (A1, E1) sind alle laufenden Aufwendungen und Erträge mit Zinscharakter anzusehen, die sich auf die Bilanzposten P1 bis P3 und P9 (Verbindlichkeiten gegenüber Kreditinstituten und Kunden, verbriefte Verbindlichkeiten, nachrangige Verbindlichkeiten) bzw. A1 bis A5 (Barreserve, Schuldtitel öffentlicher Stellen und refinanzierbare Wechsel, Forderungen an Kreditinstitute und Kunden, Schuldverschreibungen und andere festverzinsliche Wertpapiere) beziehen (vgl. §§28, 29 RechKredV). Kreditinstitute weisen unter A1 bzw. E1 nur Zinsaufwendungen bzw. -erträge aus, die aus dem Bankgeschäft einschließlich des Factoring-Geschäftes stammen, während Finanzdienstleistungsinstitute unter diesem Posten sämtliche Zinsaufwendungen bzw. -erträge aufführen. Weder bei den Zinsaufwendungen noch bei den Zinserträgen wird danach unterschieden, ob sie aus verbrieften oder nicht verbrieften Verbindlichkeiten bzw. aus Forderungen oder Wertpapieren resultieren. Dagegen werden laufende Erträge aus Anteilstiteln (Bilanzposten A6 bis A8) getrennt von den Zinserträgen aus Forderungstiteln in dem Ertragsposten E2, der wiederum drei Unterposten enthält, ausgewiesen. Allerdings wird diese Trennung insofern nicht konsequent durchgehalten, als dass Erträge aus Genussscheinen stets Zinserträge (E1) darstellen, auch wenn der Bilanzausweis aufgrund der Börsengängigkeit bei A6 („Aktien und andere nicht festverzinsliche Wertpapiere") erfolgt.

Tab. M2-10: GuV-Positionen des Zinsergebnisses

Zinsergebnis

A1 Zinsaufwendungen	E1 Zinserträge aus a) Kredit- und Geldmarktgeschäften b) festverzinslichen Wertpapieren und Schuldbuchforderungen

	E2 Laufende Erträge aus
	a) Aktien und anderen nicht
	   festverzinslichen Wertpapieren
	b) Beteiligungen
	c) Anteilen an verbundenen
	   Unternehmen

Zu den Zinsaufwendungen bzw. -erträgen zählen sowohl sämtliche geleisteten bzw. erhaltenen Zinszahlungen als auch Aufwendungen und Erträge aus der Auflösung eines aktivierten bzw. passivierten Disagios sowie Zuschreibungen zu begebenen bzw. im Bestand befindlichen Zerobonds. Zu- oder Abschreibungen bei Wertpapieren, die aufgrund von Marktzinsänderungen erfolgen, sind dagegen nicht als Zinsertrag bzw. -aufwand zu verbuchen. Schließlich sind auch erhaltene bzw. geleistete Provisionen im Zinsergebnis zu berücksichtigen, sofern sie Zinscharakter haben. Als „*Provisionserträge*" bzw. „*-aufwendungen*" (E4, A2) sind nur solche Erfolgskomponenten auszuweisen, die aus Dienstleistungsgeschäften resultieren. Die Abgrenzung zwischen solchen Provisionen, die Zinscharakter haben und denen, die aus Dienstleistungen resultieren, ist nicht immer ganz eindeutig. Typische Gebühren bzw. Provisionen mit Zinscharakter sind Bereitstellungs- und Überziehungsprovisionen, Beispiele für Gebühren bzw. Provisionen mit Dienstleistungscharakter sind Kontoführungs-, Scheck- und Wechseleinzugs- sowie Scheckheft- und Scheckkartengebühren.

M2.4.3 Handelsergebnis

Als Handelsergebnis wird der Saldo aller Aufwendungen und Erträge aus Geschäften mit Finanzinstrumenten des Handelsbestands (A6a, P3a) sowie des Handels mit Edelmetallen bezeichnet (vgl. §340c HGB). Wir haben bereits gesehen, dass die Bewertung eines Wertpapiers von der Zuordnung zu den drei Kategorien Handelsbestand, Finanzanlagen und Liquiditätsbestand abhängt. Diese Einteilung hat auch Bedeutung für den Ausweis von laufenden Erträgen bzw. Aufwendungen, Bewertungsänderungen und Veräußerungserfolgen. In das Handelsergebnis werden sowohl die laufenden Aufwendungen und Erträge als auch das Bewertungsergebnis einschließlich von Aufwendungen und Erträgen aus der Währungsumrechnung, die den Wertpapieren des Handelsbestands zuzurechnen sind, eingebucht. Bei den Wertpapieren des Anlagebestandes und der Liquiditätsreserve erfolgt der Ausweis des laufenden Ergebnisses und des Bewertungsergebnisses dagegen getrennt: Zins- bzw. Dividendenerträge werden in E1 bzw. E2 gebucht, das Bewertungsergebnis des Anlagebestandes geht in den Posten A8/E7 (Finanzanlageergebnis) ein, das Bewertungsergebnis des Liquiditätsbestandes wird zusammen mit dem Bewertungsergebnis aus dem Kreditgeschäft in A7/E6 ausgewiesen, das Ergebnis aus der Währungsumrechnung dieser Positionen wird als sonstiger betriebliche Aufwand bzw. Ertrag gezeigt (A6/E8).

Als Ertrags- und Aufwandskomponenten sind im Handelsergebnis neben laufenden Aufwendungen und Erträgen, realisierte Kursgewinne und -verluste, Änderungen aus der Bewertung zum Risk Adjusted Fair Value, Zuführungen zu und Erträge aus der Auflösung von Rückstellungen sowie Zuführungen zu und die Erträge aus der Auflösung des Sonderpostens, der innerhalb des Fonds für allgemeine Bankrisiken gebildet werden muss, zu berücksichtigen.

Die Postenbezeichnung Nettoaufwand bzw. Nettoertrag weist darauf hin, dass nur der Saldo aus den oben genannten Ertrags- und Aufwandskomponenten in der GuV ausgewiesen werden darf. Es besteht somit eine *Pflicht zur Saldierung* der Erträge und Aufwendungen, die mit Handelsgeschäften verbunden sind. Eine Ausnahme gilt für Finanzdienstleistungsinstitute, bei denen ein Bruttoausweis derartiger Erträge und Aufwendungen zu erfolgen hat. Das für Kreditinstitute bestehende Saldierungsgebot stellt eine Durchbrechung des Bruttoprinzips dar, das für Nichtbanken grundsätzlich die Verrechnung von Aufwendungen und Erträgen verbietet.

Tab. M2-11: Ertrags- und Aufwandskomponenten des Handelsergebnisses

Nettoaufwand/Nettoertrag des Handelsbestands (A3/E5)

Geschäftsart	Aufwandskomponenten	Ertragskomponenten
• Finanzinstrumente des Handelsbestands • Handel mit Edelmetallen	• Laufende Aufwendungen • Realisierte Kursverluste • Abschreibungen vom Risk Adjusted Fair Value • Zuführungen zu den Rückstellungen • Zuführungen zum Fonds für allgemeine Bankrisiken gemäß §340e Abs. 4 HGB	• Laufende Erträge • Realisierte Kursgewinne • Zuschreibungen zum Risk Adjusted Fair Value • Erträge aus der Auflösung von Rückstellungen • Erträge aus der Auflösung des Fonds für allgemeine Bankrisiken gemäß §340e Abs. 4 HGB
	Saldierungspflicht	

M2.4.4 Erträge und Aufwendungen aus sonstigen Wertpapieren und Forderungen

Diese Positionen umfassen alle Aufwendungen und Erträge, die im Zusammenhang mit dem Wertpapierbestand der Liquiditätsreserve und dem Kreditgeschäft anfallen und keinen Zinsaufwand oder Zinsertrag bzw. laufenden Ertrag darstellen. Somit werden hier wesensfremde Erträge und Aufwendungen aus zwei unterschiedlichen Bereichen, nämlich Kreditbereich und Wertpapierbereich (Vorsorgewertpapierbestand) gemeinsam in einem GuV-Posten erfasst. Die einzelnen Ertrags- und Aufwandskomponenten, die zu berücksichtigen sind, gibt Tabelle M2-12 wieder.

Bei den Abschreibungen und Wertberichtigungen auf Forderungen werden sowohl Einzel- als auch Pauschalwertberichtigungen erfasst, daneben gehen auch die Vorsorgereserven nach §340f HGB in diese Position ein. Rückstellungen sind im Kreditgeschäft zu bilden für Kreditrisiken sowie für drohende Verluste aus Eventualverbindlichkeiten. Bei den Abschreibungen auf Wertpapiere der Liquiditätsreserve kann es sich sowohl um Abschreibungen auf der Grundlage des strengen Niederstwertprinzips als auch um Zuführungen zu den Vorsorgereserven handeln.

Hinsichtlich der oben genannten Erfolgskomponenten gilt, dass die wesensfremden Erträge aus Forderungen und bestimmten Wertpapieren in einer Summe ausgewiesen werden müssen, ebenso die wesensfremden Aufwendungen aus Forderungen und bestimmten Wertpapieren. Weiterhin besteht ein Saldierungswahlrecht zwischen den genannten Erträgen und Aufwendungen (§340f Abs. 3 HGB, §32 RechKredV). Eine – früher mögliche – teilweise Kompensation von Erträgen und Aufwendungen ist nicht mehr zulässig. Die gegenseitige Aufrechnung von Erträgen und Aufwendungen über unterschiedliche Geschäftssparten hinweg wird als *Überkreuzkompensation* bezeichnet. Wird von dieser Möglichkeit

Tab. M2-12: Ertrags- und Aufwandskomponenten im Bereich sonstiger Wertpapiere und Forderungen

Erträge und Aufwendungen aus sonst. WP und Forderungen	
Abschreibungen und Wertberichtigungen auf Forderungen und bestimmte Wertpapiere sowie Zuführungen zu Rückstellungen im Kreditgeschäft (A7)	Erträge aus Zuschreibungen zu Forderungen und bestimmten Wertpapieren sowie aus der Auflösung von Rückstellungen im Kreditgeschäft (E6)
Bewertungsergebnis Kreditgeschäft	
• Abschreibungen und Wertberichtigungen auf Forderungen einschließlich der Vorsorgereserven • Zuführungen zu Rückstellungen	• Zuschreibungen auf Forderungen und Auflösung von Wertberichtigungen • Erträge aus dem Eingang abgeschriebener Forderungen • Erträge aus der Auflösung von Rückstellungen
Ergebnis aus Wertpapieren der Liquiditätsreserve	
• Realisierte Kursverluste • Abschreibungen einschließlich Vorsorgereserven	• Realisierte Kursgewinne • Zuschreibungen und Auflösung von Vorsorgereserven
Saldierungswahlrecht	

Gebrauch gemacht, so ist aus dem Jahresabschluss nicht erkennbar, ob und in
welcher Höhe stille Vorsorgereserven gebildet oder aufgelöst wurden.

M2.4.5 Finanzanlageergebnis

Bewertungs- und Veräußerungsergebnisse, die im Zusammenhang mit Finanzanlagen, d. h. Beteiligungen, Anteilen an verbundenen Unternehmen und wie Anlagevermögen behandelten Wertpapieren anfallen, werden in den GuV-Positionen
A8/E7 ausgewiesen.

Auch hinsichtlich des Erfolgsausweises im Bereich der Finanzanlagen gibt es
ein Saldierungswahlrecht dahingehend, dass entweder eine vollständige Saldierung oder aber ein vollständiger Bruttoausweis möglich ist (§340c Abs. 2 HGB,
§33 RechKredV). Daneben besteht ein weiteres Wahlrecht, das es den Kreditinstituten erlaubt, Veräußerungsgewinne bzw. -verluste alternativ zu E7/A8 auch
unter den sonstigen betrieblichen Erträgen bzw. Aufwendungen (jeweils brutto)
auszuweisen (§340c Abs. 2 S. 2 HGB).

M2.4.6 Weitere Ertrags- und Aufwandsposten in der GuV

Zu den „*Provisionsaufwendungen*"(A2) und „*Provisionserträgen*" (E4) zählen
Provisionen und ähnliche Aufwendungen bzw. Erträge aus bankgeschäftlichen
Dienstleistungen, wie Zahlungsverkehr, Außenhandelsgeschäft, Wertpapier-

Tab. M2-13: Ertrags- und Aufwandskomponenten des Finanzanlageergebnisses

Finanzanlageergebnis

Abschreibungen und Wertberichtigungen auf Beteiligungen, Anteile an verbundenen Unternehmen und wie Anlagevermögen behandelte Wertpapiere (A8)	Erträge aus Zuschreibungen zu Beteiligungen, Anteilen an verbundenen Unternehmen und wie Anlagevermögen behandelte Wertpapiere (E7)
• Realisierte Kursverluste • Abschreibungen und Wertberichtigungen	• Realisierte Kursgewinne* • Zuschreibungen
Saldierungswahlrecht	

* Bei Nichtkompensation auch Bruttoausweis unter „Sonstige betriebliche Aufwendungen/Erträge" (A6/E8) möglich.

kommissions- und -depotgeschäft, Devisen-, Sorten- und Edelmetallgeschäft sowie Vermittlungsprovisionen für Kredit-, Versicherungs- und Bausparverträge. Daneben werden auch Kontoführungs- und Bürgschaftsprovisionen hier ausgewiesen (§30 RechKredV).

„*Allgemeine Verwaltungsaufwendungen*" (A4) werden unterteilt in „*Personalaufwand*" (A4a) und „*andere Verwaltungsaufwendungen*" (A4b). Personalaufwand fällt zum einen an in Form von Löhnen und Gehältern (A4aa), zum anderen gehören hierzu auch sämtliche gesetzlichen oder freiwilligen Sozialleistungen einschließlich der Zuführungen zu den Pensionsrückstellungen (A4ab). Andere Verwaltungsaufwendungen fallen an z. B. in Form von Raumkosten, Bürobetriebskosten, Kraftfahrzeugbetriebskosten oder Kommunikationskosten, wie Telefongebühren und Porti.

Aufwendungen für „*Abschreibungen und Wertberichtigungen auf immaterielle Anlagewerte und Sachanlagen*" (A5) beinhalten diejenigen Abschreibungen, die sich auf die Bilanzpositionen A11 „*Immaterielle Anlagewerte*" sowie A12 „*Sachanlagen*" beziehen. Realisierte Kursverluste sind dagegen nicht hier, sondern unter den „*sonstigen betrieblichen Aufwendungen*" (A6) auszuweisen, weiterhin darf keine Saldierung mit Zuschreibungen oder Veräußerungsgewinnen vorgenommen werden.

Die Positionen „*sonstige betriebliche Aufwendungen/Erträge*" (A6/E8) sind als Sammelposten zu verstehen, die solche Aufwands- bzw. Ertragskomponenten enthalten, die im Rahmen der normalen Geschäftstätigkeit anfallen und die keinem anderen Posten zugeordnet werden können. Hierzu zählen z. B. Veräußerungsverluste bzw. -gewinne aus Verkäufen von Beteiligungen und Anteilen an verbundenen Unternehmen, Kassenfehlbeträge, Aufwendungen und Erträge aus bankfremden Geschäften und die „*Sonstigen Steuern*", soweit diese nicht in einem separaten Posten ausgewiesen werden. Auch Erträge und Aufwendungen aus der Währungsumrechnung werden hier ausgewiesen.

Von den sonstigen betrieblichen Aufwendungen und Erträgen sind die „*Außerordentlichen Aufwendungen/Erträge*" (A10, E9) zu unterscheiden. Als außerordentlich gelten Erträge und Aufwendungen dann, wenn sie außerhalb der normalen Geschäftstätigkeit anfallen, d. h. ungewöhnlich in der Art, selten im Vorkommen und von einiger materieller Bedeutung sind (vgl. ADLER *et al.* (1995), §277 HGB, Rn. 118ff.). Beispiele hierfür wären Verluste bzw. Gewinne aus der Veräußerung ganzer Betriebe oder wesentlicher Betriebsteile oder außerplanmäßige Abschreibungen aus Anlass eines ungewöhnlichen Ereignisses. Im Anhang sind die wichtigsten Einzelbeträge zu den außerordentlichen und zu den sonstigen Aufwendungen und Erträgen anzugeben und zu erläutern.

"*Aufwendungen bzw. Erträge aus Verlustübernahme*" (A9/E10) beinhalten Verluste bzw. Gewinne, die aus einem Beherrschungs- oder Gewinnabführungsvertrag entstehen. Aufwendungen sind dann zu verbuchen, wenn die bilanzierende Gesellschaft einen Verlust zu übernehmen hat, bei der abhängigen Gesellschaft entsteht in der gleichen Höhe ein Ertrag (§302 AktG).

Der gesonderte Ausweis von "*Erträgen aus Gewinngemeinschaften, Gewinnabführungs- oder Teilgewinnabführungsverträgen*" (E3) ist in §277 Abs. 3 S. 2 HGB vorgeschrieben und gilt somit nicht nur für Banken, sondern für alle Kapitalgesellschaften. Bei der abführenden Gesellschaft ergibt sich entsprechend ein Ausweis unter A13 "*Auf Grund einer Gewinngemeinschaft, eines Gewinnabführungs- oder eines Teilgewinnabführungsvertrags abgeführte Gewinne*".

Der Steueraufwand wird unterteilt in die "*Steuern vom Einkommen und vom Ertrag*" (A11) und in die "*Sonstigen Steuern*" (A12). Zu den Ertragsteuern zählen die Körperschaft- und die Gewerbeertragsteuer, als sonstige Steuern gelten Substanzsteuern sowie Steuern, die an bestimmten Aktivpositionen in der Bilanz anknüpfen, wie z. B. Kraftfahrzeug- oder Grundsteuer (nicht dagegen die Grunderwerbsteuer, da sie als Anschaffungsnebenkosten zu aktivieren ist). Als Aufwandskomponenten sind neben den laufenden Steuerzahlungen auch Zuführungen zu bzw. Auflösungen von Steuerrückstellungen auszuweisen. Die sonstigen Steuern können auch als sonstiger betrieblicher Aufwand erfasst werden. Im Anhang ist zusätzlich anzugeben, inwieweit die Ertragsteuern das Ergebnis der gewöhnlichen Geschäftstätigkeit bzw. das außerordentliche Ergebnis belasten (§285 Nr. 6 HGB).

M2.5 Anhang und Lagebericht

Da für Kreditinstitute unabhängig von ihrer Rechtsform und Größe die Rechnungslegungsvorschriften über die große Kapitalgesellschaft anzuwenden sind, umfasst der Jahresabschluss neben der Bilanz und der Gewinn- und Verlustrechnung auch einen Anhang. Zusätzlich ist ein Lagebericht zu erstellen.

Welche Angaben im Anhang zu machen sind, ist in den §§34-36 RechKredV festgelegt. Darüber hinaus sind auch, sofern die speziell für Kreditinstitute geltenden Vorschriften nichts anderes vorsehen, das allgemeine Rechnungslegungsrecht des HGB und hier insbesondere die §§284-286 HGB anzuwenden.

Die Fülle der in den Anhang aufzunehmenden Angaben lassen sich in drei Kategorien einteilen:

1. Allgemeine Angaben zum Jahresabschluss betreffen Auskünfte über die angewandten Bilanzierungs- und Bewertungsmethoden. Hier ist, sofern nicht wie bei der Überkreuzkompensation ausdrücklich eine Befreiung vorgesehen ist, darzulegen, in welcher Weise von Ansatz- und Bewertungswahlrechten Gebrauch gemacht wurde. Darüber hinaus ist die gewählte Vorgehensweise zu begründen. Abweichungen von der üblichen Anwendungsweise und Änderungen bei den Bilanzierungs- und Bewertungsmethoden sind ebenfalls anzugeben, zu begründen und in ihren Auswirkungen auf die Vermögens-, Finanz- und Ertragslage darzustellen.
2. Erläuterungen zur Bilanz und zur GuV beziehen sich auf eine Fülle von Einzelpositionen. Die wichtigsten Angabepflichten wurden bereits bei der Erläuterung der entsprechenden Positionen genannt.
3. Schließlich sind in den Anhang auch Angaben über außerbilanzielle Geschäfte, also über (unbedingte) Termin- und Optionsgeschäfte sowie über Swaps aufzunehmen. Aufzulisten ist, welche Arten von Geschäften am Bilanzstichtag noch nicht abgewickelt worden sind. Daneben ist anzugeben, ob diese Geschäfte zu einem wesentlichen Teil für Handelszwecke oder für Sicherungszwecke eingegangen worden sind.

Hinsichtlich des Lageberichts gibt es für Kreditinstitute keine besonderen Regelungen. Demnach haben Kreditinstitute gemäß §289 Abs. 2 HGB über Vorgänge von besonderer Bedeutung, die nach dem Bilanzstichtag eingetreten sind, sowie über die voraussichtliche künftige Entwicklung zu berichten.

M3 Der IFRS-Jahresabschluss

1. Zum IFRS-Jahresabschluss gehören neben Bilanz und GuV eine Eigenkapitalveränderungsrechnung, ein Anhang (*Notes*) sowie eine Kapitalflussrechnung. Letztere soll über die Veränderung der Barreserve Auskunft geben.
2. Für die Bilanzierung und Bewertung ist der Begriff des Finanzinstruments von grundlegender Bedeutung. Finanzinstrumente setzen sich aus finanziellen Vermögenswerten, finanziellen Verpflichtungen und Eigenkapitalinstrumenten zusammen.
3. Für Bewertungszwecke werden Finanzinstrumente in vier Kategorien eingeteilt: Handelsaktiva und -passiva, zur Veräußerung verfügbare Finanzinstrumente (Liquiditätsbestand), Kredite und Forderungen sowie Finanzinstrumente, die bis zur Fälligkeit gehalten werden sollen.
4. Für die Bewertung gilt ein *mixed measurement approach*, d. h. die Bilanzpositionen werden entweder zu (fortgeführten) Anschaffungskosten oder zum beizulegenden Wert, d. h. zum *Fair Value* bewertet. Der Handels- und Liquiditätsbestand wird zum *Fair Value*, die anderen Aktiva und Passiva werden zu (fortgeführten) Anschaffungskosten bewertet. Weiterhin können Finanzinstrumente auch ohne Handelsabsicht zum Fair Value bewertet werden (*designated at fair value*).

5. Der Fair Value-Bewertung wird vorgeworfen, dass sie sich verschärfend auf die Finanzmarktkrise ausgewirkt habe. Besonders stark kritisiert wird die Fair Value-Bewertung von Passiva, die bewirkt, dass ein Ansteigen des eigenen Kreditrisikos zu Erträgen führt.

M3.1 Rechtsgrundlagen für den IFRS-Abschluss

Für den IFRS-Jahresabschluss einer Bank sind eine Fülle an IAS-Standards zu berücksichtigen, die allesamt branchenübergreifend gelten. Wir wollen uns hier lediglich auf einige wenige Standards beschränken, die für Banken eine besondere Bedeutung haben.

IAS 1 enthält grundlegende Vorschriften für die Darstellung von Jahresabschlüssen sowie Mindestanforderungen an deren Inhalt. IAS 1.51 schreibt grundsätzlich eine Bilanzgliederung in kurz- und langfristige Vermögensgegenstände und Schulden vor, abweichend davon ist eine Anordnung nach der Liquidität vorzunehmen, wenn dies – wie bei Kreditinstituten – aussagekräftiger ist.

Der IFRS 7 enthält detaillierte Vorgaben für die Berichterstattung über Finanzinstrumente. Diese Angaben werden meist in den Notes untergebracht, können aber auch in der Bilanz enthalten sein. Die Angabepflichten beziehen sich zum einen auf einzelne Positionen der Bilanz und der GuV und zum anderen auf risikorelevante Sachverhalte.

IAS 32 behandelt branchenübergreifend Ausweis- und Offenlegungspflichten von Finanzinstrumenten. Finanzinstrumente sind sehr weit definiert und umfassen bis auf das Sachvermögen nahezu die gesamten Aktiva und Passiva einer Bank. Geregelt werden in IAS 32 sowohl die Definition des Begriffs Finanzinstrument als auch Darstellungs- und Offenlegungsvorschriften im Zusammenhang mit Finanzinstrumenten.

IAS 39 ist der bei weitem wichtigste Standard für Banken. Auch er wirkt branchenübergreifend und enthält Vorschriften zum Ansatz und zur Bewertung von Finanzinstrumenten. IAS 39 legt fest, welche Kategorien von Finanzinstrumenten zu (fortgeführten) Anschaffungskosten und welche zum Fair Value bewertet werden, darüber hinaus regelt IAS 39 auch die Erfolgswirksamkeit von Bewertungsänderungen. Ein weiterer wichtiger Regelungsbereich von IAS 39 betrifft die bilanzielle Abbildung von Sicherungszusammenhängen (vgl. hierzu Kapitel M4.2.2).

Schließlich soll noch auf IAS 21 hingewiesen werden, der als branchenübergreifender Standard die Fremdwährungsumrechnung regelt (vgl. hierzu Kapitel M4.3.2).

M3.2 Aufbau einer IFRS-Bilanz

Für die Bankbilanz gibt es keine Formblattvorschrift, sondern es existieren lediglich Empfehlungen über einige Mindestangaben, die in der Bilanz oder alternativ in den Notes enthalten sein sollen. Die Bilanz in Tabelle M3-1 ist lediglich als Muster zu verstehen, das im Hinblick auf die für die Bewertung relevanten Wertpapierkategorien nützlich ist. In der IFRS-Bilanzierungspraxis hat sich keine einheitliche Darstellungsform für die Bilanz durchgesetzt, reale IFRS-Bilanzen von Banken weisen große Unterschiede auf und enthalten in der Regel deutlich weniger Positionen und andere Postenbezeichnungen als hier angegeben.

Tab. M3-1: Beispiel für eine Bilanz nach IFRS

Aktiva	Passiva
• Barreserve	• Verbindlichkeiten gegenüber Kreditinstituten
• Forderungen an Kreditinstitute	• Verbindlichkeiten gegenüber Kunden
• Forderungen an Kunden	• Verbriefte Verbindlichkeiten
• Risikovorsorge	• Financial liabilities at fair value through profit or loss
• Financial assets at fair value through profit or loss	• Handelspassiva (trading)
• Handelsaktiva (trading)	• Designierte Finanzinstrumente
• Designierte Finanzinstrumente	• Sicherungsderivate
• Sicherungsderivate	• Rückstellungen
• Zur Veräußerung verfügbare finanzielle Vermögenswerte (available-for-sale-Bestände)	• Pensionsrückstellungen
	• Sonstige
• Bis zur Endfälligkeit zu haltende Finanzinvestitionen (held-to-maturity-Bestände)	• In zur Veräußerung vorgesehenen Sachgesamtheiten enthaltene Verpflichtungen
• Nach der Equity-Methode bewertete Anteile	• Ertragssteuerverpflichtungen (laufende und latente Steuern)
• Als Finanzinvestition gehaltene Immobilien	• Sonstige Passiva Nachrangkapital/Hybridkapital
• Sachanlagen	• Eigenkapital
• Immaterielle Vermögenswerte	• Gezeichnetes Kapital
• Zur Veräußerung bestimmte Vermögenswerte und in Sachgesamtheiten enthaltene Vermögenswerte	• Eigene Anteile
	• Kapitalrücklage
• Ertragssteueransprüche (laufende und latente Steuern)	• Gewinnrücklage
	• Neubewertungsrücklagen aus
• Eingeforderetes, noch nicht eingezahltes Kapital	– available-for-sale-Beständen
	– Sachanlagevermögen
• Sonstige Aktiva	– immateriellen Vermögensbeständen
	– cash flow hedges
	– Währungsumrechnung
	• Fonds für allgemeine Bankrisiken
	• Konzernergebnis
	• Minderheitsanteile
Summe der Aktiva	Summe der Passiva

Quelle: In Anlehnung an PRICEWATERHOUSECOOPERS (2008).

Will man Banken anhand ihrer Jahresabschlüsse miteinander vergleichen, so ist man auf die Notes angewiesen, die zahlreiche Detailinformationen zu einzelnen Positionen der Bilanz und der GuV enthalten. Ähnlich der HGB-Bilanz sind die Bilanzpositionen auf der Aktivseite nach dem abnehmenden Liquiditätsgrad geordnet, die Positionen auf der Passivseite sind nach zunehmender Fristigkeit zu gliedern. Der Einblick, den eine IFRS-Bilanz in die Liquidität geben kann, ist ebenso kritisch zu beurteilen wie bei einer HGB-Bilanz. Angaben zu Ausfall-, Liquiditäts- und Zinsänderungsrisiken müssen gemäß IFRS 7 in den Notes enthalten sein.

Für den Bilanzausweis auf der Aktivseite sowie für die Bewertung ist der Begriff des *Finanzinstruments* von zentraler Bedeutung. IAS 39 definiert den Begriff Finanzinstrument und regelt den Bilanzausweis und die Bewertung. Ein Finanzinstrument ist demnach eine vertragliche Vereinbarung, die bei einem Unternehmen zur Entstehung eines *finanziellen Vermögenswertes* (*financial asset*) und bei einem anderen Unternehmen (i. d. R. der Vertragspartner) zur Entstehung einer *finanziellen Verpflichtung* (*financial liability*) oder eines *Eigenkapitalinstruments* (*equity instrument*) führt. Finanzinstrumente umfassen damit sowohl Ansprüche als auch Verpflichtungen, sowohl Forderungen als auch Wertpapiere, sowohl Eigen- als auch Fremdkapitaltitel, sowohl originäre als auch derivative Finanztitel (vgl. Abbildung M3.1). IAS 39 gilt nur für Eigenkapitalinstrumente, die im Bestand gehalten werden, nicht aber für ausgegebene Anteilstitel.

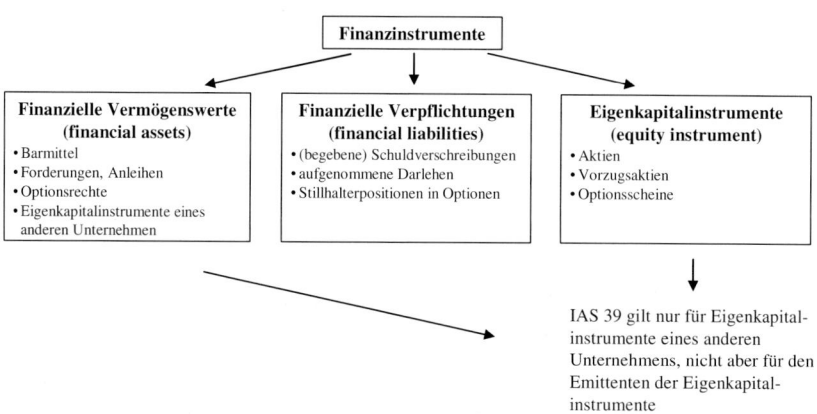

Abb. M3.1: Arten von Finanzinstrumenten

Finanzinstrumente werden für die Bewertung in vier Kategorien eingeteilt Die Zuordnung zu diesen Kategorien hängt teilweise von der Halteabsicht, teilweise aber auch von der Bewertungsabsicht ab (vgl. Abbildung M3.2). So werden in die Kategorie „*financial instruments at fair value through profit or loss*" zum einen Finanzinstrumente (Aktiva und Passiva) eingeordnet, die *Handelszwecken* dienen (*held-for-trading*), zum anderen kann eine Zuordnung zu dieser Kategorie auch zu dem Zweck erfolgen, bestimmte Finanzinstrumente zum Fair Value bewerten zu können (*designierte Finanzinstrumente*). Die Designation zum Fair Value stellt ein Wahlrecht dar (Fair Value-Option), das bei Zugang ausgeübt werden muss, eine spätere Umwidmung ist nicht möglich. Darüber hinaus sind die designierten Finanzinstrumente in der Bilanz oder in den Notes getrennt von den Handelsbeständen auszuweisen.

Finanzinstrumente **financial instruments**			
financial instruments at fair value through profit or loss	Bis zur Endfälligkeit zu haltende Finanzinvestitionen (held-to-maturity-Bestände)	Loans and Receivables Forderungen an Kreditinstitute Forderungen an Kunden	Zur Veräußerung verfügbare finanzielle Vermögenwerte (available-for-sale)

• Handelsaktiva (trading): Ansprüche aus
- Wertpapieren } kurzfristige
- Forderungen } Wiederveräußerungsabsicht
- Devisen }
- Derivaten mit positivem Marktwert (kein Hedge Accounting)
• Handelspassiva (trading): Finanzielle Verpflichtungen
- mit der Absicht des Rückkaufs
- aus Leerverkäufen
- aus Derivaten mit negativem Marktwert (kein Hedge Accounting)
• Designierte Finanzinstrumente (fair value-option)
	Finanzielle Vermögenswerte mit
	• bestimmten oder bestimmbaren Zahlungen und
	• fester Laufzeit,
	die bis zur Endfälligkeit gehalten werden sollen (Absicht und Fähigkeit, ein Finanzinstrument bis zur Endfälligkeit zu halten).
		• Originäre oder erworbene nicht-derivative Finanzinstrumente mit festen oder bestimmbaren Zahlungen, die nicht an einem aktiven Markt notiert werden.
		• Keine kurzfristige Wiederveräußerungsabsicht (trading).
		• Keine Designation als
		  • financial asset at fair value
		  • available-for-sale.
			• Finanzierungsinstrumente, die in keine der drei anderen Kategorien einzuordnen sind.
			• Alle Eigenkapitalinstrumente, soweit nicht financial assets at fair value.

Abb. M3.2: Kategorisierung der Finanzinstrumente

Voraussetzung für die Zuordnung eines Finanzinstruments zur Kategorie „designated at fair value" ist, dass eines der drei folgenden Kriterien erfüllt ist:

• Die Bewertung zum Fair Value reduziert einen *accounting mismatch*, der dann entstehen würde, wenn gegenläufige Positionen auf der Basis unterschiedlicher Bewertungsmethoden bewertet werden würden.
• Das Finanzinstrument ist Teil eines Portfolios, das auf Fair Value-Basis gesteuert und intern bewertet wird.
• Es handelt sich um ein Finanzinstrument mit eingebettetem Derivat, das selbstständig bewertet werden darf.

Ausgenommen von der Fair Value-Option sind Eigenkapitalinstrumente, die nicht an einem aktiven Markt gehandelt werden, und für die ein Fair Value nicht zuverlässig bestimmt werden kann (*cost exemption*).

Ein accounting mismatch entsteht z. B. dann, wenn ein festverzinsliches Wertpapier durch einen Zinsfuture abgesichert wird. Gehört das Wertpapier nicht zum Handelsbestand, werden Fair Value-Änderungen erfolgsneutral behandelt, Fair Value-Änderungen des Derivats werden dagegen stets erfolgswirksam berücksichtigt. Sind die Voraussetzungen für eine Einbeziehung in das Hedge-Accounting nicht erfüllt (vgl. zum Hedge Accounting M4.2.2), können die gegenläufigen Erfolgswirkungen von Sicherungsbeziehungen nur dadurch abgebildet werden, dass Grund- und Absicherungsgeschäft erfolgswirksam zum Fair Value bewertet werden. Durch die Bewertung der Finanztitel zu Marktwerten wird automatisch eine gegenläufige Wertentwicklung berücksichtigt (natural hedge). Die Fair Value-Option bietet somit eine Alternative zum Hedge-Accounting, dessen Anwendung an strenge Voraussetzungen gebunden ist.

Beispiel für ein Finanzinstrument mit eingebettetem Derivat ist eine Schuldverschreibung, deren Zins- und Kapitalrückzahlungen von der Wertentwicklung des Eigenkapitals des Emittenten abhängen. Ein solches Finanzinstrument kann als eine Kombination aus einer Schuldverschreibung und einer Aktienoption aufgefasst werden. Für Bewertungszwecke muss dieses Finanzinstrument in beide Komponenten zerlegt werden. Während die derivative Komponente stets zu den Handelsaktiva zählt, müsste die Schuldverschreibung ohne die Fair Value-Option entweder in den held-to-maturity-Bestand oder in den available-for-sale-Bestand eingeordnet werden. Die Konsequenz wäre in jedem Fall, dass für beide Komponenten unterschiedliche Bewertungsvorschriften gelten würden. Um die daraus entstehenden Komplikationen zu vermeiden, erlaubt die Fair Value-Option die Designation in den „fair value through profit or loss"-Bestand.

Zum Handelsbestand zählen alle finanziellen Vermögenswerte (*Handelsaktiva*) und Verpflichtungen (*Handelspassiva*), die erworben oder eingegangen worden sind mit dem Ziel, das Finanzinstrument in der nahen Zukunft wieder zu verkaufen bzw. bei Leerverkäufen anzuschaffen. Auch Finanzinstrumente, die Teil eines Portfolios sind, das mit dem Ziel, kurzfristige Erfolge zu erzielen, gemanagt wird, gehören zum Handelsbestand. Weiterhin zählen Derivate, und zwar sowohl Ansprüche als auch Verpflichtungen aus Derivaten zu den Handelsaktiva bzw. Handelspassiva, außer wenn sie als Absicherungsinstrument in das Hedge-Accounting einbezogen sind.

Besteht die Absicht und die Fähigkeit, einen finanziellen Vermögenswert bis zu dessen Fälligkeit zu halten, so ist er in die Kategorie „*held-to-maturity*" einzuordnen. Aktien und andere Anteilstitel sind daher auch bei langfristiger Halteabsicht nicht als Finanzanlagen anzusehen, da es sowohl an der Bestimmbarkeit der Zahlungen als auch an einer festen Laufzeit fehlt. Eine Zuordnung zur Kategorie held-to-maturity ist nur möglich, wenn keine berechtigten Zweifel an der Absicht bestehen, das Finanzinstrument bis zur Endfälligkeit zu halten. Ein Gläubigerkündigungsrecht z. B. deutet auf die Absicht hin, die Investition in den Finanztitel vor dessen Endfälligkeit zu beenden. Die Fähigkeit, ein Finanzinstrument bis zur Endfälligkeit zu halten, ist dann nicht gegeben, wenn die notwendigen Ressourcen für ein dauerhaftes Engagement fehlen oder dem rechtliche Zwänge entgegenstehen. Wird ein nicht unbeträchtlicher Anteil am held-to-maturity-Bestand vorzeitig veräußert, so darf das Unternehmen für zwei Jahre keine Finanzaktiva in diese Kategorie einordnen (tainting). Der Kategorie held-to-maturity kommt aufgrund der restriktiven Voraussetzungen in der Praxis nur geringe Bedeutung zu. In den Geschäftsberichten der Deutschen Bank und der Commerzbank taucht der Begriff held-to-maturity nicht auf, die WestLB weist in ihrem Geschäftsbericht für das Jahr 2008 lediglich 944 Mio. € an held-to-maturity-Beständen aus bei einem Gesamtwert aller Finanzinstrumente in Höhe von 283.336 Mio. € (=0,33%).

Forderungen, die nicht zu Handelszwecken gehalten werden, und weder zu den designierten Finanzinstrumenten noch zum „*available-for-sale*"-Bestand gehören, werden der Kategorie „*loans and receivables*" zugerechnet. Eine Zuordnung zu dieser Kategorie ist nur möglich, wenn es sich um ein nicht-derivatives Finanzinstrument mit bestimmten oder bestimmbaren Zahlungsansprüchen handelt, das nicht an einem aktiven Markt gehandelt wird. Zu den Forderungen zählen sowohl originäre Darlehen als auch erworbene Forderungen, die zusammen mit Schuldscheindarlehen und nicht börsenfähigen Schuldverschreibungen ausgewiesen werden. Werden Forderungen ausnahmsweise zu Handelszwecken gehalten, was bei Schuldscheindarlehen vorkommen kann, werden sie bei den Handelsaktiva bilanziert. Forderungen können netto, d. h. nach Abzug von Wertberichtigungen ausgewiesen werden, üblich ist aber ein Bruttoausweis, bei dem die Wertberichtigungen und Rückstellungen für Bonitäts- und Länderrisiken sowie Pauschalwertberichtigungen für latente Ausfallrisiken unter der Bezeichnung *Risikovorsorge* als Negativposten aktivisch gezeigt werden.

Der „*available-for-sale*"-Bestand umfasst mit Ausnahme von Derivaten als Restgröße alle Finanzinstrumente, die keiner anderen Kategorie zugeordnet werden. Dies können Schuldverschreibungen und andere festverzinsliche Wertpapiere, Forderungen sowie Eigenkapitalinstrumente sein, die weder zum Handelsbestand zählen noch bis zur Endfälligkeit gehalten werden sollen und auch nicht in die Kategorie „designated at fair value" gehören. In den Notes ist anzugeben, wie sich der *available-for-sale*-Bestand aus diesen Finanztiteln zusammensetzt.

Die Kategorien „*designated at fair value through profit or loss*" und „*available-for-sale*" eröffnen einen gewissen Spielraum für die Zuordnung von Finanzinstrumenten. Die Folge ist, dass mit Ausnahme von Derivaten, die – sofern sie nicht in das Hedge Accounting einbezogen sind – stets zum Handelsbestand zählen, für die anderen Finanzinstrumente grundsätzlich mehr als eine Zuordnungsmöglichkeit besteht. Tabelle M3-2 fasst zusammen, welche Zuordnung in Abhängigkeit von der Halte- oder Bewertungsabsicht möglich ist.

Eine spätere Umklassifizierung ist nur eingeschränkt zulässig. Eine Umwidmung von „*held-to-maturity*" in die Kategorie „*available-for-sale*" und umgekehrt ist möglich, wenn sich die ursprüngliche Halteabsicht geändert hat und das Finanzinstrument die Voraussetzungen erfüllt, um in „*held-to-maturity*" eingeordnet zu werden. Im Verlauf der Finanzmarktkrise hat das IASB im Oktober 2008 den Banken die Möglichkeit eingeräumt, Finanzinstrumente, die zu Handelszwecken gehalten werden oder als „*available-for-sale*" eingeordnet sind, in „*rare circumstances*" in die Kategorie Forderungen und Kredite umzuklassifizieren (vgl. INTERNATIONAL ACCOUNTING STANDARDS BOARD (2008)). Die Umklassifizierung war rückwirkend zum 1.7.2008 möglich. Der Fair Value zum

Tab. M3-2: Zuordnung von Finanzinstrumenten zu den IAS 39-Kategorien

Finanz-instrument	Bewertungskategorie			
	At fair value through profit or loss	Loans and receivables	Held-to-maturity	Available-for-sale
Derivate (kein Hedging)	Zwingend	Nicht möglich		
Loans and receivables		Möglich	Nicht möglich	Möglich
Festverzinsliche Wertpapiere (aktiv gehandelt)	Möglich bei Handelsabsicht oder Designation	Nicht möglich	Möglich bei entsprechender Halteabsicht	Möglich
Eigenkapital-instrumente		Nicht möglich		Möglich

Zeitpunkt der Umklassifizierung gilt in diesem Fall als Anschaffungskosten für die Bewertung in der neuen Kategorie. Eine nachträgliche Umklassifizierung in die Kategorie der erfolgswirksam zum Fair Value bewerteten Finanzinstrumente ist ausgeschlossen. Die Deutsche Bank hat im Jahr 2008 von dieser neu geschaffenen Möglichkeit der Umklassifizierung in Höhe von ca. 35 Mrd. € Gebrauch gemacht und damit Bewertungsverluste von über 4 Mrd. € vermieden. Die Commerzbank hat Finanzinstrumente im Wert von ca. 77 Mrd. € umklassifiziert.

Künftig wird es für finanzielle Vermögenswerte gemäß dem neuen IFRS 9 nur noch zwei Bewertungskategorien geben, nämlich Vermögenswerte, die zum Fair Value bewertet werden und solche, die zu fortgeführten Anschaffungskosten angesetzt werden (vgl. INTERNATIONAL ACCOUNTING STANDARDS BOARD (2009b)). Kriterien für die Zuordnung sind zum einen die Eigenschaften des vertraglich vereinbarten Zahlungsstroms, der mit einem Finanzinstrument verbunden ist, sowie zum anderen die Art und Weise, wie ein Finanzinstrument bankintern gesteuert wird.

Ein Schuldinstrument wird zu fortgeführten Anschaffungskosten bewertet, wenn

- entsprechend dem Geschäftsmodell der Bank die Zielsetzung darin besteht, mit dem Halten des Schuldinstruments vertraglich vereinbarte Zahlungen zu vereinnahmen (anstatt von Wertänderungen zu profitieren), und
- die Zahlungen, die mit dem Finanzinstrument verbunden sind, ausschließlich Zins- und Tilgungszahlungen darstellen.

Damit werden Kredite sowie gekaufte oder begebene Schuldverschreibungen zu fortgeführten Anschaffungskosten bewertet, sofern sie nicht zu Handelszwecken gehalten werden. Alle anderen finanziellen Vermögenswerte, die zurzeit als *held-for-trading* oder *available-for-sale* charakterisiert werden, müssen künftig erfolgswirksam zum Fair Value bewertet werden. Ausgenommen hiervon sind Eigenkapitalinstrumente, bei denen es weniger um die Erzielung von Erträgen aus Gewinnausschüttungen oder Wertsteigerungen geht, sondern die vornehmlich aus strategischen Gründen gehalten werden. Diese Eigenkapitalinstrumente können aufgrund einer unwiderruflichen Entscheidung der Bank bei der Erstbilanzierung zum Fair Value bewertet werden, wobei Wertänderungen im *sonstigen Gesamtergebnis (at fair value through other comprehensive income)* und Dividendenerträge erfolgswirksam in der GuV erfasst werden. Entfallen wird die Ausnahmeregelung für nicht börsennotierte Eigenkapitaltitel, die zurzeit zu Anschaffungskosten bewertet werden können. Entgegen der ursprünglichen Absicht ist eine Umklassifizierung möglich, wenn sich das Geschäftsmodell der Bank geändert hat.

Zur *Barreserve* gehören neben den Kassenbeständen und Zentralbankguthaben auch die bei Zentralnotenbanken refinanzierbaren öffentlichen Schuldtitel und Wechsel. In den Notes wird die Barreserve nach diesen drei Kategorien aufgeschlüsselt.

In den Erläuterungen werden die Forderungen weiter untergliedert nach Kundengruppen (Kreditinstitute, soweit nicht bereits in der Bilanz gesondert ausgewiesen, inländisch/ausländisch sowie Unternehmen, Privatkunden, öffentliche Haushalte). Dort wird auch die Entwicklung der Risikovorsorge weiter aufgeschlüsselt nach Bonitäts-, Länder- und latenten Risiken. Weiterhin werden der Anfangs- und der Endbestand, die Zuführungen und die Abgänge, unterteilt nach erfolgswirksamen und erfolgsneutralen Minderungen, angegeben. Vorsorgereserven dürfen nicht mehr still gebildet werden, statt dessen müssen sie offen als eine Art *„Sonderfonds für allgemeine Bankrisiken"* gezeigt werden.

Für den Ausweis von Sicherungszusammenhängen, die im Rahmen des Hedge Accounting anerkannt werden, gibt es verschiedene Möglichkeiten: Denkbar ist ein Ausweis der Sicherungsderivate in einem gesonderten Posten, für den z. B. die Bezeichnung *„Positive/negative Marktwerte aus derivativen Sicherungsinstrumenten"* (z. B. Commerzbank) gewählt werden kann oder ein Ausweis unter *„Sonstige Aktiva/Passiva"* (z. B. Deutsche Bank), während die abgesicherten Grundgeschäfte weiterhin zusammen mit den nicht abgesicherten Vermögenswerten und Verpflichtungen ausgewiesen werden. Daneben ist es aber auch möglich, Grund- und Absicherungsgeschäfte gemeinsam in einem Posten zusammenzufassen.

Zum *„Sachanlagevermögen"* gehören Grundstücke und Gebäude sowie Betriebs- und Geschäftsausstattung. In den Erläuterungen ist eine weitere Unterteilung des Sachanlagevermögens in die einzelnen Komponenten sowie ein Anlagespiegel enthalten. Von den Sachanlagen zu unterscheiden sind die *„Investment Properties"*. Hierbei handelt es sich um Gebäude oder Gebäudeteile, die gehalten werden, um Mieteinnahmen und/oder Wertsteigerungen zu erzielen. Gebäude oder Gebäudeteile, die Banken an Dritte vermieten, müssen somit als Investment Properties ausgewiesen werden.

Zu den *„Immateriellen Vermögenswerten"* zählen vor allem Patente, Lizenzen, Software sowie ein derivativer Firmenwert. *„Ertragsteueransprüche"* erstrecken sich sowohl auf aktuelle als auch auf latente Ertragsteueransprüche. Ein aktueller Anspruch auf Steuerrückerstattung besteht dann, wenn für das laufende oder vergangene Geschäftsjahr mehr Steuern gezahlt worden sind als tatsächlich angefallen sind, latente Steuern ergeben sich aus unterschiedlichen Gewinnermittlungsvorschriften im Steuerrecht und im IFRS-Bilanzrecht.

Der Sammelposten „*Sonstige Aktiva*" enthält Vermögensgegenstände, die keinem anderen Posten zugeordnet worden sind. Beispielsweise können hier als Finanzinvestition gehaltene Immobilien, zur Veräußerung gehaltene Vermögenswerte, Leasinggegenstände, Edelmetalle und Absicherungsderivate gezeigt werden, sofern diese Aktiva nicht gesondert in der Bilanz ausgewiesen werden. Genauere Angaben zu den Aktiva, die von einer Bank unter diesen Posten subsumiert wurden, enthalten die Notes.

Die Passivseite kann ähnlich der Gliederung der HGB-Bilanz eine Unterteilung in Verbindlichkeiten gegenüber Kreditinstituten und gegenüber Kunden sowie einen gesonderten Ausweis verbriefter Verbindlichkeiten aufweisen. Handelspassiva, designierte Passiva sowie passivische Sicherungsderivate sind das Gegenstück zu den entsprechenden Positionen auf der Aktivseite. Die Position „*Neubewertungsrücklagen*" enthält unrealisierte Gewinne bzw. Verluste, die nicht erfolgswirksam über die GuV laufen, sondern erfolgsneutral direkt in das Eigenkapital gebucht werden. Hierzu gehören u. a. die Bewertungsergebnisse aus dem „*available-for-sale*"-Bestand sowie aus dem effektiven Teil der Absicherung von Cash Flow Hedges (vgl. Kapitel M4.2.2). Letztere können auch gesondert als Bestandteil des Eigenkapitals ausgewiesen werden (vgl. z. B. den Jahresabschluss der Commerzbank).

M3.3 Bewertung im IFRS-Jahresabschluss

Beim erstmaligen Ansatz ist ein Finanzinstrument zum Fair Value, der in der Regel den Anschaffungskosten entspricht, zu bewerten (IAS 39.43). Anschaffungsnebenkosten, die z. B. in Form von Provisionen anfallen können, werden bei Finanzinstrumenten, die erfolgswirksam zum Fair Value bewertet werden, sofort aufwandswirksam erfasst, bei den Finanzinstrumenten der anderen Kategorien gehen sie in die historischen Anschaffungskosten ein und werden zeitanteilig amortisiert oder in der Neubewertungsrücklage erfasst. Der Fair Value-Ansatz für die Erstbewertung hat zur Folge, dass anders als in der HGB-Bilanz Kredite, die mit einem Damnum bzw. Disagio ausgereicht werden, nicht mit dem Rückzahlungsbetrag angesetzt werden, sondern mit dem Ausgabebetrag. Das Damnum bzw. Disagio wird über die Laufzeit des Kredits unter Anwendung der Effektivzinsmethode (vgl. Kapitel M2.3.3) verteilt und dem Wertansatz für den Kredit in der Bilanz zugeschrieben. Die Erstbewertung von Verbindlichkeiten erfolgt ebenfalls zum Fair Value, bei un- oder niedrigverzinslichen Passiva, die mit einem Damnum bzw. Disagio aufgenommen werden, sind die Anschaffungskosten über die Laufzeit auf die Höhe des Rückzahlungsbetrags zuzuschreiben.

Die Folgebewertung richtet sich nach der Kategorie, in die ein Finanzinstrument eingeordnet wird:

- Handelsaktiva, Handelspassiva sowie designierte Finanzaktiva und -passiva werden erfolgswirksam zum Fair Value bewertet („*fair value through profit or loss*").
- Zur Veräußerung verfügbare Wertpapiere werden ebenfalls zum Fair Value bewertet, Fair Value Änderungen werden aber nicht in der GuV erfasst, sondern erfolgsneutral direkt in das Eigenkapital gebucht („*fair value through equity*").
- Kredite und Forderungen sowie Finanzinstrumente, die bis zur Fälligkeit gehalten werden sollen, werden zu fortgeführten Anschaffungskosten (*amortised cost*) angesetzt.
- Eigenkapitaltitel, die nicht an einem aktiven Markt notiert sind und deren Fair Value nicht verlässlich bestimmt werden kann, sowie Derivate auf solche Titel werden mit den Anschaffungskosten (*cost*) bewertet.

Ein zentraler Begriff für die Bewertung von Finanzinstrumenten ist der *Fair Value*. Im IAS 39.9 ist dieser Begriff folgendermaßen definiert:

Der *Fair Value* (beizulegender Zeitwert) ist der Betrag, zu dem zwischen sachverständigen, vertragswilligen und voneinander unabhängigen Geschäftspartnern ein Vermögenswert getauscht oder eine Schuld beglichen werden könnte.

Bei der Ermittlung des Fair Values werden drei Hierarchiestufen (*Fair Value Levels*) unterschieden (vgl. IAS 39.48a, 39.AG71-81):

1. Notierte Preise in aktiven Märkten (*Level 1 Fair Value*): Für Finanzinstrumente, die in aktiven Märkten gehandelt werden, wird der Fair Value auf der Basis notierter Preise ermittelt. Im Idealfall sollte der notierte Preis am Abschlussstichtag verwendet werden, ist dieser nicht verfügbar, kann auch ein Preis kurz vor dem Abschlussstichtag verwendet werden, wobei gegebenenfalls Anpassungen vorzunehmen sind.
2. Bewertungsverfahren mittels beobachtbarer Parameter (*Level 2 Fair Value*): Existiert für ein Finanzinstrument kein aktiver Markt, so muss der Fair Value mit Hilfe eines Bewertungsverfahrens, das in hohem Maße auf Marktdaten beruht, ermittelt werden. Als Bewertungsverfahren kommen auf dieser Stufe in Frage:

   - Rückgriff auf kürzlich abgeschlossene Transaktionen zwischen sachverständigen, vertragswilligen und unabhängigen Geschäftspartnern;
   - Vergleich mit dem Fair Value eines anderen, im Wesentlichen identischen Finanzinstruments;
   - Verwendung eines von den Marktteilnehmern üblicherweise für die Preisfindung verwendeten Bewertungsmodells, das nachweislich Schätzwerte für Preise liefert, die bei tatsächlichen Transaktionen erzielt wurden und in größtmöglichem Umfang Marktdaten verwendet.

3. Bewertungsverfahren mittels wesentlicher nicht beobachtbarer Parameter (*Level 3 Fair Value*): Ein Level 3 Fair Value kommt für solche Finanzinstrumente in Betracht, für deren Bewertung in nicht unwesentlichem Maße Eingangsparameter verwendet werden müssen, die nicht am Markt beobachtbar sind.

In den Notes ist für alle zum Fair Value bilanzierten Finanzinstrumente anzugeben, welche Beträge auf die einzelnen Fair Value Levels entfallen.

Die Fair Value-Bewertung ist im Zuge der Finanzmarktkrise in die Kritik geraten. Die enormen Abschreibungen auf den Fair Value, die einige Banken durch den Zusammenbruch von Märkten für bestimmte Finanzinstrumente zu verkraften hatten, werden mit dafür verantwortlich gemacht, dass die Finanzmarktkrise immer größere Kreise ziehen konnte. Heftig kritisiert wurde zudem die Fair Value-Bewertung von Verbindlichkeiten: Sinkt die Bonität einer Bank, so sinkt der Fair Value ihrer Verbindlichkeiten, dies ist in der GuV entsprechend als Ertrag zu verbuchen. Im Ergebnis profitiert die Bank von ihrer gesunkenen Kreditwürdigkeit. So fiel z. B. durch die Nutzung der Fair Value-Option für Verbindlichkeiten das Jahresergebnis 2008 von Barclays um 1,9 Mrd. €, das der UBS um 1,3 Mrd. € höher aus.

Wenn wir es mit einem liquiden Markt zu tun haben, kann man die Verwendung eines notierten Börsenpreises als Fair Value für Finanzaktiva in der Bilanz überzeugend begründen:

- Der Fair Value kann objektiv nachvollziehbar ermittelt werden und belässt dem bilanzierenden Unternehmen so gut wie keine Ermessensspielräume.
- Der Fair Value ist der Betrag, den eine Bank jederzeit durch Verkauf des Finanzinstruments erzielen könnte. Eine Fair Value-Zuschreibung ist somit ein Gewinn, der jederzeit realisierbar ist.
- Auf informationseffizienten Märkten entspricht der Börsenkurs dem Fundamentalwert eines Finanzinstruments, d. h. er ist der beste Schätzer für den Barwert der künftigen, mit Unsicherheit behafteten Cash Flows. Der Fair Value hat damit im Hinblick auf eine zukunftsgerichtete Berichterstattung, die für Kapitalanlageentscheidungen wichtig ist, den höchstmöglichen Informationsgehalt (pre decision Informationsfunktion).

Diese überzeugenden Eigenschaften des Fair Value von Finanzaktiva gehen jedoch verloren, wenn Märkte wenig liquide sind:

- Fair Values, die auf der Basis von Bewertungsmodellen ermittelt worden sind, eröffnen Ermessensspielräume, die der Bilanzierende nutzen kann. Dies gilt insbesondere für Level 3 Fair Values.
- Finden nur vereinzelt Transaktionen statt, hängt der Börsenkurs stark von dem zufälligen Aufeinandertreffen von Angebots- und Nachfrageorder ab. Der Preis, zu dem einzelne Transaktionen getätigt werden, wird somit mehr oder weniger stark vom Fundamentalwert abweichen.
- Auf illiquiden Märkten kann nicht davon ausgegangen werden, dass ein Verkauf zum ermittelten Fair Value tatsächlich möglich wäre. Unrealisierte Gewinne aufgrund von Fair Value-Zuschreibungen sind somit möglicherweise gar nicht realisierbar.
- In Kapitel G1.3.1 wurde gezeigt, dass eine gesamtwirtschaftliche Liquiditätsknappheit zu Marktpreisen für Finanzinstrumente führen kann, die erheblich unterhalb der Fundamentalwerte liegen („*fire-sale-prices*"). In diesem Fall repräsentieren Marktwerte nicht mehr die Erwartungen der Marktakteure über die künftigen Cash Flows.

Der zunehmende Anteil von Finanzinstrumenten, die auf Märkten gehandelt werden, führt bei einer Fair Value-Bewertung dazu, dass die Ertragslage der Banken immer stärker von dem Geschehen auf den Finanzmärkten abhängt. Sinken die Marktwerte von Finanzinstrumenten unter ihren Fundamentalwert, so sind davon alle Banken betroffen, die diese Finanztitel halten. Unmittelbar Cash Flow-wirksame Konsequenzen haben diese gesunkenen Marktpreise aber vor allem für solche Banken, die aufgrund einer kurzfristigen Refinanzierung gezwungen sein können, ihre Finanztitel zu den niedrigen Preisen zu veräußern. BRUNNERMEIER *et al.* (2009) haben daher vorgeschlagen, die Bewertung von Finanztiteln davon abhängig zu machen, ob deren Erwerb kurz- oder langfristig refinanziert wurde („*mark-to-funding*"). So sehr die Kritik an der Fair Value-Bewertung von Finanzaktiva berechtigt ist, so darf doch nicht übersehen werden, dass auch Buchwerte, die auf fortgeführten Anschaffungskosten beruhen, nicht unproblematisch sind. Das Problem hier sind weniger die Situationen, in denen die Märkte schlecht laufen, als vielmehr Zeiten boomender Märkte. Durch die Bewertung zu fortgeführten Anschaffungskosten entstehen stille Reserven, die zwar einen Puffer für schlechte Zeiten schaffen, die aber auch zu Intransparenzen führen. Diese können z. B. zu Gains Trading verleiten: Durch den Verkauf unterbewerteter Aktiva mit anschließendem Rückerwerb werden stille Reserven gehoben und eine zu gute Ertragslage vorgetäuscht (siehe hierzu auch Kapitel G1.2.2). Problematisch ist dies insbesondere dann, wenn die Auflösung stiller Reserven dazu genutzt wird, eine sich dauerhaft verschlechternde Ertragslage aufgrund einer verfehlten Geschäftspolitik so lange wie möglich zu verschleiern.

Die Bewertung von Verbindlichkeiten zum Fair Value hat zur Konsequenz, dass ein steigendes eigenes Kreditrisiko zu Erträgen führt. Dies ist zwar zunächst kontraintuitiv, kann ökonomisch aber plausibel erklärt werden. Hierzu interpretieren wir das Eigen- und Fremdkapital als Derviate auf den Unternehmenswert. Die Position der Eigenkapitalgeber kann als eine Kaufoption auf den Wert der Aktiva mit dem Rückzahlungsbetrag des Fremdkapitals als Ausübungspreis interpretiert werden, die Zahlungsanwartschaft, die mit ausfallbedrohtem Fremdkapital verbunden ist, entspricht der Zahlungsanwartschaft von ausfallsicherem Fremdkapital zuzüglich einer Stillhalterposition in einer Verkaufsoption auf das Unternehmen (vgl. Kapitel I3.3). Der Zusammenhang zwischen dem Marktwert des Unternehmens (π^V), dem Marktwert des Eigenkapitals (π^{EK}) und dem Marktwert des Fremdkapitals (π^{FK}) ist in Abbildung M3.3 unter der Prämisse, dass alle Aktiva und Passiva zu Marktwerten bilanziert werden, dargestellt.

Mit Hilfe der *Put-Call-Parität* (vgl. Kapitel E5.2) wird deutlich, dass der Marktwert des Unternehmens dem Wert eines Calls auf das Unternehmen mit dem Nominalbetrag F als Rückzahlungsbetrag zuzüglich dem Marktwert des sicheren Fremdkapitals (π^F) abzüglich dem Marktwert eines Puts mit dem Ausübungspreis F entspricht:

$$\pi^V = \pi^{\mathrm{Call}} + \pi^F - \pi^{\mathrm{Put}},$$

und somit $\quad \Delta\pi^V = \Delta\pi^{\mathrm{Call}} - \Delta\pi^{\mathrm{Put}}.$

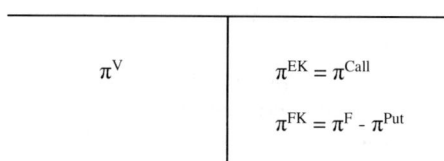

$$\pi^V \qquad\qquad \pi^{EK} = \pi^{Call}$$

$$\pi^{FK} = \pi^F - \pi^{Put}$$

Abb. M3.3: Bilanz zu Marktwerten

Da der Wert einer Long-Put-Position sich gegenläufig zum Unternehmenswert enwickelt, bewirkt jede Marktwertänderung des Unternehmens ($\Delta\pi^V$) eine gleichgerichtete Wertänderung des Eigenkapitals und der Short-Put Komponente des Fremdkapitals. Die Fair Value-Bewertung der Passiva bildet somit nichts anderes ab, als dass bei beschränkter Haftung ein Sinken des Unternehmenswertes nicht ausschließlich zu Lasten der Eigentümer geht, sondern auch die Position der Kreditgeber verschlechtert. Eine Beibehaltung des Wertansatzes für das Fremdkapital würde dagegen im Beispiel zu einem accounting mismatch führen, da das Absinken des Unternehmenswertes allein zu Lasten des Eigenkapitalwerts ginge. Wenn allerdings nicht alle Aktiva zum Fair Value bewertet werden, kann gerade die Fair Value-Bewertung von Verbindlichkeiten einen accounting mismatch bewirken. Mindert sich der Wert des bilanziell nicht erfassten immateriellen Vermögens, z. B. ein nicht aktivierter Goodwill, so steht der Verbuchung einer Fair Value-Änderung der Verbindlichkeiten keine Wertminderung auf der Aktivseite gegenüber, letztlich wird ein Ertrag ausgewiesen, ohne dass damit ein Verlust teilweise kompensiert wird (vgl. UPTON (2009)).

Wird die Bank in den Folgejahren trotz gesunkener Bonität nicht insolvent, so muss letztlich der Nominalbetrag zurückgezahlt werden. Entsprechend ist ein verminderter Fair Value in den Folgejahren in höherem Maße aufwandswirksam zuzuschreiben. Eine aufwandswirksame Zuschreibung ist darüber hinaus auch dann vorzunehmen, wenn die Bonität der Bank sich aufgrund eines gestiegenen Marktwertes wieder verbessert. Die Fair Value-Zuschreibung der Verbindlichkeit bewirkt, dass das Eigenkapital weniger stark als der Unternehmenswert ansteigt und bildet damit den Umstand ab, dass auch die Fremdkapitalgeber von einem gestiegenen Unternehmenswert profitieren.

Sind die Finanzmärkte vollkommen, lässt sich ein gesunkener Fair Value des Fremdkapitals als derjenige Wert interpretieren, zu dem die Eigenkapitalgeber das Fremdkapital zurückkaufen könnten. Die Fremdkapitalgeber tauschen in diesem Fall einen unsicheren Nominalanspruch in Höhe von F gegen einen sicheren Betrag π^{FK}, der genau dem Marktwert ihres Zahlungsanspruchs entspricht. Der Fair Value bildet damit genau das ab, was er gemäß den Vorstellungen des IASB abbilden soll, nämlich den „Betrag, zu dem eine Schuld beglichen werden könnte". Fraglich ist, ob ein Rückkauf des Fremdkapitals zum bilanzierten Fair Value tatsächlich möglich ist. Zum einen dürfte eine Bank mit einem signifikanten Ausfallrisiko kaum in der Lage sein, neues Eigenkapital aufzunehmen, um das Fremdkapital zurückzukaufen. Darüber hinaus ist zweifelhaft, ob die Fremdkapitalgeber einem Rückkauf zum Fair Value zustimmen, oder ob sie nicht darauf spekulieren, von einem wieder gestiegenen Unternehmenswert zu profitieren. Insbesondere bei einer Bank werden die Gläubiger möglicherweise darauf vertrauen, dass diese im Ernstfall durch staatliche Intervention gerettet wird, ohne dass hierbei die Gläubigeransprüche geschmälert werden.

Gegen eine Fair Value-Bewertung spricht weiterhin, dass die Solvenz einer Bank davon abhängt, ob der Marktwert der Aktiva größer ist als der Nominalbetrag der Verbindlichkeiten. Daher ist für die Beurteilung der Insolvenzwahrscheinlichkeit einer Bank der Nominalbetrag der Verbindlichkeiten entscheidend und nicht deren Marktwert. Fraglich ist somit, ob eine Fair Value-Bewertung von Verbindlichkeiten letztlich die für Außenstehende relevanten Informationen vermittelt. Wenn die Entlohnung des Managements vom ausgewiesenen Jahresüberschuss abhängt, kann eine Fair Value-Bewertung von Verbindlichkeiten zu Fehlanreizen führen: Da sowohl der Wert einer Kauf- als auch der einer Verkaufsoption mit zunehmender Volatilität des Underlyings steigen, kann eine Unternehmensleitung alleine dadurch einen positiven Jahresüberschuss, definiert als Marktwertsteigerung des Eigenkapitals, erzielen, dass bei gleichbleibendem Marktwert der Aktiva deren Risikogehalt erhöht wird. Damit werden die potentiell ohnehin schon bestehenden Fehlanreize, Reichtumsverschiebungen zu Lasten der Fremdkapitalgeber vorzunehmen, verstärkt (vgl Kapitel G1.2.1).

Inzwischen sind vom IASB neue Vorschläge entwickelt worden, wie das eigene Kreditrisiko bei der Bewertung von Verbindlichkeiten berücksichtigt werden kann (vgl. INTERNATIONAL ACCOUNTING STANDARDS BOARD (2009a), UPTON (2009)). Ein Vorschlag sieht vor, dass der Barwert der Verbindlichkeiten angesetzt wird, wobei weder beim Cash Flow noch im Zinssatz bei der Barwertermittlung ein Ausfallrisiko berücksichtigt wird. Die Differenz zwischen dem unter der Prämisse der sicheren Erfüllung ermittelten Barwert und dem Betrag, den die Bank für die Zahlungsanwartschaft erhält, kann als Wert des impliziten Puts interpretiert werden. Der Putwert kann entweder bei Fremdkapitalaufnahme sofort als Verlust gebucht werden oder aber über die Laufzeit des Kredits amortisiert werden. Nachträgliche Änderungen der Bonität werden nicht berücksichtigt, wohl aber führen Änderungen des sicheren Zinssatzes zu einer Zu- oder Abschreibung der Verbindlichkeit. Als Alternative wird vorgeschlagen, dass die Verbindlichkeiten mit dem Betrag, den das Unternehmen bei Fremdkapitalaufnahme erhält, bewertet werden. Der ursprüngliche Credit Spread wird eingefroren, d. h. bei späteren Zinsänderungen wird mit einem Zinssatz diskontiert, der sich aus dem dann gegebenen Zins für sichere Anlage zuzüglich dem ursprünglichen Credit Spread zusammensetzt.

Änderungen des Fair Values werden bei Finanzinstrumenten der Kategorie *„fair value through profit or loss"* stets erfolgswirksam in der GuV gebucht, unabhängig davon, worauf die Marktwertänderung beruht. Bei Finanzinstrumenten, die zur Veräußerung verfügbar sind (*„available-for-sale"*), muss zwischen einer Fair Value-Änderung und einem *Impairment* unterschieden werden. Diese Unterscheidung kann man sich am besten verdeutlichen, wenn wir den Marktwert eines Finanzinstruments als Barwert der mit diesem Instrument verbundenen Cash Flows interpretieren:

$$\pi = \sum \frac{CF_t}{i_M + \text{Spread}}.$$

Eine Fair Value-Änderung liegt typischerweise vor, wenn das Marktzinsniveau (i_M) bzw. der Credit Spread steigt oder fällt. Fair Value-Änderungen sind im Available-for-Sale-Bestand erfolgsneutral in der Eigenkapitalposition „*Neubewertungsrücklage*" oder in einem Posten mit ähnlicher Bezeichnung zu erfassen, man bezeichnet diese Kategorie deshalb auch als „*available-for-sale at fair value through equity*". Bei Veräußerung des Finanztitels wird die Neubewertungsrücklage erfolgserhöhend aufgelöst.

Ein Impairment dagegen knüpft am Cash Flow an. Anzeichen für ein Impairment liegen vor, wenn

- ein objektiver Hinweis auf eine dauerhafte Wertminderung vorliegt, der auf einem vergangenen Ereignis nach dem erstmaligen Ansatz beruht, und
- dieses Ereignis Auswirkungen auf die zukünftigen Cash Flows hat.

Ereignisse, die ein Impairment auslösen, können erhebliche finanzielle Schwierigkeiten des Schuldners sein, Ausbleiben oder Verzug von Zins- und Tilgungszahlungen oder eine drohende Insolvenz oder Sanierung. Wertminderungen in Form eines Impairments werden erfolgswirksam in der GuV erfasst, Zuschreibungen aufgrund von Wertaufholungen (*reversal of impairment*) werden nur bei Fremdkapitaltiteln GuV-wirksam erfasst, bei Eigenkapitaltiteln dagegen erfolgsneutral in der Neubewertungsrücklage verbucht.

Tab. M3-3: Bewertung von Finanzinstrumenten nach IAS 39

	Aktivseite		**Passivseite**	
	Loans/Held-to-maturity	Available-for-sale	Financial instruments at Fair value	Other liabilities
Bewertungs-maßstab	Amortised cost	Fair value	Fair value	Amortised cost
Behandlung von Fair value-Änderungen	Keine	Erfolgsneutral	Erfolgswirksam	Keine
Impairment-test	Ja (erfolgs-wirksam)	Ja (erfolgs-wirksam)	Implizit durch Fair-value-Ansatz	Entfällt
Reversal of impairment	Erfolgswirksam	Schuldtitel: erfolgswirksam; Eigenkapitaltitel: erfolgsneutral		

Quelle: ECKES *et al.* (2004), S. 179.

Bei Finanzinstrumenten der Kategorien „*loans and receivables*" und „*held-to-maturity*", die zu fortgeführten Anschaffungskosten bewertet werden, kommt es nur dann zu Wertänderungen, wenn

- der Vermögensgegenstand veräußert wird (Abgangsergebnis),
- Anzeichen für ein Impairment vorliegen, so dass eine Wertberichtigung vorzunehmen ist,
- eine Wertaufholung (*reversal of impairment*) vorliegt,
- ein Agio bzw. Disagio über die Laufzeit verteilt wird.

Bei allen finanziellen Vermögenswerten, die zu fortgeführten Anschaffungskosten bilanziert werden, dürfen Bewertungsgewinne nur beim Abgang des betreffenden Finanzinstruments erfasst werden, *Wertminderungen* müssen dagegen immer dann gewinnmindernd berücksichtigt werden, wenn Anzeichen für ein Impairment vorliegen. Für Wertaufhellungen besteht eine Zuschreibungspflicht bis zur Höhe der fortgeführten Anschaffungskosten bzw. bis zur Höhe der in den Vorperioden erfolgswirksam vorgenommenen Abschreibungen.

M3.4 IFRS-Gewinn-und Verlustrechnung (GuV)

Auch für die GuV nach IFRS gibt es kein fest vorgegebenes Schema. Typischerweise enthält eine IFRS-GuV deutlich weniger Posten als im Formblatt nach RechKredV für eine HGB-GuV vorgesehen sind. Die in Tabelle M3-4 wiedergegebene GuV ist lediglich als Muster zu verstehen, die „realen" GuVs der Banken weichen zum Teil erheblich davon ab. Zusätzliche Angaben zu jeder GuV-Position sind in den Erläuterungen im Anhang enthalten. Eine Aufstellung in Staffelform ist nicht zwingend, sie entspricht aber internationalen Gepflogenheiten.

Im „*Zinsüberschuss*" werden die laufenden Aufwendungen und Erträge aus den Positionen Barreserve, Forderungen an Kreditinstitute und Kunden sowie aus den available-for-sale- und held-to-maturity-Beständen erfasst. Darüber hinaus werden auch laufende Erträge aus Finanztiteln mit Eigenkapitalcharakter dort erfasst, für die Zinsaufwendungen und -erträge aus Handelsbeständen und aus designierten Finanzinstrumenten besteht ein Wahlrecht, diese im Zinsergebnis zu zeigen oder zusammen mit dem Bewertungsergebnis im „*Handelsergebnis*" auszuweisen. In den „*Provisionsüberschuss*" gehen ähnlich wie in der HGB-GuV Aufwendungen und Erträge aus Dienstleistungsgeschäften ein, sofern sie nicht mit Positionen zusammenhängen, die erfolgswirksam zum Fair Value bewertet werden.

Die *Risikovorsorge* bezieht sich ausschließlich auf das Bewertungsergebnis im Kreditgeschäft (*loans and receivables*). Als Nettogröße enthält sie den Saldo aus Abschreibungen, Wertberichtigungen und Rückstellungen für latente und erkennbar gewordene Risiken und den Erträgen aus der Auflösung dieser Posten. Auch Erträge und Aufwendungen aus dem Abgang von Forderungen werden hier

Tab. M3-4: Gliederung einer Bank-GuV nach IFRS

	Position
	Zinserträge
–	Zinsaufwendungen
=	Zinsüberschuss
–	Risikovorsorge für das Kreditgeschäft
=	Zinsüberschuss nach Risikovorsorge
	Gebühren- und Provisionserträge
–	Gebühren- und Provisionsaufwendungen
=	Gebühren- und Provisionsüberschuss
+/–	Ergebnis aus zum Fair Value designierten Finanzinstrumenten
+/–	Handelsergebnis
+/–	Ergebnis aus Sicherungsbeziehungen
+/–	Ergebnis aus Available-for-Sale-Beständen
+/–	Ergebnis aus Finanzanlagen (Held-to-Maturity-Bestände)
–	Verwaltungsaufwand
+/–	Sonstiges betriebliches Ergebnis
=	Ergebnis der gewöhnlichen Geschäftstätigkeit
+/–	Außerordentliches Ergebnis
=	Ergebnis vor Steuern
–	Steuern vom Einkommen und vom Ertrag
=	Ergebnis nach Steuern
+/–	Konzernfremden Gesellschaftern zustehende Gewinne/Verluste
=	Jahresüberschuss/Jahresfehlbetrag

erfasst. Die Möglichkeit der Bildung von Vorsorgereserven analog zu §340f HGB existiert nicht, weder für Kredite noch für Wertpapiere.

Das „*Ergebnis aus zum Fair Value designierten Finanzinstrumenten*", das „*Handelsergebnis*" und die Ergebnisse aus *available-for-sale*-Beständen und den Finanzanlagen „*held-to-maturity*" enthalten die realisierten und unrealisierten Erträge und Aufwendungen aus dem Abgang von Wertpapieren sowie aufgrund von Bewertungsänderungen (Fair Value-Änderungen, Impairment, Reversal of Impairment) der jweiligen Kategorie. Bei den erfolgswirksam zum Fair Value bewerteten Finanzinstrumenten können die laufenden Aufwendungen und Erträge mit dem Zinsergebnis zusammengefasst werden. Ausgewiesen wird stets der Saldo aus Erträgen und Aufwendungen.

In das „*Ergebnis aus Sicherungsbeziehungen*" gehen die Fair Value-Änderungen von Sicherungsderivaten sowie die abgesicherten Fair Value-Änderungen der Grundgeschäfte aus Fair Value Hedges ein, darüber hinaus wird hier der ineffektive Teil der Fair Value-Änderungen von Cash Flow Hedges erfolgswirksam erfasst (vgl. Kapitel M4.2.2).

Hinsichtlich der weiteren GuV-Posten gibt es keine größeren Abweichungen zu einer nach HGB-Grundsätzen erstellten GuV.

M3.5 Eigenkapitalveränderungsrechnung

In der IFRS-Rechnungslegung werden nicht alle Erträge und Aufwendungen erfolgswirksam über die GuV erfasst, sondern teilweise direkt in das Eigenkapital gebucht. Um die Veränderung des Eigenkapitals transparent zu machen und einen Überblick über die gesamten Aufwendungen und Erträge zu geben, gehört zum IFRS-Jahresabschluss eine *Eigenkapitalveränderungsrechnung*. Ausgangspunkt der Eigenkapitalveränderungsrechnung ist das Eigenkapital am Ende der Vorperiode. Das Eigenkapital erhöht (vermindert) sich um den Jahresüberschuss (Jahresfehlbetrag), der in der GuV ermittelt worden ist. Hinzu kommen alle erfolgsneutral erfassten Erträge, davon abgezogen werden die erfolgsneutralen Aufwendungen (sonstiges Gesamtergebnis). Die Summe aus dem erfolgswirksamen und nicht erfolgswirksamen Ergebnis wird auch als *Gesamtergebnis der Periode* bzw. als *umfassendes Periodenergebnis* bezeichnet. Als nächstes werden die nicht ergebniswirksamen Eigenkapitalveränderungen berücksichtigt. Hierzu gehören die Entscheidungen über die Gewinnverwendung sowie Kapitalerhöhungen. Tabelle M3-5 gibt den schematischen Aufbau einer Eigenkapitalveränderungsrechnung wider.

Tab. M3-5: Aufbau einer Eigenkapitalveränderungsrechnung

	Position
	Eigenkapital der Vorperiode
+/−	Jahresüberschuss/Jahresfehlbetrag
+/−	nicht in der GuV berücksichtigte Erträge/Aufwendungen
+/−	Kapitalerhöhung/Erwerb eigener Aktien
−	Ausschüttungen
=	Eigenkapital am Bilanzstichtag

Die nicht erfolgswirksam in der GuV erfassten Erträge und Aufwendungen setzen sich zusammen aus:

- Fair Value-Änderungen von Finanzinstrumenten der Kategorie „*available-for-sale*",
- unrealisierte Gewinne und Verluste aus Derivaten, die im Rahmen von Cash Flow Hedges eingesetzt werden (vgl. Kapitel M4.2.2),
- Wechselkurseffekte bei der Fremdwährungsumrechnung nicht monetärer Positionen der Kategorie „*available-for-sale*" (vgl. Kapitel M4.3.2),
- Wertänderungen von Sachanlagen und immateriellen Vermögenswerten, sofern diese nach der Neubewertungsmethode bewertet werden,
- versicherungsmathematische Gewinne/Verluste aus der Bewertung leistungsorientierter Pensionszusagen.

Werden versicherungsmathematische Gewinne/Verluste aus Pensionszusagen nicht in der GuV erfasst, so muss die Eigenkapitalveränderungsrechnung in Form einer *Gesamtergebnisrechnung (statement of recognised income and expense, SO-RIE)* durchgeführt werden. Die Gesamtergebnisrechnung enthält neben dem Jahresüberschuss/Jahresfehlbetrag aus der GuV die einzelnen nicht erfolgswirksam erfassten Erträge und Aufwendungen (zu einem Beispiel für eine Gesamtergebnisrechnung siehe den Jahresabschluss der Deutschen Bank für das Jahr 2008). Ansonsten besteht ein Wahlrecht, die Eigenkapitalveränderungsrechnung in Form einer Gesamtergebnisrechnung oder in Form eines *Eigenkapitalspiegels* durchzuführen. Der Eigenkapitalspiegel ist eine Matrix, in der gezeigt wird, wie sich die einzelnen Eigenkapitalbestände in der Periode verändern. In der Kopfzeile enthält die Matrix die einzelnen Eigenkapitalbestandteile, in der Vorspalte werden die einzelnen Veränderungen gezeigt (zu einem Beispiel für einen Eigenkapitalspiegel siehe den Jahresabschluss der Commerzbank für das Jahr 2008).

M3.6 *Kapitalflussrechnung*

Zum Jahresabschluss nach IFRS gehört neben Bilanz, GuV und den zugehörigen Erläuterungen auch eine Kapitalflussrechnung, die Auskunft darüber gibt, durch welche Vorgänge die Veränderung der Barreserve bewirkt worden ist. Dies erlaubt einen Einblick in die Liquiditätssituation der Bank. Die Kapitalflussrechnung beruht allerdings nicht unmittelbar auf Zahlungsgrößen, sondern setzt an der GuV sowie an Veränderungen von Bilanzpositionen an. Wir wollen zunächst zeigen, wie aus diesen Größen auf die Veränderung der liquiden Mittel geschlossen werden kann.

Die Veränderung der Barreserve erhalten wir, indem wir von der Gesamtheit aller Einzahlungen (EZ) die Auszahlungen (AZ) subtrahieren. Ein- und Auszahlungen können wir nach ihrer Erfolgswirksamkeit in erfolgswirksame (EZ_E, AZ_E) und erfolgsneutrale (EZ_N, AZ_N) Zahlungen unterteilen. Wir erhalten somit als Veränderung der Barreserve (ΔBR):

$$\Delta BR = EZ_E + EZ_N - (AZ_E + AZ_N). \qquad \text{(M3-1)}$$

In ähnlicher Weise können wir Erträge und Aufwendungen in zahlungswirksame (EZ_E, AZ_E) und nicht zahlungswirksame (E_N, A_N) Bestandteile aufspalten. Damit erhalten wir für den Jahresüberschuss:

$$J\ddot{U} = EZ_E + E_N - (AZ_E + A_N). \qquad \text{(M3-2)}$$

Lösen wir (M3-2) nach ($EZ_E - AZ_E$) auf und setzen in (M3-1) ein, so erhalten wir:

$$\Delta BR = J\ddot{U} + A_N - E_N + EZ_N - AZ_N. \qquad \text{(M3-3)}$$

Wir erhalten somit die Veränderung der Barreserve, indem wir den Jahresüberschuss um alle nicht zahlungswirksamen Aufwendungen und Erträge bereinigen und zusätzlich alle erfolgsneutralen Einzahlungen hinzuaddieren und alle erfolgsneutralen Auszahlungen subtrahieren.

Die Korrektur des Jahresüberschusses um nicht zahlungswirksame Aufwendungen und Erträge betrifft vor allem Abschreibungen, Wertberichtigungen und Zuschreibungen sowie die Veränderung zahlungsunwirksamer Bilanzposten. Erfolgsneutrale Ein- und Auszahlungen resultieren aus der Veräußerung sowie dem Erwerb von Aktiva und Passiva.

Die Zu- und Abflüsse zur Barreserve werden drei Bereichen zugeordnet (siehe Abbildung M3.4).

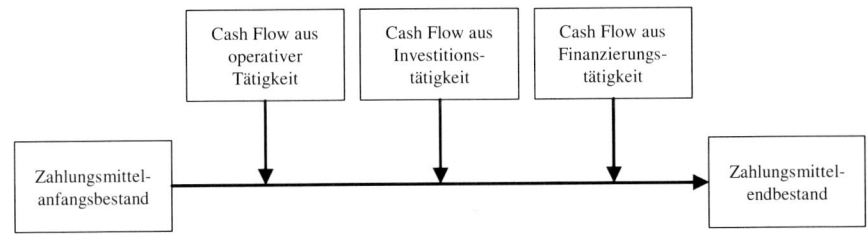

Abb. M3.4: Aufbau der Kapitalflussrechnung

Quelle: In Anlehnung an PRICEWATERHOUSECOOPERS (2008).

Der *Cash Flow aus operativer Tätigkeit* gibt Auskunft über die Fähigkeit der Bank, Zahlungsüberschüsse aus der Produktion und dem Absatz von Bankdienstleistungen zu generieren, um daraus Investitionen und Dividenden zahlen zu können. Der Cash Flow setzt sich u. a. zusammen aus dem um nicht zahlungswirksame Posten korrigierten Jahresüberschuss sowie aus den zahlungswirksamen Veränderungen der Forderungen, der Wertpapiere des Handelsbestandes und der Verbindlichkeiten. Zum *Cash Flow aus Investitionstätigkeit* zählen Zahlungsströme, die mit dem Erwerb und/oder der Veräußerung von Finanz- und Sachanlagen sowie mit dem Erwerb und/oder der Veräußerung von Tochterunternehmen verbunden sind. Der *Cash Flow aus Finanzierungstätigkeit* enthält im Wesentlichen Ein- und Auszahlungen, die mit der Eigenfinanzierung zusammenhängen, d. h. Einzahlungen aus Kapitalerhöhungen und Dividendenauszahlungen.

M3.7 Notes

Die Notes sind das Äquivalent zum Anhang eines HGB-Abschlusses, sie gehen aber vom Umfang und von der Detailliertheit der Angaben teilweise weit über die Anhangangaben hinaus. Den Lagebericht ersetzen die Notes aber nicht, so dass ein IFRS-Konzernabschluss nur dann befreiende Wirkung hat, wenn zusätzlich ein Lagebericht aufgestellt wird (vgl. PRICEWATERHOUSECOOPERS (2008), S. 88).

Der Inhalt der Notes orientiert sich an die im IFRS 7 vorgegebenen Offenlegungspflichten. Diese können unterteilt werden in Angaben, die sich unmittelbar auf den Abschluss beziehen, und in Angaben, die sich auf das Risikomanagement beziehen. Sie finden dort

- Informationen über Konzernbeziehungen,
- Angaben zu einzelnen Positionen der Bilanz und der GuV, insbesondere

  - eine Darstellung der Bilanzierungs- und Bewertungsmethoden,
  - eine Restlaufzeitengliederung für Vermögenswerte und Verpflichtungen,
  - detaillierte Angaben über die Zusammensetzung und die Wertansätze der einzelnen Bilanzpositionen sowie gegebenenfalls über die damit verbundenen Zins- und Ausfallrisiken,
  - Angaben zur Nutzung der Fair Value-Option,
  - ausführliche Angaben zu den einzelnen Ertrags- und Aufwandspositionen der GuV,
  - eine Segmentberichterstattung, die Erträge, Aufwendungen, Vermögenswerte und Verpflichtungen nach Geschäftsfeldern und nach geografischen Segmenten aufschlüsselt,

- eine Erläuterung der Ziele und Strategien des Risikomanagements sowie der Methoden der Risikomessung,
- quantitative Angaben zu den einzelnen Risikoarten,
- Informationen über Ereignisse nach dem Bilanzstichtag und
- Angaben zu Eventual- und anderen Verpflichtungen.

M4 Sonderfragen der Bilanzierung und Bewertung

1. Bei echten Pensionsgeschäften wird sowohl nach HGB als auch nach den IFRS das in Pension gegebene Wertpapier weiterhin beim Pensionsgeber ausgewiesen. Unechte Pensionsgeschäfte werden nach HGB wie ein Verkauf ausgewiesen, für die Bilanzierung im Rahmen der IFRS ist entscheidend, wer die wesentlichen Chancen und Risiken trägt und die Verfügungsmacht über den Pensionsgegenstand ausübt.

2. Absicherungszusammenhänge werden durch gegenläufige Wertentwicklungen von Grund- und Absicherungsgeschäft automatisch in der Bilanz und GuV

erfasst, wenn beide Positionen erfolgswirksam zum Fair Value bewertet werden.

3. Werden Grund- und/oder Absicherungsgeschäft dagegen zu fortgeführten Anschaffungskosten oder erfolgsneutral zum Fair Value bewertet, müssen beide Positionen zu einer Bewertungseinheit zusammengefasst werden, um den Absicherungszusammenhang im Jahresabschluss abzubilden.

4. In der HGB-Bilanz werden grundsätzlich alle Positionen zum Stichtagskurs umgerechnet. Verluste aus der Währungsumrechnung sind stets erfolgswirksam zu berücksichtigen, Umrechnungsgewinne sind nur bei kurzfristigen und besonders gedeckten Positionen erfolgwirksam zu verbuchen.

5. In der IFRS-Bilanzierung werden nicht monetäre Posten, die nicht zum Fair Value bewertet werden, zum Anschaffungswechselkurs umgerechnet, alle anderen Posten werden zum Stichtagskurs bewertet. Umrechnungsgewinne und -verluste werden stets erfolgswirksam behandelt.

6. Banken sind wie andere Unternehmen auch verpflichtet, sämtliche Tochterunternehmen, Gemeinschaftsunternehmen und assoziierte Unternehmen in den Konzernabschluss aufzunehmen.

M4.1 Bilanzierung und Bewertung von Pensionsgeschäften

Pensionsgeschäfte werden in §340b Abs. 1 HGB als Verträge definiert, durch die der Pensionsgeber ihm gehörende Vermögensgegenstände gegen Zahlung eines bestimmten Betrages auf den Pensionsnehmer überträgt und in denen gleichzeitig vereinbart wird, dass diese Vermögensgegenstände später gegen Entrichtung eines bei Vertragsabschluss festgelegten Betrages zurückübertragen werden müssen oder können (vgl. Abschnitt H2.3). Als Vermögensgegenstände kommen insbesondere Wechsel, Forderungen und Wertpapiere in Betracht. Ist der Pensionsnehmer zur Rückübertragung verpflichtet, so spricht man von einem *echten Pensionsgeschäft* (§340b Abs. 2 HGB), besteht dagegen nur ein Recht zur Rückübertragung bei gleichzeitiger Rücknahmeverpflichtung des Pensionsgebers, so handelt es sich um ein *unechtes Pensionsgeschäft* (§340b Abs. 3 HGB). Wirtschaftlich gesehen ist ein echtes Pensionsgeschäft somit nichts anderes als die Kombination eines Kassaverkaufs mit einem Terminkauf. Der Erhalt des Kaufpreises kann als Kreditgewährung, die Bezahlung des Rücknahmepreises als Rückzahlung eines Kredites interpretiert werden. Ein unechtes Pensionsgeschäft kann als Kombination eines Kassaverkaufs mit einer Stillhalterposition in einer Verkaufsoption angesehen werden. Die Unterscheidung in echte und unechte Pensionsgeschäfte hat erhebliche Konsequenzen für die Bilanzierung.

Bei einem echten Pensionsgeschäft wird in der HGB-Bilanz der in Pension gegebene Vermögensgegenstand weiterhin beim Pensionsgeber bilanziert, in Höhe des für die Übertragung erhaltenen Betrages wird eine Verbindlichkeit ausgewiesen. Der Pensionsnehmer bilanziert entsprechend eine Forderung (A3 bzw. A4). Auch alle Aufwendungen und Erträge, die mit dem verpensionierten Vermögensgegenstand verbunden sind, werden weiterhin beim Pensionsgeber erfasst.

Unterscheiden sich der für die Rückübertragung vereinbarte Betrag von dem Preis, zu dem ein Vermögensgegenstand in Pension gegeben wurde, so ist der Unterschiedsbetrag gemäß §340b Abs. 3 HGB über die Laufzeit zu verteilen. Da man Verkauf und Terminrückkauf als Kreditgewährung und Kreditrückzahlung interpretieren kann, liegt es nahe, den Unterschiedsbetrag entsprechend den Regeln über die Bilanzierung eines Disagios bzw. Agios zu behandeln. Demnach gilt bei einem positiven Unterschiedsbetrag (Rücknahmepreis übersteigt den Kaufpreis): Der Pensionsgeber bilanziert die Verbindlichkeit zum Rücknahmebetrag und aktiviert den Unterschiedsbetrag, der Pensionsnehmer bilanziert die Forderung ebenfalls zum Rücknahmebetrag und bildet in Höhe des Unterschiedsbetrages einen passivischen Rechnungsabgrenzungsposten. Neben dieser Vorgehensweise wird es auch als zulässig angesehen, wenn zunächst der niedrigere Betrag der Hingabe aktiviert (Pensionsnehmer) bzw. passiviert (Pensionsgeber) wird und dieser über die Laufzeit auf den höheren Rücknahmebetrag zugeschrieben wird. Für die Höhe des ausgewiesenen Erfolgs ist es unerheblich, welche der beiden Methoden angewendet wird.

Bei einem unechten Pensionsgeschäft wird der Vermögensgegenstand – wie bei einem „echten" Verkauf – aus der Bilanz des Pensionsgebers ausgebucht und in die Bilanz des Pensionsnehmers aufgenommen. Damit werden auch alle Erträge und Aufwendungen aus dem Pensionsgegenstand beim Pensionsnehmer erfasst. Zusätzlich muss der Pensionsgeber unter dem Bilanzstrich unter 2a) die *„Rücknahmeverpflichtungen aus unechten Pensionsgeschäften"* angeben. Wirtschaftlich gesehen handelt es sich bei einem unechten Pensionsgeschäft um die Kombination eines (Kassa-)Verkaufs eines Vermögensgegenstandes mit dem Eingehen einer Stillhalterverpflichtung in einer Verkaufsoption. Der Pensionsnehmer wird von seinem Optionsrecht immer dann Gebrauch machen, wenn der Wert des Pensionsgegenstandes zum Zeitpunkt der Rückübertragung geringer ist als der vereinbarte Rücknahmepreis. In diesem Fall erleidet der Pensionsgeber einen Verlust in Höhe der Differenz beider Werte. Übersteigt am Bilanzstichtag der Rücknahmepreis den aktuellen Marktpreis, so ist in Höhe des Unterschiedsbetrages eine Drohverlustrückstellung zu bilden. Der unter dem Bilanzstrich angegebene Betrag ist dann um die Höhe der gebildeten Rückstellung zu kürzen.

Für die Bilanzierung von Pensionsgeschäften nach den IFRS sind die *Abgangskriterien* nach IAS 39.95 entscheidend. Wichtigstes Kriterium für einen Abgang ist, dass die wesentlichen Chancen und Risiken, die mit dem Besitz eines Vermögensgegenstandes verbunden sind, auf den Vertragspartner übergehen. Ergänzend ist zu prüfen, ob eine Übertragung der Verfügungsrechte vorliegt. Diese Voraussetzungen sind bei echten Pensionsgeschäften nicht erfüllt, vielmehr ähneln echte Pensionsgeschäfte einer Kreditgewährung des Pensionsnehmers an den Pensionsgeber, wobei das verpensionierte Wertpapier als Sicherheit dient. Dem trägt die Bilanzieurng in der Weise Rechnung, dass das Wertpapier wie in der HGB-Bilanz weiterhin beim Pensionsgeber bilanziert wird und dieser eine Verbindlichkeit in Höhe des erhaltenen Betrages passiviert. Der Pensionsnehmer aktiviert entsprechend eine Forderung.

Bei unechten Pensionsgeschäften ist zunächst die Werthaltigkeit der impliziten Verkaufsoption zu prüfen. Befindet sich die Verkaufsoption weit im Geld, so

ist davon auszugehen, dass der Pensionsnehmer von seinem Rückübertragungs-
recht Gebrauch machen wird. Aus wirtschaftlicher Sicht verbleiben somit die
Chancen und Risiken beim Pensionsgeber, der das Wertpapier weiterhin bilanziert. Ist die Verkaufsoption weit aus dem Geld, so ist mit einer Rückübertragung
nicht zu rechnen. Bei wirtschaftlicher Betrachtung ist somit davon auszugehen,
dass die Chancen und Risiken auf den Pensionsnehmer übergegangen sind. Daher
erfolgt die Aktivierung des Wertpapiers beim Pensionsnehmer. Ist die Verkaufsoption weder weit aus dem Geld noch weit im Geld, so ist zusätzlich zu prüfen, ob der Pensionsgeber bei wirtschaftlicher Betrachtung die Verfügungsrechte
über das Wertpapier aufgegeben hat. Davon ist auszugehen, wenn der Pensionsnehmer z. B. aufgrund der Marktgängigkeit das Wertpapier jederzeit verkaufen
kann. In diesem Fall hat der Pensionsgeber das Wertpapier auszubuchen und die
Stillhalterverpflichtung als Handelspassiva zum Fair Value zu passivieren. Ist das
Wertpapier nicht marktgängig, so ist zusätzlich zu prüfen, ob die Verkaufsoption
hinreichend werthaltig ist, dass von einer Rückübertragung ausgegangen werden
kann. Ist die Verkaufsoption hinreichend werthaltig, muss davon ausgegangen
werden, dass der Pensionsnehmer aufgrund der fehlenden Marktgängigkeit das
Wertpapier zurückübertragen wird, ensprechend verbleibt das Wertpapier in der
Bilanz des Pensionsgebers. Ist die Verkaufsoption nicht hinreichend werthaltig,
so liegt ein Abgang vor, d. h. das Wertpapier wird beim Pensionsnehmer aktiviert (vgl. PRICEWATERHOUSECOOPERS (2008), S. 570-584). Abbildung M4.1
macht deutlich, dass die Werthaltigkeit der impliziten Optionskomponente für
die Bilanzierung von Pensionsgeschäften maßgeblich ist.

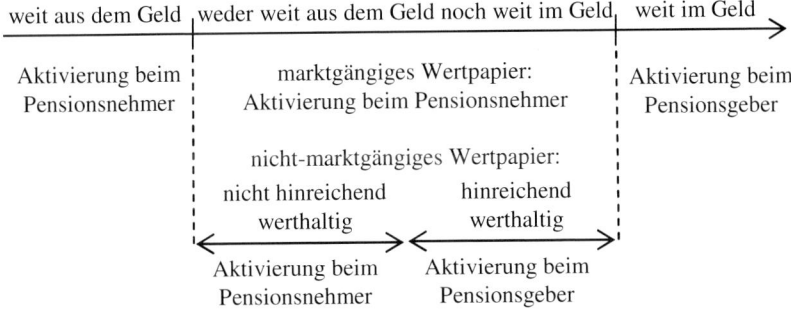

Abb. M4.1: Bilanzierung unechter Pensionsgeschäfte in Abhängigkeit von der Werthaltigkeit
    der Optionskomponente

Den Ausweis einer Eventualverbindlichkeit in Höhe der Rücknahmeverpflichtung des Pensionsgebers sieht IAS 39 nicht vor, so dass eine Angabe in den Notes
erforderlich wird.

M4.2 Abbildung von Sicherungszusammenhängen

M4.2.1 Notwendigkeit von Regeln zum Hedge Accounting

Banken nutzen häufig Derivate, um Marktpreis- und Bonitätsrisiken abzusichern (siehe hierzu die Teile J und I). Im Folgenden wollen wir die Fremdwährungsrisiken ausklammern, da wir diese aufgrund gesonderter Vorschriften im nächsten Abschnitt darstellen werden. Risiken können verbunden sein mit Bilanzpositionen (z. B. mit Forderungen, Wertpapieren, Verbindlichkeiten), sie können aber auch aus Vereinbarungen resultieren, die noch nicht bilanzwirksam geworden sind und schließlich ist es auch möglich, Risiken aus geplanten zukünftigen Transaktionen abzusichern.

Um die Erfolgswirkungen, die mit der Absicherung verbunden sind, im Jahresabschluss adäquat abbilden zu können, sind besondere Regelungen erforderlich. Wir wollen hierzu ein Beispiel betrachten:

> Eine Bank kauft am 01.01.x1 einen Kuponbond mit dreijähriger Restlaufzeit. Die jährliche Kuponhöhe entspreche dem aktuellen Marktzins, so dass der Kaufpreis dem Rückzahlungsbetrag in Höhe von 100.000 € entspricht. Der Bond wird zeitgleich für die gesamte Laufzeit durch einen Payer-Swap gegen Zinsänderungsrisiken abgesichert, der Marktwert des Swaps im Kontraktzeitpunkt sei Null. Am 31.12.x1 sei der Marktwert des Bonds aufgrund eines gesunkenen (gestiegenen) Marktzinsniveaus auf 107.000 € gestiegen (auf 94.000 € gefallen), der Marktwert des Payer-Swaps betrage -7.000 € (+6.000 €). Bonitätsänderungen spielen annahmegemäß keine Rolle.

Wenn wir annehmen, dass sowohl der Bond als auch der Swap jeweils erfolgswirksam zum Fair Value bilanziert werden, bilden Bilanz und GuV die im Beispiel gegebene perfekte Absicherung (*Perfect Hedge*) korrekt wieder. Wertzuwachs und Wertverlust von Grund- bzw. Absicherungsgeschäft neutralisieren sich in der Bilanz in der Weise, dass das Eigenkapital unverändert bleibt, ein Bewertungsgewinn (-verlust) beim Grundgeschäft wird durch eine gegenläufige Wertentwicklung beim Absicherungsgeschäft kompensiert, so dass die Höhe des Jahresüberschusses nicht tangiert wird. Dieses Ergebnis stellt sich im Rahmen einer IFRS-Bilanz ein, wenn der Bond dem Handelsbestand zugeordnet wird oder aber zum Fair Value through profit or loss designiert wird. Auch in der GuV gleichen sich Bewertungsgewinne und -verluste aus. Gehört der Bond dagegen zum Available-for-Sale-Bestand, so werden zwar die Wertveränderungen des Bonds in der Bilanz nachvollzogen, sie gehen aber nicht in die GuV ein, sondern werden erfolgsneutral durch Bildung bzw. Auflösung der Neubewertungsrücklage erfasst. Wertänderungen beim Swap dagegen werden stets erfolgswirksam im Handelsergebnis ausgewiesen, das somit entweder einen Gewinn oder einen Verlust ausweist, obwohl insgesamt durch die Absicherung gerade kein Bewertungsgewinn oder -verlust entsteht. Mindestens genauso unbefriedigend ist das Ergebnis, wenn es sich nicht um einen Bond, sondern um ein Darlehen handelt. Da Loans and Receivables zu Amortised Costs bewertet werden, führen zinsbedingte Marktwertänderungen nicht zu einem veränderten Wertansatz des Darlehens in der Bilanz. Wertänderungen beim Swap dagegen werden wiederum aufgrund der erfolgswirksamen Fair Value-Bewertung von Derivaten in der

Bilanz und in der GuV erfasst, so dass entweder ein Bewertungsgewinn oder -verlust ausgewiesen wird, obwohl dies durch die Absicherung gerade vermieden wird.

Noch gravierender sind die Probleme in einer HGB-Bilanz: Gehört der Bond zum Liquiditätsbestand, so wird aufgrund des Realisations- und Imparitätsprinzips trotz perfekter Absicherung stets ein Verlust ausgewiesen, gleichgültig wie die Marktwertänderung des Grundgeschäfts ausfällt. Eine Wertsteigerung des Bonds darf wegen des Realisationsprinzips nicht berücksichtigt werden, die Wertminderung beim Swap führt dagegen zu einer Drohverlustrückstellung. Sinkt der Marktwert des Bonds, so wird aufgrund des strengen Niederstwertprinzips eine Wertberichtigung gebildet, die in der GuV als Aufwand aufgewiesen wird, wohingegen die Marktwertsteigerung des Swap weder in der Bilanz noch in der GuV erfasst wird.

Das Beispiel macht deutlich, dass eine adäquate Abbildung von Sicherungsbeziehungen nur dann gewährleistet ist, wenn Grund- und Absicherungsgeschäft zum Fair Value bilanziert werden und Fair Value-Änderungen erfolgswirksam behandelt werden. Die gegenläufige Wertentwicklung von Grund- und Absicherungsgeschäft wird dann – ohne dass es besonderer Regelungen bedarf – sowohl in der Bilanz als auch in der GuV korrekt erfasst (*Natural Hedge*). Erfolgt dagegen keine vollständige Fair Value-Bewertung von Grund- und Absicherungsgeschäft, sind spezielle Regelungen zur Abbildung von Sicherungsbeziehungen notwendig, um einen verzerrten Ausweis des wirtschaftlichen Sachverhalts in der Bilanz und GuV zu verhindern. Diese Regelungen laufen darauf hinaus, Grund- und Absicherungsgeschäft zu einer *Bewertungseinheit* zusammenzufassen und gemeinsam zu bewerten. Dies wirft allerdings weitere Probleme auf. So muss festgelegt werden, welche Positionen zu einer Bewertungseinheit zusammengefasst werden dürfen (siehe hierzu kritisch HERZIG und MAURITZ (1998)). Im obigen Beispiel ist dies unproblematisch, da Grund- und Absicherungsgeschäft eindeutig zugeordnet werden können (*Mikrohedge*) und eine vollständige Absicherung (*Perfect Hedge*) vorliegt.

Der Sicherungszusammenhang ist aber häufig nicht so eng wie bei einem Perfect Hedge. Dies kann daran liegen, dass es zu einem Grundgeschäft kein passendes Absicherungsinstrument gibt, das eine vollständige Absicherung gewährleistet. Von größerer Bedeutung ist der Fall, dass Risikopositionen nicht einzeln, sondern die Gesamtheit von Positionen, die einem gleichartigen Risiko ausgesetzt sind, abgesichert werden (*Makrohedge*). So ist denkbar, dass die gesamte Nettofestzinsposition als Saldo aus zinstragenden Aktiva und Passiva gegen Zinsänderungen gehedgt werden soll. Da die einzelnen Positionen unterschiedliche Durationen aufweisen (vgl. J2.5) wird man keine vollständige Absicherung erzielen können. Damit muss festgelegt werden, wie eng der Absicherungszusammenhang mindestens sein muss, damit eine Bewertungseinheit vorliegt und die dafür geltenden speziellen Bilanzierungsvorschriften anwendbar sind, weiterhin benötigt man Verfahren, die das Ausmaß der Absicherung messen. Um eine willkürliche Anwendung der speziellen Bilanzierungsvorschriften für Sicherungszusammenhänge zu vermeiden, muss der Sicherungszusammenhang darüber hinaus dokumentiert werden. Diese Probleme treten nicht auf, wenn eine vollständige Fair

Value-Bewertung gegeben ist. Ein unvollständiger Absicherungszusammenhang zeigt sich dort automatisch durch eine nicht vollständig gegenläufige Wertentwicklung von Grund- und Absicherungsgeschäft.

In dem obigen Beispiel ging es darum, eine Festzinsposition gegen Marktwertänderungen abzusichern. Betrachten wir statt einer Festzinsanleihe einen Floater, so spielen zinsbedingte Wertänderungen keine oder zumindest keine große Rolle, das Risiko liegt hier darin, dass die Zinszahlungen mit der Höhe des Marktzinsniveaus schwanken. Gegen dieses Risiko kann man sich durch einen Receiver Swap absichern, der die variablen Zinszahlungen in feste Zinszahlungen transformiert (vgl. Abschnitt E3.2). Soll das Risiko, das mit schwankenden Zahlungshöhen verbunden ist, abgesichert werden, spricht man von einem *Cash Flow Hedge* im Gegensatz zu einen *Fair Value Hedge*, bei dem es um die Absicherung von Marktwertschwankungen geht.

In den beiden folgenden Kapiteln werden die speziellen Regelungen für die Bilanzierung von Sicherungszusammenhängen in der IFRS- und HGB-Bilanz im Überblick dargestellt.

M4.2.2 Bilanzierung von Sicherungszusammenhängen nach IAS 39

Die Hedge Accounting-Regeln des IAS 39 unterscheiden drei Arten von Sicherungsbeziehungen (vgl. Abbildung M4.2). Neben dem Fair Value Hedge und dem Cash Flow Hedge kann auch die Nettoinvestition in eine wirtschaftlich selbstständige Teileinheit im Ausland abgesichert werden. Da die Regeln für diese Absicherungsart im Wesentlichen denen für den Cash Flow Hedge entsprechen, wollen wir diese Absicherungsart hier nicht näher betrachten.

Die Unterscheidung zwischen Fair Value Hedge und Cash Flow Hedge ist nicht immer eindeutig. Dies soll folgendes Beispiel verdeutlichen (siehe hierzu AUSSCHUSS FÜR BILANZIERUNG (2001), S. 347):

> Eine Bank hat eine Festzinsanlage durch eine variabel verzinsliche Einlage laufzeitkongruent finanziert. Das bestehende Zinsänderungsrisiko wird durch einen Payer-Zinsswap, dessen Laufzeit mit den Grundgeschäften übereinstimmt, abgesichert.

Wenn wir das Absicherungsgeschäft von der Anleihe her betrachten, wird durch den Payer-Swap eine synthetische zinsvariable Anleihe geschaffen, die zinsvariabel refinanziert wird. Da eine zinsvariable Anleihe keinen Kursschwankungen unterliegt, haben wir es mit einem Fair Value Hedge zu tun. Betrachten wir das Absicherungsgeschäft aus der Perspektive der Einlage, so haben wir durch den Swap eine synthetische zinsfixe Einlage geschaffen, die zinsfix reinvestiert wird. Wir haben damit die Variabilität der Zinszahlungen abgesichert, es handelt sich somit um einen Cash Flow Hedge (vgl. auch Abbildung M4.3). In einem solchen Fall liegt es im Ermessen der Bank, die Absicherung als Fair Value oder Cash Flow Hedge zu deklarieren.

Die Unterscheidung zwischen den beiden Hedging-Arten ist nicht nur eine Frage der Bezeichnung, sondern hat auch Auswirkungen darauf, welche Positionen abgesichert werden können und wie Gewinne bzw. Verluste aus der Absicherung ausgewiesen werden. Als Grundgeschäfte kommen für eine Absicherung

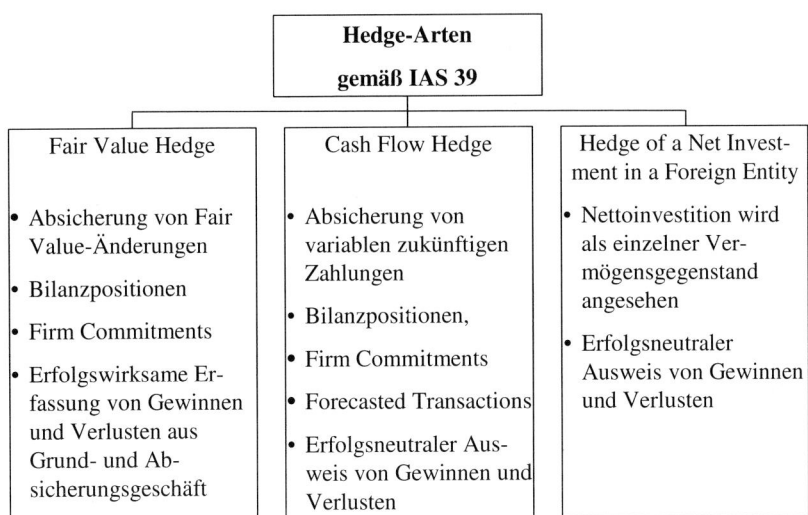

Abb. M4.2: Methoden des Hedge-Accounting nach IFRS

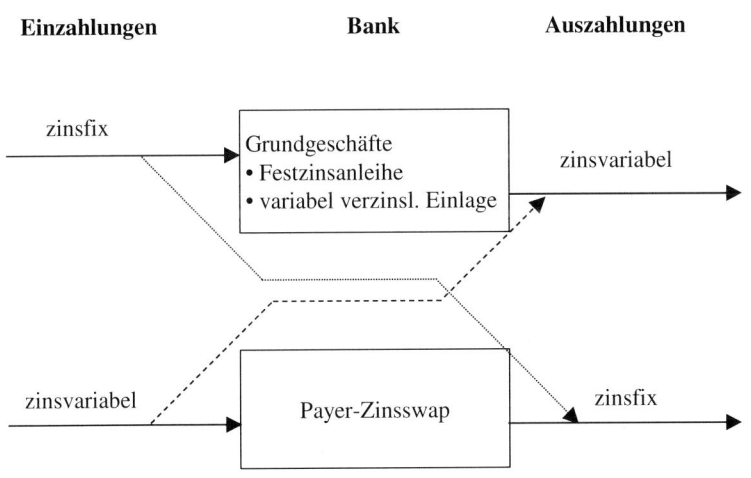

Abb. M4.3: Absicherung einer offenen Festzinsposition durch einen Payer-Swap

im Rahmen des Hedge Accounting Bilanzpositionen und bilanzunwirksame feste Verpflichtungen in Frage. Geplante zukünftige Transaktionen, deren Durchführung hochwahrscheinlich ist, können nur im Rahmen eines Cash Flow Hedges abgesichert werden. Nicht anerkennungsfähig im Rahmen des Hedge Accounting sind Absicherungen von Positionen in Derivaten (mit Ausnahme von Stillhalterverpflichtungen) sowie interne Geschäfte. Bei den internen Geschäften geht es darum, dass die einzelnen Unternehmenseinheiten ihre Sicherungsgeschäfte an eine zentrale Einheit, die am Markt operiert, weiterreichen. Diese zentrale Einheit bündelt zunächst die verschiedenen Sicherungsgeschäfte und führt ein *prenetting* durch, die verbleibende offene Nettoposition wird dann gegebenenfalls am Markt abgesichert. Mit Ausnahme der Absicherung von Zinsänderungsrisiken werden Maßnahmen, die eine Nettoposition absichern sollen, im Rahmen des hedge accounting nicht anerkannt. Möglich ist aber, Portfolios, die aus Vermögenswerten oder Verpflichtungen mit jeweils ähnlichen Risikostrukturen bestehen, abzusichern (*Portfolio Hedge*). Bei *Held-to-Maturity*-Positionen können nur Maßnahmen zur Reduzierung des Wechselkurs- und Bonitätsrisikos risikomindernd berücksichtigt werden. Zulässig ist, die Absicherung eines Grundgeschäfts auf bestimmte Risikoarten oder auf einen Teil des Cash Flows zu beschränken. So kann z. B. bei einer Fremdwährungsanleihe ausschließlich entweder das Zinsänderungsrisiko oder das Wechselkursrisiko abgesichert werden, möglich ist auch das Agio beim Erwerb einer Anleihe von der Sicherung auszunehmen.

Als Sicherungsinstrumente kommen ausschließlich Derivate, deren Fair Value zuverlässig ermittelt werden kann, in Betracht, lediglich zur Absicherung von Fremdwährungsrisiken werden auch originäre Finanzinstrumente anerkannt. Es können auch nur Teile eines Derivats zur Absicherung eingesetzt werden, z. B. kann nur der innere Wert (Ausübungswert; vgl. Abschnitt E5.2) als positive Differenz aus Ausübungspreis und Marktpreis des Underlying einer Verkaufsoption als Instrument zur Absicherung eines Wertpapiers designiert werden.

Voraussetzung für das Vorliegen einer Absicherung im Sinne des Hedge Accounting ist die Dokumentation des Sicherungszusammenhangs und die Wirksamkeit der Absicherungsmaßnahme. Eine Absicherung wird als hocheffektiv (*highly effective*) angesehen, wenn die nach Absicherung verbleibenden Wertänderungen in einem Korridor von 80% bis 125% liegen. Beträgt z. B. der Gewinn aus dem Absicherungsgeschäft 80 €, der Verlust aus dem Grundgeschäft dagegen 100 €, so ist die zulässige Bandbreite gerade noch eingehalten ($\frac{80}{100} = 80\%$, $\frac{100}{80} = 125\%$).

Bei einem Fair Value Hedge wird das Grundgeschäft stets zum Fair Value bewertet, unabhängig davon, welcher Kategorie es zuvor zugeordnet war. Gewinne und Verluste aus Fair Value-Änderungen des Grund- und Absicherungsgeschäftes werden jeweils erfolgswirksam erfasst, wobei die gegenläufigen Wertentwicklungen sich weitgehend kompensieren sollten. Die erfolgswirksame Bewertung zum Fair Value gilt auch für Grundgeschäfte, die zu fortgeführten Anschaffungskosten bewertet werden und für den Available-for-Sale-Bestand. Werden die Risiken des Grundgeschäfts nur teilweise abgesichert, so ist der *Hedged Fair Value* zu ermitteln: Dies ist ein fiktiver Fair Value, bei dessen Ermittlung nur die Wertänderung des abzusichernden Risikos berücksichtigt wird. Soll der Wert eines Corporate Bonds nur gegen Änderungen des risikolosen Marktzinssatzes abgesichert werden, so entspricht der Hedged Fair Value dem Barwert der künftigen Cash Flows, ermittelt auf der Basis des aktuellen risikolosen Zinssatzes und des Credit Spreads, der zu dem Zeitpunkt des Beginns der Sicherungsbeziehung galt. Eine Wertminderung aufgrund eines gestiegenen Credit Spreads wird erfolgsneutral in die Neubewertungsrücklage gebucht, die Veränderung des risikolosen Barwerts dagegen wird zusammen mit der gegenläufigen Wertänderung des Absicherungs-instruments erfolgswirksam im Ergebnis aus Sicherungsbeziehungen erfasst (vgl. auch Kapitel M3.4). In der Bilanz wird der Bond – wie für den Available-for-Sale-Bestand üblich – mit dem Fair Value angesetzt. Für die Beurteilung der Effektivität wird die Veränderung des Hedged Fair Value mit der Wertände-rung des Sicherungsinstruments verglichen. Betrachten wir statt eines Corpora-te Bonds ein Darlehen, das grundsätzlich zu fortgeführten Anschaffungskosten bewertet wird, so bleibt die Credit Spread-Änderung unberücksichtigt, lediglich die Veränderung des Hedged Fair Values wird im Bilanzausweis und in der GuV berücksichtigt.

Wird nur ein Teil eines Derivats zur Absicherung verwendet (z. B. der innere Wert einer Option), ist die Option in zwei Teile zu zerlegen, nämlich in den inneren Wert und in den Zeitwert. Beide Teile sind getrennt zu bewerten und gegebenenfalls auch getrennt in der Bilanz auszuweisen (zu Beispielen hierfür siehe PRICEWATERHOUSECOOPERS (2008), S. 528ff.).

Bei einem Cash Flow Hedge wird das Grundgeschäft weiterhin entsprechend seiner Zuordnung zu einer der Kategorien bewertet, das Sicherungsinstrument wird zum Fair Value angesetzt. Fair Value-Änderungen des Absicherungsinstru-mentes werden, soweit sie der Fair Value-Änderung der Cash Flows des Grund-geschäfts entsprechen (effektiver Teil der Absicherung), erfolgsneutral in einem Eigenkapitalposten (Neubewertungsrücklage aus Cash Flow Hedges) ausgewie-sen. Der nicht wirksame Teil der Fair Value-Änderung des Absicherungsinstru-ments wird erfolgswirksam behandelt, wenn die Absicherung mit einem Derivat erfolgt, wenn die Absicherung durch ein originäres Finanzinstrument vorgenom-men wird, sind die entsprechenden Bewertungsregeln der jeweiligen Kategorie anzuwenden.

M4.2.3 Bilanzierung von Sicherungszusammenhängen in der HGB-Bilanz

In §254 HGB ist die Zusammenfassung gegenläufiger Positionen in Bewertungs-einheiten vorgeschriebenen. Als abzusichernde Grundgeschäfte kommen Ver-mögensgegenstände (auch nicht-finanzielle Vermögensgegenstände), Schulden, schwebende Geschäfte (d. h. Positionen aus Derivaten) und mit hoher Wahr-scheinlichkeit erwartete Transaktionen in Betracht, zugelassen sind nur solche Positionen, die nicht akut ausfallgefährdet sind. Als Sicherungsinstrumente kön-nen sowohl derivative als auch originäre Finanzinstrumente eingesetzt werden, die Absicherung kann sowohl Wertschwankungen (Fair Value Hedge) als auch Zahlungsströme (Cash Flow Hedge) betreffen. Voraussetzung für die Bildung einer Bewertungseinheit ist, dass Grund- und Absicherungsgeschäft sich auf vergleichbare Risiken beziehen und eine wirksame Absicherung vorliegt, die hinreichend dokumentiert wird. Bewertungseinheiten können ein einzelnes Grund- und Absicherungsgeschäft umfassen (Mikro Hedge), gleichartige Grund- und Absicherungsgeschäfte betreffen (Portfolio-Hedge) oder sich auf ganze Gruppen von Grundgeschäften beziehen (Makro Hedge).

Im Gegensatz zu der Vorgehensweise beim IAS 39 werden die gegenläufigen Wertänderungen des effektiven Teils der Absicherung nicht durchgebucht, d. h. in der GuV vollständig als Ertrag und Aufwand erfasst, statt dessen wird die sog. *Einfrierungsmethode* angewendet. Demnach werden die gegenläufigen Wertänderungen von Grund- und Absicherungsgeschäft in einer Nebenrechnung erfasst. Soweit sich die gegenläufigen Wertveränderungen aus den abzusichernden Risiken gegenseitig aufheben (effektiver Teil der Absicherung), werden diese weder in der Bilanz noch in der GuV ausgewiesen (kompensatorische Bewertung), lediglich der Saldo der Wertveränderungen (ineffektiver Teil der Absicherung) wird imparitätisch behandelt, d. h. überwiegen die positiven Wertänderungen die Wertminderungen, so bleibt dies als unrealisierter Gewinn unberücksichtigt, im umgekehrten Fall erfolgt eine Wertberichtigung bzw. eine Drohverlustrückstellung. Im Fall eines Perfect Hedges – wie im Beispiel aus Kapitel M4.2.1 – hat dies zur Konsequenz, dass der Buchwert des Grundgeschäfts unverändert bleibt, unabhängig davon, wie sich dessen Marktwert entwickelt. Wertänderungen, die sich auf nicht abzusichernde Risiken beziehen, werden nach den allgemeinen Bewertungsvorschriften erfasst. Um die Bilanz- und Erfolgswirkungen von unvollständigen Absicherungen etwas genauer zu betrachten, wandeln wir das Beispiel aus Kapitel M4.2.1 etwas ab:

Die Wertsteigerung des Kuponbonds auf 107.000 € setze sich zusammen aus einer zinsbedingten Wertsteigerung in Höhe von 9.000 € und einer bonitätsbedingten Wertminderung in Höhe von 2.000 €. Die Absicherung durch den Payer Swap betrifft nur das Zinsänderungsrisiko, wobei auch diese Absicherung nicht vollständig effektiv sei, so dass der Wert des Swaps am Bilanzstichtag -10.000 € betrage. Der effektive Teil der Absicherung in Höhe von 9.000 € wird – anders als beim IAS 39 – weder in der Bilanz noch in der GuV erfasst, sondern in einer Nebenrechnung nachgehalten, um spätere Wertänderungen zu berücksichtigen. Aus dem ineffektiven Teil der Absicherung resultiert ein Verlust in Höhe von 1.000 €, der zu einer Drohverlustrückstellung beim Swap führt. Die nicht abgesicherte bonitätsbedingte Wertminderung wird wie bei einem nicht abgesicherten Grundgeschäft erfasst: Gehört der Kuponbond zum Anlagebestand, so muss nur bei einer voraussichtlich dauerhaften Wertminderung eine Wertberichtigung vorgenommen werden, andernfalls besteht ein Abwertungswahlrecht. Wurde der Bond dagegen in den Liquiditätsbestand eingeordnet, so ist in jedem Fall eine Wertminderung zu berücksichtigen (vgl. Tabelle M4-1).

Beträgt die Wertminderung beim Swap dagegen nur 8.000 €, so wird der Gewinn aus dem ineffektiven Teil der Absicherung in Höhe von +1.000 € gemäß dem Realisationsprinzip nicht berücksichtigt. Der Wertansatz der Kuponanleihe bleibt damit unverändert, es entfällt lediglich die Drohverlustrückstellung beim Swap. Der in der GuV ausgewiesene Erfolg ist damit lediglich um 1.000 € höher gegenüber dem Ausgangsfall, obwohl die Wertminderung beim Swap um 2.000 € geringer ausfällt.

Tab. M4-1: Bilanz- und Erfolgswirkungen bei unvollständigen Absicherungen

	Kuponbond	Swap
Wertänderung insgesamt	+7.000 €	-10.000 €
Zinsbedingte Wertänderung	+9.000 €	-10.000 €
• davon effektiv (keine Buchung)	+9.000 €	-9.000 €
• davon ineffektiv (Drohverlustrückstellung)	0 €	-1.000 €
Bonitätsbedingte Wertänderung (Wertberichtigung abhängig von der Anwendung des strengen bzw. gemilderten Niederstwertprinzips)	-2.000€	–
Buchwerte am 31.12.x1 (Annahme: Vornahme einer bonitätsbedingten Wertberichtigung)	+98.000€	-1.000€

M4.3 Fremdwährungsumrechnung

Für jedes Unternehmen, dessen Vermögensgegenstände oder Verbindlichkeiten zumindest teilweise auf fremde Währung lauten, stellt sich das Problem, diese für die Bilanzerstellung in heimische Währung umzurechnen. Infrage kommen für die Umrechnung grundsätzlich der historische Wechselkurs zum Zeitpunkt der Anschaffung (*Anschaffungskurs*) oder der Wechselkurs am Bilanzstichtag (*Stichtagskurs*). Wird zum Stichtagskurs umgerechnet, so ist zu fragen, ob Wertänderungen aufgrund von Wechselkursschwankungen erfolgswirksam oder erfolgsneutral zu behandeln sind.

M4.3.1 Fremdwährungsumrechnung im HGB

Vermögenswerte und Verbindlichkeiten, die auf fremde Währung lauten, sind gemäß §256a HGB zum Devisenkassamittelkurs am Bilanzstichtag umzurechnen. Für Kreditinstitute gilt darüber hinaus der §340h HGB, der sich auf den Erfolgsausweis besonders gedeckter Positionen bezieht. Eine Besonderheit ist für am Bilanzstichtag noch nicht abgewickelte Devisentermingeschäfte zu beachten. Der Swapsatz als Differenz zwischen dem Devisenterminkurs und dem Devisenkassakurs ist Ausdruck der Zinsdifferenz zwischen dem Heimat- und Fremdwährungsraum (siehe hierzu die Erläuterungen zur *Zinsparitätentheorie* in Kapitel E4). Dementsprechend ist es für zinstragende Positionen angemessen, wenn nicht der Terminkurs am Abschlussstichtag, sondern der Kassakurs als Umrechnungskurs verwendet wird und der Swapsatz als Zinsaufwand bzw. Zinsertrag verbucht wird (BIRCK und MEYER (1991), S. 438f.; KUHNER (1992), S. 1437).

Werden Fremdwährungspositionen zum Stichtagskurs umgerechnet, führen Wechselkursschwankungen zu veränderten Wertansätzen bei den Vermögenswerten und Verbindlichkeiten und damit zu unrealisierten Gewinnen bzw. Verlusten.

Mit Ausnahme der Handelsaktiva und -passiva sind das Realisations- und Imparitätsprinzip zu beachten, wonach unrealisierte Umrechnungsverluste stets zu berücksichtigen sind und unrealisierte Umrechnungsgewinne nicht erfolgswirksam ausgewiesen werden dürfen. Von diesem Grundsatz gibt es drei Ausnahmen:

1. Bei Vermögenswerten und Verbindlichkeiten mit einer Restlaufzeit von bis zu einem Jahr müssen auch unrealisierte Gewinne aus der Fremdwährungsumrechnung erfolgswirksam behandelt werden (§256a Satz 2 HGB).
2. Kreditinstitute müssen darüber hinaus Umrechnungsgewinne aus Positionen, die *besonders gedeckt* sind, als Ertrag ausweisen (§340h HGB). Wann von einer besonderen Deckung auszugehen ist, muss von jeder Bank individuell festgelegt werden. Eine besondere Deckung kann z. B. dann vorliegen, wenn für eine abzusichernde Position ein spezielles Deckungsgeschäft abgeschlossen wurde und somit eine besondere Beziehung zwischen Grund- und Absicherungsgeschäft besteht (vgl. BANKENFACHAUSSCHUSS (1995)).
3. Schließlich kommt in Betracht, dass Fremdwährungspositionen in der Weise abgesichert sind, dass Grund- und Absicherungsgeschäft eine Bewertungseinheit im Sinne des §254 HGB bilden. Gewinne aus der Fremdwährungsumrechnung sind dann in dem Maße zu berücksichtigen, wie sie Verluste aus dem Gegengeschäft ausgleichen.

Tabelle M4-2 fasst die Bestimmungen für die Erfolgswirksamkeit von Umrechnungsdifferenzen zusammen.

Tab. M4-2: Bestimmungen für die Erfolgswirksamkeit von Umrechnungsdifferenzen

Aufwendungen	Erträge		
	Besondere Deckung oder Restlaufzeit≤1 Jahr	*Bewertungseinheit*	*Keine Bewertungseinheit oder Restlaufzeit>1 Jahr*
Stets zwingende Berücksichtigung in der GuV	Stets zwingende Berücksichtigung in der GuV	Berücksichtigung in der GuV bis zur Nulllinie	Verbot der Berücksichtigung in der GuV
§252 Abs. 1 Nr. 4 HGB	§340h bzw. §256a Satz 2 HGB	§254 HGB	§256a Satz 1 i. V. m. §252 Abs. 1 Nr. 4 HGB

Quelle: SCHARPF und SCHABER (2009), S. 280.

M4.3.2 Fremdwährungsumrechnung nach IAS 21

Der anzuwendende Umrechnungskurs hängt davon ab, ob es sich um einen *monetären* oder um einen nicht monetären Fremdwährungsposten handelt. Für monetäre Posten und nicht monetäre Posten, die zum *fair value* bewertet werden, wird die Umrechnung zum Stichtagskurs vorgenommen, für nicht monetäre Posten, die zu fortgeführten Anschaffungskosten bewertet werden, wird der historische Anschaffungswechselkurs angesetzt (vgl. Abbildung M4.4).

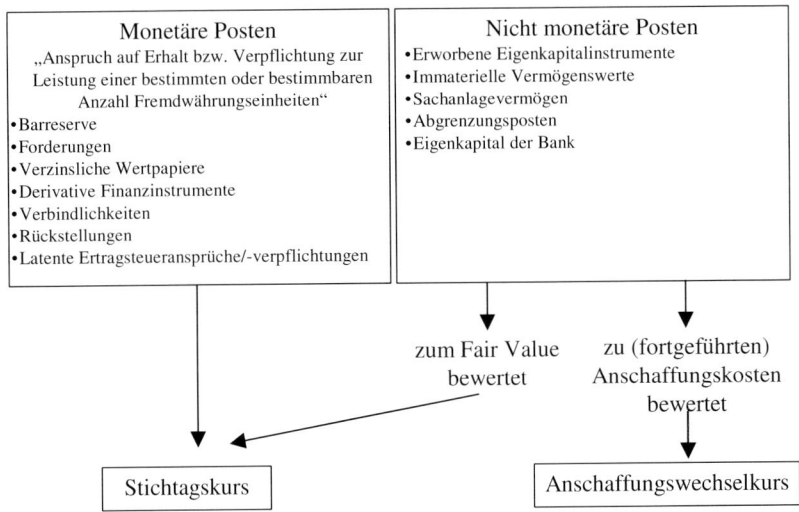

Abb. M4.4: Methoden der Fremdwährungsumrechnung nach IAS 21

Bei monetären Posten wird zunächst der jeweilige Buchwert in Fremdwährung ermittelt, dieser wird dann in die Berichtswährung umgerechnet. Dabei auftretende Währungsumrechnungsdifferenzen werden mit Ausnahme von Cash Flow Hedges erfolgswirksam behandelt, der Ausweis erfolgt entweder zentral im Handelsergebnis oder in derjenigen GuV-Position, die die Erfolge und Verluste des jeweiligen Fremdwährungsgeschäftes erfasst (vgl. PRICEWATERHOUSECOOPERS (2008), S. 697-710).

Bei Wertpapieren, die auf Fremdwährung lauten und zum *fair value* bewertet werden, vermischen sich regelmäßig die Kursveränderung in Fremdwährung und die Wechselkursveränderung. Beide Effekte sind in der Erfolgsrechnung auseinander zu halten. Wir bezeichnen mit $w_t^{\text{\euro,US-\$}}$ den €/US-$-Wechselkurs (in Preisnotierung) im Zeitpunkt t und mit π_t den Kurs des Wertpapiers im Zeitpunkt t in Fremdwährung. Die gesamte Wertveränderung, ausgedrückt in Berichtswährung, setzt sich zusammen aus der Kursveränderung des Wertpapiers (in Fremdwährung) und der €/US-$-Wechselkursveränderung. Diese können wir zerlegen in eine „reine" Wertpapierkursänderung und in eine „reine" Wechselkursänderung (vgl. Abbildung M4.5).

Der Wechselkurseffekt ist in jedem Fall erfolgswirksam zu behandeln, wie der Kursänderungseffekt zu berücksichtigen ist, hängt von der Kategorie des

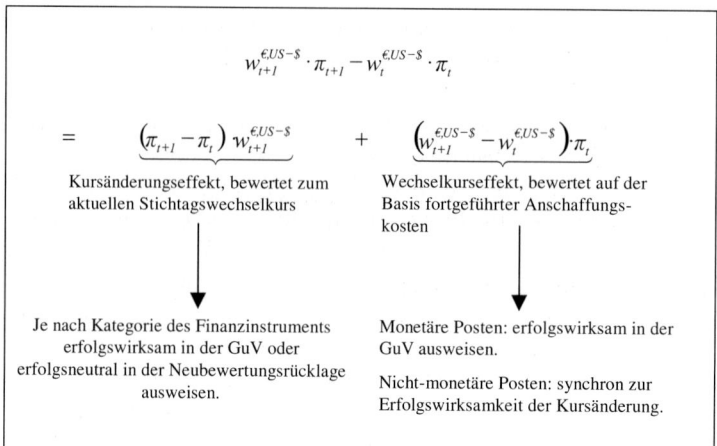

Abb. M4.5: Zerlegung der Fremdwährungsumrechnungsdifferenz in einen Wertpapierkurs- und in einen Wechselkurseffekt

Finanzinstruments ab. Handelt es sich um eine Position der Kategorie *financial instruments at fair value through profit or loss*, so ist der Kursänderungseffekt ebenfalls erfolgswirksam in der GuV auszuweisen, gehört das Wertpapier zur Kategorie *available-for-sale* und werden unrealisierte Bewertungsgewinne erfolgsneutral behandelt, so ist ein eventueller Kursgewinn (bewertet mit dem Stichtagswechselkurs) in die Neubewertungsrücklage einzustellen. In diesem Fall sind in den Folgeperioden auch die Veränderungen der Neubewertungsrücklage in einen Kurseffekt und in einen Wechselkurseffekt aufzuspalten.

Bei nicht-monetären Posten können Umrechnungsdifferenzen nur bei solchen Positionen auftreten, die zum Fair Value bewertet werden. Die Ergebniswirksamkeit der Umrechnungsdifferenzen richtet sich in diesem Fall nach der Erfassung von Gewinnen und Verlusten aus der Bewertung der jeweiligen Position. Für nicht-monetäre Fremdwährungspositionen im *available-for-sale*-Bestand gilt somit, dass sowohl der Kursänderungseffekt als auch der Wechselkurseffekt ergebnisneutral in die Neubewertungsrücklage einzustellen sind, bei Positionen, die erfolgswirksam zum Fair Value bewertet werden, sind dagegen sowohl der Kursänderungs- als auch der Wechselkurseffekt ergebniswirksam in der Gewinn- und Verlustrechnung zu behandeln.

M4.4 Konzernrechnungslegung

Konzernleitende Kreditinstitute sind unabhängig von ihrer Größe und Rechtsform zur Konzernrechnungslegung verpflichtet, in die alle Konzernunternehmen unabhängig von deren Sitz einzubeziehen sind. Ab 2005 müssen alle Unternehmen, die Wertpapiere ausgegeben haben, die an einem geregelten Markt gehandelt werden, den Konzernabschluss nach den IFRS erstellen.

Der Konsolidierungskreis (vgl. Abbildung M4.6) erstreckt sich auf Tochterunternehmen, Gemeinschaftsunternehmen und assoziierte Unternehmen. Tochterunternehmen (Beteiligungsquote > 50%) werden im Wege der Vollkonsolidierung in den Konzernabschluss einbezogen. Bei Gemeinschaftsunternehmen (Beteiligungsquote 50%) geschieht dies nach der Quotenkonsolidierung oder nach der Equity-Methode. Assoziierte Unternehmen (Beteiligungsquote 20%–50%) werden nach der Equity-Methode im Konzernabschluss berücksichtigt. Beteiligungen (Beteiligungsquote < 20%) gehen nicht in die Konsolidierung mit ein, sondern werden mit den Anschaffungskosten bzw. dem aktuellen Marktwert in der Konzernbilanz angesetzt.

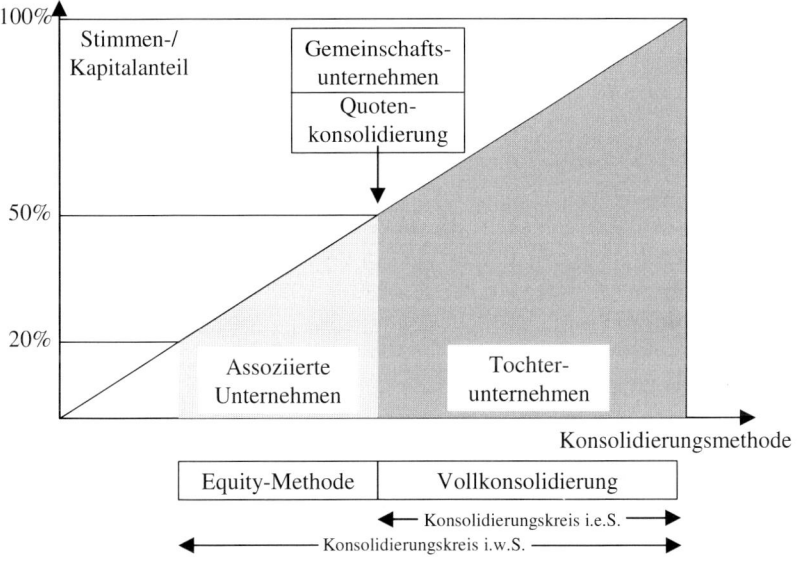

Abb. M4.6: Konsolidierungskreis in der Konzernrechnungslegung

Quelle: Fest *et al.* (2002), S. 1412.

Die Aufstellung eines Konzernabschlusses vollzieht sich in drei Schritten. Zunächst müssen die Einzelbilanzen aller Unternehmen, die in den Konzernabschluss einbezogen werden, auf die IFRS-Regelungen umgestellt werden. Dabei ist darauf zu achten, dass alle Ausweis-, Ansatz- und Bewertungswahlrechte innerhalb des Konzerns gleichartig ausgeübt werden. Darüber hinaus sind die Aktiva und Passiva ausländischer Tochterunternehmen in die Berichtswährung umzurechnen. Anschließend wird mit den vereinheitlichten Einzelabschlüssen der einzubeziehenden Unternehmen durch Addition eine Summenbilanz und Summen-GuV aufgestellt. Auf der Grundlage der Summenbilanz und Summen-GuV erfolgt die Konsolidierung. Dabei sind Kapitalkonsolidierung, Schuldenkonsolidierung, Zwischenergebniseliminierung sowie Aufwands- und Ertragskonsolidierung zu unterscheiden.

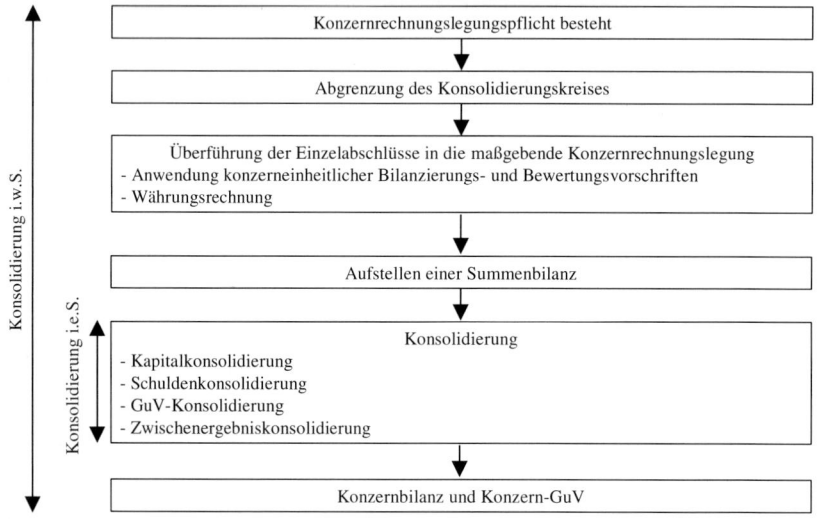

Abb. M4.7: Vorgehensweise bei der Erstellung eines Konzernabschlusses

Quelle: BECKMANN *et al.* (2001), S. 11.

Bei der *Kapitalkonsolidierung* geht es darum, den Beteiligungsbuchwert des Mutterunternehmens mit dem Eigenkapital der Tochter zu verrechnen. Dies macht dann Probleme, wenn beide Positionen betragsmäßig nicht übereinstimmen und/oder wenn das Mutterunternehmen nicht zu 100% an dem Tochterunternehmen beteiligt ist. Je nach Konsolidierungsmethode wird dieses Problem unterschiedlich gelöst. Welche Konsolidierungsmethode anzuwenden ist, hängt vom Ausmaß der Beteiligung ab.

Tochterunternehmen werden im Wege der Vollkonsolidierung nach der Erwerbsmethode in den Konzernabschluss einbezogen. Bei der Erwerbsmethode bilden die Anschaffungskosten aus Konzernsicht die Grundlage für die Kapitalkonsolidierung. Die Buchwerte aus den Einzelabschlüssen der Tochterunternehmen sind mit ihren Marktwerten in die Konzernrechnungslegung zu übernehmen.

Bei der Erwerbsmethode sind zwei Verfahren der Kapitalkonsolidierung zulässig. Sie unterscheiden sich hinsichtlich des Umfangs der aufzudeckenden stillen Reserven bzw. Lasten. Bei Anwendung des Benchmark Treatment (beteiligungsproportionale Neubewertungsmethode) bestimmt sich der Umfang der aufzudeckenden stillen Reserven und Lasten nach der Beteiligungsquote des Mutterunternehmens am Tochterunternehmen. Erfolgt die Kapitalkonsolidierung nach dem Allowed Alternative Treatment (vollständige Neubewertungsmethode), so sind die stillen Reserven bzw. Lasten vollständig offenzulegen.

Gemeinschaftsunternehmen können im Wege der Quotenkonsolidierung oder nach der Equity-Methode in den Konzernabschluss einbezogen werden. Die Vorgehensweise bei der Quotenkonsolidierung entspricht weitgehend der Einbeziehung von Tochterunternehmen nach der Erwerbsmethode. Im Unterschied hierzu werden die Vermögenswerte und Verpflichtungen des einzubeziehenden Unternehmens jedoch nur in Höhe der Beteiligungsquote des beteiligten Unternehmens in dessen Konzernbilanz einbezogen.

Anteile an assoziierten Unternehmen sind nach der Equity-Methode in den Konzernabschluss einzubeziehen. Dabei sind die Anteile an assoziierten Unternehmen zum Zeitpunkt der Entstehung des maßgeblichen Einflusses mit ihren Anschaffungskosten anzusetzen (Buchwertmethode) und ab diesem Zeitpunkt um die anteiligen Ergebnisse des Geschäftsjahres der assoziierten Unternehmen fortzuschreiben.

Im Rahmen der *Schuldenkonsolidierung* werden die Forderungen eines Konzernunternehmens an ein anderes Konzernunternehmen, die dort als Verbindlichkeit bilanziert werden, eliminiert. Da der Konzern als ein einheitliches Unternehmen gilt, dürfen in der Konzern-GuV nur solche Erträge und Aufwendungen enthalten sein, die gegenüber konzernfremden Unternehmen angefallen sind. Diesem Ziel dient die *GuV-* sowie die *Zwischenergebniskonsolidierung*, bei der die Erträge und Aufwendungen aus konzerninternen Leistungsbeziehungen eliminiert werden (Einzelheiten zur Konzernrechnungslegung finden Sie in KÜTING und LANGENBUCHER (1999), COENENBERG (2005) sowie PRICEWATERHOUSECOOPERS (2008)).

Literatur

ACHARYA V., BRENNER M., ENGLE R.F., LYNCH A.W. und RICHARDSON M. (2009): Derivatives: The Ultimate Financial Innovation, in ACHARYA V. und RICHARDSON M. (Hrsg.), Restoring Financial Stability: How to Repair a Failed System, John Wiley & Sons, New York, S. 233–249.

ACHARYA V., HASAN I. und SAUNDERS A. (2006): Should Banks be Diversified? Evidence from Individual Bank Loan Portfolios, *Journal of Business*, S. 1355–1412.

ACHARYA V. und SCHNABL P. (2008): How banks played the leverage game, in ACHARYA V. und RICHARDSON M. (Hrsg.), Restoring Financial Stability: How to Repair a Failed System, John Wiley& Sons, New York.

ACKER G. (1995): Die Wertpapierleihe: Grundlagen, Abwicklungen und Risiken, Gabler, Wiesbaden, 2. Aufl.

ACKERMANN U. (2001): Marktwertbilanzierung von Finanzinstrumenten nach US-GAAP/IAS: Auswirkungen auf Managemententscheidungen, Peter Lang, Frankfurt am Main u.a.O.

ADLER H., DÜRING W. und SCHMALTZ K. (1995): Rechnungslegung und Prüfung der Unternehmen, Schäffer-Poeschel, Stuttgart, 6. Aufl.

ADRIAN R. und HEIDORN T. (2000): Der Bankbetrieb: Lehrbuch und Aufgaben, Gabler, Wiesbaden, 15. Aufl.

ADRIAN T. und BRUNNERMEIER M.K. (2009): CoVaR, Working Paper, Federal Reserve Bank of New York, Princeton University.

AHLBRECHT M. und WEBER M. (1995): Hyperbolic Discounting Models in Prescriptive Theory of Intertemporal Choice, *Zeitschrift für Wirtschafts- und Sozialwissenschaften*, **115**, S. 535–568.

AKERLOF G.A. (1970): Market for Lemons: Quality Uncertainty and the Market Mechanism, *Quarterly Journal of Economics*, **84**, S. 488–500.

ALBERS S. (1995): Optimales Verhältnis zwischen Festgehalt und erfolgsabhängiger Entlohnung bei Verkaufsaußendienstmitarbeitern, *Zeitschrift für betriebswirtschaftliche Forschung*, **47**, S. 124–142.

ALBRECHT P. und MAURER R. (2008): Investment- und Risikomanagement, Schäffer-Poeschel, Stuttgart, 3. Aufl.

ALEXANDER C. und SHEEDY E. (2008): Developing a stress testing framework based on market risk models, *Journal of Banking and Finance*, **32**, S. 2220–2236.

ALLEN F. und GALE D. (1997): Financial Markets, Intermediaries and Intertemporal Smoothing, *Journal of Political Economy*, **105**, S. 523–546.

ALLEN F. und GALE D. (2000): Comparing Financial Systems, MIT Press, Cambridge, Mass.

ALLEN F. und GALE D. (2007): Understanding Financial Crises, Oxford University Press, Oxford.

ALLEN F. und SANTOMERO A.M. (1998): The Theory of Financial Intermediation, *Journal of Banking and Finance*, **21**, S. 1461–1485.

ALTMAN E.I., BRADY B., RESTI A. und SIRONI A. (2005): The PD/LGD Link: Empirical Evidence from the Bond Market, in ALTMAN E., RESTI A. und SIRONI A. (Hrsg.), Recovery Risk – The Next Challenge in Credit Risk Management, Risk Books, London, S. 217–233.

ALTROCK F. und HAKENES H. (2001): Die Kalkulation ausfallbedrohter Finanztitel mit Rating-Übergangsmatrizen, *Finanzmarkt und Portfolio Management*, **15**, S. 187–200.

ALTROCK F. und PFINGSTEN A. (1996): Proper Discounting When Tax Payments are Postponed, in ALBRECHT P. (Hrsg.), Aktuarielle Ansätze für Finanz-Risiken – Beiträge zum 6. Internationalen AFIR-Colloqium, Band 2, Versicherungswirtschaft, Karlsruhe, S. 1581–1599.

ALTROCK F. und RIESO S. (1997): Asset Backed Securities zur Refinanzierung von Kreditinstituten – Eine finanzierungstheoretische Analyse, Working Paper 98-02, Institut für Kreditwesen, Universität Münster.

AMELY T. (1997): Shareholder Value als strategisches Steuerungsinstrument?, *Sparkasse*, **114**, S. 277–281.

AMERICAN BANKERS ASSOCIATION (1999): Financial Modernization: The Gramm-Leach-Bliley Act Summary, URL http:\\www.cov.com/ publications/download/oid6273/178.pdf (03.12.2003).

ANDERS U. (2000): RaRoC – ein Begriff, viel Verwirrung, *Die Bank*, **o. Jg.**, S. 314–317.

ANDERSON N., BREEDON F. und DEACON M. (1996): Estimating and Interpreting the Yield Curve, John Wiley & Sons, New York.

ANDO A. und KENNICKELL A. (1985): How Much (or Little) Life Cycle is There in Micro Data? The Cases of the United States and Japan, in DORNBUSCH R., FISCHER S. und BOSSONS J. (Hrsg.), Macroeconomics and Finance, MIT Press, Cambridge, Mass., S. 159–228.

ANGELE J. (1996): Insolvenzen 1995, *Wirtschaft und Statistik*, **o. Jg.**, S. 239–243.

ANTL B. (2000): Treasure Chest for Capital Markets, *Euromoney*, **o. Jg.**, S. 86–96.

ARBEITSKREIS „FINANZIERUNG" DER SCHMALENBACH-GESELLSCHAFT (1996): Wertorientierte Unternehmensführung mit differenzierten Kapitalkosten, *Zeitschrift für betriebswirtschaftliche Forschung*, **48**, S. 543–578.

ARROW K.J. (1964): The Role of Securities in the Optimal Allocation of Risk-bearing, *Review of Economic Studies*, **31**, S. 91–96.

ARROW K.J. (1986): Agency and the Market, in ARROW K.J. und INTRILI-GATER M.P. (Hrsg.), Handbook of Mathematical Economics, North-Holland, Amsterdam, S. 1183–1195.

ARROW K.J. und DEBREU G. (1954): Existence of an Equilibrium for a Competitive Economy, *Econometrica*, **22**, S. 265–290.

ARTZNER P., DELBAEN F., EBER J.M. und HEATH D. (1996): A Characterization of Measures of Risk, Working Paper 1186, School of Operations Research and Industrial Engineering, Cornell University, Ithaca, New York.

ARTZNER P., DELBAEN F., EBER J.M. und HEATH D. (1997): Thinking Coherently, *Risk, Heft 11*, **10**, S. 68–71.

ARTZNER P., DELBAEN F., EBER J.M. und HEATH D. (1999): Coherent Measures of Risk, *Mathematical Finance*, **9**, S. 203–228.

ASARNOW E. und EDWARDS D. (1995): Measuring Loss on Defaulted Bank Loans: A 24-Year-Study, *Journal of Commercial Lending*, **77**, S. 11–23.

ASHBY S. und YOUNG B. (2003): New Trends in Operational Risk Insurance for Banks, in BOOKS R. (Hrsg.), Advances in Operational Risk, Risk Books, London, S. 44–51.

AUSSCHUSS FÜR BILANZIERUNG (2001): Bilanzierung von Sicherungsgeschäften (Hedge Accounting) nach IAS 39: Vorschlag einer Umsetzung für Kreditinstitute des Ausschusses für Bilanzierung des Bundesverbandes Deutscher Banken, *Die Wirtschaftsprüfung*, **6**, S. 346–353.

AZARCHS T. (2003): Demystifying Banks' Use of Credit Derivatives, Working Paper, Standard & Poors, New York.

BACH B. (1995): Agency-Beziehungen und Depositensicherung: Theorie und Praxis, Eul, Bergisch-Gladbach, Köln.

BACKHAUS K. und SCHNEIDER H. (2007): Startegisches Marketing, Schäfer Poeschel, Stuttgart.

BAER H.L. und MOTE L.R. (1992): The United States Financial System, in KAUFMAN G.G. (Hrsg.), Banking Structure in Major Countries, Kluwer, Boston, Mass., S. 469–553.

BAKSHI G., CAO C. und CHEN Z. (1997): Empirical Performance of Alternative Option Pricing Models, *Journal of Finance*, 52.

BALACHANDRAN B.V., LI L. und MAGEE R.P. (1987): On the Allocation of Fixed and Variable Costs from Service Departments, *Contemporary Accounting Research*, **4**, S. 164–185.

BALLWIESER W. (1994): Adolf Moxter und der Shareholder Value-Ansatz, in BALLWIESER W., BÖCKING H.J., DRUKARCZYK J. und SCHMIDT R.H. (Hrsg.), Bilanzrecht und Kapitalmarkt - Festschrift zum 65. Geburtstag von Prof. Dr. Dr. h.c. Dr. h.c. Adolf Moxter, IDW, Düsseldorf, S. 1377–1405.

BALTENSPERGER E. (1990): The Economic Theory of Banking Regulation, Working Paper, Center for the Study of the New Intitutional Economics, Universität des Saarlandes.

BALTENSPERGER E. und MILDE H. (1987): Theorie des Bankverhaltens, Springer, Berlin u.a.O.

BAMBERG G., COENENBERG A.G. und KRAPP M. (2008): Betriebswirtschaftliche Entscheidungslehre, Vahlen, München, 14. Aufl.

BAMBERG G. und SPREMANN K. (1989): Agency Theory, Information, and Incentives, Springer, Berlin u.a.O.

BANGIA A., DIEBOLD F.X., SCHUERMANN T. und STROUGHAIR J.D. (1998): Modeling Liquidity Risk - With Implications for Traditional Market Risk Measurement and Management, Working Paper, Wharton School Center for Financial Institutions, University of Pennsylvania.

BANK FÜR INTERNATIONALEN ZAHLUNGSAUSGLEICH (2000): Stress Testing by Large Financial Institutions: Current Practice and Aggregation Issues.

BANK FÜR INTERNATIONALEN ZAHLUNGSAUSGLEICH (2007): Triennial Central Bank Survey December 2007 - Foreign exchange and derivatives market activity in 2007, Statistical annex tables.

BANK FÜR INTERNATIONALEN ZAHLUNGSAUSGLEICH (2008): Quartalsbericht Dezember 2008.

BANK FÜR INTERNATIONALEN ZAHLUNGSAUSGLEICH (2009): Statistics on Payment and Settlement Systems in Selected Countries.

BANKEN R. (1987): Die Marktzinsmethode als Instrument der pretialen Lenkung in Kreditinstituten, Knapp, Frankfurt am Main.

BANKENFACHAUSSCHUSS (1990): Zur Bildung von Pauschalwertberichtigungen für das latente Kreditrisiko im Jahresabschluss von Kreditinstituten, *Die Wirtschaftsprüfung*, **43**, S. 321–322.

BANKENFACHAUSSCHUSS (1995): Währungsumrechnung bei Kreditinstituten, *Die Wirtschaftsprüfung*, **48**, S. 735–737.

BANKERS TRUST (1995): RAROC 2020: A Comprehensive Risk Measurement Service.

BÄR H.P. (2000): Asset Securitisation – die Verbriefung von Finanzaktiven als innovative Finanzierungstechnik und neue Herausforderung für Banken, Paul Haupt, Bern u.a.O., 3. Aufl.

BARON D.P. (1982): A Model of the Demand for Investment Banking Advising and Distribution Services for New Issues, *Journal of Finance*, **37**, S. 955–976.

BASEL COMMITTEE ON BANKING SUPERVISION (1988): International Convergence of Capital Measurement and Capital Standards.

BASEL COMMITTEE ON BANKING SUPERVISION (1996): Amendment to the Capital Accord to Incorporate Market Risks.

BASEL COMMITTEE ON BANKING SUPERVISION (1997): Principles for the Management of Interest Rate Risk.

BASEL COMMITTEE ON BANKING SUPERVISION (1998): Operational Risk Management.

BASEL COMMITTEE ON BANKING SUPERVISION (1999): Credit Risk Modelling: Current Practices and Applications.

BASEL COMMITTEE ON BANKING SUPERVISION (2000): Sound Practices for Managing Liquidity in Banking Organisations.

BASEL COMMITTEE ON BANKING SUPERVISION (2001a): Die Neue Baseler Eigenkapitalvereinbarung, Konsultationspapier.

BASEL COMMITTEE ON BANKING SUPERVISION (2001b): The New Basel Capital Accord, Consultative Document.

BASEL COMMITTEE ON BANKING SUPERVISION (2001c): Operational Risk.

BASEL COMMITTEE ON BANKING SUPERVISION (2001d): Working Paper on the Regulatory Treatment of Operational Risk.

BASEL COMMITTEE ON BANKING SUPERVISION (2003a): Die Neue Baseler Eigenkapitalvereinbarung, Basel.

BASEL COMMITTEE ON BANKING SUPERVISION (2003b): Principles for the Management and Supervision of Interest Rate Risk.

BASEL COMMITTEE ON BANKING SUPERVISION (2003c): Sound Practises for the Management and Supervision of Operational Risk.

BASEL COMMITTEE ON BANKING SUPERVISION (2005): International Convergence of Capital Measurement and Capital Standards – A Revised Framework.

BASEL COMMITTEE ON BANKING SUPERVISION (2006): International Convergence of Capital Measurement and Capital Standards – A Revised Framework, Comprehensive Version.

BASEL COMMITTEE ON BANKING SUPERVISION (2008): Principles for Sound Liquidity Risk Management and Supervision.

BASEL COMMITTEE ON BANKING SUPERVISION (2009a): Enhancements to the Basel II Framework, Working Paper, Bank for International Settlements.

BASEL COMMITTEE ON BANKING SUPERVISION (2009b): Enhancements to the Basel II framework.

BASEL COMMITTEE ON BANKING SUPERVISION (2009c): Guidelines for computing capital for incremental risk in the trading book.

BASEL COMMITTEE ON BANKING SUPERVISION (2009d): Observed Range of practice in key elements of Advanced Measurements Approaches, Bank for International Settlements, July.

BASEL COMMITTEE ON BANKING SUPERVISION (2009e): Principles for Sound Stress Testing Practices and Supervision, Working Paper, Bank for International Settlements.

BASEL COMMITTEE ON BANKING SUPERVISION (2009f): Revisions to the Basel II market risk framework.

BAWA V.S. (1978): Safety-First, Stochastic Dominance, and Optimal Portfolio Choice, *Journal of Financial and Quantitative Analysis*, **13**, S. 255–271.

BAXMANN U.G. (1995a): Betriebsgrößen- und Fusionseffekte in der Kreditwirtschaft, *Sparkasse*, **112**, S. 470–475.

BAXMANN U.G. (1995b): Kreditwirtschaftliche Betriebsgrößen, Deutscher Sparkassenverlag, Stuttgart.

BECKER A. und OSSANG S. (2003): Auswirkungen der neuen MAK auf Projektfinanzierungen, *Zeitschrift für das gesamte Kreditwesen*, **56**, S. 222–226.

BECKMANN D., FEST J. und HEROLD J.T. (2001): DV-Gestützte Konzern-Konsolidierung: Eine Marktwirtschaft für Konsolidierungssoftware, Working Paper, Institut für Wirtschaftswissenschaften, Technische Universität Braunschweig.

BEDER T.S. (1995): VAR: Seductive but Dangerous, *Financial Analysts Journal*, **51**, S. 12–24.

BEHR P., GÜTTLER A. und KIEHLBORN T. (2003a): Der deutsche Hypotheken-
bankenmarkt: Ergebnisse einer empirischen Untersuchung, Working Paper,
Universität Frankfurt.

BEHR P., GÜTTLER A. und KIEHLBORN T. (2003b): Hypothekenbanken am
Scheideweg? Entwicklungen, Potentiale und Strategien deutscher Hypothekenbanken im internationalen Umfeld, Working Paper, Universität Frankfurt.

BENKE H., GEBAUER B. und PIASKOWSKI F. (1991): Die Marktzinsmethode
wird erwachsen: Das Barwertkonzept (I), *Die Bank*, **o. Jg.**, S. 457–463.

BENKE H., PIASKOWSKI F. und SIEVI C. (1995): Neues vom Barwertkonzept,
Die Bank, **o. Jg.**, S. 119–125.

BENSTON G.J. (1994): Universal Banking, *Journal of Economic Perspectives*, **8**,
S. 121–143.

BENSTON G.J. und KAUFMAN G.G. (1997): FDICIA After Five Years, *Journal
of Economic Perspectives*, **11**, S. 139–158.

BENSTON G.J. und SMITH C.W. (1976): A Transaction Costs Approach to the
Theory of Financial Intermediation, *Journal of Finance*, **31**, S. 215–231.

BENVENISTE L.M. und BERGER A.N. (1987): Securitization with Recourse: An
Instrument That Offers Uninsured Bank Depositors Sequential Claims, *Journal of Banking and Finance*, **11**, S. 403–424.

BERG E. (1994): Prozeßorientierte Analyse der Abwicklung notleidender Kredite,
Vauk, Kiel.

BERGER A., DEMSETZ R. und STRAHAN P. (1999): The Consolidation of the
Financial Services Industry: Causes, Consequences, and Implications for the
Future, *Journal of Banking and Finance*, **23**, S. 135–194.

BERGER A.N., FRAME W.S. und IOANNIDOU V. (2009): Tests of Ex Ante versus
Ex Post Theories of Collateral using Private and Public Information, EFA
2009 Bergen Meetings Paper.

BERGER A.N., HUNTER W.C. und TIMME S.G. (1993): The Efficiency of Financial Institutions: A Review and Preview of Research Past, Present, and
Future, *Journal of Banking and Finance*, **17**, S. 221–249.

BERGER A.N. und UDELL G.F. (1990): Collateral, loan quality, and bank risk,
Journal of Monetary Economics, **25**, S. 21–42.

BERGER A.N. und UDELL G.F. (1995): Relationship Lending and Lines of Credit
in Small Firm Finance, *Journal of Business*, **68**, S. 351–381.

BERLIN M. und MESTER L.J. (1992): Debt Covenants and Renegotiation, *Journal of Financial Intermediation*, **2**, S. 95–133.

BERNDT H., DEGNER J., HAMM H. und ZEHNDER A. (1995): Die Bausparkassen,
Knapp, Frankfurt am Main.

BERNER M. (1999): Der neue Rahmenvertrag für Wertpapierdarlehen, *Die Bank*,
o. Jg., S. 867–871.

BESTER H. (1985): Screening vs. Rationing in Credit Markets with Imperfect
Information, *American Economic Review*, **75**, S. 850–855.

BESTER H. (1994): The Role of Collateral in a Model of Debt Renegotiation,
Journal of Money, Credit, and Banking, **26**, S. 72–86.

BESTER H. und HELLWIG M.F. (1989): Moral Hazard and Equilibrium Credit
Rationing: An Overview of the Issues, in BAMBERG G. und SPREMANN K.

(Hrsg.), Agency Theory, Information, and Incentives, Springer, Berlin u.a.O., S. 135–166.

BETGE P. (1996): Bankbetriebslehre, Springer, Berlin u.a.O.

BHATTACHARYA S., BOOT A.W.A. und THAKOR A.V. (1998): The Economics of Bank Regulation, *Journal of Money, Credit, and Banking*, **30**, S. 745–770.

BHATTACHARYA S. und THAKOR A.V. (1993): Contemporary Banking Theory, *Journal of Financial Intermediation*, **3**, S. 2–50.

BIEG H. (2010): Bankbilanzierung nach HGB und IFRS, Vahlen, München, 2. Aufl.

BIELECKI T.R. und RUTHKOWSKI M. (2002): Credit Risk: Modeling, Valuation and Hedging, Springer, Berlin u.a.O.

BIGUS J. (2000): Finanzierung über Factoring und Finanzierung über Asset-Backed-Securities im Vergleich, *Wirtschaftswissenschaftliches Studium*, **29**, S. 465–467.

BIGUS J., LANGER T. und SCHIERECK D. (2004): Wie werden Kreditsicherheiten in der Praxis eingesetzt? - Ein Überblick über empirische Befunde, *Zeitschrift für Bankrecht und Bankwirtschaft*, **16**, S. 465–480.

BIGUS J., LANGER T. und SCHIERECK D. (2005): Warum gibt es Kreditsicherheiten?, *Kredit und Kapital*, **38**, S. 573–617.

BINNENHEI C. (2004): An Analytic Approach to Rating Transitions, in GUNDLACH M. und LEHRBASS F. (Hrsg.), CreditRisk$^+$ in the Banking Industry, Springer, Berlin u.a.O., S. 187–214.

BIRCK H. und MEYER H. (1991): Die Bankbilanz, Gabler, Wiesbaden, 3. Aufl.

BLACK F. und COX J.C. (1976): Valuing Corporate Securities: Some Effects of Bond Indenture Provisions, *Journal of Finance*, **31**, S. 351–367.

BLACK F. und SCHOLES M. (1973): Pricing of Options and Corporate Liabilities, *Journal of Political Economy*, **81**, S. 637–654.

BLÄTTCHEN W. (2001): Börsenzulassung, in GERKE W. und STEINER M. (Hrsg.), Handwörterbuch des Bank- und Finanzwesens, Schäffer-Poeschel, Stuttgart, S. 428–440.

BLOCHWITZ S. und EIGERMANN J. (2000): Unternehmensbeurteilung durch Diskriminanzanalyse mit qualitativen Merkmalen, *Zeitschrift für betriebswirtschaftliche Forschung*, **52**, S. 58–73.

BLUHM C., OVERBECK L. und WAGNER C. (2003): An Introduction to Credit Risk Modeling, CRC Press, London.

BLUM J. (1999): Do Capital Requirements Reduce Risks in Banking?, *Journal of Banking and Finance*, **23**, S. 755–771.

BODE M. und MOHR M. (1996): Value-at-Risk – ein riskanter Wert?, *Die Bank*, **o. Jg.**, S. 470–476.

BODEN M. (2005): Handbuch Personal: Personalmanagement von Arbeitszeit bis Zeitmanagement, mi-Fachverlag, Landsberg am Lech.

BÖGER A., HEIDORN T. und WALDSTEIN P.G. (2000): Hybrides Kernkapital für Kreditinstitute, *Die Bank*, **o. Jg.**, S. 602–610.

BOOS K.H. und HÖFER B. (1995): Die Kapitaladäquanz-Richtlinie (I), *Die Bank*, **o. Jg.**, S. 474–479.

Boos K.H. und Ramloch D. (1998): Die neue Großkredit- und Millionenkreditverordnung, *Die Bank*, **o. Jg.**, S. 186–191.

Boot A.W.A. (2000): Relationship Banking: What Do We Know, *Journal of Financial Intermediation*, **9**, S. 7–25.

Boot A.W.A. und Thakor A.V. (1993): Security Design, *Journal of Finance*, **48**, S. 1349–1378.

Boot A.W.A. und Thakor A.V. (2000): Can Relationship Banking Survive Competition?, *Journal of Finance*, **55**, S. 679–713.

Booth J.R. und Booth L.C. (2006): Loan Collateral Decisions and Corporate Borrowing Costs, *JMCB*, **38**, S. 67–90.

Borchert M. (2003): Geld und Kredit, Oldenbourg, München u.a.O., 8. Aufl.

Bossert W. und Stehling F. (1990): Theorie kollektiver Entscheidungen, Springer, Berlin u.a.O.

Bosworth B.P. (1991): The Global Decline in Savings: Some International Comparisons, Working Paper, The Brookings Institution, Washington.

Böve R. (2009): Spezialisierungsvorteile und -risiken im Kreditgeschäft, ifk edition, Gabler, Wiesbaden.

Brachinger H.W. und Weber M. (1997): Risk as a Primitive: A Survey of Measures of Perceived Risk, *OR Spektrum*, **19**, S. 235–250.

Brakensiek T. (1991): Die Kalkulation und Steuerung von Ausfallrisiken im Kreditgeschäft der Banken, Knapp, Frankfurt am Main.

Brammertz W. und Spillmann M. (1991): Zinselastizität: Ein unstabiles Maß, *Die Bank*, **o. Jg.**, S. 386–390.

Branger N. und Schlag C. (2004): Zinsderivate: Modelle und Bewertung, Springer, Berlin u.a.O.

Brealey R.A., Myers S.C. und Allen F. (2008): Principles of Corporate Finance, McGraw-Hill, Boston et al., 9. Aufl.

Breitmeyer C., Hakenes H. und Pfingsten A. (2004): From Poverty Measurement to the Measurement of Downside Risk, *Mathematical Social Sciences*, **47**, S. 327–348.

Breuer W. (1993): Finanzintermediation im Kapitalmarktgleichgewicht, Gabler, Wiesbaden.

Breuer W. (1994): Finanzintermediation und Wiederverhandlungen, *Kredit und Kapital*, **27**, S. 291–309.

Breuer W. (1995): Finanzintermediation und Reputationseffekte, *Kredit und Kapital*, **30**, S. 516–534.

Breuer W. (2000): Unternehmerisches Währungsmanagement: Eine anwendungsorientierte Einführung, Gabler, Wiesbaden, 2. Aufl.

Breuer W. (2007): Investition I: Entscheidungen bei Sicherheit, Gabler, Wiesbaden, 3. Aufl.

Brick I.E. und Palia D. (2007): Evidence of Jointness in the Terms of Relationship Lending, *JFI*, **16**, S. 452–476.

British Banker's Association (2004): Credit Derivatives Report 2003/2004, Working Paper, Executive Summary, URL http://www.bba.org.uk/content/1/c4/44/93/cd_executive_summary.pdf (30.06.2006).

BRITISH BANKER'S ASSOCIATION (2006): Credit Derivatives Report 2006, Working Paper, Executive Summary, URL http://www.bba.org.uk/content/1/c4/76/71/Credit derivative report 2006 exec summary.pdf (15.10.2009).

BRIYS E. und DE VARENNE F. (1997): Valuing Risky Fixed Rate Debt: An Extension, *Journal of Financial and Quantitative Analysis*, **32**, S. 239–248.

BROLL U., SCHWEIMAYER G. und WELZEL P. (2004): Managing Credit Risk with Credit and Macro Derivatives, *Schmalenbach Business Review*, **56**, S. 360–378.

BROWNING M.J. und LUSARDI A. (1996): Household Saving: Micro Theories and Micro Facts, *Journal of Economic Literature*, **34**, S. 1797–1855.

BRÜHL R. und FRISCHMUTH R. (1995): Prozeßkostenrechnung im Bankbetrieb, *Die Bank*, **o. Jg.**, S. 551–555.

BRUNNER A. (2001): Firmenkundenratings deutscher Großbanken, in SZCZESNY A. (Hrsg.), Kreditrisikomessung und Kreditarisikomanagement, ZEW Wirtschaftsanalysen, Bd. 54, Baden-Baden, S. 107–125.

BRUNNERMEIER M.K. (2009): Deciphering the Liquidity and Credit Crunch 2007-2008, *Journal of Economic Perspectives*, **23**, S. 77–100.

BRUNNERMEIER M.K., CROCKETT A., GOODHART C., PERSAUD A.D. und SHIN H. (2009): The Fundamental Principles of Financial Regulation, Working Paper, International Center for Monetary and Banking Studies.

BRUNNERMEIER M.K. und PEDERSEN L.H. (2009): Market Liquidity and Funding Liquidity, *Review of Financial Studies*, **22**, S. 2201–2238.

BÜHLER A. und HIES M. (1995): Zinsrisiken und Key-Rate-Duration, *Die Bank*, **o. Jg.**, S. 112–118.

BÜHLER W., KORN O. und SCHMIDT A. (1998): Ermittlung von Eigenkapitalanforderungen mit „Internen Modellen", *Die Betriebswirtschaft*, **58**, S. 64–85.

BÜHLER W., UHRIG-HOMBURG M., WALTER U. und WEBER T. (1999): An Empirical Comparison of Forward-Rate and Spot-Rate Models for Valuing Interest-Rate Options, *Journal of Finance*, **54**, S. 269–305.

BÜHN A. und RICHTER J. (2007): Makroökonomische Stresstests in Banken, *Risikomanager*, **23**, S. 12–16.

BÜHNER R. und TUSCHKE A. (1997): Outsourcing, *Die Betriebswirtschaft*, **57**, S. 20–30.

BUND S. (2000): Asset Securitisation: Anwendbarkeit und Einsatzmöglichkeiten in deutschen Universalkreditinstituten, Knapp, Frankfurt am Main.

BUNDESANSTALT FÜR FINANZDIENSTLEISTUNGSAUFSICHT (2003): Wir über uns.

BUNDESANSTALT FÜR FINANZDIENSTLEISTUNGSAUFSICHT (2005): Mindestanforderungen an das Risikomanagement - Rundschreiben 18/2005.

BUNDESANSTALT FÜR FINANZDIENSTLEISTUNGSAUFSICHT (2007a): Mindestanforderungen an das Risikomanagement - Rundschreiben 5/2007 vom 30.10.2007.

BUNDESANSTALT FÜR FINANZDIENSTLEISTUNGSAUFSICHT (2007b): Zinsänderungsrisiken im Anlagebuch; Ermittlung der Auswirkungen einer plötzlichen und unerwarteten Zinsänderung (Rundschreiben 7/2007).

BUNDESANSTALT FÜR FINANZDIENSTLEISTUNGSAUFSICHT (2009a): Jahresbericht 2008.

BUNDESANSTALT FÜR FINANZDIENSTLEISTUNGSAUFSICHT (2009b): Konsultation 3/2009: 2. Entwurf der MaRisk in der Fassung vom 24.06.2009.

BUNDESANSTALT FÜR FINANZDIENSTLEISTUNGSAUFSICHT (2009c): Mindestanforderungen an das Risikomanagement - Rundschreiben 15/2009.

BUNDESANSTALT FÜR FINANZDIENSTLEISTUNGSAUFSICHT (2009d): Organigramm, Juni 2009.

BUNDESANSTALT FÜR FINANZDIENSTLEISTUNGSAUFSICHT - FACHGREMIUM OpR (2005): Empfehlungen des Fachgremiums OpR zur Berechnung des Bruttoertrags vom 15.04.2005.

BUNDESANSTALT FÜR FINANZDIENSTLEISTUNGSAUFSICHT - FACHGREMIUM OpR (2006): Empfehlungen des Fachgremiums OpR zur Bestimmung des relevanten Indikators vom 09.06.2006.

BUNDESAUFSICHTSAMT FÜR DAS KREDITWESEN (1998): Erläuterungen zu einzelnen Regelungen der Mindestanforderungen an das Betreiben von Handelsgeschäften der Kreditinstitute, Rundschreiben 4/98.

BUNDESMINISTERIUM DER FINANZEN (2006): Verordnung über die angemessene Eigenmittelausstattung von Instituten, Institutsgruppen und Finanzholding-Gruppen (Solvabilitätsverordnung - SolvV); Stand: 31.03.2006.

BUNGE A. (2002): Operational Risk Insurance, Working Paper, International Finance Seminar, Harvard University.

BURGHOF H.P., HENKE S. und RUDOLPH B. (1998): Kreditderivate als Instrumente eines aktiven Kreditrisikomanagements, *Zeitschrift für Bankrecht und Bankwirtschaft*, **10**, S. 277–286.

BURGHOF H.P. und RUDOLPH B. (1996): Bankenaufsicht: Theorie und Praxis der Regulierung, Gabler, Wiesbaden.

BÜRGISSER P., KURTH A. und WAGNER A. (2001): Incorporating Severity Variations into Credit Risk, *Journal of Risk*, **3**, S. 5–31.

BÜRGISSER P., KURTH A., WAGNER A. und WOLF M. (1999): Integrating Correlations, *Risk, Heft 7*, **12**, S. 57–60.

BÜSCHGEN H.E. (1995): Prinzipien, Aufgaben und Teilbereiche der Organisation, in STEIN J.H. und TERRAHE J. (Hrsg.), Handbuch Bankorganisation, 2. Aufl., S. 31–64.

BÜSCHGEN H.E. (1999): Bankbetriebslehre: Bankgeschäfte und Bankmanagement, Gabler, Wiesbaden, 5. Aufl.

BÜSCHGEN H.E. und BÖRNER C.J. (2003): Bankbetriebslehre, UTB, Stuttgart, 4. Aufl.

BUSSE VON COLBE W. (1964): Die Planung der Betriebsgröße, Gabler, Wiesbaden.

BVR (2007): Consolidated Annual Accounts, Working Paper, BVR.

BYSTRÖM H.N.E. (2005): Using Credit Derivatives to Compute Marketwide Default Probability Term Structures, *The Journal of Fixed Income*, **15**, S. 16–33.

CALEM P.S. und ROB R. (1996): The Impact of Capital-based Regulation on Bank Risk-taking: A Dynamic Model, Finance and Economics Discussion Series 96-12, Board of Governors of the Federal Reserve System.

CALOMIRIS C.W. und KAHN C.M. (1991): The Role of Demandable Debt in Structuring Optimal Banking Arrangements, *American Economic Review*, **81**, S. 497–513.

CAMPBELL A. (2009): The risk of value-at-risk, *Risk magazine*, S. 42–46.

CARCANO N. und FORESI S. (1997): Hedging Against Interest Rate Risk: Reconsidering Volatility-Adjusted Immunization, *Journal of Banking and Finance*, **21**, S. 127–141.

CERASI V. und DALTUNG S. (2000): The Optimal Size of a Bank: Cost and Benefits of Diversification, *European Economic Review*, **44**, S. 1701–1726.

COENENBERG A.G. (2005): Jahresabschluss und Jahresabschlussanalyse, Schäffer-Poeschel, Stuttgart, 20. Aufl.

COENENBERG A.G. (2007): Kostenrechnung und Kostenanalyse, Schäffer-Poeschel, Stuttgart, 6. Aufl.

COLE D.W. (1972): Return on Equity Model for Banks, *Bankers Magazine*, **155**, S. 40–47.

COMMITTEE OF EUROPEAN BANKING SUPERVISORS (2006): Guidelines on the Application of the Supervisory Review Process under Pillar 2 (CP03 revised).

COOSMANN G. und HUDETZ T. (2000): Zinsrisiko im Bankenbuch, OeNB Berichte und Studien, Heft 3/2000.

COPELAND T.E., WESTON J.F. und SHASTRI K. (2004): Financial Theory and Corporate Policy, Addison-Wesley, Reading, Mass.

COX J.C., INGERSOLL J.E. und ROSS S.A. (1981): A Re-Examination of Traditional Hypotheses About the Term Structure of Interest Rates, *Journal of Finance*, **36**, S. 769–799.

COX J.C., ROSS S.A. und RUBINSTEIN M. (1979): Option Pricing: A Simplified Approach, *Journal of Financial Economics*, **7**, S. 229–263.

CREDIT SUISSE FIRST BOSTON (1997): CreditRisk^{+TM}, A Credit Risk Management Framework, *Technical Document*.

CROUHY M., GALAI D. und MARK R. (2000): A Comparative Analysis of Current Credit Risk Models, *Journal of Banking and Finance*, **24**, S. 59–117.

CROUHY M., GALAI D. und MARK R. (2001): Prototype Risk Rating System, *Journal of Banking and Finance*, **25**, S. 47–95.

DALDRUP A., GEHRKE N. und SCHUMANN M. (2004): Risikoadjustierte Konditionengestaltung im Ratenkreditgeschäft, *Die Bank*, **o. Jg.**, S. 238–243.

DARIPA A. und VAROTTO S. (1998): Value at Risk and Precommitment: Approaches to Market Risk Regulation, *Economic Policy Review*, **4**, S. 137–143.

DAS S.R. und HANOUNA P. (2009): Implied Recovery, *Journal of Economic Dynamics and Control*, **33**, S. 1837–1857.

DAUBE C. und TAKE H. (1994): Risikomanagement für Zinstitel, *Sparkasse*, **111**, S. 220–225.

DE LIS S.F., PAGES J.M. und SAURINA J. (2000): Credit Growth, Problem Loans and Credit Risk Provisioning in Spain, Working Paper, Banco de Espana.

DEBREU G. (1959): Theory of Value – An Axiomatic Analysis of Economic Equilibrium, John Wiley & Sons, New York.

DECKSTEIN D. und FROMM T. (2009): Ein harter Herbst, *Süddeutsche Zeitung*, S. 30.

DEGRYSE H., KIM M. und VAN CAYSEELE P. (2009): Microeconometrics of Banking, Oxford University Press, New York.

DEGRYSE H. und ONGENA S. (2005): Distance, Lending Relationships, and Competition, *Journal of Finance*, **60**, S. 231–266.

DEKABANK (2009): DekaBank strafft Produktpalette bei Offenen Immobilienfonds, Pressemitteilung vom 30.06.2009.

DELIANEDIS G. und GESKE R. (1999): Credit Risk and Risk Neutral Default Probabilities: Information About Migrations and Defaults, Working Paper, Anderson Graduate School of Management, UCLA, Los Angeles.

DENG S.E. und ELYASIANI E. (2008): Geographic Diversification, Bank Holding, Company Value, and Risk, *Journal of Money, Credit and Banking*, **40**, S. 1217–1238.

DENNIS S.A., NANDY D. und SHARPE I.G. (2000): The Determinants of Contract Terms in Bank Revolving Credit Agreements, *Journal of Financial and Quantitative Analysis*, **35**, S. 87–110.

DEPPE H.D. (1961): Zur Rentabilitäts- und Liquiditätsplanung von Kreditinstituten, *Weltwirtschaftliches Archiv*, **86**, S. 303–351.

DEPPE H.D. (1964): Der Bankbetrieb als Gegenstand von Wachstumsanalysen, *Zeitschrift für Betriebswirtschaft*, **34**, S. 353–381.

DERIVATE-FORUM (2007): Derivatestatisitk erweitert: Marktanteile der Emittenten erstmals separat ausgewiesen, URL http://www.derivateverband.de/DE/MediaLibrary/Document/ Statistics/Marktvol/070710 PI Marktanteile.pdf.

DEUTSCHE BANK (2003): Geschäftsbericht 2002.

DEUTSCHE BANK (2006a): Deutsche Bank steigert Ergebnis vor Steuern in 2005 um 58% auf 6,4 Milliarden Euro, URL http://www. deutsche-bank.de/de/content/company/nachrichten_II_ 2746.htm (04.07.2006).

DEUTSCHE BANK (2006b): Geschäftsbericht 2005.

DEUTSCHE BANK (2007): Risikobericht 2007.

DEUTSCHE BANK (2008): Geschäftsbericht 2008.

DEUTSCHE BUNDESBANK (1992): Internationale Organisationen und Gremien im Bereich von Währung und Wirtschaft, Sonderdruck der Deutschen Bundesbank, Nr. 3.

DEUTSCHE BUNDESBANK (1996): Mindestanforderungen an das Betreiben von Handelsgeschäften der Kreditinstitute, in Monatsbericht März.

DEUTSCHE BUNDESBANK (1997a): Bankenstatistik September.

DEUTSCHE BUNDESBANK (1997b): Monatsbericht Oktober.

DEUTSCHE BUNDESBANK (2003a): Bankenstatistik September.

DEUTSCHE BUNDESBANK (2003b): Kapitalmarktstatistik Juni.

DEUTSCHE BUNDESBANK (2003c): Monatsbericht April.

DEUTSCHE BUNDESBANK (2005): Ergebnisse der Gesamtwirtschaftlichen Finanzierungsrechnung für Deutschland 1991-2004.

DEUTSCHE BUNDESBANK (2006a): Bankenstatistik Mai.

DEUTSCHE BUNDESBANK (2006b): Kapitalmarktstatistik Mai.

DEUTSCHE BUNDESBANK (2007): Monatsbericht Dezember.

DEUTSCHE BUNDESBANK (2008a): Ergebnisse der gesamtwirtschaftlichen Finanzierungsrechnung für Deutschland: 1991-2007, Statistische Sonderveröffentlichung 4.

DEUTSCHE BUNDESBANK (2008b): Monatsbericht September.

DEUTSCHE BUNDESBANK (2009a): Bankenstatistik Mai.

DEUTSCHE BUNDESBANK (2009b): Bankstellenstatistik 2009.

DEUTSCHE BUNDESBANK (2009c): Ergebnisse der Gesamtwirtschaftlichen Finanzierungsrechnung für Deutschland 1991-2008, statistische Sonderveröffentlichung 4.

DEUTSCHE BUNDESBANK (2009d): Kapitalmarktstatistik Juni 2009.

DEUTSCHE BUNDESBANK (2009e): Monatsbericht Januar.

DEUTSCHE BUNDESBANK (2009f): Monatsbericht Juni.

DEUTSCHE BUNDESBANK (2009g): Monatsbericht Mai.

DEUTSCHE BUNDESBANK (2009h): Monatsbericht September.

DEUTSCHE BUNDESBANK und BUNDESANSTALT FÜR DIE FINANZDIENST-LEISTUNGSAUFSICHT (2007): Bankaufsichtliches Risikoprofil als Teil der bankaufsichtlichen Überprüfung und Bewertung von Instituten.

DEWATRIPONT M. und TIROLE J. (1994): The Prudential Regulation of Banks, MIT Press, Cambridge, Mass.

DIAMOND D.W. (1984): Financial Intermediation and Delegated Monitoring, *Review of Economic Studies*, **51**, S. 393–414.

DIAMOND D.W. (1996): Financial Intermediation as Delegated Monitoring: A Simple Example, *Federal Reserve Bank of Richmond Economic Quarterly*, **82**, S. 51–66.

DIAMOND D.W. (1997): Liquidity, Banks, and Markets, *Journal of Political Economy*, **105**, S. 928–956.

DIAMOND D.W. und DYBVIG P.H. (1983): Bank Runs, Deposit Insurance, and Liquidity, *Journal of Political Economy*, **91**, S. 401–419.

DIAMOND D.W. und RAJAN R.G. (2001): Liquidity Risk, Liquidity Creation, and Financial Fragility: A Theory of Banking, *Journal of Political Economy*, **109**, S. 287–327.

DIAMOND P.A. und HAUSMAN J.A. (1984): Individual Retirement and Savings Behaviour, *Journal of Public Economics*, **23**, S. 81–114.

DICKEN A.J. (1999): Kreditwürdigkeitsprüfung, Erich Schmidt, Berlin.

DICKEN A.J. (2003): Bankenprüfung - Rechtlicher Grundriss für Kreditinstitute, Erich Schmidt, Berlin.

DIWALD H. (1999): Zinsfutures and Zinsoptionen: Erfolgreicher Einsatz an Internationalen Terminmärkten, Vahlen, München, 2. Aufl.

DJEBBAR J.F. (1990): Zur Kritik an der Marktzinsmethode, *Österreichisches Bankarchiv*, **38**, S. 920–931.

DOLL G.F. (2009): Aktien-zertifikate: Anlagestrategie, Gewinnprofile, Zusammenhänge, Gabler, Wiesbaden.

DÖRGE A. (1997): Wertpapierleih- und Wertpapierpensionsgeschäfte, *Die Aktiengesellschaft*, **9**, S. 396–405.

DÖRRIE U. und PREISSLER P.R. (2004): Grundlagen Kosten- und Leistungsrechnung, Oldenbourg, München u.a.O., 8. Aufl.

DRESDNER BANK AG (2002): Geschäftsbericht 2001.

DRESDNER BANK AG (2003): Geschäftsbericht 2002.

DREWES W. (1993): Vermittlungsgeschäfte, in KLOTEN N. und VON STEIN J.H. (Hrsg.), Geld-, Bank- und Börsenwesen: ein Handbuch, Schäffer-Poeschel, Stuttgart, 39. Aufl., S. 714–720.

DROSTE K.D., FASSBENDER H., PAULUHN B., SCHLENZKA P.F. und VON LÖHNEYSEN E. (1983): Falsche Ergebnisinformation – Häufige Ursache für Fehlentwicklungen in Banken, *Die Bank*, **o. Jg.**, S. 313–323.

DUCA J.V. und WHITSELL W.C. (1995): Credit Cards and Money Demand: A Cross-Sectional Study, *Journal of Money, Credit, and Banking*, **27**, S. 604–623.

DUFFIE D. und LANDO D. (2001): Term Structure of Credit Spreads with Incomplete Accounting Information, *Econometrica*, **69**, S. 633–664.

DUWENDAG D., KETTERER K.H., KÖSTERS W., POHL R. und SIMMERT D.B. (1999): Geldtheorie und Geldpolitik in Europa, Springer, Berlin u.a.O., 5. Aufl.

EALES R. und BOSWORTH E. (1998): Severity of Loss in the Event of Default in Small Business and Larger Consumer Loans, *The Journal of Lending & Credit Risk Management, May 1998*, S. 58–65.

ECKES B., SITTMANN-HAURY C. und WEIGEL W. (2004): Neue Versionen von IAS 32 und IAS 39 (II): Kategorisierung und Bewertung Von Finanzinstrumenten, *Die Bank*, **o. Jg.**, S. 176–180.

EDELMANN E. und ELLER R. (1996): Wertpapierdarlehen und Wertpapierpensionsgeschäfte: Finanzinnovation für Wertpapierhandel und Portfolio-Management, Economica, Bonn.

EDWARDS J.S. und FISCHER K. (1996): Banks, Finance and Investment in Germany, Cambridge University Press, Cambridge, Mass.

EHRENBERG R. (1922): Das Zeitalter der Fugger: Geldkapital und Creditverkehr im 16. Jahrhundert, Gustav Fischer, Jena, 3. Aufl.

EICHWALD B. und PEHLE H. (2000): Die Kreditarten, in VON HAGEN J. und VON STEIN J. (Hrsg.), Geld-, Bank- und Börsenwesen: Handbuch des Finanzsystems, Schäffer-Poeschel, Stuttgart, 40. Aufl., S. 742–814.

EIGERMANN J. (2001): Quantitatives Credit-Rating unter Einbeziehung qualitativer Merkmale, Wissenschaft & Praxis, Sternenfels.

EILENBERGER G. (1996): Lexikon der Finanzinnovationen, Oldenbourg, München u.a.O., 3. Aufl.

EILENBERGER G. (1997): Bankbetriebswirtschaftslehre: Grundlagen - Internationale Bankleistungen - Bank Management, Oldenburg u.a.O., 7. Aufl.

EISENFÜHR F. und WEBER M. (2003): Rationales Entscheiden, Springer, Berlin u.a.O., 4. Aufl.

ELSAS R. und KRAHNEN J.P. (1998): Is relationship lending special? Evidence from credit-file data in Germany, *Journal of Banking and Finance*, **22**, S. 1283–11316.

ELSAS R. und KRAHNEN J.P. (2002): Collateral, Default Risk and Relationship Lending: An Empirical Study on Financial Contracting, working Paper.

EMBRECHTS P., KLÜPPELBERG C. und MIKOSCH C. (2008): Modelling Extremal Events, Springer, Berlin, 4. Aufl.

ENTROP O., MEMMEL C., WILKENS M. und ZEISLER A. (2008): Analyzing the interest rate risk of banks using time series of accounting-based data: evidence from Germany, Working Paper Discussion Paper Series 2: Banking and Financial Studies, 01/2008, Deutsche Bundesbank.

ERICSSON J. und RENEBY J. (1998): A Framework for Valuing Corporate Securities, *Applied Mathematical Finance*, **5**, S. 143–163.

EUREX (2008): Joint Media Release 23 January 2008.

EUREX (2009): Monthly Statistics, URL http://www.eurexchange.com/ data/statistics/monthly.html (30.09.2009).

EUROPÄISCHE ZENTRALBANK (2002a): Die einheitliche Geldpolitik im Euro-Währungsgebiet.

EUROPÄISCHE ZENTRALBANK (2002b): Monatsbericht Oktober.

EUROPÄISCHE ZENTRALBANK (2003a): Developments in National Supervisory Structures.

EUROPÄISCHE ZENTRALBANK (2003b): Information Guide for Credit Institutions using TARGET.

EUROPÄISCHE ZENTRALBANK (2006): Recent Developments in Supervisory Structures in EU and Acceding Countries.

EUROPÄISCHE ZENTRALBANK (2008): Jahresbericht 2008.

EUROPÄISCHE ZENTRALBANK (2009a): Monatsbericht Juli 2009.

EUROPÄISCHE ZENTRALBANK (2009b): Monatsbericht Oktober 2009.

EUROPEAN BANK FOR RECONSTRUCTION AND DEVELOPMENT (1993): Hinweise für die Zusammenarbeit mit der Europäischen Bank.

EUROPEAN SECURITISATION FORUM (1999): European Securitisation – A Resource Guide.

EUROPEAN SECURITISATION FORUM (2008): ESF Securitisation Data Report – Winter 2008.

EVERDING M. (1995): Kostenmanagement in Kreditinstituten, Knapp, Frankfurt am Main.

EWERT R. und WAGENHOFER A. (2008): Interne Unternehmensrechnung, Springer, Berlin u.a.O., 7. Aufl.

FAHRMEIR L., HÄUSSLER W. und TUTZ G. (1996): Diskriminanzanalyse, in FAHRMEIR L., HAMERLE A. und TUTZ G. (Hrsg.), Multivariate statistische Verfahren, Gruyter, Berlin, 2. Aufl., S. 357–435.

FAMA E.F. (1984): The Information in the Term Structure, *Journal of Financial Economics*, **13**, S. 509–528.

FAZ (1994): Direkt Anlage Bank will den Markt in Bewegung setzen, *Frankfurter Allgemeine Zeitung vom 17.05.1994*, S. 26.

FAZ.NET (2009): Keine Lehren aus der Finanzkrise, URL http://www.faz.net/s/Rub09A305833E12405A808EF01024D15375/Doc E1B5 E11E5D21143888802F27DEACB4B94 ATpl Ecommon Scontent.html (05.02.2009).

FEDERAL RESERVE BANK (2003): Flow of Funds Accounts of the United States, URL http:\\www.federalreserve.gov/releases/Z1/Current/z1.pdf (03.12.2003).

FEDERAL RESERVE BANK OF NEW YORK (2007): The Foreign Exchange and Interest Rate Derivatives Market Survey: Turnover in the United States, Working Paper, Federal Reserve Bank of New York.

FELDERER B. und HOMBURG S. (2005): Makroökonomik und neue Makroökonomik, Springer-Verlag.

FELDSTEIN M. (1979): International Differences in Social Security and Saving, Working Paper 335, National Bureau of Economic Research, Cambridge, Mass.

FELSENHEIMER J., GISDAKIS P. und ZAISER M. (2006): Active Credit Portfolio Management, John Wiley & Sons, New York.

FEST J., HEROLD J.T. und HUCH B. (2002): Konstituierende Elemente der Konzern-Konsolidierung, *Das Wirtschaftsstudium*, **11**, S. 1410–1415.

FINANCIAL SERVICES AUTHORITY (2005): Stress Testing, Working Paper, Financial Services Authority.

FINANCIAL SERVICES AUTHORITY (2008): Stress and Scenario Testing, Working Paper, Financial Services Authority.

FISCHER C. (2002): Motive des Börsengangs am Neuen Markt, Duncker & Humblot, Berlin.

FISCHER K. (1990): Hausbankbeziehungen als Instrument der Bindung zwischen Banken und Unternehmen – Eine Theoretische und Empirische Analyse, Doktorarbeit, Universität Bonn, Bonn.

FISCHER T. (1989): Die Bereitschaft der Banken zur Übernahme von Kreditrisiken, *Kredit und Kapital*, **22**, S. 267–295.

FISHBURN P.C. (1977): Mean-Risk Analysis with Risk Assiociated with Below-Target Returns, *American Economic Review*, **57**, S. 116–126.

FISHER I. (1930): The Theory of Interest, Macmillan, New York.

FLECHSIG R. (1985): Die Schichtenbilanz - ihr Glanz und Elend, *Die Bank*, **o. Jg.**, S. 298–302.

FLECHSIG R. und FLESCH H.R. (1982): Die Wertsteuerung – Ein Ansatz des operativen Controlling im Wertbereich, *Die Bank*, **o. Jg.**, S. 454–465.

FLESCH H.R., PIASKOWSKI F. und SEEGERS J. (1987): Marktzinsmethode bzw. Wertsteuerung – Neue Thesen und Erkenntnisse aus der Realisierung, *Die Bank*, **o. Jg.**, S. 485–494.

FLESCH H.R., PIASKOWSKI F. und SIEVI C.R. (1984): Erfolgsquellensteuerung durch Effektivzinsen im Konzept der Wertsteuerung, *Die Bank*, **o. Jg.**, S. 357–366.

FLESCH J.R. und GERDSMEIER S. (1998): Entwicklungslinien im Bank-Controlling, *Die Bank*, **o. Jg.**, S. 294–301.

FOGLIA A. (2008): Stress Testing Credit Risk: A Survey of Authorities' Aproaches, Working Paper, Bank of Italy.

FORTE S. und PENA J.I. (2009): Credit spreads: An empirical analysis on the informational content of stocks, bonds and CDS, *Journal of Banking and Finance*, **33**, S. 2013–2025.

FRANKE G. (1993): Finanzmärkte: Interdependenzen und Entwicklungslinien, in KLOTEN N. und VON STEIN J. (Hrsg.), Geld-, Bank- und Börsenwesen: ein Handbuch, Schäffer-Poeschel, Stuttgart, 39. Aufl., S. 1053–1070.

FRANKE G. (2000): Risikomanagement mit Kreditderivaten, in BURGHOF H.P., HENKE S., RUDOLPH B., SCHÖNBUCHER P.J. und SOMMER D. (Hrsg.), Kreditderivate, Schäffer-Poeschel, Stuttgart, S. 269–289.

FRANKE G. und HAX H. (2003): Finanzwirtschaft des Unternehmens und Kapitalmarkt, Springer, Berlin u.a.O., 5. Aufl.

FRAUENDORFER K. und SCHUERLE M. (2006): Dynamic modelling and optimization of non-maturing accounts, in MATZ L. und NEU P. (Hrsg.), Liquidity risk measurement and management: a practitioner's guide to global best practices, John Wiley & Sons, Singapore, S. 327–359.

FREIXAS X. und ROCHET J.C. (1997): Microoeconomics of Banking, MIT Press, Cambridge, Mass.

FREIXAS X. und ROCHET J.C. (2008): Microeconomics of Banking, MIT Press, Cambridge, Mass., 2. Aufl.

FRESE E. (1995): Grundlagen der Organisation, Wiesbaden, 6. Aufl.

FRIEDRICH G. (1996): Business Reengineering – der Weg zur prozeßbezogenen Organisation, *Die Bank*, **o. Jg.**, S. 4–9.

FRITZ S., POPKEN L. und WAGNER C. (2002): Scoring and Validating Techniques for Credit Risk Rating Systems, in ONG M.K. (Hrsg.), Credit Ratings-Methodologies, Rationale and Default Risk, Risk Books, London, S. 189–212.

FROOT K.A. und STEIN J.C. (1998): Risk Management, Capital Budgeting, and Capital Structure Policy for Financial Institutions: An Integrated Approach, *Journal of Financial Economics*, **47**, S. 55–82.

FRYE J. (2000): Collateral Damage, *Risk, Heft 4*, **13**, S. 91–94.

FRYE J. (2005): The Effects of Systematic Credit Risk: a False Sense of Security, in ALTMAN E., RESTI A. und SIRONI A. (Hrsg.), Recovery Risk – The Next Challenge in Credit Risk Management, Risk Books, London, S. 187–200.

GAIDA S. (1996): Über die Relevanz von Marktwechselprämien, *Österreichisches Bankarchiv*, **44**, S. 453–460.

GAIDA S., HOMÖLLE S., MARUSEV A.W. und PFINGSTEN A. (1997): Das erweiterte Marktzinsmodell: Matrixdarstellung und Ablaufdiagramm, *Betriebswirtschaftliche Forschung und Praxis*, **49**, S. 76–99.

GALE D. und HELLWIG M. (1985): Incentive-Compatible Debt Contracts: The One-Period Problem, *Review of Economic Studies*, **52**, S. 647–663.

GARDNER M.J. und MILLS D.L. (1994): Managing Financial Institutions, Dryden, Fort Worth u.a.O.

GARDNER M.J., MILLS D.L. und COOPERMAN E.S. (2005): Managing Financial Institutions, South Western College Publishing, Mason, 5. Aufl.

GEBHARDT G. und STRAMPELLI S. (2005): Bilanzierung von Kreditrisiken, *Betriebswirtschaftliche Forschung und Praxis*, **57**, S. 507–527.

GEHRIG T. (1995): Capital Adequacy Rules: Implications for Banks' Risk-Taking, *Schweizerische Zeitschrift für Volkswirtschaft und Statistik*, **131**, S. 747–764.

GERKE W. und PFEUFER G. (1995): Kosten und Rentabilität des Privatgiroverkehrs, *Betriebswirtschaftliche Blätter*, **44**, S. 223–227.

GERKEN A. (1994): Optimale Entscheidungen in Banken, Gabler, Wiesbaden.

GERLACH R. (1996): Deutsche Regulierungslust - Segen Oder Fluch Für Das Kreditgewerbe?, *Sparkasse*, **113**, S. 404–408 and 421–422.

GESELL H. (1995): Wertpapierleihe und Repurchasement Agreement im deutschen Recht, Bankrechtliche Sonderveröffentlichungen des Instituts für Bankwirtschaft an der Universität zu Köln, Band 49.

GIESE G. (2003): Enhancing Credit Risk$^+$, *Risk, Heft 4*, **16**, S. 73–77.

GILLIGAN T.W., SMIRLOCK M.L. und MARSHALL W.J. (1984): Scale and Scope Economies in the Multi-Product Banking Firm, *Journal of Monetary Economics*, **13**, S. 393–405.

GIROUD X. und MÜLLER H.M. (2009): Corporate Governance, Product Market Competition, and Equity Prices, working Paper.

GLEISS A., LUTZ H., HOOTZ C. und HIRSCH M. (2000): Begründung der Beschwerde der Bankenvereinigung der Europäischen Union vom 21.12.1999.

GOEBEL R., SIEVI C. und SCHUMACHER M. (1999): Wertorientiertes Management und Performancesteuerung, Deutscher Sparkassen Verlag, Stuttgart.

GOLLINGER T. und STEIGER M. (1994): Quantifizierung der Auswirkungen staatlicher Finanzierungshilfen bei Projektfinanzierung. Ein Beispiel, *Wirtschaftswissenschaftliches Studium*, **23**, S. 539–544.

GORDY M.B. (2000a): A Comparitive Anatomy of Credit Risk Models, *Journal of Banking and Finance*, **24**, S. 119–149.

GORDY M.B. (2000b): Credit VaR and Risk-Bucket Capital Rules: A Reconciliation, Proceedings of the 36th Annual Conference on Bank Structure and Competition.

GORDY M.B. (2002): Saddlepoint Approximation of CreditRisk+, *Journal of Banking and Finance*, **26**, S. 1335–1353.

GORTON G. (1985): Bank Suspension of Convertibility, *Journal of Monetary Economics*, **14**, S. 177–193.

GORTON G. (1988): Banking Panics and Business Cycles, *Oxford Economic Papers*, **40**, S. 751–781.

GORTON G. und KAHN J.A. (1993): Pricing Bank Loans, FDICIA: an appraisal: renaissance, requiem, or just another acronym? Proceedings of the 29th Conference on Bank Structure and Competition.

GORTON G. und KAHN J.A. (2000): The Design of Bank Loan Contracts, Collateral, and Renegotiation, *Review of Financial Studies*, **13**, S. 331–364.

GORTON G. und PENNACCHI G.G. (1995): Banks and Loan Sales - Marketing Nonmarketable Assets, *Journal of Monetary Economics*, **35**, S. 389–411.

GORTON G. und WINTON A. (2003): Financial Intermediation, in CONSTANDTINIDES G., HARRIS M. und STULZ R. (Hrsg.), Handbook of the Economics of Finance, Elsevier, Amsterdam, S. 431–552.

GOSSEN R. und ACKER G. (1999): Wertpapierleihe in Deutschland – in einem Jahrzehnt zum voll entwickelten Markt, *Zeitschrift für das gesamte Kreditwesen*, **52**, S. 1392–1395.

GRADDY D.B., KYLE R. und STRICKLAND T.H. (1994): Duration Gap Management and the Deregulation of Depository Institutions, *The Journal of Economics*, **20**, S. 31–41.

GRAEVE F.D., EMIRIS M. und WOUTERS R. (2009): A structural decomposition of the US yield curve, *Journal of Monetary Economics*, **56**, S. 545 – 559, URL http://www.sciencedirect.com/science/article/B6VBW-4W1SRTJ-1/2/8df8b04f9d53c5972295d3c7823d3e17.

GREENBAUM S., KANATAS G. und VENEZIA I. (1989): Equilibrium Loan Pricing under the Bank-Client Relationship, *Journal of Banking and Finance*, **13**, S. 221–235.

GREENBAUM S.I. und THAKOR A.V. (1987): Bank Funding Models - Securitisation versus Deposits, *Journal of Banking and Finance*, **11**, S. 179–401.

GREENBAUM S.I. und THAKOR A.V. (1995): Contemporary Financial Intermediation, Dryden, Fort Worth u.a.O.

GRILL W. und PERCZYNSKI H. (2006): Wirtschaftslehre des Kreditwesens, Bildungsverlag EINS, Troisdorf, 40. Aufl.

GRILL W. und PERCZYNSKI H. (2009): Wirtschaftslehre des Kreditwesens, Bildungsverlag EINS, Troisdorf, 43. Aufl.

GROSS C. (2003): Die neuen Mindestanforderungen an das Kreditgeschäft der Kreditinstitute, *Die Bank*, **o. Jg.**, S. 94–98.

GROSS H. und KNIPPSCHILD M. (1995): Risikocontrolling in der Deutsche Bank AG, in ROLFES B. (Hrsg.), Risikomanagement in Kreditinstituten: Beiträge zum Münsteraner Top-Management-Seminar, Knapp, Frankfurt am Main, S. 69–109.

GÜRTLER M. und HEITHECKER D. (2006): Der Haftungsbeitrag des Eigenkapitals bei Kreditgeschäften im Rahmen der Marktzinsmethode, *Österreichisches Bankarchiv*, **54**, S. 414–424.

GRUNDKE P. (2000): Kreditrisikomodelle und Regulierung, *Zeitschrift für Bankrecht und Bankwirtschaft*, **24**, S. 101–112.

GRUNDKE P. (2003): Modellierung und Bewertung von Kreditrisiken, Gabler, Wiesbaden.

GRUNDKE P. (2004): Integrating Interest Rate Risk in Credit Portfolio Models, *Journal of Risk Finance*, **5**, S. 6–15.

GRÜNDL H. (1995): Marktzinsmethode und das Konzept effizienter Konsumpläne, *Zeitschrift für Betriebswirtschaft*, **65**, S. 905–917.

GRUNERT J., NORDEN L. und WEBER M. (2002): The Role of Non-Financial Factors in Internal Credit Ratings, Working Paper, Universität Mannheim.

GRUSON M. (2000): Die Reform des Trennbankensystems in den USA, *Zeitschrift für Bankrecht und Bankwirtschaft*, **12**, S. 153–163.

GUPTON G.M. (2005): Estimating Recovery Risk by Means of a Quantitative Model: LossCalc, in EDWARD ALTMAN AND ANDREA RESTI AND ANDREA SIRONI (Hrsg.), Recovery Risk – The Next Challenge in Credit Risk Management, Risk Books, London, S. 61–86.

GUPTON G.M., FINGER C.C. und BHATIA M. (1997): CreditMetrics^{TM} – Technical Document, J.P. Morgan, New York.

GUPTON G.M. und STEIN R.M. (2002): LossCalc^{TM}: Moody's Model for Predicting Loss Given Default (LGD), Moody's Investors Service, Global Credit Research.

GURLEY J.G. und SHAW E.S. (1960): Money in a Theory of Finance, The Brookings Institution, Washington D.C.

GUTHOFF A. (2001): Die Ermittlung von Risikoprämien unter Berücksichtigung des banksystematischen Risikos, Knapp, Frankfurt am Main.

GUTHOFF A., HOMÖLLE S. und PFINGSTEN A. (2002): Banksteuerung mit RAROC und anderen risikoadjustierten Performancemaßen, in JUNCKER K. und PRIEWASSER E. (Hrsg.), Handbuch Firmenkundengeschäft, Knapp, Frankfurt am Main, S. 363–379.

GUTHOFF A., PFINGSTEN A. und WOLF J. (1997): Effects on Risk Taking Resulting from Limiting the Value at Risk or the Lower Partial Moment One, Working Paper 97-03, Institut für Kreditwesen, Universität Münster.

GUTHOFF A., PFINGSTEN A. und WOLF J. (1998): Der Einfluß einer Begrenzung des Value at Risk oder des Lower Partial Moment One auf die Risikoübernahme, in OEHLER A. (Hrsg.), Credit Risk und Value-at-Risk Alternativen: Herausforderungen für das Risk Management, Schäffer Poeschel, Stuttgart, S. 111–153.

HAGEN P. (2005): Universalbank und Spezialist für anspruchsvolle Kundengruppen - das Erfolgsmodell klarer Kundensegmentierung, in PFINGSTEN A. (Hrsg.), Spezialisten und Universalisten als Wettbewerber im Finanzdienstleistungssektor Münsteraner Bankentage 2003, Fritz Knapp Verlag, Frankfurt am Main, S. 77–88.

HAHNENSTEIN L., WILKENS S. und RÖDER K. (2001): Die Black-Scholes-Optionspreisformel – Eine Herleitung mit Hilfe des Prinzips der risikoneutralen Bewertung, *Wirtschaftswissenschaftliches Studium*, **30**, S. 355–361.

HAKENES H. und SCHNABEL I. (2007): Regionale Banken in einer globalisierten Welt, *Kredit und Kapital*, **40(3)**, S. 351–380.

HAMBURGER SPARKASSE (2008): Geschäftsbericht 2008.

HARRIS M. und RAVIV A. (1991): The Theory of Capital Structure, *Journal of Finance*, **46**, S. 297–355.

HART O. (1995): Firms, Contracts and Financial Structure, Oxford University Press, Oxford.

HARTMANN W. (1999): Das neue Überweisungsgesetz, *Die Bank*, **o. Jg.**, S. 536–541.

HARTMANN-WENDELS T. (1998): Möglichkeiten und Grenzen einer Bewertung von Krediten, in FRANKE G. und LAUX H. (Hrsg.), Unternehmensführung und Kapitalmarkt, Festschrift für Herbert Hax, Springer, Berlin u.a.O., S. 97–131.

HARTMANN-WENDELS T. (2003): Basel II: Die neuen Vorschriften zur Eigenmittelunterlegung von Kreditrisiken, Economica, Heidelberg.

HARTMANN-WENDELS T. und ELBRACHT H.C. (2009): Die Ermittlung und Schätzung von Loss Given Defaults im Leasing, *Finanzierung, Leasing, Factoring*, **56**, S. 151–158.

HARTMANN-WENDELS T. und GUMM-HEUSSEN M. (1994): Zur Diskussion um die Marktzinsmethode: Viel Lärm um Nichts?, *Zeitschrift für Betriebswirtschaft*, **64**, S. 1285–1301.

HARTMANN-WENDELS T. und HONAL M. (2010): Do Economic Downturns have an Impact on the Loss Given Default of Mobile Lease Contracts? An Empirical Study for the German Leasing Market, *Kredit und Kapital*, **43**.

HARTMANN-WENDELS T., LIEBEROTH-LEDEN A., MÄHLMANN T. und ZUNDER I. (2005): Entwicklung eines Ratingsystems für mittelständische Unternehmen und dessen Einsatz in der Praxis, *Zeitschrift für betriebswirtschaftliche Forschung*, **52**, S. 1–29.

HARTMANN-WENDELS T. und WENDELS C. (1999): Finanzierungsgrundsatz II, *Das Wirtschaftsstudium, Studienblatt (Beilage)*, **28**.

HARTMANN-WENDELS T. und WINTER J. (2005): Loss Given Default von Mobilien-Leasing-Verträgen: Eine empirische Betrachtung des deutschen Marktes, *Finanzierung, Leasing, Factoring*, **52**, S. 123–128.

HAUBRICH J.G. (1989): Financial Intermediation: Delegated Monitoring and Long-Term Relationships, *Journal of Banking and Finance*, **13**, S. 9–20.

HAUN B. (1996): Fusionseffekte bei Sparkassen: empirische Analyse der Zielerreichung, Gabler, Wiesbaden.

HÄUSELMANN H. (2001): Wertpapierleihe und Repo-Geschäfte, Schäffer-Poeschel, Stuttgart.

HEAKAL R. (2003): What is the Glass-Steagall Act?, URL http://www. investopedia.com/articles/03/071603.asp (03.12.2003).

HEFFERNAN S. (1996): Modern Banking in Theory and Practice, John Wiley & Sons, New York.

HEIDER F., HOEROVA M. und HOLTHAUSEN C. (2009): Liquidity Hoarding and Interbank Market Spreads: The Role of Counterparty Risk, Working Paper, European Central Bank.

HELLWIG M. (1991): Banking, Financial Intermediation, and Corporate Finance, in GIOVANNI A. und MAYER C. (Hrsg.), European Financial Integration, Cambridge University Press, Cambridge, S. 35–63.

HELLWIG M. (1994): Banking and Finance at the End of the Twentieth Century, WWZ-Discussion Paper Nr. 9426.

HELLWIG M. (1995): Systemic Aspects of Risk Management in Banking and Finance, *Schweizerische Zeitschrift für Volkswirtschaft und Statistik*, **131**, S. 723–737.

HELLWIG M. (1997): Unternehmensfinanzierung, Unternehmenskontrolle und Ressourcenallokation: Was leistet das Finanzsystem?, in GAHLEN B. (Hrsg.), Finanzmärkte, Mohr Siebeck, Tübingen, S. 211–243.

HELLWIG M. (1998a): Allowing for Risk Choices in Diamond's „Financial Intermediation as Delegated Monitoring", Working Paper 98-04, Sonderforschungsbereich 504, Universität Mannheim.

HELLWIG M. (1998b): Banks, Markets, and the Allocation of Risk in an Economy, *Journal of Institutional and Theoretical Economics*, **154**, S. 328–345.

HENDRICKS D. (1996): Evaluation of Value-at-Risk Models Using Historical Data, *Economic Policy Review*, **2**, S. 39–69.

HENKE S., BURGHOF H.P. und RUDOLPH B. (1998): Credit Securitization and Credit Derivatives: Financial Instruments and the Credit Risk Management of Middle Market Commercial Loan Portfolios, Working Paper CFS Working Paper Nr. 98/07, Seminar für Kapitalmarktforschung und Finanzierung, LMU München.

HENKE S. und RUDOLPH B. (2002): Kapitalmarkt und Börse, in BUSSE VON COLBE W., COENENBERG A., KAJÜTER P. und LINNHOFF U. (Hrsg.), Betriebswirtschaft für Führungskräfte, Schäffer-Poeschel, Stuttgart, S. 577–605.

HENRICH J., BOYD R., BOWLES S., CAMERER C., FEHR E., GINTIS H. und MCELREATH R. (2001): In Search oh Homo Economicus: Behavioral Experiments in 15 Small-Scale Societies, *American Economic Review*, **91**, S. 73–78.

HERING T. (1995): Investitionstheorie aus der Sicht des Zinses, Oldenbourg, München u.a.O.

HERING T. (2008): Investitionstheorie, Oldenbourg, München u.a.O., 3. Aufl.

HERRMANN H.J. (1997): Asset backed securities als innovatives Finanzierungsinstrument, *Wirtschaftswissenschaftliches Studium*, **26**, S. 223–227.

HERZBERG F., MAUSNER B. und SNYDERMAN B.B. (1959): The Motivation to Work, John Wiley & Sons, Inc.

HERZIG N. und MAURITZ P. (1998): Ökonomische Analyse von Konzepten zur Bildung von Bewertungseinheiten: Micro-Hedges, Macro-Hedges und Portfolio-Hedges – wünschenswert im deutschen Bilanzrecht?, *Zeitschrift für betriebswirtschaftliche Forschung*, **50**, S. 99–129.

HERZOG W. (1990): Zinsänderungsrisiken in Kreditinstituten: Eine Analyse unterschiedlicher Steuerungskonzepte auf der Grundlage eines Simulationsmodells, Gabler, Wiesbaden.

HIRSHLEIFER J. (1974): Kapitaltheorie, Kiepenheuer & Witsch, Köln.

HO T.S.. (1992): Key Rate Durations: Measures Of Interest Rate Risks, *Journal of Fixed Income*, **2**, S. 29–44.

HOFFJAN A. (1994): Strategisches Zielkostenmanagement im Zahlungsverkehr der Banken, *Die Bank*, **o. Jg.**, S. 594–599.

HOFMANN M. (2009): Management von Refinanzierungrisiken in Kreditinstituten: Marktzinsorientierte Kalkulation und Steuerung des Ergebnisses aus der Refinanzierungsdisposition, Gabler, Wiesbaden.

HOLLER M.J. und ILLING G. (2003): Einführung in die Spieltheorie, Springer, Berlin u.a.O., 5. Aufl.

HOMÖLLE S. und PFINGSTEN A. (1997): Das Eigenhandelsergebnis in den Geschäftsberichten deutscher Kreditinstitute: Mehr Fragen als Antworten, LIT, Münster.

HÖRHAGER-CELJO N. (2008): Theorie des Depositenvertrages, Josef Eul Verlag, Köln.

HÜBNER O. (1854): Die Banken, Leipzig.

HUETHER M., JÄGER M., HELLWIG M. und HARTMANN-WENDELS T. (2009): Arbeitsweise der Bankenaufsicht vor dem Hintergrund der Finanzmarktkrise, Gutachten.

HULL J.C. (2009): Options, Futures, and Other Derivatives, Pearson Prentice Hall, Upper Saddle River u.a.O., 7. Aufl.

HUMMEL S. und MÄNNEL W. (1986): Kostenrechnung – Grundlagen, Aufbau und Anwendung, Gabler, Wiesbaden, 4. Aufl.

HUMPERT A. (1993): Nationaler Zahlungsverkehr, in KLOTEN N. und VON STEIN J. (Hrsg.), Geld-, Bank- und Börsenwesen: ein Handbuch, Schäffer-Poeschel, Stuttgart, 39. Aufl., S. 604–632.

HUMPHREY D.B. (1992): Flow versus Stock Indicators of Banking Output: Effects on Productivity and Scale Economy Measurement, *Journal of Financial Services Research*, **6**, S. 115–135.

HURD M.D. (1987): Savings of the Elderly and Desired Bequests, *American Economic Review*, **77**, S. 298–312.

HUSCHENS S. (1998): Messung des besonderen Kursrisikos durch Varianzzerlegung, *Kredit und Kapital*, **31**, S. 567–591.

HUTCHISON D.E. und PENNACCHI G.G. (1996): Measuring Rents and Interest Rate Risk in Imperfect Financial Markets: The Case of Retail Bank Deposits, *Journal of Financial and Quantitative Analysis*, **31**, S. 399–417.

HYPO REAL ESTATE (2009): Offenlegungsbericht gemäß SolvV zum 31. Dezember 2008.

IKB (2007): Geschäftsbericht 2006/2007.

IKB (2009): Geschäftsbericht 2008/2009.

ILLUECA MUNOZ M., NORDEN L. und UDELL G.F. (2008): Liberalization, Corporate Governance, and Savings Banks, Working Paper, Universitat Jaume I.

INSURANCE INFORMATION INSTITUTE (2009): The Financial Services Fact Book 2009, URL http://www2.iii.org/financial/ (10.08.2009).

INTERNATIONAL ACCOUNTING STANDARDS BOARD (2008): Reclassification of Financial Assets – Amendments to IAS 39 and IFRS 7.

INTERNATIONAL ACCOUNTING STANDARDS BOARD (2009a): Credit Risk in Liability Measurement, DP/2009/2.

INTERNATIONAL ACCOUNTING STANDARDS BOARD (2009b): Financial Instruments, Part 1: Classification and Measurement.

INTERNATIONAL CAPITAL MARKET ASSOCIATION (2009): European repo market survey Number 16.

INTERNATIONAL MONETARY FUND (2008): International Monetary Fund Global Financial Stability Report April 2008.

JACKLIN C.J. (1987): Demand Deposit, Trading Restrictions, and Risk Sharing, in PRESCOTT E.C. und WALLACE N. (Hrsg.), Contractual Arrangements for Intertemporal Trade, Minneapolis, S. 135–166.

JACOB A.F. (1978): Das Rechnungswesen als Steuerungsinstrument bei Banken, *Die Bank*, **o. Jg.**, S. 416–423.

JACOB A.F. (1989): Neue Aspekte zur Kalkulation im Zahlungsverkehr, *Zeitschrift für das gesamte Kreditwesen*, **42**, S. 753–758.

JACOB A.F. (1990): Kosten- und Erlösstrukturen im Zahlungsverkehr des Privatkundengeschäfts, Schäffer-Poeschel, Stuttgart.

JAPPELLI T. und PAGANO M. (1989): Consumption and Capital Market Imperfections, *American Economic Review*, **79**, S. 1088–1105.

JARROW R. und TURNBULL S. (2000): Derivative Securities, South-Western College Publishing, Cincinnati, 2. Aufl.

JARROW R.A., LANDO D. und TURNBULL S.M. (1997): A Markov Model for the Term Structure of Credit Risk Spreads, *Review of Financial Studies*, **10**, S. 481–523.

JARROW R.A. und TURNBULL S.M. (1995): Pricing Derivatives on Financial Securities Subject to Credit Risk, *Journal of Finance*, **50**, S. 53–85.

JENSEN M.C. und MECKLING W.H. (1976): Theory of the Firm: Managerial Behavior, Agency Costs, and Ownership Structure, *Journal of Financial Economics*, **3**, S. 305–360.

JENSEN S. (2008): Klumpenrisiko, *Managermagazin*, **11**.

JIMENEZ G. und SAURINA J. (2006): Credit Cycles, Credit Risk and Prudential Regulation, *International Journal of Central Banking*, **2**, S. 65–98.

JIMÉNEZ G., SALAS V. und SAURINA J. (2006): Determinants of collateral, *JFE*, **81**, S. 255–281.

JOHANNING L. (1996): Value-at-Risk-Modelle zur Ermittlung der bankaufsichtlichen Eigenkapitalunterlegung beim Marktrisiko im Handelsbereich, *Zeitschrift für Bankrecht und Bankwirtschaft*, **8**, S. 287–303.

JOHANNING L. (1997): Zur Eignung des Value-at-Risk als bankenaufsichtsrechtliches Risikomaß, Working Paper, Seminar für Kapitalmarktforschung und Finanzierung, Universität München.

JOHANNING L. (1998): Value-at-Risk zur Marktrisikosteuerung und Eigenkapitalallokation, Uhlenbruch, München.

JORION P. (2008): Value at Risk, McGraw-Hill, New York u.a.O., 3. Aufl.

JPMORGAN (1996): Risk Metrics – Technical Document, 4. Aufl., New York.

KADUFF J.V. und SPREMANN K. (1996): Sicherheit und Diversifikation bei Shortfall-Risk, *Zeitschrift für betriebswirtschaftliche Forschung*, **48**, S. 779–802.

KAHNEMAN D. und TVERSKY A. (1979): Prospect Theory: An Analysis of Decision Under Risk, *Econometrica*, **47**, S. 263–292.

KAISER D. (1996): Einlagensicherung und Lender of Last Resort, *Wirtschaftswissenschaftliches Studium*, **25**, S. 641–645.

KAJÜTER P. (2005): Kostenmanagement in der deutschen Unternehmenspraxis, *Zeitschrift für betriebswirtschaftliche Forschung*, **57**, S. 79–100.

KAMP A. (2006): Diversifikation versus Spezialisierung von Kreditportfolios - Eine Empirische Analyse, Fritz Knapp Verlag, Frankfurt am Main.

KARA A., KAYNAK E. und KUCUKEMIROGLU O. (1996): An Empirical Investigation of US Credit Card Users: Card Choice and Usage Behaviour, *International Business Review*, **5**, S. 209–230.

KARELS G.V. und MCCLATCHEY C.A. (1999): Deposit Insurance and Risk-Taking Behaviour in the Credit Union Industry, *Journal of Banking and Finance*, **23**, S. 105–134.

KARSCH W. (2008): Bewegung in der Bankenwelt, *Die Bank*, **o. Jg.**, S. 34–37.

KASERER C. und KEMPF V. (1995): Das Underpricing-Phänomen am deutschen Kapitalmarkt und seine Ursachen – Eine empirische Analyse für den Zeitraum 1983-1992, *Zeitschrift für Bankrecht und Bankwirtschaft*, **1**, S. 45–68.

KASHYAP A., RAJAN R. und STEIN J. (2002): Banks as Liquidity Providers: An Explanation for the Co-Existence of Lending and Deposit-Taking, *Journal of Finance*, **57**, S. 33–73.

KAUFMAN G.G. (1992a): Banking Structures in Major Countries, Kluwer, Boston.

KAUFMAN G.G. (1992b): The U.S. Financial System - Money, Markets, and Institutions, Prentice-Hall, Englewood Cliffs, New Jersey.

KELLER T. (2001): Zur Bewertungstheorie von Angebotsoptionen im Kreditgeschäft, Eldorado, Dortmund.

KEYS B.J., MUKHERJEE T.K., SERU A. und VIG V. (2008): Did Securitization Lead to Lax Screening? Evidence from Subprime Loans, *Quarterly Journal of Economics*, forthcoming.

KILHEY U. (1987): Die Beurteilung des Erfolgs von Bankprodukten als Grundlage produktionspolitischer Entscheidungen, Knapp, Frankfurt am Main.

KIM T. (1993): International Money and Banking, Routledge, London.

KLEIN P. (1996): Pricing Black-Scholes Options with Correlated Credit Risk, *Journal of Banking and Finance*, **20**, S. 1211–1229.

KNIES K. (1879): Geld und Kredit, II. Abt., 2. Hälfte, Der Credit, Weidmännsche Buchhandlung, Leipzig.

KNIPP T. (1999): Der Machtkampf: der Fall Metallgesellschaft und die Deutsche Bank, Econ Verlag, München.

KNOBLOCH A.P., BOOK F. und THIEL T. (1999): Risikokosten im Kreditgeschäft, *Finanzbetrieb*, **1**, S. 423–429.

KOCH T.W. (1995): Bank Management, Dryden, Fort Worth u.a.O., 3. Aufl.

KOCH T.W. und MACDONALD S.S. (2006): Bank Management, Thomson South-Western, Mason, 6. Aufl.

KOHN M.G. (1993): Money, Banking and Financial Markets, Dryden Press, Fort Worth u.a.O.

KOLLBACH W. (2002): Objektiv und zuverlässig. Die Entwicklung des Klassifizierungsverfahrens, *BankInformation und GenossenschaftsForum, Heft 11*, **29**, S. 10–17.

KÖRNERT J. (1996): Baring 1995 – Eine Bankenkrise im Überblick, *Österreichisches Bankarchiv*, **44**, S. 512–520 und 612–618.

KRAFFT M. (2007): Verkaufssteuerung, in KÖHLER R., KÜPPER H.U. und PFINGSTEN A. (Hrsg.), Enzyklopädie der Betriebswirtschaftslehre Band I, Schäffer-Poeschel, Stuttgart, 6. Aufl., S. 1898–1908.

KRAHNEN J.P. (1994): Kostenschlüsselung und Investitionsentscheidung – Plädoyer für eine empirisch orientierte Kostenrechnungsforschung, *Zeitschrift für Betriebswirtschaft*, **64**, S. 189–202.

KRAHNEN J.P., SCHMIDT R.H. und TERBERGER E. (1985): Der ökonomische Wert von Flexibilität und Bindung, in BALLWIESER W. und BERGER K.H. (Hrsg.), Information und Wirtschaftlichkeit, Gabler, Wiesbaden, S. 253–285.

KRANNICH L. (1999): Risiken der Wertpapierleihe und Wertpapierpensionsgeschäfte, in ELLER R. (Hrsg.), Handbuch derivativer Instrumente, Schäffer-Poeschel, Stuttgart, S. 491–580.

KREPS D. (1994): Mikroökonomische Theorie, Moderne Industrie, Landsberg.

KRISHNABURTHY A. (2008): The financial meltdown: Data and diagnoses, Working Paper, Northwestern University.

KROSZNER R. und RAJAN R. (1994): Is the Glass-Steagall Act Justified? A Study of the U.S. Experience with Universal Banking before 1933, *American Economic Review*, **84**, S. 810–832.

KRÜGER A. (1998): Electronic Commerce im Banken- und Finanzdienstleistungssektor, Working Paper, Institut für Betriebswissenschaften, Arbeitswissenschaften und Betriebswirtschaftslehre der Technischen Universität Wien.

KRÜGER T. (1990): Wie soll ein erfolgsabhängiges Honorierungssystem aussehen?, *Bankkaufmann*, **36**, S. 41–43.

KRUMNOW J., SPRISSLER W., BELLAVITE-HÖVERMANN Y., KEMMER M. und STEINBRÜCKER H. (1994): Rechnungslegung der Kreditinstitute: Kommentar zum Bankbilanzrichtlinie-Gesetz und zur RechKredV, Schäffer-Poeschel, Stuttgart.

KRUSCHWITZ L. (1993): Verfahren zur Berücksichtigung der Unsicherheit bei Investitions- und Finanzierungsentscheidungen, in GEBHARDT G., GERKE W. und STEINER M. (Hrsg.), Handbuch des Finanzmanagements, Beck, München, S. 121–130.

KRUSCHWITZ L. und RÖHRS M. (1994): Debreu, Arrow und die marktzinsorientierte Investitionsrechnung, *Zeitschrift für Betriebswirtschaft*, **64**, S. 655–665.

KRUSCHWITZ L. und SCHÖBEL R. (1986): Duration: Grundlagen und Anwendungen eines einfachen Risikomaßes zur Beurteilung festverzinslicher Wertpapiere (II), *Wirtschaftswissenschaftliches Studium*, **15**, S. 603–608.

KUHNER C. (1992): Erfolgsperiodisierung bei Fremdwährungsgeschäften mit „besonderer Deckung" nach § 340h HGB, *Der Betrieb*, **45**, S. 1435–1439.

KUPIEC P.H. und O'BRIEN J.M. (1997): The Pre-Commitment Approach: Using Incentives to Set Market Risk Capital Requirements, Working Paper 1997-14, Federal Reserve Board, Washington.

KUPIEC P.H. und O'BRIEN J.M. (1998): Deposit Insurance, Bank Incentives, and the Design of Regulatory Policy, *FRBNY Economic Policy Review*, **4**, S. 201–211.

KÜPPER H.U. (1992): Anforderung an die Kostenrechnung aus Sicht des Controlling, in MÄNNEL W. (Hrsg.), Handbuch Kostenrechnung 1992, Gabler, Wiesbaden, S. 138–153.

KURITZKES A. (1999): Kreditportfoliomanagement: Neues Geschäftsmodell im Firmenkundengeschäft, *Die Bank*, **o. Jg.**, S. 60–64.

KÜRSTEN W. (1997a): Hedgingmodelle, Unternehmensproduktion und antizipatorisch-simulatives Risikomanagement, *Zeitschrift für betriebswirtschaftliche Forschung - Sonderheft 38*, S. 127–154.

KÜRSTEN W. (1997b): Neoklassische Grundlagen „moderner" Finanzierungstheorie, in PFINGSTEN A. (Hrsg.), Betriebs- und Volkswirtschaftslehre: Geschwisterliebe und Familienzwist, Homo Oeconomicus, Accedo, München, S. 63–98.

KÜRSTEN W. (2000): „Shareholder Value" – Grundelemente und Schieflagen einer polit-ökonomischen Diskussion aus finanzierungstheoretischer Sicht, *Zeitschrift für Betriebswirtschaft*, **70**, S. 359–381.

KÜTING K. und LANGENBUCHER G. (1999): Internationale Rechnungslegung: Festschrift für Professor Dr. Claus-Peter Weber zum 60. Geburtstag, Schäffer-Poeschel, Stuttgart.

LANDO D. (1998): On Cox Processes and Credit Risky Securities, *Review of Derivatives Research*, **2**, S. 99–120.

LANG G. und WELZEL P. (1994): Skalenerträge und Verbundvorteile im Bankensektor: Empirische Bestimmung für die bayerischen Genossenschaftsbanken, *ifo Studien – Zeitschrift für empirische Wirtschaftsforschung*, **40**, S. 155–177.

LANG G. und WELZEL P. (1995): Strukturschwäche oder X-Ineffizienz?, *Kredit und Kapital*, **28**, S. 403–430.

LANG G. und WELZEL P. (1997): Größe und Kosteneffizienz im deutschen Bankensektor, *Zeitschrift für Betriebswirtschaft*, **67**, S. 269–283.

LANGENBUCHER K. (2003): Die Lösung vom Darlehensvertrag, in DAUNER-LIEB B., KONZEN H. und SCHMIDT K. (Hrsg.), Das neue Schuldrecht in der Praxis, Carl Heymanns, München, S. 569–588.

LANGER T. (1999): Alternative Entscheidungskonzepte in der Banktheorie, Physica, Heidelberg.

LASSAK G. (1992): Bewertung festverzinslicher Wertpapiere am deutschen Rentenmarkt, Springer, Berlin u.a.O.

LAUER J. (1994): Das Kreditengagement zwischen Sanierung und Liquidation, Deutscher Sparkassen Verlag, Stuttgart, 2. Aufl.

LAUKKANEN T. (2007): Internet vs Mobile Banking: Comparing Customer Value Perceptions, *Business Process Management Journal*, **13**, S. 788–797.

LAURENT M. und SCHMIT M. (2005): Estimating Distressed LGD on Defaulted Exposures: A Portfolio Model applied to Leasing Contracts, in ALTMAN E., RESTI A. und SIRONI A. (Hrsg.), Recovery Risk - The Next Challenge in Credit Risk Management, Risk Books, London, S. 307–322.

LAUX C. und WALZ U. (2004): Tying, Entry, and Competition in Investment Banking, *Working Paper*.

LAUX H. (1995): Erfolgssteuerung und Organisation, Band 1, Anreizkompatible Erfolgsrechnung, Erfolgsbeteiligung und Erfolgskontrolle, Springer, Berlin u.a.O.

LAUX H. (2007): Entscheidungstheorie, Springer, Berlin u.a.O., 7. Aufl.

LEESON N. und WHITLEY E. (1999): High Speed Money - Das Milliarden Spiel, Goldmann, München.

LEHAR A., WELT F., WIESMAYR C. und ZECHNER J. (1998a): Risikoadjustierte Performancemessung in Banken – Konzepte zur Risiko-Ertragssteuerung (Teil 1), *Österreichisches Bankarchiv*, **46**, S. 857–862.

LEHAR A., WELT F., WIESMAYR C. und ZECHNER J. (1998b): Risikoadjustierte Performancemessung in Banken – Konzepte zur Risiko-Ertragssteuerung (Teil 2), *Österreichisches Bankarchiv*, **46**, S. 949–955.

LELAND H.E. und PYLE D.H. (1977): Informational Asymmetries, Financial Structure and Financial Intermediation, *Journal of Finance*, **32**, S. 371–387.

LEVEY K. (2008): Beyond Funds Transfer Pricing to Actionable Decision-Making, *Journal of Performance Management*, **21**, S. 10–20.

LI D. (1999): Constructing a Credit Curve, in SHIMKO D. (Hrsg.), Credit Risk – Models and Management, Bd. 1999, Risk Books, London, S. 259–267.

LINSMEIER T.J. und PEARSON N.D. (1996): Risk Measurement: An Introduction to Value at Risk, University of Illinois at Urbana-Champaign.

LINSMEIER T.J. und PEARSON N.D. (2000): Value at Risk, *Financial Analysts Journal*, **56**, S. 47–67.

LISTER M. (1997): Risikoadjustierte Ergebnismessung und Risikokapitalallokation, Knapp, Frankfurt am Main.

LISTER M. (2005): Wertorientiertes Risiko-Controlling in Unternehmen, Habilitationsschrift, München u.a.O.

LIVINGSTON M. und ZHOU L. (2005): Exponential Duration: A More Accurate Estimation Of Interest Rate Risk, *Journal of Financial Research*, **28**, S. 343–361.

LONGSTAFF F.A. und SCHWARTZ E.S. (1995): A Simple Approach to Valuing Risky Fixed and Floating Rate Debt, *Journal of Finance*, **50**, S. 789–819.

LOWENSTEIN R. (2002): When genius failed: the rise and fall of Long-Term Capital Management, Fourth Estate, London.

LUND M. und BLITZ J. (1995): Prozeßkostenmanagement als zentrales Informations- und Steuerungssystem, *Die Bank*, **o. Jg.**, S. 106–111.

LÖW E., SCHARPF P. und WEIGEL W. (2008): Auswirkungen des Regierungsentwurfs zur Modernisierung des Bilanzrechts auf die Bilanzierung von Finanzinstrumenten, *Die Wirtschaftsprüfung*, **21**, S. 1011–1020.

MACHAUER A. und SCHIERECK D. (1996): Kirchliche Kreditgenossenschaften in Deutschland, *Zeitschrift für öffentliche und gemeinwirtschaftliche Unternehmen*, **19**, S. 324–333.

MACHAUER A. und WEBER M. (1998): Bank Behavior Based on Internal Credit Ratings of Borrowers, Working Paper 98-04, Lehrstühle für Finanzwirtschaft, Universität Mannheim.

MADAN D. und UNAL H. (2000): A Two-Factor Hazard-Rate Model for Pricing Risky Debt and the Term Structure of Credit Spreads, *Journal of Financial and Quantitative Analysis*, **35**, S. 43–65.

MADAN D.B. und UNAL H. (1998): Pricing the Risks of Default, *Review of Derivatives Research*, **2**, S. 121–160.

MAIER W. (2000): Devisenhandel, in VON HAGEN J. und VON STEIN J.H. (Hrsg.), Geld-, Bank- und Börsenwesen: Handbuch des Finanzsystems, Schäffer-Poeschel, Stuttgart, 40. Aufl., S. 1045–1052.

MAKSIMOVIC V. und PICHLER P. (2001): Technological Innovation and Initial Public Offerings, *Review of Financial Studies*, **14**, S. 459–494.

MARCH J.G. und SIMON H.A. (1958): Organizations, John Wiley & Sons, Inc.

MARKOWITZ H.M. (1952): Portfolio Selection, *Journal of Finance*, **7**, S. 77–91.

MARKOWITZ H.M. (1959): Portfolio Selection: Efficient Diversification of Investments, John Wiley & Sons, New York.

MARTIN M.R.W., REITZ S. und WEHN C.S. (2006): Kreditderivate und Kreditrisikomodelle, Vieweg, Wiesbaden.

MARUSEV A.W. (1990): Das Marktzinsmodell in der betrieblichen Einzelgeschäftskalkulation, Knapp, Frankfurt am Main.

MARUSEV A.W. und KOTISSEK N. (1991): Die GuV-synchrone Abschöpfung der Konditionsbeiträge, *OR-Spektrum*, **13**, S. 45–54.

MARUSEV A.W. und PFINGSTEN A. (1992): Kalkulation von Anschlußgeschäften mit der Marktzinsmethode im Multi-Engpaßfall, in HEILMANN W.R. (Hrsg.), Geld, Banken und Versicherungen 1990, Bd. I, Verlag Versicherungswirtschaft, Karlsruhe, S. 705–720.

MARUSEV A.W. und PFINGSTEN A. (1993): Das Lücke-Theorem bei gekrümmter Zinsstrukturkurve, *Zeitschrift für betriebswirtschaftliche Forschung*, **45**, S. 361–366.

MATEI C. und SILVESTRU C. (2008): Internet Banking Integration within the Banking System, *Revista Informatica Economica*, **2**, S. 55–59.

MATTEN C. (1998): Managing Bank Capital: Capital Allocation and Performance Measurement, John Wiley & Sons, New York.

MAYER C.P. (1998): Financial Systems and Corporate Governance: A Review of the International Evidence, *Journal of Institutional and Theoretical Economics*, **154**, S. 144–165.

McKINSEY & COMPANY (1998): CreditPortfolioView ^{TM}.

MEMMEL C. (2008): Which interest rate scenario is the worst one for a bank? Evidence from a tracking bank approach for German savings and cooperative banks, Working Paper Discussion Paper Series 2: Banking and Financial Studies, 07/2008, Deutsche Bundesbank.

MERTON R.C. (1977): An Analytic Derivation of the Cost of Deposit Insurance and Loan Guarantees, *Journal of Banking and Finance*, **1**, S. 3–11.

MESTER L.J., NAKAMURA L.I. und RENAULT M. (2007): Transactions Accounts and Loan Monitoring, *RFS*, **20**, S. 529–556.

MEYER ZU SELHAUSEN H. (1995): Interne Leistungsverrechnung in der Profitcenter-Rechnung, in SCHIERENBECK H. und MOSER H. (Hrsg.), Handbuch Bankcontrolling, Gabler, Wiesbaden, S. 375–392.

MILDE H. (1980): Kreditrationierung, Zinsdispersion und Sequentialsuche, *Zeitschrift für die gesamte Staatswissenschaft*, **136**, S. 266–285.

MILGROM P.R. und ROBERTS J. (1992): Economics, Organization and Management, Prentice-Hall, Englewood Cliffs, New Jersey.

MILLER M.H. (1995): Do the M&M Propositions Apply to Banks?, *Journal of Banking and Finance*, **19**, S. 483–489.

MINZ K.A., NIEMEYER F. und WIEDEMANN A. (2003): Operationelle Risiken - Handlungsfelder für Banken, Deutscher Sparkassen Verlag, Stuttgart.

MISHKIN F.S. (1992): An Evaluation of the Treasury Plan for Banking Reform, *Journal of Economic Perspectives*, **6**, S. 133–153.

MISHKIN F.S. (2006): The Economics of Money, Banking, and the Financial Markets, Prentice Hall, Upper Saddle River, 8. Aufl.

MÜLLER M. (2006): Harmonisierung des externen und internen Rechnungswesens: Eine empirische Untersuchung, Gabler, Wiesbaden.

MODIGLIANI F. (1992): Life Cycle Hypothesis, in NEWMAN P., MILGATE M. und EATWELL J. (Hrsg.), The New Palgrave Dictionary of Money & Finance, Bd. 2, Macmillan, New York, S. 580–587.

MODIGLIANI F. und BRUMBERG R. (1954): Utility Analysis and the Consumption Function: An Attempt at Integration, The Collected Papers of Franco Modigliani, in ABEL A. (Hrsg.), The Life Cycle Hypothesis of Saving, Bd. 2, MIT Press, Cambridge, Mass., S. 79–127.

MODIGLIANI F. und MILLER M.H. (1958): The Cost of Capital, Corporation Finance and the Theory of Investment, *American Economic Review*, **48**, S. 261–297.

MOODY'S INVESTORS SERVICE (1996): Defaulted Bank Loan Recoveries, Special Comment.

MOODY'S INVESTORS SERVICE (1998): Bankrupt Bank Loan Recoveries, Special Comment.

MOODY'S INVESTORS SERVICE (2003): Default and Recovery Rates of European Corporate Bond Issuers, 1985-2002, Special Comment.

MOODY'S INVESTORS SERVICE (2006): Default & Recovery Rates of European Corporate Bond Issuers, Special Comment.

MOODY'S INVESTORS SERVICE (2007): German Banking System: Regional Focus, Special Comment.

MOSER F. (2008): Best Execution: immer und zu jedem Preis?, in VON BÖHLEN A. und KLAN J. (Hrsg.), MiFID-Kompendium, Springer, Berlin, S. 235–254.

MOULTON H.G. (1918): Commercial Banking and Capital Formation, *Journal of Political Economy*, **26**, S. 484–508, 638–663, 705–731 und 849–881.

MÜLHAUPT L. (1956): Umsatz-, Kosten- und Gewinnplanung einer Kreditbank, *Zeitschrift für handelswissenschaftliche Forschung*, **8**, S. 7–74.

MÜLHAUPT L. (1980): Einführung in die Betriebswirtschaftslehre der Banken: Struktur und Grundprobleme des Bankbetriebs und des Bankwesens in der Bundesrepublik Deutschland, Gabler, Wiesbaden, 3. Aufl.

MÜLHAUPT L. (1982): Von der Bankenkrise 1931 zur Bankenaufsicht 1981, *Zeitschrift für betriebswirtschaftliche Forschung*, **34**, S. 435–455.

NEISSEN M., TRUMMER S. und DÖRFLINGER M. (2009): Der Basel Ausschuss reagiert auf die Finanzmarktkrise, *BankPraktiker*, **o. Jg.**, S. 166–173.

NEUBERGER D. (1994): Kreditvergabe durch Banken: mikroökonomische Theorie und gesamtwirtschaftliche Implikationen, Mohr Siebeck, Tübingen.

NEUBERGER D. und SCHINDLER M. (2001): Nutzen und Kosten des öffentlichen Auftrages bei Sparkassen und Landesbanken, *Zeitschrift für öffentliche und gemeinwirtschaftliche Unternehmen*, **o. Jg.**, S. 86–117.

NIPPEL P. (1994): Die Struktur von Kreditverträgen aus theoretischer Sicht, Gabler, Wiesbaden.

NOLTE-HELLWIG K.U., LEINS H. und KRAKL J. (1991): Die Steuerung von Bonitätsrisiken im Firmenkundengeschäft, in LÜTHJE B. (Hrsg.), Risikomanangement in Banken – Konzeption und Steurungssysteme, Verband öffentlicher Banken, Bonn, S. 83–118.

NONNENMACHER D.J. und BRASCH H.J. (2001): Kreditderivate, in GERKE W. und STEINER M. (Hrsg.), Handwörterbuch des Bank- und Finanzwesens, Schäffer-Poeschel, Stuttgart, 3. Aufl., S. 1386–1399.

NORDEN L. (2008): Credit Derivatives, Corporate News, and Credit Ratings, Working Paper, Lehrstuhl für Finanzwirtschaft, insb. Bankbetriebslehre, Universität Mannheim.

O'BRIEN J.M. (2000): Estimating the Value and Interest Rate Risk of Interest-Bearing Transactions Deposits, Working Paper, Board of Governors of the Federal Reserve System, Washington.

OEHLER A. und UNSER M. (2002): Finanzwirtschaftliches Risikomanagement, Springer, Berlin u.a.O., 2. Aufl.

O'HARA M. (1996): Market Microstructure Theory, Blackwell, Oxford.

OHL H.P. (1994): Asset backed securities – ein innovatives Instrument zur Finanzierung deutscher Unternehmen, Gabler, Wiesbaden.

ONG M.K. (1999): Internal Credit Risk Models: Capital Allocation and Performance Measurement, Risk Books, London.

ONGENA S. und SMITH D. (2000): Bank Relationships: A Review, in ZENIOS S. und HARKER P. (Hrsg.), Performance of Financial Institutions, Cambridge University Press, Cambridge, S. 221–258.

ONVISTA (2009): Wertentwicklung Geldmarktfonds, URL www.onvista.de.

o.V. (1998): Moskau wertet den Rubel ab und verhängt Schuldenmoratorien, *Börsenzeitung vom 18.08.1998*, S. 1.

o.V. (2003): Deutsche Bank trennt sich von Springer-Anteil, URL http:\\www.netzeitung.de/wirtschaft/257431.html (17.03.2004).

o.V. (2006): Das fünfhundertfache Gehalt einer Verkäuferin, *Frankfurter Allgemeine Zeitung vom 26.3.2006*.

o.V. (2008a): Der Finanzterrorist, *Süddeutsche Zeitung vom 11.11.2008*, S. 25.

o.V. (2008b): Ich war der einzige Händler der Welt, der sich selbst kontrollierte, *Süddeutsche Zeitung vom 04.03.2008*, S. 30.

o.V. (2009a): Banken einigen sich auf vorzeitige Beschränkungen, *Handelsblatt vom 10.12.2009*.

o.V. (2009b): Die Lücken im Börsenprospekt der Hypo Real Estate, *Frankfurter Allgemeine Zeitung vom 18.04.09*, S. 19.

o.V. (2009c): Ende eines Abenteuers, *Handelsblatt vom 18.06.09*, S. 6.

o.V. (2009d): Umfrage: Jede fünfte Bank plant Entlassungen, *Focus Money Online vom 09.07.2009*.

o.V. (2009e): Womit die Banker rechnen müssen, *Handelsblatt vom 10.12.2009*.

OVERBECK L. und STAHL G. (2000): Backtesting: Allgemeine Theorie, Praxis und Perspektiven, in JOHANNING L. und RUDOLPH B. (Hrsg.), Handbuch Risikomanagement, Band 1, Risikomanagement für Markt-, Kredit- und operative Risiken, Uhlenbruch, Bad Soden, S. 289–320.

PAGANO M.S. (2001): How Theories of Financial Intermediation and Corporate Risk-Management Influence Bank Risk-Taking, *Financial Markets, Institutions, and Instruments*, **10**, S. 277–323.

PAGLIA J. (2002): An Overview of Covenants in Large Bank Loans, *The Risk Management Association Journal*, S. 42–45.

PAPE U. und SCHLECKER M. (2009): Reaktion von Credit Spreads auf Finanzmarktkrisen am Beispiel der Subprime-Krise und der LTCM-Krise, *Finanzbetrieb*, **11**, S. 38–45.

PAUL S. (1994): Bankenintermediation und Verbriefung – Neue Chancen und Risiken für Kreditinstitute durch Asset Backed Securities?, Gabler, Wiesbaden.

PETERSEN M.A. und RAJAN R.G. (1995): The Effect of Credit Market Competition on Lending Relationships, *Quarterly Journal of Economics*, **110**, S. 406–443.

PFAFF D. (1993): Kostenrechnung, Unsicherheit und Organisation, Physica, Heidelberg.

PFAFF D. (2007): Anreizsysteme, in KÖHLER R., KÜPPER H.U. und PFINGSTEN A. (Hrsg.), Enzyklopädie der Betriebswirtschaftslehre Band I, Schäffer-Poeschel, Stuttgart, 6. Aufl., S. 30–38.

PFINGSTEN A. (1992): Messung der Profitabilität von Banken, in SPREMANN K. und ZUR E. (Hrsg.), Controlling: Grundlagen - Informationssysteme - Anwendungen, Gabler, Wiesbaden, S. 621–636.

PFINGSTEN A. (1995): Lineare Bezahlungsfunktionen, *Zeitschrift für Betriebswirtschaft*, **65**, S. 517–532.

PFINGSTEN A. (1998): Cheating by Groups and Cheating over Time in Surplus Sharing Problems, *Mathematical Social Sciences*, **36**, S. 243–249.

PFINGSTEN A., BÖVE R. und HERZBERG D. (2005a): Die Behandlung der Zinsänderungsrisiken des Anlagebuchs in Basel II, *Die Unternehmung*, **59**, S. 489–502.

PFINGSTEN A. und HOMÖLLE S. (2001): Refinanzierung von Hypothekendarlehen – Pfandbriefemissionen vs. MBS-Transaktionen, *Der langfristige Kredit*, **52**, S. 619–621.

PFINGSTEN A., MAIFARTH M. und RIESO S. (2005b): Was ist neu? Grundkonzeption und allgemeine Regelungen der MaRisk, *Die Bank*, **o. Jg.**, S. 34–39.

PFINGSTEN A. und SCHRÖCK G. (2000): Bedeutung und Methodik von Krediteinstufungsmodellen im Bankwesen, in OEHLER A. (Hrsg.), Kreditrisikomanagement: Portfoliomodelle und Derivate, Schäffer-Poeschel, Stuttgart, S. 1–23.

PFINGSTEN A. und THOM S. (1995): Der Konditionsbeitrags-Barwert in der Gewinn- und Verlustrechnung, *Die Bank*, **o. Jg.**, S. 242–245.

PIASKOWSKI F. (1993): Treasury im Barwertkonzept, *Die Bank*, **o. Jg.**, S. 290–295.

PIAZ J.M. (2002): Operational Risk Management bei Banken, Versus, Zürich.

PICOT A. (1991a): Ein neuerer Ansatz zur Gestaltung der Leistungstiefe, *Zeitschrift für betriebswirtschaftliche Forschung*, **43**, S. 336–357.

PICOT A. (1991b): Ökonomische Theorien der Organisation – Ein Überblick über neuere Ansätze und deren betriebswirtschaftliches Anwendungspotential, in ORDELHEIDE D. (Hrsg.), Betriebswirtschaftslehre und ökonomische Theorie, Schäffer-Poeschel, Stuttgart, S. 143–170.

POHL M. (1993): Die Entstehung und Entwicklung des Universalbankensystems seit der Mitte des 19. Jahrhunderts, in KLOTEN N. und VON STEIN J. (Hrsg.), Geld-, Bank- und Börsenwesen: ein Handbuch, Schäffer-Poeschel, Stuttgart, 39. Aufl., S. 187–193.

PRAHL R. und NAUMANN T.K. (2001): Wertpapierpensionsgeschäfte, Schäffer-Poeschel, Stuttgart.

PRATT J.W. (1964): Risk Aversion in the Small and in the Large, *Econometrica*, **32**, S. 122–136.

PRICEWATERHOUSECOOPERS (2008): IFRS für Banken, Moderne Wirtschaft, Frankfurt am Main, 4. Aufl.

PURI M. (1999): Commercial Banks as Underwriters: Implications for the Going Public Process, *Journal of Financial Economics*, **54**, S. 133–163.

PURI M., ROCHOLL J. und STEFFEN S. (2009): Global Retail Lending in the Aftermath of the US Financial Crisis: Distinguishing between Supply and Demand Effects, Working Paper.

RAAB G. (1998): Kartengestützte Zahlungssysteme und Konsumentenverhalten: Eine theoretische und empirische Untersuchung, Duncker & Humblot, Berlin.

RAJAN R.G. (1992): Insiders and Outsiders: The Choice between Informed and Arm's-Length Debt, *Journal of Finance*, **47**, S. 1367–1400.

RAMAKRISHNAN R.T. und THAKOR A.V. (1984): Information Reliability and a Theory of Financial Intermediation, *Review of Economic Studies*, **51**, S. 415–432.

RAPPAPORT A. (1997): Creating Shareholder Value, Free Press, New York, London.

REICHLING P. und KÖBERLE G. (1992): Gemeinkosten-Controlling mit der Prozeßkostenrechnung, in SPREMANN K. und ZUR E. (Hrsg.), Controlling: Grundlagen - Informationssysteme - Anwendungen, Gabler, Wiesbaden, S. 487–510.

REISS O. (2003): Fourier Inversion Algorithms for Generalized CreditRisk+ Models and an Extension to Incorporate Market Risk, Working Paper, Weierstraß-Institut für Angewandte Analysis und Stochastik, Humboldt-Universität Berlin.

RENEBY J. (1998): Pricing Corporate Debt, Doktorarbeit, EFI, Stockholm School of Economics, Stockholm.

RHODES T. und CLARK K. (2000): Syndicated Lending, Euromoney Books, London, 3. Aufl.

RIEBEL P. (1993): Deckungsbeitragsrechnung, in CHMIELEWICZ K. und SCHWEITZER M. (Hrsg.), Handwörterbuch des Rechnungswesens, Gabler, Wiesbaden, 3. Aufl., S. 364–379.

RIEBEL P. (1994): Einzelkosten- und Deckungsbeitragsrechnung: Grundfragen einer markt- und entscheidungsorientierten Unternehmensrechnung, Gabler, Wiesbaden, 7. Aufl.

RIEKE W. (1993): Internationale Finanzinstitute, in KLOTEN N. und VON STEIN J. (Hrsg.), Geld-, Bank- und Börsenwesen: ein Handbuch, Schäffer-Poeschel, Stuttgart, 39. Aufl., S. 331–354.

ROCHET J.C. und TIROLE J. (1996): Controlling Risk in Payment Systems, *Journal of Money, Credit and Banking*, **28**, S. 832–862.

ROLFES B. (1985): Die Entstehung von Zinsänderungsrisiken, *Betriebswirtschaftliche Blätter*, **34**, S. 468–473.

ROLFES B. (1994): Marktzinsorientierte Investitionsrechnung, *Zeitschrift für Betriebswirtschaft*, **64**, S. 121–125.

ROLFES B. (2001): Das Elastizitätskonzept der Zinsrisikosteuerung, in SCHIE-RENBECK H., ROLFES B. und SCHÜLLER S. (Hrsg.), Handbuch Bank-Controlling, Gabler, Wiesbaden, 2. Aufl., S. 943–965.

ROLFES B. und BANNERT T. (2001): Die Kalkulation variabel verzinslicher Bankgeschäfte, in SCHIERENBECK H., ROLFES B. und SCHÜLLER S. (Hrsg.), Handbuch Bankcontrolling, Gabler, Wiesbaden, S. 281–300.

ROLFES B. und BRÖKER F. (1998): Good Migrations, *Risk, Heft 11*, **11**, S. 72–73.

ROLFES B. und HASSELS M. (1994): Das Barwertkonzept in der Banksteuerung, *Österreichisches Bankarchiv*, **42**, S. 337–350.

ROLFES B. und SCHIERENBECK H. (1992): Der Marktwert variabel verzinslicher Bankgeschäfte, *Die Bank*, **o. Jg.**, S. 403–412.

RONN E.I. und VERMA A.K. (1986): Pricing Risk-adjusted Deposit Insurance: An Option-Based Model, *Journal of Finance*, **41**, S. 871–895.

RÖSLER P., WIMMER K. und LANG V. (2003): Vorzeitige Beendigung von Darlehensverträgen, Beck, München.

ROSS S.A. (1978): A Simple Approach to the Valuation of Risky Streams, *Journal of Business*, **51**, S. 453–475.

ROTH H. (1989): Zinszahlungspflichten bei wucherischen und wucherähnlichen Darlehensverträgen, *Zeitschrift für das gesamte Handelsrecht und Wirtschafts-recht*, **o. Jg.**, S. 423–445.

ROTH M. (2003): Prüfung von Wertpapierpensionsgeschäften und Wertpapier-darlehen, *Zeitschrift Interne Revision*, **o. Jg.**, S. 26–33.

ROTHSCHILD M. und STIGLITZ J.E. (1970): Increasing Risk I: A Definition, *Journal of Economic Theory*, **2**, S. 225–243.

ROTHSCHILD M. und STIGLITZ J.E. (1976): Equilibrium in Competitive Insurance Markets: An Essay on the Economics of Imperfect Information, *Quarterly Journal of Economics*, **90**, S. 629–649.

ROY A.D. (1952): Safety First and the Holding of Assets, *Econometrica*, **20**, S. 431–449.

RÜBEL G. (2009): Grundlagen der Monetären Außenwirtschaft, Oldenbourg, München, 3. Aufl.

RUDOLPH B. (1984): Kreditsicherheiten als Instrumente zur Umverteilung und Begrenzung von Kreditrisiken, *Zeitschrift für betriebswirtschaftliche For-schung*, **36**, S. 16–43.

RUDOLPH B. (1988): Grundlagen einer kapitalmarktbezogenen Ermittlung bank-geschäftlicher Perioden- und Spartenergebnisse, in RUDOLPH B. und WIL-HELM J. (Hrsg.), Bankpolitik, finanzielle Unternehmensführung und die Theo-rie der Finanzmärkte, Duncker & Humblot, Berlin, S. 177–196.

RUDOLPH B. (1995): Derivative Finanzinstrumente: Entwicklung, Risikomana-gement und bankaufsichtliche Regulierung, in RUDOLPH B. (Hrsg.), Derivative Finanzinstrumente, Schäffer-Poeschel, Stuttgart, S. 3–41.

RUDOLPH B., HOFMANN B., SCHABER A. und SCHÄFER K. (2007): Kreditrisi-kotransfer: Moderne Instrumente und Methoden, Springer, Berlin, u.a.O.

RUDOLPH B. und SCHÄFER K. (2005): Derivative Finanzmarktinstrumente: Eine anwendungsbezogene Einführung in Märkte, Strategien und Bewertung, Springer.

SANDBILLER K. (1998): Dezentralität und Markt in Banken: Innovative Organisationskonzepte auf der Basis moderner Informations- und Kommunikationssysteme, Physica, Heidelberg.

SANTOMERO A.M. (1984): Modeling the Banking Firm – A Survey, *Journal of Money, Credit, and Banking*, **16**, S. 576–602 und 696–712.

SANTOMERO A.M. (1995): Financial Risk Management: The Whys and Hows, *Financial Markets, Institutions and Instruments*, **4**, S. 1–14.

SANTOS J.A.C. (2001): Bank Capital Regulation in Contemporary Banking Theory: A Review of the Literature, *Financial Markets, Institutions and Instruments*, **10**, S. 41–84.

SARIN R.K. und WEBER M. (1993): Risk-Value Models, *European Journal of Operational Research*, **70**, S. 135–149.

SAUNDERS A. (1987): The Inter-Bank Market, Contagion Effects and International Financial Crisis, in PORTES R. und SWOBODA A.K. (Hrsg.), Threats to International Financial Stability, Cambridge University Press, Cambridge, S. 196–232.

SAUNDERS A. (1999): Credit Risk Measurement: New Approaches to Value at Risk and Other Paradigms, John Wiley & Sons, New York.

SAUNDERS A. und ALLEN L. (2002): Credit Risk Measurement: New Approaches to Value at Risk and Other Paradigms, John Wiley & Sons, New York, 2. Aufl.

SAUNDERS A. und CORNETT M.M. (2008): Financial Institutions Management: A Risk Management Approach, McGraw-Hill, New York, 6. Aufl.

SAVELBERG A.H. (1996): Risikomanagement mit Kreditderivaten, *Die Bank*, **o. Jg.**, S. 328–332.

SCHARPF P. und SCHABER M. (2009): Handbuch Bankbilanz, IDW-Verlag, Düsseldorf, 3. Aufl.

SCHARPF P. und SOHLER A. (1992): Leitfaden zum Jahresabschluß nach dem Bilanzrichtlinien-Gesetz, IDW-Verlag, Düsseldorf.

SCHAUDWET C. und HOHENSEE M. (2002): Kompromittierende E-Mails von Mitarbeitern können Unternehmen zum Verhängnis werden, *Wirtschaftswoche vom 18.07.2002*, S. 73–76.

SCHAUENBERG B. (1992): Die Gefahr von Fehlentscheidungen bei ungenauen Kosteninformationssystemen, in SPREMANN K. und ZUR E. (Hrsg.), Controlling: Grundlagen - Informationssysteme - Anwendungen, Gabler, Wiesbaden, S. 37–47.

SCHIEFNER L. (2002): Risk-Minimizing Hedging of General Cash Flows in Discrete Time, Working Paper 44/2002, Universität Halle-Wittenberg.

SCHIERENBECK H. (1994a): Das Meß- und Steuerungskonzept der Marktzinsmethode, *Zeitschrift für Betriebswirtschaft*, **64**, S. 1417–1452.

SCHIERENBECK H. (1994b): Marktzinsmethode: Kurze Replik zu „Ein letzter Versuch" von Adam et al., *Zeitschrift für Betriebswirtschaft*, **64**, S. 1453–1456.

SCHIERENBECK H. (2003): Ertragsorientiertes Bankmanagement – Band 1: Grundlagen, Marktzinsmethode und Rentabilitäts-Controlling, Gabler, Wiesbaden, 8. Aufl.

SCHIERENBECK H. (2009): Ertragsorientiertes Bankmanagement - Band 2: Risiko-Controlling und Integrierte Rendite-/Risikosteuerung, Gabler, Wiesbaden, 9. Aufl.

SCHIERENBECK H., GRÜTER M. und KUNZ M. (2005): Konzeption einer optimalen Steuerung des operationellen Risikos in Banken, *WWZ-Forschungsbericht 09/05*.

SCHIERENBECK H., MARUSEV A.W. und WIEDEMANN A. (1992): Einzelgeschäftsbezogene Aussteuerung von Engpässen mit Hilfe der Marktzinsmethode, *Die Betriebswirtschaft*, **52**, S. 443–471.

SCHIERENBECK H. und PAUL S. (2000): Die Re-Allokation von Risikokapital als strategische Herausforderung, *Beihefte zu Kredit und Kapital*, **33**, S. 203–227.

SCHLOSSER C. (2003): Vom Konzept zur Umsetzung: Die Implementierung der gemeinsamen Strategie „Bündelung der Kräfte", *BankInformation und GenossenschaftsForum, Heft 6*, **30**, S. 23–24.

SCHMALENBACH E. (1910): Großbankorganisation, *Zeitschrift für handelswissenschaftliche Forschung*, **5**, S. 372–379.

SCHMIDT I. (1999): Wettbewerbspolitik und Kartellrecht, Lucius & Lucius, Stuttgart.

SCHMIDT R.H. und TERBERGER E. (1997): Grundzüge der Investitions- und Finanzierungstheorie, Gabler, Wiesbaden, 4. Aufl.

SCHMITTMANN S., PENZEL H.G. und GEHRKE N. (1996): Integration des Shareholder Value in die Gesamtbanksteuerung, *Die Bank*, **o. Jg.**, S. 648–653.

SCHNEIDER M. (1978): Praxis der Bankenaufsicht, Knapp, Frankfurt am Main.

SCHÖBEL R. (1999): A Note on the Valuation of Risky Corporate Bonds, *OR Spektrum*, **21**, S. 35–47.

SCHOLZ W. (1979): Zinsänderungsrisiken im Jahresabschluß der Kreditinstitute, *Kredit und Kapital*, **12**, S. 517–544.

SCHÖNBUCHER P.J. (2000): Kreditrisikomodelle zur Bewertung von Kreditderivaten, in BURGHOF H.P., HENKE S., RUDOLPH B., SCHÖNBUCHER P.J. und SOMMER D. (Hrsg.), Kreditderivate: Handbuch für die Bank- und Anlagepraxis, Schäffer-Poeschel, Stuttgart, S. 569–623.

SCHÜLER M. (2003): Kreditderivate – die treibende Kraft im Kreditmarkt, *Die Bank*, **o. Jg.**, S. 251–253.

SCHÜLLER S. (2001): Stückkostenkalkulation mit Hilfe der Prozessorientierten Standard-Einzelkostenrechnung (PSEK), in SCHIERENBECK H., ROLFES B. und SCHÜLLER S. (Hrsg.), Handbuch Bankcontrolling, Gabler, Wiesbaden, 2. Aufl., S. 301–314.

SCHULTE-MATTLER H. (2004): Grundsatz I: Grundsätze über die Eigenmittel und die Liquidität der Kreditinstitute, in BOOS K.H., FISCHER R. und SCHULTE-MATTLER H. (Hrsg.), Kreditwesengesetz - Kommentar zu KWG und Ausführungsvorschriften, Beck, München, S. 1533–1714.

SCHULTE-MATTLER H. (2006): Der Double-Default-Effekt, *Die Bank*, **o. Jg.**, S. 52–60.

SCHULTE-MATTLER H. und DÜRSELEN K. (2009): Weiterentwicklung der europäischen Bankenaufsicht, *Die Bank*, **o. Jg.**, S. 56–60.

SCHULTE-MATTLER H. und TRABER U. (1997): Marktrisiko und Eigenkapital: Adressenausfall- und Preisrisiken, Gabler, Wiesbaden, 2. Aufl.

SCHULTE-MATTLER H. und TRABER U. (2001): Bankinterne Risikomodelle im Eigenkapitalgrundsatz I, in SCHIERENBECK H., ROLFES B. und SCHÜLLER S. (Hrsg.), Handbuch Bankcontrolling, Gabler, Wiesbaden, 2. Aufl., S. 1059–1074.

SCHWANITZ J. (1996): Elastizitätsorientierte Zinsrisikosteuerung in Kreditinstituten, Knapp, Frankfurt am Main.

SEALEY C.W. und LINDLEY J.T. (1977): Inputs, Outputs, and a Theory of Production and Cost at Depository Financial Institutions, *Journal of Finance*, **32**, S. 1251–1266.

SECURITIES INDUSTRY AND FINANCIAL MARKETS ASSOCIATION (2009): Research Report March 2009.

SHARPE S.A. (1990): Asymmetric Information, Bank Lending and Implicit Contracts: A Stylized Model of Customer Relationships, *Journal of Finance*, **45**, S. 1069–1087.

SHARPE W.F. (1966): Mutual Fund Performance, *Journal of Business*, **39**, S. 119–138.

SHIMKO D.C., TEJIMA N. und DEVENTER D.R.V. (1993): The Pricing of Risky Debt When Interest Rates are Stochastic, *Journal of Fixed Income*, **3**, S. 58–65.

SIEVI C.R. (1995): Kalkulation und Disposition: Betriebswirtschaftliche Grundlagen, Rechenverfahren, Anwendungen, Gillardon, Bretten.

SINGER D. (1987): People's Sellout, *The Nation*, **245**, S. 545, 14.11.1987.

SINKEY J.F. (2002): Commercial Bank Financial Management in the Financial Services Industry, MacMillan, New York, 6. Aufl.

SINN H.W. (2003): Der Staat im Bankwesen: zur Rolle der Landesbanken in Deutschland, Beck, München, 2. Aufl.

SIÈVI C.R. und WEGNER O. (2005): Variable Produkte im Kundengeschäft: ein Leitfaden für Produktgestaltung, Kalkulation und Disposition, Dt. Sparkassen-Verl., Stuttgart.

SKARUPPE M. (1993): Duplizierung von Bankgeschäften im Wertbereich als Kernproblem der Marktzinsmethode, Duncker & Humblot, Berlin.

SLEVOGT H. (1982): Ist der Zahlungsverkehr wirklich (so) defizitär?, *Zeitschrift für das gesamte Kreditwesen*, **35**, S. 886–890.

SLEVOGT H. (1989): Rentabilität des Zahlungsverkehrs, *Zeitschrift für das gesamte Kreditwesen*, **42**, S. 998–1001.

SMITH C.W. und STULZ R.M. (1985): The Determinants of Firms' Hedging Policies, *Journal of Financial and Quantitative Analysis*, **20**, S. 391–405.

SMITH C.W. und WARNER J.B. (1979): On Financial Contracting: An Analysis of Bond Covenants, *Journal of Financial Economics*, **7**, S. 117–161.

SORCHER A.E. und KINI S.M. (2002): Does the Term „Bank-Broker-Dealer" Still Have Meaning?, *North Carolina Banking Institute*, **6**, S. 227–264.

SPENCE M. (1973): Job Market Signalling, *Quarterly Journal of Economics*, **87**, S. 355–374.

SPÖRK W. und AUGE-DICKHUT S. (1999): Die neue Liquiditätskennzahl – eine geeignete Größe zur Beurteilung von Kredit- und Finanzdienstleistungsunternehmen?, *Zeitschrift für das gesamte Kreditwesen*, **52**, S. 181–188.

SPREMANN K. (1990): Asymmetrische Information, *Zeitschrift für Betriebswirtschaft*, **60**, S. 561–586.

SPREMANN K. (2003): Portfoliomanagement, Oldenbourg, München u.a.O., 2. Aufl.

STARK G. (1996): Zahlungsstromorientierte Vorfälligkeitsentschädigung, *Die Bank*, **o. Jg.**, S. 552–555.

STATISTISCHES BUNDESAMT (2009): Insolvenzen Deutschland, URL https://www-genesis.destatis.de/genesis/online (28.09.2009).

STEINER M. (2003): Entwicklungslinien des US-Bankensystems und der Gramm Leach Bliley Act, *Die Bank*, **o. Jg.**, S. 8–13.

STEINER M. und BRUNS C. (2007): Wertpapiermanagement, Schäffer-Poeschel, Stuttgart, 9. Aufl.

STEINER P. und UHLIR H. (2001): Wertpapieranalyse, Physica, Heidelberg, 4. Aufl.

STEUER S. (1998): Das Gesetz zur Umsetzung der EG-Einlagensicherungs- und Anlegerentschädigungsrichtlinie und seine Umsetzung in der Praxis, *Zeitschrift für Wirtschafts- und Bankrecht*, **52**, S. 2449–2455.

STIGLITZ J.E. und WEISS A. (1981): Credit Rationing in Markets with Imperfect Information, *American Economic Review*, **71**, S. 393–410.

STOLZ S. und WEDOW M. (2005): Banks' regulatory capital buffer and the business cycle: evidence for German savings and cooperative banks, Working Paper, Deutsche Bundesbank, Discussion Paper Series 2: Banking and Financial Studies, No. 07/2005.

STOUGHTON N.M. und ZECHNER J. (2007): Optimal Capital Allocation using RAROC and EVA, *Journal of Financial Intermediation*, **16**, S. 312–342.

STRECKERT C. (2003): Deutsche Bank: Gewinne, Gewinne, Gewinne, URL http:\\www.manager-magazin.de/geld/artikel/0,2828,278900,00.html (17.03.2004).

STÜTZEL W. (1975): Liquidität, betriebliche, in E. G. und W. W. (Hrsg.), Handwörterbuch der Betriebswirtschaft, C.E. Poeschel Verlag, Stuttgart, 4. Aufl., S. Sp. 2515 – 2524.

STULZ R.M. (1984): Optimal Hedging Policies, *Journal of Financial and Quantitative Analysis*, **19**, S. 127–140.

STÜTZEL W. (1959): Ist die goldene Bankregel eine geeignete Richtschnur für die Geschäftspolitik der Kreditinstitute, in Vorträge für Sparkassenprüfer, Deutscher Sparkassen- und Giroverband, Kiel, S. 34–51.

SUBRAHMANYAM A. und TITMAN S. (1999): The Going-Public Decision and the Development of Financial Markets, *Journal of Finance*, **54**, S. 1045–1082.

SÜCHTING J. (1987): Bankmanagement, Schäffer-Poeschel, Stuttgart, 2. Aufl.

SÜCHTING J. und PAUL S. (1998): Bankmanagement, Schäffer-Poeschel, Stuttgart, 4. Aufl.

SUYTER A. (2005): Neues aus Basel II - der „double default Effekt", *Zeitschrift für das gesamte Kreditwesen*, **57**, S. 526–528.

SWANK J. (1996): Theories of the Banking Firm: A Review of the Literature, *Bulletin of Economic Research*, **48**, S. 173–207.

SWOBODA P. (1994): Betriebliche Finanzierung, Physica, Heidelberg, 3. Aufl.

SWOBODA U. (2000): Direct Banking: Wie virtuelle Institute das Bankgeschäft revolutionieren, Gabler, Wiesbaden.

SZAGUNN V. und WOHLSCHIESS K. (1993): Die Bankenaufsicht, in KLOTEN N. und VON STEIN J.H. (Hrsg.), Geld-, Bank- und Börsenwesen: ein Handbuch, Schäffer-Poeschel, Stuttgart, 39. Aufl., S. 259–286.

TARASHEV N. und ZHU H. (2008): The Pricing of Correlated Default Risk: Evidence from the Credit Derivatives Market, *Journal of Fixed Income*, **18**, S. 5–24.

TEBROKE H.J. (1993): Größe und Fusionserfolg von Genossenschaftsbanken, Müller Botermann, Köln.

TELLINGS B. (2007): Reputation - the risk of risks, in PFINGSTEN A. (Hrsg.), Aktuelle Herausforderungen des Bankmanagements, Münsteraner Bankentage 2006, Fritz Knapp Verlag, Frankfurt am Main, S. 79–92.

TERBERGER E. (1987): Der Kreditvertrag als Instrument zur Lösung von Anreizproblemen: Fremdfinanzierung als Prinzipal- und Agent-Beziehung, Physica, Heidelberg.

THALER R. und SHEFRIN H. (1981): An Economic Theory of Self-Control, *Journal of Economic Perspectives*, **89**, S. 392–406.

THEISSEN M. (2008): Anlageberatung: Risiko oder Chance nach MiFID?, in VON BÖHLEN A. und KLAN J. (Hrsg.), MiFID-Kompendium, Springer, Berlin, S. 193–215.

THEURL T. (2002): „Shareholder Value" und „genossenschaftlicher Förderauftrag" – Zwei unvereinbare strategische Ausrichtungen?, in THEURL T. und GREVE R. (Hrsg.), Vom Modell zur Umsetzung – Strategische Herausforderungen für Genossenschaften, Shaker, Aachen, S. 51–91.

THIESSEN F. (1996): Covenants in Kreditverträgen: Alternative oder Ergänzung zum Insolvenzrecht?, *Zeitschrift für Bankrecht und Bankwirtschaft*, **8**, S. 19–37.

TIETZEL M. (1994): Ökonomik der Standardisierung, Sonderheft Homo Oeconomicus XI (3), ACCEDO Verlagsgesellschaft, München.

TIFFE A. (2004): Vorfälligkeitsentschädigung in Europa: Vergleichender Überblick zur Vorfälligkeitsentschädigung für die vorzeitige Beendigung von Hypothekarkrediten in acht Europäischen Staaten dargestellt an einem ausgewählten Beispiel.

TILLY R.H. (1989): Banking Institutions in Historical and Comparative Perspective: Germany, Great Britain, and the United States in the Nineteenth and Early Twentieth Century, *Journal of Institutional and Theoretical Economics*, **145**, S. 189–209.

TIROLE J. (1999): Incomplete Contracts: Where Do We Stand?, *Econometrica*, **67**, S. 741–781.

Toto G. und Monahan G. (2002): Securities Industry Fact Book 2002, Securities Industry Association, New York, URL http://www.sia.com/ research/pdf/2002Fact_Book.pdf (28.06.2006).

Treynor J.L. (1965): How to Rate Management of Investment Funds, *Harvard Business Review*, **43**, S. 63–75.

Tutz G. (2000): Die Analyse kategorialer Daten, Oldenbourg, München u.a.O.

Uhrig M. und Walter U. (1997): Ein neuer Ansatz zur Bestimmung der Zinsstruktur – Theorie und empirische Ergebnisse für den deutschen Rentenmarkt, *Kredit und Kapital*, **30**, S. 116–139.

Uhrig-Homburg M. (2001): Fremdkapitalkosten, Bonitätsrisiken und optimale Kapitalstruktur, Deutscher Universitätsverlag, Wiesbaden.

Upton W.S. (2009): Credit Risk in Liability Measurement, Staff Paper accompanying Discussion Paper DP/2009/2, Working Paper, International Accounting Standards Board.

U.S. Census Bureau (2008): Foreign Trade Statistics: Annual 2008 Trade Highlights, URL http://www.census.gov/foreign-trade/statistics/highlights/annual.html (23.09.2009).

Varian H. (2003): Intermediate Microeconomics, Norton, New York, 6. Aufl.

Vikas K. (1988): Grenzplankostenrechnung als Steuerungsinstrument im Betriebsbereich der Banken, in Schierenbeck H., von Schimmelmann W. und Rolfes B. (Hrsg.), Bank Controlling 1988: Beiträge zum Münsteraner Controlling-Seminar, Knapp, Frankfurt am Main, S. 69–79.

Vogel H.G. (2001): Öffentliche Kreditinstitute und EU-Beihilferecht, *Zeitschrift für Bankrecht und Bankwirtschaft*, **13**, S. 103–113.

Vogelsang C. (1998): Die Bestimmung „Echter Eigenkapitalkosten" im Marktzinsmodell – eine kritische Anmerkung, *Österreichisches Bankarchiv*, **46**, S. 439–445.

Vogt G. (2003): Weniger ist mehr – Wettbewerbsvorteile durch Straffung der Produktpalette realisieren, *BankInformation und GenossenschaftsForum, Heft 3*, **30**, S. 28–31.

von Nitzsch R. und Friedrich C. (1999): Entscheidungen in Finanzmärkten: psychologische Grundlagen, Günter Mainz, Aachen.

von Thadden E.L. (1995): Long-Term Contracts, Short-Term Investment and Monitoring, *Review of Economic Studies*, **62**, S. 557–575.

von Thadden E.L. (1999): Liquidity Creation Through Banks and Markets: Multiple Insurance and Limited Market Access, *European Economic Review*, **43**, S. 991–1006.

von Villiez C. (1989): Budgetkontrolle und Abweichungsanalyse in Kreditinstituten, Knapp, Frankfurt am Main.

Wagner A. (1857): Beiträge zur Lehre von den Banken, Voß, Leipzig.

Wagner E. (2008): Credit Default Swaps und Informationsgehalt, Gabler, Wiesbaden.

Wahrenburg M. (2001): Emissionsgeschäft, in Gerke W. und Steiner M. (Hrsg.), Handwörterbuch des Bank- und Finanzwesens, Schäffer-Poeschel, Stuttgart, 3. Aufl., S. 623–637.

WALTER B. (2000): Direct Banking und Direktbanken: Entwicklung und aktueller Stand, in LOCAREK-JUNGE H. und WALTER B. (Hrsg.), Banken im Wandel: Direktbanken und Direct Banking, Berliner Wissenschafts-Verlag, Berlin, S. 3–24.

WÄRNERYD K.E. (1999): The Psychology of Saving, Edward Elgar, Cheltenham.

WASCHBUSCH G. (2000): Bankenaufsicht - Überwachung der Kreditinstitute und Finanzdienstleistungsinstitute nach dem Gesetz über das Kreditwesen, Oldenbourg, München.

WATRIN C. und STRUFFERT R. (2003): Asset Backed Securities-Transaktionen im Einzel- und Konzernabschluss nach IAS, *Zeitschrift für kapitalmarktorientierte Rechnungslegung*, **3**, S. 398–408.

WEBER J. (1993): Zur Neuausrichtung der Kostenrechnung: Entwicklungsperspektiven für die 90er Jahre, Schäffer-Poeschel, Stuttgart.

WEBER J., WEISSENBERGER B.E. und AUST R. (1998): Benchmarking des Controllerbereichs - Ein Erfahrungsbericht, *Betriebswirtschaftliche Forschung und Praxis*, **50**, S. 381–401.

WERNER M.G.P. (2002): Prozesskostenrechnungsmodelle für Banken: Modellierung, Anwendungen und Umsetzung, GCA, Herdecke.

WESTLB AG (2002): Bekanntmachung über die Namens- und Rechtsformänderung, Benachrichtigung der Investoren vom 14. Oktober 2002.

WESTLB AG (2003): Geschäftsbericht 2002.

WIENEKE H., PRÄTSCH J. und BECKRÖGE L. (1996): Outsourcing contra Geschäftsfeldanalyse, *Betriebswirtschaftliche Blätter*, **45**, S. 203–207.

WIESEL E. (2002): Sparkassen und Landesbanken auf dem Prüfstand des europäischen Wettbewerbsrechts, *Zeitschrift für Bankrecht und Bankwirtschaft*, **4**, S. 288–299.

WILHELM J. (1982): Die Bereitschaft der Banken zur Risikoübernahme im Kreditgeschäft, *Kredit und Kapital*, **15**, S. 572–601.

WILHELM J. (1983): Marktwertmaximierung – Ein didaktisch einfacher Zugang zu einem Grundlagenproblem der Investitions- und Finanzierungstheorie, *Zeitschrift für Betriebswirtschaft*, **53**, S. 516–534.

WILHELM J. (2001): Zinsstruktur, in GERKE W. und STEINER M. (Hrsg.), Handwörterbuch des Bank- und Finanzwesens, Schäffer-Poeschel, Stuttgart, 3. Aufl., S. 2357–2366.

WILHELM J. und BRÜNING L. (1992): Die Fristigkeitsstruktur der Zinssätze: Theoretisches Konstrukt und empirische Evaluierung, *Kredit und Kapital*, **25**, S. 259–294.

WILLIAMSON O.E. (1990): A Comparison of Alternative Approaches to Economic Organization, *Journal of Institutional and Theoretical Economics (Zeitschrift für die gesamte Staatswissenschaft)*, **146**, S. 61–71.

WILLIAMSON S.D. (1986): Costly Monitoring, Financial Intermediation, and Equilibrium Credit Rationing, *Journal of Monetary Economics*, **18**, S. 159–179.

WILSON R. (1968): On the Theory of Syndicates, *Econometrica*, **36**, S. 119–132.

WILSON T. (1997a): Measuring and Managing Credit Portfolio Risk: Part I: Modelling Systemic Default Risk, *Journal of Lending and Credit Risk Management*, **o. Jg.**, S. 61–72.

WILSON T. (1997b): Portfolio Credit Risk (I), *Risk, Heft 9*, **10**, S. 111–117.

WILSON T. (1997c): Portfolio Credit Risk (II), *Risk, Heft 10*, **10**, S. 56–61.

WIMMER K. (1994): Die Realisierung von Konditions- und Strukturbeiträgen in der Marktzinsmethode, *Österreichisches Bankarchiv*, **42**, S. 588–598.

WIMMER K. (1999a): Barwertkonzept und außerplanmäßige Ereignisse (I), *Österreichisches Bankarchiv*, **47**, S. 120–127.

WIMMER K. (1999b): Barwertkonzept und außerplanmäßige Ereignisse (II), *Österreichisches Bankarchiv*, **47**, S. 182–190.

WIMMER K. (2004): Bankkalkulation und Risikomanagement: Controlling in Kreditinstituten, Erich Schmidt Verlag, Berlin, 3. Aufl.

WIMMER K. (2006): Moderne Bankkalkulation, Deutscher Sparkassen Verlag, Stuttgart, 3. Aufl.

WIMMER K. und WAGNER R. (2007): Vorzeitige Beendigung von Darlehensverträgen: Risikokosten richtig berechnen, *Die Bank*, **o. Jg.**, S. 52–58.

WIRMINGHAUS A. und KNAPMANN K. (1911): Volkswirtschaftslehre, in ECKERT C. (Hrsg.), Rothschild's Taschenbuch für Kaufleute, Gloeckner, Leipzig, S. 135–212.

WOHLMANNSTETTER G. (2008): Corporate Governance von Banken, in HOMMELHOFF P., HOPT K.J. und V. WERDER A. (Hrsg.), Handbuch Corporate Governance: Leitung und Überwachung börsennotierter Unternehmen in der Rechts- und Wirtschaftspraxis, Schäffer-Poeschel, Stuttgart.

WÖLFING D. (2006): Six Sigma und Business Process Management im Kontext industrieller Bankprozesse, in ACHENBACH W., LIEBER K. und MOORMANN J. (Hrsg.), Six Sigma in der Finanzbranche, Bd. 2, Bankakademie Verlag, Frankfurt am Main, S. 59–77.

YOSHA O. (1995): Information Disclosure Costs and the Choice of Financing Source, *Journal of Financial Intermediation*, **4**, S. 3–20.

ZAIK E., WALTER J., KELLING G. und JAMES C. (1996): RAROC at Bank of America: From Theory to Practice, *Journal of Applied Corporate Finance*, **9**, S. 83–93.

ZELDES S.P. (1989): Optimal Consumption with Stochastic Income: Deviations from Certainty Equivalence, *Quarterly Journal of Economics*, **104**, S. 275–298.

ZERANSKI S. (2005): Liquidity at Risk zur Steuerung des liquiditätsmäßig-finanziellen Bereichs von Kreditinstituten, Gesellschaft für Unternehmensrechnung und Controlling, Chemnitz.

ZERANSKI S. (2006): Liquidity at Risk - Quantifizierung extremer Zahlungsstromrisiken, *Risiko Manager*, **11**, S. 4–9.

ZHOU C. (2001): The Term Structure of Credit Spreads with Jump Risk, *Journal of Banking and Finance*, **25**, S. 2015–2040.

ZIMMERMANN H. (1998): State-Preference Theorie und Asset Pricing – Eine Einführung, Physica, Heidelberg.

Symbolverzeichnis

Hier eine Aufzählung der wichtigsten verwendeten Symbole:

α	Konfidenzniveau
α	Modell von Diamond und Dybvig: Anteil der Desinvestition am Realinvestitionsprojekt in t_1
α	Modell von Stiglitz und Weiss: Prozentuale Werthaltigkeit der Sicherheit C
β	systematisches Risiko im Rahmen des Capital Asset Pricing Model (CAPM)
γ	Risikoaversionsparameter
δ	Recovery Rate ($= 1 - $ LGD)
ΔBR	Veränderung der Barreserve
$\tilde{\varepsilon}$	emittentenspezifische Einflüsse/unsystematisches Risiko/ Störgröße
θ	Modell von Stiglitz und Weiss: Risikoparameter
θ	Modell von Petersen und Rajan: erwarteter Anteil guter Unternehmer
θ^*	Modell von Petersen und Rajan: durchschnittliche Kreditnehmerqualität
λ_t	(marginale) Ausfallwahrscheinlichkeit für die Periode t
μ	Black/Scholes-Formel: Drift (erwartete stetige Rendite der Aktie)
$\tilde{\pi}$	Preis
π^B	Basispreis einer Option
π^{Call}	Wert eines Call
π^{CDS}	Wert des Credit Default Swap
π^{EK}	Wert des Eigenkapitals
π^{FK}	Wert des Fremdkapitals
π_t^K	Kassakurs einer Aktie zum Zeitpunkt t
π^{opt}	Preis der Option, fallweise mit Superscript Put bzw. Call
π^{Put}	Wert eines Put

π^V	Unternehmenswert
π_{0T}	Terminkurs bei Abschluss in $t = 0$ und Erfüllung in $t = T$
$\pi_D(F, T)$	Wert eines ausfallbedrohten Kredits mit dem Rückzahlungsbetrag F und der Restlaufzeit T
π_i	Modell von Diamond und Dybvig: Preis des i-ten Wertpapiers
π_P	Wert einer Verkaufsoption
π_s	Zustandspreis
π_t	Kassakurs/Preis, fallweise ohne Zeitindex
ρ	Korrelationskoeffizient
ρ	Parameter einer intertemporalen Nutzenfunktion
ρ	Robinson-Crusoe-Welt: Parameter für Ungeduld
σ	Modell von Gorton und Kahn: Abweichungen von den Projektausgängen
σ	Standardabweichung (z. B. σ_M als Standardabweichung der erwarteten Rendite des Marktportefeuilles)
σ^2	Varianz
φ	risikoneutrale Insolvenzwahrscheinlichkeit
$\phi(z(y))$	Straffunktion bei tatsächlicher Rückzahlung $z(y)$
ω_0	Robinson-Crusoe-Welt: Anfangsbestand
ω_1	Robinson-Crusoe-Welt: Einkommen in der zweiten Periode

a	Merkmalsprofil des zu beurteilenden Kreditsuchenden
a_i	Ausprägung des i-ten Kriteriums des zu beurteilenden Kreditsuchenden
A	Annuität
A_E	zahlungswirksame Aufwendungen
A_N	zahlungsunwirksame Aufwendungen
AF_{jk}	Zerobond-Abzinsfaktor von $t = k$ auf $t = j$
AR	Ausfallrate
AV	potenzielles Ausfallvolumen
AZ	Auszahlungen
AZ_E	erfolgswirksame Auszahlungen
AZ_N	erfolgsneutrale Auszahlungen

$B(s)$	Kontrollschema in Abhängigkeit vom jeweiligen Umweltzustand s
$B^*(s)$	optimales Kontrollschema
BA	Bruttoaufwand
BE	Bruttoertrag
BP	Anzahl der Kreditnehmer mit Bonitätsproblemen
BQ	Besicherungsquote
BW	Barwert
BZS	Bruttozinsspanne

c	diverse Kosten
c_0	Robinson-Crusoe-Welt: heutiger Konsum
c_1	Robinson-Crusoe-Welt: zukünftiger Konsum
cov_{ij}	Kovarianz zwischen i und j
$cov(\cdot; \cdot)$	Kovarianz
C	Kapitalfaktor
C	Modell von Stiglitz und Weiss: Gegenwert der Sicherheiten
C, C_0	Kapitalwert/Net Present Value/Konditionsbeitrags-Barwert
CCF	Credit Conversion Factor (Risikoklassenfaktor)
CD	Certificates of Deposits
CF	Cash flow/Zahlungen
d	debt-to-firm-value-ratio (Verschuldungsgrad)
d	Modell von Diamond: Delegationskosten
d_1, d_2	Black-Scholes-Formel: Argumente der Standardnormalverteilung
D	Duration
$D(\cdot)$	Diskriminanzfunktion
D_m	modifizierte Duration
DCF	discounted cash flow
DFD	Distance from Default
e_t	Rückzahlung aus dem Depositenvertrag zum Zeitpunkt t
E	Marktwert des Eigenkapitals
$E(\cdot)$	Erwartungswert
$E[\cdot|\cdot]$	bedingter Erwartungswert
EAD	Exposure at Default (Forderungshöhe im Ausfallzeitpunkt)
EC	Economic Capital (ökonomisches Kapital)
ED	effektive Duration
EDF	Expected Default Frequency (Ausfallwahrscheinlichkeit)
EI	Ereignisindikator
EK	Eigenkapital
EKQ	Eigenkapitalquote
EKR	Eigenkapitalrentabilität
EL	Expected Loss (erwarteter Verlust)
$EU(\cdot)$	Erwartungsnutzenoperator
EVA	Economic Value Added
EWB	Einzelwertberichtigung
EWP	Einzelwährungsposition
EZ	Einzahlungen
EZ_E	erfolgswirksame Einzahlungen
EZ_N	erfolgsneutrale Einzahlungen
f	Modell von Diamond und Dybvig: Teil der Einlagen, der in t_1 insgesamt entzogen wird
$\widehat{f}$	Sperrschwelle
$f(\cdot)$	Dichtefunktion

$f(v)$	Häufigkeitsverteilung der Scorewerte v
f_j	Modell von Diamond und Dybvig: Anteil der Einlagen, der von Sparer j abgezogen wird
F	Fremdkapitalrückzahlungsbetrag
F	Nominalforderung
F	Verteilungsfunktion
FK	Fremdkapital
FS_t	Termin-Credit-Spread
G	(erwartete) Gewinngröße
G^+	Gesamtprojektertrag mit Risikoerhöhung
GI	gross income
GK	Gesamtkapital
GWP	Gesamtwährungsposition
h	Sicherheitsabschlag
hEK	haftendes Eigenkapital
i	sichere Rendite
$\tilde{i}$	Zinssatz für ausfallrisikofreie Anlagen
i_{jk}^k	Kuponzins von $t = j$ bis $t = k$
i_{jk}	Zerobondrendite/Spotzinssatz von $t = j$ bis $t = k$
i_H	Habenzinssatz
i_{IZF}	interner Zinsfuß
i_M	Marktzinssatz
i_S	Sollzinssatz
I	Modell von Diamond: erwartete Rückzahlung aus Alternativprojekt
I_1^R	Modell von Petersen und Rajan: Investitionsbetrag für sicheres Projekt in $t = 1$ nach Wahl des riskanten Projektes in der Vorperiode
I_1^S	Modell von Petersen und Rajan: Investitionsbetrag für sicheres Projekt in $t = 1$ nach Wahl des sicheren Projektes in der Vorperiode
I_t	Kapitaleinsatz, der zum Zeitpunkt t erfolgt
JF	Jahresfehlbetrag
$J\ddot{U}$	Jahresüberschuss
k	Volumen der Geschäfte mit Kunden 1. Bonität
K	Kreditsumme
K_{ASA}	Menge an vorzuhaltendem Eigenkapital im alternativen Standardansatz
K_{BIA}	Menge an vorzuhaltendem Eigenkapital im Basisindikatorenansatz
K_{IMA}	Menge an vorzuhaltendem Eigenkapital im internen

	Bemessungsansatz
K_{LDA}	Menge an vorzuhaltendem Eigenkapital im
	Verlustverteilungsansatz
K_{STA}	Menge an vorzuhaltendem Eigenkapital im Standardansatz
KB	Konditionsbeitrag
KG	Kapitalgeber
$KIRBR$	Eigenkapitalanforderungsrate
KN	Kreditnehmer/Kreditnehmeranzahl
KQ	Krisenquote
KV	gesamtes Kreditvolumen
L	Liquidationswert
L	Verlust (aus dem Kreditgeschäft)
LA	loan account
LGD	Loss Given Default (Verlust im Insolvenzfall pro Einheit EAD)
LGE	Loss Given Event (Verlust im Schadensfall)
LPM_k	Lower Partial Moment vom Grade k
m	Konditionsmarge
m	Modell von Diamond: Anzahl der Kapitalgeber
M	Matrix der Übergangswahrscheinlichkeiten
M	Modell von Petersen und Rajan: Rückzahlungsrate
	entsprechend der Marktmacht
$\widetilde{M}$	Marktfaktor
$M(v)$	Mittelwert der Häufigkeitsverteilung der Scorewerte v
MD	Modifizierte Duration
n	Modell von Diamond: Anzahl risikoneutraler Unternehmer
$N(\cdot)$	Verteilungsfunktion der Standardnormalverteilung
$\mathcal{N}(\mu,\sigma^2)$	Normalverteilung mit Parametern μ und σ^2
NPV	Net Present Value
p	Eintrittswahrscheinlichkeit
p_D	einjährige Ausfallwahrscheinlichkeit
p_s	risikoneutrale Wahrscheinlichkeit
$P(\cdot)$	Wahrscheinlichkeitsfunktional
$P(\cdot|\cdot)$	bedingte Wahrscheinlichkeit
PD	Probability of Default (Ausfallwahrscheinlichkeit)
PD_t	kumulative Ausfallwahrscheinlichkeit
PE	Probability of Event (Schadenswahrscheinlichkeit)
q	Obergrenze des Verschuldungsgrades
r	Kreditzinssatz
r	Rendite mit Risikoaufschlag
r	Reposatz

$r(\cdot)$	Arrow-Pratt-Maß für die absolute Risikoaversion
$\tilde{r}_j$	vom Markt geforderte Rendite
r_D	Mindestzins für einen ausfallbedrohten Kredit
r_{IZF}	interner Zinsfuß
r_K	Modell von Gorton und Pennacchi: erwartete Rendite
r_t	Modell von Diamond und Dybvig: vereinbarte Rückzahlung an Sparer, der seine Deposite in t abzieht
r_V	Modell von Gorton und Pennacchi: Kosten der Refinanzierung
R	Betrag der Kundenverbindlichkeiten
R	Vereinbarter Schuldbetrag/Rückzahlung = Tilgung + Zins
R^-	Modell von Gorton und Kahn: Rückzahlungsforderung nach Absenkung
$R.$	Unternehmensaktivarendite
RA	Risikoaktiva
$RAPM$	Risikoadjustiertes Performancemaß
$RAROC$	Risk Adjusted Return on Capital
$RARORAC$	Risk Adjusted Return on Risk Adjusted Capital
RBF	Rentenbarwertfaktor
RG	Reingewinn
$RGSP$	Reingewinnspanne
RM	Risikomarge
ROA	Return on Assets
ROE	Return on Equity
ROI	Return on Investment
$RORAC$	Return on Risk Adjusted Capital
$RORAC_z$	Hurdle Rate
RP	Risikoprämie
RPI	Risikoprofilindex
RR	Risikorate
RTQ	Risikotragfähigkeitsquotient
$\widetilde{RZ}_j$	Risikozuschlag
s	ROI-Analyse: Steuerfaktor
s	Umweltzustand
S	Grundsatz I: Summe der Zuschläge bei Einzelanrechnung
S	Menge aller Umweltzustände
S	Modell von Gorton und Kahn: zusätzliche Streuung durch Risikoerhöhung
$S(\cdot)$	Scorewert
SAE	Sicherheitsäquivalent
SEK	Standardeinzelkosten
SEV	Severity (Verlusthöhe)
SR	Sharpe-Ratio
t	Zeitpunkt

t	Zielgröße
T	Laufzeit
T	Trennwert bei der Diskriminanzanalyse
$T_j(x_{ij})$	transformierte Ausprägung von x_{ij}
TR	Treynor-Ratio
$u(\cdot)$	Nutzenfunktion
U^0	Mindestanspruchsniveau des zu erwartenden Nutzens
UL	Unexpected Loss (unerwarteter Verlust)
v	Scorewert
$v_i(a_i)$	Wert der Ausprägung des i-ten Kriteriums
v_s	zustandsabhängige Zahlung im Zustand s
V	Grundsatz I: Nettoeindeckungsaufwand/ Bruttoeindeckungsaufwand
V	Unternehmenswert/Wert der Aktiva
V	Verlust
V_t	Auszahlung pro Einheit der Deposite in t
$Var(\cdot)$	Varianz
VaR	Value at Risk
VG	Verschuldungsgrad
VP	Versicherungsprämie für die Einlagenversicherung
w	Wechselkurs
w_i	Gewichtungsfaktor
W_0	Anfangsvermögen
x, y	Realisation
x_i	Volumen der GKM-Geschäfte im äquivalenten Portefeuille
x_{ij}	j-tes Merkmal zur Beschreibung des Schuldners i
$\underline{x}$	Spaltenvektor der GKM-Geschäfte
X, Y	Zufallsvariablen
y	dichotome Zufallsvariable
y	Projektertrag/-ergebnis/-überschuss
$y(s)$	Projektertrag/-ergebnis/-überschuss in Abhängigkeit vom Umweltzustand
y_i	dichotome Zufallsvariable $y_i = \{0, 1\}$
y^R	Modell von Petersen und Rajan: Rückfluss aus risikoreichem Projekt, ggf. mit Zeitindex
y^S	Modell von Petersen und Rajan: Rückfluss aus sicherem Projekt, ggf. mit Zeitindex
y_H	Modell von Gorton und Kahn: Projektertrag bei erfolgreicher Durchführung
y_L	Modell von Gorton und Kahn: Projektertrag bei nicht

erfolgreicher Durchführung

z	Black/Scholes-Formel: Standard Brownsche Bewegung
z	Zahlung, gegebenenfalls mit Zeitindex
$z(y(s))$	Rückzahlung bzw. Aufteilungsregel in Abhängigkeit vom Projektertrag [vereinfacht: $z(s)$]
$z^*(s)$	optimaler Vertrag
z_{tT}	Anzahl der Wertpapiere, die der Investor in t kauft bzw. verkauft und die in Zeitpunkt T eine Rückzahlung von 1 generieren
Z	Grundsatz I: Zuschläge/Add-on
Z	standardnormalverteilte Zufallsgröße

Index

μ-σ-Prinzip, 335

Ablösesumme, 767
Abrufkredit, 202
Abrufrisiko, 491
Abschreibungsrisiken, 653
Abwicklungsrisiko, 630
Abzinsungsfaktor, 748
  engpassneutraler, 761
accounting mismatch, 849
Add-on, 611
adverse Selektion, 113, 161, 165
Affirmative Covenants, 190
Agency Konflikt, 362
Aktien, Bewertung von, 298–299
Aktienderivate, 298–306
Aktienemissionen, 355
Aktienindeanleihen, 306
Aktienindexfutures, 306
Aktienindexoptionsscheine, 306
Aktienkursrisiko, 688–692
Aktiennettoposition, 691
Aktienoptionen, 299–305
Aktienoptionsscheine, 306
Aktivüberhang, 656
Akzeptkredit, 197
Allgemeine Geschäftsbedingungen, 183
Anlagendeckungsgrad, 192
Annuität, 563
Anrechnungsbetrag, 645
anreizkompatibel, 110, 152
anreizkompatible Entlohnungsschemata, 117
Anreizproblematik, 255
Anreizsysteme, 382
Anteile an verbundenen Unternehmen, 812
Arbitrage, 274, 277, 640
Arbitrage Pricing Theory (APT), 299
Arrangeur, 210

Asset Backed Securities (ABS), 207–217, 477
  steuerrechtliche Behandlung, 212
Asset-Value-Modell, 548, 569
asymmetrische Information, 99, 153, 161,
  165, 255
  Kosten der, 110
außergerichtlicher Vergleich, 592
Aufteilungsregel, 104
Aufwendungen
  außerordentliche, 843
  sonstige betriebliche, 843
Ausübungswert, 300
Ausfall, 307
Ausfallkorrelation, 502
Ausfallmodusparadigma, 544
Ausfallrate, 567
Ausfallrisiko, 314, 416
Ausfallrisikoergebnis, 788–789
Ausfallrisikokosten, 765
Ausfallwahrscheinlichkeit, 499
  bedingte, 621
  kumulative, 505
  prognostizierte, 623
Avalkredit, 196

Bürgschaft, 187
Backtesting, 345, 534
Bad Bank, 58
BaFin, *siehe* Bundesanstalt für Finanz-
  dienstleistungsaufsicht
Bank, 20
  Banken im vollkommenen Kapitalmarkt,
  19
  Betriebsgröße, 59
  deutsches Bankensystem, 29
  Genossenschaftsbanken und genossen-
  schaftliche Zentralbanken, 352
  Input und Output, 60

Institutionen
  Bank für internationalen Zahlungsaus-
    gleich, 87, 92
  Deutsche Bundesbank, 46
  Europäische Investitionsbank (EIB), 91
  Europäische Zentralbank (EZB), 46
  Europäisches System der Zentralbanken
    (ESZB), 46
  European Bank for Reconstruction and
    Development (EBRD), 91
  International Bank for Reconstruction
    and Development (IBRD), 87
  International Centre for Settlement of
    Investment Disputes (ICSID), 89
  International Development Association
    (IDA), 88
  International Finance Corporation
    (IFC), 88
  internationale Entwicklungsbanken, 87
  Multilateral Investment Guarantee
    Agency (MIGA), 89
  Weltbankgruppe, 87
Legaldefinition, 20
Sparkassen und Girozentralen, 352
Transformationsfunktionen
  Fristentransformation, 14
  Losgrößentransformation, 14
  Risikotransformation, 15
Typen
  Bausparkassen, 41
  Commercial Banks, 70
  Credit Unions, 72
  Direktbanken, 41
  Financial Holding Company (FHC), 79
  Genossenschaftsbanken und genossen-
    schaftliche Zentralbanken, 39
  Großbanken, 33
  Hypothekenbanken, 40
  Investment Banks, 70
  Kapitalanlagegesellschaften, 42
  Kreditbanken, 33
  Kreditinstitute mit Sonderaufgaben, 44
  Mutual Savings Banks, 71
  Realkreditinstitute, 40
  Regionalbanken, 34
  Savings and Loan Associations, 72
  Sparkassen und Girozentralen, 36
  Spezialbanken, 40
  supranationale Banken, 86
  Thrift Institutions, 71
  Universalbanken, 31
  Wertpapiersammelbanken, 43
  Zweigstellen ausländischer Banken, 35
Bank für internationalen Zahlungsausgleich,
  87, 92

Bank for International Settlements (BIS), 92
Bank Holding Company Act (BHCA), 76
Bank Run, 241, 256, 472–473, 478
Bankeinlagen, 231–238
Bankkalkulation
  Anforderungen, 736
Banktheorie, 95
Bargeld, 224, 257
Barreserve, 817, 853
Barrier Option, 573
Barwertformel, 278
Barwertkonzept, 371–372
Basel II, 413, 642, 645
Baseler Ausschuss für Bankenaufsicht, 413,
  464, 493
Basisindikatoransatz, 427, 712, 713
Basisrisiken, 215
baskets, 307
Baukastenprinzip, 423
Bauspardarlehen, 203
Bausparkassen, 41
Bausparvertrag, 203
Bedienung, sequenzielle, 240, 256
bedingte Ausfallwahrscheinlichkeit, *siehe*
  Ausfallwahrscheinlichkeit
Begebung, 357
Beleihungswert, 436
Benchmarking, 784
Beobachtungskennzahl, 488–489
Beobachtungszeitraum, 342
Besserungsscheine, 455
Best Practice, 784
Beteiligungen, 812
Betriebsbereich, 737
Betriebskosten, 772–777
Betriebsmittelkredit, 194
Betriebsrisiken, *siehe* Operationelles Risiko
Bewertungseinheit, 871
Bilanzformblatt, 803
Bilanzrechtsmodernisierungsgesetz, 800
Binäroption, 574
Binomialmodell, 299, 302–304
Black/Scholes-Formel, 276, 299, 304–305,
  315–319
Bodensatztheorie, 234, 469–470, 487, 757
Bonding Costs, 112, 213
Bonität, 240
Bonitätschecklist, 519
Bonitätsprüfung, 518–525
Bonitätsrisiken, 807
Bonitätsstufe, 613
Bonuszahlung, 383
Bottom-Up-Ansatz, 508
Brownsche Bewegung, 305
Bruttozinsspanne, 741

Buchgeld, 257
Buckets, 529
Budgetbeschränkung, 226
Building-Block-Approach, 423
Bundesanstalt für Finanzdienstleistungsaufsicht, 455
Bundesanstalt für Finanzdienstleistungsaufsicht (BaFin), 52–56
Bundesbank, 455

Call, 272
CAMEL-Rating, 451
Cap, 293
Cap-Kredit, 198
Capital Asset Pricing Model (CAPM), 299, 365, 577
Cash Flow, 192
Cash Flow Mapping, 341
Cash-Management-System, 476
CEBS, 464
certificates of deposit (CD), 233–235, 478
Chance, 337
Cheapest to deliver (Ctd), 292
Clean Break, 634
Collar, 293
Collar-Kredit, 198
Collateralised Debt Obligation (CDO), 209
Collateralised Loan Obligation (CLO), 311
Commercial Bank, 70
Commercial Banking, 11–16
Commodity Futures Trading Commission (CFTC), 82
Conduit, 85
Corporate Governance von Banken, 26
    Debt und Regulatory Governance, 28
    Equity Governance, 28
Cost Driver, 780
Cost of Carry, 290
Costcenter, 785
CoVaR, 406
Covenants, 190–193
Credit Conversion Factor, 603, 609
Credit Enhancement, 636
Credit Spread, 539, 546, 565, 571
Credit Spread Risiko, 600
Credit Unions, 72
Credit-Default Derivate, 309
Credit-Default Swap, 212, 309
Credit-Linked Note, 309
Credit-Monitor-Model, 534–538
Credit-Spread Call, 309
Credit-Spread Derivate, 309
Cross-Default-Klausel, 192
Cs of Credit, 523
Current Exposure, 610

Danatbank, 412
Darunter-Position, 806
DCF-Verfahren, 370
Deadweight Loss, 110
Debt Equity Swap, 591
Debt-to-Firm-Value-Ratio, 571
Deckungsbeitragsrechnung, 739
Default Point, 560
Delegationskosten, 128, 137
Delta, 316
Delta-Plus-Methode, 700–704
Deltaäquivalent, 702
Depositen, 221, 239–241
Derivate, 271–319, 677, 678
Deutsche Bundesbank, 46
Devisenterminkontrakte, 296–297
Dienstleistungserlöse, 771–772
Direktbanken, 41
Disagio, 749, 751, 768
Discounted-Cashflow (DCF) Verfahren, 298
Diskontieren, hyperbolisches, 230
Diskontierungsfaktor, 226, 230
Diskontierungsmodell, 230
Diskriminanzanalyse, 525–527
Disposal-of-Assets-Klausel, 192
Dispositionskredit, 201
Distance-from-Default, 536
Diversifikation, 373–374, 477, 690
Diversifikationseffekt, 139
Dividend-Restriction-Klausel, 192
Double Default Effect, 504
Downside-Risikomaße, 337–341
Downturn-LGD, 534
Drittrangmittel, 428, 429, 438–439
Dual Banking System, 81
Duales Steuerungsmodell, 372–373
Dualismus der Bankleistung, 737
Duplizierung, 274, 277, 280, 299, 302
Duration, 666–676
    effektive, 668
    modifizierte, 668
Durationsmethode, 685–686

EC-Karten, 267
Economies of Scale, 62
Economies of Scope, 63
EDIFACT, 262
effektiver Jahreszins, 103
Effektivkapital, 749
Effektivzinssatz, 749–750
Eigengeschäft, 274
Eigenkapital, 379–381
    haftendes, 428
Eigenkapital-Risikoposition, 618
Eigenkapitalkosten, 378

Eigenkapitalquote, 192
Eigenkapitalrendite, 365
Eigenkapitalspiegel, 864
Eigenkapitalveränderungsrechnung, 863
Eigenmittel, 440
Eigenmittelunterlegung, 759–763
Einfrierungsmethode, 876
Einlagen, *siehe* Depositen
Einlagensicherung, 478, 756
  staatliche, 252
Einlagensicherungssystem, 447
Einzelkosten, 773
Einzelkostenrechnung, relative, 739, 777
Einzelwährungsposition, offene, 694
Einzelwertberichtigung, 831
Einzweckgesellschaft, *siehe* Zweckgesellschaft
Elastizitätskonzept, 660–666
Elektronisches Geld, 257
Embedded Options, *siehe* Optionen
Emissionshaus, 359
Emissionspreis, 363
Emissionsprospekt, 358
Emissionsrating, *siehe* Rating
Emittentenrating, *siehe* Rating
Engpassorientierung, 756
Entschädigungseinrichtung deutscher Banken
  GmbH, 453
Entwicklungskosten, 728
Equity-Tranche, 634
Ereigniskategorie, 719
Ergänzungskapital, 429, 435
  gekapptes, 439
Ergebniswürfel, 738
Erträge
  außerordentliche, 843
  sonstige betriebliche, 843
Ertragswertverfahren, 370
Erwartungshypothese, 281
Erwartungsnutzentheorie, 333–335
EU-Einlagensicherungsrichtlinie, 452, 454
Eurex, 272, 291
EURIBOR, 194, 289
Euro Bobl Future, 291
Euro Bund Future, 291
Euro Buxl Future, 291
Euro Schatz Future, 291
Eurokredit, 199
Europäische Investitionsbank (EIB), 91
Europäische Zentralbank (EZB), 46
  Maßnahmen während der Finanzkrise, 51
Europäisches System der Zentralbanken
  (ESZB), 46
  Geldpolitik, 48–51
European Bank for Reconstruction and
  Development (EBRD), 91

Event Risk Covenant, 589
Eventualverbindlichkeiten, 821
Existenz von Banken, 95
Existenzerklärung, 97
exotische Optionen, *siehe* Optionen
Expected Loss, 499, 562
Expected-Default-Frequency (EDF), 536
Exportverbot, 454
Exposure at Default (EAD), 604

Factoring, 200, 207, 213
Fair Value, 800
Fair Value Hierarchie, 855
Fair Value Option, 849
Federal Agencies, 81
Federal Deposit Insurance System (FDIC),
  81
Federal Reserve Bank, 478
Federal Reserve Board, 81
Federal Reserve System, 81
Fehlbetrag, nicht durch Eigenkapital gedeckt,
  820
Festgeld, 235
Festzinsempfänger-Swap, *siehe* Swap
Festzinslücke, 658
Festzinsposition, 654
  offene, 656, 660
Festzinsrisiken, 653
Festzinszahler-Swap, *siehe* Swap
Filialgröße und -organisation, 64
Financial Covenants, 190
Financial Engineering, 275
Financial Holding Company (FHC), 79
Financial Services Authority, 444
Financial Stability Board, 464
Finanzanlagen, 842
Finanzauktionator, 122
Finanzdienstleistungsinstitut, 22
Finanzgutachter, 122
Finanzhändler, 122
Finanzierung, fristenkongruente, 487
Finanzinstrument, 424, 649, 848
Finanzintermediär, 255
  im engeren Sinne, 3
  im weiteren Sinne, 3, 122
Finanzintermediation, 96
Finanzkontrakt, 2, 98
Finanzmarkt, 2, 255
  Transformationsfunktion, 5
Finanzmarktkrise, 26, 51, 83
Finanzmarktrichtlinie, 444
Finanzproduzent, 122
Finanzunternehmen, 22
FIORI, 730
First-Best-Lösung, 110

Fisher-Separation, 102, 324, 325, 755
Fixkosten, 773–776
Floatnutzen, 266
Floor, 293
Floor-Kredit, 198
Folgegeschäfte, 769–770
Fonds
    geschlossene, 42
    offene, 42
Fonds für allgemeine Bankrisiken, 816, 826
Forderung
    Abtretung der, 241
    an Kreditinstitute, 810
    an Kunden, 810
Forderungserlass, 591
Forward, 272, 273
Forward Rate Agreement (FRA), 284–286,
    297, 678
Free-Rider, 256
Fremdemission, 357
Fremdkapital, 239
Fremdwährungsrisiken, 693
Fremdwährungsumrechnung, 877
Fristentransformation, 253, 469, 654–655,
    752–755
Fundamentalziele, 323
Funktionstrennung, 636
Future, 273, 289–292

Gains Trading, 398
Gambling for Resurrection, 392
Gamma, 317
Gamma-Risiko, 428
Gap Analysis, 656, 659
Garantie, 187
Garantiefonds, 455
Gegenseitenprinzip, 756
Geld- und Kapitalmarkt, *siehe* Kapitalmarkt
Geld-Brief-Spanne, 756
Geldkarten, 267
Geldleihe, 182
Geldpolitik, 48–51
Geldsurrogate, 257
Geldvermögensbildung, 224
Gemeinkosten, 773–776
    unechte, 774
Genossenschaftsbanken und genossenschaft-
    liche Zentralbanken, 39
Genussrechtskapital, 431, 437
Genussschein, 233
Gesamtanrechnungsbetrag für Adressrisiken,
    604
Gesamtbanksteuerung, 364–373
Gesamtergebnisrechnung, 864
Gesamtkapitalrendite, 365

Gesamtkapitalrentabilität, 192
Gesamtrisikoposition, 423
Geschäftsmodell, 353
Geschäftsprozessoptimierung, 778
Gewinnmaximierung, 324
Giralgeldschöpfung, 468
Gironetze, 261
Giroverkehr, 261
Gläubigerkündigungsrecht, 575
Gläubigerschutz, 391–393
Glass-Steagall Act (GSA), 75
Gleichbehandlungserklärung, 191
Gleichgewicht, 248
Globalzession, 188
Gold, 693
Goldene Bankregel, 468–469, 487
Gramm-Leach-Bliley Act, 70, 75, 78
Granularität, 417, 586, 608
Grenzplankostenrechnung, 777
Grenzrate
    der Substitution, 227
    der Transformation, 227
Grenzzinssatz, 659
Griechen, *siehe* Optionsgriechen
Großbanken, 33
Großkredit, 631
Großkrediteinzelobergrenze, 632
Großkreditgesamtobergrenze, 632
Großkreditvorschrift, 631
Grundpfandrecht, 190
Grundsatz Ia, 413
Grundschuld, 190
Gut, dauerhaftes, 225, 229

Haftsummenzuschlag, 431
Haircuts, 627
Handelsbestand, 825
Handelsbuch, 649
Handelsbuch-Risikopositionen, 424, 649–651
Handelsbuchinstitut, 425
Handelsergebnis, 787–788, 840, 861
Handelsgeschäfte, 642–644
Handelsportefeuille, 690–692
Hausbank, 361
Hausbankbeziehung, 164
Hebelwirkung, 318–319
Hedging, 274, 640–641, 678
    Zahlenbeispiel, 327–328
Herstatt-Pleite, 413
Herstatt-Risiko, 631
Heuristik, 230, 365
Hirshleifer-Fall, 756
Historische Simulation, 342
Hold Up, 111, 119
Hurdle Rate, 369

Hypothek, 190
Hypothekarkredit, 613
Hypothekenbanken, 40

IAS 39, 846
ICAAP, 441
Identifikationsproblem, 540
IFRS-Bilanz, 847
IFRS-Jahresabschluss, 846
immaterielle Anlagewerte, 817
Immunisierung, 663, 670–672
impairment, 861
Imparitätsprinzip, 823
implizite Terminzinssätze, 281, 754–755
Inflation, 228
Information Memorandum, 597
Informational Contagion, 393
informationsökonomische Erklärungsansätze, 125
Informationsfunktion
    Post Decision, 799
    Pre Decision, 799
Informationspflichten, 420
Initial Margin, 834
Insolvenz, 239
Institutssicherung, 452
Instrumentalziele, 323
Intensitätsrate, 582
Interbankenmarkt, 476
Intermediation Approach, 60
International Bank for Reconstruction and Development (IBRD), 87
International Centre for Settlement of Investment Disputes (ICSID), 89
International Development Association (IDA), 88
International Finance Corporation (IFC), 88
International Swaps and Derivatives Association (ISDA), 314
internationale Entwicklungsbanken, 87
internationaler Fisher-Effekt, 296
interne Märkte, 784
interne Modelle, 610, 705–708
Interner Bemessungsansatz, 718
interner Verrechnungsfaktor, 234
interner Zinsfuß, 102
intertemporale Konsumallokation, 224
Investitionskredit, 198
Investment Bank, 70, 361
Investment Banking, 16–17
Investmentgesellschaften, *siehe* Kapitalanlagegesellschaften
IRB-Ansatz, 603
Irreversibilität, 254
iTraxx, 599

Jahresbandmethode, 687–688

Kündigungsgeld, 235
Kalibrierung von Scorewerten, 528
Kalkulation
    im Betriebsbereich, 770–784
    im Wertbereich, 740–770
Kapitalanlagegesellschaften, 42
Kapitalbasis, 750
Kapitalflussrechnung, 864
Kapitalgeber, 2
Kapitalkonsolidierung, 882
Kapitalmarkt, 224
    unvollkommener, 325
    vollkommener, 102, 228
Kapitalnehmer, 2
Kapitalwertmodell, 230
Karten, 266–269
Kassenhaltungsproblem, 476
Kaufkraftparitätentheorie, 296
Kernkapital, 429, 432
    hybrid, 434
Klumpenrisiko, 543, 586
Kommunalkredit, 199
    kurzfristiger, 196
komparative Kostenvorteile, 294
Konditionsbeitrag, 743, 746–751
    Entnahme, 749–751
    periodischer, 749–751
Konditionsmarge, 744
    effektive, 749–751
Konsolidierungskreis, 881
Konsortium, 357
Konsumentenkredit, 202
Konsumgewohnheiten, 229
Kontokorrentkredit, 201
Kontrahentenrisiko, 416
Kontrollsysteme, 711
Konversionsfaktor, 604, 609
Konvexität, 669
Konzernabschluss, 881
Kooperation, 255
Kooperationsprobleme, 120
Korrelationen, 341
Kostentreiber, 780
Kredit, 182, 219, 229
Kreditüberwachung, 588
Kreditabwicklung, 592
Kreditangebot, 153
Kreditbanken, 33
Kreditderivate, 307–478
    Bewertung, 313
    Empirische Beobachtungen, 308
    Handelsvolumen, 308
    Produkte, 311

Kreditderivate, Produkte, 309
Kreditfähigkeit, 183
Kreditformen, 193
Kreditgenossenschaften, 352
Kreditgeschäft, 150, 182
   Aufspaltung des, 219
Kredithandel, 204–207
Kreditinstitut, *siehe* Bank
Kreditinstitute mit Sonderaufgaben, 44
Kreditkarten, 267
Kreditkartenkredit, 201
Kreditklemme, 26, 351
Kreditleihe, 182
Kreditnachfrage, 153
Kreditrationierung, 153
Kreditrisiko, latentes, 832
Kreditrisiko-Standardansatz, 603
Kreditrisikominderung, 627
Kreditrisikostrategie, 636
Kreditsanierung, 590
Kreditsicherheit, 159–164, 186–190
Kreditvergabeentscheidung, 594
Kreditvertrag, 149, 182–186
Kreditwürdigkeitsprüfung, 515, 534
Kundenkalkulation, 738, 791–792
Kundenkarten, 267
Kursrisiko
   allgemeines, 424, 649–650, 691
   besonderes, 424, 649–650, 692
Kurzfristigkeit, 240

Länderrating, 611
Länderrisiken, 832
Lücke-Theorem, 676, 739
Lagrange-Ansatz, 226, 245
Laufzeitband, 685–686
Laufzeitkongruenz, 656
Laufzeitmethode, 610
Lean Banking, 65
Leasing, 200
Lebenszyklushypothese, 227
Leerverkauf, 483
Leistungstiefe und -breite, 64
Leistungsverbund, 779
lender of last resort, 51, 391, 478
Level Playing Field, 424
Leverage Ratio, 398
LIFFE, 272
Linearfaktoren-Modell, 554
Liquidation, stille, 592
Liquidität, 231, 803
   dynamische, 803
   erster Klasse, 488
   statische, 803
   zweiter Klasse, 488

Liquiditätsbedingung, 487
Liquiditätskennzahl, 488
Liquiditätslage, 487
Liquiditätsplanung, 475
Liquiditätspräferenztheorie, 281
Liquiditätsrisiken, 217, 313, 399, 467
   Baseler Vorgaben, 493
   Regulierung von, 485
   Steuerungsmaßnahmen, 475–485
Liquiditätsverordnung, 470, 488
Liquidity at Risk, 474
logistische Regression, 527–528
Lombardkredit, 196
Longposition, 272
Loss Calc, 512
Loss Given Default, 499
Lower Partial Moments, 340–341

Makroderivat, 599
Mantelzession, 188
Mapping, 529
Marginzahlung, 290
MaRisk, 440, 494, 642–644, 680
Market Recovery, 510
Markt, 2
   Funktionen von Märkten, 4
Marktbereich, 791–795
Marktbewertungsmethode, 610
Marktergebnis, 791
Marktfaktoren, 341, 343
Marktpreise, 783
Marktpreisrisiken, 471
Marktrisiken, andere, 427
Marktrisikoposition, 427, 648
Marktwertbilanz, 327, 674
Marktwertmaximierung, 324–348
Marktwertparadigma, 544
Marktzinsmodell, 743–764
   Anwendungsprobleme, 755–758
   Bewertungsidee, 744–746
   erweitertes, 759–763
   Grundmodell, 744–758
Maturity Mismatch, 629
Maximalbelastungstheorie, 472–473, 487
Mean Preserving Spread, 333–335
Mehrfachbelegung des haftenden Eigenkapitals, 439
Mental Account, 230
Messansätze
   fortgeschrittene, 427, 713
Methode gleitender Durchschnitte, 666, 758
MiFID, 444
Mikrohedge, 871
Mild Defaults, 509
Mindestausfallwahrscheinlichkeit, 623

Mindestreserve, 50, 758
Mindestreservesatz, 468
Mitgliederforderung, 352
Mittel, liquide, 240
mixed measurement approach, 845
Monitoring, 256
   Costs, 112, 136, 213
Monopolstellung des Kreditgebers, 164
Monte-Carlo-Simulation, 343, 557
Moral Hazard, 110, 114, 165, 240
Mortgage Backed Securities (MBS), 207, 209
Mortgage Swaps, 207
Multi-Peril-Basket-Insurance, 730
Multi-Seller-Transaktion, 211
Multilateral Investment Guarantee Agency
   (MIGA), 89
Mutual Savings Bank, 71

nachrangige Verbindlichkeiten, 437
Nachverhandlung, 171
Nash-Gleichgewicht, 180
Near Banks, 74
Netto-Exposure, 628
Nettoposition, 645
Nettowährungsposition, 697
Neubewertungsrücklage, 854
Neubewertungsreserven, 435
Neueindeckungsrisiko, 508, 603
Nichtabnahmeentschädigung, 183
Nichtbesicherungsklausel, 191
Nichthandelbarkeit, 240
nichtmonetäre Strafen, 131
Niederstwertprinzip, 823
Non Banks, 74
Normportefeuilles, 372
Notes, 866
Nutzen, 225
Nutzenfunktion, 225
   zeitadditive, 225, 230

Obligation, 239
oekonomisches Kapital, 501
offene Position, 645–647, 686–687
   Aktienkursrisiko, 691–692
offene Zession, 188
Offenmarktgeschäfte, 48
Office of the Comptroller of the Currency
   (OCC), 81
Omega, 319
Operationelles Risiko, 418, 427, 711
   Betriebsrisiken, 313
Opportunitätsprinzip, 756
optimale Aufteilungsregel, 105
optimale Bankgröße, 143
optimale Unternehmensgröße, 58

optimaler Finanzkontrakt, 150
Optionen, 272, 273, 646
   amerikanische, 272
   Ausübungswert, 300
   embedded, 768–769
   europäische, 272
   exotische, 274
   Innerer Wert, 300
   Wertgrenzen, 300–302
   Zeitwert, 301, 316
Optionsgriechen, 315–319
Optionsprämie, 835
Optionspreistheorie, 276, 302–305
Optionsscheine, 273, 306
Organisationsverbünde, 67
Originator, 209, 211, 212, 216
Outsourcing, 65
Over the counter (OTC), 273
Owner-Maintenance-Klausel, 192

Partial Use, 428
Partialmodelle, 365
Pass-Through, 210
Passivüberhang, 656
Patronatserklärung, 187
Pauschalwertberichtigung, 831, 832
Pay-Through, 211
Payer-Swap, *siehe* Swap
Pensionsgeschäfte, *siehe* Wertpapierpensi-
   onsgeschaft
Pensionsrückstellungen, 224
Perfect Hedge, 871
Performancemase, risikoadjustierte, 365–379
Personensicherheiten, 186–187
Pfandbriefe, 207, 209
Pfandrecht, 189
Plain Vanilla, *siehe* Swap
Platzierung, 209, 357
   Begebung, 357
   Übernahme, 357
Point-in-Time-Rating, 507
Poolmethode, 742–743
Portefeuilletheorie, 374
Portfolio Hedge, 874
Potential Exposure, 610
Pre-Commitment-Approach, 407
Preferred-Habitat-Theorie, 281
Preisangabenverordnung (PAngV), 103, 184,
   772
Preisrisiken, 314, 639
Primärmarkt, 6
Primarmarkt, 357
Prinzipal-Agenten-Beziehung, 114
Production Approach, 60
Produktivitätsergebnis, 786–787

Produktkalkulation, 738, 792–793
Profitcenter, 785
  Kalkulation, 738, 793–795
prognostizierte Ausfallwahrscheinlichkeit,
  siehe Ausfallwahrscheinlichkeit
Projektrisikoerhöhung, 115
Prolongation, 234, 769
Prospect-Theorie, 229
Provision, statistical, 405
Provisionsüberschuss, 772, 861
Provisionsaufwendungen, 839, 842
Provisionserträge, 839, 842
Provisionsgeschäft, 771–772
Prozesskostenrechnung, 777–778
Prudential Regulation, 407
Publikumsfinanzierung, 355
Put, 272
Put-Call-Parität, 302

Qualitätsunsicherheit, 110, 112, 161

Rücknahmeverpflichtung, 868
Rückstellung, 820
Rahmenkredit, 202
RAROC, 367–369
Ratenkredit, 202
Rating, 613
  Emissions-, 613
  Emittenten-, 613
  externes, 503
  internes, 503
Ratingsystem
  internes, 530
Realisationsprinzip, 823
Realkredit, 198, 202
Realkreditinstitute, 40, 207
Receiver-Swap, *siehe* Swap
Rechnungsabgrenzungsposten, 819
  aktivischer, 819
  passivischer, 829
Rechtsrisiken, 313
Recovery-of-Face Value, 584
Recovery-of-Market Value, 584
Recovery-of-Treasury, 584
Refinanzierung
  fristenkongruente, 752
  kapitalstrukturkongruente, 752
  zahlungsstrukturkongruente, 751
Refinanzierungsrisiko, 469
Regionalbanken, 34
Regionalprinzip, 353, 784
Regulation Q, 72
Regulatory Gambling, 411
Regulierungsarbitrage, 212, 380, 398, 634
Relationship Banking, 164

Renditegrenze, 551
Rentenbarwertfaktor, 563
Rentenmarkt, 240
Representation Hypothesis, 393
Repurchase Agreement (Repo), 481
Reputation, 121
Residual Costs, 112
Residual Loss, 213
Restlaufzeit, effektive, 624
Retail-Exposure, 617
Retail-Portfolio, 612
Return on Assets, 365
Return on Equity, 365
Return on Investment, 365
reversal of impairment, 860
Rho, 316
Risiko
  systematisches, 315
  systemisches, 391
  unsystematisches, 690
Risikoabgeltungshypothese, 330
Risikoaktiva, 602
Risikoaufschlag, 561
risikoaverses Bankverhalten, 330
Risikobeitrag, 501
Risikodeckungspotenzial, 441
Risikoeinheit, 515
Risikoeinstellung, 228
Risikofaktor
  systematischer, 554–556
  unternehmensspezifischer, 554
Risikohorizont, 544
Risikoklasse, 566
Risikoklassenfaktor, 603
Risikokonzentration, 595
Risikomaße, 336–341
Risikomarge, 568
Risikomodelle, eigene, 428
risikoneutrale Wahrscheinlichkeit, 279, 304
Risikonormierungshypothese, 330
Risikoprämie, 561, 568
Risikopramie, 334–335
Risikoprofil, 459
Risikoprofilindex, 720
Risikotragfähigkeit, 441
Risikotragfähigkeitsfaktor, 450
Risikotragfähigkeitsprinzip, 724
Risikoubernahme, 328–330
Risikovermeidungshypothese, 329
Risikovorsorge, 861
Risikozerfällung, 598
Risk Adjusted Fair Value, 823, 826
RiskMetrics, 342
Rohwareneinzelposition, 699
Rohwarenrisiko, 692–700

ROI-Analyse, 372–373
Roll-Over-Finanzierung, 356
Roll-Over-Kredite, 770
RORAC, 364–379

Sachanlagen, 818
Sachsicherheiten, 186–190
Sachwertausfallrisiko, 416, 602
Saisonkredit, 195
Sanierungskonzept, 591
Sanierungskredit, 592
Savings and Loan Associations, 72
Schichtenbilanzmethode, 742–743
Schufa, 200
Schuldmitübernahme, 187
Schuldnerkündigungsrecht, 575
Schuldscheindarlehen, 199
Schuldverschreibungen, 808
Scorecard, 722
Scorewert, 517
Second-Best-Lösung, 110
Securities and Exchange Commission (SEC), 82
Securitisation, *siehe* Verbriefung
Sekundärmarkt, 6
Sekundarmarkt, 358
Selbstemission, 357
selbstschuldnerische Bürgschaft, 187
Selbstselektion, 113
Sequential Service Constraint, 241
Service-Agent, 209, 211, 216
Servicecenter, 785–787
Severe Defaults, 509
Shareholder Value, 329, 370–371
Sharpe-Mas, 366
Shiftability Theory, 470–472
Shortfall, 340–374
Shortposition, 272
Sicherheit, *siehe* Kreditsicherheit
Sicherheitenfreigabe, 591
Sicherheitenpool, 592
Sicherungsübereignung, 188
Sicherungsabtretung, 187
Sicherungsgeber, 211
Sicherungszession, 187
Sichteinlage, 234
Signalisieren, 113, 161
Signalkauf, 256
Simulation, 676
single name, 307
Skalierungsfaktor, aufsichtlicher, 615
Solvabilitätskoeffizient, 606
Solvabilitätsverordnung (SolvV), 639, 645
Sonderfonds Finanzmarktstabilisierung (SoFFin), 56

Sondersparformen, 237
Sondertilgungsrecht, 768
sonstige Vermögensgegenstände, 818
Sozialversicherungssysteme, 228
Spanning, 277, 760
Sparbrief, 238
Spareinlage, 236–238
Sparen, 221–231
Sparförderung, staatliche, 228
Sparkassen und Girozentralen, 36
  Haftung, 36–38
Sparmotive, 231
Sparquote, 223
Sparvereine, 231
Sparverhalten, 231
Special Purpose Vehicle (SPV), 209
Spekulation, 274
Spezialbanken, 40
Spezialfinanzierung, 616
Spotzinssatz, 278, 280
SREP, 442
SRP-Rating, 457
Ständige Fazilitäten, 49
Standardabweichung der Verluste, 501
Standardansatz, 427, 713, 715
  alternativer, 717
Standardeinzelkosten, 780–782
Standardeinzelkostenrechnung, 777–783
  Arbeitsschritte, 780–782
  Bewertung, 782–783
  Grundideen, 778–780
Standardkreditvertrag, 106, 150
Standardmethode, 610
Standardrisikokosten, 562
State Regulation Agencies, 81
State-Preference-Theory, 278, 748
Steuer, 253
Steueraufwand, 844
stille Reserven, 826
stille Zession, 188
Stillhalter, 272
stochastischer Prozess, 280, 281, 299, 304
Stress-Test, 532
Stresstest, 345, 444
Strukturbeitrag, 752–755
Strukturmarge, 745
Strukturrisiken, 216
supervisory slotting criteria approach, 617
supranationale Banken, 86
Suspension of Convertibility, 251
Swap, 273, 835
  Festzinsempfänger-Swap (Receiver-Swap), 287, 477
  Festzinszahler-Swap (Payer-Swap), 287
  Plain Vanilla, 287

Währungsswap, 296–298
Zinsswap, 273, 286–289, 294, 678
SWIFT, 264
symmetrische Information, 99, 153, 159
Syndizierung, 597
systematisches Risiko, *siehe* Risiko
systemisches Risiko, *siehe* Risiko
Szenario, 676
Szenario-Matrix-Methode, 704–705

tainting, 851
TARGET, 264
Teilkosten, 773
Teilzinsspanne, 742
Temingeschäfte
    bedingte, 272
    unbedingte, 272
Termin-Credit-Spread, 539
Terminbörsen, 272
Termineinlage, 235–236
Theta, 316
Thrift Institutions, 71
Through-the-Cycle-Rating, 507
Top-Down-Ansatz, 508
Topping Up, 454
Total-Return Derivate, 309
Total-Return Swap, 309
Transaktionskosten, 124, 358
Transformationsergebnis, 787–788
Treasury, 476
Trennbankensystem, 70
Trennscore, 517
Treuhänder, 210, 211
Treuhandvermögen, 817
Treynor-Mas, 366
true sale, 312

Ueberbrückungskredit, 195
Uebergangswahrscheinlichkeit, 504
Ueberkreuzkompensation, 841
Ueberwachung, 256
Ueberziehungskredit, 201
Umbrella Supervisor, 82
Underlying, 275
Underwriting, 357
Universal- vs. Trennbankensystem, 24
Universalbanken, 31
Unsicherheit, 228
unsystematisches Risiko, *siehe* Risiko
Unternehmensaktivarendite, 550
Unternehmensfinanzierung, 354
Unternehmenswertmodell, 620
unvollständige Vertragsgestaltung, 171
unvollständiger Vertrag, 118
US-Subprime Krise, *siehe* Finanzmarktkrise

VÖB-Entschädigungseinrichtung GmbH, 453
Value at Risk, 338–379, 396, 423
Valutierung, 266
Varianz-Kovarianz-Ansatz, 342
Vega, 318
Vega-Risiko, 428
Venture Capital, 362
Verbindlichkeit
    gegenüber Kreditinstituten, 815
    nachrangige, 233, 814
    sonstige, 815
    verbriefte, 814
Verbriefung, 203–486
    Volumenentwicklung, 208
Verbriefung, Synthetische, 312
Verbriefungstranche, 635
verfügbares Einkommen, 222
Verfalltag, 272
Verhaltenserklärungen, 96
Verhaltensrisiken, 217
Verhaltensunsicherheit, 110, 161
Verkaufsoption, 569
Verlust
    erwarteter, 499–501
    unerwarteter, 501
Verlustquote bei Ausfall, 499
Verlustverteilungsansatz, 721
Vermögen, 225
    freies, 431
Verrechnungspreis, 783
Verrentungsbasis, 750
Verschuldungsgrad, 396
Versicherung, 229
Vertragsänderungen, nachtragliche, 766
Vollkosten, 773, 776–777
Vorfälligkeitsentschädigung, 186, 767
Vorleistungsrisiko, 630
Vorsichtsmotiv, 228
Vorsorgereserve, 833
Vorsorgereserven, 826

Währungsderivate, 295–298
Währungsgesamtposition, 697
Währungsrisiko, 692–700
    Eigenmittelunterlegung, 694–698
Währungsswap, *siehe* Swap
Währungsumrechnungsdifferenzen, 879
Warenterminbörse, 272
Wechseldiskontkredit, 195
Wechselkurstheorie, monetäre, 296
Weltbankgruppe, 87
Wertadditivität, 277
Wertbereich, 737
Wertberichtigungsüberschuss, 428, 604
Wertberichtigungsfehlbetrag, 428, 604

Wertberichtigungsvergleich, 604
Wertpapier, 224
  der Liquiditätsreserve, 826
  des Handelsbestandes, 824
  festverzinsliches, 808
  reines, 748
  wie Anlagevermögen behandelt, 824
Wertpapierdarlehen, 479–485
Wertpapierkredit, 201
Wertpapierleihe, 479–485
  Einsatzmotive, 482
  Risiken der, 484–485
Wertpapiermarktlinie, 577
Wertpapierpensionsgeschäft, 479
  echtes, 481, 867
  unechtes, 481, 867
Wertpapiersammelbanken, 43
Wertstellungsgewinne, 266
Work-out Recovery, 510
Workoutphase, 590

Zahlungsmittel, 257–258
Zahlungsverkehr, 256–269
Zahlungsvorgang, 257–258
Zeit
  kontinuierliche, 254
Zeitfächermethode, 700
Zeitpräferenz, 227
Zeitwert, 301, 316
Zentraldisposition, 787
Zentralfunktionen, 785
Zerobond, 282, 284
Zerobond-Abzinsungsfaktor, 278, 667
Zertifikate, 306
Zertifizierungsvorteil, 362
Zielsetzungen von Kreditinstituten, 323–353

Zins, 227
Zinsänderungsrisiko, 217, 652–688
  des Anlagebuches, 678–680
  des Handelsbuches, 681–688
  Eigenmittelunterlegung, 683–688
  festes, 653
  variables, 653
Zinsüberschuss, 741, 861
  bei alternativen Refinanzierungen, 751–752
Zinsablaufbilanz, 658
Zinsanpassungselastizität, 661, 757–758
Zinsaufwendungen, 839
Zinsbindung, Aufhebung der, 413
Zinsbindungsbilanz, 655–658
Zinsbindungsfrist, 477
Zinsderivate, 280–293, 677
Zinserträge, 839
Zinsertragsbilanz, 656–660, 740–741
Zinsfuture, 289–292, 678
Zinsgeschäft
  Bedeutung, 740
Zinsnettoposition, 681–683
Zinsniveau, 639
Zinsparitätentheorie, 295
Zinssensitivität, 668
Zinsspanne, 741
Zinsstruktur, 280–283, 667
Zinsswap, *siehe* Swap
Zinsverordnung, 737
Zinsverzicht, 591
Zusatzvereinbarungen, 190–193
zustandsbedingter Zahlungsanspruch, 105
Zustandspreis, 278–280, 304, 748
Zwangsvollstreckungsmaßnahmen, 593
Zweckgesellschaft, 209, 211, 216
Zwischenkredit, 195

Printing and Binding: Stürtz GmbH, Würzburg